D1752411

RIW-Buch

Kartellrecht und Ökonomie

Moderne ökonomische Ansätze in der europäischen und deutschen Zusammenschlusskontrolle

von

Professor Dr. Ulrich Schwalbe
Institut für Volkswirtschaftslehre
Universität Hohenheim

Professor Dr. Daniel Zimmer
Institut für Handels- und Wirtschaftsrecht
Universität Bonn
Mitglied der Monopolkommission

2., überarbeitete und erweiterte Auflage 2011

Verlag Recht und Wirtschaft GmbH
Frankfurt am Main

Bibliografische Information der Deutschen Nationalbibliothek

Die Deutsche Nationalbibliothek verzeichnet diese Publikation in der Deutschen Nationalbibliografie; detaillierte bibliografische Daten sind im Internet über http://dnb.d-nb.de abrufbar.

ISBN 978-3-8005-1554-7

© 2011 Verlag Recht und Wirtschaft GmbH, Frankfurt am Main

Das Werk einschließlich aller seiner Teile ist urheberrechtlich geschützt. Jede Verwertung außerhalb der engen Grenzen des Urheberrechtsgesetzes ist ohne Zustimmung des Verlages unzulässig und strafbar. Das gilt insbesondere für Vervielfältigungen, Bearbeitungen, Übersetzungen, Mikroverfilmungen und die Einspeicherung und Verarbeitung in elektronischen Systemen.

Druckvorstufe: ProSatz Unger, 69469 Weinheim

Druck und Verarbeitung: Beltz Druckpartner GmbH & Co. KG, 69502 Hemsbach

Gedruckt auf säurefreiem, alterungsbeständigem Papier, hergestellt aus FSC zertifiziertem Zellstoff

Printed in Germany

Vorwort

In den vergangenen Jahren ist die zunehmende „Ökonomisierung" – das heißt die Heranziehung moderner wirtschaftswissenschaftlicher Methoden und Konzepte bei der konkreten Anwendung und darüber hinaus bei der Weiterentwicklung des Kartellrechts – eines der beherrschenden Themen dieses Rechtsgebietes geworden. Es gibt namentlich in Fusionskontrollverfahren nach europäischem Recht nur noch wenige Verfahren, in denen nicht zumindest unter anderem „ökonomisch" argumentiert wird. Auch in den vor dem Bundeskartellamt in Anwendung der deutschen Zusammenschlusskontrollvorschriften geführten Verfahren hat die Bedeutung wirtschaftswissenschaftlicher Argumente und Beweisführungen stark zugenommen. Auf beiden Ebenen – der europäischen wie der nationalen – gibt es bisher zwar zahlreiche Aufsätze, aber nur wenige Buchveröffentlichungen, die die Fragen der Anwendung ökonomischer Theorie im Kartellrecht in systematischer, wissenschaftlichen Anforderungen gerecht werdender Weise aufarbeiten.

In diese Lücke ist 2006 die erste Auflage von „Kartellrecht und Ökonomie" gestoßen. Es ist von Wissenschaft und Praxis ausgesprochen freundlich aufgenommen worden und war nach kurzer Zeit vergriffen. Fünf Jahre nach der ersten Auflage erscheint nun eine vollständig überarbeitete und thematisch erweiterte Neuauflage, die gegenüber der ersten Auflage auch von deutlich größerem Umfang ist. Standen im Fokus der ersten Auflage „horizontale" Fusionen, das heißt solche zwischen Wettbewerbern, so werden in der Neuauflage nun auch vertikale und konglomerate Fusionen vertiefend behandelt. Weitere inhaltliche Erweiterungen resultieren aus der Fortentwicklung der Wettbewerbsökonomie. So hat beispielsweise die wettbewerbliche Analyse „zweiseitiger Märkte" – Beispiele sind Kreditkartenmärkte und Medienmärkte – erhebliche Fortschritte gemacht. Daneben wurden die aktuellen ökonomischen Diskussionen beispielsweise zu Ausschreibungs- und Bietermärkten sowie zur Nachfragemacht eingearbeitet und weitere neueste Forschungsergebnisse zu den untersuchten Themenbereichen berücksichtigt. Zudem wurde wie schon in der ersten Auflage die fusionskontrollrechtliche Anwendungspraxis umfassend ausgewertet. Die Analyse der Entscheidungen der Europäischen Kommission und des Bundeskartellamtes, von EuGH, EuG, BGH und OLG Düsseldorf belegt, in welchen rechtlichen Zusammenhängen ökonomische Beweisführungen Berücksichtigung gefunden haben.

Ohne den exzellenten Beitrag wissenschaftlicher Mitarbeiter hätte auch die zweite Auflage nicht realisiert werden können. Allen voran ist hier

Vorwort

Herr *Martin Blaschczok* zu nennen, der wesentliche Teile der Entscheidungspraxis ausgewertet und zudem die Zusammenführung der Untersuchungsergebnisse koordiniert hat. Auch Herrn *Lukas Rengier* und Herrn *Thomas Hellmich*, die gleichfalls Teile der Anwendungspraxis ausgewertet und eingearbeitet haben, sind die Autoren zu großem Dank verpflichtet. Darüber hinaus basiert das Werk noch immer teilweise auf Vorarbeiten, die von wissenschaftlichen Mitarbeitern für die erste Auflage geleistet wurden. Hier ist der Dank zu erneuern, der im Einleitungskapitel der ersten Auflage Frau *Stephanie Holzwarth*, Frau *Rosemarie König*, Herrn *Markus Lenßen* und Herrn *Johannes Rabus* ausgesprochen wurde. Schließlich sagen die Verfasser Frau *Ilona Kohnle* und Herrn *Vincent Dekker* für die Erstellung des Sachregisters der zweiten Auflage herzlichen Dank.

Die erste Auflage ging auf eine Untersuchung zurück, die die Autoren im Auftrag der Studienvereinigung Kartellrecht durchgeführt hatten. Die von der Studienvereinigung ausgeschriebene Studie zum Thema „Kartellrecht und Ökonomie" sollte untersuchen, inwieweit neuere Ergebnisse der wirtschaftswissenschaftlichen Forschung Eingang in die kartellrechtliche Gesetzgebung und Rechtsprechung gefunden haben. Dabei waren vor allem Fragen der Marktabgrenzung, der kollektiven Marktbeherrschung sowie der Prognose der Wettbewerbsintensität zu analysieren. Die Verfasser haben – wie durch diese Fragestellungen und den Verlauf der wissenschaftlichen Diskussion im Ausschreibungszeitraum nahegelegt – den Schwerpunkt der Untersuchung im Bereich der Kontrolle von Zusammenschlüssen gesetzt. Sie sind der Studienvereinigung für ihre Initiative, das Verhältnis von Kartellrecht und Ökonomie in einer interdisziplinären Studie untersuchen zu lassen, und für die großzügige Förderung der Untersuchung zu großem Dank verpflichtet. Dies gilt namentlich für den *spiritus rector* des Projekts, Herrn *Professor Dr. Rainer Bechtold*, und für den seinerzeitigen Vorsitzenden und heutigen Ehrenvorsitzenden der Studienvereinigung Kartellrecht, Herrn *Dr. Cornelis Canenbley*.

Hohenheim und Bonn, Juli 2011

Ulrich Schwalbe und *Daniel Zimmer*

Inhaltsverzeichnis

Vorwort V
Einleitung 1

Erster Teil
Ökonomische Grundlagen

A. Effizienzbegriffe in der Wirtschaftstheorie 3
    I. Allokationseffizienz 4
    II. Produktionseffizienz 8
    III. Dynamische Effizienz 9
    IV. Der relevante Wohlfahrtsstandard 11

B. Wettbewerb und Effizienz 14
    I. Vollkommene Konkurrenz 14
    II. Monopol 22
    III. Dominantes Unternehmen mit wettbewerblichem Rand .. 31
    IV. Monopolistische Konkurrenz 33
    V. Oligopol 35
        1. Grundlagen der Spieltheorie 36
            a) Spieler, Strategien und Auszahlungen 37
            b) Nash-Gleichgewicht 38
        2. Gleichgewichte auf oligopolistischen Märkten 39
            a) Bertrand-Wettbewerb: Preiswettbewerb mit homogenen Gütern 40
            b) Mengenwettbewerb mit homogenen Gütern 41
            c) Bertrand-Wettbewerb mit differenzierten Gütern ... 44
            d) Cournot-Wettbewerb mit differenzierten Gütern 46
            e) Weitere Modelle oligopolistischen Wettbewerbs 46
            f) Effizienz in oligopolistischen Märkten 48
    VI. Monopson und Oligopson 50

Zweiter Teil
Marktmacht, Marktbeherrschung und Marktabgrenzung

A. **Marktmacht und Preiselastizitäten** 53
   I. Einleitung 53
      1. Der Lerner-Index als Maß für Marktmacht 54
      2. Die Preiselastizität der Nachfrage 55
   II. Marktmacht und Lerner-Index bei verschiedenen Marktformen 58
   III. Marktmacht bei differenzierten Gütern 60
   IV. Marktmacht auf zweiseitigen Märkten 61
   V. Marktmacht auf Ausschreibungs- und Bietermärkten 63

B. **Marktmacht, Marktbeherrschung und wirksamer Wettbewerb – ökonomische und juristische Aspekte** 64

C. **Feststellung von Marktmacht und Marktbeherrschung** 69
   I. Direkte Feststellung von Marktmacht 70
   II. Indirekte Erfassung von Marktmacht 72
      1. Abgrenzung von Märkten – Ökonomische Marktkonzepte 73
         a) Bedarfsmarktkonzept 74
         b) Hypothetischer Monopoltest 77
         c) Einzelaspekte der Marktabgrenzung 81
            α) Nachfragesubstitution 81
            β) Angebotssubstitution 84
            γ) Simultane sachliche und räumliche Marktabgrenzung 87
            δ) Marktabgrenzung bei differenzierten Gütern ... 88
            ϵ) Substitutionsketten 90
            ζ) Marktabgrenzung bei Preisdiskriminierung 90
            η) Folgemärkte 91
            θ) Sortimentsmärkte 92
            ι) Zweiseitige Märkte 94
            κ) Innovationsmärkte 95
            λ) Marktabgrenzung bei bestehender Marktmacht – Die Cellophane Fallacy 96
            μ) Folgerungen 99

2. Empirische Verfahren zur Marktabgrenzung 100
   a) Preiselastizität der Nachfrage, kritische Elastizitäten und kritischer Absatzrückgang 100
   b) Kreuzpreiselastizitäten und Umlenkungskennziffern 105
   c) Preistests 105
   d) Weitere Verfahren zur räumlichen Marktabgrenzung 109
   e) Folgerungen 111

3. Ökonomische Marktkonzepte in der Anwendungspraxis 112
   a) Unionsrecht 112
      α) Bedarfsmarktkonzept 112
      β) Hypothetischer Monopoltest 120
   b) Deutsches Recht 128
      α) Bedarfsmarktkonzept 128
      β) Hypothetischer Monopoltest 135

4. Einzelaspekte der Marktabgrenzung in der Anwendungspraxis 137
   a) Preiselastizitätsanalysen 137
   b) Absolute und relative Preisunterschiede 141
      α) Sachliche Marktabgrenzung aufgrund von Preisdifferenzen 141
      β) Räumliche Marktabgrenzung aufgrund von Preisdifferenzen 145
   c) Preiskorrelation 147
      α) Anwendung von Preiskorrelationsanalysen zur Abgrenzung von Produktmärkten 147
      β) Anwendung von Preiskorrelationsanalysen zur Abgrenzung von geographischen Märkten 149
   d) Preisdiskriminierung/anderweitige Abnehmer-differenzierung 152
   e) Wechselkosten und -quoten 155
   f) Schockanalysen und Analysen anderer Ereignisse .. 156
   g) Vertriebswege 158
   h) Komplementäre Produkte/Folgemärkte 161
   i) Substitutionsketten/Produktdifferenzierung 162

5. Bestimmung der Marktanteile 165
   a) Ökonomische Konzepte der Marktanteilsbestimmung 165
      α) Absatzbasierte Marktanteile 166
      β) Umsatzbasierte Marktanteile 167
      γ) Kapazitätsbasierte Marktanteile und weitere Bezugsgrößen 167

   b) Bestimmung der Marktanteile in der Praxis 168
    α) Absatzmenge als Berechnungsgrundlage 168
    β) Umsatz als Berechnungsgrundlage 169
    γ) Kapazitäten als Berechnungsgrundlage 170
    δ) Alternative Berechnungsmethoden 171
  6. Bedeutung von Marktanteilen und anderen Faktoren . . . 172
   a) Absolute Marktanteile und Marktanteilsschwellen
    im europäischen Recht 172
    α) Unbedenkliche Marktanteilswerte 173
    β) Marktanteilswerte, die eine Prüfung auf
     Marktmacht indizieren 174
   b) Faktoren, die die Aussagekraft von Marktanteilen
    beeinflussen 177
    α) Märkte mit differenzierten Produkten 178
    β) Dynamische Märkte 180
    γ) Bieter- und Ausschreibungsmärkte – Wettbewerb
     um den Markt 181
    δ) Historische Entwicklung der Marktanteile 184
    ε) Abhängigkeit des Marktanteils von Einzel-
     aufträgen 186
    ζ) Stellung aktueller Wettbewerber 186
    η) Marktzutrittsschranken und potenzieller
     Wettbewerb 189
    θ) Nachfragemacht 201
   c) Besonderheiten des deutschen Rechts 205
    α) Gesetzliche Ausgangslage 205
    β) Bedeutung des Marktanteils 208
 III. Schlussbetrachtung 213

Dritter Teil
Effekte von Marktstrukturveränderungen

A. Einführung 219

B. Einzelmarktbeherrschung 221
 I. Ökonomische Grundlagen 221
 II. Einzelmarktbeherrschung in der Anwendungspraxis 223
  1. Unionsrecht 223
  2. Deutsches Recht 226

C. Nichtkoordinierte Effekte 231

I. Unterschiedliche Effekte bei unterschiedlichen Wettbewerbsformen 231
  1. Preiswettbewerb mit homogenen Gütern 231
  2. Mengenwettbewerb mit homogenen Gütern 232
  3. Preiswettbewerb mit differenzierten Gütern 234
  4. Mengenwettbewerb mit differenzierten Gütern 237

II. Erfassung nichtkoordinierter Effekte mit dem Marktbeherrschungs- und mit dem SIEC-Test? 239
  1. Ausgangspunkt: Das Zusammenschlussvorhaben *Heinz/Beech-Nut* 240
  2. Rechtsentwicklung bei der EU-Fusionskontrolle 241
  3. Anpassungsbedarf im deutschen Kartellrecht? 245

III. Methoden zur Feststellung nichtkoordinierter Effekte 250
  1. Strukturelle Methoden 251
  2. Ermittlung des Preissteigerungsdrucks (upward pricing pressure) 257
  3. Simulationsmodelle 261
  4. Bidding-Studies und Win/Loss-Analysen 266
  5. Folgerungen für die Methodenwahl 269

IV. Feststellung nichtkoordinierter Effekte in der Anwendungspraxis 270
  1. Neuere Entwicklungen 270
  2. Fallpraxis der Kommission 274

D. Koordinierte Effekte und kollektive Marktbeherrschung ... 295

I. Ökonomische Grundlagen der kollektiven Marktbeherrschung 297

II. Juristische Einordnung 303

III. Grundlegende Bedingungen einer kollektiven Marktbeherrschung 305
  1. Wiederholte Interaktion 305
  2. Diskontfaktor 307
  3. Glaubwürdiger Bestrafungsmechanismus 308
  4. Markttransparenz 312
     a) Transparenz bezüglich der Kollusionsmodalitäten .. 314

       b) Markttransparenz als kollusionsstabilisierender Faktor 316
IV. Unternehmensbezogene Kriterien und Konzentration 318
    1. Anzahl der Unternehmen 319
       a) Zahl der Wettbewerber und angebotsseitige Konzentration 320
       b) Eingriffsschwelle bezüglich der Anbieterzahl 322
       c) Bedeutung des Konzentrationsgrads 324
    2. „Symmetrie" der Unternehmen 326
       a) Technologie und Kosten 327
       b) Marktanteile 329
       c) Produktpalette 331
       d) Organisationsform und Konzernstruktur 331
    3. Überschusskapazitäten und Lagerbestände 333
    4. Strukturelle Verbindungen zwischen Marktbeteiligten .. 336
V. Marktbezogene Kriterien 339
    1. Marktzutritt 339
    2. Preiselastizität der Nachfrage 342
    3. Typische Transaktionen 344
    4. Homogene und differenzierte Produkte 345
    5. Nachfragemacht 348
    6. Multi-Markt-Kontakte 349
    7. Wachsende Märkte 352
    8. Innovationen 353
    9. Konjunkturschwankungen 355
    10. Räumliche Verteilung der Wirtschaftstätigkeit 358
VI. Erzielen von Übereinstimmung über die Koordinierungsmodalitäten 359
    1. Bezugspunkt der Kollusion 359
    2. Bedeutung früheren Wettbewerbsverhaltens 360
    3. Instrumente der Verhaltenskoordination 363
       a) Explizite Vereinbarungen 363
       b) Informationsaustausch und Preisführerschaft 365
       c) Preisregeln 368
       d) Weitere Mechanismen zum Erreichen einer Verhaltenskoordination 372

VII. Rezeption wirtschaftstheoretischer Erkenntnisse in der
      Anwendungspraxis 373
VIII. Feststellung koordinierter Effekte 376
     1. Feststellung koordinierter Effekte in der Anwendungs-
        praxis 376
        a) Unionsrecht 376
        b) Deutsches Recht 381
           α) Einführung 381
           β) Die Prüfkriterien im Einzelnen 384
           γ) Vergleich mit dem Unionsrecht 398
     2. Wirtschaftstheoretische Probleme der Prognose
        koordinierter Effekte 401
IX. Zur Vorgehensweise der Prüfung auf koordinierte Effekte . 406

**E. Weitere für die Beurteilung von Zusammenschlusswirkungen
relevante Faktoren** 410

   I. Zusammenschlüsse in zweiseitigen Märkten 410
   II. Übernahme eines besonders dynamischen Wettbewerbers –
       Mavericks 413
   III. Die Übernahme eines potenziellen Wettbewerbers 415
   IV. Aufholfusionen 417
   V. Sanierungsfusionen 418
   VI. Die Berücksichtigung von Effizienzgewinnen 420
      1. Effizienzgewinne aus ökonomischer Sicht 421
         a) Rationalisierungsgewinne und zunehmende
            Skalenerträge 423
         b) Verbundvorteile 424
         c) Vorteile auf den Beschaffungsmärkten 424
         d) Verbesserte Möglichkeiten der Kapitalbeschaffung . 425
         e) Verringerung von Slack und von X-Ineffizienzen .. 425
         f) Verbesserte Weitergabe von Know-how 425
         g) Technischer Fortschritt 426
      2. Effizienzgewinne in der FKVO Nr. 4064/1989 427
         a) Ansichten in der Literatur 428
         b) Praxis der Kommission und Rechtsprechung der
            Unionsgerichte 430
      3. Effizienzgewinne in der FKVO Nr. 139/2004 433

XIII

4. Der maßgebende Wohlfahrtsstandard 438
   a) Einführung 438
   b) Probleme der Wohlfahrtsstandards 439
5. Anforderungen der Leitlinien zur Bewertung horizontaler Zusammenschlüsse 441
6. Welche Effizienzgewinne erfüllen die in den Leitlinien genannten Bedingungen? 450
7. Bewertung der einzelfallbezogenen Berücksichtigung von Effizienzgewinnen aus institutionenökonomischer Sicht 456
   a) Kosten und Nutzen einer Einzelfallbetrachtung 457
   b) Kosten und Nutzen einer pauschalierenden Berücksichtigung 461
   c) Schlussfolgerung 462
8. Anpassungsbedarf im deutschen Recht? 463

F. Vertikale und konglomerate Zusammenschlüsse 466

I. Vertikale Zusammenschlüsse 468
   1. Wettbewerbsfördernde Wirkungen vertikaler Zusammenschlüsse 468
      a) Doppelte Marginalisierung 470
      b) Senkung von Transaktionskosten 473
   2. Wettbewerbsbeschränkende Wirkungen vertikaler Zusammenschlüsse 475
      a) Inputabschottung (Input Foreclosure) 477
      b) Kundenabschottung (Customer Foreclosure) 486
      c) Koordinierte Effekte vertikaler Zusammenschlüsse . 490
   3. Wettbewerbliche Wirkungen vertikaler Fusionen 494

II. Konglomerate Zusammenschlüsse 495
   1. Wettbewerbsfördernde Wirkungen konglomerater Zusammenschlüsse 495
      a) Verbundvorteile 495
      b) Verbesserte Koordination 496
      c) Cournot-Effekte 496
      d) Effizienzwirkungen von Kopplungsbindungen 498
      e) Kopplungsbindungen als Instrument der Preisdiskriminierung 499
      f) Das Argument des einzigen Monopolgewinns 501

2. Wettbewerbsbeschränkende Wirkungen konglomerater Zusammenschlüsse 503
   a) Wettbewerbsbeschränkende Auswirkungen von Kopplungsbindungen 503
      a) Tying 504
         α) Tying komplementärer Güter 504
         β) Tying unabhängiger Güter 505
      b) Produktbündelung 506
         α) Bündelung komplementärer Güter – Wettbewerb zwischen Systemen 506
         β) Produktbündelung und Preiswettbewerb 508
   c) Wettbewerbliche Wirkungen von Kopplungsbindungen 510
   d) Sortimentseffekte 510
   e) Beschränkung der Finanzierungsmöglichkeiten von Wettbewerbern 511
   f) Koordinierte Effekte konglomerater Zusammenschlüsse 512
3. Wettbewerbliche Wirkungen konglomerater Fusionen .. 514

III. Rechtliche Aspekte vertikaler und konglomerater Zusammenschlüsse 515
   1. Prognose wettbewerbsbeschränkenden Verhaltens 515
   2. Leitlinien zur Bewertung nichthorizontaler Zusammenschlüsse 520
   3. Anwendung ökonomischer Methoden in der Praxis ... 523

G. Schlussbetrachtung 527

Literaturverzeichnis 539

Sachregister 585

Einleitung

Das vorliegende Buch ist in drei Teile gegliedert. Im ersten Teil werden die verschiedenen ökonomischen Effizienzbegriffe eingeführt und im Zusammenhang verschiedener Marktformen wie der vollkommenen Konkurrenz, dem Monopol und dem Oligopol diskutiert. Auch werden die für die Untersuchung vor allem des Oligopols notwendigen spieltheoretischen Konzepte erläutert.

Der zweite Teil befasst sich mit den Zusammenhängen zwischen dem ökonomischen Begriff der Marktmacht und dem juristischen der Marktbeherrschung. Dabei werden direkte und indirekte Methoden zur Feststellung von Marktmacht und Marktbeherrschung erörtert und Konzepte der Marktabgrenzung diskutiert. Die Anwendungspraxis zur Abgrenzung des relevanten Marktes und zur Feststellung von Marktbeherrschung wird eingehend analysiert und mit den wirtschaftswissenschaftlichen Konzepten abgeglichen.

Die Auswirkungen von Marktstrukturveränderungen auf den Wettbewerb werden im dritten Teil behandelt. Der Fall einer Begründung oder Verstärkung einer marktbeherrschenden Stellung eines einzelnen Unternehmens (Einzelmarktbeherrschung) steht am Beginn der Darlegung möglicher Fusionswirkungen. Der folgende Abschnitt ist den Auswirkungen eines Zusammenschlusses in einem oligopolistischen Markt gewidmet, die in der Literatur als nichtkoordinierte Effekte bezeichnet werden. Dabei wird auch der Frage nachgegangen, ob derartige Effekte besser mit dem Marktbeherrschungs- oder einem anderen Test, dem SIEC (Significant Impediment to Effective Competition)-Test, erfasst werden können. Schließlich werden – drittens – die Konzepte der kollektiven Marktbeherrschung und die zur Entstehung oder Verstärkung einer solchen Marktbeherrschung führenden sogenannten koordinierten Effekte eines Zusammenschlusses erörtert. Weitere für die Beurteilung von Zusammenschlusswirkungen relevante Gesichtspunkte werden im Anschluss diskutiert. Besonderes Gewicht liegt hier auf der Frage, ob und in welcher Weise mögliche Effizienzgewinne in der Fusionskontrolle Berücksichtigung finden sollten. Der letzte Abschnitt des dritten Teils ist schließlich den Besonderheiten vertikaler und konglomerater Zusammenschlüsse gewidmet.

In allen genannten Zusammenhängen wird die Anwendungspraxis der deutschen und europäischen Kartellbehörden und Gerichte einbezogen. Die Auswahl der hierbei wiedergegebenen Entscheidungen erfolgte unter dem Gesichtspunkt der Verwendung des in der Untersuchung dargestellten wirtschaftswissenschaftlichen Analyseinstrumentariums. Die Verfasser haben den Eindruck gewonnen, dass seit dem Erscheinen der ersten Auflage im Juni 2006 der Einsatz ökonomischer Analysemethoden insbesondere durch die Kommission wie auch durch die an Fusionskontrollverfahren beteiligten Parteien stetig zugenommen hat und mittlerweile die Verwendung zahlreicher empirischer Methoden (z. B. von Preiskorrelationsanalysen und des Herfindahl-Hirschman-Index) gleichsam eine Selbstverständlichkeit darstellt.

Erster Teil:

Ökonomische Grundlagen

Im folgenden einleitenden Abschnitt werden die grundlegenden wirtschaftstheoretischen Konzepte und Methoden skizziert, die für eine Reihe der im zweiten Teil diskutierten Begriffe, Fragen und Probleme, wie z. B. der Marktmacht oder der kollektiven Marktbeherrschung, von zentraler Bedeutung sind. Weiterhin werden in diesem Teil die verschiedenen Typen unvollkommenen Wettbewerbs, d. h. insbesondere Monopole und Oligopole, sowie die theoretischen Grundlagen zur Analyse dieser Marktformen vorgestellt.

A. Effizienzbegriffe in der Wirtschaftstheorie

Neben dem Kartellverbot und der Missbrauchsaufsicht gehört die Fusionskontrolle zu den zentralen Bestandteilen der Wettbewerbspolitik. Ziel der Fusionskontrolle ist, präventiv die Entstehung und Verstärkung von Marktmacht und Marktbeherrschung durch externes Unternehmenswachstum zu verhindern. Der Grund für eine wettbewerbliche Kontrolle von Unternehmenszusammenschlüssen ist, dass aufgrund des Entstehens von Marktmacht der Wettbewerb auf einem Markt nicht mehr die positiven Ergebnisse hervorbringt, die bei funktionierendem Wettbewerb in der Regel zu erwarten sind. Hierzu ist es erforderlich, Kriterien zu entwickeln, die es erlauben, Marktergebnisse zu beurteilen und zu vergleichen. Das von der Wirtschaftstheorie zu diesem Zweck vorgeschlagene Konzept ist das der Effizienz. Mit Hilfe dieses Konzeptes lassen sich die verschiedenen Aspekte der Funktionsweise von Märkten beurteilen, wobei, je nach Fragestellung, verschiedene Dimensionen unterschieden werden. So ist zum einen die Frage zu beurteilen, ob eine Zuordnung der verschiedenen Produktionsfaktoren, Güter und Dienstleistungen in die jeweils wirtschaftlich sinnvollsten Verwendungen erfolgt. Weiterhin ist die Frage zu beantworten, ob die Produktion in einer Weise organisiert ist, so dass mit einer gegebenen Menge an Einsatzfaktoren der maximal mögliche Output erzielt wird. Schließlich ist die Effizienz auch in Hinblick auf die wirtschaftliche Entwicklung, d. h. dem technischen Fortschritt und der Entwicklung neuer Güter und Produktionsverfahren, zu charakterisieren. Diese verschiedenen Dimensionen des Effizienzbegriffs werden in der Li-

Teil 1 A. Effizienzbegriffe in der Wirtschaftstheorie

teratur durch die statischen Konzepte der allokativen und produktiven Effizienz und dem der dynamischen Effizienz erfasst. Da diese Begriffe für die ökonomische Analyse von Zusammenschlüssen und das Verständnis wirtschaftstheoretischer Argumente von grundlegender Bedeutung sind, werden sie im Folgenden näher erläutert.

I. Allokationseffizienz

Ein für die Wirtschaftswissenschaft zentrales Konzept ist das der Allokation. Unter einer Allokation wird eine Zuordnung der in einer Volkswirtschaft vorhandenen Güter und Produktionsfaktoren auf die Akteure verstanden. Allokationseffizienz ist dann gewährleistet, wenn die in einer Volkswirtschaft vorhandenen Ressourcen (wie z.B. die Produktionsfaktoren oder die vorhandenen Güter) in den wirtschaftlich sinnvollsten Verwendungen eingesetzt werden. Eine Reallokation, d.h. eine Änderung der Zuordnung der Ressourcen kann nicht dazu führen, dass die Wirtschaftssubjekte bessergestellt werden. Diese Art von Effizienz wird in der wirtschaftswissenschaftlichen Literatur auch als Pareto-Effizienz bezeichnet.[1] Eine Allokation ist ineffizient, wenn man durch eine andere Allokation alle Wirtschaftssubjekte besserstellen könnte, oder zumindest die Lage eines Wirtschaftssubjektes verbessern könnte, ohne gleichzeitig ein anderes schlechter zu stellen. Allerdings macht die Pareto-Effizienz keine Aussage über die Verteilung der Güter – auch eine extrem ungleiche und als ungerecht empfundene Verteilung könnte Pareto-effizient sein. Dies ist kein Mangel des Konzeptes der Pareto-Effizienz, sondern es ist gerade so konstruiert, um Fragen der Effizienz von normativen Fragen über die Gerechtigkeit der Verteilung strikt zu trennen.

Das Konzept der Allokationseffizienz kann am einfachsten am Beispiel eines Marktes für ein homogenes Gut illustriert werden. Es wird dabei unterstellt, dass sowohl die Konsumenten als auch die Unternehmen davon ausgehen, dass sie durch ihr Verhalten am Markt keinen Einfluss auf den Marktpreis ausüben können. Diese Annahme ist z.B. dann gerechtfertigt, wenn jeder Konsument und jedes Unternehmen nur einen sehr kleinen Anteil am Gesamtmarkt hat. Dieser Fall wird als atomistische bzw. polypolistische Konkurrenz bezeichnet. Zur Charakterisierung einer effizienten Allokation ist es sinnvoll, die Konzepte der Nachfrage- und der Angebotsfunktion einzuführen. Das Nachfrageverhalten der Wirtschaftssubjekte wird durch eine Nachfragefunktion (NN′ in Abbildung 1) beschrieben, die angibt, welche Menge des Gutes die Konsumenten bei jedem Preis nachfragen. In der Regel hat sie einen fallenden Verlauf, da

---

[1] Benannt nach dem italienischen Ökonomen und Soziologen *Vilfredo Pareto* (1848–1923).

I. Allokationseffizienz **Teil 1**

bei höheren Preisen eine geringere Menge des Gutes nachgefragt wird.[2] Die Nachfragefunktion kann auch interpretiert werden als die marginale Zahlungsbereitschaft der Konsumenten, d.h. ihre Zahlungsbereitschaft für eine weitere Einheit des Gutes: Für die erste Einheit des Gutes ist ein Konsument bereit, einen relativ hohen Betrag auszugeben. Wenn er zwei Einheiten konsumiert, dann wird er für die zweite Einheit nur noch einen geringeren Preis zahlen wollen, bei drei Einheiten sinkt die Zahlungsbereitschaft weiter. Die Zahlungsbereitschaft für weitere Einheiten, die marginale Zahlungsbereitschaft, nimmt also ab. Der fallende Verlauf der Nachfragefunktion kann alternativ wie folgt interpretiert werden: Für einige Konsumenten hat das Gut eine große Bedeutung und sie sind bereit, einen hohen Preis für das Gut zu zahlen, andere würden dafür nur einen mittleren oder geringen Betrag ausgeben wollen. Ordnet man die Konsumenten nach ihrer Zahlungsbereitschaft, dann ergibt sich ein fallender Verlauf. Summiert man die Zahlungsbereitschaften für die einzelnen Einheiten auf, so erhält man die gesamte Zahlungsbereitschaft, die der Fläche unter der Nachfragefunktion entspricht.

Das Angebotsverhalten der Unternehmen auf diesem Markt wird durch eine steigende Angebotsfunktion (AA' in Abbildung 1) dargestellt, die aus dem Gewinnmaximierungsverhalten der Unternehmen hergeleitet wird. Das Gewinnmaximum ist dann erreicht, wenn der Erlös aus dem Verkauf einer weiteren Einheit des Gutes, d.h. der Preis, den Herstellungskosten dieser zusätzlichen Einheit entspricht.[3] Diese Kosten werden als Grenzkosten bezeichnet. Übersteigt der Preis des Gutes die Grenzkosten, dann lohnt sich das Angebot einer weiteren Einheit, denn der zusätzliche Erlös ist größer als die zusätzlichen Kosten, der Gewinn würde also steigen. Andernfalls sollte die Produktion eingeschränkt werden. Hierdurch kann mehr an Kosten eingespart werden als durch den reduzierten Erlös eingebüßt wird. Das gewinnmaximale Angebot liegt dort, wo Preis und Grenzkosten gleich sind. Die Angebotsfunktion des Unternehmens entspricht daher der Grenzkostenfunktion unter der Bedingung, dass das Unternehmen keinen Verlust erwirtschaftet. Dies ist dann der Fall, wenn der Preis mindestens die Stückkosten der Herstellung deckt. Dabei ist zu beachten, dass die Aussage, ein preisnehmendes Unternehmen wählt

---

[2] Es kann theoretisch auch der Fall eintreten, dass die Nachfragefunktion in bestimmten Bereichen auch einen steigenden Verlauf hat. Derartige sogenannte Giffen-Güter konnten jedoch empirisch bisher noch nicht zweifelsfrei nachgewiesen werden.

[3] Das in der Wirtschaftstheorie verwendete Kostenkonzept entspricht zumeist nicht den buchhalterischen Kosten, sondern es handelt sich um sogenannte Opportunitätskosten. Diese enthalten z.B. auch den kalkulatorischen Unternehmerlohn und die marktübliche Kapitalverzinsung.

Teil 1 A. Effizienzbegriffe in der Wirtschaftstheorie

seine Angebotsmenge nach der Regel „Preis gleich Grenzkosten" nur in langfristiger Betrachtung gilt. Langfristig steht in der Wirtschaftstheorie für einen Zeitraum, in dem alle Kosten variiert werden können, d. h. es treten per definitionem langfristig keine fixen Kosten auf. Kurzfristig können die fixen Kosten einen erheblichen, in manchen Fällen, wie z. B. in der Softwareindustrie, sogar den überwiegenden Teil der Gesamtkosten ausmachen. Hier würde ein Preis in Höhe der kurzfristigen Grenzkosten für das Unternehmen einen Verlust bedeuten. Alternativ zu den Grenzkosten, die sich auf eine infinitesimale Outputerhöhung beziehen, werden bei diskreten Outputänderungen die sogenannten inkrementellen Kosten herangezogen. Inkrementelle Kosten umfassen sowohl die bei einer endlichen Outputerhöhung anfallenden zusätzlichen variablen und als auch die zusätzlichen fixen Kosten. Die Grenzkosten werden bei steigender Produktionsmenge im Allgemeinen zunehmen,[4] da z. B. bei steigender Herstellungsmenge auch zusätzliche, teurer zu beschaffende Inputs verwendet werden müssen. Daher hat die Angebotsfunktion einen steigenden Verlauf. Da die Grenzkosten immer die Kosten der Herstellung einer weiteren Einheit angeben, entsprechen die Grenzkosten der ersten produzierten Einheit den gesamten variablen Kosten. Kommt noch eine zweite Einheit hinzu, dann fallen für diese Einheit ebenfalls Grenzkosten an. Die Grenzkosten der ersten plus die der zweiten Einheit sind also gleich den gesamten variablen Kosten der beiden hergestellten Einheiten usw. Die Fläche unter den Grenzkosten bzw. unter der Angebotsfunktion gibt die gesamten variablen Kosten an. Diese wiederum entsprechen in langfristiger Betrachtung auch den Gesamtkosten, da langfristig alle Produktionsfaktoren variabel sind. Das Gleichgewicht auf diesem Markt liegt im Schnittpunkt von Nachfrage- (NN') und Angebotsfunktion (AA').

Trägt man den Schnittpunkt von Angebots- und Nachfragefunktion auf der senkrechten Achse ab, erhält man den Gleichgewichtspreis p^k, auf der waagrechten Achse ergibt sich entsprechend die bei diesem Preis gehandelte Gleichgewichtsmenge x^k. Im Gleichgewicht fragen die Konsumenten genau die Menge nach, die die Unternehmen anbieten und der Markt ist geräumt. Die von den Konsumenten insgesamt getätigten Ausgaben sind durch die Fläche $p^k b x^k 0$ (Gleichgewichtspreis p^k × Gleichgewichtsmenge x^k) beschrieben. Da die Fläche unter der Nachfragefunktion der gesamten Zahlungsbereitschaft der Konsumenten entspricht, verbleibt zwischen der Zahlungsbereitschaft für die Gleichgewichtsmenge und den

---

4 Allerdings kann auch der Fall abnehmender Grenzkosten auftreten. In diesem Fall liegt ein sogenanntes natürliches Monopol vor, denn in einer solchen Situation wäre es am kostengünstigsten, die gesamte Produktionsmenge nur in einem einzigen Unternehmen herzustellen.

I. Allokationseffizienz **Teil 1**

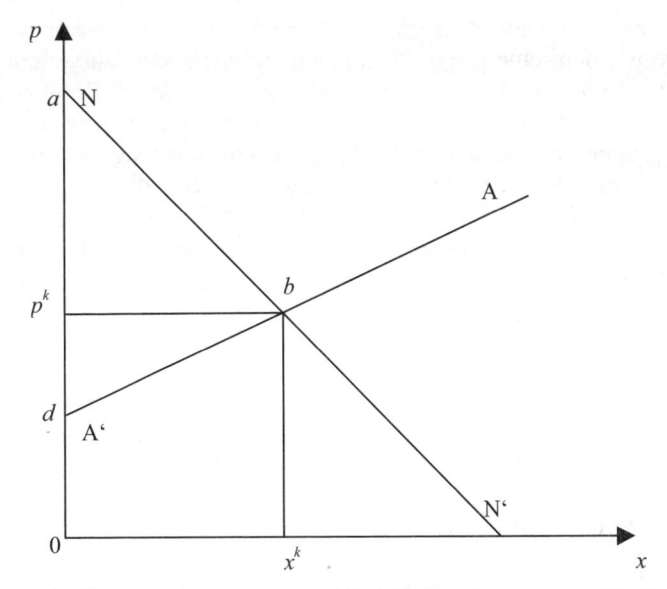

Abbildung 1: Gleichgewicht auf einem Markt bei vollkommenem Wettbewerb

dafür getätigten Gesamtausgaben eine positive Differenz, die als Konsumentenrente (consumer surplus) oder Konsumentenwohlfahrt (consumer welfare) bezeichnet wird und der Fläche abp^k entspricht. Eine ähnliche Überlegung gilt für die Unternehmen: Die im Gleichgewicht erzielten Erlöse entsprechen ebenfalls der Fläche $p^k bx^k 0$ (Gleichgewichtspreis $p^k \times$ Gleichgewichtsmenge x^k). Da die Fläche unter der Angebotsfunktion (in langfristiger Betrachtung) die gesamten Kosten angibt, resultiert für die Unternehmen eine positive Differenz zwischen den Erlösen und den Kosten, die als Produzentenrente (producer surplus) bezeichnet wird.[5] Diese wird durch die Fläche $p^k bd$ angegeben. Die Summe aus Konsumenten- und Produzentenrente (*abd*) *wird als volkswirtschaftliche Rente* oder Gesamtwohlfahrt (total welfare) bezeichnet. Sie entspricht der Summe aller Tauschgewinne auf dem Markt und wird häufig als Maß für die Wohlfahrt in einem Markt herangezogen.

Bei jedem anderen als dem Gleichgewichtspreis ist die volkswirtschaftliche Rente kleiner: Liegt der Preis eines Gutes über dem Gleichgewichtspreis p^k, dann wäre das Angebot größer als die Nachfrage nach

---

[5] Bei langfristiger Betrachtung ist die Produzentenrente gleich dem Gewinn des Unternehmens, in kurzfristiger Betrachtung differieren Produzentenrente und Gewinn um den Betrag der Fixkosten, die ja in diesem Fall nicht in die Grenzkosten eingehen.

Teil 1 A. Effizienzbegriffe in der Wirtschaftstheorie

diesem Gut. In diesem Fall gäbe es Unternehmen, die bereit wären, ihr Produkt zu einem etwas geringeren als dem Marktpreis zu verkaufen, um ihre Herstellungsmenge absetzen zu können. Wenn der Preis noch über den Grenzkosten liegt, würde sich ein geringes Unterbieten des Marktpreises lohnen. Es wäre daher mit einer Preissenkung für das Gut zu rechnen. Liegt der Marktpreis hingegen unterhalb des Gleichgewichtspreises, dann wäre die Nachfrage größer als das Angebot und der Wettbewerb der Nachfrager würde zu einer Preiserhöhung führen, denn bei einem Preis unterhalb des Gleichgewichtspreises gäbe es einige Konsumenten, die bereit wären, etwas mehr als diesen Preis zu zahlen, um das Gut zu erhalten, da ihre Zahlungsbereitschaft den Marktpreis übersteigt. Im Gleichgewicht ergibt sich also ein Marktpreis, der Angebot und Nachfrage ausgleicht und auch dazu führt, dass alle Tauschgewinne in diesem Markt realisiert werden, d.h. im Gleichgewicht entspricht der Preis den Grenzkosten und es liegt eine effiziente Allokation vor.

II. Produktionseffizienz

Das Konzept der Produktionseffizienz bezieht sich auf den Einsatz der Produktionsfaktoren bei der Herstellung von Gütern. Ein einzelnes Unternehmen produziert dann effizient, wenn bei gegebener Technologie jeder Output mit dem geringstmöglichen Einsatz von Inputfaktoren erzeugt wird. Damit dies der Fall ist, muss ein Unternehmen auch intern entsprechend organisiert sein. Um effizient zu produzieren, müssen die Entscheidungsträger innerhalb des Unternehmens die richtigen Anreize haben, das Unternehmensziel der Gewinnmaximierung zu verfolgen und nicht ihren eigenen, davon abweichenden Interessen (wie z.B. luxuriöse Büroausstattung oder teure Dienstwagen) nachzugehen. Bei mehreren Unternehmen kann sich die Produktionseffizienz auch auf die Verteilung der Produktion zwischen den Firmen beziehen. Wenn Verbundvorteile (economies of scope) vorliegen, d.h. wenn zwei oder mehr Güter in einem Unternehmen z.B. aufgrund von Synergieeffekten mit weniger Inputs hergestellt werden können als in getrennten Unternehmen, dann wäre nur die gemeinsame Produktion in einem Unternehmen effizient, die Aufteilung der Produktion auf mehrere Unternehmen würde eine Verschwendung von Ressourcen bedeuten. Bei ineffizienter Produktion könnte die gleiche Menge an Gütern mit einer geringeren Menge an Inputs hergestellt werden. – die verbleibenden Inputs könnten zur Herstellung weiterer Güter eingesetzt und die Wirtschaftssubjekte könnten besser gestellt werden. Alternativ kann man Produktionseffizienz dadurch charakterisieren, dass eine vorgegebene Produktionsmenge mit den geringstmöglichen Kosten hergestellt wird. Im Falle der einzelwirtschaftlichen Produktionseffizienz ist dies im

Allgemeinen durch die Annahme der Gewinnmaximierung sichergestellt. Gesamtgesellschaftlich sind die Produktionskosten minimal, wenn für die Herstellung eines oder mehrerer Produkte immer auch die jeweils effizienteste Technologie eingesetzt wird.

Bei der Allokations- und der Produktionseffizienz handelt es sich um rein statische Konzepte, d. h. Veränderungen, z. B. der Technologien, des Know-hows oder der Industriestrukturen werden damit nicht erfasst. Es ist daher notwendig, neben diesen statischen Effizienzbetrachtungen auch die effiziente Entwicklung der Wirtschaft über die Zeit zu betrachten. Dies geschieht mithilfe des Konzepts der dynamischen Effizienz.

III. Dynamische Effizienz

Während man bei der Allokations- bzw. Produktionseffizienz von einem gegebenen Stand des Wissens, der Technologie und einer gegebenen Menge möglicher Produkte ausgeht, erfasst das Konzept der dynamischen Effizienz die Verbesserung des Know-how, den technischen Fortschritt und die Entwicklung und Einführung neuer Güter. Der Wirtschaftsprozess ist dann dynamisch effizient, wenn diese Veränderungen im Zeitablauf mit der gesellschaftlich optimalen Rate stattfinden, d. h. wenn die zusätzlichen Kosten einer weiteren Investition in Forschung und Entwicklung genauso groß sind wie der erwartete zusätzliche Ertrag aus einer solchen Investition. Diese Definition ist allerdings aus mehreren Gründen für eine praktische Anwendung ungeeignet, da z. B. die erwarteten Erträge aus Forschung und Entwicklung meist nur äußerst unzureichend prognostiziert werden können oder weil die Forschung zu Resultaten führt, die gänzlich unerwartet sind. Aus diesen Gründen ist es schwierig zu bestimmen, ob sich der Wirtschaftsprozess in dynamisch effizienter Weise vollzieht. So bestreitet die auf *Schumpeter* basierende evolutionsökonomische Innovationsforschung, dass der Begriff der Effizienz in ähnlich zweckmäßiger Weise auf das hochkomplexe Phänomen von Innovationsprozessen und technischem Fortschritt angewendet werden kann wie bei der Frage nach dem optimalen Einsatz von Ressourcen bei gegebenen Produkten und Technologien. Insofern handelt es sich beim Kriterium der Innovation um eines jenseits der Produktions- und Allokationseffizienz, das auch theoretisch bisher nicht in adäquater Weise in die ökonomische Theorie integriert werden konnte.[6] Man wird daher aus Vereinfachungsgründen davon ausgehen müssen, dass ein positiver Zusammenhang zwischen den

---

6 Vgl. S. 20–22. Der Begriff der „dynamischen Effizienz" hat deshalb in der ökonomischen Theorie nicht den gleichen theoretischen Status wie die Konzepte der Allokations- und Produktionseffizienz.

Teil 1   A. Effizienzbegriffe in der Wirtschaftstheorie

Investitionen in Forschung und Entwicklung (FuE) und dynamischer Effizienz besteht.[7]

Größere Investitionen in FuE werden von einem Unternehmen aufgrund der höchst unsicheren Erträge im Allgemeinen nur dann getätigt, wenn sichergestellt ist, dass es auf seine Investitionen zumindest den am Markt erzielbaren durchschnittlichen Ertrag erhält. Wenn aber andere Unternehmen, die selbst keine derartigen Investitionen getätigt haben, sich die Forschungsergebnisse kostenlos aneignen könnten, wären die Anreize, in FuE zu investieren, deutlich reduziert. Eine Geheimhaltung der Forschungsergebnisse ist in vielen Fällen nicht möglich, da sich das Forschungsresultat in einem Produkt manifestiert hat, das von anderen Unternehmen imitiert werden kann. Aus diesen Gründen ist zur Sicherstellung ausreichender Investitionen in FuE ein Anreizsystem, wie z.B. der Patentschutz, nötig, das es den Unternehmen erlaubt, sich die Erträge ihrer Investitionen anzueignen. Ein „ewiges Patent" ist jedoch aus gesellschaftlicher Sicht nicht sinnvoll, da es wünschenswert ist, die neuentwickelte Technologie auch anderen zugänglich zu machen. Ein vernünftiges Anreizsystem, das zum Erreichen eines dynamisch effizienten Wirtschaftsprozesses beiträgt, wird also einen Kompromiss finden müssen zwischen den Anreizen für Unternehmen, in FuE zu investieren und der Verbreitung der Forschungsergebnisse in der Gesellschaft, d.h. einen Patentschutz für einen begrenzten Zeitraum.

Von den genannten ökonomischen Zielen der Wettbewerbspolitik, der Allokations-, der Produktions- und der dynamischen Effizienz ist Letztere aufgrund ihres Zukunftsbezuges das am schwierigsten zu erfassende Kriterium.[8] Darüber hinaus ist darauf hinzuweisen, dass zwischen den beiden statischen Konzepten der Allokations- und Produktionseffizienz einerseits und der dynamischen Effizienz andererseits im Allgemeinen keine Harmonie besteht, sondern Zielkonflikte auftreten. So kann z.B. eine effiziente Allokation dazu führen, dass Unternehmen keine Gewinne realisieren und daher keine ausreichenden Investitionen in Forschung und Entwicklung tätigen können, so dass die Wirtschaftsentwicklung sich nicht in dynamisch effizienter Weise vollzieht.

---

[7] Allerdings gibt es theoretische Modelle, die zeigen, dass in bestimmten Situationen zuviel in Forschung und Entwicklung investiert wird, als für die Gesellschaft optimal wäre.
[8] Auf dieses Problem haben bereits *Hayek* und *Hoppmann* in ihrer Diskussion von Wettbewerb als ergebnisoffenem Prozess aufmerksam gemacht. Vgl. *Hayek* (1968) sowie *Hoppmann* (1988).

IV. Der relevante Wohlfahrtsstandard

Diese Überlegungen stehen in direktem Zusammenhang mit der Diskussion über den in der Wettbewerbspolitik zu verwendenden Wohlfahrtsstandard, wie z.B. bei der Beurteilung von Effizienzgewinnen in der Fusionskontrolle. Dabei werden zumeist zwei alternative Beurteilungsmaßstäbe diskutiert: Der Gesamtwohlfahrtsstandard (Total Welfare Standard) und der Konsumentenwohlfahrtsstandard (Consumer Welfare Standard). Der erste entspricht der Vorstellung, die Wettbewerbspolitik sollte darauf hinwirken, die Gesamtwohlfahrt als Summe von Konsumenten- und Produzentenrente zu maximieren. Die Aufteilung der volkswirtschaftlichen Rente auf Konsumenten- und Produzentenrente ist unerheblich, es kommt lediglich darauf an, sie so groß wie möglich zu machen. Aus ökonomischer Sicht ist der Gesamtwohlfahrtsstandard gleichbedeutend mit der Realisierung einer effizienten Allokation und wird daher von vielen Ökonomen präferiert.[9] Der Konsumentenwohlfahrtsstandard hingegen orientiert sich ausschließlich an der Konsumentenrente.[10] Wettbewerbspolitische Maßnahmen sollten hiernach darauf abzielen, sie zu erhöhen oder zumindest eine Verringerung zu verhindern.[11] Änderungen der Produzentenrente sind dabei unbeachtlich. Beim Konsumentenwohlfahrtsstandard ist entscheidend, wie sich die Konsumentenrente verändert. Bei gleichbleibenden Leistungen steigt die Konsumentenrente genau dann, wenn die Preise fallen. Der Unterschied zwischen den beiden Wohlfahrtsstandards kann an folgendem Beispiel verdeutlicht werden: Falls eine Fusion zum einen zu mehr Marktmacht und damit zu höheren Preisen führt, zum anderen aber auch mit Kosteneinsparungen verbunden ist (produktive Effizienz), so würde beim Gesamtwohlfahrtsstandard nur berücksichtigt, ob die allokativen Effizienzverluste, die aufgrund der Marktmacht entstehen, größer oder kleiner sind als die aufgrund der fusionsbedingten Kosteneinsparungen erzielten Gewinne an produktiver Effizienz. Je nachdem, welcher Effekt überwiegt, sollte die Fusion genehmigt oder untersagt werden. Hierbei handelt es sich um den bekannten Williamson-Trade-off zwischen den negativen Auswirkungen einer Fusion aufgrund steigender Marktmacht auf die allokative Effizienz und deren positive Auswirkungen auf die produktive Effizienz.[12] Die gleichzeitig stattfindende Umverteilung der volkswirtschaftlichen Rente von den Nachfragern zu den Anbietern infolge des höheren Preises aufgrund zusätzlicher Marktmacht würde

---

9 Vgl. *Farrell/Katz* (2006), *Heyer* (2006).
10 Zum Konsumentenwohlfahrtsstandard vgl. *Cseres* (2006).
11 Dabei ist zu berücksichtigen, dass „Konsument" nicht nur den Endverbraucher bezeichnet, sondern Nachfrager allgemein. Vgl. hierzu *Akman* (2008).
12 Vgl. *Williamson* (1968) sowie *Farrell/Shapiro* (1990). Vgl. auch S. 421–423.

Teil 1 A. Effizienzbegriffe in der Wirtschaftstheorie

nicht in die Beurteilung eingehen. Beim Konsumentenwohlfahrtsstandard würde diese Umverteilung hingegen berücksichtigt, weil es hier nur auf die Auswirkungen auf die Konsumentenrente ankommt. Wären hierbei die Effizienzvorteile durch die Fusion so groß, dass es trotz erhöhter Marktmacht zu fallenden Preisen und damit zu einer erhöhten Konsumentenrente kommt, dann würde einer Genehmigung dieser Fusion nichts im Wege stehen. Beim Konsumentenwohlfahrtsstandard ist folglich keine Saldierung der Wohlfahrtsverluste für die Konsumenten mit den Wohlfahrtsgewinnen für die Produzenten möglich, wie dies beim Gesamtwohlfahrtsstandard der Fall ist. Wohlfahrtsökonomisch entspricht damit der Gesamtwohlfahrtsstandard dem sogenannten Kaldor-Hicks-Kriterium, das – aufgrund der theoretisch möglichen Kompensationsmöglichkeit der Konsumenten durch die Produzenten – eine Saldierung erlaubt, während der Konsumentenwohlfahrtsstandard darauf beharrt, dass wettbewerbsbeschränkende Verhaltensweisen sich nie so auswirken dürfen, dass die Konsumenten schlechter gestellt werden.[13]

Zumeist werden für den Gesamtwohlfahrtsstandard die folgenden Argumente angeführt: Die Berücksichtigung sowohl der Konsumenten- als auch der Produzentenrente sorge dafür, dass eine größere Zahl effizienzerhöhender Entwicklungen ermöglicht werde als bei einer Beschränkung auf die Betrachtung der Konsumentenrente. Viele Unternehmen gehörten Aktionären, die gleichzeitig Konsumenten seien, so dass eine Erhöhung der Produzentenrente letztlich auch den Konsumenten zugute komme. Weiterhin wird argumentiert, dass eine Erhöhung der Produzentenrente die Unternehmen in die Lage versetze, einen größeren Betrag in Forschung und Entwicklung zu investieren, von der mittel- und langfristig auch wieder die Konsumenten profitierten.[14]

Für die Konzentration auf die Konsumentenrente als Beurteilungskriterium hingegen spreche die Tatsache, dass es im Unterschied zu den Unternehmen den Konsumenten im Allgemeinen nicht möglich sei, ihre Interessen zu bündeln, um im politischen Prozess hinreichend Berücksichtigung zu finden. Daher müssten die Interessen der Konsumenten bereits institutionell, im Rahmen des Wettbewerbsrechts bzw. der Wettbewerbspolitik Beachtung finden, was durch den Konsumentenwohlfahrtsstandard gewährleistet sei. Auch können bei Anwendung dieses Standards Unternehmen mögliche Informationsvorteile gegenüber den Wettbewerbsbehör-

---

13 Allerdings ist zu berücksichtigen, dass bei Anwendung des Gesamtwohlfahrtsstandards unterstellt ist, dass eine Umverteilung, d.h. eine Änderung der Einkommensverteilung, selbst keine Wohlfahrtseffekte bewirkt. Dies gilt jedoch nur unter sehr spezifischen Voraussetzungen.
14 Vgl. hierzu S. 9f.

IV. Der relevante Wohlfahrtsstandard **Teil 1**

den nicht mehr ausnutzen. Ein weiteres, pragmatisches Argument für diesen Standard ist, dass er einfacher anzuwenden sei, da wettbewerbsrechtliche bzw. -politische Maßnahmen bereits anhand einer zu erwartenden Preisänderung beurteilt werden könnten und Änderungen der Produzentenrente nicht berücksichtigt werden müssten. Ein weiteres Argument, das für den Konsumentenwohlfahrtsstandard angeführt wird, ist, dass das Ziel der Gesamtwohlfahrt besser erreicht wird, wenn die Wettbewerbsbehörden sich am Konsumentenwohlfahrtsstandard orientieren. So wurde gezeigt, dass eine Ankündigung der Wettbewerbsbehörden, sich am Konsumentenwohlfahrtsstandard zu orientieren, dazu führt, dass vor allem solche Zusammenschlüsse stattfinden werden, die die Gesamtwohlfahrt erhöhen.[15] Wenn Unternehmen durch Lobbying das Ergebnis einer Fusionsentscheidung beeinflussen können, dann führt ein gewichteter Durchschnitt von Produzenten- und Konsumentenrente mit einem größeren Gewicht für Letztere zu einem Ausgleich des Einflusses der Unternehmen auf die Wettbewerbsbehörden.[16]

Die Entscheidung über den Standard zur Beurteilung wettbewerbsrechtlicher bzw. -politischer Maßnahmen ist letztlich normativer Natur. Die meisten Wirtschaftswissenschaftler neigen dem Gesamtwohlfahrtsstandard zu, da sie sich in aller Regel an der gesamten Wohlfahrt orientieren und Verteilungsfragen anderen Politikbereichen zuweisen.[17] Der Gesamtwohlfahrtsstandard lässt die Verteilung der volkswirtschaftlichen Rente zwischen Produzenten- und Konsumentenrente bewusst unberücksichtigt, entscheidend ist nur ihre absolute Höhe. Die Aufteilung auf Konsumenten und Unternehmen könnte durch eine entsprechende Verteilungs- oder Steuerpolitik geregelt werden. Verteilungsfragen werden also anderen Politikbereichen als der Wettbewerbspolitik zugeordnet.[18] Verwendet man hingegen den Konsumentenwohlfahrtsstandard, dann wird über die Verteilung der volkswirtschaftlichen Rente bereits im Rahmen der Wettbewerbspolitik bzw. des Wettbewerbsrechts mitentschieden: Nur solche Maßnahmen und Entwicklungen sind unproblematisch, die die Konsumenten an den Vorteilen teilhaben lassen. Die normative Frage, welcher Wohlfahrtsstandard anzuwenden sei, wird in verschiedenen Jurisdiktionen unterschiedlich beantwortet. So wird in Europa und in den USA tenden-

---

15 Vgl. *Friedolfsson* (2007); *Lyons* (2002).
16 Vgl. *Neven/Röller* (2005).
17 Vgl. z. B. *Farrell/Katz* (2006).
18 Dieses Argument setzt jedoch implizit voraus, dass die Höhe der volkswirtschaftlichen Rente unabhängig von einer möglicherweise später erfolgenden Umverteilung ist. Vgl. auch Fn. 9. Die Frage der Umverteilung von volkswirtschaftlicher Rente von den Konsumenten auf die Produzenten gehörte zu den traditionellen Argumenten der Wettbewerbspolitik. Dieser Aspekt wurde von *Pittman* (2007) wieder aufgegriffen.

ziell der Standard der Konsumentenwohlfahrt herangezogen, während in Ländern wie z. B. Kanada, Australien und Neuseeland auch die Produzentenrente mitberücksichtigt wird.[19]

B. Wettbewerb und Effizienz

Bisher wurden die ökonomischen Ziele des Wettbewerbsrechts bzw. der Wettbewerbspolitik nur in abstrakt-genereller Form dargestellt, ohne deutlich zu machen, in welcher Weise der Wettbewerb dazu beiträgt, diese Effizienzkriterien zu erfüllen. Im Folgenden sollen nun die wirtschaftstheoretischen Grundlagen dargestellt werden, mit deren Hilfe Aussagen darüber getroffen werden können, inwieweit Wettbewerb dazu führt, die genannten Ziele zu erreichen. Dabei werden die in der Wirtschaftstheorie untersuchten Marktformen der vollkommenen Konkurrenz, des Monopols sowie des Oligopols diskutiert. Auf den Fall des Monopsons sowie des Oligopsons wird ebenfalls kurz eingegangen.

I. Vollkommene Konkurrenz

Wie oben beschrieben, liegt eine effiziente Allokation auf einem Markt nur dann vor, wenn der Preis des Gutes den Grenzkosten seiner Herstellung entspricht und Angebot und Nachfrage sich ausgleichen. In diesem Fall sind alle Tauschgewinne, die auf diesem Markt erzielt werden können, ausgeschöpft. Betrachtet man nicht nur einen einzelnen Markt, sondern eine gesamte Volkswirtschaft, dann muss diese Bedingung simultan für alle Märkte erfüllt sein, damit die gesamte volkswirtschaftliche Rente maximiert wird. Es stellt sich daher die Frage, ob und unter welchen Bedingungen in einer Marktwirtschaft eine Situation existieren kann, bei der simultan auf allen Märkten eine effiziente Allokation vorliegt, d. h. ein allgemeines Gleichgewicht. Diese zentrale Frage der Wirtschaftstheorie konnte in allgemeiner Form erst in den 1950er Jahren durch die Arbeiten von *Arrow*, *Debreu* und *McKenzie* positiv beantwortet werden.[20] Für die Existenz eines allgemeinen Gleichgewichts, das auch als Walras-Gleichgewicht[21] oder als Gleichgewicht bei vollkommener Konkurrenz bzw. Wettbewerbsgleichgewicht bezeichnet wird, müssen jedoch eine Reihe restriktiver Bedingungen erfüllt sein, die in der Realität, wenn überhaupt, nur in einer sehr geringen Anzahl von Märkten vorlie-

---

19 *Lyons* (2002) sowie *Motta* (2004), 20.
20 Vgl. *Arrow/Debreu* (1954), *Debreu* (1959) sowie *McKenzie* (1959).
21 Benannt nach dem Ökonomen *Leon Walras* (1834–1910).

I. Vollkommene Konkurrenz **Teil 1**

gen. Es sei in diesem Zusammenhang deutlich darauf hingewiesen, dass die Theorie des allgemeinen Gleichgewichtes sich nicht als realistische Beschreibung einer existierenden Marktwirtschaft versteht und auch keineswegs so interpretiert werden sollte. Auch ist ein Wettbewerbsgleichgewicht kein anzustrebendes Ziel der Wettbewerbspolitik. Vielmehr handelt es sich bei diesem Konstrukt um eine Idealvorstellung der Wirtschaftstheorie, das in erster Linie dazu dient, die Funktionsweise einer Marktwirtschaft, insbesondere die allokative Rolle von Preisen, zu verdeutlichen.

Die wichtigsten Annahmen für die Existenz eines allgemeinen Gleichgewichts werden im Folgenden kurz skizziert: So müssen, wie im Abschnitt über Allokationseffizienz bereits erwähnt, sich alle Unternehmen und alle Konsumenten als Preisnehmer verhalten, d.h. jedes Unternehmen und jeder Konsument muss davon ausgehen, dass sein Angebots- bzw. Nachfrageverhalten keinerlei Einfluss auf den Marktpreis hat. Der Marktpreis ist daher für jedes Unternehmen und für jeden Konsumenten ein Datum. Die Nachfragefunktion, der sich ein einzelnes Unternehmen gegenübersieht, verläuft also horizontal: Jedes Unternehmen geht annahmegemäß davon aus, dass es beim herrschenden Preis jede beliebige Menge absetzen kann. Diese Annahme ist dann sinnvoll, wenn die Anzahl der Unternehmen (bzw. Konsumenten), die dieses Produkt anbieten (bzw. nachfragen) „groß" ist und jedes Unternehmen (bzw. jeder Konsument) im Verhältnis zur gesamten Menge des Gutes am Markt nur einen sehr geringen Anteil anbietet (bzw. nachfragt). Unternehmen und Konsumenten verhalten sich im Rahmen dieses Modells also als Preisnehmer und können nur die angebotene bzw. nachgefragte Menge des jeweiligen Gutes anpassen.

Dabei werden Güter im Sinne der Theorie des allgemeinen Gleichgewichts unterschieden nach ihren physischen Eigenschaften, dem Ort und dem Zeitpunkt ihrer Bereitstellung.[22] Das gleiche physische Gut, das an einem anderen Ort zur Verfügung gestellt wird, ist ein anderes Gut im Sinne dieser Theorie. Unterscheiden sich die physischen Eigenschaften, wie z.B. bei differenzierten Gütern, auch nur geringfügig, werden diese als verschiedene Güter betrachtet. Güter und Märkte werden im Rahmen dieser Theorie identifiziert. Jedem Gut ist ein eigener Markt zugeordnet, ein sogenannter „ökonomischer Markt". Auf diesem gilt das „Gesetz des einheitlichen Preises", denn andernfalls würden Wirtschaftssubjekte eine Arbitrage vornehmen und die Preise würden sich angleichen.

---

22 In bestimmten Modellerweiterungen, z.B. bei der Berücksichtigung von Unsicherheit, werden Güter darüber hinaus nach einem Eintreten eines Zufallsereignisses, dem sogenannten „Zustand der Welt" unterschieden. Vgl. *Debreu* (1959).

Teil 1 B. Wettbewerb und Effizienz

Weiterhin wird angenommen, dass alle Marktteilnehmer über die gleichen, vollständigen Informationen über sämtliche entscheidungsrelevanten Größen, wie z. B. Preise, Konditionen, Qualität der Güter, Bezugsmöglichkeiten etc. verfügen, denn eine asymmetrische Informationsverteilung zwischen Käufern und Verkäufern oder unvollständige Information über wichtige Eigenschaften kann dazu führen, dass der Wettbewerb auf einem Markt nicht zu einem aus gesellschaftlicher Sicht wünschenswerten Ergebnis führt.[23] Ist z. B. die Qualität eines Gutes von den Käufern nicht beobachtbar, dann wird aufgrund dieser Qualitätsunsicherheit häufig nur eine geringere Menge nachgefragt als dies bei vollkommener Information über die Qualität der Fall wäre. Die Existenz unvollständiger oder asymmetrisch verteilter Informationen führt darüber hinaus häufig dazu, dass Transaktionen nicht mehr kostenlos durchgeführt werden können, wie in der Theorie des allgemeinen Gleichgewichts implizit unterstellt wird. Den Wirtschaftssubjekten entstehen bei der Abwicklung, Durchführung und gegebenenfalls bei der Durchsetzung ihrer Ansprüche Transaktionskosten, die zu allokativen Ineffizienzen führen können.

Auch kann bei Vorliegen von öffentlichen Gütern, d.h. solchen Gütern, die durch Nichtrivalität im Konsum und Nichtausschließbarkeit gekennzeichnet sind wie z. B. die Landesverteidigung oder das Rechtssystem, die Funktionsweise eines Marktsystems gestört sein. Da aufgrund der Nichtausschließbarkeit jedes Wirtschaftssubjekt in den Genuss eines öffentlichen Gutes kommen würde auch ohne hierfür eine Zahlung zu leisten, wird im Allgemeinen eine zu geringe Menge des öffentlichen Gutes angeboten. Verwandt mit den öffentlichen Gütern sind sogenannte externe Effekte, die vorliegen, wenn die Konsum- oder Produktionsaktivitäten eines Wirtschaftssubjektes einen direkten, d. h. nicht über einen Markt vermittelten Einfluss (der positiv oder negativ sein kann) auf andere Wirtschaftssubjekte haben, wie es z. B. bei Schadstoffemissionen der Fall ist. Auch hier liegt ein Problem der Nichtausschließbarkeit vor und es wird im Vergleich zum Optimum zu viel von dem entsprechenden Gut produziert, da im unternehmerischen Kalkül die negativen Auswirkungen der Schadstoffemissionen nicht berücksichtigt werden.

Weiterhin dürfen Unternehmen keine Größenvorteile, sogenannte zunehmende Skalenerträge (economies of scale), aufweisen, denn in diesem Fall würden die Stück- und Grenzkosten mit zunehmender Produktionsmenge fallen. Je mehr ein solches Unternehmen produziert, desto kosten-

---

[23] Asymmetrische Information kann dazu führen, dass nicht alle Tauschgewinne realisiert werden, wie das z. B. im Modell von *Akerlof* (1970) gezeigt wird.

günstiger wird die Herstellung. Seine Gewinne würden mit steigender Produktionsmenge zunehmen. Langfristig würde ein solches Unternehmen seine Konkurrenten vom Markt verdrängen und wäre dann nicht mehr „klein" im Verhältnis zum gesamten Markt. In diesem Fall wird es sich nicht mehr als Preisnehmer verhalten.[24] Dies gilt analog für Verbundvorteile (economies of scope), bei denen es günstiger ist, mehrere Produkte in einem Unternehmen herzustellen als die Produktion auf mehrere spezialisierte Unternehmen zu verteilen.

Alle diese Bedingungen müssen erfüllt sein, damit ein allgemeines Gleichgewicht mit den genannten Eigenschaften existiert. Ist nur eine davon verletzt, dann ist entweder die Existenz eines allgemeinen Gleichgewichtes nicht gewährleistet oder das Gleichgewicht besitzt nicht die gewünschte Eigenschaft der Pareto-Optimalität. In einem solchen Fall spricht man von einem Marktversagen. Die Wirtschaftstheorie hat sich seit längerer Zeit mit den verschiedenen Ursachen möglichen Marktversagens befasst und hat untersucht, mit welchen Ergebnissen auf Märkten zu rechnen ist, wenn z. B. Transaktionen nicht kostenlos durchgeführt werden, Informationsprobleme vorliegen oder Unternehmen über Größenvorteile verfügen. Im Zuge der Untersuchung der verschiedenen Ursachen von Marktversagen ist eine Reihe von Teildisziplinen der Wirtschaftstheorie entstanden. So untersucht die Transaktionskostenökonomik vor allem die Frage, welchen Einfluss Transaktionskosten auf Marktergebnisse haben und welche Institutionen von den Akteuren geschaffen und verwendet werden, um die resultierenden Ineffizienzen möglichst gering zu halten. Ein weiterer Untersuchungsgegenstand der Transaktionskostenökonomik ist die interne Organisationsstruktur von Unternehmen.[25] In engem Zusammenhang mit der Transaktionsökonomik steht die Informationsökonomik, die untersucht, welchen Einfluss asymmetrische Informationsverteilungen zwischen den Wirtschaftssubjekten auf die Gestaltung von Transaktionen haben und wie Verträge (im ökonomischen Sinne) ausgestaltet sein sollten, um möglichst effiziente Ergebnisse zu erzielen. Transaktionskostenökonomik und Informationsökonomik mit dem Teilgebiet der Vertragstheorie werden häufig unter dem Begriff der Neuen Institutionenökonomik zusammengefasst.[26] Das Gebiet der Industrieökonomik untersucht die Struktur von Märkten mit unvollständigem Wettbewerb, d. h. in Situationen in denen Akteure durch ihr Verhalten das Marktergebnis, also z. B. Preise oder Produktqualität beeinflussen können. Dies ist vor allem dann der Fall, wenn auf einem Markt nur wenige oder, im Extremfall, nur ein

---

24 Dies könnte im Extremfall zu einem natürlichen Monopol führen.
25 Für einen Überblick über die Transaktionskostenökonomik vgl. *Williamson* (1989).
26 Ein Lehrbuch zur Institutionenökonomik ist *Erlei/Leschke/Sauerland* (2007).

B. Wettbewerb und Effizienz

einziges Unternehmen aktiv ist, d.h. auf oligopolistischen und monopolistischen Märkten. Zu den Themen der Industrieökonomik gehören daher die Preis- und Angebotsentscheidungen von Unternehmen in verschiedenen Marktstrukturen, Werbung, das Investitionsverhalten, Markteintritts- und -austrittsbarrieren, die Bildung von Kartellen, Unternehmenszusammenschlüsse, die Beziehungen zwischen Märkten auf verschiedenen Stufen der Wertschöpfungskette sowie Strategien der Unternehmen, um aktuelle oder potenzielle Wettbewerber zu behindern. Aber auch Märkte mit spezifischen Besonderheiten, wie z.B. Märkte mit Netzeffekten, zweiseitige Märkte oder auch natürliche Monopole werden von der Industrieökonomik analysiert.

Diese Teilgebiete sind nicht strikt voneinander zu trennen, sondern es gibt vielfältige Überschneidungen. Zahlreiche Ergebnisse aus den Bereichen der Neuen Institutionenökonomik, z.B. über bestimmte Vertragsgestaltungen, über die Auswirkungen asymmetrischer Information oder über die interne Organisation von Unternehmen sind in die Industrieökonomik eingeflossen und Resultate z.B. über oligopolistische Märkte finden Verwendung in der Informations- und Transaktionskostenökonomik. Im Vergleich zur Theorie des allgemeinen Gleichgewichts sind diese Ansätze deutlich realistischer, allerdings unterliegen sie der Einschränkung, dass in der Regel nur ein einzelner Markt betrachtet wird. Es handelt sich also um sogenannte partialanalytische Modelle. Das komplexe System einer Volkswirtschaft mit allen Wechselwirkungen und Rückkoppelungseffekten zwischen den Märkten bleibt unbeachtet. Für viele Fragen, die im Bereich der Wettbewerbstheorie im Zentrum des Interesses stehen, sind diese Effekte in aller Regel nur von untergeordneter Bedeutung.

Die letzte wichtige Einschränkung im Zusammenhang mit der Theorie des allgemeinen Gleichgewichtes ist der statische Charakter des Modells. Es werden keinerlei Veränderungen z.B. bezüglich der Zahl der Unternehmen und Konsumenten, der verwendeten Technologien oder der Anzahl der verschiedenen Güter betrachtet. Das Verhalten von Konsumenten und Unternehmen wird bei gegebenen Rahmenbedingungen untersucht, mit ausschließlicher Konzentration auf Gleichgewichtszustände. Anpassungsprozesse an ein Gleichgewicht und die dabei ablaufende Zeit spielen keine Rolle – es handelt sich um ein statisches, atemporales Modell. Veränderungen der Rahmenbedingungen, d.h. dynamische Aspekte, wie z.B. Marktein- und -austritte, Innovationen, technischer Fortschritt oder die Entwicklung und Vermarktung neuartiger Produkte werden im Modell des allgemeinen Gleichgewichts systematisch ausgeblendet. Dies ist jedoch, insbesondere für Fragen der dynamischen Effizienz, deren zentraler Aspekt ja gerade derartige Änderungen in den Rahmenbedingungen ist, eine erhebliche Einschränkung.[27] Für die Teilgebiete der Neuen Institutionenökonomik und der Industrieökonomik gilt diese Einschränkung in deutlich geringerem Maße. Im Rahmen dieser Forschungsbereiche werden Modelle zu Innovationen, Forschung und Entwicklung, Marktein- und Marktaustritten oder zeitlich sequentiellen Entscheidungen entwickelt. Allerdings ist auch bei den Versuchen, intertemporale oder dynamische Aspekte zu erfassen, eine starke Betonung des Gleichgewichtsgedankens unverkennbar.

Vollkommene Konkurrenz und Allokationseffizienz. Trotz dieser zahlreichen und restriktiven Annahmen stellt die Wirtschaftstheorie weiterhin auf das Modell der vollkommenen Konkurrenz als zentralen Bezugspunkt ab, weil ein Wettbewerbsgleichgewicht eine Reihe von wünschenswerten Eigenschaften besitzt, die in den beiden Hauptsätzen der Wohlfahrtstheorie zusammengefasst werden. Der erste Hauptsatz der Wohlfahrtstheorie besagt, dass die Allokation im allgemeinen Gleichgewicht Pareto-effizient ist. Alle Tauschgewinne sind ausgeschöpft und es gibt keine Möglichkeit, ein Wirtschaftssubjekt besser zu stellen, ohne gleichzeitig ein anderes schlechter zu stellen. Allerdings könnte die im Gleichgewicht realisierte Allokation jedoch sehr ungleich und aus verteilungspolitischen Erwägungen nicht akzeptabel sein. Der zweite Hauptsatz der Wohlfahrtstheorie besagt nun, dass unter bestimmten Voraussetzungen durch geeignete Eingriffe, wie z. B. Umverteilungsmaßnahmen, jeder gewünschte Pareto-effiziente Zustand als ein Wettbewerbsgleichgewicht erreicht werden kann.[28]

Die Theorie des allgemeinen Gleichgewichts, wie sie von Arrow und Debreu entwickelt wurde, geht von einer festen Anzahl von Unternehmen aus, eine Annahme die zur Beschreibung langfristiger Entwicklungen auf einem Markt häufig nicht geeignet ist. Daher wird in einem alternativen Modell davon ausgegangen, dass eine potenziell unendliche Anzahl von Unternehmen gebildet werden kann, die in einen Markt eintreten, wenn dort positive Gewinne erwirtschaftet werden können.[29] Die-

---

27 Zwar gibt es auch Erweiterungen der Theorie des allgemeinen Gleichgewichts, so dass intertemporale Aspekte berücksichtigt werden können. Hierzu gehören z.B. die Modelle überlappender Generationen; vgl. *Geanakoplos/Polemarchakis* (1991). Allerdings stellen auch diese Ansätze keine dynamischen Modelle im genannten Sinne dar.
28 Wenn aus bestimmten Gründen, wie z.B. aufgrund externer Effekte, die Bedingungen für eine effiziente Allokation nicht erfüllt sind, dann ist es im Allgemeinen nicht sinnvoll, zu versuchen, dass bei allen anderen Märkten diese Bedingungen aufrecht zu erhalten. Die Theorie des „second best" hat darauf hingewiesen, dass zur Erreichung eines zumindest zweitbesten Zustandes einer Volkswirtschaft die Abweichungen von den Effizienzbedingungen auf einem Markt durch Abweichungen auf einem oder mehreren anderen Märkten ausgeglichen werden können.
29 Vgl. hierzu S. 190 f.

sen Unternehmen steht die effizienteste Produktionstechnologie zur Verfügung. Realisieren Unternehmen jedoch Verluste, werden sie den Markt verlassen. Ein langfristiges Wettbewerbsgleichgewicht ist dadurch charakterisiert, dass Angebot und Nachfrage auf diesem Markt ausgeglichen sind, die Unternehmen ihren Gewinn maximieren und keine weiteren Marktein- oder Marktaustritte erfolgen. Letzteres ist dann der Fall, wenn Unternehmen weder Gewinne realisieren noch Verluste machen, d.h. jedes Unternehmen produziert im Minimum seiner Stückkosten.[30] Da in den ökonomischen Kosten, den Opportunitätskosten, der kalkulatorische Unternehmerlohn und die Kapitalverzinsung bereits enthalten sind, bedeutet die Null-Gewinn-Bedingung, dass jedes Unternehmen den Normalgewinn realisiert. Weiterhin hat das langfristige Gleichgewicht die Eigenschaft, die volkswirtschaftliche Rente zu maximieren, d.h. es ist Pareto-optimal.

Vollkommene Konkurrenz und Produktionseffizienz. Die einzelwirtschaftliche Produktionseffizienz ist im Modell des allgemeinen Gleichgewichts gewährleistet. Da im Arrow-Debreu-Modell die Zahl der Unternehmen kurzfristig jedoch fest gegeben ist und keine Marktein- und Marktaustritte stattfinden, ist ein Gleichgewicht mit positiven Gewinnen möglich. Langfristig jedoch werden diese positiven Gewinne durch Markteintritte verringert und es wird ein Zustand erreicht, in dem alle Unternehmen im Minimum ihrer langfristigen Stückkosten produzieren, d.h. jeweils die optimale Betriebsgröße erreicht haben. Dabei wird angenommen, dass die neu in den Markt eintretenden Unternehmen Zugang zur effizientesten Technologie haben und es keine Marktzutritts- oder Marktaustrittsschranken gibt. Aufgrund der zusätzlichen Unternehmen im Markt würde die angebotene Menge steigen und könnte bei gegebener Nachfrage nur zu einem geringeren Preis abgesetzt werden. Ineffiziente Unternehmen müssten den Markt verlassen, bis schließlich alle Unternehmen die effizienteste Technologie verwenden. Ein entsprechender Zusammenhang zwischen der Produktivität und Marktein- und Marktaustritten konnte in einigen Untersuchungen auch empirisch bestätigt werden.[31]

Vollkommene Konkurrenz und dynamische Effizienz. Da es sich beim Modell des allgemeinen Gleichgewichtes um ein statisches, atemporales Modell handelt, erlaubt es keine Aussagen über dynamische Aspekte des Wirtschaftsprozesses. Selbst wenn man ein Gleichgewicht als Resultat eines nichtmodellierten Anpassungsprozesses auffasst, kann diese Theorie

---

30 Vgl. *MasColell/Whinston/Green* (1995), 337f.
31 Vgl. *Disney/Haskel/Heden* (2003) sowie *Olley/Pakes* (1996).

zur Erklärung des zeitlichen Ablaufs von Wettbewerbsprozessen nur wenig beitragen. Zwar wurden auch Versuche unternommen, die Theorie des allgemeinen Gleichgewichtes intertemporal zu formulieren, indem man Güter mit einem Zeitindex versehen hat, aber sie bleibt trotz dieser Modifikation weiterhin eine statische Theorie, denn alle Entscheidungen der Wirtschaftssubjekte werden einmalig und für die gesamte Zukunft getroffen. Auch die Theorie des langfristigen Gleichgewichts ist, trotz Berücksichtigung von Marktein- und Marktaustritten, dem Gleichgewichtskonzept verhaftet. Zwar können Unternehmen den Markt betreten oder ihn verlassen, aber es werden keine Innovationen durchgeführt, keine neuen Güter auf den Markt gebracht und keine neuen Technologien entwickelt. Auch in diesem Modell vollziehen sich keine Prozesse, sondern es wird ein Zustand betrachtet, in dem keine Veränderungen mehr stattfinden.

Neben diesem methodischen Argument kann man die Frage untersuchen, ob und in welchem Maße Unternehmen bei vollkommenem Wettbewerb Investitionen in Forschung und Entwicklung tätigen. Dabei hat es sich als sinnvoll erwiesen, zwischen Prozess- und Produktinnovationen zu unterscheiden. Dabei handelt es sich bei ersteren um neue, kostengünstigere Herstellungsverfahren und bei letzteren um verbesserte oder neuartige Produkte. Der Anreiz, z.B. durch eine Prozessinnovation günstiger als die Konkurrenz zu produzieren, ist für ein Unternehmen auf einem Wettbewerbsmarkt groß, denn dann könnte es zumindest für einen gewissen Zeitraum deutlich höhere Gewinne realisieren oder versuchen, durch eine Unterbietung der Konkurrenten eine temporäre Monopolstellung zu erlangen.[32] Bei einer Produktinnovation hätte das Unternehmen wenigstens für die Zeit des Patentschutzes eine Monopolstellung mit den entsprechenden größeren Gewinnen. Wettbewerb zwischen Unternehmen auf einem Markt mit vollkommener Konkurrenz findet also hinsichtlich der dynamischen Effizienz nicht mittels des Preises als Wettbewerbsparameter sondern durch Innovationen statt. Dies gilt vor allem in Märkten, die durch raschen technischen Wandel gekennzeichnet sind. Allerdings erzielen Unternehmen bei vollkommenem Wettbewerb zumindest langfristig keine höheren als die Normalgewinne, d.h. es stehen ihnen oftmals keine ausreichenden Mittel zur Verfügung, um in riskante Forschungs- und Ent-

---

32 In der Literatur wird zwischen drastischen und nichtdrastischen Prozessinnovationen unterschieden: Eine drastische Innovation erlaubt es dem Unternehmen, einen so niedrigen Preis zu setzen, dass es eine zumindest temporäre Monopolstellung erlangen kann. Nichtdrastische Innovationen geben den Unternehmen einen Vorteil gegenüber den Wettbewerbern, aber die erzielte Kostensenkung reicht nicht aus, um eine Monopolstellung zu erlangen.

Teil 1 B. Wettbewerb und Effizienz

wicklungsvorhaben zu investieren.[33] Dies legt die Vermutung nahe, dass die vollkommene Konkurrenz für die dynamische Effizienz des Wirtschafts- und Wettbewerbsprozesses nicht besonders geeignet ist.

II. Monopol

Während im Modell des allgemeinen Gleichgewichts davon ausgegangen wird, dass sich die einzelnen Unternehmen als Preisnehmer verhalten, da sie nur einen geringen Anteil am gesamten Markt haben, ist diese Annahme bei Unternehmen, die gegenüber dem gesamten Markt eine signifikante Größe haben, nicht gerechtfertigt. So sieht sich ein Monopolist als alleiniger Anbieter eines Gutes der gesamten Marktnachfrage gegenüber. Da ein reines Monopol definitionsgemäß weder aktuellem noch potenziellem Wettbewerb ausgesetzt ist, hat es die Möglichkeit, jeden beliebigen Punkt auf der Nachfragefunktion durch eine entsprechende Preis- oder Mengenpolitik zu realisieren.[34] Der Monopolist kann entweder einen bestimmten Preis für sein Produkt fordern und die Konsumenten werden dann die durch die Nachfragefunktion bei diesem Preis determinierte Menge abnehmen oder er kann eine bestimmte Menge produzieren, wobei sich auf dem Markt ein Preis derart bilden wird, dass die hergestellte Menge gerade abgesetzt werden kann.[35] Anders als in einem Markt mit vollkommener Konkurrenz kann also ein Monopolist durch sein Verhalten den Marktpreis entweder direkt (durch eine Preissetzung) oder indirekt (über die hergestellte Menge) beeinflussen. Wenn er eine größere Menge seines Produktes am Markt absetzen möchte, dann kann er dies nur, wenn er bereit ist, einen geringeren Preis für sein Produkt zu akzeptieren.[36] Würde er seine Herstellungsmenge reduzieren, dann

---

33 Auch eine Finanzierung dieser Investitionen am Kapitalmarkt ist für kleine Unternehmen aufgrund asymmetrischer Informationen über die Riskanz der Investition häufig nicht möglich oder zumindest schwierig.
34 Die häufig angeführte Behauptung, ein Monopolist könnte sich unabhängig von den Verbrauchern verhalten ist also nicht richtig – es kann nur Punkte auf der Nachfragefunktion realisieren, ist also nicht unabhängig von der Nachfrage.
35 Es wird im Folgenden unterstellt, dass der Monopolist nur ein Gut herstellt. Das Verhalten von Mehrproduktmonopolen wird kurz auf S. 30 f. angesprochen.
36 Bisher wurde bei der Diskussion immer auf den Marktpreis abgestellt. Eine entsprechende Argumentation gilt auch für andere Wettbewerbsparameter. Würde z.B. der Preis des Produktes gleich gelassen, aber die Qualität verringert werden, dann könnte man dies mit Hilfe des Konzeptes des ‚quality adjusted price' auch als eine Preiserhöhung interpretieren: Der Konsument bekommt nun für den gleichen Preis ein schlechteres Produkt oder, anders ausgedrückt, er müsste für ein gleichwertiges einen höheren Preis zahlen. Eine analoge Charakterisierung gilt für andere Wettbewerbsparameter wie z.B. Serviceleistungen. Vgl. *Rosen* (1974).

II. Monopol **Teil 1**

könnte er dadurch den Preis in die Höhe treiben. Es stellt sich daher die Frage, welchen Preis ein Monopolist verlangen bzw. welche Menge er herstellen sollte, um seinen Gewinn zu maximieren.

Wenn der Monopolist seine Angebotsmenge erhöht, dann treten insgesamt drei Effekte auf: Erstens führt die größere Angebotsmenge aufgrund der fallenden Nachfragefunktion zu einem geringeren Preis, zweitens kann er eine größere Menge verkaufen und drittens verursacht die größere Angebotsmenge zusätzliche Kosten. Bietet der Monopolist eine weitere Einheit von seinem Produkt an, dann wird der Preis, den er für sein Produkt erzielen kann, etwas sinken, wobei der geringere Preis nicht nur für die zusätzliche, die sogenannte marginale Einheit gilt, sondern auch für alle anderen, bereits hergestellten Einheiten, die sogenannten inframarginalen Einheiten.[37] Allerdings setzt der Monopolist auch eine zusätzliche Einheit ab. Die Erlösänderung, der Grenzerlös, setzt sich also aus dem geringeren Preis für alle Einheiten und dem Erlös für die eine zusätzlich produzierte Einheit zusammen. Das Ausmaß der Erlösänderung ist durch den Verlauf der Nachfragefunktion determiniert. Aber der Monopolist muss auch die Grenzkosten der zusätzlich produzierten Einheit tragen, die durch die Technologie des Unternehmens bestimmt sind. Eine Angebotsausweitung ist für den Monopolisten immer dann sinnvoll, wenn der dadurch erzielte Grenzerlös größer ist als die Grenzkosten, denn dann steigt der Gewinn. Andernfalls sollte der Monopolist sein Angebot reduzieren. Das Gewinnmaximum für den Monopolisten liegt also bei der Menge, bei der Grenzerlös und Grenzkosten gleich sind. Dies entspricht im Prinzip der Bedingung für das Gewinnmaximum eines Unternehmens bei vollkommener Konkurrenz, denn in einem Wettbewerbsmarkt ist der Marktpreis für ein Unternehmen gegeben, so dass hier im Gewinnmaximum der Grenzerlös gleich dem Preis sein muss. Da ein preisnehmendes Unternehmen in einem Markt mit vollkommenem Wettbewerb bei einer Angebotsausweitung immer den gleichen Preis pro Stück erzielt, wird es sein Angebot bis zu der Menge ausdehnen, bei der die Grenzkosten gleich dem Preis sind. Beim Monopolisten hingegen unterscheiden sich Preis und Grenzerlös, da dieser sich der gesamten fallenden Nachfragefunktion gegenübersieht. Der Monopolist berücksichtigt, dass er einen höheren Preis erzielen kann, wenn er eine geringere Menge anbietet und wird daher sein Angebot reduzieren. Die Maxime „Grenzerlös gleich Grenzkosten" führt dazu, dass ein Monopolist eine geringere Menge anbietet als ein preisnehmendes Unternehmen, bzw. einen höheren

---

[37] Es wird dabei unterstellt, dass der Monopolist von allen Konsumenten den gleichen Preis verlangt, also keine Preisdiskriminierung betreiben kann.

Teil 1 B. Wettbewerb und Effizienz

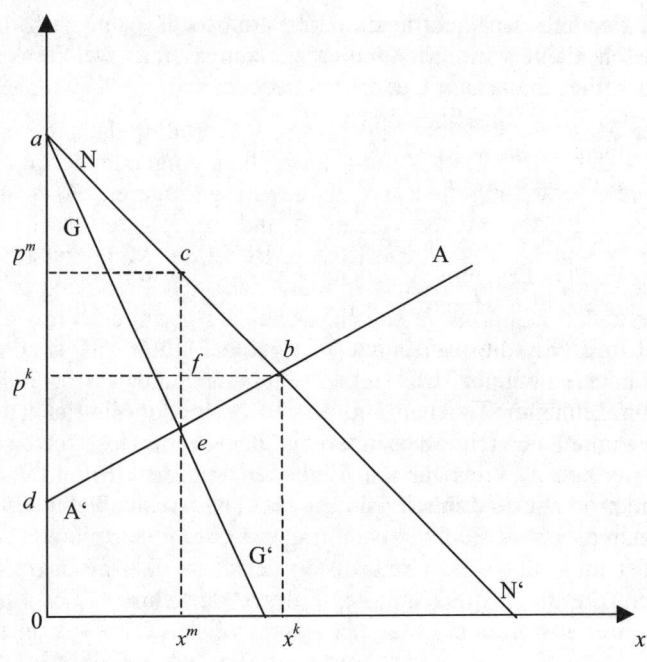

Abbildung 2: Marktergebnis beim Monopol

als den Wettbewerbspreis fordert. Das resultierende Gleichgewicht wird sich also bei einem Preis einstellen, der über den Grenzkosten der Herstellung liegt. Graphisch kann man sich das Marktergebnis bei einem Monopol anhand von Abbildung 2 verdeutlichen.

Hier bezeichnet die Linie NN' die fallende Nachfragefunktion und AA' die steigende Grenzkosten- bzw. Angebotsfunktion. Die Linie GG' stellt die Grenzerlösfunktion dar. Diese liegt unterhalb der Nachfragefunktion, da bei einer Mengenerhöhung der Preis für alle Einheiten, auch die inframarginalen, sinkt. Bei vollkommenem Wettbewerb wird im Gleichgewicht die Preis-Mengenkombination p^k, x^k realisiert, bei der Preis und Grenzkosten übereinstimmen. Der Monopolist wird sein Angebot bzw. seinen Preis derart wählen, dass die Grenzkosten und der Grenzerlös übereinstimmen. Es ergibt sich also im Monopol-Gleichgewicht eine Preis-Mengenkombination p^m, x^m mit einem höheren Preis und einer geringeren Menge als bei Wettbewerb. Dabei hängt der Unterschied zwischen dem Ergebnis bei vollkommenem Wettbewerb und dem Monopol vor allem vom Verlauf bzw. von der Preiselastizität der Nachfragefunktion ab. Letztere gibt an, wie stark die Nachfrage bei einer Preiserhöhung abnimmt. Verliefe die Nachfragefunktion horizontal, d. h. wäre sie unendlich elastisch, dann wäre selbst bei einer noch so geringen Preiserhöhung keine Nachfrage mehr nach dem Produkt des Monopolisten vorhanden. Wäre die Nachfragefunktion hingegen senkrecht, d. h. sie wäre vollkommen preisunelastisch, wie es z. B. bei lebenswichtigen Medikamenten der Fall sein kann, dann wäre der Monopolist im Prinzip in der Lage, den Preis seines Produktes solange zu erhöhen, bis er das gesamte Einkommen der Nachfrager abgeschöpft hätte. Diese Überlegungen machen deutlich, dass für das Ergebnis in einem monopolistischen Markt die Eigenschaften der Nachfragefunktion von zentraler Bedeutung sind.[38]

Monopol und Allokationseffizienz. Wie bereits im Abschnitt über Allokationseffizienz dargelegt wurde, führt ein Preis, der über den Grenzkosten liegt, zu einer ineffizienten Allokation, weil in diesem Fall nicht alle Tauschgewinne ausgeschöpft werden. Da ein Monopolist seine Angebotsmenge bzw. seinen Preis nach der Regel „Grenzerlös gleich Grenzkosten" wählt, bietet er eine geringere Menge zu einem höheren Preis an als es unter sonst gleichen Bedingungen bei vollkommenem Wettbewerb der Fall wäre.

Monopolistisches Verhalten führt in der Regel zu einem Verlust an volkswirtschaftlicher Rente, d. h. einem Wohlfahrtsverlust. Aus der Abbildung 2 wird deutlich, dass der Monopolist eine geringere Menge anbieten wird, bzw. einen höheren Preis verlangt, als bei vollkommenem Wettbewerb. Die volkswirtschaftliche Rente beträgt bei einem Monopol *aced*, während sie bei vollkommenem Wettbewerb durch die Fläche *abd* beschrieben ist. Der durch das Monopol verursachte Wohlfahrtsverlust ist durch die Fläche *cbe* gekennzeichnet. Wenn die Preiselastizität der Nachfrage gering ist, die Nachfragefunktion also einen steilen Verlauf hat, dann wird eine monopolistische Preissetzung zwar zu einer großen Differenz zwischen Wettbewerbspreis und Monopolpreis führen. Aber aus dem gleichen Grunde wird sich die vom Monopol angebotene Menge nur wenig von der im Wettbewerbsgleichgewicht unterscheiden. Die beiden Effekte wirken in entgegengesetzter Richtung. Daher kann man keinen eindeutigen Zusammenhang zwischen der Preiselastizität der Nachfrage und der Höhe des Wohlfahrtsverlustes herstellen. Während frühe empirische Untersuchungen bezüglich der Höhe des Wohlfahrtsverlustes durch monopolistische Preis- bzw. Mengensetzung ergeben haben, dass dieser bei ca. 0,1% des Bruttoinlandsproduktes liegt,[39] haben spätere Untersuchun-

---

38 Zum Konzept der Preiselastizität der Nachfrage siehe auch S. 55–58.
39 Vgl. *Harberger* (1954). Dieses niedrige Ergebnis liegt an einigen spezifischen Annahmen, die *Harberger* getroffen hat, wie z. B. eine spezielle Nachfragefunktion.

Teil 1 B. Wettbewerb und Effizienz

gen gezeigt, dass die Wohlfahrtsverluste durch Monopole erheblich sein und bis zu 7% des Bruttoinlandsproduktes betragen können.[40]

Monopol und Produktionseffizienz. Im Rahmen des Modells des langfristigen Gleichgewichts konnte deutlich gemacht werden, dass Unternehmen durch aktuellen oder potenziellen Wettbewerb dazu veranlasst werden, die effizienteste Technologie einzusetzen und in Verfolgung ihres Ziels der Gewinnmaximierung keine Ressourcen zu verschwenden, d.h. sowohl die einzelwirtschaftliche als auch die gesamtwirtschaftliche Produktionseffizienz war gewährleistet. Wenn jedoch ein Unternehmen keinem Wettbewerbsdruck ausgesetzt ist, wie das beim reinen Monopol der Fall ist, dann besteht die Gefahr, dass dieses Unternehmen nicht effizient produziert. Die durch das „ruhige Leben" eines Monopols hervorgerufenen X-Ineffizienzen wie z.B. die Wahl einer inferioren Produktionstechnologie, resultieren vor allem daraus, dass bei der in vielen Unternehmen üblichen Trennung von Eigentum und Kontrolle das Management eines Unternehmens neben den Unternehmenszielen auch eigene Interessen verfolgt und daher keine ausreichenden Anreize hat, die kostenminimale Technologie einzusetzen.[41] Dies kann z.B. dann der Fall sein, wenn das Management gegenüber den Eigentümern über einen Informationsvorsprung verfügt, den es zur Verfolgung eigener Ziele ausnutzen kann. Hinzu kommt, dass das Management sich aufgrund der Verfolgung eigener Interessen nicht gewinnmaximierend verhält. Der mit einem Monopol verbundene Wohlfahrtsverlust kann also durch X-Ineffizienzen noch vergrößert werden.[42] Allerdings ist der Zusammenhang zwischen der internen Organisation eines Unternehmens und seinem Verhalten am Markt, der für das Problem der Produktionsineffizienz von zentraler Bedeutung ist, in der industrieökonomischen Literatur bisher noch wenig untersucht worden.[43]

Eine weitere Ineffizienz, die im Rahmen dieses Abschnitts angeführt werden kann, sind die Aufwendungen, die ein Monopolist tätigt, um seine Position zu sichern. Auf dieses Problem des sogenannten rent-seeking wurde von *Tullock* und *Posner* aufmerksam gemacht.[44] Wenn diese Aufwendungen keinen sozialen Nutzen stiften und ein Monopolist maximal

---

40 Vgl. *Cowling/Mueller* (1978), *Jenny/Weber* (1983). *Scherer/Ross* (1990) stehen diesen Resultaten jedoch skeptisch gegenüber und veranschlagen die Wohlfahrtsverluste auf 1–2% des Bruttoinlandsproduktes; vgl. *Scherer/Ross* (1990), 661–667.
41 Vgl. *Leibenstein* (1966). Eine Übersicht über X-Ineffizienzen findet sich in *Frantz* (1988).
42 Vgl. *Button/Weyman-Jones* (1992) sowie *Nickell* (1996).
43 Vgl. die Modelle von *Hart* (1983), *Scharfstein* (1988) sowie *Schmidt, K.M.* (1997).
44 Vgl. *Posner* (1975) sowie *Tullock* (1967).

bereit wäre, seinen gesamten Monopolgewinn hierfür zu verwenden, dann müsste dieser Monopolgewinn als Maß für die Verschwendung produktiver Ressourcen herangezogen werden. Allerdings sind die genannten Voraussetzungen in vielen Fällen nicht erfüllt, so dass gegenüber der Annahme von durch rent-seeking verursachten Ineffizienzen im Allgemeinen eher Skepsis angezeigt erscheint.[45]

Auf einen positiven Zusammenhang zwischen einem Monopol und möglicher Produktionseffizienz haben *Alchian* und *Demsetz* hingewiesen. Demnach könnte ein Unternehmen gerade deswegen eine Monopolstellung erreicht haben, weil es effizienter ist als seine Wettbewerber.[46] Wenn das der Fall wäre, dann gäbe es einen Trade-off zwischen allokativer Ineffizienz und Effizienz in der Produktion. So ist der Fall denkbar, dass die durch ein Monopol verursachte allokative Ineffizienz geringer ist als die zusätzliche produktive Effizienz. Auf diesen Zusammenhang wird im Rahmen der Berücksichtigung von Effizienzgewinnen in der Fusionskontrolle auf den Seiten 421–423 näher eingegangen.

Monopol und dynamische Effizienz. Die Vermutung eines positiven Zusammenhangs zwischen Monopolen bzw. Großunternehmen und dynamischer Effizienz bzw. Innovationen und technischem Fortschritt geht auf *Schumpeter* zurück.[47] Das zentrale Argument für diese These besteht darin, dass nur Monopole über hinreichend hohe Gewinne verfügen, um die häufig kostspieligen und riskanten Investitionen in Forschung und Entwicklung (FuE) zu tätigen, um neue Produkte zu entwickeln und zur Marktreife zu bringen oder um durch innovative Technologien eine kostengünstigere Produktion zu ermöglichen. Ohne die entsprechenden Gewinne wären derartige Investitionen nicht möglich. Allerdings kann man diesem Argument entgegenhalten, dass ein Monopol auch einen geringeren Anreiz hat, derartige Investitionen zu tätigen als z.B. ein Unternehmen bei vollkommenem Wettbewerb. Während ein Unternehmen bei vollkommenem Wettbewerb durch eine Prozess- oder Produktinnovation seinen Gewinn im Vergleich zur Ausgangssituation ohne Gewinn drastisch erhöhen kann, erzielt das Monopol selbst ohne eine Investition bereits einen Monopolgewinn. Durch eine erfolgreiche Investition in FuE könnte es sich nur den zusätzlichen Gewinn, d.h. die Differenz zwischen dem bisherigen Monopolgewinn und dem bei der neuen Technologie möglichen aneignen.[48] Der Unterschied besteht also vor allem in der Aus-

---

45 Vgl. *Fudenberg/Tirole* (1987).
46 Vgl. *Alchian/Demsetz* (1972).
47 Vgl. *Schumpeter* (1950) und *Schumpeter* (1952).
48 Dieser Effekt wurde erstmalig von *Arrow* beschrieben und wird als „replacement effect" bezeichnet, da der Monopolist sich gleichsam selbst ersetzt. Vgl. *Arrow* (1962).

gangsposition: Ein Unternehmen hat bei vollkommenem Wettbewerb durch eine erfolgreiche Innovation sehr viel zu gewinnen, ein Monopol hingegen nur einen Zuschlag auf seinen bisherigen Monopolgewinn. Diese Überlegung macht deutlich, dass Monopole häufig einen geringeren Anreiz für Investitionen in FuE haben als Unternehmen bei vollkommenem Wettbewerb.[49] Allerdings gilt diese Aussage nicht mehr unbedingt, wenn sich das Monopol durch einen Markteintritt eines Konkurrenten in seiner Position bedroht sieht. In diesem Fall könnte es versuchen, durch eine Innovation den Marktzutritt für den potenziellen Wettbewerber unattraktiv zu machen.[50]

Ein weiterer Aspekt der Forschungs- und Entwicklungsaktivitäten eines Monopols bzw. eines Großunternehmens ist die Erfolgswahrscheinlichkeit der Forschung. Die Theorie zeigt, dass die Höhe der Ausgaben für Forschung und Entwicklung von der Erfolgswahrscheinlichkeit bzw. der Riskanz eines Forschungsprojektes abhängt: Ist diese Wahrscheinlichkeit hoch und die Riskanz der Investition gering, dann sind diese Ausgaben einer normalen Investition vergleichbar und ein größeres Unternehmen wird mehr von diesen Investitionen durchführen. Ist hingegen die Erfolgswahrscheinlichkeit gering und die Riskanz hoch, dann wird ein großes Unternehmen eher seine Marktmacht einsetzen anstatt durch riskante Investitionen in unsichere Forschungsvorhaben Kapital aufs Spiel zu setzen.[51] Ähnlich wie die theoretischen Resultate über den Zusammenhang zwischen Unternehmensgröße bzw. Marktstruktur und Innovationen deuten auch die empirischen Ergebnisse darauf hin, dass es keine eindeutige Beziehung zwischen diesen Größen gibt.[52] "First, economic theory has developed some important insights regarding the incentives for firms to construct R&D (Research and Development, Anm. d. Verf.) and how those incentives are related to industrial structure. However, such theory does not give a clear prediction regarding the main validity of the main Schumpeterian hypothesis. Second, while empirical results are somewhat mixed the data we have offer neither clear nor strong support for Schumpeter's contentions."[53]

Erweiterungen des Monopolmodells. Die grundlegende Theorie des Monopols, wie sie in vorigen Abschnitt vorgestellt wurde, ist in mehrerer Hinsicht erweitert und ergänzt worden. Einige der wichtigsten Modifika-

---

49 Vgl. *Tirole* (1988), 392.
50 Vgl. hierzu S. 193–195.
51 Vgl. *Roeller/Stenneck/Verboven* (2001).
52 Vgl. die Untersuchungen von *Scherer* (1965), *Levin/Reiss* (1984), *Levin/Cohen/Mowery* (1985), *Lunn* (1986) sowie *Scott* (1990).
53 *Pepall/Richards/Norman* (2008), 605 f.

tionen werden im Folgenden kurz skizziert. Es handelt sich dabei um Monopole auf dauerhafte Güter und Mehrproduktmonopole.

Monopole auf dauerhafte Güter. Wenn ein Monopol ein Gut herstellt, das im Konsum nicht untergeht sondern seine Leistung über einen längeren Zeitraum abgibt, wie z. B. ein Kraftfahrzeug oder ein Kühlschrank, dann könnte ein solches Monopol andere Marktergebnisse hervorbringen als eines, das ein nicht-dauerhaftes Gut produziert. Die Überlegung dabei ist folgende: Wenn sich die Nachfrager nach dem Gut des Monopolisten in ihrer Zahlungsbereitschaft für dieses dauerhafte Gut unterscheiden, dann könnte der Monopolist zuerst einen sehr hohen Preis verlangen, um an die Konsumenten mit einer hohen Zahlungsbereitschaft zu verkaufen. In der nächsten Periode würde er den Preis senken, um nun auch die Konsumenten mit niedrigerer Zahlungsbereitschaft zu bedienen, in der dritten Periode würde er den Preis weiter senken und so nach und nach an alle Konsumenten verkaufen können. Der Monopolist würde versuchen, eine intertemporale Preisdifferenzierung vorzunehmen. Allerdings könnten die Konsumenten mit hoher Zahlungsbereitschaft ein solches Vorgehen des Monopolisten vorhersehen und daher mit dem Kauf des Produktes warten, bis der Preis gefallen ist. Im Extremfall, d. h. wenn das Gut, wie z. B. Land, eine unendliche Lebensdauer hat und die einzelnen Perioden nur eine sehr kurze Dauer haben, würde der Preis des Gutes auf die Höhe der Grenzkosten sinken. Der Grund für dieses Ergebnis liegt darin, dass die Konsumenten wissen, dass der Preis sehr schnell fallen wird; und daher werden sie mit dem Kauf des Gutes so lange warten, bis der Preis die Grenzkosten erreicht hat. Der Monopolist macht sich gleichsam selbst Konkurrenz durch sein Angebot in den folgenden Perioden. Er sieht sich also einer vollständig elastischen Nachfragefunktion gegenüber und würde sich so verhalten wie ein Unternehmen bei vollkommenem Wettbewerb, d. h. es würde eine effiziente Allokation realisiert werden. Diese Überlegung geht auf *Coase* zurück und ist in der Literatur als Coase conjecture bekannt.[54] Monopole auf dauerhafte Güter, so die Coase conjecture, sind also deutlich weniger wohlfahrtsschädlich als solche auf Güter, die nicht dauerhaft sind.

Allerdings sind die Annahmen, unter denen die Coase conjecture gilt, äußerst restriktiv und werden in der Realität im Allgemeinen nicht erfüllt sein. Weder hat ein dauerhaftes Gut in der Regel eine unendliche Lebensdauer, noch wird der Monopolist seine Preise sehr schnell senken. Weiterhin haben Konsumenten häufig eine Nutzeneinbuße, wenn sie den Kauf

---

[54] Vgl. *Coase* (1972) – Die Vermutung ist inzwischen bewiesen; vgl. *Bulow* (1982), *Stokey* (1981) *Gul/Sonnenschein/Wilson* (1986).

eines Gutes für einige Zeit zurückstellen. Außerdem verfügt ein Monopolist häufig über Strategien, mit deren Hilfe er das Problem, sich selbst Konkurrenz zu machen, lösen oder zumindest verringern kann. Wenn der Monopolist sich glaubhaft dazu verpflichten könnte, den Preis für sein Produkt in der Zukunft nicht zu senken, dann könnte er einen höheren Gewinn realisieren. Eine bloße Ankündigung, keine Preissenkungen vorzunehmen, wird in den meisten Fällen jedoch nicht überzeugen können; der Monopolist muss dafür sorgen, dass es in seinem eigenen Interesse ist, den Preis künftig nicht zu senken. Dies könnte er z. B. durch eine Meistbegünstigungsklausel erreichen, die ihn verpflichtet, den Konsumenten, die das Gut zu einem höheren Preis erworben haben, die Preisdifferenz auszuzahlen oder durch eine Verpflichtung, das Gut zum gleichen Preis zurückzukaufen, zu dem es erworben wurde. Indem er das Gut nicht verkauft, sondern nur periodenweise vermietet, würde er das dauerhafte Gut quasi in mehrere nichtdauerhafte Güter „zerlegen", für die er jeweils den Monopolpreis fordern kann; oder er könnte es dem Nachfrager im Rahmen eines Leasingvertrages überlassen.[55] Eine weitere Strategie für den Monopolisten wäre es, die Lebensdauer des Gutes durch „eingebauten Verschleiß" zu reduzieren.[56] Darüber hinaus könnte er durch den Aufbau einer Reputation, Preise nicht zu senken, dem Problem der Coase conjecture entgehen[57] oder durch Kapazitätsbeschränkungen deutlich machen, dass er nicht in der Lage ist, das Gut künftig in ausreichender Menge anzubieten.[58] Diese Vielzahl von Möglichkeiten, die dem Monopolisten zur Verfügung stehen macht deutlich, dass auch ein Monopol auf dauerhafte Güter im Allgemeinen zu allokativen Ineffizienzen führen wird.

Mehrproduktmonopole. Hat ein Unternehmen ein Monopol nicht nur auf ein Gut, sondern auf mehrere, dann kann dies ebenfalls erhebliche Konsequenzen für das Verhalten des Monopolisten haben.[59] Von zentraler Bedeutung ist in diesem Zusammenhang die Frage, in welcher Beziehung die vom Monopolisten hergestellten Güter stehen. Wenn die Güter von den Nachfragern als völlig unabhängig voneinander betrachtet werden, wird sich das Verhalten eines Monopols nicht von dem unterscheiden, das bei

---

55 Hier können jedoch insofern Probleme auftreten, als ein Konsument mit einem gemieteten Gut häufig weniger sorgsam umgeht als mit einem eigenen. Dieses sogenannte „moral hazard"-Problem muss bei einem Mietvertrag berücksichtigt werden. Zu ähnlichen Problemen kann es auch beim Leasing kommen. Vgl. *Hart/Tirole* (1987).
56 Vgl. *Bulow* (1986).
57 Vgl. *Ausubel/Deneckere* (1989).
58 So zerstören Künstler öffentlich die Originalplatten von Radierungen und Lithographien, um zu signalisieren, dass nur eine begrenzte Anzahl von Abzügen existiert, die nicht vermehrt werden kann.
59 Zu Mehrproduktmonopolen vgl. *Bester* (2008), 29–31 sowie *Tirole* (1988), 69–72.

zwei Monopolen auf jeweils ein Gut resultieren würde. Dies ändert sich jedoch, wenn die Konsumenten die Güter als Substitute betrachten. Wenn der Monopolist eines der Güter zu einem niedrigen Preis anbieten würde, dann macht er sich selbst Konkurrenz im Hinblick auf das andere Gut. Um dies zu vermeiden, wird er daher einen höheren Preis für beide Güter fordern, als es zwei unabhängige Monopole tun würden. Sind die Güter für die Konsumenten jedoch komplementär, d. h. ergänzen sich die Güter gegenseitig, dann könnte der Monopolist durch einen niedrigen Preis für eines der Güter die Nachfrage nach dem anderen stimulieren. Dies könnte unter Umständen sogar soweit gehen, dass er ein Gut zu einem Preis unter den Grenzkosten anbietet. Preise unterhalb der Grenzkosten sind daher nicht notwendig gezielte Maßnahmen gegen aktuelle oder potenzielle Konkurrenten, sondern können unabhängig davon ausschließlich aus dem Kalkül der Gewinnmaximierung resultieren.

Neben diesen Erweiterungen sind in der wirtschaftswissenschaftlichen Literatur noch zahlreiche weitere Dimensionen monopolistischen Verhaltens, wie z. B. die Werbung, die Qualitätswahl im Monopol sowie die von einem Monopolisten angebotene Produktpalette untersucht worden. Dabei konnte gezeigt werden, dass ein Monopol auch hinsichtlich dieser Aspekte Marktergebnisse herbeiführen wird, die ineffizient sind. Diese Modelle können jedoch im Rahmen dieser Einführung nicht näher diskutiert werden.[60]

III. Dominantes Unternehmen mit wettbewerblichem Rand

Eng verwandt mit dem Modell des Monopols ist das des dominanten Unternehmens mit wettbewerblichem Rand.[61] Ein dominantes Unternehmen, das aufgrund seiner Größe den überwiegenden Teil des Marktes bedienen kann, verhält sich, ähnlich wie ein Monopol, nicht als Preisnehmer, sondern kann den Preis seines Produktes festlegen (bzw. eine Angebotsmenge wählen). Neben dem dominanten Unternehmen gibt es jedoch noch eine Reihe von kleinen Unternehmen auf dem Markt, die sich, entsprechend dem Modell des vollkommenen Wettbewerbs, als Preisnehmer verhalten. Diese Unternehmen werden daher als wettbewerblicher Rand bezeichnet. Die Existenz eines solchen dominanten Unternehmens in einem Markt kann mehrere Ursachen haben: So könnte dieses Unternehmen über eine bessere Technologie als andere Unternehmen verfügen oder es hatte über

---

[60] Detaillierte Beschreibungen der Erweiterungen des Monopolmodells finden sich z. B. in *Belleflamme/Peitz* (2010).
[61] Zu dominanten Unternehmen mit wettbewerblichem Rand vgl. z. B. *Carlton/Perloff* (2005), 110–16 sowie *Stigler* (1965).

einen längeren Zeitraum eine geschützte Monopolstellung auf einem Markt, der erst vor kurzer Zeit dem Wettbewerb geöffnet wurde.

Wenn nun das dominante Unternehmen einen bestimmten Preis für sein Produkt festlegt, dann werden die Unternehmen im wettbewerblichen Rand diesen Preis als gegeben hinnehmen und werden bei diesem Preis ihr Angebot entsprechend ihrer Angebots- bzw. Grenzkostenfunktion wählen. Bei jedem Preis, den das dominante Unternehmen setzt, erfolgt also ein entsprechendes Gesamtangebot des wettbewerblichen Randes. Je höher der Preis, den das dominante Unternehmen verlangt, desto größer ist das Gesamtangebot des wettbewerblichen Randes, da im Allgemeinen seine Angebotsfunktion einen steigenden Verlauf hat. Abhängig vom gesetzten Preis wird also ein entsprechender Teil der Nachfrage vom wettbewerblichen Rand bedient. Dies wird das dominante Unternehmen in sein Kalkül einbeziehen und bei seiner Preispolitik berücksichtigen. Es muss also das Angebot des wettbewerblichen Randes von der Gesamtnachfrage abziehen und erhält dadurch die auf ihn entfallenden Rest- oder Residualnachfrage. Die Residualnachfrage hängt daher auch vom Angebotsverhalten des wettbewerblichen Randes ab. Gegenüber der Residualnachfrage ist das dominante Unternehmen nun ein Monopolist.

Daher kann man das Verhalten des dominanten Unternehmens mit Hilfe des Monopolmodells beschreiben, mit dem Unterschied, dass an die Stelle der Gesamtnachfrage beim Monopol nun die Residualnachfrage tritt. Es wird also seinen Preis bzw. seine Angebotsmenge so wählen, dass der Grenzerlös (bezogen auf die Residualnachfrage) gleich den Grenzkosten ist. Bei diesem Preis erfolgt nun das entsprechende Angebot des wettbewerblichen Randes. Das Marktergebnis hängt, wie beim Monopol, von der Preiselastizität der Nachfragefunktion ab.[62] Je preiselastischer die Nachfrage reagiert, desto geringer wird der vom dominanten Unternehmen gesetzte Preis vom Wettbewerbspreis abweichen. Aber zusätzlich zur Nachfrage muss auch das Angebot des wettbewerblichen Randes berücksichtigt werden. Wichtig in diesem Zusammenhang ist das Konzept der Preiselastizität des Angebots. Es handelt sich dabei um ein Maß für die prozentuale Angebotsänderung bezogen auf eine 1%ige Preiserhöhung. Verläuft die Angebotsfunktion flach, dann führt bereits eine geringe Preiserhöhung zu einer großen Ausweitung des Angebots seitens des wettbewerblichen Randes. Dies könnte dann der Fall sein, wenn die Grenzkosten bei einer Angebotsausweitung kaum zunehmen, weil z.B. unausgelastete Kapazitäten zur Verfügung stehen. Den Preissetzungsmöglichkeiten des dominanten Unternehmens werden also von zwei

---

62 Zum Konzept der Preiselastizität vgl. S. 55–58.

Seiten her Grenzen gesetzt: Zum einen durch die Ausweichreaktionen der Nachfrager, wie sie durch die Preiselastizität der Nachfrage erfasst werden und zum anderen durch die Angebotsreaktionen der Unternehmen im wettbewerblichen Rand, die in der Preiselastizität des Angebots zusammengefasst sind.[63] Je größer die Preiselastizitäten der Nachfrage und des Angebots des wettbewerblichen Randes, desto geringer ist der Preissetzungsspielraum des dominanten Unternehmens. Was die Auswirkungen auf die verschiedenen Effizienzaspekte betrifft, so sind diese ähnlich wie beim Monopol, werden jedoch durch die Existenz des wettbewerblichen Randes etwas gemildert. Es ist sowohl mit allokativen als auch mit produktiven Ineffizienzen zu rechnen. Möglicherweise gibt es mehr Innovationen als beim Monopol, da das dominante Unternehmen dadurch verhindern kann, dass Unternehmen aus dem wettbewerblichen Rand seine Position gefährden.

IV. Monopolistische Konkurrenz

Das Modell der monopolistischen Konkurrenz wurde von *Chamberlin* 1933 entwickelt und kombiniert Ansätze des Modells des langfristigen Gleichgewichts bei vollkommenem Wettbewerb mit denen des Monopols.[64] Dabei stellen die Unternehmen horizontal differenzierte Güter her[65], wobei jedes Unternehmen genau eine Variante des Gutes produziert und sich einer fallenden Nachfragefunktion für sein Produkt gegenübersieht. Im Allgemeinen wird im Modell der monopolistischen Konkurrenz von einem repräsentativen Konsumenten ausgegangen, der Präferenzen über die von den Unternehmen angebotenen Güter hat und einen höheren Nutzen erzielt, wenn eine größere Zahl verschiedener Produkte angeboten wird.[66] Es wird angenommen, dass die Unternehmen sich als Gewinn-

---

63 Vgl. hierzu *Landes/Posner* (1981).
64 Vgl. *Chamberlin* (1933), *Dixit/Stiglitz* (1977), *Spence* (1976a, 1976b), *Hart* (1985).
65 Die Wirtschaftstheorie unterscheidet zwischen horizontal und vertikal differenzierten Gütern. Horizontale Differenzierung bedeutet, dass es verschiedene Varianten eines Gutes gibt, derart dass manche Nachfrager die eine Variante des Gutes präferieren, manche jedoch eine Präferenz für eine andere Variante haben. Dies liegt daran, dass bei horizontaler Differenzierung die verschiedenen Varianten eines Gutes die unterschiedlichen Präferenzen der Konsumenten bedienen sollen (Autos der Mittelklasse verschiedener Hersteller oder unterschiedlicher Lackierung). Bei vertikal differenzierten Gütern würden jedoch alle Nachfrager eine Variante des Gutes gegenüber einer anderen vorziehen, denn hier unterscheiden sich die Güter darin, dass manche eine zusätzliche Eigenschaft oder Komponente aufweisen (Autos mit oder ohne Tempomat oder Navigationsgerät). Zum Problem differenzierter Güter vgl. *Beath/Katsoulacos* (1991).
66 Ein anderer Ansatz, Märkte mit differenzierten Gütern zu modellieren wurde von *Hotelling* (1929) vorgeschlagen. Hier unterschieden sich die Konsumenten durch ihre Präferenzen für bestimmte Varianten eines Produktes. Diese Modelltypen werden als „ad-

Teil 1 B. Wettbewerb und Effizienz

maximierer verhalten. Allerdings sieht sich auch ein solches Unternehmen einem Wettbewerb ausgesetzt, denn wie im Modell des langfristigen Gleichgewichtes werden weitere Unternehmen in den Markt eintreten, wenn dort positive Gewinne erwirtschaftet werden. Die neu in den Markt eintretenden Unternehmen werden weitere Varianten des Gutes anbieten, die vom repräsentativen Konsumenten nachgefragt werden. Dies hat zur Folge, dass die Nachfrage nach den Produkten der etablierten Unternehmen zurückgeht. Dieser Prozess wird sich solange vollziehen, bis sich so viele Unternehmen im Markt befinden, dass kein Unternehmen mehr einen positiven Gewinn erwirtschaftet. Ein Gleichgewicht bei monopolistischer Konkurrenz ist genau dann erreicht, wenn der Preis des Produktes den Stückkosten entspricht. Die Anzahl der Produktvarianten im Markt (und damit die Zahl der Unternehmen im Markt) wird innerhalb des Modells, d.h. endogen bestimmt.

Da unterstellt wird, dass die Unternehmen auch fixe Kosten tragen müssen, sind Stück- und Grenzkosten verschieden, so dass im Gleichgewicht der Preis über den Grenzkosten liegt. d.h. monopolistischer Wettbewerb führt zu einer ineffizienten Allokation. Darüber hinaus kann gezeigt werden, dass jedes Unternehmen nicht im Minimum seiner Stückkosten produziert, d.h. die Unternehmensgröße ist nicht optimal. Da die Unternehmen differenzierte Güter produzieren, ist zu untersuchen, ob durch monopolistischen Wettbewerb eine größere oder geringere Anzahl von Produktvarianten hergestellt wird als aus gesellschaftlicher Sicht sinnvoll wäre. Dies kann nicht eindeutig beantwortet werden, sondern hängt einerseits von der Höhe der Fixkosten ab: Sind diese sehr hoch, dann würden auch Produkte, für die eine hohe Zahlungsbereitschaft vorhanden ist, nicht produziert werden, selbst wenn der Preis über den Grenzkosten liegt, da das Unternehmen aufgrund der hohen Fixkosten einen Verlust machen würde. Andererseits entzieht ein neu in den Markt eintretendes Unternehmen durch seinen Substitutionswettbewerb den bereits im Markt befindlichen Unternehmen einen Teil der Nachfrage. Dieser Effekt wird jedoch von den eintretenden Unternehmen nicht berücksichtigt, so dass eine Tendenz besteht, zu viele Varianten des Produktes anzubieten. Je nachdem, welcher dieser Effekte überwiegt, kann es zu wenig oder zu viele Produktvarianten geben.[67] Hinsichtlich der dynamischen Effizienz gilt ein ähnliches Resultat wie bei vollkommenem Wettbewerb: Zwar gibt es große Anreize zu Innovationen, aber aufgrund mangelnder Gewinne stehen dafür keine ausreichenden Mittel zur Verfügung.

---

dress-Modelle" bezeichnet und im Rahmen der Modelle oligopolistischen Wettbewerbs diskutiert.
67 Vgl. *Dixit/Stiglitz* (1977); *Koenker/Perry* (1981).

V. Oligopol

Während die bisher betrachteten Marktstrukturen dadurch gekennzeichnet sind, dass es entweder sehr viele kleine oder ein sehr großes Unternehmen gibt, zeichnen sich die meisten aus wettbewerbsrechtlicher Sicht interessanten Märkte dadurch aus, dass die dort angebotenen Produkte nur von einer kleinen Anzahl von Unternehmen hergestellt werden, d.h. es handelt sich um oligopolistisch strukturierte Märkte.[68] Von einem möglichen Randwettbewerb abgesehen hat dabei jedes einzelne Unternehmen eine signifikante Größe bezüglich des Marktes. Wenn nun ein solches Unternehmen den Preis seines Produktes senkt oder die angebotene Menge erhöht, dann hat dies spürbare Auswirkungen auf die anderen Unternehmen im Markt. So werden z.B. bei einer Preissenkung Kunden von den anderen Unternehmen zu dem mit dem geringeren Preisen abwandern. Dies führt zu einer Umsatzeinbuße und möglicherweise zu einer Verringerung des Gewinns dieser Unternehmen. Es ist zu vermuten, dass sie einer Preissenkung nicht tatenlos zusehen, sondern z.B. ebenfalls mit einer Preissenkung reagieren. Der Gewinn eines Unternehmens hängt daher nicht nur von seiner individuellen Entscheidung ab, sondern zugleich von der Preis- bzw. Mengenpolitik der anderen Unternehmen. Es liegt eine Situation strategischer Interdependenz vor. Eine rationale Entscheidung kann das Unternehmen also nur dann treffen, wenn es die strategische Interdependenz mit den anderen Unternehmen beim eigenen Kalkül explizit berücksichtigt. Dies gilt natürlich für jedes Unternehmen in diesem Markt, d.h. jedes Unternehmen ist sich bewusst, dass eine derartige Interdependenz besteht und wird diese bei seinen Entscheidungen über Preise, Mengen, Qualität etc. beachten. Es stellt sich daher die Frage, welche Preis- bzw. Mengenpolitik eines Unternehmens in einer derartigen Situation strategischer Interdependenz gewinnmaximierend ist. Da das Entscheidungsproblem äußerst komplex ist, konnte oligopolistischer Wettbewerb einer befriedigenden Analyse erst zugänglich gemacht werden, nachdem das entsprechende Instrumentarium zur Untersuchung rationalen Verhaltens in strategischen Entscheidungssituationen zur Verfügung stand. Hierbei handelt es sich um die Spieltheorie, die von dem Mathematiker *John von Neumann* und dem Ökonomen *Oskar Morgenstern* entwickelt und in ihrem Buch „The Theory of Games and Economic Behaviour" im Jahre 1944 vorgelegt wurde.[69] Diese Theorie wurde von *John Nash*, *John Harsanyi* sowie *Reinhardt Selten* erheblich weiter-

---

68 Gute Übersichten über die Oligopoltheorie geben *Friedman* (1983) sowie *Vives* (1999).
69 Vgl. von *Neumann/Morgenstern* (1944).

entwickelt.[70] Im folgenden Exkurs werden die für die Analyse oligopolistischer Märkte zentralen Konzepte der Spieltheorie kurz dargestellt.

1. Grundlagen der Spieltheorie

Die Spieltheorie hat sich seit Beginn der 1970er Jahre zum wichtigsten analytischen Instrument der Industrieökonomik entwickelt.[71] Vor allem aufgrund dieser Methode hat dieses Gebiet der Wirtschaftstheorie in den letzten 35–40 Jahren eine stürmische Weiterentwicklung erfahren und es sind eine Fülle neuer Konzepte und Modelle entwickelt worden, die zu einem tieferen Verständnis der Vorgänge auf Märkten mit unvollkommenem Wettbewerb geführt haben. Es werden im Folgenden die Grundbegriffe der Spieltheorie eingeführt und zur Illustration auf eine einfache stilisierte Oligopolsituation übertragen.

Allgemein wird in der Spieltheorie jede strategische Entscheidungssituation als ein Spiel bezeichnet. Dieser Terminus hat sich aus historischen Gründen etabliert, denn die ersten Untersuchungen, die im Rahmen strategischer Entscheidungsprobleme durchgeführt wurden, betrafen Gesellschaftsspiele wie Schach, Poker etc. In der Spieltheorie wird zwischen nichtkooperativen und kooperativen Spielen unterschieden. Bei kooperativen Spielen wird davon ausgegangen, dass die an einer Situation strategischer Interdependenz beteiligten Akteure, z.B. die Unternehmen in einem Oligopol, in der Lage sind, Absprachen oder Vereinbarungen derart zu treffen, dass die Einhaltung dieser Vereinbarungen durch einen (wie auch immer gearteten) exogen gegebenen Erzwingungsmechanismus (z.B. hohe Vertragsstrafen, die vor Gericht einklagbar sind) immer durchgesetzt werden kann. Im Unterschied dazu wird bei nichtkooperativen Spielen unterstellt, dass die Akteure keine erzwingbaren Vereinbarungen treffen können.

Für die Oligopoltheorie sind in erster Linie nichtkooperative Spiele von Bedeutung, denn in vielen Situationen gibt es für die Oligopolisten keine Möglichkeit, bindende Verträge zu schließen. So steht z.B. eine Vereinbarung über den Preis oder eine Festlegung der Produktionsmengen im Widerspruch zum Wettbewerbsrecht und kann daher vor Gericht nicht durchgesetzt werden. Wenn nun zwischen den Oligopolisten eine gesetzwidrige Vereinbarung getroffen wird, muss jeder der daran beteiligten

---

70 Sie erhielten für ihre Beiträge im Jahre 1995 den Nobelpreis für Wirtschaftswissenschaften. Wichtige Arbeiten sind *Harsanyi* (1967), *Nash* (1950, 1951), *Selten* (1975).
71 Systematische Darstellungen der Spieltheorie finden sich in *Dixit/Nalebuff* (1995), *Eichberger* (1998), *Friedman* (1991), *Fudenberg/Tirole* (1991), *Gibbons* (1992), *Holler/Illing* (2003) sowie *Osborne/Rubinstein* (1994).

Akteure einen Anreiz haben, diese Vereinbarung von sich aus einzuhalten und nicht davon abzuweichen. Eine Kartellabsprache über den Preis muss also die Eigenschaft haben, dass sich jedes Unternehmen im eigenen Interesse an diese Absprache hält. Wenn dies der Fall ist, dann hat eine Vereinbarung die Eigenschaft, sich „selbst zu erzwingen" bzw. anreizkompatibel zu sein.

a) Spieler, Strategien und Auszahlungen

Zur Beschreibung eines nichtkooperativen Spiels im Sinne der Spieltheorie muss festgelegt werden, wer die Beteiligten an einer solchen strategischen Entscheidungssituation sind, d.h. es muss definiert werden, wer die „Spieler" sind. Weiterhin müssen die Handlungsmöglichkeiten bzw. die Strategien der Spieler beschrieben werden und drittens ist zu bestimmen, welche Ergebnisse mit den verschiedenen Strategien der Spieler, sogenannten Strategiekombinationen, verknüpft sind. Diese drei Komponenten werden in der Spieltheorie als die Spielermenge, die Strategienmengen der Spieler sowie deren Auszahlungsfunktionen bezeichnet. In einem oligopolistischen Markt mit Preiswettbewerb besteht die Spielermenge aus den Oligopolisten, die Strategienmenge eines jeden Unternehmens aus allen möglichen Preisen, die das Unternehmen verlangen könnte und die Auszahlungsfunktion eines Spielers gibt für jede mögliche Kombination der Strategien, d.h. der von den Oligopolisten gesetzten Preise, seine Auszahlung, z.B. seinen Gewinn an. In einem oligopolistischen Markt mit den drei Unternehmen A, B und C, die mittels Preisen konkurrieren, beschreibt die Auszahlungsfunktion des Unternehmens A seinen Gewinn in Abhängigkeit der von den drei Unternehmen A, B und C gesetzten Preise.[72] Die Auszahlungsfunktion verbindet also die Strategien mit den Resultaten, die sich aus der strategischen Interaktion ergeben. So wird bei Preiswettbewerb auf einem Markt mit einem homogenen Gut im Allgemeinen davon auszugehen sein, dass die Konsumenten tendenziell bei der Unternehmung kaufen, die den niedrigeren Preis verlangt. Im Ergebnis wird also die Unternehmung, die den höheren Preis verlangt, ihr Produkt nicht absetzen können, also keinen oder nur einen geringen Gewinn erwirtschaften, während die Konsumenten ihren Bedarf bei der anderen Un-

---

[72] Allgemein sind Strategien im Sinne der Spieltheorie etwas komplexer; sie betreffen nicht nur die Menge oder den Preis. Strategien im Sinne der Spieltheorie sind definiert als vollständige Handlungsanweisungen für jede denkbare Eventualität, die im Verlaufe der strategischen Interaktion auftreten kann. Dabei sind die Informationen zu berücksichtigen, über die die Spieler verfügen, also z.B. ihr Wissen über die anderen Spieler. Beispiele für solche komplexeren Strategien werden im Zusammenhang mit koordinierten Effekten auf den Seiten 299–302 diskutiert.

Teil 1 B. Wettbewerb und Effizienz

ternehmung decken. Die Gewinne eines jeden Unternehmens hängen also von den Strategien aller Unternehmen im Markt ab. Mittels der Auszahlungsfunktionen wird also die strategische Interdependenz zwischen den Spielern erfasst.

b) Nash-Gleichgewicht

Neben der formalen Beschreibung eines Spiels ist zu untersuchen, welches Ergebnis sich einstellen wird, bzw. welche Strategien die Spieler wählen. Eine allgemeine Aussage über das Resultat eines Spieles ist ein sogenanntes „Lösungskonzept". Das in der Theorie nichtkooperativer Spiele zentrale Lösungskonzept ist das des Nash-Gleichgewichts.[73] Bei diesem Gleichgewicht handelt es sich um eine Strategienkombination, bei der keiner der Spieler einen Anreiz hat, einseitig, d. h. bei gegebenen Strategien der anderen Spieler, von seiner Strategie abzuweichen. Die Strategien sind also wechselseitig beste Antworten. Ein Nash-Gleichgewicht hat daher die Eigenschaft, anreizkompatibel zu sein.

Die Idee des Nash-Gleichgewichts kann anhand einer einfachen strategischen Entscheidungssituation mit 2 Spielern, A und B, illustriert werden, die jeweils über 3 Strategien verfügen. Der Spieler A kann zwischen den Strategien 1, 2 und 3, der Spieler B zwischen den Strategien a, b und c wählen. Die Resultate der neun möglichen Strategiekombinationen werden in einer sogenannten Auszahlungsmatrix zusammengefasst, die in den einzelnen Zellen die Auszahlungen angibt, die jeder Spieler bei jeder möglichen Strategienkombination erhält. Dabei bezeichnet die erste Zahl die Auszahlung für den Spieler A, die zweite die für den Spieler B. Der Spieler A kann also die Zeile der Matrix wählen, der Spieler B die Spalte.

		B		
		a	b	c
	1	32,32	42,30	48,24
A	2	30,42	40,40	50,36
	3	24,48	36,50	48,48

Das Nash-Gleichgewicht dieses Spiels ist durch die Strategienkombination 1,a gegeben, da nur bei dieser kein Spieler einen Anreiz hat, einseitig von seiner Strategie abzuweichen. Bei jeder anderen Strategienkombina-

---

[73] Benannt nach dem Nobelpreisträger für Wirtschaftswissenschaften des Jahres 1995, *John Nash*.

tion würde entweder Spieler A oder Spieler B seine Strategie ändern wollen. So würde z. B. bei der Kombination 3,c der Spieler A lieber die Strategie 2 wählen, vorausgesetzt Spieler B bleibt bei der Strategie c. Das Nash-Gleichgewicht in diesem Spiel macht deutlich, dass die Verfolgung der individuellen Interessen dazu führen kann, dass sich im Gleichgewicht ein Ergebnis einstellt, das für beide Spieler nicht optimal ist. Die Strategienkombinationen 2,b oder 3,c geben beiden Spielern höhere Auszahlungen, aber sie bilden kein Nash-Gleichgewicht, da jeder Spieler einen Anreiz hat, davon abzuweichen. Individuelle und kollektive Rationalität können also sehr verschieden sein, wie in dem hier dargestellten Fall eines Gefangenendilemmas. Hier gibt es genau ein Nash-Gleichgewicht, es können jedoch auch Fälle eintreten, in denen es mehrere Strategienkombinationen gibt, die ein Nash-Gleichgewicht bilden oder es keine Strategienkombination gibt, die die Bedingungen für ein Nash-Gleichgewicht erfüllt. In diesen Fällen kann dann entweder keine eindeutige Aussage über das zu erwartende Resultat getroffen werden, oder eine Prognose ist nicht möglich.[74]

2. Gleichgewichte auf oligopolistischen Märkten

Das Konzept des Nash-Gleichgewichtes kann dazu verwendet werden, das Marktergebnis bei oligopolistischem Wettbewerb zu untersuchen.[75] Ein wichtiger Aspekt oligopolistischen Wettbewerbs betrifft die von den Unternehmen eingesetzten Wettbewerbsparameter, d. h. ihre Strategien. Dabei wird in der Regel zwischen Preis- und Mengenwettbewerb unterschieden. Der Grund für eine solche Unterscheidung liegt vor allem darin, dass in bestimmten Industrien die Mengenentscheidung, z. B. aufgrund der gewählten Produktionskapazität, nur schwer revidiert werden kann, während der Preis ohne größere Probleme den Marktverhältnissen so angepasst werden kann, dass die produzierte Menge auch abgesetzt wird, wie das z. B. bei homogenen Massengütern wie Zement, Beton, oder Getreide der Fall ist. Diese Industrien sind also eher durch Mengenwettbewerb gekennzeichnet, der auch als Cournot-Wettbewerb bezeichnet wird.[76] In anderen Branchen hingegen ist eine Preisanpassung kurzfristig

---

74 Im Allgemeinen existiert in den meisten Oligopolmodelle unter plausiblen Annahmen ein eindeutiges Nash-Gleichgewicht.
75 Im Folgenden werden nur die zentralen Oligopolmodelle vorgestellt. Umfassende theoretische Analysen dieser Marktstruktur finden sich in *Vives* (1999). In ähnlicher Weise wie das Monopol bzw. das Oligopol können auch Märkte untersucht werden, bei denen Marktmacht auf Seiten der Nachfrager besteht, wie das Monopson bzw. das Oligopson.
76 Benannt nach dem französischen Philosophen, Mathematiker und Ökonomen *Antoine Augustin Cournot* (1801–1877), der ein solches Modell erstmals im Jahr 1838 vorgelegt hat. Vgl. Cournot (1838).

Teil 1 B. Wettbewerb und Effizienz

nur schwer möglich oder sehr kostspielig, weil z. B. umfangreiche Kataloge gedruckt wurden. Ein Beispiel hierfür wären z. B. Versandhäuser. Hier kann allerdings die Menge häufig recht schnell variiert werden, indem man z. B. von anderen Herstellern bezieht. In solchen Industrien würde man also eher einen Preiswettbewerb, einen sogenannten Bertrand-Wettbewerb erwarten.[77] Anders als beim Monopol spielt der Wettbewerbsparameter in einem Oligopol für das Marktergebnis eine wichtige Rolle. Die folgende Darstellung geht davon aus, dass zwischen den Oligopolisten keine Verhaltensabstimmung, Kollusion oder anderweitige Vereinbarungen etc. getroffen werden und es wird unterstellt, dass kein Marktzutritt in diesen Markt erfolgt. Die Oligopolisten verhalten sich, gegeben die Marktstruktur und die Wettbewerbsparameter, wettbewerblich, berücksichtigen bei ihren Entscheidungen jedoch die strategischen Interdependenzen. Die Bedingungen, unter denen eine Verhaltenskoordination auftreten kann, werden auf den Seiten 305–359 untersucht.

a) Bertrand-Wettbewerb: Preiswettbewerb mit homogenen Gütern

In einem Markt, in dem die Unternehmen ein homogenes Produkt herstellen, keinen Kapazitätsbeschränkungen unterliegen, mit konstanten und gleichen Stückkosten produzieren und der Wettbewerbsparameter der Preis ihres Produktes ist, führt das Nash-Gleichgewicht zur gleichen Menge und zum gleichen Preis wie im Fall des vollkommenen Wettbewerbs. Im Bertrand-Modell mit homogenen Gütern verlangt jedes Unternehmen im Nash-Gleichgewicht einen Preis, der den Grenzkosten bzw. den Stückkosten entspricht.[78] Der Grund dafür kann am Beispiel mit zwei Unternehmen verdeutlicht werden. Würde ein Unternehmen seinen Preis unter denjenigen senken, der seinen Grenzkosten entspricht, also unter den Preis, der bei vollkommenem Wettbewerb herrschen würde, dann könnte es zwar die gesamte Nachfrage auf sich ziehen, würde aber einen Verlust erwirtschaften. Ein Abweichen mit dem Preis nach unten wäre sich also nicht lohnend. Würde es dagegen einen höheren Preis verlangen, dann könnte das Unternehmen nichts mehr absetzen, denn alle Konsumenten würden nun beim günstigeren Konkurrenten kaufen. Es besteht also auch kein Anreiz, mit dem Preis nach oben abzuweichen. Da

---

77 Benannt nach dem französischen Mathematiker *Joseph Louis François Bertrand* (1822–1900), der seine Kritik am Modell von Cournot im Jahre 1883 veröffentlichte. Vgl. *Bertrand* (1883).

78 Da die Grenzkosten als konstant angenommen wurden und keine Fixkosten auftreten, sind Grenz- und Stückkosten gleich. Dabei sind mit diesen Kosten die wirtschaftlichen, nicht aber die buchhalterischen Kosten gemeint; sie enthalten also den kalkulatorischen Unternehmerlohn und die marktübliche Rendite auf das eingesetzte Eigenkapital.

also kein Unternehmen einen Anreiz hat, einseitig seine Strategie zu ändern, handelt es sich bei diesen Preisen um ein Nash-Gleichgewicht. Man könnte sich auch vorstellen, dass sämtliche Unternehmen den gleichen Preis verlangen, der aber über den Grenzkosten liegt. In diesem Fall könnten die Unternehmen einen positiven Gewinn erwirtschaften. Aber ein solcher Preis wäre kein Nash-Gleichgewicht, denn würde ein Unternehmen seinen Preis geringfügig senken, dann könnte es die gesamte Nachfrage auf sich ziehen und dadurch einen deutlich höheren Gewinn erzielen – der Gewinn pro Stück wäre fast gleich geblieben, aber die abgesetzte Menge hätte drastisch zugenommen. Das andere Unternehmen würde „leer" ausgehen und hätte seinerseits nun wieder einen Anreiz, seinen Preis unter den des Konkurrenten zu senken, um die gesamte Nachfrage an sich zu ziehen. Diese Überlegungen machen deutlich, dass sich im Nash-Gleichgewicht die gleichen Preise, Mengen und Gewinne ergeben wie bei vollkommenem Wettbewerb. Entscheidend für diesen starken Wettbewerbsdruck zwischen den Unternehmen ist die Reaktion der Nachfrage auf eine Preisänderung: Eine kleine Preissenkung unter den Preis des Konkurrenten führt zu einem sprunghaften Anstieg der Nachfrage, eine Preiserhöhung über den Preis des Konkurrenten führt zu einem völligen Verlust jeglicher Nachfrage.

Dieses Modell setzt jedoch auch voraus, dass die Unternehmen keinerlei Kapazitätsbeschränkungen unterliegen, d.h. jedes Unternehmen ist in der Lage, immer die gesamte Nachfrage zu befriedigen. Wenn diese Bedingung jedoch nicht erfüllt ist, dann ist ein Preis in Höhe der Grenzkosten kein Nash-Gleichgewicht mehr.[79] In einem solchen Fall können schwankende Preise oberhalb der Grenzkosten die Folge sein, sogenannte Edgeworth-Zyklen.

b) Mengenwettbewerb mit homogenen Gütern

In ähnlicher Weise kann auch die Situation des Mengenwettbewerbs bei einem homogenen Gut, d.h. das Cournot-Modell, analysiert werden. Exemplarisch wird ein Duopol betrachtet, in dem die Unternehmen mit gleichen und konstanten Grenzkosten produzieren. Hier müssen sie da-

---

79 Es gibt zahlreiche Modelle in denen untersucht wird, zu welchen Ergebnissen oligopolistischer Wettbewerb führt, wenn die Unternehmen Kapazitätsbeschränkungen unterliegen. Es zeigt sich, dass unter solchen Annahmen die Existenz eines Nash-Gleichgewichts in reinen Strategien nicht sichergestellt werden kann. In einem solchen Fall gibt es in der Regel nur ein Gleichgewicht in gemischten Strategien, d.h. die Unternehmen wählen Preise nur mit einer gewissen Wahrscheinlichkeit. Vgl. hierzu *Davidson/Denekkere* (1986), *Kreps/Scheinkman* (1983), *Levitan/Shubik* (1972) sowie *Osborne/Pitchik* (1986).

Teil 1   B. Wettbewerb und Effizienz

rüber entscheiden, welche Menge des Produktes sie jeweils herstellen und am Markt anbieten sollen. Der Preis wird sich dort so bilden, dass die insgesamt hergestellte Menge auch abgesetzt werden kann. Dabei ist zu berücksichtigen, dass eine größere Angebotsmenge mit einem geringeren Marktpreis verbunden ist, d. h., die Duopolisten sehen sich einer fallenden Nachfragefunktion gegenüber.

Das Nash-Gleichgewicht im Cournot-Modell kann am einfachsten durch einen Vergleich mit einem Monopol erläutert werden. Wie auf den Seiten 22–25 gezeigt, wird ein Monopolist die Preisänderung, die er durch eine Mengenerhöhung induziert, bei seiner Entscheidung berücksichtigen und wird eine geringere Menge zu einem höheren Preis anbieten als bei vollkommenem Wettbewerb. Im Cournot-Duopol gibt es einen ähnlichen Zusammenhang: Jedem der beiden Unternehmen ist bewusst, dass eine Mengenausweitung zu einer Senkung des Marktpreises führen wird. Allerdings betrifft diese Preissenkung nun nicht nur das Unternehmen, das seine Menge ausdehnt, sondern gleichzeitig auch das andere, das seine Produktionsmenge nicht verändert hat. Dieses Unternehmen hätte eine Erlöseinbuße zu verzeichnen: Es verkauft die gleiche Menge zu einem geringeren Preis. Dieser Effekt ist für das erste Unternehmen jedoch irrelevant und geht in sein Entscheidungskalkül nicht mit ein. Ein Teil des Preissenkungseffektes wird also von einem Unternehmen, das seine Menge erhöht, nicht berücksichtigt.

Wie wird nun das andere Unternehmen auf eine Mengenausweitung des Konkurrenten reagieren? Würde es die Menge ebenfalls erhöhen, dann würde das zu einem Preisverfall am Markt führen. Um diesen zu vermeiden, wird das andere Unternehmen als Reaktion auf die Mengenausweitung mit einer Reduktion der eigenen Produktionsmenge reagieren. Allerdings wird diese Mengenreduktion insgesamt geringer ausfallen als die Mengenerhöhung des ersten Unternehmens. Analog wird bei einer Mengenreduktion eines Unternehmens das andere Unternehmen mit einer Produktionsausweitung reagieren, denn die Reduktion der Menge führt zu einem Preisanstieg, der für das andere Unternehmen einen Anreiz für eine leichte Mengenausweitung darstellt. Die Mengenreaktionen verlaufen also in entgegengesetzter Richtung, d. h. die Mengen im Cournot-Modell sind sogenannte strategische Substitute. Im Gleichgewicht des Cournot-Modells führt eine Mengenerhöhung einerseits zwar zu einem zusätzlichen Erlös aufgrund der größeren abgesetzten Menge. Andererseits verursacht die größere Menge zusätzliche Kosten und der Marktpreis geht aufgrund der Mengenerhöhung zurück. Der zweite Effekt überwiegt den ersten, so dass sich ein Abweichen vom Gleichgewicht lohnt.

V. Oligopol **Teil 1**

Das Nash-Gleichgewicht in einem Markt mit Mengenwettbewerb ist charakterisiert durch eine Kombination von Angebotsmengen, so dass kein Unternehmen einen Anreiz hat, sein Angebot bei gegebener Menge des anderen zu verändern. Insgesamt wird im Gleichgewicht eine größere Menge angeboten als bei einem Monopol, da jedes Unternehmen nur einen Teil des von ihm verursachten Preiseffektes berücksichtigt. Die insgesamt hergestellte Menge ist jedoch geringer als die bei vollkommener Konkurrenz, da ja die Auswirkung von Mengenerhöhungen zumindest teilweise berücksichtigt werden. Das Marktergebnis bei oligopolistischem Mengenwettbewerb mit einem homogenen Gut liegt also zwischen dem bei vollkommenem Wettbewerb und dem beim Monopol. Dies zeigt, dass der Wettbewerbsparameter einen gravierenden Einfluss auf das Marktergebnis hat: Während bei Preiswettbewerb das gleiche Ergebnis resultiert, wie bei vollkommenem Wettbewerb, wird im Cournot-Oligopol eine geringere Menge zu einem höheren Preis angeboten. Der Grund für diesen Unterschied liegt vor allem an unterschiedlichen Reaktionen der Nachfrage in den beiden Modellen. Bei Preiswettbewerb reagiert die Nachfrage äußerst sprunghaft – kleine Preisunterschiede führen zu dazu, dass ein Unternehmen entweder überhaupt keine oder aber die gesamte Nachfrage bekommt. Dies erzeugt einen extremen Wettbewerbsdruck, der ein Resultat hervorbringt, das dem bei vollkommener Konkurrenz entspricht. Bei Mengenwettbewerb hingegen ist die Reaktion der Nachfrage auf eine Mengenänderung weitaus moderater. Bei einer Mengenreduktion wird zwar der Preis des Gutes etwas steigen, aber dies führt nur zu einer Verringerung der Nachfrage, nicht aber zu ihrem völligen Verschwinden. Die Nachfrage bei Mengenwettbewerb reagiert also weitaus unelastischer als bei Preiswettbewerb. Der Wettbewerbsdruck ist bei Mengenwettbewerb daher deutlich geringer und dies führt einerseits zu niedrigeren Mengen, höheren Preisen und damit einer geringeren Konsumentenwohlfahrt und andererseits zu höheren Gewinnen für die Unternehmen.[80]

Das Ergebnis in einem Markt mit Mengenwettbewerb hängt auch von der Zahl der im Markt aktiven Unternehmen ab. Gäbe es nicht nur zwei, sondern vier gleiche Unternehmen im Markt, dann beträfen die Auswirkungen einer Mengenerhöhung eines Unternehmens jetzt nur noch zu 25 % das eigene Unternehmen – 75 % des Effektes entfielen auf die anderen drei Unternehmen und werden bei einer Entscheidung nicht berücksich-

---

[80] Das Modell ist dahingehend erweitert worden, indem ein zweistufiger Entscheidungsprozess angenommen wird, bei dem die Unternehmen zuerst die Menge bzw. die Kapazität wählen und in einem zweiten Schritt über den Preis entscheiden. Dabei ergab sich, dass ein solches Modell unter bestimmten Bedingungen zum gleichen Resultat führt, wie das Cournot-Modell. Vgl. *Kreps/Scheinkman* (1983).

Teil 1   B. Wettbewerb und Effizienz

tigt. Ein Unternehmen würde daher eine größere Menge anbieten, da der Preissenkungseffekt von geringerer Bedeutung wäre. Je größer die Anzahl der Unternehmen im Markt ist, desto geringer ist der Anteil des Effektes, der auf das eigene Unternehmen entfällt. Dies legt die Vermutung nahe, dass mit wachsender Zahl der Unternehmen auch insgesamt eine größere Menge angeboten wird. Man kann zeigen, dass im Fall einer sehr großen Zahl von Unternehmen das Marktergebnis dem bei vollkommenem Wettbewerb entspricht.[81] Umgekehrt gilt natürlich, dass bei einer geringeren Zahl von Unternehmen die am Markt angebotene Menge abnimmt und im Grenzfall mit einem Unternehmen der Monopolmenge entspricht. Zunehmende Konzentration in einem Markt mit Mengenwettbewerb geht also mit geringeren Mengen und steigenden Preisen einher.

c) Bertrand-Wettbewerb mit differenzierten Gütern

Die bisher getroffene Annahme homogener Güter ist zur Beschreibung vieler Märkte weniger geeignet, denn die meisten Güter, auch wenn sie sich sehr ähnlich sind, unterscheiden sich in gewissen Aspekten, sind also nicht vollkommen homogen. Daher wird im Folgenden die Analyse oligopolistischer Gleichgewichte auf den Fall differenzierter Güter übertragen.[82] Im Bertrand-Modell mit homogenen Gütern führte die große Preiselastizität der Nachfrage zum gleichen Resultat wie bei vollkommenem Wettbewerb. Bei differenzierten Gütern hingegen ist die Preiselastizität der Nachfrage deutlich geringer, da die Nachfrager, ähnlich wie im Modell der monopolistischen Konkurrenz, unterschiedliche Präferenzen für die Varianten des Gutes haben.[83] Ein Konsument wäre daher nicht so ohne Weiteres bereit, die von ihm präferierte Variante durch eine andere zu substituieren – differenzierte Güter sind nur unvollkommene Substitute. Wenn nun ein Unternehmen den Preis seines Produktes erhöht, dann weichen nicht mehr alle Konsumenten auf andere Güter aus, sondern nur diejenigen, deren Präferenz für das betrachtete Gut am wenigsten ausgeprägt ist, die marginalen Konsumenten. Dem Unternehmen verbleibt eine

---

[81] Zum Zusammenhang zwischen Marktergebnis und Anzahl der Unternehmen in einem Cournot-Modell vgl. *Carlton/Perloff* (2005), 169 f. Allgemeine Darstellungen sind *Novshek* (1980, 1985), *Ushio* (1985).

[82] Im Folgenden wird nur der Fall horizontaler Differenzierung untersucht. Zu Oligopolmodellen mit vertikal differenzierten Produkten vgl. *Tirole* (1988), 296–298 oder *Belleflamme/Peitz* (2010), 120–124.

[83] Während im Modell der monopolistischen Konkurrenz unterstellt wurde, dass die Konsumenten eine Präferenz dafür haben, möglichst viele verschiedene Güter konsumieren zu können, wird hier unterstellt, dass die Nachfrager an den Produkteigenschaften interessiert sind und dasjenige Gut konsumieren möchten, das ihren Präferenzen am besten entspricht.

V. Oligopol **Teil 1**

gewisse „Stammkundschaft", die das Produkt selbst bei gestiegenem Preis weiterhin erwirbt und der gegenüber er über eine gewisse „Marktmacht" verfügt. Die Anzahl der marginalen Nachfrager hängt natürlich auch vom Ausmaß der Preiserhöhung ab – je stärker die Preissteigerung, desto mehr Konsumenten werden auf Substitute ausweichen. Die geringere Preiselastizität der Nachfrage bei differenzierten Gütern erlaubt es einem Unternehmen, einen Preis zu verlangen, der über dem Wettbewerbspreis liegt, ohne gleich die gesamte Nachfrage zu verlieren.

Wenn nun ein Unternehmen den Preis für sein Produkt erhöht, würden einige Nachfrager auf Substitute ausweichen und die Nachfrage nach diesen Substituten würde zunehmen. Diese Unternehmen könnten daher eine größere Menge absetzen. Aufgrund der gestiegenen Nachfrage würden sie nun ihrerseits auch den Preis ihres Produktes etwas anheben. Diese Preiserhöhung wird geringer ausfallen, als die anfängliche ihres Konkurrenten.[84] Analog kann man bei einer Preissenkung eines Unternehmens argumentieren: Senkt ein Unternehmen den Preis seines Produktes um einen bestimmten Betrag, dann wird das Unternehmen nur einen Teil Kunden anderer Unternehmen dazu bewegen können, zum günstiger gewordenen Produkt zu wechseln. Viele Nachfrager werden jedoch weiterhin die relativ teurer gewordenen Produkte der Konkurrenten erwerben. Da aber die Nachfrage für diese Unternehmen zurückgegangen ist, werden diese, um den Nachfragerückgang auszugleichen, ihre Preise ebenfalls etwas senken, allerdings nicht im gleichen Maße, denn sie verfügen über eine „Stammkundschaft", die nicht so leicht bereit ist, zu einem für sie unvollkommenem Substitut zu wechseln, selbst wenn dieses etwas günstiger ist. Die Preisreaktionen der Oligopolisten verlaufen also in die gleiche Richtung: Bei einer Preiserhöhung eines Unternehmens werden die Konkurrenten ihre Preise ebenfalls etwas anheben, bei einer Preissenkung müssen sie mit ihren Preisen ebenfalls heruntergehen. Die Preise im Bertrand-Modell mit differenzierten Gütern werden daher als strategische Komplemente bezeichnet.[85]

Ein Nash-Gleichgewicht in einem oligopolistischem Markt mit differenzierten Gütern und preissetzenden Unternehmen besteht also aus einer Strategienkombination in Form einer Liste von Preisen, bei denen kein

---

84 Selbst wenn diese Unternehmen keinerlei Änderungen in ihrer Preispolitik vornehmen, würde ihr Gewinn steigen: Sie setzen zum gleichen Preis eine größere Menge ab. Aber das Unternehmen könnte seinen Gewinn noch weiter erhöhen, wenn es den Preis seines Gutes auch etwas anhebt. Vgl. *Shy* (1996), 139–142.
85 Dies hat, wie später dargestellt wird, positive Auswirkungen auf die Fusionsanreize von Unternehmen. Zum Konzept strategischer Substitute und Komplemente vgl. *Bulow/Geanakoplos/Klemperer* (1985).

45

Teil 1 B. Wettbewerb und Effizienz

Unternehmen ein Interesse daran hat, den eigenen Preis zu senken oder zu erhöhen, wenn die anderen Unternehmen ihre Preise nicht ändern. Die Preise im Gleichgewicht werden über den Grenzkosten liegen, weil die Güter nur unvollkommene Substitute sind und die Unternehmen daher gegenüber ihrer „Stammkundschaft" über eine gewisse Marktmacht verfügen. Dabei ist die Abweichung von den Grenzkosten eng mit dem Grad der Substituierbarkeit der Güter verknüpft: Bei vollkommenen Substituten ergibt sich wieder das Resultat des ursprünglichen Bertrand-Modells, d.h. Wettbewerbspreise in Höhe der Grenzkosten. Nimmt der Differenzierungsgrad zwischen den Gütern zu, werden die Preise für die Güter steigen – im Grenzfall, d.h. wenn die Güter überhaupt nicht mehr substituierbar sind, ist jedes Unternehmen Monopolist in Bezug auf sein Gut und wird den Monopolpreis verlangen. Man kann aus diesen Überlegungen die folgenden Schlüsse ziehen: 1. Je höher der Preis eines Unternehmens, desto höher werden die Preise der Konkurrenten sein; 2. je enger die Substituierbarkeit zwischen den Gütern, desto niedriger sind die Preise.

d) Cournot-Wettbewerb mit differenzierten Gütern

Die Unterschiede zwischen einem Modell des Mengenwettbewerbs mit differenzierten Gütern und einem mit einem homogenen Gut sind gering und hängen vom Differenzierungsgrad ab: Je engere Substitute die Güter sind, desto ähnlicher ist das Marktergebnis dem bei einem homogenen Gut, d.h. dem ursprünglichen Cournot-Modell.[86] Je größer der Differenzierungsgrad, d.h. je schlechtere Substitute die Güter sind, desto unabhängiger sind die Oligopolisten von einander, desto höher sind die resultierenden Preise und desto geringer die angebotenen Mengen. Im Grenzfall der völligen Unabhängigkeit der Güter ist jedes Unternehmen Monopolist bezüglich des von ihm angebotenen Gutes und wird die Monopolmenge zum Monopolpreis anbieten.

e) Weitere Modelle oligopolistischen Wettbewerbs

In den bisher dargestellten Modellen oligopolistischen Wettbewerbs wurde implizit davon ausgegangen, dass die Unternehmen ihre Preis- bzw. Mengenentscheidungen in Unkenntnis der Entscheidungen ihrer Konkurrenten treffen bzw. dass sie simultan über Preise und Mengen entscheiden. Es können jedoch auch Situationen auftreten, in denen erst ein Unternehmen seine Preis- oder Mengenentscheidung trifft und dann die

---

86 Vgl. *Shy* (1996), 137–139.

V. Oligopol **Teil 1**

anderen Oligopolisten, in Kenntnis dieser Entscheidung, ihre Strategien wählen.[87] Die Gründe dafür, dass ein Unternehmen zum Preis- oder Mengenführer wurde, können darin liegen, dass es durch eine erfolgreiche Innovation als erstes in einen Markt eingetreten ist und die anderen Unternehmen als Nachzügler erst nach dem Preis- oder Mengenführer agieren können.

Ein preisführendes Unternehmen kann bei seiner Preispolitik die Reaktionen der Konkurrenten in sein Entscheidungskalkül miteinbeziehen, während die Konkurrenten den vom Preisführer gesetzten Preis als gegeben hinnehmen müssen.[88] Offensichtlich spielt es bei Preiswettbewerb mit einem homogenen Gut keine Rolle, ob die Preise simultan oder sequentiell gesetzt werden, das Ergebnis wird immer das gleiche sein wie bei vollkommenem Wettbewerb. Bei differenzierten Gütern ist die Situation jedoch eine andere: Der Preisführer muss damit rechnen, dass der Preisfolger den von ihm gesetzten Preis etwas unterbieten wird, um sich einen größeren Teil der Nachfrage zu sichern.[89] Er wird dieses Verhalten des Preisfolgers antizipieren und daher von vornherein einen höheren Preis verlangen als bei simultaner Preissetzung. Dieser höhere Preis bietet dem Preisfolger nun die Möglichkeit, seinen Preis ebenfalls zu erhöhen, was wiederum einen positiven Effekt auf die Nachfrage für den Preisführer hat. Durch diese insgesamt höheren Preise wird der Wettbewerb in diesem Markt stärker beschränkt als bei simultaner Preissetzung und beide Unternehmen realisieren dadurch höhere Gewinne. Dabei erhält der Preisführer, aufgrund der Tatsache dass der Preisfolger ihn etwas unterbieten kann, einen geringeren Gewinn als der Preisfolger. Dieses Modell macht deutlich, dass es bei Preiswettbewerb im Interesse aller Unternehmen liegt, ein Unternehmen als Preisführer zu akzeptieren, da sich hierdurch alle Unternehmen einen höheren Gewinn sichern können.[90] Allerdings

---

87 Das erste Oligopolmodell mit sequentiellen Entscheidungen stammt von *von Stackelberg* (1934).
88 Dies entspricht dem Modell eines dominanten Unternehmens mit wettbewerblichem Rand, mit dem Unterschied, dass die Unternehmen im wettbewerblichen Rand davon ausgehen, dass sie selbst keine Preissetzungsmöglichkeit haben und ihr Angebot entsprechend dem gesetzten Preis wählen werden, während hier die Preisfolger selbst auch einen Preis für das Produkt verlangen können.
89 Dies entspricht dem Modell eines dominanten Unternehmens mit wettbewerblichem Rand, mit dem Unterschied, dass die Unternehmen im wettbewerblichen Rand davon ausgehen, selbst keine Preissetzungsmöglichkeit zu haben und ihr Angebot entsprechend dem gesetzten Preis wählen werden, während hier die Preisfolger selbst auch einen Preis für das Produkt setzen können. Zu Modellen sequentieller Preisentscheidungen vgl. *Shy* (1996), 139–142 sowie *Tirole* (1988), 330–333.
90 Vgl. *Church/Ware* (2000), 472.

wäre jedes Unternehmen lieber Preisfolger, da dieser einen höheren Gewinn realisieren kann als der Preisführer.[91]

Das Modell des sequentiellen Mengenwettbewerbs geht auf von *Stackelberg* (1934) zurück. Es wird von einer Situation ausgegangen, in der sich ein Unternehmen, der Stackelberg-Führer, einseitig auf eine bestimmte Angebotsmenge festlegen kann und die anderen Unternehmen, die Stackelberg-Folger, mit ihren Mengenentscheidungen auf die vorgegebene Menge reagieren. Der Stackelberg-Führer kann, da er seine Menge zuerst wählt, die Reaktion der Stackelberg-Folger bei seiner Entscheidung berücksichtigen. Da die Mengen im Cournot-Modell strategische Substitute sind, werden die Stackelberg-Folger auf eine Mengenerhöhung seitens des Stackelberg-Führers mit einer Verringerung ihrer Angebotsmengen reagieren, um einen Preisverfall zu verhindern. Dies veranlasst den Stackelberg-Führer, eine größere Menge anzubieten als im Cournot-Nash-Gleichgewicht, wodurch er einen höheren Gewinn erzielen kann. Die Stackelberg-Folger bieten geringere Mengen an und realisieren einen niedrigeren Gewinn als im Cournot-Nash-Gleichgewicht mit simultaner Mengensetzung.[92]

f) Effizienz in oligopolistischen Märkten

Die Darstellung der verschiedenen Oligopolmodelle hat deutlich gemacht, dass es, abgesehen vom Extremfall des Bertrand-Modells mit homogenen Gütern, immer zu Abweichungen von den Bedingungen für eine effiziente Allokation kommen wird. Die Preise liegen in jedem dieser Modelle über den Grenzkosten und es werden geringere Mengen angeboten als bei vollkommener Konkurrenz. Dies reduziert sowohl die Konsumentenwohlfahrt und führt darüber hinaus zu einem Verlust an volkswirtschaftlicher Rente. Da jedoch in den vorgestellten Modellen zwischen den Oligopolmitgliedern Wettbewerb herrscht, wenn auch nur in eingeschränkter Form, ist zu vermuten, dass dieser Wettbewerb die Unternehmen dazu zwingt, effizient zu produzieren, um keinen Nachteil gegenüber den Konkurrenten zu erleiden.[93]

---

[91] In den letzten Jahren sind einige Modelle vorgelegt worden, die die Rollenverteilung von Preisführer und Preisfolger endogen bestimmen. Vgl. hierzu S. 367f. und die dort angegebene Literatur.
[92] Eine anschauliche Darstellung des von Stackelberg-Modells geben *Pepall/Richards/Norman* (2008), 246–249.
[93] Allerdings ist im Cournot-Modell eine effiziente, d.h. kostenminimale Aufteilung der Produktion auf die verschiedenen Unternehmen nur dann gewährleistet, wenn alle Firmen die gleiche Kostenfunktion aufweisen. Andernfalls werden die Gesamtkosten der Herstellung im Cournot-Nash Gleichgewicht nicht minimiert.

V. Oligopol **Teil 1**

Aufgrund der Tatsache, dass sich die Unternehmen in einem oligopolistischen Markt der zwischen ihnen bestehenden strategischen Interdependenzen bewusst sind und diese bei ihren Mengen- bzw. Preisentscheidungen berücksichtigen, resultiert ein anderes Marktergebnis als bei vollkommenem Wettbewerb, in dem die Unternehmen durch ihr Handeln keinen Einfluss auf das Marktergebnis nehmen können. Funktionierender Wettbewerb führt also in einem oligopolistischen Markt zu einem anderen Ergebnis verglichen mit einem Markt, in dem vollkommene Konkurrenz herrscht. Dies ist bei der Beurteilung von Marktergebnissen in oligopolistischen Märkten immer zu berücksichtigen.

Hinsichtlich der dynamischen Effizienz könnte eine oligopolistische Marktstruktur jedoch gegenüber den beiden Marktformen des Monopols und der vollkommenen Konkurrenz gewisse Vorzüge aufweisen. Durch den Wettbewerb innerhalb des Oligopols werden Anreize gesetzt, durch einen Entwicklungsvorsprung oder eine Produktinnovation einen Vorteil gegenüber den Konkurrenten zu erlangen. Anders als bei vollkommener Konkurrenz, bei der die Unternehmen zwar ähnliche Anreize für Forschung und Entwicklung haben, verfügen die Oligopolisten aufgrund ihrer Gewinne auch über die finanziellen Mittel, derartige Forschungs- und Entwicklungsinvestitionen durchzuführen und haben häufig einen besseren Zugang zum Kapitalmarkt, um solche Investitionen zu finanzieren. Weiterhin haben sie auch eher die Möglichkeit, sich die Erträge aus diesen Investitionen anzueignen. Der Wettbewerb zwischen den Oligopolisten mittels Innovationen kann also einen wichtigen Beitrag für die dynamische Effizienz leisten. Allerdings zeigen sowohl die theoretischen Analysen als auch die Resultate empirischer Untersuchungen kein eindeutiges Bild, so dass sich auch in der wirtschaftswissenschaftlichen Literatur keine einhellige Meinung über den Zusammenhang zwischen Marktstruktur, gemessen an der Zahl der Unternehmen in einer Industrie, und Innovationstätigkeit herausgebildet hat. Es scheint sich jedoch die Tendenz abzuzeichnen, ein Oligopol als die für die dynamische Effizienz am besten geeignete Marktstruktur zu sehen.[94] Dies legen auch Ergebnisse aus einem anderen Bereich der Wirtschaftstheorie, der Wachstumstheorie, nahe.[95]

---

94 "Both theoretical and empirical research on the link between market structure and innovation is not conclusive, even though a 'middle ground' environment, where there exists some competition but also high enough market power coming from the innovative activities, might be the most conducive to R&D output." *Motta* (2004), 57. Vgl. hierzu auch *Scherer/Ross* (1990), 613–660.
95 Vgl. *Aghion/Bloom/Blundell/Griffith/Howitt* (2002).

Teil 1 B. Wettbewerb und Effizienz

VI. Monopson und Oligopson

In den bisherigen Abschnitten wurde eine Reihe von Modellen vorgestellt, in denen von unvollständigem Wettbewerb zwischen den Anbietern ausgegangen wurde. Im Folgenden sollen kurz die zentralen Aussagen über Märkte mit unvollkommenem Wettbewerb zwischen den Nachfragern skizziert werden. Es handelt sich dabei um die Situation eines einzigen Nachfragers, des Monopsons sowie die einer kleinen Gruppe von Nachfragern, eines Oligopsons.

Der Monopsonist als alleiniger Nachfrager nach einem Gut sieht sich der Gesamtangebotsfunktion dieses Gutes gegenüber. Im Allgemeinen wird diese Angebotsfunktion einen steigenden Verlauf haben. Analog zu einem Monopol, das durch eine geringere Angebotsmenge einen höheren Verkaufspreis erzielt, um seinen Gewinn zu maximieren, kann ein Monopson durch eine geringere Nachfragemenge z.B. eines Zwischenproduktes oder Produktionsfaktors einen niedrigeren Einkaufspreis erzielen. Durch diese strategische Zurückhaltung von Nachfrage kann das Monopson einen höheren Gewinn realisieren. Auch wie beim Monopol wird es durch monopsonistisches Verhalten zu einer Umverteilung von den Anbietern zu den Nachfragern kommen und es wird darüber ein Verlust an volkswirtschaftlicher Rente entstehen.[96] Es wird eine geringere Menge nachgefragt als bei einer effizienten Allokation und der Endkundenpreis ist trotz des geringeren Einstandspreises höher.

Eine ähnliche Überlegung gilt für ein Oligopson. Auch hier wird es zu einer geringeren Nachfrage nach dem Produkt kommen, allerdings wird sie nicht so gering ausfallen wie beim Monopson, sondern einen Preis für das nachgefragte Gut ergeben, der höher ist als beim Monopson aber niedriger als bei vollkommener Konkurrenz der Nachfrager. In einer solchen Situation ist das Monopson bzw. das Oligopson völlig analog zum Monopol bzw. Oligopol. Dies setzt jedoch voraus, dass das Monopson bzw. das Oligopson entweder Endverbraucher des nachgefragten Produktes ist oder als Verkäufer des mit dem Zwischenprodukt hergestellten Gutes selbst Preisnehmer auf dem Verkaufsmarkt ist. Ist diese Bedingung aber nicht erfüllt, d.h. verfügt das Monopson oder Oligopson selbst über monopolistische oder oligopolistische Marktmacht, dann wird der Verlust an volkswirtschaftlicher Rente durch den unvollkommenen Wettbewerb sowohl auf der Nachfrager- als auch auf der Anbieterseite noch vergrößert. Wenn allerdings auf der Anbieterseite ebenfalls unvollständiger Wettbewerb herrscht, also ein Monopol oder Oligopol vorliegt, dann kann

---

96 Dies gilt auch für einen dominanten Nachfrager mit wettbewerblichem Rand.

monopsonistisches bzw. oligopsonistisches Verhalten zu einer Verbesserung des Marktergebnisses beitragen.[97] Dies wäre eine Situation, in der durch Nachfragemacht ein Gegengewicht zu einem Monopol oder Oligopol gebildet würde.[98]

Dieser Ansatz interpretiert Nachfragemacht als „spiegelbildliche" Form der Angebotsmacht und trifft vor allem für Märkte zu, auf denen standardisierte Produkte gehandelt werden. In den letzten Jahren ist die Rolle von Nachfragemacht, z. B. im Zusammenhang mit dem Lebensmittel-Einzelhandel gegenüber einigen Herstellern von Lebensmitteln stärker in den Fokus gerückt. Im Zuge dieser neueren Analysen wird versucht, Nachfragemacht im Rahmen bilateraler Beziehungen verhandlungstheoretisch zu erfassen.[99] Häufig wirkt sich Nachfragemacht vor allem in besseren Konditionen gegenüber dem Anbieter aus. Die zentrale Frage der Verhandlungstheorie betrifft die Aufteilung der Gewinne auf die beiden Marktseiten. Diese ist vor allem von den sogenannten „outside-options" der Verhandlungsparteien, d.h. ihren Alternativen bei einem Scheitern der Verhandlungen und ihrer Zeitpräferenz abhängig. Diese Ausweichmöglichkeiten sind in der Regel dann besonders groß, wenn der Nachfrager leicht und schnell auf andere Anbieter ausweichen kann. Dies ist immer dann der Fall, wenn keine signifikanten Wechselkosten vorliegen. Auch könnte ein marktmächtiger Nachfrager den Marktzutritt weiterer Anbieter, z.B. durch Abnahmegarantien, unterstützen. Die neuere verhandlungstheoretische Literatur hat gezeigt, dass unter bestimmten Voraussetzungen sich Nachfragemacht für die Konsumenten auch positiv auswirken kann, wenn die günstigeren Konditionen an die Konsumenten weitergegeben werden und dadurch auch andere Unternehmen gezwungen werden, günstigere Konditionen anzubieten.

Allerdings kann die Nachfragemacht eines großen Abnehmers auch negative Effekte, insbesondere für kleinere Abnehmer, bewirken. Hier sind der sogenannten „Spiraleffekt" oder der „Wasserbetteffekt" zu nennen. So könnte über einen erhöhten Marktanteil eines nachfragestarken Abnehmers seine Verhandlungsposition gestärkt werden, andere Abnehmer würden jedoch relativ schlechtere Konditionen erzielen, so dass diese aus dem Markt ausscheiden müssten. Aufgrund des dadurch verringerten Wettbewerbsdrucks könnten langfristig die Preise für die Endverbraucher steigen. Der Wasserbetteffekt hingegen wirkt auch kurzfristig: Wenn ein

---

[97] Zur Analyse der Marktformen des Monopsons und Oligopsons vgl. *Blair/Harrison* (1993), *Dobson/Waterson* (1997), *Dobson/Waterson/Chu* (1998), *Dobson/Clark/Davies/Waterson* (2000).
[98] Vgl. von *Ungern-Sternberg* (1996) sowie *Inderst/Shaffer* (2008).
[99] Vgl. *Inderst/Wey* (2008).

B. Wettbewerb und Effizienz

verhandlungsstarker Abnehmer die von ihm durchgesetzten besseren Konditionen an seine Kunden weitergibt, steigt sein Marktanteil und der seiner Konkurrenten würde abnehmen. Wenn deren Verhandlungsmacht aufgrund des geringeren Marktanteils abnimmt, erzielen sie vergleichsweise schlechtere Konditionen, so dass sich die Situation für die Endverbraucher insgesamt verschlechtern kann.[100] Allerdings besteht hinsichtlich der Analyse von Marktformen, in denen die Abnehmer durch ihr Nachfrageverhalten das Marktergebnis beeinflussen können, insbesondere hinsichtlich der neueren verhandlungstheoretischen Ansätze, noch erheblicher Forschungsbedarf.

Zusammenfassend lässt sich feststellen, dass es keine Marktform gibt, die alle genannten Effizienzziele erreicht. Vollkommener Wettbewerb ist für die Ziele der Allokations- und Produktionseffizienz den anderen überlegen, allerdings ist zu vermuten, dass die dynamische Effizienz nicht gewährleistet ist. Beim Oligopol wird es zwar zu allokativen Ineffizienzen kommen, aber es spricht einiges dafür, dass die produktive Effizienz gewährleistet ist. Was die dynamische Effizienz betrifft, so scheint sich die Ansicht zu etablieren, dass ein Oligopol am ehesten für Innovationen und technischen Fortschritt geeignet ist. Das Monopol hingegen wird weder Allokations- noch Produktionseffizienz erreichen. Was die dynamische Effizienz betrifft, so haben sowohl theoretische als auch empirische Überlegungen deutlich gemacht, dass ein Monopol in dieser Hinsicht keine Vorteile gegenüber anderen Marktstrukturen bietet.

---

100 Zum Wasserbetteffekt vgl. z. B. *Dobson/Inderst* (2008).

Zweiter Teil:
Marktmacht, Marktbeherrschung und Marktabgrenzung

A. Marktmacht und Preiselastizitäten

I. Einleitung

In Teil 1 B. wurde deutlich gemacht, dass auf Märkten immer dann mit Ineffizienzen zu rechnen ist, wenn der Preis eines Gutes von den langfristigen Grenzkosten abweicht. Dies gilt vor allem hinsichtlich der Allokations-, aber auch bezüglich der Produktionseffizienz, wo, z.B. bei einem Monopol, X-Ineffizienzen auftreten können. Unternehmen, die in der Lage sind, den Preis über das Niveau zu erhöhen, das bei funktionierendem Wettbewerb herrschen würde, verfügen somit über einen mehr oder weniger großen Preissetzungsspielraum. Dieser Preissetzungsspielraum wird in der Wirtschaftstheorie als Marktmacht bezeichnet. Marktmacht ist also ökonomisch definiert als die Fähigkeit eines oder mehrerer Unternehmen, einen Preis für ein Gut durchzusetzen, der über den langfristigen Grenzkosten liegt.[1] Diese Definition erfasst im Prinzip auch den Fall, in dem ein Unternehmen bei gleichbleibendem Preis die Qualität (und damit die Herstellungskosten) senkt; auch hier würde der Preis für das Gut die Grenzkosten übersteigen.[2] Negative Auswirkungen von Marktmacht sind in erster Linie darin zu sehen, dass aufgrund eines höheren Preises eine geringere Menge des entsprechenden Gutes angeboten wird, so dass eine ineffiziente Allokation resultiert.

---

[1] Diese Definition der Marktmacht ist in der Wirtschaftstheorie allgemein gebräuchlich. "A firm has market power if it finds it profitable to raise price above marginal cost." *Church/Ware* (2000), 29. "Market power may be defined as the ability to set prices above cost, especially above incremental or marginal cost, that is, the cost of producing an extra unit." *Cabral* (2000), 6. "Since the lowest possible price a firm can profitably charge is the price which equals the marginal cost of production, market power is usually defined as the difference between the prices charged by a firm and its marginal costs of production." *Motta* (2004), 40 f.

[2] Hierbei ist jedoch zu berücksichtigen, dass der Preis im Allgemeinen eine leicht zu beobachtende Größe, Qualität jedoch nur schwer feststellbar ist. Dies ändert jedoch nichts an der prinzipiellen Anwendbarkeit der Definition. Ansätze hierzu liefert die Methode der „hedonic prices". Vgl. hierzu *Rosen* (1974).

Teil 2 A. Marktmacht und Preiselastizitäten

1. Der Lerner-Index als Maß für Marktmacht

Folgt man dieser Definition, dann kann Marktmacht durch ein einfaches Maß erfasst werden, den sogenannten Lerner-Index.[3] Der Lerner-Index misst die Marktmacht eines Unternehmens anhand der prozentualen Abweichung des Preises eines Gutes i von den langfristigen Grenzkosten seiner Herstellung.[4] Bezeichnet man den Preis eines Gutes i mit p_i und die Grenzkosten mit c_i dann ist der Lerner-Index definiert durch:

$$L = \frac{p_i - c_i}{p_i}.$$

Offensichtlich ist die Marktmacht eines Unternehmens gleich Null, wenn der Preis des Gutes den Grenzkosten seiner Herstellung entspricht. Je stärker die Abweichung des Preises von den Grenzkosten, desto größer ist die Marktmacht des Unternehmens und desto größer ist die resultierende allokative Ineffizienz. Allerdings ist deutlich darauf hinzuweisen, dass es sich beim Lerner-Index um ein theoretisches Konzept handelt, das nicht ohne weiteres zur Erfassung von Marktmacht in der Praxis herangezogen werden kann. So setzt der Lerner-Index als Maß für Marktmacht voraus, dass eine langfristige Betrachtung zu Grunde liegt, d.h. dass alle Kosten variabel sind und somit keinerlei Fixkosten auftreten. In kurzfristiger Betrachtung können auch bei funktionierendem Wettbewerb die Preise über den Grenzkosten liegen, wenn die Fixkosten durch Preise in Höhe der Stück- bzw. Durchschnittskosten gedeckt werden müssen. Auf einige weitere Aspekte, die eine unmittelbare Anwendung des Lerner-Index als Maß für Marktmacht erschweren, wird auf den Seiten 70–72 hingewiesen.

Bei vollkommenem Wettbewerb, bei dem sich jedes Unternehmen als Preisnehmer verhält, wählt es sein Angebot so, dass die Grenzkosten gleich dem Preis sind. Daher verfügt ein solches Unternehmen über keine Marktmacht und die resultierende Allokation ist, wie auf den Seiten 19 f. dargestellt, effizient. Beim Monopol, das nur ein Gut i herstellt, ist der Lerner-Index gegeben durch

---

[3] Benannt nach dem Ökonomen *Abba Lerner* (1903–1982). Der nach ihm benannte Index findet sich in *Lerner* (1934).

[4] Die folgenden Ausführungen dienen vor allem dazu, die dem Lerner-Index unterliegenden Konzepte zu beschreiben. Daher wird nur der Fall betrachtet, in dem jedes Unternehmen nur ein Gut herstellt. Bei Mehrproduktunternehmen können Situationen auftreten, die mit dieser einfachen Form des Lerner-Index nicht erfasst werden können. So kann ein Mehrproduktmonopol, das komplementäre Güter herstellt, ein Gut sogar zu Preisen unter den Grenzkosten anbieten, um die Nachfrage nach einem anderen zu stimulieren. Vgl. *Schmalensee* (1982).

I. Einleitung **Teil 2**

$$L = \frac{p_i^m - c_i}{p_i^m} = \frac{1}{\eta_i^n},$$

wobei p_i^m den vom Monopolisten im Gewinnmaximum geforderten Preis bezeichnet[5] und η_i^n die Preiselastizität der Nachfrage (n) nach dem Gut i angibt.

2. Die Preiselastizität der Nachfrage

Die Preiselastizität der Nachfrage wird determiniert durch die Nachfragefunktion für das Gut i, in die neben dem Preis dieses Gutes auch die Preise anderer Güter j, möglicher Substitute oder Komplemente, eingehen. Form und Verlauf einer Nachfragefunktion werden durch die Präferenzen, das Einkommen und die Anzahl der Konsumenten bestimmt. Wenn sich der Preis des Produktes i erhöht, dann führt das im Allgemeinen dazu, dass die Konsumenten eine kleinere Menge des Gutes nachfragen. Die durch eine Preiserhöhung induzierte Änderung der Nachfrage nach dem Gut i kann man wie folgt beschreiben: Mit p_i sei der Preis eines bestimmten Gutes i bezeichnet und mit Δp_i die Veränderung dieses Preises. So könnte der Preis p_i z.B. 10 Euro betragen und die Veränderung könnte 50 Cent ausmachen. In diesem Fall würde der Preis prozentual um $\Delta p_i/p_i = 0.05$ bzw. 5% steigen. Die beim Preis p_i nachgefragte Menge sei mit x_i bezeichnet und mit Δx_i die Änderung dieser Menge aufgrund einer Preiserhöhung um 5%. So könnte die Nachfrage, die bei einem Preis von 10 Euro z.B. 1000 betrug, aufgrund der Preiserhöhung um 50 Cent um 100 Einheiten auf 900 zurückgehen. Prozentual würde sich die Nachfrage daher um $\Delta x_i/x_i$, d.h. $-100/1000$, also um -0.1 bzw. -10% ändern. Die Preiselastizität der Nachfrage η_i^n gibt nun an, um wie viel Prozent die Nachfrage nach dem Gut i aufgrund einer prozentualen Preiserhöhung für dieses Gut zurückgeht. Formal kann man diese Elastizität beschreiben durch:

$$\eta_i^n = \frac{\Delta x_i}{x_i} \bigg/ \frac{\Delta p_i}{p_i} = \frac{\Delta x_i}{\Delta p_i} \frac{p_i}{x_i}.$$

Im Beispiel würde die Preiselastizität der Nachfrage

$$\eta_i^n = \frac{-0.1}{0.05} = -2$$

---

[5] Dieses Ergebnis folgt, wenn der Monopolist seinen Gewinn maximiert. Es wird dabei unterstellt, dass der Monopolist keine Preisdiskriminierung betreibt.

Teil 2 A. Marktmacht und Preiselastizitäten

betragen. Da eine Preiserhöhung im Allgemeinen zu einer Verringerung der nachgefragten Menge führt, ergeben sich negative Werte für die Elastizität. Aus Vereinfachungsgründen wird in der Wirtschaftstheorie daher zumeist der Betrag der Elastizität verwendet, d. h. der entsprechende positive Wert. Im Beispiel würde man also von einer Elastizität in Höhe von 2 sprechen. Eine Preiserhöhung von 5% führt also zu einem Rückgang der Nachfrage um 10%. Mit der Preiselastizität der Nachfrage werden alle Ausweichmöglichkeiten erfasst, die den Konsumenten bei einer Preiserhöhung zu Gebote stehen. Dies sind erstens das Ausweichen auf andere, substitutive Produkte, zweitens die Verringerung des Konsums des betrachteten Gutes und drittens der gänzliche Verzicht auf den Konsum des Gutes oder eines Substitutes.

Man unterscheidet zwischen 2 Bereichen, in denen eine Elastizität liegen kann: Entweder zwischen 0 und 1 oder größer als 1. Im ersten Fall spricht man von einer unelastischen Nachfrage, d.h. eine 1%-ige Preiserhöhung führt zu einer Verringerung der Nachfrage um weniger als 1%. Ist die Elastizität größer als 1, dann impliziert eine Preiserhöhung um 1% einen Nachfragerückgang um mehr als 1%. Dieser Bereich einer Nachfragefunktion heißt elastisch. An dem Punkt, an dem eine Preiserhöhung um 1% zu einer prozentual gleich großen Verringerung der Nachfrage führt, ist die Nachfragefunktion einheitselastisch. Verläuft die Nachfragefunktion sehr flach, dann führt bereits eine geringe Preiserhöhung zu einer großen Abnahme in der abgesetzten Menge, ist sie hingegen sehr steil, dann wird selbst eine große Preisänderung zu keiner erheblichen Änderung in der nachgefragten Menge führen, d. h. die Nachfrage reagiert unelastisch. Damit die Nachfrage elastisch auf eine Preisänderung reagiert, müssen jedoch nicht notwendigerweise die Hälfte oder die überwiegende Mehrheit der Konsumenten auf Substitute ausweichen oder ihre Nachfrage reduzieren; oft reicht es bereits aus, wenn nur eine relativ geringe Anzahl der Konsumenten sich so verhält. Entscheidend für die Elastizität der Nachfrage sind die marginalen Konsumenten, also diejenigen, die bei einer Preiserhöhung mit einem Ausweichverhalten reagieren.

Preiselastizitäten sind im Allgemeinen nicht konstant, d. h. die Preiselastizität der Nachfrage nach dem gleichen Produkt bei einem niedrigen Preis wird tendenziell geringer sein als bei einem hohen Preis. Ist der Preis niedrig, dann ändert eine Erhöhung des Preises um 1% den Preis kaum merklich und die Nachfrage wird nicht sehr zurückgehen. Bei einem hohen Preis hingegen ist eine 1%-ige Preiserhöhung eher mit einem deutlichen Nachfragerückgang verbunden. Auch wird die Preiselastizität der Nachfrage je nach betrachtetem Zeitrahmen unterschiedlich sein. Sie

I. Einleitung **Teil 2**

hängt stark davon ab, ob man eine kurz- oder langfristige Betrachtung wählt. Dies kann man sich z. B. anhand der Erhöhung des Ölpreises verdeutlichen: Kurzfristig ist es für die meisten Konsumenten schwierig, ihren Verbrauch an Heizöl, Benzin etc. zu reduzieren, d. h. kurzfristig ist die Preiselastizität der Nachfrage gering. Langfristig jedoch werden die Konsumenten z. B. eher Kraftfahrzeuge mit geringem Verbrauch nachfragen oder auf alternative Energiequellen ausweichen (Erdgas, Solarenergie etc.), so dass die langfristige Preiselastizität in aller Regel signifikant höher ist als die kurzfristige.

Ist die Preiselastizität der Nachfrage kleiner als 1, d. h. reagiert die Nachfrage unelastisch, dann bedeutet dies, dass der Erlös bzw. der Umsatz des Unternehmens bei einer 1%-igen Preiserhöhung steigt. Bei einer elastischen Nachfrage würde bei einer Preiserhöhung der Umsatz zurückgehen. A priori lässt das Konzept der Preiselastizität nur eine Aussage über die Änderung des Umsatzes zu, nicht jedoch über Änderungen des Gewinns. Allerdings kann man anhand der folgenden Überlegung auch einen Zusammenhang zwischen der Preiselastizität der Nachfrage und dem Gewinn herstellen: Da ein Unternehmen, das für sein Produkt einen höheren Preis verlangt, im Allgemeinen nur noch eine geringere Menge absetzen kann, muss es also auch nur eine geringere Menge herstellen. Dadurch werden im Regelfall die Produktionskosten sinken. Also wird bei einer unelastischen Nachfrage eine Preiserhöhung zu einer Umsatzsteigerung und, aufgrund der geringeren Menge, zu einer Kostensenkung führen und die Gewinne werden zunehmen.[6] Dies hat jedoch zur Folge, dass ein Unternehmen, das sich einer unelastischen Nachfrage gegenübersieht, den Preis seines Produktes solange weiter erhöhen wird, bis es schließlich in den elastischen Bereich der Nachfragefunktion gelangt. Daraus folgt unmittelbar, dass ein Monopol den Preis seines Produktes immer im elastischen Bereich der Nachfragefunktion wählen wird.[7]

Beträgt also z. B. die Preiselastizität der Nachfrage beim Monopolpreis 2, dann fordert der Monopolist einen Aufschlag auf die Grenzkosten in Höhe von 50%. Der Lerner-Index macht deutlich, dass bei einer sehr elastischen Nachfrage selbst ein Monopolist mit einem Marktanteil von 100% über keine signifikante Marktmacht verfügt, da er bei einer Preiserhöhung einen großen Teil der Nachfrage verlieren würde. Im Grenzfall, d. h. bei einer unendlich elastischen Nachfrage verschwindet die Markt-

---

6 Allerdings können selbst in einem Falle, in dem bei einer Preiserhöhung die Nachfrage elastisch reagiert, die Gewinne zunehmen, nämlich wenn die mit der geringeren Ausbringungsmenge verbundenen Kosten stärker abnehmen als die Umsätze. Vgl. S. 100–105.

7 Diese Aussage gilt nicht nur für ein Monopol sondern für jedes Unternehmen, das seinen Gewinn maximiert.

Teil 2 A. Marktmacht und Preiselastizitäten

macht völlig.[8] Marktanteile sind also nicht notwendig ein Beweis für die Existenz von Marktmacht. Signifikante Marktmacht liegt daher meist dann vor, wenn die Nachfrage eine geringe Preiselastizität aufweist.

II. Marktmacht und Lerner-Index bei verschiedenen Marktformen

Die Marktmacht eines Cournot-Oligopolisten kann ebenfalls mit Hilfe des Lerner-Index erfasst werden. Dabei wird der Preis im Cournot-Nash-Gleichgewicht mit p^c bezeichnet. Hier ist die prozentuale Abweichung des Marktpreises p^c von den Grenzkosten gegeben durch

$$L_i = \frac{p^c - c_i}{p^c} = \frac{s_i}{\eta^n},$$

wobei s_i den Marktanteil des Oligopolisten i und η^n die Preiselastizität der Nachfrage bezeichnet. Diese Formel entspricht im Prinzip der im Falle eines reinen Monopols, nur geht hier der Marktanteil jedes Oligopolisten s_i in den Index mit ein. Die Marktmacht eines Cournot-Oligopolisten ist also bestimmt durch die Preiselastizität der Nachfrage, gewichtet mit seinem Marktanteil. Dies macht deutlich, dass die Konzentration in einem Markt eine wichtige Determinante für die Marktmacht ist. Je größer die Marktanteile der Unternehmen, desto stärker ist die Abweichung des Preises von den Grenzkosten, d.h. desto größer ist also die Marktmacht. Auch Kostenunterschiede zwischen den Unternehmen beeinflussen den Lerner-Index. Ein Unternehmen mit geringeren Grenzkosten kann einen höheren Preisaufschlag realisieren und verfügt auch über einen größeren Marktanteil. Könnten die Oligopolisten ihr Verhalten koordinieren und sich gemeinsam wie ein Monopolist verhalten, dann bleibt die Formel weiterhin gültig, aber es muss der Monopolpreis verwendet werden und die Marktanteile sind auf die geringere Monopolmenge zu beziehen.[9] Allerdings ist bei der Interpretation des Lerner-Index zu berücksichtigen, dass in einem Markt mit oligopolistischem Wettbewerb nicht das gleiche Ergebnis erwartet werden kann, wie in einem Markt mit vollkommenem Wettbewerb. Auch bei funktionierendem Wettbewerb in einem oligopolistischen Markt wird sich das Marktergebnis, aufgrund der Tatsache, dass sich die Unternehmen der strategischen Interdependenz bewusst sind, von dem bei vollkommenem Wettbewerb unterscheiden.

---

8 Dies entspricht der Situation, in der sich ein Unternehmen bei vollkommenem Wettbewerb befindet, das sich ebenfalls einer vollständig elastischen Nachfrage gegenübersieht.
9 Zur Verhaltenskoordination im Oligopol vgl. S. 297–303.

II. Marktmacht und Lerner-Index bei verschiedenen Marktformen Teil 2

Bei allgemeinen Marktstrukturen muss, anders als beim reinen Monopol oder beim Cournot-Oligopol, zwischen der Marktnachfrage und der Nachfrage, der sich ein einzelnes Unternehmen gegenübersieht unterschieden werden. So kann z.B. die gesamte Marktnachfrage sehr preisunelastisch sein, die Nachfrage für das Produkt eines einzelnen Unternehmens, d.h. die Residualnachfrage, jedoch sehr elastisch reagieren. So wird die Gesamtnachfrage nach einem lebenswichtigen Medikament, das mit den gleichen Wirkstoffen von mehreren Unternehmen angeboten wird, kaum auf Preisänderungen reagieren. Wenn jedoch nur ein Unternehmen den Preis erhöht, um einen höheren Gewinn zu erzielen, dann werden viele Käufer ihren Bedarf bei den anderen Unternehmen decken, d.h. die Residualnachfrage eines einzelnen Unternehmen ist äußerst preiselastisch, so dass trotz unelastischer Marktnachfrage die Marktmacht eines Unternehmens sehr gering ist. Entscheidend für das Vorliegen von Marktmacht eines einzelnen Unternehmens ist also immer die Preiselastizität seiner Residualnachfrage.[10]

Gibt es neben dem Monopol oder dem Oligopol noch andere Wettbewerber, z.B. einen wettbewerblichen Rand, oder können andere Unternehmen in den Markt eintreten, dann ist das Verhalten dieser aktuellen oder potenziellen Wettbewerber bei der Erfassung von Marktmacht zu berücksichtigen. Analog zur Feststellung des Verhaltens der Konsumenten mit Hilfe der Preiselastizität der Nachfrage kann man das Angebotsverhalten aktueller oder potenzieller Wettbewerber mit Hilfe der Preiselastizität des Angebots erfassen.[11] Diese Elastizität hängt von einer Reihe von Faktoren ab: So spielen die Kapazitäten der aktuellen Wettbewerber eine wichtige Rolle. Eine Ausweitung des Angebots dieser Unternehmen kann nur erfolgen, wenn hinreichend große, bisher ungenutzte Produktionskapazitäten vorhanden sind oder sehr schnell aufgebaut werden können. Andernfalls könnten diese Unternehmen selbst bei einer drastischen Preiserhöhung ihr Angebot nicht erhöhen – die Preiselastizität des Angebotes wäre Null oder zumindest sehr gering. Ein anderer wichtiger Aspekt sind mögliche Marktzutrittsschranken. Wenn aufgrund absoluter Marktzutrittsschranken, z.B. aufgrund eines Patents, andere Unternehmen nicht in diesen Markt eintreten können, dann hat dies eine geringe Preiselastizität des Angebots zur Folge. Auch der betrachtete Zeitraum ist wichtig: Kurzfristig kann das Angebot nur wenig ausgedehnt werden, da Umstellungen der Produktion Zeit erfordern und Marktzutritte meist erst nach einer gewissen Vorbereitungszeit erfolgen können. Langfristig hingegen

---

10 Zur Unterscheidung zwischen aggregierter und residualer Nachfrage vgl. *Carlton/Perloff* (2005), 66–69.
11 Vgl. *Carlton/Perloff* (2005), 66.

Teil 2 A. Marktmacht und Preiselastizitäten

ist eine deutlichere Reaktion des Angebots zu erwarten. Der Lerner-Index für die Marktmacht eines Unternehmens bei Berücksichtigung anderer Wettbewerber bzw. von Marktzutritten kann wie folgt angegeben werden:

$$L_i = \frac{p_i - c_i}{p_i} = \frac{s_i}{\eta_i^n + (1 - s_i)\eta_i^a},$$

wobei η_i^a die Preiselastizität des Angebots bezeichnet. Diese Preiselastizität wird mit den Marktanteilen aller Unternehmen außer dem betrachteten gewichtet.[12] Dies ist analog zum Oligopol, wobei der Ausdruck $\eta_i^n + (1 - s_i)\eta_i^a$ die Preiselastizität der Residualnachfrage angibt. Dieser Index macht deutlich, dass die Marktmacht eines Unternehmens umso geringer ist, je größer die Preiselastizitäten der Nachfrage und des Angebotes sind. Der Marktmacht eines Unternehmens werden also von zwei Seiten Schranken gesetzt: Zum einen durch die Ausweichreaktionen der Nachfrager, zum anderen durch die Angebotsreaktionen aktueller oder potenzieller Wettbewerber. So kann die Marktmacht eines Unternehmens selbst bei einer sehr unelastischen Nachfrage gegen Null gehen, wenn das Angebot sehr preiselastisch reagiert. Die Marktmacht eines Unternehmens wird umso höher sein, je geringer die Ausweichmöglichkeiten der Nachfrager sind und je unelastischer das Angebot ist.

III. Marktmacht bei differenzierten Gütern

Diese Überlegungen können auf den Fall differenzierter Güter übertragen werden, wobei die gleiche Formel wie oben heranzuziehen wäre. Die Frage, welche Güter dabei zu berücksichtigen sind, ist dabei von untergeordneter Bedeutung, da die Preiselastizität der Nachfrage und der Marktanteil sich in gleicher Richtung verändern:[13] Würde man nur wenige, sehr enge Substitute bei der Berechnung des Marktanteils berücksichtigen, dann wäre der Marktanteil des betrachteten Unternehmens einerseits recht hoch, andererseits würde auch die Nachfrage sehr preiselastisch reagieren, da die Abnehmer über zahlreiche Ausweichmöglichkeiten verfügen. Zwar impliziert ein hoher Marktanteil eine große Marktmacht, aber eine große Preiselastizität eine nur geringe Marktmacht. Würde man hingegen den Marktanteil mit Bezug auf enge und weite Substitute ermitteln, dann wäre zwar der Marktanteil des Unternehmens gering, die Preiselastizität der Nachfrage aber ebenfalls, da es kaum noch unberücksichtigte

---

12 Zur Herleitung vgl. *Carlton/Perloff* (2005), 68.
13 Vgl. *Baker/Bresnahan* (1988), 286; *Hausman/Leonard/Zona* (1992), 896; *Landes/Posner* (1981), 962.

Ausweichmöglichkeiten für die Konsumenten gibt. Ein ähnlicher Zusammenhang gilt auch für die Preiselastizität des Angebotes. Diese ist bei Berücksichtigung nur der engsten Substitute relativ groß, während im Falle der Berechnung des Marktanteils unter Einbeziehung auch entfernter Substitute diese Elastizität eher gering sein wird.

IV. Marktmacht auf zweiseitigen Märkten

Zweiseitige Märkte bzw. Plattformen sind in den letzen Jahren vor allem im Zusammenhang mit Kreditkartenzahlungssystemen, werbefinanzierten Medien oder Reiseveranstaltern näher analysiert worden.[14] Solche zwei- oder mehrseitigen Märkte sind dadurch gekennzeichnet, dass dort zwei oder mehr unterschiedliche Gruppen von Nachfragern zusammengeführt werden. So kann z. B. der Markt für Zahlungssysteme wie z. B. Kreditkarten als zweiseitiger Markt interpretiert werden, auf dem die beiden Gruppen der Händler einerseits und der Kreditkarteninhaber andererseits zusammengebracht werden. Andere Beispiele sind werbefinanzierte Medien, wobei die eine Nachfragergruppe die Werbung treibenden Unternehmen sind und die andere die Leser (bei Zeitschriften) oder Zuschauer (beim werbefinanzierten Fernsehen). Weitere Beispiele für zweiseitige Märkte sind Reisevermittler, die die Anbieter von Reisen und die Nachfrager zusammenbringen, Messen, Heiratsvermittlungen sowie sogenannte Dating-Clubs, in denen Männer und Frauen Kontakte knüpfen können. Damit es sich bei einem Markt um einen zweiseitigen Markt im engeren Sinne handelt, müssen zwischen den verschiedenen Gruppen von Nachfragern sogenannte indirekte Netzeffekte bestehen. Dies ist dann der Fall, wenn der Nutzen der einen Gruppe mit der Zahl der Mitglieder der anderen Gruppe steigt. (Bei direkten Netzeffekten steigt der Nutzen eines Konsumenten, wenn die Zahl der Mitglieder der eigenen Gruppe zunimmt, wie z. B. beim Telefonnetz.)[15] Ein wichtiger Aspekt zweiseitiger Märkte besteht darin, dass diese indirekten Netzeffekte von den Teilnehmern nicht internalisiert werden können. Um seinen Gewinn zu maximieren, muss der Betreiber einer solchen Plattform, d. h. ein Kreditkartenunternehmen, eine Zeitschrift oder ein Dating-Club eine Preisstruktur, d. h. Preise für die beiden Gruppen von Nachfragern so wählen, dass beide „an Bord" sind. Wichtig ist dabei, dass nicht nur die Höhe des Preises von Bedeutung ist, sondern die Preisstruktur einen entscheidenden Einfluss auf die Zahl der Transaktionen hat. Auf zweiseitigen Märkten

---

14 Vgl. z. B. *Rochet/Tirole* (2003, 2006); *Armstrong* (2006, 2007).
15 Es können auch von einer Seite negative indirekte Netzeffekte ausgehen, wie z. B. bei der Fernsehwerbung.

Teil 2 A. Marktmacht und Preiselastizitäten

führt eine Änderung der Preisstruktur zu einer Änderung in der Zusammensetzung der Nachfrager, d. h. der Größe der unterschiedlichen Nachfragergruppen.

Es kann daher in zweiseitigen Märkten eine Reihe von Phänomenen auftreten, die bei normalen, einseitigen Märkten als Indiz für Marktmacht interpretiert werden müssen. So wird z. B. häufig beobachtet, dass einer Nachfragergruppe ein Preis abverlangt wird, der deutlich oberhalb der Grenzkosten liegt, die für die Bereitstellung der Dienstleistung oder des Produktes für die Mitglieder dieser Gruppe anfallen, während die Mitglieder der anderen Gruppe einen Preis zahlen, der unterhalb der entsprechenden Grenzkosten liegt und sogar negativ sein kann. So erhalten z. B. in vielen Dating-Clubs Damen freien Eintritt und oftmals ein Freigetränk, während Herren einen Eintrittspreis zahlen, der deutlich über den Grenzkosten liegt, die ihnen zuzurechnen sind. Die Höhe des jeweils zu entrichtenden Preises hängt dabei von der Stärke des indirekten Netzeffektes ab: Diejenige Gruppe, die die größeren indirekten Netzeffekte verursacht wird in der Regel einen niedrigeren Preis zahlen, bzw. diejenige mit der geringeren Netzexternalität einen höheren.[16]

Ein weiterer Faktor, der einen Einfluss auf die Preisbildung auf zweiseitigen Märkten hat, ist die Zahl der von den Nachfragern genutzten Plattformen. In manchen Fällen nutzen die Nachfrager nur eine Plattform, d. h. sie betreiben ein sogenanntes single-homing, in anderen sind sie auf mehreren Plattformen aktiv, d. h. man beobachtet ein multi-homing. In der Regel wird man beobachten, dass zumindest eine Marktseite ein multi-homing betreibt. So lesen die meisten Konsumenten nur eine Zeitung, während Werbung treibenden Unternehmen gleichzeitig in mehreren Zeitungen inserieren. Die meisten Händler akzeptieren mehrere Kreditkarten, aber viele Kunden besitzen nur eine.

Auf zweiseitigen Märkten ist daher ein hoher Preis für eine Nachfragergruppe noch kein ausreichendes Indiz für das Vorhandensein von Marktmacht, denn selbst bei Wettbewerb mehrerer Plattformen würde sich an der Art der Preisstruktur nichts ändern. Würde man daher bei zweiseitigen Märkten nur eine Nachfragergruppe betrachten, dann gelangte man in der Regel zu einer falschen Schlussfolgerung.[17] Entscheidend ist der Gesamtpreis, d. h. das was insgesamt von beiden Gruppen gezahlt wird und die gesamten Grenzkosten, die der Plattform bei der Erstellung der Leistung entstehen.

---

16 Vgl. *Rochet/Tirole* (2006).
17 Vgl. *Wright* (2003); *Evans/Schmalensee* (2008).

V. Marktmacht auf Ausschreibungs- und Bietermärkten

Ausschreibungsmärkte sind dadurch charakterisiert, dass verschiedene Anbieter um die Durchführung eines Projektes, z. B. den Bau einer Infrastruktureinrichtung oder die Erstellung eines Produktes im Wettbewerb stehen. Bietermärkte hingegen sind gekennzeichnet durch den Wettbewerb verschiedener Nachfrager um ein oder mehrere Produkte. In beiden Fällen geben die Wettbewerber Gebote ab und das beste Gebot erhält den Zuschlag. Zur Analyse derartiger Märkte wird daher die Auktionstheorie herangezogen, die optimales Verhalten und Gleichgewichte bei Auktionen bzw. Ausschreibungen untersucht.[18] Ausschreibungs- und Bietermärkte sind in der Regel dadurch gekennzeichnet, dass es einen Wettbewerb um den Markt, nicht aber einen Wettbewerb im Markt gibt. Weiterhin finden Ausschreibungen meist in größeren Abständen statt und die ausgeschriebenen Projekte sind häufig von einem erheblichen Umfang, so dass ein Zuschlag für ein einzelnes Unternehmen eine große Bedeutung hat. Dies kann dazu führen, dass sich ein Unternehmen, dessen Gebot keine Berücksichtigung findet, erheblichen wirtschaftlichen Problemen gegenübersieht, die im Extremfall dazu führen können, dass das Unternehmen aus dem Markt ausscheiden muss. In solchen Situationen haben Unternehmen einen großen Anreiz, kompetitive Gebote abzugeben, um sich ein Projekt zu sichern. Daher ist die Zahl der in einem Ausschreibungsmarkt aktiven Unternehmen häufig kein verlässlicher Indikator für eventuelle Marktmacht. Es können bereits zwei Unternehmen ausreichen, um das gleiche Ergebnis hervorzubringen wie in einem Wettbewerbsmarkt. Auch der Erfolg, den ein Unternehmen bei früheren Ausschreibungen hatte, ist in solchen Märkten kein Indikator für den Erfolg bei künftigen Ausschreibungen. Entscheidend ist vielmehr, welche Unternehmen in der Lage sind, attraktive Angebote zu unterbreiten.[19]

Aus diesen Gründen entsprechen Bieter- und Ausschreibungsmärkte, wenn die dort aktiven Unternehmen sich hinsichtlich ihrer Kosten nicht signifikant unterscheiden, Märkten mit Bertrand-Wettbewerb, d.h. es liegt ein sehr hoher Wettbewerbsdruck vor und die Preise werden auf dem Niveau der Grenzkosten liegen. Aus diesem Grunde sind Marktanteile in Bieter- und Ausschreibungsmärkten von eher untergeordneter Bedeutung. Wenn auch der Zutritt in einen solchen Markt leicht möglich ist, dann liegt sogar die Situation eines bestreitbaren Marktes vor, in dem auch große Marktanteile einzelner Unternehmen keinen Rückschluss über die Marktmacht erlauben.

---

18 Einen Überblick über die Auktionstheorie geben *Krishna* (2010) oder *Milgrom* (2004).
19 Zu Bieter- und Ausschreibungsmärkten vgl. *Klemperer* (2008).

Dieses Argument muss jedoch relativiert werden, wenn es sich um Ausschreibungs- bzw. Bietermärkte mit differenzierten Produkten handelt, in denen wiederholt Transaktionen in geringem Umfang stattfinden. In solchen Fällen können im Gleichgewicht auch Preise resultieren, die über den Grenzkosten liegen. In solchen Märkten können daher die Anzahl und die Größe der Bieter im Markt einen signifikanten Einfluss auf das Marktergebnis haben.

B. Marktmacht, Marktbeherrschung und wirksamer Wettbewerb – ökonomische und juristische Aspekte

Der Lerner-Index als Konzept zur Erfassung von Marktmacht ist wirtschaftstheoretisch fundiert und kann im Prinzip auf alle Marktformen angewandt werden. Er macht deutlich, dass die Marktmacht eines Unternehmens oder einer Gruppe von Unternehmen sowohl durch die Ausweichmöglichkeiten der Konsumenten auf der Nachfrageseite als auch durch die Handlungsmöglichkeiten aktueller oder potenzieller Konkurrenten auf der Angebotsseite beschränkt ist. Durch beide Seiten, sowohl durch Nachfrage- als auch durch Angebotssubstitution, werden der Marktmacht wettbewerbliche Schranken gesetzt. Weiterhin erlaubt dieses Konzept eine Unterscheidung verschiedener Grade von Marktmacht, so dass im Prinzip festgestellt werden kann, ob und wie stark sich die Marktmacht eines Unternehmens z. B. aufgrund einer Fusion verändert oder ob ein Unternehmen über eine größere oder geringere Marktmacht verfügt als ein anderes. Eine wesentliche Voraussetzung für eine Abschätzung von Marktmacht mithilfe des Lerner-Index ist die Verwendung der langfristigen Grenzkosten. Würde man stattdessen die kurzfristigen Grenzkosten heranziehen, so käme man, insbesondere in Industrien mit hohen Fixkosten, zu falschen Einschätzungen. Eine unmittelbare Anwendung des Lerner-Index zur direkten Ermittlung von Marktmacht erweist sich, wie auf den Seiten 70–72 dargelegt wird, aus einer Reihe von Gründen als problematisch.

Auch ist zu berücksichtigen, dass die Beschreibung von Marktmacht durch die Abweichung des Preises von Grenzkosten in erster Linie dazu geeignet ist, allokative Ineffizienzen zu erfassen; mit gewissen Einschränkungen kann der Lerner-Index darüber hinaus ein Indiz für das Vorliegen produktiver Ineffizienzen sein.[20] Es handelt sich bei diesem Index eher um ein statisches Konzept, mit dem man keine Aussagen über die dyna-

---

20 So könnte eine geringe Differenz zwischen Preis und Grenzkosten bei einem Monopol auf überhöhte Grenzkosten, d. h. produktive Ineffizienzen hindeuten.

mische Effizienz treffen kann. Wie auf den Seiten 49 und 52 dargelegt, ist für die Gewährleistung dynamischer Effizienz jedoch ein gewisses Maß an Marktmacht erforderlich. Hier findet der Wettbewerb zwischen den Unternehmen nicht mittels Preisen oder Mengen statt, sondern durch Prozess- oder Produktinnovationen. Dieser Wettbewerb kann nur dann funktionieren, wenn die Unternehmen, die in Forschung und Entwicklung investieren, auch die Möglichkeit haben, sich die Erträge ihrer Investitionen anzueignen. Dies kann z.B. durch einen Patentschutz erreicht werden, der einem Unternehmen Marktmacht zumindest für einen gewissen Zeitraum verleiht. Auch hat die Untersuchung verschiedener Marktstrukturen deutlich gemacht, dass dynamische Effizienz eher in einem oligopolistischen Markt zu erwarten ist. Daraus kann der Schluss gezogen werden, dass es, insbesondere für die Frage der dynamischen Effizienz, im Allgemeinen wettbewerbspolitisch nicht sinnvoll ist, jegliche Marktmacht, d.h. jedes Abweichen des Preises von den Grenzkosten zu verhindern. Marktmacht und Effizienz sind daher keine diametralen Gegensätze, sondern ein gewisses Maß an Marktmacht kann für dynamische Effizienz erforderlich sein. Die Beschränkung auf den Preisaspekt würde den Wettbewerb mittels Innovationen unberücksichtigt lassen. Vollkommener Wettbewerb kann daher nicht das Ziel einer ökonomisch sinnvollen Wettbewerbspolitik sein. Nach in den Wirtschaftswissenschaften weithin akzeptierter Auffassung ist vielmehr ein wirksamer Wettbewerb (Effective Competition) anzustreben, der am ehesten geeignet ist, die ökonomischen Ziele der allokativen, produktiven und dynamischen Effizienz zu erreichen und marktmachtbedingte Umverteilungen zu vermeiden (Konsumentenwohlfahrtsstandard).

Welches Maß an Marktmacht akzeptiert werden sollte, d.h. was unter wirksamem Wettbewerb konkret verstanden werden soll, hängt auch davon ab, ob eher eine kurzfristige oder eine langfristige Betrachtung zugrunde gelegt wird. Wird großes Gewicht auf die kurzfristigen Auswirkungen von Marktmacht gelegt, dann gehen die allokativen Aspekte weitaus stärker in die Erwägungen ein als bei einer langfristigen Betrachtung. Daher ist das Konzept des wirksamen Wettbewerbs auch durch normative Setzungen beeinflusst. Weiterhin ist für die Konkretisierung des Konzeptes des wirksamen Wettbewerbs auch die praktische Umsetzbarkeit von Bedeutung. So werden geringe Grade von Marktmacht nicht ermittelbar sein; vielmehr ist diese praktisch erst dann festzustellen, wenn sie oberhalb einer Mindestgrenze liegt. Wirksamer Wettbewerb liegt demnach dann vor, wenn ein bestimmter, auch normativ festgelegter Grad an Marktmacht nicht überschritten wird. Dieser Grad an Marktmacht kann für verschiedene Märkte unterschiedlich bestimmt werden. So könnte in

Märkten, in denen Innovationen den zentralen Wettbewerbsparameter bilden, eine größere Marktmacht akzeptabel sein, da der Wettbewerb nicht im Markt, sondern um den Markt stattfindet, als z.B. in ausgereiften Märkten, in denen keine bedeutenden Innovationen zu erwarten sind.[21] Ein ähnliches Argument gilt für Industrien, in denen erhebliche Fixkosten anfallen, die durch Preise oberhalb der Grenzkosten gedeckt werden müssen. Ein solches Konzept des wirksamen Wettbewerbs bietet darüber hinaus die Möglichkeit, eine Verbindung zwischen dem ökonomischen Begriff der Marktmacht und dem juristischen Begriff der Marktbeherrschung herzustellen. Da wirksamer Wettbewerb im Sinne der oben gegebenen Definition erst dann beschränkt wird, wenn die Marktmacht eine bestimmte Grenze überschreitet, könnte ein derartiges Maß an Marktmacht als Marktbeherrschung interpretiert werden.[22] Dabei ist allerdings zu beachten, dass auch Marktbeherrschung nicht notwendig negativ zu beurteilen ist. Wenn ein Unternehmen z.B. aufgrund einer innovativen kostensparenden Technologie eine marktbeherrschende Stellung erreicht hat, ist dies eine normale Begleiterscheinung eines wirksamen Wettbewerbs und erfordert keinen wettbewerbspolitischen Eingriff. Wenn allerdings Marktmacht durch Verhaltensweisen erreicht wurde, die nicht wettbewerbskonform sind, oder wenn eine marktbeherrschende Stellung dazu missbraucht wird, andere Wettbewerber zu behindern, ist durch entsprechende Maßnahmen sicherzustellen, dass ein wirksamer Wettbewerb wieder hergestellt wird. Auch aus ökonomischer Sicht ist daher zwischen Marktbeherrschung und dem Missbrauch einer marktbeherrschenden Stellung zu unterscheiden.

Der Zusammenhang zwischen den Begriffen der Marktbeherrschung und der Marktmacht ist in der Rechtspraxis heute allgemein anerkannt. So findet sich im Glossar der Generaldirektion Wettbewerb der Europäischen Kommission unter dem Begriff der beherrschenden Stellung folgenden Definition: „Ein Unternehmen hat eine marktbeherrschende Stellung inne, wenn es in der Lage ist, sein Verhalten unabhängig von seinen Wettbewerbern, Kunden, Lieferanten und letztlich den Endverbrauchern zu bestimmen. Ein beherrschendes Unternehmen mit einer *derartigen Marktmacht* könnte die Preise über dem Wettbewerbsniveau festlegen, Produkte

---

21 Vgl. *Office of Fair Trading* (2002), 43–51 sowie *Geroski* (2003).
22 Vgl. *Bishop/Walker* (2010), 227. Dies soll keinesfalls die Gleichsetzung der Konzepte signifikanter Marktmacht im ökonomischen Sinne und Marktbeherrschung im juristischen Sinne bedeuten. Der juristische Begriff der Marktbeherrschung umfasst, neben dem ökonomischen Aspekt, noch weitere Aspekte, wie z.B. den Schutz von Freiheitsrechten Dritter, die im ökonomischen Konzept der Marktmacht bestenfalls indirekt eine Rolle spielen.

V. Marktmacht auf Ausschreibungs- und Bietermärkten   Teil 2

von minderwertiger Qualität verkaufen oder seine Innovationsrate unter das Niveau absinken lassen, das auf einem Wettbewerbsbestimmten Markt vorhanden wäre. (...)".[23] Eine ähnliche Formulierung findet sich in den Leitlinien zur Bewertung horizontaler Unternehmenszusammenschlüsse:[24] „Mit der Fusionskontrolle verhindert die Kommission Zusammenschlüsse, die geeignet wären, den Verbrauchern diese (niedrige Preise, hochwertige Produkte, Innovation etc.) Vorteile vorzuenthalten, indem die Marktmacht der Unternehmen spürbar erhöht würde. Erhöhte Marktmacht bezeichnet die Fähigkeit eines oder mehrerer Unternehmen, Gewinn bringend die Preise zu erhöhen, den Absatz, die Auswahl oder Qualität der Waren oder Dienstleistungen zu verringern, die Innovation einzuschränken oder die Wettbewerbsparameter auf andere Weise zu beeinflussen."

Der Begriff der Marktbeherrschung, der bis zum 1.5.2004 als zentrales Kriterium für die Europäische Fusionskontrolle galt und dem auch heute sowohl dort als auch im Rahmen der Missbrauchsaufsicht des Art. 102 AEUV eine grundlegende Bedeutung zukommt, ist im europäischen Recht nicht positivrechtlich definiert. Die Entscheidungspraxis von Gerichten und Kommission zu Art. 86 EGV (heute Art. 102 AEUV) hat zu einer Begriffsbestimmung geführt, nach der eine marktbeherrschende Stellung anzunehmen ist, wenn ein Unternehmen eine wirtschaftliche Machtstellung besitzt, die es in die Lage versetzt, die Aufrechterhaltung eines wirksamen Wettbewerbs auf dem Markt zu verhindern, indem sie ihm die Möglichkeit verschafft, sich seinen Wettbewerbern, seinen Abnehmern und letztlich den Verbrauchern gegenüber in einem wesentlichen Umfang unabhängig gegenüber zu verhalten.[25] In ihrem XXI. Wettbewerbsbericht[26] hat die Kommission ausgeführt, dass sie bei der Auslegung von Art. 2 Abs. 3 FKVO im Wesentlichen der vom Gerichtshof für die Anwendung von Art. 86 (jetzt Art. 102 AEUV, vormals Art. 82 EG) gegebenen Definition einer beherrschenden Stellung folgen wolle. Unterschiede könnten sich allerdings aufgrund der Zukunftsbezogenheit der

---

23 Glossar der Wettbewerbspolitik der EU, GD Wettbewerb, Brüssel 2002, abrufbar unter http://europa.eu.int/comm/competition/publications/glossary_de.pdf (Hervorhebung durch Verf.).
24 ABl. v. 5.2.2004 C 31/5, Tz. 8.
25 EuGH, Urt. v. 13.2.1979, Rs. 85/76 – Hoffmann-La Roche, Slg. 1979, 461, Rdnr. 38 u. 39; EuG, Urt. v. 24.4.1996, Rs. T-102/96 – Gencor, Slg. 1999, II-753, Rdnr. 200; Komm. v. 17.10.2001 (COMP/M.2187) – CVC/Lenzing, Rdnr. 136. Es wurde auf S. 22 bereits darauf hingewiesen, dass selbst ein reines Monopol sich nicht völlig unabhängig von seinen Abnehmern verhalten kann, da es die Nachfragefunktion bei seiner Entscheidung berücksichtigen muss.
26 S. 362, 406 f.

Teil 2 B. Marktmacht, Marktbeherrschung und wirksamer Wettbewerb

Zusammenschlusskontrolle und deren stärker strukturorientiertem Ansatz ergeben. Während für die Anwendung dieser recht abstrakten Definition im Rahmen der retrospektiven Missbrauchskontrolle eine bestimmte Verhaltensweise bereits Ausdruck gesteigerter Marktmacht sein kann und damit ein konkreter Anknüpfungspunkt für die Feststellung der Möglichkeit zu weitgehend unabhängigem Verhalten gleichsam mit an die Hand gegeben ist, stellt sich die Situation bei der prospektiven Fusionskontrolle wesentlich schwieriger dar.

Den mit der beherrschenden Stellung verbundenen Nachweis eines nicht hinreichend kontrollierten Verhaltensspielraums hat die europäische Rechtspraxis insbesondere im Bereich der Fusionskontrolle in zunehmendem Maße als Preissetzungsspielraum konkretisiert, d.h. als die Fähigkeit des betreffenden Unternehmens, die Preise anzuheben, ohne seine Marktposition zu gefährden oder sonst Schaden zu erleiden. Schon in der ersten Verbotsentscheidung der Kommission *Aerospatiale/De Havilland* heißt es hierzu: „Beide (Konkurrenz-)Unternehmen gehen davon aus, dass ATR/ de Havilland nach dem Zusammenschluss anfänglich ihre Preise in der strategischen Absicht senken würden, die Wettbewerber (...) zu verdrängen. Weder Fokker noch British Aerospace sehen sich in der Lage, einen solchen Preiskampf zu bestreiten (...). Nach der Begründung einer Monopolstellung könnten ATR/de Havilland ihre Preise unkontrolliert von Wettbewerbern wieder erhöhen."[27] In der Verbotsentscheidung *CVC/Lenzing* begründete insbesondere die Feststellung der Möglichkeit und aufgrund der bestehenden Anreize auch der Wahrscheinlichkeit zu Kapazitätsbeschränkungen und damit letztlich zu Preissteigerungen die Untersagung durch die Kommission.[28] In der Freigabeentscheidung nach Art. 8 Abs. 2 FKVO *Oracle/People Soft* wurden die Auswirkungen des Zusam-

---

27 Komm. v. 2.10.1991, (COMP/M.53) – Aerospatiale-Alenia/de Havilland, Rdnr. 69; vgl. ferner Komm. v. 11.12.1998 (IV/M.1293) – BP/Amoco, Rdnr. 37: "The Combination of BP and Amoco would not amount to a dominant position. (...) it is dubious that any price increase might be successful as any of the (...) customers have strong countervailing power."; Komm. v. 3.5.2000 (IV/M.1693) – Alcoa/Reynolds, Rdnr. 85, 94, 112, 124; Komm. v. 3.7.2001 (COMP/M.2220) – GE/Honeywell, Rdnr. 427; Komm v. 31.1.2003 (COMP/M.3060) – UCB/Solutia, Rdnr. 42; Komm. v. 2.10.2003 (COMP/M.3191) – Philip Morris/Papastratos, Rdnr. 36: "In view of the foregoing, the Commission concludes that the new entity is unlikely to have either the ability or the incentive to unilaterally raise prices post-merger to the detriment of the consumers." (Freigabe); Komm v. 26.10.2004 (COMP/M.3426) – Phoenix/Continental, Rdnr. 141, 176; Komm. v. 9.12.2004 (COMP/M.3440) – EDP/ENI/GDP, Rdnr. 422 ff., 428: "It follows from these findings that, as a result of the operation, EDP will have the ability and the incentive to significantly foreclose its competitors (...) by raising the level of gas prices (...). This factor, in itself, will strengthen EDP's dominant position (...)." (Untersagung).
28 Komm. v. 17.10.2001 (COMP/M.2187) – CVC/Lenzing, Rdnr. 161 ff.

menschlusses mit Hilfe eines sog. Merger Simulation Models insbesondere im Hinblick auf die Möglichkeit der neuen Einheit, nach der Fusion die Preise zu erhöhen, überprüft.[29]

Nach der Definition des EuGH geht es um die Möglichkeit, sich Wettbewerbern, den Abnehmern und letztlich den Verbrauchern gegenüber *in wesentlichem Umfang* unabhängig zu verhalten. Damit wird zum einen anerkannt, dass vollständig unabhängiges Verhalten in der Regel nicht möglich ist; zum anderen wird hier aber auch berücksichtigt, dass jedenfalls im Bereich heterogener Produkte jeder Anbieter einen gewissen Verhaltensspielraum hat. Die Definition macht klar, dass die Frage danach, wann eine beherrschende Stellung zu bejahen ist, eine Maß- und Gradfrage ist.

Wenngleich der Begriff der marktbeherrschenden Stellung in Art. 102 AEUV (ex-Art. 82 EG bzw. ex-Art. 86 EGV) und in Art. 2 der FKVO undifferenziert Verwendung findet und damit ähnlich wie in § 19 GWB eine formale Identität von Marktbeherrschung im Rahmen der Missbrauchsaufsicht einerseits und der Fusionskontrolle andererseits besteht, bedingen die unterschiedlichen Regelungsbereiche in gewissem Umfang eine unterschiedliche, zweckgebundene Ausfüllung.[30]

C. Feststellung von Marktmacht und Marktbeherrschung

Um das Vorhandensein eines unabhängigen Verhaltensspielraums und damit das Bestehen einer Einzelmarktbeherrschung auf dem betroffenen Markt zu prüfen, bestehen im Prinzip zwei Möglichkeiten: Zum einen eine direkte Feststellung des Vorliegens von signifikanter Marktmacht bzw. einer marktbeherrschenden Stellung und zum anderen eine indirekte Ermittlung über den Weg der Abgrenzung des relevanten Marktes und

---

29 Komm. v. 26.10.2004 (COMP/M.3216) – Oracle/People Soft, Rdnr. 191, 205; ebenso Komm. v. 7.1.2004 (COMP/M.2978) – Lagardère/Natexis/VUP, Rdnr. 700 ff.
30 So jetzt auch ausdrücklich die Leitlinien der Kommission zur Marktanalyse und Ermittlung *beträchtlicher Marktmacht* nach dem gemeinsamen Rechtsrahmen für elektronische Kommunikationsnetze und -dienste, ABl. 2002 C 165/06, Rdnr. 70: „Bevor diese neue Definition der beherrschenden Stellung ex-ante angewendet werden kann, ist jedoch die Methode zur Ermittlung der Marktmacht anzupassen. Bei der ex-ante Beurteilung, ob Unternehmen alleine oder gemeinsam auf dem relevanten Markt eine beherrschende Stellung einnehmen, sind die nationalen Regulierungsbehörden grundsätzlich auf andere Hypothesen und Annahmen angewiesen als eine Wettbewerbsbehörde bei der Ex-Post-Anwendung von Art. 82 im Hinblick auf eine angebliche missbräuchliche Ausnutzung."

Teil 2 C. Feststellung von Marktmacht und Marktbeherrschung

der Bestimmung der Marktanteile. In diesem Zusammenhang sind darüber hinaus auch die Angebotssubstitution und der potenzielle Wettbewerb zu berücksichtigen.

I. Direkte Feststellung von Marktmacht

Um festzustellen, ob Marktmacht eines Unternehmens oder einer Gruppe von Unternehmen vorliegt, könnte man den Lerner-Index bzw. die Elastizität der entsprechenden Residualnachfrage heranziehen und versuchen, durch eine Messung dieses Index den Grad der Marktmacht zu bestimmen.[31] Geht man von der prozentualen Abweichung des Preises von den Grenzkosten aus, dann wird der Preis des Gutes im Allgemeinen die empirisch am einfachsten zu beobachtende Größe sein.[32] Die Erfassung der Grenzkosten bzw. der inkrementellen Kosten bereitet jedoch in mehrerer Hinsicht gravierende Schwierigkeiten. So sind die Grenzkosten in erster Linie ein theoretisches Konzept und lassen sich daher in der Praxis im Allgemeinen nicht oder nur sehr schwer ermitteln, selbst wenn die technischen Produktionsbedingungen bekannt sind.[33] Zwar können bisweilen die variablen Stückkosten festgestellt werden, aber es handelt sich dabei um buchhalterische Kosten, nicht aber um die für eine ökonomisch korrekte Analyse erforderlichen Opportunitätskosten. Weiterhin müssen die langfristigen Grenzkosten herangezogen werden, deren Ermittlung noch weitaus größere Schwierigkeiten bereitet. Zieht man nur die kurzfristigen Grenzkosten bzw. die variablen Stückkosten heran, so könnte man leicht zu einer falschen Einschätzung der Marktmacht gelangen. So liegt in Branchen, die mit hohen Fixkosten operieren, wie z.B. der Softwareindustrie, der Marktpreis weit über den kurzfristigen Grenzkosten. Diese Differenz ist jedoch kein Zeichen von Marktmacht, sondern dient lediglich dazu, zur Deckung der fixen Kosten beizutragen. Darüber hinaus können bei Unternehmen mit signifikanter Marktmacht aufgrund von X-Ineffizienzen überhöhte Kosten vorliegen, so dass selbst die Feststellung der Grenzkosten keine Aussage über den Grad der Marktmacht ermöglicht. Wenn die einzelnen Komponenten des Lerner-Index nicht beobach-

---

31 Vgl. *Bresnahan* (1989).
32 Bei Konsumgütern könnte man den durchschnittlichen Preis durch Scannerdaten feststellen, bei anderen Gütern ist die Preisermittlung schwieriger, da hierüber häufig keine ausreichenden Daten vorliegen oder kein eigentlicher Marktpreis existiert, da der Preis durch Verhandlungen zwischen Käufern und Verkäufern bestimmt wird. Beobachtet man den Preis in einer Phase, in der ein marktbeherrschendes Unternehmen durch Kampfpreise versucht, Konkurrenten vom Markt zu verdrängen, dann würde der Preis bei der Ermittlung von Marktmacht einen falschen Schluss nahelegen.
33 Vgl. *Motta* (2004), 116.

I. Direkte Feststellung von Marktmacht

tet werden können, dann besteht die Möglichkeit, mittels der Profitabilität eines Unternehmens Aussagen über seine Marktmacht zu treffen. Hierzu sind eine Reihe von Verfahren und Methoden entwickelt worden, die allerdings auch aufgrund mehrerer schwerwiegender konzeptioneller Probleme bestenfalls nur Indizien für die Existenz von Marktmacht eines Unternehmens liefern können.[34]

Da bei vollkommenem Wettbewerb die Grenzkosten gleich dem Preis sind, könnte man den Grad der Marktmacht dadurch feststellen, dass man den Preis ermittelt, der bei vollkommenem Wettbewerb herrschen würde, d.h. den wettbewerbsanalogen Preis.[35] Dies wäre unter Umständen mit Hilfe einer Vergleichsmarktanalyse erreichbar. Hierzu betrachtet man einen in zeitlicher, räumlicher oder sachlicher Hinsicht getrennten Markt, über den Informationen vorliegen, die darauf hindeuten, dass dort wirksamer Wettbewerb herrscht. Weichen die Preise in diesem Vergleichsmarkt signifikant und dauerhaft von denen im untersuchten Markt ab, dann würde dies auf das Vorliegen von Marktmacht hinweisen.[36] Allerdings wird es in der Praxis häufig schwierig sein, einen Vergleichsmarkt zu finden, der dem betrachteten in jeder Hinsicht (Angebot, Nachfrage, Technologien etc.) nahe kommt. Die Unterschiede zwischen den Märkten müssten deutlich gemacht und durch Zu- oder Abschläge berücksichtigt werden. Wie diese Korrekturfaktoren jedoch zu bestimmen wären, ist häufig nicht klar. Daher sind derartige Verfahren nur mit großer Vorsicht zu verwenden.[37]

Eine weitere prinzipielle Möglichkeit der direkten Feststellung von Marktmacht bietet die Ermittlung der Preiselastizität der Residualnachfrage.[38] In die Residualnachfrage gehen jedoch nicht nur die Reaktionen der Nachfrager ein, sondern auch das Angebotsverhalten aktueller und potenzieller Wettbewerber. Die Feststellung der Angebotssubstitution ist jedoch häufig nicht unproblematisch.[39] Die direkte Ermittlung von Marktmacht gestaltet sich daher im Allgemeinen als schwierig. Um eine akzeptable Schätzung der Residualnachfragefunktion eines Unternehmens zu erhalten, ist in der Regel eine aufwendige ökonometrische Analyse er-

---

34 Vgl. *Office of Fair Trading* (2003b).
35 "One would simply identify the competitive price level and then compare it with the observed price level. If the observed price level were significantly above the competitive price level then the firm can be deemed to hold a dominant position (i.e. the ability to charge prices significantly in excess of the competitive level)." *Office of Fair Trading* (2001), 17.
36 Vgl. *Hausman/Sidak* (2007).
37 Vgl. *Schmidt, I.* (2005), 152–154.
38 Vgl. *Baker/Bresnahan* (1988); *Scheffman* (1992) sowie *Werden* (1998).
39 Vgl. S. 84 und die dort angegebene Literatur.

forderlich.[40] Hierfür müssen jedoch hinreichend viele Daten über längere Zeiträume vorliegen. Dabei sollten die Bedingungen auf dem betrachteten Markt im Zeitablauf auch relativ unverändert geblieben sein, da durch Änderungen in den Produkten oder den Präferenzen der Nachfrager die Daten und das Resultat an Aussagekraft einbüßen. Wenn jedoch diese Bedingungen erfüllt sind, dann erlaubt eine solche Analyse relativ präzise Aussagen über die Marktmacht eines Unternehmens.[41]

Wenn quantitative Aussagen über die Marktmacht von Unternehmen getroffen werden, so müssen diese durch empirische Evidenz gestützt werden. Hier können z. B. die Marktkenntnisse von Experten, Informationen über das Verhalten der Nachfrager im Fall von Preissenkungen, die von den Marketingabteilungen der Unternehmen bereitgestellt werden können, Informationen über den Zusammenhang zwischen Marktstruktur und Preisen sowie über die Art der Produktdifferenzierung im Markt herangezogen werden.[42]

Zusammenfassend kann festgestellt werden, dass eine direkte Ermittlung der Marktmacht eines Unternehmens im Allgemeinen schwierig ist und zahlreiche Probleme auftreten können. Zwar gibt es einige Methoden, mit denen dies im Prinzip möglich ist, wie z. B. durch die Schätzung der Elastizität der Residualnachfrage, aber diese Verfahren sind aufwendig und nur unter sehr spezifischen Bedingungen anwendbar. Aus diesen Gründen wird man in den meisten Fällen darauf zurückgreifen müssen, Marktmacht auf indirekte Weise zu erfassen.

II. Indirekte Erfassung von Marktmacht

Die indirekte Erfassung von Marktmacht basiert darauf, dass von den Marktanteilen, die ein Unternehmen hat, ein Rückschluss auf die Marktmacht gezogen wird. Analog kann anhand von erwarteten Änderungen in den Marktanteilen aufgrund einer Fusion eine Aussage über die Änderung von Marktmacht, d. h. die Entstehung oder Veränderung einer marktbeherrschenden Stellung, getroffen werden. Wenn der Marktanteil als Indiz für Marktmacht verwendet wird, dann sollte der Markt so abgegrenzt sein, dass die Marktanteile ein möglichst präzises Bild der Marktmacht

---

40 Vgl. z. B. *Baker/Bresnahan* (2008).
41 Die bisher angesprochenen Methoden zur direkten Ermittlung von Marktmacht beziehen sich auf den Fall bereits existierender Marktmacht. Aber auch für die prospektive Frage, ob durch eine Fusion Marktmacht entsteht oder vergrößert wird, sind Methoden und empirische Verfahren entwickelt worden, um eine direkte Aussage über die Änderung in der Marktmacht der beteiligten Unternehmen treffen zu können. Diese Verfahren werden auf den Seiten 250–295 dargestellt.
42 Vgl. *Baker/Bresnahan* (2008).

II. Indirekte Erfassung von Marktmacht **Teil 2**

bzw. des Grades der Marktbeherrschung geben. Ein exaktes Bild kann es aus konzeptionellen Gründen nicht sein, da auch bei großen Marktanteilen eines Unternehmens nicht notwendig Marktmacht vorliegen muss, z. B. wenn die Nachfrage sehr preiselastisch reagiert. Bei der indirekten Ermittlung von Marktmacht geht man also in drei Schritten vor: Zuerst wird ein Markt abgegrenzt, dann werden die Marktanteile der Unternehmen bestimmt und schließlich müssen diese Marktanteile unter Berücksichtigung der Wettbewerbsbedingungen auf diesem Markt interpretiert werden, um eine Aussage darüber treffen zu können, ob Marktbeherrschung vorliegt, bzw. ob eine marktbeherrschende Stellung entsteht oder verstärkt wird.[43] Dabei sind neben den Marktanteilen als Maß für die Konzentration und als Indiz für das Vorliegen von Marktmacht noch weitere Aspekte bei der Beurteilung der wettbewerblichen Situation auf einem Markt zu berücksichtigen. So könnte z. B. das Vorliegen einer erheblichen Nachfragemacht dazu führen, dass selbst bei hohen Marktanteilen ein Unternehmen die Preise nicht signifikant über das Wettbewerbsniveau anheben kann. Eine ähnliche Rolle kann der potenzielle Wettbewerb spielen. Die Abgrenzung des relevanten Marktes ist also aus ökonomischer Sicht nur ein Instrument, Hilfsmittel und Zwischenschritt, um das eigentliche Ziel zu erreichen, die Feststellung und Beurteilung von Marktmacht.[44]

1. Abgrenzung von Märkten – Ökonomische Marktkonzepte

In der Wirtschaftstheorie werden, je nach Frage und Erkenntnisinteresse, unterschiedliche Marktkonzepte verwendet. So wird für Fragen der Preisbildung und der Analyse von Gleichgewichten vor allem das Konzept eines ökonomischen Marktes (economic market) herangezogen. Hierbei werden Güter und Märkte identifiziert, so dass ein solcher Markt nur ein einziges homogenes Gut umfasst und Arbitrage dazu führt, dass auf diesem Markt nur ein einziger Preis für das Gut existiert. Da in der Wirtschaftstheorie Güter nach physischen Eigenschaften, Ort und Zeitpunkt der Bereitstellung unterschieden werden, führt ein entsprechender Marktbegriff dazu dass, z. B. bei differenzierten Gütern, für jedes Gut ein eigener Markt vorliegt.[45] Ein solches Marktkonzept ist für Fragen der Exis-

---

43 "… that the analysis does not end when the market has been defined and that simple-minded measures of market power or concentration, like simple-minded binary treatments of market definition, are unlikely to be adequate substitutes for a full analysis." *Fisher* (1987), 28.
44 Vgl. *Bishop/Walker* (2010), 108; *Werden* (1983), 516 sowie *Werden* (1992), 197.
45 Dieses Marktkonzept entspricht dem des Elementarmarktes, wie es von *von Stackelberg* vorgeschlagen wurde.

tenz von Gleichgewichten oder der Funktionsweise des Preismechanismus sinnvoll, ist allerdings für wettbewerbspolitische Zwecke ungeeignet, denn hier ist festzustellen, ob ein Unternehmen oder eine Gruppe von Unternehmen in der Lage ist, Marktmacht auszuüben bzw. es ist zu ermitteln, wodurch der Marktmacht von Unternehmen wettbewerbliche Schranken gesetzt werden.[46]

Das Konzept des ökonomischen Marktes hatte sich in der Wirtschaftstheorie als geeignetes Instrument erwiesen, um die Marktformen der vollkommenen Konkurrenz, sowohl partialanalytisch als auch in Modellen des allgemeinen Gleichgewichtes, sowie des Monopols zu analysieren. Bis in die 1930er Jahre konzentrierte sich die Wirtschaftstheorie auf die Analyse dieser polaren Marktformen. Erst mit den Arbeiten von *Sraffa*, *Robinson*, *Chamberlin* und *Triffin* wurde begonnen, Märkte mit differenzierten Gütern zu untersuchen, in denen sowohl Elemente des Wettbewerbs als auch des Monopols auftreten.[47] Hierbei stellte sich das Problem, den Markt zu ermitteln, in dem ein solcher monopolistischer Wettbewerb stattfindet und es wurden im Zuge dieser Überlegungen erstmalig Marktabgrenzungen vorgenommen. Die seinerzeit entwickelten Konzepte der Substitutionslücke (*Robinson*, *Chamberlin*), oder das im Rahmen eines Modells des allgemeinen Gleichgewichts von *Triffin* verwendete Konzept der externen Interdependenz waren als Instrumente und Hilfsmittel gedacht, eine bestimmte Marktform, die der monopolistischen Konkurrenz, näher zu analysieren und Gleichgewichte auf solchen Märkten zu beschreiben. Sie sind daher für die wettbewerbspolitisch relevanten Fragen nach der Marktmacht von Unternehmen und ihrer wettbewerblichen Schranken keine idealen Werkzeuge. Dies gilt auch für andere im Zusammenhang mit differenzierten Gütern vorgeschlagene Konzepte der Marktabgrenzung.

a) Bedarfsmarktkonzept

Im Rahmen einer Analyse der Qualitätsbestimmung auf Wettbewerbsmärkten hat *Abbott* das Konzept eines Bedarfsmarktes nahegelegt, indem er zwischen den psychologisch unscharfen Begriffen der Grundbedürfnisse und der abgeleiteten Bedürfnisse unterscheidet.[48] Eine ähnliche Argumentation verwendet Arndt in einem Aufsatz zur Gleichgewichtsana-

---

46 In der Literatur wurden weitere Marktbegriffe vorgeschlagen, wie z.B. die strategischen Märkte (vgl. *Geroski* (1998)), die dazu dienen, Märkte aus der Sicht eines Unternehmens zu interpretieren, um Marketingstrategien zu entwickeln.
47 Vgl. *Chamberlin* (1933), *Robinson* (1933), *Sraffa* (1926), *Triffin* (1940).
48 *Abbott* (1955).

lyse und zum Monopolkonzept und führt zur Analyse das Konzept des Bedarfsmarktes ein.[49] Ein Bedarfsmarkt ist der Deckung eines bestimmten „gesellschaftlichen Bedarfes" gewidmet. Auf ihm werden heterogene Güter mit unterschiedlichen Preisen gehandelt und er bildet nur einen Teilmarkt innerhalb der Volkswirtschaft.[50] Allerdings sind auch diese Konzepte dafür entwickelt worden, Gleichgewichte auf Märkten mit monopolistischer Konkurrenz zu analysieren, nicht aber für die zentralen Fragen der Wettbewerbspolitik. Andere Methoden zur Marktabgrenzung gehen stattdessen eher vom Konzept einer Industrie aus, wie das auf *Marshall* zurückgehende Konzept von *Bain*, der die Unternehmen in einem Sektor in Untergruppen gliedert, die er als Industrie definiert.[51] Unternehmen in einer solchen Industrie stellen enge Substitute her, die eine gemeinsame Gruppe von Nachfragern bedienen. Dabei sind enge Substitute Varianten eines Gutes, die sich in Form und Funktion ähneln und ein spezifisches Bedürfnis der Konsumenten befriedigen.

Diese Formen der Marktabgrenzung wurden von den Wirtschaftswissenschaften für andere Zwecke als für Analysen von Marktmacht oder Marktbeherrschung entwickelt und sind daher als Instrument zur Untersuchung dieser Fragen nur bedingt geeignet. Allerdings muss sich die Wirtschaftswissenschaft den Vorwurf gefallen lassen, sich lange Zeit nicht um das Problem der Marktabgrenzung für Fragen der Wettbewerbspolitik gekümmert zu haben. So klagt *Stigler* noch 1982: "My lament is that this battle on market definitions, which is fought thousands of times what with all the private antitrust suits, has received virtually no attention from us economists. Except for a casual flirtation with cross elasticities of demand and supply, the determination of markets has remained an undeveloped area of economic research at either the theoretical or empirical level."[52]

---

49 Vgl. *Arndt* (1958). Auf die damit verbundenen Probleme hat bereits Lerner aufmerksam gemacht: "It is futile to say that the motor-car and the Mediterranean cruise satisfy different wants until we are able to define 'similar' wants otherwise than as wants that are satisfied by physically similar objects. There is no qualitative criterion of wants. Wants can only be considered as similar when the person who feels them displays equal concern for their satisfaction and thus shows them to be equal in quantity. To follow any other course is to sacrifice the logic of the science to the irrelevant convenience of the shopkeeper." *Lerner* (1934), 168.
50 Vgl. *Arndt* (1958). Neben der Zirkularität der „Definition" (ein Markt ist ein Bedarfsmarkt, wenn er einem gesellschaftlichen Bedarf gewidmet ist), bleibt auch im Unklaren, was ein eigentlich gesellschaftlicher Bedarf ist. Arndt gibt zwar einige, allerdings nicht überzeugende Beispiele, aber keine Definition des Begriffs.
51 Vgl. *Bain* (1958). "Moreover, the concept of markets or industry used by Bain seems to follow the classic definition of markets set forth by Marshall." *Simons/Williams* (1993), 810.
52 *Stigler* (1982), 9.

Teil 2   C. Feststellung von Marktmacht und Marktbeherrschung

Da sich aber in der Praxis das Problem der Marktabgrenzung beständig stellte, war man gezwungen, sich mit den zur Verfügung stehenden Instrumenten wie dem Bedarfsmarktkonzept zu behelfen. Hierzu wurde eine Reihe von Kriterien zur praktischen Marktabgrenzung entwickelt. So ordnete man Produkte dem gleichen Markt zu, wenn sie hinsichtlich ihrer Funktion, ihren Eigenschaften, ihrer Preislage und ihrem wirtschaftlichen Verwendungszweck als austauschbar oder substituierbar angesehen werden. Diese Kriterien stammen eher aus dem Bedarfsmarktkonzept oder der Bainschen Form der Marktabgrenzung und sind für eine Marktabgrenzung, die eine möglichst präzise Antwort auf die Frage nach Marktmacht bzw. Marktbeherrschung ermöglichen soll, aus mehreren Gründen eher skeptisch zu beurteilen.[53]

So wird bei der Frage nach der funktionellen Austauschbarkeit nicht das zentrale Problem der Marktmacht betrachtet, die davon abhängt, wie preiselastisch die Nachfrage reagiert. Um Marktmacht zu verhindern, reicht es häufig aus, wenn nur ein relativ geringer Teil der Konsumenten bei einer Preiserhöhung auf andere Produkte ausweicht. Eine vollständige oder überwiegende funktionelle Austauschbarkeit der Produkte ist im Allgemeinen nicht erforderlich, um Marktmacht zu beschränken und führt daher zu einer zu engen Marktabgrenzung.[54] In engem Zusammenhang hiermit steht das Kriterium der physischen Charakteristika, nach dem zwei Produkte unterschiedlichen Märkten zugehören sollen, wenn sie in ihren Eigenschaften erhebliche Unterschiede aufweisen. Auch dieses Kriterium führt häufig zu einer ökonomisch nicht sinnvollen Marktabgrenzung, denn um als Substitute für die Konsumenten in Frage zu kommen, müssen sie nicht notwendig die gleichen physischen Eigenschaften aufweisen. So können Busse und Bahnen trotz erheblicher Unterschiede in ihren Eigenschaften für viele Konsumenten als Substitute in Frage kommen. Eine Abgrenzung des relevanten Marktes aufgrund der Ähnlichkeit in den physischen Eigenschaften kann daher zu sehr engen Märkten führen, weil dabei u. U. Eigenschaften der Güter betrachtet werden, die für

---

53 "The delineation of the relevant market, where a firm may enjoy a dominant position, will serve as an example to illustrate how outdated economic concepts still survive in legal textbooks as the 'legal' approach. Modern industrial organisation offers new concepts that overcome the current subjective evaluations of product characteristics as a method to define the relevant market." *Van den Bergh* (1996), 76.
54 Such functionable interchangeability does not carry as its central aim the ultimate task of identifying market power, as the products' attributes only contain relevance inasmuch as that they influence the extent of competition in between commodities and locations. Consequently, a market definition based upon irrelevant product characteristics may lead to distorted conclusions of the firms' market power. *Camesasca/van den Bergh* (2002), 158.

II. Indirekte Erfassung von Marktmacht **Teil 2**

die Kaufentscheidung einiger Konsumenten keine Bedeutung haben.[55] Wenn man zwei Produkte aufgrund ihrer unterschiedlichen Eigenschaften verschiedenen Märkten zuordnet, sollte der Einfluss dieser Eigenschaften auf die Substituierbarkeit das entscheidende Kriterium sein. Auch eine unterschiedliche Preislage der Güter ist kein notwendiges Kriterium, sie verschiedenen Märkten zuzuordnen. Wenn sich Güter in qualitativen Eigenschaften, wie z. B. der Lebensdauer, unterscheiden, dann könnte ein qualitativ höherwertiges Gut, z. B. eines mit der doppelten Lebensdauer, ein sehr enges Substitut für ein qualitativ schlechteres sein, das nur die Hälfte kostet.[56] Auch hier besteht die Gefahr einer zu engen Marktabgrenzung und dadurch zu einer Überschätzung der Marktmacht aufgrund der gemessenen Marktanteile. Zwar können alle die genannten Konzepte Hinweise darauf geben, welche Güter als Substitute in einem ökonomisch sinnvoll abgegrenzten relevanten Markt zusammengefasst werden sollten, aber die entscheidende Frage nach der Marktmacht und den Schranken, die ihr durch Substitute gesetzt werden, wird durch diese Kriterien nicht beantwortet.

b) Hypothetischer Monopoltest

Seit Anfang der 1980er Jahre wurde von der Wirtschaftstheorie ein Konzept vorgeschlagen, das speziell zu dem Zweck entwickelt wurde, eine marktmachtbezogene Abgrenzung des relevanten Markts für die Fusionskontrolle vorzunehmen. Ein Markt sollte hiernach so abgegrenzt werden, dass die Marktanteile eine möglichst große Aussagekraft über die Fähigkeit eines oder mehrerer Unternehmen haben, Marktmacht auszuüben.[57] Bei diesem Marktkonzept, das erstmals in den US-amerikanischen Leitlinien zur Beurteilung horizontaler Unternehmenszusammenschlüsse vorgestellt wurde, handelt es sich um das Konzept des Antitrustmarktes.[58]

---

55 "Furthermore it is not necessary for products to be identical or even very similar, in order for them to be demand-side substitutes. Indeed, it is possible for products with different physical characteristics to be seen as sufficiently substitutable by customers for them to be legitimately regarded as demand-side substitutes. For this reason, defining relevant markets solely with reference to physical characteristics will often lead to markets defined too narrowly." Office of Fair Trading (2001), 8.
56 "Products constitute a bundle of characteristics, including price and quality. Higher priced, higher quality products often are close substitutes for lower quality, lower priced goods, the quality differences just making up for the differences in price." *Simons/Williams* (1993), 854.
57 "Thus, market delineation in the Guidelines is a tool used to construct market shares that are as meaningful as possible.", *Werden* (1983), 577.
58 Vgl. *Bishop/Walker* (2010), 107–118; *Church/Ware* (2000), 602–612; *Geroski/Griffith* (2003); *Kauper* (1997); *Massey* (2000); *Werden* (1983, 1992, 1993). Zu den Ursprüngen des hypothetischen Monopoltests vgl. *Scherer* (2009).

Teil 2 C. Feststellung von Marktmacht und Marktbeherrschung

Der Grundgedanke hinter diesem Konzept ist folgender: Marktanteile können nur dann ein brauchbares Indiz für Marktmacht sein, wenn zumindest ein Unternehmen mit einem Marktanteil von 100% Marktmacht ausüben kann. Anders ausgedrückt: Wenn selbst ein Monopolist nicht über Marktmacht verfügt, den Preis also nicht über den Wettbewerbspreis anheben kann, dann haben Unternehmen mit einem geringeren Marktanteil als 100% erst recht keine Marktmacht, d.h. keine Möglichkeit zur Preiserhöhung.[59] In diesem Fall würden Marktanteile nichts über Marktmacht aussagen. Der relevante Antitrustmarkt umfasst also in sachlicher Hinsicht all die Produkte und in räumlicher Hinsicht all die Gebiete, die der Marktmacht eines Monopolisten Grenzen setzen. Würde der Markt einige dieser Produkte oder Gebiete nicht enthalten, dann würde eine Preiserhöhung Konsumenten dazu veranlassen, auf diese Produkte oder Gebiete auszuweichen und die versuchte Ausübung von Marktmacht wäre vereitelt. Diese Überlegung wurde zum hypothetischen Monopoltest weiterentwickelt, wie er heute in zahlreichen Jurisdiktionen für Fragen der Marktabgrenzung als konzeptioneller Rahmen verwendet wird.[60]

Dieser Test stellt die Frage, ob ein gewinnmaximierender hypothetischer Monopolist, d.h. ein Unternehmen, das der einzige Anbieter eines Produktes ist, den Preis für dieses Produkt anheben würde.[61] Wenn das der Fall wäre, dann würde dieses hypothetische Monopol über Marktmacht verfügen und die Marktanteile der Unternehmen in diesem Markt würden einen, wenn auch nur unvollkommenen, Rückschluss auf ihre jeweilige Marktmacht erlauben. Würde die Anhebung des Preises durch den hypothetischen Monopolisten jedoch zu keiner Erhöhung des Gewinns führen, dann sind der Marktmacht des hypothetischen Monopols offensichtlich Schranken gesetzt. Diese Schranken können entweder durch Ausweichreaktionen der Konsumenten oder durch Angebotsreaktionen anderer Unternehmen gebildet werden. In diesem Fall würden die Marktanteile der Unternehmen in diesem Markt kein brauchbares Indiz für Marktmacht liefern.

Aber nicht jedes Maß an Marktmacht ist aus ökonomischer Sicht problematisch. Erst wenn diese eine gewisse Grenze überschreitet, kann sie

---

59 "We can only answer the question of whether, for instance, a 70 per cent share of a 'market' is likely to give a company market power if that 'market' is an economically meaningful market." *Bishop* (1997), 481.
60 Vgl. *Bishop/Walker* (2010), 111–124. Für einen detaillierten Überblick über die Abgrenzung des relevanten Marktes vgl. *Baker* (2007). Einen Überblick über die Verwendung des hypothetischen Monopoltests in der Anwendungspraxis geben *Coate/Fisher* (2008). Zur Anwendung des hypothetischen Monopoltest im Bereich der Regulierung vgl. *Dobbs* (2006).
61 Die Aussagen gelten entsprechend auch für mehrere Produkte. Vgl. *Moresi/Salop/Woodbury* (2008).

II. Indirekte Erfassung von Marktmacht **Teil 2**

zum Problem werden. Es stellt sich daher die Frage, welches Maß an Marktmacht, d. h. welche Preiserhöhung und welcher Zeitraum hierfür in Betracht kommen.[62] Eine sehr starke Preiserhöhung, die jedoch nur für einen Zeitraum von wenigen Wochen wirksam ist, bevor die Konsumenten auf andere Güter ausweichen oder andere Anbieter in den Markt eintreten, ist vermutlich weniger problematisch als eine moderate Preiserhöhung, die jedoch für einen Zeitraum von mehreren Jahren bestehen bleibt.[63] Hier ist eine normative Entscheidung darüber zu fällen, welches Ausmaß der Preiserhöhung und welcher Zeitraum ihrer Dauer noch akzeptiert werden können, bevor wettbewerbspolitische Konsequenzen zu ziehen sind. Im Allgemeinen wird eine Grenze bei einer Preiserhöhung von 5–10% für die Dauer ungefähr eines Jahres gezogen. Wird diese Grenze überschritten, dann entsteht Marktmacht, die nicht mehr toleriert werden kann.[64] In diesem Fall ist der relevante Markt so abgegrenzt, dass die Marktanteile der Unternehmen als Indiz für ihre Marktmacht gelten können. So kann für die Abgrenzung des relevanten Marktes die folgende Bedingung formuliert werden: Ein relevanter Markt umfasst die Produkte und Gebiete, für die ein gewinnmaximierender hypothetischer Monopolist den Preis nicht nur vorübergehend um einen kleinen, aber signifikanten Betrag erhöhen wird. Dabei wird unterstellt, dass die Preise und sonstigen Verkaufsbedingungen aller anderen Güter unverändert bleiben. Es wird davon ausgegangen, dass ein gewinnmaximierendes Unternehmen den Preis um mindestens 5–10% anheben würde. Bisweilen wird auch die Formulierung verwendet, dass eine Preiserhöhung um 5–10% profitabel sei. Der Unterschied besteht darin, dass eine Preiserhöhung um 5% zwar noch profitabel sein könnte, aber ein gewinnmaximierendes Unternehmen den Preis nur um z.B. 3% anheben würde. Aus ökonomischer Sicht ist der erste Test vorzuziehen, da er auf das abstellt, was das Unternehmen tun wird.[65] „Nicht nur vorübergehend" bedeutet dabei für mindestens ein Jahr und „klein aber signifikant" heißt im Bereich von 5–10%. Dabei sind bei verschiedenen Konstellationen Abweichungen von diesen Grenzen möglich; sie sollten nicht absolut gesehen werden, manchmal sind geringere oder höhere Grenzen sinnvoll.[66] Wei-

---

62 "Only if the magnitude and duration of the price increase exceed certain significance thresholds should the product and area be deemed to constitute a market." *Werden* (1983), 542.
63 Vgl. *Geroski/Griffith* (2003), 8.
64 Bei einer geringeren Preiserhöhung besteht auch die Gefahr, dass eine Fusion nicht als horizontaler Zusammenschluss gesehen wird, da die Unternehmen auf scheinbar verschiedenen relevanten Märkten tätig sind. Vgl. hierzu *Werden* (1983), 539.
65 Vgl. hierzu *Baumann/Godek* (1995).
66 Vgl. *Werden* (1993), 534–536.

terhin ist zu beachten, dass diese Grenzen nur etwas über den relevanten Markt aussagen, sie sollten daher nicht automatisch mit einer Toleranzgrenze für Preiserhöhungen nach einer Fusion gleichgesetzt werden.[67] Im Englischen wird dieses Konzept der Marktabgrenzung auch als SSNIP-Test (Small but Significant Non-transitory Increase in Price) bezeichnet.[68] Ein weiterer Punkt, der in diesem Zusammenhang anzusprechen ist, ist die Beschränkung des SSNIP-Tests auf die Preisdimension. Im Prinzip lässt sich das konzeptionelle Vorgehen bei der Marktabgrenzung in analoger Weise auch auf Änderungen anderer Wettbewerbsparameter übertragen. In vielen Fällen kann die Beschränkung auf die Preisdimension jedoch als Approximation einer kleinen Änderung in einem anderen Wettbewerbsparameter als dem Preis aufgefasst werden, z. B. einer Verringerung der Qualität, die die Produkte für einen Nachfrager weniger attraktiv macht.[69]

Konzeptionell wird beim hypothetischen Monopoltest wie folgt vorgegangen: Es wird mit einem Kandidatenmarkt begonnen, der nur die Produkte der fusionierenden Unternehmen enthält, und es wird untersucht, ob das Unternehmen nach dem Zusammenschluss bei gewinnmaximierendem Verhalten eine kleine, aber signifikante Preiserhöhung durchführen wird.[70] Wenn das der Fall ist, dann ist der relevante Markt abgegrenzt. Die Marktanteile können ermittelt und, unter Berücksichtigung der Wettbewerbsbedingungen auf dem so abgegrenzten Markt, interpretiert werden. Kann jedoch das fusionierte Unternehmen profitabel keine derartige Preiserhöhung durchsetzen, dann ist der Markt zu klein für einen Antitrustmarkt, dem hypothetischen Monopolisten sind durch den Wettbewerb, d. h. durch Ausweichreaktionen der Nachfrager bzw. Reaktionen anderer Anbieter, Grenzen gesetzt. An dieser Stelle kann zwischen der sachlichen und der räumlichen Marktabgrenzung unterschieden werden. Im Rahmen der sachlichen Marktabgrenzung müssen dem Kandidatenmarkt weitere Produkte hinzugefügt werden, während ihm bei der räumlichen Marktabgrenzung weitere Gebiete hinzugefügt werden.[71] Dann wird der Test wiederholt, solange bis ein gewinnmaximierender hypothetischer Monopolist

---

67 Vgl. *Werden* (1993), 536 f.
68 Auch kann sich die Abgrenzung des relevanten Marktes, z. B. aufgrund technischer Neuerungen (z. B. Internet), im Zeitablauf ändern.
69 Vgl. *Baker* (2007).
70 Die Festlegung des ersten Kandidatenmarktes kann sich, vor allem bei Mehrproduktunternehmen, in der Praxis als problematisch erweisen. Vgl. hierzu *Baker* (2007).
71 Auf eine in seltenen Fällen notwendige Abgrenzung des relevanten Marktes in zeitlicher Hinsicht wird nicht näher eingegangen. Die sachliche und räumliche Marktabgrenzung sollte simultan erfolgen, da ansonsten die Gefahr einer zu engen Marktabgrenzung besteht. Vgl. hierzu S. 87 f.

eine solche Preiserhöhung durchführen würde.[72] Der relevante Markt ist also der kleinste sachliche und räumliche Markt, für den diese Bedingung erfüllt ist. Nur wenn man den relevanten Markt auf diese Weise abgrenzt, hat man die zentralen wettbewerblichen Schranken erfasst, die der Ausübung von Marktmacht gesetzt sind, und nur dann können die Marktanteile der Unternehmen ein brauchbares Indiz für Marktmacht sein.[73] Entscheidend für die Frage, ob ein hypothetischer Monopolist eine kleine aber signifikante Preiserhöhung durchführen wird, sind die Reaktionen der Nachfrager und der Anbieter. Beide werden im Weiteren näher betrachtet.

c) Einzelaspekte der Marktabgrenzung

Im Folgenden werden die wesentlichen Aspekte behandelt, die bei Abgrenzung des relevanten Marktes zu berücksichtigen sind. Bei der Gedankenführung wird aus den zuvor genannten Gründen (oben S. 77–81) jeweils vom Konzept des hypothetischen Monopoltests ausgegangen.

α) Nachfragesubstitution

Sämtliche Ausweichreaktionen der Nachfrager bei einer Preiserhöhung werden, wie auf den Seiten 55–58 bereits beschrieben, durch die Preiselastizität der Nachfragefunktion erfasst.[74] Ist diese Preiselastizität gering, dann würde eine kleine, aber signifikante Preiserhöhung nur zu einem geringen Rückgang in der Nachfrage führen und der hypothetische Monopolist könnte hierdurch einen höheren Gewinn erzielen. Dies ist immer dann der Fall, wenn den Konsumenten keine ausreichenden Substitutionsmöglichkeiten zur Verfügung stehen.[75] Reagiert die Nachfrage hingegen sehr preiselastisch, dann führt eine Preiserhöhung in aller Regel zu

---

72 Eine präzise Beschreibung dieses algorithmischen Vorgehens findet sich in *Werden* (2002a).
73 "It should be stressed that defining relevant markets on a basis that does not accord with the conceptual framework of the hypothetical monopolist test will, almost by definition, not take into account the main competitive constraints posed by demand-side and supply-side substitution and, in consequence, any market shares will not provide, except purely by chance, any meaningful indication of market power." *Bishop/Walker* (2010), 114.
74 Es handelt sich dabei um sowohl um Ausweichreaktionen in sachlicher als auch in räumlicher Hinsicht. Hier ist zu beachten, dass die Preiselastizität der strukturellen Nachfragefunktion, nicht aber die der Residualnachfragefunktion heranzuziehen ist, da letztere auch die Angebotsreaktionen anderer Unternehmen enthält. Ein Ansatz, der versucht, bei der Marktabgrenzung simultan Nachfrage- und Angebotsreaktionen zu berücksichtigen, wurde von *Ivaldi/Lörincz* (2005) vorgeschlagen. Vgl. hierzu auch S. 85.
75 Wichtig in diesem Zusammenhang ist der Differenzierungsgrad der Güter auf dem Markt. Je größer die Substituierbarkeit, desto höher die Elastizität. Vgl. hierzu S. 60 f.

Teil 2 C. Feststellung von Marktmacht und Marktbeherrschung

keiner Erhöhung des Gewinns, da bereits eine kleine Anhebung des Preises einen großen Nachfragerückgang induziert.[76] In diesem Fall stehen den Nachfragern hinreichend sachliche und räumliche Substitute zur Verfügung, auf die sie bei einer Preiserhöhung ausweichen würden.[77] Wenn sich nun herausstellt, dass sich der hypothetische Monopolist einer sehr preiselastischen Nachfrage gegenübersieht, dann müsste der relevante Markt durch Einbeziehung weiterer Güter und Gebiete erweitert werden. Dabei sollten zuerst die in sachlicher und räumlicher Hinsicht engsten Substitute der betrachteten Güter und Gebiete berücksichtigt werden, da vor allem durch diese die Ausübung von Marktmacht verhindert würde. Werden diese nun dem Kandidatenmarkt hinzugefügt, dann werden diese hohen Schranken entfernt und die nächst niedrigeren Schranken werden relevant.

Um die engsten Substitute, die gegebenenfalls dem Kandidatenmarkt hinzuzufügen sind, zu ermitteln, kann man das Konzept der Kreuzpreiselastizität der Nachfrage heranziehen. Diese gibt an, um wie viel Prozent sich die Nachfrage nach einem Gut ändert, wenn der Preis eines anderen Gutes um 1% erhöht wird. Eine hohe positive Kreuzpreiselastizität zwischen zwei Gütern deutet darauf hin, dass zwischen diesen Gütern eine enge Substitutionsbeziehung vorliegt, während eine Kreuzpreiselastizität von Null bedeutet, dass zwischen den betrachteten Gütern keine nähere Beziehung besteht. Eine negative Kreuzpreiselastizität macht deutlich, dass die beiden Güter in einer komplementären Beziehung stehen, d.h., wird das eine Gut teurer, wird auch vom anderen weniger nachgefragt. Es sei an dieser Stelle darauf hingewiesen, dass die Kreuzpreiselastizität zwischen zwei Gütern A und B a priori wenig darüber aussagt, ob ein Gut eine wettbewerbliche Schranke für die Ausübung von Marktmacht darstellt. So kann selbst im Falle einer geringen Kreuzpreiselastizität keine Marktmacht vorliegen, wenn es viele Güter gibt, auf die die Nachfrager bei einer Preiserhöhung ausweichen können. Produkte mit niedriger Kreuzpreiselastizität können also im gleichen relevanten Markt liegen. Aber andererseits ist auch ein hoher Wert der Kreuzpreiselastizität mit dem Vorliegen erheblicher Marktmacht vereinbar, d.h. auch Produkte mit hoher Kreuzpreiselastizität bilden keine wettbewerblichen Schranken.[78]

---

76 Es wird dabei von dem Fall abgesehen, dass die Kosten des Monopolisten aufgrund der geringeren Menge so stark fallen, dass selbst bei einem starken Nachfragerückgang die Preiserhöhung lohnend ist. Vgl. hierzu S. 22–25.
77 Die Ausweichmöglichkeiten der Nachfrager werden dabei neben dem Preis durch die physischen Eigenschaften, die Qualität und andere nichtpreisbezogene Charakteristika mitbestimmt.
78 Vgl. *Church/Ware* (2000), 605 f.

Dies gilt z. B. dann, wenn die Marktvolumina der Güter sich deutlich unterscheiden. Werden z. B. von einem Gut A 1 000 000 Einheiten im Jahr verkauft, von einem anderen Gut B jedoch nur 1000, so würde bei einer Preiserhöhung des Gutes A um 5% und einer Kreuzpreiselastizität von 25 die Nachfrage nach dem Gut B um 1250 zunehmen. Dies bedeutet jedoch nur einen Rückgang der verkauften Menge des Gutes A um 0,125%. Betrug der Preis pro Einheit des Gutes A vor der Preiserhöhung 1 Euro, war der Gewinn 1 000 000 Euro, nach der Preiserhöhung beträgt der Gewinn trotz verringerter Menge 1 048 687 Euro, liegt also um 48 687 Euro höher. Dies macht deutlich, dass weder hohe noch niedrige Kreuzpreiselastizitäten etwas über Marktmacht aussagen. Selbst die Kenntnis aller Kreuzpreiselastizitäten reicht nicht aus, um einen Rückschluss auf die Marktmacht zu ziehen, da es von zentraler Bedeutung ist, ob das Produkt einen großen oder geringen Anteil am Gesamtbudget hat.[79] Die Preiselastizität der Nachfrage enthält all diese Informationen, denn sie setzt sich aus den Kreuzpreiselastizitäten mit allen anderen Gütern zusammen, wobei berücksichtigt ist, mit welchem Gewicht diese anderen Güter im Durchschnitt in das Budget der Nachfrager eingehen.[80]

Für die Entscheidung des hypothetischen Monopolisten für oder gegen eine Preiserhöhung ist die Preiselastizität der Nachfrage von Bedeutung, die Kreuzpreiselastizitäten spielen dabei nur insoweit ein Rolle, als sie einen Einfluss auf die Preiselastizität haben. Aus diesen Gründen ist die häufige Verwendung der Kreuzpreiselastizitäten für Fragen der Marktabgrenzung verfehlt.[81] Das Konzept ist nur insoweit von Interesse, als es dazu beitragen kann, im Zuge des hypothetischen Monopoltests die jeweils engsten Substitute zu identifizieren.[82] Zu diesem Zweck können neben den Kreuzpreiselastizitäten auch weitere Kriterien herangezogen werden. So können funktionelle Austauschbarkeit, physische Eigenschaften, Verwendungszweck und Preislage Anhaltspunkte dafür liefern, welche Produkte als enge Substitute in Frage kommen. Für das Problem der Marktabgrenzung selbst sind sie jedoch nicht geeignet.[83]

Um die Marktmacht eines gewinnmaximierenden hypothetischen Monopolisten durch Nachfragesubstitution zu beschränken, ist es im Allgemeinen nicht notwendig, dass ein großer Teil der Konsumenten oder zumin-

---

79 Vgl. *Werden* (1998), 401. Man beachte, dass sich diese Aussage auf die kompensierte Nachfragefunktion bezieht.
80 Vgl. *Church/Ware* (2000), 606.
81 Vgl. *Scheffman* (1992), 903; *Simons/Williams* (1993), 828; *Van den Bergh* (1996), 83; *Werden* (1998), 401 f.
82 Vgl. *Motta* (2004), 107; *Simons/Williams* (1993), 828.
83 Vgl. *Van den Bergh* (1996), 83.

dest mehr als die Hälfte der Nachfrager auf Substitute ausweichen muss. Es reicht aus, dass eine hinreichende Zahl von Konsumenten substituiert. Selbst wenn es größere Konsumentengruppen gibt, die nicht in der Lage sind, das Gut durch ein anderes zu substituieren, bedeutet dies nicht, dass ein Unternehmen Marktmacht ausüben kann. Entscheidend für die Frage der Marktmacht sind die marginalen Konsumenten, denn diese bestimmen die Preiselastizität der Nachfrage.

β) Angebotssubstitution

Neben den Ausweichreaktionen der Nachfrager können der Marktmacht eines hypothetischen Monopolisten auch durch eine Angebotssubstitution Schranken gesetzt sein.[84] Hebt der hypothetische Monopolist den Preis des Gutes an, dann könnte es für andere Anbieter attraktiv sein, ebenfalls dieses Produkt anzubieten, um aufgrund des gestiegenen Preises höhere Gewinne zu erwirtschaften. Eine solches Produkt kann im Prinzip durch Unternehmen angeboten werden, die bereits auf einem anderen sachlichen bzw. räumlichen Markt tätig sind, aber ihr Angebot sehr flexibel umstellen bzw. umleiten können. Bei differenzierten Gütern könnte eine Angebotssubstitution mittels einer Repositionierung existierender Güter durch Änderung einiger ihrer Eigenschaften erfolgen. Zusätzliches Angebot könnte aber auch von Unternehmen stammen, die erst nach entsprechenden Investitionen z. B. in die Produktionsanlagen in den Markt eintreten können. Im ersten Fall handelt es sich um Angebotssubstitution, während man beim zweiten Fall eher von Marktzutritt sprechen würde. Die Unterschiede betreffen zum einen die Zeit, die ein Unternehmen benötigt, um auf dem betrachteten Markt tätig zu werden. Kann ein Unternehmen sehr schnell, d. h. innerhalb weniger Monate auf eine Preiserhöhung reagieren und das Produkt anbieten, dann setzt dies der Marktmacht des hypothetischen Monopolisten Schranken in vergleichbarer Weise wie eine Nachfragesubstitution.[85] Zum anderen unterscheiden sich Angebotssubstitution und Markteintritt dadurch, dass erstere dann vorliegt, wenn ein Unternehmen auf dem Markt tätig werden kann, ohne dass erst erhebliche versunkene Kosten anfallen, d. h. es die Möglichkeit eines „uncommitted entry" hat und sehr schnell auf aktuelle Preiserhöhungen reagieren kann. Sind jedoch erst erhebliche Kosten zu versenken, um in den Markt

---

84 Vgl. *Padilla* (2001).
85 "The difference between a supply side substitute (i. e. a rival producer producing a me-too product to compete with the hypothetical monopolist) and an entrant is that the former is able to enter and compete with the hypothetical monopolist within a year. That is entry is in effect distinguished from intra-market rivalry by the time period in which it occurs." *Geroski/Griffith* (2003), 12.

eintreten zu können, dann handelt es sich um einen „committed entry", der meist erst nach längerer Zeit erfolgen kann und auch vom erwarteten Marktergebnis nach erfolgtem Eintritt abhängt. Beim hypothetischen Monopoltest sollte daher die Angebotssubstitution im Rahmen der Marktabgrenzung berücksichtigt werden, während Marktzutritt bzw. potenzieller Wettbewerb nach Abschluss der Marktabgrenzung bei der Analyse des Wettbewerbs auf dem relevanten Markt erfolgen sollte.[86]

Um die Angebotssubstitution systematisch bei der Marktabgrenzung zu berücksichtigen, wurde eine modifizierte Form des hypothetischen Monopoltests, der Full Equilibrium Relevant Market (FERM) Test vorgeschlagen. Dieser Test berücksichtigt die Angebotsreaktionen anderer Unternehmen auf eine Preiserhöhung seitens des hypothetischen Monopolisten. Dieser Test wurde auf den Markt für Computer-Server angewandt. Es zeigte sich, dass sich ein kleinerer relevanter Markt ergab als bei Anwendung des üblichen hypothetischen Monopoltests. In der Anwendungspraxis hat sich dieser Test jedoch bislang noch nicht etablieren können.[87]

Um der Marktmacht eines hypothetischen Monopolisten durch eine Angebotssubstitution Schranken zu setzen, muss ein Unternehmen vor allem über die entsprechenden Produktionsanlagen und das technische Knowhow verfügen, um ein Substitut herstellen zu können. Darüber hinaus müssen auch die notwendigen Distributionskanäle und das Marketing zur Verfügung stehen. Die Angebotsumstellung sollte schnell und ohne Kosten erfolgen können und die Kapazitäten, die für die Herstellung und den Vertrieb des Substitutes umgewidmet werden sollen, dürfen nicht durch längerfristige Verträge gebunden sein. Eine Angebotsumstellung wird von einem Unternehmen nur dann durchgeführt werden, wenn dadurch eine Erhöhung des Gewinns zu erwarten ist.[88] Wenn eine dieser Bedingungen nicht erfüllt ist, dann wird das Unternehmen kaum in der Lage sein, durch eine Angebotssubstitution eine Preiserhöhung zu verhindern.

Um festzustellen, ob in einem konkreten Fall auf eine Preiserhöhung durch einen hypothetischen Monopolisten eine Angebotssubstitution erfolgen wird, sind die hierzu notwendigen Voraussetzungen zu prüfen, d.h. das Vorhandensein von Produktionsanlagen, Know-how, Distributionssystemen, freien Kapazitäten etc. und es ist zu untersuchen, durch welche Unternehmen und in welchem Ausmaß eine solche Angebotssubstitution voraussichtlich erfolgen wird.[89] Ist mit einer wirksamen Ange-

---

86 Vgl. *Bishop* (1997), 483, *Padilla* (2001), 25–27.
87 Vgl. *Ivaldi/Lörincz* (2005).
88 Vgl. *Padilla* (2001), 4.
89 Vgl. Ibid., 18–25.

Teil 2 C. Feststellung von Marktmacht und Marktbeherrschung

botssubstitution zu rechnen, dann stellt sich die Frage, auf welche Weise man sie bei der Marktabgrenzung berücksichtigen sollte. Zwei verschiedene Möglichkeiten sind denkbar. So könnten all die Produkte dem relevanten Markt zugeordnet werden, die von den Unternehmen produziert werden, die ihr Angebot umstellen bzw. umleiten würden, d.h. der relevante sachliche bzw. räumliche Markt wird erweitert.[90] Zwar besteht zwischen Schuhen verschiedener Größe keine Substitutionsmöglichkeit in der Nachfrage, was dazu führen würde, dass bei einer nur auf Nachfragesubstitution abstellenden Marktabgrenzung eine Vielzahl relevanter Märkte entstehen würde, aber die meisten Unternehmen, die Schuhe herstellen, können ihre Produktion sehr schnell von einer Größe auf eine andere umstellen, so dass aufgrund einer solchen Angebotssubstitution der relevante Markt der für Schuhe ist. Ein ähnliches Vorgehen gilt auch für andere Güter, zwischen denen zwar keine Nachfragesubstitution besteht, die sich aber z.B. nur in Größe oder Farbe unterscheiden und bei denen Unternehmen schnell und problemlos ihr Angebot umstellen würden.[91]

Eine weitere Abgrenzung des relevanten Marktes setzt jedoch voraus, dass alle oder zumindest die meisten Unternehmen eine solche Angebotssubstitution durchführen. Ist diese Bedingung aber nicht erfüllt, dann sollte der relevante Markt nur im Hinblick auf die Nachfragesubstitution abgegrenzt werden, aber die Unternehmen, die Angebotssubstitute herstellen, wären als Marktteilnehmer zu betrachten und die Kapazitäten, die sie für die Umwidmung des Angebots einsetzen würden, wären bei der Berechnung der Marktanteile zu berücksichtigen. Könnten z.B. Unternehmen, die Radkappen herstellen, ihre Produktion schnell und problemlos auf Stoßstangen umstellen, wenn deren Preis steigen würde, dann wäre es nicht sinnvoll Radkappen und Stoßstangen in einem relevanten Markt zusammenzufassen. Stattdessen würde man den relevanten Markt nur aufgrund der Nachfragesubstitution als den Markt für Stoßstangen abgrenzen, aber bei der Berechnung der Marktanteile wären die Kapazitäten der Radkappenhersteller, die sie für die Produktion von Stoßstangen einsetzen würden, zu berücksichtigen.[92] Im Allgemeinen sollten beide Methoden zum gleichen oder zumindest zu ähnlichen Resultaten bezüglich der Marktanteile der Unternehmen führen.[93]

---

90 Im Folgenden wird nur auf die Angebotssubstitution in Bezug auf den sachlich relevanten Markt abgestellt. In analoger Weise kann man auch hinsichtlich der Angebotssubstitution bezüglich des räumlichen relevanten Marktes argumentieren.
91 Vgl. *Office of Fair Trading* (2001), 10.
92 Dieses Verfahren wird in der Literatur als „share-measurement approach" bezeichnet. Vgl. *Werden* (1983), 519–521; *Werden* (1984), 657–659.
93 Vgl. *Werden* (1984), 659.

Eine Berücksichtigung der Angebotssubstitution entweder bei der Abgrenzung des relevanten Marktes oder bei der Berechnung der Marktanteile setzt jedoch voraus, dass quantitative Aussagen über die Angebotssubstitution möglich sind. Dies wird in der überwiegenden Mehrzahl der Fälle jedoch sehr schwierig oder unmöglich sein, denn es muss festgestellt werden, welche Unternehmen als potenzielle Anbieter eines Substitutes in Frage kämen. Hierzu sind jedoch Kenntnisse über ihre Technologie, ihr Know-how etc. notwendig, die meist nicht zur Verfügung stehen.[94] Eine quantitative Berücksichtigung der Angebotssubstitution entweder bei der Abgrenzung des relevanten Marktes oder bei der Berechnung der Marktanteile wird also häufig nicht möglich sein. Stattdessen ist in solchen Fällen auch die Angebotssubstitution, ähnlich wie der Markteintritt, erst bei der Beurteilung des Wettbewerbs nach der Abgrenzung des relevanten Marktes zu berücksichtigen.[95] Wichtig ist dabei, dass die Marktanteile, deren Berechnung ja ohne Berücksichtigung der Angebotssubstitution erfolgt ist, die Marktmacht der Unternehmen tendenziell überschätzen. Sie sollten daher vorsichtig interpretiert werden.[96]

γ) Simultane sachliche und räumliche Marktabgrenzung

Bezüglich der Abgrenzung des relevanten Marktes in sachlicher bzw. räumlicher Hinsicht ist zu beachten, dass eine sequentielle Abgrenzung erst des sachlich und danach des räumlich relevanten Marktes im Allgemeinen zu Marktanteilen führt, die kein gutes Indiz für die Marktmacht eines Unternehmens sind, da sie die Marktmacht überschätzen. Grenzt man den relevanten Markt erst in sachlicher Hinsicht ab, dann betrachtet man Ausweichreaktionen der Nachfrager nur bezüglich anderer Produkte. Diese sind für sich allein genommen u. U. nicht ausreichend, um eine profitable Preiserhöhung zu verhindern. Man hat also einen engen sachlich relevanten Markt abgegrenzt. Wird dann in einem zweiten Schritt eine räumliche Marktabgrenzung vorgenommen, dann können die Ausweichreaktionen der Nachfrager auf andere Gebiete, ebenfalls für sich allein genommen, auch nicht ausreichend sein, eine Preiserhöhung zu verhindern. Der räumlich relevante Markt ist also ebenfalls eng abgegrenzt. Hätte man aber simultane Abgrenzung in sachlicher und räumlicher Hinsicht vorgenommen, dann wären beide Ausweichreaktionen zusammen unter Umständen ausreichend gewesen, eine Preiserhöhung unprofitabel zu ma-

---

94 Vgl. *Padilla* (2001), 26 f.
95 Diese Position findet sich in den US Horizontal Merger Guidelines. Vgl. hierzu auch *Baker* (2007).
96 Vgl. *Bishop/Walker* (2010), 121.

chen und der Markt wäre weiter abzugrenzen.[97] Die unterschiedlichen Ergebnisse hängen vor allem davon ab, ob die Konsumenten, die auf andere Produkte ausweichen, verschieden von denen sind, die ihre Nachfrage auf andere Gebiete verlagern.[98] Eine kürzlich vorgenommene Analyse des europäischen Marktes für Lachs hat gezeigt, dass eine sequentielle Abgrenzung des relevanten sachlichen und räumlichen Marktes – im Unterschied zu einer simultanen Marktabgrenzung – zu sehr engen sachlichen und räumlichen Märkten führt, da bei einem sequentiellen Vorgehen die „Quersubstitution" unberücksichtigt bleibt. Diese wird jedoch bei einer simultanen Abgrenzung des sachlichen und räumlichen Marktes berücksichtigt, so dass ein größerer relevanter Markt resultiert.

δ) Marktabgrenzung bei differenzierten Gütern

Ein weiteres konzeptionelles Problem stellt sich bei der Abgrenzung von Märkten mit differenzierten Gütern. Im Allgemeinen werden für ein bestimmtes Gut nicht alle differenzierten Güter in gleicher Weise als Substitute in Frage kommen, sondern es wird in vielen Fällen engere und weitere Substitute geben. Wenn dies der Fall ist, dann haben die Marktanteile von Unternehmen, die entferntere Substitute herstellen, ein anderes Gewicht als die von Unternehmen, die für ein gegebenes Produkt sehr enge Substitute herstellen. Gerade in Fusionsfällen kann dies jedoch problematisch sein, denn wenn die Hersteller von zwei engen Substituten fusionieren, kann die Auswirkung der Fusion auf den Wettbewerb erheblich sein, während bei der Fusion von Unternehmen, die zwar Produkte herstellen, die im gleichen relevanten Markt sind, aber nur entfernte Substitute bilden, selbst bei gleichen Marktanteilen keine großen Konsequenzen für den Wettbewerb haben.[99] Wichtig bei Analysen von Märkten mit differenzierten Gütern sind daher Informationen über die Stärke des Wettbewerbs zwischen diesen differenzierten Gütern. Eine Marktabgrenzung bei differenzierten Gütern ist daher höchst problematisch und kann leicht einen willkürlichen Charakter annehmen. Die Marktanteile der Unternehmen müssen daher in solchen Fällen mit größter Vorsicht interpretiert werden.[100]

---

97 Zur Frage der Interdependenz zwischen sachlicher und räumlicher Marktabgrenzung vgl. *Werden* (1983), 552–555.
98 Vgl. *Camesasca/van den Bergh* (2002), 163; *Van den Bergh* (1996), 84–85.
99 *Baker/Coscelli* (1999); *Baker/Wu* (1998), 277; *Maisel* (1983), 52; *Werden* (1993), 524; *Werden* (1997), 369. Die Auswirkungen von Fusionen in Märkten mit differenzierten Produkten werden auf den Seiten 234–239 untersucht.
100 *Baker/Wu* (1998), 278.

II. Indirekte Erfassung von Marktmacht Teil 2

Dem Problem der Marktabgrenzung bei differenzierten Gütern wurde in der Vergangenheit häufig dadurch begegnet, dass in solchen Märkten neben einem zumeist nach dem Bedarfsmarktkonzept und den Kriterien der funktionellen Austauschbarkeit, der vergleichbaren Preislage, der intendierten Verwendung und den physischen Eigenschaften abgegrenzten relevanten Markt noch weitere Teilmärkte innerhalb dieses Marktes spezifiziert wurden. Ein solches Vorgehen wird jedoch bei Anwendung des hypothetischen Monopoltests als Methode zur Marktabgrenzung abgelehnt.[101] Andererseits haben Unternehmen, je nachdem, ob sie enge oder entfernte Substitute herstellen, einen unterschiedlichen Einfluss auf den Wettbewerb, der aber durch die Marktanteile nicht erfasst wird. In einer solchen Situation könnte man, um nur die Anbieter enger Substitute zu erfassen, einen Teilmarkt innerhalb des relevanten Marktes abgrenzen. Einerseits könnte man zwar hierdurch das Problem eines „lokalen Wettbewerbs" zwischen Unternehmen zu erfassen versuchen, aber andererseits würden wichtige wettbewerbliche Schranken durch die Nachfragesubstitution unberücksichtigt gelassen.[102] Die Auswirkungen des Verlustes an „lokalem Wettbewerb" sollten daher nicht durch die Bildung von Teilmärkten erfasst werden, sondern durch eine Einschätzung der Wettbewerbssituation im gesamten relevanten Markt. So könnte man versuchen, die Marktanteile entsprechend anzupassen oder zu gewichten[103], was aber aufgrund einer gewissen Beliebigkeit ebenfalls keine befriedigende Lösung ist. Daher sollte bei der Analyse von Märkten mit differenzierten Gütern der Marktabgrenzung und den Marktanteilen insgesamt ein geringere Bedeutung beigemessen werden, und die direkte Untersuchung der wettbewerbsmindernder Wirkungen z. B. eines Zusammenschlusses sollte in den Vordergrund treten.[104]

---

101 "There is no place for submarkets within this basic analytical framework. If a firm's market power is effectively limited by the existence of substitute products to which a significant number of customers would turn should the firm raise prices above competitive levels, then those products should be included in the relevant product market. Market shares computed in any smaller market will provide misleading inferences as to the firm's control over prices and output." *Maisel* (1983), 50. Ähnlich auch *Simon/Williams* (1993), 816f.; *Werden* (1983), 574f.
102 Vgl. *Maisel* (1983), 52; *Glick/Cameron/Mangum* (1997), 128f.
103 Vgl. *Maisel* (1983), 53.
104 "But it is ultimately not the best way to approach unilateral competitive effects because market definition is generally not very helpful as a first step in assessing the potential loss of localized competition. I have argued elsewhere that antitrust doctrine can be expected to this situation by giving a greater role to direct evidence of harm to competition in evaluating mergers among sellers of differentiated products." *Baker, J.* (2002), 218. Vgl. hierzu auch *Farrell/Shapiro* (2008b).

ε) Substitutionsketten

Eng verwandt mit dem Problem der Marktabgrenzung bei differenzierten Gütern ist das der Substitutionsketten. Auch in vieler Hinsicht sehr unterschiedliche Produkte könnten dem gleichen sachlichen oder räumlichen relevanten Markt zuzuordnen sein, wenn diese Produkte durch eine Substitutionskette miteinander verknüpft sind. So könnten zwei Güter, A und E, die keine direkten Substitute darstellen, im gleichen Markt sein, wenn z.B. A durch B, B durch C, C durch D, und D durch E substituiert würden. Allerdings bedeutet die Existenz einer solchen Substitutionskette nicht notwendig, dass alle Produkte in dieser Kette dem gleichen relevanten Markt zugeordnet werden müssen, denn entscheidend ist das Ausmaß der Substitution, die bei einer Preiserhöhung eines hypothetischen Monopolisten erfolgt. Wenn ein gewinnmaximierender hypothetischer Monopolist, der die Produkte B und D anbietet, die Preise der beiden Güter um mindestens 5 % anheben würde, dann könnte dies zu einer starken Substitution von B und D durch das Gut C führen, aber nur zu einer geringen Substitution durch die Güter A und E, so dass die Preiserhöhung nicht profitabel wäre. Würde das Gut C dem Kandidatenmarkt hinzugefügt werden, dann könnte sich eine Preiserhöhung der Güter B, C und D als profitabel erweisen, so dass diese einen relevanten Markt darstellen. Die Güter A und E, trotz der Tatsache, dass sie zu dieser Substitutionskette gehören, wären nicht in diesem relevanten Markt.

ζ) Marktabgrenzung bei Preisdiskriminierung

Einige Märkte zeichnen sich dadurch aus, dass es zwischen verschiedenen Konsumentengruppen erhebliche Unterschiede gibt, die eine Preisdiskriminierung zwischen diesen Gruppen ermöglichen, da die Substitutionsmöglichkeiten verschieden sein können. Wenn ein gewinnmaximierender hypothetischer Monopolist in der Lage wäre, den Preis seines Produktes für eine spezifische Konsumentengruppe für längere Zeit um 5–10 % anzuheben, dann umfasst ein relevanter Markt neben den Produkten und den Gebieten auch die entsprechende Konsumentengruppe.[105] Damit eine Preisdiskriminierung zwischen verschiedenen Konsumentengruppen durchgeführt werden kann, muss jedoch eine Reihe von Voraussetzungen erfüllt sein. So darf es keine Möglichkeit der Arbitrage zwischen den verschiedenen Konsumentengruppen geben, da dies eine Preisdiskriminierung verhindern würde. Weiterhin muss der hypothetische Monopolist in der Lage sein, die verschiedenen Konsumentengruppen zu identifizieren. Allerdings sind

---

[105] Vgl. *Frankena* (2001), 375; *Geroski/Griffith* (2003), 9; *Pitofsky* (1990), 848 f.; *Werden* (1983), 529; *Werden* (1984), 662.

II. Indirekte Erfassung von Marktmacht **Teil 2**

diese Bedingungen, insbesondere die Identifikationsmöglichkeiten eines hypothetischen Monopolisten, häufig nur schwer zu überprüfen. Ist jedoch Preisdiskriminierung für das betrachtete Produkt eine gebräuchliche Praxis, dann ist dies ein starkes Indiz dafür, dass auch ein hypothetischer Monopolist eine Preisdifferenzierung vornehmen würde. In diesem Fall wäre der relevante Markt auch unter Berücksichtigung verschiedener Konsumentengruppen, die einer Preisdifferenzierung unterliegen, abzugrenzen.[106]

η) Folgemärkte

Spezifische Probleme bei der Marktabgrenzung können bei Produkten auftreten, die nur zusammen mit einem anderen Produkt verwendet werden, wie es z.B. bei Ersatzteilen für Kraftfahrzeuge oder Patronen für Drucker der Fall ist. Allgemein liegt eine solche Situation dann vor, wenn ein primäres Produkt, wie z.B. ein Kraftfahrzeug oder ein Drucker, erworben wird und später weitere, sekundäre Produkte hinzugekauft werden, die zusammen mit dem primären Produkt verwendet werden und ohne die die Funktionsfähigkeit des primären Produktes nicht gegeben oder zumindest stark eingeschränkt ist. Primäres und sekundäres Produkt bilden also ein System, das nur dann zufriedenstellend funktioniert, wenn beide Produkte vorhanden sind.[107] Ähnliche Folgemarktsituationen treten auch im Rahmen von Franchise-Vereinbarungen auf, in denen die Konzession bzw. die entsprechende Marke das primäre Produkt ist und die abzunehmenden Güter sekundäre Produkte darstellen.[108]

Häufig sind die technischen Spezifikationen der Produkte derart, dass nach dem Kauf des primären Produktes die Substitutionsmöglichkeiten bezüglich des sekundären stark eingeschränkt sind. Hat man einen bestimmten Drucker erworben, dann können nur Druckerpatronen verwendet werden, die mit diesem Gerät kompatibel sind. Die Konsumenten unterliegen also einem lock-in. Häufig sind dabei die Hersteller des primären Produktes auch die einzigen Hersteller des kompatiblen sekundären Produktes. Würde man den Markt für das sekundäre Produkt, den sogenannten Folgemarkt (Aftermarket), als relevanten Markt abgrenzen, dann würde man häufig sehr hohe Marktanteile feststellen und damit auch Marktmacht konstatieren müssen.[109] Es stellt sich jedoch die Frage, ob

---

106 Vgl. *Maisel* (1983), 55–57 sowie *Baker* (2007). Eine Abgrenzung relevanter Märkte bei Preisdiskriminierung ist jedoch in der Praxis oft schwierig. Vgl. *Hausman/Leonard/Vellturo* (1996).
107 Vgl. *Bauer* (2006), *Hovenkamp* (1993).
108 Vgl. *Klein* (1999).
109 Vgl. *Bishop/Walker* (2010), 150–152, 245–249; *Klein* (1998); *Motta* (2004), 111–113; *Shapiro* (1995); *Shapiro/Teece* (1994).

Teil 2 C. Feststellung von Marktmacht und Marktbeherrschung

selbst ein Marktanteil von 100% im Folgemarkt ein deutliches Indiz für Marktmacht ist. Dies wäre dann der Fall, wenn der Hersteller des sekundären Produktes in der Lage wäre, den lock-in der Konsumenten auszunutzen und den Preis für das sekundäre Produkt signifikant über den Wettbewerbspreis anzuheben. Allerdings werden Konsumenten, vor allem dann wenn der Preis der sekundären Produkte einen großen Anteil am Gesamtpreis des Systems ausmacht oder das sekundäre Produkt häufig ersetzt werden muss, bereits beim Erwerb des primären Produktes die Kosten des sekundären berücksichtigen. Eine Anhebung des Preises des sekundären Produktes wird dann zu einer Verringerung der Nachfrage nach dem zugehörigen primären Produkt führen, wenn die Nachfrager über ausreichende Substitutionsmöglichkeiten verfügen. Dies macht deutlich, dass Folgemärkte nicht isoliert vom Markt für das primäre Produkt analysiert werden sollten. Der Anbieter eines primären und sekundären Produktes wird den Preis des sekundären nicht anheben, wenn die Konsumenten den höheren Preis für das sekundäre Produkt bei der Kaufentscheidung für das primäre Produkt berücksichtigen und aus diesem Grunde ein anderes primäres Produkt erwerben. In diesem Fall würde der Markt für das sekundäre Produkt keinen relevanten Markt darstellen, sondern es wäre der Markt für Systeme zu betrachten, d.h. für primäre und sekundäre Produkte zusammen. Sind jedoch die Substitutionsmöglichkeiten der Nachfrager hinsichtlich des primären Produktes beschränkt, dann besteht für den Anbieter eines Systems der Anreiz, den Preis des sekundären Produktes signifikant anzuheben. In diesem Fall wäre der Folgemarkt als relevanter Markt abzugrenzen.

θ) Sortimentsmärkte

Märkte, auf denen mehrere unterschiedliche Güter gemeinsam nachgefragt und angeboten werden, finden sich in der Literatur unter der Bezeichnung Sortiments- oder Clustermärkte. Sortimentsmärkte sind dadurch gekennzeichnet, dass zwischen den einzelnen Komponenten eines Bündels an Produkten oder Dienstleistungen eine „Transaktionskomplementarität" besteht.[110] Eine solche Transaktionskomplementarität liegt immer dann vor, wenn ein Konsument beim Kauf mehrerer Produkte von einem Unternehmen geringere Transaktionskosten hat als beim Kauf dieser Produkte bei verschiedenen Unternehmen. Anders ausgedrückt: Die Zahlungsbereitschaft eines Kunden bei einem gemeinsamen Bezug der Produkte ist größer als die Summe der Zahlungsbereitschaften bei einem Einzelbezug. Transaktionskomplementarität kann daher interpretiert wer-

---

110 Vgl. *Ayres* (1985).

II. Indirekte Erfassung von Marktmacht Teil 2

den als Verbundvorteile auf der Nachfrageseite, wobei diese Vorteile dem Konsumenten und nicht dem Hersteller zugute kommen. Diese Transaktionskomplementarität führt dazu, dass Konsumenten Bündel an Gütern oder Dienstleistungen nachfragen. Dieser Effekt wird noch verstärkt, wenn auf der Angebotsseite Verbundvorteile vorliegen, so dass es für ein Unternehmen effizient ist, die entsprechenden Leistungen gemeinsam anzubieten statt getrennt.[111] Als relevante Einheit für die Abgrenzung des relevanten Marktes könnte daher das von den Konsumenten nachgefragte und den Unternehmen angebotene Bündel an Dienstleistungen betrachtet werden, wobei zwischen den einzelnen Komponenten in einem Bündel sowohl substitutive als auch komplementäre Beziehungen bestehen.[112]

Das Konzept des Sortimentsmarktes ist in der amerikanischen, der europäischen und auch der deutschen Anwendungspraxis auf eine Reihe von Märkten angewendet worden, wie z. B. bei Krankenhäusern, dem Lebensmitteleinzelhandel, Bank- sowie Telekommunikationsdienstleistungen.

Die Tatsache, dass auf einem Markt Bündel an Gütern oder Dienstleistungen nachgefragt und angeboten werden, hat jedoch keine Auswirkungen auf das grundlegende Prinzip der Marktabgrenzung. Dies gilt für das Bedarfsmarktkonzept, bei dem die Austauschbarkeit aus Sicht eines verständigen Verbrauchers im Vordergrund steht. Hier bezieht sich die Austauschbarkeit nicht auf eine einzelne Komponente, sondern auf die Bündel von Dienstleistungen oder Gütern, die von den Konsumenten gemeinsam nachgefragt werden.[113] Dies gilt in gleicher Weise für den hypothetischen Monopoltest, bei dem dann von einem Produktbündel als erstem Kandidatenmarkt auszugehen wäre.[114]

Würde die Transaktionskomplementarität nicht berücksichtigt und würde stattdessen die Marktabgrenzung bei einer einzelnen Komponente des Bündels ansetzen, dann bestünde die Gefahr einer zu engen Marktabgrenzung. Würde der Preis einer Komponente erhöht, die Preise der anderen Komponenten jedoch konstant gehalten, dann würden die Konsumenten nicht unmittelbar auf Substitute ausweichen. Anders ausgedrückt: Die Preiselastizität der Nachfrage nach den einzelnen Komponenten innerhalb des Bündels ist geringer als die Preiselastizität des Bündels insgesamt. Dies liegt daran, dass die Konsumenten in der Regel die Wirkung der Preiserhöhung einer Komponente auf den Gesamtpreis betrachten. Ist der Anteil des Preises dieser Komponente jedoch im Verhältnis zum Preis des

---

111 Vgl. *Boadwee* (1986).
112 Vgl. *Ayres* (1985), 111.
113 Vgl. *Gual* (2003), 44.
114 Vgl. *Briglauer* (2007), 328.

gesamten Bündels gering, dann wird die Preiserhöhung zu keinem erheblichen Nachfragerückgang führen. Man würde daher vermuten, dass aufgrund der geringen Nachfragereduktion den Konsumenten keine Ausweichmöglichkeiten offenstehen und würde einen eigenständigen relevanten Markt für diese Komponente abgrenzen. Würde man jedoch weitere Komponenten aus dem Bündel in die Betrachtung einbeziehen, dann würde die Preiselastizität der Nachfrage zunehmen. Dies liegt daran, dass andere Bündel zunehmend attraktiver werden. Dies unterscheidet sich von dem Fall ohne Transaktionskomplementarität, bei dem mit zunehmender Zahl von Produkten die Preiselastizität der Nachfrage sinkt. Dies macht deutlich, dass die Nichtberücksichtigung einer Transaktionskomplementarität in der Regel zu einer zu engen Marktabgrenzung führt.

Das Konzept des Sortimentsmarktes wird in der wirtschaftstheoretischen Literatur jedoch auch heftig kritisiert, da derartige Bündel Güter und Dienstleistungen enthalten, zwischen denen keine Angebots- oder Nachfragesubstitution besteht. Sortimentsmärkte könnten daher höchstens zur Vereinfachung der Analyse herangezogen werden. So muss keine große Anzahl separater Märkte z. B. für verschiedene Pflege- oder Bankdienstleistungen definiert werden, wenn die Marktanteile und die Marktzutrittsbedingungen für jede ähnlich sind oder wenn bei fehlenden Daten z. B. die Zahl der Krankenhausbetten als Grundlage für die Ermittlung der Marktanteile herangezogen wird. Sortimentsmärkte können jedoch zu fehlerhaften Einschätzungen führen, wenn der Wettbewerb von Anbietern eines Teils der Produkte den Preissetzungsspielraum der Anbieter beschränkt, die das gesamte Bündel anbieten.[115]

ι) Zweiseitige Märkte

Wendet man den hypothetischen Monopoltest auf zweiseitige Märkte an, so ist zu berücksichtigen, dass sowohl die absolute Preishöhe als auch die Preisstruktur, d.h. die Preise, die von den jeweiligen Marktseiten erhoben werden, bei der Beurteilung einer profitablen Preiserhöhung von zentraler Bedeutung sind. Es stellt sich die Frage, was bei einem zweiseitigen Markt unter einer kleinen aber signifikanten und nicht nur vorübergehenden Preiserhöhung verstanden werden soll. In diesem Zusammenhang sind mehrere Möglichkeiten denkbar: Ein Preiserhöhung des Gesamtpreises ohne Änderung der Preisstruktur oder eine optimale Erhöhung des Gesamtpreises mit oder ohne Anpassung des anderen Preises.[116]

---

115 *Baker* (2007).
116 *Filistrucchi* (2008 a).

In diesem Zusammenhang wurde vorgeschlagen, zwischen zweiseitigen Märkten mit beobachtbaren Transaktionen (wie z. B. bei Zahlungen mit Kreditkarten oder anderen Zahlungssystemen) und solchen mit nicht beobachtbaren Transaktionen (wie z. B. werbefinanzierten Medien) zu unterscheiden. Im ersten Fall ist es sinnvoll, den Gesamtpreis zu erhöhen und gleichzeitig die Preisstruktur optimal anzupassen. Im zweiten Fall wäre die Erhöhung eines Preises bei Anpassung des anderen vorzuziehen, da bei einer solchen sequentiellen Vorgehensweise die Substitutionsmöglichkeiten der Konsumenten besser berücksichtigt werden können.[117] Ungeachtet der beiden unterschiedlichen Markttypen wird eine Preiserhöhung zu Wechselwirkungen zwischen den Nachfragergruppen führen, die eine solche Maßnahme unprofitabel machen. Diese Effekte müssen bei der Anwendung des hypothetischen Monopoltests berücksichtigt werden. Weiterhin muss in Rechnung gestellt werden, dass Konsumenten auf Substitute ausweichen werden, die entweder von anderen Plattformen oder von „einseitigen" Unternehmen angeboten werden.[118] In diesem Zusammenhang ist es von entscheidender Bedeutung, dass beide Marktseiten berücksichtigt werden. Die Wechselwirkungen zwischen den beiden Nachfragergruppen können so erheblich sein, dass das Substitutionsverhalten einer dieser Gruppen bereits ausreicht, um eine solche Preiserhöhung unprofitabel zu machen. Es kann jedoch auch der Fall eintreten, dass eine Preiserhöhung sich erst dann als unprofitabel erweist, wenn das Substitutionsverhalten beider Nachfragergruppen in Rechnung gestellt wird.

κ) Innovationsmärkte

Im Zusammenhang mit Fragen nach der dynamischen Effizienz eines Marktes wurde der Vorschlag gemacht, spezielle Innovationsmärkte als eigenständige relevante Märkte abzugrenzen.[119] Ein solcher Innovationsmarkt bezieht sich auf einen Markt für Forschung und Entwicklung und nicht auf einen für Güter. In einem Innovationsmarkt werden alle FuE-Aktivitäten zusammengefasst, die sich auf die Entwicklung bestimmter neuer Produkte oder Verfahren beziehen sowie enge Substitute für diese

---

117 *Evans/Noel* (2005); *Filistrucchi* (2008a, 2008b).
118 *Evans/Noel* (2008); *Filistrucchi* (2008a). *Evans/Noel* unterscheiden zwischen den kurzfristigen Wirkungen, bei denen nur die unmittelbaren Wirkungen einer Preiserhöhung betrachtet werden, und den langfristigen Effekten, bei denen auch die jeweiligen Rückwirkungen zwischen den beiden Konsumentengruppen berücksichtigt warden. *Filistrucchi* hingegen trifft keine Unterscheidung zwischen kurz- und langfristigen Effekten, da der hypothetische Monopoltest von einer nicht nur vorübergehenden Preiserhöhung ausgeht.
119 *Gilbert/Sunshine* (1995a).

FuE-Aktivitäten. Bei letzteren handelt es sich um solche FuE-Aktivitäten, Technologien und Produkte, die die Ausübung von Marktmacht hinsichtlich der betrachteten Forschung und Entwicklung beschränken. Marktmacht bezüglich Innovationen könnte z.B. dann vorliegen, wenn nach einem Zusammenschluss nicht mehr zwei Forschungslabore sondern nur noch eines betrieben wird. Sie würde dazu führen, dass die Rate des technischen Fortschritts verringert wird. Durch das Konzept des Innovationsmarktes könnten diese Auswirkungen auf die Innovationsanreize besser erfasst werden und es böten sich bessere Möglichkeiten, Wettbewerbsfragen hinsichtlich neu zu entwickelnder Produkte zu untersuchen als bei den herkömmlichen Verfahren der Marktabgrenzung. Allerdings ist dieser Vorschlag aus mehreren Gründen heftig kritisiert worden.[120] Vor allem wird angeführt, dass die Zusammenhänge zwischen der Konzentration in einem Markt, den Ausgaben für FuE und der Rate der Innovation nur äußerst schwach sind und daher keine klaren Schlussfolgerungen über die Auswirkungen von Änderungen in den Forschungs- und Entwicklungsaktivitäten auf die Innovationen gezogen werden können. Daher sollte die Verwendung von Innovationsmärkten möglichst vermieden und stattdessen eine Analyse des aktuellen und potenziellen Wettbewerbs auf den entsprechenden Produktmärkten vorgenommen werden. In den Fällen, in denen keine geeigneten Produktmärkte abgegrenzt werden können, da die Produkte erst noch entwickelt werden müssen, könnte sich das Konzept eines Innovationsmarktes zwar als sinnvoll erweisen, allerdings müssen die Anteile der Unternehmen an einem solchen Markt mit großer Vorsicht interpretiert werden. Da es bei Innovationen häufig um die Erlangung eines Patentes geht, ist zu erwarten, dass selbst bei wenigen Marktteilnehmern mit großen Marktanteilen erheblicher Wettbewerb vorliegt.[121]

λ) Marktabgrenzung bei bestehender Marktmacht –
Die Cellophane Fallacy

Ein weiterer wichtiger Aspekt, der bei einer Marktabgrenzung beachtet werden muss, ist die Art des wettbewerblichen Problems, das mit Hilfe einer indirekten Erfassung von Marktmacht untersucht werden soll. So ist z.B. im Rahmen eines Fusionsproblems zu untersuchen, ob durch den Zusammenschluss Marktmacht entsteht oder vergrößert wird. Diese Untersuchung ist also prospektiv und der Ausgangspunkt der Marktabgrenzung

---

[120] Vgl. *Carlton* (1995), *Eiszner* (1998), *Hay* (1995), *Hoerner* (1995), *Rapp* (1995). Zur Entgegnung auf diese Kritik vgl. *Gilbert/Sunshine* (1995b). Einen Überblick über die Debatte gibt *Davis* (2003).
[121] Vgl. *Bishop/Walker* (2010), 148f., *Church/Ware* (2000), 727–728, *Office of Fair Trading* (2002), 132–135.

ist im Allgemeinen der herrschende Preis. Dabei wird die Frage gestellt, ob ein gewinnmaximierender hypothetischer Monopolist den Preis seines Produktes im Vergleich zum herrschenden Preis um einen kleinen, aber signifikanten Betrag anheben wird. Durch diesen Test wird festgestellt, welche Produkte und Gebiete beim herrschenden Preis der Marktmacht des hypothetischen Monopolisten Schranken setzen. Ein anderes Problem stellt sich jedoch, wenn geklärt werden soll, ob ein Unternehmen bereits über signifikante Marktmacht verfügt, wie z.B. bei der Frage, ob ein Missbrauch einer marktbeherrschenden Stellung vorliegt. In einem derartigen Fall geht es nicht darum, ob Marktmacht entsteht oder verstärkt wird, d.h. wie die künftigen Wettbewerbsbedingungen auf dem Markt aussehen werden, sondern ob Marktmacht bereits existiert, d.h. es geht um die gegenwärtigen Wettbewerbsbedingungen. Die Untersuchung ist in diesem Fällen also retrospektiv. Würde man in einer solchen Situation den hypothetischen Monopoltest blindlings anwenden, dann bestünde die Gefahr, den relevanten Markt zu weit abzugrenzen und daher die Marktmacht eines Unternehmens zu unterschätzen.

Dieser Fehler wird in der Literatur als Cellophane fallacy bezeichnet und geht auf eine Entscheidung des US Supreme Court im Fall Du Pont zurück. Du Pont als einziger Anbieter von Zellophan vertrat die Meinung, dass Zellophan allein kein relevanter Markt sei, da andere flexible Verpackungsmaterialien, wie z.B. Aluminiumfolie oder Wachspapier, als enge Substitute für Zellophan zur Verfügung stünden. Der relevante Markt wurde daraufhin vom Gericht so weit abgegrenzt, dass er alle flexiblen Verpackungsmaterialien enthielt und es wurde befunden, dass Du Pont aufgrund seiner geringen Marktanteile in diesem Markt nicht über Marktmacht verfügt. Es hat sich jedoch die Ansicht durchgesetzt, dass durch diese weite Marktabgrenzung die tatsächliche Marktmacht von Du Pont in Bezug auf Zellophan nicht erfasst wurde.[122] Es ist davon auszugehen, dass Du Pont, als monopolistischer Anbieter von Zellophan, den Preis für dieses Produkt bereits angehoben hat, denn jeder Monopolist wird den Preis seines Produktes immer im elastischen Bereich der Nachfragefunktion wählen. Bei einer weiteren Preiserhöhung würden die Konsumenten auf Substitute ausweichen und der Gewinn des Monopolisten würde zurückgehen, denn wenn der Monopolist den Preis noch hätte profitabel erhöhen können, dann hätte er dies wahrscheinlich getan. Durch diesen überhöhten Preis hat sich der Monopolist selbst Wettbewerb durch Substitute geschaffen, denn bei einem hohen Preis kommen für die Konsumenten auch solche Substitute in Frage, die sie bei einem niedrige-

---

122 *Stocking/Mueller* (1955).

Teil 2 C. Feststellung von Marktmacht und Marktbeherrschung

ren Preis nicht berücksichtigen würden: Wenn Zellophan sehr teuer ist, dann wird auch Aluminiumfolie zu einer interessanten Alternative. Die Produkte, die beim Monopolpreis Substitute sind, müssen also nicht notwendig auch als Substitute beim Wettbewerbspreis in Frage kommen.

Wenn aber zu untersuchen ist, ob Marktmacht vorliegt, d. h. ob ein Unternehmen den Preis bereits über den wettbewerbsanalogen Preis angehoben hat, dann darf der Ausgangspunkt einer Marktabgrenzung nicht der herrschende Preis sein, sondern Ausgangspunkt der Marktabgrenzung muss der Preis sein, der bei wirksamen Wettbewerb vorliegen würde.[123] Hier wäre festzustellen, welche Substitutionsmöglichkeiten den Nachfragern bei diesem hypothetischen bzw. „but-for" Preis offen stehen würden. In der Praxis erweist es sich jedoch häufig als schwierig, einen solchen „but-for" Preis zu ermitteln.[124]

Es ist zu beachten, dass die Cellophane fallacy nicht, wie bisweilen unterstellt wird, nur ein Problem des hypothetischen Monopoltests ist, sondern auch bei anderen Verfahren der Marktabgrenzung, die z. B. auf funktionelle Austauschbarkeit aus der Sicht eines verständigen Verbrauchers abstellen, dabei aber den herrschenden und nicht den wettbewerbsanalogen Preis heranziehen, auftreten kann. Durch ein ähnliches Verfahren ist es ja ursprünglich zur fehlerhaften Marktabgrenzung im Fall Du Pont gekommen. Im Allgemeinen wird der relevante Markt nicht unabhängig vom vorliegenden Wettbewerbsproblem abgegrenzt werden können. Handelt es sich um eine Frage nach der Entstehung oder Verstärkung von Marktmacht, so ist der herrschende Preis der Ausgangspunkt und alle Produkte, die bei diesem Preis Substitute sind, werden im relevanten Markt zusammengefasst.[125] Im Fall der Untersuchung, ob bereits Marktmacht vorliegt, werden die Produkte im relevanten Markt zusammengefasst, die beim wettbewerbsanalogen Preis Substitute sind.

Eine methodisch richtige Anwendung des hypothetischen Monopoltests bei bestehender Marktmacht ist gleichbedeutend mit der direkten Feststellung von Marktmacht. Denn könnte man den wettbewerbsanalogen Preis bestimmen, dann wäre Marktmacht unmittelbar nachweisbar und eine Marktabgrenzung wäre unnötig. Wenn aber nur eine indirekte Ermittlung der Marktmacht möglich ist, wovon in der Regel auszugehen ist, sollte aus ökonomischer Sicht dem grundlegenden Konzept des hypothetischen

---

123 Vgl. *Baker* (2007); *Bishop/Walker*, (2010), 124–130; *Office of Fair Trading* (2001); *Werden* (2000).
124 Vgl. *Baker* (2007).
125 Dies wäre auch die richtige Vorgehensweise, wenn durch Behinderungsmissbrauch Marktmacht aufgebaut oder verstärkt werden soll.

II. Indirekte Erfassung von Marktmacht Teil 2

Monopoltests weitestmöglich gefolgt werden.[126] Hierzu ist die folgende Vorgehensweise vorgeschlagen worden: Die vorgenommene Marktabgrenzung muss mit dem Prinzip der Nachfrage- und Angebotssubstitution vereinbar sein und diese Güter sollten zumindest beim herrschenden Preis Substitute sein, denn wenn sie das nicht sind, dann sind sie es auch nicht bei einem niedrigeren Preis. So könnte untersucht werden, ob die Nachfrager bei einer kleinen Preissenkung der in Rede stehenden Güter in signifikantem Umfang von anderen Produkten oder Gebieten zu den Gütern, deren Preis reduziert wurde, wechseln würden.[127] Das Ausmaß der Nachfragesubstitution beim herrschenden Preis könnte dann als Indikator für die Nachfragesubstitution beim wettbewerbsanalogen Preis aufgefasst werden. Weiterhin könnten Kriterien herangezogen werden, wie z.B. funktionelle Austauschbarkeit oder die physischen Eigenschaften der Güter, wobei allerdings die Auswirkungen von Unterschieden in diesen Eigenschaften auf das Substitutionsverhalten der Nachfrager, wenn möglich mittels empirischer Untersuchungen, berücksichtigt werden sollten.[128] Ein wichtiges Verfahren in diesem Zusammenhang ist die Preiskorrelationsanalyse.[129] Diese Überlegungen können auch in Fusionskontrollfällen herangezogen werden, wenn davon auszugehen ist, dass die fusionierenden Unternehmen, z.B. durch eine Verhaltenskoordination, bereits über erhebliche Marktmacht verfügen.

µ) Folgerungen

Es ist wichtig darauf hinzuweisen, dass es sich beim hypothetischen Monopoltest in erster Linie um einen konzeptionellen Rahmen handelt, in dem ökonomisch fundiert die Frage der Marktabgrenzung behandelt werden kann. Dabei werden die wettbewerblichen Schranken, die der Ausübung von Marktmacht durch Nachfrage- und Angebotssubstitution gesetzt sind, in das Zentrum der Analyse gerückt. Der relevante Markt wird konzeptionell so abgegrenzt, dass die Marktanteile der Unternehmen ein möglichst präzises Bild ihrer Marktmacht ergeben. Dies ist dann der Fall, wenn er alle Produkte und Gebiete, die der Ausübung von Marktmacht Grenzen setzen, enthält, und andere Produkte und Gebiete, durch die

---

126 "But despite those difficulties it raises, the cellophane fallacy does not imply that a new theoretical framework to defining relevant markets is required. On the contrary, the framework embodied in the SSNIP test, with its focus on competitive constraints, continues to provide the correct theoretical framework." *Office of Fair Trading* (2001), 29.
127 Zu diesem Vorschlag vgl. *Baker* (2007), 48 sowie *Nelson/White* (2003).
128 *Office of Fair Trading* (2001), 20–30.
129 Vgl. S. 105–108.

keine Beschränkungen der Marktmacht erfolgt, ausschließt. Da der hypothetische Monopoltest quantitativ formuliert ist, wird er jedoch häufig dahingehend interpretiert, dass es sich um ein empirisches Verfahren handele. Eine derartige Interpretation verkennt jedoch den fundamentalen Unterschied zwischen dem hypothetischen Monopoltest als Konzept und einer Implementation des Konzeptes, die auch mittels empirischer Verfahren erfolgen kann. Aber quantitative Methoden sind a priori unabhängig vom verwendeten Marktabgrenzungskonzept. Entscheidend am hypothetischen Monopoltest ist nicht seine quantitative Formulierung oder seine Umsetzung mittels empirischer Verfahren, sondern die ökonomisch fundierte Herangehensweise an das Problem der Marktabgrenzung und der Marktmacht.[130]

2. Empirische Verfahren zur Marktabgrenzung

Im folgenden Abschnitt sollen kurz die wichtigsten für die Abgrenzung des relevanten Marktes verwendeten empirischen Methoden und Verfahren dargestellt werden.[131] Dabei werden zuerst solche Methoden beschrieben, mit denen eine direkte Implementation des hypothetischen Monopoltests durchgeführt werden kann. Anschließend werden kurz die wichtigsten Verfahren skizziert, die mit Hilfe von Preistests festzustellen versuchen, welche Produkte demselben relevanten Markt zuzurechnen sind.[132]

a) Preiselastizität der Nachfrage, kritische Elastizitäten und kritischer Absatzrückgang

Ob ein gewinnmaximierender hypothetischer Monopolist eine nichtvorübergehende kleine, aber signifikante Preiserhöhung durchführen wird, hängt von der Preiselastizität der Nachfrage bzw. der Residualnachfrage und der Kostenstruktur des Monopolisten ab. Daher müssen für

---

[130] "It is important to recognise that although the test is formulated in a quantitative way (i. e. it considers the profitability of a 5–10% price rise across all products in the set), the value of the test lies in its role as a conceptual framework within which to view evidence of competition between products, rather than as a formal econometric test to be rigorously applied in all cases." *Office of Fair Trading* (2001), 10. Ähnlich auch *Werden* (1983), 571.

[131] Ausführliche Darstellungen empirischer und ökonometrischer Verfahren im gesamten Gebiet der Wettbewerbstheorie, einschließlich der Abgrenzung des relevanten Marktes, geben *Davis/Garcés* (2009) sowie *Bishop/Walker*, (2010), 493–626.

[132] Im Rahmen dieses Artikels werden nur die bekanntesten und gebräuchlichsten Verfahren dargestellt. Auf einige der sehr komplexen ökonometrischen Methoden, wie Kausalitätsanalysen, Kointegration etc. wird nicht eingegangen. Vgl. hierzu *Davis/Garcés* (2009) sowie *Bishop/Walker* (2010) und die dort angegebene Literatur.

II. Indirekte Erfassung von Marktmacht Teil 2

eine direkte Implementation des hypothetischen Monopoltests Informationen über die Elastizität der Nachfrage- bzw. der Residualnachfragefunktion zur Verfügung stehen. Ist die Preiselastizität der Nachfrage hoch, dann verfügt ein hypothetisches Monopol häufig nicht über Marktmacht im betrachteten Kandidatenmarkt. Diesem Markt müssen weitere Produkte bzw. Gebiete hinzugefügt werden, bis die Preiselastizität der Nachfrage einen hinreichend niedrigen Wert angenommen hat, so dass eine Preiserhöhung von mindestens 5% gewinnmaximierend wäre.[133] Es sind in der Literatur eine Reihe von Verfahren vorgeschlagen worden, mit denen man Nachfrage- bzw. Residualnachfragefunktionen schätzen kann.[134] Die Elastizität einer solchen Funktion kann dann leicht festgestellt werden. Die zur Schätzung von Nachfragefunktionen verwendeten empirischen Methoden beruhen auf einer sogenannten Regressionsanalyse.[135] Dabei wird die Nachfrage nach einem Produkt als Funktion mehrerer anderer, unabhängiger Variablen, wie z.B. des Preises des Gutes, der Preise von Substituten und Komplementen etc. aufgefasst und der Verlauf der Nachfragefunktion wird mittels ökonometrischer Verfahren geschätzt. Wichtig ist weiterhin, dass ein für die Untersuchung geeigneter Zeitrahmen gewählt wird, da z.B. bei dauerhaften Konsumgütern die kurzfristigen Nachfragereaktionen geringer ausfallen werden als bei einer längerfristigen Betrachtung. Bei einer Schätzung der Residualnachfrage müssen darüber hinaus auch die Angebotsreaktionen potenzieller Wettbewerber berücksichtigt werden. Mit Hilfe statistischer Tests kann festgestellt werden, wie robust die geschätzte Nachfragefunktion ist. Allerdings sind für eine Regressionsanalyse zumeist lange Datenreihen erforderlich, die unter möglichst stabilen Angebots- und Nachfragebedingungen entstanden sein sollten, um präzise Aussagen über den Verlauf der Nachfragefunktion zu ermöglichen. Die zur Schätzung verwendeten ökonometrischen Methoden sind in der Regel recht komplex, erfordern einen großen Zeitaufwand und können zumeist nur von Ökonometrikern durchgeführt werden.

Informationen über die Elastizität der Nachfragefunktion sind jedoch allein nicht ausreichend, um Aussagen darüber treffen zu können, ob eine

---

133 Für die Frage, welche Produkte dem Kandidatenmarkt hinzugefügt werden, können Kreuzpreiselastizitäten und Umlenkungskennziffern (Diversion Ratios) Hinweise liefern.

134 Vgl. *Baker, J./Bresnahan* (1988, 1992), *Froeb/Werden* (1991), *Scheffman* (1992). Vor allem im Rahmen der quantitativen Analyse der Auswirkungen von Fusionen werden auch Nachfragesysteme geschätzt. Diese werden auf den Seiten 261–264 dargestellt, sie können aber auch für Fragen der Marktabgrenzung herangezogen werden.

135 Eine grundlegende Darstellung der Regressionsanalyse gibt *Wooldridge* (2008). Eine Einführung im Rahmen der Wettbewerbsanalyse findet sich in *Davis/Garcés* (2009), 63–89 sowie in *Bishop/Walker* (2010), 723–758.

Teil 2 C. Feststellung von Marktmacht und Marktbeherrschung

Preiserhöhung für einen hypothetischen Monopolisten profitabel ist. Hierzu sind Informationen über die Kosten des Unternehmens bzw. über die Gewinnspanne, d.h. über die Differenz zwischen Preis und Grenzkosten, erforderlich. Diese Informationen können dann kombiniert werden, um festzustellen, ob eine signifikante Preiserhöhung stattfinden wird. Als komplementär zur Nachfrageanalyse werden in der Wettbewerbspolitik in letzter Zeit häufig die Konzepte der kritischen Elastizität (critical elasticity) und des kritischen Absatzrückgangs (critical sales loss) verwendet.[136] Die kritische Elastizität der Nachfrage gibt an, welchen Wert die Preiselastizität der Nachfrage maximal annehmen darf, damit ein gewinnmaximierender hypothetischer Monopolist eine Preiserhöhung von z.B. mindestens 5% durchführen wird. Überschreitet die tatsächliche Elastizität diesen kritischen Wert, dann wird keine solche Preiserhöhung zu erwarten sein und der relevante Markt muss weiter gefasst werden. Der kritische Absatzrückgang ist der maximale Wert, um den sich die abgesetzte Menge eines gewinnmaximierenden hypothetischen Monopolisten verringern darf, damit er eine Preiserhöhung von z.B. 5% durchführt. Überschreitet der Absatzrückgang diesen kritischen Wert, dann wäre eine Preiserhöhung von 5% nicht gewinnmaximierend und der Markt müsste weiter abgegrenzt werden; liegt er darunter, dann wäre eine Preiserhöhung um mindestens 5% gewinnmaximierend und der relevante Markt wäre gefunden.

Sowohl die kritische Elastizität als auch der kritische Absatzrückgang hängen im Allgemeinen von der betrachteten Preiserhöhung, der Gewinnspanne und dem unterstellten Verlauf der Nachfragefunktion ab. Je größer die unterstellte Preiserhöhung, desto geringer wird die kritische Elastizität sein, denn größere Preiserhöhungen sind nur bei unelastischeren Nachfragefunktionen gewinnmaximierend. Hinsichtlich des kritischen Absatzrückgangs gilt analog, dass dieser mit der Preiserhöhung zunehmen wird: Bei einer Preiserhöhung von 10% ist ein größerer Absatzrückgang mit Gewinnmaximierung vereinbar als bei einer 5%-igen Preiserhöhung, da im ersten Fall der Gewinn pro Stück größer ist. Eine ähnliche Beziehung besteht zwischen der Gewinnspanne und der kritischen Elastizität bzw. dem kritischen Absatzrückgang. Je größer die Gewinnspanne, desto stärker wirken sich Ausweichreaktionen der Nachfrager auf den Gewinn aus, daher

---

[136] "Over the last decade, critical elasticity and critical loss analyses have become standard analytical tools; they are now used in the investigation and litigation phase of most merger cases." *Werden* (2002b), 14–15. Der Begriff „critical loss" wurde von *Harris/Simon* (1988) eingeführt. Für detaillierte Analysen des kritischen Absatzrückgangs vgl. *Coate/William (2005); Danger/Frech III* (2001); *Farrell/Shapiro* (2008a); *Harris/Veljanovski* (2003); *Katz/Shapiro* (2003, 2004); *Langenfeld/Li* (2001); *O'Brian/ Wickelgren* (2003); *Scheffman/Simons* (2003); *Werden* (1998, 2002c); *Werden/Froeb* (2002).

wird die kritische Elastizität umso niedriger sein, je größer die Gewinnspanne ist. Analog ist bei hohen Gewinnspannen der negative Effekt eines Absatzrückgangs auf den Gewinn deutlich stärker als bei einer niedrigen, daher ist der kritische Absatzrückgang umso niedriger, je höher die Gewinnspanne ist. Die Auswirkungen des Verlaufs der Nachfragefunktion auf die Werte der kritischen Elastizität und des kritischen Absatzrückgangs sind bei kleinen Preiserhöhungen im Allgemeinen nicht gravierend.[137]

Die kritische Elastizität bzw. der kritische Absatzrückgang ist dann in einem zweiten Schritt mit der tatsächlichen Elastizität der Nachfragefunktion bzw. mit dem tatsächlich zu erwartenden Absatzrückgang, dem Actual Loss, zu vergleichen.[138] Zur Ermittlung der tatsächlichen Elastizität sind entweder ökonometrische Schätzungen heranzuziehen, oder es können Näherungswerte, z.B. aus Befragungen von Konsumenten, ermittelt werden. Liegt die kritische Elastizität deutlich über der tatsächlichen, dann handelt es sich mit hoher Wahrscheinlichkeit um einen relevanten Markt. Für die Ermittlung des Absatzrückgangs können entweder ebenfalls ökonometrische Verfahren verwendet werden oder diese können mit Hilfe anderer Methoden, wie z.B. Umlenkungskennziffern (Diversion Ratios) oder Schockanalysen, abgeschätzt werden.[139] Die zentrale Bedeutung der kritischen Elastizität bzw. des kritischen Absatzrückgangs liegt vor allem darin, einen Maßstab zu liefern, an dem das tatsächliche Verhalten der Nachfrager gemessen werden kann.

Eine Reihe von Punkten ist bei der Verwendung kritischer Elastizitäten bzw. des kritischen Absatzrückgangs zu beachten. So muss zur Ermittlung dieser Werte die Gewinnspanne des hypothetischen Monopolisten festgestellt werden, was häufig zu Problemen führt.[140] Die Gewinnspanne als Differenz zwischen Preis und Grenzkosten bzw. den stattdessen approximativ verwendeten variablen Stückkosten ist um so größer, je höher der Anteil der Fixkosten an den Gesamtkosten ist.[141] Eine hohe Gewinnspanne impliziert jedoch einen niedrigen kritischen Absatzrückgang, so dass bereits ein geringer Absatzrückgang eine Preiserhöhung unprofitabel machen würde und der Markt weiter abgegrenzt werden müsste.[142] Weitere Probleme bei der Verwendung kritischer Elastizitäten bzw. des kriti-

---

137 Vgl. *Werden* (1998), 389–390.
138 Eine Diskussion des erforderlichen Vorgehens und einige kritische Anmerkungen finden sich in *Katz/Shapito* (2003, 2004), *O'Brian/Wickelgren* (2003) sowie *Scheffman/Simon* (2003).
139 Vgl. S. 105–109.
140 Auf dieses Problem wurde bereits auf den Seiten 70–72 hingewiesen.
141 Eine Übersicht über den kritischen Absatzrückkgang bei verschiedenen Kostnstrukturen geben *Coate/Williams* (2005).
142 Vgl. *Danger/Frech III* (2001), 339; *Langenfeld/Li* (2001), 303.

schen Absatzrückgangs können z. B. dann auftreten, wenn unterschiedliche Konsumenten signifikant verschiedene Preiselastizitäten der Nachfrage haben, wenn die Grenzkosten bzw. variablen Stückkosten zwischen verschiedenen Produktionsstätten stark variieren oder wenn erhebliche vermeidbare Fixkosten vorliegen. Werden differenzierte Güter in einem relevanten Markt zusammengefasst, dann sind auch die Substitutionsbeziehungen zwischen diesen Gütern zu berücksichtigen.[143] Das Konzept des kritischen Absatzrückgangs wurde in den letzten Jahren auf verschiedene Arten oligopolistischer Interaktion erweitert. Dabei wurden die Preisreaktionen anderer Unternehmen im Markt berücksichtigt, unterschiedliche Reaktionen bei Preiserhöhungen und -senkungen sowie andere Aspekte, die einen Einfluss auf den Gewinn eines Unternehmens haben.[144] Der kritische Absatzrückgang wurde auch für die Abgrenzung des räumlich relevanten Marktes herangezogen.[145] In zweiseitigen Märkten muss bei der Verwendung des kritischen Absatzrückgangs berücksichtigt werden, dass zwischen den verschiedenen Nachfragergruppen indirekte Netzwerkeffekte bestehen, d. h. der Absatzrückgang auf beiden Marktseiten ist zu beachten. Die Gleichung zur Abschätzung des kritischen Absatzrückgangs muss entsprechend modifiziert werden, ansonsten wird der Markt zu eng abgegrenzt.[146]

Weiterhin muss auch beachtet werden, dass, wie bei jedem Verfahren, das den herrschenden Marktpreis verwendet, die Gefahr der Cellophane fallacy besteht. Ist der herrschende Preis aufgrund vorhandener Marktmacht bereits überhöht, dann würde dies zu einer Unterschätzung der kritischen Elastizität bzw. des kritischen Absatzrückgangs führen und damit zu einer zu weiten Marktabgrenzung.[147] Gerade in den letzten Jahren wurde das Konzept des kritischen Absatzrückgangs in der Literatur intensiv diskutiert und es hat sich gezeigt, dass das theoretisch einfache und überzeugende Konzept in der Anwendungspraxis häufig eine Reihe von Problemen aufwirft.[148] Insbesondere die Abschätzung des Actual Loss ist für

---

143 Zur Analyse des kritischen Umsatzrückgangs bei differenzierten Gütern vgl. *Kate/Niels* (2009), *O'Brian/Wickelgren* (2003).
144 Vgl. *Katz/Shapiro* (2008).
145 Vgl. *Strand* (2006, 2007).
146 Vgl. *Evans/Noel* (2005, 2008); *Filistrucchi* (2008a).
147 Nimmt die Preiselastizität der Nachfrage jedoch mit steigendem Preis zu, kann, wenn keine Marktmacht vorliegt, der Fall der umgekehrten Cellophane fallacy auftreten: Die kritische Elastizität wird beim niedrigeren wettbewerblichen Preis bestimmt, nicht aber beim höheren Preis, den ein hypothetischer Monopolist setzen würde. In diesem Fall würde der Markt zu eng abgegrenzt werden und die Marktmacht würde überschätzt. Vgl. *Froeb/Werden* (1992).
148 Einen Überblick über die Diskussion gibt *Hüschelrath* (2009).

die Qualität einer Analyse des kritischen Absatzrückgangs von zentraler Bedeutung.

b) Kreuzpreiselastizitäten und Umlenkungskennziffern

Im Zuge des algorithmischen Vorgehens bei der Abgrenzung des relevanten Marktes mittels des hypothetischen Monopoltests müssen einem Kandidatenmarkt weitere Produkte und Gebiete hinzugefügt werden, bis der relevante Markt abgegrenzt ist. Dabei wird der Kandidatenmarkt zuerst um die engsten Substitute zu den Produkten in diesem Markt erweitert. Um festzustellen, welche Produkte dies sind, können die Konzepte der Kreuzpreiselastizität bzw. der Umlenkungskennziffer (Diversion Ratio) herangezogen werden. Bei Verwendung der Kreuzpreiselastizität kann jedoch das Problem auftreten, dass ein Produkt, das nur in sehr geringer Menge konsumiert wird, also kein wichtiges Substitut darstellt, eine hohe Kreuzpreiselastizität aufweist. Allerdings kann in vielen Fällen davon ausgegangen werden, dass zwischen zwei Produkten, die demselben relevanten Markt angehören, eine hohe Kreuzpreiselastizität besteht.

Ein alternatives Maß für die Enge der Substitutionsbeziehung zwischen zwei Produkten ist die sogenannte Umlenkungskennziffer. Die Umlenkungskennziffer zwischen den Produkten 1 und 2 ist definiert als Quotient aus der Kreuzpreiselastizität von Produkt 1 bezogen auf eine Preisänderung von Produkt 2 und der Preiselastizität der Nachfrage für Produkt 1. Sie gibt an, wie groß der Anteil der Nachfrage ist, den das Produkt 1 bei einer Preiserhöhung an das Produkt 2 verliert. Wenn die Umlenkungskennziffer der Produkte 1 und 2 z.B. 0,75 wäre, dann würden 75% des Nachfragerückgangs bei einer Preiserhöhung des Produktes 1 zum Produkt 2 gehen. Die restlichen 25% verschieben sich auf andere Produkte. In diesem Fall ist Produkt 2 das engste Substitut und sollte als nächstes in den Kandidatenmarkt aufgenommen werden.[149]

c) Preistests

Mit Hilfe dieser empirischen Verfahren und Methoden kann der hypothetische Monopoltest in Bezug auf den sachlich relevanten Markt direkt implementiert werden. Allerdings kann eine solche direkte Implementation problematisch sein, wenn z.B. die notwendigen Daten nicht oder nicht in ausreichender Qualität zur Verfügung stehen oder der Zeitrahmen für eine genaue quantitative Analyse nicht ausreichend ist. In solchen Fällen stehen eine Reihe anderer empirischer Verfahren zur Verfügung, mit de-

---

149 Vgl. *Baker/Coscelli* (1999); *Bishop/Walker* (2010), 564–570; *Shapiro* (1996).

Teil 2 C. Feststellung von Marktmacht und Marktbeherrschung

ren Hilfe zumindest indirekt festgestellt werden kann, welche Produkte der Ausübung von Marktmacht wettbewerbliche Schranken setzen und daher dem selben relevanten Markt zugeordnet werden sollten. Hierzu gehören vor allem solche Verfahren, die auf die Preisentwicklungen verschiedener potenzieller Substitute abstellen. Dies sind die Preiskorrelationsanalyse, die Stationaritäts- und die Schockanalyse. Für Fragen der räumlichen Marktabgrenzung können Daten über Handelsströme zwischen Gebieten sowie über die Preise und Preisentwicklungen in verschiedenen Gebieten wichtige Informationen liefern.[150]

Die Preiskorrelationsanalyse basiert auf der Überlegung, dass die Preise von zwei Gütern 1 und 2, die in einer Substitutionsbeziehung zueinander stehen, sich im Zeitablauf in der gleichen Weise entwickeln werden. Wenn der Preis des Produktes 1 steigt, dann werden einige Konsumenten auf das Substitut 2 ausweichen. Die Nachfrage nach diesem Substitut wird also zunehmen, und damit wird auch der Preis dieses Substitutes steigen. Auch würden einige Anbieter des Gutes 2 zur Produktion des teurer gewordenen Gute 1 wechseln und dadurch tendenziell den Preis dieses Gutes verringern. Auch dieser Effekt würde dazu führen, dass sich die Preise von zwei Substituten in der gleichen Weise ändern, d. h. die Preisbewegungen wären positiv korreliert.[151] Die Preiskorrelation erlaubt eine Aussage darüber, wie eng die Beziehung zwischen den Preisänderungen zweier Produkte ist. Sie wird gemessen mittels des Korrelationskoeffizienten, der zwischen -1 und $+1$ liegt. Dabei bedeutet ein Korrelationskoeffizient nahe 1, dass die Preise der beiden Produkte sich fast in identischer Weise ändern. Zu beachten ist, dass nicht die absolute Preishöhe der beiden Produkte entscheidend ist, sondern vielmehr, ob die Preise sich in der gleichen Weise ändern. Unterschiede in der Preishöhe können auf tatsächliche oder vermeintliche Qualitätsunterschiede zurückzuführen sein, wie z. B. bei Markenprodukten und Handelsmarken. Darüber hinaus könnte auch trotz eines hohen Korrelationskoeffizienten, d. h. trotz einer engen Substitutionsbeziehung, der Fall vorliegen, dass ein Produkt allein einen relevanten Markt bildet, denn der wettbewerbliche Druck des Substitutes ist unter Umständen nicht ausreichend, um Marktmacht zu verhindern. Ein hoher Korrelationskoeffizient ist notwendig aber nicht hin-

---

[150] Bei diesen sogenannten Preistests ist jedoch zu berücksichtigen, dass sie die grundlegende Frage der wettbewerblichen Schranken von Marktmacht nicht beantworten. Dies sollte bei ihrer Verwendung immer bedacht werden.

[151] Das Instrument der Preiskorrelationsanalyse zur Abgrenzung relevanter Märkte wurde erstmalig von *Stigler/Sherwin* (1965) vorgeschlagen. Vgl. *Bishop/Walker* (2010), 492–527; *Davies/Garcés* (2009), 169–185; *Lexecon* (2003), 5–8; *Office of Fair Trading* (1999), 53–55.

II. Indirekte Erfassung von Marktmacht Teil 2

reichend dafür, beide Produkte dem gleichen relevanten Markt zuordnen zu können.[152]

Um festzustellen, bei welchem Wert des Korrelationskoeffizienten (0.5, 0.7 oder 0.9) eine hinreichend enge Substitutionsbeziehung vorliegt, um die Produkte gegebenenfalls dem gleichen relevanten Markt zuzuordnen, bedient man sich der Technik des sogenannten Benchmarking.[153] Hier wird der Korrelationskoeffizient zwischen den Zeitreihen der Preise zweier Produkte herangezogen, die unzweifelhaft im gleichen relevanten Markt liegen (z. B. zweier Sorten kohlensäurehaltigen Mineralwassers). Liegt der Korrelationskoeffizient zweier Produkte über diesem Wert, dann ist davon auszugehen, dass diese Produkte dem gleichen relevanten Markt angehören. Ein weiteres Problem besteht im Auftreten einer sogenannten Scheinkorrelation. Aufgrund der Tatsache, dass sich der Preis eines Inputfaktors ändert, der für die Produktion von zwei recht unterschiedlichen Gütern von großer Relevanz ist, werden sich auch die Preise der beiden Güter in der gleichen Weise ändern, so dass scheinbar eine Substitutionsbeziehung zwischen den beiden Produkten vorliegt, die jedoch – wenn man von der Preisänderung des gemeinsamen Inputs absieht – nicht vorhanden ist. Um dieses Problem zu vermeiden, ist immer darauf zu achten, die Preiseffekte zu eliminieren, die durch gemeinsame Inputs erzeugt werden. Ebenso sind die Preise von saisonalen Schwankungen sowie allgemeinen Preistrends zu bereinigen. Ein weiteres Problem besteht darin, dass die Preise eines Gutes erst mit einer Zeitverzögerung reagieren können, so dass eine geringe Preiskorrelation vorzuliegen scheint, obwohl die Produkte enge Substitute sind und die Preiskorrelation langfristig hoch ist.[154] Diese Probleme machen deutlich, dass die Ergebnisse einer Preiskorrelationsanalyse häufig sehr vorsichtig interpretiert werden müssen. Allerdings wird in vielen Fällen ein niedriger Korrelationskoeffizient darauf hindeuten, dass die betrachteten Produkte nicht im gleichen relevanten Markt liegen, so dass dieses Verfahren weniger Beweiskraft als Widerlegungskraft besitzt.

Ein der Preiskorrelationsanalyse verwandtes Verfahren ist die Stationaritätsanalyse, bei der die Entwicklung des Relativpreises von zwei Produkten bzw. des Relativpreises eines Produktes in zwei Gebieten über die Zeit betrachtet wird.[155] Ist der Relativpreis im Zeitablauf stationär, d. h. liegt er bei einem stabilen Wert, bzw. kehrt er nach einer exogenen Stö-

---

152 Vgl. *Bishop/Walker* (2010), 496.
153 Vgl. *Bishop/Walker* (2010), 516–519; *Lexecon* (2003), 7.
154 Dies kann bisweilen schon durch eine graphische Darstellung der Preisreihen festgestellt werden. Vgl. *Office of Fair Trading* (1999), 55.
155 Vgl. *Lexecon* (2003), 9–13.

rung wieder zu diesem stabilen langfristigen Wert zurück, dann liegt die Vermutung nahe, dass die beiden Produkte im selben relevanten Markt liegen. Würde der Preis eines Gutes steigen, d.h. würde sich der Relativpreis ändern, dann würden Nachfrager auf das nun relativ günstigere Produkt ausweichen, dessen Preis würde aufgrund der erhöhten Nachfrage steigen, so dass sich der Relativpreis wieder dem Ausgangswert nähert. Je schneller dies geschieht, desto wahrscheinlicher ist es, dass die Güter im selben relevanten Markt liegen. Die Stationaritätsanalyse kann erweitert werden, um zu untersuchen, ob mehrere Produkte im gleichen relevanten Markt sind. Hierzu werden Relativpreise in Bezug auf einen Basispreis festgelegt und es wird untersucht, ob alle diese Relativpreise stationär sind. Wenn dies der Fall ist, dann ist zu vermuten, dass die Produkte dem gleichen relevanten Markt zugehören. Die Stationaritätsanalyse vermeidet einige der Probleme der Preiskorrelationsanalyse, da erstens der Einfluss eines gemeinsamen Kostenfaktors bei Bildung des Relativpreises automatisch eliminiert wird und zweitens Zeitverzögerungen bei der Preisanpassung berücksichtigt werden. Aus diesen Gründen liefert eine Stationaritätsanalyse zumeist verlässlichere Resultate als eine Untersuchung der Preiskorrelation. Allerdings ist darauf hinzuweisen, dass die Geeignetheit sowohl der Preiskorrelations- als auch der Stationaritätsanalyse als Instrument zur Abgrenzung des relevanten Marktes seit einigen Jahren kontrovers diskutiert wird.[156]

Eine andere Methode, mit deren Hilfe man feststellen kann, ob zwei Produkte demselben relevanten Markt zuzuordnen sind, ist die sogenannte Schockanalyse.[157] Eine derartige Analyse ist in den meisten Fällen relativ einfach durchzuführen, da man dazu nur wenige Daten benötigt. Man betrachtet einen Markt, in dem in der Vergangenheit plötzliche und unerwartete Änderungen des Angebotes oder der Nachfrage, sogenannte Schocks, aufgetreten sind und versucht anhand der Entwicklung der Preise nach diesem Schock Informationen darüber zu erhalten, ob bestimmte Produkte im gleichen relevanten Markt liegen. Ein solcher Schock könnte z.B. die Einführung eines neuen Produktes durch einen Konkurrenten sein, ein Streik oder eine neue Technologie. Wird z.B. ein neues Produkt mit niedrigerem Preis eingeführt, dann würde man erwarten, dass Produkte im gleichen relevanten Markt in ähnlicher Weise auf diesen Schock reagieren. Findet aber nur bei einigen der etablierten Pro-

---

156 Vgl. *Forni* (2004) für eine Verteidigung dieser Ansätze. Kritisch dagegen äußern sich *Baker* (1993, 2006), *Hosken/Tylor* (2004) sowie *Werden/Froeb* (1993). Für eine Anwendung auf die räumliche Marktabgrenzung vgl. *Boshoff* (2006).
157 Vgl. *Bishop/Walker* (2010), 592–604; *Davies/Garcés* (2009), 185–188; *Lexecon* (2003), 34–36.

dukte eine Preisreaktion statt, während andere auf den Schock nicht reagieren, dann deutet dieses unterschiedliche Verhalten darauf hin, dass die Produkte nicht im gleichen relevanten Markt sind.[158]
Schockanalysen können auch zur Abgrenzung des relevanten räumlichen Marktes herangezogen werden. Wenn sich z. B. die Frage stellt, ob der relevante geographische Markt mehrere Länder umfasst, dann kann man untersuchen, wie die Preise des Produktes in diesen Ländern variieren, von denen eines einem Schock ausgesetzt war, z. B. einer signifikanten Erhöhung der Verbrauchssteuer oder des Wechselkurses. Nähert sich der Relativpreis zwischen den Produkten nach einiger Zeit wieder dem Niveau vor dem Schock an, so deutet dies darauf hin, dass der relevante räumliche Markt beide Länder umfasst. Ist dies nicht der Fall, d. h. hat sich der Relativpreis aufgrund des Schocks dauerhaft geändert, dann liegt die Vermutung nahe, dass die Länder getrennte räumliche Märkte bilden.

d) Weitere Verfahren zur räumlichen Marktabgrenzung

Eine weitere Methode zur Abgrenzung des relevanten räumlichen Marktes besteht in den Analysen von Handelsströmen und Transportkosten. Dieser Test ist auch unter dem Namen Elzinga-Hogarty-Test bekannt und ist die empirische Methode, die erstmals zur Abgrenzung des relevanten Marktes herangezogen wurde.[159] Der Test basiert darauf, dass zwei Maßzahlen definiert werden, die eine Aussage darüber erlauben, wie „offen" ein bestimmtes Gebiet für Importe und Exporte ist. Wenn die Handelsströme derart sind, dass ein großer Teil des inländischen Konsums an bestimmten Gütern durch Importe gedeckt wird, dann sind Unternehmen von außerhalb in der Lage, diese Güter in das betrachtete Gebiet zu exportieren und können somit die Marktmacht der dort ansässigen Unternehmen beschränken. Wenn andererseits nur wenig importiert wird, aber ein großer Teil der Produktion in den Export geht, dann deutet dies darauf hin, dass auch in diesem Fall der relevante Markt größer ist als das betrachtete Gebiet, denn offensichtlich sind die Transportkosten nicht hoch genug, um einen Export zu verhindern. Bei den beiden Maßzahlen handelt es sich um Kenngrößen für diese beiden Effekte. Die eine wird als LIFO (little in from outside) bezeichnet und ist definiert als der Anteil des Konsums im betrachteten Gebiet, der aus heimischer Produktion ge-

---

[158] Für einen Überblick über die Abgrenzung des relevanten Markts mittels einer Schockanalyse und eine Anwendung auf den Fährmarkt in der Nordsee vgl. *Daljord/Sørgard/Thomassen* (2007).
[159] Vgl. *Elzinga/Hogarty* (1973). Eine gute Darstellung dieses Tests findet sich in *Bishop/Walker* (2010), 669–686. Kritische Anmerkungen dazu machen *Baker* (2007) sowie *Werden* (1981).

Teil 2 C. Feststellung von Marktmacht und Marktbeherrschung

deckt wird, am gesamten Konsum. Ist dieser Faktor hoch (nahe 1), dann wird nur wenig importiert. Die andere Maßzahl ist LOFI (little out from inside) und ist definiert als das Verhältnis zwischen der Produktion, die im Gebiet verbleibt, und der gesamten Produktion des Gebietes. Ist diese Zahl hoch, dann wird wenig aus der Region exportiert. Man geht davon aus, dass ein separater räumlich relevanter Markt vorliegt, wenn beide Maßzahlen über 0.7 liegen oder ihr Durchschnitt über 0.9. Die Ergebnisse des Elzinga-Hogarty-Tests sind Indizien für die richtige Abgrenzung des relevanten räumlichen Marktes. Es ist jedoch zu beachten, dass er die zentrale Frage nach der Marktmacht nicht beantwortet, nämlich ob ein hypothetischer Monopolist den Preis in der betrachteten Region signifikant erhöhen könnte. Der Test könnte daher zu einer Über- oder Unterschätzung der Größe des relevanten räumlichen Marktes führen.[160] Der erste Fall könnte z. B. dann vorliegen, wenn die Güter in verschiedenen Regionen keine vollkommenen Substitute darstellen. Aus der Tatsache, dass *einige* Güter importiert werden, könnten fälschlicherweise der Schluss gezogen werden, dass *alle* Güter profitabel importiert werden könnten. Der zweite Fall läge z. B. dann vor, wenn Konsumenten bei herrschenden Preisen innerhalb des räumlichen Kandidatenmarktes kaufen, bei einer Preiserhöhung jedoch auf andere Gebiete ausweichen. Dieser Test sollte daher tendenziell eher als Negativtest interpretiert werden: Wenn es viele Importe in die betrachtete Region gibt, also der LIFO-Wert niedrig ist, dann ist davon auszugehen, dass diese Region keinen räumlich relevanten Markt darstellt.

Daten über Transportkosten erlauben es in einigen Fällen, den hypothetischen Monopoltest zur räumlichen Marktabgrenzung durchzuführen. Hier kann man die Frage stellen, ob durch eine kleine aber signifikante Erhöhung des Preises in einem Gebiet Hersteller des Produktes in anderen Gebieten einen Anreiz bekommen, das Produkt nun auch in die Region mit dem höheren Preis zu liefern. In einem solchen Fall würde durch diese Hersteller die Marktmacht beschränkt werden. Beim bisher vorliegenden Preis hat es sich möglicherweise für die Hersteller in anderen Gebieten aufgrund der Transportkosten nicht gelohnt, die betrachtete Region zu beliefern. Dies kann sich jedoch nach einer Preiserhöhung als profitabel erweisen. Um dies festzustellen, ist es erforderlich, Informationen über die Transportkosten zu ermitteln. Zur Abgrenzung relevanter räumlicher Märkte sind in den letzten Jahren neben der Handelsstrom- und Transportkostenanalyse auch eine Reihe von ökonometrischen Verfahren entwickelt worden, die vor allem auf die Preisentwicklungen der Produkte in

---

160 Vgl. *Baker* (2007).

unterschiedlichen Gebieten abstellen.[161] Die Verfahren entsprechen dabei im Prinzip denen der Abgrenzung des relevanten sachlichen Marktes, d. h. den Zeitreihenverfahren der Korrelations- und Stationaritätsanalyse; sie müssen jedoch für die spezielle Anwendung der räumlichen Marktabgrenzung modifiziert werden. Selbstverständlich gelten die kritischen Anmerkungen zu Preistests auch für den Fall der räumlichen Marktabgrenzung.

e) Folgerungen

Zusammenfassend lässt sich feststellen, dass in den letzten Jahren, vor allem aufgrund einer besseren Datenverfügbarkeit (z. B. Scannerdaten), der Entwicklung der Computertechnologie und der damit einhergehenden Entwicklung ökonometrischer Methoden eine Reihe empirischer Verfahren entwickelt wurden, mit deren Hilfe eine Marktabgrenzung im Rahmen des hypothetischen Monopoltests entweder durch eine direkte Implementation über die Schätzung von Elastizitäten oder mittels indirekter Verfahren wie verschiedener Preistests vorgenommen werden kann. Diese Verfahren sind von unterschiedlicher Komplexität und stellen unterschiedliche Anforderungen an die Daten. Einige Methoden, wie die Schätzungen von Elastizitäten der Residualnachfragefunktionen, erfordern aufwendige ökonometrische Untersuchungen, haben hohe Anforderungen an die Menge und Qualität der Daten und können nur von Spezialisten durchgeführt werden. Andere Methoden, wie z. B. die Schockanalyse, sind einfach anzuwenden und kommen häufig mit wenigen Daten aus. Für die gleiche Fragestellung können dabei unterschiedliche methodische Ansätze herangezogen werden, die einen Einfluss auf das Resultat haben können. Es ist daher bei einer empirischen Analyse immer die verwendete Methodik, die Annahmen und das verwendete Datenmaterial offenzulegen, damit die Resultate nachvollziehbar sind und eine objektive Diskussion über die geeignete Methode und die sinnvollsten Annahmen erfolgen kann. Auch mit geringem Datenmaterial sollte, wenn immer möglich, eine empirische Analyse durchgeführt werden, um sicherzustellen, dass eine auf rein theoretischen Überlegungen basierende Marktabgrenzung den empirischen Fakten zumindest nicht offenkundig widerspricht. Allerdings wird es aber auch künftig Fälle geben, in denen keine ausreichenden Daten zur Verfügung stehen oder der Zeitrahmen eine empirische Analyse nicht zulässt. Dies bedeutet jedoch nicht, dass dadurch das

---

161 Vgl. *Haldrup* (2003). Für eine Diskussion der verschiedenen Verfahren zur Abgrenzung des räumlich relevanten Marktes einschließlich des Elzinga-Hogarty-Tests sowie verschiedenen Preistests vgl. *Scheffman/Spiller* (1987).

Teil 2 C. Feststellung von Marktmacht und Marktbeherrschung

Konzept des hypothetischen Monopoltests in Frage gestellt wird. Um einen Markt ökonomisch sinnvoll abzugrenzen, sind die Schranken festzustellen, die der Marktmacht durch Angebots- und Nachfragesubstitution gesetzt werden und dies wird durch den hypothetischen Monopoltest gewährleistet. In solchen Fällen sollte vor allem auch qualitative Evidenz berücksichtigt werden. Hierzu gehören z. B. die Art und das Ausmaß der Produktdifferenzierung, die für die Käufer bedeutsam ist, beobachtete Nachfrageänderungen aufgrund von Preisänderungen in der Vergangenheit, Befragungen von Konsumenten und von Branchenkennern wie z. B. Marktforschungsinstituten oder Industrieexperten.[162]

3. Ökonomische Marktkonzepte in der Anwendungspraxis

Sowohl auf der Ebene des Unions- als auch auf der des nationalen Rechts steht in der Anwendungspraxis eine Vorgehensweise im Vordergrund, die – nach Art des überkommenen Bedarfsmarktkonzepts (hierzu bereits oben S. 74–77) – in einer mehr abstrakten Weise auf die zwischen Gütern oder Leistungen bestehenden Substitutionsbeziehungen abhebt (sogleich S. 112–119 und S. 128–135). Daneben gewinnt ein stärker auf die Ermittlung des von Gütern bzw. Leistungen aufeinander ausgeübten konkreten Wettbewerbsdrucks gerichtetes Vorgehen nach Art des hypothetischen Monopoltests (oben S. 77–81) an Bedeutung (im Folgenden S. 120–128 und S. 135 f.). Dieser Entwicklung wird in der vorliegenden, die Verwendung moderner ökonomischer Verfahren in der Praxis untersuchenden Studie besondere Aufmerksamkeit gewidmet. Von der Verwendung der genannten grundlegenden Konzepte ist die Anwendung moderner ökonometrischer und empirischer Analysemittel zu unterscheiden (hierzu ergänzend unten S. 137–165)

a) Unionsrecht

α) Bedarfsmarktkonzept

Der Feststellung einer Substituierbarkeit von Gütern im Sinne des Bedarfsmarktkonzepts kommt in der Praxis größte Bedeutung zu.[163] Der Europäische Gerichtshof hat bereits in seinem „Continental-Can"-Urteil von 1973 ausgeführt, die Wettbewerbsmöglichkeiten ließen sich nur nach Maßgabe derjenigen Merkmale der fraglichen Erzeugnisse beurteilen, die sie „zur Befriedigung eines gleichbleibenden Bedarfs besonders gut ge-

---

162 Vgl. *Baker/Bresnahan* (2008), 11–15.
163 Vgl. zur Analyse auch *Säcker* (2004b), der eine Heranziehung des auf einer Fortentwicklung von Bedarfsmarktkonzept und Berücksichtigung der Angebotssubstituierbarkeit beruhenden Konzepts der Wirtschaftspläne zur Diskussion stellt.

eignet und mit anderen Erzeugnissen nur in geringerem Maße austauschbar erscheinen lassen."[164]

Ziel der unterschiedlichen Methoden und Nachweise zur Abgrenzung des relevanten Marktes ist zumeist die Feststellung der gegenseitigen Austauschbarkeit aller Produkte und/oder Dienstleistungen auf einem Markt. Besonders deutlich wird dies in der Bekanntmachung der Kommission über die Definition des relevanten Marktes, nach der die Abgrenzung des relevanten Marktes im Wesentlichen darin bestehe, das „tatsächlich zur Verfügung stehende Alternativangebot zu bestimmen, und zwar in Bezug auf verfügbare Waren und Dienstleistungen als auch auf den Standort [...]".[165]

Nachfrage- und angebotsseitige Substituierbarkeit. Innerhalb der Definition des relevanten Marktes kommt der nachfrageseitigen Substituierbarkeit die größte Bedeutung zu. In der Rechtsprechung der europäischen Gerichte und der Entscheidungspraxis der EU-Kommission spielt sie die wichtigste Rolle und versucht den Kreis der Produkte oder Dienstleistungen, die als geeignete Substitute füreinander angesehen werden können, zu bestimmen. Alle jene Produkte und/oder Dienstleistungen, die vom Abnehmer aufgrund ihrer Eigenschaften, ihres Preises oder ihres Verwendungszwecks als untereinander austauschbar oder substituierbar angesehen werden, sind hiernach demselben relevanten Markt zuzurechnen.[166] Dieses Konzept der Substituierbarkeit setzt nach der Rechtsprechung des EuGH im Fall *Hoffmann-La Roche*[167] „die Möglichkeit eines wirksamen

---

164 EuGH, Urt. v. 21.2.1973, Rs. 6/72 – Europemballage und Continental Can/Kommission, Slg. 1973, 215, 495 –, Rdnr. 32.
165 Bekanntmachung der Kommission über die Definition des relevanten Marktes, ABl.EG 1997 C 372/5, Rdnr. 13. Hier zwar nur auf die nachfrageseitigen Substitutionsmöglichkeiten bezogen, in anderen Konstellationen könne aber auch die Angebotssubstituierbarkeit zur Marktdenition herangezogen werden; vgl. Rdnr. 14 sowie 20 ff. der Bekanntmachung: „Der Substituierbarkeit auf der Angebotsseite kann bei der Definition der Märkte dann ebenfalls Rechnung getragen werden, wenn sie sich genauso wirksam und unmittelbar auswirkt wie die Nachfragesubstituierbarkeit." (Rdnr. 20).
166 Siehe hierzu Rdnr. 7 der Bekanntmachung der Kommission über die Definition des relevanten Marktes, ABl.EG 1997 C 372/5: „Der sachlich relevante Produktmarkt umfasst sämtliche Erzeugnisse und/oder Dienstleistungen, die von den Verbrauchern hinsichtlich ihrer Eigenschaften, Preise und ihres vorgesehenen Verwendungszwecks als austauschbar oder substituierbar angesehen werden." So aus der Rechtsprechung des EuGH (z.B. Urt. v. 14.2.1978, Rs. 27/76 – United Brands/Kommission, Slg. 1978, 207, Rdnr. 28 ff.) und der Entscheidungspraxis der Kommission (z.B. Komm. v. 2.10.1991 (IV/M.53) – Aerospatiale-Alenia/de Havilland, Rdnr. 10) abgeleitet, vgl. auch Formblatt CO (ABl.EU 2004 L133/9), Abschnitt 6 I.
167 EuGH, Urt. v. 13.2.1979, Rs. 85/76 – Hoffmann-La Roche/Kommission, Slg. 1979, 461.

Teil 2 C. Feststellung von Marktmacht und Marktbeherrschung

Wettbewerbs zwischen den zu ihm gehörenden Erzeugnissen voraus, so dass ein hinreichender Grad von Austauschbarkeit zwischen allen zum gleichen Markt gehörenden Erzeugnissen im Hinblick auf die gleiche Verwendung erforderlich ist".[168] Grundlage der wettbewerblichen Prüfung ist daher gemäß der Entscheidung des Gerichtshofs im Fall *L'Oréal/DeNieuwe AMCK*[169] der Markt, „in dem sämtliche Erzeugnisse zusammengefasst sind, die sich aufgrund ihrer Merkmale zur Befriedigung eines gleichbleibenden Bedarfs besonders eignen und mit anderen Erzeugnissen nur in geringem Maße austauschbar sind".[170] Zwei Produkte oder Dienstleistungen sind hiernach demselben Produktmarkt zuzurechnen, wenn und soweit sie untereinander austauschbar sind.[171] Außerhalb der Betrachtung sollen jedoch solche Produkte bleiben, die nur in begrenztem Maße mit anderen austauschbar sind.[172] So einfach dieses Kriterium der Austauschbarkeit erscheint, so schwierig stellt sich seine Beurteilung dar, da Methoden und Daten zur Feststellung der Austauschbarkeit oft nur unklar und eingeschränkt zur Verfügung stehen (hierzu auch unten C.II.4).

Zur Feststellung der nachfrageseitigen Substituierbarkeit stellen die Unionsorgane auf Eigenschaften der in Betracht zu ziehenden Produkte ab. Ein Beispiel für diese Vorgehensweise bietet der Fall *British Interactive Broadcasting/Open*, in dem die Kommission zu beurteilen hatte, ob erst noch einzuführende digitale interaktive Fernsehdienste einen eigenen Markt bildeten. Unter Hinweis darauf, dass bei der Beurteilung einer solchen künftigen hypothetischen Marktsituation aufgrund naturgemäß fehlender Angaben über wahrscheinliche Verbraucherreaktionen eine Implementierung des SSNIP-Tests ausscheiden müsse, stellte die Kommission einen Vergleich der Eigenschaften der zu beurteilenden Produkte resp.

---

168 Ibid.,3. Leitsatz.
169 EuGH, Urt. v. 11.12.1980, Rs. 31/80 – L'Oréal/DeNieuwe AMCK, Slg. 1980, 3775.
170 Ibid., Rdnr. 25.
171 EuGH, Urt. v. 21.2.1973, Rs. 6/72 – Europemballage und Continental Can/Kommission, Slg. 1973, 495, Rdnr. 32; EuGH, Urt. v. 14.2.1978, Rs. 27/76 – United Brands/Kommission, Slg. 1978, 207, Rdnr. 22: „Damit die Banane als Gegenstand eines hinreichend abgesonderten Marktes angesehen werden kann, müssen ihre besonderen, sie von anderem frischen Obst unterscheidenden Eigenschaften so kennzeichnend sein, dass sie mit ihm nur geringfügig austauschbar und seinem Wettbewerb nur in wenig spürbarer Form ausgesetzt ist."; Komm. v. 15.3.2004 (COMP/M.3314) – Air Liquide/Messer Targets, Rdnr. 15f.
172 Vgl. hierzu z.B. EuGH, Urt. v. 11.4.1989, Rs. 66/86 – Ahmed Saeed Flugreisen/Zentrale zur Bekämpfung unlauteren Wettbewerbs, Slg. 1989, 803, Rdnr. 40: „Entscheidend ist, ob die besonderen Merkmale des Linienflugs auf einer bestimmten Linie im Vergleich zu den alternativen Transportmöglichkeiten so kennzeichnend sind, dass er mit ihnen nur in geringem Maß austauschbar und ihrem Wettbewerb nur in wenig spürbarer Form ausgesetzt ist."

II. Indirekte Erfassung von Marktmacht **Teil 2**

Dienstleistungen an, „um festzustellen, ob sie zur Deckung eines ständig bestehenden Bedarfs besonders geeignet sind oder nur in begrenzten Maße gegen andere Produkte oder Dienstleistungen austauschbar sind."[173] Die nicht deckungsgleiche Funktionalität von verwandten Produkten kann dementsprechend zur Feststellung separater Märkte führen. Allerdings bereitet auch die Feststellung der maßgeblichen Funktionalität oft Schwierigkeiten. Denn das Bedarfsmarktkonzept stellt auf den „typischen" oder „durchschnittlichen" Verbraucher[174] ab, während in der Praxis die Verbraucher sehr unterschiedliche oder sogar einander widersprechende Bedürfnisse haben können. So hatte im Fall *easyjet/Kommission* die Kommission für eine große Kundengruppe die Substituierbarkeit der zu beurteilenden Produkte bejaht, für eine andere große Kundengruppe hingegen verneint. Das EuG stellte infolgedessen die Überlegung an, ob den Bedürfnissen einer Kundengruppe Vorrang zukommen könne.[175] Stattdessen hätte es auch die Argumentation des SSNIP-Tests berücksichtigen können, nach der schon die Ausweichreaktion einer kleinen – und umso mehr einer großen – Gruppe von Kunden möglicherweise genügt, um Marktmacht zu begrenzen. Die Kommission hingegen hatte die Situation zu lösen versucht, indem sie auf die angebotsseitige Substituierbarkeit abstellte – allerdings bot sich auch hier die Problematik einander widersprechender Beurteilungen.[176]

Die Frage nach der angebotsseitigen Substituierbarkeit liegt auf der Schnittstelle zwischen Marktabgrenzung und wettbewerblicher Beurteilung, wie am Fall *Danish Crown/Steff-Houlberg*[177] deutlich wird: Bei der Frage nach der geographischen Abgrenzung des Marktes für frisches Schweinefleisch im Einzelhandel behaupteten die Parteien eine hohe angebotsseitige Austauschbarkeit und erstrebten die Annahme eines EU-weiten Marktes.[178] Die Kommission folgte dem nicht und wollte die vorgebrachten Gesichtspunkte stattdessen innerhalb der wettbewerblichen Prüfung im Rahmen des potenziellen Wettbewerbs in Betracht ziehen.[179] Die Entscheidung *Friesland Foods/Campina* erhellt das Verhältnis der

---

173 Komm. v. 15.9.1999 (IV/36.539), ABl.EG 1999 L 312/1 – British Interactive Broadcasting/Open, Rdnr. 13.
174 Siehe Formblatt CO, Abschnitt 8.7 (f); Komm. v. 2.10.1991 (IV/M.053) – Aerospatiale-Alenia/de Havilland, Rdnr. 8 f.
175 Urt. v. 4.6.2006, Rs. T-177/04 – easyJet/Commission, Slg. 2006, II-1931, Rdnr. 104.
176 Komm. v. 11.2.2004 (COMP/M.3280) – Air France/KLM, Rdnr. 28.
177 Komm. v. 14.2.2002 (COMP/M.2662) – Danish Crown/Steff Houlberg.
178 Ibid., Rdnr. 43.
179 Ibid., Rdnr. 51: "In light of the above the Commission therefore concludes that each national market should be considered separately taking account of the possibility of potential competition from imports in the competitive assessment."

Teil 2 C. Feststellung von Marktmacht und Marktbeherrschung

angebotsseitigen zur nachfrageseitigen Substituierbarkeit. Nachdem die Kommission die nachfrageseitige Substituierbarkeit verneint hatte, stellte sie fest, dass ein relevanter Markt allein aufgrund angebotsseitiger Substituierbarkeit nur dann angenommen werden könne, wenn nicht nur bei *manchen* Marktteilnehmern eine schnelle und problemlose Angebotsumstellung möglich sei, sondern bei den *meisten, wenn nicht allen* Anbietern.[180] In einigen Wirtschaftszweigen allerdings kann die angebotsseitige Substituierbarkeit einen disziplinierenden Effekt auf das wettbewerbliche Verhalten der Marktteilnehmer haben, der mit der nachfrageseitigen Substituierbarkeit vergleichbar ist.[181] Beispielsweise hat die Kommission im Fall *Thales/Finmeccanica/AAS/Telespazio* einen einheitlichen Produktmarkt trotz fehlender nachfrageseitiger Substituierbarkeit zwischen den betroffenen Produkten angenommen und diese Abgrenzung allein auf den hohen Grad der angebotsseitigen Substituierbarkeit gestützt.[182]

Nach dem in Durchführung der neuen Fusionskontrollverordnung 139/2004 erlassenen aktuellen Formblatt CO umfasst der relevante Produktmarkt „sämtliche Erzeugnisse und/oder Dienstleistungen, die von den Verbrauchern hinsichtlich ihrer Eigenschaften, Preise und ihres vorgesehenen Verwendungszwecks als austauschbar oder substituierbar angesehen werden. Ein relevanter Produktmarkt kann bisweilen aus einer Reihe von Erzeugnissen und/oder Dienstleistungen bestehen, die weitgehend die gleichen physikalischen oder technischen Merkmale aufweisen und voll austauschbar sind".[183] Weiterhin werden als geeignete Instrumente zur Abgrenzung „die Substituierbarkeit auf der Verbraucherseite, die Wettbewerbsbedingungen, die Preise, die Kreuzpreiselastizität der Nachfrage und sonstige für die Definition der Produktmärkte erhebliche Faktoren (z.B. in geeigneten Fällen die Substituierbarkeit auf der Angebotsseite)"[184] genannt. Wie auf S. 77 dargelegt wurde, sind jedoch aus ökonomischer Sicht Unterschiede in der Preishöhe kein notwendiges Kriterium zur Feststellung unterschiedlicher sachlich relevanter Märkte. Auch die Kreuzpreiselastizität ist kein geeignetes Instrument, um relevante Produktmärkte abzugrenzen. Im Anschluss heißt es im Formblatt CO zur räumlichen Abgrenzung: „Der räumlich relevante Markt umfasst das

---

180 Komm. v. 17.12.2008 (COMP/M.5046) – Friesland Foods/Campina, Rdnr. 157 ff.; siehe auch C.II.1.c) β).
181 Bekanntmachung der Kommission über die Definition des relevanten Marktes, ABl.EG 1997 C 372/5, Rdnr. 20.
182 Komm v. 4.4.2007 (COMP/M.4403) – Thales/Finmeccanica/AAS/Telespazio, Rdnr. 56, 62, 69 und 71.
183 Abschnitt 6 I. des Formblatts CO zur FKVO 2004, ABl.EU 2004 L 133/9, S. 15.
184 Abschnitt 6 I. des Formblatts CO zur FKVO 2004, ABl.EU 2004 L 133/9, S. 15.

II. Indirekte Erfassung von Marktmacht Teil 2

Gebiet, in dem die beteiligten Unternehmen die relevanten Produkte oder Dienstleistungen anbieten und nachfragen, in dem die Wettbewerbsbedingungen hinreichend homogen sind und das sich von benachbarten Gebieten durch spürbar unterschiedliche Wettbewerbsbedingungen unterscheidet. Maßgebliche Faktoren für die Bestimmung des geographisch relevanten Marktes sind unter anderem Art und Eigenschaften der betroffenen Produkte oder Dienstleistungen, die Existenz von Marktzutrittsschranken oder Verbraucherpräferenzen, deutlich unterschiedliche Marktanteile der Unternehmen zwischen räumlich benachbarten Gebieten oder wesentliche Preisunterschiede."[185] Auch hier werden, neben dem aus ökonomischer Sicht nicht aussagekräftigen Kriterium der gleichen physischen Charakteristika, Faktoren herangezogen, die für die Abgrenzung des räumlich relevanten Marktes problematisch sind. So lassen weder unterschiedliche Marktanteile der Unternehmen noch wesentliche Preisunterschiede automatisch einen Schluss auf getrennte Märkte zu. Es gibt keine sichere theoretische Basis, die aus unterschiedlichen Marktanteilen von Unternehmen den Schluss auf die Existenz getrennter geographischer Märkte erlaubt.[186] Unterschiede in den Preisen können z.B. aufgrund von Qualitätsunterschieden vorliegen oder sie können etwaige Transportkosten widerspiegeln. Nicht so sehr die gleiche absolute Preishöhe ist für einen einheitlichen geographischen Markt von Bedeutung, sondern vielmehr gleichartige Preisänderungen in verschiedenen Regionen.

Eine direkte Betrachtung der Ergebnisse des Marktgeschehens auf einem Markt – wie sie durch die wiedergegebenen Passagen des Formblatts CO nahegelegt wird – könnte als ein *vom Prinzip der Substituierbarkeit verschiedener Ansatz* erscheinen. Gerade in Bezug auf *absolute Preisunterschiede* liegt es jedoch näher, diese Betrachtung der Homogenität von Gebieten als Ausdruck der Substituierbarkeit anzusehen. Tatsächlich gebraucht die Kommission die Beschreibung des geographisch relevanten Marktes aufgrund homogener Wettbewerbsbedingungen in der Entscheidung *Danish Crown/Steff-Houlberg*[187]. Aus dem Zusammenhang wird jedoch deutlich, dass in der hier vorgenommenen Betrachtung der absoluten Preise der Substitutionsgedanke enthalten ist: Impliziert ist, dass Produkte aus Nachfragersicht austauschbar seien, wenn die Nachfrager dasselbe Produkt zum selben Preis in einem anderen Gebiet er-

---

185 Abschnitt 6 II. des Formblatts CO zur FKVO 2004, ABl.EU 2004 L 133/9, S. 15 f.; bestätigt durch EuG, Urt. v. 7.5.2009, Rs. T-151/05 – Nederlandse Vakbond Varkenshouders/Kommission, Slg. 2009, II-1219, Rdnr. 52.
186 Vgl. *Bishop/Walker* (2010), 142.
187 Komm. v. 14.2.2002 (COMP/M.2662) – Danish Crown/Steff-Houlberg.

Teil 2 C. Feststellung von Marktmacht und Marktbeherrschung

werben können.[188] Dabei sollten etwaige Transportkosten berücksichtigt werden. Auch in Bezug auf *unterschiedliche Marktanteile* stellte die Kommission in der Entscheidung *Sonoco/Ahlstrom*[189] fest, dass der geringe Grad der gegenseitigen Durchdringung räumlich abgegrenzter Gebiete im Wesentlichen aufgrund der Unmöglichkeit einer Substitution bestehe.[190] Die Betrachtung des Marktergebnisses erfolgt so als Ausdruck der Substitutionsbeziehungen, weshalb der Ansatz an sich ebenfalls auf Substitutionsüberlegungen beruht. Dass die Feststellung von Substitutionsbeziehungen zwischen räumlichen Gebieten im Einklang mit der Formulierung in der Bekanntmachung steht, kann der Entscheidung *Mitsumi/CVRD/Caemi*[191] entnommen werden: Die meisten Anbieter von auf dem Seewege transportiertem Eisenerz verkauften in den meisten auf dem Seewege erreichbaren Gebieten und die meisten Abnehmer dieses Erzes kauften bei den größeren Erzherstellern;[192] dieser Ansatz beruhe darauf, ob Preise oder Vertragsbedingungen von angebots- und nachfrageseitigen Gegebenheiten in einem bestimmten Gebiet determiniert seien und stehe im Einklang mit der Bekanntmachung über die Definition des relevanten Marktes.[193]

---

188 Ibid., Rdnr. 47: "A relevant geographic market comprises of the area in which the undertakings concerned are involved in the supply and demand of products and services, in which the conditions of competition are sufficiently homogeneous and which can be distinguished from neighbouring areas because the conditions of competition are appreciably different in those areas. If customers can buy at the same prices as customers located in other areas, such areas should be included in the geographic market definition. If, however, customers buying from suppliers located in other areas cannot buy at the same prices as the customers located in those areas, such areas should not be included in the geographic market definition. [...] If arbitrage between customers is not possible, suppliers can then charge different prices to customers in different areas."
189 Komm. v. 6.10.2004 (COMP/M.3431) – Sonoco/Ahlstrom.
190 Ibid., Rdnr. 61; siehe auch Komm. v. 4.7.2006 (COMP/M.4000) – Inco/Falconbridge, Rdnr. 209 ff.; Komm. v. 12.12.2006 (COMP/M.4187) – Metso/Aker Kvaerner, Rdnr. 18 und 36.
191 Komm. v. 30.10.2001 (COMP/M.2420) – Mitsumi/CVRD/Caemi.
192 Ibid., Rdnr. 159: „Wie die beteiligten Unternehmen darlegen, verkaufen die meisten überseeischen Anbieter in den meisten überseeischen Absatzgebieten, und die meisten Abnehmer von Übersee-Erz kaufen bei den großen Eisenerzproduzenten (vor allem den australischen, brasilianischen und kanadischen Unternehmen). Kleinere räumliche Märkte können daher nur existieren, wenn die Eisenerzanbieter über die Möglichkeit und über Anreize verfügen, die verschiedenen Abnehmergebiete unterschiedlich zu behandeln. Die ausführliche Untersuchung der Kommission hat ergeben, dass trotz der leicht unterschiedlichen Angebots- und Nachfragebedingungen in Westeuropa keine ausreichenden Anzeichen für eine solche Sonderbehandlung zu erkennen sind, die die Unterteilung des Übersemarktes in kleinere räumliche Märkte rechtfertigen würde."
193 Ibid., Rdnr. 158 m. Fn. 32.: „Diese Methode entspricht der Definition des ,räumlich relevanten Marktes' gemäß Ziffer 8 der Bekanntmachung: [...]."

II. Indirekte Erfassung von Marktmacht Teil 2

In ihrer Bekanntmachung über die Definition des relevanten Marktes sieht die Kommission vorrangig die Nachfragesubstitution, in geeigneten Fällen auch die Angebotssubstitution als Faktoren zur Marktabgrenzung an; potenzieller Wettbewerb sei dagegen nicht auf der Stufe der Marktabgrenzung zu berücksichtigen.[194] Dabei ist wiederum anzumerken, dass die von der Kommission genannten Kriterien zur Abgrenzung des relevanten Marktes aus ökonomischer Sicht nicht immer überzeugen können: Wie dargelegt sind weder unterschiedliche physische Eigenschaften, verschiedene absolute Preise, differierende Marktanteile oder andere Wettbewerbsbedingungen in Regionen notwendig oder hinreichend, um getrennte sachliche bzw. räumliche Märkte zu konstatieren. Insbesondere bei Kriterien wie den physischen Eigenschaften kann, wie z.B. im Fall *United Brands*, eine Liste von spezifischen Charakteristika angegeben werden, die erstens eine Reihe von zum Teil recht willkürlich ausgewählten Kriterien enthält und zweitens zu einem sehr eng abgegrenzten Markt führt, der mit der relevanten Frage nach der Marktmacht nur entfernt etwas zu tun hat.

Mit Blick auf die nur unscharfe Schnittstelle von Marktabgrenzung und wettbewerblicher Würdigung hat die Kommission in zwei Phase-II-Entscheidungen davon abgesehen, eine starre Abgrenzung der relevanten Märkte vorzunehmen. Obgleich sie im Rahmen der Marktabgrenzung den erheblichen wettbewerblichen Druck, der von alternativen Produkten ausging, anerkannte, bezog sie die betreffenden Produkte letztlich nicht in den relevanten Markt ein.[195] Anschließend hat die Kommission diesen wettbewerblichen Druck jedoch im Kontext der wettbewerbsrechtlichen Würdigung berücksichtigt.[196] Im Fall *Travelport/Worldspan* gehörte der wettbewerbliche Druck, der von einem nicht in den relevanten Markt einbezogenen alternativen Vertriebskanal ausging, sogar zu den wesentlichen Gründen für die bedingungslose Freigabe des Zusammenschlusses.[197] Die Vorgehensweise der Kommission in diesen Entscheidungen macht die beachtlichen Überschneidungen zwischen Marktabgrenzung und wettbewerbsrechtlicher Würdigung deutlich.

---

[194] Bekanntmachung der Kommission über die Definition des relevanten Marktes, ABl.EG 1997 C 372/5, Rdnr. 13 ff.; gleichwohl hat die Kommission Marktzutrittsschranken auch im Zusammenhang mit der angebotsseitigen Substituierbarkeit untersucht, siehe Komm v. 5.5.2008 (COMP/M.4956) – STX/Aker Yards, Rdnr. 15 und 22 sowie Komm v. 27.6.2007 (COMP/M.4439) – Ryanair/Aer Lingus, Rdnr. 64.
[195] Komm. v. 21.8.2007 (COMP/M.4523) – Travelport/Worldspan, Rdnr. 56 f.; Komm. v. 20.12.2006 (COMP/M.4215) – Glatfelter/Crompton Assets, Rdnr. 48.
[196] Komm. v. 21.8.2007 (COMP/M.4523) – Travelport/Worldspan, Rdnr. 84 ff.; Komm. v. 20.12.2006 (COMP/M.4215) – Glatfelter/Crompton Assets, Rdnr. 105 ff.
[197] Komm. v. 21.8.2007 (COMP/M.4523) – Travelport/Worldspan, Rdnr. 84 ff., 153 und 170.

Teil 2   C. Feststellung von Marktmacht und Marktbeherrschung

β) Hypothetischer Monopoltest

Zur Beurteilung der Nachfragesubstitution führt die Bekanntmachung der Kommission zusätzlich den aus dem amerikanischen Anti-Trust-Recht übernommenen hypothetischen Monopoltest in seiner Ausprägung als sog. SSNIP-Test (Small but signicant increase in price-Test) an. Um die Produkte, die im gleichen relevanten Markt liegen, bestimmen zu können, sei ein gedankliches Experiment durchzuführen, „bei dem von einer geringen, nicht vorübergehenden Änderung der relativen Preise ausgegangen und eine Bewertung der wahrscheinlichen Reaktion der Kunden vorgenommen"[198] werde. Festzustellen sei dann, ob der mit der angenommenen kleinen, bleibenden Erhöhung der relativen Preise um 5–10% einhergehende Absatzrückgang aufgrund des Ausweichens der Kunden auf leicht verfügbare Substitute den durch die hypothetische Preiserhöhung erzielten Gewinn aufzehrte und damit die Preiserhöhung nicht mehr einträglich wäre.[199] In einem solchen Fall wären weitere Produkte (bzw. Gebiete) in die Prüfung mit einzubeziehen, bis die gedachte Preiserhöhung profitabel wäre. Wichtig erscheint, dass – anders als nach der oben (S. 77–81) wiedergegebenen amerikanischen Variante des SSNIP-Tests – nicht darauf abgestellt wird, ob ein gewinnmaximierender Monopolist den Preis tatsächlich um 5–10% erhöhen würde: Denkbar ist, dass eine Preiserhöhung um 5–10% noch profitabel wäre, der gewinnmaximierende Preis aber bei einer Erhöhung um z.B. 3% erreicht würde. Nach der referierten US-amerikanischen Spielart des Tests wäre der Markt in einer solchen Situation noch nicht zutreffend abgegrenzt, vielmehr durch Hinzunahme der Produkte und Gebiete zu bestimmen, bei denen der gewinnmaximierende Preis im Bereich einer Erhöhung von (wenigstens) 5% läge. Dagegen könnte nach dem in der Kommissionsbekanntmachung vertretenen Ansatz der Markt bereits als zutreffend abgegrenzt gelten, sobald eine Preiserhöhung um 5–10% profitabel wäre.

Anwendungspraxis. Die aus dem Jahr 2001 datierende Entscheidung *CVC/Lenzing*[200] betrifft die Frage des Produktmarktes von Kunstspinnfasern für textile und nicht-textile Verwendung. Zur Anwendung des SSNIP-Tests führte die EU-Kommission zunächst eine umfassende Marktuntersuchung durch. Befragt wurden sowohl direkte wie indirekte Kunden der Parteien als auch die Parteien selbst sowie deren Wettbewerber. Mit-

---

198 Bekanntmachung der Kommission über die Definition des relevanten Marktes, ABl.EG 1997 C 372/5, Rdnr. 15.
199 Ibid., Rdnr. 17.
200 Komm. v. 17.10.2001 (COMP/M.2187) – CVC/Lenzing.

II. Indirekte Erfassung von Marktmacht Teil 2

tels Fragebögen sollten so die maßgeblichen nachfrager- sowie anbieterseitigen Daten ermittelt werden.[201] Weitere Beispiele für die Generierung von Daten durch Befragung der Marktteilnehmer finden sich in mehreren anderen Entscheidungen.[202] Zur Frage der Repräsentativität solcher Marktuntersuchungen nahm die Kommission im Fall *CVC/Lenzing* den Standpunkt ein, dass eine Rücklaufrate von über 50% sowohl der absoluten Zahl der befragten Unternehmen als auch der von ihnen generierten Umsätze als Grundlage der weiteren Analyse ausreichend sei.[203]

Um zwei Produkte als Substitute ansehen zu können, muss nach Ansicht der Kommission der Nachfrager den Wechsel von dem einen Produkt zum anderen, z.B. wegen eines kleinen, aber signifikanten, nicht nur vorübergehenden Preisanstiegs, in relativ kurzer Zeit als realistisch und rational möglich ansehen; bei ökonomischer und technischer Betrachtung müssen beide Produkte jeweils als sinnvolle Alternative zum anderen erscheinen.[204]

Die Ermittlung des Nachfragerverhaltens in Reaktion auf die hypothetische Preiserhöhung stellt jedoch nur den ersten Schritt des SSNIP-Tests dar. Die Beurteilung der Profitabilität der gedachten Preiserhöhung als zweiter Schritt des Tests erfolgt durch die Kommission oft nur kursorisch. Im Fall *CVC/Lenzing* wird zwar bei der Betrachtung der Kostensituation die Entwicklung der Fixkosten sowie der variablen Kosten erwogen, jedoch nur in recht allgemeiner Weise.[205] Die Kommission stellt lediglich

---

201 Auszüge dieser Fragebögen finden sich in Fn. 17 der Entscheidung v. 17.10.2001 (COMP/M.2187) – CVC/Lenzing.
202 Komm. v. 30.10.2001 (COMP/M.2416), ABl.EU 2004 L 43/13 – Tetra Laval/Sidel, Rdnr. 157: „Marktauskunftspersonen wurden z.B. gefragt, ob sie von einem Kartonverpackungssystem auf ein PET-Verpackungssystem umsteigen würden und umgekehrt, sofern die Kosten eines Verpackungssystems dauerhaft um einen kleinen Prozentsatz (5–10%) ansteigen würden. Die Mehrzahl der Auskunftspersonen bestätigte, dass derart geringe Preisanstiege keinen wesentlichen Einfluss auf ihre Wahl des Verpackungssystems ausüben würden."; Komm. v. 19.7.2000 (COMP/M.1882) – Pirelli/BICC, Rdnr. 48; Komm. v. 9.3.1999 (IV/M.1313) – Danish Crown/Vestjyske Slagterier, Rdnr. 26; Komm. v. 17.4.2002 (COMP/M.2547) – Bayer/Aventis Crop Science, Rdnr. 561; Komm. v. 1.12.1999 (IV/M.1578) – Sanitec Sphinx, Rdnr. 152, 170, 213; Komm. v. 29.3.2006 (COMP/M.3975) – Cargill/Degussa Food Ingredients, Rdnr. 24 und 60; Komm. v. 19.7.2006 (COMP/M.3796) – Omya/Huber PCC, Rdnr. 222.
203 Komm. v. 17.10.2001 (COMP/M.2187) – CVC/Lenzing, Rdnr. 24.
204 Komm. v. 30.9.1992 (IV/M.214) – Du Pont/ICI, Rdnr. 23; Komm. v. 17.10.2001 (COMP/M.2187) – CVC/Lenzing, Rdnr. 24.
205 Komm. v. 17.10.2001 (COMP/M.2187) – CVC/Lenzing, Rdnr. 68: „Diese Feststellung trifft auch angesichts der gegenwärtigen Überkapazitäten zu, da die Parteien beschließen könnten, ganze Werke (oder einzelne Produktionsanlagen) zu schließen bzw. „stillzulegen", und auf diese Weise ihre Festkosten vermindern würden. Auf jeden Fall würden die variablen Kosten durch Produktionskürzungen reduziert. Durch die Kostenein-

Teil 2   C. Feststellung von Marktmacht und Marktbeherrschung

fest, dass ein Absatzrückgang von 10–15% als Reaktion auf eine 10%-ige Preiserhöhung für Lyocell-Fasern nicht zur Annahme der Unprofitabilität der Preiserhöhung führen könne und bleibt damit eine genaue Analyse schuldig.[206]

In der Entscheidung *New Holland/Case*[207] zieht die Kommission bei der Abgrenzung des Marktes für leichte Baumaschinen ebenfalls ergänzend den SSNIP-Test heran, ohne das Ergebnis des Tests jedoch näher zu belegen. Es findet sich allein der Hinweis, dass die Nachforschungen der Kommission den Schluss zuließen, eine hypothetische kleine und nicht nur vorübergehende Preiserhöhung führe nicht zu einem Wechsel der Abnehmer auf andere einzelne Produktgruppen von leichten Baumaschinen in einem die Profitabilität der Preiserhöhung in Frage stellenden Maße.[208] Insgesamt sei daher nicht von einem gesamten Markt für leichte Baumaschinen, sondern von insgesamt fünf Einzelmärkten auszugehen.[209]

Anders als von Dritten im Verfahren *Exxon/Mobil*[210] vorgebracht, hat die Kommission in diesem Fall einen gemeinsamen Markt für Erdgas insgesamt angenommen und nicht nach Gas mit niedrigem (LCV, low caloric value) und solchem mit hohem (HCV, high caloric value) Brennwert unterschieden. Zu diesem Ergebnis gelangte die Kommission aufgrund der nachfrageseitigen Substitution: Eine 5–10%-ige Preiserhöhung von LCV Gas wäre in Ansehung der Tatsache, dass die Abnehmer von LCV zu

---

sparungen und höhere Einnahmen aufgrund höherer Preise würden die Einnahmeverluste infolge der Umstellungen mehr als kompensieren. Bei Preiserhöhungen von 10% wären daher Produktionskürzungen von weit über 10% rentabel."
206 Ibid., Rdnr. 67: „Unter Zugrundelegung einer zusammenfassenden Darstellung des voraussichtlichen Umstellungsverhaltens der Abnehmer im Fall einer kleinen, aber dauerhaften Preisheraufsetzung von 10% hat die Kommission die Antworten der Abnehmer auf ihre Marktuntersuchung vor den Hintergrund ihrer Faserbezüge im Jahre 2000 gestellt. Diese Berechnungen haben ergeben, dass eine Lyocell-Preiserhöhung von 10% für die Parteien Absatzeinbußen infolge der Umstellung von Abnehmern von rund 15% (im EWR) bzw. weniger als 10% (sowohl innerhalb als auch außerhalb des EWR) nach sich ziehen würde. Eine Einbuße von 10–15% infolge von Umstellungen ist aber nicht signifikant genug, um Preiserhöhungen als unrentabel anzusehen." Sofern demgegenüber die Zusammenschlussparteien den hypothetischen Monopoltest durchführen und sich auf dessen Ergebnisse berufen, scheint die Kommission höhere Nachweisanforderungen zugrunde zu legen, vgl. Komm. v. 9.1.2009 (COMP/M.5153) – Arsenal/DSP, Rdnr. 83.
207 Komm. v. 28.10.1999 (IV/M.1571) – New Holland/Case.
208 Komm. v. 28.10.1999 (IV/M.1571) – New Holland/Case, Rdnr. 64; siehe auch Komm. v. 29.9.2009 (COMP/M.5421) – Panasonic/Sanyo, Rdnr. 22 und 61; Komm. v. 17.7.2009 (COMP/M.5476) – Pfizer/Wyeth, Rdnr. 65.
209 Komm. v. 28.10.1999 (IV/M.1571) – New Holland/Case, Rdnr. 65.
210 Komm. v. 29.9.1999 (IV/M.1383) – Exxon/Mobil.

II. Indirekte Erfassung von Marktmacht Teil 2

HCV Gas wechseln könnten, unprofitabel.[211] Es werden zwar im Zusammenhang mit der Versorgung einzelner Haushalte mit Erdgas kalkulatorische Erwägungen angestellt, jedoch stellen sie lediglich den finanziellen Anreiz und die Protabilität eines Wechsels von LCV auf HCV Gas *durch die Versorger* der Haushalte bei einer hypothetischen Preiserhöhung des Preises für LCV Gas um 5 bzw. 10% dar.[212] Der von der Kommission daraus gezogene Schluss, dass eine Preiserhöhung um 5–10% wegen des Wechsels der Versorgungsunternehmen unprofitabel sei, erscheint daher nicht folgerichtig.[213]

In ähnlicher Weise schließt die Kommission im Fall *Astra Zeneca/Novartis*[214] aus der kalkulatorischen Vorteilhaftigkeit der weiteren Verwendung von auf Strobilurin basierenden Getreide-Fungiziden auf die Profitabilität einer angenommenen 5–10%-igen Preiserhöhung des alle Strobilurin-Getreide-Fungizide kontrollierenden hypothetischen Monopolisten.[215] Im

---

211 Ibid., Rdnr. 112: „Die Kommission ist zu dieser Schlussfolgerung auf der Grundlage der Möglichkeit gekommen, dass auf der Nachfrageseite ein Produkt durch das andere ersetzt werden kann. Mit anderen Worten, ein relativer Preisanstieg für heizwertarmes Erdgas von 5–10% würde sich angesichts der Tatsache, dass die Verbraucher in dem entsprechenden Gebiet in Deutschland auf heizwertreiches Erdgas ausweichen könnten, nicht lohnen." Bemerkenswert hier die umgekehrte Verknüpfung durch „mit anderen Worten", was impliziert, dass die Profitabilität der Preiserhöhung aus der Substituierbarkeit folgt. Richtig hingegen wäre zuerst die Feststellung der Profitabilität einer Preiserhöhung im Sinne des SSNIP-Test, aus der das Vorliegen einer Substitutionsbeziehung gefolgert werden könnte.
212 Ibid., Rdnr. 128: „Schließlich kommen auf Energieversorger und/oder Lieferant noch die Kosten für die Umstellung der Haushalte zu. Nach Schätzungen auf der Grundlage einer detaillierten, über die Parteien übermittelt Kostenabschätzung eines ‚in der Umstellung von Haushalten' erfahrenen Unternehmens liegen diese Kosten bei ungefähr 60 EUR pro Haushalt. Bei einem typischen Verbrauch eines Haushaltes von 80 Mio. BTU, einem Preis des lokalen Verteilerunternehmens von 3,4 EUR/Mio. BTU und einem typischen Erdgaspreis für Haushalte von 8 EUR/Mio. BTU verringert ein um 5% erhöhter Preis für heizwertarmes Erdgas, das von der Ferngasgesellschaft für heizwertarmes Erdgas geliefert wird, die Gewinnspanne des lokalen Verteilerunternehmens um 13,5 EUR, ein um 10% erhöhter Preis um 27 EUR. Demzufolge wären die Kosten, die dem lokalen Verteilerunternehmen durch die Umstellung entstehen, innerhalb von zwei bis vier Jahren amortisiert."
213 Ibid., Rdnr. 128: „Da die typische Laufzeit eines Liefervertrages zwischen einer Ferngasgesellschaft und einem lokalen Verteilerunternehmen zwischen 10 und 20 Jahren liegt, würde eine Erhöhung des Preises um 5–10% den Wechsel des lokalen Verteilerunternehmens zu einem alternativen Lieferanten von heizwertreichem Erdgas nicht als gewinnbringend erscheinen lassen." Vielmehr wird hierdurch nur die angenommene Wechselbereitschaft der Versorger näher belegt.
214 Komm. v. 26.7.2000 (COMP/M.1806), ABl.EU 2004 L 110/1 – Astra Zeneca/Novartis.
215 Ibid., Rdnr. 34 f.: „Es gibt starke Anzeichen dafür, dass auf Grundlage der oben genannten Daten ein hypothetischer Monopolist für Getreidefungizide auf Strobilurinba-

Teil 2 C. Feststellung von Marktmacht und Marktbeherrschung

Ergebnis lässt die Kommission die Frage nach einem eigenständigen Markt für Strobilurin-Getreide-Fungizide jedoch offen und unterstellt einen alle Getreide-Fungizide umfassenden Markt.[216]

Maßgeblich für die Beurteilung ist die Reaktion derjenigen Kunden, die infolge einer Preiserhöhung zuerst auf das Substitut ausweichen würden, nicht dagegen das Verhalten der aufgrund starker Präferenzen oder aus anderen Gründen nicht wechselbereiten oder -fähigen Abnehmer. Auch wenn die große Mehrheit der Kunden unverlierbar ist, kann eine Gruppe der sich an der Grenze zum Wechsel befindenden Kunden, die sog. marginalen Kunden, eine Preiserhöhung unrentabel machen, wie dies im Verfahren *TKS/ITW Signode/Titan*[217] der Fall war: Hier war zu entscheiden, ob Umreifungsbänder zur Verpackung aus Stahl oder aus Kunststoff zum selben Markt zu rechnen sind. Obwohl für einen Teil der Anwendungsbereiche (wenn Hitzebeständigkeit gefordert ist) die Kunden nicht auf PET-Umreifungsband ausweichen können, sie also unverlierbar sind, ist der Markt weiter zu fassen, insbesondere wenn eine Preisdiskriminierung – wie in diesem Fall zwischen hitzebeständiger und übriger Anwendung – nicht durchführbar erscheint.[218]

Dass ökonomischen Methoden und explizit dem SSNIP-Test in einigen Fällen von der Kommission hohes Gewicht beigemessen wird, macht u. a.

---

sis die Preise für diese Produkte dauerhaft um 5–10% anheben könnte. Eine Preiserhöhung um 5% für ein Strobilurinprogramm würde zu einer Erhöhung des Kostenpreises um etwa 2,5 GBP/ha führen. Die Gewinnspanne des Landwirts läge somit bei etwa 22.5 GBP/ha für Weizen und bei 7.5 GBP/ha für Wintergerste bzw. bei 9.5 GBP/ha für Frühjahrsgerste. Bei einer Preiserhöhung von 10% läge die Gewinnspanne für den Landwirt bei 5 GBP/ha für Wintergerste. Die Preiserhöhung um 5–10% würde somit noch immer eine höhere Gewinnspanne für den Landwirt im Vergleich zur Anwendung eines Nicht-Strobilurinfungizidprogramms zulassen und könnte daher für einen hypothetischen Strobilurinmonopolisten ein profitables Vorgehen darstellen." (Rdnr. 35). Weiter hierzu in zwingend schließender Weise, Rdnr. 42: „Das Beispiel zeigt jedoch, dass eine Preiserhöhung um 5–10% durchaus profitabel ist, sofern die zusätzliche Gesamtgewinnspanne nur dann ganz wegfällt, wenn der Preis von Strobilurinfungiziden um 77% angehoben würde."

216 Komm. v. 26.7.2000 (COMP/M.1806), ABl.EU 2004 L 110/1 – Astra Zeneca/Novartis, Rdnr. 43.
217 Komm. v. 6.5.1998 (IV/M.970) – TKS/ITW Signode/Titan.
218 Ibid., Rdnr. 40: „Insbesondere die Ergebnisse der Kommissionsumfrage unter Anbietern und Endnutzern von Umreifungsband stützen die Feststellung, dass PET-Band in fast allen Anwendungen als echtes Substitut für Stahlband angesehen wird. Eine Ausnahme bilden Anwendungen, bei denen große Hitzebeständigkeit erforderlich ist. Letztere machen jedoch lediglich zwischen 3 und 10% des Gesamtverbrauchs von Stahlumreifungen in Westeuropa aus, und eine preisliche Diskriminierung zwischen einzelnen Abnehmergruppen aufgrund einer etwaigen Nutzung in Hochtemperaturanwendungen erscheint generell unrealistisch."

II. Indirekte Erfassung von Marktmacht Teil 2

die Entscheidung *RAG/Degussa*[219] deutlich, in der trotz möglicher Aufwärtskompatibilität von Beton-Zusätzen (d. h. trotz Austauschbarkeit aufgrund von Produktcharakteristika) mangels schlüssiger Darlegung einer ökonomisch realisierbaren Substitution mit Bezugnahme auf den SSNIP-Test ein gemeinsamer Markt der verschiedenen Betonzusätze verneint wurde.[220]

Wenn auch in der überwiegenden Zahl von Fällen eine konkrete Entscheidung über die Marktabgrenzung offen bleibt, werden oft einzelne Aspekte des SSNIP-Tests aufgegriffen. Im Fall *Barilla/Kamps*[221] stellte die Kommission fest, die Marktanalyse habe ergeben, dass ein hypothetischer Monopolist eine dem SSNIP-Test entsprechende Preiserhöhung für Knäckebrot profitabel durchführen könne, weshalb Knäckebrot einen separaten Produktmarkt bilden könne.[222] Letztlich kam es für die Entscheidung über den Zusammenschluss von Barilla und Kamps jedoch nicht auf eine genaue Marktabgrenzung an, da der beabsichtigte Zusammenschluss unter jeder denkbaren sachlichen Marktdefinition ernstliche Zweifel an der Vereinbarkeit mit dem gemeinsamen Markt hervorrief; die Entscheidung, ob aufgrund des SSNIP-Tests ein eigener Markt für Knäckebrot anzunehmen war, wurde daher offen gelassen.[223]

Ein Beispiel für ein häufig auftretendes Problem in Verbindung mit der Anwendung des SSNIP-Tests ist der Fall *Carnival Corporation/P&O Princess*,[224] in dem zu entscheiden war, ob der relevante Produktmarkt als derjenige für Urlaubsreisen allgemein oder lediglich als der für – von den Parteien angebotene – Kreuzfahrtreisen anzusehen war. Die Kommission führte hierzu eine Mehrzahl von Anhaltspunkten für die Trennung der Kreuzfahrtreisen von übrigen Urlaubsreisen an und gelangte im Ergebnis zu dieser engeren Marktabgrenzung. Gleichzeitig bemerkte sie jedoch, dass es ihr nicht möglich gewesen sei, Datenmaterial zu akquirieren, anhand dessen quantitative Tests zur Bestimmung der sachlichen Marktgrenzen, so v. a. der SSNIP-Test durchzuführen wären.[225]

---

219 Komm. v. 18.11.2002 (COMP/M.2854) – RAG/Degussa.
220 Ibid., Rdnr. 20: "Even if there may be technical upward substitutability between the different admixture inputs, the market investigation has not generated conclusive evidence as to whether such substitution would be economically viable in response to a SSNIP (5–10% price increase)." Die Frage einer Abgrenzung nach jeder einzelnen Art von Beton-Zusätzen blieb aber offen.
221 Komm. v. 25.6.2002 (COMP/M.2817) – Barilla/BPL/Kamps.
222 Ibid., Rdnr. 14.
223 Ibid., Rdnr. 15.
224 Komm. v. 24.7.2002 (COMP/M.2706) – Carnival Corporation/P&O Princess.
225 Ibid., Rdnr. 31 m. Fn. 10.

Teil 2 C. Feststellung von Marktmacht und Marktbeherrschung

Schließlich ist ausdrücklich hervorzuheben, dass die Kommission dem SSNIP-Test keine gegenüber anderen Konzepten vorrangige Bedeutung beimisst. Dies wird an der Entscheidung im Fall *Virgin/British Airways*[226] indirekt deutlich. British Airways kritisierte hier, dass sich die Kommission zur Bestimmung des relevanten Produktmarktes nicht auf den SSNIP-Test stütze und damit von ihren eigenen Grundsätzen abweiche.[227] Hierzu stellte die Kommission fest, dass die Bekanntmachung nur beschreibe, wie die Kommission den sachlich relevanten Markt anhand von Produkteigenschaften, Substitution in der Vergangenheit etc. bestimme und der SSNIP-Test lediglich im Zusammenhang mit der Erläuterung des Begriffes des relevanten Marktes Erwähnung finde, so dass ihm offensichtlich keine alleinige Kompetenz zur Bestimmung von Produktmärkten zukomme.[228] Dementsprechend hat die Kommission im Fall *Norddeutsche Affinerie/Cumerio* aufgrund der hohen angebotsseitigen Substituierbarkeit zweier Arten von Kupfergusserzeugnissen einen einheitlichen Markt angenommen, obgleich die überwiegende Mehrheit der Kunden erklärte, dass sie im Falle einer 5–10%-igen Preiserhöhung nicht auf die andere Art ausweichen würden.[229]

Auch bei der Abgrenzung von Märkten in geographischer Hinsicht zieht die Kommission neben anderen Methoden den SSNIP-Test heran. Der räumlich relevante Markt für Haarpflegeprodukte des Einzelhandels wurde in der Entscheidung *Procter & Gamble/Wella*[230] mitunter deshalb als national angesehen, weil bei einer 5–10%-igen Preiserhöhung die meisten Großhandelskunden ihren Bedarf nicht über das Ausland decken würden.[231] Zu dieser Auffassung gelangt die Kommission im Gegensatz

---

226 Komm. v. 14.7.1999 (IV/34.780), ABl.EG 2000 L 30/1 – Virgin/British Airways.
227 Ibid., Rdnr. 53.
228 Ibid., Rdnr. 70: „In ihrer Bekanntmachung über die Definition des relevanten Marktes gibt die Kommission eine genaue Anleitung dafür, wie sie diesen Grundsatz in der Praxis anwendet. In der Bekanntmachung wird beschrieben, wie die Kommission mit Hilfe von Informationen über Eigenschaften von Produkten, Nachweisen einer Substitution in der Vergangenheit und dergleichen einen Produktmarkt definiert. Der Gedanke einer hypothetischen Preiserhöhung findet Erwähnung, allerdings im Zusammenhang mit der Erläuterung des Begriffs relevanter Markt." Ähnlich auch in Komm. v. 26.7.2000 (COMP/M.1806) – Astra Zeneca/Novartis, Rdnr. 59: *„Eine Möglichkeit* für einen relevanten Produktmarkt wäre die kleinste Reihe von Produkten, für die ein Unternehmen, sollte es sich dabei um die einzige Firma handeln, die diese Produkte anbietet, es als profitabel erachten könnte, eine kleine aber deutliche und dauerhafte Preiserhöhung (5–10%) vorzunehmen." (Hervorhebung durch Verf.).
229 Komm. v. 23.1.2008 (COMP/M.4781) – Norddeutsche Affinerie/Cumerio, Rdnr. 42f.
230 Komm. v. 30.7.2003 (COMP/M.3149) – Procter & Gamble/Wella.
231 Ibid., Rdnr. 38: "[...] Moreover, in the course of the market investigation most customers responded that they would not source abroad in case of a 5–10% price increase."; ebenso Komm. v. 10.5.2007 (COMP/M.4381) – JCI/Fiamm, Rdnr. 112.

zu den von den Parteien vorgebrachten Untersuchungen; Procter & Gamble bezeichnete die räumlich relevanten Märkte selbst als Clustermärkte, z.B. Norwegen, Schweden und Dänemark als einen Markt. Eine 5–10%-ige Preiserhöhung in Norwegen könne nicht profitabel durchgesetzt werden, da in einem solchen Fall die Kunden nach Dänemark oder Schweden ausweichen würden. Jedoch spricht die Kommission dieser Analyse die Überzeugungskraft ab, da die untersuchten Produkte nicht in allen Ländern des Clusters verfügbar seien.[232] In der Entscheidung *Ineos/Kerling*[233] umfasste die ausführliche Analyse des relevanten räumlichen Marktes auch eine Critical Loss Analysis (CLA)[234], mittels derer die Profitabilität einer kleinen, aber signifikanten und nicht-vorübergehenden Preiserhöhung untersucht wurde. Allerdings war diese ökonometrische Schätzung letztlich nicht verlässlich genug, um einen hinreichenden Nachweis für eine bestimmte Marktabgrenzung zu erbringen.[235] Die Kommission untersuchte daher auch die Auswirkungen eines Werksausfalls auf die Entwicklung der abgesetzten Menge, der Preise und der Gewinnspannen. Da die Gewinnspannen der anderen Produzenten in dem kleinsten denkbaren relevanten Markt nicht gestiegen waren, indizierte dieses natürliche Experiment einen weiteren räumlich relevanten Markt.[236]

Zeitlicher Rahmen des SSNIP-Tests. Gemäß der Bekanntmachung der Kommission über die Definition des relevanten Marktes sind bei der Anwendung des SSNIP-Tests im Rahmen der Nachfragesubstituierbarkeit die Produkte oder Gebiete in die Prüfung einzubeziehen, deren Wettbewerbsdruck „das Preisgebaren der Parteien kurzfristig beeinflusst oder be-

---

[232] Komm. v. 30.7.2003 (COMP/M.3149) – Procter & Gamble/Wella, Rdnr. 38 m. Fn. 12 und% Rdnr. 39.
[233] Komm. v. 30.1.2008 (COMP/M.4734) – Ineos/Kerling; im Rahmen der ausführlichen Analyse des räumlich relevanten Marktes untersuchte die Kommission auch Daten über das Beschaffungs- und Wechselverhalten der Kunden, die Höhe der Importe in das Vereinigte Königreich und die Konvergenz der Gewinnmargen der Zusammenschlussparteien, siehe Rdnr. 84 ff., 90 ff., 106 ff. und 150.
[234] Im Allgemeinen hat eine Preiserhöhung sowohl eine negative Wirkung auf den Gewinn wegen des zurückgegangenen Absatzes wie auch eine positive Wirkung auf den Gewinn aufgrund der höheren Gewinnspanne. Der critical loss (kritischer Absatzrückgang) ist der Schwellenwert, an dem sich beide Wirkungen ausgleichen und wird als prozentuale Reduktion des Absatzes ausgedrückt. Sofern der tatsächliche Absatzrückgang höher ist als der kritische Absatzrückgang, ist eine Preiserhöhung nicht profitabel und indiziert daher eine weitere Marktabgrenzung. Für eine ausführliche Darstellung siehe S. 100–105. Kritisch zur Anwendung der Critical Loss Analysis in Märkten, in denen eine Preisdiskriminierung praktiziert wird: Komm. v. 22.6.2009 (COMP/M.5335) – Lufthansa/SN Airholding, Rdnr. 85 ff.
[235] Komm. v. 30.1.2008 (COMP/M.4734) – Ineos/Kerling, Rdnr. 102 ff.
[236] Ibid., Rdnr. 148 f.

Teil 2 C. Feststellung von Marktmacht und Marktbeherrschung

schränkt".[237] In der Entscheidung *Mitsumi/CVRD/Caemi*[238] definierte die Kommission bei der Frage des Marktes für verschiedene Arten von Eisenerz diese kurzfristige Zeitspanne als einen Zeitraum von zumindest einem Jahr.[239]

b) Deutsches Recht

α) Bedarfsmarktkonzept

Traditionell erfolgt die sachliche Marktabgrenzung im deutschen Recht nach dem sog. Bedarfsmarktkonzept, das auf die funktionelle Austauschbarkeit der Produkte abstellt. Dieses zunächst im sog. *Handpreisauszeichner*-Beschluss[240] des Kammergerichts angewandte Konzept fasst alle Waren oder gewerblichen Leistungen zu einem Markt zusammen, „die sich nach ihren Eigenschaften, ihrem wirtschaftlichen Verwendungszweck und ihrer Preislage so nahestehen, dass der verständige Verbraucher sie als für die Deckung eines bestimmten Bedarfs geeignet in berechtigter Weise abwägend miteinander vergleicht und als gegeneinander austauschbar ansieht".[241] Es können hierbei auch mehrere Märkte für ein konkretes Produkt bestehen.

So hat das Kammergericht im Fall *Kfz-Kupplungen*[242] zwischen einem Erstausstattungsmarkt und einem Ersatzteilmarkt für Kupplungsteile unterschieden. Das Schwergewicht müsse bei der Prüfung nicht dem abschließenden Verwendungszweck, sondern dem Abnehmerkreis beigemessen werden, da sich unterschiedliche Abnehmer für den Hersteller wesentlich anders darstellten.[243] Verwiesen wird hierzu auch auf die Ent-

---
237 Bekanntmachung der Kommission über die Definition des relevanten Marktes im Sinne des Wettbewerbsrechts der Gemeinschaft, ABl.EG 1997 C 372/5, Rdnr. 16.
238 Komm. v. 30.10.2001 (COMP/M.2420) – Mitsumi/CVRD/Caemi.
239 Die Kommission folgt hier einer Stellungnahme der Wirtschaftsberatung NERA, wonach „für die wettbewerbsrechtliche Würdigung von Fusionen ein Zeitraum von mindestens einem und manchmal bis zu zwei Jahren veranschlagt [wird] [...] da Wettbewerb in der Branche einmal im Jahr stattfindet"; Komm. v. 30.10.2001 (COMP/M.2420) – Mitsumi/CVRD/Caemi, Fn. 29 zu Rdnr. 1.
240 KG, Beschl. v. 18.2.1969 – Handpreisauszeichner, WuW/E OLG 995.
241 Ibid., 995f.; fast identisch in: BGH, Urt. v. 19.3.1996 – Pay-TV-Durchleitung, WuW/E BGH 3058, 3062 sowie BGH, Beschl. v. 7.3.1989 – Kampffmeyer-Plange, WuW/E BGH 2575 m.w.N.; jüngst durch BGH, Beschl. v. 5.10.2004 – Staubsaugerbeutelmarkt, WuW/E DE-R 1355, 1357 bestätigt: „Nach st. Rspr. ist für die Bestimmung des sachlichen Marktes das sog. Bedarfsmarktkonzept maßgebend. Danach sind einem (Angebots-) Markt alle Produkte zuzurechnen, die aus der Sicht der Nachfrager nach Eigenschaft, Verwendungszweck und Preislage zur Deckung eines bestimmten Bedarfs austauschbar sind."
242 KG, Beschl. v. 1.12.1976 – Kfz-Kupplungen, WuW/E OLG 1745.
243 Ibid., 1749.

II. Indirekte Erfassung von Marktmacht **Teil 2**

scheidung *Registrierkassen*[244], wonach bei einer Nachfrage auf unterschiedlichen Stufen (Verbraucher, Zwischenhändler, Wartungs- und Reparaturbetriebe) unterschiedliche Märkte anzunehmen seien: „[U]nter dem Gesichtspunkt der Bedarfsdeckung ist nicht allein die Beschaffenheit einer Ware an sich maßgebend, sondern jeweils vom Bedarf der Marktgegenseite auszugehen, der je nach der Wirtschaftsstufe, der die Nachfrageseite angehört, verschieden sein kann."[245] Die Bestimmung der funktionellen Austauschbarkeit ist nach Ansicht des BGH – grundlegend ist die Entscheidung *Vitamin-B-12*[246] – aus Sicht der Verbrauchsdisponenten zu bestimmen; dies zwar nicht durch lediglich oberflächliche und nur flüchtige Verbraucherauffassung, jedoch durchaus „ohne größeres Nachdenken" bzw. „ohne größere Überlegung"[247]; im konkreten Fall der Verschreibung hochdosierter Vitamin-B-12-Präparate komme es daher „nicht auf die wissenschaftlich begründeten Indikationen der in Frage stehenden Arzneispezialitäten, sondern vielmehr auf die tatsächlich bestehenden Verschreibungsgewohnheiten der niedergelassenen Ärzte"[248] an. Dies wurde jedoch kurze Zeit später im Fall *Valium*[249] insofern relativiert, als auf die subjektiven Verschreibungsgewohnheiten nur zurückgegriffen werden solle, wenn nicht sich aus pharmakologisch-wissenschaftlicher Sicht ergebende objektive Gesichtspunkte zu einer Klärung führten.[250]

Auch neuere Entscheidungen der deutschen Rechtsprechung berufen sich zur sachlichen und räumlichen Marktabgrenzung immer wieder allein auf die funktionelle Austauschbarkeit von Produkten und Dienstleistungen und wenden so weiterhin das auf den *Handpreisauszeichner*-Beschluss[251] zurückgehende Bedarfsmarktkonzept mit seinen ökonomisch fragwürdigen Implikationen (hierzu oben S. 74–77) an. So nimmt das OLG Düsseldorf im Beschluss *Tagesspiegel/Berliner Zeitung II*[252] getrennte sachlich relevante Märkte für lokale Abonnement-Tageszeitungen, überregionale Tageszeitungen und Straßenverkaufszeitungen an, da diese jeweils „unterschiedlichen Leserbedürfnissen dien[t]en und sie dementsprechend aus der Sicht der Nachfrager nicht als funktionell austauschbar angesehen

---

244 BGH, Urt. v. 26.10.1972 – Registrierkassen, WuW/E BGH 1238.
245 Ibid., 1241.
246 BGH, Beschl. v. 3.7.1976 – Vitamin-B-12, WuW/E BGH 1435.
247 Ibid., 1440.
248 Ibid., 1440; so auch BKartA, Beschl. v. 13.11.2009, B3–88/09 – Sonic Healthcare/ Labor Lademannbogen, Rdnr. 45.
249 BGH Beschl. v. 16.12.1976 – Valium, WuW/E BGH 1445.
250 Ibid., 1447f.
251 KG, Beschl. v. 18.2.1969 – Handpreisauszeichner, WuW/E OLG 995.
252 OLG Düsseldorf, Beschl. v. 27.10.2004 – Tagesspiegel/Berliner Zeitung II, WuW/E DE-R 1361.

Teil 2 C. Feststellung von Marktmacht und Marktbeherrschung

[würden]. Regionale Abonnement-Tageszeitungen befriedig[t]en das spezische Bedürfnis des im Verbreitungsgebiet der Zeitung wohnenden Lesers [...]. Im Vergleich zu den Straßenverkaufszeitungen [wiesen] die regionalen Abonnement-Tageszeitungen in der Breite und Tiefe der Berichterstattung, in der Art der Darstellung sowie in den Nachrichten- und Berichtsschwerpunkten wesentliche Unterschiede auf. Sie deck[t]en von daher zumindest aus der Sicht eines wesentlichen Teils der Leser einen anderen Bedarf [...] und gehör[t]en folglich zu einem eigenen sachlichen Lesermarkt. [...] Gerade diese Verschiedenheiten begründe[te]n indes die mangelnde funktionelle Austauschbarkeit von regionalen Abonnement-Tageszeitungen und Straßenverkaufszeitungen."[253] Wegen der bestehenden inhaltlichen und qualitativen Unterschiede zwischen Presseerzeugnissen verschiedener Produktmärkte sei auch nicht ersichtlich, inwiefern eine schnelle und mehr oder weniger kostenneutrale Produktumstellung von Straßenverkaufszeitungen auf eine regionale Abonnement-Tageszeitung möglich sein solle.[254]

Die Ausschließlichkeit des Merkmals der funktionellen Austauschbarkeit wurde vom BGH darüber hinaus in dem Beschluss *Backofenmarkt*[255] herausgestellt: Für die sachliche Marktabgrenzung sei „allein die funktionelle Austauschbarkeit der Produkte aus Sicht der Marktgegenseite"[256] entscheidend.

Im Fall *Philipp Holzmann/Hochtief*[257] hat das Kammergericht für den Fall, dass das Bedarfsmarktkonzept zur Erfassung und Gewichtung von Wettbewerbsbeziehungen ungeeignet sei, eine Modifikation vorgenommen; zur Findung anderer Bewertungsmaßstäbe könne „grundsätzlich auch eine Marktabgrenzung nach Größenkriterien in Betracht kommen."[258] Im konkreten Fall ging es um die Abgrenzung von Märkten für Bauleistungen. Aufgrund der Vielfältigkeit der angebotenen und nachgefragten Bauleistungen sah das Kammergericht Anhaltspunkte für eine größenmäßige Abgrenzung des Marktes, wenn es auch eine strikte Größenschwelle, wie das Bundeskartellamt sie angenommen hatte, für bedenklich hielt, da die behauptete Kompetenzzäsur nicht voll bestätigt werden könne.[259]

Im Rahmen der Anwendung des Bedarfsmarktkonzepts soll nach einzelnen Entscheidungen auch eine anbieterseitige Beurteilung erfolgen und

---

253 Ibid., 1362.
254 Ibid., 1363 f.
255 BGH, Beschl. v. 24.10.1995 – Backofenmarkt, NJW 1996, 595.
256 Ibid., 596.
257 KG, Beschl. v. 18.3.1998 – Philipp Holzmann/Hochtief, AG 1998, 483.
258 Ibid., 483.
259 Ibid., 484.

II. Indirekte Erfassung von Marktmacht Teil 2

die Produktions- und Angebotsumstellungsflexibilität Eingang in die Abgrenzung des Marktes finden (hierzu aus ökonomischer Sicht oben S. 84–87.) So stellte der BGH in seinem Beschluss *Staubsaugerbeutelmarkt*[260] die Frage, ob ein Hersteller von Staubsaugerbeuteln, „der bislang ein Marktsegment bedient [...], zur Erzielung eines besseren Preises bereit und in der Lage ist, seine Produktion kurzfristig umzustellen, um das andere Segment zu bedienen [...]."[261] In der Entscheidung *National Geographic II* präzisierte der BGH dies mit der Formulierung, Angebotsumstellungsflexibilität könne im Rahmen der Marktabgrenzung Berücksichtigung finden, „wenn die Anbieter bereit und in der Lage sind, ihre Produktion kurzfristig und mit wirtschaftlich vertretbarem Aufwand umzustellen".[262]

Auch in Bezug auf die räumliche Marktabgrenzung wird von der Rechtsprechung allein die funktionelle Austauschbarkeit zur Abgrenzung herangezogen. So führte das OLG Düsseldorf im Beschluss *Tagesspiegel/ Berliner Zeitung II*[263] aus, „eine regional orientierte Abonnement-Tageszeitung [...] [werde] nur von den in ihrem Verbreitungsgebiet ansässigen Lesern als eine geeignete Informationsquelle über regionale und lokale Ereignisse angesehen und nachgefragt".[264] Insbesondere sieht das Gericht in dieser Entscheidung keine Veranlassung dazu, das Bedarfsmarktkonzept dahingehend zu modifizieren, dass auch auf die Angebotsumstellungsflexibilität abzustellen sei. Eine Modifikation sei schon allein deshalb nicht erforderlich, da „an Hand des Kriteriums der funktionellen Austauschbarkeit das Nachfrageverhalten auf dem von der Fusion betroffenen Lesermarkt verlässlich festgestellt werden [könne] und sich deshalb auch die Wettbewerbsverhältnisse auf dem relevanten Angebotsmarkt zuverlässig und realistisch erfassen [ließen]".[265]

Im Fall *Sanacorp/ANZAG*[266] ging es um die räumliche Abgrenzung des Marktes der Belieferung von Apotheken durch Pharmagroßhändler. Das OLG Düsseldorf griff hier zunächst auf eine Radiusbetrachtung zurück, indem es den räumlich relevanten Markt als „dasjenige Gebiet, welches der Großhändler [...] aus Kostengesichtspunkten sowie nach dem Krite-

---

260 BGH, Beschl. v. 5.10.2004 – Staubsaugerbeutelmarkt, WuW/E DE-R 1355.
261 Ibid., 1357.
262 BGH, Beschl. v. 16.1.2007 – National Geographic II, WuW/E DE-R 1925, 1928.
263 OLG Düsseldorf, Beschl. v. 27.10.2004 – Tagesspiegel/Berliner Zeitung II, WuW/E DE-R 1361.
264 Ibid., 1363.
265 OLG Düsseldorf, Beschl. v. 27.10.2004 – Tagesspiegel/Berliner Zeitung II, WuW/E DE-R 1361, 1363.
266 BGH, Beschl. v. 13.7.2004 – Sanacorp/ANZAG, WuW/E DE-R 1301, vorausgehend: OLG Düsseldorf, Beschl. v. 30.10.2002 – Sanacorp/ANZAG, WuW/E DE-R 1033.

Teil 2 C. Feststellung von Marktmacht und Marktbeherrschung

rium logistischer Optimierung bedienen [...] kann"[267], definierte und wegen fehlender anderweitiger aussagekräftiger Abgrenzungskriterien einen Radius von 150 km um jede einzelne Großhandelsniederlassung als räumlich relevanten Markt annahm.[268] Diese Abgrenzung wurde vom BGH gerügt: Zwar sei richtig, dass zur Abgrenzung des räumlichen Marktes das Bedarfsmarktkonzept angewandt und geprüft wurde, „welche Pharmagroßhändler aus der Sicht der Apotheker, die im Versorgungsgebiet der jeweiligen Niederlassung [...] liegen, zur Deckung ihres Bedarfs in Betracht kommen, also eine Ausweichmöglichkeit gegenüber einer Belieferung [...] bieten";[269] jedoch werde die vorgenommene Radiusbetrachtung dem tatsächlichen Liefergebiet nicht gerecht. Dieses sei als ein um bis zu einem Faktor zehn kleineres mehr rechteckiges als kreisförmiges Gebiet anzusehen, da „nicht überall innerhalb des [...] Radius [...] mit gleicher Intensität von Apotheken nachgefragte Produkte [...] ausgeliefert [würden]."[270] Der BGH verwies die Sache zurück an das OLG Düsseldorf mit der Forderung nach genauerer Untersuchung der tatsächlichen Lieferpraxis. Das OLG ermittelte daraufhin, dass die Apotheken beim Großhändler in der ganz überwiegenden Zahl der Fälle drei Auslieferungen pro Tag nachfragen. Aus dieser Lieferfrequenz folgerte das Gericht, dass jede Auslieferung in einem Zeitrahmen von 2,5 Stunden ausgeführt werden müsse. Diese dem Großhändler zur Verfügung stehende Fahrzeit wiederum definiert nach den Ausführungen des OLG den räumlichen Bereich, der vom Niederlassungsstandort aus versorgt werden könne und damit den räumlichen Markt, der – entgegen der Einschätzung des BGH –

---

267 OLG Düsseldorf, Beschl. v. 30.10.2002 – Sanacorp/ANZAG, WuW/E DE-R 1033, 1036.
268 Ibid., 1036.
269 BGH, Beschl. v. 13.7.2004 – Sanacorp/ANZAG, WuW/E DE-R 1301, 1302.
270 Ibid., 1302 f.: „Die Frage, ob der Zusammenschluss eine marktbeherrschende Stellung der Sanacorp e.G. begründet, stellt sich hier nur für die drei Teilmärkte Stralsund, Ulm und Tuttlingen. Gerade für diese drei Gebiete verfehlt die von dem OLG für richtig erachtete Bestimmung des räumlichen Marktes auf der Grundlage einer Radiusbetrachtung von 150 km um den Sitz der Niederlassung die tatsächlichen Verhältnisse. Alle drei Gebiete umfassen, wenn man die weitesten Ausdehnungen in Nord/Süd- und Ost/West-Richtung zugrunde legt, Flächen von gut 11000 bzw. gut 7000 km^2 [...], während die von dem Beschwerdegericht herangezogene kreisförmige Abgrenzung bei einem Radius von 150 km (70650 km^2) zu einer mehr als sechsmal bzw. zehnmal so großen Fläche führt und das OLG sich außerdem darüber hinwegsetzt, dass das von ihm zugrunde gelegte tatsächliche Liefergebiet nicht durch eine Kreisform, sondern eher durch ein Rechteck beschrieben wird. [...] Dabei drängt es sich auf, dass nicht nur die Nähe einer Apotheke zu der jeweiligen Niederlassung, sondern auch die geographischen Gegebenheiten und die jeweilige Verkehrssituation in dem betreffenden Teilmarkt einen wesentlichen Einfluss auf die Verteilung der erzielten Umsätze ausüben."

II. Indirekte Erfassung von Marktmacht Teil 2

letztlich doch so weit ausgedehnt lag wie ursprünglich vom OLG angenommen.[271]

In der jüngeren Praxis des Bundeskartellamtes liegt der Fokus zwar auf den tatsächlichen Gegebenheiten, immer wieder jedoch betont die Behörde, dass für die Marktabgrenzung nach dem Bedarfsmarktkonzept die Ausweich*möglichkeiten* der Gegenseite maßgeblich seien. So beschränkte sich der räumlich relevante Markt in *Pfeifer und Langen/Zuckerfabrik Jülich* nicht auf das Gebiet, innerhalb dessen Zucker von den Abnehmern tatsächlich bezogen wurde, sondern erstreckte sich auf das Gebiet, innerhalb dessen den Abnehmern der Bezug von Zucker bei wirtschaftlicher Betrachtung möglich war.[272] In den Entscheidungen zu Zusammenschlüssen in der Müllentsorgungsbranche *Alba/RWE-MV*, *Sulo/Cleanaway* und *Remondis/SAS Schwerin* wurden dementsprechend umfassende Ausschreibungsanalysen vorgenommen, um die möglichen Standorte erfolgreicher bzw. erfolgversprechender Gebote zu ermitteln.[273] Auch die Entscheidungen *Uni-Klinikum Freiburg/Herz-Zentrum Bad Krozingen* und *Gesundheit Nordhessen/Gesundheitsholding Werra-Meißner-Kreis* belegen die gestiegene Prüfungsdichte in der räumlichen Marktabgrenzung. Das Bundeskartellamt nahm zur Ermittlung der räumlich relevanten Märkte für akutstationäre Krankenhausdienstleistungen eine umfangreiche Analyse der Einzugsgebiete der in Frage stehenden Krankenhäuser vor und definierte anschließend diejenigen Gebiete als räumlich relevanten Markt, die durch eine hohe Eigenversorgungsquote gekennzeichnet waren.[274] Ebenso verzichtete das Bundeskartellamt in der Entscheidung *Shell/Lorenz Mohr* bei der Abgrenzung der räumlich relevanten Tankstellenmärkte auf eine starre Radiusbetrachtung. Es bestimmte stattdessen mit Hilfe des sog. Erreichbarkeitsmodells, welche Tankstellen innerhalb von 60 Minuten erreicht werden können und fasste diese zu einem räumlich relevanten Markt zusammen.[275]

---

271 OLG Düsseldorf, Beschl. v. 29.9.2006 – Sanacorp/ANZAG, WuW/E DE-R 1987, 1988.
272 BKartA, Beschl. v. 3.8.2006, B2–90/05 – Pfeifer und Langen/Zuckerfabrik Jülich, Rdnr. 34.
273 BKartA, Beschl. v. 17.3.2006, B10–141/05 – Alba/RWE-MV, Rdnr. 104; BKartA, Beschl. v. 6.4.2006, B10–155/05 – Sulo/Cleanaway, Rdnr. 41, 133 ff., 166 ff.; BKartA, Beschl. v. 22.12.2006, B4–1002/06 – Remondis/SAS Schwerin, Rdnr. 37 ff.
274 BKartA, Beschl. v. 8.1.2009, B 3–174/08 – Uni-Klinikum Freiburg/Herz-Zentrum Bad Krozingen, Rdnr. 76–125; BKartA, Beschl. v. 18.6.2009, B3–215/08 – Gesundheit Nordhessen/Gesundheitsholding Werra-Meißner-Kreis, Rdnr. 46–113.
275 BKartA, Beschl. v. 8.5.2009, B8–32/09 – Shell/Lorenz Mohr, Rdnr. 19–23; siehe auch OLG Düsseldorf – Tankstellenbetriebe Thüringen, WuW/E DE-R 3000, 3004.

Teil 2 C. Feststellung von Marktmacht und Marktbeherrschung

Noch im *Backofenmarkt*-Beschluss[276] von 1995 nahm der BGH eine Begrenzung des räumlich relevanten Marktes auf das Gebiet der Bundesrepublik Deutschland vor. Der allgemeine Gesetzeszweck des GWB, einen Zusammenschluss zu untersagen, wenn im Inland eine marktbeherrschende Stellung entsteht oder verstärkt wird, gebiete es, den räumlichen Markt „normativ auf das Inland als den größtmöglichen räumlich relevanten Markt"[277] zu beschränken. Zusätzlich wurden zur Unterstützung dieser Beschränkung auf das Inland praktische Gründe, nämlich die eng begrenzten Ermittlungsbefugnisse des Bundeskartellamtes im Ausland, angeführt. Auch noch nach Inkrafttreten der 6. GWB-Novelle wurde hieran zunächst festgehalten. § 130 Abs. 2 GWB beschränke den Anwendungsbereich des Kartellgesetzes ausdrücklich auf solche Wettbewerbsbeschränkungen, die sich im Inland auswirkten, so dass der räumlich relevante Markt allenfalls das Inland umfassen könne.[278] Im Fall *Dürr/Alstom*[279] beschränkte das Bundeskartellamt den räumlich relevanten Markt auf das Inland, obwohl bei der vorgenommenen wirtschaftlichen Betrachtung ein viel größeres Gebiet als räumlich relevanter Markt anzunehmen war.[280] Hiergegen wendet sich der BGH nun aber im Beschluss *Staubsaugerbeutelmarkt*[281]. Eine normative Begrenzung des räumlich relevanten Marktes sei nicht mehr tragbar, „denn die räumlichen Grenzen eines Marktes [ließen] sich allein nach ökonomischen und nicht nach rechtlichen Kategorien bemessen. Im europäischen Binnenmarkt, in dem die nationalen Grenzen keine Marktzutrittsschranken mehr bilde[te]n und sich deswegen die räumlich relevanten Märkte unabhängig von den Staatsgrenzen zwischen den Mitgliedstaaten entwickel[te]n, [sei] eine solche mit der ökonomischen Wirklichkeit nicht in Einklang stehende künstliche Grenze besonders unbefriedigend".[282] Zwar müsse ein Zusammenschluss nach wie vor im Geltungsbereich des GWB eine marktbeherrschende Stellung entstehen lassen oder verstärken, hierzu sei jedoch gerade keine normative Begrenzung des räumlich relevanten Marktes erforderlich, da auch in jedem Teilbereich eines über die Grenzen eines

---

276 BGH, Beschl. v. 24.10.1995 – Backofenmarkt, NJW 1996, 595 m.w.N. vorhergegangener Entscheidungen.
277 Ibid., 597; weiterhin stellte der Wortlaut des § 23 Abs. 5 S. 2 Nr. 3 GWB bzgl. der Anzeigepflicht ausdrücklich auf die inländischen Marktanteile ab, woraus sich der Hinweis ergebe, dass es für die Feststellung einer marktbeherrschenden Stellung gem. § 24 Abs. 1 GWB allein auf den inländischen Markt ankomme.
278 OLG Düsseldorf, Urt. v. 15.11.2000 – Fetting, WuW/E DE-R 619, 622.
279 BKartA, Beschl. v. 11.2.2000 – Dürr/Alstom, WuW/E DE-V 235.
280 Ibid., 237.
281 BGH, Beschl. v. 5.10.2004 – Staubsaugerbeutelmarkt, WuW/E DE-R 1355.
282 Ibid., 1359.

Landes hinausgehenden Marktes, in dem eine marktbeherrschende Stellung erlangt werde, eine solche beherrschende Stellung vorliege. Zu den praktischen Schwierigkeiten bei der Feststellung des räumlich relevanten Marktes vertritt der BGH die Auffassung, dass diese nunmehr durch das Netzwerk der Kartellbehörden in der Europäischen Union verringert seien und außerdem in gleichem Maße aufträten, wenn der Markt normativ beschränkt wäre.[283] Auch bei normativer Beschränkung müsse der aktuelle oder potenzielle Wettbewerb aus dem Ausland berücksichtigt werden (dann statt bei der Marktabgrenzung im Rahmen der Feststellung einer marktbeherrschenden Stellung). Zusätzlich sei „im Rahmen der 6. GWB-Novelle deutlich geworden, dass der Gesetzgeber allein von einem ökonomischen Marktbegriff ausgeht".[284]

β) Hypothetischer Monopoltest

Eine Bezugnahme auf den hypothetischen Monopoltest findet sich bisher nur in vereinzelten Entscheidungen des Bundeskartellamtes. Das Amt bezeichnet den SSNIP-Test als einen „anerkannte[n] ökonomische[n] Ansatz zur Überprüfung der Grenzen sachlich relevanter Märkte"[285] und versteht ihn als „im Kern auf dem Ziel [beruhend], die Ausweichreaktionen der Marktgegenseite (des Verbrauchers) auf ein anderes am Markt angebotenes Substitutionsprodukt im Falle einer geringfügigen aber dauerhaften Preiserhöhung des betrachteten Produkts zu messen".[286] Eine konkrete Anwendung erfolgt in diesem Fall zur Bestimmung des sachlich relevanten Marktes im öffentlichen Personennahverkehr jedoch nicht. Der Gedanke einer hypothetischen 5–10%-igen Preiserhöhung zur Feststellung der Wechselbereitschaft der Marktteilnehmer findet sich weiterhin im Fall *BayWa/Wurth Agrar*[287] in Bezug auf die räumliche Marktabgrenzung sowie im Fall *Van Drie Holding/Alpuro Holding* im Rahmen der sachlichen wie auch der räumlichen Marktabgrenzung.[288] Nach der im letztgenannten Fall geäußerten Ansicht des Bundeskartellamtes entfaltet die Durchführung des SSNIP-Tests „eine Indizwirkung für die räumliche Marktabgrenzung".[289] Die im Grundsatz aber kritische Haltung des Bundeskar-

---

283 BGH, Beschl. v. 5.10.2004 – Staubsaugerbeutelmarkt, WuW/E DE-R 1355, 1360.
284 Ibid., S. 1360 mit Verweis auf die Begründung des Regierungsentwurfs.
285 BKartA, Beschl. v. 2.12.2003, B9–91/03 – DB Regio u.a./üstra intalliance AG, S. 16.
286 Ibid., S. 16; ähnlich BKartA, Beschl. v. 27.12.2010 – Van Drie Holding/Alpuro Holding, Rdnr. 127.
287 BKartA, Beschl. v. 8.10.2009, B2–75/09 – BayWa/Wurth Agrar, Rdnr. 36.
288 BKartA, Beschl. v. 27.12.2010, B2–71/10 – Van Drie Holding/Alpuro Holding, Rdnr. 68 f. und 123 ff.
289 Ibid., Rdnr. 127.

tellamtes gegenüber der Anwendung des hypothetischen Monopoltestes wird an den Ausführungen in der Entscheidung *EnBW/VNG* deutlich. Das Bundeskartellamt sieht vorliegend aus prozessökonomischen Gründen von der Durchführung des Testes ab und verweist zudem auf dessen begrenzte Aussagekraft, wenn der originäre Wettbewerbspreis unbekannt ist.[290] Im Ergebnis stünde aus Sicht der zuständigen Beschlussabteilung „jedenfalls im Rahmen eines Zusammenschlusskontrollverfahrens mit seinem engen Fristenregime der dafür erforderliche Aufwand außer Verhältnis zu etwaigen zusätzlichen Erkenntnissen".[291]

Auch die deutschen Gerichte üben bislang Zurückhaltung. Das OLG Düsseldorf sah den SSNIP-Test im *Rhön-Grabfeld*-Beschluss als ungeeignet zur Marktabgrenzung an, da Voraussetzung für dessen Anwendung das Vorhandensein von Marktpreisen sei, die aber wegen der bundeseinheitlichen Vergütung von Krankenhausleistungen nicht existierten.[292] Der BGH nahm erstmals in der Entscheidung *Soda Club II*[293] zum SSNIP-Test Stellung. Zwar handelte es sich hierbei um einen Fall im Bereich des damaligen Art. 82 EG (heute Art. 102 AEUV), § 19 GWB; auf die dort getroffenen Aussagen zum SSNIP-Test wird aber auch im Bereich der Fusionskontrolle Bezug genommen.[294] Laut BGH „handelt es sich bei dem SSNIP-Test um eine Modellerwägung, die für die Marktabgrenzung eine Hilfestellung liefern, die Marktabgrenzung aber nicht als ausschließliches Kriterium bestimmen kann". In der Entscheidung diskutiert der BGH weiterhin die Anwendbarkeit des Tests, wobei er nicht nur auf das grundsätzliche Problem der Cellophane fallacy[295] verweist, sondern auch ein fallspezifisches Problem aufgreift: Der Markt weise nur eingeschränkte Preistransparenz auf, sodass eine elastische Reaktion des Nachfragers auf eine hypothetische Preiserhöhung gar nicht möglich sei.[296]

Es zeigt sich, dass im deutschen Recht noch stärker als im europäischen am Konzept des Bedarfsmarktes zur Abgrenzung des relevanten Marktes festgehalten wird. Trotz der beschriebenen Zurückhaltung ist in jüngster Zeit jedoch festzustellen, dass der aus ökonomischer Sicht vorzugwürdige hypothetische Monopoltest auch hier eine größere Bedeutung gewinnt, wie es in zahlreichen europäischen Ländern bereits seit einiger Zeit der Fall ist.

---

290 BKartA, Beschl. v. 24.8.2009, B8–67/09 – EnBW/VNG, Rdnr. 70.
291 Ibid., Rdnr. 70.
292 OLG Düsseldorf, Beschl. v. 11.4.2007 – Rhön-Grabfeld, WuW/E DE-R 1958, 1968.
293 BGH, Beschl. v. 4.3.2008 – Soda Club II, WuW/DE-R 2268.
294 OLG Düsseldorf, Beschl. v. 7.5.2008 – Cargotec, Umdruck S. 21; BGH, Beschl. v. 11.11.2008 – E.ON/Stadtwerke Eschwege, WuW/E DE-R 2451, 2454.
295 Siehe S. 96–99.
296 BGH, Beschl. v. 4.3.2008 – Soda Club II, WuW/DE-R 2268.

4. Einzelaspekte der Marktabgrenzung in der Anwendungspraxis

Inwieweit bei der Implementierung der Grundkonzepte des hypothetischen Monopoltests und des Bedarfsmarktkonzeptes ökonometrische und empirische Verfahren verwendet werden, ist im Rahmen der vorstehenden Darstellung an einzelnen Stellen deutlich geworden. Eine ökonometrische Umsetzung des hypothetischen Monopoltests bzw. des SSNIP-Tests setzt eine verlässliche Datenbasis voraus. In der Praxis wird das bei einer Preiserhöhung anzunehmende Verhalten von Marktbeteiligten vorwiegend durch Umfragen ermittelt (zur Bewertung dieses Vorgehens unten S. 214). Auch die im Rahmen des Bedarfsmarktkonzepts erforderliche Beurteilung der funktionellen Substituierbarkeit von Gütern und Leistungen wird oft auf empirische Erhebungen unter Angehörigen der betroffenen Verkehrskreise gestützt.

In der Anwendungspraxis wird bei der Marktabgrenzung vielfach auf empirische Erhebungen und mitunter auf ökonometrische Berechnungen zurückgegriffen, ohne dass stets ein Bezug zu einem der bis hier behandelten Grundkonzepte (Bedarfsmarktkonzept bzw. hypothetischer Monopoltest) hergestellt wird.

a) Preiselastizitätsanalysen

Europäische Praxis. In der Bekanntmachung der Kommission über die Definition des relevanten Marktes findet sich allein ein Hinweis auf die Möglichkeit der Heranziehung von Preiselastizitäten zur Marktabgrenzung, ohne eine genauere Definition der zur Annahme von gemeinsamen/ getrennten Märkten erforderlichen Elastizitäten.[297]

Ein Beispiel für die Anwendung einer Untersuchung der Preiselastizität der Nachfrage zur Marktabgrenzung bietet die Entscheidung der Kommission im Fall *Gencor/Lonrho*[298]. Die festgestellte geringe Preiselastizität der Nachfrage nach Platin sei Indikator für separate Produktmärkte; die Kommission nahm im Folgenden einen eigenständigen Markt für Platin an.[299] In

---

[297] Bekanntmachung der Kommission über die Definition des relevanten Marktes, ABl.EG 1997 C 372/5, Rdnr. 39: „Zum Zweck der Marktabgrenzung wurden eine Reihe von quantitativen Tests ökonometrischer und statistischer Art entwickelt: Schätzung der Elastizitäten und Kreuzpreiselastizitäten [...]" mit Fn. 5: „Die Preiselastizität der Nachfrage nach einem Produkt X ist ein Maßstab dafür, wie die Nachfrage nach X auf Änderungen des Preises von X reagiert. Die Kreuzpreiselastizität zwischen den Produkten X und Y ist ein Maßstab dafür, wie die Nachfrage nach X auf Änderungen des Preises von Y reagiert."
[298] Komm. v. 24.4.1996 (IV/M.619), ABl.EG 1997 L 11/30 – Gencor/Lonrho.
[299] Ibid., Rdnr. 56 f.: „Eine Preiselastizität kleiner als eins bedeutet, dass die Kreuzpreis-Substitutionselastizitäten gegenüber anderen Metallen noch kleiner sind, die Konkur-

C. Feststellung von Marktmacht und Marktbeherrschung

ähnlicher Weise stellte die Kommission u. a. aufgrund der Analyse von Preiselastizitäten entgegen der Ansicht der Parteien im Fall *Danish Crown/Vestjyske Slagterier*[300] getrennte Märkte für frisches Rind-, Schweine- und Geflügelfleisch fest. Obwohl möglicherweise positive Kreuzpreiselastizitäten zwischen verschiedenen Fleischarten bestünden, impliziere die geringe Eigenpreiselastizität von Rind-, Schweine- und Geflügelfleisch, dass eine Preiserhöhung einer jeder dieser Fleischarten nur zu einem geringen Absatzverlust infolge von Substitution durch andere Fleischarten oder Konsumverzicht führe. Die Preiselastizitäten seien daher Indikatoren für getrennte Märkte von frischem Rind-, Schweine- und Geflügelfleisch.[301]

Nicht immer findet sich bei der Berechnung von Preiselastizitäten ein Hinweis auf die Herkunft der verwendeten Daten. Vorbildlich transparent sind insofern die den Markt für Hygiene-Papiere betreffenden Kommissionsentscheidungen *Kimberly-Clark/Scott*[302] und *SCA/Metsä Tissue*[303]. Hier erfolgte ausdrücklich ein Rückgriff auf sog. Supermarkt-Scannerdaten. In beiden Fällen war streitig, ob Marken- und No-Name-Produkte einen gemeinsamen Markt bilden; aufgrund der Analyse der Scannerdaten kommt die Kommission jedoch zu dem Ergebnis, dass jedenfalls nicht ausgeschlossen werden könne, dass Marken-Hygiene-Papiere mit No-Name-Produkten im Wettbewerb stünden und daher ein gemeinsamer Markt anzunehmen sei.[304] In der Entscheidung *CVC/*

---

renzwirkung anderer Metalle also nicht sehr hoch ist. Eine unelastische Preiselastizität der Nachfrage deutet darauf hin, dass Platin einen separaten Produktmarkt darstellt." (Rdnr. 57).

300 Komm. v. 9.3.1999 (IV/M.1313), ABl.EG 2000 L 20/1 – Danish Crown/Vestjyske Slagterier.

301 Ibid., Rdnr. 29: „Die Kommission räumt ein, dass es zwischen verschiedenen Fleischarten positive Kreuzpreiselastizitäten geben kann. Dies bedeutet auch, dass sich die Preise der verschiedenen Fleischarten bis zu einem gewissen Grad abhängig voneinander entwickeln. Hieraus lässt sich jedoch nicht schließen, dass zur Beurteilung der wettbewerblichen Auswirkungen der beabsichtigten Fusion alle Fleischarten Teil desselben sachlich relevanten Markts sind. Vielmehr bedingt die fehlende eigene Preiselastizität für Rind-, Schweine- und Geflügelfleisch, dass ein Anstieg der Marktpreise für diese Fleischarten nur einen begrenzten Rückgang des Absatzvolumens durch das Ausweichen auf andere Fleischarten oder einen geringeren Verbrauch zur Folge hätte. Die Preiselastizitäten lassen daher erkennen, dass Rind-, Schweine- und Geflügelfleisch gesonderte Produktmärkte bilden."

302 Komm. v. 16.1.1996 (IV/M.623) – Kimberly-Clark/Scott.

303 Komm. v. 31.1.2001 (COMP/M.2097) – SCA/Metsä Tissue.

304 Die Bestimmung der Elastizitäten erfolgt in Kimberly-Clark/Scott zwar erst im Rahmen der materiellen Prüfung. Bereits vorher wurde jedoch im Rahmen der Marktabgrenzung ein gemeinsamer Markt für Marken- und No-Name-Produkte angenommen und hierbei auf die materielle Prüfung verwiesen, Komm. v. 16.1.1996 (IV/M.623) –

II. Indirekte Erfassung von Marktmacht   **Teil 2**

Lenzing[305] zieht die Kommission von den Parteien beigebrachte monatliche Verkaufszahlen ihrer Produkte heran und bestimmt anhand dieser Daten Kreuzpreiselastizitäten zur Marktabgrenzung.[306] Ferner hat die Kommission im Fall *Omya/Huber PCC* eine umfangreiche Datenbank

---

Kimberly-Clark/Scott, Rdnr. 173: „Sowohl in der Studie von Cambridge Economics als auch in der Lexecon-Studie werden die Preiselastizitäten für den gesamten Markt und die Preis- und Kreuzpreiselastizitäten für die Marktsegmente der Herstellermarken und der Handelsmarken getrennt ermittelt. In beiden Studien wurden die wöchentlichen Supermarkt-Scannerdaten von Nielsen verwendet.", Rdnr. 175–177: „175. Aus der Tabelle geht hervor, dass Cambridge Economics von einer Kreuzpreiselastizität des Handelsmarkensegments gegenüber dem Herstellermarkensegment von [...] ausgeht, während Lexecon diese Elastizität [...] ansetzt. Die von Cambridge Economics ermittelten Zahlen lassen darauf schließen, dass Handelsmarken einen gewissen Druck auf die Herstellermarken ausüben. Zu dieser Schlussfolgerung ist die Lexecon-Untersuchung nicht gelangt. 176. Bei der Anhörung sagte Lexecon aus, dass Cambridge Economics über umfassendere Daten aus einem längeren Zeitraum als Lexecon verfügen konnte und deshalb in der Lage gewesen sei, eine bessere Untersuchung vorzulegen. Lexecon untersuchte auch die Preis- und Kreuzpreiselastizitäten auf der Markenebene. Hierbei ergab sich eine Kreuzpreiselastizität bei Handelsmarken gegenüber Andrex von [...]. Dies würde die Annahme eines gewissen Preiswettbewerbs zwischen dem Handels- und dem Herstellermarkensegment bestätigen. 177. Aufgrund der vorliegenden Studien ist nicht auszuschließen, dass Handelsmarken im Wettbewerb zu Herstellermarken stehen. Selbst in differenzierten Produktmärkten ist es normal, dass ein gewisses Maß an Wettbewerb zwischen verschiedenen Produktgruppen herrscht. %[...] Angesichts der sowohl von Cambridge Economics als auch von Lexecon ermittelten inelastischen Preisnachfrage nach Toilettenpapier von [...] ist anzunehmen, dass die Parteien Spielraum haben würden, um ihre Stellung auf dem britischen Toilettenpapiermarkt nach dem Zusammenschluss missbrauchen zu können."; siehe auch Komm. v. 31.1.2001 (COMP/M.2097) – SCA/Metsä Tissue, Rdnr. 21: „Die Kommission hatte festgestellt, dass in Einzelhandelsgeschäften im Vereinigten Königreich die Preise von Händlermarken-Erzeugnissen in einer Beziehung zu den Preisen der Herstellermarken-Erzeugnisse stehen und dass – je nach Verkaufsförderung – zumindest einige Käufer zwischen Hersteller- und Handelsmarken-Erzeugnissen zu wechseln gewillt sind. Daher hatte die Kommission auf der Grundlage der vorgelegten Studien anerkannt, dass ein Wettbewerb zwischen Hersteller- und Händlermarken auf der Einzelhandelsebene nicht ausgeschlossen werden konnte." Demgegenüber waren die mit Hilfe von Scannerdaten berechneten Preiselastizitäten in der Entscheidung *Adidas/Reebok* nicht aussagekräftig, siehe Komm. v. 24.1.2006 (COMP/M.3942) – Adidas/Reebok, Rdnr. 15 und 17.

305 Komm. v. 17.10.2001 (COMP/M.2187) – CVC/Lenzing.
306 Ibid., Rdnr. 72: „Bei der Abgrenzung der sachlich relevanten Märkte berücksichtigt die Kommission zur Ermittlung des Substitutionsverhaltens in der Vergangenheit die verfügbaren quantitativen Nachweise, die einer strengen Nachprüfung standhalten. Im vorliegenden Fall hat sie die Preiskorrelationen und die Preiskreuzelastizitäten zwischen Viskose-Stapelfasern und potentiellen Substituten auf der Grundlage der von den Fusionsparteien übermittelten monatlichen Verkaufsdaten untersucht. Diese Daten betreffen einen Zeitraum von zehn Jahren, der sich von Januar 1991 bis Mai 2001 erstreckt. Die Untersuchungsergebnisse der Kommission bestätigen die vorerwähnte Feststellung, dass gesonderte Produktmärkte vorliegen."

Teil 2 C. Feststellung von Marktmacht und Marktbeherrschung

über Warenlieferungen erstellt und unter anderem für die Analyse von Elastizitäten genutzt.[307]

Zur Abgrenzung des räumlich relevanten Marktes hat die Kommission Preiselastizitäten in der Entscheidung *KLM/Martinair* berücksichtigt.[308] Den Berechnungen der Kommission lag eine Kundenumfrage mit insgesamt 1005 Antwortmeldungen zugrunde: „Die Zahl wird einfach durch die Ermittlung des Verhältnisses zwischen dem erwarteten Verlust an Kunden an andere Reiseziele (13%) und der vorgeschlagenen Preiserhöhung (7,5% – dem Mittelwert der vorgeschlagenen Preiserhöhung von 5–10%) berechnet."[309] Trotz einer relativ hohen und signifikanten Preiselastizität wurde die Marktabgrenzung letztlich aber offengelassen. Interessanterweise bezog sich die Kommission allerdings auf diese Ergebnisse in der wettbewerbsrechtlichen Würdigung und folgerte daraus, dass die relativ hohe Preiselastizität der Nachfrage das fusionierte Unternehmen von Preiserhöhungen nach dem Zusammenschluss abhalten werde.[310]

Deutsche Praxis. Lediglich zur Unterstützung der nach dem Bedarfsmarktkonzept aufgrund der funktionellen Austauschbarkeit festgestellten Marktabgrenzung führte das Bundeskartellamt im Fall *trans-o-flex/Deutsche Post*[311] eine Befragung der Nachfrager von Paket- und Stückgutbeförderungsleistungen durch. Zur Erhebung von Daten in Bezug auf die Preiselastizität der Nachfrage wurde gefragt, „ab welcher Preissteigerung [ein Nachfrager] bei gleichbleibender Qualität der Dienstleistung und konstanten Preisen der Wettbewerber den Anbieter von Paketbeförderungsleistungen wechseln"[312] würde. Diese Befragung ergab Werte zwischen 2 und 5%, sowohl im Falle des Wechsels von einem spezialisierten Paketdienstleister zu einem anderen spezialisierten Paketdienstleister als auch für den Wechsel von einem sog. Kombifrachtdienstleister (der auch Mischsendungen bestehend aus Normpaketen und Stückgut befördert) zu einem spezialisierten Paket- oder Stückgutdienstleister. Hieraus folgerte das Bundeskartellamt, „dass der Preissetzungsspielraum eines Kombifrachtdienstleisters durch spezialisierte Paketdienstleistungsunternehmen ebenso stark kontrolliert [werde], wie der Preissetzungsspielraum der spe-

---

307 Komm. v. 19.7.2006 (COMP/M.3796) – Omya/Huber PCC, Rdnr. 20 und 171 ff. Interessanterweise bezog sich die Kommission im Rahmen der wettbewerbsrechtlichen Würdigung auf die Ergebnisse dieser Analyse, um den von verschiedenen Produkten ausgehenden wettbewerblichen Druck offenzulegen, siehe Rdnr. 306 und 313.
308 Komm. v. 17.12.2008 (COMP/M.5141) – KLM/Martinair, Rdnr. 139.
309 Ibid., Rdnr. 139 (Fn. 64).
310 Ibid., Rdnr. 255 ff. und 273 ff.
311 BKartA, Beschl. v. 20.11.2001 – trans-o-flex/Deutsche Post, WuW/E DE-V 501; hierzu *Ewald*, ZWeR 2004, 512 ff.
312 BKartA, Beschl. v. 20.11.2001 – trans-o-flex/Deutsche Post, WuW/E DE-V 501 S. 24.

II. Indirekte Erfassung von Marktmacht **Teil 2**

zialisierten Paketdienstleister untereinander. Kombifrachtdienstleister [seien] daher als Wettbewerber auf dem Markt für Paketdienstleistungen anzusehen".[313] Dieses Ergebnis wurde durch das OLG Düsseldorf bestätigt, gleichzeitig wurde ihm aber nur indizielle Bedeutung neben der entscheidenden funktionellen Austauschbarkeit aus Sicht der Abnehmer zugestanden.[314]

b) Absolute und relative Preisunterschiede

α) Sachliche Marktabgrenzung aufgrund von Preisdifferenzen

Europäische Praxis. Beständige Preisdifferenzen zwischen einzelnen Produkten sind nach Ansicht der Kommission im Fall *Saint-Gobain/ Wacker-Chemie/NOM*[315] ein sehr starkes Indiz dafür, dass diese Produkte aus Sicht der Abnehmer verschiedene Eigenschaften haben und daher nicht als direkte und effektive Substitute dienen können. Aufgrund dieser bestehenden Preisdifferenzen seien daher getrennte sachlich relevante Märkte anzunehmen. Aus ökonomischer Sicht vermag dies nicht zu überzeugen, da auch Produkte mit unterschiedlichen Preisen erheblichen Wettbewerbsdruck aufeinander ausüben können.

In der Entscheidung *Airtours/First Choice*[316] unterteilte die Kommission aufgrund bestehender absoluter Preisunterschiede zwar den Reisemarkt in je einen eigenen Markt für Fernreisen und einen für Kurzstreckenreisen, aber der Wettbewerbsdruck eines Produktes auf das jeweils andere wurde explizit berücksichtigt. Die festgestellten Preise unterschieden sich bis um das Doppelte, weiterhin sei keine beständige Konvergenz in der Preisentwicklung für Fern- und Kurzstreckenreisen erkennbar. Auch wenn teilweise die Preise für Kurzstreckenreisen in der Hochsaison an das Preisniveau für Fernreisen während schlechter Reisezeiten (z.B. aufgrund zu erwartenden schlechten Wetters) heranreichten, sei dies nicht ausreichend, um einen gemeinsamen Markt anzunehmen.[317] Auch wenn die in Erwägung gezogenen Durchschnittspreise nicht notwendigerweise auf das Verhalten der Kunden im Grenzbereich schließen ließen, sei es doch unwahrscheinlich, dass eine ausreichende Menge von Fern- und Kurzstreckenreisen zu einem ähnlichen Preis verfügbar wären. Daher könne nicht davon ausgegangen werden, dass

---

313 Ibid., S. 24.
314 OLG Düsseldorf, Beschl. v. 13.8.2003 – trans-o-flex/Deutsche Post, AG 2004, 100, 101 f.
315 Komm. v. 4.12.1996 (IV/M.774) – Saint-Gobain/Wacker-Chemie/NOM, Rdnr. 67; ebenso Komm. v. 23.9.2008 (COMP/M.4980) – ABF/GBI Business, Rdnr. 73.
316 Komm. v. 22.9.1999 (IV/M.1524) – Airtours/First Choice.
317 Ibid., Rdnr. 22 ff.

Teil 2 C. Feststellung von Marktmacht und Marktbeherrschung

gegenseitig ausreichender Wettbewerbsdruck ausgeübt werde.[318] Diese Auffassung wurde durch das EuG bestätigt.[319]

In ähnlicher Weise entschied die Kommission im Fall *Nestlé/Perrier*[320], dass aufgrund von Preisdifferenzen in Höhe von 200–300% zwischen Mineralwasser und anderen Erfrischungsgetränken beide Produkte separate sachliche Märkte bildeten.[321]

Deutsche Praxis. Ausgehend vom Bedarfsmarktkonzept wurde in der Entscheidung *Hydraulischer Schreitausbau*[322] grundsätzlich festgestellt, dass Preisunterschiede hinter den beabsichtigten Verwendungszweck und die Produkteigenschaften zurückzutreten haben, wenn sie sich nicht auf die Investitionsentscheidung der Marktgegenseite auswirken.[323] Jedoch stellte das Kammergericht für hochpreisige Kosmetika in der Entscheidung *Hussel-Mara* selbst bei in ihrer Funktion gleichen Produkten getrennte Märkte wegen bestehender Preisunterschiede fest.[324] Offengelassen wurde die Frage einer Segmentierung von Märkten aufgrund von absoluten Preisdifferenzen im Fall *Edelstahlbestecke*[325], da schon wegen

---

[318] Ibid., Rdnr. 23.
[319] EuG, Urt. v. 6.6.2002, Rs. T-342/99 – Airtours plc/Kommission, Slg. 2002, II-2585, Rdnr. 29 ff.
[320] Komm. v. 22.7.1992 (IV/M.190), ABl.EG 1992 L 356/1 – Nestlé/Perrier.
[321] Ibid., Rdnr. 13; siehe auch Komm. v. 9.11.2006 (COMP/M.4242) – Thermo Electron/Fisher Scientific, Rdnr. 20; Komm. v. 29.3.2006 (COMP/M.3975) – Cargill/Degussa Food Ingredients, Rdnr. 52 f. und 66.
[322] KG, Beschl. v. 28.8.1979 – Hydraulischer Schreitausbau, WuW/E OLG 2182.
[323] Ibid., 2183: „Dabei sind alle Ausführungen eines bestimmten Grundtyps ohne Rücksicht auf etwaige Unterschiede in Einzelheiten wie Qualität und Ausstattung einzubeziehen, sofern sie wegen im wesentlichen gleicher Eigenschaften und Verwendungszwecke geeignet sind, beim Verbraucher gleichgelagerte Bedürfnisse im Wege einer einheitlichen Bedarfsdeckung zu befriedigen [...]. Aus den Stellungnahmen der Hersteller und der Abnehmer im Amtsverfahren ergibt sich ferner, dass Preisunterschiede [...] zwar bestehen, aber für die Entscheidung über die Abnahme keine wesentliche Rolle spielen."
[324] KG, Beschl. v. 24.4.1985 – Hussel/Mara, WuW/E OLG 3577, 3584; die Abgrenzung eines Marktes für hochpreisige Produkte erfolgt dabei nicht allein aufgrund des absoluten Preisunterschiedes: „Diese Produkte werden allgemein dadurch gekennzeichnet, dass sie hochpreisig sind, ihre Aufmachung exklusiv ist, die Werbung vielfach luxuriös gestaltet wird und sie – im Depotsystem – in exklusiver Weise, die oftmals eine intensive Bedienung und Beratung einschließt, vertrieben werden."; ebenso OLG Düsseldorf, Beschl. v. 26.2.2009 – Douglas, VI-Kart 7/07, Rdnr. 28 ff., wo in Ergänzung zu den Preisunterschieden die unterschiedliche Gewichtung der Produktgruppen im jeweiligen Sortiment getrennte Märkte für Parfümerie- gegenüber Drogeriekosmetikprodukten begründete; vgl. auch BKartA, Beschl. v. 30.11.2009, B8-107/09 – Integra Energie, Rdnr. 37 f.; vgl. auch BKartA, Beschl. v. 30.11.2009, B8-107/09 – Integra Energie, Rdnr. 37 f.
[325] BGH, Beschl. v. 25.6.1985 – Edelstahlbesteck, WuW/E BGH 2150.

des Bedarfs an Pflege, der Robustheit und dem besonderen Prestigewert Bestecke aus Edelstahl und solche aus Silber bzw. mit Silberauflage funktionell nicht untereinander austauschbar seien.[326] Ebenso verhielt es sich in Bezug auf die Marktabgrenzung von politischen Wochenzeitschriften zu überregionalen Tageszeitungen in der Entscheidung *Gruner+Jahr/Zeit II*[327]. Politische Wochenzeitungen befriedigten einen von anderen Presseerzeugnissen abzugrenzenden Markt schon aufgrund des typischen Verbraucherbedürfnisses nach wöchentlicher, von der Tagesaktualität abgehobener, vertiefender Darstellung und Kommentierung. Die Frage nach einer Austauschbarkeit möglicherweise entgegenstehenden Preisunterschieden wurde daher nicht betrachtet.[328] Im Beschluss *Phonak/ReSound* schließlich entschied das OLG Düsseldorf in Übereinstimmung mit den Grundsätzen der Entscheidung *Hydraulischer Schreitausbau*, dass selbst Preisunterschiede bei Hörgeräten von 200 bis 900 € keine getrennten Märkte begründen könnten, da die Produkte aus Sicht der Abnehmer funktionell austauschbar seien.[329] Auf Rüge der Rechtsbeschwerde hin führte der BGH in der nächsten Instanz hierzu aus, dass eine allgemeine Regel, nach der ein bestimmtes Maß an Preisunterschieden zur Annahme sachlich getrennter Märkte führt, nicht bestehe. Maßgeblich seien stets die Marktverhältnisse im Einzelfall. Entscheidende Bedeutung misst der BGH dabei dem Umstand der Angebotsumstellungsflexibilität zu, denn die Möglichkeit einer kurzfristigen Produktionsumstellung habe disziplinierende Wirkung gegenüber Preiserhöhungen in allen Segmenten. Da die Rechtsbeschwerde nicht habe darlegen können, dass eine derartige Produktionsumstellung nicht möglich sei, vermochten auch aus Sicht des BGH die Preisunterschiede keine getrennten Märkte zu begründen.[330]

In dem Beschluss *100,1 Radio Aachen*[331] beurteilte das OLG Düsseldorf das Kriterium der funktionellen Austauschbarkeit aufgrund von absoluten und relativen Preisunterschieden. Bei der Frage nach dem sachlich relevanten Markt für Vermarktungsdienste zur Vermittlung von Hörfunkwerbezeiten ging es darum, ob ein einheitlicher Markt für die Vermarktung besteht oder ob zwischen der nationalen Vermarktung, d.h. der Vermarktung von Hörfunkwerbezeit für flächendeckend das gesamte Bundesgebiet

---

326 Ibid., 2153 f.: „Es kann daher dahingestellt bleiben, ob [...] beide Arten auch unterschiedlichen Preiskategorien angehören." (2154).
327 BGH, Beschl. v. 22.9.1987 – Gruner+Jahr/Zeit II, WuW/E BGH 2433.
328 Ibid.,2437 f.
329 OLG Düsseldorf, Beschl. v. 26.11.2008 – Phonak/ReSound, WuW/E DE-R 2477, 2487.
330 BGH, Beschl. v. 20.4.2010 – Phonak/GN Store, Rdnr. 50 ff.
331 OLG Düsseldorf, Beschl. v. 4.12.2002 – 100,1 Radio Aachen, WuW/E DE-R 1058.

Teil 2 C. Feststellung von Marktmacht und Marktbeherrschung

oder mindestens drei Bundesländer umfassende Werbekampagnen einerseits und regionaler/lokaler Vermarktung andererseits zu differenzieren ist. Da der Preis für Hörfunkwerbezeiten in Nordrhein-Westfalen in Relation drei mal so hoch sei wie bei der nationalen Vermarktung, sei aufgrund dieser bestehenden Preisdifferenz „für den Werbekunden, der Hörfunkwerbezeit für eine nationale Ausstrahlung nachfragt, eine nationale Hörfunkwerbung nicht austauschbar mit der Bündelung lokaler oder regionaler Hörfunkwerbung. Umgekehrt [sei] für Kunden, die eine regional begrenzte Hörfunkwerbung wünschen, die nationale Hörfunkwerbung wegen ihres absolut deutlich höheren Preises gegenüber der gezielt nachgefragten lokalen Werbung nicht austauschbar mit der regionalen Hörfunkwerbung".[332] Diese fehlende funktionelle Austauschbarkeit von nationaler mit regionaler Hörfunkwerbung sei auch auf die – hier in Frage stehenden – vorgelagerten Vermarktungsleistungen zu übertragen. Schon vorher hatte das KG dem „Preis einen sicheren Hinweis auf die fehlende Austauschbarkeit"[333] zugewiesen. Auch in einer jüngeren Entscheidung zur Marktabgrenzung zwischen Taschenbüchern und gebundenen Ausgaben hat das Bundeskartellamt zur Begründung getrennter Märkte auf bestehende Preisunterschiede zurückgegriffen.[334] Ebenso bezeichnet das Bundeskartellamt im Fall *Siemens/Moeller*[335] das Preisniveau zwischen einzelnen Produkten als „weitere[n] Gesichtspunkt für die Marktabgrenzung".[336] Betreffend den Markt für Smartphones kommt das Bundeskartellamt in seinem Beschluss *Nokia/Symbian/Psion/Sony*[337] zu dem Ergebnis, dass „einfache Handys [...] für diese [scil. Smartphones] daher keine Alternative [seien]. Dies drück[e] sich auch im erheblichen Preisunterschied zwischen einfachen Handys und Smartphones aus, die in der Regel ein Mehrfaches teurer"[338] seien. Gleichfalls erfolgte im Fall *Nehlsen/Rethmann/swb/Bremerhavener Entsorgungsgesellschaft/Stadt Bremerhaven/RWE Umwelt*[339] aufgrund der erheblichen Preisunterschiede zwischen der Deponierung und der Behandlung von Siedlungsabfällen in Müllverbrennungs- und Müllbeseitigungsanlagen keine Einbeziehung der Deponien in den sachlich relevanten Markt.[340] Insbesondere bei Luxus-

---

332 OLG Düsseldorf, Beschl. v. 4.12.2002 – 100,1 Radio Aachen, WuW/E DE-R 1058,1061.
333 KG, Beschl. v. 13.10.1982 – Taschenbücher, WuW/E OLG 2825,2833.
334 BKartA, Beschl. v. 24.11.2003 – Random House/Heyne, WuW/E DE-V 918,921.
335 BKartA, Beschl. v. 4.6.2004, B7-36/04 – Siemens/Moeller.
336 Ibid., S. 11 Rdnr. 34.
337 BKartA, Beschl. v. 8.6.2004, B7-29/04 – Nokia/Symbian/Psion/Sony.
338 Ibid., S. 7.
339 BKartA, Beschl. v. 17.12.2002, B10-104/02 – Nehlsen/Rethmann/swb/Bremerhavener Entsorgungsgesellschaft/Stadt Bremerhaven/RWE Umwelt.
340 Ibid., S. 11 Rdnr. 25 f.

II. Indirekte Erfassung von Marktmacht **Teil 2**

und Prestigeartikeln sollen Preisdifferenzen getrennte Märkte indizieren, weswegen in der Entscheidung *Wissensmedia/Brockhaus* die als eben solche klassifizierte Brockhaus Enzyklopädie in 30 Bänden als eigener relevanter Markt definiert wurde.[341] In der Entscheidung *Pelikan/Herlitz* misst das Bundeskartellamt bestehenden Preisunterschieden sogar absolute Bedeutung bei: „Oberhalb dieser Preiskategorie bestehen so hohe Preisunterschiede zu den ‚Basis'-Füllern, dass *allein* aus diesem Grund von getrennten Märkten auszugehen ist."[342]

Vor allem im deutschen Recht zeigt sich, dass eine Abgrenzung des Marktes aufgrund absoluter Preisunterschiede eng mit dem Kriterium der funktionellen Austauschbarkeit verknüpft wird, welches jedoch nicht – wie aus ökonomischer Sicht zu fordern – explizit auf die Frage nach dem wechselseitig ausgeübten Wettbewerbsdruck zwischen Produkten abstellt. Absolute Preisunterschiede zwischen Produkten erscheinen aus ökonomischer Perspektive nicht als ein belastbares Kriterium zur Abgrenzung des relevanten sachlichen Marktes.

β) Räumliche Marktabgrenzung aufgrund von Preisdifferenzen

Europäische Praxis. Als eines unter mehreren Abgrenzungskriterien zieht die Kommission Unterschiede der absoluten Preise auch zur räumlichen Abgrenzung von Märkten heran. In der Entscheidung *Procter & Gamble/Wella*[343] wurden die absoluten Endverkaufspreise für Haarpflegeprodukte über einen Zeitraum von fast drei Jahren analysiert; im Ergebnis kommt die Kommission zu dem Schluss, dass beständige Preisdifferenzen, die nicht durch Transportkosten oder ähnliches erklärt werden können, ein sehr überzeugender Indikator für räumlich getrennte Märkte seien.[344] Umgekehrt wurden Preisdifferenzen von weniger als 10% als Indiz eines einheitlichen räumlich relevanten Marktes gewertet.[345]

---

341 BKartA, Beschl. v. 29.4.2009, B6–09/09 – Wissensmedia (Bertelsmann)/Brockhaus, Rdnr. 41 f.
342 BKartA, Beschl. v. 17.3.2010 – Pelikan/Herlitz, WuW/E DE-V 1892, 1900 (Hervorhebung durch die Autoren).
343 Komm. v. 30.7.2003 (COMP/M.3149) – Procter & Gamble/Wella.
344 Ibid., Rdnr. 27: "[...] Persistent price differences that are not due to transport costs are a strong indicator that hair care products in one Member State do not exercise a competitive constraint on hair products in other Member States."; siehe auch Komm. v. 11.12.2006 (COMP/M.4314) – Johnson & Johnson/Pfizer Consumer Healthcare, Rdnr. 42; Komm. v. 21.12.2005 (COMP/M.3696) – E.ON/MOL, Rdnr. 263; Komm. v. 22.6.2009 (COMP/M.5496) – Vattenfall/Nuon Energy, Rdnr. 27 f. und 32.
345 Komm. v. 8.2.2007 (COMP/M.4475) – Schneider Electric/APC, Rdnr. 25; siehe auch Komm. v. 27.5.2009 (COMP/M.5431) – ADM/Schokinag, Rdnr. 36.

Teil 2 C. Feststellung von Marktmacht und Marktbeherrschung

Auch in der Entscheidung *JCI/Fiamm* führte die Kommission die bestehenden Preisunterschiede in den Mitgliedstaaten als starken Hinweis auf national segmentierte Märkte an.[346] Die Zusammenschlussparteien machten allerdings geltend, dass die Preisunterschiede in den Mitgliedstaaten auf Unterschiede in der Größe der Kunden, in der Zusammenstellung des Sortiments und in den Vertriebs- und Transportkosten zurückzuführen seien.[347] Die Kommission führte daraufhin eine Regressionsanalyse durch, für die sie einen Satz von mehr als 190.000 Daten mit transaktions- und kundenbezogenen Informationen heranzog.[348] Die Regressionsanalyse zeigte, dass die bestehenden Preisunterschiede nicht hinreichend durch die von den Zusammenschlussparteien vorgetragenen Faktoren erklärbar waren. So lagen im Vergleich zu den durchschnittlichen Preisen in Österreich die durchschnittlichen Preise in den übrigen Mitgliedstaaten – einschließlich der angrenzenden Nachbarländer – auch unter Berücksichtigung der vorgetragenen Faktoren um mindestens 10 % und bis zu 50 % höher.[349]

Deutsche Praxis. Aufgrund festgestellter dramatischer Preisunterschiede von bis zu 30 % hat das Bundeskartellamt im Fall *Mainova/Aschaffenburger Versorgungs GmbH*[350] einen in räumlicher Hinsicht auf das Gasnetzgebiet der beteiligten Unternehmen beschränkten Gasmarkt angenommen. Aufgrund der bestehenden Preisunterschiede könne „zur Zeit nicht festgestellt werden, dass sich auf den inländischen Gasmärkten ein Durchleitungswettbewerb in einem Umfang entwickelt ha[be], der eine über die Reichweite eines Leitungsnetzes hinausgehende Marktabgrenzung zulassen würde."[351] In gleicher Weise gelangt das Bundeskartellamt im Fall *Ontex/Rostam*[352] zur Annahme lediglich nationaler Märkte, da zwischen den einzelnen Staaten erhebliche Preisunterschiede beim Absatz von Digitaltampons bestünden.[353]

---

346 Komm. v. 10.5.2007 (COMP/M.4381) – JCI/Fiamm, Rdnr. 184.
347 Ibid., Rdnr. 187.
348 Ibid., Rdnr. 190.
349 Ibid., Rdnr. 192.
350 BKartA, Beschl. v. 22.1.2004 – Mainova/Aschaffenburger Versorgungs GmbH, WuW/E DE-V 983.
351 Ibid., 986.
352 BKartA, Beschl. v. 2.3.2004, B10–102/03 – Ontex/Rostam.
353 Ibid., S. 18, Rdnr. 52; ebenso BKartA, Beschl. v. 17.2.2009, B2–46/08 – Nordzucker/Danisco, Rdnr. 212 f.; BKartA, Beschl. v. 27.12.2010, B2-71/10 – Van Drie Holding/Alpuro Holding, Rdnr. 115 ff.

c) Preiskorrelation

α) Anwendung von Preiskorrelationsanalysen zur Abgrenzung von Produktmärkten

In ihrer Bekanntmachung zur Definition des relevanten Marktes[354] erwähnt die Kommission neben anderen ökonomischen Methoden zur Marktabgrenzung auch die Untersuchung der Gleichartigkeit der Preisentwicklung im Laufe der Zeit, ohne jedoch auf die Art der Anwendung näher einzugehen.[355] In zahlreichen Entscheidungen zieht die EU-Kommission Analysen über die Preiskorrelation zwischen verschiedenen Produkten zur Abgrenzung von Märkten heran. Untersucht wird, inwieweit sich Preise verschiedener Produkte parallel entwickeln. Gehörten zwei Produkte zum selben Markt und entwickelten sich ihre (relativen) Preise gegenläufig zueinander, könnten die Abnehmer leicht zum relativ billigeren zweiten Produkt ausweichen, wodurch höchstwahrscheinlich unterschiedliche Preisentwicklungen ausgeschlossen würden.[356] Das Fehlen einer positiven Korrelation der Preise zweier Produkte sei Hinweis auf zwei unterschiedliche Produktmärkte.[357] Auf der anderen Seite sieht die Kommission eine gegebene parallele Preisentwicklung in der Regel noch nicht als hinreichenden Nachweis eines relevanten Marktes an. Notwendig sei vielmehr eine Abwägung des Faktors der Preiskorrelationen mit anderen Nachweisen einer möglichen Nachfragesubstituierbarkeit.[358]

Bei der Abgrenzung der Märkte für Mineralwasser und andere Soft-Drinks analysierte die Kommission die Korrelation der Preise im Fall *Nestlé/Perrier*[359] und stellte fest, dass sich der Preiskorrelationskoefzient für verschiedene Mineralwasser, ähnlich wie bei unterschiedlichen Soft-Drinks, zwischen 0,85 und 1 bewegte. Die Messung der Preiskorrelation

---

354 Bekanntmachung der Kommission über die Definition des relevanten Marktes, ABl.EG 1997 C 372/5, Rdnr. 39: „Zum Zweck der Marktabgrenzung wurden eine Reihe von quantitativen Tests ökonometrischer und statistischer Art entwickelt: [...] Untersuchung der Gleichartigkeit der Preisentwicklung im Laufe der Zeit [...] ".
355 Zu den Grundlagen der Preiskorrelationsanalyse vgl. Abschnitt C.II.2.c).
356 Komm. v. 19.7.2000 (COMP/M.1939) – Rexam (PLM)/American National Can, Rdnr. 12: "As a consequence, the inability of suppliers of aluminium beverage cans to pass through increases in the price of aluminium indicates that the price of aluminium beverage cans is constrained by the presence of another product, which is actually competing in the same product market."; Komm. v. 27.6.2007 (COMP/M.4439) – Ryanair/Aer Lingus, Annex III, Rdnr. 1.
357 Komm. v. 4.6.2008 (COMP/M.4513) – Arjowiggins/M-real Zanders Reflex, Rdnr. 52.
358 Komm. v. 17.12.2008 (COMP/M.5046) – Friesland Foods/Campina, Rdnr. 515, 536; vgl. auch Komm. v. 4.6.2008 (COMP/M.4513) – Arjowiggins/M-real Zanders Reflex, Rdnr. 52.
359 Komm. v. 22.7.1992 (IV/M.190), ABl.EG 1992 L 356/1 – Nestlé/Perrier.

Teil 2 C. Feststellung von Marktmacht und Marktbeherrschung

zwischen Mineralwasser und Softdrinks dagegen ergab meist einen negativen, zuweilen auch einen sehr gering positiven Koeffizienten. Die Märkte für Mineralwasser und Soft-Drinks unterlägen, so folgerte die Kommission, verschiedenen Wettbewerbszwängen.[360] Ebenso definierte die Kommission in der Entscheidung *Inco/Falconbridge* separate Produktmärkte aufgrund eines Korrelationskoeffizienten von −0,02.[361] Angesichts der industriespezifischen Preisregelungen und der Volatilität der Rohstoffpreise untersuchte die Kommission die Korrelation zwischen den Aufschlägen auf die Rohstoffpreise anstelle der Endpreise.[362]

Wann der Korrelationskoeffizient als hoch genug anzusehen ist,[363] um von einem gemeinsamen Markt ausgehen zu können, ist nicht festgelegt. In der Entscheidung *Rexam (PLM)/American National Can*[364] wurde jedoch ein Korrelationskoeffizient von mehr als +0,8 als für die Annahme eines Marktes ausreichend angesehen.[365] Allein aufgrund eines Korrelationskoeffizienten von weniger als +0,55 – wie im Fall *UPM-Kymmene/Haindl*[366] bei der Frage des Produktmarktes verschiedener Sorten von Magazinpapier – könne dagegen nicht auf einen gemeinsamen Produktmarkt geschlossen werden.[367]

Ebenso berief sich die Kommission in der Entscheidung *Airtours/First Choice*[368] u. a. auf die Beziehung der Preise von Langstreckenreisen zu denen von Kurzstreckenreisen und stellte fest, dass keine beständige Beziehung zwischen beiden Preisen bestehe. Daher seien beide Produkte nicht als Substitute anzusehen.[369] Die Heranziehung der Preiskorrelationsanalyse zur Marktabgrenzung wurde vom EuG in diesem Fall mittlerweile bestätigt.[370]

---

[360] Ibid., Rdnr. 16: „Die Preispolitik auf den Märkten für Erfrischungsgetränke und für abgefüllte Brunnenwässer scheint einer unterschiedlichen Logik zu gehorchen, was eine weitere Bestätigung für die unterschiedlichen Wettbewerbsverhältnisse auf beiden Märkten ist."; siehe auch Komm. v. 29.9.2009 (COMP/M.5421) – Panasonic/Sanyo, Rdnr. 31; Komm. v. 4.5.2011 (COMP/M.5907) – Votorantim/Fischer/SV, Rdnr. 93.
[361] Komm. v. 4.7.2006 (COMP/M.4000) – Inco/Falconbridge, Rdnr. 108 und 124.
[362] Ibid., Rdnr. 107 (Fn. 89), 110 und 114.
[363] Zur Erforderlichkeit eines Benchmarking oben S. 107.
[364] Komm. v. 19.7.2000 (COMP/M.1939) – Rexam (PLM)/American National Can.
[365] Ibid., Rdnr. 12.
[366] Komm. v. 21.11.2001 (COMP/M.2498) – UPM-Kymmene/Haindl.
[367] Ibid., Rdnr. 17 m. Fn. 11.
[368] Komm. v. 22.9.1999 (IV/M.1524) – Airtours/First Choice.
[369] Ibid., Rdnr. 22: „Darüber hinaus konnte keine stabile Relation zwischen beiden Preiskategorien über einen längeren Zeitraum hinweg festgestellt werden, was bei Substituierbarkeit zu erwarten wäre."; vgl. auch BKartA, Beschl. v. 29.4.2009 – Total/OMV, WuW/E DE-V 1719, 1720f.
[370] EuG, Urt. v. 6.6.2002, Rs. T-342/99 – Airtours plc/Kommission, Slg. 2002, II-2585, Rdnr. 28ff., insb. Rdnr. 41.

II. Indirekte Erfassung von Marktmacht   **Teil 2**

Wie bereits auf Seite 107 dargelegt, ist die Gefahr einer sog. Scheinkorrelation eine der Schwächen von Preiskorrelationsanalysen. In diesem Fall korrelieren die Preise zweier Produkte trotz einer fehlenden Substitutionsbeziehung, weil beide Produkte von der Preissteigerung desselben Einsatzmittels oder von allgemeinen Kosten- und Währungsentwicklungen gleichermaßen betroffen sind.[371] In der Entscheidung *Arjowiggins/M-real Zanders Reflex* hat die Kommission daher ihre Preiskorrelationsanalyse um ein verwandtes Verfahren, die sog. Stationaritätsanalyse, ergänzt, in deren Rahmen der Einfluss der genannten übergeordneten Faktoren nur minimal ist.[372] Diese legt die Annahme eines einheitlichen relevanten Marktes nahe, wenn der relative Preis zweier Produkte zu einem konstanten Wert tendiert.[373] Aufgrund der Ergebnisse beider Analysen folgerte die Kommission in ihrer Entscheidung, dass Selbstdurchschreibepapier in Form von Rollen einerseits und Bögen andererseits nicht demselben Markt angehört.[374]

β) Anwendung von Preiskorrelationsanalysen zur Abgrenzung
   von geographischen Märkten

Zur Abgrenzung von geographischen Märkten wird mitunter eine Analyse der Korrelation von Preisen verschiedener Regionen vorgenommen. Im Fall *Mannesmann/Vallourec/Ilva*[375] war zu untersuchen, ob ein weltweiter Markt für nahtlose Edelstahlröhren besteht. Hierzu führt die Kommission aus, dass zwar das Fehlen von Preiskorrelationen zwischen zwei geographischen Gebieten ein starker Indikator für die Existenz zweier räumlich getrennter Märkte sei, im umgekehrten Fall jedoch das Vorhandensein einer Preiskorrelation nicht notwendigerweise ohne Ansehung weiterer Aspekte den Schluss auf einen einheitlichen Markt zulasse.[376] So defi-

---

371 Ausführlich dazu S. 107; siehe auch Komm. v. 4.6.2008 (COMP/M.4513) – Arjowiggins/M-real Zanders Reflex, Rdnr. 51.
372 Komm. v. 4.6.2008 (COMP/M.4513) – Arjowiggins/M-real Zanders Reflex, Rdnr. 48– 55; ebenso hinsichtlich des räumlich relevanten Marktes in Komm. v. 9.1.2009 (COMP/M.5153) – Arsenal/DSP, Rdnr. 79–81. In dieser Entscheidung untersuchte die Kommission zudem das Verhältnis zwischen den Einfuhren aus den USA und dem Wechselkurs von USD und EUR. Trotz einer für die US-amerikanischen Produzenten sehr günstigen Wechselkursentwicklung nahmen ihre Einfuhren in den EWR ab, was von der Kommission als weiterer Beleg des geringen von ihnen ausgehenden Wettbewerbsdrucks gewertet wurde, siehe Rdnr. 45.
373 Ausführlich dazu S. 107f.
374 Komm. v. 4.6.2008 (COMP/M.4513) – Arjowiggins/M-real Zanders Reflex, Rdnr. 54f. und 62.
375 Komm. v. 31.1.1994 (IV/M.315) – Mannesmann/Vallourec/Ilva.
376 Ibid., Rdnr. 32; siehe auch Komm. v. 4.7.2006 (COMP/M.4000) – Inco/Falconbridge, Rdnr. 218ff.; Komm. v. 10.5.2007 (COMP/M.4381) – JCI/Fiamm, Rdnr. 196–199.

Teil 2 C. Feststellung von Marktmacht und Marktbeherrschung

nierte die Kommission im Fall *Danish Crown/Vestjyske Slagterier*[377] bei der Beurteilung des geographischen Marktes für lebende Schweine und frisches Schweinefleisch in Supermärkten trotz hoher Korrelationskoeffizienten von über 0,9 lediglich einen engeren, nationalen Markt, da neben dem Korrelationskoeffizienten auch andere Faktoren wie z. B. die Entwicklung der Futtermittelpreise oder die grundsätzliche Möglichkeit, auf Preisdifferenzen als Produzent überhaupt zu reagieren, berücksichtigt werden müssten.[378]

Demgegenüber bezeichnete die Kommission in der Entscheidung *Ineos/ Kerling* einen hohen Grad an Korrelation als einen Faktor, der auf einen einheitlichen Markt hindeutet und eine Marktabgrenzung in Verbindung mit anderen qualitativen Nachweisen gestattet.[379] Auch in der Entscheidung *Sovion/HMG* stützte die Kommission ihre Annahme eines grenzüberschreitenden, wenngleich regional beschränkten Marktes für lebende Schweine auf die hohe Korrelation der Preise in Deutschland und den Niederlanden.[380] Sie wies zudem darauf hin, dass auch zwischen dem Export von Schweinen aus den Niederlanden nach Deutschland und der Höhe der Preisdifferenz zwischen den genannten Staaten eine positive Korrelation feststellbar sei.[381] Den korrespondierenden Fall geringer Preiskorrelationen mit Regionen außerhalb der nationalen Grenzen ordnete die Kommission in der Entscheidung *ABF/GBI* dementsprechend als Indiz für einen rein nationalen Markt ein, dessen Annahme sich unter Berücksichtigung weiterer – qualitativer – Aspekte bestätigte.[382]

In Übereinstimmung mit der bisherigen Praxis definierte die Kommission in der Entscheidung *Ryanair/Aer Lingus* den räumlich relevanten Markt für Dienstleistungen im Passagierlinienflugverkehr nach dem „Herkunft-und-Ziel-Ansatz", wonach jede Strecke zwischen einem Abflug- und einem Bestimmungsort einen separaten Markt bildet.[383] Anschließend führte sie eine umfangreiche Preiskorrelationsanalyse durch, um die Substituierbarkeit zwischen zwei oder mehr Flughäfen in der Umgebung einer Stadt zu ermitteln. Auf Grundlage der durchschnittlichen Korrelation zwischen den von Ryanair und Aer Lingus erhobenen Preisen auf

---

377 Komm. v. 9.3.1999 (IV/M.1313), ABl.EG 2000 L 20/1 – Danish Crown/Vestjyske Slagterier.
378 Ibid., Rdnr. 62 ff., 83 ff.
379 Komm. v. 30.1.2008 (COMP/M.4734) – Ineos/Kerling, Rdnr. 55 f. und 151.
380 Komm. v. 21.12.2004 (COMP/M.3605) – Sovion/HMG, Rdnr. 37.
381 Ibid.; bestätigt durch EuG, Urt. v. 7.5.2009, Rs. T-151/05 – Nederlandse Vakbond Varkenshouders/Kommission, Slg. 2009, II-1219, Rdnr. 100 ff.
382 Komm. v. 23.9.2008 (COMP/M.4980) – ABF/GBI, Rdnr. 75 ff.
383 Komm. v. 27.6.2007 (COMP/M.4439) – Ryanair/Aer Lingus, Rdnr. 62 ff.; ebenso in BKartA, Beschl. v. 4.9.2009 – TUIfly/Air Berlin, WuW/E DE-V 1867, 1869.

denjenigen Strecken, auf denen beide Unternehmen denselben Flughafen anfliegen, wurde ein Korrelationskoeffizient von 0,69 als der einen einheitlichen Markt indizierende Richtwert festgelegt.[384] Allerdings hat die Kommission letztlich einen einheitlichen Markt auch auf mehreren Strecken mit einem Korrelationskoeffizienten unterhalb dieses Richtwertes angenommen und verwies dabei auf die nur unterstützende Rolle der Preiskorrelationsanalysen sowie auf qualitative Nachweise, die unter anderem auf einer Kundenumfrage und einer Untersuchung der Reisekosten und -zeiten zu den verschiedenen Flughäfen beruhten.[385] Im nachfolgenden Gerichtsverfahren hat auch das EuG anerkannt, dass die Preiskorrelation in Verbindung mit weiteren Umständen „einen relevanten Faktor" im Rahmen der Marktabgrenzung darstellt.[386]

In ähnlicher Weise hat das Bundeskartellamt im Fall *Van Drie Holding/ Alpuro Holding* anerkannt, dass eine hohe Korrelation zwischen den Preisen in verschiedenen Ländern ein Indiz für einen gemeinsamen Markt sein kann, sofern die Korrelation nicht auf gemeinsame Einflussfaktoren oder eine Scheinkorrelation zurückzuführen ist.[387] Die von den Zusammenschlussparteien vorgelegte Korrelationsanalyse hat das Amt aber zurückgewiesen, da angesichts der Selektivität der verwendeten Daten die Datenbasis unzureichend gewesen sei.[388] Da zudem keine statistische Bereinigung um gemeinsame preisbestimmende Faktoren in verschiedenen Ländern erfolgte, blieb nach Ansicht des Amtes offen, ob die ermittelte Korrelation einer engen wettbewerblichen Verbundenheit der untersuchten Gebiete oder lediglich einer allen Gebieten gemeinsamen Preisentwicklung wichtiger Inputfaktoren beziehungsweise saisonalen Einflüssen geschuldet war.[389]

---

384 Komm. v. 27.6.2007 (COMP/M.4439) – Ryanair/Aer Lingus, Annex III, Rdnr. 35.
385 Siehe ibid., Rdnr. 73, 94 und Annex III, Rdnr. 10. Beispielsweise war die Korrelation zwischen den Strecken von Dublin nach London-Stansted, -Gatwick und -Luton in Anbetracht eines Koeffizienten von über 0,90 hoch signifikant und indizierte daher einen einheitlichen Markt. Demgegenüber war die Korrelation zwischen diesen Strecken und der Strecke von Dublin nach London-Heathrow nicht aussagekräftig. Die Kommission hat gleichwohl einen einheitlichen Markt bestehend aus allen Londoner Flughäfen aufgrund von qualitativen Nachweisen angenommen, siehe Rdnr. 121, Fn. 128 und Annex III, Rdnr. 43. Siehe ferner Rdnr. 154 und Annex III, Rdnr. 42 (Dublin-Glasgow), Rdnr. 189 und Annex III, Rdnr. 44 (Dublin-Brüssel) und Rdnr. 210 und Annex III, Rdnr. 42 (Dublin-Frankfurt).
386 EuG, Urt. v. 6.6.2010, Rs. T-342/07 – Ryanair/Kommission, Rdnr. 115.
387 BKartA, Beschl. v. 27.12.2010, B2-71/10 – Van Drie Holding/Alpuro Holding, Rdnr. 139.
388 Ibid, Rdnr. 133 ff.
389 Ibid., Rdnr. 140 f.

Teil 2   C. Feststellung von Marktmacht und Marktbeherrschung

In diesem Zusammenhang soll auch auf die Bekanntmachung des Bundeskartellamtes zu den Standards für ökonomische Gutachten vom 20. Oktober 2010 hingewiesen werden, mit der das Amt auf die kontinuierlich gestiegene Zahl der bei ihm eingereichten ökonomischen Gutachten reagiert.[390] Das Amt stellt in dieser Bekanntmachung Mindestanforderungen an die Qualität ökonomischer Gutachten auf und weist darauf hin, dass Argumente, Ergebnisse und Schlussfolgerungen aus Gutachten, die diese Standards nicht einhalten, im Rahmen der Beweiswürdigung nur nachrangig oder gar nicht berücksichtigt werden können.[391] Als generelle Anforderungen sind ein Bezug zur kartellrechtlichen Fragestellung, Nachvollziehbarkeit und Vollständigkeit, Transparenz und ferner Kongruenz niederlegt.[392] Das Amt bevorzugt zudem etablierte Methoden und stellt bei Verwendung neuartiger Methoden erhöhte Anforderungen an die Nachweistiefe und Darstellung.[393] Auch die Europäische Kommission hat eine entsprechende Mitteilung über „Best Practices for the submission of economic evidence and data collection" im Januar 2010 veröffentlicht.[394] Neben Anforderungen an den Inhalt und die Darstellung ökonomischer und ökonometrischer Parteigutachten beinhaltet diese Mitteilung auch Grundsätze für die Antwort auf eine Anfrage der Kommission nach quantitativen Daten.[395]

d) Preisdiskriminierung/anderweitige Abnehmerdifferenzierung[396]

Bei der Bestimmung der relevanten Produktmärkte werden von der Kommission auch Rückschlüsse aus der Ungleichbehandlung bei den Preisen zwischen verschiedenen Abnehmergruppen gezogen: Eine gesonderte Gruppe von Kunden „kann einen engeren, eigenständigen Markt darstellen, wenn sie einer Preisdiskriminierung ausgesetzt werden kann."[397] Voraussetzung hierfür ist der Kommission zufolge, dass zum einen deutlich identifiziert werden kann, zu welcher Gruppe von Nachfragern jeder einzelne Abnehmer gehört, zum anderen sollte Handel zwischen den Abnehmern oder Arbitrage durch Dritte nicht möglich oder zumindest praktisch

---

390 Bundeskartellamt, Standards für ökonomische Gutachten vom 20. Oktober 2010.
391 Ibid., S. 1.
392 Ibid., S. 2 f.
393 Ibid., S. 5.
394 Europäische Kommission, Best Practices for the submission of economic evidence and data collection in cases concerning the application of articles 101 and 102 TFEU and in merger cases.
395 Ibid., Rdnr. 9 ff. respektive Rdnr. 46 ff.
396 Zu den Grundlagen der Marktabgrenzung bei Preisdiskriminierung vgl. S. 90 f.
397 Bekanntmachung der Kommission über die Definition des relevanten Marktes im Sinne des Wettbewerbsrechts der Gemeinschaft, ABl.EG 1997 C 372/5, Rdnr. 43.

nicht durchführbar sein.[398] Im Fall *Mannesmann/Boge*[399] war zu entscheiden, ob zwei verschiedene Märkte für Stoßdämpfer existieren. Die Kommission hat den Markt, der Stoßdämpfer umfasst, die als Erstausrüstungsteile oder für den herstellereigenen Ersatzteilvertrieb an die Automobilindustrie verkauft werden (OEM/OES-Markt) vom Markt für Stoßdämpfer des freien Ersatzteilmarktes (für unabhängige Kfz-Teilehändler, sog. Aftermarkt) abgegrenzt. Obwohl das Produkt in beiden Märkten identisch ist, unterschieden sich die Preise im OEM/OES-Markt aufgrund der Nachfragemacht der Automobilindustrie deutlich von denen im Folgemarkt; weiterhin seien für beide Märkte unterschiedliche Distributionssysteme erforderlich (Just-in-time-Belieferung der Automobilhersteller vs. Auslieferung an eine Vielzahl verschiedener Händler); schließlich bestünden unterschiedlich hohe Marktzutrittsschranken für beide Märkte.[400] Im Ergebnis war daher von zwei eigenständigen Märkten für Stoßdämpfer auszugehen.

Ebenso berief sich die Kommission in der ersten Entscheidung *Tetra Laval/Sidel*[401] auf eine Preisdiskriminierung als Nachweis für getrennte Märkte. Zu entscheiden war, ob Streckblasmaschinen (stretch blow moulding machines, SBM-Maschinen), die Teil des Herstellungsprozesses von fertigen PET-Flaschen aus PET-Vorformen beim Abfüller sind, in separate Märkte je nach Letztverwendung – für die als empfindlich befundenen Getränkearten flüssige Molkereiprodukte, Fruchtsäfte, Fruchtsaftgetränke und Kaffee- oder Teegetränke – aufzuteilen sind. Die Untersuchung der Kommission ergab, dass jede SBM-Maschine im Rahmen individueller Verhandlungen mit dem Hersteller erworben wird und der Hersteller so spezielles Wissen über die Verwendung jeder einzelnen Maschine hat.[402] Zwar bestehe ein Markt für gebrauchte SBM-Maschinen, Arbitrage-Geschäfte mit SBM-Maschinen seien aber so gut wie nicht denkbar: Der Handel mit gebrauchten SBM-Maschinen beschränke sich auf den Verkauf 10–15 Jahre alter Maschinen nach Ost-/Süd-Ost-Europa. Nachfrageseitige Überlegungen legten es daher nahe, dass es für einen Hersteller von SBM-Maschinen möglich sei, zwischen den verschiedenen Formen der Letztverwendung zu differenzieren,[403] es seien daher getrennte Märkte für flüssige Molkereiprodukte, Fruchtsäfte,

---

398 Komm. v. 30.10.2001 (COMP/M.2416), ABl.EU 2004 I 43/13 – Tetra Laval/Sidel, Rdnr. 178 mit Verweis auf die Bekanntmachung der Kommission über die Definition des relevanten Marktes.
399 Komm. v. 23.9.1991 (IV/M.134) – Mannesmann/Boge.
400 Ibid., Rdnr. 11.
401 Komm. v. 30.10.2001 (COMP/M.2416), ABl.EU 2004 I 43/13 – Tetra Laval/Sidel.
402 Ibid., Rdnr. 180.
403 Ibid., Rdnr. 182.

Teil 2 C. Feststellung von Marktmacht und Marktbeherrschung

Fruchtsaftgetränke und Kaffee- oder Teegetränke anzunehmen.[404] Diesem Ergebnis ist das EuG jedoch in seiner Entscheidung *Tetra Laval/ Kommission*[405] entgegengetreten: Die in der Vergangenheit vorgenommene Preisdiskriminierung reiche als Nachweis für getrennte Märkte je nach Endverwendung nicht aus, da dies im Widerspruch zur ebenfalls von der Kommission getroffenen Feststellung, die meisten SBM-Maschinen seien unspezifisch, stehe.[406] Die Kommission hatte jedoch gerade ausgeführt, inwiefern die generell unspezifischen SBM-Maschinen für spezielle Verwendung (empfindliche Getränke/aseptische oder heiße Abfüllung) spezifiziert seien.[407]

Zur Marktabgrenzung ausreichend kann auch eine sonstige mögliche Differenzierung zwischen verschiedenen Abnehmergruppen sein. In der Ent-

---

[404] Ibid., Rdnr. 188: „Wegen der spezifischen Eigenschaften der ‚empfindlichen' Produkte und der Möglichkeit der Preisdiskriminierung gilt ferner der Schluss, dass jeder Kundenkreis, der die Maschinen einem speziellen Verwendungszweck zuführt, einen gesonderten Produktmarkt bildet. Dies gilt insbesondere für die vier ‚empfindlichen' Produktsegmente FMEs, Saft, FFDs und Tee-/Kaffeegetränke. Abnehmer, die diese Produkte abfüllen, können leicht identifiziert und vom Hersteller gezielt angesprochen werden."

[405] EuG, Urt. v. 25.10.2002, Rs. T-5/02 – Tetra Laval/Kommission, Slg. 2002, II-4381, im Wesentlichen bestätigt durch EuGH, Urt. v. 15.2.2005, Rs. C-12/03 – Kommission/ Tetra Laval, Slg. 2005, I-987; hierzu *Wirtz/Möller*, EWS 2005, 145 ff.

[406] EuG, Urt. v. 25.10.2002, Rs. T-5/02 – Tetra Laval/Kommission, Slg. 2002, II-4381, Rdnr. 269: „Auf der Grundlage der in der angefochtenen Entscheidung [Komm. v. 30.10.2001 (COMP/M.2416), ABl.EU 2004 l 43/13 – Tetra Laval/Sidel] gelieferten Nachweise hat die Kommission somit einen Fehler begangen, als sie zum einen feststellte, dass die meisten SBM-Maschinen ‚unspezifisch sind' (177. Begründungserwägung), und zum anderen eine Unterscheidung nach deren Endverwendung traf. Die angefochtene Entscheidung enthält keine hinreichenden Anhaltspunkte, um die SBM-Maschinen nach ihrer Endverwendung in verschiedene Teilmärkte zu untergliedern. Die einzigen Teilmärkte, zwischen denen zu trennen ist, sind folglich die Märkte für Maschinen mit geringer und mit hoher Kapazität."

[407] Komm. v. 30.10.2001 (COMP/M.2416), ABl.EU 2004 l 43/13 – Tetra Laval/Sidel, Rdnr. 177: „Es trifft zwar zu, dass die Mehrzahl der SBM-Maschinen ‚produktneutral' sind. Dennoch ist eine PET-Verpackungsanlage, wovon die SBM-Maschine nur eine Komponente darstellt, für gewöhnlich auf die spezifischen vom Kunden abgefüllten Produkte zugeschnitten. Dies gilt noch mehr für die sogenannten empfindlichen Produkte, die Barriereeigenschaften und sterilisierte bzw. ultrasaubere Bedingungen erfordern. Außerdem gibt es spezielle SBM-Maschinen für Produkte, die in einer Kombi-Maschine heiß oder keimfrei abgefüllt werden. Vor allem wenn es um empfindliche Produkte geht, die besondere Anforderungen stellen, sind daher die Eigenschaften einer PET-Anlage vorgegeben, weshalb eine Standard-PET-Anlage einen unzureichenden Ersatz für die Bedürfnisse von Herstellern ‚empfindlicher' Getränke darstellt. Beispielsweise kann eine Sidel-SRS-G-Kombi-Maschine, die für kohlensäurehaltige Getränke ausgelegt ist, keine Alternative für einen Getränkehersteller darstellen, der Säfte abfüllen will. Für diese Anwendung wäre der Einsatz einer keimfreien SRA Kombi-Maschine erforderlich."

II. Indirekte Erfassung von Marktmacht **Teil 2**

scheidung *Coca-Cola/Amalgamated Beverages*[408] werden auf diese Weise getrennte Märkte für den Getränkeeinzelhandel, für alle Arten von Kioskbetrieben, die den spontanen Bedarf an Getränken, oft zum sofortigem Konsum, decken sowie für Gastronomie und Bewirtung – Bedarf des Konsums an Ort und Stelle – definiert. So benötige der Getränkeeinzelhandel eine große Menge, die in wirtschaftlich sinnvoller Weise nur direkt vom Abfüller geliefert werden könne; Arbitrage-Geschäfte erschienen vor diesem Hintergrund unmöglich.[409] Andererseits erscheine der Kioskmarkt als weniger preissensibel, Hauptargument zum Kauf sei hier sofortige und gekühlte Verfügbarkeit; in diesem Segment bestehe zumindest die Möglichkeit zur Preisdiskriminierung.[410] Schließlich unterscheide sich der Gastronomiemarkt von diesen anderen beiden vor allem dadurch, dass die Konsumenten in diesem Markt leicht als solche erkennbar seien und so eine differenzierte Preispolitik verfolgt werden könne.[411]

e) Wechselkosten und -quoten

Die Abgrenzung von Märkten kann weiterhin auch anhand der Analyse von durch das Ausweichen auf ein anderes Produkt für den Abnehmer entstehenden Kosten (Wechselkosten) erfolgen.[412] Von der Kommission werden die Wechselkosten auch anbieterseitig zur Marktabgrenzung herangezogen. Im Fall *Pirelli/BICC*[413] wurden aufgrund durch den Wechsel

---

[408] Komm. v. 22.1.1997 (IV/M.794), ABl.EG 1997 L 218/15 – Coca-Cola/Amalgamated Beverages GB.
[409] Ibid., Rdnr. 80 f.
[410] Ibid., Rdnr. 83: „Da sich die Verbraucher an bestimmte, genau feststellbare Verkaufspunkte wenden, wäre es außerdem grundsätzlich möglich, in beiden Sektoren eine unterschiedliche Preispolitik zu betreiben, wobei die Preisfestsetzung verschiedenen Zwängen unterliegt, was wegen des Fehlens einer echten Bezugsalternative Preisdiskriminierungen nach sich zieht. Tatsächlich weisen, wie bereits erklärt, interne Unterlagen der Parteien auf erhebliche Preisgestaltungsunterschiede zwischen beiden Sektoren hin."
[411] Ibid., Rdnr. 84: „Die CCSB-Abnehmer, die für den Verbrauch an Ort und Stelle verkaufen, lassen sich ohne weiteres identifizieren. In diesem Vertriebssektor könnte in gewissem Umfang eine unterschiedliche Preispolitik befolgt werden. Insbesondere durch den Cola-Verkauf in größeren, sperrigeren Verpackungen und die Bereitstellung von Getränkeautomaten könnten in diesem Sektor andere Preise als in anderen Sektoren praktiziert werden."
[412] Komm. v. 22.12.1995 (IV/M.668) – Philips/Origin, Rdnr. 7: "[...] which can be differentiated by a number of characteristics such as [...] switching costs [...].„; Komm. v. 20.12.2006 (COMP/M.4215) – Glatfelter/Crompton Assets, Rdnr. 30 f.; Komm. v. 21.12.2005 (COMP/M.3696) – E.ON/MOL, Rdnr. 94. Wechselkosten werden auch auf S. 194 f. im Zusammenhang mit Marktzutrittsschranken angesprochen.
[413] Komm. v. 19.7.2000 (COMP/M.1882) – Pirelli/BICC.

Teil 2 C. Feststellung von Marktmacht und Marktbeherrschung

der Produktion entstehender hoher Kosten getrennte Märkte für Niedrig- und Hochspannungskabel angenommen.[414]

Daneben untersucht die Kommission auch die Häufigkeit von Anbieterwechseln. In der Entscheidung *Vattenfall/Nuon Energy* hat sie die innerhalb zweier Jahre von 1,8% auf 5,2% gestiegene Wechselquote unter Haushaltskunden als Indiz für einen nationalen Stromlieferungsmarkt angesehen.[415] Andererseits hat sie die regional unterschiedlich hohen Wechselquoten als Zeichen eines segmentierten Marktes interpretiert.[416] Letztlich wurde die Entscheidung über die Marktabgrenzung offengelassen.

f) Schockanalysen und Analysen anderer Ereignisse

Ereignisse und Schocks auf dem fraglichen Markt in der Vergangenheit werden von der Kommission zur Beurteilung der Marktabgrenzung herangezogen, für die Definition des Marktes sind sie oft grundlegend.[417] Bei der Frage nach der Marktabgrenzung von Cola und anderen kohlensäurehaltigen Soft-Drinks wurde so zur Begründung ausführlich auf die Marktentwicklung in der Vergangenheit eingegangen. Nach der vermehrten Einführung von Handelsmarken-Cola-Getränken in Großbritannien konnte beobachtet werden, dass einerseits die Verkaufszahlen für andere Erfrischungsgetränke hiervon im Wesentlichen unberührt blieben, gleichzeitig aber der Absatz von Marken-Cola sank.[418] Zusätzlich war festzustellen, dass z. B. The Coca-Cola Comp. im Vereinigten Königreich lediglich die Werbeaufwendungen für ihre Cola-Produkte, nicht dagegen für ihre übrigen Soft-Drinks erheblich erhöhte.[419] Die Annahme eines gemeinsamen Produktmarktes für Cola und andere Erfrischungsgetränke wäre mit diesen Beobachtungen unvereinbar, weshalb von einem eigenen Markt für Cola auszugehen sei.[420]

Als Indiz für einen separaten Markt für die Herstellung von und den Großhandel mit Orangensaft wertete die Kommission in der Entscheidung

---

414 Ibid., Rdnr. 20 ff., „Die Umstellung der Produktion auf Hochspannungsbereiche erfordert also sehr viel Zeit und Kosten. Ein Produktionswechsel zwischen verschiedenen Spannungsbereichen auf derselben Anlage kann zu wesentlich höheren Stückkosten führen. Die Angebotsumstellungsflexibilität ist demnach relativ gering." (Rdnr. 28).
415 Komm. v. 22.6.2009 (COMP/M.5496) – Vattenfall/Nuon Energy, Rdnr. 24.
416 Ibid., Rdnr. 25.
417 Bekanntmachung der Kommission über die Definition des relevanten Marktes im Sinne des Wettbewerbsrechts der Gemeinschaft, ABl.EG 1997 C 372, 5, Rdnr. 38. Zur Schockanalyse allgemein vgl. S. 108 f.
418 Komm. v. 22.1.1997 (IV/M.794), ABl.EG 1997 L 218/15 – Coca-Cola/Amalgamated Beverages GB, Rdnr. 68; 75 ff.
419 Ibid., Rdnr. 71.
420 Ibid., Rdnr. 79.

Votorantim/Fischer/JV die Tatsache, dass trotz der Preissteigerungen bei Orangensaft infolge der Hurrikans in Florida in den Jahren 2004 und 2005 die Abnehmer nur in geringem Umfang auf andere Fruchtsäfte umgestiegen sind.[421]

Auf ähnliche Weise wurde auch im Fall *Procter & Gamble/VP Schickedanz II*[422] bei der Frage, ob Damenbinden und Tampons einen gemeinsamen Markt bilden, auf die Werbeausgaben in der Vergangenheit nach der Einführung von extra-dünnen Binden mit hoher Saugkapazität eingegangen: Nach Einführung dieser neuartigen Binden wurden von einem Unternehmen, das sowohl Tampons als auch Binden verkauft, die Werbe- und verkaufsfördernden Maßnahmen für Binden um über 200% intensiviert, wogegen für Tampons im selben Zeitraum nur 34% mehr ausgegeben wurde.[423] In diesem Zeitraum haben die neuartigen Binden ebenfalls keine nennenswerten Marktanteile zu Lasten von Tampons gewonnen.[424] In der Entscheidung *Ryanair/Aer Lingus* nahm die Kommission separate Märkte für den Passagierlinienflugverkehr von Dublin einerseits und Belfast andererseits an, da sich die Reaktionen Ryanairs auf die Marktzutritte von Wettbewerbern deutlich unterschieden: „In der gleichen Weise beobachtet die Kommission einen beachtlichen Unterschied zwischen der energischen Wettbewerbsreaktion von Ryanair als Antwort auf neue Wettbewerber, die Orte in Irland bedienen, auf der einen Seite und der relativen Abwesenheit einer solchen Reaktion als Antwort auf Fluggesellschaften, die von einem der Flughäfen in Belfast operieren, auf der anderen Seite."[425]

Neben diesen Analysen von Änderungen auf dem Produktmarkt in der Vergangenheit werden auch Veränderungen der Produktionskapazitäten im Rahmen der historischen Betrachtung berücksichtigt. Im Fall *Carnival Corp./P&O Princess*[426] berief man sich auf die im fraglichen Markt für Kreuzfahrtreisen erfolgte erhebliche Kapazitätsausweitung, die nicht zu einem Gewinneinbruch führte. Von den Parteien wurde ausgeführt, dass daher vom Reisemarkt insgesamt als relevantem Produktmarkt auszugehen sei, da im Kontext des Gesamtmarktes die Kapazitätserweiterung bei Kreuzfahrten unterginge und nur damit der ausbleibende Gewinneinbruch

---

421 Komm. v. 4.5.2011 (COMP/M.5907) – Votorantim/Fischer/JV, Rdnr. 79.
422 Komm. v. 21.6.1994 (IV/M.430), ABl.EG 1994 L 354/32 – Procter & Gamble/VP Schickedanz II.
423 Ibid., Rdnr. 71.
424 Ibid., Rdnr. 68.
425 Komm. v. 27.6.2007 (COMP/M.4439) – Ryanair/Aer Lingus, Rdnr. 107; siehe auch Komm. v. 22.6.2009 (COMP/M.5335) – Lufthansa/SN Airholding, Rdnr. 100.
426 Komm. v. 24.7.2002 (COMP/M.2706) – Carnival Corp./P&O Princess.

Teil 2 C. Feststellung von Marktmacht und Marktbeherrschung

bei den Kreuzfahrtreedereien zu erklären sei.[427] Dieser Ansicht folgte die Kommission jedoch nicht, da die Unternehmen in den von ihnen vorgelegten Studien jeweils nur angebotsseitige Veränderungen berücksichtigt hätten. Zu untersuchen gewesen wäre nach Ansicht der Kommission, ob nicht eine Verschiebung der Nachfrage stattgefunden habe oder aber der fehlende Gewinneinbruch nicht auf unterschiedliche Marktsegmente wie Economy- und Premium-Kreuzfahrten zurückzuführen sei.[428] Rückschlüsse auf die Grenzen des relevanten Produktmarktes seien allein anhand der Informationen über die Effekte der anbieterseitigen Veränderungen auf die Gewinne ohne weitere Informationen über Nachfrageverschiebungen nicht möglich.[429]

g) Vertriebswege

In einer Vielzahl von Entscheidungen hat die Kommission eine Unterteilung von Märkten aufgrund von unterschiedlichen Vertriebswegen für im Grunde identische Produkte vorgenommen.[430] Bei der Bestimmung der Märkte für Tissuepapiere (Papierkosmetiktücher, Papiertaschentücher, Toilettenpapier, Papierwischtücher etc.) wurde so anhand der unterschiedlichen Markenbildung je nach Vertriebsweg – eigene Premium-Marken und Handelsmarken im Einzelhandel, Eigenmarken spezieller Vertriebsfirmen im sog. „Away from home" – (AFH-)Sektor – die Marktabgrenzung vorgenommen. Grundlegend ist hierzu die Entscheidung *Kimberly-Clark/Scott*,[431] in der ausdrücklich auf die Unterschiede in den Vertriebswegen zur Abgrenzung der Märkte abgestellt wurde,[432] unter Bezugnahme auf diese Entscheidung ebenso im Fall *SCA/Metsä Tissue*.[433]

In einer weiteren Entscheidung greift die Kommission auf die Unterteilung von Märkten aufgrund unterschiedlicher Vertriebswege zurück und unterscheidet bei Haarpflegeprodukten zwischen dem Vertrieb über Fri-

---

427 Ibid., Rdnr. 61 f.; 64 f.
428 Ibid., Rdnr. 63; 66.
429 Ibid., Rdnr. 66.
430 Vgl. z. B. Komm. v. 14.10.2002 (COMP/M.2965) – Staples/Guilbert, Rdnr. 9: "The Commission [...] has already considered the possibility for certain distribution channels to constitute separate relevant markets. This is due to the fact that different distribution channels correspond to the needs of different consumer groups, although certain consumers groups may be served through several channels."
431 Komm. v. 16.1.1996 (IV/M.623) – Kimberly-Clark/Scott.
432 Komm. v. 16.1.1996 (IV/M.623) – Kimberly-Clark/Scott, Rdnr. 33: „Aus den obengenannten Gründen, d. h. wegen der Unterschiede bei den [...] Vertriebsmethoden [...] ist die Kommission der Auffassung, dass Endverbraucherprodukte und AFH-Produkte unterschiedliche Märkte darstellen."
433 Komm. v. 31.1.2001 (COMP/M.2097) – SCA/Metsä Tissue, Rdnr. 17.

seure und den sonstigen Einzelhandel. Dies sei insbesondere deswegen angezeigt, da große Unterschiede zwischen den Marken, Produkten, Verpackungsgestaltungen und letztlich den Preisen bestünden.[434]

Ebenso erfolgte eine Abgrenzung von Frischfleischmärkten aufgrund unterschiedlicher Vertriebswege in der Entscheidung *Danish Crown/Vestjyske Slagterier*[435] zwischen dem Einzelhandelsmarkt und dem Markt für die Gastronomie. Es bestehe keine realistische Möglichkeit für Arbitrage-Geschäfte zwischen beiden Märkten, da u. a. große Unterschiede in Vertrieb und Verpackung bestünden. Insbesondere gestalte sich der Vertrieb unterschiedlich, da der Einzelhandel zu jeder Zeit mit allen Arten von frischem Schweine- und Rindfleisch, die Gastronomie dagegen nur mit einer begrenzten Auswahl – je nach ihrem Angebot –, beliefert werden müsse.[436] Trotz unterschiedlicher Vertriebswege kam die Kommission aber im Fall *Total Fina/Elf*[437] aufgrund der Annahme, dass Preisdifferenzen zwischen Kraftstoffen für Einzelhändler und solchen für große Endverbraucher durch Arbitrage ausgeglichen würden, zum Ergebnis, den Markt für Einzelhändler und den für Großendverbraucher als einen gemeinsamen Markt anzusehen.[438]

Einen speziellen Fall der Abgrenzung nach Vertriebswegen bildet die Unterscheidung zwischen Online- und Offline-Märkten. Im Fall *AOL/Time Warner*[439] kam die Kommission zu separaten Märkten von aus dem Internet zu beziehender („herunterladbarer") Musik und traditionellen Audio-CDs. „Herunterladbare" Musik sei als ein völlig anderes Geschäftsmodell anzusehen, der Kunde könne die Musik direkt kaufen und auf seinem Computer empfangen, es bestehe die Möglichkeit, lediglich einzelne Musikstücke statt ganzer Alben oder Singles zu erwerben und schließlich seien bei „herunterladbarer" Musik keine Herstellung, Lager-

---

434 Komm. v. 30.7.2003 (COMP/M.3149) – Procter & Gamble/Wella, Rdnr. 11 f.
435 Komm. v. 9.3.1999 (IV/M.1313) – Danish Crown/Vestjyske Slagterier.
436 Ibid., Rdnr. 38: „Viertens geht aus der Marktuntersuchung der Kommission hervor, dass die wenigen großen Catering-Großhändler […] kein einziges Kilo Schweinefleisch an den Einzelhandel verkaufen."; vgl. hierzu auch Komm. v. 28.9.2000 (COMP/M.1990) – Unilever Bestfoods, Rdnr. 9: "The food service distribution channels have important features which distinguish them from the retail channels and which thus give rise to separate markets. These distinctions include a service dimension, separate sales forces, different price structures, different pack sizes, and different health and safety regimes."
437 Komm. v. 9.2.2000 (IV/M.1628) – Total Fina/Elf.
438 Ibid., Rdnr. 28: „Würden den großen Endabnehmern höhere Preise berechnet als den Einzelhändlern oder Wiederverkäufern, so würden letztere den Kursunterschied für den Verkauf an große Endabnehmer nutzen. Der Preisunterschied würde sich also nicht vorteilhaft auf den Außernetzverkaufsmarkt auswirken."
439 Komm. v. 11.10.2000 (COMP/M.1845) – AOL/Time Warner.

Teil 2 C. Feststellung von Marktmacht und Marktbeherrschung

haltung, körperlicher Verkauf und Vertrieb erforderlich.[440] Insbesondere wird in dieser Entscheidung auf unterschiedliche Preisstrukturen zwischen beiden Vertriebswegen von Musik verwiesen, so dass insgesamt von zwei getrennten Märkten auszugehen sei.[441] Dieselbe Unterscheidung trifft auch auf die Märkte für Online-Werbung und traditionelle Anzeigen zu. Die Kommission nimmt an, dass Online-Werbung für spezifische Zwecke eingesetzt wird, da Werbetreibende ihre Zielgruppe präziser erreichen können als bei traditioneller Offline-Werbung.[442] Ferner hängt der Preis einer Werbung von der Anzahl der Internetnutzer ab, die tatsächlich Kontakt mit der Werbung haben, sodass eine genaue Verbindung zwischen der Reichweite einer Werbung und ihren Kosten ermöglicht wird.[443] Sehr umfassend stellte die Kommission in der Sache *Otto/Primondo Assets* zuletzt die Überlegung an, ob für Non-food-Produkte generell keine unterschiedlichen Märkte für Online- und Offline-Verkauf mehr anzunehmen seien.[444] Die Kommission kam zu dem Ergebnis, dass es sich in der Tendenz jeweils noch um zwei getrennte Märkte handle, da die beiden Vertriebsarten sehr unterschiedlich Merkmale aufweisen würden, etwa in Bezug auf die Kommunikation mit dem Verbraucher, die Schnelligkeit der Abwicklung eines Verkaufgeschäfts oder die jeweils geltenden Verbraucherrechte. Für bestimmte Produkte sei jedoch eine zunehmende Wechselbeziehung der Vertriebsarten festzustellen und damit in der Tendenz ein Markt anzunehmen. Dabei gelte in der Regel zum einen, je teurer ein Produkt sei, desto eher berücksichtige der Verbraucher beide Kanäle. Dies sei zum anderen der Fall, je standardisierter ein Produkt sei.[445]

Eine umgekehrte Tendenz weist der Vertrieb von Reisen auf: Das Angebot von Reisebüro-Dienstleistungen über das Internet sei – so z.B. in der Entscheidung *Amadeus/GGL/JV*[446] – nicht als ein vom traditionellen Reisebüro-Markt zu unterscheidender Markt anzusehen; aus Sicht der Nachfrager seien Dienstleistungen virtueller Reisebüros mit solchen traditio-

---

440 Ibid., Rdnr. 21.
441 Ibid., Rdnr. 21; diese Abgrenzung hat die Kommission im Rahmen der Prüfung des Zusammenschlussvorhabens *Sony/BMG* bestätigt, Komm. v. 3.10.2007 (COMP/M.3333) – Sony/BMG, Rdnr. 27; in ähnlicher Weise definierte die Kommission separate Märkte für traditionelle Musikverlagsrechte und die korrespondierenden Online-Rechte, siehe Komm. v. 22.5.2007 (COMP/M.4404) – Universal/BMG Music Publishing, Rdnr. 26 ff.
442 Komm. v. 11.3.2008 (COMP/M.4731) – Google/Doubleclick, Rdnr. 45; ähnlich BKartA, Beschl. v. 29.8.2008, B6–52/08 – Intermedia/H&B, S. 41–43.
443 Komm. v. 11.3.2008 (COMP/M.4731) – Google/Doubleclick, Rdnr. 46. Die eingesetzten Preismechanismen sind „cost per click" und „cost per impression".
444 Komm. v. 16.2.2010 (COMP/M.5721) – Otto/Primondo Assets, Rdnr. 23.
445 Komm. v. 16.2.2010 (COMP/M.5721) – Otto/Primondo Assets, Rdnr. 24 – 30.
446 Komm. v. 21.5.2002 (COMP/M.2794) – Amadeus/GGL/JV.

neller Art austauschbar, auch die Anbieter könnten ohne beachtlichen Aufwand ihr Angebot auf Internetdienstleistungen ausweiten.[447] Gleichzeitig deutet die Kommission in eben dieser Entscheidung aber auch an, dass in der Zukunft eine eigenständige Entwicklung des Online-Reisemarktes hin zu einem separaten Markt erfolgen könne.[448]

h) Komplementäre Produkte/Folgemärkte

Auch komplementäre Produkte – die oft auf sog. Folgemärkten (Aftermarkets) gehandelt werden[449] – können bei der Marktabgrenzung Relevanz erlangen. In der Entscheidung *General Electric/Honeywell*[450] bezog die Kommission sich bei der Frage nach dem relevanten Produktmarkt für Flugzeugtriebwerke auf deren Eigenschaft als komplementäres Produkt für Flugzeuge. Obwohl Abnehmer von Flugzeugtriebwerken die Flugzeughersteller seien, beeinflussten die Flugzeugabnehmer den Markt für Flugzeugtriebwerke; die Nachfrage nach Flugzeugtriebwerken hänge von der Nachfrage nach Flugzeugen ab. Aus diesem Grund müsste bei der Marktabgrenzung für Flugzeugtriebwerke auch der Wettbewerb zwischen den unterschiedlichen Flugzeugtypen beachtet werden.[451]

In entsprechender Weise wurden zur medizinischen Diagnose erforderliche Pharmazeutika als komplementäre Produkte zu den entsprechenden medizinischen Abbildungsgeräten angesehen und bei der Prüfung des zwischen General Electric und Amersham geplanten Zusammenschlusses in die Marktabgrenzung einbezogen. Aufgrund fehlender horizontaler Überlappungen könne die Kombination von Abbildungsgeräten und Kontrastmitteln als komplementären Produkten den relevanten Markt beeinflussen.[452]

---

447 Komm. v. 19.12.2001 (COMP/M.2627) – Otto Versand/Sabre/Travelocity JV, Rdnr. 12; Komm. v. 16.2.2001 (COMP/M.2197) – Hilton/Accor/Forte/Travel Services JV, Rdnr. 14; Komm. v. 21.5.2002 (COMP/M.2794) – Amadeus/GGL/JV, Rdnr. 10.
448 Komm. v. 21.5.2002 (COMP/M.2794) – Amadeus/GGL/JV, Rdnr. 10.
449 Vgl. hierzu S. 91 f.
450 Komm. v. 3.7.2001 (COMP/M.2220) – General Electric/Honeywell; hierzu EuG v. 14.12.2005, Rs. T-209/01 – Honeywell v Commission, Slg. 2005, II-5527 und Rs. T-210/01 – General Electric v Commission, Slg. 2005, II-5575.
451 Komm. v. 3.7.2001 (COMP/M.2220) – General Electric/Honeywell, Rdnr. 9: „Damit ist ein Triebwerk ein Komplementärprodukt zum Flugzeug, d. h., der Verkauf des einen ist ohne den Verkauf des anderen wertlos. Folglich ist bei der Definition der sachlich relevanten Märkte für Strahltriebwerke auch der Wettbewerb zwischen den Endanwendungen, d. h. zwischen den Flugzeugtypen, die die Endabnehmer für geeignet erachten, zu berücksichtigen."
452 Komm. v. 21.1.2004 (COMP/M.3304) – GE/Amersham, Rdnr. 8.

Teil 2 C. Feststellung von Marktmacht und Marktbeherrschung

i) Substitutionsketten/Produktdifferenzierung

Die Kommission verweist in ihrer Bekanntmachung zur Definition des relevanten Marktes bereits auf das Problem der sogenannten Substitutionsketten: Denkbar sind Fälle, in denen „ein relevanter Markt definiert wird, bei dem sich Produkte oder räumliche Gebiete [...] nicht zur Substitution eignen."[453] Auch wenn die Produkte A und C keine gegenseitigen Substitute seien, könne eine beiden Produkten gemeinsame Substitutionsbeziehung zu einem dritten Produkt B zu einer Beeinflussung von A und C untereinander führen, so dass A und C demselben Markt zuzuordnen seien.[454]

In Bezug auf den Produktmarkt wurde dieses Phänomen in einer Vielzahl von Fällen von der Kommission bei der Bestimmung des Marktes berücksichtigt. In ihrer Entscheidung *Pirelli/BICC*[455] führt die Kommission zum Konzept der Substitutionsketten generell aus, dass diese Methode zur Marktabgrenzung unter anderem auf eine Situation Bezug nimmt, in der zwei oder mehr Produkte, ohne dass sie untereinander Substitute wären, trotzdem als demselben Produktmarkt zugehörig anzusehen seien, weil ihr Preis durch ein drittes Produkt, das Substitut der beiden ersten Produkte ist, beeinflusst würde.[456] Bei der Anwendung dieser Methode stand in der Entscheidung *Astra Zeneca/Novartis*[457] außer Frage, dass Herbizide zur Bekämpfung von Gräsern (Graminizide) und Unkräutern in Ackerbeständen nicht untereinander substituierbar sind.[458] Breit-Spektrum-Herbizide dagegen, die sowohl zur Bekämpfung von Gräsern als auch von Unkräutern eingesetzt werden können, sind einerseits geeignet, Unkraut-Herbizide zu ersetzen, können andererseits aber auch statt Graminiziden eingesetzt werden. Mit einer hypothetischen Preiserhöhung der Breit-Spektrum-Herbizide wäre nicht nur ein Absatzrückgang bedingt durch den Einsatz von Graminiziden statt Breit-Spektrum-Herbiziden zur Grasbekämpfung verbunden, sondern auch bedingt durch den Ersatz von Breit-Spektrum-Herbiziden durch reine Unkraut-Herbizide. Über die

---

453 Bekanntmachung der Kommission über die Definition des relevanten Marktes, ABl.EG 1997 C 372/03, Rdnr. 57.
454 Allgemein zum Problem der Marktabgrenzung bei Substitutionsketten vgl. S. 90.
455 Komm. v. 19.7.2000 (COMP/M.1882) – Pirelli/BICC.
456 Ibid., Rdnr. 17: „Das Substitutionskettenkonzept bezieht sich u.a. auf eine Situation, in der zwei oder mehr Erzeugnisse als demselben Produktmarkt zugehörig angesehen werden können, ohne direkte Substitute füreinander zu sein, weil die Preisbildung bei ihnen möglicherweise durch ein anderes Produkt beeinflusst wird, das ein Substitut für die ersten beiden Produkte ist."
457 Komm. v. 26.7.2000 (COMP/M.1806), ABl.EU 2004 L 110/1 – Astra Zeneca/Novartis.
458 Ibid., Rdnr. 57.

II. Indirekte Erfassung von Marktmacht   Teil 2

Breit-Spektrum-Herbizide üben die Unkraut-Herbizide daher einen Wettbewerbsdruck auf Graminizide aus, für die sie eigentlich keine direkten Substitute darstellen, und umgekehrt. Dies gerade stellt den Substitutionsketteneffekt dar.[459]

Ähnlich werden Kettensubstitutionsbeziehungen bei gleichartigen Produkten unterschiedlicher Größen- und Leistungsklassen (vertikal differenzierten Produkten) zur Definition des Marktes herangezogen. So hat die Kommission einen einheitlichen Markt für Standardtraktoren trotz erheblicher Unterschiede in Baugröße und Motorleistung angenommen. Es bestünden zwar erhebliche Unterschiede in Bezug auf Leistung, Spezifikation und Gewicht, gleichwohl führe eine Kette von Substitutionsbeziehungen zu zwischen den einzelnen Leistungsklassen verschwimmenden Grenzen. Obwohl Standardtraktoren unterschiedlicher Leistung für unterschiedliche Anwendungen oder von unterschiedlichen Anwendern eingesetzt würden, wechselten Kunden zu üblicherweise nach ihrer Leistung nicht für den vorgesehenen Einsatzbereich gedachten Maschinen aufgrund anderer Erwägungen. Die jeweils nächstgrößere bzw. nächstkleinere Maschinenklasse übe daher Wettbewerbsdruck aus.[460]

Die Kettensubstitutions-Methode kommt insbesondere bei Märkten mit grundsätzlich gleichartigen Produkten in unterschiedlichen Preisklassen zum Einsatz. Beispiele für derart vertikal differenzierte Produkte bieten zwei Entscheidungen über die Marktabgrenzung bei Hotelzimmern: In

---

459 Ibid., Rdnr. 60: „Angesichts der Tatsache, dass Breitspektrumherbizide mit Blattherbiziden in Wettbewerb stehen, würde eine Preiserhöhung bei den Breitspektrumherbiziden letztlich nicht nur zu einem Umsatzrückgang führen, weil die Landwirte das Breitspektrumprodukt nicht mehr zur Bekämpfung von breitblättrigem Unkraut verwenden würden, sondern auch deshalb, weil Landwirte, die das Produkt zur Bekämpfung von breitblättrigem Unkraut gekauft haben, nunmehr auf ‚reine' Blattherbizide umstellen würden. Insofern als viele Käufer von Breitspektrumherbiziden das Produkt zur Bekämpfung von beiden Unkrautarten kaufen und der Wert des Breitspektrumprodukts im Vergleich zu Blattherbiziden erheblich ist, üben Blattherbizide einen Wettbewerbsdruck auf die Preise von Breitspektrumherbiziden aus und somit auf die Preise von Graminiziden. Hierbei handelt es sich um den sogenannten Substitutionsketteneffekt."; sowie Komm. v. 17.4.2002 (COMP/M.2547) – Bayer/Aventis Crop Science, Rdnr. 577.
460 Komm. v. 28.10.1999 (IV/M.1571) – New Holland/Case, Rdnr. 9: "[…] all products may be combined into a single product market, because of […] the existence of a competitive chain of substitution within tractors of different power, specification and weight […]"; Rdnr. 11: "[…] although standard tractors of different size and power may be used for different applications (arable, livestock or mixed) or by different users (small family or part-time farming, mid-sized professional farming, or cash-crop farming and contractors), customers appear to be prepared to move up or down the horsepower scale, depending on other aspects (e.g. durability, reliability, after-sale servicing, nancing, etc.) of the package offered. […]".

den Fällen *Bass plc/Saison Holdings B.V.*[461] und *Accor/Blackstone/Colony/Vivendi*[462] ging es um die Abgrenzung von Märkten für Hotels. Die Kommission kommt aufgrund eines kontinuierlichen Preisanstiegs vom billigsten zum teuersten Hotel zu dem Schluss, dass der relevante Markt der für alle Hotels sei, insbesondere, da keine markanten Preisgrenzen festzustellen seien.[463] Auch wenn gerade zwischen dem billigsten und dem teuersten Hotel signifikante Preisunterschiede bestünden, wäre eine Einteilung von Märkten anhand von Sternen zu rigide und würde der Realität nicht gerecht; vielmehr seien Märkte, die jeweils mehrere Kategorien umfassen (1 und 2, 2 und 3, 3 und 4 etc. Sterne-Hotels, dann aber auch gleichzeitig 1, 2 und 3 sowie 2, 3 und 4 etc. Sterne-Hotel-Märkte), denkbar. Hieran wird besonders deutlich, inwiefern der Effekt der Kettensubstitution vom ersten bis zum letzten Glied der Kette wirkt.[464]

Maßgebendes Kriterium in vergleichbaren Fällen ist nach Ansicht der Kommission, ob ein kontinuierlicher Preisanstieg feststellbar ist, der indizieren würde, dass keine klare Trennung in Qualität und Preis zwischen unterschiedlichen Kategorien desselben Produkts möglich und daher ein gemeinsamer Markt festzustellen ist.[465]

Dass gleichwohl in solchen Märkten nicht das billigste mit dem teuersten Produkt konkurriert, führte in der Entscheidung *Metso/Svedala*[466] zur Annahme von getrennten Märkten für kleinere und größere Steinbrechmaschinen: Grundsätzlich wird auch hier eine anbieter- und nachfragerseitige Substitutionskettenbeziehung angenommen. Ein Produkt einer bestimmten Größe übe wettbewerblichen Einfluss auf seine direkten größeren und kleineren Nachbarprodukte aus; ebenso könne aus Anbietersicht leicht von einer Baugröße zu einer anderen übergegangen werden, da die verwandte Technologie relativ einfach sei und vor allem keinen beträchtlichen Kapitaleinsatz erfordere.[467] Gleichzeitig seien aber Grenzbereiche

---

461 Komm. v. 23.3.1998 (IV/M.1133) – Bass plc/Saison Holdings B.V.
462 Komm. v. 8.9.1999 (IV/M.1596) – Accor/Blackstone/Colony/Vivendi.
463 Komm. v. 23.3.1998 (IV/M.1133) – Bass plc/Saison Holdings B.V., Rdnr. 14: "The above analysis also showed that in the cities concerned there was a continuum of prices at all levels from the cheapest to the dearest, with no substantial 'break points' at which there were no hotels on offer. The relevant market may therefore be one for all hotels (except perhaps the very cheapest and the most expensive) on the basis of a 'chain of substitutes'."
464 Komm. v. 8.9.1999 (IV/M.1596) – Accor/Blackstone/Colony/Vivendi, Rdnr. 25.
465 Komm. v. 24.7.2002 (COMP/M.2706) – Carnival Corporation/P&O Princess, Rdnr. 78, 91.
466 Komm. v. 24.1.2001 (COMP/M.2033) – Metso/Svedala.
467 Ibid., Rdnr. 48: „Nach Meinung der Parteien sind nachfrageseitig alle Produkte durch eine Substitutionskette verknüpft, so dass ein Produkt einer gegebenen Größe für die unmittelbar benachbarten größeren oder kleineren Maschinen eine Größenkonkurrenz bildet, und sie sind auch der Meinung, dass die Umstellung von einer Größe auf die

dieser Substitutionskettenbeziehungen zu identifizieren, da mit der Größe der Maschinen die Anzahl ihrer Hersteller abnehme, aufgrund der unterschiedlichen Abnehmergruppen für kleine und große Steinbrechmaschinen Hersteller für Maschinen des einen Sektors nicht immer auch Abnehmer des anderen Sektors beliefern könnten, möglicherweise in der Praxis andere Produktionsstätten erforderlich sein könnten etc.; dies indiziere eigene Märkte für kleinere und größere Maschinen.[468] Schließlich werde die Substitutionskette aufgrund unterschiedlicher Geschäftsmodelle unterbrochen; während die kleineren Maschinen in großen Stückzahlen abgesetzt werden müssten, um aufgrund der dann erreichbaren Skaleneffekte wirtschaftlich produzieren zu können, reichten bei größeren Maschinen kleinere, auf Bestellung gefertigte Produktionsmengen aus.[469] Insgesamt sei daher trotz Substitutionskettenbeziehungen von getrennten Märkten zwischen kleinen und großen Steinbrechmaschinen auszugehen.

Die Kommission wendet das Konzept der Substitutionsketten auch zur Bestimmung des räumlich relevanten Marktes an.[470] Im Fall *Norddeutsche Affinerie/Cumerio* nahm die Kommission daher einen weiteren Markt an, als der eher begrenzte Radius der Produktauslieferung nahelegte: „Dennoch gibt es angesichts der räumlichen Verteilung der europäischen Anbieter von Gießwalzdraht Überschneidungen in den Gebieten um die Produktionsstätten; dies wirkt sich auf die Wettbewerbssituation aus und lässt den Schluss zu, dass der räumlich relevante Markt als EWR-weit zu definieren ist."[471]

5. Bestimmung der Marktanteile

a) Ökonomische Konzepte der Marktanteilsbestimmung

Ist der relevante Markt abgegrenzt worden, dann sind in einem nächsten Schritt die Marktanteile der in diesem Markt tätigen Unternehmen zu bestimmen. Aus den Marktanteilen kann bei einem ökonomisch sinnvoll ab-

---

    nächste auf der Angebotsseite leicht ist, weil die Technologien recht einfach sind und auch, weil wegen des beträchtlichen Umfangs der über untervergebene Aufträge gefertigten Komponenten die Herstellung größerer oder kleinerer Produkte keine wesentlichen Investitionen erfordert."

468 Ibid., Rdnr. 51 f. Die Parteien tragen weiter vor, dass die Substitutionskette in Bezug auf sehr große Maschinen auch schon dadurch durchbrochen sei, dass „die sehr großen Kegelbrecher gewöhnlich doppelt so teuer und schwer sind und ungefähr die zweifache Kapazität der Produkte der nächsten Größe haben." (a.a.O., Rdnr. 50).

469 Komm. v. 24.1.2001 (COMP/M.2033) – Metso/Svedala, Rdnr. 53.

470 Bekanntmachung der Kommission über die Definition des relevanten Marktes, ABl 1997 C 372/5, Rdnr. 57.

471 Komm. v. 23.1.2008 (COMP/M.4781) – Norddeutsche Affinerie/Cumerio, Rdnr. 49.

gegrenzten Markt unter Umständen ein Rückschluss auf eine vorhandene oder entstehende Marktmacht gezogen werden. Dabei ist jedoch zu beachten, dass es sich bei den Marktanteilen nur um ein Indiz für das Vorliegen von Marktmacht handeln kann – ein hoher Marktanteil bedeutet nicht notwendig auch erhebliche Marktmacht. Handelt es sich z. B. um einen Markt, in den sehr schnell und in erheblichem Umfang Marktzutritte erfolgen könnten, dann wäre selbst ein Monopolist nicht in der Lage, Marktmacht auszuüben. In der Praxis erfolgt der Einstieg in die wettbewerbsrechtliche Prüfung (competitive assessment) stets über den Marktanteil. Unter dem Marktanteil wird der Teil des Absatzes einer bestimmten Ware oder Dienstleistung verstanden, den ein Anbieter in einem bestimmten Zeitraum zum mengenmäßigen Volumen oder wertmäßigen Gesamtumsatz des betroffenen Marktes beisteuert.[472] In der Bekanntmachung der Kommission zur Definition des relevanten Marktes heißt es hierzu: „Zur Berechnung von Marktanteilen wird zwar üblicherweise auf die Verkaufszahlen Bezug genommen, doch gibt es auch andere Indikatoren – je nach Erzeugnis oder Wirtschaftszweig unterschiedlicher Art – die nützliche Aufschlüsse bieten können wie insbesondere Kapazität und Wirtschaftsteilnehmer auf Abschreibungsmärkten."[473] Marktanteile können grundsätzlich entweder aufgrund des Outputs bzw. Absatzes oder des Umsatzes eines Unternehmens zugeordnet werden.[474]

α) Absatzbasierte Marktanteile

Ermittelt man die Marktanteile anhand des Outputs, so ist aus ökonomischer Sicht darauf zu achten, dass ein gemeinsamer Standard zur Messung des Outputs an u. U. differenzierten Gütern herangezogen wird. In vielen Fällen wird z. B. das Gewicht oder das Volumen als ein solcher Standard fungieren können. Bei manchen Produkten hingegen kann es bisweilen schwierig sein, einen solchen Standard zu ermitteln. So sind z. B. bei Toilettenpapier „Pakete" kein geeignetes Maß, da diese Pakete unterschiedliche Mengen von Rollen enthalten können. Aber auch eine Rolle ist als Standard nicht geeignet, da die Rollen unterschiedliche Mengen an „Blättern" enthalten. Schließlich ist auch „Blatt" als Maß nicht geeignet, da ein Blatt aus zwei, drei oder gar vier „Lagen" bestehen kann und auch die Größe eines Blattes nicht bei jeder Marke die gleiche ist.

Bei anderen Produkten, wie z. B. Kohle, ist es sinnvoll, sich auf eine geeignet definierte Effizienzeinheit zu beziehen, wie beispielsweise den

---
472 *Schröter*, Kommentar zum Europäischen Wettbewerbsrecht, Art. 82 Rdnr. 102.
473 Mitteilung der Kommission über die Definition des relevanten Marktes, Rdnr. 55.
474 Vgl. grundlegend hierzu *Werden* (2003).

II. Indirekte Erfassung von Marktmacht **Teil 2**

Heizwert, da Kohle verschiedener Herkunft sehr unterschiedliche Heizwerte aufweisen kann. Ein analoges Problem kann bei einer outputbasierten Berechnung der Marktanteile auftreten, wenn die Güter eine unterschiedliche Lebensdauer aufweisen. Hier ist bei der Ermittlung der mengenbezogenen Marktanteils der unterschiedlichen Lebensdauer der Produkte Rechnung zu tragen, indem z. B. Produkte mit einer höheren Lebensdauer mit einem entsprechenden Faktor (z. B. dem Faktor 2, falls das Produkt die doppelte Lebensdauer besitzt) multipliziert werden.

β) Umsatzbasierte Marktanteile

Aufgrund der genannten Schwierigkeiten ist daher häufig eine auf dem Umsatz basierende Ermittlung der Marktanteile aus ökonomischer Sicht deutlich einfacher, da hier Unterschieden in den Produkten, z. B. hinsichtlich der Lebensdauer, des Wirkungsgrades oder anderer Differenzen automatisch Rechnung getragen wird. Allerdings stellen sich auch bei einer solchen Ermittlung der Marktanteile gewisse Schwierigkeiten. So weisen physisch identische Produkte, die als teure Markenprodukte oder als günstige Handelsmarken erhältlich sind, drastische Preisunterschiede auf. Bei gleichem mengenmäßigem Absatz würde also dem teuren Markenprodukt ein größerer Marktanteil zugeordnet werden als dem Produkt der günstigen Handelsmarke. Allerdings substituieren Konsumenten die Produkte im Allgemeinen im Verhältnis eins zu eins und nicht entsprechend dem Preisverhältnis. In einem solchen Falle würde eine auf die Menge bezogene Marktanteilsbestimmung zu einem ökonomisch aussagekräftigeren Resultat führen. Sind Preisunterschiede durch eine vertikale Produktdifferenzierung bedingt, z. B. in einem Fall, in dem ein Produkt eine zusätzliche Komponente enthält, wäre eine Ermittlung der Marktanteile aufgrund von Mengen ein akkurateres Maß. Dies ist vor allem dann der Fall, wenn die Preisdifferenz den Kosten der Komponenten separat entspricht.

γ) Kapazitätsbasierte Marktanteile und weitere Bezugsgrößen

In bestimmten Fällen und für spezifische Industrien können alternativ zu Output oder Umsatz auch andere Bezugsgrößen zur Ermittlung der Marktanteile verwendet werden. So können z. B. die Kapazitäten von Unternehmen als Basis für die Marktanteile dienen. Dies ist vor allem dann der Fall, wenn die Produktionskapazitäten den Absatzmöglichkeiten der Unternehmen entsprechen. Das wird vor allem bei homogenen Produkten in Prozessindustrien, wie z. B. der Mineralölraffinierung, der chemischen Industrie oder der Elektrizitätswirtschaft der Fall sein.[475] Hierzu ist erfor-

---

475 Vgl. *Werden* (1996).

derlich, dass es ein allgemein akzeptiertes Verfahren zur Messung der Kapazität gibt. Bei rohfstoffextrahierenden Industrien, wie z.B. dem Bergbau, können die vorhandenen und noch nicht z.B. vertraglich gebundenen Rohstoffreserven als Basis für die Marktanteile herangezogen werden. Dabei stellt sich jedoch häufig das Problem, dass es keine Möglichkeiten gibt, die vorhandenen Reserven präzise abzuschätzen.

In solchen Märkten, in denen eher von einem „Wettbewerb um den Markt" als von einem „Wettbewerb im Markt" ausgegangen werden muss, wie z.B. in Industrien, die durch signifikante Netzeffekte charakterisiert sind, in sehr dynamischen Märkten, in denen Innovationen der zentrale Wettbewerbsparameter sind oder auch in Bietermärkten, kann es sich als sinnvoll erweisen, allen Wettbewerbern einen gleich großen Marktanteil (1/n bei n Wettbewerbern) zuzuordnen. Dies ist dann der Fall, wenn alle Wettbewerber über ähnliche Technologien verfügen und die gesamte Nachfrage bedienen können. In diesem Fall haben alle Unternehmen die gleiche Chance, den Zuschlag zu bekommen.

b) Bestimmung der Marktanteile in der Praxis

In der Praxis wird in vielen Fällen den vorgenannten Verfahren gefolgt, indem die Marktanteile bezüglich des mengenmäßigen Volumens oder des Umsatzes ermittelt werden.

α) Absatzmenge als Berechnungsgrundlage

Je nach Einzelfall kann eine Berechnung der Marktanteile nach Mengenabsatz angezeigt sein. Insbesondere im Bereich homogener Produkte stellt die Kommission in der Regel eine mengenmäßige Betrachtung an, jedenfalls dann, wenn keine signifikanten Preisunterschiede zwischen den Produkten bestehen, die die Berechnung nach Volumen weniger zuverlässig machten als die Berechnung nach dem Warenwert.[476] Auch innerhalb der Berechnung nach Volumen wird unter Umständen noch differenziert, um Besonderheiten Rechnung zu tragen. Im Fall *Carnival Corporation/P&O*

---

[476] Vgl. Komm. v. 19.2.2004 (COMP/M.3337) – Best Agrifund/Nordfleisch, Rdnr. 109 (Markt für Schlachtprodukte); aus wirtschaftstheoretischer Sicht wird die differenzierte Betrachtung einmal nach Volumen oder nach Warenwert je nachdem, ob es sich um homogene oder heterogene Produkte handelt, teils mit Skepsis betrachtet. Danach soll auch in Fällen differenzierter Produkte eine Berechnung nach Volumen zumindest dann erfolgen, wenn es sich um langlebige Produkte handelt, bei denen nur eine einmalige Kaufentscheidung anfällt. In diesem Fall stehen alle Produkte im Zeitpunkt der Kaufentscheidung unabhängig von Preisunterscheiden gleichermaßen im Wettbewerb; vgl. *Areeda, Hovenkamp* (2007), Bd. II B Rdnr. 535a.

II. Indirekte Erfassung von Marktmacht Teil 2

Princess[477], bei dem es um einen Zusammenschluss von zwei vorwiegend im Bereich der Seekreuzfahrten tätigen Unternehmen ging, zog die Kommission auf Anregung der Parteien zunächst eine Berechnung der Marktanteile anhand der Anzahl von beförderten Passagieren in Betracht. Allerdings kam sie zu dem Ergebnis, dass sich so ein falsches Bild ergeben könnte, weil hierdurch der Anteil von Unternehmen mit kürzeren Kreuzfahrten überbewertet würde. Sie entschied sich deshalb zur Bemessung nach in Anspruch genommenen Passagiertagen.[478] Weiterhin stellt die Kommission fest, dass sich grundsätzlich auch eine wertmäßige Umsatzberechnung angeboten hätte, hierzu aber die erforderlichen Angaben sämtlicher Marktteilnehmer nicht beizubringen waren.[479]

β) Umsatz als Berechnungsgrundlage

Nach Auffassung der Kommission ist eine Berechnung der Marktanteile nach Umsatz insbesondere bei differenzierten Produkten[480] angezeigt.[481] Im Fall *Du Pont/ICI*[482] hält die Kommission hierzu fest: "In a market where products are differenciated in terms of price and quality, the appropriate method of calculating market shares has to be based on value rather than volume. In this way, high value items are given their correct weight relative to low value items. A calculation based on volumes would not reflect the real market position of the players."[483] Diese Beurteilung führte auch im Fall *Procter Gamble/Schickedanz (II)*[484] dazu, dass die Kommission nicht eine mengenmäßige Betrachtung anstellte, sondern die wertmäßigen Anteile als den verlässlicheren Indikator der Marktstellung der beteiligten Unternehmen heranzog. Der Zusammenschluss betraf den

---

477 Komm. v. 24.7.2002 (COMP/M.2706) – Carnival/P & O Princess.
478 Ibid., Rdnr. 130.
479 Ibid., und Rdnr. 132.
480 D.h. solche Produkte, die aus Sicht des Kunden spezielle Differenzierungsmerkmale aufweisen.
481 Vgl. Formblatt CO, Abschnitt 7; ebenso Mitteilung über die Definition des relevanten Marktes, Rdnr. 55; für das deutsche Recht vgl. BGH, Beschl. v. 21.2.1978 – Kfz-Kupplungen, WuW/E BGH 1501, 1503; BGH, Beschl. v. 7.6.1992 – Melitta/Kraft (Frapan), BGHZ 119, 117, 129f. = NJW 1993, 264; *Emmerich* (2008) § 27 Rdnr. 43; Immenga/Mestmäcker/*Möschel* (2007), GWB, § 19 Rdnr. 59; Langen/Bunte/*Ruppelt* (2010) § 19 GWB Rdnr. 82; Wiedemann/*Wiedemann* (2008) § 23 Rdnr. 20; *Möschel* (1983) Rdnr. 536.
482 Komm. v. 30.9.1992 (IV/M.214) – Du Pont/ICI.
483 Ibid., Rdnr. 31; ähnlich bereits in Komm. v. 22.7.1992 (IV/M.190), ABl.EG 1992 Nr. L 356/1 – Nestlé/Perrier, Rdnr. 40; siehe auch Komm. v. 5.3.2008 (COMP/M.4747) – IBM/Telelogic, Rdnr. 135: "In cases of differentiated products it is generally accepted that market shares in value reflect better the relative position and strength of each competitor."
484 Komm. v. 21.6.1994 (IV/M.430) – Procter Gamble/Schickedanz (II).

Teil 2 C. Feststellung von Marktmacht und Marktbeherrschung

Markt für Markenhygieneprodukte für Frauen. Dabei stellte die Kommission zunächst fest, dass es sich hierbei um heterogene Erzeugnisse handelt, die in Bezug auf Größe, Saugstärke, Tragekomfort u. ä. voneinander zu unterscheiden sind.[485] Auffällig war zudem, dass für Markenbinden im Vergleich zu Zweit- oder Handelsmarkenerzeugnissen ein erheblicher Aufpreis (hier 50–100%) verlangt wird. Die Kommission stellt hierzu fest: „Die Fähigkeit eines Herstellers, für seine Erzeugnisse durch entsprechende Produktinnovation, Werbung, Warenzeichen- oder Absatzpolitik höhere Preise zu erzielen als die Konkurrenz, ist ein bedeutender Hinweise auf die jeweilige Marktmacht des Unternehmens im Vergleich zu seinen Wettbewerbern. Diese Fähigkeit spiegelt sich nicht in mengenmäßigen, sondern in wertmäßigen Anteilen wieder. In einem Sektor, in dem mit enormem Werbeaufwand geförderte Produkte dominieren, geben wertmäßige Anteile überdies einen ungefähren Anhaltspunkt dafür, über welche finanziellen Mittel der Hersteller zur Reinvestition in seine Marke, vor allem durch Werbung, verfügt."[486]

γ) Kapazitäten als Berechnungsgrundlage

Eine Marktanteilsberechnung anhand von Kapazitäten nimmt die europäische Rechtspraxis in Fällen vor, in denen Abnehmer ohne weiteres auf einen anderen Anbieter ausweichen können (in der Regel also bei homogenen Produkten), die Anbieter sich ihrerseits jedoch Kapazitätsengpässen ausgesetzt sehen. Für die Beurteilung der Auswirkungen eines zukünftigen Zusammenschlusses wäre die Heranziehung vergangener Daten in einer solchen Konstellation wenig aussagekräftig. In der Entscheidung *UPM Kymmene/Haindl/WW*[487] hat die Kommission auf dem Markt für Zeitungspapier und holzhaltiges Zeitschriftenpapier u. a. eine Berechnung nach Kapazitäten vorgenommen, weil sie mit den Parteien der Auffassung war, dass „Marktanteile in der Druckpapierindustrie in hohem Maße von den Kapazitätsanteilen bestimmt" sind.[488] Kapazitäten als Berechnungs-

---

485 Ibid., Rdnr. 113.
486 Rdnr. 115, 116; ähnliche Erwägungen bereits in Nestlé/Perrier, Rdnr. 40, in dem die Kommission betreffend den französischen Wassermarkt zunächst feststellt, dass der Markt sich aus zwei verschiedenen Produktgruppen zusammensetzt, nämlich zum einen national vertriebene Mineralwässer und lokale (Quell-)Wässer, die preislich stark auseinanderfallen. „Bei diesem erheblichen Preisunterschied zwischen den beiden Brunnenwasserkategorien und angesichts der in dieser Branche vorhandenen beträchtlichen finanziellen Möglichkeiten für Werbe- und Marktinvestitionen hält es die Kommission für angemessener, nicht die mengenmäßigen, sondern die wertmäßigen Marktanteile zu berücksichtigen."
487 Komm. v. 21.11.2001 (COMP/M.2498) – UPM Kymmene/Haindl.
488 Ibid., Rdnr. 80.

II. Indirekte Erfassung von Marktmacht Teil 2

grundlage sind nach der Rechtsprechung des EuG im Urteil *Tetra Laval/ Kommission* auch auf neuen Märkten in der Expansionsphase heranzuziehen.[489]

δ) Alternative Berechnungsmethoden

Je nach Besonderheiten des Einzelfalls kommen zahlreiche weitere Berechnungsgrundlagen in Betracht. So legt die Kommission in der Entscheidung *Raytheon/Thales/JV* – einem Fall des Bieterwettbewerbs – die Anzahl an gewonnenen Verträgen zur Marktanteilsbemessung zugrunde,[490] in *Ernst & Young France/Andersen France* berief die Kommission sich für die Marktanteilsberechnung zum einen auf die Anzahl an Pflichtprüfungsmandaten und zum anderen auf Umsatzzahlen für den relevanten Markt.[491] Im Hinblick auf Online-Musikverlagsrechte legte die Kommission im Fall *Universal/BMG Music Publishing* ihrer Schätzung der Marktanteile die für Online-Kunden besonders bedeutsamen jährlichen Top 100 Single Charts zugrunde.[492] Die Kommission ist bemüht, die Grundlage mit der meisten Aussagekraft zu wählen. Problematisch ist, dass die hierfür nötigen Informationen oft nicht zur Verfügung stehen.[493] In vielen Fällen verwendet die Kommission auch mehr als eine Berechnungsgrundlagen der Marktanteile.[494] In zahlreichen Entscheidungen betrachtet sie die Absätze sowohl nach Volumen als auch nach

---

[489] EuG, Urt. v. 25.10.2002, T-5/02 – Tetra Laval/Kommission, Slg. 2002, II-4381, Rdnr. 240: „Gestützt auf die Anteile der Klägerin (...), die anhand der Kapazität ermittelt wurden, da es sich um die verlässlichste Berechnungsmethode handeln soll, um ihre tatsächliche Stellung auf diesem neuen und wachsenden Markt in Erfahrung zu bringen (...)."
[490] Komm. v. 30.3.2003 (COMP/M.2079) – Raytheon/Thales/JV, Rdnr. 39.
[491] Komm. v. 5.9.2002 (COMP/M.2816) – Ernst & Young France/Andersen France, Rdnr. 55 f.
[492] Komm. v. 22.5.2007 (COMP/M.4404) – Universal/BMG Music Publishing, Rdnr. 273 ff.; ferner wurde die Analyse der Marktanteile erweitert, um auch die Marktmacht aufgrund einer Mitverlegerschaft in Betracht zu ziehen, siehe Rdnr. 284 ff.
[493] Vgl. z.B. Komm. v. 3.5.2000 (IV/M.1693) – Alcoa/Reynolds, Rdnr. 100: „In ihrer Marktuntersuchung gelangte die Kommission zu dem Ergebnis, dass Kapazitäts- oder Produktionsanteile bei PO404 nur schwer zu berechnen sind. (...) Um die Marktstellung der fusionierenden Parteien bei Produktion und Angebot von PO404 ermessen zu können, sind daher Ersatzindikatoren zu verwenden."; ähnlich in Komm. v. 5.9.2002 (COMP/M.2816) – Ernst & Young France/Andersen France, Rdnr. 55 f.; siehe Komm. v. 2.7.2008 (COMP/M.4942) – Nokia/NAVTEQ, Rdnr. 242: „Da das Angebot von Navigationsdiensten auf Mobiltelefonen eine noch im Entstehen begriffene Industrie darstellt, sind – unabhängig vom Vertriebsweg – keine verlässlichen Informationen über den Markt, wie Marktanteile, verfügbar."
[494] In Komm. v. 28.6.2000 (COMP/M.1741) – MCI WorldCom/Sprint, Rdnr. 127 z.B. legte die Kommission neben Kapazitätsangaben und Erträgen auch den Verkehrs-

Wert[495] oder nach Volumen/Wert und Kapazität.[496] Darüber hinaus existieren Märkte, auf denen es keinen allgemein verfügbaren und anerkannten Indikator gibt, der als Hilfsgröße zur indirekten Messung von Marktmacht herangezogen werden könnte. Im Fall *BP Amoco/Arco*[497] ging es um die Exploration von Rohöl und Erdgas. Hier führte die Kommission an, dass die Ermittlung von Marktanteilen auf der Explorationsstufe anhand verschiedener Faktoren erfolgen könnte. Als Beispiele wurden die Anzahl der Gebiete, für die Konzessionen zur Exploration gewährt worden waren, die Anzahl der Konzessionsgebiete, bei denen die betroffenen Unternehmen Betreiber waren, die anteilsmäßige Ausdehnung der Konzessionsgebiete, die Gesamtausdehnung der Konzessionsgebiete, bei denen das betreffende Unternehmen als Betreiber fungiert oder aber die Investitionsausgaben für die Exploration genannt. Letztendlich wurden der Marktanteilsberechnung die Investitionsausgaben für die Exploration sowie der Anteil an der zu erwartenden Gesamtfördermenge zugrunde gelegt.

6. Bedeutung von Marktanteilen und anderen Faktoren

a) Absolute Marktanteile und Marktanteilsschwellen im europäischen Recht

Der Marktanteil eines Unternehmens wird berechnet, indem zunächst das Gesamtvolumen des zuvor abgegrenzten Marktes ermittelt wird.[498] Zu dem Gesamtvolumen wird das Volumen des oder der betreffenden Unternehmen ins Verhältnis gesetzt. Dabei werden bei der Wettbewerbsanalyse grundsätzlich die gegenwärtigen Marktanteile zugrunde gelegt.[499] Unter Umständen wird diese gegenwärtige Betrachtung aber angepasst, um zukünftigen Entwicklungen Rechnung zu tragen, wie z.B. Marktein- und Marktaustritten oder Marktwachstum. In der Entscheidung *Astra Zeneca/Novartis* schätzte die Kommission die Entwicklung der Marktanteile in-

---

fluss zugrunde; in Komm. v. 30.10.2001 (COMP/M.2420) – Mitsui/CRVD/Caemi Rdnr. 173 f. denwertmäßigen Umsatz und Kapazitäten.
495 Z.B. Komm. v. 22.9.2004 (COMP/M.3459) – Seiko Epson/Sanyo/Sanyo Imaging Devices JV, Rdnr. 13; Komm. v. 20.8.2004 (COMP/M.3506) – Fox Paine/Advanta, Rdnr. 28, 30; Komm. v. 14.5.2008 (COMP/M.4854) – TomTom/Tele Atlas, Rdnr. 177.
496 Komm. v. 11.7.2001 (COMP/M.2314) – BASF/Eurodiol/Pantochim, z.B. Rdnr. 84, 103; Komm. v. 6.6.2006 (COMP/M.4141) – Linde/BOC, Rdnr. 153 und 158; Komm. v. 20.12.2006 (COMP/M.4215) – Glatfelter/Crompton Assets, Rdnr. 68 und 69.
497 Komm. v. 29.9.1999 (IV/M.1532) – BP Amoco/Arco, Rdnr. 20–22.
498 Zur Berechnung der Marktanteile siehe auch die Mitteilung der Kommission zur Definition des relevanten Marktes für das Gemeinschaftliche Wettbewerbsrecht, ABl.EG C 375 v. 9.12.1997, Rdnr. 54–55.
499 Leitlinien zur Beurteilung horizontaler Unternehmenszusammenschlüsse, Rdnr. 15.

nerhalb der nächsten ein bis vier Jahre auf Grundlage geschäftsinterner Verkaufsvorhersagen, weil es sich um medizinische Produkte handelte, für die ein Marktzutritt innerhalb dieses Zeitraums nicht abzusehen war.[500]

Unproblematisch ist die Feststellung, dass das Vorliegen eines Monopols keine Voraussetzung für eine beherrschende Stellung ist. Nach der Kommissionsentscheidung *CVC/Lenzing* schließt eine solche Stellung nicht aus, dass ein gewisser Restwettbewerb herrscht. Maßgeblich sei, dass das begünstigte Unternehmen sich in die Lage versetzt sehe, die Bedingungen, unter denen sich der Wettbewerb entwickeln kann, zu bestimmen oder wenigstens merklich zu beeinflussen, jedenfalls aber weitgehend in seinem Verhalten hierauf keine Rücksicht nehmen zu müssen, ohne dass es ihm zum Nachteil gereicht.[501]

α) Unbedenkliche Marktanteilswerte

Die Frage, welche Marktanteilswerte in der Regel die Feststellung einer beherrschenden Stellung durch Kommission und europäische Gerichte unwahrscheinlich machen, ist nicht ohne weiteres zu beantworten. In Erwägungsgrund 32 der FKVO 139/2004[502] wird zwar ein sog. soft safe harbour von 25% Marktanteil genannt, der in der Regel die Mindestschwelle für die Feststellung einer beherrschenden Stellung darstellen soll. Allerdings wurde in der Vergangenheit immer wieder darauf hingewiesen, dass die Kommission sich bei der Beurteilung nicht an Marktanteilsschwellen binden lassen wolle.[503] Dass ein kombinierter absoluter Marktanteil von zwischen 20–30% zu gering ist, um eine beherrschende Stellung zu begründen, wurde von der Kommission jedoch im Fall *Sovion/HMG* bestätigt.[504] Dort wären die Zusammenschlussparteien auf

---

500 Komm. v. 26.7.2000 (COMP/M.1806) – Astra Zeneca/Novartis, Rdnr. 150, 415.
501 Komm. v. 17.10.2001 (COMP/M.2187) – CVC/Lenzing, Rdnr. 136; ebenso Komm. v. 20.12.2001 (COMP/M.2530) – Südzucker/Saint Louis Sucre, Rdnr. 62.
502 Ebenso in Rdnr. 18 der Leitlinien zur Beurteilung horizontaler Zusammenschlüsse.
503 *Götz Drauz* (damals Leiter der Merger Task Force) bemerkte anlässlich des 10-jährigen Jubiläums der Fusionskontrollverordnung: "In conclusion, I think we cannot stick to static interpretations of the case law as if they were carved in stone. Just because there have been situations where we have accepted a combined market position of 50% in the past, that does not guarantee that such an operation will necessarily be cleared today."; in: Merger Control: Ten Years On, S. 109 (119); allerdings muss bedacht werden, dass zu diesem Zeitpunkt gerade die Lückenproblematik bezüglich des Marktbeherrschungstests im Hinblick auf unilaterale Effekte im Oligopol aktuell war und man in der Kommission bemüht war, den Untersagungstatbestand der FKVO 4064/89 als flexibles Instrument zu präsentieren.
504 Komm. v. 21.12.2004 (COMP/M.3605) – Sovion/HMG.

Teil 2 C. Feststellung von Marktmacht und Marktbeherrschung

dem relevanten Markt für lebende Schlachtschweine auf einen gemeinsamen Marktanteil von 20–30% gekommen. Die Kommission führt hierzu aus: "Although the parties would be, as a result of the transaction, the largest player in the Dutch market and one of the major players in the northern Europe market, the market shares within the geographical markets relevant for the assessment of the competitive impact of the case remain relatively low and far below market shares which may be indicative of dominance."[505] Im nachfolgenden Gerichtsverfahren hat auch das EuG diese Position eingenommen: „Ferner ist das Vorhandensein einer beherrschenden Stellung zwar stets individuell anhand der Umstände des Einzelfalls zu bestimmen […], doch kann nach dem 32. Erwägungsgrund der Verordnung Nr. 139/2004 bei Zusammenschlüssen, die wegen des begrenzten Marktanteils der beteiligten Unternehmen nicht geeignet sind, wirksamen Wettbewerb zu behindern, davon ausgegangen werden, dass sie mit dem Gemeinsamen Markt vereinbar sind. Ein solches Indiz besteht insbesondere dann, wenn der Marktanteil der beteiligten Unternehmen im Gemeinsamen Markt oder in einem wesentlichen Teil desselben 25% nicht überschreitet."[506]

β) Marktanteilswerte, die eine Prüfung auf Marktmacht indizieren

Weitaus schwieriger ist die Frage zu beantworten, wann in der europäischen Fusionskontrollpraxis jedenfalls von einer beherrschenden Stellung auszugehen ist. Die Fallpraxis der Kommission ist uneinheitlich und eignet sich hier nur zu einer Herausarbeitung von groben Marktanteilsklassen. Während – wie soeben dargestellt – bei einem Marktanteil von unter 25% die Feststellung von Einzelmarktbeherrschung nahezu ausgeschlossen ist,[507] war sie unter dem Regime der FKVO 4064/89 auch bei Markt-

---

[505] Ibid., Rdnr. 49.
[506] EuG, Urt. v. 7.5.2009, Rs. T-151/05 – Nederlandse Vakbond Varkenshouders/Kommission, Slg. 2009, II-1219, Rdnr. 149; vgl. auch Komm. v. 30.1.2008 (COMP/M.4734) – Ineos/Kerling, Rdnr. 178: "First, it should be noted that the combined market share of the parties […] would be just slightly higher than [20–30]%, the level under which, in the absence of other factors, the Commission normally presumes an absence of anticompetitive effects."; siehe auch Komm. v. 4.3.2008 (COMP/M.4898) – Compagnie de Saint-Gobain/Maxit, Rdnr. 152, 156, 158; Komm. v. 27.6.2008 (COMP/M.5086) – BAT/Skandinavisk Tobakskompagni, Rdnr. 24: „the market shares of the merged entity will remain below 25% and therefore the proposed concentration is not likely to impede effective competition in these markets". Komm. v. 3.10.2007 (COMP/M.4844) – Fortis/ABN AMRO Assets, Rdnr. 101; Komm. v. 3.12.2008 (COMP/M.5384) – BNP Paribas/Fortis, Rdnr. 83, 90.
[507] Vgl. Komm. v. 25.7.2003 (COMP/M.3209) – WPP/Cordiant, Rdnr. 33: Marktanteile zwischen 15–25% als „largely below the threshold for dominance"; strengere Beurteilung allerdings in Komm. v. 29.9.1999 (IV/M.1383) – Exxon/Mobil. Rdnr. 464: „Im

anteilen zwischen 25% und 39% wohl nur ausnahmsweise zu bejahen.[508] Im Fall *Continental/Phoenix* wird ein kombinierter Marktanteil der Zusammenschlussparteien von 25–30% als moderat bezeichnet, angesichts dessen das Entstehen einer marktbeherrschenden Stellung „wenig wahrscheinlich" scheint;[509] im Fall *Bayer Healthcare/Roche (OTC Business)*[510] heißt es, ein Marktanteil von 30–35% sei „relatively limited", so dass davon auszugehen ist, dass ohne Hinzutreten weiterer Indizien die Begründung oder Verstärkung einer beherrschenden Stellung in diesem Bereich nicht zu besorgen ist.[511] Ein Marktanteil von 40–50% löst dagegen in vielen Fällen Bedenken gegen den Zusammenschluss aus.[512] Bei unter 50% müssen jedoch in der Regel zusätzliche Faktoren für das Vorliegen einer beherrschenden Stellung sprechen.[513] Nach den Leitlinien zur Beurteilung horizontaler Zusammenschlüsse soll in Anlehnung an die Rechtsprechung zu Art. 102 AEUV (bzw. dem damaligen Art. 82 EG) ein Marktanteil von 50% in der Regel als Schwelle anzusehen sein, ab der von einer beherrschenden Stellung auszugehen ist.[514] Im Fall *Blokker/ Toys ‚R' Us* heißt es: „Den Ermittlungen der Kommission zufolge ver-

---

Ländervergleich unterscheidet sich die Marktstellung prozentual gesehen etwas. Generell kann festgestellt werden, dass das fusionierte Unternehmen in der Mehrzahl der Länder (…) mit Gesamtmarktanteilen zwischen (20–30)% (französische Autobahnen) und fast (30–40)% (Deutschland und Vereinigtes Königreich) zum Marktführer avancierte. Jedoch würde die Existenz einer Reihe starker Wettbewerber in allen Ländern mit Marktanteilen zwischen 15–20% oder mehr die Möglichkeit ausschließen, dass das fusionierte Unternehmen in der Lage wäre, die alleinige Marktbeherrschung auszuüben."

508 Vgl. hierzu Komm. v. 25.1.2000 (IV/M.1684) – Carrefour/Promodes: Marktbeherrschung angenommen bei kombiniertem Marktanteil von unter 30%.
509 Komm. v. 26.10.2004 (COMP/M.3436) – Continental/Phoenix, Rdnr. 155.
510 Komm. v. 19.11.2004 (COMP/M.3544) – Bayer Healthcare/Roche (OTC Business), Rdnr. 37.
511 Beherrschende Stellung mit 30% Marktanteil auf dem norwegischen Kabelmarkt aufgrund Hinzutretens weiterer Umstände bejaht z.B. in Komm. v. 19.7.1995 (IV/M.490) – Nordic Satellite Distribution, Rdnr. 119 ff.; Komm. v. 27.7.2001 (COMP/M.2337) – Nestlé/Ralston Purina, Rdnr. 44–47.
512 Komm. v. 9.8.2004 (COMP/M.3439) – AGFA-Gevaert/Lastra, Rdnr. 99: kombinierter Marktanteil von 40–50% nach der Fusion.
513 Z.B. Stärke und Anzahl der Wettbewerber, Vorhandensein von Kapazitätsengpässen, vgl. Komm. v. 21.12.1994 (IV/M. 484) – Krupp/Thyssen/Riva/AST (41%).
514 Rdnr. 17; vgl. EuG, Rs. T-221/95 – Endemol/Kommission, Slg. 1999, II-1299, Rdnr. 134; so auch die ständige Entscheidungspraxis zu Art. 102 AEUV bzw. dem vormaligen Art. 82 EG; in Übereinstimmung mit der Rspr. der europäischen Gerichte: Komm. v. 25.6.2008 (COMP/M.5121) – News Corp/Premiere, Rdnr. 70: "[…] a particularly high market share may in itself be evidence of the existence of a dominant position, in particular where other operators on the market hold only much smaller shares. More specifically, for market shares in excess of 50% the Court of Justice has established a presumption of dominance."

fügte die Blokker-Gruppe vor dem Zusammenschluss auf dem Spielwareneinzelhandelsmarkt über einen Marktanteil von rund (55–65%). Dieser hohe Marktanteil lässt als solcher bereits eine beherrschende Stellung vermuten."[515] Ein Marktanteil von über 60% legt nach Auffassung der Kommission die Vermutung nahe, dass die geplante Übernahme zu einer marktbeherrschenden Stellung führt.[516] Eine feste Obergrenze, ab der ohne weiteres von Marktbeherrschung auszugehen ist, lässt sich nicht abschließend ausmachen. In der Entscheidung *Alcatel/Telettra*[517] wurde trotz eines kombinierten Anteils von 81 bzw. 83% aufgrund relativierender struktureller Faktoren eine beherrschende Stellung verneint.[518] In der Entscheidung *Mercedes-Benz/Kässbohrer*, in der das neue Unternehmen einen kombinierten Marktanteil von 74% auf dem deutschen Markt für Überlandbusse verzeichnen konnte, heißt es hierzu: „Hohe Marktanteile rechtfertigen (…) für sich genommen noch nicht die Annahme von Marktbeherrschung. Sie indizieren jedenfalls dann nicht die Annahme von Marktbeherrschung, wenn andere strukturelle Einflussfaktoren erkennbar sind, die in einem überschaubaren Zeitraum die Wettbewerbsbedingungen verändern können und die Bedeutung des Marktanteils der zusammengeschlossenen Unternehmen relativieren. Solche strukturellen Faktoren können z.B. die Fähigkeit aktueller Wettbewerber zur Begrenzung des Verhaltensspielraums der neuen Einheit, die Erwartung einer deutlichen Zunahme potenziellen Wettbewerbs potenter Wettbewerber, der Möglichkeit eines raschen Marktzutritts oder die Nachfragemacht bedeutender Abnehmer sein. Im vorliegenden Fall werden die Marktanteile der zusammengeschlossenen Unternehmen dadurch relativiert, dass mit wesentlichem aktuellen und insbesondere potenziellen Wettbewerb zu rechnen ist (wird ausgeführt)."[519] Auch der recht hohe Marktanteil der Zusammenschlussparteien im Fall *Arsenal/DSP* von [60–70]% soll nach Ansicht der Kommission nicht mit Marktmacht korrelieren, da die Brut-

---

515 Komm. v. 26.6.1997 (IV/M.890) – Blokker/Toys ‚R' Us, Rdnr. 59; vgl. auch Komm. v. 19.2.1997 (IV/M.784) – Kesko/Tuko, Rdnr. 106: "The combined market shares of Kesko and Tuko of at least 55% (…) creates a presumption of dominance."
516 Komm. v. 26.10.2004 (COMP/M.3436) – Continental/Phoenix, Rdnr. 120.
517 Komm. v. 12.4.1991 (IV/M.042) – Alcatel/Telettra.
518 Beherrschende Stellung abgelehnt auch in Komm. v. 14.2.1995 (IV/M.477) – Mercedes-Benz/Kässbohrer (74% auf dem deutschen Markt für Überlandbusse).
519 Ibid., Rdnr. 65; ähnlich Komm. v. 24.7.2002 (COMP/M.2706) – Carnival/P & O Princess, Rdnr. 196: „Durch den Zusammenschluss wird eindeutig eine neue Einheit entstehen, die einen relativ hohen Anteil am Markt für Hochseekreuzfahrten im Vereinigten Königreich hält. Dies allein bedingt jedoch keine beherrschende Stellung, und der Markt (…) weist mehrere spezifische Merkmale auf, aufgrund derer die Kommission zu dem Schluss gelangt, dass das Zusammenschlussvorhaben nicht zu Wettbewerbsbedenken führt." (wird ausgeführt).

tomargen beider Parteien im Laufe der Zeit gesunken waren.[520] Im Fall *Tetra Pak/Alfa Laval*, in dem die Kommission bei Tetra Pak auf dem Markt für Leasing/Verkauf von aseptisch arbeitenden Kartonverpackungsmaschinen zuvor einen Marktanteil von mehr als 90% festgestellt hatte, wurde weiterhin ausführlich die Stärke der Mitbewerber und der Marktzutrittsschranken analysiert, bevor eine marktbeherrschende Stellung von Tetra Pak auf dem relevanten Markt bejaht wurde.[521] Insgesamt wird deutlich, dass der Berechnung von Marktanteilen nur eine – wenngleich wesentliche – Hilfsfunktion für die Einschätzung von Marktmacht zukommt und das Gewicht der Marktanteile bei der Ermittlung des Marktmachtgrades von einer ganzen Reihe zusätzlicher Faktoren abhängt. Werden z. B. strukturelle Faktoren erkennbar, die auf eine Veränderung der Wettbewerbsbedingungen in absehbarer Zeit hindeuten, wird die Gefahr der Entstehung einer beherrschenden Stellung verneint.[522]

Allerdings hat das EuG den Stellenwert von Marktanteilen in der Zusammenschlusskontrolle durch die Übernahme der Grundsätze, die der Europäische Gerichtshof hinsichtlich des Missbrauchs einer marktbeherrschenden Stellung aufgestellt hatte, weiter gestärkt: „Wenngleich die Bedeutung der Marktanteile von einem Markt zum anderen unterschiedlich sein kann, stellen zudem besonders hohe Anteile – von außergewöhnlichen Umständen abgesehen – ohne weiteres den Beweis für das Vorliegen einer beherrschenden Stellung dar (Urteil des Gerichtshofes [vom 13.2.1979 in Rs. 85/76] *Hoffmann-LaRoche/Kommission* [Slg. 1979, 461], Rdnr. 41, und Urteil des Gerichts Erster Instanz [vom 28.4.1999 in Rs. T-221/95] *Endemol/Kommission* [Slg. 1999, II-1299], Rdnr. 134). Der Gerichtshof hat in seinem Urteil vom 3.7.1991 in der Rechtssache C-62/86 (*AKZO/Kommission* [Slg. 1991, I-3359], Rdnr. 60) entschieden, dass dies bei einem Marktanteil von 50% der Fall ist."[523]

b) Faktoren, die die Aussagekraft von Marktanteilen beeinflussen

Die Aussagekraft besonders hoher oder besonders niedriger Marktanteile bzw. extrem geringer Marktanteilsadditionen kann aufgrund unterschiedli-

---

520 Komm. v. 9.1.2009 (COMP/M.5153) – Arsenal/DSP, Rdnr. 256. Zum Zusammenhang zwischen Markanteilen, Marktmacht und Bruttomargen siehe auch Rdnr. 212.
521 Ein Grund hierfür könnte indes das parallele Verfahren nach dem damaligen Art. 82 EG gewesen sein; ähnlich auch Komm. v. 9.1.2009 (COMP/M.5153) – Arsenal/DSP, Rdnr. 207 ff.
522 Komm. v. 12.11.1992 (IV/M.222) – Mannesmann/Hoesch, Rdnr. 91.
523 EuG, Urt. v. 14.12.2005, Rs. T-210/01 – General Electric v Commission, Slg. II-5575, Rdnr. 115; siehe auch EuG, Urt. v. 23.2.2006, Rs. T-282/02 – Cementbouw v Commission, Slg. II-319, Rdnr. 201: "The existence of very large market shares is highly important [...]."

Teil 2 C. Feststellung von Marktmacht und Marktbeherrschung

cher Faktoren geschmälert werden. Hierzu gehören z. B. differenzierte Güter, besonders dynamische Märkte, d. h. die Marktphase hat einen Einfluss auf die Interpretation von Marktanteilen sowie Situationen, die eher durch einen Wettbewerb um den Markt als durch Wettbewerb im Markt gekennzeichnet sind. Weiterhin sind zur Beurteilung der Bedeutung von Marktanteilen ihre historische Entwicklung sowie die Marktstellung anderer Unternehmen zu berücksichtigen. Diese Faktoren werden im Folgenden ausgeführt.

α) Märkte mit differenzierten Produkten

Im Abschnitt über die Marktabgrenzung bei differenzierten Produkten wurde bereits darauf hingewiesen, dass Marktanteile in derartigen Märkten im Allgemeinen kein gutes Indiz für die Marktmacht eines Unternehmens darstellen, d. h. in einem solchen Fall lässt sich die Marktmacht eines Unternehmens auf indirekte Weise nur schwer erfassen. Auch die Bildung von Teilmärkten ist aus ökonomischer Sicht keine überzeugende Alternative. Die Einschätzung der Marktmacht und ihrer Veränderung, z. B. aufgrund einer Fusion, hängt vor allem davon ab, ob die an einem Zusammenschluss beteiligten Unternehmen enge oder entfernte Substitute herstellen. Die Entstehung oder Verstärkung von Marktmacht ist im Fall eines Zusammenschlusses von Herstellern enger Substitute deutlich problematischer als wenn es sich bei den Gütern um entfernte Substitute handelt, da im ersteren Fall die Nachfrager keine Möglichkeit haben, auf einen unabhängigen nächsten Wettbewerber auszuweichen.

So hat auch in der jüngeren Entscheidungspraxis der Kommission in Fällen differenzierter Produkte[524] die Frage eine immer größere Bedeutung gewonnen, ob die Zusammenschlussparteien als nächste Wettbewerber zu betrachten sind.[525] In *Barilla/Kamps* heißt es trotz moderater

---

[524] D.h. solche Produkte, die sich aufgrund spezifischer Merkmale voneinander unterscheiden, obwohl sie demselben relevanten Markt angehören; eine Differenzierung kommt dabei z.B. nach räumlicher Lage, Qualität, Markenbild, technischen Merkmalen, etc. in Betracht, vgl. Leitlinien zur Beurteilung horizontaler Unternehmenszusammenschlüsse, Fn. 32. Zum Zwecke der wettbewerbsrechtlichen Würdigung hat die Kommission auch die Nähebeziehung zwischen eher homogenen Produkten im Hinblick auf ihre räumliche Verfügbarkeit untersucht, siehe Komm. v. 19.9.2007 (COMP/M.4525) – Kronospan/Constantia, Rdnr. 55: "Therefore, given their relative proximity, for certain customers the Parties appear to be 'close' alternatives, which finds some confirmation in the proportion of common customers. Hence, certain customers, in particular those located in Hungary and Slovakia, would likely face a removal of a close competitor to the Notifying Party."; ferner Komm. v. 19.7.2006 (COMP/M.3796) – Omya/Huber PCC, Rdnr. 280 und 288.
[525] Vgl. hierzu auch Rdnr. 28 f. der Leitlinien zur Beurteilung horizontaler Zusammenschlüsse; dieses Kriterium ist von besonderer Bedeutung für den Nachweis unilateraler Effekte auch unterhalb der Schwelle für Marktbeherrschung.

II. Indirekte Erfassung von Marktmacht Teil 2

Marktanteile: "Lieken Urkorn is the closest substitute to Wasa, and vice versa, both in a tentative crisp bread market and also in a wider bread substitutes market. The parties' market shares do therefore not fully reflect Barilla/Kamps' combined market power."[526] In der Entscheidung *Orkla/Chips* stellt die Kommission fest: "Under the assumption of a market including all frozen ready meals, the market investigation indicates that the transaction would combine close substitutes. The competitive impact is therefore likely to be stronger than one would expect from looking at the [25–35]% or [35–45]% market shares alone."[527] Hohe Marktanteile werden in diesem Zusammenhang dagegen relativiert, wenn die an der Fusion beteiligten Unternehmen nur entfernte Wettbewerber sind. In *Bayer Healthcare/Roche (OTC Business)* begegnete die Fusion trotz eines kombinierten Marktanteils von 55–60% auf dem österreichischen Markt für rezeptfreie magensäurebindende Mittel keinen Bedenken, weil laut Kundenumfrage vor Roche noch zwei nähere Wettbewerber vorhanden waren, die als zweite und dritte Wahl betrachtet wurden.[528] Der Grad der Substituierbarkeit kann – unter der Voraussetzung, dass hinreichend aussagekräftige Daten zur Verfügung stehen – durch Kundenumfragen,[529] Ausschreibungsanalysen,[530] Schockanalysen,[531] Berechnung der Kreuzpreiselastizität,[532] der relativen Preisunter-

---

[526] Komm. v. 25.6.2002 (COMP/M.2817) – Barilla/BPL/Kamps, Rdnr. 34; vgl. auch Komm. v. 2.3.2001 (COMP/M.2256) – Philips/Agilent Health Care Solutions, Rdnr. 33 ff.; Komm. v. 27.2.2003 (COMP/M.2922) – Pfizer/Pharmacia, Rdnr. 73; Komm. v. 14.10.2002 (COMP/M. 2928) – ALCOA/Fairchild, Rdnr. 16; Komm. v. 12.7.2004 (COMP/M.3380) – UTC/Linde Kältetechnik, Rdnr. 26; Komm. v. 9.8.2004 (COMP/M.3439) – AGFA-Gevaert/Lastra, Rdnr. 106; Komm. v. 4.5.2007 (COMP/M.4601) – KarstadtQuelle/MyTravel, Rdnr. 54; Komm. v. 19.2.2008 (COMP/M.4726) – Thomson Corporation/Reuters Group, Rdnr. 399 ff.
[527] Komm. v. 3.3.2005 (COMP/M.3658) – Orkla/Chips, Rdnr. 24.
[528] Komm. v. 19.11.2004 (COMP/M.3544) – Bayer Healthcare/Roche (OTC Business), Rdnr. 37, 39; Ibid., Rdnr. 45: "The high combined market share overstates the transaction's competitive impact because Bayer/Roche's products are relatively distant substitutes (…)."; ähnlich Komm. v. 24.7.2006 (COMP/M.4214) – Alcatel/Lucent Technologies, Rdnr. 47 f. sowie Komm. v. 17.12.2008 (COMP/M.5141) – KLM/Martinair, Rdnr. 207 f. und 264 f.
[529] Komm. v. 17.7.2009 (COMP/M.5476) – Pfizer/Wyeth, Rdnr. 309, Fn. 80; Komm. v. 10.5.2007 (COMP/M.4381) – JCI/Fiamm, Rdnr. 280; Komm. v. 28.8.2009 (COMP/M.5440) – Lufthansa/Austrian Airlines, Rdnr. 187.
[530] Komm. v. 29.9.2009 (COMP/M.5421) – Panasonic/Sanyo, Rdnr. 73 und 90; Komm. v. 22.6.2009 (COMP/M.5335) – Lufthansa/SN Airholding, Rdnr. 150.
[531] Komm. v. 22.6.2009 (COMP/M.5335) – Lufthansa/SN Airholding, Rdnr. 143, 151 und 213. Eine ausführliche Beschreibung von Schockanalysen im Kontext der Marktabgrenzung findet sich auf den Seiten 108 f. und 156–158.
[532] Mit der Kreuzpreiselastizität der Nachfrage wird gemessen, in welchem Maße sich die nachgefragte Menge eines Produkts A infolge auf die Änderung des Preises eines Pro-

Teil 2   C. Feststellung von Marktmacht und Marktbeherrschung

schiede[533] sowie der Preiskorrelation[534] oder sog. Umlenkungskennziffern[535] ermittelt werden.[536] So hat die Kommission im Fall *IBM/Telelogic* eine „win/loss analysis" durchgeführt, mit der sie die aus einer Kundenumfrage gewonnenen Erkenntnisse ergänzte. Im Rahmen der Untersuchung maß sie sowohl die Häufigkeit, mit der die Produkte beider Parteien in den Beschaffungsverfahren der Nachfrager aufeinandertrafen, wie auch den Einfluss einer Teilnahme der jeweiligen Partei auf den Ausgang jener Verfahren. Die Untersuchungsergebnisse zeigten, dass die Produkte der Zusammenschlussparteien keine engen Substitute waren.[537]

β) Dynamische Märkte

In sehr dynamischen Märkten sind Marktanteile ebenfalls kein gutes Kriterium für die Messung von Markmacht, da auch ein hoher Marktanteil in kurzer Zeit durch Innovationen anderer Unternehmen wieder verloren gehen und auch ein vermeintlich geringer Marktanteil kurzfristig zu einer marktmächtigen Position führen kann. Bei ihrer wettbewerblichen Würdigung berücksichtigt die Kommission die spezifische Marktphase. Ist der Markt als stark expandierend anzusehen, geht die Kommission in der Regel davon aus, dass Neuzutritte in den Markt stattfinden werden; hohe Marktanteile verlieren dadurch ihre Aussagekraft.[538] Auch auf schnell wachsenden Technologiemärkten können die gegenwärtigen Marktanteile wenig Aussagekraft haben, insbesondere wenn sich zeigt, dass sie in der Vergangenheit sehr unbeständig waren. In der Entscheidung *HP/Compaq*

---

dukts B verändert, wenn ansonsten alle Bedingungen gleich bleiben, vgl. Leitlinien zur Beurteilung horizontaler Unternehmenszusammenschlüsse, Fn. 38.
533 Komm. v. 28.8.2009 (COMP/M.5440) – Lufthansa/Austrian Airlines, Rdnr. 144 und 150; Komm. v. 22.6.2009 (COMP/M.5335) – Lufthansa/SN Airholding, Rdnr. 144.
534 Komm. v. 27.6.2007 (COMP/M.4439) – Ryanair/Aer Lingus, Rdnr. 371; Komm. v. 29.9.2009 (COMP/M.5421) – Panasonic/Sanyo, Rdnr. 44.
535 Mit der Umlenkungskennziffer von Produkt A auf das Produkt B wird gemessen, welcher Anteil des Absatzes des Produkts A aufgrund einer Preiserhöhung von A verloren geht und durch das Produkt B aufgesogen wird, vgl. Leitlinien zur Beurteilung horizontaler Unternehmenszusammenschlüsse, Fn. 39; vgl. Komm. v. 22.6.2009 (COMP/M.5335) – Lufthansa/SN Airholding, Rdnr. 212.
536 Leitlinien zur Beurteilung horizontaler Unternehmenszusammenschlüsse, Rdnr. 29.
537 Komm. v. 5.3.2008 (COMP/M.4747) – IBM/Telelogic, Rdnr. 186 ff.
538 Vgl. z. B. Komm. v. 1.12.2001 (COMP/M.2602) – Gerling/NCM, Rdnr. 44 f.: "Despite Gerling's large market shares (60–65%), the concentration would not lead to serious doubts on the Swedish delcredere insurance market for the following reason: Sweden is characterised by a small but increasing market volume and a very low penetration rate. Nevertheless, a rapid development has occurred recently, with more than (60–65%) growth over the last five years. These features facilitate market entry and achievement of relatively high market shares in a short time-period, as shown by Gerling's performance (10–15%) in a 4 years time."

II. Indirekte Erfassung von Marktmacht **Teil 2**

kommt die Kommission trotz eines relativ hohen kombinierten Marktanteils zu dem Ergebnis: "The market investigation has however indicated that such a high market share is not a proxy for market power in this technologically rapidly evolving server market. Over the past five years, HP's and Compaq's market shares have been highly volatile, whilst Dell has continuously gained market share and has doubled its sales over the past three years."[539] Auch wenn aufgrund spezifischer Produktlebenszyklen starke Innovationsanreize für das fusionierte Unternehmen fortbestehen, wird ein hoher Marktanteil nach dem Zusammenschluss in der Regel die Innovation in einem dynamischen Markt nicht beeinträchtigen.[540] Hohe Marktanteile auf dynamischen Märkten lassen sich schließlich für die Fälle relativieren, in denen Verbrauchern Internet-Suchmaschinen zur Verfügung stehen, anhand derer sie innerhalb von Sekunden Verfügbarkeit und Preise der angebotenen Produkte vergleichen könnten. Dies gelte insbesondere für homogene Produkte oder Dienstleistungen bei geringer Markentreue.[541]

γ) Bieter- und Ausschreibungsmärkte – Wettbewerb um den Markt

Ist ein Markt dadurch gekennzeichnet, dass im Allgemeinen nur ein oder sehr wenige Unternehmen die Nachfrage bedienen, d.h. dass ein „Wettbewerb um den Markt" stattfindet, dann sind auch hohe Marktanteile hinsichtlich der Marktmacht eines Unternehmens nur von geringer Aussagekraft. In derartigen Märkten ist für ein Vorhandensein von Marktmacht nicht so sehr der Marktanteil entscheidend, sondern die Möglichkeit, ein konkurrenzfähiges Angebot abzugeben.[542]

Dies gilt z.B. für offene Auftrags- und Ausschreibungsmärkte, bei denen im Vergabeprozess ein transparentes Verfahren dadurch gewährleistet wird, dass alle Angebote veröffentlicht bzw. allen Wettbewerbern zugänglich gemacht werden und bei dem zumindest jeder Anbieter die gleiche Chance

---

539 Komm. v. 31.1.2002 (COMP/M.2609) – HP/Compaq, Rdnr. 39; ähnlich Komm. v. 2.3.2001 (COMP/M.2256) – Philips/Agilent Healthcare Solutions, Rdnr. 31 f.; siehe auch Komm. v. 22.2.2008 (COMP/M.4963) – Rexel/Hagemeyer, Rdnr. 70 als Beispiel für einen nicht unmittelbar technologisch geprägten dynamischen Markt (Großhandel für elektronische Produkte).
540 Komm. v. 19.5.2006 (COMP/M.3998) – Axalto/Gemplus, Rdnr. 52 und 53: "Indeed, the ability to innovate is strategic as innovative SIM card manufacturers make their margins in the first year immediately following the launch of a new product. After this initial period, prices decrease dramatically as more and more competitors are able to supply the product. ... In this context, the parties would have no interest in reducing R&D efforts."
541 Komm. v. 4.6.2007 (COMP/M.4600) – TUI/First Choice, Rdnr. 72.
542 Vgl. *Bishop/Walker* (2010), 65.

hätte, teilzunehmen.[543] Hier gibt die Betrachtung historischer Marktdaten nur bedingt Aufschluss darüber, welche Position das betreffende Unternehmen tatsächlich auf dem Markt einnimmt.[544] In der Kommissionsentscheidung *Metronet/Infraco*[545] heißt es: "In markets where contracts are awarded through bidding procedures, it is insufficient to examine market share figures alone. This is because market shares in bidding markets are by their nature lumpy, and they only take into account the activity of the winners of a given contract but do not show how many credible competitors actually participated as bidders and thus created competitive constraints." Unterstellt, die betreffenden Produkte sind völlig homogen und Kapazitäten sind nicht beschränkt, kann jeder Zuschlag die Kräfteverhältnisse auf dem Markt völlig neu ordnen. Ausreichend wäre demnach, wenn nach der Fusion neben dem neu entstandenen Unternehmen jedenfalls noch ein ernstzunehmender Bieter übrig bliebe.[546] Im Fall *Boeing/Hughes*[547], in dem es um einen Zusammenschluss zwischen zwei Satellitenherstellern ging, stellte die Kommission fest, dass es sich hierbei um einen Markt handelt, auf dem die betreffenden Produkte fast immer über internationale Ausschreibungen beschafft werden. Auf einem solchen Markt würden die Wettbewerbsbedingungen „durch das Vorhandensein glaubwürdiger Alternativen (…) bestimmt."[548] In solchen Fällen soll anstelle einer Marktanteilsberechnung die Feststellung der Zahl der glaubwürdigen Bieter auf dem Rele-

---

543 Komm. v. 26.10.2004 (COMP/M.3436) – Continental/Phoenix, Rdnr. 126; Komm. v. 16.3.2007 (COMP/M.4367) – APW/APSA/Nordic Capital/Capio, Rdnr. 56: "In bidding markets, such as the ISTC markets, the Commission generally considers that, it is not the market shares of the parties that are central to the competition analysis but rather the question whether there are a sufficient number of credible, established competitors to guarantee competition for future contracts."; ähnlich Komm. v. 17.7.2009 (COMP/M.5476) – Pfizer/Wyeth, Rdnr. 264.
544 Vgl. Komm. v. 25.1.2005 (COMP/M.3641) – BT/INFONET, Rdnr. 16: "In such markets the level of market shares is less relevant than the ability of customers to choose alternative suppliers."; ähnlich Komm. v. 12.12.2006 (COMP/M.4187) – Metso/Aker Kvaerner, Rdnr. 80.
545 Komm. v. 21.6.2002 (COMP/M.2694) – Metronet/Infraco, Rdnr. 47; ähnlich Komm. v. 30.3.2003 (COMP/M.2079) – Raytheon/Thales/JV, Rdnr. 40: "In that context (i.e. bidding markets), even relatively high market shares may not necessarily translate into market power, and it is necessary to examine whether the competitive behaviour of the joint venture would remain sufficiently constrained by the presence of other competitive bidders."; vgl. ferner Komm. v. 23.6.2009 (COMP/M.5467) – RWE/Essent, Rdnr. 149.
546 In den US Horizontal Merger Guidelines heißt es hierzu in Tz. 15: "Where all firms have on a forward looking basis, an equal likelihood of securing sales, the Agency will assign firms equal shares.", abrufbar unter www.usdoj.gov/atr/public/guidelines/hmg.htm.
547 Komm. v. 27.9.2000 (COMP/M.1879) – Boeing/Hughes.
548 Ibid., Rdnr. 42.

II. Indirekte Erfassung von Marktmacht Teil 2

vanzmarkt bestimmendes Kriterium sein. Im Fall *General Dynamics/Alvis*,[549] in dem infolge des Zusammenschlusses auf verschiedenen Märkten zur Herstellung von militärischen Produkten Marktanteile von zwischen 50–100 % entstanden wären, heißt es hierzu: "In the defence industry, market shares are an imperfect proxy for market power. Given that ministries of defence are monopsonist buyers, and that each competition is largely distinct, it is important to assess whether sufficient viable alternatives will remain post merger. The market investigation has indicated that this is the case. At the level of off-the-shelf armour combat vehicles (ACV) supply, nine European companies other than the parties will remain. (…) For new projects, any of the above companies would be able to take on the prime-contracting and/or manufacturing responsibility. Every international ACV competition is a new oppurtunity for the parties' competitors to win the bid. (…) The proposed operation will therefore not create or strengthen a dominant position (…)."[550] In der Entscheidung *Pfizer/Wyeth* hat die Kommission mit vergleichbaren Argumenten sogar bei Marktanteilen von über 90 % wettbewerbliche Bedenken ausgeschlossen.[551]

Die geschilderte Kommissionspraxis führt oft dazu, dass die Zusammenschlussparteien strategisch argumentieren, dem (in der Regel sehr hohen) Marktanteil komme in ihrem speziellen Fall kein Aussagewert zu. Vielmehr solle die Zahl glaubwürdiger alternativer Anbieter herangezogen werden. In vielen Fällen lehnt die Kommission solches Vorbringen aber ab.[552] Der Marktanteil kann nämlich häufig als Indikator dafür dienen, dass dem Unternehmen eine besondere Expertise auf dem Referenzmarkt zukommt und die Wahrscheinlichkeit für einen erneuten Zuschlag im Vergleich zu anderen Bietern erheblich höher ist. Im Fall *Air Liquide/BOC* stellt die Kommission hierzu fest: „Allerdings ist die Vorstellung (der Antragstellerin, Anm. d. Verf.), der Kampf um jeden Tonnageauftrag beginne „bei Null" und auch bisher nicht in Erscheinung getretene Anbieter könnten sich auf gleichberechtigter Grundlage darum bewerben, nicht nachzuvollziehen. Die Untersuchungen haben gezeigt, dass die Dynamik des Wettbewerbs um Tonnageaufträge so groß ist, dass der etablierte Anbieter am besten in der Lage ist, sich erneut einen Auftrag zu verschaffen. Somit widerspiegelt eine gesicherte Marktstellung die Marktmacht

---

549 Komm. v. 26.5.2004 (COMP/M.3418) – General Dynamics/Alvis.
550 Ibid., Rdnr. 22, 27; in Komm. v. 23.5.2003 (COMP/M.3108) – Office Depot/Guilbert, Rdnr. 38 heißt es in Bezug auf den nötigen Umfang der Wahlmöglichkeit: "Large commercial customers will continue to have four credible alternatives in terms of nationwide contract stationers, which is likely to be enough in the context of the French market in preserving effective competition."
551 Komm. v. 17.7.2009 (COMP/M.5476) – Pfizer/Wyeth, Rdnr. 264.
552 Vgl. nur Komm. v. 18.1.2000 (IV/M.1630) – Air Liquide/BOC, Rdnr. 58.

eines Anbieters."⁵⁵³ Dies ist nach den Aussagen der Kommission in *DONG/Elsam/Energi E2* umso mehr der Fall, wenn die Marktanteile für einen hinreichend langen Zeitraum auf hohem Niveau bleiben.⁵⁵⁴ Solche bevorzugten Stellungen angestammter Anbieter resultieren nach Auffassung der Kommission beispielsweise aus einem engen Arbeitsverhältnis zwischen Lieferant und Kunde,⁵⁵⁵ wobei Kundenumfragen in solchen Fällen eine große Rolle spielen. Gerade auf Bietermärkten kommt ökonomischen Analysemethoden große Bedeutung zu. Im Rahmen sogenannter Bidding Studies⁵⁵⁶ wird zum Beispiel untersucht, ob in der Vergangenheit die von einer bietenden Partei abgegebenen Gebote davon beeinflusst wurden, dass die andere Zusammenschlusspartei ebenfalls an dem Ausschreibungsverfahren teilgenommen hat. Im Einzelnen wird dazu die Erfolgsrate einer Partei in denjenigen Ausschreibungen, in denen auch die andere Zusammenschlusspartei teilgenommen hat, mit ihrer gesamten Erfolgsrate verglichen.⁵⁵⁷ Ferner können diese Studien auch den Anteil der Ausschreibungen, in denen die Zusammenschlussparteien sowohl den Gewinner und den Zweitplatzierten stellten sowie den Einfluss der Teilnahme einer Partei auf die gebotenen Preise offenlegen.⁵⁵⁸ Die Kommission verwendet verstärkt solche Studien zur Beurteilung des Bieterwettbewerbs.⁵⁵⁹

δ) Historische Entwicklung der Marktanteile

Auch historische Daten können helfen, die Bedeutung von Marktanteilen zur Beurteilung von Marktmacht richtig einzuschätzen.⁵⁶⁰ In *GE/Honey-*

---

553 Ibid., Rdnr. 58.
554 Komm. v. 14.3.2006 (COMP/M.3868) – DONG/Elsam/Energi E2, Rdnr. 549; bezugnehmend auf EuG, Urt. v. 14.12.2005, Rs. T-210/01 – General Electric v Commission, Slg. 2005, II-5596, Rdnr. 149f.
555 Komm. v. 18.1.2000 (IV/M.1630) – Air Liquide/BOC, Rdnr. 60; Komm. v. 26.10. 2004 (COMP/M.3436) – Continental/Phoenix, Rdnr. 131: Entwicklungspartnerschaften zwischen Kunden und Lieferant, bei denen es auf das persönliche Miteinanderauskommen der Ingenieurteams ankommt, als Argument für Vorteile des etablierten Bieters.
556 Vgl. hierzu weiterführend *Bishop/Walker* (2010), 575–591.
557 Komm. v. 5.12.2007 (COMP/M.4647) – AAE/Lentjes, Rdnr. 63.
558 Komm. v. 4.12.2007 (COMP/M.4662) – Syniverse/BSG, Rdnr. 76 und 78; Komm. v. 19.5.2006 (COMP/M.3998) – Axalto/Gemplus, Rdnr. 46.
559 Komm. v. 30.7.1997 (IV/M.877) – Boeing/Mc Donnell Douglas, Rdnr. 58; Komm. v. 2.3.2001 (COMP/M.2256) – Philips/Agilent Health Care Solutions, Rdnr. 35; Komm. v. 2.10.2003 (COMP/M.3083) – GE/Instrumentarium, Rdnr. 125ff.; Komm. v. 23.5.2003 (COMP/M.3108) – Office Depot/Guilbert, Rdnr. 21; Komm. v. 13.11. 2006 (COMP/M.4297) – Nokia/Siemens, Rdnr. 83.
560 So auch Leitlinien zu Beurteilung horizontaler Unternehmenszusammenschlüsse, Rdnr. 15.

II. Indirekte Erfassung von Marktmacht Teil 2

well[561] wurde die Bedeutung der ohnehin recht hohen Marktanteile zusätzlich dadurch verstärkt, dass GE in den vergangenen Jahren einen stetigen Anteilszuwachs verzeichnen konnte.[562] Ebenfalls Beachtung findet, wenn ein Unternehmen erst vor kurzem in den Markt eingetreten ist. In der Entscheidung *Office Depot/Guilbert* begründet die Kommission ihre Auffassung, dass der niedrige Marktanteil von Office Depot (0–5%) die tatsächliche Marktposition nicht adäquat abbildet, wie folgt: "As to the specific position of Office Depot, the Commission considers that Office Depot's low market share in nation-wide contract distribution must be interpreted taking into account the short time elapsed since Office Depot's entry. (...) In this industry, where it takes time to get acquainted with the needs of each specific customer in order to file a successful bid, it takes time to establish a decent market position."[563] In *RAG/Degussa* befand die Kommission, dass der festgestellte kombinierte Marktanteil von 45–60% aufgrund der im Vergleich zu ihren Wettbewerbern viel günstigeren Kostenstruktur der neuen Unternehmenseinheit tatsächlich einer viel stärkeren Marktposition entspräche.[564] Demgegenüber war der sehr hohe Marktanteil der Zusammenschlussparteien von 90–100% im Fall *Alstom UK/Balfour Beatty/JV* auf vorübergehende technische Schwierigkeiten des Hauptwettbewerbers zurückzuführen und überzeichnete daher deren wettbewerbliche Stellung.[565] Ferner misst die Kommission Marktanteilen weniger Bedeutung zu, wenn sie in der Vergangenheit in hohem Maße unbeständig waren.[566]

---

561 Komm. v. 3.7.2001 (COMP/M.2220) – GE/Honeywell; hierzu EuG v. 14.12.2005, Rs. T-209/01 – Honeywell v Commission, Slg. 2005, II-5527 und Rs. T-210/01 – General Electric v Commission, Slg. 2005, II-5575.
562 Komm. v. 3.7.2001 (COMP/M.2220) – GE/Honeywell, Rdnr. 83.
563 Komm. v. 23.5.2003 (COMP/M.3108) – Office Depot/Guilbert, Rdnr. 23.
564 Komm. v. 18.11.2002 (COMP/M.2854) – RAG/Degussa, Rdnr. 48: "The EEA-market share understates the parties' market position in central/southern Europe, where most of RAG/Degussa's plant are located and where the competitiveness of major competitors (...) is limited by transportation costs."
565 Komm. v. 30.3.2007 (COMP/M.4508) – Alstom UK/Balfour Beatty/JV, Rdnr. 35 f.; siehe auch Komm. v. 21.8.2007 (COMP/M.4523) – Travelport/Worldspan, Rdnr. 133 f.
566 Komm. v. 22.5.2007 (COMP/M.4404) – Universal/BMG Music Publishing, Rdnr. 114 und 116: „Die Marktanteile ändern sich von Jahr zu Jahr erheblich. ... Es ist plausibel, dass die Verteilung der Marktanteile unter den großen Verlagen sich mit wenigen größeren Geschäftsabschlüssen erheblich ändern könnte; dies zeigt, dass die Marktposition von Universal angreifbar bleiben wird."; ebenso BKartA, Beschl. v. 14.3.2007, B5-586/06 – Krauss-Maffei Wegmann/Blohm & Voss Industries, Rdnr. 86 f., wonach in diesen Fällen vielmehr die grundsätzliche Fähigkeit der Wettbewerber, vergleichbare Leistungen zu erbringen, entscheidend sei.

Teil 2   C. Feststellung von Marktmacht und Marktbeherrschung

ε) Abhängigkeit des Marktanteils von Einzelaufträgen

Auch kann die Tatsache, dass der Marktanteil maßgeblich von einem einzigen Kunden oder einzelnen Transaktionen abhängt, zu einer relativierten Betrachtung führen. In *Sampo/Varma Sampo/IF Holding/JV* resultierte ein beträchtlicher Teil des kombinierten Marktanteils in Höhe von 60–70% aus einem einzigen Transportversicherungsvertrag mit einem multinationalen Unternehmen. Weil solche Versicherungsverträge nur für eine kurze Dauer abgeschlossen werden und sich die Wettbewerbssituation nach Einschätzung der Kommission in naher Zukunft möglicherweise ganz anders entwickeln könnte, wurde der Zusammenschluss als unbedenklich eingestuft.[567]

ζ) Stellung aktueller Wettbewerber

In einem weiteren Schritt werden die absoluten Marktanteile mit denen der anderen aktuellen Wettbewerber in Beziehung gesetzt. Die Kommission bezieht sich insoweit auf die Rechtsprechung der Europäischen Gerichte in den Rechtssachen *Hoffmann-La Roche/Kommission*[568] und *Gencor/Kommission*[569] und führt in der Entscheidung *CVC/Lenzing*[570] aus: „Ein wichtiger Nachweis für das Vorliegen einer beherrschenden Stellung ist im übrigen das Verhältnis, das zwischen den Marktanteilen der am Zusammenschluss beteiligten Unternehmen und denjenigen ihrer Wettbewerber, insbesondere des nächstgrößten besteht."[571] In der Entscheidung *Metso/Svedala* stellt die Kommission fest, dass die Zusammenschlussparteien mit 35–45% einen doppelt bis dreimal so großen Marktanteil verzeichnen könnten wie die wichtigsten Wettbewerber mit (15–25), (10–

---

567 Komm. v. 18.12.2001 (COMP/M.2676) – Sampo/Varma Sampo/IF Holding/JV, Rdnr. 26; vgl. auch Komm. v. 17.10.2001 (COMP/M.2537) – Philips/Marconi Medical Systems, Rdnr. 30: "Philips/Marconi will obtain or strengthen a leading position in all the countries mentioned above. However, there are still two or three other strong players left in the market (like Siemens, GE, Toshiba), who have the possibility to compete on an equal footing. Furthermore, in small markets like for example Austria (...), the high market shares of the parties result from the sale of one or two machines per year to one or two large customers. In case one of these customers decided to switch the parties' market position would be considerably weaker."
568 EuGH, Urt. v. 13.2.1979, Rs. 85/76, – Hoffmann-La Roche, Slg. 1979, 461, Rdnr. 38 f.
569 EuG, Urt. v. 24.4.1996, Rs. T-102/96 – Gencor/Kommission, Slg. 1999, II-753, Rdnr. 202.
570 Komm. v. 17.10.2001 (COMP/M.2187) – CVC/Lenzing; ähnlich Komm. v. 17.4.2008 (COMP/M.5009) – Randstad/Vedior, Rdnr. 58 ff. (trotz geringer Marktzutrittsschranken und insignifikanter versunkener Kosten auf dem portugiesischen Markt für Zeitarbeit bei Marktanteilen von 40–50%).
571 Komm. v. 17.10.2001 (COMP/M.2187) – CVC/Lenzing, Rdnr. 137.

II. Indirekte Erfassung von Marktmacht **Teil 2**

20) und (5–15)% und kommt zu dem Ergebnis, dass „allein schon wegen des Unterschieds bei den Marktanteilen" diese nicht in der Lage wären, das Wettbewerbsverhalten der Parteien wesentlich zu beeinflussen.[572] Allerdings gibt es auch Fälle, in denen aktuelle Wettbewerber mehr Wettbewerbsdruck auf das neuentstandene Unternehmen ausüben würden, als deren Marktanteil zunächst indiziert. In der Entscheidung *Continental/ Phoenix*[573] hätten die Parteien nach dem Zusammenschluss mit 55–65% einen mindestens zwischen 11 und 13 mal so großen Marktanteil verzeichnen können wie die nächsten Wettbewerber. Dennoch kommt die Kommission zu dem Ergebnis, dass die hohen Marktanteile nicht ausreichen, um auf dem Markt für Luftfedern für Schienenfahrzeuge eine marktbeherrschende Stellung zu begründen. Die Besonderheit des Falles war darin zu sehen, „(…) dass der Schienenluftfederbereich von einer gegenseitigen Abhängigkeit der Hersteller von Lieferungen einzelner Komponenten durch andere Hersteller geprägt ist und dass sich die Hersteller in ihrem Produktportfolio gegenseitig ergänzen." Aufgrund dieses Umstandes könne kein Hersteller „autark" agieren.[574]

Auch der Angebotssubstitution von Seiten anderer Anbieter (hierzu schon S. 84–87) kommt – nach Auffassung der Kommission vornehmlich im Bereich homogener Produkte[575] – eine erhebliche Bedeutung zu, wenn die Kommission Anhaltspunkte dafür hat, dass für den Fall einer Preisanhebung oder Outputdrosselung[576] durch die neue Unternehmenseinheit die anderen Wettbewerber in der Lage wären, ihr Angebot auszuweiten. Dafür sind entweder Reservekapazitäten[577] nötig oder aber die Möglich-

---

572 Komm. v. 24.1.2001 (COMP/M.2033) – Metso/Svedala, Rdnr. 197; vgl. auch Komm. v. 28.5.2004 (COMP/M.3396) – Group 4 Falck/Securicor, Rdnr. 105: "(…), irrespective of the total size of the market, the merged entity will hold a market share that is twice as large as that of the second player and three to four times that of the third player. Given that the fourth largest player is 15 times smaller and all other market participants even smaller, it is clear that the merger will create a player that is by far larger than the other players."; Komm. v. 26.10.2004 (COMP/M.3436) – Continental/Phoenix, Rdnr. 119: „Der Abstand zu den drei größten Wettbewerbern (…) würde sich durch die Transaktion wesentlich vergrößern. Das fusionierte Unternehmen Continental/Phoenix wäre viermal so groß wie der nächste Wettbewerber und hätte die mit Abstand größte Kundenbasis aller Wettbewerber."; Komm. v. 22.2.2006 (COMP/M.3946) – Renolit/Solvay, Rdnr. 49; Komm. v. 2.6.2006 (COMP/M.4137) – Mittal/Arcelor, Rdnr. 111; Komm. v. 14.3.2006 (COMP/M.3868) – DONG/Elsam/Energi E2, Rdnr. 564.
573 Komm. v. 26.10.2004 (COMP/M.3436) – Continental/Phoenix, Rdnr. 171.
574 Ibid., Rdnr. 172.
575 Leitlinien zur Beurteilung horizontaler Zusammenschlüsse, Rdnr. 35.
576 Komm. v. 20.2.2007 (COMP/M.4494) – Evraz/Highveld, Rdnr. 119f.
577 Komm. v. 6.5.1994 (IV/M.440) – GE/ENI/Nuovo Pignone (II), Rdnr. 23: "According to the parties capacity utilisation in the Community for gas turbines is somewhat above 80% whilst worldwide capacity utilisation varies between 75 and 90%. Any attempt

Teil 2 C. Feststellung von Marktmacht und Marktbeherrschung

keit sowie der Anreiz, problemlos neue Kapazitäten schaffen und durch gewinnbringende Absatzsteigerungen aggressiv auf das Gebaren der neuen Unternehmenseinheit reagieren zu können.[578] Dabei spielt zum einen der Umfang der freien Kapazitäten eine Rolle, zum anderen aber auch, wie leicht eine Ausweitung erfolgen kann.[579] Im Fall *Sovion/ HMG*[580] heißt es hierzu: "Moreover the parties submit that most of their competitors (...) operate below full capacity (...). The market investigation has also confirmed that even those slaughterhouses which are currently working at or close to full capacity may, if necessary, add extra shifts at relatively low cost, thereby effectively raising their slaughtering capacity." In der Entscheidung *Ineos/BP Dormagen*[581] genehmigte die Kommission den Zusammenschluss von zwei der drei größten Produzenten von Ethylenoxid trotz eines kombinierten Marktanteils von über 45%, da ihrer Ansicht nach die verbleibenden Wettbewerber die Möglichkeiten des fusionierten Unternehmen zu einseitigen Preiserhöhungen wirksam beschränken würden. Neben einer erheblichen Reservekapazität war ins-

---

by GE and NP to raise prices could be met by competitors bidding for contracts using current excess capacity."; Komm. v. 8.8.2001 (COMP/M.2399) – Friesland Coberco/Nutritia, Rdnr. 27: "The available spare capacity in the dairy industry would considerably constrain any efforts by the parties to increase prices (...)."; Komm. v. 10.8.2006 (COMP/M.4094) – Ineos/BP Dormagen, Rdnr. 73.

578 Hier müssen Anhaltspunkte gegeben sein, dass die Angebotsausweitung in Kürze, mit hoher Wahrscheinlichkeit und in ausreichendem Umfang erfolgen könnte und würde, vgl. z.B. Komm. v. 12.4.1991 (IV/M.42) – Alcatel/Telettra, Rdnr. 23 ff.; Komm. v. 15.7.2008 (COMP/M.5190) – Nordic Capital/Convatec, Rdnr. 64; unwahrscheinlich aber z.B. für den Fall, dass den aktuellen Wettbewerbern die Finanzkraft fehlen würde, um die ansonsten mögliche Kapazitätsausweitung vorzunehmen und dadurch die Marktmacht des fusionierten Unternehmens zu beschränken, vgl. die Untersagungsentscheidung Komm. v. 3.7.2001 (COMP/M.2220) – GE/Honeywell, Rdnr. 302 ff.; Komm. v. 3.8.2007 (COMP/M.4750) – Luvata/Eco, Rdnr. 39 ff.; vgl. zusammenfassend zum Problem der Angebotsflexibilität der Wettbewerber die Leitlinien zur Beurteilung horizontaler Zusammenschlüsse, Rdnr. 32 ff.

579 Grundlegende Hindernisse bei der Umstellungsflexibilität bedeuten insbesondere sehr lange Testphasen vor einer möglichen Umstellung: Komm. v. 4.3.2008 (COMP/M.4961) – Cookson/Foseco, Rdnr. 39; Komm. v. 26.10.2007 (COMP/M.4828) – Owens Corning/Saint Gobain Vetrotex, Rdnr. 80; vgl. auch Komm. v. 4.6.2008 (COMP/M.4513) – Arjowiggins/M-real Zanders Reflex, Rdnr. 363: „Theoretisch kann der Wettbewerb auf einem Markt, auf dem vier Wettbewerber mit unbeschränkten Kapazitäten ein weitgehend einheitliches Produkt bereitstellen, selbst dann gut funktionieren, wenn eines der Unternehmen einen Marktanteil von 50% ausgeht. Wäre die Umwidmung der Produktionskapazitäten von Thermopapier zu Selbstdurchschreibepapier jedoch erst nach einem Preisanstieg von 5 bis 8% nach dem Zusammenschluss rentabel, wie Arjowiggins selbst erklärt hat, so wäre eine wesentliche Behinderung des wirksamen Wettbewerbs nicht zu vermeiden, [...]."

580 Komm. v. 21.12.2004 (COMP/M.3605) – Sovion/HMG, Rdnr. 50.

581 Komm. v. 10.8.2006 (COMP/M.4094) – Ineos/BP Dormagen.

besondere die Fähigkeit der Wettbewerber, ihre Produktion von Glykolen auf Ethylenoxide umzustellen, von hoher Bedeutung. Die Kommission stützte ihre Schlussfolgerung unter anderem auf zwei von Ineos eingereichte ökonometrische Studien, die die Reaktion der Wettbewerber auf einen Kapazitätsausfall in einem der Werke von Ineos bzw. BP mit Hilfe einer Regressionsanalyse untersuchten: „Die Studie ergab, dass die aus der Vergangenheit vorliegenden Daten bezüglich der Reaktionen der Wettbewerber auf Ausfälle bei den Anlagen von Ineos und BP Dormagen über die *Fähigkeit* der Wettbewerber Aufschluss gibt, die EO-Erzeugung (Verkäufe an Dritte) als Reaktion auf eine verringerte EO-Erzeugung (Verkäufe) durch Ineos und BP Dormagen zu erhöhen. ... Die Studie trägt jedoch – zusammen mit anderen Erkenntnissen der Kommission – zu dem Schluss bei, dass das fusionierte Unternehmen seine Verkäufe an den freien Markt wahrscheinlich nicht verringern wird, da seine Wettbewerber nicht nur in der Lage sind, sondern auch einen Anreiz haben, dieser Strategie entgegenzuwirken."[582] Die Kommission beurteilte den Zusammenschluss ferner prospektiv und erwartete eine zukünftige Zunahme der gesamten Reservekapazität für die Produktion von Ethylenoxid.[583] Umgekehrt sollen aber die Auslastungsraten sinken, weswegen die Anreize zur Produktion auf einem hohen Level aus Effizienzgründen steigen sollen.[584]

η) Marktzutrittsschranken und potenzieller Wettbewerb

Die Aussagekraft von Marktanteilen ist auch dann eingeschränkt, wenn freier Markteintritt (und Marktaustritt) gewährleistet ist. In einem solchen Fall können Marktstrukturen mit unvollkommenem Wettbewerb und erheblichen Marktanteilen, wie Monopole oder Oligopole, schnell in Wettbewerbsmärkte transformiert werden.[585] Negativ gewendet bedeutet dies, dass Marktmacht langfristig nur dann bestehen bleiben wird, wenn der

---

582 Ibid., Rdnr. 95 und 97. In ähnlicher Weise hat die Kommission im Fall *Inco/Falconbridge* die Auswirkungen eines 13 Wochen langen Streiks in einem von Incos Werken untersucht. Die hohe Diversion Ratio zwischen den Zusammenschlussparteien offenbarte, dass Falconbridge erheblichen wettbewerblichen Druck auf Inco ausübte. Die Kommission nahm daher an, dass das fusionierte Unternehmen zu einseitigen Preiserhöhungen in der Lage sein wird, siehe Komm. v. 4.7.2006 (COMP/M.4000) – Inco/Falconbridge, Rdnr. 373 und 381.
583 Komm. v. 10.8.2006 (COMP/M.4094) – Ineos/BP Dormagen, Rdnr. 112–115.
584 Ibid., Rdnr. 129.
585 Die Theorie der monopolistischen Konkurrenz hat jedoch gezeigt, dass unter bestimmten Bedingungen mehr Unternehmen in einen Markt eintreten als gesellschaftlich optimal wäre. Ein ähnliches Resultat gilt auch für das Cournot-Oligopol. Vgl. *Mas-Colell/Whinston/Green* (1995), 408.

Teil 2 C. Feststellung von Marktmacht und Marktbeherrschung

Markteintritt beschränkt ist. Bei der Beurteilung von Marktanteilen und Marktmacht ist daher die Analyse des Marktzutritts und der Marktzutrittsschranken von zentraler Bedeutung.

Potenzieller Wettbewerb. Die Theorie der angreifbaren Märkte (contestable Markets) hat darauf aufmerksam gemacht, dass jedoch nicht nur ein tatsächlich vollzogener Markteintritt Marktmacht verhindern kann, sondern dass unter bestimmten Bedingungen potenzieller Wettbewerb, d. h. die Drohung des Marktzutritts anderer Unternehmen, ausreichend ist, selbst einen Monopolisten dazu zu zwingen, sich so zu verhalten wie ein Unternehmen bei vollkommenem Wettbewerb.[586] Allerdings basiert diese Theorie auf einer Reihe recht restriktiver Voraussetzungen: So müssen alle Unternehmen, die etablierten und die neu eintretenden, Zugang zur gleichen Technologie haben und es dürfen keine versunkenen Kosten auftreten.[587] Weiterhin können Unternehmen ohne Zeitverzögerung in den Markt eintreten, jede technisch mögliche Menge herstellen und den Markt ohne Kosten auch sofort wieder verlassen. Schließlich muss die Zeit, die das etablierte Unternehmen benötigt, seinen Preis zu ändern, länger sein als die Zeit, in der die anderen Unternehmen den Markt verlassen können. Wenn diese Bedingungen erfüllt sind, dann ist ein Markt angreifbar. Selbst ein Monopolist mit einem Marktanteil von 100 % ist im Gleichgewicht gezwungen, auf einem angreifbaren Markt den Wettbewerbspreis zu verlangen. Bei höheren Preisen und damit auch positiven Gewinnen würde sofort ein anderes Unternehmen in den Markt eintreten, den Monopolpreis etwas unterbieten, positive Gewinne realisieren und kurz vor einer Gegenreaktion des etablierten Unternehmens den Markt wieder verlassen.[588] Allein die Drohung eines solchen „hit and run entry" ist ausreichend, um auf einem angreifbaren Markt das gleiche Ergebnis zu erzeugen wie bei vollkommenem Wettbewerb. Die Zahl der Unternehmen im Markt und damit auch ihr Marktanteil ist daher für das Marktergebnis ohne Bedeutung.

Dieses Modell ist jedoch nicht robust, d. h. bereits kleine Änderungen in den Annahmen führen zu drastischen Änderungen in den Ergebnissen. Wenn einem Unternehmen durch den Markteintritt auch nur geringe ver-

---

586 Die Theorie der angreifbaren Märkte wurde von *Baumol/Panzar/Willig* entwickelt. Vgl. *Baumol/Panzar/Willig* (1982); *Spence* (1983) sowie *Baumol/Willig* (1986).
587 Bei versunkenen Kosten (sunk costs) handelt es sich um den Teil der fixen Kosten, der selbst bei einer Schließung des Unternehmens nicht wiedergewonnen werden können. Hierzu gehören z. B. Ausgaben für Werbekampagnen.
588 Bei Technologien mit zunehmenden Skalenerträgen würde sich auf einem angreifbaren Markt zwar nicht das wohlfahrtsmaximale Resultat (Preis gleich Grenzkosten) aber zumindest das zweitbeste Ergebnis (Preis gleich Durchschnittskosten) einstellen.

sunkene Kosten entstehen, wie z. B. durch Werbeaufwendungen, und das etablierte Unternehmen seinen Preis schnell anpassen kann, was in der Realität meist der Fall sein dürfte, dann verliert der potenzielle Wettbewerb seine Wirksamkeit: Wenn ein Unternehmen neu in den Markt eintritt, muss es Kosten versenken. Da aber zugleich das etablierte Unternehmen sofort auf den niedrigeren Preis des „Newcomers" reagieren kann, wird dieser keinen positiven Gewinn realisieren und daher von vornherein nicht in den Markt eintreten. Die Kombination von versunkenen Kosten und der Reaktionszeit des etablierten Unternehmens ist von zentraler Bedeutung: Je größer die versunkenen Kosten des Newcomers, desto langsamer muss die Reaktionszeit des etablierten Unternehmens sein, damit ein Newcomer diese Kosten decken und einen positiven Gewinn im Markt erwirtschaften kann. Ungeachtet dieser fundamentalen Schwäche des Modells hat es auf die Rolle des potenziellen Wettbewerbs und der versunkenen Kosten für den Markteintritt von Unternehmen aufmerksam gemacht. Wenn ein Markteintritt (und -austritt) keine großen versunkenen Kosten verursacht, dann wird die Möglichkeit eines solchen uncommitted entry eine größere Wirkung auf das Verhalten des oder der etablierten Unternehmen haben, als in dem Fall, in dem nur ein committed entry stattfinden kann, d. h. wenn erhebliche versunkene Kosten anfallen.

Marktzutrittsschranken. In vielen Fällen erfolgt jedoch trotz hoher Gewinne in einem Markt kein Marktzutritt. So hat im oben angeführten Beispiel die Kombination aus versunkenen Kosten beim potenziellen Wettbewerber und der Reaktionsgeschwindigkeit des eingesessenen Unternehmens einen Marktzutritt verhindert, d. h. sie wirkte als Marktzutrittsschranke. Das Konzept der Marktzutrittsschranke wird in der Industrieökonomik intensiv diskutiert und es sind zahlreiche Definitionen dieses Konzeptes vorgeschlagen worden. Die erste geht auf *Bain* zurück, der die Höhe einer Marktzutrittschranke definiert als das Ausmaß, in dem etablierte Unternehmen den Preis ihres Produktes langfristig über dem Wettbewerbspreis erhöhen können, ohne einen Marktzutritt herbeizuführen.[589] Nach *Stigler* hingegen liegt eine Marktzutrittsschranke dann vor, wenn ein neu in den Markt eintretendes Unternehmen Kosten aufwenden muss, die ein etabliertes Unternehmen nicht tragen muss.[590] Von Weizsäcker erweitert diese Definition durch die explizite Berücksichtigung von Wohlfahrtswirkungen, so dass nur dann von einer Marktzutrittschranke gesprochen werden kann, wenn diese zu einer Verringerung der Wohlfahrt führt.[591] Gilbert definiert eine Marktzutrittsschranke

---
589 Vgl. *Bain* (1956).
590 Vgl. *Stigler* (1968); *Baumol/Willig* (1981).
591 Vgl. *von Weizsäcker* (1980).

als den zusätzlichen Gewinn, den ein Unternehmen aufgrund der Tatsache erwirtschaftet, zuerst im Markt gewesen zu sein (rent to incumbency).[592] Während die Definition von *Bain* auf die Gewinne der etablierten Unternehmen abstellt, betonen *Stigler* und *von Weizsäcker* die Kostenunterschiede zwischen etablierten Unternehmen und Newcomern. Die Charakterisierung von Gilbert weist auf den „Anzugsvorteil" (first-mover-advantage) eines etablierten Unternehmens hin. Die neuere Diskussion über potenziellen Wettbewerb und Marktzutrittsschranken hat auf drei fundamentale Aspekte aufmerksam gemacht, die für eine wettbewerbspolitische Einschätzung des Zutritts zu Märkten von Bedeutung sind: Erstens die Rolle der versunkenen Kosten, die ein neu in den Markt eintretendes Unternehmen tragen muss[593], zweitens die Rolle der Gewinnerwartungen, die, wie die moderne Industrieökonomik betont, von der Art des Wettbewerbs nach erfolgtem Marktzutritt beeinflusst werden, und drittens die strategische Interaktion zwischen etablierten Unternehmen und Newcomern.

Ausgehend von diesen Überlegungen werden Marktzutrittsschranken unterschieden in absolute und strategische Marktzutrittsschranken.[594] Absolute Marktzutrittsschranken geben dem etablierten Unternehmen einen absoluten Kostenvorteil gegenüber den Newcomern. Hierzu gehören die meisten staatlichen oder rechtlichen Marktzutrittsschranken wie z.B. die Gewährung staatlicher Monopole wie beim früheren Postmonopol, Lizenzen wie z.B. im Taxigewerbe, Landerechte auf Flughäfen oder der Patentschutz. Auch der alleinige Zugang zu besseren Inputs, die Kontrolle einer essential facility oder der Besitz eines Leitungsnetzes können eine absolute Marktzutrittsschranke darstellen. Die strategischen Marktzutrittsschranken können untergliedert werden in solche, die aufgrund eines first-mover Vorteils entstehen, solche die auf missbräuchliches Verhalten zurückzuführen sind, und solche, die durch vertikale Beschränkungen bedingt sind. Im Allgemeinen haben die strategischen Marktzutrittsschranken die Wirkung bzw. den Zweck, den Markteintritt eines neuen Unternehmens entweder durch die Erhöhung der Kosten des Newcomers oder durch die Verringerung seiner Erlöse unprofitabel zu machen.

Wenn ein Unternehmen in einem Markt etabliert ist, dann hat es häufig zum einen bereits erhebliche Kosten versenkt, z.B. durch Anfangsinves-

---

592 Vgl. *Gilbert* (1989).
593 Zur Rolle der versunkenen Kosten vgl. *Sutton* (1991).
594 Zu dieser Unterscheidung vgl. *Harbord/Hoehn* (1994). In der Literatur werden auch andere Klassifikationen verwendet, z.B. zwischen staatlichen, strukturellen und strategischen Marktzutrittsschranken, vgl. *Schmidt, I.* (2005), 69–73.

titionen, durch Werbung oder durch Investitionen in FuE und kommt zum anderen durch eine entsprechende Herstellungsmenge in den Genuss zunehmender Skalenerträge oder Lernkurveneffekte, die für ein neu eintretendes Unternehmen eine Marktzutrittsschranke bilden. Dies kann z. B. dann der Fall sein, wenn die minimale optimale Betriebsgröße eines Unternehmens erst bei einer Produktionsmenge erreicht wird, die einen signifikanten Teil des Marktes versorgt.[595] Der Eintritt eines Unternehmens mit einer großen Produktionsmenge würde dazu führen, dass der Preis soweit fiele, dass keine Gewinne realisiert werden könnten. Bei einem Eintritt mit kleiner Produktionsmenge und daher suboptimaler Betriebsgröße müsste das neue Unternehmen mit höheren Kosten als das etablierte produzieren und könnte auch in diesem Fall keinen Gewinn erwirtschaften. Eine solche Situation wird häufig dann auftreten, wenn die versunkenen Kosten erheblich sind. Diese Wirkungen können durch strategisches Verhalten seitens des etablierten Unternehmens noch verstärkt werden, wie z. B. durch strategisch überhöhte Kapazitätsinvestitionen,[596] durch endogene versunkene Kosten,[597] wie Ausgaben für FuE oder durch eine strategische Überproduktion, um schneller in den Genuss von Lernkurveneffekten zu gelangen. Dies würde die Kosten des Newcomers erhöhen.

In diesem Zusammenhang können auch Industrien angeführt werden, die durch sogenannte Netzeffekte gekennzeichnet sind.[598] Netzeffekte treten in solchen Industrien auf, in denen der Nutzen eines Gutes mit der Zahl der Nutzer steigt. Man unterscheidet dabei zwischen physischen Netzen, wie z. B. dem Telefonnetz, und virtuellen Netzen, wie sie zwischen komplementären Gütern, z. B. Computerbetriebssystem und Anwendungsprogrammen, existieren.[599] Hier bestehen keine Größenvorteile in der Produktion, sondern im Konsum: Je mehr Nutzer an ein Telefonnetz angeschlossen sind, desto mehr Kommunikationsmöglichkeiten bestehen. Je mehr Konsumenten ein bestimmtes Betriebssystem für einen Computer verwenden, desto mehr Programme für dieses System werden entwickelt. Märkte mit Netzeffekten tendieren dazu, dass sie nur von einem oder einer kleinen Zahl von Unternehmen bedient werden, da derartige Märkte durch Rückkoppelungseffekte gekennzeichnet sind: Wenn bereits

---

595 Im Extremfall könnte die optimale Betriebsgröße so groß sein, dass ein Unternehmen ausreicht, den gesamten Markt zu minimalen Stückkosten zu versorgen.
596 Vgl. *Dixit* (1980).
597 Vgl. *Sutton* (1991).
598 Zur Rolle der Wettbewerbspolitik in Märkten mit Netzeffekten vgl. *Economides* (2004) sowie *Priest* (2007).
599 *Economides* (1996, 2004); *Schmalensee* (2004); *Shy* (2001b).

Teil 2 C. Feststellung von Marktmacht und Marktbeherrschung

viele Konsumenten an ein physisches Netz angeschlossen sind, dann werden sich weitere Konsumenten auch eher an dieses Netz anschließen. Haben bereits viele Konsumenten ein bestimmtes Betriebssystem auf ihrem Computer installiert, dann gibt es viele Anwendungsprogramme hierfür, und ein neuer Konsument wird ebenfalls dieses Betriebssystem wählen. Hier stellt sich für ein Unternehmen, das in den Markt eintreten möchte, das Problem, schnell eine große Zahl von Nutzern für das Produkt zu gewinnen, um den Markt zum „Kippen" zu bringen. Dies ist jedoch selbst für den Hersteller eines technisch besseren Produktes nicht immer möglich, wenn die sogenannte „installierte Basis", d. h. die Zahl der Konsumenten, die das bisherige Produkt nutzen, sehr groß ist. In Märkten mit Netzeffekten kann daher ein Marktzutritt sehr schwierig sein.[600]

Durch Produktdifferenzierung können einem etablierten Unternehmen Vorteile entstehen, über die ein Newcomer nicht verfügt. So können bei Werbeausgaben positive Skalenerträge vorliegen, da z. B. der gleiche Werbespot regional oder national verwendet werden kann. Da ein Unternehmen über die Höhe von Werbeausgaben entscheiden kann, handelt es sich um endogene versunkene Kosten, die strategisch eingesetzt werden und eine Marktzutrittsschranke darstellen können. Darüber hinaus kann Werbung dazu beitragen, dem etablierten Unternehmen gegenüber eine Markentreue (Goodwill) aufzubauen und dadurch die möglichen Erlöse eines Newcomers zu schmälern.[601] Um Kunden zu gewinnen, muss ein Newcomer durch zusätzliche Werbeausgaben oder Einführungspreise diese Markentreue zuerst überwinden, wodurch ihm höhere Kosten entstehen. Aber nicht nur die Markentreue der Konsumenten spielt für Produktdifferenzierungsvorteile eine Rolle, sondern häufig tritt auch das Problem sogenannter Wechselkosten auf.[602] Die Konsumenten können nicht kostenlos von einem Anbieter zu einem anderen wechseln, da ihnen hierdurch Kosten entstehen, wie z. B. beim Wechsel von einem Computerprogramm, das sie beherrschen, zu einem neuen oder beim Wechsel von einer Bank zu einer anderen. Diese Konsumenten unterliegen, ähnlich wie bei Netzindustrien, einem Lock-in, der von einem neuen Unternehmen erst über-

---

600 Vgl. z.B. *Farell/Saloner* (1985); *Katz/Shapiro* (1985); *Katz/Shapiro* (1986); *Laffont/Rey/Tirole* (1998).
601 Vgl. *Baldoni/Masson* (1984). Andererseits wäre ein solches Unternehmen nach einem Markteintritt nicht bereit, sich auf einen harten Preiswettbewerb einzulassen, weil es dadurch einen großen Gewinn bei seiner Stammkundschaft verlieren würde. Werbung würde hier keine Marktzutrittsschranke darstellen, da keine aggressive Reaktion des etablierten Unternehmens erfolgen wird. Die Wirkung hängt daher von der relativen Stärke beider Effekte ab. Vgl. *Schmalensee* (1983).
602 Vgl. *Klemperer* (1987a, 1987b); *Office of Fair Trading* (2003a).

II. Indirekte Erfassung von Marktmacht   Teil 2

wunden werden muss, um in den Markt eintreten zu können. Diese Wechselkosten können von Unternehmen strategisch eingesetzt werden, indem die installierte Basis an Konsumenten strategisch erhöht wird oder diese Wechselkosten endogen verändert werden, wie z. B. mittels Vielfliegerprogrammen. Weiterhin könnte ein Unternehmen durch die Besetzung von Nischen, d. h. durch das Angebot sehr vieler verschiedener differenzierter Güter, wie z. B. bei Cornflakes, einem möglichen Newcomer keinen ausreichenden Markt überlassen, um positive Gewinne zu erzielen.[603] Diese Strategien werden vom etablierten Unternehmen sinnvollerweise nur dann angewandt, wenn die Kosten der Strategien, einen Markteintritt zu verhindern (z. B. das Angebot einer überoptimalen Anzahl differenzierter Güter), geringer sind als der Gewinn, den sie im Falle eines Markteintritts und des erhöhten Wettbewerbs einbüßen würden.

Empirische Untersuchungen über die Höhe von Marktzutrittsschranken konnten zeigen, dass es einen engen Zusammenhang zwischen der Höhe dieser Schranken und der Konzentration bzw. der Profitabilität in einem Markt gibt. Dies gilt für Skalenerträge, Werbe- und FuE-Ausgaben. So hat Sutton in zwei umfangreichen Studien ermittelt, dass es einen engen Zusammenhang zwischen endogenen versunkenen Kosten, den Werbeausgaben bzw. Ausgaben für FuE und der Konzentration in einem Markt gibt.[604] Hohe endogene versunkene Kosten führen zu einer hohen optimalen Betriebsgröße und daher zu erhöhter Konzentration. Diese wiederum ist empirisch mit geringen Marktzutritts- und Marktaustrittsraten verbunden. Am einfachsten lässt sich die Existenz staatlich gewährter oder vergleichbarer absoluter Marktzutrittsschranken (Patente, Lizenzen, essential facilities) feststellen. Aus den empirischen Untersuchungen lassen sich Maße ableiteten, mit denen Aussagen über die Existenz und die Höhe von Marktzutrittsschranken getroffen werden können. Hierzu gehören die Anteile der Werbeausgaben bzw. FuE-Aufwendungen am Umsatz, die mindestoptimale Betriebsgröße, die anhand ingenieurwissenschaftlicher Daten bestimmt werden könnte, sowie die Raten, mit denen Marktzutritte und Marktaustritte erfolgen (Unternehmensgründungen, Konkurse). Hinsichtlich weiterer theoretischer Aspekte von Marktzutrittsschranken könnten bestehende Überschusskapazitäten der etablierten Unternehmen festgestellt werden und man kann den Kapitalbedarf im Verhältnis zum Umsatz ermitteln.[605]

---

603 Zu dieser Strategie der ‚Product Proliferation' vgl. *Bonnano* (1987), *Rauhitschek* (1987, 1988).
604 Vgl. *Sutton* (1991, 1999).
605 Vgl. *Scherer/Ross* (1990), 424–426 und die dort angegebene Literatur.

195

Teil 2 C. Feststellung von Marktmacht und Marktbeherrschung

Die Kommission berücksichtigt die marktmachtbeschränkende Wirkung potenzieller Wettbewerber nur, wenn nachgewiesen werden kann, dass der Marktzutritt geeignet wäre, mit großer Wahrscheinlichkeit rechtzeitig und in hinreichendem Umfang die wettbewerbsschädlichen Wirkungen der Fusion zu verhindern oder zu kompensieren („likely, timely and sufficient").[606] Nach Auffassung der Kommission brauchen potenzielle Wettbewerber dabei nicht unbedingt für sich genommen *den* Hauptwettbewerbsdruck auf das angestammte Unternehmen auszuüben: „Ein ernsthaftes Wettbewerbsproblem entsteht bereits dadurch, dass sie einen spürbaren Wettbewerbsdruck ausüben, dessen Beseitigung zu einer erheblichen Behinderung wirksamen Wettbewerbs führen würde."[607]

Die Kommission prüft zunächst, ob ein Marktzutritt tatsächlich zu erwarten ist. In diesem Zusammenhang kommt es maßgeblich darauf an, ob und in welchem Umfang Marktzutrittsschranken bestehen. Darunter versteht die Kommission generell spezifische Marktmerkmale, die den angestammten Unternehmen Vorteile gegenüber ihren potenziellen Wettbewerbern verleihen.[608] Die Kommission unterscheidet in den Leitlinien zwischen rechtlichen Vorteilen, technischen Vorteilen und Vorteilen aufgrund privilegierter Marktpositionierung. Beispiele für rechtliche Vorteile der angestammten Unternehmen sind z.B. staatliche Handelshemmnisse wie Einfuhrzölle, staatliche Lizenzvergaben, Produktzulassungen[609] oder Patentschutz[610]. Unter technischen Vorteilen versteht die

---

606 Vgl. Leitlinien zur Beurteilung horizontaler Zusammenschlüsse, Rdnr. 68 ff.; so auch schon Komm. v. 22.7.1991 (IV/M.190), ABl.EG 1992 L 356/1 – Nestlé/Perrier, Rdnr. 91: „Bei der Beurteilung der Frage nach einem potentiellen Wettbewerb muss geprüft werden, ob ein wettbewerblich relevanter und effektiver Markteintritt möglich und wahrscheinlich wäre, so dass die Marktstärke der verbleibenden landesweiten Anbieter dadurch eingeschränkt werden könnte. Die Frage lautet (...), ob ihr Markteintritt wahrscheinlich ist und ob sie mit Mengen und Preisen in den Markt eintreten würden, die einen Preiserhöhungsspielraum wirksam einengen oder die Aufrechterhaltung eines unter Wettbewerbsgesichtspunkten überhöhten Preises unmöglich machen würde. Der Markteintritt müsste innerhalb einer Zeitspanne erfolgen, die kurz genug ist um das/die betreffenden Unternehmen von der Ausnutzung seiner/ihrer Marktmacht abzuhalten."
607 Komm. v. 14.3.2006 (COMP/M.3868) – DONG/Elsam/Energi E2, Rdnr. 455 f.
608 Vgl. Leitlinien zur Beurteilung horizontaler Zusammenschlüsse, Rdnr. 70; die Definition lehnt sich an die des Ökonomen *Joe Bain* an, vgl. *Bain* (1956), 3: "By the advantages of established sellers in an industry over potential entrant sellers, these advantages being reflected in the extent to which established sellers can persistently raise their prices above a competitive level without attracting new firms to enter the industry."
609 Komm. v. 11.10.2007 (COMP/M.4691) – Schering-Plough/Organon Biosciences, Rdnr. 56 (Produkte der Human- und Tiermedizin); Komm. v. 19.12.2008 (COMP/M.5295) – Teva/Barr, Rdnr. 25 (generische Produkte).
610 Vgl. z.B. Komm. v. 3.5.2000 (IV/M.1693) – Alcoa/Reynolds, Rdnr. 87 (Einfuhrzölle von 5,5% als Marktzutrittsschranke), Komm. v. 11.8.2000 (COMP/M.2016) – France

II. Indirekte Erfassung von Marktmacht Teil 2

Kommission beispielsweise erleichterten Zugang zu natürlichen Ressourcen,[611] Kosten für Forschung und Entwicklung,[612] Vorteile durch den Zugang zu Vertriebs- und Absatznetzen,[613] Innovation[614] und neuen Technologien.[615]

Aufgrund der Marktposition der angestammten Wettbewerber können sich für diese ebenfalls erhebliche Vorteile gegenüber Newcomern ergeben. So wertet die Kommission Skalenerträge als Markzutrittsschranke.

Télécom/Orange, Rdnr. 33 (Lizenzvergabe als Marktzutrittschranke) und Komm. v. 12.12.2006 (COMP/M.4187) – Metso/Aker Kvaerner, Rdnr. 86 (Patentschutz).
611 Vgl. Komm. v. 23.4.1997 (IV/M.754) – Anglo American Corp./Lonrho, Rdnr. 118 f.; Komm. v. 21.12.2005 (COMP/M.3696) – E.ON/MOL, Rdnr. 286; Komm. v. 19.7. 2006 (COMP/M.3796) – Omya/Huber PCC, Rdnr. 356; bestätigt durch EuG, Urt. v. 9.7.2007, Rs. T-282/06 – Sun Chemical Group/Kommission, Slg. 2007, II-2149, Rdnr. 183.
612 Komm. v. 4.12.1996 (IV/M.774) – Saint-Gobain/Wacker-Chemie/NOM, Rdnr. 184; Komm. v. 17.4.2002 (COMP/M.2547) – Bayer/Aventis Crop Science, Rdnr. 15: "In markets subject to intensive R & D, potential entry cannot be generally expected in the short to medium term, firstly because of the length of time required for development of equally effective substances, and, secondly, due to the costs involved in the development of a product capable of competing with the new or improved one."; Komm. v. 12.12.2006 (COMP/M.4187) – Metso/Aker Kvaerner, Rdnr. 86; Komm. v. 11.10.2007 (COMP/M.4691) – Schering-Plough/Organon Biosciences, Rdnr. 53–55.
613 Komm. v. 11.9.1997 (IV/M.833) – The Coca-Cola Company/Carlsberg A/S, Rdnr. 72–74; Komm. v. 15.10.2007 (COMP/M.4611) – Egmont/Bonnier, Rdnr. 39–41; Komm. v. 17.6.2008 (COMP/M.5075) – Vienna Insurance Group/EBV, Rdnr. 107: „Im Ergebnis hat die Marktuntersuchung also gezeigt, dass zu erwarten ist, dass Zugang zu Vertriebsnetzen, insbesondere zum Bankenkanal, ein entscheidender Erfolgsfaktor im Lebensversicherungsbereich in Österreich sein wird."; Komm. v. 15.7.2008 (COMP/M.5190) – Nordic Capital/Convatec, Rdnr. 63, wo die Wettbewerber auf ein nationales bzw. lokales Verkaufs- und Vertriebsteam angewiesen waren, welches die Kunden bei der Nutzung des Produktes unterstützt; Komm. v. 9.11.2007 (COMP/M.4824) – Kraft/ Danone Biscuits, Rdnr. 31: Position eines sog. „category manager" als Vorteil im Wettbewerb um Regalplatz in Supermärkten. Die Hauptanbieter können als „category manager" Empfehlungen aussprechen, wie Produkte und Marken in den Regalen präsentiert werden. Damit erlaubt die Position einen Einfluss auf den Regalplatz der Wettbewerber und somit letztlich auf die Kaufentscheidungen der Endverbraucher; Komm. v. 3.10.2007 (COMP/M.4844) – Fortis/ABN AMRO Assets, Rdnr. 119, 121: Bedarf an Komplettpaketen und Kenntnis lokaler Marktgegebenheiten als Marktzutrittsschranken.
614 Ebenso Komm. v. 21.6.1994 (IV/M.430), ABl.EG 1994 L 354/32 – Procter & Gamble/ VP Schickedanz II, Rdnr. 132: „Mit Always bot Procter & Gamble eine innovative Kombination von Produktverbesserungen an, der es gelang, schnell in den Markt einzudringen. Es ist kaum absehbar, dass ein Wettbewerber in naher Zukunft ein vergleichbar innovatives Produkt entwickelt. Besonders Marktneulinge (...) dürften es schwer haben, ein Produkt auf dem neuesten technologischen Stand zu entwickeln, und wären daher bei jedem Markteintrittsversuch benachteiligt."; Komm. v. 26.10.2007 (COMP/ M.4828) – Owens Corning/Saint Gobain Vetrotex, Rdnr. 71.
615 Leitlinien zur Beurteilung horizontaler Zusammenschlüsse, Rdnr. 71.

Teil 2 C. Feststellung von Marktmacht und Marktbeherrschung

In *Metso/Svedala* heißt es hierzu: „Auch muss man verhältnismäßig hohe Stückzahlen verkaufen, um auf dem Markt für Baustoffbrecher wettbewerbsfähig zu sein und Größenvorteile nutzen zu können. (...) Dies bedeutet, dass jeder Neueinsteiger unweigerlich Kostennachteile gegenüber etablierten Produzenten hat, zumal der Neuling ein komplettes Sortiment an Produkten in unterschiedlicher Größe und Leistung anbieten müsste.[616] Ein weiteres Beispiel für technische Marktzutrittsschranken ist die weitgehende Sättigung des Marktes durch angestammte Wettbewerber mit einer großen Anzahl bewährter Marken.[617] Weiterhin identifiziert die Kommission insbesondere hohe Werbekosten als Zutrittsschranken.[618] In engem Zusammenhang hiermit steht die besondere Markentreue von Kunden, die ebenfalls als erhebliches Hindernis für einen Zutritt gewertet wird.[619] Demgegenüber senkt das Fehlen langfristiger Lieferverträge ebenso wie die Praxis der Nachfrager, zwischen verschiedenen Produktanbietern zum Zweck der Intensivierung des Wettbewerbs zu wechseln (sog. multi-homing), die Marktzutrittsschranken.[620]

---

[616] Komm. v. 24.1.2001 (COMP/M.2033) – Metso/Svedala, Rdnr. 160; siehe auch Komm. v. 17.12.2008 (COMP/M.5141) – KLM/Martinair, Rdnr. 197.
[617] Vgl. Komm. v. 22.7.1992 (IV/M.190), ABl.EG 1992 L 356/1 – Nestlé/Perrier, Rdnr. 32f.: „Der französische Markt ist hinsichtlich Zahl der Marken und Umfang des Sortiments ein gesättigter Markt. (...) allenfalls eine Marke mit bekanntem Namen kann darauf hoffen, mittel- bis langfristig zu überleben. Ein Neueintritt in den Markt wird damit zu einem Unterfangen mit hohem Risiko."
[618] Komm. v. 2.4.1998 (IV/M.1127) – Nestlé/Dalgety, Rdnr. 24; Komm. v. 27.6.2007 (COMP/M.4439) – Ryanair/Aer Lingus, Rdnr. 604f.
[619] Vgl. Komm. v. 16.1.1996 (IV/M.623) – Kimberly-Clark/Scott Paper, Rdnr. 211f.: „Die Etablierung einer neuen Marke würde erhebliche Investitionen in Werbung und Verkaufsförderung erfordern, um markentreue Kunden dazu zu bewegen, sich von ihrer bisherigen Marke abzuwenden. Solche Aufwendungen stellen irreversible Kosten dar und erhöhen die Risiken des Zutritts."; ebenso Komm. v. 21.6.1994 (IV/M.430), ABl.EG 1994 L 354/32 – Procter & Gamble/VP Schickedanz II, Rdnr. 125ff.: „Ein solcher Grad an Markentreue wirkt insofern als Marktzutrittsschranke, als bei einem mengenmäßigen Wachstum von weniger als 5% im Jahr jeder neue Anbieter erst einem etablierten Unternehmen Marktanteile abnehmen muss. Um dies zu erreichen, muss der Marktneuling die Verbraucherinnen dazu bringen, sein Produkt zunächst auszuprobieren und dann unter Verzicht auf die vertraute Marke regelmäßig zu kaufen."; Komm. v. 29.6.2007 (COMP/M.4540) – Nestlé/Novartis, Rdnr. 70–76; Komm. v. 17.6.2008 (COMP/M.5075) – Vienna Insurance Group/EBV, Rdnr. 142; Komm. v. 27.6.2008 (COMP/M.5086) – BAT/Skandinavisk Tobakskompagni, Rdnr. 40; Komm. v. 15.7.2008 (COMP/M.5190) – Nordic Capital/Convatec, Rdnr. 63; Komm. v. 9.11.2007 (COMP/M.4824) – Kraft/Danone Biscuits, Rdnr. 28, 45; Abnahme der Relevanz einer Marke: Komm. v. 5.9.2007 (COMP/M.4533) – SCA/P&G, Rdnr. 111– 119; Komm. v. 3.10.2007 (COMP/M.4844) – Fortis/ABN AMRO Assets, Rdnr. 113, 120; Komm. v. 4.7.2006 (COMP/M.4000) – Inco/Falconbridge, Rdnr. 269; Komm. v. 3.12.2008 (COMP/M.5384) – BNP Paribas/Fortis, Rdnr. 86.
[620] Komm. v. 19.5.2006 (COMP/M.3998) – Axalto/Gemplus, Rdnr. 43.

II. Indirekte Erfassung von Marktmacht Teil 2

Ein weiteres Beispiel ist das Problem neuer Anbieter, in Supermärkten einen Platz im Regal zu bekommen.[621] Denn solch ein Regalplatz hängt sehr stark von der Bedeutung der Marke ab. Kleinere Anbieter aber gehören selten zu den „must-have"-Marken, so dass sie leichter abgesetzt oder ersetzt werden können.[622] Nicht als Marktzutrittsschranke hingegen werden bloße reversible Zutrittskosten angesehen, auch dann nicht, wenn sie erheblich sind. In der Entscheidung *Carnival Corporation/P & O Princess* stellte die Kommission einleitend fest, dass die Kosten für ein Kreuzfahrtschiff für den Markteintritt sehr hoch wären; entscheidend für die Beurteilung bestehender Zutrittsschranken sollte jedoch sein, ob sich die Kosten im Fall des Marktaustritts wieder einbringen ließen, oder ob es sich um (unwiederbringlich verlorene) versunkene Kosten handelte. Da im spezifischen Fall ein Markt für gebrauchte Kreuzfahrtschiffe existierte, mithin weder die Anschaffung eines Neuschiffes nötig noch der Wiederverkauf unmöglich gewesen wäre und sich der Markt zudem im Wachsen befand, wurde der Marktzutritt als möglich erachtet.[623] Während Marktzutrittsschranken, die einen Eintritt völlig ausschließen, nur selten vorliegen, ist wohl auch ein völlig schrankenloser Zutritt (im Sinne der Theorie der angreifbaren Märkte) nur ausnahmsweise denkbar. Entscheidend für die Wahrscheinlichkeit des Zutritts ist demnach eine Beurteilung der Frage, ob Anreize für den potenziellen Wettbewerber zum Vorstoß auf den Relevanzmarkt bestehen. Dies ist nach Auffassung der Kommission grundsätzlich nur dann der Fall, wenn der Zutritt rentabel ist.[624] Unrentabel ist der Zutritt z. B., wenn der Markt bereits völlig gesättigt ist; Größenvorteile der angestammten Unternehmen oder sog. Netzwerkeffekte können ebenfalls dazu führen, dass ein potenzieller Wettbewerber wahrscheinlich vom Marktzutritt Abstand nimmt.[625] Der

---

621 Komm. v. 16.1.1996 (IV/M.623) – Kimberly-Clark/Scott Paper, Rdnr. 213: „Im allgemeinen sind Tissue-Erzeugnisse voluminös und von geringem Wert. Sie nehmen erheblichen Regalplatz ein. Dies bedeutet, dass es neu in den Markt eintretende Anbieter besonders schwer haben werden, eine angemessene Distribution im Einzelhandel sicherzustellen.".
622 Komm. v. 9.11.2007 (COMP/M.4824) – Kraft/Danone Biscuits, Rdnr. 30, 32.
623 Komm. v. 24.7.2002 (COMP/M.2706) – Carnival Corporation/P & O Princess, Rdnr. 182 f.; vgl. auch Komm. v. 21.11.2001 (COMP/M.2498) – UPM Kymmene/Haindl, Rdnr. 108: „Charakteristisch für die Zellstoff- und Papierindustrie sind die unwiederbringlichen Ist-Kosten. (…) in den vergangenen fünf Jahren (ist) kein Neuzutritt in die Märkte des Zeitungspapiers (…) erfolgt (…), weil der kostenaufwendige Marktzutritt hohe Risiken und gewöhnlich langwierige Verfahren der Umstellung auf einen neuen Lieferanten bedingt."
624 Leitlinien zur Beurteilung horizontaler Unternehmenszusammenschlüsse, Rdnr. 69 ff.
625 Leitlinien zur Beurteilung horizontaler Unternehmenszusammenschlüsse, Rdnr. 72; Komm. v. 14.11.2006 (COMP/M.4180) – Gaz de France/Suez, Rdnr. 202.

Teil 2 C. Feststellung von Marktmacht und Marktbeherrschung

Anreiz eines potenziellen Wettbewerbers zum Eintritt in einen Markt hängt ferner von der Wahrscheinlichkeit einer aggressiven Vergeltungsmaßnahme des fusionierten Unternehmens ab.[626] Entscheidend für die Beurteilung der Wahrscheinlichkeit des Zutritts ist zumeist jedenfalls die Betrachtung irreversibler Kosten, die im Falle eines fehlgeschlagenen Zutritts unwiederbringlich verloren wären.[627]

Bei ihrer Fallanalyse betrachtet die Kommission z. B. historische Daten, die Aufschluss über Versuche potenzieller Wettbewerber geben können, sich auf dem Relevanzmarkt zu etablieren.[628] Als Hinweis auf hohe Marktzutrittsschranken kann zu werten sein, wenn das Preisniveau auf dem Relevanzmarkt dauerhaft sehr gewinnbringend ist, ein Neuzutritt potenzieller Wettbewerber aber ausbleibt.[629] Die abschreckende Wirkung nationaler Marktzutrittsschranken kann sich ferner darin zeigen, dass große europäische Konzerne, die versucht haben, in den Markt einzusteigen, ihre Aktivitäten wieder aufgeben oder aussetzen mussten.[630] Umgekehrt indiziert der Markteintritt einer vergleichsweise großen Zahl von Wettbewerbern in der jüngeren Vergangenheit trotz erheblicher technischer Anforderungen niedrige Marktzutrittsschranken.[631]

In der Regel berücksichtigt die Kommission potenziellen Wettbewerb als marktmachtbegrenzenden Aspekt nur dann, wenn der Marktzutritt in absehbarer Zeit erfolgt und erkennen lässt, dass das neue Unternehmen anhaltend präsent sein wird.[632] Anderenfalls würde der neuen Unternehmenseinheit zuviel Zeit bleiben, ihre Marktmacht auszuspielen und würde sich die Glaubwürdigkeit der Eintrittsdrohung verringern. In der Regel

---

626 Leitlinien zur Beurteilung horizontaler Unternehmenszusammenschlüsse, Rdnr. 69; Komm. v. 27.6.2007 (COMP/M.4439) – Ryanair/Aer Lingus, Rdnr. 624 und 626: „Die Wahrscheinlichkeit einer aggressiven Gegenreaktion ist relevant, da sie *faktisch* bedeutet, dass potentielle neue Wettbewerber wahrscheinlich von einem Eintritt abgeschreckt werden, und ein dominantes Unternehmen kaum durch die Bedrohung eines neuen Eintritts unter Druck gesetzt wird."
627 Vgl. auch Leitlinien zur Beurteilung horizontaler Unternehmenszusammenschlüsse, Rdnr. 69; Komm. v. 4.12.1996 (IV/M.774) – Saint-Gobain/Wacker-Chemie/NOM, Rdnr. 184; Komm. v. 19.11.2004 (COMP/M.3544) – Bayer Healthcare/Roche (OTC Business), Rdnr. 55; Komm. v. 7.1.2004 (COMP/M.2978) – Lagardère/Natexis/VUP, Rdnr. 654; Komm. v. 27.6.2007 (COMP/M.4439) – Ryanair/Aer Lingus, Rdnr. 623.
628 Leitlinien zur Beurteilung horizontaler Unternehmenszusammenschlüsse, Rdnr. 70.
629 Vgl. Komm. v. 14.3.2000 (IV/M.1672) – Volvo/Scania, Rdnr. 144 f.
630 Komm. v. 14.11.2006 (COMP/M.4180) – Gaz de France/Suez, Rdnr. 202; vgl. auch Komm. v. 17.11.2010 (COMP/M.5675) – Syngenta/Monsanto's Sunflower Seed Business, Rdnr. 263.
631 Komm. v. 29.3.2006 (COMP/M.3975) – Cargill/Degussa Food Ingredients, Rdnr. 133.
632 Leitlinien zur Beurteilung horizontaler Unternehmenszusammenschlüsse, Rdnr. 74.

sollte der Eintritt innerhalb von zwei Jahren erfolgen.[633] Je nach der Dynamik des betroffenen Marktes kann der Zeitabstand nach Auffassung der Kommission aber auch kürzer oder länger sein.[634]

In der Entscheidung *Skanska/Scancem*[635] führt die Kommission aus: „Im Rahmen dieser Würdigung ist allerdings nicht nur die Frage des möglichen Markteintritts, sondern auch die Frage von Bedeutung, ob ein neuer Marktteilnehmer genug Gewicht hat, um das von seinen Wettbewerbern nach dem Zusammenschluss unabhängige Verhalten von Skanska einzuschränken." Dieses Erfordernis findet sich nun auch in den Leitlinien der Kommission.[636]

Der Untersuchung potenziellen Wettbewerbs kommt in der wettbewerblichen Würdigung durch die Kommission eine ganz erhebliche Bedeutung zu, die sich mit der des aktuellen Wettbewerbs vergleichen lässt. Es ist zu erkennen, dass jeder Marktmachtgrad relativiert und als undenklich gelten kann, wenn nur ausreichend potenzieller Wettbewerb feststellbar ist. In der Entscheidung *HP/Compaq* z.B. wurde ein Marktanteil von 85– 95% trotz fehlenden aktuellen Wettbewerbs als unbedenklich angesehen, weil Marktzutrittsschranken als niedrig angesehen wurden und einige potenzielle Wettbewerber bereits glaubwürdig einen Zutritt angekündigt hatten.

θ) Nachfragemacht

Die Leitlinien zur Beurteilung horizontaler Unternehmenszusammenschlüsse geben einen guten Überblick über die Praxis der Kommission in Bezug auf die Berücksichtigung entgegenstehender Nachfragemacht der Abnehmer als marktmachtbeschränkendem Faktor.[637] Nachfragemacht

---

633 Leitlinien zur Beurteilung horizontaler Unternehmenszusammenschlüsse, Rdnr. 74; vgl. z.B. Komm. v. 31.1.1994 (IV/M.315) – Mannesmann/Vallourec/Ilva, Rdnr. 119; Komm. v. 3.5.2000 (IV/M.1693) – Alcoa/Reynolds, Rdnr. 32; Komm. v. 19.9.2007 (COMP/M.4525) – Kronospan/Constantia, Rdnr. 71.
634 Leitlinien zur Beurteilung horizontaler Unternehmenszusammenschlüsse, Rdnr. 74.
635 Komm. v. 11.11.1998 (IV/M.1157) – Skanska/Scancem, Rdnr. 184; ähnlich Komm. v. 15.7.2008 (COMP/M.5190) – Nordic Capital/Convatec, Rdnr. 65.
636 Leitlinien zur Beurteilung horizontaler Unternehmenszusammenschlüsse, Rdnr. 75; siehe auch Komm. v. 14.5.2008 (COMP/M.4854) – TomTom/Tele Atlas, Rdnr. 161.
637 Leitlinien zur Beurteilung horizontaler Unternehmenszusammenschlüsse, Rdnr. 64– 67; in Komm. v. 11.9.1997 (IV/M.833), ABl.EG 1998 L 145/41 – The Coca-Cola Company/Carlsberg A/S heißt es in Rdnr. 81: „Bei der Bewertung der Marktmacht muss jedoch der Frage nachgegangen werden, ob eine ausreichende Gegenmacht des Käufers vorhanden ist, um die Marktmacht der Parteien neutralisieren zu können."; in Komm. v. 10.10.2001 (COMP/M.2283) – Schneider/Legrand, Rdnr. 566, heißt es: „Die Parteien erzielen häufig einen beträchtlichen Anteil ihrer Verkäufe (…) durch die

Teil 2 C. Feststellung von Marktmacht und Marktbeherrschung

bezeichnet in diesem Zusammenhang die Verhandlungsmacht, die ein Abnehmer gegenüber seinem Lieferanten angesichts seiner Größe, seiner wirtschaftlichen Bedeutung für den Verkäufer und seiner Fähigkeit ausspielen kann, zu anderen Lieferanten überzuwechseln.[638]

Bestehen glaubwürdiger Alternativen. Zunächst ist nach Auffassung der Kommission erforderlich, dass den Abnehmern glaubwürdige Alternativen zur Verfügung stehen, auf die sie im Falle einer Preiserhöhung in nicht allzu langem Zeitabstand ausweichen könnten.[639] Darunter ist einmal die Möglichkeit zu verstehen, auf andere Anbieter auszuweichen. Voraussetzung ist, dass es ausreichend Anbieter gibt, die den Bedarf des Abnehmers innerhalb kurzer Zeit decken könnten. Probleme können sich hier ergeben, wenn es den Wettbewerbern aufgrund beschränkter Kapazitäten nicht möglich ist, die Abnehmer im gewünschten Umfang zu bedienen.[640] Sofern bereits der partielle Verlust eines Kunden für einen Lieferanten schwerwiegende Konsequenzen mit sich bringt, ermöglicht einem Nachfrager bereits seine Fähigkeit zur Verlagerung eines Teils seiner Nachfrage auf andere Lieferanten die Ausübung erheblicher Nachfragemacht.[641]

In Betracht kommt auch die glaubwürdige Androhung durch die Abnehmer, sich im vorgelagerten Markt vertikal zu integrieren.[642] Ausreichend kann ebenfalls sein, dass die Nachfrager glaubhaft androhen können, einen potenziellen Wettbewerber durch die Ankündigung von Großbestel-

---

Vermittlung der zwischengeschalteten Großhändler, von denen einige (…) große internationale Unternehmensgruppen sind. Daher muss untersucht werden, ob die Großhändler in der Lage sind, dem Unternehmensverbund eine ausreichende Kaufkraft entgegen zu setzen, um damit sein Wettbewerbsverhalten spürbar zu beeinflussen." (aufgehoben durch EuG, Urt. v. 22.10.2002, Rs. T-301/01 – Schneider Electric v Commission, Slg. 2002, II-4071); die besondere Bedeutung der Nachfragemacht wurde auch hervorgehoben in Komm. v. 25.11.1998 (IV/M.1225), ABl.EG 1999 L 254/9 – Enso/Stora, Rdnr. 84ff.; siehe auch Komm. v. 3.8.2007 (COMP/M.4750) – Luvata/Eco, Rdnr. 44.
638 Leitlinien zur Beurteilung horizontaler Unternehmenszusammenschlüsse, Rdnr. 65.
639 Ibid.
640 Komm. v. 25.11.1998 (IV/M.1225), ABl.EG 1999 L 254/9 – Enso/Stora, Rdnr. 94: „Es ist jedoch zu bedenken, dass die Aufträge beider Unternehmen groß genug sind, um die Kapazität einer Kartonmaschine auszulasten. Dies allein würde es Elopak und SIG Combibloc erschweren, einen erheblichen Anteil ihrer Bezugsmengen kurzfristig auf andere Anbieter umzulenken."; Komm. v. 21.9.2007 (COMP/M.4730) – Yara/Kemira GrowHow, Rdnr. 38–40.
641 Komm. v. 10.8.2006 (COMP/M.4094) – Ineos/BP Dormagen, Rdnr. 149.
642 Leitlinien zur Beurteilung horizontaler Unternehmenszusammenschlüsse, Rdnr. 65; siehe auch Komm. v. 23.1.2008 (COMP/M.4781) – Norddeutsche Affinerie/Cumerio, Rdnr. 151f.

II. Indirekte Erfassung von Marktmacht Teil 2

lungen zum Markteintritt bewegen zu können.[643] Allgemein gesprochen nimmt laut der Kommission „die Glaubwürdigkeit einer solchen Substituierungsdrohung mit der Größe des Einzelhändlers zu. Je größer die vom Einzelhändler abgenommene Produktmenge, desto lohnender und daher als Drohung glaubwürdiger wäre ein Lieferantenwechsel oder selbst vorbeugende Maßnahmen wie eine (strategische) Beschaffung aus mehreren Quellen als Reaktion auf Preiserhöhungen."[644]

Die Kommission hat das Bestehen glaubwürdiger Alternativen in Fällen verneint, in denen ein Wechsel der Abnehmer in Fällen von Preiserhöhungen deshalb nicht möglich gewesen wäre, weil es sich bei dem betreffenden Produkt um ein sog. must-stock handelt, das im Rahmen eines gutsortierten Angebots von den Kunden der Abnehmer erwartet wird.[645] Im Fall *GE/Honeywell*[646] verneinte die Kommission ausreichende Nachfragemacht, weil sich GE aufgrund seiner breiten, für die Abnehmer unverzichtbaren Produktpalette in der Position eines „unvermeidbaren Handelspartners" befand.[647]

---

643 Leitlinien zur Beurteilung horizontaler Unternehmenszusammenschlüsse, Rdnr. 65; vgl. auch Komm. v. 19.7.2000 (COMP/M.1882) – Pirelli/BICC, Rdnr. 76: „Außerdem haben die Versorgungsunternehmen aufgrund ihrer erheblichen Kaufkraft die Möglichkeit, andere Kabelanbieter durch strategische Zuteilung von Aufträgen anzuziehen (...).''; Komm. v. 4.12.2007 (COMP/M.4662) – Syniverse/BSG, Rdnr. 102.
644 Komm. v. 17.12.2008 (COMP/M.5046) – Friesland Foods/Campina, Rdnr. 279.
645 So lehnte die Kommission im Fall *Guinness/Grand Metropolitan* das Vorbringen der Parteien ab, es bestünde ausreichend Nachfragemacht, weil sie bezweifelte, dass die Abnehmer der Fusionsparteien tatsächlich ohne weiteres auf die Produkte der Parteien verzichten könnten: „Einzelhändler halten es offensichtlich für notwendig, ein breites Sortiment an Marken anbieten zu können, vermutlich weil (...) sie anderenfalls riskieren, Kunden nicht nur für den Whiskey usw. zu verlieren, sondern auch für den Rest ihrer Einkäufe."; deshalb könne nicht angenommen werden, dass die Nachfragemacht ausreiche, um die Begründung oder Verstärkung einer beherrschenden Stellung infolge des Zusammenschlusses zu verhindern, vgl. Komm. v. 15.10.1997 (IV/M.938), ABl.EG 1998 L 288/24 – Guinness/Grand Metropolitan, Rdnr. 75; ähnlich auch Komm. v. 16.1.1996 (IV/M.623) – Kimberly-Clark/Scott, Rdnr. 186; Komm. v. 22.5.2007 (COMP/M.4404) – Universal/BMG Music Publishing, Rdnr. 383; Komm. v. 30.7.2003 (COMP/M.3149) – Procter & Gamble/Wella, Rdnr. 57: "(...) buyer power is constrained. This is particularly the case where manufacturers offer strong or well-performing brands that retailers must have in order to offer their customers a competitive assortment of hair care brands."; ähnliche Bedenken auch in Komm. v. 3.3.2005 (COMP/M.3658) – Orkla/Chips, Rdnr. 22; Komm. v. 6.1.2010 (COMP/M.5644) – Kraft Foods/Cadbury, Rdnr. 118.
646 Komm. v. 2.7.2001 (COMP/M.2220) – GE/Honeywell; im Ergebnis bestätigt durch EuG v. 14.12.2005, Rs. T-209/01 – Honeywell v Commission, Slg. 2005, II-5527 und EuG, Urt. v. 14.12.2005, Rs. T-210/01 – General Electric v Commission, Slg. II-5575.
647 Komm. v. 2.7.2001 (COMP/M.2220) – GE/Honeywell, Rdnr. 227.

Teil 2 C. Feststellung von Marktmacht und Marktbeherrschung

Ferner kann es trotz des Vorhandenseins mehrerer größerer Anbieter in einem Markt an glaubwürdigen Alternativen fehlen, wenn die Nachfrager beispielsweise aus Gründen der Risikostreuung auf den Bezug der Produkte verschiedener Anbieter angewiesen sind.[648]

Anreiz zur Ausübung von Nachfragemacht. Die Nachfragemacht wird weiterhin nur dann bestehende Marktmacht der Anbieter zu kompensieren imstande sein, wenn die Abnehmer auch nachweislich einen Anreiz haben, die Marktmacht der Anbieter zu beschränken.[649] Ein solcher Anreiz ist nach Auffassung der Kommission z. B. dann nicht gegeben, wenn die Abnehmer höhere Preise ohne weiteres an ihre eigenen Kunden weitergeben und sich dadurch schadlos halten oder gar größere Gewinne erzielen können.[650] Ein Anreiz, potenzielle Wettbewerber durch Investitionen in diese Unternehmen auf den Markt zu locken, kann dadurch beschränkt werden, dass die Vorteile eines möglichen Eintritts auch den Wettbewerbern des Abnehmers zugute kommen würden.[651] Dabei können auch historische Daten einen Hinweis darauf geben, dass Abnehmer in der Vergangenheit trotz der bestehenden Möglichkeit nicht auf andere Anbieter ausgewichen sind. Ausreichend kann indes sein, dass die Nachfrager glaubhaft androhen können, einen potenziellen Wettbewerber durch die Ankündigung von Großbestellungen zum Markteintritt bewegen zu können.[652]

Struktur und Umfang der Nachfragemacht. Zuletzt ist nach Ansicht der Kommission erforderlich, dass Nachfragemacht auch in *ausreichendem Maß* vorhanden ist.[653] Ausschlaggebend hierfür ist eine gewisse Symmetrie auf Anbieter- und Abnehmerseite. Symmetrien können sich einmal durch eine vergleichbare Marktstruktur ergeben. In der Freigabeentscheidung *Enso/Stora* ist die Kommission davon ausgegangen, dass der größte Abnehmer Tetra Pak Nachfragemacht in einem Maße ausüben könne, dass dadurch die potenzielle Zunahme der Marktmacht aufgrund des Zusam-

---

648 Komm. v. 17.11.2010 (COMP/M.5675) – Syngenta/Monsanto's Sunflower Seed Business, Rdnr. 330.
649 Vgl. z. B. Komm. v. 25.11.1998 (IV/M.1225), ABl.EG 1999 L 254/1 – Enso/Stora, Rdnr. 91.
650 Komm. v. 16.1.1996 (IV/M.623) – Kimberly-Clark/Scott, Rdnr. 194: „Hieraus folgt, dass man auch bei den Einzelhändlern einen Anteil an den Gewinnen ansetzen kann, die durch höhere Preise auf dem britischen Toilettenpapiermarkt entstehen."; Komm. v. 4.7.2006 (COMP/M.4000) – Inco/Falconbridge, Rdnr. 271.
651 Leitlinien zur Beurteilung horizontaler Unternehmenszusammenschlüsse, Rdnr. 66.
652 Ibid., Rdnr. 65; vgl. auch Komm. v. 19.7.2000 (COMP/M.1882) – Pirelli/BICC, Rdnr. 76: „Außerdem haben die Versorgungsunternehmen aufgrund ihrer erheblichen Kaufkraft die Möglichkeit, andere Kabelanbieter durch strategische Zuteilung von Aufträgen anzuziehen (…)."
653 Leitlinien zur Beurteilung horizontaler Unternehmenszusammenschlüsse, Rdnr. 67.

menschlusses zwischen Stora und Enso ausgeglichen wird. Grund hierfür war unter anderem, dass nach dem Zusammenschluss sowohl auf Angebots- als auch auf Nachfrageseite jeweils drei Unternehmen tätig gewesen wären, wobei einem großen und zwei kleinen Anbietern ein großer und zwei kleine Abnehmer gegenüberstanden.[654] In den Leitlinien wird auch darauf hingewiesen, dass die Marktmacht der Zusammenschlussparteien dann nicht als neutralisiert angesehen werden kann, wenn lediglich ein großer Teil der Abnehmer in der Lage ist, Preiserhöhung oder anderweitiger Verschlechterung der Vertragskonditionen wirksam entgegenzutreten. Vielmehr werden alle Nachfrager in die Untersuchung mit einbezogen.[655] In der Entscheidung *SCA/Metsä Tissue* heißt es hierzu: „Selbst wenn die großen Abnehmer in der Lage wären, eine gewisse Gegenmacht auszuüben, wären kleinere Abnehmer hierdurch nicht geschützt, und die Parteien könnten die Preise dennoch über den Vorfusionsstand anheben."[656]

c) Besonderheiten des deutschen Rechts

α) Gesetzliche Ausgangslage

Gemäß § 36 Abs. 1 GWB ist ein Zusammenschluss, von dem zu erwarten ist, dass er eine marktbeherrschende Stellung begründet oder verstärkt, vom Bundeskartellamt zu untersagen, es sei denn, die beteiligten Unternehmen weisen nach, dass durch den Zusammenschluss auch Verbesserungen der Wettbewerbsbedingungen eintreten und diese Verbesserungen die Nachteile der Marktbeherrschung überwiegen.

Anders als das europäische Recht enthält das deutsche Recht eine Aufzählung von Tatbeständen, bei deren Vorliegen von einer marktbeherrschenden Stellung auszugehen ist. Nach § 19 Abs. 2 GWB ist ein Unternehmen marktbeherrschend, wenn es ohne Wettbewerber ist, keinem wesentlichen Wettbewerb ausgesetzt ist oder eine überragende Marktstellung

---

654 Ibid., Rdnr. 97.
655 Ibid., Rdnr. 67; siehe bspw. Komm. v. 12.5.2006 (COMP/M.4057) – Korsnäs/Assidomän Cartonboard, Rdnr. 52: "In addition, the risk that the merged entity (or StoraEnso) would discriminate against smaller converters (i.e. Tetra Pak's competitors) can be excluded. Indeed, such a discriminatory policy would clearly be counter-productive in medium to long term for LPB suppliers as it would affect smaller converter's competitiveness and would ultimately put them at risk of being foreclosed from the market. This in turn would leave the LPB suppliers with a monopsonistic buyer (Tetra Pak)."
656 Komm. v. 31.1.2001 (COMP/M.2097) – SCA/Metsä Tissue, Rdnr. 88; ähnlich Komm. v. 30.7.2003 (COMP/M.3149) – Procter & Gamble/Wella, Rdnr. 57; Komm. v. 20.12.2006 (COMP/M.4215) – Glatfelter/Crompton Assets, Rdnr. 75; Komm. v. 12.12.2006 (COMP/M.4187) – Metso/Aker Kvaerner, Rdnr. 99; Komm. v. 17.12.2008 (COMP/M.5046) – Friesland Foods/Campina, Rdnr. 272 ff.

inne hat. Die Aufnahme des Tatbestandes der überragenden Marktstellung mit Einführung der Zusammenschlusskontrolle im Jahr 1973 resultierte aus den Schwierigkeiten, mit Hilfe der anderen Varianten Fälle zu beurteilen, in denen Unternehmen mit unterschiedlichen Marktstellungen am Markt tätig sind, ohne dass sogleich erkennbar wäre, ob das herausragende Unternehmen noch Wettbewerb ausgesetzt ist.[657] Bei der Prüfung, ob ein Unternehmen eine überragende Marktstellung innehat, sind nach § 19 Abs. 2 S. 1 Nr. 2 GWB insbesondere sein Marktanteil, seine Finanzkraft, sein Zugang zu den Beschaffungs- und Absatzmärkten, Verflechtungen mit anderen Unternehmen, Schranken für den Marktzutritt anderer Unternehmen, der tatsächliche oder potenzielle Wettbewerb durch andere Unternehmen sowie weitere dort genannte Kriterien zu berücksichtigen.[658] Nach der Begründung zur 2. GWB Novelle ist es indes nicht notwendig, dass sämtliche in § 19 Abs. 2 S. 1 Nr. 2 genannten Merkmale vorliegen bzw. nachgewiesen werden. Dort heißt es: „Es ist vielmehr möglich, dass neben dem Marktanteil ein einziger Faktor, wie z. B. die Finanzkraft, eine überragende Marktstellung ergibt, wenn er im konkreten Fall die Stellung des Unternehmens entscheidend prägt."[659] Trotzdem verlangt § 19 Abs. 2 S. 1 Nr. 2 GWB eine überragende Marktstellung des Unternehmens *im Verhältnis zu seinen Wettbewerbern*. Aufgrund dieses besonderen Wortlautes sehen sich die deutschen Gerichte dazu veranlasst, bei der Prüfung der Marktmacht allein auf solche die Wettbewerber betreffende Faktoren abzustellen. Den Faktor der Nachfragemacht hingegen sieht die Rechtsprechung als grundsätzlich unbeachtlich an: „Denn die Macht der Nachfrage trifft im Allgemeinen alle Anbieter gleichermaßen, weshalb sie auch den Handlungsspielraum sämtlicher Wettbewerber in gleicher Weise einschränkt. Etwas anderes gilt nur dann, wenn die Struktur der Nachfrageseite das Ungleichgewicht auf Anbieterseite ausräumt. In diesem Sinne kann etwa die durch Zuwachs an Finanzkraft eintretende Verstärkung der Marktmacht auf der Anbieterseite dadurch neutralisiert werden, dass gleichzeitig ein marktstarker Nachfrager vorhanden ist, der durch die Ausgestaltung seiner Einkaufspolitik die Wahlmöglichkeiten zwischen den Anbietern langfristig gewährleistet."[660]

---

[657] Begründung zum Entwurf eines Zweiten Gesetzes zur Änderung des Gesetzes gegen Wettbewerbsbeschränkungen, BT-Drs. 265/71, S. 21.
[658] Vgl. z. B. BKartA, Beschl. v. 10.12.2002 – Tagesspiegel/Berliner Zeitung, WuW/E DE-V 695, 697.
[659] Begründung zum Entwurf eines Zweiten Gesetzes zur Änderung des Gesetzes gegen Wettbewerbsbeschränkungen, BT-Drs. 265/71, S. 22.
[660] OLG Düsseldorf, Beschl. v. 29.9.2006 – Sanacorp/ANZAG, WuW/E DE-R 1987, 1991 m. w. N.; grundlegend OLG Düsseldorf, Beschl. v. 11.4.2007 – Rhön-Grabfeld, WuW/E DE-R 1958, 1969.

II. Indirekte Erfassung von Marktmacht Teil 2

Eine genaue Definition des Begriffs der Marktbeherrschung ist damit aber noch nicht gegeben. In der Rechtsprechung (insbesondere zu § 19 Abs. 2 S. 1 Nr. 2: „überragende Marktstellung") hat es sich durchgesetzt, eine marktbeherrschende Stellung gleichzusetzen mit einem „vom Wettbewerb nicht mehr hinreichend kontrolliertem Verhaltensspielraum"[661] oder „einem überragenden Verhaltensspielraum bei der Entwicklung von Marktstrategien oder auch beim Einsatz einzelner Aktionsparameter".[662] Nach der Gesetzesbegründung soll es auf einen überragenden Verhaltensspielraum bei einzelnen Aktionsparametern hindeuten, wenn ein Unternehmen Preise erhöhen kann, ohne Gefahr zu laufen, in seiner Marktstellung wesentlich beeinträchtigt zu werden.[663] Nach Auffassung des Kammergerichts in der Entscheidung *Herlitz/Landré* setzen Marktbeherrschung und die Verstärkung einer marktbeherrschenden Stellung infolge eines Zusammenschlusses „nicht voraus, dass sich auf den betroffenen Märkten überhaupt kein Widerstand mehr dem Preisdiktat des marktführenden Anbieters entgegenstellen kann. Entscheidend ist vielmehr der ihm verbleibende Spielraum, sich gegen Preisoffensiven der Wettbewerber letztlich immer wieder zu behaupten."[664] Anders als im europäischen Recht ist in der Entscheidungspraxis indes derzeit keine Konzentration auf die Auslegung des Verhaltensspielraums allein im Sinne eines Preissetzungsspielraums zu erkennen.

Einen dritten, wesentlichen Unterschied zum europäischen Recht stellen die in § 19 Abs. 3 GWB enthaltenen, an Marktanteile geknüpften Marktbeherrschungsvermutungen dar. Nach § 19 Abs. 3 S. 1 GWB wird vermutet, dass ein einzelnes Unternehmen marktbeherrschend ist, wenn es einen Marktanteil von mindestens einem Drittel hat (sog. Monopolvermutung). Eine Gruppe von Unternehmen gilt als marktbeherrschend, wenn zwei oder drei Unternehmen gemeinsam über einen Marktanteil von 50% verfügen oder fünf oder weniger Unternehmen einen Marktanteil von zwei Dritteln auf sich vereinigen (sog. Oligopolvermutung). Nach überwiegender Meinung soll die Einzelmarktbeherrschungsvermutung (Monopolvermutung) ihre Wirkung erst in einer „non liquet"-Situation entfalten, d. h.

---
661 BGH, Beschl. v. 12.12.1978 – Erdgas Schwaben, WuW/E BGH 1533, 1535; KG, Beschl. v. 18.3.1998 – Hochtief/Philipp Holzmann; WuW/E DE-R 94, 96; vgl. auch bereits BT-Drs. zur 2. GWB-Novelle VI/2520, S. 21.
662 BGH, Beschl. v. 3.7.1976 – Vitamin B 12, WuW/E BGH 1435, 1439; Beschl. v. 6.12.1976, WuW/E BGH 1445, 1449 – Valium; Beschl. v. 21.2.1978, WuW/E BGH 1501, 1506 ff. – Kfz-Kupplungen; BKartA, Beschl. v. 10.12.2002 – Tagesspiegel/Berliner Zeitung, WuW/E DE-V 695, 697.
663 Begründung zum Entwurf eines Zweiten Gesetzes zur Änderung des Gesetzes gegen Wettbewerbsbeschränkungen, BT-Drs. 265/71, S. 22.
664 BKartA, Beschl. v. 20.10.1999 – Herlitz/Landré, WuW/E DE-R 451, 458.

Teil 2   C. Feststellung von Marktmacht und Marktbeherrschung

wenn nach Ausschöpfung aller Erkenntnismittel Marktbeherrschung weder bejaht noch verneint werden kann.[665] Allerdings hat sogar das BKartA anerkannt, dass „schon wegen des Risikos, die Wettbewerbsbehörde könne widerlegende Faktoren übersehen, (...) die Monopolvermutung faktisch die Darlegungslast der Unternehmen (verstärkt)."[666]

β) Bedeutung des Marktanteils

Marktanteilsbetrachtungen spielen bei der wettbewerblichen Würdigung im deutschen Fusionskontrollrecht schon wegen der marktanteilsbezogenen Vermutungen in § 19 Abs. 3 S. 1 und S. 2 GWB eine zentrale Rolle. Zwar kann nach Auffassung des BGH in der Entscheidung *Klöckner/ Becorit*[667] aufgrund des Marktanteils allein eine marktbeherrschende Stellung nicht festgestellt werden; dennoch wurde in der Fallpraxis der hohe Stellenwert des Marktanteils immer wieder betont.[668] Die absoluten

---

665 BGH, Beschl. v. 11.3.1986 – Metro/Kaufhof, WuW/E BGH 2231, 2237f.; BGH, Beschl. v. 2.12.1980 – Klöckner/Becorit, WuW/E BGH 1749, 1754; *Bechtold* (2010), § 19 Rdnr. 49; ausführlich Immenga/Mestmäcker/*Möschel* (2007), § 19 Rdnr. 92 f.; zur Auslegung der Oligopolvermutung siehe S. 303 f.
666 Auslegungsgrundsätze des BKartA zur Prüfung von Marktbeherrschung (derzeit in Überarbeitung), S. 11; die begrenzte Bedeutung der Vermutungsregel wird aber in OLG Düsseldorf, Beschl. v. 30.7.2003 – *BASF/NEPG*, WUW/E DE-R 1159, 1160 f. deutlich: in der Drittbeschwerde gegen eine Freigabeentscheidung des BKartA rügte der Beschwerdeführer, dass das Amt keine tragfähige Begründung für die Nichtanwendung der Vermutungsregel des § 19 Abs. 3 S. 1 geliefert habe, obwohl es selbst zumindest zuvor nicht ausgeschlossen habe, dass infolge des Zusammenschlusses eine Überschreitung der ⅓-Grenze denkbar wäre. Das Gericht führt aus: „Abgesehen davon, dass (...) selbst bei einem gewissen Überschreiten der Drittelgrenze der bisher funktionierende Wettbewerb auf dem betroffenen Markt aller Voraussicht nach nicht gefährdet wäre, kann die Vermutungsregel hier auch nicht eingreifen. Nach § 19 Abs. 3 S. 1 GWB wird vermutet, dass ein Unternehmen marktbeherrschend ist, wenn es einen Marktanteil von mindestens einem Drittel hat. Im Rahmen der bei der Fusionskontrolle anzustellenden Prognose kommt der Vermutungsregel eine Indizwirkung für eine Marktbeherrschung nicht schon dann zu, wenn nicht auszuschließen ist, dass die Drittelgrenze überschritten wird, sondern sie greift erst dann ein, wenn für die Veränderungen objektive Anhaltspunkte bestehen und diese alsbald zu erwarten sind. Das bloße letztendliche Nichtausschließenkönnen künftiger Entwicklungen genügt nicht für die Anwendung der Vermutungsregel nicht."
667 BGH, Beschl. v. 2.12.1980 – Klöckner/Becorit, WUW/E BGH 1749, 1755.
668 Ibid., 1755; Beschl. v. 13.07.2004 – Sanacorp/ANZAG, WUW/E DE-R 1302,1303: „Für die Prüfung, ob Marktbeherrschung auf einem relevanten Markt vorliegt ist eine umfassende Gesamtbetrachtung aller für die Marktstärke eines Unternehmens relevanten Umstände vorzunehmen. Die Höhe des Marktanteils stellt im Rahmen der Prüfung der Untersagungsvoraussetzungen nach § 36 Abs. 1 GWB ein besonders aussagekräftiges und bedeutsames Merkmal dar."; ebenso BKartA, Beschl. v. 14.3.2002, B1–20/02 – Pfleiderer AG/Hornitex-Werke, Rdnr. 26; Beschl. v. 23.3.2005, B10–109/04, Rhön-Klinikum/Krankenhaus Eisenhüttenstadt,Rdnr. 113; BKartA, Beschl. v. 8.5.2009, B8–32/09 – Shell/Lorenz Mohr, Rdnr. 35.

II. Indirekte Erfassung von Marktmacht Teil 2

Schwellenwerte, die auf Marktbeherrschung schließen lassen, sind dabei erheblich niedriger als in der europäischen Fusionskontrollpraxis. Dies zeigt schon die Eindrittel-Grenze der Monopolvermutung in § 19 Abs. 3 S. 1 GWB, spiegelt sich aber auch in der Entscheidungspraxis wieder. Nach Auffassung des BGH ist nämlich das Erreichen der Vermutungsschwelle für die Feststellung einer überragenden Marktstellung im Sinne von § 19 Abs. 2 S. 1 Nr. 2 GWB keine notwendige Voraussetzung. Insbesondere auf Märkten mit stark zersplittertem Angebot kann ein Unternehmen auch weit unter den Schwellenwerten über diesen Tatbestand als marktbeherrschend eingestuft werden.[669] In der Entscheidung *Pfleiderer AG/Hornitex-Werke* führt das BKartA aus: „Die Vermutungsregel des § 19 Abs. 3 S. 1 GWB indiziert nur das Bestehen einer marktbeherrschenden Stellung. Eine marktbeherrschende Stellung zeigt sich vor allem an dem vom Wettbewerb nicht hinreichend kontrollierten Verhaltensspielraum. Für diese Beurteilung kommt dem Marktanteil als Ausgangspunkt eine besondere Bedeutung zu, da er die Leistungsfähigkeit eines Unternehmens zeigt. Das Vorliegen einer marktbeherrschenden Stellung beurteilt sich jedoch aus einer Gesamtschau der in § 19 Abs. 2 S. 1 Nr. 2 GWB genannten Kriterien. Dementsprechend kann auch bei Marktanteilen, die unter der Vermutungsschwelle des § 19 Abs. 3 S. 1 GWB liegen, und bei Vorliegen zusätzlicher Faktoren eine überragende Marktstellung bestehen."[670]

Nach Auffassung des BGH im Beschluss *Kaufhof/Saturn* kommt „erhebliche Indizwirkung" für die Beantwortung der Frage, ob durch eine Fusion eine überragende Marktstellung entstehen würde, auch der relativen Größe des nach Durchführung eines Zusammenschlussvorhabens zu erwartenden Marktanteils zu.[671]

---

669 BGH, Beschl. v. 28.4.1992 – Kaufhof/Saturn, WuW/E BGH 2771, 2773; dies soll nach der Fallpraxis insbesondere dann der Fall sein, wenn das betroffene Unternehmen über eine besonders starke Finanzkraft verfügt, vgl. KG, Beschl. v. 22.11.1979, WuW/E OLG 2457, 2458; BKartA, Beschl. v. 30.6.1978 – RWE/Energieversorgung Leverkusen, WuW/E BKartA 1727, 1729.
670 BKartA, Beschl. v. 14.3.2002, B1-20/02 – Pfleiderer AG/Hornitex-Werke, Rdnr. 26; so bereits BGH, Beschl. v. 28.4.1992 – Kaufhof/Saturn, WUW/E BGH 2771; vgl. auch BKartA, Beschl. v. 25.8.2005 – EDEKA/SPAR, B9–27/05, S. 30f.: „Ausweislich der Übersichtstabelle erreichen die Zusammenschlussbeteiligten nach dem Zusammenschluss (...) keinen Marktanteil von einem Drittel. Dennoch ist festzustellen, dass – soweit nicht schon vor dem Zusammenschluss deutliche Marktanteilsabstände zwischen EDEKA und den nächststärksten Wettbewerbern bestanden (...) – der Marktanteilsvorsprung vor dem jeweils nächststärksten Wettbewerber (...) deutlicher als bisher ausgeprägt wird."
671 BGH, Beschl. v. 28.4.1992 – Kaufhof/Saturn, WUW/E BGH 2771, 2774.

Teil 2 C. Feststellung von Marktmacht und Marktbeherrschung

Die vom BGH angesprochene Indizwirkung des Marktanteilsvorsprungs soll aber regelmäßig umso schwächer sein, je geringer die absoluten Marktanteile sind. Entscheidend sei jeweils, ob nach den tatsächlichen Verhältnissen zu erwarten sei, dass der Vorsprung vor den Wettbewerbern nach dem Zusammenschluss so groß und aus besonderen Gründen so gefestigt wäre, dass von einem Verhaltensspielraum auszugehen sei, der durch den Wettbewerb nicht hinreichend kontrolliert werde.[672]

Ein Fall, in dem trotz extrem niedriger absoluter Marktanteile von einer überragenden Marktstellung ausgegangen wurde, ist die Entscheidung *Rewe/Florimex*. Das KG ging hier aufgrund der starken Zersplitterung des Marktes und dem hohem Marktanteilsvorsprung des fusionierten Unternehmens vor den anderen Wettbewerbern von einer bestehenden überragenden Marktstellung aus: „Ein Marktanteil von 11,5 bis 12 % ist absolut betrachtet nicht besonders hoch. (...) Das wettbewerbliche Gewicht eines Marktanteils kann aber nicht nur an seiner absoluten Höhe gemessen werden, von Bedeutung ist auch der Abstand zu den Wettbewerbern, d.h. die relative Höhe. So kann schon ein geringer Marktanteil ein Unternehmen als überlegen ausweisen, wenn die übrigen Anteile stark zersplittert sind. Das ist hier der Fall. Die überwiegende Zahl der Wettbewerber erreicht nur Marktanteile von ca. 0,25%. Die bedeutendsten Wettbewerber V. und D. erreichen ebenfalls Marktanteile von unter 5%. Dieser beträchtliche Abstand zu den Mitbewerbern rechtfertigt die Annahme einer überlegenen Marktposition. (...) Der erheblich größere Marktanteil, die überlegene Finanzkraft und der Vorsprung auf den Beschaffungsmärkten ergeben in ihrem Zusammenwirken ein derartiges Übergewicht zu Gunsten von Florimex, dass demgegenüber die (...) extrem niedrigen Schranken für den Marktzutritt nicht ins Gewicht fallen."[673] In den Entscheidungen *Trienekens/remex*[674] und *Lutz/Engelhardt*[675] haben ebenfalls Marktanteile deutlich unter der Drittelschwelle (konkret: 25–30%) aufgrund der Marktstruktur zur Bejahung einer beherrschenden Stellung geführt. Wesentlich für die Beurteilung waren der hohe Marktanteilsvorsprung sowie die starke Zersplitterung des Marktes, eine weit überlegene Ressourcenkraft und gute Beziehungen zu Absatz- und Beschaffungsmärkten. In der

---

672 Ibid., S. 2774.
673 KG, Beschl. v. 22.3.1983 – Rewe/Florimex, WUW/E OLG 2862, 2863 ff.; aus ökonomischer Sicht ist die Entscheidung insbesondere wegen der Vernachlässigung der Entmachtungswirkung potentiellen Wettbewerbs zu beanstanden, die trotz extrem niedriger Marktzutrittsschranken und einer Reihe potentieller Konkurrenten (durch sog. „fliegende Holländer" auf dem Blumenmarkt) in der Entscheidung nicht die nötige Berücksichtigung fand.
674 BKartA, Beschl. v. 26.11.2001, B10–131/01 – Trienekens/remex, Rdnr. 56 ff.
675 BKartA, Beschl. v. 19.9.2001, B9–15/01 – Lutz/Engelhardt, Rdnr. 17 ff.

Freigabeentscheidung *Beck/Nomos*[676] hat sich das BKartA trotz Nichterreichens der Vermutungsschwelle des § 19 Abs. 3 S. 1 GWB ebenfalls ausführlich mit der Frage beschäftigt, ob eine der Zusammenschlussbeteiligten eine marktbeherrschende Stellung innehat.

Andererseits ist auch in der deutschen Fusionskontrollpraxis anerkannt, dass ein hoher Marktanteil auf bestimmten Märkten für sich allein keinen hohen Aussagewert besitzt. Dies trifft im Besonderen für Ausschreibungsmärkte zu. Im Beschluss *Hochtief/Philipp Holzmann*[677] stellt das Kammergericht fest: „Das durch den Zusammenschluss aufgehäufte umfangreiche Potenzial wird dem neuen Unternehmen auf dem Markt für Baugroßaufträge (...) keine überragende, vom Wettbewerb unkontrollierte Stellung verschaffen. Auf dem Markt herrscht seit Jahren intensiver – teilweise als ruinös beklagter – Wettbewerb. Kennzeichnendes Merkmal des Marktes ist, dass er weitestgehend von Ausschreibungswettbewerb geprägt wird." Noch weitergehende Folgerungen zieht das Bundeskartellamt in der Entscheidung *Webasto/Edscha*.[678] Trotz eines kumulierten Marktanteils der Zusammenschlussparteien von [50–55]%, erachtet es die Entstehung einer einzelmarktbeherrschenden Stellung „schon vor dem Hintergrund, dass es sich um Ausschreibungsmärkte handelt" als unwahrscheinlich und beschränkt sich daher von vornherein auf die Prüfung koordinierter Effekte.[679]

Nach der Entscheidung des OLG Düsseldorf *ÖPNV Hannover* gilt diese Besonderheit auch im Bereich des Schienenpersonennahverkehrs (SPNV), des Öffentlichen Schienenpersonennahverkehrs (ÖSPV) sowie für die entsprechenden Aufgabenträgermärkte. Es wird ausgeführt: „Die Bet. zu 2. verfügt – entgegen der Auffassung des BKartA – auf dem Fahrgastmarkt nicht über eine marktbeherrschende Stellung, die durch die Fusion verstärkt werden könnte. Das BKartA stützt seine gegenteilige Annahme auf die Tatsache, dass die Bekl. zu 2. derzeit im Verkehrsraum Hannover sämtliche (...) Verkehrslinien im SPNV-Verkehr bedient. Aus diesem Grund – so meint das Amt – sei die Bet. zu 2. auf dem Fahrgastmarkt keinem bzw. keinem wesentlichen Wettbewerb ausgesetzt und mithin marktbeherrschend i.S.v. § 19 Abs. 2 S. 1 Nr. 2 GWB. (...) Aus dieser faktischen Alleinstellung kann indes nicht gefolgert werden, dass die Bet. zu 2. auf jenen Märkten über eine beherrschende Stellung verfügt. Bei der kartellrechtlichen Beurteilung sind die Besonderheiten des Fahrgastmarktes im SPNV zu beachten. Sie bestehen – soweit vorliegend von Interesse – zum

---
676 BKartA, Beschl. v. 9.11.1999 – Beck/Nomos, WuW/E DE-V 191.
677 KG, Beschl. v. 18.3.1998 – Hochtief/Philipp Holzmann, WuW/E DE-R 94.
678 BKartA, Beschl. v. 22.12.2009 – Webasto/Edscha, WuW/E DE-V 1837.
679 Ibid., S. 1839.

einen darin, dass praktisch ausnahmslos gemeinwirtschaftliche (d. h. staatlich bezuschusste) Verkehrsleistungen erbracht werden und die zuständigen Aufgabenträger durch Verkehrsvertrag (oder Verwaltungsakt) stets nur ein einziges Verkehrsunternehmen mit der Erbringung dieser gemeinwirtschaftlichen Verkehrsdienstleistung betrauen. (…) Der Fahrgastmarkt im SPNV zeichnet sich zum anderen dadurch aus, dass die Erbringung der Verkehrsleistungen in erheblichem Umfang gesetzlich reglementiert und so einer autonomen, wettbewerbsorientierten Gestaltung durch den Anbieter weitgehend entzogen ist. (…) Angesichts dieser Marktverhältnisse kann die marktbeherrschende Position eines Eisenbahnverkehrsunternehmens nicht alleine mit dem Hinweis begründet werden, dass es für die Dauer seines Verkehrsvertrages ohne Wettbewerber ist. Die Marktstärke eines Verkehrsunternehmens auf dem Fahrgastmarkt erweist sich im Bereich des SPNV nämlich erst dann, wenn sein Verkehrsvertrag ausgelaufen ist und die Verkehrsleistungen vom Aufgabenträger neu beauftragt werden. Nur wenn ein Unternehmen bei dieser Neubeauftragung eine mehr oder weniger unangreifbare Position inne hat und über einen Verhaltensspielraum verfügt, der durch seine Wettbewerber nicht mehr hinreichend kontrolliert werden kann, ist es auf dem Fahrgastmarkt marktbeherrschend."[680] Der BGH bestätigte zwar die Unterscheidung zwischen Fahrgastmarkt und Aufgabenträgermarkt als vorgelagertem Ausschreibungsmarkt. Nach dem BGH kommt es aber auf die Ausführungen des OLG zum Fahrgastmarkt gar nicht an, weil die wettbewerblichen Auswirkungen des Zusammenschlusses im Wesentlichen nicht den Wettbewerb *im* Fahrgastmarkt, sondern *um* diesen Markt betreffen und daher auf dem Ausschreibungsmarkt in Erscheinung treten würden.[681] Bezogen auf den Ausschreibungsmarkt hatte das OLG ebenfalls eine Marktbeherrschung verneint – trotz Marktanteilen von über 90 %. Denn diese hohen Marktanteile würden überwiegend auf dem vormals bestehenden gesetzlichen Monopol des Anbieters beruhen, sodass sie keine verlässliche Aussage über die aktuell bestehende Marktstellung zulassen würden. Stattdessen stellte das OLG maßgeblich auf eine Analyse der Ausschreibungsdaten ab. Diese ergaben, dass mehr als die Hälfte des gesamten Auftragsvolumens an Wettbewerber vergeben worden war und belegten daher aus Sicht des OLG, dass der frühere Monopolist im Bieterwettbewerb nicht über einen durch konkurrierende Verkehrsunternehmen nicht hinreichend kontrollierten Verhaltensspielraum verfüge.[682] Diese Erwägungen des OLG verwarf der BGH aber, da das

---

680 OLG Düsseldorf, Beschl. v. 22.12.2004 – ÖPNV Hannover, WuW/E DE-R 1397, 1407 f.
681 BGH, Beschl. v. 7.2.2006 – DB Regio/üstra, WuW/E DE-R 1681, 1692.
682 OLG Düsseldorf, Beschl. v. 22.12.2004 – ÖPNV Hannover, WuW/E DE-R 1397, 1405 ff.

OLG den hohen Marktanteilen nicht das gebührende Gewicht beigemessen habe: Zunächst habe das Unternehmen die hohen Marktanteile über mehrere Jahre hinweg unangefochten gehalten, sodass sie ein besonders bedeutsames Indiz darstellten. An deren Bedeutung könne auch die Tatsache, dass es sich bei dem Unternehmen um den früheren Monopolisten handelt, nichts ändern. Im Gegenteil könne die Monopoltradition nachwirken und das Nachfrageverhalten zugunsten des vormaligen Monopolisten beeinflussen, sodass diese Tatsache sogar ein Indiz für Marktbeherrschung darstelle. Ferner konnten nach Ansicht des BGH auch die Ausschreibungsdaten die Bedeutung der hohen Marktanteile nicht entkräften, da gar nicht alle Aufträge über Ausschreibungen vergeben würden.[683]

Zusammengefasst vermögen in der deutschen Praxis hohe Marktanteile zwar nicht per se eine marktbeherrschende Stellung zu begründen, eine Relativierung gelingt jedoch selten. Sonderfälle wie Ausschreibungsmärkte mögen hierfür Raum geben. Und auch auf innovationsgetriebenen Märkten oder solchen mit niedrigen Marktzutrittsschranken gelten Marktanteile in der Regel als weniger aussagekräftig.[684] Die Bedeutung von Marktanteilsveränderungen wird im Dritten Teil dieses Buches (Effekte von Marktstrukturveränderungen) behandelt.

III. Schlussbetrachtung

In der Anwendungspraxis wird Marktmacht meist indirekt ermittelt: durch Abgrenzung des relevanten Marktes und Bestimmung der Position des zu beurteilenden Unternehmens sowie anderer Unternehmen auf diesem Markt. Bei dieser Beurteilung sind neben dem Marktanteil eine Reihe von Gesichtspunkten relevant, die oft als „qualitativ" bezeichnet werden. Solche „qualitativen" Gesichtspunkte sind etwa die – nicht in Zahlen ausgedrückte, aber anhand einer verständigen Würdigung der Fakten angenommene – Fähigkeit oder Unfähigkeit anderer Unternehmen oder auch die Gegenmacht von Angehörigen der Marktgegenseite.

---

683 „Gerade wenn DB Regio bei Ausschreibungen lediglich 49 bzw. 39% der zu erbringenden Verkehrsleistungen an sich ziehen konnte, ihr gesamter Marktanteil jedoch deutlich höher liegt, deutet dies darauf hin, dass DB Regio bei den nicht im Ausschreibungswege vergebenen Verkehrsleistungen über einen beachtlichen Vorsprung gegenüber ihren Mitbewerbern verfügt, der indiziell für vom Wettbewerb nicht hinreichend kontrollierte Handlungsspielräume spricht."; BGH, Beschl. v. 7.2.2006 – DB Regio/ üstra, WuW/E DE-R 1681, 1689 f.
684 Vgl. dazu BKartA, Beschl. v. 23.12.2005 – Adobe/Macromedia, WuW/E DE-V 1221, 1222 f.; BKartA, Beschl. v. 11.5.2007 – KLA-Tencor/Therma-Wave, WuW/E DE-V 1425, 1428; BKartA, Beschl. v. 4.9.2009 – TUIfly/Air Berlin, WuW/E DE-V 1867, 1878.

Teil 2 C. Feststellung von Marktmacht und Marktbeherrschung

Um Missverständnissen vorzubeugen, ist zu betonen, dass die vorstehende Analyse der Entscheidungspraxis allein unter dem Gesichtspunkt der Implementierung ökonomischer Methoden erfolgte. Sie stellt keinen repräsentativen Überblick über die Abgrenzung des relevanten Marktes dar. Vielmehr handelt es sich um eine spezifische Auswahl von Entscheidungen, die als für die Exemplifizierung der Anwendung ökonomischer Methoden bei der Abgrenzung des relevanten Marktes sinnvoll erachtet wurde. Ziel war die Feststellung, ob überhaupt eine zunehmende Zahl von Fällen sich auch auf ökonomische Analysemethoden stützt.

Als besonderes Problem erscheint das der Beschaffung aussagekräftiger Daten zur Durchführung ökonomischer Berechnungen. Hierbei erscheint die Akquisition von Daten mittels Fragebögen bei Beteiligten, Kunden und Wettbewerbern nicht unproblematisch; dies insbesondere, wenn direkt nach der Reaktion auf eine 5–10%-ige Preiserhöhung gefragt wird. Inwiefern die Befragten – die in der Regel ein eigenes Interesse am Ausgang des Verfahrens haben – damit selber Einfluss auf das Ergebnis der Marktabgrenzung nehmen, bleibt ein nicht angesprochenes Problem.

Das erkenntnistheoretisch nicht unerhebliche Problem der „Cellophane fallacy" (hierzu oben S. 96–99) ist der Kommission bewusst. Die Bekanntmachung über die Definition des relevanten Marktes adressiert das Problem, indem sie darauf hinweist, dass der geltende Preis dem SSNIP-Test nicht zugrunde gelegt werden dürfe, wenn er bei fehlendem ausreichendem Wettbewerb zusammengekommen sei. Den in die Untersuchung einbezogenen Entscheidungen von Kartellbehörden und Gerichten ist oft nicht zu entnehmen, inwieweit das Problem – das nicht allein beim SSNIP-Test, sondern auch im Rahmen des Bedarfsmarktkonzepts auftreten kann, soweit dort auf Preisübereinstimmungen oder Preisunterschiede abgehoben wird – in Rechnung gestellt wird.

Im Übrigen ist bei der Bearbeitung der Eindruck entstanden, dass oft nur einzelne Aspekte bestimmter ökonomischer Ansätze Eingang gefunden haben. Deutlich wird dies daran, dass keine Entscheidungen mit einer mustergültigen Durchführung des SSNIP-Tests aufgeführt werden konnten. Insbesondere zur Feststellung der Profitabilität einer hypothetischen Preiserhöhung im Rahmen des SSNIP-Tests lassen sich keine auch nur annähernd exakten Berechnungen finden; Profitabilitätserwägungen werden meist auf allgemeiner Ebene angestellt, so dass ein relativ geringerer Absatzrückgang gegenüber der hypothetischen Preiserhöhung in der Regel ohne weiteres zur Annahme der Profitabilität führt.

Die Analyse ergibt zudem, dass insbesondere die deutschen Behörden und Gerichte immer noch weitgehend auf das Bedarfsmarktkonzept ver-

III. Schlussbetrachtung **Teil 2**

trauen; der Ansatz auf europäischer Ebene erscheint vor diesem Hintergrund schon deutlich fortgeschritten. Gleichwohl besteht der Eindruck, dass ökonomische Methoden vielfach als Annex zur funktionellen Austauschbarkeit verwendet werden und oft zur Bestätigung von auf traditionellem Wege gefundenen Ergebnissen dienen.

Die unmittelbare Betrachtung der Marktergebnisse zur Feststellung einer Homogenität oder Inhomogenität von Wettbewerbsbedingungen kann zwar innerhalb des einen oder anderen Grundkonzepts wertvolle Erkenntnisse liefern; dies insbesondere für die räumliche Marktabgrenzung, soweit die Wettbewerbsbedingungen in verschiedenen Gebieten unterschiedlich sind. Als eigenständiger „dritter Weg" zwischen Bedarfsmarktkonzept und hypothetischem Monopoltest taugt eine solche heuristische Ergebnisbetrachtung jedoch als solche nicht (vgl. auch oben S. 117f.). Ihr fehlt die zunächst erforderliche Festlegung auf das eine oder andere Erkenntnisziel. Bedarfsmarktkonzept und hypothetischer Monopoltest erscheinen insofern im Grundsatz klar:

Dem Bedarfsmarktkonzept in der Ausprägung, die es in der Praxis erfahren hat, geht es um die Erfassung all der Güter, die aus dem Blickwinkel eines *verständigen* (so der *Handpreisauszeichner*-Beschluss) oder aus dem eines (wie es in einer Vielzahl von Entscheidungen heißt) *durchschnittlichen Verbrauchers* austauschbar erscheinen. Mit dieser Herangehensweise lässt sich eine Aussage darüber gewinnen, ob und in welchem Grade für einen „verständigen" bzw. „durchschnittlichen" Verbraucher gegenüber der Offerte eines bestimmten Anbieters *Ausweichmöglichkeiten* bestehen.

Demgegenüber ist das Bedarfsmarktkonzept in der Ausprägung, die es in der Praxis erfahren hat, zur (mittelbaren) Feststellung des Grades der *Marktmacht* eines Anbieters nur bedingt geeignet. Da die Marktmacht eines Anbieters nicht allein durch die „Abwanderung" der „verständigen" oder „durchschnittlichen" Verbraucher, sondern möglicherweise bereits durch diejenige eines kleinen Teils seiner Abnehmer in Frage gestellt sein kann, erscheint es für den Zweck der Ermittlung von Marktmacht – wie oben dargestellt (S. 56 und 83 f.) – sinnvoller, auf die Gruppe der „marginalen" Abnehmer abzustellen. Hierauf richtet sich der hypothetische Monopoltest, indem er bestimmt, ob die Gruppe abwanderungsfähiger und -bereiter Nachfrager so bedeutsam ist, dass signifikante Marktmacht nicht bestehen kann. Nicht zu übersehen ist, dass bei einer Anwendung des hypothetischen Monopoltests die in der Vergangenheit vorgenommene formale Unterscheidung zwischen Marktabgrenzung auf der einen und Bestimmung der Marktmacht auf der anderen Seite aufgehoben

Teil 2 C. Feststellung von Marktmacht und Marktbeherrschung

wird: Wenn schon bei der Marktabgrenzung auf eine Fähigkeit zur Preisüberhöhung abgestellt wird, so erscheint schon dies als ein Teil der „materiellen" Prüfung des Bestehens von Marktmacht.

Im Falle differenzierter Produkte erscheint eine Marktabgrenzung besonders problematisch. Erstens sind die Grenzen des Marktes schwerer auszumachen als bei homogenen Produkten. Zweitens ist die Wirkung eines Zusammenschlusses von Herstellern enger Substitute eine andere als die einer Fusion von Produzenten entfernter Substitute. Bieten auf einem Markt mehrere Unternehmen differenzierte Produkte an, zwischen denen unterschiedliche enge Substitutionsbeziehungen bestehen, dann ist bei einem Zusammenschluss von Herstellern enger Substitute, z.B. der Unternehmen *A* und *B*, mit deutlichen negativen Auswirkungen, d.h. Preiserhöhungen, zu rechnen. In diesem Fall sind die Möglichkeiten der Konsumenten, auf „benachbarte" Produkte unabhängiger Hersteller auszuweichen, deutlich eingeschränkt. Hingegen können bei einem Zusammenschluss von Herstellern weiter Substitute, z.B. der Unternehmen *A* und *C*, die Konsumenten weiterhin auf die jeweiligen engen Substitute ausweichen. Dies gilt auch, wenn die Unternehmen *B* und *C* die gleichen Anteile auf dem Markt haben, so dass in beiden Fällen jeweils gleiche Marktanteile und Marktanteilsveränderungen vorliegen. Marktanteile und ihre fusionsbedingte Veränderung haben bei Zusammenschlüssen in Märkten mit differenzierten Gütern also nur eine sehr beschränkte Aussagekraft. Daher stellt sich die Frage, ob von einer Marktabgrenzung im herkömmlichen Sinne abgegangen werden und stattdessen versucht werden sollte, die Ergebnisse eines Zusammenschlusses unmittelbar und nicht erst über den Umweg der Marktabgrenzung und der Berechnung der Marktanteile zu prognostizieren. Dies setzt jedoch voraus, dass einfache, ökonomisch fundierte und robuste Verfahren entwickelt werden, mit deren Hilfe eine erste Prognose über mögliche negative Wirkungen von Zusammenschlüssen zur Verfügung stehen. In diesem Zusammenhang könnte das relativ neue Konzept des Preissteigerungsdrucks, wie es auch in den neuen US-amerikanischen Leitlinien zur Beurteilung von Horizontalfusionen erwähnt wird, Verwendung finden (hierzu eingehend S. 257–261).

Sollen die Eindrücke, die die Verfasser bei der Untersuchung der Praxis der Marktabgrenzung gewonnen haben, in wenigen Sätzen zusammengefasst werden, so ist zu sagen: In der Praxis wird oft – nicht immer, aber oft – enger abgegrenzt, als die wirtschaftswissenschaftliche Theorie es für richtig hielte. Aus dem Blickwinkel der Ökonomie *kann* ein Anbieter schon dann „entmachtet" sein, wenn nur ein *geringer Prozentsatz* der Abnehmer bei einer Preisanhebung auf ein anderes Produkt ausweichen würde – so lange dieser Prozentsatz groß genug ist, um die Preiserhöhung

III. Schlussbetrachtung Teil 2

unprofitabel zu machen. Folge soll dann – bei einer ökonomischen Betrachtung – eine *weitere* Marktabgrenzung durch Hinzunahme der Produkte sein, auf die ausgewichen wird. Nach dem Bedarfsmarktkonzept – in der Ausprägung, die es in der Praxis erfahren hat – wird dagegen auf die Austauschbarkeit aus dem Blickwinkel eines *verständigen oder durchschnittlichen Verbrauchers* abgestellt. Diese Austauschbarkeit stellt oft eine höhere Hürde für die Hinzunahme weiterer Güter dar als der im Rahmen des hypothetischen Monopoltests maßgebende kritische Wert, der eine Preiserhöhung unprofitabel machen würde.

Dritter Teil:
Effekte von Marktstrukturveränderungen

A. Einführung

Bei der Analyse der verschiedenen Marktformen auf den Seiten 14–52 wurde bereits auf den Zusammenhang zwischen der Konzentration in einem Markt und der Marktmacht von Unternehmen hingewiesen: Je weniger Unternehmen es in einem Markt gibt, d.h. je höher die Konzentration ist, desto wahrscheinlicher ist es, dass Unternehmen über Marktmacht verfügen.[1] Dieser Zusammenhang deutet auf ein wichtiges Motiv für externes Unternehmenswachstum hin: Durch einen Zusammenschluss mit einem Wettbewerber erlangen Unternehmen einen größeren Marktanteil, was zur Gewinnung, Vergrößerung oder Absicherung von Marktmacht führen kann. Diese gäbe dem aus dem Zusammenschluss hervorgehenden Unternehmen einen Verhaltensspielraum gegenüber Wettbewerbern und Abnehmern, den es dazu nutzen könnte, höhere Preise zu realisieren und größere Gewinne zu erwirtschaften. Ein anderes Motiv für eine Fusion kann darin bestehen, dass durch das Vermeiden unnötiger Duplizierungen, wie z.B. der EDV-Abteilung oder der Buchhaltung, oder durch den Einsatz besserer Produktionstechnologien Kosten reduziert werden können, so dass sich auf diese Weise die Gewinnspanne erhöht. Derartige Effizienzgewinne stehen den möglicherweise negativen Auswirkungen von Fusionen aufgrund erhöhter Marktmacht gegenüber.

In der theoretischen Industrieökonomik werden verschiedene Arten wettbewerbsschädlicher Auswirkungen von Fusionen unterschieden. Im Extremfall kann aufgrund der Fusion ein Monopol oder ein dominantes Unternehmen mit wettbewerblichem Rand entstehen. Dieser Sachverhalt wird im Abschnitt über Einzelmarktbeherrschung diskutiert.[2] Weitere

---

1 Dieser Zusammenhang gilt nur in der Tendenz. So kann auch in einem Markt mit sehr hoher Konzentration erheblicher Wettbewerb zwischen den Unternehmen bestehen, so dass sich, wie z.B. bei Preiswettbewerb und einem homogenen Gut, das gleiche Resultat ergibt wie bei vollkommenem Wettbewerb.

2 Die Entstehung oder Verstärkung einer einzelmarktbeherrschenden Stellung könnte, wie in den Leitlinien der Kommission zur Bewertung horizontaler Zusammenschlüsse, auch unter dem Oberbegriff der nichtkoordinierten Effekte dargestellt werden. Aus Gründen einer größeren Klarheit wird hier die Einzelmarktbeherrschung in einem eigenen Abschnitt behandelt. Die praktische Anwendung ökonometrischer Methoden im Bereich der

Teil 3 A. Einführung

mögliche Auswirkungen eines Unternehmenszusammenschlusses stehen in engem Zusammenhang mit den auf den Seiten 39–48 diskutierten Gleichgewichtskonzepten in oligopolistischen Märkten, dem nichtkoordinierten und dem koordinierten Gleichgewicht.[3] Durch einen Zusammenschluss ändert sich sowohl die Anzahl der Unternehmen im betrachteten Markt als auch ihre Struktur, denn das fusionierte Unternehmen verfügt nun über einen anderen Kapitalbestand, eine andere Kostenfunktion etc., so dass auch mit einer Verhaltensänderung des Unternehmens gerechnet werden muss. Anders ausgedrückt: Die bisher gewählten Strategien bilden kein Nash-Gleichgewicht mehr. Hier können nun zwei Situationen nach dem Zusammenschluss auftreten: Zum einen kann sich auf dem Markt mit der geringeren Anzahl von Unternehmen, den geänderten Kostenstrukturen, Marktanteilen etc. ein neues Nash-Gleichgewicht einstellen, ohne dass es zwischen den Unternehmen zu einer Verhaltenskoordination kommt. In diesem neuen nichtkoordinierten Gleichgewicht werden andere Preise und Mengen resultieren, aber die Unternehmen verhalten sich im Rahmen der oligopolistischen Marktstruktur weiterhin wettbewerblich – sie werden zwar die strategischen Interdependenzen berücksichtigen, aber es findet keine Verhaltenskoordination zwischen den Unternehmen statt. Die Oligopolisten passen sich „mit wachem Sinn" an die neuen Gegebenheiten an, aber die Änderung im Marktergebnis resultiert ausschließlich aus den individuellen Entscheidungen der Oligopolisten. Da der Wettbewerb zwischen den fusionierten Unternehmen ausgeschaltet ist und der Wettbewerbsdruck im Markt durch die geringere Anzahl der Wettbewerber im Allgemeinen abnimmt, ist mit höheren Preisen, geringeren Mengen und einer reduzierten Wohlfahrt zu rechnen. Diese Änderungen der Preise und Mengen werden als die nichtkoordinierten Effekte einer Fusion bezeichnet. Mit ihnen ist bei jedem Zusammenschluss von Wettbewerbern auf einem oligopolistischen Markt zu rechnen.

Zweitens kann es aufgrund einer Fusion auch dazu kommen, dass ein Regimewechsel in der Art des Wettbewerbs auf dem oligopolistischen Markt stattfindet: Fand vor dem Zusammenschluss keine Verhaltenskoordination zwischen den Unternehmen statt, so ergeben sich nun Möglichkeiten für die auf dem Markt tätigen Unternehmen, ihr Verhalten zu koordinieren oder eine bereits bestehende Verhaltenskoordination einfacher, stabiler und effektiver zu machen. Dies bedeutet eine Aufhebung oder zumindest drastische Abnahme des Wettbewerbsdrucks und wird daher zu einer Erhöhung der Preise bzw. Verringerung der Angebotsmengen führen, die

---

Einzelmarktbeherrschung wird allerdings der zusammenhängenden Darstellung wegen auf den Seiten 274–295 erläutert.

3 Vgl. *Ivaldi/Jullien/Rey/Seabright/Tirole* (2003a, 2003b).

über die nichtkoordinierten Effekte hinausgehen. Diese Änderungen aufgrund des Regimewechsels in der Art des Wettbewerbs werden als koordinierte Effekte einer Fusion bezeichnet. Schließlich können aufgrund eines Zusammenschlusses Effizienzgewinne auftreten, die es den Unternehmen z. B. erlauben, mit geringeren Kosten zu produzieren oder durch die Integration der Forschungs- und Entwicklungsabteilungen verbesserte oder innovative Produkte zu entwickeln. Diese unterschiedlichen bei einem Zusammenschluss möglicherweise auftretenden Effekte werden im Folgenden näher dargestellt.

B. Einzelmarktbeherrschung

I. Ökonomische Grundlagen

Die aus ökonomischer Sicht am einfachsten zu beurteilenden Auswirkungen eines Zusammenschlusses sind die Fälle, in denen die Fusion entweder zu einem Monopol oder zu einem dominanten Unternehmen mit wettbewerblichem Rand führt. In einem solchen Fall ist der Wettbewerb entweder völlig ausgeschaltet oder es verbleibt nur noch ein Randwettbewerb, der jedoch auf das Marktergebnis keinen signifikanten Einfluss ausüben kann. In beiden Fällen ist daher im Allgemeinen mit erheblichen negativen Konsequenzen für das Marktergebnis zu rechnen, die insbesondere die Allokations- aber auch die Produktionseffizienz betreffen. Unter Umständen kann darüber hinaus auch die dynamische Effizienz des betroffenen Marktes reduziert werden.[4] Zusammenschlüsse, die solche Marktstrukturen zur Folge haben, können somit ökonomisch kaum gerechtfertigt werden und sollten daher untersagt werden.[5]

Allerdings sind insbesondere im Falle einer drohenden Einzelmarktbeherrschung, die aufgrund der resultierenden Marktanteile konstatiert wird, die relativierenden Faktoren besonders zu beachten. Hierzu gehören in erster Linie die Marktzutrittsschranken und der potenzielle Wettbewerb.[6] Es besteht zwar auch die Möglichkeit, dass durch den Zusammen-

---

4 Zu den Marktformen des Monopols sowie des dominanten Unternehmens mit wettbewerblichem Rand und ihre Auswirkungen auf die Allokations-, Produktions- und dynamische Effizienz vgl. S. 22–33.
5 Zwar kann es sich in Märkten mit Netzstrukturen oder in zweiseitigen Märkten bezüglich der Allokation als effizient erweisen, dass gesamte Angebot von einem Unternehmen bereitgestellt wird. Ein solches Resultat würde aufgrund der Struktur des Marktes jedoch auch ohne Fusion resultieren, indem ein Unternehmen den Wettbewerb um den Markt gewinnt.
6 Vgl. hierzu S. 189–201. Vgl. auch *Hovenkamp* (2009).

schluss mit der Folge einer Einzelmarktbeherrschung erhebliche Effizienzgewinne realisiert werden, aber die resultierende Marktstrukturverschlechterung wird im Allgemeinen auch durch signifikante Effizienzgewinne kaum aufgewogen werden können.[7]

Es sind auch Fälle denkbar, in denen es mehrere Unternehmen gibt, für die jeweils eine Einzelmarktbeherrschung vorliegt (im Folgenden: multiple Einzelmarktbeherrschung). Dies könnte z.B. in oligopolistischen Marktstrukturen mit wenigen, großen Unternehmen vorliegen, wie z.B. bei zwei Oligopolisten mit Marktanteilen von jeweils 45% und einem Restwettbewerb von 10%. Aber auch bei Marktanteilen unter 40% könnten Unternehmen über derart große Handlungsspielräume verfügen, dass von einer Einzelmarktbeherrschung mehrerer Unternehmen gesprochen werden kann. So könnte beispielsweise für die deutsche Stromindustrie in Deutschland eine solche parallele bzw. multiple Einzelmarktbeherrschung festgestellt werden, da, auch aufgrund des spezifischen Charakters des Produktes Strom, mehrere Unternehmen in der Lage sind, die Preise signifikant über das Niveau der Grenzkosten anzuheben.[8]

Im Falle einer Einzelmarktbeherrschung durch mehrere Unternehmen sind bei einem Zusammenschluss zwei Möglichkeiten denkbar: Ein Zusammenschluss von zwei jeweils einzelmarktbeherrschenden Unternehmen bzw. ein Zusammenschluss eines einzelmarktbeherrschenden Unternehmens mit einem Randwettbewerber. Da im ersten Fall eine einzelmarktbeherrschende Stellung gravierend verstärkt wird, ist in aller Regel mit erheblichen negativen Auswirkungen zu rechnen, da es sich im Prinzip um einen Zusammenschluss zu einem Monopol handelt. Eine Rechtfertigung könnte man sich lediglich dann vorstellen, wenn es erhebliche Effizienzgewinne, z.B. in Form von Größen- oder Verbundvorteilen gibt. In diesem Fall jedoch hat man es im Grunde mit einem natürlichen Monopol zu tun, das wiederum reguliert werden müsste.[9] Bei einem Zusammenschluss eines einzelmarktbeherrschenden Unternehmens mit einem Randwettbewerber wird ebenfalls von einer Verstärkung einer einzelmarktbeherrschenden Stellung auszugehen sein. Hier wäre im Rahmen der Würdigung der Wettbewerbsbedingungen zu untersuchen, ob, neben möglichen Effizienzgewinnen, die Symmetrie der einzelmarktbeherrschenden Unternehmen dadurch zu- oder abnimmt. Dies könnte wiederum Auswirkungen auf die Prognose möglicher koordinierter Effekte haben.[10]

---

7 Zur Rolle von Effizienzgewinnen in der Fusionskontrolle vgl. unten S. 420–466.
8 BKartA (2011), 96f.; hierzu im Folgenden S. 230.
9 Zum Konzept des natürlichen Monopols und der Regulierung vgl. z.B. *Bormann/Finsinger* (1999).
10 Vgl. hierzu S. 326f.

II. Einzelmarktbeherrschung in der Anwendungspraxis

Unter dem Gesichtspunkt der Entstehung oder Verstärkung einer einzelmarktbeherrschenden Stellung werden solche Wirkungen betrachtet, die eine Marktbeherrschung im Sinne der im zweiten Teil gegebenen Darstellung hervorzubringen geeignet sind. Hierzu wird auf die eingehende Darstellung auf den Seiten 72–213 verwiesen. Darüber hinaus ist im Rahmen der Zusammenschlusskontrolle auf die folgenden, gerade die Effekte des Zusammenschlusses betreffenden Aspekte hinzuweisen.[11]

1. Unionsrecht

Nach der Rechtsprechung des EuG kann eine Fusion nur dann untersagt werden, wenn daraus eine *erhebliche* Veränderung des Wettbewerbs resultiert.[12] Durch diese Formulierung ergibt sich eine Art Spürbarkeitsschwelle, der die Kommission in ihrer Entscheidungspraxis Rechnung trägt. So kann selbst in Fällen, in denen einer der Zusammenschlussparteien bereits anfänglich ein hoher Marktanteil zugeschrieben wurde, eine Begründung oder Verstärkung einer beherrschenden Stellung verneint werden, wenn der Marktanteilszuwachs als de minimis beurteilt wird.[13] In der Entscheidung *Wendel-KKR/Legrand* heißt es hierzu: "Even though the combined market share of the parties would be high (…), one should note that the accretions of market shares will only be marginal or limited (from [0–10%] to [0–10%]). The proposed transaction will therefore not significantly alter the conditions of competition in the relevant market."[14] Auch in *Agfa-Gaevert/Lastra* befand die Kommission einen Zuwachs von weniger als 5% durch Lastra als de minimis, obwohl Agfa bereits einen Anteil von 80–90% auf dem Markt für Digitale Lichtplatten verzeichnen konnte.[15]

---

11 Die praktische Anwendung ökonometrischer Methoden im Bereich der Einzelmarktbeherrschung wird der zusammenhängenden Darstellung wegen auf den Seiten 274–295 erläutert.

12 EuG, Urt. v. 8.3.1995, Rs. T-2/93 – Air France/Kommission, Slg. 1995, II-323–, Rdnr. 78f.; Urt. v. 25.3.1999, Rs. T-102/96 – Gencor/Kommission, Slg. 1999, II-753, Rdnr. 170, 180, 193.

13 Komm. v. 23.5.2003 (COMP/M.3108) – Office Depot/Guilbert, Rdnr. 33: "Office Depot would thus appear to add only a de minimis share (less than [0–5%]) to Guilbert if one were to regard the relevant product market as that of nation-wide contract stationers. In assessing the proper impact of the transaction, however, the Commission is of the opinion that it needs to base itself primarily on Office Depot's competitive situation in the foreseeable future. Its current market position is likely to be improved following the progressive implantation of the company." Im Rahmen der Einschätzung zukünftiger Entwicklungen wurden hier der Business Plan und die firmeneigenen Verkaufsschätzungen herangezogen, vgl. Rdnr. 50.

14 Komm. v. 14.10.2002 (COMP/M.2917) – Wendel-KKR/Legrand, Rdnr. 31.

15 Komm. v. 9.8.2004 (COMP/M.3439) – Agfa-Gaevert/Lastra, Rdnr. 115.

Teil 3 B. Einzelmarktbeherrschung

Als insignifikant werden dabei – abhängig von den Umständen des Einzelfalles – Marktanteilsadditionen von 0–15% angesehen. In *Blokker/Toys „R" Us* wurde demgegenüber bereits ein Marktanteilszuwachs von 3–10% als besorgniserregend eingestuft. Dort heißt es: „Nach Ansicht der Kommission verstärkt der Marktanteilszuwachs in Verbindung mit einer Anzahl von Faktoren, die beweisen, dass das Potenzial der übernommenen Geschäfte wesentlich größer ist, als dies der gegenwärtige Marktanteil widerspiegelt, die beherrschende Stellung von Blokker." Als besondere Faktoren berücksichtigte die Kommission namentlich, dass die niedrigen Marktanteile des Zielunternehmens maßgeblich aus schlechten Managementstrategien in der Vergangenheit resultierten, das Unternehmen unter der richtigen Führung aber durchaus Potenzial in sich trug.[16] Nach einer Studie von *Martinez Fernández*, *Hashi* und *Jegers* wird die Wahrscheinlichkeit der Einleitung des Hauptprüfverfahrens gem. Art. 6 Abs. 1 lit. c) FKVO allerdings erheblich von der Höhe des erwarteten Marktanteilszuwachses beeinflusst.[17]

In diesem Zusammenhang ist auch auf den Einfluss sog. Abschmelzungseffekte („shrinkage effects") einzugehen. Darunter versteht die Kommission mit dem Zusammenschluss zwingend einhergehende Marktanteilsverluste. Die Kommission berücksichtigt solche Auswirkungen, wenn sie mit Sicherheit vorhersagbar sind und die Wettbewerbssituation wesentlich verändern.[18] In der Entscheidung *Ernst & Young France/Andersen France*[19] stellte die Kommission fest, dass das neu entstehende Wirtschaftsprüferunternehmen aufgrund von Interessenkonflikten nachweislich zahlreiche Mandate unvermeidbar verlieren würde.[20] Deshalb reduzierte sich der ursprünglich auf 50–55% geschätzte kombinierte Marktanteil nach Ansicht

---

16 Komm. v. 26.6.1997 (IV/M.890)c – Blokker/Toys 'R' Us, Rdnr. 95: „Obwohl das niederländische Toys „R" Us-Geschäft nur einen verhältnismäßig kleinen Markterfolg verzeichnen konnte und sich in einer schwierigen finanziellen Lage befindet, verfügen das Konzept und die Geschäfte weiterhin über ein beträchtliches Marktpotenzial, insbesondere in den Händen von Blokker, das den niederländischen Markt gut genug kennt."; siehe auch Komm. v. 6.6.2006 (COMP/M.4141) – Linde/BOC, Rdnr. 116.
17 *Martinez Fernández/Hashi/Jegers* (2008), 801. Die Untersuchung basierte auf einer Stichprobe von 50 Fällen, über die in den Jahren 2005 und 2006 auf Grundlage der FKVO entschieden wurde.
18 Ausführlich hierzu Komm. v. 14.3.2000 (IV/M.1672) – Volvo/Scania, Rdnr. 116 ff.; hier wurde das Vorbringen der Parteien, dass die Fusion unweigerlich zu solchen Abschmelzungseffekten führt, von der Kommission als nicht überzeugend abgelehnt; vgl. zu Abschmelzungseffekten aufgrund von Multiple-Sourcing-Strategien der Abnehmer Komm. v. 14.2.1995 (IV/M.477), ABl.EG 1995 L 211/1 – Mercedes-Benz/Kässbohrer, Rdnr. 63 f. (entscheidend für den Grad an Relativierung des Marktanteils sind die Überschneidungen der Kundenkreise); Komm. v. 19.7.2000 (COMP/M.1882) – Pirelli/BICC, Rdnr. 71; Komm. v. 11.5.2009 (COMP/M.5483) – Toshiba/Fujitsu HDD Business, Rdnr. 33.
19 Komm. v. 5.9.2002 (COMP/M.2816) – Ernst & Young France/Andersen France.
20 Ibid., Rdnr. 62.

II. Einzelmarktbeherrschung in der Anwendungspraxis **Teil 3**

der Kommission auf in diesem Fall unbedenkliche 40–45%. Die Abzüge rechtfertigten sich nach Auffassung der Kommission auch im Hinblick auf die nachhaltigen negativen Auswirkungen aufgrund der Rolle Andersens im sog. Enron-Skandal.[21] Abschmelzungseffekte können auch bei der Beurteilung eines Zusammenschlusses unter den Gesichtspunkten der nichtkoordinierten und koordinierten Effekte Bedeutung erlangen.

Zusammenfassend lässt sich feststellen, dass die Entscheidungspraxis der Kommission bezüglich der Bedeutung absoluter Marktanteile nicht immer einheitlich, sondern stark abhängig von sämtlichen Fakten des konkreten Einzelfalls ist (hierzu auch schon eingehend S. 177–205). Interessanterweise wurde jedoch anhand einer ökonometrischen Untersuchung von *Lindsay, Lecchi* und *Williams*[22] aus dem Jahre 2003 – basierend auf einer zufallsbedingten Auswahl von Entscheidungen der Kommission in der Zeitspanne von 1.1.2000 bis 30.6.2002 – belegt, dass die Höhe des kombinierten absoluten Marktanteils der Zusammenschlussparteien besonders großen Einfluss im Hinblick auf eine mögliche Untersagung hat.

Das Konzept einer multiplen Einzelmarktbeherrschung (hierzu S. 222) hatten Kommission, Gericht erster Instanz und Gerichtshof offenbar im Fall *Magill* vor Augen, welcher allerdings keinen Zusammenschluss, sondern den Missbrauch einer beherrschenden (Art. 102 AEUV) Stellung betraf: Verweigern Fernsehgesellschaften einem Verlag, der eine unabhängige, senderübergreifende Programmvorschau herstellen und publizieren will, die hierfür erforderlichen Programminformationen, so kann dies den Entscheidungen zufolge den Missbrauch einer beherrschenden Stellung begründen. Nach dem Urteil des Gerichtshofes haben „Fernsehgesellschaften ... eine beherrschende Stellung ... inne, wenn sie aufgrund ihres faktischen Monopols für die Informationen über die Vorschauen auf ihre Programme, die von den meisten Haushalten in einem Mitgliedstaat und einem wesentlichen Teil der Haushalte in dem benachbarten Teil eines anderen Mitgliedstaats empfangen werden, die Möglichkeit haben, einen wirksamen Wettbewerb auf dem Markt für Fernsehwochenzeitschriften in den betreffenden Gebieten zu verhindern."[23] Da im zu beurteilenden Fall mehrere Fernsehgesellschaften nebeneinander jeweils in Bezug auf das künftige eigene Programm entsprechende Informationen besaßen, ist auf

---

21 Ibid., Rdnr. 64: "In addition, the parties point out that some of Andersen France's existing contracts with large and quoted firms are under threat, as some clients are considered to be unwilling to retain the former Andersen partners for their audit and accounting work even after the new entity has been created."
22 *Lindsay/Lecchi/Williams* (2003), 673 ff.
23 EuGH, Urt. v. 6.4.1995, C-241/91 P UND C-242/91 P – RTE/ITP/Kommission, Slg. 1995, I-743, Leitsatz 1.

Basis dieses Urteils für jede dieser Gesellschaften eine beherrschende Stellung der beschriebenen Art anzunehmen.

Gleichfalls mit Bezug auf das Missbrauchsverbot des Art. 102 AEUV ist auch der Bundesgerichtshof von der Möglichkeit des gleichzeitigen Bestehens mehrerer (einzel-) marktbeherrschender Stellungen ausgegangen. Die Entscheidung betraf sog. Reisestellenkarten, d. h. spezielle Unternehmenskreditkarten, die der bargeldlosen Bezahlung von Flug- oder Bahnreisen dienen und – anders als gewöhnliche Kreditkarten – einen erleichterten Vorsteuerabzug ermöglichen. Voraussetzung dieser Erleichterung beim Vorsteuerabzug ist der Umsatzsteuerausweis durch das Kreditkartenunternehmen. Allerdings bedarf das Kreditkartenunternehmen zum Umsatzsteuerausweis aufgrund steuerrechtlicher Vorschriften der Erlaubnis des betreffenden Reiseunternehmens. Der zu entscheidende Fall hatte den Vorwurf des Missbrauchs einer marktbeherrschenden Stellung durch die Deutsche Lufthansa zum Gegenstand: Die Fluggesellschaft gestattete ausschließlich ihrem eigenen Kreditkarten-Tochterunternehmen „AirPlus", nicht aber konkurrierenden Kreditkartenunternehmen, den auf den Lufthansa-Flugpreis erhobenen Umsatzsteuerbetrag in ihren Kreditkartenauszügen auszuweisen. Der BGH nahm das Bestehen eines eigenständigen „Markt(es) für die Gestattung des Umsatzsteuerausweises für Reiseleistungen, die über Reisestellenkarten abgerechnet werden können", und eine beherrschende Stellung der Lufthansa AG auf diesem „Gestattungsmarkt" an. Der BGH schloss sich den Feststellungen des Berufungsgerichts an, wonach die Bekl. marktbeherrschend sei, weil sie aufgrund ihrer Stellung auf dem Gestattungsmarkt einen wirksamen Wettbewerb auf dem nachgelagerten Markt für Reisestellenkarten mit Vorsteuerabzugsmöglichkeit verhindern könne. Unerheblich soll es sein, ob möglicherweise ein weiterer Leistungserbringer wie die Deutsche Bahn AG als Anbieter der ICE-Verbindungen ebenfalls eine marktbeherrschende Stellung auf dem Gestattungsmarkt hat. Haben mehrere Unternehmen neben- und unabhängig voneinander die Möglichkeit, wirksamen Wettbewerb auf einem nachgelagerten Markt zu verhindern, so soll jedes von ihnen marktbeherrschend i. S. des Art. 102 AEUV sein.[24]

2. Deutsches Recht

Zu untersagen ist ein Zusammenschluss nach § 36 Abs. 1 GWB nur, wenn zu erwarten ist, dass durch ihn eine marktbeherrschende Stellung entsteht oder verstärkt wird. In der Entscheidung *Kfz-Kupplungen* führt der BGH hierzu aus: „Die mit dem Zusammenschluss geschaffenen Wett-

---

[24] BGH, Urt. v. 3.3.2009 – Reisestellenkarten, WuW/E 2009, 1172, Rdnr. 25–32.

bewerbsvoraussetzungen, insbesondere diejenigen, die von den in § 22 Abs. 1 Nr. 2 GWB genannten Strukturmerkmalen betroffen sind, einschließlich der unternehmensbezogenen Merkmale wie die Finanzkraft und die Verflechtung eines Unternehmens, sind auf den Einfluss zu prüfen, den sie auf den Verhaltensspielraum beim Einsatz einzelner Aktionsparameter oder bei der Entwicklung unterschiedlicher Marktstrategien haben. Unter diesem Gesichtspunkt darf die Prüfung auch nicht allein auf die Wirkungen beschränkt werden, die im Einzelfall alsbald zu erwarten sind; vielmehr sind wegen der Unumkehrbarkeit der durch einen Zusammenschluss herbeigeführten strukturellen Veränderungen gerade auch deren längerfristige Wirkungen ins Auge zu fassen."[25] Erforderlich ist mithin ein Vergleich der Situationen ex-ante und ex-post. In der Fallpraxis kommt der Prüfung der Entstehung oder Verstärkung einer überragenden Marktstellung die größte Bedeutung zu.[26] Bei der Frage der Entstehung einer überragenden Marktstellung kommt es nach der Rechtsprechung des BGH darauf an, ob durch den Zusammenschluss die bisher bestehende wettbewerbliche Kontrolle des Verhaltensspielraums der Zusammenschlussbeteiligten beseitigt wird. Dies müsse anhand der zu erwartenden Veränderung der Unternehmens- und Marktstrukturen ermittelt werden.[27] Dagegen wird eine überragende Marktstellung durch den Zusammenschluss verstärkt, wenn sich dadurch die Wettbewerbsbedingungen auf dem betroffenen Markt weiter verschlechtern. Über die Feststellungen zum Bestehen einer überragenden Marktstellung hinaus ist dann zu prüfen, ob die bereits bestehenden, nicht kontrollierten Verhaltensspielräume erweitert werden und somit funktionsfähiger Wettbewerb noch weniger wahrscheinlich wird. Diese Veränderung ist festzustellen durch einen Vergleich der den Wettbewerb auf dem relevanten Markt bestimmenden Kräfte vor und nach dem Zusammenschluss unter Einbeziehung der weiteren, zu erwartenden Entwicklungen.[28]

Anders als im Europäischen Recht, wo der Verstärkungsalternative in der Entscheidungspraxis nur eine untergeordnete Bedeutung zukommt, spielt diese in der deutschen Fallpraxis eine erhebliche Rolle. Dabei ist zu berücksichtigen, dass es nach inzwischen ständiger Rechtsprechung für die Verstärkung einer marktbeherrschenden Stellung im Sinne von § 36 Abs. 1 GWB nicht erforderlich ist, dass die durch den Zusammenschluss

---
25 BGH, Beschl. v. 21.2.1978 – Kfz-Kupplungen, WuW/E BGH 1501,1508.
26 So auch die Einschätzung des BKartA, vgl. Auslegungsgrundsätze des Bundeskartellamts zur Prüfung von Marktbeherrschung in der deutschen Fusionskontrolle (derzeit in Überarbeitung), S. 8.
27 Ibid., S. 8.
28 BGH, Beschl. v. 18.12.1979 – Springer-Elbe Wochenblatt, WuW/E BGH 1685, 1691.

Teil 3 B. Einzelmarktbeherrschung

bewirkte Verschlechterung der Wettbewerbsbedingungen „spürbar" ist. Der BGH lässt vielmehr die Veränderung eines Wettbewerbsparameters ausreichen, um die Verstärkung einer marktbeherrschenden Stellung zu bejahen, auch wenn der Zusammenschluss keine erheblichen Auswirkungen auf die Wettbewerbsverhältnisse hat. In der Entscheidung *Zeitungsmarkt München* stellt der BGH fest: „Die Untersagung des Zusammenschlusses der Betroffenen setzt weiterhin voraus, dass durch den Zusammenschluss eine Verstärkung der – hier anzunehmenden – marktbeherrschenden Stellung zu erwarten ist. Dieses Tatbestandsmerkmal des § 24 Abs. 1 GWB soll einer weiteren Verkrustung der Märkte entgegen wirken und den auf schon beherrschten Märkten noch vorhandenen aktuellen oder den potenziellen Wettbewerb vor weiteren – durch den Zusammenschluss zu erwartenden – Beschränkungen schützen. Dabei braucht die durch den Zusammenschluss zu erwartende Verstärkung der schon bestehenden marktbeherrschenden Stellung nicht im Sinne der Rechtsprechung zu § 1 GWB (vgl. BGHZ 68, 6, 11) „spürbar" zu sein. Eine Verstärkung ist schon dann anzunehmen, wenn sich die die Marktmacht nach § 22 Abs. 1 GWB bestimmenden Größen derart verändern, dass die die Macht auf einem bestimmten Markt neutralisierende Wirkung des Wettbewerbs im Wege der Änderung von markt- und unternehmensbezogenen Strukturen in noch höherem Maße eingeschränkt wird, als dies schon vor dem Zusammenschluss der Fall war. Diese Veränderung ist durch einen Vergleich der den Wettbewerb auf dem relevanten Markt bestimmenden Kräfte vor und nach dem Zusammenschluss unter Einbeziehung der weiteren zu erwartenden Entwicklung festzustellen.

Die Verstärkung einer marktbeherrschenden Stellung ist danach im vorliegenden Fall deshalb als gegeben anzusehen, weil mit dem Erwerb der Mehrheitsbeteiligung an der „tz" die marktbeherrschende Stellung der Betroffenen zu 1 auf dem Lesermarkt für Straßenverkaufszeitungen gesichert und befestigt wird."[29]

---

[29] BGH, Beschl. v. 29.11.1981 – Zeitungsmarkt München, WuW/E BGH 1854, 1859; ähnlich bereits BGH, Beschl. v. 23.10.1979 – Zementmahlanlage II, WuW/E BGH 1655, 1659; BGH, Beschl. v. 18.12.1979 – Springer-Elbe Wochenblatt, WuW/E BGH 1685, 1691; jüngst auch OLG Düsseldorf, Beschl. v. 22.12.2010 – Anzeigengemeinschaft, WuW/E DE-R 3173, 3191; vgl. auch BKartA, Beschl. v. 2.12.2003 – ÖPNV Hannover, WuW/E DE-V 891, 900: „An die Verstärkung einer bereits bestehenden marktbeherrschenden Stellung sind keine hohen Anforderungen zu stellen. Jede Verschlechterung der Marktstruktur kann als Verstärkung i. S. v. § 36 Abs. 1 GWB zu qualifizieren sein. Die Verschlechterung der Marktstruktur muss weder ein bestimmtes Ausmaß i. S. einer Spürbarkeit erreichen, noch ist für die Annahme einer Verschlechterung stets ein Marktanteilszuwachs erforderlich. Der verbliebene Restwettbewerb ist dabei umso nachhaltiger zu schützen, je stärker der Grad der Wettbewerbsbeschränkungen bereits vor dem Zusammenschluss ist. Bei einer ohnehin sehr geringen Wettbewerbsintensität kann daher

II. Einzelmarktbeherrschung in der Anwendungspraxis Teil 3

Das OLG Düsseldorf führt in der Entscheidung *Trans-o-Flex* aus: „Eine Verstärkung der Marktbeherrschung kann nach Rechtsprechung und BKartA bereits darin liegen, dass die bislang bereits errungene Marktposition lediglich erhalten und gesichert wird. Denn dadurch wird im Allgemeinen die Fähigkeit gestärkt, nachstoßenden Wettbewerb abzuwehren und den von den (potenziellen) Wettbewerbern zu erwartenden Wettbewerbsdruck zu mindern."[30] Dementsprechend bestätigte der BGH in der Entscheidung *National Geographic II*, dass eine Vergrößerung der Marktanteile oder ein Ressourcenzuwachs nicht erforderlich sei.[31] Andererseits wurde vom OLG Düsseldorf im Fusionsfall *Melitta/Airflo* die Untersagungsentscheidung des BKartA aufgehoben, weil das BKartA nach Auffassung des Gerichts nicht dargetan hatte, dass die bereits bestehende marktbeherrschende Stellung Melittas auf dem Markt für Staubsaugerbeutel durch den Zusammenschluss verstärkt worden wäre. Nach den Feststellungen des BKartA hätte die Fusion einen Marktanteilszuwachs in Höhe von lediglich 0,4% zur Folge gehabt, was dem Gericht zur Bejahung einer Verstärkung nicht ausreichte. Dennoch betonte das OLG Düsseldorf in diesem Beschluss, dass auch ein geringer Marktanteilszuwachs im Einzelfall ausreichend sein könne und nicht in jedem Fall eine Spürbarkeit zu verlangen sei.[32] Eine Bagatellgrenze für die Verstärkungswirkung ist damit in jedem Fall anzunehmen, auch wenn diese wohl weit unter derjenigen der europäischen Fallpraxis liegt.

Dass zwischen der Verstärkung einer bereits beherrschenden Stellung und ihrer erstmaligen Entstehung nicht immer klar differenziert wird, macht die Entscheidung des BGH im Fusionsfall *Pinneberger Tageblatt* deutlich. Dort heißt es: „Nach Ansicht des Kammergerichts würde der Zusammenschluss die marktbeherrschende Stellung verstärken, weil der Verhaltensspielraum der Beschwerdef. zu 1) noch größer und ihre Stellung am Markt noch weiter gefestigt würde. (...) Die Beurteilung ist rechtlich nicht zu beanstanden. Dabei kann dahinstehen, ob mit dem Kammerge-

---

bereits eine Absicherung der bestehenden Marktstellung als Verstärkung zu qualifizieren sein. Eine Absicherungswirkung kann ferner bereits aufgrund einer Abschwächung potenziellen Wettbewerbs anzunehmen sein."

30 OLG Düsseldorf, Beschl. v. 13.8.2003 – Trans-o-Flex, WuW/E DE-R 1149, 1156; ständige Rechtsprechung seit BGH, Beschl. v. 29.11.1981 – Zeitungsmarkt München, WuW/E BGH 1854, 1859.

31 BGH, Beschl. v. 16.1.2007 – National Geographic II, WuW/E DE-R 1925, 1930.

32 OLG Düsseldorf, Beschl. v. 30.4.2003 – Melitta/Airflo, WuW/E DE-R 1112, 1116; auch nach BKartA, Beschl. v. 16.7.1999 – OEM-Lacke, WuW/E DE-V 165 soll allerdings ein rechnerischer Marktanteilszuwachs von weniger als 5% in Oligopolmärkten mit unterschiedlicher Marktführerschaft trotz Erfüllung der Vermutungstatbestände in der Regel nicht auf eine wettbewerblich relevante Strukturverschlechterung schließen lassen.

Teil 3   B. Einzelmarktbeherrschung

richt von einer auch ohne den beabsichtigten Zusammenschluss bereits bestehenden marktbeherrschenden Stellung der Beschwerdef. zu 1) auszugehen und demzufolge aufgrund der festgestellten Umstände eine Verstärkung dieser Stellung anzunehmen ist; besteht eine marktbeherrschende Stellung noch nicht, so rechtfertigen dieselben Umstände das Urteil, dass durch den Zusammenschluss eine marktbeherrschende Stellung entstehen würde."[33]

Auch im deutschen Recht ist Raum für das Konzept der multiplen Einzelmarktbeherrschung (hierzu S. 222). Das BKartA ist in seiner Sektoruntersuchung Stromerzeugung und Stromgroßhandel zu dem Ergebnis gekommen, dass in den Jahren 2007 und 2008 mindestens drei Stromerzeuger in der Lage waren, sich ihren Wettbewerbern, Abnehmern und Verbrauchern gegenüber in einem nennenswerten Umfang unabhängig zu verhalten. Diese Möglichkeit galt den Feststellungen des Amtes zufolge unabhängig vom Bestehen einer Möglichkeit zur Koordinierung des Marktverhaltens der Unternehmen und damit unabhängig vom Bestehen der Möglichkeit einer kollektiv marktbeherrschenden Stellung. Das BKartA begründete die Annahme der parallelen (Einzel-)Marktbeherrschung durch mehrere Unternehmen mit einer Besonderheit des Strommarktes: Aus technischen Gründen muss stets so viel Strom in das Netz eingespeist werden, wie ihm durch Verbraucher entzogen wird. Da Strom nur in geringem Maße speicherbar ist, können Kapazitäten einzelner Marktteilnehmer oft nicht kurzfristig durch diejenigen von Wettbewerbern ersetzt werden. In einer solchen Situation verfügt jeder Anbieter, dessen Kapazität zur Deckung der Gesamtnachfrage unverzichtbar ist, über erhebliche Marktmacht.[34] In rechtstechnischer Hinsicht verweist das BKartA für die Möglichkeit der Annahme multipler Einzelmarktbeherrschung auf das – für sich genommen auf das europäische Missbrauchsverbot bezogene – Urteil des BGH betreffend sog. Reisestellenkarten (hierzu oben S. 225 f.). Das BKartA folgert, dass die Annahme einer gleichzeitigen Einzelmarktbeherrschung mehrerer Unternehmen nicht nur im Zusammenhang des Art. 102 AEUV, sondern auch in dem des § 19 GWB möglich ist.[35]

---

33 BGH, Beschl. v. 20.6.1992 – Pinneberger Tageblatt, WuW/E BGH 2795, 2805.
34 BKartA (2011), S. 96–114; vgl. auch die Erläuterungen bei *Ewald* (2011).
35 BKartA (2011), S. 113.

I. Unterschiedliche Effekte bei unterschiedlichen Wettbewerbsformen   Teil 3

C. Nichtkoordinierte Effekte

Ausgehend von den auf den Seiten 39–52 dargestellten Oligopolsituationen sollen im Folgenden die Auswirkungen von Zusammenschlüssen näher untersucht werden, wobei der Schwerpunkt der Analyse auf den nichtkoordinierten Effekten liegt. Es wird dabei die Frage beantwortet, wie sich das Marktergebnis aufgrund eines Zusammenschlusses ändert, wenn weder vor noch nach der Fusion die Unternehmen ihr Verhalten koordinieren, d.h., wie sich das kurzfristige bzw. nichtkoordinierte Nash-Gleichgewicht aufgrund des Zusammenschlusses verändert. Dabei können die nichtkoordinierten Effekte unterschiedlich ausfallen, je nachdem ob der zentrale Wettbewerbsparameter der Unternehmen der Preis oder die Menge ist; Unterschiede können sich auch daraus ergeben, ob die Unternehmen homogene oder differenzierte Güter herstellen. Eine Untersuchung von 124 Fusionsfällen hat ergeben, dass zur Feststellung potenzieller nichtkoordinierter und koordinierter Effekte von der US-amerikanischen Federal Trade Commission (FTC), abhängig von der jeweiligen Marktstruktur, fünf unterschiedliche Marktmodelle herangezogen wurden.[36] So wurden zwei verschiedene Modelle im Falle homogener Güter und drei Modelle im Fall differenzierter Güter herangezogen. In mehr als 50% der Fälle wurden eventuell auftretende nichtkoordinierte Effekte untersucht.[37]

I. Unterschiedliche Effekte bei unterschiedlichen Wettbewerbsformen

1. Preiswettbewerb mit homogenen Gütern

In einem oligopolistischen Markt, in dem Unternehmen mit der gleichen Technologie homogene Güter herstellen und mittels Preisen konkurrieren, setzen die Firmen im nichtkoordinierten bzw. kurzfristigen Nash-Gleichgewicht einen Preis, der ihren Grenzkosten entspricht. Aufgrund des hohen Wettbewerbsdrucks in diesem Markt resultiert das gleiche Ergebnis wie bei vollkommenem Wettbewerb.[38] Wenn sich nun in einem solchen Markt zwei Unternehmen zusammenschließen, dann hätte dies, selbst bei großen Marktanteilen der Unternehmen, keine Auswirkung auf das Marktergebnis, vorausgesetzt, es handelt sich nicht um eine Fusion zum Monopol.[39] Die Fusion hätte keine negativen Auswirkungen auf den

---

36 Vgl. *Coate* (2005).
37 Vgl. Ibid.
38 Vgl. S. 40f.
39 Vgl. *Bühler/Jäger* (2002), 135.

Wettbewerb zwischen den verbleibenden Unternehmen und auch keine Auswirkungen auf das Marktergebnis. Es werden weiterhin die gleichen Preise verlangt und die gleichen Mengen hergestellt wie vor der Fusion. Dies gilt auch dann, wenn das Unternehmen nach dem Zusammenschluss einen so großen Marktanteil hat, dass man von einer Einzelmarktbeherrschung sprechen könnte. Auch signifikante Erhöhungen des Marktanteils haben in diesem Modell keine negativen Konsequenzen.

Zwar handelt es sich bei diesem Resultat um einen theoretischen Extremfall, aber in Ausschreibungsmärkten (bidding markets) können tatsächlich Ergebnisse auftreten, die dem eines Bertrand-Wettbewerbs (hierzu S. 40 f.) nahe kommen.[40] Bei Ausschreibungen reicht oft bereits eine kleine Zahl von Unternehmen, um einen erheblichen Wettbewerbsdruck auszuüben, so dass ein wettbewerbliches Ergebnis zu erwarten ist. Dies gilt vor allem in solchen Märkten, in denen im Vergleich zum gesamten Marktvolumen erhebliche Großaufträge vergeben werden. Nicht der Marktanteil eines Unternehmens ist in einer solchen Situation entscheidend, sondern seine Möglichkeiten, kompetitive Gebote abzugeben.[41]

2. Mengenwettbewerb mit homogenen Gütern

Wenn der zentrale Wettbewerbsparameter der Unternehmen nicht der Preis, sondern die Produktionsmenge bzw. die Produktionskapazität ist, resultiert ein anderes Marktergebnis als bei Preiswettbewerb. Das nichtkoordinierte bzw. kurzfristige Cournot-Nash-Gleichgewicht (hierzu S. 41–44) ist dadurch gekennzeichnet, dass die Unternehmen eine geringere Menge anbieten als bei vollkommenem Wettbewerb, so dass ein entsprechend höherer Preis resultiert. Wenn sich nun zwei Unternehmen in einem solchen Markt zusammenschließen, dann wird der Binnenwettbewerb zwischen ihnen ausgeschaltet. Vor der Fusion hat ein Unternehmen die Auswirkungen seiner Mengenentscheidung auf den Gewinn des anderen nicht in sein Entscheidungskalkül mit einbezogen, denn diese Auswirkungen betreffen ja ein anderes Unternehmen. Die beiden Unternehmen haben daher vor der Fusion größere Mengen angeboten, da die hierdurch herbeigeführte Verringerung des Erlöses und des Gewinns beim jeweils anderen Unternehmen für die eigene Entscheidung keine Rolle spielte. Nach dem Zusammenschluss jedoch werden diese negativen „externen Effekte" internalisiert, denn nun betrifft die Auswirkung nicht mehr ein

---

40 Vgl. *Bishop/Bishop* (1996), 3.
41 Vgl. *Bishop/Walker* (2010), 65. Zu Fusionen im Auktions- und Bietermärkten im Vergleich zu Märkten mit Bertrand-Wettbewerb vgl., *Froeb/Werden* (2008).

I. Unterschiedliche Effekte bei unterschiedlichen Wettbewerbsformen   Teil 3

anderes, sondern das eigene Unternehmen. Dies führt dazu, dass das fusionierte Unternehmen seine Angebotsmenge im Vergleich zum Zustand vor dem Zusammenschluss reduzieren und dadurch einen höheren Marktpreis herbeiführen wird.

Allerdings ist diese einseitige Verringerung der Angebotsmenge und die damit verbundene Preiserhöhung nicht der einzige Effekt, der durch den Zusammenschluss bewirkt wird. Die anderen, nicht an der Fusion beteiligten Unternehmen werden ihre Produktionsmengen nun ebenfalls ändern: Wenn der Markt sich vor dem Zusammenschluss in einem Cournot-Nash-Gleichgewicht befand, dann waren die von den Unternehmen jeweils produzierten Mengen wechselseitig beste Antworten. Nach dem Zusammenschluss hat jedoch die Produktionsmenge des fusionierten Unternehmens abgenommen und der Marktpreis ist gestiegen. Daher sind die von den anderen Unternehmen bisher produzierten Mengen keine besten Antworten mehr auf die Menge des fusionierten Unternehmens. Aufgrund des höheren Marktpreises werden die anderen Unternehmen ihre Produktion ausdehnen, denn die bisher produzierte Menge ist bei diesem Preis zu gering.[42] Diese Reaktion der anderen Unternehmen wird das fusionierte bei seiner Mengenentscheidung antizipieren und eine Menge wählen, die, unter Berücksichtigung der Reaktion der Wettbewerber, eine beste Antwort ist. Der Gesamteffekt einer Fusion in einem Markt mit Mengenwettbewerb und einem homogenen Gut setzt sich also zusammen aus der Verringerung der Angebotsmenge des fusionierten Unternehmens und der Erhöhung der Produktionsmenge der anderen Unternehmen. Es handelt sich also bei den gesamten Auswirkungen eines Zusammenschlusses nicht nur um einseitige, unilaterale Effekte, sondern alle Unternehmen im Markt werden ihre Angebotsmenge anpassen. Um den Gesamteffekt eines Zusammenschlusses ermitteln zu können, sind daher nicht nur die Auswirkungen einer Verhaltensänderung des fusionierten Unternehmens zu betrachten, sondern auch die Reaktionen der anderen Unternehmen im Markt. Würde man sich nur auf die Verhaltensänderung des fusionierten Unternehmens beschränken, gelangte man zu einer Überschätzung des Effektes einer Fusion, denn die Angebotserhöhung der Wettbewerber wirkt kompensierend auf die Reduktion des Angebots seitens des fusionierten Unternehmens. Im Allgemeinen wird jedoch die Mengenausweitung der Wettbewerber nicht ausreichen, um die verringerte Angebotsmenge des fusionierten Unternehmens auszugleichen. Der Grund dafür liegt darin, dass die Konkurrenten von der Preiserhöhung profitieren, indem sie ihre Produktionsmenge ausweiten, aber diese Ange-

---

42 Da die Mengen in einem Cournot-Modell strategische Substitute sind, führt eine Mengenreduktion bei einem Unternehmen zu einer Mengenausweitung bei den anderen.

botserhöhung wird nicht so groß sein, die anfängliche Preiserhöhung wettzumachen. Sie profitieren von einer größeren Menge bei einem höheren Preis.[43] Im Ergebnis wird daher insgesamt eine geringere Menge angeboten als vor dem Zusammenschluss und der Preis steigt, so dass sowohl die Konsumentenrente und als auch die gesamte Wohlfahrt durch eine solche Fusion verringert werden.[44] Nur wenn durch den Zusammenschluss erhebliche Effizienzgewinne in Form von Kosteneinsparungen induziert werden, kann es in einem Markt mit Mengenwettbewerb und homogenen Gütern zu einer Erhöhung der Konsumentenrente durch sinkende Preise kommen.[45] Andererseits könnten höhere Preise andere Firmen zu einem Markteintritt veranlassen, der wiederum zu einer Preissenkung führen könnte. Diese Tatsache wurde in der Literatur jedoch kaum berücksichtigt. So zeigen *Werden/Froeb,* dass im Rahmen ihres Modells trotz einer erheblichen Preissteigerung aufgrund der Fusion kein Marktzutritt stattfinden wird.[46] In einem weiteren Modell wird gezeigt, dass ein Marktzutritt nur dann stattfinden wird, wenn der Marktpreis nach der Fusion und erfolgtem Marktzutritt über dem Niveau vor dem Zusammenschluss liegt. Wäre das nicht der Fall, dann würde die Fusion von vornherein unterlassen werden.[47]

3. Preiswettbewerb mit differenzierten Gütern

Während – wie gezeigt – bei Preiswettbewerb mit einem homogenen Gut das gleiche Marktergebnis resultiert wie bei vollkommenem Wettbewerb, ist dies bei differenzierten Gütern nicht der Fall. Hier werden von den Unternehmen Preise verlangt, die über den Wettbewerbspreisen liegen, weil bei einer Preiserhöhung ein Unternehmen nicht sofort seine gesamte Nachfrage einbüßt, sondern einen Teil davon behält, da einige Nachfrager bereit sind, für das von ihnen präferierte Produkt einen höheren Preis zu zahlen.[48] Offensichtlich hängen in einem Markt mit differenzierten

---

43 Vgl. *Ivaldi/Jullien/Rey/Seabright/Tirole* (2003a), 40.
44 Im Fall, dass die fusionierenden Unternehmen „klein" im Vergleich zu den anderen Unternehmen im Markt sind, kann die Angebotsausweitung der anderen Unternehmen die Mengenreduktion der fusionierenden überkompensieren, so dass sich ein positiver Gesamteffekt ergibt. Allerdings werden Fusionen von kleinen Unternehmen im Allgemeinen als wettbewerblich unschädlich eingestuft, vgl. *Motta* (2004), 234.
45 Dabei muss die Kostensenkung beim fusionierten Unternehmen so groß sein, dass bei gleicher Produktionsmenge der Aufschlag auf die Grenzkosten beim fusionierten Unternehmen größer ist als die Summe der Gewinnaufschläge bei den Unternehmen vor dem Zusammenschluss, vgl. *Farrell/Shapiro* (1990), *Froeb/Werden* (2008).
46 Vgl. *Werden/Froeb* (2008).
47 Vgl. *Spector* (2003).
48 Vgl. S. 44–46

I. Unterschiedliche Effekte bei unterschiedlichen Wettbewerbsformen Teil 3

Gütern die Auswirkungen eines Zusammenschlusses auch davon ab, ob die fusionierenden Unternehmen enge oder weite Substitute herstellen.[49] Wenn die beiden Unternehmen Güter produzieren, die von vielen Konsumenten nur als relativ entfernte Substitute betrachtet werden, dann sind die wettbewerblichen Beschränkungen, die ein Unternehmen dem anderen auferlegt, nur sehr gering, denn eine Preiserhöhung eines Unternehmens wird kaum eine Nachfragesubstitution durch das andere Produkt auslösen. Die Hersteller entfernter Substitute stehen also nur in einem geringen Wettbewerb, da die Produkte verhältnismäßig unabhängig voneinander sind, und ein Zusammenschluss hätte kaum eine Auswirkung auf das Marktergebnis. Anders verhält es sich, wenn die fusionierenden Unternehmen Produkte herstellen, die aus Sicht vieler Konsumenten sehr enge Substitute sind. Hier ist der Wettbewerb zwischen den Unternehmen weitaus intensiver, denn eine Preiserhöhung eines Unternehmens führt dazu, dass eine größere Zahl von Konsumenten auf das Substitut ausweicht. Ein Unternehmen könnte durch eine Preissenkung dem direkten Konkurrenten einen größeren Teil der Nachfrage abwerben, da die Güter von vielen Konsumenten als nahezu gleichwertig angesehen werden.[50] Die beiden Unternehmen sind daher in ihren Möglichkeiten beschränkt, Marktmacht in Form von Preiserhöhungen auszuüben.

Wenn sich nun zwei Unternehmen zusammenschließen, deren Produkte in einer sehr engen Substitutionsbeziehung stehen, dann wird der Binnenwettbewerb zwischen ihnen ausgeschaltet. Vor der Fusion kam eine Preiserhöhung hauptsächlich dem jeweiligen Konkurrenten zugute, aber nach dem Zusammenschluss gehört der Hersteller des engen Substitutes zum eigenen Unternehmen. Die Konsumenten, die auf dieses Produkt ausweichen, wechseln nun nicht mehr zum Wettbewerber, sondern kaufen weiterhin beim gleichen Unternehmen. Der Wegfall der wettbewerblichen Schranke führt dazu, dass das fusionierte Unternehmen die Preise für die beiden Produkte anheben kann. Zwar werden einige Konsumenten auf Substitute anderer Unternehmen ausweichen, aber ein größerer Teil der Nachfrage verbleibt beim fusionierten Unternehmen, so dass eine Preiserhöhung profitabel wird, die vor dem Zusammenschluss aufgrund des starken Wettbewerbs zwischen den Unternehmen nicht lohnend war. Das

---

49 Auch hier wird im Folgenden immer von einem Zusammenschluss von zwei Unternehmen ausgegangen.
50 Auf Seite 83 f. war deutlich gemacht worden, dass die marginalen Konsumenten für die Möglichkeiten einer Preiserhöhung entscheidend sind. Wenn hinreichend viele Konsumenten zu einem anderen Anbieter wechseln, wird eine Preiserhöhung unprofitabel. Ein wichtiges Maß für die Enge der Substitutionsbeziehung zwischen zwei Gütern sind die Umlenkungskennziffern. Vgl. hierzu S. 105.

Teil 3 C. Nichtkoordinierte Effekte

Ausmaß und die Auswirkungen auf den Wettbewerb hängen also stark davon ab, ob die von den Unternehmen hergestellten Güter enge oder weite Substitute sind. Je enger die Substitutionsbeziehung ist, desto stärker wird die Marktmacht eines Unternehmens durch den Wettbewerber beschränkt. Sind die Güter nur entfernte Substitute, dann wird der Marktmacht durch den Konkurrenten kaum eine Schranke auferlegt. Schließen sich nun die Hersteller enger Substitute zusammen, so wird ein großer Wettbewerbsdruck beseitigt und es ist mit stärkeren Auswirkungen auf den Wettbewerb und damit auf die Mengen und Preise im Markt zu rechnen. Im Fall entfernter Substitute besteht zwischen den Unternehmen ohnehin nur ein geringer Wettbewerb, so dass mit keiner signifikanten Preiserhöhung zu rechnen ist. Auch wird das Marktergebnis durch die Substitutionsbeziehung zwischen den Gütern des fusionierten Unternehmens und denen der anderen Unternehmen beeinflusst. Die Preiserhöhung des fusionierten Unternehmens wird umso höher ausfallen, je schlechter diese Substitutionsmöglichkeiten sind.

Wie bei Mengenwettbewerb gilt auch hier, dass die Verhaltensänderung des fusionierten Unternehmens nicht der einzige Effekt des Zusammenschlusses ist, denn auch die Konkurrenten werden auf die Preiserhöhung durch das fusionierte Unternehmen reagieren. Die Preiserhöhung des fusionierten Unternehmens veranlasst Wettbewerber dazu, ihre Preise ebenfalls zu erhöhen, weil diese Preiserhöhung Substitutionseffekte bei den Konsumenten auslöst und die Nachfrage nach den Produkten der Wettbewerber steigt.[51] Der beim bisherigen, geringeren Nachfrageniveau geforderte Preis ist für den Konkurrenten nun nicht mehr optimal, er ist zu niedrig und ein gewinnmaximierendes Unternehmen wird den Preis seines Produktes erhöhen. Im Allgemeinen wird es seinen Preis nicht so stark anheben, dass seine Nachfrage abnimmt, sondern es wird sowohl vom höheren Preis als auch von einer größeren Menge profitieren. Die Zunahme der Nachfrage beim Konkurrenten und seine Preiserhöhung hängen von der Stärke der Substitutionsbeziehung zwischen den Gütern des fusionierten Unternehmens und denen der Wettbewerber ab. Bei der Entscheidung über die eigene Preispolitik wird das fusionierte Unternehmen diese Preiserhöhung der Wettbewerber berücksichtigen, und es kann daher den eigenen Preis zusätzlich etwas anheben. Würde man sich bei der Prognose der Fusionswirkungen nur auf die Preiserhöhung des fusionierten Unternehmens beschränken und die Reaktionen der Konkurrenten unberücksichtigt lassen, würde dies zu einer Unterschätzung des Gesamteffektes führen.[52] Das

---

51 Da Preise strategische Komplemente sind, führt eine Preiserhöhung eines Unternehmens immer dazu, dass die anderen Unternehmen ihre Preise ebenfalls anheben.
52 Vgl. *Ivaldi/Jullien/Rey/Seabright/Tirole* (2003a), 52.

neue Bertrand-Nash-Gleichgewicht wird sich also dadurch auszeichnen, dass die Preise aller Güter gestiegen sind, wobei die Preiserhöhungen für die einzelnen Produkte unterschiedlich ausfallen und davon abhängen, wie eng ihre Substitutionsbeziehung zu den Produkten des fusionierten Unternehmens ist. Da durch die Fusion alle Preise, wenn auch in unterschiedlichem Maße, gestiegen sind, führt eine Fusion ceteris paribus zu einer Verringerung der Konsumentenrente und der gesamten Wohlfahrt. Eine weitere Verhaltensmöglichkeit der Unternehmen, die in der Literatur jedoch noch kaum untersucht wurde, ist eine Respositionierung der Produkte, indem bestimmte Produkteigenschaften modifiziert werden.[53] Unternehmen, die an der Fusion nicht beteiligt waren, werden ihre Produkte „zwischen" denen der fusionierten Firma positionieren, während diese ihre Produkte stärker differenzieren wird, um Kannibalisierungseffekte zu vermeiden. Die Repositionierungen begrenzen die fusionsbedingten Preiserhöhungen und verringern so die wohlfahrtsmindernden Wirkungen des Zusammenschlusses. Zusätzlich zu einer Repositionierung könnten die gestiegenen Preise auch einen Markteintritt weiterer Unternehmen induzieren. Es konnte gezeigt werden, dass – unter bestimmten Voraussetzungen – ein Marktzutritt nur dann zu erwarten ist, wenn dieser bereits vor der Fusion lohnend gewesen wäre.[54] Führt der Zusammenschluss jedoch zu einem Monopol, so kann der Preis nach dem Zusammenschluss geringer sein als davor.[55]

4. Mengenwettbewerb mit differenzierten Gütern

Konkurrieren die Unternehmen auf einem Markt mit differenzierten Gütern in erster Linie mit den angebotenen Mengen bzw. den Produktionskapazitäten und nicht primär mit den Preisen, sind ähnliche Resultate wie bei Mengenwettbewerb mit homogenen Gütern zu erwarten. Der zentrale Unterschied besteht in der geringeren Substituierbarkeit der Güter. Eine Verringerung der Angebotsmenge des Produktes eines Unternehmens hat in erster Linie Auswirkungen auf den Preis dieses Produktes und auf enge Substitute. Für entferntere Substitute hat eine Verknappung des Angebots dieses Gutes keine größere Bedeutung. Daher hat ein Zusammenschluss zwischen den Herstellern entfernter Substitute keinen signifikanten negativen Einfluss auf das Marktergebnis. Fusionieren jedoch Hersteller enger Substitute, dann wird das Unternehmen die Angebotsmengen beider Güter reduzieren, um dadurch den Preis für beide Pro-

---

53 Vgl. *Ghandi/Froeb/Tschantz/Werden* (2008).
54 Vgl. *Werden/Froeb* (1998).
55 Vgl. *Cabral* (2003).

Teil 3 C. Nichtkoordinierte Effekte

dukte zu erhöhen. Auf die Hersteller entfernter Substitute wird eine etwas größere Nachfrage entfallen und sie werden mit einer gewissen Ausweitung ihrer Angebotsmengen reagieren. Diese Effekte werden umso geringer sein, je weniger die Produkte gegeneinander substituiert werden können. Allerdings ist zu berücksichtigen, dass bei unvollständigen Substituten schon vor einer Fusion geringere Mengen hergestellt wurden und sich höhere Preise ergaben als im Fall eines homogenen, vollständig substituierbaren Produktes, denn im ersten Fall ist die strategische Interdependenz geringer, was zu einem eher monopolistischen Verhalten mit geringeren Mengen und höheren Preisen führt.

Die Analyse nichtkoordinierter Effekte in verschiedenen oligopolistischen Marktstrukturen hat deutlich gemacht, dass das fusionierte Unternehmen ceteris paribus eine geringere Menge herstellt bzw. einen höheren Preis verlangt als die beiden Unternehmen vor dem Zusammenschluss. Die anderen Oligopolisten produzieren zwar eine größere Menge, aber insgesamt wird das Preisniveau auf dem betrachteten Markt ansteigen. Dabei ist unterstellt, dass durch die Fusion bei den Unternehmen keine Effizienzgewinne auftreten. Vergleicht man die Effekte einer Fusion bei Mengenwettbewerb mit denen bei Preiswettbewerb, so fällt auf, dass im ersten Fall die Reaktionen des fusionierten Unternehmens und der Konkurrenten in entgegengesetzter Weise wirken: Eine Angebotsverringerung seitens des fusionierten Unternehmens und die damit verbundene Preiserhöhung wird durch eine Angebotsausweitung der Konkurrenten zumindest teilweise kompensiert. Bei Preiswettbewerb hingegen verstärken sich die Effekte: Die Preiserhöhung durch das fusionierte Unternehmen induziert Preiserhöhungen der Konkurrenten. Dies hat zum einen eine Auswirkung auf die Anreize der Unternehmen, die sich zusammenzuschließen: Bei Mengenwettbewerb kann der Fall eintreten, dass das fusionierte Unternehmen nach dem Zusammenschluss einen geringeren Gewinn erwirtschaftet als die beiden Unternehmen vor der Fusion, wenn keine ausreichenden Effizienzgewinne auftreten.[56] Bei Preiswettbewerb ist dies jedoch nicht möglich, denn ein Zusammenschluss ist für die Unternehmen immer lohnend.[57] Außerdem kann aus den unterschiedlichen Effekten bei Mengen- bzw. Preiswettbewerb nicht auf das Ausmaß der Preiserhöhung und der Wohlfahrtsänderung geschlossen werden. So ist erstens das Ausgangspreisniveau auf Märkten mit Mengen- bzw. Preiswettbewerb unterschiedlich: Wie in Teil 1 B.V.2. dargestellt, ist der Wettbewerbsdruck in Märkten mit Mengenwettbewerb geringer als bei Preiswettbewerb, so dass im ersten Fall mit höheren Preisen gerechnet werden muss. Zweitens wird bei

---

56 Vgl. *Salant/Switzer/Reynolds* (1983).
57 Vgl. *Davidson/Deneckere* (1985).

II. Marktbeherrschungs- und SIEC-Test **Teil 3**

Mengenwettbewerb die durch eine Angebotsverringerung induzierte Preiserhöhung seitens des fusionierten Unternehmens größer sein als die bei Preiswettbewerb, denn im ersten Fall wird die Preiserhöhung durch die Angebotsausweitung seitens der Konkurrenten wieder etwas gemildert, während sie im zweiten Fall durch die induzierten Preiserhöhungen der Wettbewerber verstärkt wird.[58] Eine allgemeine Aussage darüber, ob die Auswirkungen einer Fusion bei Preis- oder Mengenwettbewerb größer sind, kann daher nicht getroffen werden.[59]

II. Erfassung nichtkoordinierter Effekte mit dem Marktbeherrschungs- und mit dem SIEC-Test?

Die bisherige Untersuchung hat erwiesen, dass die Entstehung oder Verstärkung von Marktmacht in Gestalt der marktbeherrschenden Stellung eines einzelnen Unternehmens – sozusagen als Prototyp der Marktbeherrschung – ohne Schwierigkeiten von dem herkömmlichen Marktbeherrschungstest erfasst wird.[60] Ebenso können Konstellationen einer kollektiven Marktbeherrschung, bei der aufgrund einer Koordinierung des Verhaltens mehrerer Marktbeteiligter eine gemeinsame marktbeherrschende Stellung entsteht oder verstärkt wird, in den Anwendungsbereich des Marktbeherrschungstests fallen.[61] Demgegenüber ist Gegenstand einer in den letzten Jahren geführten Diskussion, ob das überkommene Marktbeherrschungskriterium auch zur Erfassung nichtkoordinierter Effekte im Oligopol geeignet ist.[62] Teile des wirtschaftwissenschaftlichen Schrifttums sprechen mit Blick auf das überkommene Untersagungskriterium der Entstehung oder Verstärkung einer marktbeherrschenden Stellung von einer möglichen Lücke zwischen der Rechtslehre und den Wirtschaftswissenschaften, da durch Fortschritte in der ökonomischen Wissenschaft Themenbereiche entdeckt worden seien, die unter Umständen mit der juristischen Beurteilung nicht in Einklang gebracht werden können.[63]

---

58 Vgl. *Ivaldi/Jullien/Rey/Seabright/Tirole* (2003a), 53.
59 Vgl. *Ivaldi/Jullien/Rey/Seabright/Tirole* (2003a), 53. Für eine aktuelle Übersicht über die Preiseffekte von Fusionen vgl. *Weinberg* (2008).
60 Oben S. 223–230.
61 Siehe zur Rechtsentwicklung unten 296f.
62 Hierzu auch *Baxter/Dethmers* (2005).
63 *Röller/Friederiszick*, Gliederungspunkt III, A.

Teil 3 C. Nichtkoordinierte Effekte

1. Ausgangspunkt: Das Zusammenschlussvorhaben Heinz/Beech-Nut

Ausgangspunkt der Diskussion um die Lückenhaftigkeit des Marktbeherrschungstest war das in den USA angestrebte Zusammenschlussvorhaben der Lebensmittelhersteller Heinz und Beech-Nut. Heinz, der drittgrößte Marktteilnehmer auf dem Markt der Herstellung von Babynahrung, wollte Beech-Nut, eine Tochtergesellschaft der Milnot Holding Corp. und zweitgrößter Babynahrungshersteller, übernehmen. Dieser Zusammenschluss hätte zu einem gemeinsamen Marktanteil von ca. 33 % geführt. Der Marktführer Gerber hielt daneben ca. 65 % der Marktanteile.[64] Die Federal Trade Commission (FTC) stoppte durch eine einstweilige Anordnung den Zusammenschluss und führte dafür mehrere Gründe an. Die Zutrittsschranken auf dem Markt für Babynahrung seien so hoch, dass es seit mehr als 60 Jahren keinen Markzutritt mehr gegeben habe. Zudem würde sich der bereits stark konzentrierte Markt durch den Zusammenschluss zu einem Duopol verdichten. Dies würde die Wahrscheinlichkeit einer stillschweigenden Kollusion und damit koordinierter Effekte erhöhen. Daneben seien nichtkoordinierte Effekte zu erwarten, da das Kopf-an-Kopf-Rennen von Heinz und Beech-Nut ein Ende hätte und der wesentliche Wettbewerb zwischen ihnen entfiele.[65] Der U.S. District Court for the District of Columbia unterstützte die Entscheidung der FTC jedoch nicht, da zu erwartende Effizienzgewinne nicht ausreichend Berücksichtigung gefunden hätten, und war zudem der Ansicht, dass der Zusammenschluss von im Wesentlichen drei auf zwei Marktteilnehmer den Wettbewerb auf dem Markt der Babynahrung wieder verstärken könnte.[66] Der U.S. Court of Appeals schloss sich dagegen der Gedankenführung der FTC an und blockierte den Zusammenschluss,[67] woraufhin Heinz von dem Vorhaben abließ.[68]

Die erwarteten nichtkoordinierten Effekte rührten daher, dass das Warenangebot in US-amerikanischen Supermärkten regelmäßig nur zwei Babynahrungsmarken enthielt, von denen eine fast immer die Marke des Marktführers Gerber war. Hinsichtlich des „zweiten Regalplatzes" herrschte beachtlicher Wettbewerb zwischen den Konkurrenten Heinz

---

64 U.S. Court of Appeals, September Term 2000, No. 00-5362.
65 FTC v. 7.7.2000, File No. 001-0131, abrufbar unter www.ftc.gov/opa/2000/07/heinz.htm.
66 U.S. District Court for the District of Columbia, FTC v. Heinz Company and Milnot Holding Corp., Civil Action No. 00-1688.
67 U.S. Court of Appeals, September Term 2000, No. 00-5362.
68 Wall Street Journal, Baby-Food Makers Heinz, Beech-Nut Call Off Merger Following Court Ruling, 27. April 2001.

und Beech-Nut, der durch einen Zusammenschluss der beiden beseitigt worden wäre.[69] Die Erfassung der angenommenen wettbewerbsbeeinträchtigenden nichtkoordinierten Auswirkungen des Zusammenschlussvorhabens bereitete im Rahmen des in § 7 Clayton Act verankerten Untersagungskriteriums *substantial lessening of competition* (sog. SLC-Test) keine Probleme. In Europa hingegen warf der Fall die bislang hypothetische Frage auf, ob auch der Marktbeherrschungstest diese Konstellation hätte erfassen können. Eine Einzelmarktbeherrschung hätte auf der Basis von Marktanteilsberechnungen nicht angenommen werden können, da der Marktanteil der Zusammenschlussparteien weit hinter dem des Marktführers zurückblieb. Wären wie in *Heinz/Beech-Nut* auch keine koordinierten Effekte zu erwarten gewesen, so hätte die Kommission je nach Auslegung des Marktbeherrschungstests der FKVO das Vorhaben unter Umständen nicht untersagen können. Dies brachte eine intensive Diskussion über die Reichweite des Marktbeherrschungstests und die Befürchtung einer möglichen Lückenhaftigkeit des materiellen Untersagungskriteriums hervor.

2. Rechtsentwicklung bei der EU-Fusionskontrolle

Unter anderem aufgrund dieser Debatte um eine Lücke des Marktbeherrschungstests wurde eine Änderung des materiellen Untersagungskriteriums in der FKVO zugunsten einer Anpassung an den SLC-Test zur Diskussion gestellt.[70] Die Kommission forderte in einem Grünbuch[71] auf, dazu Stellung zu beziehen, während sie selbst eine Reform für nicht erforderlich hielt, da sich bei der Anwendung des Markbeherrschungstests bislang keine größeren Lücken gezeigt hätten.[72] Die eingegangenen Stellungnahmen zeigten dann kontroverse Ansichten, die sich zum Teil für und zum Teil gegen die Einführung eines SLC-Standards aussprachen.[73]

Nach ausgiebiger Diskussion veröffentlichte die Kommission einen Vorschlag für eine neue Fusionskontrollverordnung.[74] Hiernach sollte der

---

69 *Alfter* (2003), 20, 24.
70 Ein weiterer Anlass, der in materiell-rechtlicher Hinsicht Bedenken aufwarf, waren divergierenden Entscheidungen zum Zusammenschluss *GE/Honeywell*, den die Kommission untersagte, während die US-amerikanischen Behörden ihn zuvor freigegeben hatten. Fraglich war, ob Ursache für diese Differenzen das unterschiedliche materielle Untersagungskriterium war.
71 Komm. v. 11.12.2001, Grünbuch über die Revision der Verordnung (EWG) Nr. 4064/89 des Rates, Tz. 159–169, abrufbar unter www.europarl.eu.int/meetdocs/committees/econ/20020326/745745de.pdf.
72 Grünbuch (vorige Fn.), Rdnr. 167; vgl. auch *Röller/Strohm* (2005), Rdnr. 11.
73 Komm., Summary of the Replies Received to the Green Paper on the Review of Council Regulation (nicht mehr online abrufbar).
74 ABl.EU (2003) Nr. C 20, S. 4ff.

Teil 3 C. Nichtkoordinierte Effekte

Marktbeherrschungstest beibehalten werden. Zur Vermeidung möglicher Anwendungslücken beinhaltete dieser Vorschlag einen neu eingefügten Absatz in Art. 2 FKVO, der lediglich klärenden Charakter haben sollte. Der Absatz enthielt eine Definition der Marktbeherrschung und lautete:

„Im Sinne dieser Verordnung wird eine beherrschende Stellung eines oder mehrerer Unternehmen angenommen, wenn sie mit oder ohne Koordinierung ihres Verhaltens über die wirtschaftliche Macht verfügen, spürbar und nachhaltig Einfluss auf Wettbewerbsparameter, insbesondere auf die Preise, auf die Art, Quantität und Qualität der Produktion, auf den Vertrieb oder die Innovation, zu nehmen oder den Wettbewerb spürbar zu beschränken."

Ferner sah der Vorschlag in Art. 23 FKVO eine Ermächtigung der Kommission zum Erlass von Leitlinien vor.

Dieser Kommissionsvorschlag fand im Rat jedoch keine mehrheitliche Zustimmung. Kritiker des Vorschlags brachten vor, eine Legaldefinition der Marktbeherrschung berge die Gefahr, zu starr zu sein und dadurch nicht bedachte Fallkonstellation zukünftig nicht mehr erfassen zu können.[75] Zudem könnten sich Unklarheiten im Verhältnis zu Art. 82 EG (heutiger Art. 102 AEUV) ergeben. Die vorgeschlagene Definition der beherrschenden Stellung bezog sich durch die Einschränkung „im Sinne dieser Verordnung" nicht auf die Missbrauchsaufsicht und ließ damit das dortige Marktbeherrschungskriterium unangetastet. Problematisch konnte erscheinen, dass eine Intention des Vorschlags war, die umfangreiche Rechtsprechung und Entscheidungspraxis zum Begriff der Marktbeherrschung aufrechtzuerhalten. Diese war aber teilweise im Rahmen des (damaligen) Art. 82 EG ergangen und die daraus resultierenden Errungenschaften hätten, so die Befürchtung, in der Fusionskontrolle nicht mehr genutzt werden können, wenn die Beschränkung der Definition der Marktbeherrschung auf die Verordnung die Einführung eines neuen fusionskontrollspezifischen Marktbeherrschungsbegriffs bedeutete.[76]

Da weder der Kommissionsvorschlag zur Beibehaltung des Marktbeherrschungskriteriums mit einer klarstellenden Definition noch ein Wechsel zum SLC-Test mit einem neuen Untersagungskriterium die nötige Mehrheit im Rat zu finden schien und die Unsicherheiten hinsichtlich einer möglichen Regelungslücke dennoch beseitigt werden sollten, einigte der Rat sich auf ein Untersagungskriterium, das sowohl Elemente des Marktbeherrschungstests als auch des SLC-Tests in sich vereinigt. Es entstand ein „hybrid test",[77] der diejenigen Komponenten enthält, die schon in der

---
75 Vgl. *Röller/Strohm* (2005), Rdnr. 15.
76 *Fountoukakos/Ryan* (2005), 277, 286; *Röller/Strohm* (2005), Rdnr. 16.
77 *Fountoukakos/Ryan* (2005), 277, 286; *Röller/Strohm* (2005), Rdnr. 17.

II. Marktbeherrschungs- und SIEC-Test Teil 3

alten Fusionskontrollverordnung verankert waren und dennoch ähnlich konzipiert ist wie der SLC-Test. Dies wurde durch eine Neuordnung des Wortlauts von Art. 2 Abs. 3 FKVO erreicht, der nun lautet:

> „Zusammenschlüsse, durch die wirksamer Wettbewerb im Gemeinsamen Markt oder in einem wesentlichen Teil desselben erheblich behindert würde, insbesondere durch Begründung oder Verstärkung einer beherrschenden Stellung, sind für mit dem Gemeinsamen Markt unvereinbar zu erklären."[78]

Das bislang zweite Glied der „erheblichen Behinderung wirksamen Wettbewerbs" wird damit zum zentralen und einzigen Tatbestandsmerkmal aufgewertet und das bislang zentrale Merkmal der Begründung oder Verstärkung einer beherrschenden Stellung wird zum Regelbeispiel umfunktioniert.[79] Das weit gefasste Kriterium der erheblichen Behinderung wirksamen Wettbewerbs (in der englischen Fassung *significant impediment to effective competition*, deshalb auch als SIEC-Test bezeichnet) soll auch nichtkoordinierte Effekte in oligopolistischen Märkten erfassen. Dies wird in Erwägungsgrund 25 der neuen Fusionskontrollverordnung ausdrücklich klargestellt.

In ihrer *T-Mobile Austria/tele.ring*-Entscheidung[80] hatte die Kommission erstmals Gelegenheit, den vollen Handlungsspielraum auszuschöpfen, den ihr die Neufassung des materiellen Untersagungskriteriums eröffnete. Die Fusion betraf die Nummer 2 (T-Mobile Austria) und die Nummer 4 (tele.ring) der zum Zeitpunkt der Anmeldung insgesamt fünf aktiven Netzanbieter für Mobiltelefoniedienste auf dem geographischen Relevanzmarkt Österreich durch einen 100-prozentigen Kontrollerwerb seitens der T-Mobile. Nach intensiver Prüfung der Marktsituation gelangte die Kommission zu dem Ergebnis, dass infolge des Zusammenschlusses erhebliche Wettbewerbsverschlechterungen zu erwarten gewesen wären. Eine Freigabe erfolgte deshalb nur unter strengen Auflagen nach Art. 8 Abs. 2 FKVO.

Die Besonderheit des Falls lag darin, dass nach den von der Kommission zugrunde gelegten Marktanteilswerten auch nach einem Zusammenschluss der T-Mobile Austria und tele.ring der bisherige Marktführer Mobilkom das anteilsstärkste Unternehmen geblieben wäre. Die Kommission ging in der Entscheidung wohl aus diesem Grund mit keinem Wort auf die Möglichkeit der Begründung oder Verstärkung einer einzelmarktbeherrschenden Stellung als wichtigstem Fall einer „erheblichen Wett-

---

78 ABl.EU (2004) Nr. L 24, S. 1.
79 *Zimmer* (2004), 250, 252.
80 Komm. v. 26.4.2006 (COMP/M.3916) – T-Mobile Austria/tele.ring; siehe auch *Holzwarth* (2007), 338–351.

Teil 3 C. Nichtkoordinierte Effekte

bewerbsbehinderung" ein. Vielmehr nahm sie an, dass das Ausscheiden von tele.ring als unabhängigem Netzbetreiber „(...) zu nicht-koordinierten Effekten führt, auch wenn T-Mobile nach der Transaktion nicht das Unternehmen mit dem größten Marktanteil wird."[81] Angesprochen waren damit die in Erwägungsgrund 25 der FKVO 139/2004 verankerten nichtkoordinierten Effekte im Oligopol unterhalb der Marktbeherrschungsschwelle. Zur Begründung führte die Kommission an, dass tele.ring in der Vergangenheit als besonders preisaggressiver Wettbewerber („Maverick") agiert habe. Eine Untersuchung des Wechselverhaltens der Kunden zeigte, dass der größte Teil der Kunden von Mobilkom und T-Mobile, die den Betreiber gewechselt hatten, zu tele.ring gewechselt waren. Da tele.ring eine aggressive Preisstrategie verfolgte, übte das Unternehmen beachtlichen wettbewerblichen Druck vor allem auf Mobilkom und T-Mobile aus. Nach Ansicht der Kommission hätte der Zusammenschluss daher zur Eliminierung eines „Mavericks" geführt.[82] Die Besonderheiten des Mobiltelefoniemarktes hätten nach Auffassung der Kommission dazu geführt, dass das fusionierte Unternehmen keine Anreize mehr gehabt hätte, neue Kunden mittels niedriger Preise zu gewinnen. Vielmehr wären T-Mobiles Anreize verstärkt worden, sich auf die Profitabilität der bereits vorhandenen Kundenbasis zu konzentrieren, sodass T-Mobile nach dem Zusammenschluss entweder die Niedrigpreisstrategie von tele.ring beendet oder womöglich das Unternehmen gänzlich aus dem Markt genommen hätte, um sich des erheblichen Preisdrucks, den tele.ring in der Vergangenheit auf die beiden großen Anbieter T-Mobile und Mobilkom ausgeübt hatte, zu entledigen.

Hierdurch wäre im Ergebnis eine Marktstruktur mit zwei ähnlich großen Netzbetreibern und zwei erheblich kleineren Netzbetreibern entstanden, von denen eines als Tochterunternehmen von Mobilkom in seiner Preispolitik stark abhängig ist und das andere extrem in den Netzkapazitäten beschränkt ist. Anders als in vielen sonst beispielhaft angeführten Konstellationen, in denen sog. unilaterale Effekte zu besorgen sind, ging es in diesem Fall somit nicht um die enge Nähebeziehung zwischen den Fusionsparteien, die - anders als dies ein alleiniger Blick auf Marktanteile vermuten ließe - nur zur Beseitigung erheblichen Wettbewerbsdrucks zwischen den betreffenden Unternehmen geführt hätte. Angesprochen war in dem Fall vielmehr die Sorge, dass das Preisniveau auf dem Relevanzmarkt insgesamt steigen bzw. nicht wie in der Vergangenheit weiter gedrückt würde, weil tele.ring als in der Vergangenheit dynamischster

---
81 Ibid., Rdnr. 40.
82 Ibid., Rdnr. 72; zur wettbewerbsrechtlichen Beurteilung der Übernahme eines besonders aktiven Wettbewerbers („Maverick") auch unten S. 413–415

und aggressivster Wettbewerber infolge der Fusion beseitigt worden wäre. An anderer Stelle wurde dieses Phänomen als „second order effect" bezeichnet, während man die unilateralen Auswirkungen durch die Beseitigung des Wettbewerbsdrucks zwischen zwei nahen Wettbewerbern auf einem differenzierten Produktmarkt als „first order effects" bezeichnen würde.[83] Diese second order effects sind in ihrem Ergebnis den koordinierten Effekten ähnlich, denn sie führen zu einem insgesamt höheren Preisniveau auf dem Relevanzmarkt. Für ihr Auftreten ist eine Verhaltenskoordination indes nicht erforderlich. Die Kommission konnte deshalb in ihrer Entscheidung offen lassen, ob der Zusammenschluss zusätzliche Bedenken hinsichtlich möglicher koordinierter Auswirkungen gehabt hätte, weil die umfassenden Zusagen der anmeldenden Parteien sogar die nichtkoordinierten Effekte ausreichend abgemildert haben.

Die Neufassung des Untersagungskriteriums hat im Fall *T-Mobile-Austria/ tele.ring* dazu geführt, dass die aus ökonomischer Sicht mit der Fusion verbundenen wettbewerblichen Bedenken so benannt werden konnten, wie man sie identifiziert hatte, ohne dass das juristische Konzept der Marktbeherrschung bemüht werden musste.

3. Anpassungsbedarf im deutschen Kartellrecht?

Für die Rechtsanwendung im europäischen Kartellrecht hat sich die viel diskutierte Frage um eine Lückenhaftigkeit des Marktbeherrschungstests dadurch erledigt, dass das materielle Untersagungskriterium der VO 4064/ 1989 zugunsten des SIEC-Tests in der VO 139/2004 aufgegeben wurde; von einer im Hinblick auf nichtkoordinierte Effekte im Oligopol bestehenden Lücke kann nun in keinem Fall mehr ausgegangen werden. Die Frage ist nun ausschließlich im Rahmen nationaler Kartellrechtsordnungen wie der des deutschen GWB interessant, das nach der Siebten GWB-Novelle das herkömmliche materielle Untersagungskriterium der Marktbeherrschung zunächst beibehalten hat. Die Bundesregierung will im Rahmen der für 2011/2012 geplanten Achten GWB-Novelle die §§ 36 ff. GWB an die FKVO anpassen. Der Koalitionsvertrag der im Herbst 2009 gebildeten schwarz-gelben Regierungskoalition kündigt die Übernahme von „Elemente[n] der europäischen Fusionskontrolle" an. Daher dürfte im Mittelpunkt der Reform die Frage stehen, inwiefern der in der FKVO geltende SIEC-Test sowie ein möglicher Effizienzeinwand in die nationale Fusionskontrolle Eingang finden und das bisher maßgebliche Marktbeherrschungskriterium ablösen sollen.[84] Der Gesetzgeber würde damit wie hin-

---

83 Vgl. *Schwalbe* (2004 a), 13.
84 Koalitionsvertrag, Rdnr. 459–467; dazu Monopolkommission (2010), Rdnr. 43 f.

Teil 3   C. Nichtkoordinierte Effekte

sichtlich der §§ 1 ff. GWB dem europäischen Beispiel folgen und ebenso wie der europäische Gesetzgeber den einheitlichen Maßstab von Missbrauchs- und Zusammenschlusskontrolle aufgeben.[85] Sowohl die Kommission als auch das Bundeskartellamt sehen den Marktbeherrschungstest aufgrund der Möglichkeit einer flexiblen Handhabung grundsätzlich als umfassend an, so dass auch bei einer Beibehaltung des Kriteriums keine Lücken in der Praxis entstehen müssten. Aus Sicht der Kommission erscheint der Kriterienwechsel in der Fusionskontrollverordnung lediglich als eine Klarstellung, die Unsicherheiten über den Umfang des Untersagungskriteriums beseitigen soll. Problematisch ist jedoch, dass dieser Standpunkt der Wettbewerbsbehörden bislang nicht vor Gericht bestätigt wurde. Zwar erkannte das OLG Düsseldorf in der Sache *E.ON/Stadtwerke Eschwege* grundsätzlich an, dass eine marktbeherrschende Stellung nicht zwingend bei den Zusammenschlussbeteiligten entstehen oder verstärkt werden müsse. Zugleich forderte das Gericht aber eine Beteiligung der Zusammenschlussbeteiligten an dem dritten infolge des Zusammenschlusses möglicherweise marktbeherrschenden Unternehmen, die im Falle des Neuerwerbes kontrollpflichtig wäre.[86] Eine umfassende Reichweite des Marktbeherrschungskriteriums ist damit weder vor den Europäischen Gerichten – dies findet sogar Erwähnung in den Erwägungsgründen der Fusionskontrollverordnung[87] – noch vor den nationalen Gerichten anerkannt, so dass keine abschließende Sicherheit darüber besteht, ob die Ansichten der Wettbewerbsbehörden Bestand gehabt hätten bzw. haben werden und Konstellationen der nichtkoordinierten Effekte wie bei einem Zusammenschluss zum zweitstärksten Anbieter vom Marktbeherrschungstest tatsächlich erfasst werden. Die Frage, ob der Marktbeherrschungstest seiner Konzeption nach die gleichen wettbewerbsbeeinträchtigenden Konstellationen wie der SIEC-Test oder der SLC-Test erfasst, ist mithin immer noch nicht mit letzter Verbindlichkeit entschieden. In dem Zusammenschlussfall *Oracle/PeopleSoft*[88] sprach der Zusammenschlussbeteiligte Oracle der Kommission die Befugnis zur Bewertung von nichtkoordinierten Effekten ab. Die Kommission ging auf diesen Gesichtspunkt in der Entscheidung nicht ein, weil bei diesem Zusammenschluss ohnehin keine nichtkoordinierten Wirkungen zu erwarten gewesen waren.[89]

---

85 *Säcker* (2004a), 1038, 1039.
86 OLG Düsseldorf, Beschl. v. 6.6.2007 – E.ON/Stadtwerke Eschwege, Rdnr. 99 ff.; der BGH, Beschl. v. 11.11.2008, nahm in der letzten Instanz zu der Frage nicht Stellung.
87 VO 139/2004, Erwägungsgrund 25.
88 Komm. v. 26.10.2004 (COMP/M.3216) – Oracle/PeopleSoft.
89 Komm. v. 26.10.2004 (COMP/M.3216) – Oracle/PeopleSoft, Rdnr. 187.

II. Marktbeherrschungs- und SIEC-Test Teil 3

Um beurteilen zu können, ob hinsichtlich des materiellen Untersagungskriteriums ein Anpassungsbedarf des deutschen Kartellrechts an das europäische besteht, muss der Fokus auf das Kriterium der Begründung oder Verstärkung einer marktbeherrschenden Stellung im GWB und nicht auf das in der früheren VO 4064/89 gerichtet sein. Das deutsche Kriterium der Marktbeherrschung unterscheidet sich in der Anwendung zwar kaum von dem der Marktbeherrschung im EG-Recht; im deutschen Recht ist das Merkmal aber immerhin im Gesetz anders verankert und enthält beispielsweise quantitative Vermutungsschwellen.

Gegen die Notwendigkeit einer Anpassung spricht, dass die verschiedenen kartellrechtlichen Untersagungskriterien im Grunde das gleiche Ziel verfolgen und gleichsam danach fragen, ob ein geplanter Zusammenschluss nachteilige Auswirkungen auf den Wettbewerb nach sich ziehen wird.[90] Eine Gegenüberstellung der verschiedenen Konzeptionen zeigt zudem Gemeinsamkeiten in der konkreten Ausgestaltung. Die wichtigste Gemeinsamkeit beispielsweise mit der US-amerikanischen Zusammenschlusskontrolle ist, dass das Kriterium „SLC" mit einem Rückgriff auf den Begriff der Marktmacht gefüllt wird.[91] So heißt es in den Horizontal Merger Guidelines: "The unifying theme of the Guidelines is that mergers should not be permitted to create or enhance *market power* or facilitate its exercise."[92] Marktmacht wird wiederum folgendermaßen definiert: "Market power to a seller is the ability profitably to maintain prices above competitive levels for a significant period of time."[93] Diese Möglichkeit eines anderen Verhaltens als unter Bedingungen eines wirksamen Wettbewerbs beschreibt den gleichen Gedanken wie der im Rahmen des Marktbeherrschungstests zu prüfende unabhängige Verhaltensspielraum.[94] Aus diesem Vergleich wird geschlossen, dass das ökonomische Konzept der Marktmacht das gleiche beschreibt wie der Rechtsbegriff der Marktbeherrschung.[95] Werden die beiden Konzepte in gleicher Weise ausgestaltet, dann müssten sie auch zu gleichen Ergebnissen führen.

Für eine umfassende Anwendung des Marktbeherrschungstests spricht ferner, dass der Begriff der Marktbeherrschung nicht starr an einzelne Kriterien gebunden ist. Die Definition der Marktbeherrschung in § 19 Abs. 2 Nr. 1 GWB ist vielmehr verhältnismäßig weit gefasst. Eine markt-

---
90 *Alfter* (2003), 20, 25.
91 *Bundeskartellamt* (2009), S. 14.
92 Hervorhebung hinzugefügt.
93 US Horizontal Merger Guidelines von 1992, Gliederungspunkt 0.1.
94 *Bundeskartellamt* (2009), S. 15.
95 *Alfter* (2003), 20, 25.

Teil 3 C. Nichtkoordinierte Effekte

beherrschende Stellung ist danach gegeben, wenn ein Unternehmen entweder ohne Wettbewerber ist oder keinem wesentlichen Wettbewerb ausgesetzt ist. Fehlender Wettbewerb bedeutet einen unabhängigen Verhaltensspielraum gegenüber den Wettbewerbern und der Marktgegenseite, womit ein Gleichlauf des Marktbeherrschungstests im deutschen und im europäischen Kartellrecht erfolgte.[96] Die Marktanteilsbetrachtung steht zwar aufgrund der Vermutung des § 19 Abs. 3 GWB zunächst im Vordergrund, weswegen man annehmen könnte, dass der Marktbeherrschungstest im GWB stärker an Marktanteile gebunden ist. Da es sich allerdings nur um eine widerlegbare Vermutung handelt, liegt ihre vorrangige Bedeutung in der Beweislastumkehr.[97] Im Ergebnis kommt der Marktanteilsbetrachtung die Funktion eines Einstiegskriteriums in die wettbewerbliche Beurteilung und, wie sie in § 19 Abs. 2 Nr. 2 2. Hs. GWB genannt ist, nur eine Indizwirkung wie in der FKVO zu. Die Beurteilung der Marktstellung erfolgt unter Gesamtwürdigung aller relevanter Umstände,[98] weshalb das Kriterium der marktbeherrschenden Stellung nicht als starrer Beurteilungsmaßstab angesehen werden kann.

Ein einheitliches Untersagungskriterium in der gemeinschaftlichen Fusionskontrolle und in denjenigen der nationalen Kartellrechtsordnungen brächte demgegenüber aus der Sicht der Unternehmen zumindest in einer langfristigen Perspektive den Vorteil größerer Rechtssicherheit.[99] Fände eine Anpassung an das Kriterium der „erheblichen Behinderung wirksamen Wettbewerbs" im GWB statt, dann wäre es für deutsche Unternehmen unerheblich, ob ein von ihnen geplanter Zusammenschluss von gemeinschaftsweiter Bedeutung ist und damit der Anwendungsbereich der FKVO nach deren Art. 1 eröffnet ist. Bliebe im GWB hingegen weiterhin der Marktbeherrschungstest erhalten, dann lägen den jeweiligen Fusionskontrollregimen unterschiedliche Eingreifkriterien zugrunde, die auch eine unterschiedliche Eingriffsschwelle zur Folge haben könnten. Ob die Eingriffsschwelle in der FKVO mit dem SIEC-Test gesenkt wurde und die Kommission dadurch eher einen Zusammenschluss untersagen kann, ist nicht klar. Eine Herabsenkung kann zwar einerseits bestehen, da die Hürde der marktbeherrschenden Stellung nicht mehr genommen werden muss. Andererseits sind jedoch nun ausdrücklich Effizienzen zu berück-

---

96 Seit EuGH, Urt. v. 13.2.1979, Rs. 85/76 – Hoffmann-La Roche, Slg. 1979, 461, Rdnr. 38 u. 39 gilt nach EG-Recht als marktbeherrschend, wer durch den Zusammenschluss in die Lage versetzt wird, sich seinen Wettbewerbern, seinen Abnehmern und letztlich den Verbrauchern gegenüber unabhängig zu verhalten.
97 *Wiedemann/Richter* (2008), § 20 Rdnr. 85.
98 *Bundeskartellamt* (2009), S. 4.
99 Vgl. Stellungnahme der Arbeitsgemeinschaft Selbständiger Unternehmer e.V., S. 2 (nicht mehr online abrufbar).

II. Marktbeherrschungs- und SIEC-Test Teil 3

sichtigen, die nachteilige Auswirkungen auf den Wettbewerb wieder relativieren können (hierzu unten S. 433–438). Die Generaldirektion Wettbewerb der Kommission hat schon frühzeitig erklärt, dass sie den SIEC-Test nicht im Sinne einer Herabsenkung der Eingriffsschwelle interpretieren möchte.[100] Dementsprechend ist in der Praxis die Interventionsrate bislang stabil geblieben.[101] Auch in der Literatur wird der Wechsel zum SIEC-Test zum Teil nicht als eine Herabsenkung der Eingriffsschwelle, sondern vielmehr als eine Ausweitung des Umfangs gesehen.[102] Umgekehrt könnte sich der SIEC-Test im Vergleich zum Marktbeherrschungstest auch als ein „stumpferes Schwert" erweisen. Dies würde bedeuten, dass die auf nationaler Ebene verbleibenden „Provinzfälle" einem schärferen Untersagungskriterium ausgesetzt wären als Zusammenschlüsse von gemeinschaftsweiter Bedeutung. Auch dies spräche für eine Anpassung der §§ 36 ff. GWB an den SIEC-Test.[103]

Unabhängig davon, ob der Marktbeherrschungstest nichtkoordinierte Effekte eines Zusammenschlusses in oligopolistischen Marktsituationen erfassen kann, sind der SLC-Test und auch der SIEC-Test von ihrer auf wirtschaftstheoretischen Erkenntnissen fußenden Konzeption her die umfassenderen materiellen Untersagungskriterien. Indem sie eine Minderung oder Behinderung des wirksamen Wettbewerbs verlangen, legen sie den Fokus einzig auf die Auswirkungen eines Zusammenschlusses – unabhängig davon wie sie zustande kommen.[104] Die Beurteilung eines Zusammenschlusses erfolgt danach, ob durch den Zusammenschluss erhebliche nachteilige Folgen für den Wettbewerb zu erwarten sind. Somit können sowohl das Kriterium des „substantial lessening of competition" als auch das des „significant impediment to effective competition" alle wettbewerbsgefährdenden Konstellationen erfassen, auch solche, die bislang noch nicht bedacht wurden. Aufgrund dessen kann auf lange Sicht auch für die Zusammenschlusskontrolle im GWB nicht davon abgeraten werden, ein solches umfassendes Kriterium einzuführen.

Da auf der anderen Seite das Kriterium der Marktbeherrschung lange Zeit eine stets zufriedenstellende Zusammenschlusskontrolle ermöglicht hatte, wurde eine Anpassung der Zusammenschlusskontrolle des GWB an die FKVO in den Diskussionen zur Siebten GWB-Novelle nicht als dringend betrachtet. Ratsam erschien vielmehr, zunächst die Entwicklung des neuen

---

100 *Lowe* (2003), S. 9.
101 *Lübking*, zitiert nach Bundeskartellamt (2010), 50, 52.
102 *Fountoukakos/Ryan* (2005), 277, 292; vgl. auch Münchener Kommentar/*Montag/ von Bonin* (2007), Art. 2 FKVO Rdnr. 35 f.
103 Vgl. *Säcker* (2004a), 1038, 1040.
104 *Fountoukakos/Ryan* (2005), 277, 280; *Röller/Strohm* (2005), Rdnr. 25.

SIEC-Kriteriums im europäischen Kartellrecht abzuwarten, um daraus gewonnene Erfahrungen in eine spätere Novelle des GWB einfließen lassen zu können. Insbesondere hätte die bis dahin entwickelte europäische Praxis auch bei der Auslegung eines neuen nationalen Kriteriums herangezogen werden können, sodass das Problem der Rechtsunsicherheit eines neuen Maßstabes entschärft wäre.[105] Aus Anlass der bevorstehenden Achten GWB-Novelle fragt sich also, ob sich auf Grundlage der bisherigen europäischen Praxis die Übernahme des SIEC-Kriteriums in das nationale Recht empfiehlt. Dort werden zwar verschiedene Fälle als mögliche „gap cases" diskutiert, also als Zusammenschlüsse, die nicht nach dem Marktbeherrschungs-, sondern nur aufgrund des SIEC-Kriteriums untersagt werden konnten.[106] Einen eindeutigen Fall hat es allerdings bislang nicht gegeben. Dennoch scheint der SIEC-Test in seiner bisherigen Praxis den Nachweis gewisser wettbewerbsschädlicher Wirkungen zu erleichtern, insbesondere wenn das Entstehen koordinierter Effekte sich nicht mit Sicherheit nachweisen lässt.[107] Während das Argument der Schutzlücke zwar noch immer nicht uneingeschränkt für einen Übergang zum SIEC-Test spricht, könnte für eine Anpassung angeführt werden, dass die deutsche Praxis in der Folge auch gestaltenden Einfluss auf die Entwicklung im europäischen Recht nehmen könnte.[108] Sorgsam müssten im Rahmen einer Reform aber auch die Folgen dieser Anpassung für das deutsche Fusionskontrollregime bedacht werden. Fraglich wäre etwa die zukünftige Rolle der Vermutungen des § 19 Abs. 3 GWB. Ferner würde sich die Frage stellen, inwieweit bei Übernahme des europäischen Untersagungskriteriums auch die europäische Praxis gelten würde und ob die deutschen Gerichte damit in bestimmten Fällen eine Vorlagepflicht vor den EuGH treffen könnte.[109]

III. Methoden zur Feststellung nichtkoordinierter Effekte

Zur Erfassung nichtkoordinierter Effekte kann, in Analogie zur Feststellung von Marktmacht, zwischen einem indirekten, strukturellen Ansatz, der auf einer Marktabgrenzung, der Erfassung der Marktanteile und ihrer Änderung aufgrund eines Zusammenschlusses basiert und einer direkten Ermittlung der durch eine Fusion herbeigeführten nichtkoordinierten Effekte, z.B. mithilfe eines Simulationsmodells, unterschieden werden. Der erste Ansatz benötigt nur vergleichsweise wenig Informationen über die

---
105 Hierzu auch *Kapp/Meßmer* (2005).
106 BKartA (2009), S. 5 mit Fn. 16; *Röller/de la Mano* (2006), 9, 25; *Roth* (2008), 670, 678 ff.
107 *Roth* (2008), 670, 682; *Säcker* (2010), 370, 373.
108 *Fuchs*, zitiert nach Bundeskartellamt (2010), 50, 53.
109 Dazu BKartA (2009), 14; Bundeskartellamt (2010), 50, 54 f.; *Säcker* (2010), 370, 374.

III. Methoden zur Feststellung nichtkoordinierter Effekte   **Teil 3**

Marktstruktur, die Substitutionsbeziehungen zwischen den verschiedenen Gütern, ist aber aufgrund der erforderlichen Marktabgrenzung insbesondere bei Zusammenschlüssen in Märkten mit Preiswettbewerb und differenzierten Gütern sehr ungenau. In jüngster Zeit wurde als Alternative sowohl zu dem einfachen, strukturellen Ansatz als auch zu dem der Simulation ein einfacher und robuster Test vorgeschlagen, der deutlich weniger Informationen benötigt und als erster Filter dienen kann, problematische von unproblematischen Fusionsfällen zu trennen. Es handelt sich um das Konzept des Preissteigerungsdrucks (upward pricing pressure). Diese Ansätze werden im Folgenden kurz dargestellt.

1. Strukturelle Methoden

Bei der in der Fusionskontrolle bis heute zumeist angewandten Methode zur Beurteilung der Auswirkungen eines Zusammenschlusses handelt es sich um einen strukturellen Ansatz, der, ausgehend von der Abgrenzung des relevanten Marktes, die Marktanteile der Unternehmen ermittelt. In einem zweiten Schritt werden dann die zu erwartenden Auswirkungen der Fusion abgeschätzt. Dabei ist eine Erhöhung der Konzentration, z.B. gemessen am Niveau und der Veränderung des Herfindahl-Hirschman-Index (HHI), ein wichtiges Indiz für die Zunahme an Marktmacht und die Entstehung oder Verstärkung einer marktbeherrschenden Stellung.[110] Er ist definiert als die Summe der quadrierten Marktanteile aller Unternehmen im Markt. Quadriert werden die Marktanteile, damit größere Unternehmen ein höheres Gewicht erhalten. Dieses Vorgehen kann theoretisch dadurch gerechtfertigt werden, dass im Cournot-Modell ein direkter Zusammenhang besteht zwischen der Marktmacht, gemessen durch den Lerner-Index, der den prozentualen Preisaufschlag auf die Grenzkosten angibt, und der Konzentration in diesem Markt, die durch den HHI gemessen wird. Gewichtet man die Preisaufschläge der einzelnen Unternehmen L_i mit deren Marktanteil s_i und addiert diese, so erhält man den gewichteten, durchschnittlichen Preisaufschlag in diesem Markt:

$$s_1 L_1 + s_2 L_2 + \cdots + s_n L_n = s_1 \frac{p - c_1}{p} + s_2 \frac{p - c_2}{p} + \cdots + s_n \frac{p - c_n}{p}.$$

Da $(p - c_i)/p = s_i/\eta^n$ ist dies jedoch gleich

$$\frac{s_1^2}{\eta^n} + \frac{s_2^2}{\eta^n} + \cdots + \frac{s_n^2}{\eta^n} = \sum_{i=1}^{n} \frac{s_i^2}{\eta^n} = \frac{\text{HHI}}{\eta^n},$$

---

110 Vgl. *Baker* (2008).

Teil 3 C. Nichtkoordinierte Effekte

wobei η^n die Preiselastizität der Nachfrage bezeichnet. Dieser Ausdruck macht deutlich, dass ein größerer gewichteter durchschnittlicher Preisaufschlag zu einem höheren HHI führt.[111] Allerdings gilt dieser Zusammenhang nicht notwendig in anderen Marktstrukturen, und selbst bei einer hohen Konzentration kann kein eindeutiger Rückschluss auf die Existenz von Marktmacht gezogen werden. So sind z. B. in einem Markt mit Preiswettbewerb und einem homogenen Gut oder auch in einem Bietermarkt die Marktanteile kein Indiz für das Vorliegen von Marktmacht. Problematisch erweist sich der strukturelle Ansatz auch bei Märkten mit differenzierten Gütern und Preiswettbewerb, bei denen ein relevanter Markt nur schwer abgegrenzt werden kann und die Marktanteile in aller Regel nur geringen Aufschluss über die Wettbewerbssituation geben. Aus theoretischer Sicht ist es daher kaum möglich, allgemeingültige Grenzen für die Unternehmenskonzentration bzw. den HHI anzugeben, bei deren Überschreiten das Vorliegen erheblicher, wettbewerbsbeschränkender Marktmacht zu erwarten ist.

Auch konnten empirische Untersuchungen zeigen, dass selbst in Oligopolen mit wenigen Unternehmen und hohen Marktanteilen ein intensiver Wettbewerb ebenso bestehen kann wie in Marktstrukturen mit vergleichsweise vielen Anbietern, wo eventuell nur ein geringer Wettbewerbsdruck herrscht. Insofern hat sich das lange Zeit vor allem in der Fusionskontrolle dominierende Beurteilungskriterium der Marktanteile als zu pauschal erwiesen. Neben den Marktanteilen sind daher noch die weiteren Wettbewerbsbedingungen auf dem Markt zu berücksichtigen. Hierzu gehören unter anderem mögliche Markteintritte bzw. potenzieller Wettbewerb, die Repositionierung von Produkten, weitere Wettbewerbsdimensionen, wie z. B. Innovationswettbewerb, und das Vorliegen von Nachfragemacht.

Ungeachtet dessen haben sich im Rahmen der strukturellen Analyse von Fusionswirkungen bestimmte Wertebereiche des HHI herausgebildet, mittels derer Zusammenschlüsse klassifiziert werden. Dabei wird davon ausgegangen, dass eine Fusion keine negativen Auswirkungen auf den Wettbewerb hat, wenn die beteiligten Unternehmen nur über geringe Marktanteile verfügen und auf einem Markt tätig sind, auf dem die Konzentration an sich niedrig ist.

Die Leitlinien geben einen ersten Anhaltspunkt, welche HHI-Höhen die Kommission für in welchem Maß bedenklich hält. Dabei ist nicht nur der absolute HHI-Wert von Bedeutung. Meist indiziert erst die Kombination von absolutem HHI-Werten und Konzentrationszuwachs durch den Zusammenschluss (sog. Delta oder auch ΔHHI) das Erfordernis näherer

---

111 Vgl. *Church/Ware* (2000), 239.

III. Methoden zur Feststellung nichtkoordinierter Effekte **Teil 3**

	ΔHHI < 150	ΔHHI < 250	ΔHHI > 250	Ausnahme von der soft safe harbour-Regel, wenn (alternativ oder kumulativ):
HHI < 1000	soft safe harbour	soft safe harbour	soft safe harbour	Keine Ausnahmen
HHI zwischen 1000 und 2000	soft safe harbour	soft safe harbour	nähere Untersuchung	– Beteiligung eines potenziellen Wettbewerbers oder eines erst kürzlich in den Markt eingetretenen Unternehmens, – Beteiligung eines Unternehmens mit hohem Innovationspotential – Zusammenschlussparteien haben erhebliche Überkreuzbeteiligungen, – Beteiligung eines sog. Mavericks an der Fusion – Anhaltspunkte für Marktkoordinierung – Marktanteil einer der Parteien beträgt über 50%
HHI > 2000	soft safe harbour	nähere Untersuchung	nähere Untersuchung	

Untersuchung. Das Schaubild oben zeigt die in den Leitlinien festgelegten Schwellenwerte.

So gehen sowohl die amerikanischen „Horizontal Merger Guidelines" als auch die europäischen Leitlinien zur Beurteilung horizontaler Zusammenschlüsse davon aus, dass Fusionen auf einem Markt mit einem HHI nach dem Zusammenschluss unter 1000 unproblematisch sind. Es ist allerdings festzustellen, dass dieser Wert zum einen nur einen sog. soft safe harbour[112] darstellt und anders als die 25%-Marktanteilsschwelle nicht in der FKVO verankert ist. Zum anderen ist die Schwelle von 1000 auch mit moderaten Marktanteilen schnell erreicht, so dass die Frage gerecht-

---

[112] Der Begriff des soft safe harbour wird deshalb verwendet, weil die Kommission in den Leitlinien damit nur cinen „ersten Hinweis" für oder gegen Wettbewerbsbedenken verbindet, nicht dagegen eine echte Vermutungsregel, vgl. Leitlinien der Kommission zur Bewertung horizontaler Zusammenschlüsse, ABl.EU 2004 Nr. C 31, S. 5–18, Rdnr. 21.

Teil 3   C. Nichtkoordinierte Effekte

fertigt scheint, ob die Übervorsicht der Kommission, sich nicht zu stark festzulegen, nicht konträr zum Ziel der Kommission steht, mit der Veröffentlichung der Leitlinien zur Rechtssicherheit beizutragen und den betroffenen Unternehmen echte Leithilfe an die Hand zu geben. Bei einem HHI von zwischen 1000 und 2000 ist der Zusammenschluss nach den Leitlinien in der Regel dann unbedenklich, wenn der HHI-Zuwachs („Delta") kleiner als 250 ist. Dieses Delta ergibt sich dabei wie folgt: Gehen die Marktanteile der fusionierenden Unternehmen, z.B. 1 und 2, vor dem Zusammenschluss mit den Faktoren $s_1^2 + s_2^2$ in den HHI ein, wird nach der Fusion der Marktanteil des fusionierten Unternehmens mit $(s_1 + s_2)^2 = s_1^2 + s_2^2 + 2s_1 s_2$ im HHI berücksichtigt. Die Änderung, d.h. das Delta, beträgt also $2s_1 s_2$. Dabei wird unterstellt, dass nach dem Zusammenschluss der Marktanteil des fusionierten Unternehmens gleich der Summe der Marktanteile der Unternehmen vor dem Zusammenschluss ist und die Marktanteile der anderen Unternehmen sich aufgrund der Fusion nicht ändern. Wie aus der Analyse nichtkoordinierter Effekte deutlich wurde, ist diese Annahme im Allgemeinen nicht korrekt, kann aber als erste Approximation verwendet werden.[113] Liegt das Delta unter 250 oder beträgt, selbst bei einem HHI über 2000, das Delta weniger als 150, dann wird der Zusammenschluss ebenfalls als unproblematisch einzuschätzen sein, es sei denn, es liegen besondere Umstände vor, wie z.B. ein Marktanteil eines der fusionierenden Unternehmen von über 50%, ein Zusammenschluss mit einem besonders innovativen, einem besonders kompetitiven Einzelgänger, einem sogenannten Maverickunternehmen oder einem gerade erst in den Markt eingetretenen Unternehmen. Auch wenn zwischen den Unternehmen Überkreuzbeteiligungen bestehen oder Indizien vorliegen, die darauf hindeuten, dass eine Verhaltenskoordination möglich oder zu erwarten ist, können bei Zusammenschlüssen trotz der entsprechenden Werte des HHI und des Delta wettbewerbliche Bedenken bestehen.[114] Gemäß den 2008 veröffentlichten Leitlinien zur Bewertung nichthorizontaler Zusammenschlüsse betrachtet die Kommission einen kombinierten Marktanteil der Zusammenschlussparteien von weniger als 30% und einen HHI unter 2000 in jedem betroffenen Markt als „soft safe harbour" für vertikale und konglomerate Zusammenschlüsse.[115]

---

113 Auf den Seiten 232–239 wurde gezeigt, dass aufgrund der Fusion der Marktanteil des fusionierten Unternehmens kleiner sein wird als die Summe der Marktanteile vor dem Zusammenschluss und dass die Marktanteile der anderen Unternehmen steigen werden. Die Formel führt also zu einer Überschätzung der Auswirkungen einer Änderung des HHI.
114 Vgl. *Europäische Kommission* (2004), 7.
115 Leitlinien zur Bewertung nichthorizontaler Zusammenschlüsse, ABl.EU 2008 Nr. C 265, S. 6–25, Rdnr. 25.

III. Methoden zur Feststellung nichtkoordinierter Effekte   Teil 3

Überschreitet der HHI oder das Delta die angegebenen Grenzwerte, dann ist eine genauere Untersuchung des Zusammenschlusses sinnvoll. In diesem Fall werden weitere Informationen über den Wettbewerb in diesem Markt herangezogen, wie z. B. über institutionelle Gegebenheiten des spezifischen Marktes, etwa auf der Grundlage von Unterlagen und Dokumenten der Unternehmen sowie Aussagen von Kunden über ihre Einschätzung der Fusion. Dabei haben sich die genannten Grenzwerte im Zuge der wettbewerbspolitischen Praxis als normative Setzungen herausgebildet; ein sicheres theoretisches Fundament oder eine klare empirische Regularität existiert jedoch nicht.

In der Auflagenentscheidung nach Art. 8 Abs. 2 FKVO *Lagardère/Natexis/VUP* betrachtet die Kommission einen HHI von 1568 auf dem Markt für den verlegerseitigen Verkauf von Sachbüchern an Wiederverkäufer als einen „beachtlichen" Konzentrationsgrad;[116] 1714 Punkte auf dem Markt für den Verkauf von Büchern der allgemeinen Literatur an Großhändler bezeichnet sie als „verhältnismäßig hohen" Konzentrationsgrad[117] und 2500 Punkte auf dem Markt für Auslieferungsleistungen an Drittverleger als „hoch";[118] bei 3976 Punkten auf dem Markt für Vertriebsleistungen bei Einzelhändlern sei die Konzentration als „sehr hoch" anzusehen; eine Steigerung von 1600 (ΔHHI) auf einen HHI von insgesamt 4077 bezeichnet sie als „radikalen Wandel der Marktstrukturen", die zudem noch mit der Beseitigung eines direkten Konkurrenten und der Begründung einer auf dem Relevanzmarkt einzigartigen Vertriebsstruktur einherginge.[119] Auf dem Markt für den verlegerseitigen Verkauf von Schulbüchern an Wiederverkäufer führt ein HHI von 5965 Punkten nach der Fusion – der auf einen „extrem hohen" Konzentrationsgrad hinweise – mit einem Delta von 2811 Punkten neben den hohen absoluten und relativen Marktanteilen zu der Feststellung, dass diese Indikatoren deutliche Anzeichen für eine beherrschende Stellung der fusionierten Einheit auf dem Relevanzmarkt sei.[120] Im Fall *Manitowoc/Enodis* bestanden aufgrund der Marktanteile im Markt für den Vertrieb von Eismaschinen Bedenken bezüglich möglicher unilateraler Effekte, welche die Kommission bei einem HHI von 5800–6000 mit einem Delta von 1900–2100 Punkten noch verstärkt sah.[121]

---

116 Komm. v. 7.1.2004 (COMP/M.2978) – Lagardère/Natexis/VUP, Rdnr. 787.
117 Ibid., Rdnr. 695.
118 Ibid., Rdnr. 644.
119 Ibid., Rdnr. 595.
120 Ibid., Rdnr. 829.
121 Komm. v. 19.9.2008 (COMP/M.5180) – Manitowoc/Enodis, Rdnr. 66.

Teil 3 C. Nichtkoordinierte Effekte

Auch das Bundeskartellamt greift im Rahmen der wettbewerblichen Beurteilung mittlerweile auf den HHI zurück. In der Entscheidung *Stihl/ Zama* bezeichnet es Märkte mit Herfindahl-Hirschman-Indizes von deutlich über 2.000 als „bereits relativ hoch konzentriert".[122] Unter ausdrücklicher Bezugnahme auf die Leitlinien der Kommission zur Bewertung nichthorizontaler Zusammenschlüsse erachtet das Bundeskartellamt es daher als wahrscheinlich, dass diese Konzentration „wettbewerblich bedenkliche Folgen" nach sich zieht.[123] In der Entscheidung *Assa Abloy/ SimonsVoss* sieht es wiederum eine Zunahme des HHI von 2.695 auf 4.835 (ΔHHI von 2.176) als Beleg eines erheblichen Konzentrationsanstiegs an.[124]

In der Regel hat der HHI im Bereich der Einzelmarktbeherrschung weitaus weniger Aussagekraft als z.B. der Grad an Substituierbarkeit oder Angebots- und Preiselastizitäten etc. Dies ändert sich, je weiter der HHI-Wert über 5000 liegt, weil dann in der Regel ein marktanteilsstärkstes Unternehmen beteiligt ist.[125] Seinen Hauptanwendungsbereich findet der HHI aber im Rahmen der Analyse nichtkoordinierter Effekte im kompetitiven Oligopol sowie möglicher koordinierter Effekte aufgrund einer Entstehung oder Verstärkung einer kollektiv marktbeherrschenden Stellung.[126] In Märkten mit Überkreuzbeteiligungen oder bei Gemeinschaftsunternehmen wird von der Kommission unter Umständen ein modifizierter HHI angewandt, der die besonderen Gegebenheiten berücksichtigt.[127] Hier besteht jedoch eine hohe Anfälligkeit für eine ungenaue Marktanteilsberechnung.

Allerdings erlaubt eine strukturelle Analyse häufig keine Quantifizierung der Auswirkungen einer Fusion auf die Preise und Mengen im Markt; daher kann eine Aussage darüber, welche Konsequenzen eine bestimmte Veränderung der Marktanteile für das Marktergebnis haben wird, im Allgemeinen nicht getroffen werden. Folglich ist es im Rahmen dieses Ansatzes auch nur schwer möglich, die Wirkungen von Effizienzgewinnen

---

[122] BKartA, Beschl. v. 18.7.2008 – Stihl/Zama, WuW/E DE-V 1669, 1676; vgl. auch BKartA, Beschl. v. 22.12.2009 – Webasto/Edscha, WuW/E DE-V 1837, 1841.
[123] BKartA, Beschl. v. 18.7.2008 – Stihl/Zama, WuW/E DE-V 1669, 1676.
[124] BKartA, Beschl. v. 5.11.2008 – Assa Abloy/SimonsVoss, WuW/E DE-V 1652, 1662.
[125] Siehe bspw. Komm. v. 12.12.2006 (COMP/M.4187) – Metso/Aker Kvaerner, Rdnr. 79; Komm. v. 27.6.2007 (COMP/M.4439) – Ryanair/Aer Lingus, Rdnr. 342; Komm. v. 9.1.2009 (COMP/M.5153) – Arsenal/DSP, Rdnr. 209 und EuG, Urt. v. 6.6.2010, Rs. T-342/07 – Ryanair/Kommission, Rdnr. 47.
[126] Komm. v. 22.8.2000 (COMP/M.2044) – Interbrew/Bass, Rdnr. 65f.; Komm. v. 3.10.2007 (COMP/M.4844) – Fortis/ABN AMRO Assets, Rdnr. 133, 138; BKartA, Beschl. v. 22.12.2009 – Webasto/Edscha, WuW/E DE-V 1837, 1841.
[127] Vgl. Komm. v. 29.9.1999 (IV/M.1383) – Exxon/Mobil, , Rdnr. 260.

III. Methoden zur Feststellung nichtkoordinierter Effekte **Teil 3**

explizit in die Analyse mit einzubeziehen. Eine weitere wichtige Einschränkung des strukturellen Ansatzes zeigt sich im Fall differenzierter Güter. Auf den Seiten 234–239 wurde dargelegt, dass bei Fusionen in Märkten mit differenzierten Gütern die Stärke der nichtkoordinierten Effekte vor allem davon abhängt, ob die fusionierenden Unternehmen enge oder weite Substitute herstellen, d. h. ob der Wettbewerb zwischen ihnen stark oder eher gering ist. So würde eine Fusion von zwei Herstellern entfernter Substitute, die eine bestimmte Änderung des HHI herbeiführt, weitaus geringere nichtkoordinierte Effekte verursachen als ein Zusammenschluss von Herstellern enger Substitute mit der gleichen Änderung des HHI. Marktanteile und darauf basierende Konzentrationsmaße sind in Märkten mit differenzierten Gütern nur ein sehr unzureichendes Indiz für die Marktmacht von Unternehmen, so dass eine strukturelle Analyse hier an ihre Grenzen stößt.[128] Zwar könnte man mit Hilfe des Konzeptes der Teilmärkte versuchen, dieses Problem des „lokalen Wettbewerbs" zu erfassen, aber dies ist, wie auf Seite 88 f. dargestellt, mit zahlreichen Problemen verbunden.

2. Ermittlung des Preissteigerungsdrucks (upward pricing pressure)

Die strukturellen Methoden zur Prognose nichtkoordinierter Effekte, die auf der Berechnung von Marktanteilen und ihren Änderungen basieren, unterliegen einer Reihe von Einschränkungen. Dies gilt insbesondere für die in der Praxis häufig vorliegenden Märkten mit differenzierten Gütern. Hier ist eine Marktabgrenzung häufig nur schwer vorzunehmen und hat bisweilen einen willkürlichen Charakter. Darüber hinaus sind Marktanteile in solchen Märkten nur von geringer Aussagekraft, da die Nähe eines Substitutes von zentraler Bedeutung für die wettbewerblichen Wirkungen eines Zusammenschlusses ist. Bei einer Marktabgrenzung wird hier jedoch nicht differenziert: Ein Gut gehört entweder zum relevanten Markt oder nicht. Diese Probleme waren die Ursache dafür, alternative Ansätze zu erwägen, mit denen die Auswirkungen von Zusammenschlüssen auf Märkten mit differenzierten Gütern verlässlicher prognostiziert werden können. Ein neues und vielversprechendes Konzept wurde vor Kurzem von *Farrell* und *Shapiro* vorgeschlagen, der Preissteigerungsdruck (upward pricing pressure (upp)).[129] Bei diesem Ansatz handelt es sich um ein wirtschaftstheoretisch fundiertes Konzept, das auf dem gewinnmaximierenden Verhalten der fusionierenden Unternehmen basiert

---

128 Ein ähnliches Problem ergibt sich auch bei der Abgrenzung des relevanten Marktes im Falle differenzierter Güter, vgl. S. 88 f.
129 *Farrell/Shapiro* (2010).

257

und ihre Anreize erfasst, nach dem Zusammenschluss die Preise ihrer Produkte zu erhöhen. Es handelt sich dabei um einen vergleichsweise einfachen Ansatz, der mit wenigen Daten auskommt und daher vor allem als ein erster Filter zur Trennung von unproblematischen und möglicherweise wettbewerbsbeschränkenden Fusionen eingesetzt werden kann.

Das Konzept des Preissteigerungsdrucks kann für einen Markt mit Preiswettbewerb und differenzierten Produkten am Beispiel des Unternehmens A, das das Produkt A und des Unternehmens B, das das Produkt B herstellt, illustriert werden. Die Idee dieses Konzeptes basiert auf der folgenden Überlegung: Vor einem Zusammenschluss hatte im Gleichgewicht das Unternehmen A kein Interesse an einer Erhöhung des Preises für sein Produkt, da hierdurch die Nachfrage auf andere Unternehmen, unter anderem auch Unternehmen B, umgelenkt würde. Nach einem Zusammenschluss ändert sich die Situation für das Unternehmen A: Ein Teil der Nachfrage würde ja bei einer Preiserhöhung auch auf das Unternehmen B fallen, dessen Gewinn nun jedoch auch dem Unternehmen A zugute kommt. Daher besteht nun ein Anreiz für das Unternehmen A, den Preis für sein Produkt zu erhöhen. Die Stärke dieses Anreizes hängt davon ab, wie viel von der Nachfrage bei einer Preiserhöhung auf das Gut B umgelenkt wird und wie hoch die Gewinnmarge des Unternehmens B ist. Analog gilt diese Überlegung auch für das Unternehmen B und eine Preiserhöhung für das Produkt B. Hier ist dann die von Unternehmen B auf das Unternehmen A umgelenkte Nachfrage sowie die Gewinnmarge des Unternehmens A entscheidend. Eine erste Definition des Preissteigerungsdrucks für das Produkt A aufgrund einer Fusion könnte daher lauten:

$$UPP_b = D_{AB}\,(p_B - c_B).$$

Dabei bezeichnet UPP_b den Brutto-Preissteigerungsdruck, D_{AB} die Umlenkungskennziffer von Produkt A auf das Produkt B und $p_B - c_B$ die Differenz zwischen Preis und Grenzkosten, d.h. die Gewinnmarge des Unternehmens B vor dem Zusammenschluss.[130] Gemäß dieser Formel würde jedoch jeder horizontale Zusammenschluss einen positiven Preissteigerungsdruck verursachen, was dazu führen würde, dass jeder Zusammenschluss einer näheren Prüfung unterzogen werden müsste. Allerdings berücksichtigen *Farrell/Shapiro* auch die Tatsache, dass Zusammenschlüsse auch zu Effizienzgewinnen führen, die tendenziell einen Preissenkungsdruck ausüben und dem Preissteigerungsdruck entgegenwirken. Diese Effizienzgewinne werden im Konzept des Preissteigerungsdrucks pauschal in Form einer Senkung der Grenzkosten berücksichtigt. Dabei wird von Kostensen-

---

130 Zur Umlenkungskennziffer vgl. S. 105.

III. Methoden zur Feststellung nichtkoordinierter Effekte **Teil 3**

kungen von ca. 10% ausgegangen. Unter Berücksichtigung der Effizienzgewinne kann der Preissteigerungsdruck wie folgt formuliert werden:

$$UPP = D_{AB}(p_B - c_B) - E_A c_A.$$

Dabei bezeichnet E_A die Effizienzgewinne, die bei Firma A aufgrund der Fusion auftreten und c_A die Grenzkosten des Unternehmens A.[131]

Die Formel kann wie folgt interpretiert werden: Der Preissteigerungsdruck für das Produkt A hängt von insgesamt drei Faktoren ab: der Umlenkungskennziffer vom Produkt A auf das Produkt B, der Gewinnmarge des Unternehmens B sowie der Höhe der Effizienzgewinne bei Firma A. Dabei wirken die ersten beiden Faktoren erhöhend auf den Preissteigerungsdruck, die Effizienzen senkend. Wenn ein großer Teil der Nachfrage vom Produkt A auf das Produkt B umgelenkt wird, das ja nun zum selben Unternehmen gehört, dann verliert das fusionierte Unternehmen also kaum Nachfrage an andere Wettbewerber – die Umlenkungskennziffer ist daher hoch und die Produkte A und B sind enge Substitute. Der Preissteigerungsdruck erfasst somit auch die Substitutionsbeziehungen zwischen den Produkten. Zweitens ist eine Umlenkung der Nachfrage auf das Produkt B durch eine Preiserhöhung von A umso lukrativer, je größer die Gewinnmarge bei B ist. Diese Gewinnmarge erfasst daher den Wettbewerbsdruck, dem das Unternehmen B ausgesetzt ist. Im symmetrischen Fall, d.h. bei gleichen Umlenkungskennziffern $D_{AB} = D_{BA} = D$ und gleichen Grenzkosten c der Unternehmen A und B vereinfacht sich der Ausdruck zu

$$UPP = D\frac{L}{A-L} - E,$$

wobei L die relative Gewinnmarge $(p-c)/p$ eines Unternehmens angibt und E die Effizienzgewinne bezeichnet.

Zur Ermittlung des Preissteigerungsdrucks sind daher nur vergleichsweise wenig Informationen nötig: Die Umlenkungskennziffer und die Gewinnmarge sowie die Grenzkosten bzw. die durchschnittlichen inkrementellen Kosten. *Farrell/Shapiro* gehen davon aus, dass in vielen Fällen diese Informationen vorliegen oder innerhalb kurzer Zeit beschafft werden können, so dass der Preissteigerungsdruck ermittelt werden kann. Dabei ist zu beachten, dass dieses Konzept lediglich die Richtung und die Stärke des Preissteigerungsdrucks angibt, nicht jedoch das zu erwartende Ausmaß der durch die Fusion herbeigeführten Preiserhöhung. Es ist jedoch

---

131 *Schmalensee* (2008) weist darauf hin, dass auch die Effizienzgewinne, die beim Unternehmen durch die Fusion entstehen, bei der Ermittlung des Preissteigerungsdrucks berücksichtigt werden müsste. Farrell/Shapiro lassen jedoch aus pragmatischen Gründen diesen Effekt unberücksichtigt. Vgl. *Farrell/Shapiro* (2008).

Teil 3 C. Nichtkoordinierte Effekte

davon auszugehen, dass ein größerer Wert des Preissteigerungsdrucks auf eine stärkere Preiserhöhung hindeutet.

In einigen Fällen kommen der marktstrukturbedingte Ansatz und das Konzept des Preissteigerungsdrucks zu unterschiedlichen Ergebnissen. Dies kann man für den Fall untersuchen, in dem die Umlenkungskennziffern durch das Verhältnis der Marktanteile ausgedrückt werden.[132] So beträgt in einem Markt mit 10 Unternehmen, die jeweils einen Marktanteil von 10% haben, die Umlenkungskennziffer zwischen den Produkten A und B, $D_{AB} = 0{,}1/0{,}9 = 0{,}11$.[133] Der HHI vor dem Zusammenschluss betrug 1000 und das Delta ergibt sich zu 200, so dass der Zusammenschluss tendenziell als unproblematisch eingestuft würde, wenn man sich am HHI orientiert. Ist jedoch die Gewinnmarge des Unternehmens B, d.h. die Differenz zwischen Preis und Grenzkosten im Verhältnis zum Preis recht hoch, z.B. 0,5, dann kann selbst bei Effizienzgewinnen in Höhe von 10% ein positiver Preissteigerungsdruck vorliegen. In diesem symmetrischen Fall gilt $UPP = 0{,}11 \cdot 0{,}5/0{,}5 - 0{,}1 = 0{,}01 > 0$. Andererseits kann bei großen Marktanteilen von jeweils 20% für die Produkte A und B ein HHI resultieren, der den Zusammenschluss problematisch erscheinen lässt. Im Fall eines Marktes mit 5 Unternehmen, die jeweils einen Marktanteil von 20% haben, beträgt der HHI 2000 und das Delta beträgt 800. Bei diesen Werten erscheint ein Zusammenschluss als sehr problematisch und würde eine nähere Untersuchung erfordern. Die Umlenkungskennziffer in diesem Fall beträgt $D = 0{,}2/0{,}8 = 0{,}25$. Ist die Gewinnspanne jedoch vergleichsweise niedrig, liegt sie z.B. nur bei 3%, dann ist der Preissteigerungsdruck negativ, denn es gilt $UPP = 0{,}25 \cdot 0{,}03/0{,}97 - 0{,}1 = -0{,}092 < 0$. Im ersten Fall deutet die hohe Gewinnspanne der Firma B auf einen geringen Wettbewerbsdruck hin, so dass das Unternehmen A einen Anreiz hat, den Preis zu erhöhen, da dies wegen der großen Marge bei Unternehmen B trotz der geringen Menge, die auf dieses Unternehmen umgelenkt wird, profitabel für das fusionierte Unternehmen ist. Im zweiten Fall lohnt sich eine Preissteigerung aufgrund der geringen Marge von B trotz der hohen Umlenkungskennziffer nicht.

Ein weiterer Aspekt des Konzepts des Preissteigerungsdrucks ist darin zu sehen, dass hier lediglich die unilateralen Effekte im eigentlichen Sinne betrachtet werden. Wie in Teil 3 C.I.3. gezeigt wurde, werden die nichtfusionierten Unternehmen auf eine Preiserhöhung ebenfalls mit höheren Preisen reagieren. Diese Effekte „zweiter Ordnung" werden jedoch nicht

---

132 In diesem Fall ist zur Ermittlung der Marktanteile eine Abgrenzung des relevanten Marktes vorzunehmen, die jedoch problematisch sein kann.
133 Dabei wird unterstellt, dass die Marktnachfrage aufgrund der Preiserhöhung nicht zurückgeht.

III. Methoden zur Feststellung nichtkoordinierter Effekte **Teil 3**

berücksichtigt, so dass die insgesamt zu erwartenden Preissteigerungen unterschätzt werden.

Insgesamt gesehen scheint sich dieser Ansatz sowohl aufgrund seine wirtschaftstheoretischen Fundierung und seiner im Vergleich zu Simulationsmodellen geringeren Datenerfordernisse als ein einfacher und robuster erster Test zu erweisen, der es erlaubt, problematische von unproblematischen Zusammenschlussvorhaben zu unterscheiden. Allerdings hat dieser Test bislang noch keinen Eingang in die europäische und die deutsche Fusionskontrollpraxis gefunden.

3. Simulationsmodelle

Ein weiterer Ansatz, mit dessen Hilfe seit einer Reihe von Jahren die Auswirkungen eines Zusammenschlusses auf die Preise, die Mengen und die Wohlfahrt, insbesondere bei Fusionen von Herstellern differenzierter Güter, die mittels Preisen konkurrieren, erfasst werden, sind Simulationsmodelle.[134] Mit Hilfe dieser Modelle werden die Effekte eines Zusammenschlusses direkt geschätzt, wobei Daten über die Nachfrage, d.h. die Preis- und Kreuzpreiselastizitäten sowie die Änderungen dieser Größen aufgrund von Preisänderungen, ein Modell des Konsumentenverhaltens und ein der Situation angemessenes Oligopolmodell herangezogen werden. Die Grundidee eines Simulationsmodells kann wie folgt skizziert werden: Der Ausgangspunkt ist das nichtkoordinierte Nash-Gleichgewicht vor der Fusion. Anschließend wird ein Zusammenschluss von Unternehmen modelliert, wobei unterstellt wird, die fusionierten Firmen setzten ihre Preise derart, dass sie ihren gemeinsamen Gewinn maximieren. Dies geschieht annahmegemäß unter Berücksichtigung der strategischen Interdependenz, d.h. der Preisreaktionen der anderen Firmen. So ergibt sich ein neues Nash-Gleichgewicht mit anderen Preisen und Mengen. Diese Preis- und Mengenänderungen sind die nichtkoordinierten Effekte des Zusammenschlusses.[135]

Das konkrete Vorgehen bei der Simulation eines Zusammenschlusses erfolgt dabei in mehreren Schritten. Zuerst wird ein Nachfragesystem, d.h. ein formales Modell des Nachfrageverhaltens der Konsumenten, ausge-

---

[134] Vgl. *Epstein/Rubinfeld* (2002); *Werden/Froeb* (1996); *Werden* (1997a, 1997b), *Werden/Froeb* (2002). Ein Überblick über verschiedene Aspekte von Simulationsmodellen mit mehreren Fallstudien geben *van Bergeijk/Klosterhuis* (2005). Für aktuelle Übersichten über Simulationsmodelle vgl. *Budzinski/Ruhmer* (2010) sowie *Werden/Froeb* (2008).
[135] Im Folgenden wird davon ausgegangen, dass die Unternehmen jeweils nur ein Produkt herstellen. Eine Erweiterung von Simulationsmodellen auf Mehrproduktunternehmen ist jedoch problemlos möglich.

Teil 3 C. Nichtkoordinierte Effekte

wählt. Hierzu wurde von der empirischen Ökonomik eine Reihe von Modellen unterschiedlichen Komplexitätsgrades entwickelt. Die bekanntesten dieser Nachfragesysteme sind das lineare, das log-lineare, das Logit-, das AIDS- und das NIDS-Nachfragesystem. Allerdings eignen sich nicht alle Modelle für eine Analyse der Wettbewerbswirkungen. So sind das lineare und das log-lineare Nachfragesystem zwar recht einfach anzuwenden, ergeben aber häufig ökonomisch unplausible Resultate. So können bei linearen Nachfragesystemen bei Substituten negative Kreuzpreiselastizitäten auftreten, die für komplementäre Güter charakteristisch sind. Weiterhin unterstellt das log-lineare Nachfragesystem konstante Elastizitäten, was ebenfalls mit empirischen Befunden nicht in Einklang steht und auch zu Ergebnissen führen kann, die der ökonomischen Theorie widersprechen. Aus diesen Gründen werden als Alternativen das AIDS- („Almost Ideal Demand System") bzw. das Logit-Nachfragesystem vorgeschlagen. Das AIDS-Nachfragesystem hat den Vorzug, mit dem Nutzenmaximierungskalkül der Konsumenten vereinbar zu sein und auch variable Elastizitäten zu berücksichtigen. Dabei sind für eine Schätzung der Nachfrage mit Hilfe des AIDS-Modells, ähnlich wie auch beim linearen oder log-linearen Modell, eine große Anzahl von Parametern, d.h. Preisen, Preis- und Kreuzpreiselastizitäten, zu ermitteln, was voraussetzt, dass große Mengen geeigneter Daten zur Verfügung stehen.[136] Für die praktische Anwendung in der Fusionskontrolle wird häufig das Antitrust Logit Modell (ALM) herangezogen.[137] Dieses Modell hat den Vorzug, dass nur noch zwei Elastizitäten geschätzt werden müssen, so dass ohne einen unverhältnismäßig großen Aufwand Schätzungen der Auswirkungen einer Fusion möglich werden, die einen Eindruck von der Größenordnung dieser Effekte geben. Eine wichtige Eigenschaft des Modells ist die sogenannte Unabhängigkeit von irrelevanten Alternativen. Dies besagt, dass die Nachfrage z.B. nach den Gütern *A*, *B* und *C* nicht davon beeinflusst wird, ob ein anderes Gut *D* erhältlich ist oder nicht. Diese Eigenschaft impliziert, dass die Güter in einem solchen Modell alle gleich gute Substitute füreinander sind. Weiterhin bedeutet sie, dass bei einer Preiserhöhung des Gutes *A* die Nachfragesubstitution proportional zu den Marktanteilen der Güter *B*, *C* und *D* erfolgt. Dies ist sicherlich eine deutliche Einschränkung hinsichtlich der Anwendbarkeit des Modells. Es kann zwar dahingehend erweitert werden, im Rahmen sogenannter „Nested Logit" Modelle auch unterschiedlich enge Substitute zu erfassen, aber dies ist

---

136 Zu den verschiedenen ökonometrischen Nachfragesystem vgl. *Hosken/O'Brian/Scheffman/Vita* (2002); *Bishop/Walker* (2010), 630–638; 752–757.
137 Vgl. *Werden/Froeb* (2002b). Für eine experimentelle Untersuchung vgl. *Davies/Wilson* (2005).

III. Methoden zur Feststellung nichtkoordinierter Effekte Teil 3

mit deutlich höheren Anforderungen an die notwendigen Daten verknüpft. In solchen Modellen wird unterstellt, dass die Konsumenten ihre Entscheidungen in einem mehrstufigen Prozess treffen: Zuerst wird darüber entschieden, ob z. B. überhaupt ein Computer angeschafft werden soll, dann wird über die Art des Produktes entschieden (Laptop, Desktop, Handheld) und in einem weiteren Schritt über die Marke. Es können dabei auch mehr als drei Ebenen betrachtet werden, die Modelle werden dann allerdings zunehmend komplexer.[138] Alternativ wurde vorgeschlagen, Preistests heranzuziehen, um zu beurteilen, welches Nachfragesystem die vorliegende Situation am besten beschreibt.[139]

Alternativ zum AIDS und zum ALM-Nachfragesystem wurde das PC-AIDS-Modell (Proportionally Calibrated AIDS) vorgeschlagen.[140] Proportional kalibriert bedeutet dabei, dass sich bei einer Preiserhöhung bei einem Produkt die zurückgehende Nachfrage proportional zu den Marktanteilen auf die anderen Produkte verteilt. Diese Annahme führt dazu, dass sich die Datenanforderungen im Vergleich zu einem AIDS-Modell drastisch verringern. Bei bekannten Marktanteilen reicht die Proportionalitätsannahme aus, alle nötigen Elastizitäten zu berechnen, wenn die Preiselastizität der Gesamtnachfrage und die Eigenpreiselastizität zumindest für ein Gut bekannt sind. Allerdings ist fraglich, ob und inwieweit diese Proportionalitätsannahme, ähnlich wie die Annahme der Unabhängigkeit von irrelevanten Alternativen im ALM-Modell, die Situation auf dem betrachteten Markt beschreibt.

Der nächste Schritt der Simulation eines Zusammenschlusses besteht in der Kalibrierung des Nachfragesystems. Dabei werden die Parameter des Nachfragesystems so spezifiziert, dass sich bei den geschätzten oder empirisch ermittelten Elastizitäten genau die Preise und Marktanteile der betrachteten Produkte ergeben, wie sie ohne die Fusion auf dem Markt zur Zeit oder in der näheren Zukunft voraussichtlich bestehen werden. Für die Modellierung der Unternehmensseite wird ein Oligopolmodell verwendet, das den Gegebenheiten des Marktes möglichst entspricht.[141] Aus den Marktanteilen, den Preisen und dem Modell oligopolistischer Interaktion können nun die Grenzkosten der Unternehmen geschätzt werden. Da im Gewinnmaximum für jedes Unternehmen die Bedingung „Grenzerlös = Grenzkosten" erfüllt sein muss und der Grenzerlös über die Preise, die

---

138 Vgl. *Bishop/Walker* (2010), 755 ff.; *Hausman/Leonard/Zona* (1994); *Motta* (2004), 130.
139 Vgl. *Beard/Ford/Daba* (2006).
140 Vgl. *Epstein/Rubinfeld* (2002, 2004), die auch eine Erweiterung auf „nests" betrachten.
141 Zum Problem der Übereinstimmung zwischen Simulationsmodell und Industrie vgl. *Budzinski* (2008); *Froeb/Werden* (2008) sowie *Werden/Froeb/Scheffman* (2004). Für den spieltheoretischen Hintergrund vgl. *van Damme/Pinkse* (2006).

Teil 3 C. Nichtkoordinierte Effekte

Elastizitäten und die Marktanteile bestimmt werden kann, ist es möglich, einen Rückschluss auf die Grenzkosten der Unternehmen zu ziehen.[142] Auf diese Weise erhält man ein empirisch gestütztes Modell des Marktes. Der abschließende Schritt einer Simulation besteht dann darin, das neue Gleichgewicht in diesem oligopolistischen Markt nach einer Fusion unter Berücksichtigung der empirischen Daten zu berechnen. Dabei wird unterstellt, dass die Unternehmen auch nach der Fusion ihr Verhalten nicht koordinieren, d.h. es wird in den Simulationsmodellen davon ausgegangen, dass es nicht zu koordinierten Effekten kommt.[143] Der Vergleich zwischen den prognostizierten Preisen und Mengen nach der Fusion mit denen vor dem Zusammenschluss ergibt dann eine Abschätzung der nichtkoordinierten Effekte.

Vorteile von Simulationsmodellen. Bei Simulationsmodellen handelt es sich um eine empirisch gestützte Prognose der Auswirkungen einer Fusion, die auf testbaren Theorien basiert. Die dem Simulationsmodell unterliegenden Annahmen sind offengelegt, so dass die für das Resultat zentralen Fakten, Annahmen und Bedingungen identifiziert und die Ursachen für unterschiedliche Einschätzungen möglicher nichtkoordinierter Effekte festgestellt werden können. Die Simulation kann im Prinzip unter verschiedenen Annahmen durchgeführt werden, so dass eine Untergrenze des Ausmaßes der nichtkoordinierten Effekte ermittelt werden kann. Die Ergebnisse der Simulation können unabhängig von der Person beliebig reproduziert werden und es besteht die Möglichkeit, die Präzision der Prognose durch die Ermittlung eines Standardfehlers anzugeben. Bei Verwendung eines Simulationsmodells spielt die Frage der Marktabgrenzung nur eine untergeordnete Rolle. Wird ein Unternehmen bzw. ein Produkt nicht in das Simulationsmodell mit aufgenommen, dann bedeutet das nichts anderes, als dass der Preis dieses Produktes konstant gesetzt wird. In einem Bertrand-Modell mit differenzierten Gütern führt jedoch ein Zusammenschluss von Unternehmen immer dazu, dass alle Preise im Markt steigen, sowohl die der Produkte der fusionierten als auch die der nichtfusionierten Unternehmen. Wird nun ein Unternehmen bzw. ein Produkt im Simulationsmodell nicht berücksichtigt, dann ändert sich der Preis des Produktes in diesem Modell nicht. Daher wird die prognostizierte Preiserhöhung unterschätzt, der nichtkoordinierte Effekt scheint geringer, als er tatsächlich ist.[144]

---

142 Da man so nur eine Abschätzung der Grenzkosten in einem Punkt erhält, ist eine Annahme über den Verlauf der Grenzkostenfunktion notwendig. Im Allgemeinen werden hier konstante Grenzkosten unterstellt.
143 Zur Simulation koordinierter Effekte vgl. S. 401–406.
144 Wird hingegen, wie bei einem „indirekten", auf einer Marktstrukturbetrachtung beruhenden Vorgehen, auf Marktanteile Bezug genommen, dann führt die Nichtberücksich-

III. Methoden zur Feststellung nichtkoordinierter Effekte **Teil 3**

Ein weiterer Vorteil eines Simulationsmodels besteht darin, dass mögliche Effizienzgewinne direkt in das Modell integriert werden können und der Nettoeffekt einer Fusion aus nichtkoordinierten Effekten einerseits und Effizienzgewinnen andererseits im Prinzip abgeschätzt werden kann. Dies könnte dadurch geschehen, dass die Grenzkosten des fusionierten Unternehmens entsprechend der prognostizierten Effizienzgewinne modifiziert werden.[145] Andererseits können Simulationsmodelle auch dazu verwendet werden, die Höhe der Effizienzgewinne abzuschätzen, die nötig wäre, um zumindest eine Preiserhöhung aufgrund nichtkoordinierter Effekte auszugleichen.[146] Nur wenn die Effizienzgewinne mindestens ein solches Ausmaß erreichen, könnte der Nettoeffekt einer Fusion positiv sein.[147] In ähnlicher Weise können Simulationsmodelle auch dazu eingesetzt werden, die Auswirkungen verschiedener Auflagen, z. B. des Verkaufs bestimmter Unternehmensteile, abzuschätzen, so dass die Auflage gewählt werden kann, die den größten positiven Einfluss auf das Marktergebnis hat.[148]

Nachteile von Simulationsmodellen. Da den Simulationsansätzen eine modellhafte Abbildung eines Marktes unterliegt, können nicht alle Aspekte der tatsächlichen Situation erfasst werden, so dass die Gefahr besteht, wichtige Faktoren bei der Modellierung außer Acht zu lassen.[149] Hierzu gehören vor allem dynamische Aspekte, wie die Repositionierung von Produkten durch Konkurrenten, Investitionen oder Marktzutritte. Weiterhin hat das unterstellte Nachfragesystem große Auswirkungen auf die prognostizierte Preiserhöhung. So fällt der nichtkoordinierte Effekt einer Fusion je nach unterstelltem Nachfragesystem unterschiedlich aus.[150] Darüber

---

    tigung eines Produktes zu einer Erhöhung des Marktanteils und damit zu einer Überschätzung der Marktmacht.
145 Dies setzt voraus, dass eine Quantifizierung der Effizienzgewinne möglich ist. Vgl. hierzu S. 444 f.
146 In diesem Zusammenhang wurde das Konzept der „minimal erforderlichen Effizienzgewinne" (minimum required efficiencies) vorgeschlagen. Vgl. *Röller/Stennek/Verboven* (2001).
147 Hierzu wurde vor Kurzem eine einfache und robuste Kennziffer vorgeschlagen, der „Werden-Froeb-Index", der die durchschnittliche Verringerung der Grenzkosten angibt, die erforderlich ist, um nach dem Zusammenschluss die gleichen Mengen und Preise zu erzeugen wie vor der Fusion. Vgl. *Goppelsröder/Schinkel/Tuinstra* (2008).
148 Vgl. *Jayaratne/Shapiro* (2000).
149 Zur Kritik an Simulationsmodellen vgl. *RBB Economics* (2004) sowie *Walker* (2005). Es sind jedoch Modelle entwickelt worden, die eine Repositionierung von Produkten oder Markteintritte berücksichtigen (*Cabral* (2003); *Froeb/Werden* (1998); *Ghandi/Froeb/Tschantz/Werden* (2008); *Spector* (2003)). Diese Effekte können zumindest prinzipiell in Simulationsmodelle integriert werden.
150 So ist die Krümmung der Nachfragefunktion bei einem linearen bzw. Logit-Nachfragesystem gering, was zu einer geringen Preiserhöhung durch die Fusion führt. Im Falle eines log-linearen bzw. AIDS-Nachfragesystems ist die Krümmung der Nachfragefunk-

hinaus müssen für eine Simulation auch die geeigneten Daten und Beobachtungen über die Nachfrage und das Unternehmensverhalten vorliegen. So sind bei einer Fusion auf Hersteller- oder Großhandelsebene häufig nur die Verkaufspreise an die Endverbraucher beobachtbar, so dass ein Rückschluss auf die Großhandelspreise nur eingeschränkt möglich ist.[151]

Bei der Interpretation eines Simulationsmodells und seiner Ergebnisse ist daher immer darauf zu achten, dass geeignete Daten vorliegen und das verwendete Nachfragesystem dem tatsächlichen Verhalten der Konsumenten möglichst gut entspricht oder zumindest nicht in offensichtlichem Widerspruch dazu steht. Wenn dies nicht sichergestellt ist, kann durch konservative Annahmen bei der Simulation, z.B. einem Logit-Nachfragesystem, eine Überschätzung nichtkoordinierter Effekte verhindert werden. Auch das Verhalten der Unternehmen sollte durch das angenommene Oligopolmodell gut charakterisiert werden, d.h. es sollte kein Mengenwettbewerb unterstellt werden, wenn der zentrale Wettbewerbsparameter der Preis ist. Wenn das verwendete Modell den Markt nur unzureichend abbildet, dann ist mit sehr ungenauen und verzerrten Resultaten des Simulationsmodells zu rechnen.[152] Hierzu kann auch untersucht werden, inwieweit sich Änderungen in der Vergangenheit, z.B. Verschiebungen der Marktanteile, mithilfe des Modells erklären lassen. Wenn das verwendete Modell nicht in der Lage ist, diese Änderungen in der Vergangenheit angemessen abzubilden, dann ist fraglich, ob es für eine Simulation geeignet und ob nicht grundlegende Änderungen am Modell vorgenommen werden müssen. Wenn man die getroffenen Annahmen durch Beobachtungen und Daten absichern kann, dann erlauben Simulationsmodelle zumindest grobe Abschätzungen der kurz- und mittelfristig zu erwartenden nichtkoordinierten Effekte einer Fusion. Bisher konnten die Ergebnisse von Simulationsmodellen noch nicht in allen Fällen überzeugen.[153]

4. Bidding-Studies und Win/Loss-Analysen

Die Auswirkungen eines Zusammenschlusses auf das Marktergebnis hängen in vielen Fällen davon ab, wie eng die Wettbewerbsbeziehungen zwischen den fusionierenden Unternehmen sind. In der Regel sind die Aus-

---

tion größer und dementsprechend prognostizieren diese Nachfragesysteme einen deutlich größeren Preisanstieg. Ähnliche Probleme ergeben sich in Bezug auf die geschätzten Elastizitäten: Je geringer diese Elastizität, desto höher der prognostizierte Preisanstieg. Vgl. *Crooke/Froeb/Tschantz/Werden* (1999).
151 Zu empirischen Methoden, wie Einzelhandelsdaten für die Simulation von Unternehmen auf der Großhandelsebene herangezogen werden können, vgl. *Villas-Boas* (2007).
152 Vgl. *Walker* (2006).
153 Vgl. *Budzinski/Ruhmer* (2010); *Peters* (2006).

III. Methoden zur Feststellung nichtkoordinierter Effekte Teil 3

wirkungen umso größer, je stärker der Wettbewerbsdruck ist, den die Unternehmen aufeinander ausüben. Bei Zusammenschlüssen in Bieter- und Ausschreibungsmärkten ist tendenziell von einem intensiven Wettbewerb zwischen zwei Unternehmen auszugehen, wenn beide sich häufig um ausgeschriebene Projekte bewerben. Einen ersten Eindruck von der wettbewerblichen Nähe von zwei Unternehmen kann man gewinnen, wenn man untersucht, wie häufig beide Unternehmen bei den gleichen Ausschreibungen präsent sind bzw. zu den Bietern gehören.[154] Wenn dies nur in seltenen Fällen vorkommt, dann ist die wettbewerbliche Nähe der Unternehmen als eher gering einzuschätzen und ein Zusammenschluss dürfte tendenziell keine negativen Auswirkungen auf den Wettbewerb haben. Zeigen solche „Bidding Studies" jedoch, dass beide Unternehmen bei Ausschreibungen häufig aufeinandertreffen, dann ist die wettbewerbliche Nähe vermutlich groß und eine weitere Untersuchung des Zusammenschlusses scheint angeraten.

Im Rahmen einer solchen Analyse könnte untersucht werden, an welchen Ausschreibungen die Unternehmen jeweils teilgenommen haben und welchen Rang sie mit ihren Geboten bei den Ausschreibungen jeweils erzielt haben (Bieterrangliste), bzw. wie häufig sie bei Ausschreibungen den Zuschlag erhalten haben oder mit ihrem Gebot nicht erfolgreich waren (Win/Loss-Analyse). Stellt man anhand einer Bieterrangliste fest, dass zwischen den Unternehmen ein großer Abstand hinsichtlich der erzielten Rangplätze besteht, dann sind die wettbewerblichen Bedenken gegen einen Zusammenschluss vermutlich eher gering. Sollte sich anhand einer Win/Loss-Analyse jedoch herausstellen, dass beide Unternehmen bei Ausschreibungen regelmäßig einen vorderen Platz eingenommen haben, d.h. direkt um den Zuschlag konkurriert haben, dann könnte ein Zusammenschluss erhebliche Bedenken rechtfertigen. In einer solchen Situation ist die Wettbewerbsintensität zwischen beiden Unternehmen als sehr hoch einzuschätzen und ein Zusammenschluss würde den intensiven Binnenwettbewerb zwischen den Unternehmen ausschalten und aller Voraussicht nach negative Konsequenzen für den Wettbewerb haben, denn das fusionierte Unternehmen könnte nun davon ausgehen, bei einer Ausschreibung auch mit einem höheren Gebot den Zuschlag zu erhalten.

---

154 Bieter- und Ausschreibungsmärkte unterscheiden sich vor allem dadurch, dass auf einem Bietermarkt, z.B. bei der Versteigerung von Schürfrechten, das Unternehmen mit dem höchsten Gebot den Zuschlag erhält, bei einer Ausschreibung, z.B. eines Bauprojektes, das niedrigste Gebot gewinnt. Bei letzterem sind in der Regel bestimmte Mindestanforderungen an die Qualität etc. zu erfüllen. Konzeptionell bestehen zwischen diesen beiden Markttypen jedoch keine Unterschiede. Im Folgenden wird immer von einem Ausschreibungsmarkt ausgegangen. Die Argumentation gilt analog auch für Bietermärkte.

Teil 3   C. Nichtkoordinierte Effekte

In Bieter- und Ausschreibungsmärkten, in denen Transaktionen häufig und in kleineren Mengen stattfinden, kann die Zahl der Wettbewerber einen signifikanten Einfluss auf die erzielten Preise haben. Um festzustellen, welchen Einfluss die Zahl der Teilnehmer bei Ausschreibungen auf das Marktergebnis hat, kann man die Höhe der Gebote in Abhängigkeit der Zahl der Teilnehmer betrachten. Stellt man z. B. fest, dass die Gebote bereits bei wenigen, im Extremfall bei zwei Teilnehmern bereits niedrig sind und sich das durchschnittliche Gebot auch bei zusätzlichen Teilnehmern nicht signifikant verändert, dann würde ein Zusammenschluss, nach dem zumindest noch zwei Konkurrenten im Markt verbleiben, als eher unproblematisch einzuschätzen sein. Es könnte jedoch auch der Fall vorliegen, dass die Gebote erst bei einer größeren Zahl von Wettbewerbern auf ein geringeres Niveau fallen. Hier könnte ein Zusammenschluss, der die Zahl der Wettbewerber unter diese kritische Grenze drückt, auf wettbewerbliche Bedenken stoßen.

Zur Beurteilung der wettbewerblichen Wirkung eines Zusammenschlusses auf einem Bieter- bzw. Ausschreibungsmarkt kann auch die Bedeutung untersucht werden, die die Teilnahme der fusionierenden Unternehmen auf die durchschnittliche Höhe der abgegebenen Gebote jeweils haben. So kann mittels einer Regressionsanalyse festgestellt waren, welcher Einfluss von der Präsenz eines bestimmten Unternehmens bei den Ausschreibungen auf den Marktpreis ausgeht. Stellt man anhand einer solchen Analyse fest, dass die Gebote in vergleichbaren Zitationen signifikant höher lagen, wenn ein bestimmtes Unternehmen nicht präsent war, dann könnte ein Zusammenschluss, an dem dieses Unternehmen beteiligt ist, auf wettbewerbliche Bedenken stoßen, da dadurch ein wichtiger Wettbewerber ausgeschaltet würde. Stellt man jedoch fest, dass die Präsenz eines bestimmten Unternehmens keinen nachweisbaren Einfluss auf die durchschnittliche Höhe der Gebote hat, dann wäre ein Zusammenschluss als eher unproblematisch zu beurteilen. Bei solchen Regressionsanalysen ist es von wesentlicher Bedeutung, alle relevanten Faktoren, die das Marktergebnis beeinflussen, zu berücksichtigen. So könnte unter Umständen die Größe des ausgeschriebenen Projektes oder die Präsenz eines bestimmten anderen Unternehmens die Ergebnisse beeinflussen. Würden diese nicht berücksichtigt, so käme man unter Umständen zu falschen Ergebnissen.[155]

---

[155] So wurde in der Entscheidung *Oracle/People Soft* deutlich gemacht, dass das Auftragsvolumen, das bei einer Regression nicht berücksichtigt wurde, einen entscheidenden Einfluss auf das Ergebnis der Analyse hatte. Komm. v. 26.10.2004 (COMP/M.3216) – Oracle/People Soft, Rdnr. 200 f. Hierzu auch *Zimmer* (2006), 692 f.

5. Folgerungen für die Methodenwahl

Die Vor- und Nachteile der vorgestellten Verfahren, der Abschätzung der Auswirkungen einer Fusion mittels indirekter, struktureller Methoden, die an den Marktanteilen anknüpfen, der Ansätze des Preissteigerungsdrucks sowie der Simulationsmodelle, durch die, ohne eine Abgrenzung des relevanten Marktes vorzunehmen, die Auswirkungen einer Fusion direkt prognostizieren, machen deutlich, dass alle Ansätze mit zum Teil erheblichen Problemen belastet sind und für sich allein genommen eine vollständige Einschätzung der Marktsituation und eine verlässliche Prognose der Auswirkungen eines Zusammenschlusses ermöglicht. Da die Ansätze Stärken und Schwächen in unterschiedlichen Bereichen aufweisen, sind sie in einigen Fällen als Substitute, in anderen Fällen jedoch als komplementär zu beurteilen. Während Simulationsmodelle quantitative Abschätzungen des Ausmaßes einer fusionsbedingten Preiserhöhung erlauben, aber sowohl von den Datenanforderungen als auch der Berechnungsmethode recht komplex sind, gibt der Preissteigerungsdruck zwar nur die Richtung einer zu erwartenden Preisänderung an, kommt aber mit wenigen Daten aus, ist vergleichsweise robust und einfach zu interpretieren. Beide Ansätze abstrahieren von wichtigen Faktoren, wie z.B. anderen wettbewerblichen Dimensionen, Marktzutritten oder Repositionierungen von Produkten. Bei Zusammenschlüssen von Herstellern homogener Produkte kann der strukturelle Ansatz wertvolle Hinweise auf die wettbewerblichen Auswirkungen einer Fusion geben, aber auf Märkten mit differenzierten Gütern kann seine starke Betonung der Marktanteile und ihrer Veränderung zu einer falschen Einschätzung der Auswirkungen von Zusammenschlüssen führen.

Insbesondere für eine erste Einschätzung der Auswirkung einer Fusion, für die in der Regel nur wenig Zeit zur Verfügung steht, sollten einfache und robuste Methoden herangezogen werden. Bei Märkten für differenzierte Produkte und Preiswettbewerb könnte sich der Ansatz des Preissteigerungsdrucks als nützliches Instrument erweisen. Bei Märkten mit homogenen Produkten haben marktanteilsbasierte Ansätze wie der HHI und seine fusionsbedingte Änderung weiterhin eine wichtige Funktion. Wird der Zusammenschluss als problematisch eingeschätzt, dann sollten Simulationsmodelle herangezogen werden, die eine nähere Prognose der zu erwartenden nichtkoordinierten Effekte erlauben.

Teil 3   C. Nichtkoordinierte Effekte

IV. Feststellung nichtkoordinierter Effekte in der Anwendungspraxis

1. Neuere Entwicklungen

In der europäischen Fusionskontrolle hat die zunehmende Ausrichtung an neueren industrieökonomischen Erkenntnissen in den letzten Jahren unter anderem dazu geführt, dass empirische Analysemethoden auch über den herkömmlichen Einsatzbereich der Marktabgrenzung hinaus im Rahmen der wettbewerblichen Würdigung eines Zusammenschlusses verstärkt zur Anwendung gebracht werden.[156] Die Einführung des neuen Rechtstests SIEC, mit der eine Verschiebung des Prüfungsschwerpunktes im Rahmen des Fusionskontrollverfahrens von der strukturellen Stellung der betreffenden Unternehmen im Referenzmarkt hin zu der Untersuchung der unmittelbaren wettbewerblichen Effekte eines Zusammenschlusses vollzogen werden sollte, bietet hierfür den rechtlichen Spielraum. Während der bis zur Reform der Fusionskontrollverordnung geltende Marktbeherrschungstest die Bedeutung von Marktanteilsveränderungen in den Vordergrund der wettbewerblichen Würdigung rückte, haben sich jedenfalls in der Theorie die Eingriffsmöglichkeiten der Kommission erweitert. Eine erhebliche Behinderung wirksamen Wettbewerbs soll nunmehr auch in Fällen denkbar sein, in denen nicht die marktanteilsmäßige Stärke erreicht wird, die bisher zur Feststellung der Begründung oder Verstärkung einer marktbeherrschenden Stellung erforderlich war, und auch keine koordinierten Effekte zu besorgen sind.[157] Angesprochen ist hier der Problemkreis der sog. nichtkoordinierten bzw. unilateralen Effekte unterhalb der Schwelle der Marktbeherrschung. Zwar ist in der Fusionskontrollpraxis der Kommission seit Einführung des neuen Rechtstests die Frage nach der Entstehung oder Verstärkung einer (einzel-)marktbeherrschenden Stellung noch immer zentral,[158] vereinzelt stellt die Kommission aber in Fällen, in denen eine einzelmarktbeherrschende Stellung nicht ohne weiteres nachgewiesen werden kann, Untersuchungen bezüglich möglicherweise entstehender nichtkoordinierter Effekte an. Dass die Kommission jedenfalls terminologisch zwischen der Entstehung oder der Verstärkung einer einzelmarktbeherrschenden Stellung und unilateralen Auswirkungen der Fusion unterscheidet, zeigt die neuere Entscheidungspraxis. In *Seiko Epson/Sanyo/Sanyo Epson Imaging Devices/JV* heißt es:

---

156 Vgl. hierzu *Hofer/Williams/Wu* (2005).
157 *Vickers*, ECLR 2004, 455 ff.
158 In einer Vielzahl der seither veröffentlichten Kommissionsentscheidungen wird allein die Möglichkeit der Entstehung oder Verstärkung einer einzelmarktbeherrschenden Stellung untersucht, mögliche unilaterale Effekte bzw. die Gefahr einer künftigen Koordinierung indes nicht diskutiert.

IV. Feststellung nichtkoordinierter Effekte in der Anwendungspraxis Teil 3

"These market share figures suggest that single dominance, unilateral effects or collective dominance are not likely to result from the transaction."[159] Damit vollzieht die Kommission in der Praxis eine ursprünglich in ihrem Mitteilungsentwurf[160] vorgesehene Dreiteilung[161] möglicher nachteiliger Auswirkungen eines Zusammenschlusses auf den Wettbewerb. Indem die Kommission in ihren Leitlinien zur Bewertung horizontaler Zusammenschlüsse lediglich zwischen nichtkoordinierten und koordinierten Effekten unterscheidet,[162] macht sie deutlich, dass unter den Oberbegriff der nichtkoordinierten Effekte auch die „Entstehung oder Verstärkung einer einzelmarktbeherrschenden Stellung" als besondere Kategorie subsumiert wird.

Gerade für die Beurteilung nichtkoordinierter Effekte in oligopolistischen Märkten, bei denen es vornehmlich um die Auswirkungen des Zusammenschlusses auf den Preissetzungsspielraum der betreffenden Unternehmen sowie auf die dadurch induzierten Reaktionen anderer Unternehmen in diesem Markt geht, soll nach Auffassung der Kommission in Übereinstimmung mit den Aussagen der Wirtschaftstheorie entscheidend sein, ob durch die Fusion in einem differenzierten Produktmarkt der nächste oder jedenfalls ein besonders naher Wettbewerber eliminiert wird.[163] In den Leitlinien heißt es hierzu: „Mit zunehmendem Maß an Substituierbarkeit zwischen den Produkten der fusionierenden Unternehmen wird es wahrscheinlicher,

---

159 Komm. v. 22.9.2004 (COMP/M.3459) – Seiko Epson/Sanyo/Sanyo Epson Imaging Devices JV, Rdnr. 13; vgl. auch Komm. v. 13.9.2004 (COMP/M.3516) – Repsol YPF/Shell Portugal, Rdnr. 16: "The combined entity's market share in itself excludes the possibility of the merger leading to the creation or the strengthening of a dominant position. Also with regard to unilateral effects, Repsol and Shell are clearly not each others closest substitutes (...)."; Differenzierung auch in Komm. v. 9.8.2004 (COMP/M.3439) – Agfa Gaevert/Lastra, Rdnr. 52 und in Komm. v. 12.10.2005 (COMP/M.3765) – Amer/Salomon, Rdnr. 60.
160 ABl.EG 2002 C 331/18, Rdnr. 11; bei der Ausarbeitung ging man davon aus, dass sich der Rechtstest nicht maßgeblich ändern würde, sondern bestenfalls eine Legaldefinition der „beherrschenden Stellung" in die FKVO aufgenommen würde.
161 „Horizontale Fusionen können auf dreierlei Weisen eine beherrschende Stellung begründen oder verstärken, durch die der wirksame Wettbewerb erheblich behindert wird:
 a) Eine Fusion kann eine überragende Marktstellung begründen oder stärken. (...)
 b) Durch eine Fusion kann das Ausmaß des Wettbewerbs in einem oligopolistischen Markt verringert werden, wenn sie zur Beseitigung wichtiger Wettbewerbsschranken für einen oder mehrere Anbieter führt und diesen Preiserhöhungen ermöglicht.
 c) Eine Fusion kann die Wettbewerbsstruktur auf einem oligopolistischen Markt dahin verändern, dass Anbieter, die ihr Marktverhalten zuvor nicht abgestimmt hatten, nun zu einer Abstimmung und damit zu Preiserhöhungen in der Lage sind. Außerdem kann sie die Koordinierung des Marktverhaltens von Anbietern erleichtern, die sich bereits zuvor abgestimmt verhalten haben.".
162 ABl.EU 2004 C 31/5, Rdnr. 25.
163 Vgl. hierzu S. 234–237.

dass diese ihre Preise spürbar erhöhen werden. So könnte ein Zusammenschluss zwischen zwei Herstellern, deren Produkte für eine große Anzahl von Kunden die erste und die zweite Kaufwahl sind, zu spürbaren Preiserhöhungen führen. (...) Der Anreiz für die fusionierenden Unternehmen, die Preise zu erhöhen, wird stärker eingeschränkt, wenn konkurrierende Unternehmen nahe Substitute zu den Produkten der fusionierenden Unternehmen herstellen, als wenn sie weniger nahe Substitute anbieten. (...) Wenn Daten verfügbar sind, kann der Grad an Substituierbarkeit durch Erhebungen von Kundenpräferenzen, Analysen des Kaufverhaltens, Schätzungen der Kreuzpreiselastizitäten der betreffenden Produkte oder der Umlenkungskennziffern bewertet werden. In Bietermärkten ist es möglich zu ermitteln, ob in der Vergangenheit die von einer der bietenden Parteien abgegebenen Gebote durch das Vorhandensein der anderen fusionierenden Partei beeinflusst wurden."[164] Die Ausführungen der Kommission lassen erahnen, dass gerade im Bereich der Beurteilung von Wettbewerbsnähe und damit der möglichen unilateralen Auswirkungen einer Fusion statistischen und quantitativen Analysemethoden in besonderem Maße Bedeutung zukommt.

Festzuhalten ist, dass auch unter der FKVO 4064/89 und damit unter dem Regime des Marktbeherrschungstests ökonometrische Analysen Eingang in Kommissionsentscheidungen gefunden haben. Allerdings ist die Heranziehung solcher Instrumente im Rahmen des alten Rechtstests vor folgendem Hintergrund zu sehen: Unter dem Eindruck, dass eine Übernahme des SLC-Tests in die Europäische FKVO möglicherweise nicht zu realisieren sein würde, hat die Kommission seit den Jahren 1999/2000 verstärkt begonnen, den Begriff der Marktbeherrschung dem ökonomischen Konzept der Marktmacht anzunähern.[165] Maßgeblich hierfür war die Erkenntnis, dass eine Fusion auch ohne die Entstehung oder Verstärkung einer marktführenden Stellung erhebliche negative Effekte für den Wettbewerb mit sich bringen kann, indem sie den Zusammenschlussparteien ermöglicht oder jedenfalls erleichtert, unabhängig vom Verhalten der anderen Marktteilnehmer gewinnbringend die Preise zu erhöhen (hierzu bereits S. 231–239). Im Rahmen der Untersuchung dieses möglichen zukünfti-

---

[164] Leitlinien der Kommission zur Bewertung horizontaler Zusammenschlüsse, ABl.EU 2004 Nr. C 31, S. 5–18, Rdnr. 28f.; Komm. v. 3.10.2007 (COMP/M.4844) – Fortis/ABN AMRO Assets, Rdnr. 110–112.

[165] Anm.: Marktmacht wird hier in einem weiten Sinne verstanden: Vgl. z.B. Glossar der Europäischen Kommission aus dem Jahr 2002 zum Stichwort dominant position: "A firm is in a dominant position if it had the ability to behave independently of its competitors, customers, suppliers and ultimately, the final consumer. A dominant firm holding such market power would have the ability to set prices above the competitive level, to sell products of an inferior quality or to reduce its rate of innovation below the level that would exist in a competitive market."

IV. Feststellung nichtkoordinierter Effekte in der Anwendungspraxis   **Teil 3**

gen Preissetzungsspielraums hielten erstmals ökonometrische Untersuchungen Einzug in die materielle Würdigung möglicher Effekte des Zusammenschlusses (competitive assessment), denen zuvor lediglich im Bereich der Marktabgrenzung Bedeutung zukam.

In der Anwendungspraxis zum deutschen Recht zeichnet sich demgegenüber (noch) keine gesonderte Erfassung nichtkoordinierter Effekte im Oligopol ab. Beachtlich ist, dass das BKartA – trotz Signalisierung der grundsätzlichen Bereitschaft, Fusionen zwischen dem zweit- und drittgrößten Unternehmen auf dem Relevanzmarkt auch dann einer genauen Prüfung zu unterziehen, wenn deutlich ist, dass die Zusammenschlussbeteiligten auch nach der Fusion marktanteilsmäßig hinter einem noch stärkeren Konkurrenten zurück bleiben – bei der Einzelmarktbeherrschungsprüfung im Ergebnis allein darauf abstellt, ob das fusionierte Unternehmen in die Lage versetzt wird, zukünftig die Marktanteile derart auszubauen, dass es zum Marktführer aufsteigt (z. B. durch Verdrängungsstrategien). In der Entscheidung *Agrana/Atys* prüft das Bundeskartellamt, ob trotz der geringen Marktanteile vom Entstehen einer überragenden Marktstellung des fusionierten Unternehmens kraft Zugangs zum Beschaffungsmarkt in Verbindung mit der Finanzkraft von Südzucker auszugehen ist. Es heißt dort: „Dafür, dass ein besonders günstiger konzerninterner Verrechnungspreis für Zucker den Beteiligten möglicherweise künftig eine führende Position auf dem Markt für Fruchtzubereitungen verschaffen könnte, spricht zunächst folgender Gesichtspunkt: [wird ausgeführt]. Geht man von der Prämisse aus, dass sich Firmen bei der Verfolgung ihrer Ziele rational verhalten, so ist das von den Wettbewerbern befürchtete Szenario einer Verdrängungsstrategie allerdings unwahrscheinlich. Um die Einzelmarktbeherrschung zu erreichen, müsste Agrana/Atys jedenfalls den Marktführer Zentis bei den Marktanteilen ein- oder überholen und zudem einen vom Wettbewerb nicht mehr hinreichend kontrollierten Verhaltensspielraum erlangen, um überhaupt die Untersagungsvoraussetzungen des § 36 Abs. 1 GWB zu erfüllen. Allerdings ist fraglich, ob die Zusammenschlussbeteiligten über Quersubventionierungen der Konzernmutter Südzucker Marktanteile – bis zum Überschreiten der Schwelle der Marktbeherrschung – hinzuzugewinnen trachten."[166] Anstelle einer Betrachtung möglicher nichtkoordinierter Effekte im Oligopol widmete sich das BKartA ausführlich der Prüfung oligopolistischer Marktbeherrschung.[167]

---

166 BKartA, Beschl. v. 21.4.2004, B2–160/03 – Agrana/Atys, Rdnr. 44 f.
167 So hätte auch der Fall *Heinz/BeechNut* (S. 240 f.) grundsätzlich über die Frage nach möglichen koordinierten Effekten gelöst werden können. Angesichts der strengen Maßstäbe, die das Gericht erster Instanz im *Airtours-Urteil* aufgestellt hat, ist dies für die Kommission aber offensichtlich nicht immer ein gangbarer Weg. In der deutschen

Teil 3 C. Nichtkoordinierte Effekte

Der Aufgreiftatbestand der überragenden Marktstellung ermöglicht damit der deutschen Wettbewerbsbehörde (anders als in der europäischen Fusionskontrollpraxis) zwar grundsätzlich, Unternehmen trotz geringer Marktanteile bereits als marktbeherrschend einzustufen.[168] Das BKartA sieht sich aber offenbar an der Feststellung einer überragenden Marktstellung gehindert, wenn ein stärkerer Konkurrent am Markt vertreten ist. Stattdessen wird eine Lösung über den Oligopoltatbestand gesucht. Dies ist deshalb einfacher als im europäischen Recht möglich, weil die Beweislastumkehr zu erheblich geringeren Anforderungen bezüglich des Nachweises negativer Auswirkungen auf den Wettbewerb durch die Fusion führt und die Rechtsprechung zur Spürbarkeit ein Übriges hierzu beiträgt. Da das Bundeskartellamt im Ganzen niedrigere Anforderungen an die Begründung oder Verstärkung einer kollektiven Marktbeherrschung stellt als die Unionsorgane, könnte ein Teil der Fälle, die nach der in der Wirtschaftstheorie neuerdings vorherrschenden Kategorisierung dem Bereich der nichtkoordinierten Effekte zuzuordnen sind, de facto in den Untersagungsbereich fallen.

2. Fallpraxis der Kommission[169]

Volvo/Scania

Eine der ersten Entscheidungen, in denen die Kommission ausführlich zur Bedeutung ökonometrischer Analysemethoden für die europäische Fusionskontrollpraxis Stellung nimmt, ist der Fall *Volvo/Scania*[170]. Im Rahmen der wettbewerblichen Würdigung des Zusammenschlusses auf dem Markt für Schwerlastkraftwagen ging die Kommission zunächst in traditioneller Weise vor. Neben der Berechnung absoluter und relativer Marktanteile wurden qualitative Faktoren wie Markentreue, Nachfragemacht und die Wahrscheinlichkeit eines Marktzutritts neuer Konkurrenten untersucht. Dabei kam die Kommission zu dem Ergebnis, dass der Zusammenschluss in vier der fünf untersuchten Relevanzmärkte zur Begründung einer marktbeherrschenden Stellung führen würde und im fünften mit hoher Wahrscheinlichkeit ebenfalls von der Entstehung einer solchen Stellung auszu-

---

Praxis wird diese Vorgehensweise erleichtert durch die starke Vermutung des § 19 Abs. 3 S. 2 GWB, der eine materielle Beweislastumkehr bewirkt, sowie die Tatsache, dass keine allzu strengen Maßstäbe an die durch den Zusammenschluss bewirkten Marktstrukturverschlechterungen gestellt werden, vgl. sogleich S. 381–401.
168 Vgl. z. B. KG, Beschl. v. 22. 3. 1983 – Rewe/Florimex, WuW/E OLG 2862, 2863 ff.
169 Die praktische Anwendung ökonometrischer Methoden im Bereich der Einzelmarktbeherrschung wird der zusammenhängenden Darstellung wegen ebenfalls in diesem Abschnitt erläutert.
170 Komm. v. 14. 3. 2000 (IV/M.1672) – Volvo/Scania.

IV. Feststellung nichtkoordinierter Effekte in der Anwendungspraxis **Teil 3**

gehen wäre. Auffällig ist, dass bereits den (hohen) kombinierten Marktanteilen ein hoher Aussagewert beigemessen wurde. Allein zur Stützung ihrer Ergebnisse stellte die Kommission des Weiteren umfangreiche quantitative Untersuchungen an. In der Entscheidung heißt es: „Aus wirtschaftlicher Sicht lassen sich die Auswirkungen einer Fusion auf die Marktbedingungen auf verschiedene Weise bewerten. Üblicherweise wird die Marktmacht von fusionierenden Unternehmen unter Heranziehung von Kriterien wie der Marktanteile der beteiligten Firmen und der übrigen Wettbewerber auf den relevanten Märkten gemessen. [...] Außerdem hat die Kommission die Professoren *Ivaldi* und *Verboven* mit einer ökonometrischen Studie beauftragt, um die möglichen Auswirkungen des Zusammenschlusses auf die Preise für schwere Lkw in den verschiedenen nationalen Märkten direkt zu ermitteln. Die Ergebnisse dieser ökonometrischen Untersuchungen können eine wertvolle Ergänzung für die üblichen Verfahren der Kommission zur Messung von Marktmacht sein, insbesondere wenn der Kundenstamm eines Produkts stark zersplittert ist, so dass es Schwierigkeiten bereitet, ein hinreichendes Kundensegment mittels Erhebung zu erfassen. [...] Die Studie wurde nach dem Mehrstufenmodell durchgeführt, bei dem bestimmte Parameter für die Preisgestaltung der Unternehmen und die Kaufentscheidungen der Kunden ausgehend von den Preisen, Marktanteilen und sonstigen Variablen ermittelt werden. In diesem Fall wurden für das Modell sich über zwei Jahre erstreckende Daten für zwei Lkw-Typen aller sieben großen Lkw-Hersteller in den einzelnen Mitgliedstaaten und Norwegen herangezogen. Diese Ergebnisse werden zur Simulation der Auswirkungen des Zusammenschlusses auf die Preise sowohl des neuen Unternehmens als auch seiner Wettbewerber verwendet. Die Untersuchung hat schwerwiegende Wettbewerbsbedenken, insbesondere in den vier nordischen Ländern und Irland ergeben, in denen laut Feststellung der vorliegenden Entscheidung die Fusion zur Entstehung einer beherrschenden Stellung führen wird. Die Kommission ist sich bewusst, dass die Verwendung einer derartigen Studie eine relativ neue Entwicklung in der europäischen Fusionskontrolle darstellt. Zudem bestritt Volvo in seiner Antwort die Gültigkeit der Studie und machte geltend, die Analyse sei mit ernsten Fehlern behaftet und die Ergebnisse seien nicht zuverlässig. Obgleich die Professoren *Ivaldi* und *Verboven* auf diese Kritikpunkte geantwortet haben, bestreitet Volvo weiterhin einige grundlegende Elemente der Studie. Wegen der Neuartigkeit des Ansatzes und der Uneinigkeit darüber wird die Kommission ihre Beurteilung nicht auf der Grundlage der Ergebnisse der Studie vornehmen."[171] Obwohl in *Volvo/Scania* demnach

---

171 Komm. v. 14.3.2000 (IV/M.1672) – Volvo/Scania, Rdnr. 71–75; vgl. zu Einzelheiten des methodischen Vorgehens im Rahmen der Studie *Ivaldi/Verboven*, "Quantifying the

Teil 3   C. Nichtkoordinierte Effekte

allein traditionelle qualitative Analyseelemente fallentscheidend waren, lässt sich die Entscheidung rückblickend als zukunftsweisend für die Bedeutung neuerer ökonometrischer Analysemethoden bezeichnen.

Volvo/Renault VI

In der wenig später ergangenen Entscheidung *Volvo/Renault VI* [172] akzeptierte die Kommission einen Datensatz der notifizierenden Partei, der belegen sollte, dass die am Zusammenschluss beteiligten Unternehmen nicht nächste Wettbewerber und demnach keine unilateralen Preissteigerungen infolge der Fusion zu besorgen seien: "The notifying party has presented information to show that R VI and Volvo are not typically considered as each other's closest substitutes in the French heavy truck market. The information is based on studying the effect of a relative price change that occurred in the middle of 1998 when Volvo implemented a [...] price increase in France that was not matched by other manufacturers (...). The data used in the study are somewhat limited and, for instance do not allow for in-depth econometric modelling. However, the Commission recognises that the analysis presented by the notifying party does lend some support to the claim that R VI and Volvo are not particularly close substitutes (...). Furthermore, the Commission's market investigation provides additional confirmation of this contention. (*es folgt die Darstellung von Umfrageergebnissen*) (...) On the basis of all the above elements the Commission considers that the notified operation does not raise competition concerns (...)." [173] Auch hier wird die ökonometrische Studie somit nur ergänzend zur traditionellen Auswertung von Umfrageergebnissen herangezogen.

Philips/Agilent Health Care Solutions (HSG)

In der Entscheidung *Philips/Agilent Health Care Solutions (HSG)* [174] untersuchte die Kommission die Auswirkungen der Fusion auf den relevanten Märkten für Ultraschallabbildungsgeräte sowie in der Kardiologie genutzte medizinische Abbildungsgeräte. Angesichts verhältnismäßig hoher und ausgeglichener Marktanteile der übrigen Marktteilnehmer ging die Kommission im Bereich der Ultraschallgeräte trotz der Begründung einer marktanteilsmäßig führenden Stellung nicht von der Entstehung einer marktbe-

---

Effects from Horizontal Mergers in European Competition Policy", September 2002, abrufbar unter http://idei.fr/doc/by/ivaldi/iv_merger_v04.pdf.
172 Komm. v. 1.9.2000 (COMP/M.1980) – Volvo/Renault VI.
173 Ibid., Rdnr. 34, 39.
174 Komm. v. 2.3.2001 (COMP/M.2256) – Philips/Agilent Health Care Solutions.

IV. Feststellung nichtkoordinierter Effekte in der Anwendungspraxis Teil 3

herrschenden Stellung von Philips/HSG nach der Fusion aus. Auf dem zweiten Referenzmarkt war die (kombinierte) marktanteilsmäßige Überlegenheit der Fusionsparteien noch gravierender; trotzdem verneinte die Kommission auch hier aus verschiedenen Gründen die Gefahr der Entstehung einer marktbeherrschenden Stellung. Dabei sollte von besonderer Bedeutung sein, dass der untersuchte Markt nach Feststellung der Kommission eine hohe Innovationsrate aufwies und die Marktstellung der jeweiligen Marktteilnehmer aufgrund des starken Konkurrenzdrucks ständig Schwankungen unterworfen war, welche die Bedeutung der Marktanteile relativierte.[175] Zuletzt untersuchte die Kommission, ob der Zusammenschluss den jeweils nächsten Wettbewerber der Fusionsparteien eliminieren würde und damit nichtkoordinierte Effekte in Form von Preissteigerungen infolge der Fusion zu besorgen wären. Dabei wurden zunächst Marktumfrageergebnisse ausgewertet, die diese Annahme widerlegten. Ergänzend zu diesen Umfrageergebnissen griff die Kommission auf eine von den Parteien vorgelegte „Bidding Study" zurück, die auf einer sog. Win/Loss-Analyse basierte. Dabei wurde anhand von Ausschreibungsdaten untersucht, wer im Falle eines Zuschlags für HSG Zweitplatzierter wurde bzw. welcher Konkurrent im Falle eines Unterliegens HSGs den Auftrag erteilt bekam. Die Auswertung ergab, dass die beiden anderen Wettbewerber GE und Siemens/Acuson in beiden Situationen stärkeren Wettbewerbsdruck auf HSG ausübten, Philips also nicht als nächster Wettbewerber anzusehen war: "The market investigation has concluded that Health Care Solutions' and ATL's products in cardiac ultra sounds are not closest substitutes. (...) (Anm. d. Verf.: es folgt hier die Darstellung der Umfrageergebnisse). This finding was confirmed by an economic study supplied by the parties. The analysis was based on 'win/loss'-data recording the results of tenders won and lost by HCS in cardiac ultra sound between 1998/99 and 2000 and concluded that for [...]% of all projects won by HCS, Siemens/Acuson was second placed (...). The conclusion which can be drawn from the study is that for HSG's cardiac ultra sound machines (...) GE and Siemens/Acuson are the strongest challengers on both projects won and lost. ATL is generally the third ranked. Therefore, it can be assumed that Philips/HSC would not be in a position to increase prices for one or both products without facing competitive constraints by the other first-tier suppliers."[176] Die Kommission begnügt sich indes nicht mit diesen Feststellungen, sondern untermauerte diese Untersuchungsergebnisse noch weiter mit „qualitativem" Beweismaterial.[177]

---

175 Ibid., Rdnr. 32.
176 Komm. v. 2.3.2001 (COMP/M.2256) – Philips/Agilent Health Care Solutions, Rdnr. 33 ff.
177 Ibid., Rdnr. 36 f.

Teil 3 C. Nichtkoordinierte Effekte

Philips/Marconi Medical Systems

Ähnlich verlief die wettbewerbliche Analyse in dem kurz darauf entschiedenen Fall *Philips/Marconi Medical Systems*[178]. Auch hier relativierte die Qualifizierung des Referenzmarktes (medizinische Abbildungsgeräte) als Technologie- und Innovationsmarkt die durch den Zusammenschluss entstehende marktanteilsmäßige Vorreiterstellung der neuen Unternehmenseinheit. Zur Untersuchung der Frage, ob durch den Zusammenschluss der nächste Wettbewerber beseitigt würde, zog die Kommission erneut eine von den Parteien präsentierte Studie heran, die anhand einer Win/Loss-Analyse über den Zeitraum der vergangenen zwei Jahre folgendes zu Tage brachte:[179] "After the operation MMS will disappear as an independent provider of CT, MRI and NM systems. According to a study submitted by the parties[180], however, the operation will not remove the closest substitutes for these three systems. The study is based on tender win and loss data covering the period between 1/1/2000 and year-to-date 2001 and concludes that Philips' closest rivals for most CT, MRI and NM segments are Siemens and GE.

For CT the study showed that for [...]% of projects won by PMS, Siemens was second placed. On the other hand the study revealed that [...]% of all projects lost by PMS since 2000 were won by Siemens, [...]% by GE and [...]% by MMS. This data suggests that Siemens and GE are PMS' closest competitor in CT in Europe.

For MRI the study showed that for [...]% of projects won by PMS, Siemens was second placed whereas for [...]% of projects won by PMS, GE was ranked second. On the other hand the study revealed that [...]% of all projects lost by PMS since 2000 were won by Siemens, [...]% by GE and [...]% by MMS. This data suggests that Siemens and GE are PMS' closest competitor in MRI in Europe.

For NM the study[181] showed that for [...]% of all projects won by PMS since 2000 were won by Siemens, [...]% by GE and [...]% by MMS. This data suggests that Siemens and GE are PMS' closest competitor in CT in Europe."[182] Auch hier wurden die Ergebnisse der ökonometrischen

---

178 Komm. v. 17.10.2001 (COMP/M.2537) – Philips/Marconi Medical Systems.
179 Ibid., Rdnr. 31–34.
180 The study was carried out by NERA and covers the period from 1 January 2000 to Year-to-date 2001. The following data were used: Date of bid/PMS product in bid/Value of PMS bid and price/Won or lost/Date of win or loss decision/Who came second with which product and price/Who won with what product and price.
181 There was only a very limited number of win data available for NM in Europe. Moreover, the number of projects in NM is considerably smaller than in CT and MRI.
182 Komm. v. 17.10.2001 (COMP/M.2537) – Philips/Marconi Medical Systems, Rdnr. 32 ff.

Studie durch „qualitative" oder jedenfalls traditionelle „quantitative" Argumente wie Umfrageergebnisse durch die Kommission gestützt und untermauert.

Siemens/Drägerwerk/JV

Eine weitere Entscheidung auf dem Gebiet der Ausschreibungsmärkte, bei der die Auswertung von Gewinn- und Verlustdaten ergänzend zur traditionellen Vorgehensweise im Rahmen der wettbewerblichen Würdigung herangezogen wurde, ist der Fall *Siemens/Drägerwerk/JV*[183]. Die Kommission kam hier zur Schlussfolgerung, dass „die Kundenbefragung, die internen Dokumente der Parteien und die Ausschreibungsdaten die aufgrund der Marktanteile angestellte Vermutung bestätigen, dass Siemens und Dräger aus Kundensicht enge Substitute für technisch anspruchsvolle Anästhesiegeräte herstellen. (…) Die Zusammenführung der beiden Produktpaletten in dem GU würde die Parteien daher in die Lage versetzen, höhere Preise insbesondere bei den Kunden, für die Dräger und Siemens die erste und zweite Wahl bei Beschaffung darstellen, durchzusetzen, da ein erheblicher Teil der durch die Preiserhöhung einer der Parteien verlorenen Kunden auf Produkte der anderen Partei umgestiegen wäre."[184]

GE/Instrumentarium

Eine Entscheidung, in der die Bereitschaft der Kommission zur Heranziehung ökonometrischer Analysemethoden im Rahmen der wettbewerblichen Würdigung der Auswirkungen eines Zusammenschlusses und deren Bedeutung für die Beurteilung der Nähe der Wettbewerber und damit möglicher unilateraler Preissteigerungen ganz deutlich wird, ist der Fall *GE/Instrumentarium*[185]. Im Rahmen der Bewertung möglicher „horizontaler Effekte" untersuchte die Kommission zunächst die Marktanteile in den Relevanzmärkten für verschiedene medizinische Gerätschaften und kam zu dem Ergebnis, dass der Zusammenschluss in einigen nationalen Märkten zu erheblichen Marktanteilserhöhungen führen würde.[186] „Zumindest in Ländern, wo die gemeinsamen Marktanteile 50 % übersteigen (…), können sie selbst ein Nachweis für das Vorhandensein einer marktbeherrschenden Stellung[187] sein, insbesondere in Anbetracht der Tatsache, dass das fusionierte Unternehmen zweimal so groß wie seine bei-

---

[183] Komm. v. 30.4.2003 (COMP/M.2861) – Siemens/Drägerwerk/JV.
[184] Ibid., Rdnr. 141.
[185] Komm. v. 2.9.2003 (COMP/M.3083) – GE/Instrumentarium, ABl.EU L 109/1.
[186] Ibid., Rdnr. 110.
[187] Anm. d. Verf.: Gemeint ist wohl die Entstehung einer marktbeherrschenden Stellung.

Teil 3 C. Nichtkoordinierte Effekte

den Hauptkonkurrenten Philips und Siemens wäre."[188] Die Fusionsparteien zweifelten die Aussagekraft der Marktanteilsanalyse im Fall indes aus mehreren Gründen an: unter anderem sei der Markt ein durch intensive Rivalität gekennzeichneter Bietermarkt, auf dem GE kein Hauptanbieter und kein enger Konkurrent von GE sei; zudem würden die Hauptrivalen sowie kleinere Anbieter jeden hypothetischen Versuch des fusionierten Unternehmens zur Erhöhung der Preise einschränken.[189] Die Kommission dagegen schloss sich der Auffassung, dass die Marktanteile in diesem besonderen Markt bedeutungslos seien, nicht an. Dennoch stellte sie sich den Argumenten der Zusammenschlussparteien und versuchte diese unter anderem durch die Heranziehung statistischer Analysen zu widerlegen.[190] Im Mittelpunkt der Untersuchung standen dabei der Nachweis des Nähegrades der beiden Fusionsparteien und damit der Intensität des Wettbewerbsdrucks, den die beiden Unternehmen jeweils aufeinander ausübten. Die Kommission akzeptierte hier eine von den Parteien vorgelegte Win-Loss-Analyse als Nachweis dafür, dass die relativ hohen Marktanteile auf den Märkten für Monitore zur Intensivpflege, für mobile C-Bögen sowie Mammographiegeräte die tatsächliche Marktmacht überbewerten. Die Studie zeigte, dass GE und Instrumentarium bei Ausschreibungen in diesen Bereichen nicht die nächsten Wettbewerber sind. So heißt es beispielsweise in Bezug auf C-Bögen: „Auf der Grundlage der Angebote, für die GE den Zuschlag erhalten hat, wird auf EWR-Ebene Siemens in [40–50]% aller Fälle als Verfolger registriert, gefolgt von Philips ([30–40]%) und Instrumentarium ([0–10]%). (…) Diesen Daten zufolge ist Instrumentarium wesentlich seltener der Verfolger als Siemens und Philips. (…) Folglich deuten die von der anmeldenden Partei vorgelegten Angebotsdaten tendenziell darauf hin, dass die Marktanteile in diesem Fall die Auswirkungen der gemeinsamen Marktmacht von GE und Instrumentarium im Anschluss an die Fusion überbewerten."[191]

---

188 Komm. v. 2.9.2003 (COMP/M.3083) – GE/Instrumentarium, ABl.EU L 109/1, Rdnr. 116.
189 Ibid., Rdnr. 117.
190 Ibid., Rdnr. 125: „Um zu beurteilen, ob die Marktanteile der fusionierenden Parteien ihre Marktmacht über- oder unterbewerten, hat die Kommission eine weitreichende Analyse der Art des Wettbewerbs in diesem Bietermarkt vorgenommen. Angesichts der Tatsache, dass der Wettbewerb in diesen Ausschreibungen durch die Anzahl und Identität der vorhandenen Wettbewerber bestimmt wird, wurde zuerst die Häufigkeit des Aufeinandertreffens der verschiedenen Marktteilnehmer untersucht. Zweitens wurde die Enge der Substitution anhand von qualitativen und quantitativen Gründen weiter analysiert, da in einem differenzierten Produktmarkt der Wettbewerb umso intensiver ist, wenn die Wettbewerber enge Substitute sind. Zuletzt versuchte die Kommission auf Grundlage der verfügbaren Daten die möglichen Preisauswirkungen des Vorhabens zu bestimmen."
191 Ibid., Rdnr. 243 ff.

IV. Feststellung nichtkoordinierter Effekte in der Anwendungspraxis **Teil 3**

Demgegenüber kam die Kommission auf dem Markt für perioperative Monitore entgegen dem Vorbringen der Zusammenschlussparteien zu einem anderen Ergebnis. Sie bestimmte mit Hilfe eines ökonometrischen Modells zum einen den Effekt der Teilnahme von Instrumentarium an Ausschreibungen auf die prozentualen Preisnachlässe, die GE gewährte, und zum anderen den Effekt der Teilnahme von GE auf die prozentualen Preisnachlässe, die Instrumentarium anbot.[192] Die Anwendung dieser Methode auf das Bieterverhalten in Frankreich zeigte, dass die Teilnahme von Instrumentarium in Ausschreibungen auf die Rabattgewährung und damit die Preisgestaltung von Dräger, GEs Vertriebspartner in Frankreich, hatte und umgekehrt: „Die von Dräger zur Verfügung gestellte Analyse der Angebotsdaten deutet darauf hin, dass sich die Präsenz von Instrumentarium in Ausschreibungen tatsächlich auf die Preise von Dräger auswirkt: Der durchschnittlich angebotene Rabatt von letzteren betrug [35–45]%, wenn Instrumentarium bei der Ausschreibung vertreten war, im Vergleich zu [25–35]%, wenn Instrumentarium nicht vertreten war. Dieser Unterschied ist bedeutsam bei einem Konfidenzniveau von 99%. Bei der Verwendung des linearen Regressions-Controlling für verschiedene Parameter[193] führte die von der Kommission durchgeführte ökonometrische Analyse zu der Schlussfolgerung, dass der Rabatt von Dräger [5–10]%-[5–10]% höher ist, wenn Instrumentarium präsent ist, als wenn Instrumentarium nicht an der Ausschreibung teilnimmt. Dies führt zu einer durchschnittlichen Auswirkung von [5–10]% auf den Rabatt von Dräger. Diese Ergebnisse sind statistisch bedeutsam bei einem Konfidenzniveau von 99%. Sie liefern den empirischen Nachweis dafür, dass Instrumentarium Auswirkungen auf das Preisverhalten von Dräger in Frankreich hat. (…) Die Ergebnisse der Datenanalyse für Frankreich zeigen, dass die Rabatte von Dräger (Verkauf von GE-Monitoren) und GE höher sind, wenn Instrumentarium an einem Angebot teilnimmt, als wenn es nicht teilnimmt. Darüber hinaus scheint die ökonometrische Analyse der Kommission einen zusätzlichen Nachweis dafür zu liefern, dass Instrumentarium den Vertrieb von GE-Monitoren beschränkt. Dies stützt so-

---

192 Der Datenbestand für diese Analyse bestand aus elektronischen Dateien, die von den fusionierenden Parteien sowie von den Konkurrenten Philips und Siemens eingereicht wurden, sowie aus einer Reihe von Rechnungen und Arbeitsunterlagen. Auf der Grundlage der verfügbaren Daten versuchte die Kommission, die wahrscheinlichen Preiswirkungen der Fusion zwischen GE und Instrumentarium zu messen. Hierzu verwendete sie verschiedene ökonometrische Modelle, hauptsächlich lineare Regressionen mit mehreren Variablen; vgl. ibid., Rdnr. 168.
193 Angesichts der begrenzten Daten wurden mehrere Variablen in das Modell aufgenommen, um die Unterschiede beim Rabatt von Dräger zu erklären. Beispielsweise ist der Wert der endgültigen Ausschreibung einer dieser Variablen. (…).

Teil 3 C. Nichtkoordinierte Effekte

mit weiter die Annahme im Zusammenhang mit dem hohen Marktanteil der fusionierenden Partei."[194] Die Kommission kam nach Heranziehung weiterer empirischer Untersuchungen, unter anderem auch einer von GE vorgelegten ökonometrischen Studie sowie der Berücksichtigung qualitativer Analysen hinsichtlich potenziellem Wettbewerb und ausgleichender Nachfragemacht für den Markt für perioperative Patientenmonitore deshalb zu dem Schluss, dass der Zusammenschluss „(...) in den oben genannten Mitgliedsstaaten nicht nur zur Schaffung eines neuen Unternehmens mit hohen Marktanteilen führen wird, sondern auch die bedeutenden Wettbewerbsbeschränkungen aufheben wird, die die beiden fusionierenden Unternehmen vor der Durchführung des Vorhabens aufeinander ausgeübt haben. Als Ergebnis der Fusion wäre das fusionierte Unternehmen somit in diesen fünf Ländern in der Lage in nennenswertem Umfang unabhängig von seinen Konkurrenten und schließlich unabhängig von den Verbrauchern zu handeln und daher die Preise für die Kunden beträchtlich zu erhöhen."[195]

Die Kommission genehmigte das Vorhaben letztendlich nur unter zahlreichen Auflagen, die die Bedenken hinsichtlich der Aufrechterhaltung wirksamen Wettbewerbs im Bereich der betroffenen Märkte ausräumten.

Philip Morris/Papastratos

In der Entscheidung *Philip Morris/Papastratos*[196], in der die Auswirkungen einer Fusion zweier Zigarettenhersteller untersucht wurde, ließ die Kommission ebenfalls ein von den Parteien präsentiertes Simulationsmodell als Nachweis dafür zu, dass Preissteigerungen nach dem Zusammenschluss unwahrscheinlich seien, weil die fusionierenden Unternehmen keine nahen Substitute herstellten: "The parties have provided the results of a merger simulation that show that on average the market price increase post merger would be minimal. The simulation model assumes that the merging parties' products compete in different segments, or in other words, that the degree of substitutability between their products is low. The market investigation has confirmed the market segmentation. The results of the simulation confirm that the present merger would not lead to significant price increase in the Greek cigarette market."[197] Die Kommission war hier bereits infolge ihrer eigenen Untersuchungen zu

---
194 Ibid., Rdnr. 172 ff.; zum Einsatz von Ausschreibungsanalysen durch das Bundeskartellamt (dort im Zusammenhang mit koordinierten Effekten) siehe S. 386 f..
195 Ibid., Rdnr. 217.
196 Komm. v. 2.10.2003 (COMP/M.3191) – Philip Morris/Papastratos.
197 Ibid., Rdnr. 32.

IV. Feststellung nichtkoordinierter Effekte in der Anwendungspraxis **Teil 3**

dem Ergebnis gekommen, dass die Fusionsparteien im relevanten Markt verschiedene Segmente bedienten, die Substitutionsnähe mithin als gering zu bewerten war; das Modell wurde somit nur als zusätzliche Argumentationshilfe herangezogen.

Sydkraft/Graninge

In der Entscheidung *Sydkraft/Graninge*[198] vom 30.10.2003 prüfte die Kommission ausführlich, ob die Fusion zu unilateralen Effekten auf dem nordischen Elektrizitätsmarkt führen würde. Diese Untersuchungen wurden durchgeführt, obgleich der kombinierte Marktanteil der Fusionsparteien mit lediglich 10–15% weit von den absoluten Werten entfernt war, die herkömmlich für eine vertiefte Analyse nötig gewesen ist. Unter dem Prüfungspunkt „Unilaterale Effekte" heißt es: "Eltra – the local grid operator in Western Denmark – has developed a market simulation model (MARS) that makes it possible to simulate the effect of changes in the market structure on the electricity prices.[199] For the purpose of analysing the current transaction, Eltra agreed to perform a number of simulations for the Commission. In its report to the Commission, Eltra concluded when comparing the outcome with and without the merger, 'It appears from market power simulations with MARS that the merger between Sydkraft and Graninge does not result in higher average prices in Sweden.' The simulations indicate that Sydkraft prior to the merger is not sufficiently large to have the incentive to withhold capacity in order to generate price increase. This absence of market power is not significantly altered by the acquisition of Graninge. Though simulation models such as MARS cannot fully take into account all the relevant details of the market situation, the simulation results are in line with the general results of the market investigation."[200] Die Entscheidung stützte auch hier nur das bereits durch die niedrigen Marktanteile indizierte Ergebnis, dass wettbewerbliche Bedenken nicht angezeigt waren.

Lagardère/Natexis/VUP

Auch in der Entscheidung *Lagardère/Natexis/VUP*[201] vom 7.1.2004 setzte sich die Kommission ausführlich mit den Ergebnissen einer von ihr in Auftrag gegebenen ökonometrischen Studie auseinander. Berechnet

---

198 Komm. v. 30.10.2003 (COMP/M.3268) – Sydkraft/Graninge.
199 More detailed information regarding the model is available at Eltra's homepage www.eltra.dk.
200 Komm. v. 30.10.2003 (COMP/M.3268) – Sydkraft/Graninge, Rdnr. 37 f.
201 Komm. v. 7.1.2004 (COMP/M.2978) – Lagardère/Natexis/VUP.

Teil 3   C. Nichtkoordinierte Effekte

wurden hier die wahrscheinlichen Auswirkungen der Fusion auf die Preisgestaltung durch das fusionierte Unternehmen und damit mögliche nichtkoordinierte Effekte. In den Entscheidungsgründen heißt es:

„Des Weiteren hat die Kommission eine Vergleichsstudie zur Höhe der Rabatte erstellen lassen, die Hachette und VUP den Wiederverkäufern in Frankreich, Belgien und Luxemburg für Schulbücher gewähren."[202] Die Berechnung der nichtkoordinierten Effekte ist das Ergebnis der von der Kommission auf dem Markt für den Verkauf von Büchern der allgemeinen Literatur durch Wiederverkäufer an Endverbraucher durchgeführten ökonometrischen Studie.[203] In dieser Studie werden mit den nichtkoordinierten Effekten die Auswirkungen eines Zusammenschlusses auf die Nettoladenverkaufspreise,[204] die Konsumentenrente sowie auf die Unternehmensgewinne geschätzt. Entscheidet sich Hachette Livre vor der Fusion, die Nettoladenverkaufspreise einseitig zu erhöhen, würde sich ein Teil der Endverbraucher anderen im Wettbewerb stehenden Verlagen zuwenden. Nach dem Zusammenschluss mit VUP fängt Hachette Livre einen Teil des Wettbewerbsdrucks auf und kann daher einen Teil dieser Kundschaft zurückgewinnen. Darüber hinaus könnten auch die im Wettbewerb stehenden Verlage von der Schwächung des Wettbewerbsdrucks profitieren, einen Teil der Nachfrage zurückgewinnen und damit auch für sich entscheiden, ihre Preise nach oben anzugleichen. Nachdem in dieser Studie die Nachfrage des Endverbrauchers nach Büchern der allgemeinen Literatur jedweden Formats geschätzt wurde, wird eine Simulation eines eventuellen Preisanstiegs durchgeführt, den ein Zusammenschluss zwischen zwei konkurrierenden Unternehmen nach der Neuordnung des

---

202 Ibid., Rdnr. 374 mit Verweis auf Mitteilung von Marc Ivaldi zu den Rabatten von VUP (Fn. 274).
203 „Evaluation Econométrique des Effets de la Concentration Lagardère/VUP sur le Marché du Livre de Littérature Générale", Jérome Foncel und Marc Ivaldi, überarbeitete und erweiterte Endfassung, September 2003. Es handelt sich um eine Studie, die für den vorliegenden Fall auf der Grundlage der von der Anmelderin vorgelegten Angaben erstellt wurde, das heißt auf der Grundlage der vom Marktforschungsinstitut Ipsos erhobenen und von Sofres ergänzten Daten zu den Buchverkäufen und den Buchpreisen. Die gesamte Stichprobe umfasst insgesamt 9.566 Fälle. Die Daten von Ipsos umfassen für das Jahr 2002 die 5.000 meistverkauften Taschenbuchreihen und die 15.000 bestverkauften Bücher im Großformat. Diese Stichprobe deckt für das Jahr 2002 einen großen Teil des Marktes ab, da sie 96% der Verkäufe von Taschenbüchern und 44% der Verkäufe von Büchern im Großformat erfasst. Die ökonometrische Studie stützt sich auf ein Wettbewerbsmodell von Bertrand, in dem die Vorlieben der Verbraucher durch ein „nichtlineares Logit-Modell" dargestellt werden. Die Schätzung wird anhand der Methode der nichtlinearen dreistufigen kleinsten Quadrate durchgeführt.
204 Mangels verfügbarer verlässlicher Daten über die Höhe des den Wiederverkäufern gewährten Rabattes.

IV. Feststellung nichtkoordinierter Effekte in der Anwendungspraxis **Teil 3**

Marktes zur Folge haben könnte. Die Analyse der nichtkoordinierten Effekte des Zusammenschlusses beinhaltet folglich nicht die vertikalen und konglomeraten Effekte. Aufgrund der nicht zur Verfügung stehenden Daten und des nicht vorhandenen ökonometrischen Modells behandelt die Studie im vorliegenden Fall den Preisanstieg für den Endverbraucher und nicht die Höhe des den Wiederverkäufern gewährten Rabatts. Darüber hinaus behandelt die Studie die Nachfrage auf den jeweiligen Märkten. Das Modell geht in erster Linie von einer bestimmten Größe des Marktes aus und berücksichtigt die Möglichkeit für den Endverbraucher, eine andere Art von Buch oder vielleicht sogar gar kein Buch zu kaufen. (...) Im Hinblick auf die Märkte für den Verkauf aller Bücher der allgemeinen Literatur (...) weist die Studie darauf hin, dass die Nettoladenverkaufspreise für die von der fusionierten Einheit verlegten Bücher durchschnittlich um 4,48 % steigen werden, wobei die vertikalen und konglomeraten Effekte des Zusammenschlusses nicht berücksichtigt sind. Laut der Studie liegt die Wahrscheinlichkeit, dass der Preisanstieg infolge des Zusammenschlusses nicht zwischen 3,74 und 5,545 liegt, bei nur 5 %.[205] Dieser durchschnittliche Preisanstieg wird im Übrigen einen Rückgang der Konsumentenrente um 6,04 % zur Folge haben, das entspricht 1,5 % des Umsatzes der Industrie im Bereich der allgemeinen Literatur."[206]

In der 312 Seiten umfassenden Entscheidung wies die Kommission indes bereits zuvor auf die absolute und relative Größe der neuen Unternehmenseinheit hin, die jene des nächsten Wettbewerbers Gallimard um das Siebenfache überstiegen hätte.[207] Sie kam unabhängig von den Ergebnissen der ökonometrischen Studie für eine Reihe von Relevanzmärkten über traditionelle Untersuchungsmethoden zu dem Ergebnis, dass jedenfalls die Begründung einer marktbeherrschenden Stellung, teilweise auch die Verstärkung einer solchen Stellung zu besorgen sei. Auch hier hat die

---

205 Um die Belastbarkeit der Ergebnisse zu erhöhen, haben Jérome Foncel und Marc Ivaldi mit dem Boostrap-Verfahren ein Vertrauensintervall berechnet. Dieses Verfahren ermöglicht durch die häufig wiederholte Simulation des Zusammenschlusses die Berechnung eines möglichen Intervalls für Preissteigerungen. Ein Vertrauensintervall von 95 % bedeutet, dass die Irrtumswahrscheinlichkeit bei der Annahme, dass der Zusammenschluss in diesem Intervall zu einer Preissteigerung führt, bei lediglich 5 % liegt. Die Studie scheint daher aufgrund der hohen Zahl von Fällen, der Stabilität der verschiedenen angenommenen Parameter, des statistischen Aussagewertes der verschiedenen Tests und der Simulation eines Vertrauensintervalls für die Berechnung einer Preissteigerung besonders belastbar zu sein.
206 Komm. v. 7.1.2004 (COMP/M.2978) – Lagardère/Natexis/VUP, Rdnr. 700 ff.
207 Ibid., Rdnr. 418.

Teil 3 C. Nichtkoordinierte Effekte

Verwendung des Simulationsmodells mithin nur ergänzende und unterstützende Funktion.[208]

Oracle/PeopleSoft

Erstmals eine fallentscheidende Rolle sollte dem Einsatz ökonometrischer Analysemethoden nach der Auffassung der Kommission in der Entscheidung *Oracle/PeopleSoft*[209] vom 26.10.2004 zukommen. Obwohl lange nach Inkrafttreten der FKVO 139/2004 entschieden, unterfiel der Zusammenschluss noch dem Regime der FKVO 4064/89 und mithin dem Marktbeherrschungstest. Mit über 12 Monaten Dauer vom Tag der Notifizierung[210] bis zur endgültigen Freigabeentscheidung[211] handelte es sich hierbei um das längste Zusammenschlussverfahren in der Geschichte der europäischen Fusionskontrolle. Dabei ging es um die feindliche Übernahme des Unternehmens PeopleSoft durch den Softwarehersteller Oracle, beides US-amerikanische Gesellschaften. Am 12.3.2004 übersandte die Kommission gem. Art. 18 FKVO ihre Einwände gegen den Zusammenschluss an Oracle mit der Begründung, dass sie von der möglichen Entstehung einer beherrschenden Stellung ausgehe. Die Besonderheit des Falles war darin zu sehen, dass es nach den Feststellungen der Kommission noch einen Wettbewerber – das deutsche Unternehmen SAP – auf dem definierten Relevanzmarkt gab, der nach der Fusion von vergleichbarer Stärke wie die neu entstandene Unternehmenseinheit gewesen wäre. Zum damaligen Zeitpunkt war heftig umstritten, ob der Marktbeherrschungstest eine solche Konstellation zu erfassen imstande war. Die amerikanischen Wettbewerbsbehörden hatten den Zusammenschluss ohne weitere Schwierigkeiten unter der Annahme, dass es sich hier um eine sog. Drei-auf-Zwei-Fusion handelte, mit Hilfe des dort herrschenden SLC-Tests untersagt. In ihrer Entscheidung zur Einleitung der vertieften Phase II-Prüfung grenzte die Kommission in Übereinstimmung mit den amerikanischen Wettbewerbsbehörden den relevanten Produktmarkt für Unternehmensanwendungssoftware (im Besonderen um solche aus den Bereichen Human Resources und Financial Management) besonders eng ab. Nach zunächst vertretener Auffassung der Kommission hätte der Zusammenschluss dazu geführt, dass auf einem so definierten, hochspezialisierten Markt einer von insgesamt nur drei Wettbewerbern beseitigt worden wäre mit der Folge erheblicher Marktkonzentration.

---

208 Die Fusion wurde nur unter umfassenden Auflagen freigegeben, die die horizontalen Wettbewerbsbedenken gänzlich auszuräumen vermochten, vgl. Rdnr. 1009 ff.
209 Hierzu *Käseberg* (2005) und *Pflanz* (2005).
210 Anmeldung v. 14.10.2003, vgl. ABl.EU 2003 C 252/4.
211 Komm. v. 26.10.2004 (COMP/M.3216) – Oracle/PeopleSoft.

IV. Feststellung nichtkoordinierter Effekte in der Anwendungspraxis Teil 3

Eine weitere Besonderheit des Falles ist darin zu sehen, dass sich aufgrund spezieller Eigenheiten des Relevanzmarktes eine Marktanteilsberechnung als schwierig erwies und die Kommission deshalb gänzlich auf eine Betrachtung der Marktanteile verzichtete.[212] Um sich dennoch ein Bild von der relativen Größe der Hauptkonkurrenten machen zu können, verglich die Kommission zunächst die Gesamteinnahmen der Marktteilnehmer aus Lizenzen weltweit für das Jahr 2002 und fand heraus, dass SAP bei Hochfunktionssoftware für FMS weiterhin Marktführer bleiben würde, während im Bereich Human Resources Oracle/PeopleSoft mit 53% der Gesamteinnahmen fünf Prozent vor SAP liegen würde. Obwohl die hier präsentierten Werte nach Auffassung der Kommission keine Aussagekraft hinsichtlich der jeweiligen Marktanteile hatten, wurde deutlich, dass keiner der verbleibenden beiden Akteure (SAP und Oracle/PeopleSoft) nach der Fusion eine Vorreiterstellung eingenommen hätte. Dennoch untersuchte die Kommission weiter, ob „nichtkoordinierte Wirkungen" zur „Schaffung einer beherrschenden Stellung, durch die der Wettbewerb spürbar behindert wird",[213] führen würde. Dabei unterblieb eine Untersuchung der strukturellen Marktgegebenheiten; stattdessen erfolgten sogleich Ausführungen zu einem Simulationsmodell, mit Hilfe dessen die Kommission mögliche Auswirkungen der Fusion auf die Preise sowie auf den allgemeinen wirtschaftlichen Nutzen einer größeren Anzahl von Marktteilnehmern für den Kunden untersucht hatte. Dabei bekräftigte die Kommission, dass sie die ergänzende Heranziehung von Simulationsmodellen bei der Zusammenschlussbewertung als durchaus hilfreich betrachtet. In der Entscheidung heißt es: „Oracle vertritt die Meinung, dass Simulationsmodelle wegen der unvermeidlichen Vereinfachung der zugrunde liegenden Annahmen allgemein strittig seien. Somit könnten Simulationsmodelle höchstens als grober Indikator, nicht aber als zuverlässige Indizien betrachtet werden. Die Kommission teilt die Meinung, dass es bei Simulationsmodellen darauf ankommt, ob das Modell die grundlegenden Mechanismen adäquat wieder gibt, die das Verhalten der Marktteilnehmer bestimmen, und dass die Frage, ob dies im jeweiligen Fall zutrifft, im Prinzip strittig sein kann. Wenn Modelle für mathematische Berechnungen genutzt werden sollen, müssen vereinfachende Annahmen zugrunde gelegt werden, und dabei ist sicherzustellen, dass die grundlegenden Mechanismen, die für das Modell herausgegriffen werden, die tatsächliche Situation adäquat darstellen.

Die Diskussion über die Vereinfachungen, die im Modell annehmbar sind, sollte jedoch nicht darüber hinwegtäuschen, dass eine prospektive Analyse der Auswirkungen eines Zusammenschlusses grundsätzlich auf

---

212 Ibid., Rdnr. 183.
213 Ibid., vor Rdnr. 187.

Teil 3 C. Nichtkoordinierte Effekte

Annahmen beruht. Bei einer Vorhersage der Auswirkungen eines Zusammenschlusses aufgrund eines Modells kommt es auf Transparenz an, sowohl, was den logischen Zusammenhang der Vorhersage, als auch was die zugrunde gelegten Annahmen an belangt. Eine prospektive Analyse ohne Zuhilfenahme eines wirtschaftlichen Modells auf der Grundlage einer qualitativen Beurteilung beruht ebenfalls auf verschiedenen Annahmen, ist jedoch weniger transparent und implizit. Die Kritik trifft also genauso auch auf diese Art der Analyse zu.

Die Kommission hält deshalb prinzipiell daran fest, dass diese Art von Simulationsmodellen ein nützliches Instrument sein kann, das der Kommission bei der Bewertung der voraussichtlichen Auswirkungen eines Zusammenschlusses unter wirtschaftlichen Gesichtspunkten hilft."[214] Ähnlich wie im Fall *GE/Instrumentarium*[215] untersuchte die Kommission daneben anhand einer ökonometrischen Studie (hier durch sog. Regressionsanalysen), ob Oracle je nach Identität der an der abschließenden Angebotsrunde beteiligten Wettbewerber ein unterschiedliches Wettbewerbsverhalten an den Tag legte.[216] Nach Auffassung der Kommission wäre die „Feststellung, dass Oracle, wenn SAP oder PeopleSoft in der abschließenden Angebotsrunde vertreten waren, mit großer Wahrscheinlichkeit aggressivere Preisnachlässe gewährte als wenn es mit anderen Wettbewerbern konkurrierte, (...) ein indirekter Beleg dafür, dass die drei großen Softwareanbieter vorwiegend miteinander im Wettbewerb stehen und dass nur Oracle, SAP und PeopleSoft Hochfunktionssoftware für FMS und HR anbieten, die den Anforderungen großer komplexer Unternehmen entspricht."[217] Allerdings ließ sich dieser Nachweis nicht führen. Vielmehr wurde anhand der Auswertung der Ausschreibungsdaten sowie einiger erst am 27.9.2004 von Oracle nachgereichter Unterlagen ersichtlich, dass gelegentlich auch andere Akteure bei den untersuchten Ausschreibungen den Zuschlag erhielten, womit sich die ursprüngliche enge Marktabgrenzung durch die Kommission im Rahmen der Phase I-Prüfung nicht aufrecht erhalten ließ, sondern letztendlich von sieben Konkurrenten ausgegangen werden musste. Da aber sowohl im Simulationsmodell als auch in den anderen Studien lediglich SAP, Oracle und PeopleSoft als Marktakteure berücksichtigt worden waren, erwiesen sich die dort gefundenen Ergebnisse als nicht haltbar.[218] Der Zusammenschluss wurde ohne Auflagen nach Art. 8 Abs. 2 FKVO freigegeben.

---

214 Komm. v. 26.10.2004 (COMP/M.3216) – Oracle/PeopleSoft, Rdnr. 193–195, teilweise abgedruckt in WuW/E EU-V 1068.
215 Komm. v. 2.9.2003 (COMP/M.3083) – GE/Instrumentarium, Rdnr. 168.
216 Komm. v. 26.10.2004 (COMP/M.3216) – Oracle/PeopleSoft, Rdnr. 197ff.
217 Ibid., Rdnr. 136.
218 Vgl. ibid., Rdnr. 179.

IV. Feststellung nichtkoordinierter Effekte in der Anwendungspraxis   Teil 3

Ryanair/Aer Lingus

Die Entscheidung der Kommission im Fall *Ryanair/Aer Lingus*[219] verdient schon deswegen Beachtung, weil sie die einzige Untersagung eines Zusammenschlusses in den letzten sechs Jahren darstellt.[220] Die Kommission hat in dieser Entscheidung 22 Märkte identifiziert, in denen der Zusammenschluss zu einem Monopol geführt hätte sowie weitere 13 Märkte mit Marktanteilen nach dem Zusammenschluss von über 60% und hohen HHI-Werten.[221] Gleichwohl wurden sowohl von den Zusammenschlussparteien wie auch von der Kommission zahlreiche Preisregressionsanalysen durchgeführt, um den wettbewerblichen Druck zu bestimmen, den die Bedienung einer bestimmten Strecke durch eine Partei auf die Preise der anderen Partei ausübte. Regressionsanalysen sind statistische Instrumente zur Offenlegung der Beziehung zwischen zwei oder mehr Variablen.[222] Die Kommission lehnte die Berücksichtigung von Querschnittregressionsanalysen, die Preisdifferenzen zwischen verschiedenen Strecken zu einem festgelegten Zeitpunkt untersucht, ab, da deren Ergebnisse nicht robust und damit nicht beweiskräftig waren.[223] Demgegenüber hatte das von der Kommission genutzte Modell mit festen Effekten die Wirkungen des Eintritts einer Partei auf einer von der anderen Partei bereits bedienten Strecke zum Gegenstand.[224] Durch einen Vergleich der Preishöhen vor und nach einem solchen Markteintritt zeigte die Analyse, dass Aer Lingus aufgrund der Präsenz von Ryanair auf diesen Strecken um 5–8% niedrigere Preise verlangte und andere Fluggesellschaften keine vergleichbare Wirkung ausübten.[225] Zudem wurden die Tarife von Aer Lingus auch von der Häufigkeit der Flüge von Ryanair auf einer bestimmten Strecke beeinflusst.[226] Die Regressionsanalyse bestätigte daher, dass Ryanair erheblichen wettbewerblichen Druck auf Aer Lingus ausübte. Demgegenüber waren die Daten bezüglich des Einflusses von Aer Lingus auf die Preise Ryanairs aufgrund der geringen Zahl der Markteintritte von Aer Lingus auf den von Ryanair bereits bedienten Strecken unzureichend.[227]

---

219 Komm. v. 27.6.2007 (COMP/M.4439) – Ryanair/Aer Lingus.
220 Die letzte davorliegende Untersagungsentscheidung erging am 9.12.2004, siehe Komm. v. 9.12.2004 (COMP/M.3440) – ENI/EDP/GDP.
221 Komm. v. 27.6.2007 (COMP/M.4439) – Ryanair/Aer Lingus, Rdnr. 342. Zur Abgrenzung der relevanten Märkte im Passagierlinienflugverkehr und dem Einsatz von Preiskorrelationsanalysen zu diesem Zweck siehe S. 150f.
222 Komm. v. 27.6.2007 (COMP/M.4439) – Ryanair/Aer Lingus, Annex IV, Rdnr. 3.
223 Ibid., Rdnr. 468 und Annex IV, Rdnr. 74ff.
224 Ibid., Rdnr. 455 und Annex IV, Rdnr. 187ff.
225 Ibid., Rdnr. 485; vgl. auch Komm. v. 28.8.2009 (COMP/M.5440) – Lufthansa/Austrian Airlines, Rdnr. 178 und 258.
226 Komm. v. 27.6.2007 (COMP/M.4439) – Ryanair/Aer Lingus, Rdnr. 482 und 485.
227 Ibid., Rdnr. 486.

Teil 3 C. Nichtkoordinierte Effekte

Die Kommission führte zur Begründung der Untersagung ferner an, dass Ryanair und Aer Lingus enge Wettbewerber seien, sowohl Ryanair und Aer Lingus als potenzieller Wettbewerber der jeweils anderen Partei wegfielen und andere potenzielle Wettbewerber, die einen hinreichenden wettbewerblichen Druck auf das fusionierte Unternehmen ausüben könnten, nicht vorhanden seien.[228] Die von Ryanair behaupteten Effizienzen aufgrund der Übertragung von Ryanairs Low-Cost-Geschäftsmodell auf Aer Lingus und der Einführung besseren und innovativen Managements waren weder nachweisbar noch fusionsspezifisch, da sie von Aer Lingus auch unabhängig vom Zusammenschluss hätten erreicht werden können.[229]

Das EuG hat eine Klage von Ryanair auf Nichtigerklärung der Untersagungsentscheidung am 6.6.2010 abgewiesen.[230] Das EuG stellte in diesem Urteil klar, dass entgegen dem Vorbringen der Klägerin sog. nichttechnische Beweismittel auch dann berücksichtigt werden können, wenn sie nicht durch sog. technische Beweismittel (d.h. wirtschaftsstatistische Analysen) gestützt werden.[231] Es sei „Sache der Kommission, das Ergebnis des zur Beurteilung der Wettbewerbssituation herangezogenen Indizienbündels insgesamt zu bewerten"; eine Rangfolge zwischen den genannten Beweismitteln bestehe nicht.[232] Ryanair hatte mit der Klage auch die Preisregressionsanalyse der Kommission angegriffen und behauptet, dass deren Ergebnisse nicht den Schluss zuließen, dass ein erheblicher Wettbewerbsdruck zwischen beiden Fluggesellschaften bestünde.[233] Unter Hinweis auf den Beurteilungsspielraum der Kommission in wirtschaftlichen Fragestellungen nahm demgegenüber das EuG an, dass der oben geschilderte Einfluss der Präsenz Ryanairs auf Aer Lingus in Gestalt von bis zu 8% niedrigeren Preisen sich entgegen dem Vorbringen Ryanairs „ohne Weiteres als signifikant" darstellt.[234]

Syniverse/BSG

In der Entscheidung *Syniverse/BSG*[235] untersuchte die Kommission die Ergebnisse vergangener Ausschreibungen zur Beurteilung der Auswirkungen eines Zusammenschlusses zwischen dem zweit- und drittgrößten

---

228 Ibid., Rdnr. 431, 539 und 784. Die Kommission zeigte auch anhand der oben dargestellten Preisregressionsanalyse, dass andere Wettbewerber keinen erheblichen wettbewerblichen Druck auf die Zusammenschlussparteien ausübten, siehe Rdnr. 719 und 726.
229 Ibid., Rdnr. 1141 und 1143.
230 EuG, Urt. v. 6.6.2010, Rs. T-342/07 – Ryanair/Kommission.
231 Ibid., Rdnr. 136.
232 Ibid.
233 Ibid., Rdnr. 139 ff.
234 Ibid., Rdnr. 147 mit Hinweis auf Rdnr. 29 sowie Rdnr. 162.
235 Komm. v. 4.12.2007 (COMP/M.4662) – Syniverse/BSG.

IV. Feststellung nichtkoordinierter Effekte in der Anwendungspraxis **Teil 3**

Marktteilnehmer, durch den die Anzahl der im Markt aktiven Unternehmen von drei auf zwei reduziert wurde. Da ein drittes Unternehmen, Mach, trotz des Zusammenschlusses Marktführer blieb, untersuchte die Kommission nur nichtkoordinierte Effekte im engeren Sinne, d. h. solche, die auch ohne die Entstehung oder Verstärkung einer marktbeherrschenden Stellung auftreten. Die Ausschreibungsdaten wurden hinsichtlich der Beteiligung, der Rangfolge und des Angebotspreises analysiert: „Die Analyse der bei der Marktuntersuchung zusammengetragenen Daten zu Ausschreibungen ergab, dass BSG und Syniverse nie die beiden einzigen Bieter bei einer Ausschreibung waren. ... Die Analyse dieser Daten ergab vielmehr, das Syniverse und BSG nur in sehr seltenen Fällen in einer Ausschreibung die Plätze eins und zwei belegten. ... Die Ergebnisse der Analyse zeigen, dass die Preisangebote von BSG nicht davon beeinflusst werden, ob sich Syniverse ebenfalls an der betreffenden Ausschreibung beteiligte, was darauf hindeutet, dass Syniverse keinen starken Wettbewerbsdruck auf die Preise von BSG ausübt."[236] Die Kommission folgerte daraus, dass die Zusammenschlussparteien keinen erheblichen wettbewerblichen Druck aufeinander ausübten und nicht als enge Wettbewerber anzusehen waren.

Ferner war das Auftreten nichtkoordinierter Effekte unwahrscheinlich aufgrund der niedrigen marginalen Kosten (d. h. der zusätzlichen Kosten der Leistungserbringung an einen weiteren Kunden) der von den Zusammenschlussparteien angebotenen Leistungen. Zusätzliche Einnahmen, die durch ein erfolgreiches Gebot generiert würden, würden größtenteils Gewinn darstellen, wohingegen der Verlust eines aktuellen oder potenziellen Kunden hohe Opportunitätskosten zur Folge hätte. Die Anbieter hätten daher starke Anreize zu aggressiven Wettbewerb um jeden zur Erneuerung anstehenden Vertrag.[237]

REWE/ADEG

Der Fall *REWE/ADEG*[238] betraf den österreichischen Endkundenmarkt für Konsumgüter des täglichen Gebrauchs. REWE, Marktführer mit knapp 30% der Marktanteile, beabsichtigte ADEG zu erwerben, das bei einem Marktanteil von etwa 5% lag. Bei ADEG handelte es sich um ein Unternehmen, das vornehmlich eine Kooperation mit Einzelhändlern betrieb und aufgrund seines hohen Preisniveaus nur geringen wettbewerblichen Druck im österreichischen Einzelhandel ausübte. REWEs Haupt-

---
236 Ibid., Rdnr. 74, 76 und 78.
237 Ibid., Rdnr. 84 und 85; ähnlich Komm. v. 21.8.2007 (COMP/M.4523) – Travelport/Worldspan, Rdnr. 137.
238 Komm. v. 23.6.2008 (COMP/M.5047) – REWE/ADEG, Rdnr. 60 ff.

Teil 3 C. Nichtkoordinierte Effekte

konkurrent SPAR (etwa 28% Marktanteil) trug Bedenken gegen das Zusammenschlussvorhaben vor: SPAR befürchtete insbesondere eine signifikante Verbesserung der Einkaufskonditionen auf Seiten von REWE. In diesem Zusammenhang präsentierte SPAR eine Studie, welche die aus dem Zusammenschluss resultierenden Preisänderungen im österreichischen Einzelhandel simulieren sollte. Die Studie kam dabei zu dem Ergebnis einer Preiserhöhung auf dem Gesamtmarkt in Höhe von 0,37– 1,32%. Die Kommission hielt dies zum einen für einen nur sehr begrenzten Preiseffekt. Zum anderen bezweifelte die Kommission die Aussagekraft der Studie: „Zur Beurteilung der Mergersimulationen muss berücksichtigt werden, dass einfache Simulationen wie das verwendete ALM und PCAIDS auf teilweise extremen Vereinfachungen beruhen, um trotz minimaler Datenverfügbarkeit eine Vorhersage treffen zu können. Darüber hinaus muss berücksichtigt werden, dass die verwendeten Simulationsmodelle allesamt für nationale Märkte entwickelt wurden, auf denen diskrete Kaufentscheidungen getroffen werden (beispielsweise der Kauf eines Automobils). Im vorliegenden Fall, wo Kunden typischerweise nicht identische Warenkörbe bei lokalen Anbietern erwerben und auch teilweise mehrere Anbieter gleichzeitig aufsuchen, können sich zusätzliche Verzerrungen der Ergebnisse ergeben. Die auf der Kostenseite erstellten Prognosen der Modelle zeigen eine teilweise sehr deutliche Abweichung von als realistisch betrachteten Werten. Beispielsweise prognostizieren die Modelle einen Grenzkostenunterschied zwischen REWE und ADEG von mehr als 20%, während SPAR selbst den tatsächlichen Unterschied auf lediglich 5% einschätzt. Eine derart ungenaue Prognose auf der Kostenseite legt nahe, dass auch die Preisprognose auf der Absatzseite recht unpräzise sein könnte. Das einzige Modell, das von der von SPAR als realistisch betrachteten Kostendifferenz ausgeht (Nested ALM), prognostiziert eine Preiserhöhung von 0,4 bis 0,5%." Aus der Studie konnten sich nach Ansicht der Kommission daher keine Bedenken bezüglich möglicher unilateraler Effekte ergeben.[239]

Statoilhydro/Conocophillips

Im Fall *Statoilhydro/Conocophillips* entstanden Bedenken bezüglich möglicher nichtkoordinierter Effekte im Markt für Kraftstoffverkauf auf Einzelhandelsebene in Schweden, weil Statoil mit JET einen aggressiven Wettbewerber erwerben würde. JET hatte als erster Marktteilnehmer automatisierte Tankstellen in Schweden errichtet und den Einzelhandelspreis für Kraftstoff von Statoil seit 1990 konsequent um 0.25 SEK pro Liter

---

[239] Ibid., Rdnr. 60ff.

unterboten. Diese Strategie hatte JET zum effizientesten Marktteilnehmer in Schweden gemacht und beim schwedischen Verbraucher sein starkes Image als Billigmarke begründet. Um Marktanteile zurückzugewinnen, hatten sich seine Wettbewerber Statoil und Shell sogar auf einen langen Preiskampf eingelassen. Durch den Erwerb von JET wäre dieser von ihm ausgehende Wettbewerbsdruck also weggefallen.[240] Um den Wettbewerbsdruck von JET konkret auf Statoil nachzuweisen, führte die Kommission umfangreiche Regressionsanalysen durch. Diese ergaben vornehmlich während der Preiskriege, aber auch außerhalb einen signifikanten Einfluss der Präsenz von JET auf die Preisfindung von Statoil.[241] Im Ergebnis konnte der Zusammenschluss daher nur unter Einbeziehung von Verpflichtungszusagen freigegeben werden.

Friesland Foods/Campina

In der Sache *Friesland Foods/Campina* hatte die Kommission ihrer Mitteilung der Beschwerdepunkte eine ökonometrische Schätzung des Nachfragesystems im Einzelhandel beigefügt, welche die Bedenken bezüglich nichtkoordinierter Effekte im Markt für haltbare wie frische Milchprodukte unterstrich. Auf Kritik der Anmelder hin setzte sich die Kommission ausführlich mit den Vor- und Nachteilen des eingesetzten AIDS-Modells auseinander und maß daraufhin den ökonometrischen Befunden im Rahmen der Entscheidung kein Gewicht mehr bei. Grundsätzlich sei am Modell zunächst problematisch, dass es die Schätzung einer großen Zahl von Parametern voraussetze. Ferner sei nicht garantiert, dass die Kreuzpreiselastizitäten die richtigen Vorzeichen hätten, sodass Ergebnisse des Modells teilweise „gegenintuitiv" seien und „zu kuriosen Ergebnissen bei Berechnungen des Verbraucherwohls oder Fusionssimulationen führen" könnten.[242] Bezogen auf die Robustheit der Aussagen des Nachfragesystems im konkreten Fall gab die Kommission den Ausführungen der Parteien Recht, dass das Modell die für die Nachfragestruktur im konkreten Fall maßgeblichen dynamischen Aspekte nicht berücksichtige. So hatte die Kommission dem Modell wöchentliche Scannerdaten zugrunde gelegt, die Anmelder wiesen bezüglich des Marktes für haltbare Milchprodukte aber darauf hin, dass diese wöchentliche Struktur weder das Phänomen der Vorratskäufe noch die empirisch ermittelte zyklische Preisentwicklung im Markt berücksichtige.[243] Bezüglich des Marktes für frische

---

240 Komm. v. 21.10.2008 (COMP/M.4919) – Statoilhydro/Conocophillips, Rdnr. 89–101.
241 Ibid., Rdnr. 102–115, insbesondere 106, 114.
242 Komm. v. 17.12.2008 (COMP/M.5046) – Friesland Foods/Campina, Anhang 1, Rdnr. 93.
243 Ibid., Anhang 1, Rdnr. 161 ff.

Teil 3 C. Nichtkoordinierte Effekte

Milchprodukte vermochten die wöchentlichen Scannerdaten das Phänomen der „habit persistence", also dem gewohnheitsmäßigen Verbleib bei einem Produkt, nicht zu erfassen. Zwar modifizierte die Kommission daraufhin die Kalibrierung des AIDS-Modells, Ergebnis der Simulation waren dann aber uneinheitliche Aussagen über die Wettbewerbsnähe.[244]

In der Entscheidung begründete die Kommission ihre ernsthaften Bedenken über die Vereinbarkeit des Zusammenschlusses mit dem Gemeinsamen Markt daher letztlich allein anhand struktureller Aspekte. Der Zusammenschluss konnte somit nur durch Einbeziehung von Verpflichtungszusagen freigegeben werden.

Kraft Foods/Cadbury

Im Fall *Kraft Foods/Cadbury* hätte der Zusammenschluss von Kraft Foods und Cadbury auf dem Markt für Schokoladentafeln Marktanteile von 60–70% ergeben. Um Bedenken hinsichtlich einer Marktbeherrschung auszuräumen, brachten die Anmelder ein Nested Logit Demand System zur Schätzung des Nachfragerverhaltens bei. Unter Eingabe von Marktdaten des Marktforschungsinstitutes Nielsen ergab die Simulation auf Basis des Modells, dass infolge des Zusammenschlusses lediglich ein Preisanstieg von 1% zu erwarten sei. Bezüglich dieses Ergebnisses stellte die Kommission allerdings fest, dass es sehr sensibel auf die Einbeziehung weiterer Aspekte in die Regression reagiere und daher keine beweiskräftige Aussage über die Folgen des Zusammenschlusses zu leisten vermöge. Die Anmelder hatten aber auch eine Berechnung angestellt, die Ober- und Untergrenzen des zu erwartenden Preisanstiegs ergab. Dieser mögliche Korridor eines Preisanstiegs war dann robust gegenüber den Erweiterungen der Regression, sodass dieses Ergebnis des Nested Logit Demand Systems als Nachweis für eine Vereinbarkeit des Zusammenschlusses mit dem Gemeinsamen Markt anerkannt wurde.[245]

Votorantim/Fischer/JV

Die Europäische Kommission prüfte auch im Fall *Votorantim/Fischer/JV*, der die Märkte für die Herstellung von und den Großhandel mit Orangensaft sowie für Nebenerzeugnisse der Orangensaftproduktion betraf, mögliche nichtkoordinierte Wirkungen des Zusammenschlusses.[246] Dazu führte sie unter anderem eine Analyse der Absatzdaten der vier wichtigs-

---

244 Ibid., Anhang 1, Rdnr. 177–182.
245 Komm. v. 6.1.2010 (COMP/M.5644) – Kraft Foods/Cadbury, Rdnr. 53–70.
246 Komm. v. 4.5.2011 (COMP/M.5907) – Votorantim/Fischer/JV, Rdnr. 155 ff.

IV. Feststellung nichtkoordinierter Effekte in der Anwendungspraxis   **Teil 3**

ten Anbieter im Zeitraum der letzten vier Jahre durch.[247] Diese bestätigte, dass die Abnehmer ihren Bedarf zumeist bei mehreren Anbietern deckten und zudem häufig zwischen den Anbietern wechselten. Auch in Anbetracht des Vorhandenseins freier Kapazitäten bei den Wettbewerbern auf allen Stufen der Herstellungs- und Lieferkette schloss die Kommission letztlich nichtkoordinierte Wirkungen aus.[248] Erwähnenswert ist, dass die Kommission die Entstehung einer marktbeherrschenden Stellung demgegenüber nicht untersuchte, obgleich die Zusammenschlussbeteiligten nach dem Zusammenschluss insbesondere im Markt für die Herstellung von und den Großhandel mit Orangensaft angesichts eines kombinierten Marktanteils von [40–50] % die Marktführerschaft erlangten.[249]

D. Koordinierte Effekte und kollektive Marktbeherrschung

Nichtkoordinierte Effekte einer Fusion bewirken zwar Änderungen der Preise und Mengen auf dem Markt; sie lassen aber den Charakter des Wettbewerbs zwischen den Unternehmen in einer wesentlichen Hinsicht unverändert: Auch nach der Fusion findet zwischen den Unternehmen keine Verhaltenskoordination statt, d.h. sie verhalten sich weiterhin nichtkooperativ. Allerdings kann eine Fusion auch eine grundlegende Änderung im Charakter des auf dem Markt herrschenden Wettbewerbs auslösen. Durch den Zusammenschluss können sich für alle Unternehmen im Markt Möglichkeiten ergeben, ihr Verhalten zu koordinieren oder eine bestehende Verhaltenskoordination zu verbessern oder zu stabilisieren und somit ein koordiniertes Gleichgewicht zu etablieren, das ohne die Fusion nicht erreichbar gewesen wäre.[250] Ein solches koordiniertes Gleichgewicht zeichnet sich dadurch aus, dass der Wettbewerb zwischen den Unternehmen weitestgehend ausgeschaltet ist und ein Ergebnis resultiert, das dem bei einer monopolistischen Marktstruktur entspricht (hierzu oben S. 22 ff.). Die Änderungen der Preise und Mengen und damit auch der Konsumentenrente und der Wohlfahrt, die durch einen solchen Regimewechsel im Charakter des Wettbewerbs entstehen, bezeichnet man als koordinierte Effekte. Da – anders als bei einem Monopol – mehrere Unternehmen in ihrer Gesamtheit den Markt beherrschen, wird eine solche Situation oft als kollektive Marktbeherrschung bezeichnet. Die Prog-

---

247 Ibid., Rdnr. 169 ff.
248 Ibid., Rdnr. 204.
249 Vgl. ibid., Rdnr. 153.
250 Vgl. *Motta* (2004), 251; *Bishop/Lofaro* (2004), 217.

Teil 3 D. Koordinierte Effekte und kollektive Marktbeherrschung

nose einer wahrscheinlichen Entstehung oder Verstärkung einer Marktbeherrschung dieser Art gerade in Folge eines Zusammenschlusses wirft aus wirtschaftstheoretischer Sicht eine Reihe konzeptioneller Schwierigkeiten auf (hierzu unten S. 401–406).

Neben der Marktbeherrschung durch ein Einzelunternehmen kennen sowohl das europäische als auch das deutsche Recht die Figur der kollektiven Marktbeherrschung durch mehrere Unternehmen. Unter einer kollektiven marktbeherrschenden Stellung wird eine Situation in oligopolistischen Marktstrukturen verstanden, die es den Oligopolmitgliedern erlauben würde, durch Vermeidung von Wettbewerb untereinander sich in einem wesentlichen Umfang unabhängig von den restlichen Wettbewerbern, von ihren Kunden und damit letztlich von den Endverbrauchern zu verhalten und durch dieses Verhalten gemeinsam ihre Gewinne zu maximieren.[251] Der Begriff der kollektiven Marktbeherrschung ist ebenso wie der der Einzelmarktbeherrschung ein juristischer Zweckbegriff, dem von Gesetzes wegen kein kohärentes Konzept zugrunde liegt. Eine Ausfüllung erfolgte erst durch die Praxis von Kommission und Gerichten.

In den meisten Fällen prüft die Kommission zunächst mehr oder weniger ausführlich die Begründung oder Verstärkung einer einzelmarktbeherrschenden Stellung. Liegt eine solche vor, so ist das zeitgleiche Vorliegen einer kollektiv marktbeherrschenden Stellung ausgeschlossen, da diese – im Gegensatz zur weitgehenden Unabhängigkeit des Einzelmarktbeherrschers – gerade durch intensive Interdependenzen der Oligopolteilnehmer gekennzeichnet ist. Wird demgegenüber die Gefahr der Begründung oder der Verstärkung einer einzelmarktbeherrschenden Stellung verneint, prüft die Kommission – soweit durch den Einzelfall angezeigt – das Entstehen oder die Verstärkung einer kollektiven marktbeherrschenden Stellung.

Nach Art. 102 AEUV bzw. dem vormaligen Art. 82 EG kann eine beherrschende Stellung nicht nur von einem, sondern auch von mehreren Unternehmen ausgeübt werden (sog. gemeinsame oder auch kollektive Marktbeherrschung). Im Gegensatz hierzu enthält die europäische Fusionskontrollverordnung diesbezüglich keinen ausdrücklichen Hinweis. Eine Klärung der Frage, ob Fälle kollektiver Marktbeherrschung auch von Art. 2 Abs. 3 FKVO erfasst werden, erfolgte verbindlich erst im Urteil des EuGH *Kali + Salz* aus dem Jahre 1998, während die Kommission diese Haltung bereits im Jahr 1992 im Fall *Nestlé/Perrier* klar zum Ausdruck brachte und seither vertrat.

---

[251] Komm. v. 22.7.1992 (IV/M.190) – Nestlé/Perrier, ABl.EG 1992 L 356/1 Rdnr. 114. Darauf, dass sich ein Unternehmen jedoch nicht weitgehend unabhängig von seinen Abnehmern verhalten kann, wurde bereits auf Seite 22 hingewiesen.

I. Ökonomische Grundlagen der kollektiven Marktbeherrschung **Teil 3**

Im Rahmen der Fusionskontrollverordnung kommt grundlegende Bedeutung der Entscheidung des EuG in der Rechtssache *Airtours/Kommission*[252] zu. Dort heißt es, dass sich eine kollektive beherrschende Stellung aus einem Zusammenschluss ergeben könne, wenn dieser aufgrund der Merkmale des relevanten Marktes und durch Änderung der Marktstruktur dazu führe, dass jedes Mitglied des beherrschenden Oligopols es in Wahrnehmung der gemeinsamen Interessen für möglich, wirtschaftlich vernünftig und daher ratsam halte, dauerhaft einheitlich auf dem Markt vorzugehen, um zu höheren als den Wettbewerbspreisen zu verkaufen, ohne zuvor eine Vereinbarung im Sinne des damaligen Art. 81 EG (heute Art. 101 AEUV) treffen oder auf eine andere abgestimmte Verhaltensweise im Sinne dieser Vorschrift zurückgreifen zu müssen und ohne dass die tatsächlichen oder potenziellen Wettbewerber oder die Kunden und Verbraucher wirksam reagieren können.[253]

Im Folgenden sollen zuerst die ökonomischen Grundlagen der kollektiven Marktbeherrschung skizziert werden. Nach der anschließenden juristischen Einordnung der Prüfung einer kollektiven Marktbeherrschung werden im Weiteren die Kriterien herausgearbeitet, die entsprechend der Wirtschaftstheorie von zentraler Bedeutung für die Existenz und die Entstehung einer kollektiv marktbeherrschenden Position sind. Diese werden jeweils mit den von der Europäischen Kommission und den Gerichten herangezogenen Kriterien verglichen. Die deutsche Anwendungspraxis wird anschließend gesondert behandelt.

I. Ökonomische Grundlagen der kollektiven Marktbeherrschung

Vereinbarungen zwischen Unternehmen, die darauf abzielen, den Wettbewerb untereinander zu beschränken oder auszuschalten, unterfallen dem Kartellverbot. Es besteht daher nicht die Möglichkeit, einen auf ein derartiges wettbewerbsbeschränkendes Verhalten gerichteten Vertrag abzuschließen, der vor Gericht Bestand hätte. Wenn Unternehmen sich also auf eine solche Wettbewerbsbeschränkung einlassen wollten, dann setzt dies voraus, dass sich die Unternehmen aus eigenem Interesse an dieses Arrangement halten, d. h., es muss selbstzwingend bzw. anreizkompatibel sein.[254] Es ist deshalb zu untersuchen, ob und unter welchen Bedingungen Unternehmen in der Lage sind, den Wettbewerb durch ein selbsterzwingendes Arrangement zu beschränken oder auszuschalten. Ökonomisch gesehen ist es unerheblich, ob Oligopolisten durch voneinander un-

---

252 EuG, Urt. v. 6.6.2002, T-342/99 – Airtours/Kommission, Slg. 2002, II-2585.
253 Ibid., Rdnr. 61.
254 Vgl. z. B. *Telser* (1980).

Teil 3 D. Koordinierte Effekte und kollektive Marktbeherrschung

abhängige Überlegungen, eine Absprache oder durch ein anderes Hilfsmittel ihre Strategien koordinieren, denn aufgrund der Tatsache, dass Vereinbarungen nicht vor Gericht durchsetzbar sind, ist das strategische Problem (Abweichen oder nicht Abweichen von einem wettbewerbsbeschränkendem Verhalten) in allen Fällen das Gleiche.

Die Oligopoltheorie hat deutlich gemacht, dass es für Unternehmen häufig einen Anreiz gibt, von einer Wettbewerbsbeschränkung abzuweichen, so dass nicht zu befürchten wäre, dass diese von Dauer sein könnte. Dieses grundlegende strategische Problem kann man sich anhand eines einfachen stilisierten Beispiels mit zwei Unternehmen verdeutlichen. Wenn die beiden Unternehmen mittels Preiswettbewerb konkurrieren, dann könnte jedes von ihnen einen Gewinn in Höhe von 85 (Millionen Euro) erwirtschaften. Würden die beiden Unternehmen jedoch den Wettbewerb untereinander beschränken und jeweils den Monopolpreis verlangen, dann könnten sie einen Gewinn in Höhe von 100 (Millionen Euro) realisieren. Würde eines der Unternehmen den Monopolpreis, das andere jedoch den niedrigeren Preis verlangen, dann könnte ersteres lediglich einen Gewinn von 60 (Millionen Euro) erzielen, da ein Großteil der Nachfrage zum günstigeren Unternehmen abwandern würde. Dieses Unternehmen bekäme aufgrund der größeren Nachfrage den hohen Gewinn von 130 (Millionen Euro). Analysiert man diese Situation mit Hilfe der Spieltheorie, so kann die Situation wie folgt charakterisiert werden: Für jedes der beteiligten Unternehmen kommen verschiedenen Strategien in Betracht. Eine Strategie ist hierbei ein Plan eines Unternehmens, der sich auf die Preissetzung bezieht. Die Spielermenge in dieser strategischen Entscheidungssituation, d.h. in diesem Spiel, besteht also aus den Unternehmen A und B, ihre Strategienmengen sind jeweils ein hoher oder ein niedriger Preis (p^h bzw. p^n) und die Auszahlungsfunktion ist durch die folgende Auszahlungsmatrix beschrieben:

		B	
		p_h	p_n
A	p_h	100,100	60,130
	p_n	130,60	85,85

Ein Nash-Gleichgewicht ist eine Strategienkombination derart, dass kein Spieler einen Anreiz hat, von seiner Strategie abzuweichen, wenn auch die anderen Spieler ihre entsprechenden Strategien verwenden (hierzu schon Teil 1 B.V.1.). Da dies für alle Spieler gilt, wird in einem Nash-Gleichgewicht kein Spieler ein Interesse daran haben, von seinem Verhalten abzuweichen. Im hier gegebenen Beispiel ist die Strategienkombi-

I. Ökonomische Grundlagen der kollektiven Marktbeherrschung **Teil 3**

nation, bei der beide Unternehmen einen *hohen Preis* verlangen, *kein Nash-Gleichgewicht*: Verlangt Unternehmen *A* einen hohen Preis, dann sollte Unternehmen B einen niedrigen Preis fordern, denn dadurch erzielt es einen Gewinn von 130 anstatt nur von 100. Dies gilt analog auch für Unternehmen *B*. Jedes der beiden Unternehmen hat also einen Anreiz, vom hohen Preis abzuweichen und den niedrigen zu verlangen. Das einzige Nash-Gleichgewicht in diesem Spiel ist die Strategienkombination, bei der jedes Unternehmen den niedrigen Preis fordert. Jedes Unternehmen könnte sich durch einen höheren Preis nur verschlechtern: Der Gewinn würde von 85 auf 60 fallen. Kein Unternehmen hat also einen Anreiz, vom niedrigen Preis abzuweichen, wenn das andere Unternehmen ebenfalls den niedrigen Preis setzt. Dadurch, dass sich die Unternehmen nicht an einen höheren Preis fest binden können, z. B. mittels eines durchsetzbaren Vertrags, überwiegt das individuelle Interesse, durch ein Abweichen vom hohen Preis einen größeren Gewinn zu erzielen. Es besteht zwar immer ein Anreiz, den Wettbewerb untereinander zu beschränken, aber dies wäre keine stabile Situation, da kein Unternehmen dieser Wettbewerbsbeschränkung folgen würde. Früher wurde daher vereinzelt die Meinung vertreten, dass ein straf- oder bußgeldbewehrtes Verbot von Kartellen nicht notwendig sei, sondern dass es genüge, dass Kartellverträge vor Gerichten nicht durchsetzbar seien, weil damit solche Vereinbarungen von selbst an ihren inneren Widersprüchen scheitern würden. Wie im Folgenden gezeigt wird, gibt es aber eine Reihe von Möglichkeiten, Vereinbarungen so zu gestalten, dass sie „selbsterzwingend" sind, d. h., dass die Transaktionspartner einen Anreiz haben, die Vereinbarung auch ohne die Drohung des staatlichen Rechts zu erfüllen („self-enforcing agreements"). Insofern mag ein schlichtes Verweigern der Einklagbarkeit von Kartellverträgen vor staatlichen Gerichten nicht ausreichen.

Um zu zeigen, wie solche anreizkompatiblen Arrangements zustande kommen können, wird davon ausgegangen, dass die Unternehmen, anders als im oben angeführten Beispiel, nicht nur einmal darüber entscheiden, den Wettbewerb durch höhere Preise zu beschränken. Vielmehr vollzieht sich der Wettbewerb zwischen Unternehmen in der Regel über einen längeren Zeitraum. Unternehmen müssen folglich über ihre Preise und Mengen regelmäßig und wiederkehrend entscheiden. Dieser Aspekt blieb bei der obigen Betrachtung unberücksichtigt, führt jedoch zu fundamentalen Änderungen der strategischen Situation. Bei einer wiederholten Interaktion kann ein Unternehmen auf das Verhalten des oder der anderen Unternehmen in den vorhergehenden Perioden reagieren, bzw. es kann versuchen, durch ein bestimmtes Verhalten heute das künftige Verhalten der

Teil 3 D. Koordinierte Effekte und kollektive Marktbeherrschung

anderen Unternehmen zu beeinflussen. Die strategischen Möglichkeiten in einem solchen wiederholten Spiel sind also weitaus umfangreicher und komplexer als in einem einmaligen. Aber auch ein wiederholtes Spiel kann prinzipiell in der gleichen Weise beschrieben werden: Die Spieler A und B haben jetzt andere Strategienmengen und Auszahlungsfunktionen. Die Strategie eines Unternehmens muss beim wiederholten Spiel für jede Periode ein bestimmtes Preissetzungsverhalten vorschreiben, und zwar abhängig davon, wie sich die Preise aller Unternehmen bis zu diesem Zeitpunkt entwickelt haben. Insbesondere kann eine Strategie eine bestimmte Reaktion auf das Verhalten der anderen Oligopolisten in der oder den Vorperioden vorsehen. Eine solche Reaktion könnte z. B. in einer „Belohnung" eines gewünschten Verhaltens eines Konkurrenten bzw. in der „Bestrafung" eines unerwünschten Verhaltens bestehen, wobei unter einer Bestrafung keine vertraglich festgelegte Geldstrafe verstanden werden darf, sondern eine Verhaltensänderung wie etwa aggressiveres Wettbewerbsverhalten. Eine solche Strategie für ein Unternehmen könnte z. B. wie folgt aussehen: „Beginne in der ersten Periode mit dem Preis, den ein Monopolist setzen würde. Wenn die anderen Mitglieder des Oligopols ebenfalls diesen Preis verlangen, dann setze in der nächsten Periode wieder den Monopolpreis. Sollte jedoch irgendein Unternehmen einen anderen Preis verlangen, dann setze in allen folgenden Perioden den niedrigeren Wettbewerbspreis." Durch diese sogenannte Trigger-Strategie wird das Wohlverhalten der anderen Oligopolisten honoriert, während ein Abweichen vom Monopolpreis mit einer aggressiven Preispolitik bestraft wird.[255] Aber auch die Auszahlungsfunktionen müssen die wiederholte Interaktion berücksichtigen, denn die Auszahlungen fallen nicht mehr nur ein einziges Mal an, sondern in jeder Periode erhält eine Unternehmung einen Gewinn. Allerdings ist zu berücksichtigen, dass zukünftige Gewinne im Allgemeinen nicht in der gleichen Weise bewertet werden wie Gewinne, die heute anfallen. Daher wird die auf den Gegenwartszeitpunkt abgezinste Summe der Auszahlungen herangezogen.

Dieses neue Spiel, das aus einer Wiederholung des einperiodigen Spiels besteht, ist selbst also nichts anderes als ein Spiel – allerdings bedeutend komplexer als das einperiodige. Die Überlegungen zum Konzept des Nash-Gleichgewichtes im wiederholten Spiel sind zunächst prinzipiell die gleichen wie im einperiodigen Spiel: Offensichtlich ist auch hier die Stra-

---

[255] In der Spieltheorie werden auch andere Strategien betrachtet, die zum gleichen Resultat führen, wie z. B. die Tit-for-Tat-Strategie, die immer entsprechend auf das Verhalten des Konkurrenten in der Vorperiode reagiert. Vgl. *Axelrod* (1984). Die Trigger-Strategie zum Nachweis der Existenz eines koordinierten Gleichgewichts wurde erstmalig von *Friedman* (1971) untersucht. Vgl. hierzu auch *Porter* (1983).

I. Ökonomische Grundlagen der kollektiven Marktbeherrschung   Teil 3

tegienkombination, in der jedes Unternehmen den niedrigen Preis setzt, ein Gleichgewicht: Wenn alle anderen Unternehmen immer nur den niedrigen Preis verlangen, dann würde sich ein Unternehmen nur verschlechtern, wenn es selbst einen höheren Preis verlangen würde, da es in diesem Fall keine Nachfrage auf sich ziehen könnte. Die Wiederholung des Nash-Gleichgewichtes des einmaligen Spiels, des sogenannten kurzfristigen Nash-Gleichgewichtes, ist daher immer auch ein Gleichgewicht im wiederholten Spiel. An dieser Stelle sei noch auf die wichtige Unterscheidung zwischen einem Spiel hingewiesen, das eine genau festgelegte Anzahl von Malen wiederholt wird und einem, bei dem es keine allen Spielern bekannte letzte Runde gibt. Im ersten Fall kann man zeigen, dass das einzige Nash-Gleichgewicht in der Wiederholung des kurzfristigen Nash-Gleichgewichtes besteht.[256] Es wird daher im Folgenden nur der Fall betrachtet, in dem es *keine* genau bekannte letzte Runde gibt, sondern die Wiederholungen im Prinzip unendlich lange andauern könnten.[257] In diesem Fall können unter bestimmten Voraussetzungen zusätzliche Nash-Gleichgewichte auftreten, die Ergebnisse ermöglichen, die im einmaligen Spiel nicht erzielt werden können. Insbesondere kann nun auch ein hoher Preis in jeder Periode, d.h. eine Wettbewerbsbeschränkung, ein Nash-Gleichgewicht sein. Dies könnte z.B. mittels der oben erwähnten Trigger-Strategie erreicht werden, vorausgesetzt, dass die künftigen Erträge für das Unternehmen eine Bedeutung haben, d.h. nicht sehr stark diskontiert werden. Ein Unternehmen könnte zwar durch ein Abweichen vom Monopolpreis kurzfristig einen größeren Gewinn realisieren, indem es durch einen niedrigeren Preis einen Großteil der Marktnachfrage an sich zieht, würde allerdings langfristig seinen Teil des Monopolgewinns einbüßen, denn die anderen Oligopolisten werden, entsprechend der Trigger-Strategie, nach dem Abweichen eines Unternehmens immer den niedrigen Preis verlangen. Wenn diese künftigen Einbußen in das Kalkül des Unternehmens eingehen, wird der kurzfristige Gewinn aus dem Abweichen vom höheren Preis mehr als aufgewogen durch den dauerhaften Verlust des Anteils am Monopolgewinn.

Es wurden in der Spieltheorie eine Reihe von Aussagen hergeleitet (die sogenannten Folk-Theoreme), die zeigen, dass abhängig davon, welche

---

[256] Wenn es im einperiodigen Spiel jedoch mehrere Nash-Gleichgewichte mit unterschiedlichen Auszahlungen gibt, dann kann auch bei endlicher Wiederholung Kooperation in einigen Runden ein Gleichgewicht sein. Vgl. *Benoit/Krishna* (1985). Auch kann unvollständige Information dazu beitragen, in einigen Runden kooperatives Verhalten zu erzeugen, vgl. *Kreps/Milgrom/Wilson/Roberts* (1982) sowie *Radner* (1980).

[257] Dies bedeutet nicht, dass ein solches Spiel tatsächlich unendlich oft wiederholt wird. Es reicht völlig aus anzunehmen, dass es nach jeder Periode eine Chance gibt, dass noch eine weitere Runde gespielt wird.

Teil 3 D. Koordinierte Effekte und kollektive Marktbeherrschung

Bedeutung zukünftige Erträge für die Akteure haben, jede Auszahlung im wiederholten Spiel realisiert werden kann, wenn sie mindestens so groß ist wie diejenige im kurzfristigen Nash-Gleichgewicht.[258] Es gibt also im wiederholten Spiel im Allgemeinen unendlich viele Nash-Gleichgewichte, unter anderem auch dasjenige, welches ein gemeinsames monopolistisches Verhalten aller Oligopolisten vorsieht. Im Folgenden werden alle Nash-Gleichgewichte, die ein gewisses Maß an Verhaltenskoordination implizieren (bis hin zum gemeinsamen monopolistischen Verhalten), als koordinierte Gleichgewichte bezeichnet und das in der Regel eindeutige Nash-Gleichgewicht im einmaligen Spiel entsprechend als das nichtkoordinierte Gleichgewicht. Bei wiederholter Interaktion kann es also zu Verhaltensweisen kommen, die man in einer nur einmaligen Interaktion im Nash-Gleichgewicht nicht beobachten würde. Allerdings ist darauf hinzuweisen, dass man aufgrund der Folk-Theoreme lediglich nachweisen kann, dass koordinierte Gleichgewichte existieren. Unter Zugrundelegung dieser theoretischen Überlegungen sollen nun im Folgenden – nach kurzer juristischer Einordnung der Prüfung einer möglichen kollektiven Marktbeherrschung – die Bedingungen herausgearbeitet werden, die erfüllt sein sollten, damit es zu einem solchen koordinierten Gleichgewicht bzw. zu einer kollektiven Marktbeherrschung kommen kann.

Zuerst werden die Bedingungen näher betrachtet, die sich aus dem klassischen Folk-Theorem für die Existenz eines koordinierten Gleichgewichtes im Rahmen eines oligopolistischen Marktes unmittelbar ergeben. Dabei handelt es sich um wiederholte Interaktionen zwischen den Unternehmen, einen hinreichend hohen Diskontfaktor, die Existenz eines glaubwürdigen Bestrafungsmechanismus sowie Markttransparenz.

Dann werden die Bedingungen näher betrachtet, deren Erfüllung dazu beitragen kann, ein koordiniertes Gleichgewicht auch über längere Zeiträume stabil zu erhalten. Hierzu gehören zum einen unternehmensbezogene Faktoren wie die Anzahl der Unternehmen, ihre Symmetrie bezüglich Kosten, Produktpalette, Kapazitäten und Lagerbestände sowie Organisationsform, zum anderen marktbezogene Kriterien wie z. B. die Preiselastizität der Nachfrage, die Substituierbarkeit der von den Unternehmen hergestellten Güter, die Existenz von Multi-Markt-Kontakten und Nachfragemacht.[259] Diese ökonomischen Kriterien werden jeweils mit den Kriterien verglichen, die in der Entscheidungspraxis der Europäischen

---

258 Vgl. *Auman/Shapley* (1994); *Friedman* (1990); *Fudenberg/Maskin* (1986); *Fudenberg/Levine/Maskin* (1994); *Häckner* (1988); *Kaneko* (1982); *Rubinstein* (1979). Eine Übersicht über die verschiedenen Varianten gibt *Friedman* (2000).
259 *Feuerstein* (2005a) gibt eine Übersicht über koordiniertes Verhalten von Unternehmen in industrieökonomischen Analysen. Dieser Überblick wurde durch eine Reihe von

Kommission sowie der Gerichte zum Nachweis einer kollektiv beherrschenden Stellung herangezogen wurden.

II. Juristische Einordnung

Im deutschen Recht in § 19 Abs. 2 S. 2 GWB i.V.m. § 36 Abs. 1 GWB wird explizit auch die Begründung oder Verstärkung einer oligopolistischen marktbeherrschenden Stellung als Untersagungsgrund berücksichtigt. § 19 Abs. 3 S. 2 GWB enthält zwei Marktbeherrschungsvermutungen für Oligopole: Nach § 19 Abs. 3 S. 2 Nr. 1 GWB gilt eine Oligopolgruppe als marktbeherrschend, falls die drei oder weniger anteilsmäßig stärksten Unternehmen einen Marktanteil von mindestens 50% erreichen. Dies ist nach § 19 Abs. 3 S. 2 Nr. 2 ebenso der Fall, wenn die ersten fünf oder weniger Unternehmen mindestens 66% erreichen. Die Oligopolvermutungen sollen dabei auch neben der Einzelmarktbeherrschungsvermutung anwendbar sein. Denn nach der Argumentation des Bundeskartellamtes entfällt die Notwendigkeit eines Schutzes vor Gruppenverhalten nicht schon notwendigerweise dadurch, dass ein Teilnehmer dieser Gruppe die Anteilsgrenze der Einzelmarktbeherrschungsvermutung überschreitet.[260] Umstritten ist auch die Reichweite der Vermutungswirkung. Zunächst hatte das OLG Düsseldorf die Oligopolvermutung ebenso wie die Einzelmarktbeherrschungsvermutung nur als eine Umkehr der materiellen Beweislast eingeordnet. Nach dem Grundsatz der Amtsermittlungspflicht müsse das Kartellamt nicht lediglich die Vermutungsvoraussetzungen nachweisen, sondern umfassend darlegen, aus welchen Tatsachen sich das Bestehen eines Oligopols ableiten lasse. Die Vermutung wirke sich demnach nur in Fällen eines *non liquet* zugunsten der Behörde aus.[261] Diese Ansicht hat das OLG Düsseldorf inzwischen aufgegeben und nimmt in ständiger Rechtsprechung an, dass die Oligopolvermutung anders als die Einzelmarktbeherrschungsvermutung eine Umkehr sowohl der materiellen als auch der formellen Beweislast enthalte.[262] Demnach wirkt die Vermutung zugunsten der Behörde nicht nur in Fällen eines *non liquet*. Vielmehr müssen die Zusammenschlussbeteiligten, sobald sie die Marktanteil-

---

Kommentaren (*Cabral* (2005), *Kühn* (2005), *Mehta* (2005), *Okada* (2005) sowie *Porter* (2005)) und eine Erwiderung (*Feuerstein* (2005b)) ergänzt.
260 BKartA, Beschl. v. 19.7.2006, B2–38/06 – Agravis/Baro, Rdnr. 43; s. auch Immenga/Mestmäcker/*Möschel*, GWB (2007), § 19 Rdnr. 97.
261 OLG Düsseldorf, Beschl. v. 2.11.2005 – Rethmann/GfA Köthen, WuW/E DE-R 1625, 1628f.
262 OLG Düsseldorf, Beschl. v. 7.5.2008 – Cargotec, Umdruck S. 21; OLG Düsseldorf, Beschl. v. 26.11.2008 – Phonak/ReSound, WuW/E DE-R 2477, 2488; OLG Düsseldorf, Beschl. v. 3.12.2008 – Springer/ProSiebenSat1, WuW DE-R 2593, 2596.

Teil 3 D. Koordinierte Effekte und kollektive Marktbeherrschung

schwellen erreichen, nachweisen, dass wirksamer interner oder externer Wettbewerb besteht. Dennoch betont das OLG Düsseldorf, dass das Bundeskartellamt auch im Bereich der Oligopolvermutung nicht völlig von seiner Aufklärungs- und Ermittlungspflicht befreit ist: „Die am Zusammenschluss beteiligten Unternehmen haben zwar alle zur Widerlegung geeigneten Tatsachen vorzutragen, jedoch nur, soweit sie ihnen zugänglich sind. Bei erheblichen Umständen, von denen sie keine genaue Kenntnis haben können, setzt die Aufklärungspflicht des Bundeskartellamtes ein. Auch muss es anderem Tatsachenvortrag der beteiligten Unternehmen nachgehen und weitere Ermittlungen anstellen, wenn diese Ermittlungen sich aufgrund der besonderen Kenntnisse des Amtes vom Sachverhalt aufdrängen."[263] Dabei gelten die Vermutungsregelungen sowohl in Bezug auf eine bereits bestehende als auch auf eine erst entstehende beherrschende Stellung.[264] Während in Fällen, in denen aufgrund des Überschreitens der Vermutungsschwellen bereits vor der Fusion eine oligopolistische Marktbeherrschung unterstellt worden ist, formal noch geprüft werden muss, ob diese Stellung durch den Zusammenschluss auch verstärkt würde, hilft die Marktbeherrschungsvermutung in der Konstellation, dass erst der Zusammenschluss das Überschreiten der Schwellenwerte bewirkt, augenscheinlich gänzlich über das Erfordernis hinweg, die negativen Auswirkungen der Fusion darzulegen und zu beweisen.

Im Unterschied zum deutschen Recht enthält die europäische Fusionskontrollverordnung keine besondere Regelung für die Begründung oder Verstärkung einer gemeinsamen marktbeherrschenden Stellung. Diese Konstellation wird aber vom allgemeinen Untersagungstatbestand des Art. 2 Abs. 3 der Verordnung Nr. 139/2004 miterfasst. Die Kommission nimmt mittlerweile in Reaktion auf die im Bereich kollektiver Marktbeherrschung grundlegende *Impala*-Entscheidung des EuGH[265] eine Bewertung in drei Schritten vor. Zunächst untersucht sie, ob die bestehenden Marktbedingungen einer stillschweigenden Koordinierung grundsätzlich förderlich sind. Daraufhin prüft sie, inwiefern wahrscheinliche Mechanismen zu einer derartigen Koordinierung bestehen und bewertet schließlich, in welchem Ausmaß der in Frage stehende Zusammenschluss diese Mechanismen zu einer Koordinierung begünstigt.[266]

---

263 OLG Düsseldorf, Beschl. v. 7.5.2008 – Cargotec, Umdruck S. 21; OLG Düsseldorf, Beschl. v. 3.12.2008 – Springer/ProSiebenSat1, WuW DE-R 2593, 2596.
264 Vgl. KG, Beschl. v. 1.7.1983 WuW/E OLG 3051, 3080f. – Morris/Rothmans; BKartA, Beschl. v. 23.9.1985, AG 1986, 377, 379 – NUR/ITS.
265 EuGH, Urt. v. 10.7.2008, Rs. C-413/06 – Bertelsmann and Sony Corporation of America/Impala, Slg. 2008, I-4951; hierzu unten S. 323f. und 360f.
266 Komm. v. 23.9.2008 (COMP/M.4980) – ABF/GBI, Rdnr. 144.

III. Grundlegende Bedingungen einer kollektiven Marktbeherrschung

1. Wiederholte Interaktion

Die spieltheoretischen Überlegungen haben deutlich gemacht, dass ein koordiniertes Gleichgewicht nur dann existieren kann, d.h., nur dann die Möglichkeit für die Unternehmen besteht, ihr Verhalten bezüglich ihrer Wettbewerbsparameter zu koordinieren, wenn sie wiederholt interagieren, wobei es keine fest vorgegebene letzte Runde geben darf, sondern immer die Möglichkeit besteht, dass die Interaktionsbeziehung weiter fortbesteht. Daraus ergeben sich bereits unmittelbar Anforderungen an die Unternehmen bzw. an den betrachteten Markt. So wird es im Allgemeinen schwierig sein, eine Koordination herbeizuführen, wenn eines oder mehrere der Unternehmen demnächst aus dem Markt ausscheiden werden. In einer solchen Situation würde für diese Unternehmen ein starker Anreiz bestehen, vor dem Ausscheiden durch ein Abweichen vom koordinierten Verhalten höhere Gewinne zu realisieren. Da sie danach den Markt verlassen, müssen sie auch nicht mit einer Bestrafung dieses Verhaltens rechnen. Ist den anderen Unternehmen bekannt, dass eines demnächst den Markt verlassen wird, werden diese ein solches Verhalten antizipieren, was dazu führt, dass koordiniertes Verhalten kein Gleichgewicht mehr darstellt. Eine ähnliche Situation ergibt sich tendenziell in Märkten, die aufgrund des technischen Fortschritts obsolet werden.[267] Auch hier besteht für die Unternehmen ein Anreiz, von einem koordinierten Verhalten abzuweichen und vor dem Verschwinden des Marktes höhere Gewinne mitzunehmen. Da in aller Regel die Entwicklung des Marktes allen Unternehmen bekannt ist, kann auch in diesem Fall nicht mit einem koordinierten Gleichgewicht gerechnet werden.[268] Wenn die Interaktion zwischen den Unternehmen nur sporadisch oder mit sehr großem zeitlichen Abstand stattfindet, kann eine Bestrafung eines Abweichens vom koordinierten Verhalten erst mit erheblicher zeitlicher Verzögerung erfolgen; da Aktion und Reaktion in diesem Fall zeitlich entkoppelt sind, erscheint eine Koordination unwahrscheinlich.[269] Derartige Märkte sind für koordi-

---

[267] Auch in Rohstoffmärkten mit begrenzten Vorräten des Rohstoffes können derartige Probleme auftreten. Eine empirische Untersuchung des OPEC Kartells ergab, dass die begrenzten Ölvorräte eine wichtige Rolle beim abweichenden Verhalten einiger Kartellmitglieder gespielt haben. Vgl. *Griffin/Xiong* (1997). Allgemein zur Kartellstabilität bei erschöpfbaren Ressourcen vgl. *Thomas* (1992).
[268] Ein ähnliches Phänomen ergibt sich bei Konjunkturschwankungen, bei denen es tendenziell im Abschwung zur Auflösung koordinierten Verhaltens kommt.
[269] Vgl. *Scherer/Ross* (1990), 268–273; *Ivaldi/Jullien/Rey/Seabright/Tirole* (2003), 19–21. Zur Anwendung dieser Gedankenführung auf Anbieter von Pauschalreisen EuG,

Teil 3 D. Koordinierte Effekte und kollektive Marktbeherrschung

niertes Verhalten deutlich weniger anfällig als solche, in denen Interaktionen häufig und regelmäßig stattfinden.

Nach Auffassung der Kommission ist eine Kollusionswahrscheinlichkeit nur gegeben, wenn wiederholt und in regelmäßigen Abständen eine wettbewerbliche Interaktion unter nahezu gleichen Bedingungen zwischen den Oligopolteilnehmern stattfindet.[270] Das Erfordernis der wiederholten Interaktion unter ähnlichen Bedingungen führt dazu, dass gerade auf Ausschreibungsmärkten die Wahrscheinlichkeit einer stabilen Verhaltenskoordination eher gering ist. Oft sind die zeitlichen Abstände zwischen Ausschreibungen groß und die Auftragsvolumina hoch oder inhomogen, so dass sich der Wettbewerb um jeden Zuschlag als die rationalere Alternative erweist.[271] Diesen Zusammenhang beschreibt die Kommission in *Pirelli/BCCI* folgendermaßen: „Diese Auftragsstruktur (wenige Ausschreibungen, hoher Auftragswert) macht wissentlich abgestimmtes Verhalten unattraktiv, da potenzielle künftige Gewinne aus Absprachen durch die wirtschaftlichen Vorteile eines Zuschlags aufgewogen werden."[272] Anders stellte sich die Lage nach Auffassung der Kommission im Fall *MCI WorldCom/Sprint*[273] dar, der zu einer Zusammenschlussuntersagung führte. Dort hatten die beiden als Mitglieder eines Duopols in Betracht kommenden Unternehmen (MCI World Com/Sprint und Concert-Allianz) allein im Jahr 1999 an mehr als 70 Ausschreibungen teilgenommen. Die Kommission konstatierte, dass die Aussicht auf künftige (im Rahmen einer stillschweigenden Abstimmung zu erzielende) Gewinne „zugkräftiger" sei als der aus einem Abweichen zu ziehende unmittelbare Gewinn. Da beide Unternehmen gleiche Chancen hätten, an Ausschreibungen teilzunehmen und auch den Zuschlag zu erhalten, wäre eine Abstimmung des Verhaltens für sie vorteilhafter.[274] Darüber hinaus hängt dieser Faktor auch eng mit der Möglichkeit der Durchsetzung spürbarer Disziplinierungsmaßnahmen zusammen; nur

---

Urt. v. 6.6.2002, Rs. T-342/99 – Airtours/Kommission, Slg. 2002, II-2585 –; hierzu eingehend unten S. 310f.
270 Z.B. Komm. v. 30.10.2003 (COMP/M.3268) – Sydkraft/Graninge, Rdnr. 40.
271 Vgl. hierzu auch S. 344f.
272 Komm. v. 19.7.2000 (COMP/M.1882) – Pirelli/BCCI, Rdnr. 82; siehe auch Komm. v. 12.12.2006 (COMP/M.4187) – Metso/Aker Kvaerner, Rdnr. 115: „Des Weiteren zeigte die Ausschreibungsanalyse der Kommission, dass insbesondere auf dem Markt für neue Zellstoffwerke jedes Jahr nur eine geringe Anzahl von Projekten durchgeführt wird, die nicht homogen, unvorhersehbar und unterschiedlich hinsichtlich ihres Umfangs und ihres zeitlichen Ablaufs sind. Dies erzeugt eine eindeutig abschreckende Wirkung für die abwechselnde oder anderweitige Aufteilung von Aufträgen unter den Wettbewerbern, da es für alle Lieferanten zu riskant ist, einen Auftrag auszulassen."
273 Komm. v. 28.6.2000 (COMP/M.1741) – MCI WorldCom/Sprint.
274 Ibid., Rdnr. 179.

durch die regelmäßige Interaktion wird eine sofortige Bestrafung ermöglicht und erhöht sich der Anreiz, weiterhin koordiniert vorzugehen.[275]

2. Diskontfaktor

Aus den Folk-Theoremen der Spieltheorie folgt, dass für die Existenz eines koordinierten Gleichgewichtes die künftigen Gewinne eine große Bedeutung für die Unternehmen haben müssen. Denn andernfalls, d. h., wenn die Zukunft nur ein geringes Gewicht hat, würde ein Unternehmen schnell bereit sein, vom koordinierten Verhalten abzuweichen, um sich kurzfristig einen höheren Gewinn zu sichern. Die Bedeutung zukünftiger Erträge kann mit Hilfe des Diskontfaktors beschrieben werden, der durch die Beziehung $1/(1+r)$ gegeben ist, wobei r den Zinssatz bezeichnet. Bei hohen Zinssätzen liegt der Diskontfaktor nahe 0 und die Zukunft hat nur eine geringe Bedeutung; bei niedrigen Zinssätzen liegt er nahe bei 1 und die Zukunft hat fast das gleiche Gewicht wie die Gegenwart. Der Grund für diesen Zusammenhang kann wie folgt beschrieben werden: Bei einem hohen Zinssatz könnte man sehr leicht künftige Erträge erzielen, denn bereits ein geringer Betrag heute führt zu einem großen Ertrag morgen. Ist hingegen der Zinssatz niedrig, dann muss für einen Ertrag morgen fast die gleiche Summe heute aufgewendet werden, d. h., die Zukunft hat das gleiche Gewicht wie die Gegenwart. Es wurde gezeigt, dass im Fall von Konsumenten, die über einen längeren Zeitraum auf dem Markt aktiv sind, selbst bei einem niedrigen Diskontfaktor ein koordiniertes Gleichgewicht erreicht werden kann, wenn die Unternehmen die Strategie einer intertemporalen Kopplungsbindung einsetzen, indem sie mit den Konsumenten langfristige Verträge abschließen.[276] Wenn ein Unternehmen freien Zugang zum Kapitalmarkt hat, dann entspricht der Zinssatz r im Diskontfaktor dem Marktzins.[277] In Zeiten extrem hoher Zinssätze wird also die Bedeutung künftiger Erträge abnehmen, was dazu führt, dass mit einem koordinierten Verhalten eher nicht zu rechnen ist.[278] Weiterhin werden Unternehmen, die einem hohen Risiko ausgesetzt sind, da sie z. B. vom Erfolg eines neu entwickelten Produktes abhängen, am Kapitalmarkt einen höheren Zins zahlen müssen als Unternehmen, die diesen

---

[275] Komm. v. 9.8.2004 (COMP/M.3439) – AGFA-Gevaert/Lastra, Rdnr. 110; Komm. v. 4.12.2007 (COMP/M.4662) – Syniverse/BSG, Rdnr. 108; Komm. v. 23.9.2008 (COMP/M.4980) – ABF/GBI, Rdnr. 154; vgl. auch S. 308–310.
[276] *Dana/Fong* (2008).
[277] Der Diskontfaktor verringert sich jedoch, wenn ein Unternehmen damit rechnet, dass eine Forstsetzung der Interaktion nicht mit Sicherheit erfolgt. Auch die Risikopräferenz eines Unternehmens wird im Allgemeinen den Diskontfaktor beeinflussen.
[278] Zur Frage von koordiniertem Verhalten bei schwankenden Zinssätzen vgl. *Dal Bo* (2007).

Teil 3 D. Koordinierte Effekte und kollektive Marktbeherrschung

Risiken nicht ausgesetzt sind. Für diese Unternehmen ist daher der Diskontfaktor geringer als für risikoärmere. Dies gilt in ähnlicher Weise auch für Unternehmen, die darauf angewiesen sind, schnell Gewinne zu realisieren, da sie dringende finanzielle Verpflichtungen erfüllen müssen. In beiden Fällen werden die Unternehmen eher auf die gegenwärtigen Erträge achten als auf künftige, so dass tendenziell ein größerer Anreiz zum Abweichen von einem koordinierten Verhalten besteht.[279] Unterschiede in den Diskontfaktoren zwischen Unternehmen aufgrund unterschiedlicher Gegenwartspräferenzen der Inhaber bzw. Manager oder einer unterschiedlichen Haltung gegenüber dem Risiko einer möglichen Aufdeckung koordinierten Verhaltens können dazu führen, dass kein koordiniertes Gleichgewicht existiert.[280] Allerdings konnte eine nennenswerte Berücksichtigung des Diskontfaktors bei dem in die Untersuchung einbezogenen Entscheidungsmaterial nicht festgestellt werden.

3. Glaubwürdiger Bestrafungsmechanismus

In engem Zusammenhang mit der wiederholten Interaktion der Unternehmen und der Bedeutung zukünftiger Erträge steht die Voraussetzung für die Existenz eines koordinierten Gleichgewichtes, Abweichungen von diesem Gleichgewicht durch geeignete Maßnahmen bestrafen zu können. Bei solchen Maßnahmen wird es sich im Allgemeinen um ein aggressiveres wettbewerbliches Verhalten der Unternehmen handeln, die auf ein Abweichen seitens eines anderen Unternehmens reagieren.[281] So könnte z.B. eine drastische Preissenkung, d.h. ein Preiskrieg, eine derartige Bestrafung darstellen. Eine andere Möglichkeit, abweichendes Verhalten mit einer Sanktion zu belegen, besteht darin, eine große Menge des von den Unternehmen hergestellten Produktes auf den Markt zu bringen, um dadurch eine Preissenkung herbeizuführen. Wichtig ist dabei erstens ein enger zeitlicher Zusammenhang zwischen dem Abweichen und der Bestrafung, was eine häufige Interaktion voraussetzt, zweitens muss die Bestrafung auch wirksam sein, was nur dann der Fall ist, wenn künftigen Erträgen ein hohes Gewicht beigemessen wird und drittens muss die Bestrafung glaubwürdig sein, d.h., es muss im Interesse des Bestrafenden liegen, die Sanktion auch tatsächlich durchzuführen. So wäre z.B. die Drohung, die eigene Produktionsmenge so stark zu erhöhen, dass der Gewinn des abweichenden Unternehmens minimiert wird, nicht glaubwürdig, da die Ausführung dieser

---

279 So zeigen *Levenstein/Suslow* (2006), dass finanzielle Schwierigkeiten von Kartellmitgliedern einen negativen Einfluss auf die Lebensdauer eines Kartells haben.
280 Zur Koordination von Unternehmen mit verschiedenen Diskontfaktoren vgl. *Harrington* (1989a).
281 Vgl. *Motta* (2004), 139.

III. Grundlegende Bedingungen einer kollektiven Marktbeherrschung   Teil 3

Drohung nicht im Eigeninteresse des bestrafenden Unternehmens liegt. Wenn ein anderes Unternehmen tatsächlich vom koordinierten Gleichgewicht abweichen würde, dann kann es davon ausgehen, dass die angedrohte Bestrafung nicht erfolgen wird. Eine unglaubwürdige Drohung ist mithin nicht geeignet, ein Unternehmen vom Abweichen von einem koordinierten Gleichgewicht abzuhalten. Als mögliche Bestrafungen kommen daher nur solche Verhaltensweisen, d.h. solche Preise oder Angebotsmengen in Betracht, die ein Unternehmen in Verfolgung seiner langfristigen Interessen auch tatsächlich als Reaktion auf ein Abweichen wählen würde.[282] Wenn z.B. beobachtet wird, dass ein Unternehmen vom koordinierten Gleichgewicht durch eine größere Menge oder einen niedrigeren Preis abweicht, dann muss es für die Wettbewerber vorteilhaft sein, die angedrohte Bestrafung auch tatsächlich durchzuführen. Dies wäre z.B. dann nicht der Fall, wenn sich ein Unternehmen durch Ausüben der Bestrafung im Vergleich zum Unterlassen der Sanktion verschlechtern würde.[283] Wenn also ein wirksamer Bestrafungsmechanismus nicht existiert oder nicht glaubwürdig ist, dann könnte ein Unternehmen gefahrlos vom koordinierten Gleichgewicht abweichen, ohne zu befürchten, dafür eine Gewinneinbuße erleiden zu müssen. Ein gewinnmaximierendes Unternehmen würde in einer solchen Situation immer vom koordinierten Gleichgewicht abweichen. Dies würden die anderen Wettbewerber antizipieren und ein koordiniertes Gleichgewicht käme nicht zustande. Die Existenz eines glaubwürdigen Bestrafungsmechanismus ist also eine notwendige Voraussetzung für ein koordiniertes Gleichgewicht.

Je wirksamer ein glaubwürdiger Bestrafungsmechanismus ist, d.h. je größer die Gewinneinbuße, die dem abweichenden Unternehmen durch ein entsprechend aggressives wettbewerbliches Verhalten verursacht wird, desto einfacher ist es, die Existenz eines koordinierten Gleichgewichtes sicherzustellen. Bestehen jedoch nur eingeschränkte Möglichkeiten, ein Abweichen zu „bestrafen", dann ist davon auszugehen, dass auch kein volles Ausmaß an Koordination erreicht wird, sondern nur ein Resultat erzielt werden kann, das zwar für die Unternehmen besser ist als eines ohne jegliche Koordination, aber nicht so profitabel wie das monopolisti-

---

282 Das hier verwendete Gleichgewicht ist das auf *Selten* (1975) zurückgehende Konzept des teilspielperfekten Nash-Gleichgewichtes. Es werden dabei nur solche Strategien berücksichtigt, die in jedem Zeitpunkt ein rationales Verhalten induzieren. Dies schließt die Verwendung unglaubwürdiger Drohungen aus.

283 Wenn sich beide Unternehmen durch eine Bestrafung schlechter stellen, dann könnte durch eine Neuverhandlung eine Bestrafung verhindert werden. In diesem Fall wäre das Nash-Gleichgewicht nicht neuverhandlungsstabil (renegotiation-proof). Vgl. *Aghion/Dewatripont/Rey* (1994); *Benoit/Krishna* (1993); *Farrell/Maskin* (1989); *Bergin/MacLeod* (1993); *McCutcheon* (1997).

Teil 3 D. Koordinierte Effekte und kollektive Marktbeherrschung

sche. Bei einem solchen Gleichgewicht kann nur ein geringerer Gewinn als der maximal mögliche Monopolgewinn realisiert werden, so dass auch der Anreiz zum Abweichen reduziert ist und eine geringere Bestrafung ausreicht, dies zu verhindern.[284] Eine in der Literatur häufig genannte Bestrafung ist die Rückkehr zum normalen wettbewerblichen Verhalten, wie es durch das kurzfristige Nash-Gleichgewicht beschrieben ist (Nash reversion). Allerdings reicht dies bisweilen nicht aus, um Unternehmen davon abzuhalten, von einem koordinierten Gleichgewicht abzuweichen, bzw. eine solche Bestrafung erlaubt nur eine unvollständige Koordination. Die Spieltheorie hat gezeigt, dass es neben der Rückkehr zum kurzfristigen Gleichgewicht andere und wirksamere Bestrafungsmöglichkeiten gibt, um ein koordiniertes Gleichgewicht zu stützen.[285]

Das EuG hat in seinem *Airtours*-Entscheid diese Zusammenhänge im Wesentlichen akzeptiert. Während die Kommission bei der Prüfung des Zusammenschlussvorhabens der Reiseveranstalter Airtours und First Choice davon ausgegangen war, dass straffe Sanktionsmechanismen keine unabdingbare Voraussetzung für die Annahme kollektiver Marktbeherrschung darstellten, es vielmehr ausreichen könne, dass sich vergleichsweise starke Anreize zu einem koordinierten Vorgehen aus anderen Gesichtspunkten ergäben,[286] trat das EuG diesem Dafürhalten in seiner Aufhebungsentscheidung entschieden entgegen.[287] Zunächst stellte das Gericht fest, dass im Rahmen der für die Fusionskontrolle typischen prospektiven Einschätzung der Marktentwicklung erforderlich sei, die Beurteilung einer angeblichen kollektiven beherrschenden Stellung nicht lediglich statisch zum Zeitpunkt der Durchführung des Zusammenschlusses zu betrachten, sondern vielmehr eine dynamische Beurteilung angezeigt sei, insbesondere hinsichtlich ihres inneren Zusammenhalts, ihrer Stabilität und der Frage, ob das wettbewerbswidrige Parallelverhalten, zu dem diese Stellung führen könnte, über längere Zeit beibehalten werden könne.[288] Weiter heißt es: „Wichtig ist somit die Frage, ob das Eigeninteresse jedes der großen Anbieter (Gewinnmaximierung durch Wettbewerb mit allen Reiseveranstaltern) nicht gegenüber dem gemeinsamen Interesse aller Mitglieder des angeblichen beherrschenden Oligopols (Angebotsbeschränkung zum Zweck der Preiserhöhung und der Erzielung von über dem Wettbewerbsniveau liegenden Gewinnen) überwiegt, was dann der

---

284 Vgl. *Church/Ware* (2000), 334; *Stigler* (1964).
285 Vgl. *Abreu* (1986); *Abreu* (1988); *Häckner* (1996); *Lambson* (1987, 1994, 1995).
286 Komm. v. 21.9.1999 (IV/M.1524) – Airtours/First Choice, Rdnr. 55 und 150–153.
287 EuG, Urt. v. 6.6.2000, Rs. T-342/99 – Airtours/Kommission, Slg. 2002, II-2585, Rdnr. 192 ff.
288 Ibid., Rdnr. 192.

III. Grundlegende Bedingungen einer kollektiven Marktbeherrschung Teil 3

Fall ist, wenn das Fehlen von Abschreckungsmitteln den betreffenden Reiseveranstalter dazu verleitet, vom gemeinsamen Vorgehen abzuweichen, um unter Ausnutzung des dieses Vorgehen kennzeichnenden Fehlens von Wettbewerb wettbewerbsorientierte Verhaltensweisen aufzunehmen und deren Vorteile zu nutzen. Die Möglichkeit von Gegenmaßnahmen gewährleistet in gewissem Maße den dauerhaften Zusammenhalt der Mitglieder des Oligopols, da sie die Mitglieder davon abhält, vom gemeinsamen Verhalten abzuweichen."[289] Die Kommission hat diese Vorgaben nun umfassend in den Leitlinien zu Beurteilung horizontaler Unternehmenszusammenschlüsse berücksichtigt.[290] Danach ist ein Anreiz zu dauerhaftem parallelem Vorgehen grundsätzlich nur dann anzunehmen, wenn erstens die Wahrscheinlichkeit, dass ein abweichendes Verhalten aufgedeckt wird, hoch ist und kein all zu langer zeitlicher Abstand zwischen Aufdeckung und Sanktion liegt,[291] zweitens eine Bestrafung überhaupt möglich ist[292] und zuletzt auch ein glaubwürdiger[293] Sanktionsmechanismus gegeben ist. Die Vergeltung muss nicht notwendig auf demselben Markt stattfinden wie die Abweichung.[294] Damit kommt auch in diesem Zusammenhang Multi-Markt-Kontakten sowie strukturellen Verbindungen erhebliche Bedeutung zu.[295]

In seinem *Sony/BMG*-Urteil (oder: *Impala*-Urteil) hat das EuG deutlich gemacht, dass die Feststellung einer bereits bestehenden kollektiven Marktbeherrschung nicht den Nachweis voraussetzt, dass es in der Vergangenheit tatsächlich zu Vergeltungsmaßnahmen gekommen ist. Ausreichend sei vielmehr die Feststellung des grundsätzlichen Bestehens eines Abschreckungsmechanismus.[296]

---

289 Ibid., Rdnr. 193 f.
290 Leitlinien der Kommission zur Bewertung horizontaler Zusammenschlüsse, ABl.EU 2004 Nr. C 31, S. 5–18, Rdnr. 52–55; vor der Entscheidung Airtours/First Choice ebenfalls grundsätzlich anerkannt in Komm. v. 20.12.2001 (COMP/M.2533) – BP/E.ON, Rdnr. 106–115 sowie Komm. v. 27.10.2000 (COMP/M.2111) – Alcoa/British Aluminium, Rdnr. 14: "(...) in the absence of a credible retaliation mechanism, tacit coordination may not be sustainable."
291 Vgl. auch Komm.28.6.2000 (COMP/M.1741) – MCI WorldCom/Sprint, Rdnr. 280; Komm. v. 12.5.2006 (COMP/M.4057) – Korsnäs/Assidomän Cartonboard, Rdnr. 80.
292 Vgl. auch Komm. v. 9.3.1999 (IV/M.1313) – Danish Crown/Vestjyske Slagterier, Rdnr. 177.
293 Komm. v. 19.7.2000 (COMP/M.1939) – Rexam/American National Can, Rdnr. 24.
294 Leitlinien der Kommission zur Bewertung horizontaler Zusammenschlüsse, ABl.EU 2004 Nr. C 31, S. 5–18, Rdnr. 54; Komm. v. 9.3.1999 (IV/M.1313) – Danish Crown/Vestjyske Slagterier, Rdnr. 177; Komm. v. 6.6.2006 (COMP/M.4141) – Linde/BOC, Rdnr. 146.
295 Komm. v. 24.4.1996 (IV/M.619) – Gencor/Lonrho, Rdnr. 281.
296 EuG, Urt. v. 13.7.2006, Rs. T-464/04 – Impala, Slg. 2006, II-2289, Rdnr. 521–541; hierzu und zur Entscheidung des EuGH unten S. 323 f. und 360 f.

Teil 3 D. Koordinierte Effekte und kollektive Marktbeherrschung

4. Markttransparenz

Wichtig für die Existenz eines koordinierten Gleichgewichtes ist weiterhin die implizite Annahme, dass die Unternehmen die relevanten Parameter, wie z.B. Preise, Kosten, Kapazitäten etc. ihrer Wettbewerber beobachten können. Wenn das der Fall ist, dann kann ein Abweichen von einem koordinierten Gleichgewicht festgestellt und das abweichende Unternehmen identifiziert und bestraft werden.[297] Häufig sind jedoch diese Möglichkeiten eingeschränkt. Wenn z.B. ein Unternehmen in der Lage ist, seinen Kunden versteckte Rabatte einzuräumen, dann könnte es versuchen, seinen Gewinn durch ein solches nichtbeobachtbares Abweichen zu erhöhen.[298] Dies gilt auch für den Fall, dass die Preise zwischen dem Unternehmen und seinen Kunden im Rahmen von Verhandlungen bestimmt werden.[299] Wenn die Wahrscheinlichkeit der Entdeckung eines versteckten Rabatts mit der Zahl der Kunden zunimmt, denen ein solcher Rabatt gewährt wird, dann ist ein Markt mit einer großen Kundenzahl für ein koordiniertes Gleichgewicht eher geeignet. Ein ähnliches Argument gilt für den Fall, dass ein Unternehmen nicht in der Lage ist, eine größere Menge seines Produktes auf den Markt zu bringen, ohne dass die anderen Unternehmen dies bemerken. In Märkten, in denen Qualitätswettbewerb eine wichtige Rolle spielt, bietet sich die Möglichkeit, mittels einer Änderung der Produktqualität vom koordinierten Gleichgewicht abzuweichen. Da Qualitätsunterschiede zwischen Produkten im Allgemeinen schwerer festzustellen sind als Preisunterschiede, ist die Markttransparenz in solchen Märkten geringer und der Anreiz zum Abweichen von einem koordinierten Gleichgewicht höher. Schließlich kann eine Vielfalt an Produkten und Herstellungsverfahren die Transparenz eines Marktes einschränken, insbesondere wenn sich die Preise der Produkte unabhängig voneinander verhalten.[300] In all den zuletzt genannten Fällen können andere Unternehmen nur aufgrund der Entwicklung ihres eigenen Absatzes bzw. ihres eigenen Gewinns versuchen, einen Rückschluss auf das Verhalten der anderen Unternehmen zu ziehen, was im Allgemeinen jedoch nur unzureichende Informationen liefert. Diese Intransparenz kann aber durch Multi-Markt-Kontakte oder häufige Interak-

---

[297] Zu theoretischen Modellen, die die Auswirkungen erhöhter Markttransparenz auf Konsumenten einerseits und Unternehmen andererseits untersuchen, vgl. *Møllgaard/Overgaard* (1999, 2001), *Schultz* (2005).
[298] Auch experimentelle Untersuchungen haben ergeben, dass derartige Rabatte tendenziell dazu führen, dass ein koordiniertes Gleichgewicht nicht erreicht wird. Vgl. z.B. *Feinberg/Snyder* (2003).
[299] Komm. v. 24.10.2007 (COMP/M.4753) – Antalis/MAP, Rdnr. 67.
[300] Ibid., Rdnr. 68; siehe auch *Schultz* (2004).

III. Grundlegende Bedingungen einer kollektiven Marktbeherrschung Teil 3

tionen ausgeglichen werden.[301] Markttransparenz bezüglich Preisen und Mengen ist also ein wichtiger Faktor, der dazu beiträgt, die Existenz eines koordinierten Gleichgewichtes sicherzustellen.[302] Eine erhöhte Markttransparenz auf Seiten der Konsumenten kann jedoch den Unternehmen einen Anreiz bieten, durch eine Preissenkung von einem koordinierten Gleichgewicht abzuweichen und gleichzeitig den Gewinn bei einer Bestrafung zu verringern. Dies erschwert es den Unternehmen, ein koordiniertes Gleichgewicht aufrecht zu erhalten.[303]

Allerdings ist Markttransparenz keine unabdingbare Voraussetzung für koordiniertes Verhalten der Unternehmen. Selbst in Fällen, in denen der Markt nicht völlig transparent ist, kann unter bestimmten Bedingungen zumindest eine zeitweilige Koordination zwischen den Unternehmen aufrechterhalten werden.[304] Eine solche Koordination wird häufig durch Phasen intensiven Preiswettbewerbs unterbrochen. Wenn eine Preissenkung beobachtet wird, die Unternehmen jedoch nicht feststellen können, ob dies aufgrund des Abweichens eines Unternehmens oder durch einen Nachfragerückgang zustande gekommen ist, dann könnte eine zeitweilige Koordination durch die folgende Verhaltensregel zustande kommen: Wenn der Preis unter ein bestimmtes Mindestniveau sinkt, dann verhält sich jedes Unternehmen für einige Zeit wettbewerblich und kehrt danach wieder zum höheren koordinierten Preis zurück.[305] Ein derartiges Verhalten konnte in einigen Fällen empirisch nachgewiesen werden.[306]

Das EuG hat im *Airtours*-Urteil das Erfordernis der Markttransparenz anerkannt. Es hat ausgeführt, jedes Mitglied des beherrschenden Oligopols müsse das Verhalten der anderen Mitglieder in Erfahrung bringen können, um festzustellen, ob sie einheitlich vorgehen oder nicht. Zu diesem Zweck genüge nicht schon das Bewusstsein, aufgrund bestehender Interdependenzen von einer gemeinsamen Vorgehen aller zu profitieren; jeder Oligopolist müsse vielmehr auch über ein Mittel verfügen, zu erfahren, ob die anderen Wettbewerber dieselbe Strategie wählten und beibehielten. Der relevante Markt müsse deshalb so transparent sein, dass jedes Mitglied des Oligopols mit hinreichender Genauigkeit und Schnelligkeit sowohl die Entwick-

---
301 Komm. v. 3.10.2007 (COMP/M.4844) – Fortis/ABN AMRO Assets, Rdnr. 161; ausführlich zu Multi-Markt-Kontakten siehe S. 349–352.
302 Aus diesem Grund ist es für Unternehmen wichtig, für Markttransparenz zu sorgen.
303 Vgl. *Møllgaard/Overgaard* (1999), *Nillson*.(1999), *Schultz* (2005).
304 Vgl. *Hörner/Jamison* (2007), *Harrington/Skrzypacz* (2007).
305 Vgl. *Green/Porter* (1984); *Abreu/Pearce/Stacchetti* (1986); *Athey/Bagwell* (2001). Allgemein zum Folk-Theorem mit privater Information vgl. *Abreu/Pearce/Stacchetti* (1990); *Fudenberg/Maskin* (1986); *Fudenberg/Levine/Maskin* (1994); *Matsushima* (2000); *Matsushima* (2001b); *Kandori* (2002).
306 Vgl. *Ellison* (1994); *Levenstein* (1997).

Teil 3 D. Koordinierte Effekte und kollektive Marktbeherrschung

lung des Gesamtmarktes als auch das Angebotsverhalten sämtlicher anderer Oligopolisten in Erfahrung bringen könne.[307] Im Zusammenschlussfall *Sony/BMG* hat das EuG deutlich gemacht, dass im Hinblick auf die Markttransparenz eine „direkte" Beweisführung nicht unbedingt erforderlich ist: Das Vorliegen besonderer Anhaltspunkte – etwa lang anhaltende Preisgleichheit, insbesondere wenn diese auf einem höheren als dem wettbewerblichen Niveau besteht[308] – soll die Vermutung begründen können, dass die Voraussetzungen kollektiver Marktbeherrschung unter Einschluss des Erfordernisses hinreichender Markttransparenz gegeben seien.[309]

a) Transparenz bezüglich der Kollusionsmodalitäten

Die Kommission erkennt in ihrer Entscheidungspraxis an, dass dem Faktor der Markttransparenz in doppelter Hinsicht Bedeutung zukommt. Zum einen ist die Markttransparenz Grundbedingung dafür, dass die Oligopolteilnehmer erkennen, dass eine strategische Interdependenz zwischen ihnen besteht und sie infolge dessen ein Einvernehmen über in Betracht kommende Koordinierungsmodalitäten erlangen können, ohne sich explizit abstimmen zu müssen. Markttransparenz zählt mithin zu den Faktoren, die eine Verhaltenskoordination ermöglichen. Darüber hinaus kommt der Markttransparenz auch grundlegende Bedeutung im Rahmen der dauerhaften Aufrechterhaltung der Koordinierung zu. Zunächst soll der koordinationsermöglichende Aspekt der Markttransparenz erläutert werden.[310]

Ein gewisses Maß an Markttransparenz wird schon dadurch sichergestellt, dass im Rahmen kollektiver Marktbeherrschung grundsätzlich nur Oligopole mit wenigen Teilnehmern untersucht werden. Dadurch werden die Kommunikationskanäle entscheidend begrenzt.[311] Auch strukturelle Verbindungen der Oligopolisten und sog. Multi-Markt-Kontakte können als Informationskanal dienen und so aufgrund der transparenzsteigernden

---

307 EuG, Urt. v. 6.6.2002, Rs. T-342/99 – Airtours/Kommission, Slg. 2002, II-2585, Rdnr. 62, 159.
308 Im zu beurteilenden Fall hatten die fünf führenden Anbieter, deren gemeinsame Marktanteile zwischen 72–93 % lagen, über einen längeren Zeitraum hinweg auch bei fallender Nachfrage weitgehend angeglichene Preise, die durch Händlerpreislisten kommuniziert wurden.
309 EuG, Urt. v. 13.7.2006, Rs. T-464/04 – Impala, Slg. 2006, II-2289, Rdnr. 253 ff. ; siehe auch S. 360 f.
310 Trotz Anerkennung dieser Doppelfunktion wird in der Praxis zumeist nur einmal umfassend zum Marktstrukturfaktor „Transparenz" Stellung genommen, vgl. z.B. Komm. v. 29.9.1999 (IV/M.1383) – Exxon/Mobil, Rdnr. 474.
311 Siehe Komm. v. 4.6.2007 (COMP/M.4600) – TUI/First Choice, Rdnr. 112; Komm. v. 11.7.2008 (COMP/M.5020) – Lesaffre/GBI UK, Rdnr. 44.

III. Grundlegende Bedingungen einer kollektiven Marktbeherrschung Teil 3

Wirkung eine Verhaltenskoordination erst ermöglichen oder jedenfalls erleichtern.[312] Weiterhin kann Transparenz in Bezug auf die Kollusionsparameter Preis oder Kapazität gefördert werden durch die Veröffentlichung von Preislisten,[313] durch öffentliche Preismeldestellen,[314] öffentlich zugängliche Marktstatistiken,[315] monatliche Preisinformationen durch ein Marktforschungsinstitut[316] oder durch einfachen regelmäßigen Informationsaustausch im Rahmen von Wirtschafts- und Interessenverbänden.[317] Das Erfordernis der Transparenz muss sich nicht notwendig auf alle denkbaren Aktionsparameter auf dem untersuchten relevanten Markt beziehen; vielmehr genügt es, wenn der Referenzmarkt in Bezug auf die konkreten Koordinierungsmodalitäten transparent ist.[318] Nach den Leitlinien der Kommission ist aber auch dies entbehrlich, wenn Transparenz bezüglich anderer Kriterien gegeben ist, die einen guten Indikator für den betreffenden Aktionsparameter geben.[319] In *BP/E.ON* heißt es hierzu: "The Commission's concerns mainly relate to the fear that the two new entities will not actively compete for the other's current customers (...), and therefore engage in a market sharing based on continuity and geographic proximity. For this kind of tacit market sharing, no individually detailed contract data and transparency is necessary."[320] In der Sache *REWE/ADEG* allerdings betonte die Kommission, dass eine bestehende hohe Markttransparenz alleine nicht für den Nachweis koordinierter Effekte genüge, vielmehr müsse der Zusammenschluss diese Transparenz auch spürbar erhöhen, sodass er sich begünstigend auf eine mögliche Verhaltenskoordination auswirke. So konnte die Kommission zwar hohe Markttransparenz hinsichtlich der Preissetzung der verschiedenen Marktteilnehmer ermitteln, da ein Marktforschungsinstitut auf monatlicher Basis detaillierte Preisinformationen für eine sehr große Zahl von Produkten bekannt gab.

---

312 Komm. v. 9.4.2002 (COMP/M.2690) – Solvay Montedison/Ausimont, Rdnr. 52.
313 Für Reisekataloge Komm. v. 22.9.2000 (IV/M.1524) – Airtours/First Choice, Rdnr. 102–113.
314 Wöchentliche öffentliche Preisbekanntgabe durch Interessenverbände in Komm. v. 9.3.1999 (IV/M.1313) – Danish Crown/Vestjyske Slagterier, Rdnr. 176.
315 Komm. v. 29.9.1999 (IV/M.1383) – Exxon/Mobil, Rdnr. 474.
316 Komm. v. 23.6.2008 (COMP/M.5047) – REWE/ADEG, Rdnr. 73; Komm. v. 17.7.2008 (COMP/M.5114) – Pernod Ricard/V&S, Rdnr. 108 betraf ebenfalls Informationen des Marktforschungsinstitutes AC Nielsen, dort sah die Kommission die bereitgestellten Informationen allerdings nicht als ausreichend für Markttransparenz an.
317 Komm. v. 29.9.1999 (IV/M.1383) – Exxon/Mobil, Rdnr. 474. Diese Aspekte werden aus ökonomischer Sicht im Abschnitt über Instrumente der Verhaltenskoordination (S. 365–368) näher dargestellt.
318 Vgl. *Drauz* (2000), 111.
319 Komm. v. 20.12.2001 (COMP/M.2533) – BP/E.ON.
320 Ibid., Rdnr. 103.

Teil 3 D. Koordinierte Effekte und kollektive Marktbeherrschung

Im Ergebnis vermochte die Kommission aber nicht festzustellen, dass der Zusammenschluss eine Veränderung dieser Preistransparenz bewirke. ADEG spiele keine so relevante Rolle auf dem Markt, dass das Verschwinden als Wettbewerber eine mögliche Koordination zwischen den zwei Marktführern REWE und SPAR spürbar erleichtern würde. Vielmehr vergrößere der Zusammenschluss sogar die Asymmetrie der Marktanteile von REWE und SPAR und verringere damit zugleich den Anreiz für eine Verhaltenskoordination. Daher ging die Kommission nicht von koordinierten Effekten als Folge des Zusammenschlusses aus.[321]

b) Markttransparenz als kollusionsstabilisierender Faktor

Neben der Funktion, den Oligopolmitgliedern die nötige Information zukommen zu lassen um eine Koordinierung erst zu ermöglichen, kommt dem Faktor der Markttransparenz wie einleitend erwähnt noch eine weitere Aufgabe zu. In den Leitlinien der Kommission heißt es hierzu: „Koordinierende Unternehmen sind häufig versucht, ihre Marktanteile in Abweichung von den Koordinierungsmodalitäten zu erhöhen, z.B. durch die Senkung ihrer Preise, das Anbieten versteckter Rabatte, die Erhöhung der Produktqualität, die Steigerung der Kapazitäten oder die Hinzugewinnung neuer Kunden. Nur die glaubwürdige Androhung sofortiger und wirksamer Vergeltungsmaßnahmen hindert die Unternehmen an einem abweichenden Verhalten. Die Märkte müssen hinreichend transparent sein, damit die koordinierenden Unternehmen wirksam überwachen können, ob andere Unternehmen von den Modalitäten abweichen, und damit wissen, wann Vergeltungsmaßnahmen eingeleitet werden müssen."[322] Neben der Koordinierungsermöglichung kommt der Markttransparenz somit auch die Aufgabe der Stabilisierung eines koordinierten Gleichgewichtes zu. Diese Doppelfunktion hat auch das EuG im *Airtours*-Urteil betont. Dort heißt es in diesem Zusammenhang: „(…) (Es) genügt nicht, dass jedes Mitglied des beherrschenden Oligopols sich dessen bewusst ist, dass alle von einem interdependenten Verhalten auf dem Markt profitieren können, sondern es muss auch über Mittel verfügen, zu erfahren, ob die anderen Marktbeteiligten dieselbe Strategie wählen *und beibehalten*."[323] Der EuGH greift diese zweite Funktion der Markttransparenz in seiner *Sony/BMG*-Entscheidung auf. Er kritisiert sowohl das EuG als auch die Kom-

---

321 Komm. v. 23.6.2008 (COMP/M.5047) – REWE/ADEG, Rdnr. 73.
322 Leitlinien der Kommission zur Bewertung horizontaler Zusammenschlüsse, ABl.EU 2004 Nr. C 31, S. 5–18, Rdnr. 49.
323 EuG, Urt. v. 6.6.2000, Rs. T-342/99 – Airtours/Kommission, Slg. 2002, II-2585, Rdnr. 62 (Hervorhebung d. Verf.); zuvor bereits EuG, Urt. v. 25.3.1999, Rs. T-102/96 Gencor/Kommission, Slg. 1997, II-753–, Rdnr. 227.

III. Grundlegende Bedingungen einer kollektiven Marktbeherrschung Teil 3

mission für ihre „mechanische" Prüfung der Airtours-Kriterien, die den Zusammenhang der Markttransparenz mit dem Bestrafungsmechanismus außer Acht lässt: „Bei der Anwendung dieser Kriterien darf [...] nicht mechanisch in einer Weise vorgegangen werden, bei der jedes Kriterium einzeln für sich allein geprüft wird, ohne den wirtschaftlichen Gesamtmechanismus einer unterstellten stillschweigenden Koordinierung zu beachten. Insoweit dürfte z.B. die Transparenz eines bestimmten Marktes nicht isoliert und abstrakt, sondern müsste in Bezug auf einen Mechanismus einer unterstellten stillschweigenden Koordinierung beurteilt werden."[324] *Nur* das Wissen um die schnelle Aufdeckung abweichenden Verhaltens wird in vielen Situationen dazu führen, dass die Oligopolteilnehmer – obwohl sie sich explizit nie dahingehend gebunden haben – aus Furcht vor einem Zusammenbrechen des koordinierten Gleichgewichtes Abstand von abweichendem Verhalten nehmen. In der Auflagenentscheidung *Nestlé/Perrier* wurde die Aufgabe der zuvor bestehenden Praxis des Marktinformationsverfahrens zur Auflage für eine Freigabe gemacht.[325] In der Sache *ABF/GBI* spielte das Vertriebssystem die tragende Rolle für die Transparenz der Branche. Denn im Rahmen der langfristigen und de-facto-exklusiven Beziehungen von den Herstellern über die Vertriebshändler bis zu den Einzelhändlern bestanden umfangreiche Berichtspflichten/-praktiken über Preise und Abweichler.[326] In der Entscheidung *UPM Kymmene/Haindl* wurden als wichtige Informationskanäle bezüglich Kapazitäten, Lieferungen und Erweiterungen die Berufsverbände sowie die individuellen Ankündigungen der Papierhersteller genannt.[327] In Bezug auf die Preisgestaltung kam die Kommission hingegen zu dem Ergebnis, dass die Tendenz zum Abschluss von Einzelverträgen zwischen Anbietern und Abnehmern, in denen häufig rückwirkende und geheim gehaltene Preisnachlässe gewährt werden, eher für eine Intransparenz sprächen.[328] Die Üblichkeit einer individuellen Aushandlung von Preisen und Preisnachlässen in gewissen Branchen hat die Kommission auch in zahlreichen anderen Entscheidungen als Argument gegen das Bestehen von Markttransparenz und damit gegen eine stabile Verhaltenskoordination

---

324 EuGH, Urt. v. 10.7.2008, Rs. C-413/06 – Bertelsmann and Sony Corporation of America/Impala, Slg. 2008, I-4951, Rdnr. 125f. und 130. Bei dieser Gelegenheit stellte der EuGH auch fest, dass die Airtours-Kriterien des EuG mit den in der Rechtsprechung des EuGH entwickelten Voraussetzungen für das Vorliegen kollektiver Marktbeherrschung in Einklang stünden, ibid., Rdnr. 124. Siehe zu dieser Entscheidung auch unten S. 360f.
325 Komm. v. 22.7.1992 (IV/M.190), ABl.EG 1992 L 356/1 – Nestlé/Perrier, Rdnr. 62 und 212.
326 Komm. v. 23.9.2008 (COMP/M.4980) – ABF/GBI, Rdnr. 196f., 234f.
327 Komm. v. 21.11.2001 (COMP/M.2498) – UPM-Kymmene/Haindl, Rdnr. 82ff. Vgl. hierzu auch unten S. 365–368.
328 Ibid., Rdnr. 87.

angeführt.[329] Im Fall *Agfa Gaevert/Lastra*[330] heißt es hierzu: "First of all, the lack of transparency speaks against collective dominance. During the market investigation end-costumers have confirmed that customers/supplier negotiations are conducted confidentially on a bilateral basis. Suppliers are generally not aware of the levels of prices quoted by rivals. In addition to that, price offerings by competing suppliers are difficult to compare due to the existence of package deals. (...) These packages further decrease the possibility of collective dominance because it becomes difficult to allocate the total price paid for the package of goods across the different elements of the package ('price itemisation')." Im Rahmen dieser zweiten Funktion zeigt sich auch die doppelte Bedeutung der anderen Faktoren. Auch strukturelle Verbindungen und Multi-Markt-Kontakte entfalten hier neben ihrer Aufgabe, eine Verhaltenskoordination zu ermöglichen, eine stabilisierende Funktion, weil sie die Aufdeckung abweichenden Verhaltens erleichtern.[331] Besondere Bedeutung gewinnt in diesem Zusammenhang aber auch der Aspekt der Produkthomogenität. Anders als bei homogenen Produkten gestaltet sich eine Überwachung stillschweigend abgestimmter Preispolitik bei differenzierten Produkten als schwierig. Produktdifferenzierung führt mithin zu Intransparenz, die wiederum ein auf Dauer aufrecht zu erhaltendes stillschweigendes Parallelverhalten unwahrscheinlich macht.[332] Schließlich berücksichtigt die Kommission die Kosten, die dabei anfallen würden, Markttransparenz zu schaffen. Denn selbst wenn die Marktteilnehmer theoretisch alle relevanten Informationen ermitteln könnten, mögen hohe Kosten sie davon abhalten.[333]

IV. Unternehmensbezogene Kriterien und Konzentration

Neben den oben diskutierten grundlegenden Bedingungen gibt es noch eine Reihe weiterer Voraussetzungen, die für die Stabilität eines koordinierten Gleichgewichtes eine erhebliche Bedeutung haben. Dies sind zum

---

[329] Komm. v. 3.2.1994 (IV/M.399) – Rhone Poulenc-SNIA/Nordfaser, Rdnr. 24; Komm. v. 21.12.1993 (IV/M.358) – Pilkington-Techint/SIV, Rdnr. 36; Komm. v. 3.10.2007 (COMP/M.3333) – Sony/BMG, Rdnr. 486, 525 und 588.
[330] Komm. v. 9.8.2004 (COMP/M.3439) – AGFA-Gevaert/Lastra, Rdnr. 108.
[331] Komm. v. 24.4.1996 (IV/M.619) – Gencor/Lonrho, Rdnr. 158; Komm. v. 29.9.1999 (IV/M.1383) – Exxon/Mobil, Rdnr. 487; als stabilisierender Faktor aufgrund erhöhten Vergeltungsrisikos ebenso berücksichtigt in Komm. v. 18.1.2000 (IV/M.1630) – Air Liquide/BOC, Rdnr. 102; Komm. v. 14.3.2000 (IV/M.1663) – Alcan/Alusuisse, Rdnr. 82; Komm. v. 19.7.2004 (COMP/M.3333) – Sony/BMG, Rdnr. 114.
[332] Komm. v. 14.2.1995 (IV/M.477), ABl.EG 1995 L 211/1 – Mercedes-Benz/Kässbohrer, Rdnr. 104. Zu differenzierten bzw. homogenen Produkten und Verhaltenskoordination vgl. S. 345–348.
[333] Komm. v. 3.10.2007 (COMP/M.3333) – Sony/BMG, Rdnr. 546.

IV. Unternehmensbezogene Kriterien und Konzentration **Teil 3**

einen unternehmensbezogene Faktoren und zum anderen solche, die den oder die Märkte betreffen, in denen die Unternehmen tätig sind. Die folgenden Bedingungen müssen jedoch nicht zwingend erfüllt sein, allerdings wird ein koordiniertes Gleichgewicht umso leichter erreicht werden können, je eher diese Bedingungen erfüllt sind. Es kann daher a priori auch immer der Fall eintreten, dass es zu einer Verhaltenskoordination kommt, selbst wenn diese Voraussetzungen nicht oder nur zum Teil erfüllt sind.

1. Anzahl der Unternehmen

Im Prinzip kann auch bei einer größeren Anzahl von Unternehmen ein koordiniertes Gleichgewicht auftreten, allerdings ist dies schwieriger zu erreichen. Dies folgt daraus, dass es im Allgemeinen einfacher ist, eine Verhaltenskoordinierung zwischen einer kleinen Anzahl von Beteiligten zu erzielen. Dies gilt besonders, wenn keine expliziten Verhandlungen stattfinden, sondern eine Koordination nur mit Hilfe anderer Instrumente bewerkstelligt werden kann.[334] Dass eine geringe Zahl von beteiligten Unternehmen für ein koordiniertes Gleichgewicht relevant ist, folgt auch aus einem Vergleich der möglichen Gewinne und Verluste aus einem Abweichen von diesem Gleichgewicht. In einem Bertrand-Oligopol mit vielen gleichartigen Unternehmen erhält jedes einzelne im koordinierten Gleichgewicht nur einen geringen Anteil an dem durch eine Koordination auf den Monopolpreis erzielten Gewinn. Würde ein Unternehmen von diesem Monopolpreis abweichen und ihn leicht unterbieten, dann könnte es sich, wenn es über die entsprechende Produktionskapazität verfügt, einen verhältnismäßig großen Teil des gesamten Marktes sichern und dadurch seinen Gewinn signifikant erhöhen. Der Anreiz, vom koordinierten Gleichgewicht abzuweichen, ist in dieser Situation also vergleichsweise hoch. Selbst eine darauf folgende drakonische Bestrafung würde möglicherweise nicht ausreichen, um die Existenz eines koordinierten Gleichgewichtes sicher zu stellen. In einem Oligopol mit wenigen Firmen gilt dies nicht in gleichem Maße. So würde bei einem Duopol mit sehr ähnlichen Unternehmen in einem koordinierten Gleichgewicht jede Firma ca. die Hälfte des erreichbaren Monopolgewinns erhalten. Ein Abweichen mit der darauf folgenden Bestrafung wäre daher in dieser Situation weniger attraktiv, denn hier würde jedes Unternehmen durch die Sanktion die Hälfte des Monopolgewinns verlieren. Auch die Möglichkeiten der Aufdeckung eines Abweichens sind größer, wenn es nur eine geringe Zahl von großen

---

[334] Bei expliziten Verhandlungen erhöht die Anzahl der Teilnehmer vor allem die Dauer der Verhandlung, eine steigende Teilnehmerzahl kann aber zu einem besseren Ergebnis führen. Vgl. *Compte/Jehiel* (2004).

Teil 3 D. Koordinierte Effekte und kollektive Marktbeherrschung

Unternehmen gibt, die an der Verhaltenskoordination beteiligt sind. Bei vielen kleinen Unternehmen und differenzierten Produkten würde bei einer größeren Angebotsmenge eines Unternehmens jedes andere nur einen geringen Absatzrückgang verzeichnen, so dass ein solches Abweichen tendenziell nur schwer zu beobachten wäre. Wird im Markt aber nur eine geringe Anzahl von Substituten von wenigen Unternehmen hergestellt, dann ist die Absatzeinbuße für jedes Unternehmen in einem solchen Fall erheblich, ein Abweichen würde eher bemerkt und das entsprechende Unternehmen könnte leichter identifiziert und bestraft werden.[335]

a) Zahl der Wettbewerber und angebotsseitige Konzentration

Bei der Prüfung einer gemeinsam beherrschenden Stellung nach einem geplanten Zusammenschluss kommt der Zahl der Wettbewerber und dem Grad der angebotsseitigen Konzentration des Referenzmarktes entscheidende Bedeutung zu.[336] Nur dann, wenn die Anzahl der Wettbewerber gering ist, können die für die kollektive Marktbeherrschung kennzeichnenden Interdependenzen zwischen den Konkurrenten einen Grad erreichen, der eine explizite Verhaltensabstimmung überflüssig macht. Ist darüber hinaus die Markttransparenz hinreichend hoch, kann ohne weiteres festgestellt werden, worauf bestimmte Änderungen der Preise und Mengen beruhen. Daneben sinkt auch der Anreiz und damit die Wahrscheinlichkeit für ein kollusives Verhalten mit steigender Anbieterzahl, weil der Anteil am Kollusionsgewinn proportional abnimmt. Demgegenüber ist die Versuchung, abzuweichen, bei ausgangs geringeren Marktanteilen größer, weil im Falle eines Cheatings der Abweichler mehr Anteile hinzugewinnen kann.[337] Der Bestimmungsfaktor ist demnach entscheidend für die Möglichkeit sowie für die Wahrscheinlichkeit einer Verhaltenskoordination. Diesem Strukturfaktor kommt somit in gewisser Hinsicht doppelte Bedeutung zu. Zum einen ist die Konzentration entscheidend dafür, ob sich der Markt überhaupt für ein koordiniertes Verhalten eignet. Zum anderen

---

335 Eine empirische Untersuchung bezüglich der Auswirkungen der Anzahl der Unternehmen und ihrer Symmetrie auf eine Verhaltenskoordination wurde von *Davies/Olczak* (2007) vorgelegt.
336 Vgl. Komm. v. 29.9.1999 (IV/M.1383) – Exxon/Mobil, Rdnr. 466; Komm. v. 23.9.2008 (COMP/M.4980) – ABF/GBI, Rdnr. 147 ff.; ebenso *Ivaldi/Jullien/Rey/Seabright/Tirole* (2003b), 12.
337 Vgl. hierzu Europe Economics, Final Report for the European Commission, S. 21: "The gains from collusion are lower the more firms there are in the market because the individual firm gets a lower share of the collusive profit. The gains from cheating are also higher as the firm can capture a larger share by undercutting the other firms. Together, this implies that the incentive to collude and to honour any collusive understanding decreases with the number of firms in the market."

IV. Unternehmensbezogene Kriterien und Konzentration Teil 3

ist auch die Stabilität eines koordinierten Gleichgewichts vom Konzentrationsgrad abhängig.[338]

Während Märkte mit ausschließlich wenigen großen Unternehmen die Ausnahme bilden, ist häufiger zu beobachten, dass neben einem engen Kreis weniger Oligopolisten ein Randbereich kleinerer Unternehmen existiert, die Wettbewerbsdruck ausüben (Oligopol mit wettbewerblichem Rand). In einem ersten Schritt untersucht die Kommission deshalb in der Regel, welche Unternehmen zum engen Kreis des Oligopols zu zählen und welche dagegen dem wettbewerblichem Rand, also dem zunächst zu vernachlässigenden Randbereich zuzuordnen sind.[339] Dabei nimmt die Kommission zunächst all diejenigen Unternehmen ins Visier, die sich in Bezug auf ihre Marktanteilsstärke am Nächsten kommen. Allerdings gibt es auch Fälle, in denen von vornherein eines dieser Unternehmen als Oligopolteilnehmer außer Betracht bleibt, obwohl es augenscheinlich zu den größten Anbietern zählt. In der Entscheidung *UPM-Kymmene/Haindl* hat die Kommission beispielsweise einen der größeren Anbieter aus dem engen Kreis der Oligopolisten ausgeschlossen. Dieses Unternehmen hatte in den vergangenen Jahren stetig einen Marktanteilszuwachs verzeichnen können und eine aggressive Wettbewerbspolitik verfolgt, so dass die Kommission bezweifelte, dass es sich auf eine Verhaltenskoordination einlassen würde.[340] In der Entscheidung *Price Waterhouse/Coopers & Lybrand*[341] wurden zunächst fünf mögliche Oligopolisten identifiziert.

---

338 Hierzu heißt es in Komm. v. 29.9.1999 (IV/M.1383) – Exxon/Mobil, Rdnr. 466: „Generell unbestritten ist die Tatsache, dass die Gefahr des Ausscheidens aus dem Oligopol mit der Anzahl der Beteiligten am Oligopol wächst." Bemerkenswert ist, dass die Kommission den Begriff des Oligopols gleichsetzt mit der Gruppe von Unternehmen auf dem Referenzmarkt, die bereits eine stillschweigende Koordinierung vornehmen.
339 "Whether a company belongs to the fringe or is part of the oligopoly depends on the specific market circumstances. This assessment has to be based on the particular circumstances of the market in question. Capacity or key raw materials may, for example, in some cases be used to determine which companies are part of the oligopoly and which companies are part of the fringe (...) However, depending on the circumstances, in some markets even smaller players may be able to compete on an equal footing with the largest suppliers. In such markets such smaller firms would have the possibility to act as 'maverick firms', and would have to be considered as competitors in the same sense as the oligopolists, and not simply as belonging to the fringe. In short, the oligopoly will include all those firms who as a group have the ability to raise prices above the competitive level and who, if left out, would make it impossible for the others to achieve the anticompetitive outcome."; vgl. „Oligopoly", Commission Paper, vorgelegt im Rahmen des Best Practice Roundtable der OECD im Oktober 1999, DAFFE/CLP(99)25, S. 216f. (abrufbar unter www.oecd.org/dataoecd/35/34/1920526.pdf).
340 Komm. v. 21.11.2001 (COMP/M.2498) – UPM Kymmene/Haindl, Rdnr. 141. Ein solches Unternehmen könnte als ein „Maverick" aufgefasst werden, vgl. hierzu S. 413–415.
341 Komm. v. 20.5.1998 (IV/M.1016) – Price Waterhouse/Coopers & Lybrand, Rdnr. 104ff.

Teil 3   D. Koordinierte Effekte und kollektive Marktbeherrschung

Nachdem die Kommission zu dem Ergebnis gelangt war, dass eine „gleichgerichtete Vorgehensweise" bei einer solchen Anzahl wohl kaum aufrecht zu erhalten wäre, grenzte es den Kreis der in Betracht kommenden Mitglieder in einem nächsten Schritt auf die zwei größten Wettbewerber (Price Waterhouse/Coopers Lybrand sowie KPMG) ein.

b) Eingriffsschwelle bezüglich der Anbieterzahl

Ist das zu untersuchende Oligopol abgegrenzt, stellt sich die Frage, ab wann eine nähere Untersuchung möglicher Verhaltenskoordination angezeigt ist. Zwar hat die Kommission im Urteil *Exxon/Mobil*[342] darauf hingewiesen, dass nach der „Standardkartellehre (…) ein Oligopol auch auf Märkten mit geringer Konzentration (funktioniert)". Dies setze allein eine hinreichend ausgebildete Markttransparenz voraus, in der eine problemlose gegenseitige Überwachung möglich sei.[343] Danach wäre eine Verhaltenskoordination auch bei einer großen Anzahl von Wettbewerbern möglich, jedenfalls dann, wenn die nötige Transparenz auf anderem Wege hergestellt werden kann. In *Price Waterhouse/Coopers & Lybrand*[344], in dem es um eine Verringerung der Anbieterzahl von ursprünglich sechs Unternehmen auf fünf nach dem Zusammenschluss auf dem Markt der Abschlussprüfung und Buchführung der Großunternehmen ging, heißt es dagegen: „Grundsätzlich betrachtet ist eine gemeinsame Marktbeherrschung durch mehr als drei oder vier Anbieter angesichts ihres komplexen Beziehungsgeflechts und der damit verbundenen Anreize für ein abweichendes Verhalten unwahrscheinlich; ein solches instabiles Verhältnis kann nicht auf Dauer aufrecht erhalten werden."[345] Die letztere Aussage entspricht der üblichen europäischen Fallpraxis. Jedenfalls bei einer Anbieterzahl von sechs soll in der Regel keine hinreichende Interdependenz für eine kollektive Marktbeherrschung bestehen.[346] Beachtlich ist, dass es bisher nur eine Untersagungsentscheidung der Kommission gibt, in der nach der Fusion mehr als zwei Teilnehmer am kollusiven Oligopol übrigblieben. In der Entscheidung *Airtours/First Choice*[347] ging die Kommission davon aus, dass die Verringerung von vier auf drei führende Anbieter, die einen

---

342 Komm. v. 29.9.1999 (IV/M.1383) – Exxon/Mobil.
343 Ibid., Rdnr. 466.
344 Komm. v. 20.5.1998 (IV/M.1016) – Price Waterhouse/Coopers & Lybrand.
345 Ibid., Rdnr. 103.
346 Komm. v. 10.2.1995 (IV/M.533) – TWD/Akzo Nobel/Kuagtextil, Rdnr. 26: „Die vergleichsweise homogene Verteilung der Marktanteile auf die nach dem Zusammenschluss führenden sechs Unternehmen indiziert (…) eher ein weites Oligopol ohne Reaktionsverbundenheit."; ähnlich Komm. v. 30.1.2008 (COMP/M.4734) – Ineos/Kerling, Rdnr. 183.
347 Komm. v. 22.9.1999 (IV/M.1524) – Airtours/First Choice.

IV. Unternehmensbezogene Kriterien und Konzentration **Teil 3**

kombinierten Marktanteil von 80% verzeichnen konnten, zur Begründung einer gemeinsamen beherrschenden Stellung geführt hätte. Die Untersagung hatte aber bekanntlich vor dem EuG keinen Bestand. Erhebliche Bedenken begründet in der Regel die Verringerung der Anbieterzahl von drei auf zwei, wobei eine höhere Anzahl von Anbietern aber nicht ausschließt, dass eine Untersuchung der Begründung oder Verstärkung einer kollektiv marktbeherrschenden Stellung stattfindet.[348]

Die in jüngerer Zeit sehr zurückhaltende Untersagungspraxis der Kommission ist durch das *Sony/BMG-* (oder: *Impala-*)Urteil des EuG in Frage gestellt worden. Sony und Bertelsmann wollten ihre weltweites Tonträgergeschäft in einem Gemeinschaftsunternehmen unter dem Namen Sony BMG zusammenlegen. Dies hätte die Zahl der großen Anbieter von fünf auf vier reduziert, bei gemeinsamen Marktanteilen dieser Anbieter von 72–93%. Nachdem die Kommission den Zusammenschluss freigegeben hatte,[349] hob das EuG die Entscheidung vornehmlich aus zwei Gründen wieder auf. Erstens verwarf das EuG die Begründung der Freigabe, indem es feststellte, dass die Kommission keine hinreichende Faktengrundlage ermittelt habe, um ihre Schlussfolgerung zu stützen, weder Markttransparenz noch die Möglichkeit einer Abschreckung seien gegeben. Zweitens kritisierte das EuG die Bewertung der in der Entscheidung angeführten Fakten. Das EuG ging so weit, aus diesen Fakten zu schließen, dass für einen „hypothetischen Marktfachmann" durchaus Markttransparenz bestehe.[350] Somit unterliegt nach den Aussagen des EuG eine Freigabe den gleichen Beweisanforderungen wie eine Untersagung – der Mangel an ausreichender Tatsachengrundlage als solcher rechtfertigt keine Untersagung.[351] Der EuGH

---

348 Vgl. zur Prüfung der Entstehung eines beherrschenden Dreieroligopols: Komm. v. 29.9.1999 (IV/M.1383) – Exxon/Mobil, Rdnr. 25 ff., 92 ff., 407 ff.; Komm. v. 29.9.1999 (IV/M.1532), ABl.EG 2001 L 18/1 – BP Amoco/Atlantic Richfield, Rdnr. 21 ff.; Komm. v. 21.11.2001 (COMP/M.2499) – Norske Skog/Parenco/Walsum, Rdnr. 26 ff., 119 ff.; zur möglichen Begründung eines Viereroligopols: Komm. v. 21.11.2001 (COMP/M.2498) – UPM Kymmene/Haindl, Rdnr. 114 ff., 123 ff.; zur möglichen Begründung eines Fünferoligopols: Komm. v. 21.12.1993 (IV/M.358) – Pilkington Techint/SIV, Rdnr. 24 ff., 63; Komm. v. 20.5.1998 (IV/M.1016) – Price Waterhouse/Coopers & Lybrand, Rdnr. 90 ff., insbesondere 103 ff.; Komm. v. 25.11.1998 (IV/M.1225), ABl.EG 1999 L 254/9 – Enso/Stora, Rdnr. 65 ff.
349 Komm. v. 19.7.2004 (COMP/M.3333) – Sony/BMG.
350 EuG, Urt. v. 6.6.2002, Rs. T-464/04 – Impala, Slg. 2002, II–2289, Rdnr. 289–294, 429. Diese Feststellungen berücksichtigte die Kommission in ihrer zweiten Prüfung des Zusammenschlusses und führte eine umfangreiche ökonometrische Analyse durch, die wiederum in eine Freigabeentscheidung mündete, Komm. v. 3.10.2007 (COMP/M.3333) – Sony/BMG.
351 EuG, Urt. v. 6.6.2002, Rs. T-464/04 – Impala, Slg. 2002, II–2289, Rdnr. 289, 366 und 459.

hob das Urteil des EuG jedoch auf und verwarf beide Kritikpunkte des EuG: Berücksichtige man insbesondere den knappen Zeitraum eines Fusionskontrollverfahrens, sei die Begründung der Kommission ausreichend. Ferner sei der von dem EuG herangezogene hypothetische Marktfachmann selbst eine unsubstantiierte Behauptung des EuG, die nicht ausreiche, einen offensichtlichen Beurteilungsfehler der Kommission zu begründen.[352] In einem Punkt jedoch bestätigte der EuGH die Ausführungen des EuG: Der Beweisstandard einer Fusionskontrollentscheidung sei stets derselbe, unabhängig davon, ob es sich um eine Freigabe oder eine Untersagung handle. Insbesondere enthalte die Fusionskontrollverordnung keine Vermutung der Vereinbarkeit eines Zusammenschlusses mit dem Gemeinsamen Markt.[353]

c) Bedeutung des Konzentrationsgrads

Die Rechtsprechung von EuGH und EuG divergieren bezüglich der Bedeutung, die sie hohen Marktanteilen im Zusammenhang mit der Untersuchung einer kollektiv marktbeherrschenden Stellung beimessen. So stellte der EuGH in der Entscheidung *Frankreich/Kommission*[354] heraus, dass „ein hoher Marktanteil für sich genommen" nicht entscheidend für die Begründung einer gemeinsamen beherrschenden Stellung sei, vielmehr eine solche Marktposition stets eine umfassende Untersuchung sämtlicher Marktfaktoren erfordert, die sich nach Lage des Einzelfalls als maßgebend für die Beurteilung der Auswirkungen des Zusammenschlusses auf den Wettbewerb auf den Referenzmarkt erweisen.[355] Demgegenüber befand das EuG in der Entscheidung *Gencor/Kommission*, dass besonders hohe Anteile – von außergewöhnlichen Umständen abgesehen – als solche bereits den Beweis für das Vorliegen einer beherrschenden Stellung erbringen und besonders in Fällen eines duopolistischen Referenzmarktes „ein hoher Marktanteil ein sehr wichtiges Indiz" für das Vorliegen einer beherrschenden Stellung sein könne.[356] Soweit das EuG hier davon ausgeht, dass es im Falle besonders hoher Marktanteile nur noch darum gehe, Faktoren zu finden, die ausnahmsweise gegen eine gemeinsame beherrschende Stellung sprechen, so muss dem aus wirtschaftstheo-

---

352 EuGH, Urt. v. 10.7.2008, Rs. C-413/06 – Bertelsmann and Sony Corporation of America v Impala, Slg. 2008, I-4951, Rdnr. 178–181, 131–133. Siehe zum Sony/BMG-Verfahren auch unten S. 360f.
353 Ibid., Rdnr. 46f.
354 EuGH, Urt. v. 31.3.1998, verb. Rs. C-68/94 und C-30/95 – Frankreich/Kommission, Slg. 1998, I-1375.
355 Ibid. Rdnr. 222 und 226.
356 EuG, Urt. v. 25.3.1999, Rs. T-102/96 – Gencor/Kommission, Slg. 1999, II-753, Rdnr. 205.

IV. Unternehmensbezogene Kriterien und Konzentration Teil 3

retischer Sicht widersprochen werden. Die hohe angebotsseitige Konzentration ist wenngleich sicherlich eine wichtige, so doch nie eine allein hinreichende Bedingung für die Annahme einer Verhaltenskoordination. Zwar wertet auch die Kommission jedenfalls bei einem Duopol Marktanteile weit über 50% als gewichtiges Indiz für die Gefahr oligopolistischer Marktbeherrschung. Dennoch erfolgt in allen Entscheidungen unabhängig von der Konzentrationshöhe eine umfassende Berücksichtigung aller relevanten Faktoren. Daran wird deutlich, dass sich die Kommission in ihrer Entscheidungspraxis nicht allein von der Indizwirkung hoher Marktanteile leiten lässt, sondern ebenfalls annimmt, dass eine Reihe weiterer Faktoren für die Annahme einer Verhaltenskoordination unverzichtbar gegeben sein müssen.

Die Gefahr der Begründung oder Verstärkung einer kollektiv marktbeherrschenden Stellung wurde in drei rechtskräftigen Untersagungsentscheidungen nach Art. 8 Abs. 3 FKVO geprüft. In *Gencor/Lonrho*[357] hätte der Zusammenschluss zu einem marktbeherrschenden Duopol auf dem Weltmarkt für Platin und Rhodium mit einem Marktanteil von 70–80% geführt;[358] die Entscheidung *MCI Worldcom/Sprint*[359] betraf die Frage nach der Begründung einer kollektiv marktbeherrschenden Stellung der beiden Marktführer, die auf dem Markt für weltweite Kommunikationsdienste einen gemeinsamen Marktanteil von 60–80% verzeichnen konnten;[360] im Fall *SCA/Metsä Tissue*[361] wäre durch den Zusammenschluss auf dem finnischen Markt für hochwertige (Marken-)Toiletten- und Küchenpapier ein beherrschendes Duopol entstanden, deren gemeinsamer Marktanteil bis zu 100% betragen hätte. Damit betrafen alle Untersagungsentscheidungen Duopole mit kombinierten Marktanteilen zwischen 70 und 100%.[362] In der Sache *Fortis/ABN AMRO Assets* schließlich ermittelte die Kommission den Konzentrationsgrad mit Hilfe des HHI, um die Zunahme des Konzentrationsgrades genauer definieren zu können.[363] Die Kommis-

---

357 Komm. v. 24.4.1996 (IV/M.619) – Gencor/Lonrho.
358 Ibid., Rdnr. 181 und 208.
359 Komm. 28.6.2000 (COMP/M.1741) – MCI WorldCom/Sprint.
360 Letztendlich verneinte die Kommission hier die Gefahr der Begründung einer gemeinsamen beherrschenden Stellung, da noch andere Wettbewerber auf dem Markt vorhanden waren und der Nachweis, dass diese keinen ausreichenden Wettbewerbsdruck ausübten, nicht erbracht werden konnte, siehe Komm. 28.6.2000 (COMP/M.1741) – MCI WorldCom/Sprint, Rdnr. 302.
361 Komm. v. 21.1.2001 (COMP/M.2097) – SCA/Metsä Tissue.
362 Eine Ausnahme bildet die Airtours-Entscheidung, die allerdings vom EuG aufgehoben wurde; dort hätte der Zusammenschluss nach Auffassung der Kommission zu einem Dreieroligopol mit einem Marktanteil von bis zu 80% geführt.
363 Komm. v. 3.10.2007 (COMP/M.4844) – Fortis/ABN AMRO Assets, Rdnr. 132, 139, 143, 147, 155, 157.

Teil 3 D. Koordinierte Effekte und kollektive Marktbeherrschung

sion kam zu dem Schluss, dass der holländische Endkundenmarkt für Bankleistungen hoch konzentriert sei, sowohl mit Blick auf die ermittelten Werte des HHI als auch mit Blick auf die kleine Anzahl der hauptsächlichen Wettbewerber.[364]

Auf der anderen Seite ist in der europäischen Fallpraxis anerkannt, dass allein die fusionsbedingte Konzentrationssteigerung auf dem Relevanzmarkt durch Reduzierung der Wettbewerberzahl für die Annahme koordinierter Effekte nicht ausreichend ist.[365] So kam die Kommission in ihrer Entscheidung *Alcoa/British Aluminium*[366] trotz der Tatsache, dass die im Falle eines Zusammenschlusses auf dem Markt verbleibenden größten Anbieter Alcoa/British Aluminium und Pechiney zusammen einen Anteil von 80% auf dem Markt für Flachaluminiumprodukte für den Luftraum erreichten, zur Zulässigkeit des Zusammenschlusses. Auch im Fall *MAN/Auwärter* kam die Kommission trotz der Begründung eines symmetrischen Duopols zwischen MAN/Auwärter und EvoBus mit einem CR 2 von nahezu 100% auf dem deutschen Markt für die Lieferung von Stadtbussen nach dem geplanten Zusammenschluss zu dem Ergebnis, dass die Gefahr einer kollektiven Marktbeherrschung ausgeschlossen werden könne.[367]

2. „Symmetrie" der Unternehmen

Ein weiteres wichtiges Kriterium, das für die Existenz eines koordinierten Verhaltens von Bedeutung ist, besteht in der „Symmetrie" der Unternehmen. Diese Symmetrie kann sich auf vielfältige Aspekte der Unternehmen, wie die Technologie und die Kostenstruktur, die angebotene Produktpalette, die Marktanteile sowie die Organisationsform beziehen. Eine solche Symmetrie vereinfacht das Koordinationsproblem insofern, als ähnliche Firmen die gleiche Vorstellung von einem koordinierten Gleichgewicht haben.

Eine gleichgerichtete Interessenlage der Oligopolteilnehmer wird auch nach Auffassung der Kommission durch eine strukturelle Symmetrie der Oligopolteilnehmer begünstigt. So heißt es in den Leitlinien zur Beurteilung horizontaler Unternehmenszusammenschlüsse: „Es kann für Unternehmen einfacher sein, zu einem gemeinsamen Verständnis über die Koordinierungsmodalitäten zu gelangen, wenn sie hinsichtlich Kostenstruk-

---
[364] Ibid., Rdnr. 161.
[365] Vgl. Leitlinien Kommunikation, Rdnr. 100.
[366] Komm. v. 27.10.2000 (COMP/M.2111) – Alcoa/British Aluminium, Rdnr. 14.
[367] Komm. v. 20.6.2001 (COMP/M.2201) – MAN/Auwärter, Rdnr. 56, 82; ähnlich Komm. v. 4.12.2007 (COMP/M.4662) – Syniverse/BSG, Rdnr. 104 und 111.

IV. Unternehmensbezogene Kriterien und Konzentration **Teil 3**

turen, Marktanteilen, Kapazitätshöhen und Ausmaß an vertikaler Integration relativ symmetrisch aufgebaut sind."[368]

a) Technologie und Kosten

Unterscheiden sich die Unternehmen hinsichtlich der von ihnen verwendeten Technologie und damit einhergehend in ihrer Kostenstruktur, dann werden sie, wie bereits erwähnt, abweichende Vorstellungen vom zu fordernden Preis bzw. von den anzubietenden Mengen haben. So würde ein Unternehmen mit geringeren Grenzkosten einen niedrigeren Preis und eine größere Produktionsmenge bevorzugen als eines mit hohen Grenzkosten. Daher wird sich in einer solchen Situation kein Preis als für alle Unternehmen offensichtliches koordiniertes Gleichgewicht ergeben.[369] Diese Unterschiede können zwar im Rahmen expliziter Vereinbarungen berücksichtigt werden, indem effizienteren Unternehmen eine größere Angebotsmenge zugeteilt wird als ineffizienten und zwischen den Unternehmen Ausgleichszahlungen vereinbart werden.[370] Dies ist jedoch ohne explizite Verhandlungen im Allgemeinen nicht möglich.[371] Darüber hinaus führen verschiedene Kostenstrukturen bei den Unternehmen zum einen zu unterschiedlichen Anreizen, von einem koordinierten Gleichgewicht abzuweichen, und zum anderen zu unterschiedlichen Möglichkeiten, abweichendes Verhalten zu bestrafen.[372] So kann ein Unternehmen mit geringen Kosten von einem Abweichen mehr profitieren als eines mit hohen Kosten und kann von letzterem auch nicht ohne weiteres „bestraft" werden. Damit ein Unternehmen mit hohen Kosten eines mit niedrigen bestrafen kann, müsste es einen Preis setzen, der den Kosten des effizienteren Unternehmens entspricht. Dies würde jedoch für das ineffiziente Unternehmen einen erheblichen Verlust bedeuten und daher keine glaubwürdige Drohung darstellen. Daher wird ein erheblicher Anreiz bestehen, vom koordinierten Gleichgewicht abzuweichen, wenn nur geringe Sanktionsmöglichkeiten bestehen. Die Höhe der Bestrafung des Unternehmens

---

368 Leitlinien der Kommission zur Bewertung horizontaler Zusammenschlüsse, ABl.EU 2004 Nr. C 31, S. 5–18, Rdnr. 48.
369 Bei Symmetrie der Unternehmen ergäbe sich sonst ein Preis, der als „focal point" fungieren könnte. Vgl. hierzu *Scherer/Ross* (1990), 238.
370 Derartige Ausgleichszahlungen könnten in monetären Transfers bestehen, aber auch, wenn die Unternehmen auf mehreren Märkten tätig sind, in Form von Zugeständnissen auf einem anderen Markt. Vgl. *Ivaldi/Jullien/Rey/Seabright/Tirole* (2003b); *Osborne/Pitchik* (1983); *Schmalensee* (1987).
371 Auch experimentelle Untersuchungen haben ergeben, dass eine Koordination eher bei symmetrischer Kostenstruktur zu erwarten ist, vgl. *Mason/Phillips/Nowell* (1992).
372 Vgl. *Bae* (1987); *Harrington* (1991a); *Rothschild* (1999); *Scherer/Ross* (1990), 239f.; *Vasconcelos* (2005); *Verboven* (1997).

Teil 3 D. Koordinierte Effekte und kollektive Marktbeherrschung

mit den geringsten Sanktionsmöglichkeiten ist entscheidend für das erreichbare Niveau der Koordination. Zwar könnte der Anreiz zum Abweichen für das Unternehmen mit den geringeren Kosten dadurch reduziert werden, dass man ihm einen größeren Anteil am Markt bzw. am Gewinn zubilligt, allerdings sind in einer solchen Situation die Möglichkeiten zur Koordination dadurch beschränkt, dass die Marktanteile die Kostenunterschiede widerspiegeln müssen.[373]

In der europäischen Fallpraxis kommt der Symmetrie der Kostenstrukturen eine Schlüsselrolle zu.[374] Solche symmetrischen Kostenstrukturen können nach Feststellung der Kommission auch trotz asymmetrischer Marktanteile bestehen.[375] Die besondere Bedeutung dieses Strukturfaktors hat die Kommission in ihrer Entscheidungspraxis zur kollektiven Marktbeherrschung immer wieder hervorgehoben.[376] Zum einen trägt die Kostensymmetrie ebenso wie die Markanteilssymmetrie zur Gleichgerichtetheit der Interessenlage der Oligopolmitglieder bei.[377] Demgegenüber bieten größere Kostenvorteile eines potenziellen Oligopolteilnehmers – z. B. durch economies of scale – für diesen einen Anreiz zu aggressiverem Wettbewerbsverhalten, weil ein Interesse an höherer Produktion und damit verbunden niedrigeren Preisen besteht.[378] Zudem stellt sich nach Auffassung der Kommission im Fall *Exxon/Mobil* eine Sanktionsverhängung schwieriger dar, wenn der Abweichler von Anfang an zu niedrigeren Preisen als die anderen Oligopol-

---

373 Vgl. *Ivaldi/Jullien/Rey/Seabright/Tirole* (2003b), 39. Zur Frage der Aufteilung der Gewinne in einem Oligopol mit Verhaltenskoordination vgl. *Collie* (2004); *Osborne/Pitchik* (1983).
374 *Kantzenbach/Kottmann/Krüger* (1996), 61.
375 So auch Komm. v. 29.9.1999 (IV/M.1383) – Exxon/Mobil, Rdnr. 476 f.
376 Komm. v. 22.7.1992 (IV/M.190), ABl.EG 1992 L 356/1 – Nestlé/Perrier, Rdnr. 63; Komm. v. 24.4.1996 (IV/M.619) – Gencor/Lonrho, Rdnr. 205; Komm. v. 22.9.2000 (IV/M.1524) – Airtours/First Choice, Rdnr. 99; Komm. v. 13.6.2000 (IV/M.1673) – VEBA/VIAG, Rdnr. 75; Komm. v. 20.6.2001 (COMP/M.2201) – MAN/Auwärter, Rdnr. 56: symmetrische Kostenstrukturen als „Voraussetzung für die Annahme eines stabilen Duopols"; Komm. v. 31.1.1994 (IV/M.315) – Mannesmann/Vallourec/Ilva, Rdnr. 68 f.; Komm. v. 28.10.1999 (IV/M.1571) – New Holland/Case, Rdnr. 45; Komm. v. 29.9.1999 (IV/M.1383) – Exxon/Mobil, Rdnr. 476 f.; umfangreiche Prüfung unter Zugrundelegung einer externen ökonomischen Analyse in Komm. v. 11.12.2001 (COMP/M.2498) – UPM Kymmene/Haindl, Rdnr0.89–94.
377 Komm. v. 1.3.1993 (IV/M.331) – Fletcher Challenge/Methanex, Rdnr. 26; Komm. v. 20.6.2001 (COMP/M.2201) – MAN/Auwärter, Rdnr. 56; Komm. v. 29.9.1999 (IV/M.1383) – Exxon/Mobil, Rdnr. 476; Komm. v. 23.9.2008 (COMP/M.4980) – ABF/GBI, Rdnr. 295.
378 Komm. v. 14.10.2002 (COMP/M.2965) – Staples/Guilbert, Rdnr. 20: keine Gefahr einer Verhaltenskoordination wegen unterschiedlicher Kostenstruktur und damit verbunden unterschiedlicher Interessenlage; Komm. v. 19.7.2006 (COMP/M.4170) – LSG Lufthansa Service Holding/Gate Gourmet Switzerland, Rdnr. 42.

IV. Unternehmensbezogene Kriterien und Konzentration **Teil 3**

mitglieder produzieren kann.[379] Anders als bei den Marktanteilen werden erhebliche Unterschiede in der Kostenstruktur – soweit ersichtlich – ausnahmslos als Umstand angeführt, der gegen die Gefahr einer wettbewerbswidrigen Verhaltenskoordination spricht.[380]

b) Marktanteile

Zwischen der Symmetrie der Kostenstrukturen der Unternehmen und ihren Marktanteilen besteht aus wirtschaftstheoretischer Sicht ein relativ enger Zusammenhang. So zeigt sich z. B. im Cournot-Modell, dass sich für Unternehmen, die durch ähnliche Grenzkosten charakterisiert sind, im kurzfristigen Nash-Gleichgewicht die gleichen Marktanteile ergeben. In Modellen mit Preiswettbewerb bei differenzierten Gütern kann ebenfalls ein Zusammenhang zwischen Symmetrien der Kostenstruktur und der Marktanteile konstatiert werden.[381] Während für die Begründung oder Verstärkung einer einzelmarktbeherrschenden Stellung asymmetrische Marktanteile geradezu erforderlich erscheinen, stellt eine solche Situation nach Auffassung der Kommission[382] im Bereich der kollektiven Marktbeherrschung in der Regel ein erhebliches Hindernis für die Wahrscheinlichkeit eines wettbewerbswidrigen koordinierten Verhaltens dar.[383]

In der Entscheidung *Nestlé/Perrier* stellte die Kommission diesbezüglich fest: „Nach dem Zusammenschluss würden auf dem Markt zwei Anbieter mit ähnlichen Kapazitäten und Marktanteilen (symmetrisches Duopol) verbleiben (...). Bei dieser gleichgewichtigen Marktposition und dem hohen Verkaufsvolumen würde jedes aggressive Wettbewerbsverhalten

---

[379] Komm. v. 29.9.1999 (IV/M.1383) – Exxon/Mobil, Rdnr. 476.
[380] In Übereinstimmung mit *Scherer/Ross*, Industrial Market Structure and Economic Performance, 3. Aufl. 1990, S. 285.
[381] Eine Ausnahme stellt hier das Bertrand-Modell mit homogenen Gütern dar, in dem bereits kleine Unterschiede in den Grenzkosten drastische Differenzen in den Marktanteilen bewirken.
[382] Die Bedeutung symmetrischer Marktanteile für die Kollusionswahrscheinlichkeit betont die Kommission in zahlreichen Fällen, vgl. nur Komm. v. 13.6.2000 (IV/M.1673) – VEBA/VIAG, Rdnr. 73; Komm. v. 26.10.2004 (COMP/M.3216) – Oracle/People Soft, Rdnr. 206.
[383] Komm. v. 10.8.1992 (IV/M.206) – Rhone-Poulenc/SNIA (I), Rdnr. 7.2.2.; Komm. v. 8.9.1993 (IV/M.355) – Rhone Poulenc/SNIA (II), Rdnr. 26; Komm. v. 21.12.1993 (IV/M.358) – Pilkington-Techint/SIV, Rdnr. 63; Komm. v. 21.12.1994 (IV/M.484) – Krupp/Thyssen/Riva/Falck/Tadfin/AST, Rdnr. 68: „Demgegenüber wären bei Annahme einer gemeinsamen Beherrschung durch eine größere Gruppe von Unternehmen (...) die Marktanteile der beteiligten Unternehmen ganz unterschiedlich (...). Dies würde ein paralleles Verhalten erheblich erschweren."; Komm. v. 17.3.1999 (IV/M.1415) – BAT/Rothmans, Rdnr. 23 (14% im Vergleich zu 35%); Komm. v. 12.10.2005 (COMP/M.3765) – Amer/Salomon, Rdnr. 110 und 152.

Teil 3 D. Koordinierte Effekte und kollektive Marktbeherrschung

eines der beiden Unternehmen unmittelbare und bedeutende Auswirkungen auf die Tätigkeit des anderen Anbieters haben (...). Ihre wechselseitige Abhängigkeit schafft somit ein starkes gemeinsames Interesse an einer Gewinnmaximierung durch wettbewerbsfeindliches Verhalten."[384] Im Fall *Mannesmann/Vallourec/Ilva* heißt es hierzu: „Obwohl zwischen Sandvik und DMV keine strukturellen Verbindungen bestehen, kann aufgrund verschiedener Faktoren von einem Anreiz ausgegangen werden, ein wettbewerbswidriges, gleichgerichtetes Verhalten aufzunehmen. (...) Außerdem erhöht sich der Anreiz für ein derartiges Vorgehen (...) sowohl mit dem Konzentrationsgrad als auch mit der Gleichartigkeit der Marktanteile."[385] Auch im Fall *MAN/Auwärter* ergaben sich erhebliche Bedenken der Kommission gegen einen Zusammenschluss aus der Tatsache, dass infolge der Fusion ein Duopol mit symmetrischen Marktanteilen bestehend aus MAN/Auwärter und dem bisherigen Marktführer EvoBus auf dem Markt für Stadtbusse entstanden wäre.[386]

In der jüngeren Vergangenheit hat die Kommission allerdings eine kollektive Marktbeherrschung auch in Fällen festgestellt, in denen die Marktanteile der Oligopolteilnehmer nicht vollständig symmetrisch waren,[387] bzw. sogar weit auseinander lagen. In der Entscheidung *Exxon/Mobil* heißt es hierzu: „Die Marktanteilssymmetrie zwischen den Wettbewerbern wird als ein weiterer Faktor betrachtet, der im Allgemeinen ein wettbewerbswidriges Parallelverhalten begünstigt. (...) Auf einigen von der Kommission untersuchten und nachstehend erläuterten Märkten sind die Marktanteile unter den verschiedenen Marktteilnehmern ungleich aufgeteilt. Dieser Faktor darf jedoch nicht so gesehen werden, dass durch ihn allein eine oligopolistische Marktbeherrschung verhindert werden kann. Die Symmetrie der Marktanteile bietet zwar zusätzliche Anreize zur Verhaltenskoordinierung, ist aber keineswegs die Voraussetzung für tatsächliches Parallelverhalten."[388] Die gleichgerichtete Interessenlage, die grundsätzlich für die Gefahr eines koordinierten Verhaltens erforderlich ist, kann sich in solchen Fällen aus anderen Umständen ergeben.

---

384 Komm. v. 22.7.1992, ABl.EG 1992 L 356/1 – Nestlé/Perrier, Rdnr. 123.
385 Komm. v. 31.1.1994 (IV/M.315) – Mannesmann/Vallourec/Ilva, Rdnr. 55.
386 Komm. v. 20.6.2001 (COMP/M.2201) – MAN/Auwärter, Rdnr. 32: Marktanteil MAN/ Auwärter nach dem Zusammenschluss von 48,4% einerseits und 49,4% bei EvoBus andererseits.
387 Vgl. Komm. (COMP/M.2498) – UPM-Kymmene/Haindl, Rdnr. 81 und Fn. 32 m.w.N.
388 Komm. v. 29.9.1999 (IV/M.1383) – Exxon/Mobil, Rdnr. 477; ähnliche Feststellung in Komm. v. 21.11.2001 (COMP/M.2498) – UPM-Kymmene/Haindl, Rdnr. 81 m.w.N.

IV. Unternehmensbezogene Kriterien und Konzentration **Teil 3**

c) Produktpalette

Unterscheiden sich die Unternehmen hinsichtlich der von ihnen angebotenen Produkte in dem Sinne, dass einige Unternehmen mehr Varianten eines Gutes anbieten als andere, d. h. über eine größere Produktpalette verfügen, sind die Anreize, von einem koordinierten Gleichgewicht abzuweichen, verschieden.[389] Würde ein Unternehmen mit einer großen Anzahl verschiedener differenzierter Güter eine Preissenkung bei einem dieser Güter durchführen, dann würde es aufgrund von Substitutionseffekten eine Nachfrage- und Umsatzeinbuße bei anderen von ihm hergestellten Produktvarianten hinnehmen müssen und bekäme nur wenig zusätzliche Nachfrage von den Konsumenten der Produktvarianten, die nicht von ihm hergestellt werden. Ein solches Unternehmen hat daher ein größeres Interesse an hohen Preisen für alle Produktvarianten. Hinzu kommt, dass die Bestrafung eines abweichenden Unternehmens durch eine Preissenkung für ein solches Unternehmen aufgrund von Kannibalisierungseffekten mit großen Einbußen verbunden wäre. Dies schränkt die Sanktionsmöglichkeiten des Unternehmens ein. Daher sind die Anreize, von einem koordinierten Gleichgewicht abzuweichen, für ein Unternehmen, das nur eine geringe Anzahl von Produktvarianten herstellt, vergleichsweise hoch: Zum einen wird durch eine Preissenkung eines Produktes erhebliche zusätzliche Nachfrage auf dieses Unternehmen gelenkt, und zum anderen hat ein Unternehmen mit einer großen Produktpalette geringere Möglichkeiten der Bestrafung, da eine Preissenkung bei einem Produkt einen Kannibalisierungseffekt bei seinen anderen Produktvarianten bewirken wird. Aus diesen Gründen führt eine Asymmetrie hinsichtlich der angebotenen Produktpalette dazu, dass eine Verhaltenskoordination schwieriger wird. Eine Aufnahme dieses Arguments in die Entscheidungspraxis konnte in dem in die Untersuchung einbezogenen Fallmaterial nicht festgestellt werden.

d) Organisationsform und Konzernstruktur

Die Symmetrie kann sich auch auf den Aspekt der Unternehmensorganisation, und damit auch auf die Rechtsform beziehen. Unterschiedliche Organisationsformen wie Personengesellschaft oder AG können unterschiedliche Verhaltensweisen des Unternehmens am Markt implizieren. Dies liegt vor allem daran, dass innerhalb verschiedener Organisationsstrukturen, z. B. durch die Trennung von Eigentum und Kontrolle in Aktiengesellschaften im Vergleich zu Personengesellschaften, unterschiedliche Anreize für die Unternehmensleitung be-

---

[389] Vgl. *Kühn* (2004).

Teil 3   D. Koordinierte Effekte und kollektive Marktbeherrschung

stehen.[390] Dies kann zu anderen Zielen und anderen Verhaltensweisen des Unternehmens führen. So können in Unternehmen mit dezentraler Organisationsstruktur Transferpreise oberhalb der Grenzkosten als Instrument zur Verhaltenskoordination eingesetzt werden.[391] Auch kann eine Gewinnbeteiligung der Arbeitnehmer eine Verhaltenskoordination erleichtern, da bei unsicherer Nachfrage die Verpflichtung, Gewinne an die Arbeitnehmer zu transferieren, den Anreiz reduziert, von einem koordinieren Gleichgewicht abzuweichen.[392] Bislang gibt es nur wenige wirtschaftstheoretische Untersuchungen zur Frage der Auswirkung der Unternehmensorganisation auf das Marktverhalten hinsichtlich koordinierten Verhaltens. Diese deuten allerdings darauf hin, dass Asymmetrien in der Unternehmensorganisation eine Verhaltenskoordination erschweren.[393]

Eine Aufnahme dieser Gesichtspunkte in die Anwendungspraxis konnte nicht festgestellt werden. Die Kommission stellt aber Übereinstimmungen bzw. Unterschiede bei der Konzernstruktur der Marktteilnehmer in Rechnung. Aspekte vertikaler Integration haben nach der Kommissionspraxis in verschiedener Hinsicht Einfluss auf die Möglichkeit eines koordinierten Verhaltens. Im Fusionsfall *Exxon/Mobil* führt die Kommission aus: „Ein ähnliches Ausmaß der vertikalen Integration von Teilnehmern eines oligopolistischen Systems erhöht sowohl deren Bereitschaft zu parallelem Verhalten als auch die Aussichten auf Stabilität dieses Verhaltens."[394] Zur Begründung wird zum einen angeführt, dass vertikal integrierte Unternehmen gegenüber nichtintegrierten Konkurrenten Kostenvorteile genießen und damit die Kostenstrukturen umso ähnlicher sind, je ausgeglichener der Grad der vertikalen Integration ist. Zum anderen resultiert eine gleiche Interessenlage daraus, dass Veränderungen auf einer Handelsstufe alle Oligopolisten gleichermaßen treffen und diese sich aufgrund der gleichgerichteten Interessenlage zu ähnlichen Reaktionen veranlasst sehen. Als Konsequenz hieraus sei auf solchen Märkten eine höhere Stabilität des Parallelverhaltens zu erwarten.[395] Asymmetrische

---

390 So zeigt *Han* (2010a), dass die Stabilität einer Verhaltenskoordination durch eine strategische Delegation von Aufgaben innerhalb eines Unternehmens erhöht werden kann und auch die Laufzeit eines Vertrages mit einem Manager einen Einfluss auf die Existenz eines koordinierten Gleichgewichts hat (*Han* (2010b)).
391 Vgl. *Shor/Chen* (2006).
392 Vgl. *Bernhardt/Chambers* (2006).
393 Vgl. *Lambertini/Trombetta* (2002); *Neubauer* (1999); *Spagnolo* (2004); *Vroom/Riuz-Aliseda* (2002).
394 Komm. v. 29.9.1999 (IV/M.1383) – Exxon/Mobil, Rdnr. 478.
395 Ibid.; ähnlich auch Komm. v. 21.1.2001 (COMP/M.2097) – SCA/Metsä Tissue, Rdnr. 148.

vertikale Integration soll nach der Entscheidungspraxis gegen die Möglichkeit eines stillschweigenden Parallelverhaltens sprechen.[396] Insgesamt deuten diese Überlegungen darauf hin, dass für eine Verhaltenskoordination die Symmetrie der Unternehmen hinsichtlich der genannten Aspekte eine große Bedeutung hat. Je heterogener die Unternehmen sind, desto schwieriger wird es, ein koordiniertes Gleichgewicht aufrechtzuerhalten. So wird z. B. ein Unternehmen mit deutlich geringeren Kosten als der Durchschnitt in diesem Markt tendenziell einen großen Anreiz haben, als „Maverick" zu fungieren und eine Verhaltenskoordination zu verhindern. Ein solches Unternehmen würde an einem koordinierten Gleichgewicht nur zu Bedingungen teilnehmen, die von den anderen Unternehmen nicht gewährleistet werden können.[397] Dies gilt auch für Unternehmen, die aufgrund ihrer Organisationsstruktur zukünftige Erträge nur gering gewichten oder die wegen ihrer Größe, ihrer Kapazität oder Produktpalette einen größeren Anreiz haben, sich wettbewerblich zu verhalten.

3. Überschusskapazitäten und Lagerbestände

Verfügen die Unternehmen über große und nicht voll ausgelastete Produktionskapazitäten, hat dies auf ein koordiniertes Gleichgewicht die Wirkung, ein Abweichen vom Gleichgewicht zu erleichtern. Ein solches Unternehmen kann die durch einen geringeren Preis gestiegene Nachfrage befriedigen. Daher ging die traditionelle Auffassung der Rolle von Überschusskapazitäten davon aus, dass durch diese eine Koordination erschwert wird. Historische Entwicklungen in den 1920er und 1930er Jahren schienen diese Auffassung zu bestätigen, denn es kam bei erheblichen Überschusskapazitäten in der europäischen Chemieindustrie zu erbitterten Preiskriegen.[398] Spätere Untersuchungen haben jedoch deutlich gemacht, dass für diese Preiskriege nicht die Überschusskapazitäten entscheidend waren, sondern die stark zurückgehende Nachfrage.[399] Die Überschusskapazitäten waren in den 1920er Jahren aufgebaut worden, zu einer Zeit, als zwischen den Unternehmen eine Verhaltenskoordination stattfand, was darauf hindeutet, dass es eine positive Beziehung zwischen Überschusskapazitäten und Verhaltenskoordination gibt. Theoretische Untersuchungen haben gezeigt, dass neben der Wirkung, ein Abweichen vom koordinierten Gleichgewicht zu erleichtern, Überschuss-

---
396 Vgl. Komm. v. 21.12.1993 (IV/M.358) – Pilkington-Techint/SIV, Rdnr. 47: "(...) in this case, its feasibility is undermined by the variation in vertical integration."
397 Vgl. *Baker* (2002); *Kolasky* (2002).
398 Vgl. *Phlips* (1995), 153.
399 Vgl. *Church/Ware* (2000), 346. Die Auswirkungen einer Rezession auf eine Verhaltenskoordination werden auf den Seiten 355–358 diskutiert.

kapazitäten auch dazu eingesetzt werden können, ein solches Abweichen zu bestrafen.[400] Wenn ein Unternehmen nur über eine beschränkte und bereits voll ausgelastete Kapazität verfügt, dann kann es das Abweichen eines anderen durch einen niedrigeren Preis und die damit verbundene größere Herstellungsmenge nicht sanktionieren, wodurch bei den Konkurrenten ein erheblicher Anreiz besteht, aus dem koordinierten Gleichgewicht auszubrechen. Dieser Zusammenhang konnte auch empirisch bestätigt werden, so dass die Vermutung naheliegt, die Funktion von Überschusskapazitäten als Bestrafungsmechanismus überwiegt ihre Anreizwirkung zum Abweichen vom koordinierten Gleichgewicht.[401] Diese Überlegungen deuten darauf hin, dass unterschiedliche Kapazitäten von Unternehmen dazu beitragen, eine Verhaltenskoordination zu erschweren. Unterliegt ein Unternehmen einer engen Kapazitätsbeschränkung oder steigen seine Grenzkosten bei einer erhöhten Produktionsmenge stark an, dann lohnt sich ein Abweichen nicht. Unternehmen mit größeren, nicht voll ausgeschöpften Kapazitäten hingegen könnten von einem Abweichen profitieren, denn sie können problemlos größere Produktionsmengen herstellen. Ein Abweichen wäre insbesondere dann lohnend, wenn die anderen Unternehmen aufgrund ihrer geringen Kapazitäten dies nicht bestrafen könnten. Einige Untersuchungen haben diese Vermutung bestätigen können.[402] Analog zu Überschusskapazitäten kann auch hinsichtlich der Lagerbestände von Unternehmen argumentiert werden. Große Lagerbestände machen zum einen ein Abweichen attraktiv, erleichtern aber zum anderen auch die Bestrafung eines abweichenden Unternehmens. Die Untersuchungen zu diesem Problem deuten darauf hin, dass auch bei Lagerbeständen die Funktion als Bestrafungsinstrument überwiegt.[403]

In der Entscheidungspraxis der Kommission kommt der Grad an Kapazitätsauslastung zunächst als einer von mehreren Bezugspunkten für eine Verhaltenskoordination in Betracht.[404] Darüber hinaus kann die Betrachtung zum einen des Grads der gegenwärtigen Kapazitätsauslastung als

---

400 Vgl. *Brock/Scheinkman* (1985); *Benoit/Krishna* (1987); *Davidson/Deneckere* (1990); *Loury* (1990) sowie *Osborne/Pitchik* (1987).
401 In einer Untersuchung der amerikanischen Aluminiumindustrie kommt *Rosenbaum* (1989) zu dem Ergebnis, dass es einen positiven Zusammenhang zwischen Überschusskapazitäten und erhöhten Gewinnmargen gibt.
402 Vgl. *Compte/Jenny/Rey* (2002); *Lambson* (1994).
403 Vgl. *Matsumura* (1999); *Rotemberg/Saloner* (1989).
404 Z. B. Komm. v. 24.4.1996 (IV/M.619) – Gencor/Lonrho, Rdnr. 187; Komm. v. 21.9.1999 (IV/M.1524) – Airtours/First Choice, Rdnr. 56; Komm. v. 21.11.2001 (COMP/M.2498) – UPM Kymmene/Haindl, Rdnr. 127 ff.; Komm. v. 30.10.2001 (COMP/M.2420) – Mitsui/CVRD/Caemi, Rdnr. 238–246.

IV. Unternehmensbezogene Kriterien und Konzentration Teil 3

auch möglicher Reservekapazitäten Aufschluss über die Möglichkeiten einer Verhaltenskoordination in Bezug auf andere Anknüpfungspunkte wie z. B. Preis oder Marktaufteilung geben. Im Hinblick auf die gegenwärtige Kapazitätsauslastung lässt sich feststellen, dass die Kommission es grundsätzlich als kollusionshindernd einstuft, wenn der Kapazitätsauslastungsgrad zwischen den Oligopolisten asymmetrisch ist, weil dann in der Regel von einer inhomogenen Interessenlage auszugehen ist, die eine Verhaltenskoordination erschwert und für die Oligopolmitglieder wenig reizvoll ist.[405] Im Fall *Akzo/Nobel Industrier* stellt die Kommission fest: "Capacities (...) are unevenly distributed among the three suppliers, so the views of each firm in respect of the level of output and their respective price preferences might be quite different."[406] Auch in Bezug auf Reservekapazitäten geht sie grundsätzlich davon aus, dass Symmetrien eine wichtige Voraussetzung für die Wahrscheinlichkeit einer Verhaltenskoordination sind,[407] Asymmetrien hingegen ein koordiniertes Gleichgewicht auf Dauer unmöglich machen.[408] Im Übrigen wird der Einfluss von Reservekapazitäten auf die Koordinationswahrscheinlichkeit in der Kommissionspraxis nicht einheitlich beurteilt. Anerkannt ist, dass die Schaffung neuer Kapazitäten durch einen bisher noch nicht am Markt tätigen potenziellen Wettbewerber dazu führt, dass der vor dem Zusammenschluss feststellbare Preiswettbewerb sich in naher Zukunft eher noch verschärft, eine Verhaltenskoordination auf Dauer also nicht zu besorgen ist.[409] Hinsichtlich bestehender Reservekapazitäten der Oligopolteilnehmer selbst ist die Beurteilung divergent. Zum einen sind Fälle vorzufinden, in denen besonders hohe überschüssige Kapazitäten gerade als koordinationsfördernd angesehen werden. Im Fall *Mannesmann/Vallourec/Ilva* geht die Kommission davon aus, dass angesichts der umfangreichen bestehenden Reservekapazitäten bei beiden Duopolisten „(...) weder für Sandvik noch für DMV ein größerer Anreiz für Produktionssteigerungen (bestünde), da beiden Seiten bekannt ist, dass die Gegenseite über ausreichende Kapazitäten verfügt, um darauf erwidern zu können, selbst wenn die Kapazitäten in absoluten Werten unterschiedlich hoch sein

---

405 Komm. v. 23.9.2008 (COMP/M.4980) – ABF/GBI, Rdnr. 297.
406 Komm. v. 10.1.1994 (IV/M.390) – Akzo/Nobel Industrier, Rdnr. 18.
407 In Komm. v. 19.7.2000 (COMP/M.1939) – Rexam/American National Can, Rdnr. 18, heißt es hierzu: "Substantial and symmetric over-capacity allows both players to limit the incentives to deviate and thus maintain high collusive prices."
408 Vgl. Komm. v. 28.9.2001 (COMP/M.2542) – Schmalbach-Lubeca/Rexam, Rdnr. 18: "(...) the asymmetric distribution of the suppliers' capacity and spare capacity indicates the absence of an oligopolistic market equilibrium, which would make collusive behaviour unsustainable over the medium to long term."
409 Komm. v. 11.7.2001 (COMP/M.2314) – BASF/Eurodiol/Pantochim, Rdnr. 76.

Teil 3 D. Koordinierte Effekte und kollektive Marktbeherrschung

mögen."[410] Aber auch in die entgegengesetzte Richtung wird argumentiert: In *Pilkington-Techint/SIV* wurde die Steigerung des Kapazitätsüberhangs in der Floatglasproduktion in der Gemeinschaft als koordinationshemmend angesehen, weil die damit einhergehende Notwendigkeit, die zusätzliche Produktion zu verkaufen, „der Versuchung zu wettbewerbsfeindlichem Parallelverhalten erheblich zuwider" laufe.[411]

Zwei Gesichtspunkte fallen bei einer genaueren Betrachtung der von der Kommission behandelten Fälle auf: Die Kommission erkennt an, dass das Bestehen von Überkapazitäten insbesondere bei Mengenwettbewerb eine unabdingbare Voraussetzung für einen glaubwürdigen Sanktionsmechanismus ist und damit unter Umständen gerade koordinationsstabilisierend wirken kann.[412] Auf der anderen Seite verliert ein wettbewerbsfeindliches koordiniertes Verhalten jedenfalls dann seinen Reiz, wenn erhebliche Kapazitätsüberschüsse bestehen, ein Oligopolteilnehmer aber besondere Kostenvorteile hat. In einer solchen Konstellation ist die von einer Kapazitätsausweitung ausgehende Abschreckungswirkung gering, weil der Abweichler weiß, dass ein solcher Vorstoß durch die anderen (zu höheren Kosten produzierenden) Oligopolteilnehmer nicht rational ist. Eine pauschale Beurteilung der Bedeutung von Reservekapazitäten in der europäischen Entscheidungspraxis ist somit nicht möglich, sondern hängt erheblich von den konkreten Umständen des Einzelfalls ab.

4. Strukturelle Verbindungen zwischen Marktbeteiligten

Ein häufig angeführtes Instrument zur Verhaltenskoordination sind strukturelle Verbindungen zwischen den am Markt beteiligten Unternehmen. Hierzu gehören unter anderem wechselseitige Beteiligungen[413], gemeinsame Anteile an einem dritten Unternehmen, strategische Allianzen, Forschungskooperationen oder andere horizontale Verbindungen. Zum einen

---

410 Komm. v. 31.1.1994 (IV/M.315) – Mannesmann/Vallourec/Ilva, Rdnr. 64; ebenso Komm. v. 23.9.2008 (COMP/M.4980) – ABF/GBI, Rdnr. 242; ähnlich positive Beurteilung für die Anreizwirkung von Überkapazitäten in Komm. v. 18.10.1995 (IV/M.580) – ABB/Daimler-Benz, Rdnr. 90: „Die Annahme, dass jedenfalls künftig kein wesentlicher Wettbewerb zwischen den Parteien und Siemens stattfinden wird, wird auf dem Schienenfahrzeugmarkt durch bestehende Überkapazitäten insbesondere für den Mechanikteil der Schienenfahrzeuge gestützt."
411 Komm. v. 21.12.1993 (IV/M.358), ABl.EG 1994 L 158/24 – Pilkington-Techint/SIV; ähnlich Komm. v. 20.12.2006 (COMP/M.4215) – Glatfelter/Crompton Assets, Rdnr. 120.
412 So auch die Leitlinien der Kommission zur Bewertung horizontaler Zusammenschlüsse, ABl.EU 2004 Nr. C 31, S. 5–18, Rdnr. 54.
413 Vgl. z.B. *Gilo/Spiegel* (2006); *Malueg* (1992); *Parker/Röller* (1997); *Reynolds/Snapp* (1986).

IV. Unternehmensbezogene Kriterien und Konzentration **Teil 3**

können die Unternehmen aufgrund dieser strukturellen Verbindung untereinander leichter Informationen über Preise, Mengen und Kapazitäten austauschen, als dies ohne eine derartige Verbindung möglich wäre, und können so das Koordinationsproblem einfacher lösen. Außerdem lässt sich durch eine derartige Verbindung ein Abweichen vom koordinierten Gleichgewicht leichter aufdecken. Zum anderen wird sich, z. B. durch eine wechselseitige Beteiligung, auch der Anreiz der Unternehmen verringern, sich wettbewerblich zu verhalten. Würden durch ein aggressives wettbewerbliches Verhalten die Gewinne des anderen Unternehmens reduziert, dann hätte dies aufgrund der Beteiligung einen negativen Einfluss auf die eigene finanzielle Position und umgekehrt. Aus diesem Grunde steigt der Anreiz zu einer Verhaltenskoordination.

In der Anwendungspraxis bestand zunächst Unsicherheit darüber, ob das Bestehen struktureller Verbindungen notwendige Vorbedingung für die Annahme einer Verhaltenskoordination ist. Eine abschließende Klärung dieser Frage brachte das EuG-Urteil *Gencor* aus dem Jahr 1999, in dem der EuGH feststellte: „Rechtlich oder wirtschaftlich gesehen besteht kein Grund, in den Begriff der wirtschaftlichen Verbindung nicht auch die Wechselbeziehung zwischen den Mitgliedern eines beschränkten Oligopols mit einzubeziehen, in dessen Rahmen diese auf einem Markt mit den entsprechenden Merkmalen insbesondere im Hinblick auf Marktkonzentration, Transparenz und Homogenität des Erzeugnisses in der Lage sind, ihre jeweiligen Verhaltensweisen vorherzusehen, und daher unter starkem Druck stehen, ihr Marktverhalten einander anzupassen, um insbesondere ihren gemeinsamen Gewinn durch eine auf Preiserhöhung abzielende Produktionsbeschränkung zu maximieren. In einem solchen Kontext weiß nämlich jeder Marktbeteiligte, das jede auf Vergrößerung seines Marktanteils gerichtete, stark wettbewerbsorientierte Maßnahme (z. B. eine Preissenkung) seinerseits die gleiche Maßnahme seitens der anderen auslösen würde, so dass er keinerlei Vorteil aus seiner Initiative ziehen könnte. Folglich hätten alle Marktbeteiligten die Absenkung des Preisniveaus hinzunehmen."[414] Wenngleich hiernach keine notwendige Voraussetzung zur Feststellung einer kollektiv beherrschenden Stellung, so können strukturelle Verbindungen nach der europäischen Fallpraxis doch in erheblicher Weise eine Verhaltenskoordination fördern und stabilisieren. Dabei kommen den strukturellen Verbindungen verschiedene Funktionen im Rahmen der kollektiven Marktbeherrschung zu.[415] Zum einen können sie als Informationskanal

---

[414] EuG, Urt. v. 25.3.1999, Rs. T-102/99 – Gencor, Slg. 1999, II-753, Rdnr. 276.
[415] Vgl. zusammenfassend „Oligopoly", Commission Paper, vorgelegt im Rahmen des Best Practice Roundtable der OECD im Oktober 1999, DAFFE/CLP(99)25, S. 218: "Such links may reduce the competitive zeal between the oligopolists, they may repre-

Teil 3 D. Koordinierte Effekte und kollektive Marktbeherrschung

dienen und somit als transparenzfördernder Faktor ein koordiniertes Verhalten erst ermöglichen. Solche Verbindungen können daneben auch in dem Sinne kollusionsfördernd wirken, dass sie zur Gleichgerichtetheit der Interessenlage zwischen verschiedenen Unternehmen beitragen. Im Zusammenschlussfall *Exxon/Mobil* führt die Kommission hierzu aus: „Die Wahrscheinlichkeit oligopolistischen Verhaltens erhöht sich im Allgemeinen, sofern zwischen den Teilnehmern des oligopolistischen Systems strukturelle Verbindungen bestehen. Verbindungen dieser Art veranlassen die Marktteilnehmer nämlich, sich für das Wohlergehen ihrer Partner und die jeweiligen Strategien, Kostenstrukturen und Geschäftskonzeptionen zu interessieren. (…) In Abhängigkeit von den jeweiligen Umständen können sie bis zu einem gewissen Grade auch zu gemeinsamen wirtschaftlichen Interessen auf dem betreffenden Markt führen."[416] Die weitaus größte Bedeutung kommt den strukturellen Verbindungen in der Entscheidungspraxis der Kommission allerdings im Hinblick auf einen erweiterten Spielraum für potenzielle Vergeltungsmittel und damit als kollusionsstabilisierendem Faktor zu.[417] In der Kommissionsentscheidung *Alcan/Alusuisse* hielten zwei führende Aluminiumhersteller die gemeinsame Kontrolle über ein Aluminiumwalzwerk. Die Möglichkeit des einen Unternehmens, Produktionskapazitäten aus dem Gemeinschaftsunternehmen auf andere Produktionsstätten zu verlagern, wertete die Kommission als effektiven Abschreckungsmechanismus gegenüber dem anderen Aluminiumhersteller.[418] Strukturelle Verbindungen zwischen den vermeintlichen Oligopolmitgliedern können auf unterschiedliche Weise, z. B. in Form von Überkreuzbeteiligungen[419], Joint Ventures[420], gemeinsamen Forschungs- und Entwicklungsvereinbarungen[421] und sogar in Form von personellen Verflechtungen[422] etc. auftreten.

---

sent the potential means of retaliation and depending on the circumstances such links would also result in a certain common commercial interest in the market in question. Therefore, the impact of a merger in terms of whether it creates or gives a different quality to such structural links needs to be assessed. However, structural links are not a necessary condition for a finding of oligopolistic dominance."
416 Komm. v. 29.9.1999 (IV/M.1383) – Exxon/Mobil, Rdnr. 480.
417 Ibid.; Komm. v. 14.3.2000 (IV/M.1663) – Alcan/Alusuisse, Rdnr. 58 ff.; Komm. v. 6.6.2006 (COMP/M.4141) – Linde/BOC, Rdnr. 146; Komm. v. 23.1.2008 (COMP/M.4781) – Norddeutsche Affinerie/Cumerio, Rdnr. 188.
418 Komm. v. 14.3.2000 (IV/M.1663) – Alcan/Alusuisse, Rdnr. 58 ff.
419 Z.B. Komm. v. 13.6.2000 (IV/M.1673) – Veba/Viag, Rdnr. 79.
420 Vgl. Komm. v. 29.9.1999 (IV/M.1383) – Exxon/Mobil, Rdnr. 480; Komm. v. 14.3.2000 (IV/M.1663) – Alcan/Alusuisse, Rdnr. 58 ff.; Komm. v. 21.11.2000 (COMP/M.2499) – Norske Skog/Parenco/Walsum, Rdnr. 95–99; Komm. v. 6.6.2006 (COMP/M.4141) – Linde/BOC, Rdnr. 144 ff.
421 Komm. v. 30.7.1998 (IV/M.1245) – Valeo/ITT Industries, Rdnr. 54.
422 Komm. v. 2.6.1998 (COMP/M.1980) – Thyssen/Krupp, Rdnr. 33.

V. Marktbezogene Kriterien

1. Marktzutritt

Ein weiteres wichtiges Kriterium für die Existenz eines koordinierten Gleichgewichts ist das Vorhandensein von Marktzutrittsschranken. Wenn in einem Markt, in dem die Unternehmen durch eine Verhaltenskoordination höhere Gewinne realisieren können, keine Marktzutrittsschranken vorhanden sind, dann ist zu erwarten, dass neue Unternehmen in diesen Markt eintreten, um zu versuchen, an diesen Gewinnen zu partizipieren. Dies könnte im Prinzip auf zwei Arten geschehen: Zum einen könnte ein in diesen Markt eintretendes Unternehmen versuchen, durch ein Unterbieten der etablierten Unternehmen Gewinne abzuschöpfen, wodurch das koordinierte Gleichgewicht gestört und aufgehoben würde. Zum anderen könnte sich dieses Unternehmen an das bereits existierende koordinierte Gleichgewicht anschließen, indem es den herrschenden, überhöhten Preis für sein Produkt fordert oder sich in seiner Produktionsmenge an das koordinierte Gleichgewicht anpasst.[423] Auch in diesem Fall würde aufgrund der steigenden Anzahl der Unternehmen, deren Verhalten koordiniert werden muss, und des immer geringer werdenden Anteils jedes einzelnen Unternehmens am Gesamtgewinn ein koordiniertes Gleichgewicht nur schwer beibehalten werden können, da der Anreiz, hiervon abzuweichen, mit steigender Unternehmenszahl zunimmt. Die Möglichkeit eines Markteintritts von Unternehmen könnte bereits ausreichen, um eine Verhaltenskoordination von vornherein zu unterbinden. Ein wichtiger Aspekt ist dabei die Schnelligkeit, mit der die etablierten Unternehmen ein Abweichen entdecken und „bestrafen" können. Die Schnelligkeit des Markteintritts ist ebenfalls relevant. Würden Entdeckung und Bestrafung eines Abweichens sehr rasch erfolgen, dann müssten, um eine Verhaltenskoordination unmöglich zu machen, neue Unternehmen auch schnell in den Markt eintreten.[424] Ein ähnliches Problem tritt in dem Fall auf, in dem es neben den oligopolistischen Unternehmen noch eine Reihe von anderen Unternehmen gibt, die nicht zu denen gehören, die ihr Verhalten koordinieren, sondern als Trittbrettfahrer von den erhöhten Preisen profitieren.[425] Können die Unternehmen in diesem wettbewerblichen Rand rasch die durch eine Verhaltenskoordination verringerte Menge durch erhöhte Produktion ausgleichen oder treten weitere Unternehmen zum wettbewerblichen

---

[423] In diesem Fall müssten auch die anderen Unternehmen ihre Angebotsmengen entsprechend anpassen. Vgl. *Formby/Smith* (1984).
[424] Vgl. *Simpson* (1997).
[425] Vgl. *Selten* (1973); *d'Aspermont/Gabszewicz/Jacquemin/Weymark* (1983); *Donsimoni* (1985).

Teil 3 D. Koordinierte Effekte und kollektive Marktbeherrschung

Rand hinzu, dann würde sich das Marktergebnis immer mehr dem Wettbewerbsergebnis annähern.[426] Unterliegen die Unternehmen jedoch Kapazitätsbeschränkungen, dann ist eine Erhöhung der Produktionsmenge kurzfristig nicht möglich, so dass zumindest für den Zeitraum, bis die kleineren Unternehmen ihre Kapazität erhöht haben, ein koordiniertes Gleichgewicht möglich wird.[427] Theoretische Untersuchungen von koordiniertem Verhalten und freiem Marktzutritt haben in unterschiedlichen Modellen gezeigt, dass, selbst wenn ein Marktzutritt nur geringe Kosten verursacht, nicht davon auszugehen ist, dass jegliche Verhaltenskoordination verhindert werden kann, vorausgesetzt, die etablierten Unternehmen können glaubhaft mit aggressivem Wettbewerb im Falle eine Markteintritts drohen.[428] Dies weist darauf hin, dass selbst ohne Marktzutrittsschranken nicht sichergestellt werden kann, dass kein koordiniertes Gleichgewicht existiert. Wenn es jedoch erhebliche Marktzutrittsschranken gibt, dann erleichtert dies eine Verhaltenskoordination erheblich. Dies gilt aber nicht notwendig in Märkten, in denen starke Netzeffekte vorliegen, denn hier findet der Wettbewerb nicht in erster Linie im Markt, sondern um den Markt statt. Die Anreize, von einem koordinierten Gleichgewicht abzuweichen, sind in diesem Märkten besonders hoch, denn das Unternehmen kann sich einen großen Teil des Marktes sichern und könnte auch davon ausgehen, dass diese Position aufgrund von Lock-in Effekten der Nachfrager für längere Zeit bestehen bleibt. In solchen Märkten ist daher trotz hoher Marktzutrittsschranken nicht mit einer Verhaltenskoordination zu rechnen.

In der Anwendungspraxis ist die Bedeutung der Reaktionsmöglichkeiten Dritter für die Beurteilung einer gemeinsamen Marktbeherrschung anerkannt. So führt das EuG in seinem *Airtours*-Urteil aus, das Vorliegen einer kollektiven beherrschenden Stellung könne rechtlich nur dann hinreichend dargetan werden, wenn nachgewiesen würde, dass die voraussichtlichen Reaktionen der tatsächlichen und potenziellen Konkurrenten sowie der Verbraucher die erwarteten Ergebnisse des gemeinsamen Vorgehens nicht in Frage stelle.[429]

---

426 Vgl. *Knieps* (2008), 123–125; *Carlton/Perloff* (2005), 148.
427 Zur Rolle von Unternehmen im wettbewerblichen Rand als kollusionsfördernder Faktor vgl. *Capuano* (2005).
428 Vgl. *Brander/Spencer* (1985); *Friedman/Thisse* (1994); *Harrington* (1989b, 1991b); *MacLeod/Norman/Thisse* (1987); *Stenbacka* (1990); *Vasconcelos* (2004); *Wenders* (1967, 1971).
429 EuG, Urt. v. 6.6.2002, Rs. T-342/99 – Airtours/Kommission, Slg. 2002, II-2585, Rdnr. 62.

V. Marktbezogene Kriterien **Teil 3**

Eine Reihe von Kommissionsentscheidungen stellt die Frage drohenden Marktzutritts in den Zusammenhang der aus dem deutschen Recht bekannten Unterscheidung zwischen Innen- und Außenwettbewerb. Bemerkenswert erscheint, dass es sich dabei – soweit ersichtlich – ausnahmslos um Entscheidungen handelt, deren Verfahrenssprache Deutsch ist.[430] Man könnte meinen, im Ergebnis zeigten sich durch diese Einordnung keine Auswirkungen. Allerdings sind die zuletzt im *Airtours*-Urteil genannten Faktoren nicht nur geeignet, den Verhaltensspielraum eines zunächst identifizierten kollusiven Oligopols einzuschränken; vielmehr kann unter Umständen das Vorliegen eines dieser Faktoren dazu führen, dass bereits die Stabilität der Koordinierung und damit die dauerhafte Entstehung eines kollusiven Oligopols in Frage gestellt wird. In den Leitlinien der Kommission heißt es hierzu: „Damit eine Koordinierung erfolgreich ist, darf das mit der Abstimmung erwartete Ergebnis durch das Vorgehen der nicht-koordinierten Unternehmen, von potenziellen Wettbewerbern oder von Kunden nicht gefährdet werden."[431] Diese destabilisierende Wirkung möglicher Marktzutritte konkretisiert die Kommission in der Entscheidung *ABF/GBI* wie folgt: „Erstens würde bei nicht vorhandenen Marktzutrittsschranken jeder Versuch, überhöhte Preise zu halten, einen Marktzutritt (zum Beispiel kurzfristige oder kurzlebige Zutrittsstrategien) auslösen, der die Rentabilität der Kollusion aushöhlen würde. Zweitens reduziert die Aussicht auf einen zukünftigen Marktzutritt den Bereich der Vergeltung, was wiederum die Beständigkeit der Kollusion begrenzt. Die Grundidee ist, dass Unternehmen durch zukünftige Vergeltung weniger zu befürchten haben, wenn der Marktzutritt ohnehin erfolgt. Genauer ausgedrückt, hat die Aussicht auf einen zukünftigen Marktzutritt keine Auswirkung auf den kurzfristigen Vorteil, den ein Unternehmen durch abweichendes Verhalten erzielen kann, aber sie reduziert die potenziellen Kosten der Abweichung im Sinne vorweggenommener zukünftiger

---

430 Vgl. Komm. v. 18.10.1995 (IV/M.580) – ABB/Daimler Benz, Rdnr. 97: „Schließlich ist eine Würdigung des Binnenwettbewerbs im Oligopol nicht ohne Betrachtung des Außenwettbewerbs möglich, da bei bestehendem Außenwettbewerb auch die Reaktionsverbundenheit innerhalb eines Duopols eingeschränkt ist."; Komm. v. 18.10.1995 (IV/M.630) – Henkel/Schwarzkopf, Rdnr. 32: „Aus diesen Gründen ist die Kommission der Auffassung, dass bei wirksamem Binnen- und Außenwettbewerb in den deutschen Märkten für Spülungen und Kuren und Stylinghilfen und den deutschen und österreichischen Märkten für Haarwaschmittel keine oligopolistische Marktbeherrschung besteht."; hierin könnte ein Indiz dafür zu sehen sein, dass jedenfalls in den Anfängen der europäischen Fusionskontrolle die Mitglieder eines Case Teams in der Merger Task Force auf aus den nationalen Wettbewerbsordnungen bekannte Institute zurückgegriffen haben.
431 Leitlinien der Kommission zur Bewertung horizontaler Zusammenschlüsse, ABl.EU 2004 Nr. C 31, S. 5–18, Rdnr. 56.

Gewinne."[432] Unter dem Aspekt der Reaktionen tatsächlicher und potenzieller Konkurrenten sowie der Verbraucher prüft die Kommission aber nicht nur mögliche Marktzutritte sondern insbesondere auch den Punkt der Nachfragemacht. So stellte die Kommission in der Entscheidung *Arla Foods/Express Dairies* zunächst fest, dass die Marktstruktur die erhöhte Gefahr einer Verhaltenskoordination begründet. In einem weiteren Schritt geht die Kommission unter dem Prüfungspunkt „Reactions from outsiders" auf die Nachfragemacht ein. Hierzu heißt es: "The parties have argued that the national multiples have strong buyer power and would thus be able to counter any attempt to coordinate. (...) For the assessment of the risk of co-ordination, the main question is thus, whether the national multiples would have means available to disturb the stability of the coordination."[433]

2. Preiselastizität der Nachfrage

Die Preiselastizität der Nachfrage könnte im Prinzip auf zwei unterschiedliche Arten einen Einfluss auf ein koordiniertes Gleichgewicht haben: einerseits hinsichtlich des Anreizes, eine Verhaltenskoordination zu erzielen und andererseits hinsichtlich der Existenz eines koordinierten Gleichgewichtes. So ist bekannt, dass die Preiselastizität der Nachfrage eine wichtige Rolle für den Gewinn eines Monopolisten spielt.[434] Bei gegebenen Kosten wird der Gewinn umso größer sein, je unelastischer die Nachfrage ist. Dies gilt in gleicher Weise auch für die Unternehmen in einem Oligopol: Je unelastischer die Nachfrage, desto größer ist der mögliche Gewinn, den die Unternehmen durch eine Verhaltenskoordination erzielen können. Ist also die Preiselastizität der Nachfrage gering, dann lohnt sich eine Verhaltenskoordination mehr als bei einer elastischen Nachfrage, bei der bereits eine geringe Preiserhöhung zu einem drastischen Nachfragerückgang führen würde. Ein geringe Preiselastizität der Nachfrage könnte also aufgrund der zu erzielenden hohen Gewinne für die Unternehmen zum einen Anreiz sein, Instrumente und Methoden zu entwickeln, um eine Verhaltenskoordination zu ermöglichen oder auch das größere Risiko einer direkten Vereinbarung auf sich zu nehmen. Zum anderen ist der Verlust an Konsumentenrente aufgrund des im koordinierten Gleichgewicht erhöhten Preises bei einer preisunelastischen Nachfrage bedeutend höher als bei einer elastischen, so dass aus diesem Grund ein koordiniertes Gleichgewicht bei unelastischer Nachfrage wettbewerbs-

---
432 Komm. v. 23.9.2008 (COMP/M.4980) – ABF/GBI, Rdnr. 159.
433 Komm. v. 10.6.2003 (COMP/M.3130) – Arla Foods/Express Dairies, Rdnr. 87, 90.
434 Vgl. hierzu S. 25.

V. Marktbezogene Kriterien **Teil 3**

politisch problematischer einzuschätzen ist als bei elastischer Nachfrage.[435]

Was jedoch die Existenz eines koordinierten Gleichgewichtes betrifft, so hat die Preiselastizität der Nachfrage, zumindest für den Fall des Preiswettbewerbs, keinen Einfluss.[436] Der Grund dafür liegt darin, dass die Preiselastizität die beiden Faktoren, die für die Existenz eines koordinierten Gleichgewichtes von zentraler Bedeutung sind, nämlich den Anreiz, vom koordinierten Gleichgewicht abzuweichen und die Drohung einer Bestrafung nach einem solchen Abweichen, in gleicher Weise beeinflusst. So führt eine Preissenkung bei einer sehr elastischen Nachfrage zu einer großen Nachfrageerhöhung – dies gilt jedoch sowohl bei einer Preissenkung aufgrund eines Abweichens von der Verhaltenskoordination als auch bei einer Preissenkung aufgrund der darauf folgenden Bestrafung.[437] Der Anreiz abzuweichen und die Drohung bestraft zu werden ändern sich also im gleichen Verhältnis, so dass die Existenz eines koordinierten Gleichgewichtes durch die Preiselastizität der Nachfrage nicht beeinflusst wird.[438] Aus ökonomischer Sicht ist daher zu konstatieren, dass Märkte mit geringer Preiselastizität der Nachfrage nicht anfälliger für eine Verhaltenskoordination sind als Märkte mit sehr preiselastischer Nachfrage – allerdings ist sowohl der mögliche Gewinn für die Unternehmen als auch der Wohlfahrtsverlust bei Verhaltenskoordination in Märkten mit preisunelastischer Nachfrage höher, so dass derartigen Märkten wettbewerbspolitisch eine höhere Aufmerksamkeit gewidmet werden sollte.

Die Anwendungspraxis misst der Preiselastizität der Nachfrage z.T. schon im Zusammenhang der Marktabgrenzung Bedeutung zu.[439] Während dort Produkte nur dann als substituierbar und damit als zum selben Relevanzmarkt zugehörig anzusehen sind, wenn Abnehmer „in kurzer Zeit" eine Substitution vornehmen würden, wird im Rahmen der wettbewerblichen Würdigung hinsichtlich der Entstehung oder Verstärkung einer beherrschenden Stellung auch die Elastizität der Marktnachfrage berücksich-

---

435 Vgl. *Ivaldi/Jullien/Rey/Seabright/Tirole* (2003), 50.
436 Wenn jedoch die Preise nicht stetig, sondern nur in diskreten Schritten verändert werden können, dann hat die Form der Nachfragefunktion einen Einfluss auf die Möglichkeit, ein koordiniertes Gleichgewicht aufrecht zu erhalten. Vgl. hierzu *Gallice* (2008), *Zimmermann* (2010).
437 Vgl. *Motta* (2004), 145.
438 Bei Mengenwettbewerb hingegen zeigen numerische Untersuchungen einen positiven Zusammenhang zwischen der Preiselastizität der Nachfrage und dem Auftreten eines koordinierten Gleichgewichts. Vgl. *Collie* (2004). In diesem Fall hat auch die Krümmung der Nachfragefunktionen einen Einfluss auf die Verhaltenskoordination. Vgl. *Lambertini* (1996).
439 Vgl. oben S. 137–141.

tigt.[440] In der Kommissionsentscheidung *Veba/VIAG* heißt es hierzu: „Eine geringe Preiselastizität leistet Parallelverhalten in einem Oligopol Vorschub, denn dies führt dazu, dass Einnahmeeinbußen aufgrund Absatzrückganges geringer ausfallen als die Mehreinnahmen aufgrund des höheren Preises und damit letztlich ein Einnahmenzuwachs verzeichnet werden kann, demgegenüber aber die Versorgung der Kunden abnimmt."[441] Diese Aussage ist jedoch, wie oben dargestellt, aus ökonomischer Sicht fragwürdig. In *Pilkington-Techint/SIV* hingegen heißt es: „Firmen, die ein Produkt mit preisunelastischer Nachfrage liefern, werden stark dazu tendieren, ein Kartell zu bilden oder ein kartellähnliches Verhalten an den Tag zu legen (...)."[442] Obwohl gerade im Bereich der Messung der Preiselastizität der Nachfrage ökonomische Analysemethoden ausgereift sind,[443] hat die Kommission es in vielen Fällen vorgezogen, diesen Faktor ohne technische Analyse und mit nicht immer überzeugenden ökonomischen Argumenten zu beurteilen.[444]

3. Typische Transaktionen

Wenn typische Transaktionen auf dem betrachteten Markt häufig stattfinden und jeweils nur ein im Verhältnis zum gesamten Markt geringes Volumen haben, ist es leichter, eine Verhaltenskoordination aufrecht zu erhalten, denn bei einem Abweichen kann eine Bestrafung relativ schnell erfolgen. Sind hingegen Transaktionen auf dem betrachteten Markt eher

---

440 *Hahn*, S. 251; Komm. v. 23.3.1992 (IV/M.186) – Henkel/Nobel, Rdnr. 17.
441 Komm. (IV/M.1673) – VEBA/VIAG, Rdnr. 83; ebenso Komm. v. 29.9.1999 (IV/M.1383) – Exxon/Mobil, Rdnr. 479; Komm. v. 31.1.1994 (IV/M.315) – Mannesmann/Vallourec/Ilva, Rdnr. 64; Komm. v. 13. 6.2000 (IV/M.1673) – VEBA/VIAG, Rdnr. 84; Komm. v. 23.9.2008 (COMP/M.4980) – ABF/GBI, Rdnr. 156.
442 Komm. v. 21.12.1993 (IV/M.358) – Pilkington-Techint/SIV, Rdnr. 31.
443 Vgl. oben zur sachlichen Marktabgrenzung; weiterführend *Bishop/Walker* (2010), 107–154.
444 Vgl. Komm. v. 22.7.1992 (IV/M.190), ABl.EG 1992 L 356/1 – Nestlé/Perrier, Rdnr. 124; Komm. v. 20.5.1998 (IV/M.1016) – Price Waterhouse/Coopers & Lybrand, Rdnr. 99; Komm. v. 22.9.2000 (IV/M.1524) – Airtours/First Choice (aufgehoben durch EuG, Urt. v. 6.6.2002, Rs. T-342/99 – Airtours/Kommission, Slg. 2002, II-2585); Komm. (IV/M.1673) – VEBA/VIAG, Rdnr. 84 (die geringe Preiselastizität der Nachfrage wurde hier allerdings selbst von den Zusammenschlussparteien nicht bestritten und liegt auf dem Elektrizitätsmarkt nahe); Komm. v. 9.4.2002 (COMP/M.2690) – Solvay Montedison/Ausimont, Rdnr. 49; diesbezügliche Kritik auch in Europe Economics, S. 83; anders dagegen unter Zugrundelegung technischer Analysemethoden: Komm. v. 24.4.1996 (IV/M.619) – Gencor/Lonrho, Rdnr. 50 ff.; Komm. v. 9.3.1999 (IV/M.1313) – Danish Crown/Vestjyske Slagterier, Rdnr. 28 (Berufung auf Berechnungen der OECD und GD VI der Kommission); Komm. v. 21.11.2001 (COMP/M.2498) – UPM Kymmene/Haindl, Rdnr. 88 (externe Analyse durch Prof. *Bruno Jullien* von der Universität Toulouse, vgl. ibid. Fn. 35).

selten oder haben sie, wie es bei Großaufträgen der Fall sein kann, ein im Verhältnis zum gesamten Markt bedeutendes Volumen, ist der Anreiz vom koordinierten Gleichgewicht abzuweichen größer[445]: Zum einen tritt bei einem Abweichen die Bestrafung erst mit einem größeren zeitlichen Abstand ein und verliert daher aufgrund der Abzinsung an Bedeutung, zum anderen kann die Möglichkeit, sich durch Unterbieten der Wettbewerber einen lukrativen Großauftrag zu sichern, trotz einer möglichen Bestrafung einen starken Anreiz bieten, vom koordinierten Gleichgewicht abzuweichen.

4. Homogene und differenzierte Produkte

Häufig wird die Homogenität der Produkte als wichtiges Kriterium für die Möglichkeit einer Verhaltenskoordination angesehen, da diese bei differenzierten Gütern schwerer aufrecht zu erhalten sei. Hier ist zwischen vertikal und horizontal differenzierten Gütern zu unterscheiden. Bei vertikal differenzierten Gütern befindet sich ein Unternehmen, das ein qualitativ besseres Produkt herstellt, in einer ähnlichen Situation wie eines mit geringeren Kosten, denn für die Qualitätsdifferenz sind die Konsumenten bereit, einen entsprechenden Aufschlag zu zahlen.[446] Wenn die Differenz in den Herstellungskosten geringer ist als der Aufschlag, den die Konsumenten für die bessere Qualität zahlen, dann ist die Gewinnmarge dieses Unternehmens größer als die derjenigen, die mit schlechterer Qualität produzieren. Letztere verfügen daher nur über eingeschränkte Möglichkeiten, das Abweichen eines Unternehmens mit qualitativ besseren Produkten zu bestrafen, so dass dieses, analog zum Fall eines Unternehmens mit geringeren Kosten, einen stärkeren Anreiz hat, von einem koordinierten Gleichgewicht abzuweichen. Je größer diese Qualitätsunterschiede werden, desto schwieriger wird es, eine Verhaltenskoordination zu erreichen. Bei großen Qualitätsunterschieden ist das Unternehmen mit dem qualitativ besseren Produkt gegenüber den anderen ohnehin im Vorteil und hat dadurch einen immer geringeren Anreiz zur Koordination. Dem könnte dadurch entgegengewirkt werden, dass diesem Unternehmen ein größerer Marktanteil zugesprochen wird, allerdings wird dies ohne explizite Vereinbarungen kaum möglich sein, so dass bei vertikal differenzierten Gütern die Möglichkeiten einer Verhaltenskoordination beschränkt sind.[447] Insgesamt zeigt sich, dass die Koordinationsmöglichkeiten im Fall vertikal differenzierter Güter eher als gering eingeschätzt werden

---
445 Vgl. *Snyder* (1998), *Stigler* (1964).
446 Vgl. *Ivaldi/Jullien/Rey/Seabright/Tirole* (2003), 46.
447 Vgl. Ibid.

müssen. Wenn alle Unternehmen jedoch Güter ähnlicher Qualität herstellen, erleichtert dies eine Verhaltenskoordination.[448]

Handelt es sich hingegen um horizontal differenzierte Güter, dann sieht sich jedes Unternehmen einer Reihe von Nachfragern gegenüber, die eine besondere Vorliebe für das jeweilige Produkt hegen, aber möglicherweise nur einer geringen Zahl von Konsumenten, die bei einer Preissenkung durch ein anderes Unternehmen das Produkt durch das preiswertere substituieren würden. Dies bedeutet, dass ein Unternehmen in einem Markt mit differenzierten Gütern von einem Abweichen mittels einer Preissenkung nur wenig profitieren kann, denn die dadurch induzierte Nachfrageerhöhung ist häufig nur gering. Bei homogenen Gütern hingegen könnte ein Unternehmen durch eine Preissenkung einen großen Teil der Nachfrage auf sich ziehen. Dies würde den Schluss nahelegen, dass bei horizontal differenzierten Gütern eine Verhaltenskoordination leichter zu erreichen ist. Allerdings steht dem die Tatsache gegenüber, dass auch die Bestrafung eines abweichenden Unternehmens schwieriger ist: Da dem abweichenden Unternehmen trotz Bestrafung im Unterschied zum Fall homogener Güter noch eine unter Umständen erhebliche Nachfrage verbleibt, sind die Sanktionsmöglichkeiten der anderen Unternehmen deutlich reduziert, was wiederum dafür sprechen würde, dass eine Verhaltenskoordination schwieriger wird. Diese Ambivalenz hat zur Folge, dass a priori keine Aussage darüber getroffen werden kann, ob eine Verhaltenskoordination bei homogenen oder differenzierten Gütern leichter ist.[449] Allerdings hat die Literatur darauf aufmerksam gemacht, dass bei differenzierten Gütern eine Reihe von Problemen auftreten, die es bei homogenen Gütern nicht gibt. So kann z. B. aufgrund von Präferenzänderungen der Konsumenten die Nachfrage nach dem Produkt eines Unternehmens ansteigen, ohne dass das Unternehmen sein Verhalten geändert hätte, d. h., die Nachfrage nach dem Gut eines Unternehmens kann schwanken, ohne dass dies von anderen Unternehmen beobachtet werden kann.[450] Diese können nur aufgrund ihrer eigenen Absatzmengen auf das Verhalten anderer Unternehmen schließen, was bei differenzierten Gütern schwieriger ist als bei homogenen. Daher kann ein koordiniertes Gleichgewicht bei differenzierten Gütern schwerer etabliert werden.[451] Hinzu

---

448 *Häckner* (1994).
449 Vgl. *Chang* (1991); *Deneckere* (1983); *Häckner* (1996); *Kühn/Rimler* (2006); *Lambertini/Sasaki* (1999); *Majerus* (1988); *Osterdal* (2003); *Ross* (1992); *Rothschild* (1997); *Tyagi* (1999); *Wernerfelt* (1989).
450 Bei räumlich differenzierten Gütern kann es sich um unterschiedliche Nachfrageentwicklungen in verschiedenen Regionen handeln.
451 Vgl. *Raith* (1996b).

V. Marktbezogene Kriterien **Teil 3**

kommt, dass bei differenzierten Gütern eine Koordination nicht nur auf einen Preis, sondern auf ein ganzes Preissystem stattfinden müsste, was ein weitaus komplexeres Problem darstellt. Ein Vergleich der Koordinationsmöglichkeiten bei Preis- bzw. bei Mengenwettbewerb in oligopolistischen Märkten mit differenzierten Gütern zeigt, dass bei Mengenwettbewerb eine Verhaltenskoordination einfacher herbeigeführt werden kann als bei Preiswettbewerb, vorausgesetzt, die Kosten der Unternehmen steigen überproportional mit der produzierten Menge.[452]

In der Entscheidungspraxis der Kommission wird dem Aspekt der Produkthomogenität große Bedeutung beigemessen:[453] Produkthomogenität führt in der Regel zu Preiswettbewerb, sodass sich der Preis als unkomplizierter und leicht überschaubarer Wettbewerbsparameter für eine Verhaltenskoordination besonders anbietet.[454] In der Entscheidung *Exxon/Mobil* führt die Kommission hierzu aus: „Bei einem hohen Grad von Produkthomogenität wird die stillschweigende Koordinierung der Preispolitik erleichtert. Mangels anderer Merkmale zur Unterscheidung eines Lieferanten von einem anderen konzentriert sich der Wettbewerb auf einem homogenen Markt auf die Preisgestaltung."[455] Eine Verhaltenskoordination ist demgegenüber umso unwahrscheinlicher, je komplexer der hierfür in Betracht kommende Wettbewerbsparameter ist. Die Kommission führt unter anderem Produktdifferenzierung als einen Faktor an, der die Identifizierung der Koordinierungsmodalitäten erheblich erschwert. Im Fall *Oracle/People Soft* stellt die Kommission hierzu fest: "The difficulty in reaching a common understanding lies in particular in the fact that HR and FMS high-function software are differentiated products. (...) The products offered are very heterogeneous and differ even between products sold by the same vendor to different customers. This reduces the transparency in the market considerably."[456] Produkthomogenität ist indes nicht in jedem Fall unverzichtbare Voraussetzung für ein stillschweigendes Pa-

---

452 Vgl. Collie (2006).
453 Vgl. Leitlinien der Kommission zur Bewertung horizontaler Zusammenschlüsse, ABl.EU 2004 Nr. C 31, S. 5–18, Rdnr. 45; Komm. v. 24.4.1996 (IV/M.619) – Gencor/Lonrho, Rdnr. 143 ff.; Komm. v. 29.9.1999 (IV/M.1383) – Exxon/Mobil, Rdnr. 467; Komm. v. 14.3.2000 (IV/M.1663) – Alcan/Alusuisse, Rdnr. 95; Komm. 13.6.2000 (IV/M.1673) – VEBA/VIAG, Rdnr. 71; Komm. v. 19.7.2000 (COMP/M.1939) – Rexam (PLM)/American National Can, Rdnr. 24; Komm. v. 19.7.2004 (COMP/M.3333) – Sony/BMG, Rdnr. 110; Komm. v. 16.4.2008 (COMP/M.5008) – Vivendi/Activision, Rdnr. 65 f.
454 Vgl. Komm. v. 19.7.2000 (COMP/M.1939) – Rexam (PLM)/American National Can, Rdnr. 24.
455 Komm. v. 29.9.1999 (IV/M.1383) – Exxon/Mobil, Rdnr. 467.
456 Komm. v. 26.10.2004 (COMP/M.3216) – Oracle/People Soft, Rdnr. 209, 212.

Teil 3 D. Koordinierte Effekte und kollektive Marktbeherrschung

rallelverhalten. Insbesondere in Fällen der Marktaufteilung ist dieser Faktor wohl nach Auffassung der Kommission verzichtbar.[457]

5. Nachfragemacht

Marktmacht auf der Nachfragerseite könnte eine Verhaltenskoordination erschweren, indem durch große oder durch einen Zusammenschluss mehrerer kleiner oder mittlerer Nachfrager eine Gegenmacht gebildet wird. Wie bereits ausgeführt, kann durch Großaufträge bzw. durch größere zeitliche Abstände zwischen den Einkäufen die Existenz eines koordinierten Gleichgewichts in Frage gestellt sein, da die Anreize zum Abweichen in solchen Fällen hoch sind. Nachfrager könnten nun ihre Einkäufe durch eine Einkaufsgemeinschaft zusammenfassen, um mit größeren zeitlichen Abständen attraktive Großaufträge vergeben zu können, der die Anbieter dazu bringt, durch geringere Preise vom koordinierten Gleichgewicht abzuweichen.[458] Dies könnte z. B. im Rahmen von Ausschreibungen geschehen, um eine Verhaltenskoordination zu erschweren. Eine andere Möglichkeit marktmächtiger Nachfrager besteht darin, den Marktzutritt anderer Unternehmen durch die Garantie entsprechender Nachfrage zu ermutigen, wodurch eine Verhaltenskoordination aufgebrochen werden könnte.[459] Auch die Drohung mit der Aufnahme einer eigenen Produktion der entsprechenden Güter könnte bei großen Nachfragern glaubwürdig sein, so dass die Oligopolisten keine überhöhten Preise fordern können.[460]

Die Kommission untersucht bei der Feststellung der Marktmacht der Nachfrager zunächst, ob der Konzentrationsgrad auf Seite der Abnehmer dem auf Anbieterseite entspricht. Im Übrigen werden Möglichkeiten der alternativen Bedarfsdeckung in Betracht gezogen. Hierfür ist zum einen

---

457 In den Leitlinien der Kommission zur Bewertung horizontaler Zusammenschlüsse, ABl.EU 2004 Nr. C 31, S. 5–18, Rdnr. 46 heißt es hierzu: „Die Koordinierung in Form der Marktaufteilung wird erleichtert, wenn die Kunden eindeutige Merkmale aufweisen, die ihre Zuteilung durch die koordinierenden Unternehmen erleichtern. Bei diesen Gegebenheiten kann es sich um räumliche Gegebenheiten, Kundentypen oder das Vorhandensein von Kunden, die in der Regel nur von einem Lieferanten beziehen, handeln. Eine Koordinierung über die Aufteilung des Marktes erfolgt relativ umstandslos, wenn der Lieferant jedes Kunden einfach auszumachen ist, und die Koordinierung aus der Zuteilung der bestehenden Kunden zu ihren angestammten Lieferanten besteht."
458 Vgl. *Stigler* (1964); *Lustgarten* (1975); *Kerber* (1989), 263–277; *Snyder* (1996); in der Fallpraxis: Komm. v. 23. 9. 2008 (COMP/M.4980) – ABF/GBI, Rdnr. 266. *Kolasky* (2002) weist jedoch darauf hin, dass einige Kartelle auch an marktmächtige Nachfrager verkauft haben.
459 Siehe Komm. v. 4. 12. 2007 (COMP/M.4662) – Syniverse/BSG, Rdnr. 110; Komm. v. 19. 7. 2006 (COMP/M.4170) – LSG Lufthansa Service Holding/Gate Gourmet Switzerland, Rdnr. 46.
460 Vgl. *Scherer/Ross* (1990), 517–532.

die Möglichkeit der Abnehmer erforderlich, ihren Bedarf bei Anbietern außerhalb des Oligopols zu decken. Zum anderen muss ein Anreiz zur alternativen Bedarfsdeckung bestehen. Die Nachfragemacht der Marktgegenseite wird dann als gering eingeschätzt, wenn mit einem Anbieterwechsel für den betreffenden Abnehmer bekanntermaßen hohe Kosten verbunden sind. Dadurch wird die Wahrscheinlichkeit, dass die Nachfragemacht auch ausgespielt wird, gering.[461] Ebenso wird Nachfragemacht nur eingeschränkt gegeben sein, wenn die Geschäftsbeziehung mit dem gegenwärtigen Lieferanten wegen dessen Kenntnis des Produktionsprozesses für den Nachfrager von besonderer Bedeutung ist.[462]

Die Feststellung der Kommission in der Entscheidung *ABB/Daimler Benz* aus dem Jahre 1995, dass „je stärker die wettbewerblichen Impulse im Außenverhältnis des Duopols sind, desto geringer die Anreize für die Duopolisten zu einem nichtwettbewerblichen Parallelverhalten (werden)"[463], lässt sich mit dem heutigen Stand der Rechtsprechung – nach der *Airtours*-Entscheidung des EuG – in Einklang bringen.

6. Multi-Markt-Kontakte

Wenn Unternehmen auf mehreren Märkten miteinander interagieren, kann dies ebenfalls dazu beitragen, eine Verhaltenskoordination zu ermöglichen. Dabei spielt es keine Rolle, ob es sich um unterschiedliche sachliche oder räumliche Märkte handelt. Auf die Möglichkeit, dass solche Multi-Markt-Kontakte eine Verhaltenskoordination erleichtern, wurde bereits früh hingewiesen, aber erst mit einem größeren zeitlichen Abstand wurde dieses Problem näher analysiert.[464] Einerseits sind bei Multi-Markt-Kontakten die Anreize, von einem koordinierten Gleichgewicht abzuweichen, größer, denn ein Unternehmen könnte simultan auf allen Märkten abweichen und daher auf allen diesen Märkten kurzfristig einen höheren Gewinn realisieren. Allerdings sind auch die Möglichkeiten einer Bestrafung dieses abweichenden Verhaltens größer, so dass a priori nicht feststeht, ob Multi-Markt-Kontakte dazu beitragen können, ein koordiniertes Gleichgewicht zu stützen.[465] Dies kann jedoch in der Tat der Fall

---

461 Vgl. Leitlinien zur Bewertung horizontaler Zusammenschlüsse, ABl.EU 2004 Nr. C 31, S. 5–18, Rdnr. 89.
462 Komm. v. 6.6.2006 (COMP/M.4141) – Linde/BOC, Rdnr. 148.
463 Komm. v. 18.10.1995 (IV/M.580) – ABB/Daimler Benz, Rdnr. 98.
464 Vgl. *Edwards* (1955) für den ersten Hinweis auf die Rolle von Multi-Markt-Kontakten. Neuere Untersuchungen sind *Bernheim/Whinston* (1990); *Matsushima* (2001a); *Spagnolo* (1999); *Thomas* (1999); *Parker/Röller* (1997).
465 Es konnte jedoch gezeigt werden, dass eine Handelsliberalisierung eine Verhaltenskoordination erleichtern kann, wenn die Kosten des Handels gering sind. Vgl. hierzu *Bond/Syropolous* (2008); *Sorensen* (2007); *van Wegberg/Witteloostuijn/Abbink* (1994).

sein, wenn die Anreize in den Märkten, vom koordinierten Gleichgewicht abzuweichen, verschieden sind. Dies kann anhand eines einfachen Beispiels mit zwei Unternehmen, *A* und *B*, erläutert werden, die auf zwei sachlichen oder räumlichen Märkten aktiv sind. Im ersten Markt hat Unternehmen *A* einen großen Marktanteil, während der des Unternehmens *B* vergleichsweise gering ist. Auf dem anderen Markt ist die Verteilung der Marktanteile umgekehrt. Für beide Märkte zusammen sind die Anteile der beiden Unternehmen jedoch in etwa gleich groß. Aufgrund der Asymmetrien würde es daher, in jedem Markt einzeln betrachtet, nicht zu einer Verhaltenskoordination kommen. Betrachtet man aber beide Märkte gemeinsam, dann wäre ein koordiniertes Gleichgewicht möglich: Die möglichen Gewinne aus einer Verhaltenskoordination und die Verluste aus einer Bestrafung, die für jeden Markt einzeln betrachtet sehr unterschiedlich für die Unternehmen wären, sind bei einer zusammenfassenden Betrachtung beider Märkte ausgeglichen.

Multi-Markt-Kontakte können auch aus einem weiteren Grund eine Verhaltenskoordination erleichtern: Sie steigern die Interaktionshäufigkeit der Unternehmen und ermöglichen ihnen daher eher, ein Gleichgewicht zu identifizieren erkennen. Daneben vermögen sie die Stabilität einer Koordination zu sichern.[466]

Eine geringe Markttransparenz kann, wie auf Seite 312 f. bereits erläutert, eine Koordination erschweren oder sogar ganz verhindern. Multi-Markt-Kontakte können dieses Problem mildern. Wenn – wie im Modell von Green und Porter[467] – die von einem Unternehmen beobachteten Preise keine Schlussfolgerungen auf das Verhalten seiner Wettbewerber zulassen, so führt das Unterschreiten eines bestimmten Preises seitens eines Wettbewerbers zu Vergeltungsmaßnahmen, die über einen bestimmten Zeitraum andauern. Der Preis, dessen Unterschreiten die Vergeltungsmaßnahmen auslöst maximiert jedoch nicht den gemeinsamen Gewinn, d.h. bei diesem Preis liegt nur eine unvollständige Verhaltenskoordination vor. Je geringer dieser Preis ist, dessen Unterschreiten die Vergeltungsmaßnahmen auslöst, desto geringer ist die Wahrscheinlichkeit, dass es zu einer Vergeltung kommt. Daher muss entweder der Zeitraum, in dem die Vergeltungsmaßnahme durchgeführt wird, vergleichsweise lang sein oder es kann nur eine unvollständige Verhaltenskoordination erreicht werden, die nicht zur Maximierung des Gesamtgewinns der beiden Unternehmen führt. Wenn es jedoch Multi-Markt-Kontakte gibt, dann ist das Verhalten eines Unternehmens nicht mehr nur von der Entwicklung auf einem

---

466 *Scott* (2001).
467 *Green/Porter* (1984).

V. Marktbezogene Kriterien **Teil 3**

Markt abhängig, sondern auch von der Entwicklung auf den anderen Märkten, auf denen das Unternehmen mit seinen Wettbewerbern zusammentrifft. Wenn die Anzahl der Märkte, auf denen die Unternehmen zusammentreffen, groß ist, dann können Multi-Markt-Kontakte im Ergebnis ähnlich wie eine hohe Markttransparenz wirken.[468] Auch nach Auffassung der Kommission stellt die gleichzeitige Präsenz der Oligopolisten auf verschiedenen Märkten einen kollusionsfördernden und ebenso -stabilisierenden Faktor dar.[469] Die Bedeutung von Multi-Markt-Kontakten für die Gefahr einer stillschweigenden Koordinierung untersuchte die Kommission erstmals eingehend in der Entscheidung *Gencor/Lonrho*.[470] Zum einen können die Multi-Markt-Kontakte ebenso wie die strukturellen Verbindungen als Informationskanal dienen und so aufgrund der transparenzsteigernden Wirkung eine Verhaltenskoordination erst ermöglichen oder jedenfalls erleichtern.[471] Es kann sich hieraus aber auch eine Stabilisierung eines koordinierten Gleichgewichts aufgrund flexiblerer Möglichkeiten für Vergeltungsmaßnahmen im Falle abweichenden Verhaltens auch auf anderen Märkten ergeben.[472] Zudem können Asymmetrien bezüglich von Strukturfaktoren auf dem Referenzmarkt durch die Gesamtsymmetrie auf allen Kontaktmärkten ausgeglichen werden.[473] Die Bedeutung von Multi-Markt-Kontakten findet in der jüngeren Kommissionpraxis verstärkt Beachtung, allerdings werden sie – wie in den Leitlinien zur Beurteilung horizontaler Zusammen-

---

468 *Matsushima* (2001 a).
469 Komm. v. 21.11.2000 (COMP/M.2499) – Norske Skog/Parenco/Walsum, Rdnr. 99.
470 Komm. v. 24.4.1996 (IV/M.619) – Gencor/Lonrho, Rdnr. 158, dort allerdings in engem Zusammenhang mit daneben bestehenden strukturellen Verflechtungen der Oligopolmitglieder; ebenso in Komm. v. 21.11.2000 (COMP/M.2499) – Norske Skog/Parenco/Walsum, Rdnr. 95–99; Komm. v. 9.4.2002 (COMP/M.2690) – Solvay Montedison/Ausimont, Rdnr. 52; Komm. v. 19.7.2004 (COMP/M.3333) – Sony/BMG, Rdnr. 114.
471 Komm. v. 9.4.2002 (COMP/M.2690) – Solvay Montedison/Ausimont, Rdnr. 52.
472 In Komm. v. 24.4.1996 (IV/M.619) – Gencor/Lonrho, Rdnr. 158 heißt es hierzu: "Multimarket contacts and structural links may have a disciplinary effect on the members of an oligopoly by increasing the risks of retaliation, due to the existence of a high number of possibilities for retaliation, if a member of the oligopoly were to behave unacceptably for the other members."; in diesem Fall fanden sich zudem interne Geschäftsdokumente, die ausdrücklich auf die Möglichkeit von Disziplinierungsmaßnahmen und gezielten Preiskriegen auf einem andern als dem Referenzmarkt im Rahmen einer Vergeltung durch Gencor hinwiesen; als stabilisierender Faktor aufgrund erhöhten Vergeltungsrisikos ebenso berücksichtigt z.B. in Komm. v. 29.9.1999 (IV/M.1383) – Exxon/Mobil, Rdnr. 487; Komm. v. 18.1.2000 (IV/M.1630) – Air Liquide/BOC Rdnr. 102; Komm. v. 14.3.2000 (IV/M.1663) – Alcan/Alusuisse, Rdnr. 82; Komm. v. 19.7.2004 (COMP/M.3333) – Sony/BMG, Rdnr. 114.
473 Komm. v. 23.9.2008 (COMP/M.4980) – ABF/GBI, Rdnr. 202.

Teil 3 D. Koordinierte Effekte und kollektive Marktbeherrschung

schlüsse bestätigt – in erster Linie im Zusammenhang mit dem erhöhten Vergeltungsrisiko berücksichtigt.[474] In der Entscheidung *EDF/Segebel* hat die Kommission allerdings auch die Position vertreten, dass Multi-Markt-Kontakte den möglichen Gewinn aufgrund eines abweichenden Verhaltens vergrößern (siehe oben) und daher nur unter bestimmten Umständen zu koordinierten Effekten führen würden.[475]

7. Wachsende Märkte

Es wurde bereits dargelegt, dass der Anreiz, von einem koordinierten Gleichgewicht abzuweichen, umso geringer ist, je kleiner der daraus resultierende zusätzliche Gewinn im Vergleich zu dem aufgrund einer Bestrafung folgenden Verlust in den künftigen Perioden ist. Bei einem wachsenden Markt sind jedoch die heutigen Gewinne im Vergleich zu denen, die künftig erzielt werden können, eher gering, so dass ein Abweichen nicht attraktiv ist.[476] Wachsende Märkte führen also dazu, dass eher mit dem Auftreten eines koordinierten Gleichgewichts zu rechnen ist. Diese Aussage gilt allerdings unter der Voraussetzung, dass sich die Anzahl der Unternehmen in diesem Markt nicht ändert. Wachsende Märkte werden im Allgemeinen aufgrund der Gewinnmöglichkeiten einen Markteintritt hervorrufen und dieser Effekt verringert, wie oben ausgeführt, tendenziell die Möglichkeiten einer Verhaltenskoordination. Einige Untersuchungen, die simultan wachsende Märkte und Markteintritt betrachten, deuten darauf hin, dass trotz zunehmender Anzahl von Unternehmen der Effekt eines stetig wachsenden Marktes eine Verhaltenskoordination nicht übermäßig erschwert.[477] Allerdings stehen die Untersuchungen hier noch am Anfang und weitere Forschung auf diesem Gebiet ist notwendig.[478]

Nach Auffassung der Kommission führen auf Märkten mit stagnierender Nachfrage oder nur mäßigem Marktwachstum zwei Gründe dazu, dass kein Anreiz zu intensivem Wettbewerbsverhalten besteht: „Erstens sehen die etablierten Firmen keinen Grund zum Wettbewerb, um die Nachfrage zu verbessern. Erhöhte Marktanteile können nur noch auf Kosten von

---

474 Leitlinien der Kommission zur Bewertung horizontaler Zusammenschlüsse, ABl.EU 2004 Nr. C 31, S. 5–18, Rdnr. 55.
475 Komm. v. 12.11.2009 (COMP/M.5549) – EDF/Segebel, Rdnr. 106.
476 Vgl. *Ivaldi/Jullien/Rey/Seabright/Tirole* (2003b), 26.
477 Vgl. *Capuano* (2002). Jedoch zeigt *Vasconcelos* (2008), dass der Zutritt eines neuen Unternehmens auf einen wachsenden Markt eine existierende Verhaltenskoordination unterminieren kann.
478 Experimentelle Untersuchungen dieser Frage wurden von *Abbink/Brandts* (2005) vorgelegt. Sie gelangen zu dem Resultat, dass eine Verhaltenskoordination eher in schrumpfenden als in wachsenden Märkten zu beobachten ist.

Wettbewerbern erreicht werden und wären wahrscheinlich mit einem ruinösen Preiskrieg verbunden, in dem es keine Gewinner gibt. Zweitens werden bei einem mäßigen Marktwachstum der Nachfrage keine Außenseiter auf den Markt gelockt."[479] Das EuG hat sich im *Airtours*-Urteil dahingehend geäußert, dass Nachfragevolatilität nach Erkenntnissen der Wirtschaftstheorie das Entstehen einer kollektiven beherrschenden Stellung erschwere.[480] Zudem hat der EuGH im Urteil *Frankreich u. a./Kommission*[481] ausgeführt, dass im Allgemeinen davon ausgegangen werde, „dass ein rückläufiger Markt grundsätzlich den Wettbewerb zwischen den Unternehmen des betroffenen Sektors fördert." Damit widersprach er der Kommissionsentscheidung *Kali+Salz/MdK/Treuhand*, in der die Kommission trotz eines Nachfragerückgangs von 30% in den Jahren 1988 bis 1993 von einem ausgereiften Markt ausgegangen war, der als Anhaltspunkt dafür zu werten sei, dass in dem zu untersuchenden Duopol kein wirksamer Wettbewerb bestehe.[482] Eine stillschweigende Koordinierung ist der Kommission zufolge auf Märkten in der Expansionsphase oder mit ungewissem Zukunftstrend höchst unwahrscheinlich.[483] In der Entscheidung *Bosch/Allied Signal* untersuchte die Kommission die Entstehung eines beherrschenden Duopols mit einem CR 2 von über 80% auf dem Markt für Antiblockiersysteme für hydraulische Bremsen (ABS). Weil die zukünftige Marktentwicklung aufgrund intensiver Produktforschung und der bevorstehenden Einführung neuer Bremssysteme, die die ABS-Systeme ersetzen sollten, unsicher erschien, verneinte die Kommission eine kollektive Marktbeherrschung. Die Unsicherheiten bezüglich des Zukunftstrends bewirkten nach Auffassung der Kommission eher eine Intensivierung des Wettbewerbs.[484]

8. Innovationen

Wachsende Märkte können auch ein Zeichen dafür sein, dass es dort starke Innovationstendenzen gibt, wobei es sich sowohl um Produkt- als auch um Prozessinnovationen handeln kann. Wenn ein Unternehmen

---

[479] Komm. v. 29.9.1999 (IV/M.1383) – Exxon/Mobil, Rdnr. 475; ähnlich Komm. v. 9.3.1999 (IV/M.1313) – Danish Crown/Vestjyske Slagterier, Rdnr. 176.
[480] EuG, Urt. v. 6.6.2000, Rs. T-342/99 – Airtours/Kommission, Slg. 2002, II-2585, Rdnr. 139; ebenso Komm. v. 11.7.2001 (COMP/M.2314) – BASF/Eurodiol/Pantochim, Rdnr. 76.
[481] EuGH, Urt. v. 31.3.1998, verb. Rs. C-68/94 u. C-30/95 – Frankreich u.a./Kommission, Slg. 1998, I-1453, Rdnr. 238.
[482] Komm. v. 14.12.1993 (IV/M.308), ABl.EG L 186/38 – Kali+Salz/MdK/Treuhand, Rdnr. 57.
[483] Komm. v. 2.7.2008 (COMP/M.4942) – Nokia/NAVTEQ, Rdnr. 399f.
[484] Komm. v. 9.4.1996 (IV/M.726) – Bosch/Allied Signal, Rdnr. 45.

Teil 3   D. Koordinierte Effekte und kollektive Marktbeherrschung

durch eine Produktinnovation ein neues oder qualitativ höherwertiges Produkt entwickelt hat, dann sinkt im Allgemeinen sein Anreiz, an einem koordinierten Gleichgewicht festzuhalten, denn durch dieses neue, vertikal differenzierte Produkt kann das Unternehmen nun einen größeren Gewinn realisieren. Ein solches Unternehmen wird aufgrund der Produktinnovation zu einem „Maverick"-Unternehmen und eine Verhaltenskoordination wird aufgrund dieser Asymmetrie schwieriger.[485] Ein ähnliches Resultat ergibt sich bei Prozessinnovationen: Eine nicht-drastische Prozessinnovationen führt dazu, dass das innovierende Unternehmen einen Kostenvorteil gegenüber den anderen hat und daher eher von einem koordinierten Gleichgewicht abweichen wird. Handelt es sich bei der Prozessinnovation sogar um eine drastische, dann müssen die anderen Unternehmen damit rechnen, unter Umständen demnächst den Markt verlassen zu müssen, da sie mit der überlegenen Technologie nicht mehr konkurrieren können. Zukünftige Erträge haben daher für diese Unternehmen eine geringere Bedeutung, sie haben einen größeren Anreiz, von einem koordinierten Gleichgewicht abzuweichen, so dass eine Verhaltenskoordination erschwert wird.[486]

Die Anwendungspraxis trägt der Innovationsneigung des zu beurteilenden Marktes Rechnung: Neue technische Entwicklungen können Quelle von Wettbewerbsvorteilen sein, durch die die Wettbewerbsdynamik am Markt gesteigert wird.[487] Korrespondierend sah die Kommission bereits in der Entscheidung *Nestlé/Perrier* ein geringes Maß an Produktinnovation als Merkmal eines Marktes an, der für ein koordiniertes Verhalten der Wettbewerber anfällig ist.[488] Die Kommission führte insoweit aus, dass die hier in Rede stehende Brunnenwasserindustrie nicht als eine forschungsorientierte Industrie mit technischen Neuerungen gelten könne, wo etablierte Marktpositionen schnell durch neue technologische Entwicklungen abgebaut und die Interdependenz der beiden Marktführer durch einen effektiven Wettbewerb verringert werden könne.[489] Auch im

---

[485] Auf Maverick-Unternehmen wurde bereits im Zusammenhang mit der Symmetrie der Unternehmen als wichtige Bedingung für eine Verhaltenskoordination hingewiesen. Vgl. hierzu S. 333.
[486] Vgl. *Ivaldi/Jullien/Rey/Seabright/Tirole* (2003b), 32.
[487] Komm. v. 9.3.1999 (IV/M.1313) – Danish Crown/Vestjyske Slagterier, Rdnr. 176; Komm. v. 4.12.2007 (COMP/M.4662) – Syniverse/BSG, Rdnr. 105; Komm. v. 16.4.2008 (COMP/M.5008) Vivendi/Activision, Rdnr. 65 und 67.
[488] Komm. v. 22.7.1992 (IV/M.190), ABl.EG 1992 L 356/1 – Nestlé/Perrier, Rdnr. 126; ebenso Komm. v. 24.4.1996 (IV/M.619) – Gencor/Lonrho, Rdnr. 53.; in Komm. v. 29.9.1999 (IV/M.1383) – Exxon/Mobil, Rdnr. 473 stellt die Kommission fest, dass dieser Aspekt in engem Zusammenhang mit der Produkthomogenität zu sehen sei.
[489] Komm. v. 22.7.1992 (IV/M.190), ABl.EG 1992 L 356/1 – Nestlé/Perrier, Rdnr. 126.

zuletzt entschiedenen Fall *ABF/GBI* wurde der Innovationsneigung eine „wichtige Rolle bei der Bewertung, ob Koordinierung ernsthafte Bedenken aufwirft" zugeschrieben.[490] Teils relativiert die Kommission diese Bedeutung allerdings. So heißt es in einem Diskussionspapier im Rahmen einer Konferenz der OECD: "It cannot be excluded that oligopolistic dominance can be found in markets with high rates of product and/or process innovation. An indication could be stable market shares in markets with high rates of innovation."[491] Tatsächlich ist nach einer von der Kommission in Auftrag gegebenen Studie grundsätzlich auch eine Koordinierung im Bereich von Forschung und Entwicklung denkbar.[492]

9. Konjunkturschwankungen

Wenn ein Markt starken konjunkturellen Schwankungen unterliegt, wird eine Verhaltenskoordination im Allgemeinen schwerer aufrecht zu erhalten sein als in einem stabilen oder gleichmäßig wachsenden Markt. Zum einen müssen die Preise im koordinierten Gleichgewicht beständig an die veränderten konjunkturellen Bedingungen angepasst werden, und zum anderen ändern sich die Anreize, von einem koordinierten Verhalten abzuweichen. Wenn sich z. B. ein konjunktureller Abschwung abzuzeichnen beginnt, dann wird der Anreiz der Unternehmen größer, von einem koordinierten Gleichgewicht abzuweichen. Denn durch ein solches Verhalten können bei der noch hohen Nachfrage zusätzliche Gewinne abgeschöpft werden, die Bestrafung erfolgt aber erst später, wenn die Nachfrage ohnehin gefallen ist, und verliert dadurch an Wirksamkeit. Bei großem technischem Fortschritt ändern sich die Marktpositionen der Unternehmen sowie die angebotenen Produkte häufig, und diese Veränderungen erschweren eine Verhaltenskoordination.

Die Auswirkungen von Nachfrageschwankungen und konjunkturellen Entwicklungen auf die Stabilität eines koordinierten Gleichgewichtes sind in der ökonomischen Literatur seit einigen Jahren näher untersucht worden.[493] Für die Aufrechterhaltung einer Verhaltenskoordination ist es erforderlich, dass die kurzfristigen zusätzlichen Gewinne aus dem Abweichen von einem solchen Verhalten geringer sind als die dauerhaften Einbußen, die in einem solchen Falle durch eine Bestrafung zu erleiden wären. Wenn nun die Nachfrage im Konjunkturzyklus schwankt, dann können die

---

490 Komm. v. 23.9.2008 (COMP/M.4980) – ABF/GBI, Rdnr. 199.
491 Vgl. „Oligopoly", Commission Paper, vorgelegt im Rahmen des Best Practice Roundtable der OECD im Oktober 1999, DAFFE/CLP(99)25, S. 218.
492 Europe Economics (2001), 34.
493 Vgl. *Bagwell/Staiger* (1997); *Haltiwanger/Harrington* (1991); *Kandori* (1991); *Knittel/Lepore* (2006); *Rotemberg/Saloner* (1986); *Staiger/Wolak* (1992).

Teil 3 D. Koordinierte Effekte und kollektive Marktbeherrschung

Anreize zum Abweichen und die Kosten einer Bestrafung im Zeitablauf variieren. Dies macht es im Allgemeinen erforderlich, den kooperativen Preis bzw. die Menge entsprechend anzupassen, um eine Koordination zu gewährleisten. Wenn die Nachfrage nach dem Produkt der Unternehmen in jeder Periode mit gleicher Wahrscheinlichkeit „hoch" oder „niedrig" sein kann, werden Anbieter mit einer durchschnittlichen Nachfrage rechnen. In diesem Fall wird es zu einem Abweichen vom koordinierten Gleichgewicht eher in Phasen einer hohen Nachfrage kommen, denn in dieser Situation ist ein einseitiges Abweichen profitabler ist als in einer Rezessionsphase. Hinzu kommt, dass die Unternehmen für die nächste Periode mit einer geringeren, nämlich nur der durchschnittlichen Nachfrage rechnen und daher die dann fällige Bestrafung viel von ihrer Kraft verliert. Ein koordiniertes Gleichgewicht in beiden Nachfragesituationen ist nur dann aufrecht zu erhalten, wenn zukünftige Erträge von den Unternehmen kaum diskontiert werden. Um den Anreiz zum Abweichen möglichst gering zu halten, werden die Unternehmen die Preise im Zeitablauf so setzen, dass Schwankungen in den Gewinnen möglichst reduziert werden, denn bei überdurchschnittlich hohen Gewinnen ist der Anreiz zum Abweichen hoch. Daher müssen die Preise in Rezessionsphasen hoch und im Boom niedrig gesetzt werden.[494] Dies gilt insbesondere dann, wenn die Unternehmen über gute Informationen bezüglich der Nachfrageentwicklung verfügen. Sind diese jedoch sehr ungenau, dann ist ein starrer Preis auch bei schwankender Nachfrage die bessere Strategie.[495] Eine empirische Untersuchung der Zementindustrie von 1947 bis 1981 zeigte, dass Zementpreise sich antizyklisch verhielten, obwohl die Produktionsmengen sich prozyklisch entwickelten. Ähnliche Resultate ergaben Untersuchungen der Preisentwicklung in der Eisenbahn- bzw. Kraftfahrzeugindustrie.[496]

Schwankt die Nachfrage jedoch von Periode zu Periode nicht zufällig, sondern entwickelt sich gemäß eines Konjunkturzyklus, der den Unternehmen bekannt ist, dann ergeben sich etwas andere Resultate.[497] Bei steigender Nachfrage nehmen die Gewinne der Unternehmen im Allgemeinen zu, so dass sich ein Abweichen vom koordinierten Gleichgewicht nicht lohnt, denn die darauf folgende Bestrafung hat ein höheres Gewicht: Sie mindert bei Koordination die möglichen höheren Gewinne. Sinkt hingegen die Nachfrage, dann wäre ein Abweichen bedeutend at-

---

494 Das Modell ist auch um die Möglichkeit des Konkurses von Unternehmen erweitert worden. Dies führt im Allgemeinen dazu, dass ein koordiniertes Gleichgewicht schwerer aufrecht zu erhalten sein wird. Vgl. *Eswaran* (1997).
495 Vgl. *Hanazono/Yang* (2002).
496 Vgl. *Porter* (1983) sowie *Bresnahan* (1981).
497 Vgl. *Haltiwanger/Harrington* (1991).

V. Marktbezogene Kriterien Teil 3

traktiver, denn die Gewinne nehmen aufgrund der Nachfrageentwicklung ab und auch die Bestrafung für ein Abweichen verliert bei sinkenden Gewinnen an Gewicht.[498] In diesem Modell würde ein Abweichen vom koordinierten Verhalten eher in einer beginnenden Rezessionsphase erfolgen. Diese Ergebnisse konnten durch eine empirische Untersuchung der US-amerikanischen Zementindustrie bestätigt werden.[499]

Während das erste Modell die Möglichkeit der Koordination in Abhängigkeit von der Höhe der Nachfrage thematisiert, untersucht das zweite diese Möglichkeiten in Bezug auf die Änderung der Nachfrage. Es gilt jedoch, dass ein koordiniertes Gleichgewicht dann instabil wird, wenn man damit rechnen muss, dass die Nachfrage morgen geringer sein wird als heute. Weiterentwicklungen dieser Modelle haben die Auswirkungen konjunktureller Entwicklungen genauer analysiert. So konnte gezeigt werden, dass im Falle eines Aufschwungs, bei dem ein hohes Wachstum heute auf hohes Wachstum morgen hindeutet (also bei einer positiven Korrelation der Wachstumsraten), die Preise sich prozyklisch verhalten, d.h. es eher in Boomphasen zu einer Verhaltenskoordination kommt als in einer Rezession. Dies entspricht auch dem Resultat bezüglich Märkten mit stetig zunehmender Nachfrage. Deutet jedoch ein hohes Wachstum heute eher auf ein verringertes Wachstum morgen hin, sind also die Wachstumsraten negativ korreliert, so verhalten sich die Preise antizyklisch, d.h. ein kooperatives Verhalten wird eher in einer Rezessionsphase zu beobachten sein.[500] In diesem Fall gilt die These, dass Kartelle „Kinder der Not" sind.

Auch die Kommission erkennt an, dass eine schwankende Nachfrage ebenso wie eine allgemeine Instabilität des Marktes ein koordiniertes Verhalten erschweren.[501] In der Entscheidung *KarstadtQuelle/MyTravel* führt die Kommission daher aus: "Generally, the less complex and the more stable the economic environment, the easier it is for companies to reach a common understanding on the terms of coordination. It is easier to coor-

---

498 Voraussetzung ist jedoch, dass die Kapazitäten der Unternehmen hinreichend hoch sind. Bei kleinen Kapazitäten kann sich ein Abweichen vom koordinierten Gleichgewicht auch schon bei zunehmender Nachfrage lohnen. Vgl. *Fabra* (2003). *Knittel/Lepore* (2006) entwickeln ein Modell mit Konjunkturschwankungen und endogenen Kapazitäten. In diesem Modell können, abhängig von den Kosten, die die Kapazität verursacht, verschiedene Arten von Gleichgewichten auftreten.
499 *Rosenbaum/Sukharomana* (2001).
500 Vgl. *Bagwell/Staiger* (1997). Zur experimentellen Evidenz vgl. *Abbink/Brandts* (2005).
501 Komm. v. 21.8.2007 (COMP/M.4523) – Travelport/Worldspan, Rdnr. 151; Komm. v. 17.12.2008 (COMP/M.5141) – KLM/Martinair, Rdnr. 348; Komm. v. 19.7.2006 (COMP/M.4170) – LSG Lufthansa Service Holding/Gate Gourmet Switzerland, Rdnr. 47; Komm. v. 24.1.2006 (COMP/M.3942) – Adidas/Reebok, Rdnr. 48.

dinate when demand and supply conditions are relatively stable."[502] In diesem Zusammenhang werden erhebliche Veränderungen der Marktanteile, der häufige Markteintritt neuer Wettbewerber und ein beachtliches internes Wachstum einiger Marktteilnehmer als Anzeichen eines instabilen Marktes angesehen.[503]

10. Räumliche Verteilung der Wirtschaftstätigkeit

Nach Ansicht der Kommission wird ein koordiniertes Verhalten der führenden Unternehmen in einem Markt unter bestimmten Umständen leichter aufgrund der räumlichen Verteilung ihrer hauptsächlichen wirtschaftlichen Aktivitäten entstehen.[504] Demnach wird eine Koordination in Gestalt einer Marktaufteilung einfacher erreicht werden, wenn jeder abgrenzbare Teil des räumlich relevanten Marktes eindeutig von einem der führenden Marktteilnehmer beherrscht wird. In der Entscheidung *Linde/BOC* sah die Kommission daher den europäischen Markt für Industriegase als anfällig für eine Verhaltenskoordination an: "In addition to the concerns set out above, the Commission is of the view that the merger would be likely to lead to coordinated effects on the overall industrial gas market in the EEA through a geographic division of the industrial gas markets between Air Liquide and Linde and through the creation of structural links between the two companies. On the bulk and cylinder markets, the transaction will to a large extent complete the division of the EEA between Linde and Air Liquide, with one of them having a dominant or leading position in virtually every EEA country. With the acquisition of BOC's strong position in Poland, Linde will cover the whole of Eastern Europe and will lead this whole area without any strong competitor within this region, thereby mirroring the strong position and coverage of Air Liquide in the West. ... Post-merger Linde would become an unequivocal leader in all North-Eastern European countries, whereas Air Liquide would be far the strongest in Western Europe. Moreover the two companies would keep small market shares in each other's respective territories which makes an effective retaliation more credible. As a result of these symmetric positions both companies would thus be likely to have a common incentive not to compete effectively, by allocating geographic markets through the adoption of a *chacun chez soi* approach in Europe."[505]

---

502 Komm. v. 4.5.2007 (COMP/M.4601) – KarstadtQuelle/MyTravel, Rdnr. 93.
503 Ibid., Rdnr. 93 f.; Komm. v. 21.8.2007 (COMP/M.4523) – Travelport/Worldspan, Rdnr. 151 f.
504 Siehe Leitlinien der Kommission zur Bewertung horizontaler Zusammenschlüsse, ABl.EU 2004 Nr. C 31, S. 5–18, Rdnr. 46.
505 Komm. v. 6.6.2006 (COMP/M.4141) – Linde/BOC, Rdnr. 140–142.

Entsprechend beurteilte die Kommission die räumliche Überschneidung der wirtschaftlichen Aktivitäten der Zusammenschlussparteien im Fall *Nokia/NAVTEQ* als einen Faktor, der ein koordiniertes Verhalten erschwert: „Außerdem ist keine geografische Trennung zwischen Tele Atlas und NAVTEQ erkennbar. Die beiden Unternehmen stehen vielmehr in den gleichen Regionen im Wettbewerb zueinander. Daher ist es unwahrscheinlich, dass sich beide Kartenanbieter auf eine geografische Aufteilung des Marktes einlassen würden."[506]

VI. Erzielen von Übereinstimmung über die Koordinierungsmodalitäten

1. Bezugspunkt der Kollusion

Sind die Oligopolteilnehmer identifiziert, so muss weiter geklärt werden, welcher Aktionsparameter sich hinsichtlich einer Verhaltenskoordination anbietet. In vielen Fällen ist dies die Festsetzung des Preises, es kann sich aber ebenso um die Bestimmung der Outputmengen, um Gebietsaufteilungen, in Ausschreibungsmärkten um die Frage, wer eine Ausschreibung gewinnen soll oder um andere spezifische Parameter handeln. Erst die nähere Bestimmung dieses Referenzpunktes ermöglicht es, die für die Begründung oder Verstärkung einer gemeinsamen marktbeherrschenden Stellung erforderlichen Voraussetzungen konkret nachzuweisen. Es ist zwar grundsätzlich denkbar, dass die Verhaltenskoordination mehr als einen solchen Aktionsparameter betrifft, in der Regel wird dies aber die Stabilität des Parallelverhaltens verringern. In einer früheren Untersuchung haben *Kantzenbach* und *Kruse* diesbezüglich die Unterscheidung zwischen Preis-, Kapazitäts- und Marktschrankenkollusion eingeführt.[507] Die Leitlinien zur Beurteilung horizontaler Zusammenschlüsse berücksichtigen darüber hinaus z. B. die Möglichkeit zur Marktaufteilung aufgrund räumlicher Gegebenheiten.[508] In der überwiegenden Zahl der Kommissionsentscheidungen wird die Wahrscheinlichkeit einer Preiskollusion untersucht,[509] aber auch die Möglichkeit der Kapazitätsbeschränkung[510] stellt häufig den Anknüpfungspunkt der Kollusionsmöglichkeit und -wahrscheinlichkeit dar. Still-

---

506 Komm. v. 2.7.2008 (COMP/M.4942) – Nokia/NAVTEQ, Rdnr. 403.
507 *Kantzenbach/Kruse*, Kollektive Marktbeherrschung, S. 29 ff.
508 Leitlinien der Kommission zur Bewertung horizontaler Zusammenschlüsse, ABl.EU 2004 Nr. C 31, S. 5–18, Rdnr. 46.
509 Beispielhaft Komm. v. 22.7.1992 (IV/M.190) – Nestlé/Perrier, ABl.EG 1992 L 356/1, Rdnr. 121 ff.; Komm. v. 31.1.1994 (IV/M.315) – Mannesmann/Vallourec/Ilva, Rdnr. 55, 114; Komm. v. 21.12.1994 (IV/M.358) – Pilkington-Techint/SIV, Rdnr. 46.
510 Z.B. Komm. v. 24.4.1996 (IV/M.619) – Gencor/Lonrho, Rdnr. 187; Komm. v. 22.9.1999 (IV/M.1524) – Airtours/First Choice, Rdnr. 56; Komm. v. 21.11.2001 (COMP/

schweigende Gebietsaufteilungen kommen insbesondere in Fällen in Betracht, in denen die vom Zusammenschluss betroffenen Unternehmen vor einer Liberalisierung durch Gesetz geschützte Monopolisten waren und in einem gegen angrenzende Versorger demarkierten Versorgungsgebiet agierten. So weist die Kommission im Fall *VEBA/VIAG* darauf hin, dass hier bereits ein bekanntes, geeignetes Verhaltensmuster zur Verfügung steht und ein stillschweigendes Parallelverhalten damit erleichtert wird.[511] Auch im Bereich der Ausschreibungsmärkte hat die Kommission mehrmals eine stillschweigende Marktaufteilung untersucht. Im Fall *MAN/ Auwärter* erwägt die Kommission diese Möglichkeit auf einem duopolistischen Ausschreibungsmarkt dergestalt, dass die betroffenen Unternehmen die bestehende Marktsituation stillschweigend als Referenz dafür ansehen, wer in Zukunft welche Ausschreibung gewinnen soll und ihr Bieterverhalten danach ausrichten könnten.[512]

2. Bedeutung früheren Wettbewerbsverhaltens

Aus dem früheren Verhalten der Parteien können Rückschlüsse auf eine schon *vor dem Zusammenschluss* bestehende gemeinsam marktbeherrschende Stellung gezogen werden. So hat das EuG in seinem Entscheid zum Zusammenschlussvorhaben Sony/BMG bezüglich des Vorliegens kollektiver Marktbeherrschung eine „indirekte" Beweisführung zugelassen. Nach Ansicht des Gerichts sprechen folgende Umstände für das Bestehen einer marktbeherrschenden Stellung:

– enge Konvergenz der Preise über einen längeren Zeitraum; insbesondere, wenn die Preise aus wettbewerblicher Sicht überhöht erscheinen;
– das Vorliegen weiterer typischer Merkmale gemeinsamer Marktbeherrschung;
– unter der Voraussetzung, dass die enge Konvergenz der Preise sich nicht anderweit erklären lässt.

Bei Vorliegen dieser Umstände könne auch dann, wenn für das Bestehen von Markttransparenz kein unmittelbarer und sicherer Beweis zu führen sei, grundsätzlich von kollektiver Marktbeherrschung ausgegangen werden.[513] Diese Möglichkeit einer „indirekten" Beweisführung hat auch der EuGH in seinem *Sony/BMG-* (oder *Impala-*) Urteil anerkannt. Dabei be-

---

M.2498) – UPM Kymmene/Haindl; Komm. v. 30.10.2001 (COMP/M.2420) – Mitsui/ CVRD/Caemi, Rdnr. 238–246.
511 Komm. (IV/M.1673) – VEBA/VIAG, Rdnr. 80.
512 Komm. v. 20.6.2001 (COMP/M.2201) – MAN/Auwärter, Rdnr. 35; ähnlich Komm. v. 28.6.2000 (COMP/M.1741) – MCI WorldCom/Sprint, Rdnr. 257–302.
513 EuG, Urt. v. 13.7.2006, Rs. T-464/04 – Impala, Slg. 2006, II-2289, Rdnr. 251 f.

VI. Erzielen von Übereinstimmung über die Koordinierungsmodalitäten Teil 3

tont er jedoch, dass die Kriterien nicht jeweils für sich allein geprüft werden dürften. Maßgeblich sei vielmehr auf den wirtschaftlichen Gesamtmechanismus einer unterstellten stillschweigenden Koordinierung abzustellen.[514] Die Kommission hat die Anregungen des EuG zu einer derartigen indirekten Beweisführung bei ihrer zweiten Prüfung des Sony/BMG-Zusammenschlusses aufgegriffen.[515]

Schwieriger stellt sich die Beweislage mit Bezug auf die Prognose einer künftigen *Entstehung oder Verstärkung* einer kollektiv marktbeherrschenden Stellung dar. Allerdings betont die Kommission in den Leitlinien zur Beurteilung von horizontalen Unternehmenszusammenschlüssen, dass historische Daten über explizite oder implizite Kollusion auf dem Referenzmarkt Hinweise nicht nur für eine bereits bestehende kollektive Marktbeherrschung, sondern auch für die potenzielle Entstehung einer gemeinsamen beherrschenden Stellung geben können, wenn sich die Merkmale des relevanten Marktes nicht spürbar verändert haben und sich in naher Zukunft auch voraussichtlich nicht ändern werden.[516] Dieses Vorgehen hat insofern auch seine wirtschaftstheoretische Begründung, als eine in der Vergangenheit realisierte Verhaltenskoordination, z. B. hinsichtlich bestimmter Quoten, Preise oder Gebietsaufteilungen, als ein „focal point" für ein zukünftiges koordiniertes Verhalten dienen kann.[517] In der Entscheidung *Kali+Salz/MdK/Treuhand* aus dem Jahre 1993 befand die Kommission eine zwanzig Jahre zurückliegende Kartellabsprache der Duopolisten als einen Anhaltspunkt dafür, dass der Zusammenschluss zur Entstehung einer gemeinsamen beherrschenden Stellung führen könnte.[518] Gerade aufgrund der langen Zeitspanne sah der EuGH jedoch im Rechtsmittelverfahren hierin nur „einen äußerst schwachen, wenn nicht gar unerheblichen Anhaltspunkt für die Vermutung eines fehlenden Wettbewerbs."[519] Auch in der Entscheidung *VEBA/VIAG* spielten

---

514 EuGH, Urt. 10.7.2008, Rs. C-413/06 – Bertelsmann and Sony Corporation of America/Impala, Slg. 2008, I-4951, Rdnr. 125 und 129.
515 Vgl. Komm. v. 3.10.2007 (COMP/M.3333) – Sony/BMG, Rdnr. 93 und 534.
516 Leitlinien der Kommission zur Bewertung horizontaler Zusammenschlüsse, ABl.EU 2004 Nr. C 31, S. 5–18, Rdnr. 58.
517 Zu „focal points" und ihrer Bedeutung für das Auftreten koordinierter Effekte vgl. S. 365 und 407f.
518 Komm. v. 14.12.1993 (IV/M.308), ABl.EG L 186/38 – Kali+Salz/MdK/Treuhand, Rdnr. 57; Kartelltraditionen fanden ebenfalls Berücksichtigung in den Fällen Komm. v. 21.12.1993 (IV/M.358) – Pilkington Techint/SIV und Komm. v. 4.6.2008 (COMP/M.4513) – Arjowiggins/M-real Zanders Reflex, Rdnr. 433; Berücksichtigung vergangenen Oligopolverhaltens z.B. in Komm. v. 22.7.1992, ABl.EG 1992 L 356/1 – Nestlé/Perrier, Rdnr. 59, 121.
519 EuGH, Urt. v. 31.3.1998, verb. Rs. C-68/94 und C-30/95 – Frankreich u.a./Kommission, Slg. 1998, I-1375, Rdnr. 241.

Teil 3 D. Koordinierte Effekte und kollektive Marktbeherrschung

historische Marktdaten eine nicht unerhebliche Rolle. Dort hatten die in Betracht kommenden Oligopolmitglieder vor der Liberalisierung des deutschen Strommarktes eine durch Gesetz geschützte Monopolstellung auf einem gegen angrenzende Versorger demarkierten Versorgungsgebiet inne. Nach Auffassung der Kommission hätte sich diese Demarkation für eine stillschweigende Gebietsaufteilung angeboten.[520] Auch Informationen über die vergangene Entwicklung von Markanteilen und Preisen wird in der Anwendungspraxis Bedeutung beigemessen. In der Entscheidung *Airtours/Kommission* stellte das EuG diesbezüglich fest: „Im Rahmen der Prüfung, ob eine kollektive beherrschende Stellung besteht, ist die Stabilität der historischen Marktanteile ein Umstand, der die Entwicklung einer stillschweigenden Kollusion begünstigt, da sie die Aufteilung des Marktes anstelle eines heftigen Preiswettbewerbs erleichtert, wobei sich jedes Unternehmen auf den von ihm in der Vergangenheit gehaltenen Marktanteil bezieht, um nach dessen Maßgabe seine Produktion festzulegen."[521] In der Entscheidung *BASF/Eurodiol/Pantochim* wurde u. a. aufgrund eines harten Preiskampfs auf dem Relevanzmarkt in den vergangenen drei Jahren die Wahrscheinlichkeit der Begründung eines kollusiven Duopols von der Kommission verneint, obwohl nach dem Zusammenschluss ein CR 2 von 80% Marktanteil entstanden wäre.[522]

In ihren Horizontalleitlinien weist die Kommission darauf hin, dass ein Zusammenschluss – unabhängig von der bloßen Konzentrationssteigerung durch die Verringerung der Anbieterzahl – dann als besonders bedenklich eingestuft wird, wenn es sich um die Übernahme eines Unternehmens handelt, das sich in der Vergangenheit als Einzelgänger und permanenter Störfaktor für eine stillschweigende Koordinierung (sog. Maverick) erwiesen hat.[523] Tatsächlich hat die Kommission in ihrer Entscheidungspraxis den möglichen wettbewerbsschädlichen Auswirkungen in solchen Konstellationen ein besonderes Gewicht beigemessen. Die Untersagungsentscheidung *Gencor/Lonrho* betraf die geplante Übernahme eines in der Vergangenheit besonders aggressiven Außenseiters.[524]

---

520 Komm. v. 13.6.2000 (IV/M.1673) – VEBA/VIAG, Rdnr. 80.
521 EuG, Urt. v. 6.6.2000, Rs. T-342/99 – Airtours/Kommission, Slg. 2002, II-2585, Rdnr. 111.
522 Komm. v. 11.7.2001 (COMP/M.2314) – BASF/Eurodiol/Pantochim, Rdnr. 75.
523 Leitlinien der Kommission zur Bewertung horizontaler Zusammenschlüsse, ABl.EU 2004 Nr. C 31, S. 5–18, Rdnr. 42.
524 Komm. v. 24.4.1996 (IV/M.619) – Gencor/Lonrho.

3. Instrumente der Verhaltenskoordination

Wenn die oben genannten Bedingungen erfüllt sind, dann kann man davon ausgehen, dass ein koordiniertes Gleichgewicht existiert, d.h. dass eine Verhaltenskoordination aus theoretischer Sicht möglich ist. Allerdings ergibt sich in diesem Zusammenhang das Problem, dass nicht nur ein Gleichgewicht existiert. Vielmehr haben die Folk-Theoreme gezeigt, dass es unendlich viele Gleichgewichte mit verschiedenen Graden der Verhaltenskoordination gibt. Daher stellt sich die Frage, wie die Unternehmen eines aus diesen unendlich vielen Gleichgewichten auswählen.[525] Bisher konnte die Spieltheorie zur Lösung dieses Problems nur wenig beitragen.[526] In letzter Zeit gibt es jedoch eine Reihe von Versuchen, das Problem der Gleichgewichtsauswahl in wiederholten Spielen zu lösen.[527] Im Folgenden sollen daher einige der von Unternehmen verwendeten Instrumente dargestellt werden, mit deren Hilfe sie eine Koordination ihres Verhaltens herbeiführen können.[528]

a) Explizite Vereinbarungen

Praktisch stehen den Unternehmen eine ganze Reihe von Verfahren und Instrumenten zur Verfügung, sich auf eines der vielen Gleichgewichte zu koordinieren. Die einfachste Möglichkeit hierzu wäre eine direkte explizite Vereinbarung zwischen den Unternehmen über die zu fordernden Preise, die Angebotsmengen, die Kapazitäten oder die Aufteilung des Marktes, entweder geographisch oder bezüglich der Marktanteile, d.h. ein Preis-, Quoten-, Gebiets- oder Marktanteilskartell. Allerdings stellt sich selbst bei einer expliziten Vereinbarung eine Reihe von Problemen, die zumeist aus Asymmetrien zwischen den Unternehmen resultieren. So hängt z.B. der von einem Unternehmen präferierte Preis von seiner Kostenstruktur ab: Ein Unternehmen mit höheren Grenzkosten würde eine geringere Menge und einen höheren Preis bevorzugen als eines mit geringen Grenzkosten. Für ein gemeinsames Gewinnmaximum müssten die Unternehmen mit niedrigeren Grenzkosten einen größeren Anteil an der Produktionsmenge übernehmen. Dies könnte sogar soweit gehen, dass Unternehmen mit sehr hohen Kosten ihre Produktion gänzlich einstellen

---

525 *Tirole* bezeichnet dies als „an embarrassment of riches" und kommt zu dem Schluss: "Somehow the firms must coordinate on a ‚focal equilibrium' in order for the equilibrium to remain attractive." *Tirole* (2003), 247.
526 Vgl. S. 404–406 und die dort angegebene Literatur.
527 Es handelt sich um Ansätze aus der evolutorischen Spieltheorie bzw. der experimentellen Ökonomik. Vgl. hierzu S. 405.
528 Für eine ausführliche empirische Untersuchung der Faktoren, die den Erfolg eines Kartells beeinflussen, vgl. *Levenstein/Suslow* (2006).

Teil 3 D. Koordinierte Effekte und kollektive Marktbeherrschung

und von den anderen eine Zahlung erhalten. Eine gleichmäßige Aufteilung der Gesamtproduktion auf alle Unternehmen führt nicht zur Maximierung des gemeinsamen Gewinns. Stellen die Unternehmen differenzierte Produkte her, dann müssen sie sich nicht nur auf einen Preis, sondern auf eine Reihe von Preisen einigen und die Stabilität des Kartells wird unter Umständen dadurch gefährdet, dass sie mittels anderer Wettbewerbsparameter, wie z. B. Werbung, Qualität oder Innovation, von der expliziten Vereinbarung abweichen. Diese müssten dann ebenfalls bei der Kartellabsprache berücksichtigt werden.

Explizite Vereinbarungen zwischen Unternehmen über Preise, Mengen etc. sind jedoch aus gutem Grund in fast allen Rechtsordnungen untersagt, denn sie führen zu einer Umverteilung der volkswirtschaftlichen Rente von den Konsumenten auf die Unternehmen und bringen all diejenigen Ineffizienzen hinsichtlich der Allokation, der Produktion und der dynamischen Entwicklung der Wirtschaft mit sich, die beim Monopol auftreten. Da aber explizite Vereinbarungen zwischen den Unternehmen nachprüfbare Spuren in Form von schriftlichen Äußerungen, Treffen, Telefonaten, Emails etc. hinterlassen, besteht immer auch die prinzipielle Möglichkeit, derartige Kartellvereinbarungen zu entdecken. Allerdings können die Kartellmitglieder, wenn sie über mehr Informationen, z. B. über Nachfrage und Kostenstruktur, verfügen als die Wettbewerbsbehörde, sich immer so verhalten, dass sie einen scheinbaren Wettbewerb aufrechterhalten, so dass ein Kartell nur schwer aufgedeckt werden kann.[529] So könnte z. B. beim Übergang von einem nichtkoordinierten zu einem koordinierten Verhalten der Preis nicht unmittelbar auf die Höhe des Monopolpreises gesetzt werden, sondern stattdessen eine langsame Anpassung des Preises gewählt werden, die eine Aufdeckung der Verhaltenskoordination durch die Wettbewerbsbehörden erschwert.[530] Diese Überlegungen deuten darauf hin, dass Kartelle eher auftreten werden, wenn Unternehmen ähnliche Kostenstrukturen aufweisen und nur eine geringe Anzahl verschiedener Produkte herstellen. Gibt es in diesem Markt nur wenige Unternehmen mit großen Marktanteilen, dann werden zum einen die Verhandlungen über Preise, Mengen etc. einfacher, sie hinterlassen weniger nachprüfbare Spuren und es gibt weniger Mitwisser an dieser illegalen

---

[529] Diese Aussage wird in der Literatur als das Nichtunterscheidbarkeitstheorem bezeichnet. Vgl. *Phlips* (1995), 124–148; *Cyrenne* (1999). Einen Überblick über die empirischen Ansätze, Kartelle aufzudecken, selbst wenn diese versuchen, durch ein entsprechendes Verhalten einer Entdeckung zu entgehen, gibt *Harrington* (2008). Für ein Beispiel eines vermeintlich ‚unsichtbaren' Kartells und die forensischen Methoden, ein solches Kartell aufzudecken, vgl. *van Bergeijk* (2008).
[530] Vgl. z. B. *Harrington* (2004, 2005).

Aktivität.⁵³¹ Empirische Untersuchungen zu Kartellen haben gezeigt, dass in 80% der Fälle die Anzahl der beteiligten Unternehmen geringer als zehn war, die Marktanteile der vier größten Unternehmen in 76% der Fälle zusammen mehr als 50% betrug und die Unternehmen homogene Produkte herstellten.⁵³² Zu ähnlichen Aussagen gelangt auch eine Studie über Hardcore-Kartelle, die in den Jahren 1995 bis 2002 in den USA aufgedeckt wurden. Die meisten dieser Kartelle umfassten zehn oder weniger Mitglieder, die Konzentration im Markt war hoch und es wurden häufig neben dem Preis weitere Instrumente eingesetzt, z.B. Gebietsvereinbarungen getroffen. Produkthomogenität war kein entscheidender Faktor, hat aber die Kartellbildung erleichtert.⁵³³

b) Informationsaustausch und Preisführerschaft

Da explizite Kartellvereinbarungen illegal sind, können die Unternehmen versuchen, statt dessen andere Methoden, Verfahren und Instrumente einzusetzen, um erstens die Koordination auf ein bestimmtes Gleichgewicht zu erleichtern, zweitens, Anreize zu setzen, sich an ein solches Gleichgewicht zu halten, und drittens, Markttransparenz herzustellen oder zu erhöhen.⁵³⁴ Diese Maßnahmen werden summarisch unter dem Begriff „facilitating practices" zusammengefasst.⁵³⁵ Ein wichtiges Instrument zur Verhaltenskoordination ist dabei die Ankündigung zukünftiger Preise durch öffentliche Verlautbarungen, Reden etc. Die Spieltheorie hat gezeigt, dass unverbindliche, kostenlose und nicht überprüfbare Aussagen, ein sogenannter „cheap talk", in Situationen mit vielen Gleichgewichten dazu dienen kann, eines dieser Gleichgewichte als einen „focal point" zu etablieren.⁵³⁶ Die Ankündigung einer demnächst erfolgenden Preiserhöhung gibt den anderen Unternehmen die Möglichkeit, darauf zu reagieren, indem sie ebenfalls öffentlich ihre Preispolitik bekanntgeben, um so eine Koordination zu erleichtern.⁵³⁷ Ankündigungen von Preissenkungen

---

531 Allerdings kann sich bei direkten Verhandlungen der Kartellmitglieder das Problem ergeben, dass bei einem Abweichen und einer darauf folgenden Bestrafung für die Unternehmen ein Anreiz besteht, nachzuverhandeln. Vgl. *Abreu/Pearce/Stacchetti* (1993); *Driffill/Schulz* (1995); *Farrell/Maskin* (1989).
532 Vgl. *Hay/Kelley* (1974).
533 Vgl. *Kolasky* (2002); *Levenstein/Suslow* (2006)..
534 Dass Unternehmen ein Interesse haben, Institutionen zu schaffen, die diese Funktionen erfüllen, zeigt *Stennek* (1997).
535 Vgl. *Buccirossi* (2008); *Grillo* (2002) sowie *Salop* (1986).
536 Vgl. *Farrell/Gibbons* (1989); *Farrell/Rabin* (1996). Experimentelle Resultate finden sich in *Cason* (1995); *Harstad/Martin/Norman* (1997). Zu einigen Fällen mit Kommunikation vor dem eigentlichen Spiel (pre-play communication) vgl. *Buccirossi* (2008), 316f.
537 Vgl. *Buccirossi* (2008), 311–316.

Teil 3   D. Koordinierte Effekte und kollektive Marktbeherrschung

in Situationen geringer Nachfrage machen den anderen Unternehmen deutlich, dass nicht versucht wird, zusätzliche Gewinne durch eine Abweichung vom koordinierten Gleichgewicht zu erzielen, und gibt ihnen die Möglichkeit, rechtzeitig ihre Preise ebenfalls zu senken. Allerdings sind derartige öffentliche Preis- bzw. Mengenankündigungen nicht ausschließlich negativ zu sehen, denn sie haben gegenüber den Konsumenten insofern eine positive Auswirkung, als sie für diese zu mehr Markttransparenz und zu einer größeren Planungssicherheit führen. Anders verhält es sich mit Preis- oder Mengenankündigungen, die ausschließlich gegenüber Wettbewerbern getätigt werden. Derartige private Preisankündigungen bringen keine Effizienzvorteile für die Konsumenten mit sich und haben daher kaum einen anderen Zweck als den, die Verhaltenskoordination der Unternehmen zu erleichtern.[538]

Eine ähnliche Funktion erfüllt ein Informationsaustausch über vergangene und gegenwärtige Preise und Produktionsmengen in Situationen mangelnder Markttransparenz.[539] Wenn diese nicht gegeben ist, dann kann ein Abweichen von einem koordinierten Gleichgewicht im Allgemeinen nur schwer entdeckt werden, so dass die Stabilität einer solchen Koordination gefährdet ist. Liegen jedoch überprüfbare Informationen über die von den Unternehmen in der Vergangenheit und Gegenwart geforderten Preise, die von ihnen hergestellten Mengen oder ihre Kapazitäten vor, dann kann ein Abweichen leichter entdeckt und das entsprechende Unternehmen identifiziert und bestraft werden. Um eine größere Markttransparenz zu gewährleisten, werden Unternehmen daher interessiert sein, diese Informationen mittels Preismeldestellen oder auch Industrie- und Handelsverbänden auszutauschen.[540] Spezielle Probleme ergeben sich bei der Informationsweitergabe im Falle von Auktionen, bei denen die getätigten Gebote selbst Informationen über das intendierte Verhalten liefern. So hat während einer deutschen Frequenzauktion im Jahre 1999 Mannesmann ein niedriges Gebot in Höhe von 20 Millionen DM für die eine Hälfte der Frequenzen abgegeben und ein noch etwas niedrigeres in Höhe von 18,18 Millionen für die andere Hälfte. Da die Auktionsregeln vorsahen, dass jedes neue Gebot mindestens 10 % höher sein muss als das vorherige, konnte der andere Bieter, T-Mobile, diese Gebote entsprechend inter-

---

538 Vgl. *Kühn* (2001); *Blair/Romano* (2002).
539 Für eine theoretische Analyse der Effizienzwirkungen eines Informationsaustauschs vgl.*Overgaard/Møllgaard* (2007).
540 Vgl. *Howe* (1973); *Kirby* (1988); *Logan* (1988). Es ist allerdings darauf hinzuweisen, dass Unternehmen dann nicht bereit sind, Informationen auszutauschen, wenn ein Konkurrent dadurch einen erheblichen Vorteil erhält. Vgl. *Clarke* (1983); *Gal-Or* (1985); *Vives* (1984). Dies hängt u. a. von den eingesetzten Wettbewerbsparametern ab. Vgl. *Buccirossi* (2008); *Kühn/Vives* (1995); *Raith* (1996a).

VI. Erzielen von Übereinstimmung über die Koordinierungsmodalitäten Teil 3

pretieren: Da 18,18 plus 10% recht genau 20 Millionen ergeben, bot T-Mobile 20 Millionen für die andere Hälfte. Danach machten die beiden Bieter keine weiteren Gebote mehr und die Auktion war beendet.[541] Allerdings kann der Austausch von Informationen in einer Auktion auch ein effizienter Weg sein, den „Fluch des Gewinners" zu vermeiden.[542]

Im Unterschied zu einer bloßen Ankündigung eines künftig zu fordernden Preises, die auch dazu dienen kann, Reaktionen der Wettbewerber auf diesen Preis zu testen, indem sie auf diese Ankündigung gegebenenfalls mit einer Preisankündigung ihrerseits reagieren, setzt ein Preisführer durch seine Entscheidung den Preis, nach dem sich die anderen Unternehmen richten.[543] In kurzfristiger Betrachtung ist es jedoch im Allgemeinen nicht im Interesse eines Unternehmens, als Preisführer zu fungieren, denn wenn es einen hohen Preis verlangt, so werden die anderen Unternehmen diesen Preis unterbieten, eine größere Nachfrage auf sich ziehen und einen höheren Gewinn erwirtschaften. Jedes Unternehmen hätte daher ein Interesse daran, Preisfolger zu sein, da es auf diese Weise einen größeren Gewinn realisieren kann als in der Rolle des Preisführers.[544] Allerdings kann es bei wiederholten Interaktionen durchaus für die Unternehmen im Oligopol sinnvoll sein, ein Unternehmen als Preisführer zu etablieren, um das Koordinationsproblem zu lösen.[545] So könnte ein Gleichgewicht mit einem Preisführer durch die folgenden Strategien erreicht werden:[546] Der Preisankündigung eines Unternehmens werden die anderen folgen, solange ihre Gewinnmöglichkeiten steigen. Wenn ein Unternehmen der Preiserhöhung nicht folgt, so kündigt es dies an. Sind alle Unternehmen mit der Preiserhöhung einverstanden, so gilt der erhöhte Preis für die nächste Periode. Wird hingegen eine Preissenkung angekündigt, folgen alle Unternehmen dieser Preissenkung, solange der Preis nicht unterhalb des Preises ohne jegliche Koordination liegt.

---

541 Vgl. *Klemperer* (2000).
542 Vgl *Evans/Mellsop* (2003).
543 Vgl. *Sleuwaegen* (1986).
544 Dies gilt jedoch nicht notwendigerweise, wenn zwischen den Unternehmen Unterschiede bestehen. So können geringe Grenzkosten ein Unternehmen zum Preisführer prädestinieren (*Ono* (1982)) oder größere Unternehmen kommen als Preisführer in Betracht (*Deneckere/Kovenock* (1988)). Bei Unsicherheit über die Nachfrage wird das Unternehmen Preisführer, das über bessere Informationen verfügt (*Eckard* (1982)) oder das eine größere Risikopräferenz aufweist (*Holthausen* (1979)). Auch eine größere Konsumentenloyalität kann ein Unternehmen zum Preisführer prädestinieren (*Deneckere/Kovenock/Lee* (1992)).
545 Eine Übersicht über verschiedene Industrien, in denen Preisführerverhalten beobachtet wurde, gibt *Scherer/Ross* (1990), 250–261.
546 Dies entspricht dem von *MacLeod* (1985) entwickelten Modell, die Darstellung der Strategien folgt *Schulz* (2003), 81–83.

Teil 3 D. Koordinierte Effekte und kollektive Marktbeherrschung

Hält sich irgendein Unternehmen nicht an diese Regeln, dann verlangt jedes Unternehmen in der nächsten Periode den Preis, der ohne Koordination resultieren würde. Diese Strategien bilden ein koordiniertes Gleichgewicht, denn kein Unternehmen hat einen Anreiz, davon abzuweichen, indem es einen etwas niedrigeren Preis verlangt, wenn die anderen sich an die Strategie halten. Würde es dies tun, dann würde unmittelbar das nichtkoordinierte Gleichgewicht mit den geringeren Gewinnen resultieren. Allerdings wird in dem Modell nicht bestimmt, welches Unternehmen die Rolle des Preisführers übernimmt. Es ist aber in den letzten Jahren erweitert worden und hierbei konnte gezeigt werden, dass Unterschiede zwischen den Unternehmen eine wichtige Rolle zur Bestimmung des Preisführers spielen. So können geringe Grenzkosten oder ein technologischer Vorteil ein Unternehmen zum Preisführer prädestinieren.[547] Dieses Resultat konnte auch durch eine experimentelle Untersuchung bestätigt werden.[548] Ebenso kommen größere Unternehmen als Preisführer in Betracht.[549] Bei Unsicherheit über die Nachfrage wird das Unternehmen Preisführer, das über bessere Informationen verfügt oder das eine größere Risikopräferenz aufweist.[550] Auch eine größere Konsumentenloyalität kann ein Unternehmen zum Preisführer prädestinieren.[551] So wird z.B. bei Unsicherheit über die Nachfrage das Unternehmen mit der besseren Information die Rolle des Preisführers einnehmen.[552]

c) Preisregeln

Weitere Möglichkeiten zur Verhaltenskoordinierung bieten sich durch die Verwendung von Preisregeln. Hier ist eine Vielzahl möglicher Verfahren in Gebrauch, so dass nur die wichtigsten dargestellt werden können.[553] Es handelt sich dabei um Preisgarantien (meet-the-competition clauses), Meistbegünstigungsklauseln (most-favored-customer clauses) sowie die auf geographische Bedingungen Bezug nehmenden Regeln der Frankostationspreise (delivered price) und der Frachtbasissysteme (basing-point pricing). Eine Preisgarantie gewährt dem Käufer eines Produktes einen Rabatt auf den Preis eines gekauften Gutes, wenn der Käufer nach dem Kauf das gleiche Produkt bei einem anderen Händler zu einem günstige-

---

547 Vgl. *Komatsubara* (2009); *Ono* (1982); *Yano/Komatsubara* (2006).
548 Vgl. *Datte/Dechenaux* (2007).
549 Vgl. *Deneckere/Kovenock* (1988).
550 Vgl. *Eckard* (1982); *Holthausen* (1979).
551 Vgl. *Deneckere/Kovenock/Lee* (1992).
552 Vgl. *Rotemberg/Saloner* (1990); *Amir/Grilo/Jin* (1999); *Amir/Stepanova* (2000); *Pastine/Pastine* (2004); *van Damme/Hurkens* (2004).
553 "The variety of collusive pricing arrangements in industry is limited only by the bounds of human ingenuity." *Scherer/Ross* (1990), 235.

VI. Erzielen von Übereinstimmung über die Koordinierungsmodalitäten **Teil 3**

ren Preis findet. Dabei entspricht die Höhe des Rabatts in den meisten Fällen der Preisdifferenz. Bisweilen wird dem Kunden stattdessen die Möglichkeit eingeräumt, das Gut wieder zurückzugeben (meet-or-release clause).[554] Diese Preisfallklauseln haben den Zweck, die Markttransparenz zu erhöhen, denn das Unternehmen, das einer solchen Preisregel folgt, wird von seinen Kunden über die Preise der Wettbewerber informiert, zumindest wenn diese einen günstigeren Preis verlangen. Auf diese Weise werden die Kunden als Informationsquelle bezüglich der Preispolitik der Konkurrenten genutzt. Reine Preisgarantien ohne die Möglichkeit des Kunden, vom Vertrag zurückzutreten, geben einem Unternehmen zudem die Möglichkeit, gefahrlos eine Preiserhöhung zu initiieren, ohne Gefahr zu laufen, in einer Übergangsphase Kundschaft an einen Wettbewerber zu verlieren, der seinen Preis noch nicht erhöht hat.[555] Der wiederum wird aufgrund dieser Klausel ebenfalls ein Interesse haben, seinen Preis umgehend zu erhöhen, denn er kann von seinem geringeren Preis kaum profitieren.[556] Eine Preisgarantie ist auch ein glaubwürdiger und wirksamer Bestrafungsmechanismus, denn das Unternehmen hat sich durch die öffentliche Ankündigung faktisch an diese Regel gebunden. Jede Preissenkung eines Konkurrenten wird unmittelbar bekannt und gleichzeitig ebenfalls durchgeführt, so dass die Konkurrenz keinen Vorteil erlangen kann. Halten alle Unternehmen im Markt sich an diese Regel, dann können durch ein Abweichen vom koordinierten Gleichgewicht keine zusätzlichen Gewinne realisiert werden. Dies führt dazu, dass die Anreize, von einem koordinierten Gleichgewicht mit überhöhten Preisen abzuweichen, geringer werden. Trotz ihrer scheinbaren Konsumentenfreundlichkeit haben Preisgarantien ein erhebliches Potenzial, den Wettbewerb zu beschränken.[557] Während Informationsaustausch, Preisankündigungen und Preisführerverhalten in erster Linie die Funktion haben, die Koordination der Unternehmen auf ein bestimmtes Gleichgewicht zu erleichtern, haben Preisgarantien eher die Wirkung, die Anreize zu ändern, von einem koordinierten Gleichgewicht abzuweichen.

---

554 Vgl. *Belton* (1987); *Buccirossi* (2008); *Chen* (1995); *Edlin* (1997); *Holt/Scheffman*, (1987); *Liu* (2010); *Salop*, (1986); *Schnitzer* (1994). Für einen aktuellen Überblick vgl. *Arnold/Schwalbe* (2009).
555 Dies setzt allerdings voraus, dass den Konsumenten keine Kosten entstehen, den Preisnachlass einzufordern. Vgl. *Hviid/Shaffer* (1999).
556 Vgl. *Phlips* (1995), 90.
557 Sowohl empirische als auch psychologische Untersuchungen haben die Wirksamkeit dieser Klauseln bestätigt. Vgl. *Chatterjee/Heath/Basuroy* (2003); *Dugat* (2005); *Dugat/Sorensen* (2006); *Fatas/Manez Hess/Gerstner* (1991); *Arbatskaya/Hviid/Shaffer* (1999).

Teil 3 D. Koordinierte Effekte und kollektive Marktbeherrschung

Während Preisgarantien sich auf die von den Wettbewerbern geforderten Preise beziehen, handelt es sich bei Meistbegünstigungsklauseln (Most-Favored-Customer Clauses) um Preisregeln, die sich auf den vom Unternehmen selbst gesetzten Preis beziehen. Meistbegünstigungsklauseln geben dem Konsumenten einen Schutz davor, dass ein Unternehmen entweder von anderen Konsumenten einen niedrigeren Preis verlangt oder in der Zukunft den Preis seines Produktes senkt. Im ersten Fall spricht man von einer gegenwartsbezogenen (contemporaneous) Meistbegünstigungsklausel, im zweiten handelt es sich um eine rückwärtsgerichtete (retroactive). Im Allgemeinen beziehen sich diese Klauseln auf einen bestimmten Zeitraum. Derartige Klauseln können als Instrument fungieren, eine Verhaltenskoordination der Unternehmen zu erleichtern, indem sie, ähnlich wie Preisgarantien, den Anreiz der Unternehmen verändern, von diesem Gleichgewicht durch eine Preissenkung abzuweichen. Würde ein Unternehmen, das eine Meistbegünstigungsklausel verwendet, versuchen, durch einen niedrigeren Preis vom koordinierten Gleichgewicht abzuweichen, müsste es gleichsam eine Strafe dafür bezahlen, indem es den Konsumenten, die einen höheren Preis gezahlt haben, einen Preisnachlass gewährt.[558] Allerdings reduziert eine solche Klausel auch die Anreize und Möglichkeiten des Unternehmens, das Abweichen eines anderen, das keine Meistbegünstigungsklausel verwendet, durch entsprechende Preissenkungen zu bestrafen, dann dadurch würde es wegen der Preisnachlässe an die eigenen Kunden auch selbst eine erhebliche Einbuße erleiden. Wenn jedoch viele Unternehmen im Markt einer solchen Preisregel folgen, dann könnte diese durch die Verringerung des Anreizes, von hohen Preisen abzuweichen, ein koordiniertes Gleichgewicht stabilisieren. Allerdings können Meistbegünstigungsklauseln auch effizienzerhöhende Wirkungen aufweisen, indem sie die Unsicherheit der Nachfrager über künftige Preissenkungen reduzieren und sie dadurch veranlassen, einen Kauf schnell zu tätigen und ihnen daher Suchkosten ersparen. Zur Auswirkung derartiger Meistbegünstigungsklauseln auf ein koordiniertes Verhalten der Unternehmen sind einige Arbeiten vorgelegt worden, die darauf hindeuten, dass die wettbewerbsbeschränkende Wirkung derartiger Klauseln überwiegt.[559] Allerdings besteht hier noch weiterer Forschungsbedarf.

Andere Preisregeln haben einen geographischen Bezug: Wenn Unternehmen in verschiedenen Regionen tätig sind, also räumlich differenzierte Produkte herstellen, dann ergeben sich Koordinationsprobleme, weil nicht mehr nur ein einziger Preis festgelegt werden muss, sondern ein gesamtes Preissystem. Hinzu kommt, dass die Preise, die ein Unternehmen von den

---
558 Vgl. *Baker* (1996).
559 Vgl. *Besanko/Lyon* (1993); *Cooper* (1986); *Neilson/Winter* (1993).

VI. Erzielen von Übereinstimmung über die Koordinierungsmodalitäten   **Teil 3**

Nachfragern fordert, für andere Unternehmen häufig nur schwer zu beobachten sind, so dass sich Möglichkeiten zu einem Abweichen von einem koordinierten Gleichgewicht ergeben können. Die übliche im Wettbewerb zu erwartende Preispolitik entspräche einer FOB (Free on Board) Preissetzung, bei der ein Nachfrager den Ab-Werk-Preis bezahlt und für die Transportkosten aufkommt. Der Endpreis für den Nachfrager, d. h. der Ab-Werk-Preis plus Transportkosten, ist in diesem Fall für die anderen Unternehmen nur schwer feststellbar, da z. B. versteckte Rabatte auf die Transportkosten gewährt werden können.[560] Um eine größere Markttransparenz zu gewährleisten und dadurch eine Verhaltenskoordination zu erleichtern, können die Unternehmen unterschiedliche Preisregeln verwenden. Hierzu gehören verschiedene Ausgestaltungen von Frachtkostensystemen (delivered pricing), wie das Frankostationspreissystem (uniform delivered prices) oder das Frachtbasissystem (basing-point pricing). Im ersten Fall zahlen alle Konsumenten, unabhängig von ihrem Standort, den gleichen Preis für das Produkt eines Unternehmens. Dies führt zu einer erhöhten Markttransparenz, da ein Abweichen von diesem Preis von anderen Unternehmen leicht beobachtet werden kann. Zusätzlich wäre ein Abweichen für ein Unternehmen auch kaum lukrativ, da es allen Konsumenten den gleichen Preis abverlangen muss.[561] Eine Variante des Frankostationspreissystems sind Frachtzonenpreissysteme (zone pricing), bei denen die Konsumenten in jeder Zone den gleichen Preis zahlen.[562]

Ein weiteres Preissystem, das in der Praxis häufig angewandt wird, ist das Frachtbasissystem (Basing-Point Pricing), das von der Wirtschaftstheorie schon seit langem intensiv studiert wurde. Bei einem Frachtbasissystem einigen sich die Unternehmen auf einen oder mehrere Orte, sogenannte Basispunkte, die nicht mit einer Produktionsstätte übereinstimmen müssen und völlig fiktional sein können.[563] Gibt es nur einen Basispunkt, dann setzt sich der Endpreis für den Konsumenten aus dem Basispreis und Transportkosten vom Basispunkt zusammen. Bei multiplen Basispunkten zahlt der Konsument den Basispreis und die entsprechenden Transportkosten, so dass der Gesamtpreis für ihn am geringsten wird. Da sich die Basispreise unterscheiden können, handelt es sich nicht notwendig um den am nächsten gelegenen Basispunkt. Jeder Konsument zahlt

---

560 Vgl. *Carlton/Perloff* (2005), 383.
561 *Edlin* (1997) weist darauf hin, dass dies durch eine Meistbegünstigungsklausel erreicht werden kann.
562 Vgl. *Peeters/Thisse* (1996).
563 Meist wird dieses Frachtkostensystem bei solchen Gütern verwendet, bei denen die Transportkosten einen hohen Anteil an den Gesamtkosten ausmachen, wie bei Stahl, Kohle oder Zement.

also den gleichen Endpreis, unabhängig davon, von welchem Unternehmen er das Produkt kauft.[564] Es gibt eine Reihe von Argumenten, die darauf hindeuten, dass Frachtbasissysteme eine Verhaltenskoordination erleichtern.[565] Die Preise an den Basispunkten sind den Konsumenten und damit auch allen Unternehmen bekannt, und auch die Kosten für den Transport, häufig per Bahn oder Schiff, sind meist öffentlich zugänglich. Mit Hilfe dieses Systems kann daher jedes Unternehmen den Endpreis für den Konsumenten an jedem Ort bestimmen und dadurch leicht ein Abweichen eines Unternehmens von dieser Preisregel entdecken. Da Frachtbasissysteme auch geographisch weiter voneinander entfernte Unternehmen in Kontakt bringen, betrifft ein Abweichen eines Unternehmens von dieser Preisregel mehr Unternehmen, als es bei einem Ab-Werk-Preis der Fall wäre. Daher würden sich auch mehr Unternehmen an einer Bestrafungsaktion beteiligen, so dass der Anreiz, von der Preisregel abzuweichen, reduziert wird.[566] Ein Verfahren, mit dessen Hilfe festgestellt werden kann, ob ein Frachtbasissystem zu einer Verhaltenskoordination führt, wurde vor kurzem vorgeschlagen.[567]

d) Weitere Mechanismen zum Erreichen einer Verhaltenskoordination

Neben den genannten Instrumenten zur Verhaltenskoordination werden in der Literatur eine Reihe weitere Verfahren und Methoden angeführt. So können z.B. eine gemeinsame Vermarktungsagentur[568], Prämiensysteme, wechselseitige Lizenzen[569] oder Schulden[570] dazu beitragen, eine Verhaltenskoordination zu erreichen und höhere Preise und Gewinne zu ermöglichen. Neben diesen horizontalen Mechanismen können auch Vertikalvereinbarungen wie Ausschließlichkeitsbindungen, Gebietsvereinbarungen oder Alleinvertriebsvereinbarungen die Funktion haben, Verhalten zu koordinieren und ein koordiniertes Gleichgewicht zu erreichen.

Spontane Verhaltenskoordination. Selbst wenn Unternehmen keine dieser facilitating practices anwenden, kann nicht ausgeschlossen werden, dass es zwischen ihnen zu einer spontanen Verhaltenskoordination

---

564 "(The) basing point method of pricing makes it possible for any number of sellers, no matter where they are located and without any communication with each other, to quote identical delivered prices for any quantity of the product in standardized qualities and specifications." *Machlup* (1949), 7.
565 Vgl. *Carlton* (1983); *Gilligan* (1993); *Levy/Reitzes* (1993), *Machlup* (1949), *Stigler* (1949), *Thisse/Vives* (1992).
566 Vgl. *Scherer/Ross* (1990), 506; *Church/Ware* (2000), 353.
567 Vgl. *Bos/Schinkel* (2008).
568 Vgl. *Bernheim/Whinston* (1985).
569 Vgl. *Eswaran* (1994).
570 Vgl. *Buduru/Colonescu* (2002), *Spagnolo* (2000).

kommt. Dies wäre eine Situation, in der sich eine Koordination zwischen den Unternehmen spontan ergibt, ohne dass es zu irgendwie gearteten Vereinbarungen käme und ohne dass irgendwelche Instrumente der Verhaltenskoordination eingesetzt würden. Dies könnte allein aus der Analyse des Marktes erfolgen, aus der jedes Unternehmen unabhängig zu dem Schluss gelangt, es sollte einen erhöhten Preis, z.B. den Monopolpreis, verlangen. Allerdings ist das Auftreten eines solchen Gleichgewichtes ohne jegliche direkte oder indirekte Kommunikation zwischen den Unternehmen eher unwahrscheinlich, wie auch eine Reihe experimenteller Untersuchungen ergeben hat.[571]

VII. Rezeption wirtschaftstheoretischer Erkenntnisse in der Anwendungspraxis

Aus wirtschaftstheoretischer Ansicht wäre ein „idealer" Markt, der alle Voraussetzungen für das Auftreten einer Verhaltenskoordination erfüllt, ein ausgereifter, stabiler und transparenter Markt mit hohen Marktzutrittsschranken, in dem wenige, ähnliche Unternehmen wiederholt interagieren, ein homogenes Produkt herstellen, ein glaubwürdiger Bestrafungsmechanismus existiert, Transaktionen geringe Mengen betreffen und häufig stattfinden, die Unternehmen auf mehreren Märkten aufeinandertreffen und es viele kleine Nachfrager mit unelastischer Nachfrage gibt. Ein Markt, der diese Bedingungen wohl recht gut erfüllt, ist der Benzinmarkt. Wenn darüber hinaus Informationen zwischen den Unternehmen ausgetauscht werden und es Mechanismen zur Verhaltenskoordination gibt, dann ist damit zu rechnen, dass in diesem Markt ein koordiniertes Gleichgewicht auftreten wird.

In den Leitlinien der Kommission zur Beurteilung horizontaler Unternehmenszusammenschlüsse fasst die Kommission in expliziter Anlehnung an die Rechtsprechung des EuG in der Sache *Airtours* die Bedingungen, unter denen ein implizites Parallelverhalten angenommen werden kann, wie folgt zusammen: „Die Koordinierung wird in Märkten erleichtert, wo es relativ einfach ist, über die Bedingungen einer Koordinierung zu einem Einvernehmen zu gelangen. Zusätzlich müssen drei Bedingungen erfüllt sein, damit die Koordinierung nachhaltig ist. Erstens müssen die koordinierenden Unternehmen in ausreichendem Maße überwachen können, ob die Koordinierungsmodalitäten befolgt werden. Zweitens erfordert die Koordinierungsdisziplin, dass glaubhafte Abschreckungsmechanismen greifen, wenn eine Abweichung zutage tritt. Drittens dürfen die Reaktionen von Außenstehenden wie z.B. derzeitige und künftige Wettbewerber,

---
571 Vgl. S. 405.

Teil 3 D. Koordinierte Effekte und kollektive Marktbeherrschung

die an der Abstimmung nicht teilnehmen, sowie der Kunden die mit der Koordinierung erwarteten Ergebnisse nicht gefährden."[572]

Die gerichtliche und behördliche Anwendungspraxis jedenfalls auf der Ebene des Unionsrechts hat – wie die vorstehende Gegenüberstellung erweist – die neueren Erkenntnisse der wirtschaftswissenschaftlichen Forschung weitgehend rezipiert. Allerdings konnte für einzelne Beurteilungsgesichtspunkte, die von Seiten der Ökonomie für beachtenswert gehalten werden – wie z. B. der Diskontfaktor oder konjunkturelle Schwankungen – im untersuchten Entscheidungsmaterial keine signifikante Bedeutung ermittelt werden. Im Übrigen fällt bei der Betrachtung der Anwendungspraxis auf, welch zentrale Bedeutung der angebotsseitigen Konzentration beigemessen wird:

Fast alle Fälle, bei denen überhaupt eine intensive Phase-II Prüfung vorgenommen wurde, betrafen Oligopole mit weniger als fünf Mitgliedern; Auflagen- und (bestandskräftige) Untersagungsentscheidungen ergingen fast ausnahmslos in Zusammenhang mit der Entstehung eines beherrschenden Duopols. Die Schwellenwerte für ein Tätigwerden der Kommission liegen nach der bisherigen Fallpraxis bei Duopolen bei einem CR 2 von zwischen ca. 60 und 100%, bei Dreieroligopolen bei einem CR 3 von mindestens 70%, bei Viereroligopolen bei einem CR 4 von mindestens 80% und bei Fünferoligopolen bei einem CR 5 von mindestens 90%.

Eine Messung des Konzentrationsgrads mit Hilfe des HHI gewinnt in der Praxis erst langsam Bedeutung und wird in Fällen kollektiver Marktbeherrschung soweit ersichtlich nur ergänzend zur Marktanteilsbetrachtung der einzelnen Unternehmen bzw. zu Konzentrationsraten herangezogen.[573] Im Fall *Sun Chemical Group/Kommission* hat das EuG erstmals den HHI berechnet und bewertet. Dennoch betont auch das Gericht die rein ergänzende Funktion des HHI. Demnach müsse die Kommission, so-

---

572 Leitlinien der Kommission zur Bewertung horizontaler Zusammenschlüsse, ABl.EU 2004 Nr. C 31, S. 5–18, Rdnr. 41.
573 Vgl. z.B. Komm. v. 25.11.1998 (IV/M.1225) – Enso/Stora, Rdnr. 67f.: Erhöhung des HHI von 995 auf 1308 Punkte durch die Verengung von einem Sechser- auf ein Fünferoligopol, die im Ergebnis nicht als ausreichend angesehen wurde; ebenfalls nur ergänzende Funktion in Komm. v. 22.9.1999 (IV/M.1524) – Airtours/First Choice, Rdnr. 139: Erhöhung des HHI von 1700 auf 2150 Punkte; Erhöhung des HHI auf 1500 bis 1700: Komm. v. 22.2.2008 (COMP/M.4963) – Rexel/Hagemeyer, Rdnr. 34, 70; Komm. v. 11.12.2007 (COMP/M.4828) – Owens Corning/Saint Gobain Vetrotex, Rdnr. 74; Komm. v. 17.6.2008 (COMP/M.5075) – Vienna Insurance Group/EBV, Rdnr. 93ff.; Komm. v. 3.10.2007 (COMP/M.4844) – Fortis/ABN AMRO Assets, Rdnr. 98, 133.

VII. Rezeption wirtschaftstheoretischer Erkenntnisse Teil 3

fern keine anderen Faktoren auf Wettbewerbsbedenken hinweisen, den HHI gar nicht erst berechnen.[574]

Während die Kommission in der älteren Entscheidungspraxis in zahlreichen Fällen trotz hoher Marktkonzentration nur knapp oder überhaupt nicht auf die Möglichkeit koordinierter Effekte eingegangen ist, befasst sie sich in jüngerer Zeit verstärkt mit den Gefahren des koordinierten Verhaltens im Oligopol.

In der Entscheidung *UPM Kymmene/Haindl*[575] erfolgte im Rahmen der wettbewerblichen Beurteilung des Zusammenschlusses eine Messung der Nachfrageelastizität auf den Märkten für Zeitungspapier und holzhaltiges Zeitschriftenpapier. Die Ergebnisse sollten Antwort auf die Frage geben, ob die Gesamtnachfrage eher elastisch oder unelastisch ist und damit Aufschluss über die Geneigtheit des Relevanzmarktes für eine zukünftige Koordinierung erlauben: „Auf den Märkten sowohl für Zeitungspapier als auch für holzhaltiges Zeitschriftenpapier steht den Lieferanten eine kurzfristige inelastische Nachfrage gegenüber, was auch von den Parteien eingeräumt wurde. Die kurzfristige Nachfrage ergibt sich aus der Wirtschaftstätigkeit, die in hohem Maße prozyklisch ist. Außerdem bestimmt sie die kurzfristigen Preise für das jeweils vorhandene Angebot. Die Kommission hat die Nachfrageelastizitäten auf dem Druckpapiermarkt ermittelt und gelangte zu Elastizitäten im Bereich von $(-0,15; -0,3)$ für Zeitungspapier und $(-0,3; -0,6)$ für holzhaltiges Zeitschriftenpapier.[576] Der Wirtschaftsexperte von Norske Skog legte bei seiner Marktanalyse eine noch niedrigere Elastizität von $-0,1$ und $+0,3$ zugrunde. Dies bedeutet, dass ein geringer proportionaler Rückgang des Angebots der entsprechenden Produkte eine höhere Preissteigerung bewirken würde."[577]

---

574 EuG, Urt. v. 9.7.2007, Rs. T-282/06 – Sun Chemical Group/Kommission, Slg. 2007, II-2149, Rdnr. 139.
575 Komm. v. 21.11.2001 (COMP/M.2498) – UPM Kymmene/Haindl.
576 Die Kommission hat ein einfaches Modell von Angebot und Nachfrage zugrundegelegt. Die Analyse wurde von Prof. Bruno Jullien der Universität Toulouse durchgeführt. Das Modell besteht aus der Synthese der Arbeiten von Christensen und Caves (1997) und Pesendorfer (2000) über die Zellstoff- und Papierindustrie. Die Nachfrage wurde anhand der zweistufigen Methode der kleinsten Quadrate unter Berücksichtigung der Endogenität und der seriellen Korrelation der Preis gestützt auf die Quartalsdaten ab dem 1. Quartal 1992 bis zum 3. Quartal ermittelt. Die Kostenanalyse und ein wirtschaftlicher Hintergrund für die Untersuchung der gemeinsamen Marktbeherrschung wurden ebenfalls von Herrn Jullien geliefert.
577 Vgl. Komm. v. 21.11.2001 (COMP/M.2498) – UPM Kymmene/Haindl, Rdnr. 88.

Teil 3   D. Koordinierte Effekte und kollektive Marktbeherrschung

VIII. Feststellung koordinierter Effekte

1. Feststellung koordinierter Effekte in der Anwendungspraxis

a) Unionsrecht

Weder unter der Missbrauchskontrolle des Art. 102 AEUV bzw. § 19 GWB noch nach der Fusionskontrolle ist allein die Innehabung einer (kollektiv) beherrschenden Stellung zu beanstanden. Während erstere Normen nur die missbräuchliche Ausnutzung einer solchen Stellung verbieten, sind Fusionen nach der Verordnung Nr. 139/2004 nur dann für mit dem Gemeinsamen Markt unvereinbar zu erklären, wenn sie die Wettbewerbsbedingungen auf dem Relevanzmarkt spürbar verschlechtern, zum Bespiel indem sie zur Begründung oder Verstärkung einer (kollektiv) beherrschenden Stellung führen oder sonstige für den wirksamen Wettbewerb nachteilige Effekte nach sich ziehen. Nach der Zusammenschlusskontrolle des GWB kommt es unmittelbar auf die Prognose der Begründung oder Verstärkung einer marktbeherrschenden Stellung an. Bei der Beurteilung eines Zusammenschlusses ist mithin eine Abschätzung der hierdurch induzierten dynamischen Marktveränderungen vorzunehmen. Solche dynamischen Veränderungen können entweder in Form nichtkoordinierter oder aber durch koordinierte Effekte auftreten. Die Grundidee im Rahmen der sog. koordinierten Effekte, die zu einem Zusammenschlussverbot führen könnte, ist, dass eine Fusion die Marktstruktur unter Umständen derart verändert, dass Anreize für ein koordiniertes und damit antikompetitives Verhalten der Anbieter erstmals entstehen oder bereits bestehende Anreize (spürbar) verstärkt werden.

Insbesondere in der juristischen Literatur werden koordinierte Effekte oft synonym für den Begriff der kollektiven Marktbeherrschung verwendet. Eine solche Gleichsetzung ist indes ungenau. Vielmehr besteht ein fundamentaler Unterschied zwischen dem statischen Zustand der Innehabung einer kollektiv marktbeherrschenden Stellung und dem dynamischen Phänomen der koordinierten Effekte. Richtig ist dagegen, dass koordinierte Effekte in Form der Begründung oder Verstärkung einer gemeinsamen marktbeherrschenden Stellung auftreten können.

Die Unterscheidung zwischen der Feststellung kollektiver Marktbeherrschung als Zustand und der dynamischen Begründung bzw. Verstärkung einer kollektiv marktbeherrschenden Stellung im Rahmen koordinierter Effekte wird auch in der europäischen Fusionskontrollpraxis nicht immer hinreichend deutlich gemacht. So heißt es im *Airtours*-Urteil des EuG: „Wie die Kommission zugibt, erschwert nach der Wirtschaftstheorie die Nachfragevolatilität die Begründung einer kollektiven beherrschenden

VIII. Feststellung koordinierter Effekte **Teil 3**

Stellung. Dagegen bietet eine stabile und somit nur geringfügig schwankende Nachfrage einen Anhaltspunkt für die Feststellung einer kollektiven beherrschenden Stellung, da sich durch sie Abweichungen vom gemeinsamen Vorgehen (d. h. Regelverstöße) von Angebotsanpassungen als Reaktion auf Wachstum oder Schrumpfen des volatilen Marktes unterscheiden und somit leichter entdecken lassen."[578] Ähnlich schwierig ist die Abgrenzung bei folgender Aussage des EuG: „Im Rahmen der Prüfung, ob eine kollektive beherrschende Stellung besteht, ist die Stabilität der historischen Marktanteile ein Umstand, der die Entwicklung einer stillschweigenden Kollusion begünstigt, da sie die Aufteilung des Marktes anstelle eines heftigen Wettbewerbs erleichtert, wobei sich jedes Unternehmen auf den von ihm in der Vergangenheit gehaltenen Marktanteil bezieht, um nach dessen Maßgabe seine Produktion festzulegen."[579] Die Beispiele ließen sich erweitern.[580] Wichtig ist indes, nicht aus den Augen zu verlieren, dass es bei der Beurteilung von Fusionskontrollfällen allein auf die durch den Zusammenschluss herbeigeführten Veränderungen und deren nachteilige Auswirkungen auf den Wettbewerb ankommt. So betont auch das EuG: „Das Ausmaß an Wettbewerb auf dem relevanten Markt zum Zeitpunkt der Anmeldung eines Zusammenschlusses ist ein entscheidender Umstand, wenn es darum geht, im Rahmen der Anwendung der Verordnung Nr. 4064/89 über die Kontrolle von Unternehmenszusammenschlüssen die etwaige Begründung einer kollektiven beherrschenden Stellung festzustellen. Bei der Beurteilung des Vorliegens einer kollektiven beherrschenden Stellung muss die Kommission nämlich u. a. die Frage prüfen, ob der Zusammenschluss, mit dem sie befasst ist, zu einer erheblichen Behinderung des wirksamen Wettbewerbs auf dem relevanten Markt führen würde. Wird das Ausmaß des gegenwärtigen Wettbewerbs nicht wesentlich verändert, müsste der Zusammenschluss genehmigt werden, da er keine wettbewerbsbeschränkenden Auswirkungen hat."[581] In

---

578 EuG, Urt. v. 6.6.2002, Rs. T-342/99 – Airtours/Kommission, Slg. 2002, II-2585, Rdnr. 139.
579 Ibid., Rdnr. 111.
580 In einer Entscheidung der Komm. v. 19.7.2004 (COMP/M.3333) – Sony/BMG, Rdnr. 68 zitiert die Kommission die Airtours-Entscheidung des EuG folgendermaßen: „Das Gericht Erster Instanz urteilte in der Airtours-Sache, dass es für die *Existenz* einer kollektiven beherrschenden Stellung erforderlich ist, dass sich die Unternehmen absprechen, wie die Koordinierung vonstatten gehen soll und dass folgende drei Voraussetzungen für ein dauerhaftes einheitliches Vorgehen erfüllt sein müssen: (...)." (Hervorhebung durch die Verf.).
581 EuG, Urt. v. 6.6.2002, Rs. T-342/99 – Airtours/Kommission, Slg. 2002, II-2585, Rdnr. 58, 82; in diesem Sinne bereits EuG, Urt. v. 19.5.1994, Rs. T-2/93 – Air France/ Kommission, Slg. 1994, II-323, Rdnr. 78 f.; EuG, Urt. v. 25.3.1999, Rs. T-102/96 – Gencor/Kommission, Slg. 1999, II-753, Rdnr. 170, 180, 193.

Teil 3 D. Koordinierte Effekte und kollektive Marktbeherrschung

den von der Kommission veröffentlichten Leitlinien heißt es im Abschnitt über koordinierte Wirkungen: „Ein Zusammenschluss in einem konzentrierten Markt kann wirksamen Wettbewerb erheblich durch die Begründung oder Verstärkung einer gemeinsam marktbeherrschenden Stellung behindern, weil er die *Wahrscheinlichkeit* erhöht, dass die Unternehmen in der Lage sind, ihr Verhalten in dieser Weise zu koordinieren und die Preise zu erhöhen (...). Ein Zusammenschluss kann auch die Abstimmung zwischen Unternehmen *erleichtern, stabilisieren* oder *erfolgreicher machen*, die ihr Verhalten bereits zuvor koordinierten (...)."[582] Allen hier verwendeten Verben ist gemeinsam, dass ihnen ein dynamisches Element innewohnt, das erfordert, die Marktsituation, wie sie sich vor dem Zusammenschluss darstellt, und die zu erwartende Situation nach der Fusion zu untersuchen und zu vergleichen. Nur im Falle einer durch die Fusion herbeigeführten Verschlechterung der Wettbewerbsbedingungen kann eine Untersagung erfolgen.

In engem Zusammenhang hiermit steht auch das im Rahmen der Fusionskontrolle geforderte Kausalitätskriterium. Nach dem alten Eingreifkriterium der FKVO 4064/89 war eine Untersagungsentscheidung – anerkanntermaßen – nur möglich, wenn die Kommission einen direkten kausalen Zusammenhang zwischen der Fusion und der Begründung oder Verstärkung einer (kollektiv) marktbeherrschenden Stellung herstellen konnte.[583] Das Erfordernis der Kausalität kann sich dabei auf diejenigen Umstände beziehen, die eine Verhaltenskoordination erst ermöglichen. Für den Fall, dass zwar nach der Fusion Marktcharakteristika von der Kommission bejaht werden, die ein stillschweigendes Parallelverhalten erstmals ermöglichen oder jedenfalls erleichtern, diese Marktcharakteristika aber mit hoher Wahrscheinlichkeit auch ohne den Zusammenschluss festzustellen gewesen wären, ist der erforderliche Kausalzusammenhang nicht gegeben und die Fusion daher freizugeben. In der Entscheidung *Deloitte & Touche/Andersen (UK)*[584] heißt es: "The market investigation has shown

---

[582] Leitlinien der Kommission zur Bewertung horizontaler Zusammenschlüsse, ABl.EU 2004 Nr. C 31, S. 5–18, Rdnr. 39 (Hervorhebung durch die Verf.); Komm. v. 22.2.2008 (COMP/M.4963) – Rexel/Hagemeyer, Rdnr. 75.
[583] In EuG, Urt. v. 25.3.1999, Rs. T-102/96 – Gencor/Kommission, Slg. 1999, II-753, vgl. Rdnr. 90 ff. bestätigt das EuG das Erfordernis eines direkten und unmittelbaren Effekts der Fusion für eine Untersagung; ebenso EuG, Urt. v. 6.6.2002, Rs. T-342/99 – Airtours/Kommission, Slg. 2002, II-2585, Rdnr. 58.; vgl. zum Erfordernis des Kausalzusammenhangs zwischen Fusion und Koordinierung auch Komm. v. 29.9.1999 (IV/M.1383) – Exxon/Mobil, Rdnr. 488; Komm. v. 22.6.1998 (IV/JV.2) – ENEL/FT/DT, Rdnr. 39; Komm. v. 18.4.2002 (COMP/M.2712) – Electrabel/Totalfinaelf/Photovoltech, Rdnr. 26.
[584] Komm. v. 1.7.2002 (COMP/M.2810) – Deloitte & Touche/Andersen (UK).

that the market characteristics described (above) have not changed in such way as to exclude the possibility that a reduction from five to four market players could lead to the creation of collective dominance. However, for the purpose of this decision it can be left open whether or not the proposed transaction leads to a situation of oligopolistic dominance, as a causal link between the proposed operation and the possible situation of collective dominance can be excluded. The reasons for excluding this causal link are the following:

– the reduction from five to four global accounting networks was inevitable;
– no other scenario could be established, which would be less harmful for competition on the market for audit and accounting services to large and quoted companies."[585]

Hier wird deutlich, dass der kausale Zusammenhang auch bezogen auf die Wettbewerbsverschlechterung nachweisbar sein muss. Der Nachweis ist jedenfalls dann nicht zu erbringen, wenn die Bedingungen auch unter anderen Szenarien nicht (spürbar) besser gewesen wären.

Der Kausalzusammenhang muss im Rahmen koordinierter Effekte nach Auffassung der Kommission auch bezüglich des Anreizes zum Parallelverhalten gegeben sein, d. h. gerade aufgrund der Fusion muss erstmal ein Anreiz zur stillschweigenden Koordinierung entstehen oder ein bereits vorhandener Anreiz (spürbar) verstärkt werden. In der Kommissions-entscheidung *Stora Enso/Assidomän/JV*[586] heißt es hierzu: "In making the assessment whether cooperation between the parent companies in the joint ventures might have the effect to give rise to coordination in the market for corrugated cases, there has to be a causal link between the creation of the joint venture and the incentive to coordinate. A causal link in this case would be that the parents could align half of their cost of corrugated cases (...) and thus coordinate their pricing behaviour on the corrugated cases market. The Commission has concluded, on the basis of its investigation, that such a link does not exist in the present case. More particularly, the Commission notes that both Stora Enso and AssiDomän would have had a chance to source all the raw materials required for the production of corrugated case materials within the respective groups before the establishment of the joint venture. (...) The Commission considers that, following the establishment of the joint venture, there is no incentive for the parent companies to increase their sourcing of raw materials from the joint venture. On the contrary, it would be more feasible

---

585 Ibid., Rdnr. 43 f.; gleiche Argumentation in Komm. v. 5.9.2002 (COMP/M.2816) – Ernst & Young France/Andersen France, Rdnr. 75 ff.
586 Komm. v. 22.12.2000 (COMP/M.2243) – Stora Enso/Assidomän/JV, Rdnr. 41.

Teil 3 D. Koordinierte Effekte und kollektive Marktbeherrschung

for the parent companies to source more from their own production outlets than from the joint venture. Namely this would keep profits inhouse and the parent companies could get raw materials from within respective group on terms that are more favourable (…). This will not be the case with the joint venture, putting it at a potential price disadvantage with respect to each parent's own production. Moreover, both parents would have less of an incentive to purchase from the joint venture as profits from any such profit will be split with both parents. Therefore, on the basis of the foregoing, the Commission considers that there is no causal link between the creation of the joint venture and the incentive to coordinate (…)."[587]

Um nachzuweisen, dass ein kausaler Zusammenhang zwischen dem Zusammenschluss und nachteiligen Auswirkungen auf den Wettbewerb besteht, geht die Kommission in der Regel wie folgt vor:

Zunächst untersucht sie die Marktsituation vor dem Zusammenschluss (1); weiterhin widmet sie sich der Frage, ob diese Marktsituation sich mit einiger Wahrscheinlichkeit auch ohne die Fusion verändern würde, und – sollte dies der Fall sein – in welcher Hinsicht (2); einen weiteren Prüfschritt bildet die Frage, wie die Marktsituation nach dem Zusammenschluss aussähe (3); in einem letzten Untersuchungsgang wird sodann der Unterschied zwischen (2) und (3) untersucht, mithin die Auswirkung der Fusion (4).

Ein letzter Aspekt betreffend die Feststellung koordinierter Effekte war Gegenstand des EuG-Urteils in der Sache *Schneider Electric/Kommission*. In Folge des *Airtours*-Urteils hatte MyTravel, früher Airtours, beim EuG Klage auf Schadensersatz gegen die Kommission eingereicht mit der Begründung, eine erfolgreiche Nichtigkeitsklage gegen eine Entscheidung der Kommission löse die außervertragliche Haftung der Gemeinschaft aus. Das EuG führte aus,[588] dass Fehler bei der ökonomischen Analyse grundsätzlich hinreichend qualifizierte Verstöße darstellen könnten, um eine außervertragliche Haftung der Gemeinschaft zu begründen. Es wies aber darauf hin, dass ein mögliches Haftungsrisiko auch die Funktion der Kommission als Hüter des Wettbewerbs beeinträchtigen könnte und betonte daher deren breiten Spielraum im Rahmen von Fusionskontrollentscheidungen: Berücksichtige man die Komplexität und den zukunfts-

---

587 Komm. v. 22.12.2000 (COMP/M.2243) – Stora Enso/Assidomän/JV, Rdnr. 41–44.
588 Das EuG hatte die Grundsätze, nach denen eine außervertragliche Haftung der Gemeinschaft im Rahmen von Fusionskontrollverfahren bestehen kann, bereits in der Rs. *Schneider Electric/Kommission* aufgestellt; für den Ausgang dieser Rechtssache waren sie jedoch nicht entscheidend, da die Kausalität zwischen Rechtsverletzung und Untersagungsentscheidung fehlte, Urt. v. 11.7.2007, Rs. T-351/03 – Schneider Electric/Kommission, Slg. 2007, II-2237, Rdnr. 123 ff.

VIII. Feststellung koordinierter Effekte **Teil 3**

orientierten Aspekt der Bewertung einer Fusion, ferner den Zeitdruck, dem die Kommission unterliege, könnten schlichte Rechtsanwendungsfehler oder allein die Aufhebung einer Entscheidung durch das EuG noch keine hinreichend qualifizierte Rechtsverletzung begründen.[589] Die hinreichende Qualifizierung eines Verstoßes sei erst erreicht, wenn die bei der Analyse gewählten Mittel offensichtlich gegen anerkannte wirtschaftswissenschaftliche Grundsätze verstoßen oder Untersuchungen inkonsistent durchgeführt würden.[590] Die Wahl neuer ökonometrischer Methoden auch in komplexeren Situationen wie oligopolistischen Märkten dürfte durch diese Rechtsprechung abgesichert sein.

b) Deutsches Recht

α) Einführung

Untersuchungen zur gemeinsamen Marktbeherrschung in der Fusionskontrolle haben in jüngerer Zeit in der Praxis des Bundeskartellamtes größere Bedeutung erlangt. In Bezug auf das Verhältnis europäischer und deutscher Fusionskontrollpraxis ist zunächst auf die Entscheidung *E.ON Hanse/Stadtwerke Lübeck* hinzuweisen. Hier nimmt das BKartA zum einen Stellung zur (fehlenden) Bindungswirkung europäischer Fusionskontrollentscheidungen für die deutsche Fallpraxis. Es wird ausgeführt: „In diesem Zusammenhang ist zu betonen, dass entgegen der Auffassung von E.ON das Bundeskartellamt bei der Beurteilung, ob ein marktbeherrschendes Oligopol vorliegt, weder an Entscheidungen der EU-Kommission gebunden ist, noch den Beurteilungskriterien zu folgen hat, die vom Europäischen Gericht erster Instanz in der Entscheidung *Airtours/Kommission* (Urteil vom 6. Juni 2002, Rs T – 342–99) herausgearbeitet worden sind. Weder die Beurteilung durch die Kommission noch die Kriterien des Europäischen Gerichts erster Instanz entfalten für das Bundeskartellamt Bindungswirkungen." Allerdings, so das Bundeskartellamt weiter, sei festzustellen, dass sich die vom EuG herausgearbeiteten Kriterien weitgehend mit denen des Bundeskartellamtes deckten.[591]

Ausführlich nahm die Behörde in den zuletzt im Jahr 2005 erneuerten „Auslegungsgrundsätzen des Bundeskartellamts zur Prüfung von Marktbeherrschung in der deutschen Fusionskontrolle" zu ihrer Vorgehensweise

---

589 Das EuG verwarf auch den Klägervortrag, nach dem Beurteilungsfehler, die für sich genommen jeweils keine hinreichend qualifizierte Rechtsverletzung darstellen würden, in ihrer kumulativen Wirkung die außervertragliche Haftung begründen könnten.
590 EuG, Urt. v. 9.9.2008, Rs. T-212/03 – MyTravel/Commission, Slg. 2008, II-1967, Rdnr. 80 ff.
591 BKartA, Beschl. v. 20.11.2003, B8–84/03 – E.ON Hanse/Stadtwerke Lübeck, S. 23.

Teil 3 D. Koordinierte Effekte und kollektive Marktbeherrschung

Stellung.[592] Allerdings hat das Amt die Auslegungsgrundsätze im Jahr 2006 von seiner Webseite genommen; dort findet sich seither der Hinweis, dass die Grundsätze derzeit in Überarbeitung seien.

Das Bundeskartellamt stellt zunächst – wie bei der Einzelmarktbeherrschung – ausführliche Marktanteilsbetrachtungen an. Anhand der gefundenen Ergebnisse untersucht die Behörde dann, ob bereits vor dem Zusammenschluss die Oligopolvermutung des § 19 Abs. 3 S. 2 GWB erfüllt war oder die Vermutungsschwellen jedenfalls infolge des Zusammenschlusses überschritten würden. Die Marktbeherrschungsvermutung des § 19 Abs. 3 S. 2 GWB ist deshalb von besonderem Stellenwert, weil hiermit wie dargelegt nach der neueren Rechtsprechung eine Umkehr der materiellen wie formellen Beweislast zuungunsten der Zusammenschlussparteien verbunden ist.[593] Die Zusammenschlussparteien müssen also, sobald sie die Marktanteilsschwellen erreichen, nachweisen, dass wirksamer Wettbewerb besteht. Nach dem Gesetz gibt es zwei Widerlegungsmöglichkeiten, nämlich zum einen, dass die Wettbewerbsbedingungen auch nach dem Zusammenschluss noch wesentlichen Wettbewerb im Oligopol erkennen lassen (Prüfung des Binnenwettbewerbs), oder aber, dass das Oligopol gegenüber den Außenseitern keine überragende Marktstellung einnimmt (Prüfung des Außenwettbewerbs). Einen Überblick darüber, welche Maßstäbe das BKartA im Falle der Einschlägigkeit der oligopolistischen Marktbeherrschungsvermutung an deren Widerlegung stellt, gibt der Beschluss *DB Regio u. a./üstra intalliance AG*[594]. Dort führt das BKartA aus: „Die Oligopolvermutung ist nur dann als widerlegt anzusehen, wenn die feststellbaren Markt- und Wettbewerbsbedingungen wesentlichen Wettbewerb zwischen den Oligopolmitgliedern erwarten lassen (Binnenwettbewerb) und/oder von einem wirksamen Außenwettbewerb durch andere Marktteilnehmer auszugehen ist. Erforderlich hierfür ist eine Gesamtbetrachtung aller maßgeblichen Umstände, wobei der konkreten Ausprägung struktureller Markt- und Wettbewerbsfaktoren ausschlaggebende Bedeutung zukommt. Der Nachweis eines aktiven und bewussten Zusammenwirkens der Oligopolmitglieder ist keine Voraussetzung für die Feststellung einer oligopolistischen Marktbeherrschung. Vielmehr kann bereits ein freiwilliger Verzicht auf wettbewerbliche Vorstöße aufgrund einer Anpassung der Oligopolmitglieder an die vorherrschenden Markt- und Wettbewerbsbedingungen dazu führen, dass von einem wettbewerbslosen Oligopol auszugehen ist (...). Bei der Beurteilung, ob wesentlicher Binnen- oder Außenwettbewerb den Verhaltensspielraum der

---
592 Siehe hierzu *Nitsche/Thielert* (2004), 256.
593 Siehe oben S. 303 f.
594 BKartA, Beschl. v. 2.12.2003, B9–91/03 – DB Regio u. a./üstra intalliance AG, S. 55 f.

VIII. Feststellung koordinierter Effekte Teil 3

Oligopolisten kontrolliert, sind neben allen tatsächlichen Umständen auch sämtliche rechtlichen Umstände in die Betrachtung einzubeziehen. Dämpfen die vorherrschenden rechtlichen Rahmen- und Regulierungsbedingungen eines Marktes die Intensität des Wettbewerbs bereits spürbar, steht daher dies der Annahme eines marktbeherrschenden Oligopols nicht entgegen (...). Neben der Höhe der Marktanteile deuten ferner weitgehend stabile Marktanteile auf ein wettbewerbsloses Oligopol hin (...). Auch neigt eine symmetrische Unternehmensgruppe mit geringen Marktanteilsabständen, vergleichbaren Ressourcen und einem ähnlich guten Zugang zu den Beschaffungs- und Absatzmärkten zur Wettbewerbslosigkeit (...). Wettbewerbliche Vorstöße sind ferner zunehmend unwahrscheinlich, wenn zwischen den betroffenen Unternehmen zahlreiche personelle, kapitalmäßige oder anderweitige Verflechtungen bestehen (...). Nach der neueren, auf spieltheoretischen Ansätzen basierenden Oligopoltheorie ist ferner den gegenseitigen Vergeltungspotenzialen der Oligopolmitglieder besonderes Gewicht beizumessen. Je größer die Vergeltungspotenziale sind, umso wahrscheinlicher ist die Einhaltung der „Oligopoldisziplin" auch ohne förmliche Absprache zwischen den Oligopolmitgliedern (...)."

Zwar handelt es sich bei den Schwellenwerten des § 19 Abs. 3 S. 2 GWB nur um Regelvermutungen, so dass ein marktbeherrschendes Oligopol auch unterhalb der Schwellenwerte vorliegen könnte. Indes sind die Marktanteilswerte bereits so niedrig, dass diese Fallkonstellation auch nach Auffassung des Bundeskartellamts nur unter engen Voraussetzungen denkbar scheint.[595] Allgemein auffallend ist, dass im deutschen anders als im europäischen Recht die Alternative der Verstärkung einer marktbeherrschenden Stellung in der Rechtsanwendungspraxis hohe Relevanz hat, eine Vielzahl der Untersagungsentscheidungen also hierauf gestützt werden.[596]

---

[595] Vgl. Auslegungsgrundsätze des Bundeskartellamts zur Prüfung von Marktbeherrschung in der deutschen Fusionskontrolle (derzeit in Überarbeitung), S. 44. Beispielsweise wurde in der Entscheidung *Shell/Lorenz Mohr* eine kollektiv marktbeherrschende Stellung angenommen, obgleich die gesetzliche Vermutung des § 19 Abs. 3 Satz 2 Nr. 2 GWB unterschritten wurde, siehe BKartA, Beschl. v. 8.5.2009, B8–32/09 – Shell/Lorenz Mohr, Rdnr. 66 und 68.

[596] Beispielhaft BKartA, Beschl. v. 23.12.1974 – Kaiser/VAW, WuW/E BKartA, 1571 ff.; Beschl. v. 24.5.1978 – Bituminöses Mischgut, WuW/E BKartA 1753 ff.; Beschl. v. 30.6.1978 – RWE/Energieversorgung Leverkusen, WuW/E BKartA 1727 ff.; Beschl. v. 11.8.1994 – Lindner Licht GmbH, WuW/E BKartA, 2669 ff.; Beschl. v. 3.7.2002 – Viterra/Brunata, WuW/E DE-V 618; Beschl. v. 17.12.2002, B10–104/02 – Bremerhavener Entsorgungsgesellschaft/Nelsen/Rethmann/swb; BKartA, Beschl. v. 17.2.2009, B2–46/08 – Nordzucker/Danisco Sugar.

Teil 3 D. Koordinierte Effekte und kollektive Marktbeherrschung

β) Die Prüfkriterien im Einzelnen

Binnenwettbewerb-Außenwettbewerb. Auffällig ist die explizite Unterscheidung zwischen Binnen- und Außenwettbewerb bei oligopolistischen Marktstrukturen. Nach eigener Aussage untersucht das BKartA zunächst die Wettbewerbsbedingungen bezüglich des Binnenwettbewerbs zwischen den Oligopolisten und im Anschluss daran diejenigen bezüglich des Außenwettbewerbs der Randunternehmen.[597]

Binnenwettbewerb, Marktanteile und Marktbeherrschungsvermutung. Bei der Frage nach bestehendem Binnenwettbewerb muss zunächst festgestellt werden, welche Unternehmen als dem Oligopol zugehörig anzusehen sind. Nach der Entscheidungspraxis des Bundeskartellamtes stellen die Marktanteile einen wichtigen Anhaltspunkt dar. Daneben sind aber auch die Strukturen der Unternehmen, etwa Ressourcen und Standortdichte, zu vergleichen.[598] In *Phonak/ReSound* schließlich stellte die Behörde fest, dass Unternehmen nur dann einem Oligopol zuzurechnen seien, wenn auch ihr Verhalten gleichgerichtet sei.[599]

Neben der starken Vermutungsregel des § 19 Abs. 3 S. 2 GWB erleichtern die im Vergleich zum europäischen Recht geringen Anforderungen an die Verstärkungswirkung und deren Nachweis die Untersagungspraxis. Nach inzwischen ständiger Rechtsprechung ist es für die Feststellung einer Verstärkung einer marktbeherrschenden Stellung im Sinne von § 36 Abs. 1 GWB nicht erforderlich, dass die durch den Zusammenschluss bewirkte Verschlechterung der Wettbewerbsbedingungen „spürbar" ist. So führte der BGH in seinem Beschluss *E.ON/Stadtwerke Eschwege* aus: „Dabei kommt es nicht auf einen bestimmten Grad an Spürbarkeit an. Bei Märkten mit einem hohen Konzentrationsgrad genügt schon eine geringfügige Beeinträchtigung des verbliebenen oder potenziellen Wettbewerbs. Es reicht aus, wenn rechtliche oder tatsächliche Umstände dem marktbeherrschenden Unternehmen oder Oligopol zwar nicht zwingend, aber doch mit einiger Wahrscheinlichkeit eine günstigere Wettbewerbssituation verschaffen. Dafür genügt es, wenn die Gefahr entsteht oder erhöht wird, dass potenzielle Wettbewerber entmutigt und so von einem nachstoßenden Wettbewerb abgehalten werden."[600] In der jüngeren Entscheidungspraxis wurde daher eine Verstärkungswirkung in Fällen verbes-

---

597 Vgl. Auslegungsgrundsätze (derzeit in Überarbeitung), S. 44.
598 BKartA, Beschl. v. 6.4.2006, B10 – 155/05 – Sulo/Cleanaway, Rdnr. 52.
599 BKartA, Beschl. v. 11.4.2007, B3–578/06 – Phonak/ReSound, Rdnr. 162 und 166; siehe auch Immenga/Mestmäcker/*Mestmäcker/Veelken*, GWB (2007), § 36 Rdnr. 155.
600 BGH, Beschl. v. 11.11.2008 – E.ON/Stadtwerke Eschwege, WuW/E DE-R 2451, 2461.

VIII. Feststellung koordinierter Effekte **Teil 3**

serter Absatzmöglichkeiten eines der Oligopolisten[601], des Erwerbs eines kleinen potenziellen Wettbewerbers[602] oder einer Verengung des bestehenden Oligopols infolge größerer Symmetrie zwischen den Oligopolmitgliedern[603] festgestellt. Dennoch gibt es ebenso wie im Bereich der Einzelmarktbeherrschung[604] einen für eine Verstärkung erforderlichen Schwellenwert. Das OLG Düsseldorf bestätigte zwar im Oligopolfall *Rethmann/GfA Köthen*, dass es kein Erfordernis der Spürbarkeit gebe. Allerdings dürfe „die Veränderung der die Marktmacht bestimmenden Größen nicht so gering sein [...], dass eine Verschlechterung schlechthin nicht feststellbar sei." Für den betreffenden Fall stellte das OLG fest, dass ein Anstieg der Marktanteile in Höhe von 1,4% über diesem für eine Veränderung maßgeblichen Schwellenwert liege.[605]

Anders als im europäischen Recht, wo im Bereich der kollektiven Marktbeherrschung bisher rechtskräftige Untersagungen allein aufgrund der Gefahr der Begründung oder Verstärkung eines marktbeherrschenden Duopols ergangen sind – und dies erst bei Erreichen erheblicher Marktanteile (vgl. Ausführungen zum europäischen Recht) –, sind in der deutschen Fusionskontrollpraxis Untersagungen auch bei weiteren Oligopolen ergangen. In der Entscheidung *Morris/Rothmanns*[606] hätte der Beteiligungserwerb von Philip Morris an Rothmanns nach Auffassung des BKartA eine Verstärkung der auf dem inländischen Zigarettenmarkt bestehenden marktbeherrschenden Stellung einer Gesamtheit von fünf Unternehmen erwarten lassen. Das BKartA führte hier aus: „Vor dem Zusammenschluss hatten die drei dem Marktanteil nach führenden Unternehmen zusammen einen Marktanteil von 74,7%. Durch den Zusammenschluss erhöht sich der Anteil der drei führenden Unternehmen auf 89%. Die fünf führenden Unternehmen hatten vor dem Zusammenschluss einen Marktanteil von zusammen 99%, diesen Anteil vereinigen durch den Zusammenschluss die vier führenden Unternehmen auf sich. An einen solchen Konzentrationsgrad knüpft § 23a Abs. 2 S. 1 GWB eine qualifizierte Marktbeherrschungsvermutung. Sie kann nach Sinn und Zweck dieser Regelung (...) nur durch den Nachweis widerlegt werden, dass die

---
601 Ibid.
602 BKartA, Beschl. v. 24.8.2007 – Kalmar/CVS (Cargotec), WuW/E DE-R 1442, 1446f.; OLG Düsseldorf, Beschl. v. 7.5.2008 – Cargotec, Umdruck S. 27.
603 BKartA, Beschl. v. 19.1.2006 – Springer/ProSiebenSat1, WuW/E DE-V 1163, 1170; OLG Düsseldorf, Beschl. v. 3.12.2008 – Springer/ProSiebenSat1, WuW DE-R 2593, 2599.
604 Siehe S. 227–229.
605 OLG Düsseldorf, Beschl. v. 2.11.2005 – Rethmann/GfA Köthen, WuW/E DE-R 1625, 1629f.
606 BKartA, Beschl. v. 24.2.1982 – Morris/Rothmans, WuW/E BKartA 1943.

Teil 3 D. Koordinierte Effekte und kollektive Marktbeherrschung

Marktstruktur auch nach dem Zusammenschluss wesentlichen Wettbewerb erwarten lässt. Diesen Nachweis haben die Beteiligten nicht geführt. Der Zusammenschluss hat die strukturellen Wettbewerbsbedingungen des Zigarettenmarktes einschneidend verändert. Bei derart veränderter Marktstruktur kann der Nachweis, dass die Wettbewerbsbedingungen nach dem Zusammenschluss wesentlichen Wettbewerb erwarten lassen, nicht unter Berufung auf das Marktverhalten in der Vergangenheit geführt werden."[607]

In der Untersagungsentscheidung *Rethmann/GfA Köthen*[608] ging das BKartA von der Verstärkung eines marktbeherrschenden Vierer-Oligopols auf dem Markt für Sammlung und Transport von Restmüll aus. Vor dem Zusammenschluss konstatierte die Behörde einen CR 4 von knapp über 75%, so dass die Marktbeherrschungsvermutung des § 19 Abs. 3 S. 2 Nr. 2 GWB ohne weiteres erfüllt war. Durch den Zusammenschluss wäre der stärkste Oligopolaußenseiter Tönsmeier in das Oligopol eingebunden worden und hätte sich die Konzentrationsrate um ca. 10 % erhöht.[609] Das BKartA untersuchte zunächst, ob die marktbezogenen oder die unternehmensbezogenen Strukturbedingungen wesentlichen Binnenwettbewerb im Oligopol erwarten ließen.[610] Im Anschluss hieran untersuchte es die Anreize für oligopolistisches Parallelverhalten sowie zur Verfügung stehende Sanktionsmechanismen.[611] Erst im nächsten Schritt analysierte das BKartA anhand des tatsächlichen Wettbewerbsverhaltens der Oligopolmitglieder bei Ausschreibungen seit 1999, ob aktueller Wettbewerb zwischen diesen herrschte..[612] Dabei kam es zum Ergebnis, dass in der Gesamtschau aller verwertbaren aktuellen Ausschreibungen das Bieterverhalten der Oligopolisten nicht dafür sprach, dass diese untereinander in wesentlichem Wettbewerb stehen.[613] Zum einen hatte in einer Vielzahl der Ausschreibungen nur eines der Oligopolmitglieder an der Ausschreibung teilgenommen. In den wenigen Fällen, in denen mehrere Oligopolisten nebeneinander geboten hatten, ließen sich Preisabstände von mindesten 30 % – teilweise noch erheblich höhere – zwischen dem jeweiligen Bestbieter im Oligopol und dem Zweitbestbieter des Oligopols nachweisen, so dass sich die Frage auf-

---

607 Ibid.; 1947.
608 BKartA, Beschl. v. 16.11.2004 – Rethmann/GfA Köthen, WuW/E DE-V 995.
609 Dieses Ergebnis wurde von den Beteiligten indes bezweifelt, die lediglich von einem minimalen Marktanteilszuwachs (1,87%) ausgingen.
610 BKartA, Beschl. v. 16.11.2004 – Rethmann/GfA Köthen, WuW/E DE-V 995, Rdnr. 73 ff.
611 Ibid., Rdnr. 89 ff.: Gewährleistung der Oligopoldisziplin (hier: Gebietsaufteilung unter den Oligopolteilnehmern) aufgrund Transparenz und wirksamer Gegenmaßnahmen.
612 Ibid., Rdnr. 97 ff.
613 Ibid., Rdnr. 107.

VIII. Feststellung koordinierter Effekte **Teil 3**

drängte, ob es sich bei den nicht vom Bestbieter stammenden Angeboten tatsächlich um ernsthafte Bemühungen um den Zuschlag handelte. Die Analyse des Bieterverhaltens diente hier lediglich als Ergänzung der herkömmlichen strukturorientierten Untersuchungen. Sie war für das Bundeskartellamt aber insofern von erheblichem Gewicht, als sie einen von den Zusammenschlussparteien beigebrachten Nachweis aktuellen Wettbewerbs entkräftete. Die Kommission setzt dieses Instrument im Zusammenhang oligopolistischer Marktbeherrschung in der Regel ebenfalls lediglich ergänzend ein, maßgebliche Bedeutung erlangt es vielmehr in Form sog. Win/Loss-Analysen im Rahmen der Untersuchung der Nähebeziehung („closeness") zwischen zwei Wettbewerbern, um damit Rückschlüsse auf mögliche nichtkoordinierte Effekte infolge der Fusion ziehen zu können.[614]

Die Entscheidung des Bundeskartellamtes widmet sich im Anschluss der Frage, ob Außenwettbewerb den Verhaltensspielraum der Oligopolisten begrenzt, verneint dies im Ergebnis aber. Zur Begründung wurden hauptsächlich die relativ geringen Marktanteilen der Randwettbewerber (zwei Unternehmen mit knapp über 8% und 5% Marktanteil und weitere neun mit deutlich unter 5%) im Vergleich zu den Oligopolisten (gemeinsamer Marktanteil von 75%) genannt, die darauf schließen ließen, dass kein nennenswerter Wettbewerbsdruck von ihnen ausgehen könne. Zudem bestünden bei den größeren Außenseitern Verflechtungen mit den Oligopolunternehmen, überwiegend allerdings in benachbarten sachlichen Märkten. Hieraus folgerte das BKartA eine erhebliche Rücksichtnahme der kleineren Anbieter.[615] Auch die Nachfragemacht hatte nach Auffassung des BKartA im Fall keine hinreichende Begrenzungswirkung auf den Verhaltensspielraum der Oligopolunternehmen.[616] Die Verstärkung der beherrschenden Stellung ergab sich schon allein daraus, dass der stärkste Außenseiter Tönsmeier durch die Fusion eliminiert worden wäre.[617]

Die Mehrzahl der vom BKartA ausgesprochenen Untersagungen betrifft indes enge Oligopole (Zweier- oder Dreieroligopole);[618] auch in den

---

614 Bspw. Komm. v. 2.3.2001 (COMP/M.2256) – Philips/Agilent Health Care Solutions, Rdnr. 36f.; Komm. v. 2.9.2003 (COMP//M.3083) – GE/Instrumentarium, Rdnr. 243 ff.; vgl. hierzu S. 276f. und 279–282.
615 BKartA, Beschl. v. 16.11.2004 – Rethmann/GfA Köthen, WuW/E DE-V 995, Rdnr. 127.
616 Ibid., Rdnr. 130ff.
617 Ibid., Rdnr. 139.
618 Vgl. z.B. BKartA, Beschl. v. 3.7.2000 – RWE/VEW, WuW/E DE-V 301; Beschl. v. 17.1.2002 – E.ON/Gelsenberg, WuW/E DE-V 511; Beschl. v. 03.07.2002 – Viterra/Brunata, WuW/E DE-V 618; Beschl. v. 24.9.2003, B9–58/03 – Hamburger Hochbahn/KielerVerkehrsgesellschaft; Beschl. v. 2.12.2003, B9–91/03 – DB Regio u.a./üstra intalliance AG; BKartA, Beschl. v. 21.04.2004, B2–160/03 – Agrana/Atys.

Teil 3 D. Koordinierte Effekte und kollektive Marktbeherrschung

Auslegungsgrundsätzen wurde betont, dass die in § 19 Abs. 3 Satz 2 Nr. 2 GWB beschriebene Variante des Oligopols mit mehr als drei Mitglieder keine nennenswerte Rolle spielt.[619]

Zusammenfassend werden folgende markt- bzw. unternehmensbezogene Strukturmerkmale in der deutschen Praxis als für ein wettbewerbsloses Oligopol kennzeichnend herangezogen:[620]

– Produkthomogenität[621], da in diesem Fall ein Produkt- oder Preiswettbewerb nur eingeschränkt in Betracht kommt;[622]

---

619 Auslegungsgrundsätze (derzeit in Überarbeitung), S. 43.
620 Einen guten Überblick hierüber gibt die Entscheidung *RWE/VEW* (BKartA, Beschl. v. 3.7.2000, B8-309/99 – RWE/VEW) in Rdnr. 122 ff.: „Grundsätzlich wird oligopolistisches Parallelverhalten auf den Märkten für die Strombelieferung von Endkunden wesentlich durch die Homogenität und das geringe Innovationspotential des Produktes Strom begünstigt. Hinzu kommt die Transparenz der Erzeugungskosten und die Transparenz der Verkaufspreise. Die Erzeugungskosten, die die variablen Kosten und damit wesentlich die Angebotspreise determinieren, sind branchenbekannt (…) (*Transparenz wird weiter ausgeführt*) Vor diesem Hintergrund ist die Entstehung einer kollektiven marktbeherrschenden Stellung zu erwarten. Durch die beiden Fusionen werden die Gruppierungen RWE/VEW und PE/BAG ein weitgehend symmetrisches Oligopol auf den beiden Endkundenmärkten bilden. Diese Symmetrie reicht weit über die beieinander liegenden Marktanteile hinaus. Denn neben den Marktanteilen schafft eine Vielzahl weiterer Faktoren erhebliche Interessenkongruenzen zwischen REW/VEW und PE/BAG. Als vertikal über alle Stufen der Elektrizitätswirtschaft integrierte Stromunternehmen weisen die beiden Konzerne sehr ähnliche Unternehmensstrukturen auf: Im Vergleich zu ihren Wettbewerbern, die nur zersplitterte Marktanteile erzielen, verfügen RWE/VEW und PE/BAG über erhebliche Ressourcenvorteile (umfassender Kraftwerkspark, Übertragungsnetz, Finanzkraft), bevorzugten Zugang zu den Beschaffungsmärkten (z. B. langfristige Bezugsverträge mit Kraftwerksbetreibern, Zugang zu günstigen Importen aufgrund konzerneigener Netzkuppelstellen) und bevorzugten Zugang zu den Absatzmärkten aufgrund jahrzehntealter Lieferantenbeziehungen. (…) Darüber hinaus bestehen zahlreiche Verflechtungen zwischen den Oligopolmitgliedern, die ihre gemeinsame Interessenlage vertiefen und vielfältigen wettbewerbsrelevanten Informationsaustausch beinhalten, so dass die Wahrscheinlichkeit wettbewerbsbeschränkenden Parallelverhaltens erhöht wird … (*wird ausgeführt*) Hinzu kommt, dass die Zusammenarbeit der Oligopolmitglieder in der Deutschen Verbundgesellschaft (DVG), in der sie durch den Zusammenschluss gegenüber EnBW und HEW an Gewicht gewinnen werden, ein zusätzliches Forum für formellen und informellen Austausch über wettbewerbsrelevante Sachverhalte … bietet. Weder die Sondervertragskunden noch die Kleinkunden vermögen in Anbetracht ihres zersplitterten Nachfragevolumens die Verhaltensspielräume der marktbeherrschenden Anbietergruppe zu relativieren." Es folgen Ausführungen zu zukünftig zu erwartendem Binnenwettbewerb und zum Fehlen wesentlichen Außenwettbewerbs.
621 BKartA, Beschl. v. 3.7.2000 – RWE/VEW, WuW/E DE-V 301, Rdnr. 122; BKartA, Beschl. v. 20.2.2006 – Alva Laval/Tranter, WuW/E DE-V 1199, 1202; BKartA, Beschl. v. 19.9.2006 – Strabag/Werhahn, WuW/E DE-V 1306, 1310.
622 So BKartA, Beschl. v. 17.2.2009, B2–46/08 – Nordzucker/Danisco Sugar, Rdnr. 226; OLG Düsseldorf, Beschl. v. 4.8.2010 – Tankstellenbetriebe Thüringen, WuW/E DE-R 3000, 3007.

VIII. Feststellung koordinierter Effekte **Teil 3**

– Transparenz bezüglich der Kollusionsparameter (Preis, Gebietsaufteilung, Absatzmengen, Kundenbindungen)[623] auf einem Niveau, das den Oligopolmitgliedern erlaubt, die Produkt- und Preisstrategie der Wettbewerber zu erkennen und Wettbewerbsvorstöße rasch aufzudecken;[624] eine hohe Preistransparenz wird nach Ansicht des Bundeskartellamtes im Beschluss *Nordzucker/Danisco Sugar* „durch das Zusammenspiel aus Referenzpreissystem, Transparenz über wesentliche Kostenfaktoren und Homogenität der Produkte begünstigt";[625]

– ausgeglichene Kräfteverhältnisse der Oligopolunternehmen, d.h. Symmetrien insbesondere hinsichtlich Marktanteilen, Kostenstrukturen, Kapazitäten, finanziellen Ressourcen, vertikaler Integration[626]; in der Entscheidung *BASF/NEPG* führt das BKartA aus: „Fraglich ist, ob die sich nach dem Zusammenschluss ergebende Marktstruktur eine „stillschweigende Koordination" des Marktverhaltens bzw. wettbewerbsbeschränkendes Parallelverhalten zwischen den dem Oligopol zuzurechnenden Unternehmen erwarten lässt. Die Voraussetzungen für solches Parallelverhalten sind allgemein dann umso günstiger, je mehr sich die markt- und unternehmensbezogenen Strukturmerkmale der rechnerischen Oligopolmitglieder gleichen."[627] Der BGH präzisierte in der Sache *Phonak/GN Store*, dass eine Symmetrie speziell der Marktanteile nicht erheblich sei, der Fokus vielmehr auf den Strukturmerkmalen der Unternehmen liegen müsse, da diese es grundsätzlich ermöglichen würden, auf Wettbewerbsvorstöße entsprechend zu reagieren.[628] Die Bedeutung der Symmetrien wurde etwa in dem Beschluss des Bundeskartellamtes *Springer/ProSiebenSat1* deutlich, wo allein die weitere Angleichung der Strukturmerkmale der Oligopolisten eine Verstärkungswirkung begründete.[629]

---

623 BKartA, Beschl. v. 3.7.2000, B8–309/99 – RWE/VEW, Rdnr. 122; BKartA, Beschl. v. 16.11.2004 – Rethmann/GfA Köthen, WuW/E DE-V 995.
624 Vgl. BKartA, Beschl. v. 31.7.2002 – BASF/NEPG, WuW/E DE-V 653, 661; BKartA, Beschl. v. 11.4.2007, B3–578/06 – Phonak/ReSound, Rdnr. 188; BKartA, Beschl. v. 19.9.2006 – Strabag/Werhahn, WuW/E DE-V 1306, 1311; BKartA, Beschl. v. 17.2.2009, B2–46/08 – Nordzucker/Danisco Sugar, Rdnr. 272.
625 BKartA, Beschl. v. 17.2.2009, B2–46/08 – Nordzucker/Danisco Sugar, Rdnr. 278.
626 BKartA, Beschl. v. 8.12.1986 – Hüls/Condea, WuW/E BKartA 2247; Beschl. v. 3.7.2000 – REW/VEW, WuW/E DE-V 301; zu weiteren Kriterien siehe BKartA, Beschl. v. 11.4.2007, B3–578/06 – Phonak/ReSound, Rdnr. 138; BKartA, Beschl. v. 19.9.2006 – Strabag/Werhahn, WuW/E DE-V 1306, 1312; BKartA, Beschl. v. 11.4.2006 – RTL/n-tv, WuW/E DE-V 1226, 1230; BKartA, Beschl. v. 22.12.2006, B4–1002/06 – Remondis/SAS Schwerin, Rdnr. 46; BKartA, Beschl. v. 6.7.2009, B8–96/08 – EnBW/EWE, Rdnr. 56 ff.
627 Grundlegend KG, Urt. v. 1.7.1983 – Morris/Rothmans, WuW/E OLG 3051, 3080.
628 BGH, Beschl. v. 20.4.2010 – Phonak/GN Store, Rdnr. 65.
629 BKartA, Beschl. v. 19.1.2006 – Springer/ProSiebenSat1, WuW/E DE-V 1163, 1170.

Teil 3 D. Koordinierte Effekte und kollektive Marktbeherrschung

Ähnlich wurde in dem Zusammenschlussfall *Magna/Karmann* eine Untersagung auf die zu erwartende Entstehung eines symmetrischen Duopols gestützt.[630] Umgekehrt lassen Asymmetrien nach der Entscheidungspraxis des Bundeskartellamtes allerdings nicht den Schluss auf ein Mehr an Binnenwettbewerb zu;[631]

- ähnliche Vertriebsorganisation;[632]
- Koordinierungsmöglichkeiten auf benachbarten Märkten: In der Entscheidung *Premiere*[633] hätte nach Auffassung des Bundeskartellamts die beabsichtigte Bildung eines paritätischen Gemeinschaftsunternehmens aufgrund des zu erwartenden Gruppeneffektes zu einem wettbewerbslosen Duopol zwischen Kirch und Bertelsmann im Bereich des Free-TV geführt, wo beide Unternehmen einen Anteil von etwa 90% an den Werbeeinnahmen hielten. Neben den hohen Marktanteilen spielte vor allem die verbesserte Koordinierungsmöglichkeit der beiden Oligopolisten auf einem benachbarten Markt eine erhebliche Rolle;
- Droh- und Vergeltungspotenzial, insbesondere aufgrund struktureller Verflechtungen, Finanz- und Ressourcenstärke;[634] das Bundeskartellamt kam in seinem *Cargotec*-Beschluss zu dem Ergebnis, dass Vergeltungsmaßnahmen zwischen den Oligopolmitgliedern nicht möglich waren, nahm aber dennoch kollektive Marktbeherrschung an, weil Sanktionen in der betreffenden Konstellation gar nicht erforderlich seien.[635] Es erscheint zweifelhaft, ob diese Aussage vor dem Hintergrund des Beschlusses des BGH in der Sache *E.ON/Stadtwerke Eschwege* Bestand haben kann. Denn dort sah das Gericht in Anlehnung an die Airtours-Kriterien des EuG erstens Markttransparenz und zweitens Sanktionsmittel bei abweichendem Marktverhalten als die entscheidenden Kriterien für eine enge Reaktionsverbundenheit der Oligopolisten an.[636] Das

---

630 BKartA, Beschl. v. 21.5.2010, B9–13/10 – Magna/Karmann.
631 BKartA, Beschl. v. 29.9.2006, B1–169/05 – FIMAG/Züblin, Rdnr. 83: „Im vorliegenden Fall handelt es sich zwar um ein asymmetrisches Oligopol, fehlender Binnenwettbewerb ergibt sich hier aber aus den weitgehenden Verflechtungen und aus den gleichgerichteten Interessen der Oligopolmitglieder."; ähnlich BKartA, Beschl. v. 6.4.2006, B10–155/05 – Sulo/Cleanaway, Rdnr. 66; BKartA, Beschl. v. 22.12.2006, B4–1002/06 – Remondis/SAS Schwerin, Rdnr. 47; BKartA, Beschl. v. 11.4.2007, B3–578/06 – Phonak/ReSound, Rdnr. 136 ff.
632 BKartA, Beschl. v. 31.7.2002 – BASF/NEPG, WuW/E DE-V 653, 660.
633 BKartA, Beschl. v. 1.10.1998 – Premiere, WuW/E DE-V 53, 61 f.
634 BKartA, Beschl. v. 3.7.2000, B8–309/99 – RWE/VEW, Rdnr. 118; Beschl. v. 2.12.2003, B9–91/03 – DB Regio u.a./üstra intalliance AG, S. 55 f.; Beschl. v. 11.4.2007 – Phonak/ReSound, WuW/DE-V 1365, 1372; Beschl. v. 7.3.2008 – Shell/HPV, WuW/E DE-V 1584, 1589.
635 BKartA, Beschl. v. 24.8.2007 – Kalmar/CVS (Cargotec), WuW/DE-V 1442, 1450.
636 BGH, Beschl. v. 11.11.2008 – E.ON/Stadtwerke Eschwege, WuW/E DE-R 2451, 2457.

VIII. Feststellung koordinierter Effekte   Teil 3

OLG Düsseldorf nahm im Fall *Tankstellenbetriebe Thüringen* das Fehlen eines wirksamen Sanktionsmechanismus an, da auf Preisanhebungen einzelner Mineralölgesellschaften nicht gleichförmig und einheitlich in Form von Preiserhöhungen durch die weiteren vermeintlichen Oligopolisten reagiert wird und die Preisanhebungen regelmäßig zurückgenommen werden.[637] Darauf gestützt verneinte das Gericht das Bestehen einer kollektiven Marktbeherrschung der großen Mineralölgesellschaften im deutschen Tankstellenmarkt;

– Verflechtungen unter den Oligopolunternehmen gesellschaftsrechtlicher, personeller, vertraglicher oder sonstiger Art, durch die zum einen Interessengleichheit und zum anderen Disziplinierungsmaßnahmen geschaffen werden;[638]

– geringe gegengewichtige Nachfragemacht;[639] im Fall *Magna/Karmann* stellte das BKartA eine eingehende Untersuchung zur Fähigkeit der Abnehmer (Automobilhersteller) an, durch einen Übergang zu einer Eigenfertigung die Anbieter von Cabrio-Dachsystemen zu entmachten. Im Ergebnis nahm das Amt nicht das Bestehen einer solchen gegengewichtigen Marktmacht an.[640] Nachfrager verfügen über keine Möglichkeiten, einen funktionierenden Binnenwettbewerb herzustellen, wenn sie gezwungen sind, gleichzeitig Leistungen aller Oligopolisten in Anspruch zu nehmen;[641]

– reife Marktphase[642]; im Beschluss *Lindner Licht GmbH* stellte das BKartA fest: „Der relevante Markt für Allgebrauchsglühlampen befindet sich in einer Phase, in der das Marktprodukt (…) in ihrer Grundbeschaffenheit festliegt und weitgehend ausgereift ist. Wesentliche Ausweitungen des Marktvolumens sind nicht zu erwarten. (…) Innovationen, durch die neue Käuferschichten erschlossen werden, finden nur noch in Randbereichen (…) statt. Unter diesen Bedingungen können Absatzsteigerungen nur zu Lasten der Wettbewerber vorgenommen werden. Preiswettbewerb bei oligopolistischer Anbieterstruktur ist jedoch

---

637 OLG Düsseldorf, Beschl. v. 4.8.2010 – Tankstellenbetriebe Thüringen, WuW/E DE-R 3000, 3008 ff.
638 BKartA, Beschl. v. 20.2.2006 – Alva Laval/Tranter, WuW/E DE-V 1199, 1203; BKartA, Beschl. v. 23.8.2006 – Synthes/AO-ASIF, WuW/E DE-V 1289, 1295; BKartA, Beschl. v. 8.5.2009, B8–32/09 – Shell/Lorenz Mohr, Rdnr. 55–57.
639 BKartA, Beschl. v. 11.4.2007 – Phonak/ReSound, WuW/E DE-V 1365, 1372; Beschl. v. 8.2.2007 – Atlas/Copco/ABAC, WuW/E DE-V 1349, 1355.
640 BKartA, Beschl. v. 21.5.2010, B9–13/10 – Magna/Karmann, S. 84–100.
641 BGH, Beschl. v. 8.6.2010 – Springer/ProSieben II, WuW/E DE-R 3067, 3072.
642 BKartA, Beschl. v. 11.8.1994 – Lindner Licht GmbH, WuW/E BKartA 2669, 2676; BKartA, Beschl. v. 22.12.2006, B4–1002/06 – Remondis/SAS Schwerin, Rdnr. 49; BKartA, Beschl. v. 19.4.2011, B3-143/10 – Lanxess/DSM, Rdnr. 85.

Teil 3 D. Koordinierte Effekte und kollektive Marktbeherrschung

unwahrscheinlich, da eine Senkung der Herstellerabgabepreise zu sofortigen Gegenreaktionen führen würde (oligopolistische Reaktionsverbundenheit). Ein solcher Wettbewerbsparametereinsatz würde keinem Oligopolmitglied nutzen, sondern lediglich die Gewinnmargen senken."; in der Entscheidung *Nordzucker/Danisco Sugar* prüfte das Bundeskartellamt unter diesem Aspekt die Stabilität der Angebots- sowie der Nachfragebedingungen einschließlich der Preiselastizität der Nachfrage;[643]

– unveränderte Marktanteile über einen längeren Zeitraum;[644] nach Ansicht des Bundesgerichtshofs im Fall *Springer/ProSieben II* hätte beim Vorliegen von Binnenwettbewerb zwischen den Duopolisten insbesondere der Rückgang des Marktvolumens um 18% mit großer Wahrscheinlichkeit zu zumindest vorübergehenden deutlichen Marktanteilsverschiebungen führen müssen. Deren Ausbleiben stelle daher einen für ein marktbeherrschendes Oligopol sprechenden Umstand dar;[645]

– niedrige Wechselquote zwischen den Oligopolmitgliedern, insbesondere im Vergleich mit anderen Marktteilnehmern;[646]

– geringer Substitutionswettbewerb: In der Untersagungsentscheidung *Lindner Licht GmbH* wegen der Begründung eines marktbeherrschenden Duopols zwischen Philips und Osram führte das BKartA aus: „Ebenso wenig wird der Verhaltensspielraum von Osram und Philips durch Substitutionswettbewerb von benachbarten innovativen Lampenmärkten beschränkt. Zum einen ist Substitutionswettbewerb grundsätzlich nur eine Form des Restwettbewerbs auf beherrschten Märkten und kann eine überragende Marktstellung nur in – hier nicht vorliegenden – Ausnahmefällen ausschließen. Zum anderen liegen die Preise der in Frage kommenden Produkte (z.B. Halogenglühlampen) noch über denen der meisten Allgebrauchsglühlampen."[647];

– regelmäßige Interaktionen sowohl im vertikalen Verhältnis zwischen den Oligopolmitgliedern und ihren Abnehmern wie auch im horizonta-

---

643 BKartA, Beschl. v. 17.2.2009, B2–46/08 – Nordzucker/Danisco Sugar, Rdnr. 257–266.
644 BGH, Beschl. v. 8.6.2010 – Springer/ProSieben II, WuW/E DE-R 3067, 3071.
645 Ibid.
646 Ibid., Rdnr. 306: „Die Wechselquote in dem Gebiet, in dem die Wettbewerbsgebiete von Nordzucker, Südzucker, Danisco Sugar und Pfeifer & Langen aufeinandertreffen liegt zwischen Nordzucker/Südzucker über die letzten Jahre konstant bei [>5%]. Dagegen betrug die Wechselquote im selben Zeitraum zwischen Nordzucker und Danisco Sugar immerhin [>10%] und zwischen Nordzucker und Pfeifer & Langen (mit starken Schwankungen zwischen 5% und 15%, in der Spitze sogar deutlich über 15%)."
647 BKartA, Beschl. v. 11.8.1994 – Lindner Licht GmbH, WuW/E BKartA 2669, 2677; BKartA, Beschl. v. 13.8.2007 – MBS, WuW/E DE-V 1433, 1439.

VIII. Feststellung koordinierter Effekte **Teil 3**

len Verhältnis zwischen den Oligopolteilnehmern (z.B. durch Treffen im Rahmen wirtschaftlicher Vereinigungen).[648] Das BKartA hat in zahlreichen Entscheidungen die Oligopolvermutung trotz hoher Marktanteile als widerlegt betrachtet.[649] Ein Beispiel ist der Beschluss *Heitkamp/Deilmann-Haniel*, in dem das BKartA trotz Entstehens eines Duopols mit einem CR 2 von 85 bis 95% die Begründung einer oligopolistischen marktbeherrschenden Stellung verneinte. Hierzu wird ausgeführt: „Nach dem Zusammenschluss erreichen die beiden führenden Anbieter Heitkamp/Deilmann-Haniel und Thyssen Schachtbau auf den Märkten für Bergbauspezialarbeiten und für Schachtbauarbeiten gemeinsame Marktanteile von 85 bis 95%. Die Marktbeherrschungsvermutung des § 19 Abs. 3 S. 2 GWB wird allerdings durch die Wettbewerbsbedingungen auf den betroffenen Märkten widerlegt. Wie oben eingehend dargelegt, sind diese Märkte durch die Strukturmerkmale hohe Angebotskonzentration bei weitgehend stabilen Marktanteilen, hohe Marktzutrittsschranken und fehlender potenzieller Wettbewerb sowie stark sinkendes Marktvolumen geprägt. Auf dem Markt für Bergbauspezialarbeit werden die Wettbewerbsbedingungen darüber hinaus durch die tatsächlich und dauerhaft hohe Eigenleistung der Nachfrager, insbesondere der RAG, maßgeblich bestimmt. Die ungewöhnlich hohe Nachfragekonzentration und das Nachverhandeln der Angebote durch RAG führen dazu, dass zwischen den verbleibenden Anbietern ein latentes und strukturell abgesichertes wettbewerbliches Spannungsverhältnis besteht. Die daraus resultierende Intransparenz und Unsicherheit lässt ein wettbewerbsloses Parallelverhalten der Anbieter auf Dauer nicht zu."[650]

In dem Beschluss *BASF/NEPG*[651] sah die Kommission die Oligopolvermutung (CR 3 von 55 bis 65% nach dem Zusammenschluss) als widerlegt an, weil sich aufgrund unterschiedlicher Ausstattung mit technologischen und finanziellen Ressourcen sowie erheblichen Unterschieden bei den Kapazitäten und der Vertriebsorganisation eine Interessengleichgerichtetheit und damit die Wahrscheinlichkeit eines Parallelverhaltens nicht feststellen ließen.

In der Entscheidung *Webasto/Edscha* hat das Bundeskartellamt das Zusammenschlussvorhaben trotz eines CR 4 von [97–99]% freigegeben.[652]

---

648 BKartA, Beschl. v. 17.2.2009, B2–46/08 – Nordzucker/Danisco Sugar, Rdnr. 255 f.
649 Vgl. beispielhaft BKartA, Beschl. v. 28.4.1999 – Dow Chemical/Shell, WuW/E DE-V 109, 110 ff.; Beschl. v. 12.5.1999 – Kleinfeuerwerk, WuW/E DE-V 142, 144 f.; Beschl. v. 2.7.1999 – NZDS-Glasfaserkabel, WuW/E DE-V 170, 176.
650 BKartA, Beschl. v. 1.6.1999, B1–12/99 – Heitkamp/Deilmann-Haniel, Rdnr. 42.
651 BKartA, Beschl. v. 31.7.2002 – BASF/NEPG, WuW/E DE-V 653, 659 f.
652 BKartA, Beschl. v. 22.12.2009 – Webasto/Edscha, WuW/E DE-V 1837.

Teil 3   D. Koordinierte Effekte und kollektive Marktbeherrschung

Es stützte sich dabei auf eine Analyse der Ausschreibungen in den Jahren 2002 bis 2009. Die unterdurchschnittliche Begegnungsquote der Zusammenschlussbeteiligten bei diesen Ausschreibungen belege, dass der Wettbewerbsdruck zwischen den Zusammenschlussparteien gering war.[653] Da ferner auch bisher nur in den seltensten Fällen mehr als drei Anbieter auf dieselbe Ausschreibung ein Gebot abgaben und keine Hinweise auf ein vorheriges kollusives Verhalten vorlagen, war nach Ansicht des Bundeskartellamtes zu erwarten, dass eine Verengung auf drei Marktteilnehmer die Wettbewerbsverhältnisse im Markt unverändert belasse.[654] Erst ein kurz darauf angemeldeter weiterer Zusammenschluss auf diesem Markt zwischen den Wettbewerbern *Karmann* und *Magna*, der zu einer weiteren Verengung auf nur noch zwei Anbieter geführt hätte, wurde wegen der zu erwartenden Entstehung eines durch Symmetrie geprägten marktbeherrschenden Duopols untersagt.[655]

Weitere Gründe, die für Binnenwettbewerb und damit gegen oligopolistische Marktbeherrschung sprechen, sind:

- erheblicher Preisverfall in der Vergangenheit;[656]
- stark schwankende Marktanteile: In der Entscheidung *Imperial Tobacco/EFKA* heißt es: „Die Beschlussabteilung schließt auch die Entstehung oder Verstärkung eines wettbewerbslosen Oligopols zwischen den beiden Marktführern aus. Zwar erreichen Imperial Tobacco und GIZEH bei Verwirklichung des Zusammenschlussvorhabens (…) einen Marktanteil von über 75% und überschreiten damit die Schwelle für ein Oligopol gem. § 19 Abs. 3 S. 2 Nr. 1 GWB. Dennoch geht die Beschlussabteilung davon aus, dass sowohl in der Vergangenheit zwischen EFKA und GIZEH wesentlicher Wettbewerb stattgefunden hat, als auch in Zukunft wesentlicher Wettbewerb zwischen Imperial Tobacco und GIZEH zu erwarten sein wird. Hierfür spricht, dass in der Vergangenheit weder EFKA noch GIZEH stabile Marktanteile ausgewiesen haben. Ebenso wenig waren die Marktanteilsabstände sowohl innerhalb des Oligopols als auch zu den übrigen Wettbewerbern stabil. Vielmehr waren die Marktanteile von EFKA und GIZEH einzeln betrachtet in den vergangenen fünf Jahren schwankend und insgesamt rückläufig."[657]; auch unterschiedliche Marktanteilsentwicklungen bei den

---

653 Ibid., 1848.
654 Ibid., 1847 und 1852.
655 BKartA, Beschl. v. 21.5.2010, B9–13/10 – Magna/Karmann.
656 BKartA, Beschl. v. 22.12.1999, B7–225/99 – Xerox/Tectronic, S. 6; Beschl. v. 18.4.2000, B7–26/00 – Gemplus/ODS, S. 12.
657 BKartA, Beschl. v. 22.12.1999, B7 225/99 – Xerox/Tectronic, S. 7; BKartA, Beschl. v. 18.4.2000, B7–26/00 – Gemplus/ODS, S. 13; Beschl. v. 31.8.2000, B6–61/00 –

VIII. Feststellung koordinierter Effekte **Teil 3**

Oligopolmitgliedern können nach Auffassung des BKartA für wesentlichen Binnenwettbewerb sprechen.[658]
- Innovationsmärkte: Binnenwettbewerb ist umso wahrscheinlicher, wenn innovative Märkte betroffen sind.[659] Auf solchen Märkten kommt nach Auffassung des BKartA dem Marktanteil ohnehin nur unzulängliche Indizwirkung für die tatsächliche Marktmacht des Unternehmens zu;[660]
- Marktwachstum: Auch Wachstumsmärkte[661] oder z. B. die Tatsache, dass das Wachstum der Oligopolteilnehmer sich in der Vergangenheit sehr unterschiedlich entwickelt hat, kann für wesentlichen Wettbewerb sprechen;[662]
- eine untergeordnete Rolle des Preiswettbewerbs in den betroffenen Märkten; soweit Qualität und Service die wichtigsten Wettbewerbsparameter sind, fehlt es insbesondere an effektiven Sanktionsmöglichkeiten;[663]
- Verhaltensspielraum der Nachfrageseite: Ebenfalls zur Verneinung eines marktbeherrschenden Oligopols führen in der Praxis des Bundeskartellamts große Verhaltensspielräume auf der Nachfrageseite.[664] In dem Beschluss *Rheinmetall/Kuka*[665], in dem es um den Zusammenschluss zwischen der Rheinmetall AG und der Kuka Wehrtechnik GmbH – beides Hersteller militärtechnischer Produkte – ging, kommt das BKartA mit folgender Begründung dazu, ein marktbeherrschendes

---

Imperial Tobacco/EFKA, Rdnr. 13; BKartA, Beschl. v. 16.12.2009 – Ticona/Fact, WuW/E DE-V 1853, 1861.
658 BKartA, Beschl. v. 22.12.2002, B2–129/03 – Bonduelle/Vita Holding GmbH, Rdnr. 36; Beschl. v. 4.5.2004, B3–154/03 – Colgate/Gaba, S. 27; BKartA, Beschl. v. 19.7.2006, B2–41/02 – BayWa/NSP, Rdnr. 39; BKartA, Beschl. v. 19.12.2008, B3–161/08 – HaGe Kiel/BSL, Rdnr. 76; dazu auch BGH, Beschl. v. 20.4.2010 – Phonak/GN Store, Rdnr. 66 ff.
659 BKartA, Beschl. v. 3.12.1999, B7–173/99 – Checkpoint Systems/Meto, S. 15 f.; Beschl. v. 22.12.1999, B7–225/99 – Xerox/Tectronic, S. 7 BKartA, Beschl. v. 16.12. 2009 – Ticona/Fact, WuW/E DE-V 1853, 1861.
660 BKartA, Beschl. v. 3.3.2000, WuW/E DE-V 227, 231 f. – Cisco/IBM; BKartA, Beschl. v. 31.7.2002, WuW/E DE-V 653, 661 – BASF/NEPG.
661 BKartA, Beschl. v. 18.4.2000, WuW/E DE-V 267, 269 – Gemplus/ODS; BKartA, Beschl. v. 13.8.2007 – MBS, WuW/E DE-V 1433, 1438.
662 BKartA, Beschl. v. 1.12.2000, B4–107/00 – Richemont AG/Les Manufactures Horlogères S.A., Rdnr. 36.
663 BKartA, Beschl. v. 13.11.2009, B3–88/09 – Sonic Healthcare/Labor Lademannbogen, Rdnr. 116.
664 Z.B. BKartA, Beschl. v. 28.4.1999 – Dow Chemical/Shell, WuW/E DE-V 109, 111; Beschl. v. 12.5.1999 – Kleinfeuerwerk, WuW/E DE-V 142, 145; Beschl. v. 14.7.2000 – Flowserve/Ingersoll-Dresser, WuW/E DE-V 331, 334.
665 BKartA, Beschl. v. 23.3.2000 – Rheinmetall/KUKA, WuW/E DE-V 246, 248.

Oligopol zu verneinen: „Auf allen drei vorgenannten Märkten ist die Oligopolvermutung jeweils erfüllt. Gleichwohl ist sie auf jedem dieser drei Märkte als widerlegt anzusehen, weil es im Interesse des einzigen Nachfragers – des Bundesamtes für Wehrtechnik und Beschaffung (BWB) – liegt, zwischen den verbleibenden Anbietern Wettbewerb zu erhalten. (...) Die vorgenannten sachlich relevanten Märkte zeichnen sich insbesondere dadurch aus, dass es nur einen Nachfrager, das Bundesverteidigungsministerium bzw. das BWB, gibt. Deren Interesse liegt in der Vermeidung einer marktbeherrschenden Stellung eines einzelnen Anbieters und zugleich in der Erhaltung der Wettbewerbsfähigkeit der deutschen Rüstungsindustrie als ganzes im europäischen sowie im internationalen Wettbewerb.";

– vergangenes Marktverhalten: Unter Umständen kann auch vergangenes Marktverhalten Aufschluss darüber geben, ob nach dem Zusammenschluss wesentlicher Wettbewerb unter den Oligopolmitglieder zu erwarten ist. In der Entscheidung *Morris/Rothmans* führt das Kammergericht aus: „Den auf die Zeit nach dem Zusammenschluss beschränkten erforderlichen Nachweis haben die Beschwerdef. nicht erbracht (gemeint ist der Nachweis, der zur Widerlegung der Oligopolvermutung erforderlich ist, dass die Wettbewerbsbedingungen auch nach dem Zusammenschluss wesentlichen Wettbewerb zwischen den Oligopolmitgliedern erwarten lässt, Anm. d. Verf.). Soweit sie sich dabei auf die Wettbewerbsverhältnisse vor dem Zusammenschluss berufen haben, bestehen hiergegen keine Bedenken, denn die bisherigen Wettbewerbsverhältnisse können ein Indiz für die Prognose sein. Im Hinblick darauf, dass die Erwartung künftigen Wettbewerbs zwischen den Oligopolmitgliedern sich auf die künftigen Wettbewerbsbedingungen stützen muss, der zu erwartende Wettbewerb also Ergebnis der Marktstruktur und nicht des Marktverhaltens der Unternehmen sein muss, kann die Feststellung wesentlichen Wettbewerbs in der Vergangenheit nur Indizwirkung für die Prognose entfalten, wenn er auf marktstrukturellen Ursachen beruht hat und sich diese Wettbewerbsbedingungen nicht wesentlich verändert haben."[666] Allerdings hielt der BGH in der Sache *Phonak/GN Store* fest, dass allein der Hinweis auf gegebene Markttransparenz, die den Wettbewerbern jeweils eine kurzfristige Reaktion auf einen Wettbewerbsvorstoß ermögliche, nicht genüge, um einen trotz ungünstiger Strukturmerkmale bestehenden wesentlichen Binnenwettbewerb in der Vergangenheit unberücksichtigt zu lassen;[667]

---

666 KG, Beschl. v. 1.7.1983 – Morris/Rothmans, WuW/E OLG 3051, 3072.
667 BGH, Beschl. v. 20.4.2010 – Phonak/GN Store, Rdnr. 72 ff.

VIII. Feststellung koordinierter Effekte **Teil 3**

– zudem werden niedrige Marktzutrittsschranken[668] und erwartete Marktzutritte als kollusionshemmend gewertet. So formulierte das BKartA im Beschluss *Gemplus/ODS*: „Für Wettbewerb wird weiter der Zutritt ausländischer Unternehmen sorgen. Für bereits in der Kartenproduktion tätige ausländische Unternehmen bestehen grundsätzlich keine Marktzutrittsschranken, sofern sie den erforderlichen Zertifizierungsanforderungen der Abnehmer genügen. Der Markteintritt weiterer ausländischer Unternehmer neben Schlumberger und Eppe wird von den Teilnehmern beider Marktseiten erwartet."[669]

Außenwettbewerb. Neben dem Binnenwettbewerb zwischen den Oligopolteilnehmern prüft das BKartA in einem weiteren Schritt die Wettbewerbsbedingungen im Außenwettbewerb. In den Auslegungsgrundsätzen heißt es hierzu: „Sofern auf dem von dem Zusammenschluss betroffenen Markt neben dem Oligopol Außenseiter tätig sind, setzt die Annahme oligopolistischer Marktbeherrschung zusätzlich das Fehlen wesentlichen Wettbewerbs oder das Bestehen einer überragenden Marktstellung des Oligopols im Außenverhältnis voraus. Die entsprechende Untersuchung einer überragenden Marktstellung des Oligopols entspricht der Prüfung der Einzelmarktbeherrschung. Dabei tritt die Gesamtheit der das Oligopol bildenden Unternehmen an die Stelle des einzelnen Unternehmens. Ob wesentlicher Wettbewerb im Außenverhältnis besteht, ist nach den gleichen Kriterien zu prüfen, wie sie auch für die Feststellung wesentlichen Wettbewerbs im Oligopol gelten."[670] Die Vermutung einer oligopolistischen marktbeherrschenden Stellung ist widerlegt, wenn die Gesamtheit der Oligopolunternehmen im Verhältnis zu den Randwettbewerbern keine überragende Marktstellung hat.[671] In der Entscheidung *Lindner Licht GmbH*[672] führte das BKartA aus, eine überragende Marktstellung sei z.B. anzunehmen, wenn die übrigen Wettbewerber disproportional kleiner seien als die Oligopolteilnehmer (im konkreten Fall ein Zehntel und weniger der kombinierten Marktanteile von Philips und Osram). Auch Verflechtungen mit Außenseitern können zu dem Ergebnis führen, dass wesentlicher Außenwettbewerb verneint wird.[673] Besteht trotz Parallelverhaltens im Oligopol im Außenverhältnis wesentlicher Wettbewerb, so ist zu prüfen, ob es sich im konkreten Fall aufgrund der

---

668 BKartA, Beschl. v. 22.12.1999, B7 225/99 – Xerox/Tectronic, S. 7.
669 BKartA, Beschl. v. 18.4.2000, B7–26/00 – Gemplus/ODS, S. 13.
670 Auslegungsgrundsätze des Bundeskartellamts zur Prüfung von Marktbeherrschung in der deutschen Fusionskontrolle (derzeit in Überarbeitung), S. 50.
671 Immenga/Mestmäcker/*Mestmäcker/Veelken* (2007), § 36 Rdnr. 187.
672 BKartA, Beschl. v. 11.8.1994 – Lindner Licht GmbH, WuW/E BKartA 2669, 2680.
673 Ibid.

Teil 3 D. Koordinierte Effekte und kollektive Marktbeherrschung

überragenden Wettbewerbsvorteile der Oligopolmitglieder um Verdrängungswettbewerb handelt.[674] In der Praxis fällt die Prüfung des Außenwettbewerbs oft knapp aus. Es erfolgt dann ein Hinweis auf die verhältnismäßig geringen Marktanteile der Randunternehmen und der damit verbundenen Unfähigkeit, den Verhaltensspielraum der Oligopolteilnehmer wirksam zu begrenzen.

γ) Vergleich mit dem Unionsrecht

Sowohl die deutsche als auch die europäische Fusionskontrollpraxis orientiert sich im Bereich der kollektiven Marktbeherrschung an neueren spieltheoretischen Erkenntnissen. Unterschiede ergeben sich in erster Linie aufgrund der in Deutschland gesetzlich verankerten Marktbeherrschungsvermutungen. Ein weiterer Unterschied besteht im Hinblick auf die im deutschen Gesetz angelegte Trennung zwischen Binnen- und Außenwettbewerb. Jedenfalls in jüngeren Entscheidungen der Kommission wird vertreten, dass eine Unterteilung in Binnen- und Außenwettbewerb bei der Frage nach stillschweigendem Parallelverhalten wenig sinnvoll ist, weil auch eventuell bestehender oder potenzieller Randwettbewerb die Reaktionsverbundenheit der Oligopolisten beeinflusst: (Wesentlicher) Außenwettbewerb wirkt sich destabilisierend auf die Oligopoldisziplin aus, so dass bei Vorliegen wesentlichen Außenwettbewerbs eine negative Prognose hinsichtlich des Binnenwettbewerbs nicht denkbar scheint. Aspekte aktuellen oder potenziellen Wettbewerbs außerhalb des Oligopols werden deshalb in der europäischen Fallpraxis in die Prüfung miteinbezogen, ob Verhaltenskoordination möglich, wahrscheinlich und dauerhaft aufrechterhaltbar ist.

Weiterhin sind beachtliche Unterschiede hinsichtlich des zentralen Prüfungsschwerpunktes feststellbar. Im europäischen Recht wird mehr und mehr anstelle des Begriffs der „kollektiven Marktbeherrschung" auf den der „koordinierten Wirkungen" bzw. der „koordinierten Effekte" zurückgegriffen.[675] Damit soll klargestellt werden, dass das Hauptaugenmerk auf der dynamischen Veränderung durch den Zusammenschluss liegt und diese darüber entscheidet, ob eine Untersagung gerechtfertigt ist. In jüngeren Entscheidungen ist die Tendenz des BKartA erkennbar, bei der Prüfung des Entstehens oder der Verstärkung einer oligopolistischen marktbeherrschenden Stellung ähnliche Kriterien anzusetzen wie die euro-

---

674 Auslegungsgrundsätze (derzeit in Überarbeitung), S. 50.
675 So auch in den Leitlinien der Kommission zur Bewertung horizontaler Zusammenschlüsse, ABl.EU 2004 Nr. C 31, S. 5–18, Rdnr. 39 ff.

VIII. Feststellung koordinierter Effekte **Teil 3**

päische Fusionskontrollpraxis.[676] Allerdings bilden weiterhin die Konzentrationsanalyse und die gesetzliche Oligopolvermutung oft den Ausgangspunkt der Analyse. Liegen Produkthomogenität, hohe Transparenz, hohe Marktschranken, Verflechtungen und Verbindungen zur Schaffung von Transparenz und Vergeltungsmöglichkeiten, Kosten- und Ressourcensymmetrie etc. vor, wird häufig darauf geschlossen, dass ein stillschweigendes Parallelverhalten zu erwarten ist. In diesem Zusammenhang hat die Entscheidung des BGH in der Sache *E.ON/Stadtwerke Eschwege* zu einer Annäherung der deutschen Entscheidungspraxis an die Rechtsprechung der europäischen Gerichte beigetragen.[677] Der BGH stellte ähnliche Kriterien für die Feststellung kollektiver Marktbeherrschung auf, wie sie in der europäischen Praxis verwendet werden, und betonte – wie schon der EuGH in seiner *Sony/BMG*-Entscheidung –, dass eine Gesamtbetrachtung aller relevanten Umstände erforderlich sei.[678]

Im Zusammenspiel mit den Feststellungen der Rechtsprechung, dass bei bloßer Verstärkung einer bereits bestehenden beherrschenden Stellung schon eine geringe Verschlechterung der Wettbewerbsbedingungen und damit z. B. auch die bloße Erhöhung des Konzentrationsgrades für eine Untersagung ausreichend sein kann,[679] erscheinen die Marktbeherrschungsvermutungen aus ökonomischer Sicht problematisch.[680] Zwar ist zuzugeben, dass das BKartA in einer Vielzahl von Fällen die Oligopolvermutung als widerlegt angesehen hat;[681] nicht von der Hand zu weisen ist aber die Gefahr, dass in diesem Bereich ein Zusammenschluss trotz nicht nachweislich erheblicher wettbewerbsschädlicher Auswirkungen untersagt wird.[682] Nach dem Tätigkeitsbericht des BKartA von 1978 hat die

---

676 Vgl. z. B. BKartA, Beschl. v. 2.12.2003, B9–91/03 – DB Regio u. a./üstra intalliance AG, S. 55; Beschl. v. 28.10.2004, B10–86/04 – Schneider&Söhne/Classen, S. 43 ff.; bezugnehmend auf die Airtours-Kriterien: BKartA, Beschl. v. 7.3.2008 – Shell/HPV, WuW/E DE-V 1584, 1588.
677 Vgl. die kritische Analyse von *Wagner* (2008).
678 BGH, Beschl. v. 11.11.2008 – E.ON/Stadtwerke Eschwege, WuW/E DE-R 2451, 2457; siehe auch BKartA, Beschl. v. 17.2.2009, B2–46/08 – Nordzucker/Danisco Sugar, Rdnr. 227: „Auch die Anforderungen des Europäischen Gerichtshofes (EuGH) an die fusionsrechtliche Prüfung oligopolistischer Märkte sind weitgehend deckungsgleich mit den Anforderungen in der deutschen Rechtsanwendung und Rechtsprechung."
679 Vgl. z. B. KG, Beschl. v. 1.7.1983 – Morris/Rothmans, WuW/E OLG 3051, 3080.
680 Zu rechtlichen Bedenken, insbesondere den Grundrechten der Eigentums- und Berufsfreiheit, siehe *Wagner* (2008).
681 Vgl. BKartA, Beschl. v. 28.4.1999 – Dow Chemical/Shell, WuW/E DE-V 109, 110 ff.; Beschl. v. 12.5.1999 – Kleinfeuerwerk, WuW/E DE-V 142, 144 f.; Beschl. v. 2.7.1999 – NZDS-Glasfaserkabel, WuW/E DE-V 170, 176.
682 Vgl. BKartA, Beschl. v. 24.8.2007 – Kalmar/CVS (Cargotec), WuW/E DE-V 1442, 1448 und die wettbewerbliche Würdigung im Fall *Agrana/Atys*, BKartA, Beschl. v. 21.04.2004, B2–160/03 in der das BKartA in weiten Teilen darauf abstellt, dass die

Teil 3 D. Koordinierte Effekte und kollektive Marktbeherrschung

Prüfung, ob zwischen den Unternehmen einer Oligopolgruppe infolge des Zusammenschlusses aus tatsächlichen Gründen kein Wettbewerb zu erwarten ist, in früherer Zeit unüberwindliche Schwierigkeiten bereitet.[683] Diese Schwierigkeiten sind ein Grund für die Schaffung der Sonderregelung in § 19 Abs. 3 S. 2 GWB gewesen. Erreicht wurde damit in jedem Fall ein gesteigertes Maß an Praktikabilität, Effektivität, Vorhersehbarkeit und letztendlich Rechtssicherheit, möglicherweise aber auch eine zu strenge Beurteilung von Oligopolen. Eine Diskrepanz zur Rechtslage nach Unionsrecht könnte daraus herrühren, dass dort eine *erhebliche* Behinderung wirksamen Wettbewerbs durch den Zusammenschluss gefordert ist; hier könnten sich Abweichungen ergeben, da die Kommission davon ausgeht, dass allein eine Konzentrationsgraderhöhung nicht ausreichend für den Nachweis einer erheblichen Wettbewerbsbehinderung ist.

Zuletzt führen auch Aspekte der Marktabgrenzung möglicherweise zu einer strengeren Beurteilung von Oligopolsachverhalten in der deutschen Fusionskontrollpraxis. Wird in Rechnung gestellt, dass Märkte auf Basis des überkommenen Bedarfsmarktkonzepts in der Tendenz (zu) eng abgegrenzt werden (hierzu S. 74–77) und die Vermutungen des § 19 Abs. 3

Zusammenschlussbeteiligten selbst versäumt haben, zu den Argumenten oligopolistischer Marktbeherrschung substantiiert Stellung zu nehmen und die Vermutung des § 19 Abs. 3 S. 2 Nr. 1 GWB zu widerlegen. Die Begründung, warum von der Entstehung eines marktbeherrschenden Duopols auszugehen ist, enthält zwar eine Vielzahl derjenigen Kriterien, die auch im europäischen Recht als förderlich für eine Verhaltenskoordination anerkannt sind (Produkthomogenität, Transparenz, Marktanteilssymmetrie, Vergleichbarkeit verfügbarer Ressourcen, ähnlich guter Zugang zu Beschaffungs- und Absatzmärkten, Stagnations- und Ausreifungsphase des Marktes, hohe Marktzutrittsschranken). Im Ergebnis werden die einzelnen Punkte unter sich nur checklistenartig abgehandelt und der Nachweis, dass ein kollusives Zusammenwirken infolge des Zusammenschlusses erst ermöglicht wird, ist nicht ersichtlich. Gänzlich unbeachtet bleibt beispielsweise die Rolle der aktuellen Wettbewerber für die Stabilität eines gleichförmigen Verhaltens. Bei der Frage, ob bereits ein marktbeherrschendes Duopol besteht, das durch die Fusion mit einem Außenseiter nur verstärkt würde, stellt das BKartA in Rdnr. 31 zunächst fest: „Auch im Hinblick auf das Außenverhältnis, also das Verhältnis zwischen der Gesamtheit der Oligopolunternehmen und den übrigen auf dem Markt tätigen Unternehmen ist die Vermutung nach Ansicht der Beschlussabteilung bereits durch die Marktstruktur widerlegt. Mit den Unternehmen Wild und Agrana sind zwei relativ starke Wettbewerber außerhalb des Oligopols tätig. (...) Darüber hinaus verhindere derzeit die bloße Existenz kleinerer Wettbewerber („Unruhepol") – so ein Vertreter von [...] gegenüber der Beschlussabteilung – ein oligopolistisches Parallelverhalten zwischen Atys und Zentis." Bei der Prüfung der Frage, ob durch den Zusammenschluss ein marktbeherrschendes Duopol zwischen Zentis und Atys/Agrana begründet werde, wird auf die destabilisierende Funktion der Oligopolaußenseiter dagegen nicht mehr eingegangen. Auf mögliche Vergeltungsmaßnahmen wird gleichfalls nicht eingegangen.

683 Tätigkeitsbericht des BKartA 1978, S. 25; ebenso *Monopolkommission*, Hauptgutachten II, Rdnr. 419.

S. 2 GWB eine Untersagung erleichtern, liegt die Folgerung nahe, dass die Zusammenschlusskontrolle in Deutschland strenger ausfällt als auf der Ebene des Unionsrechts.

2. Wirtschaftstheoretische Probleme der Prognose koordinierter Effekte

Wie in Abschnitt D.III. ausführlich dargestellt wurde, hat sich die theoretische Industrieökonomik seit längerer Zeit mit der Analyse koordinierter Gleichgewichte befasst, und es wurden zahlreiche Modelle vorgelegt, die den Einfluss verschiedenster Faktoren auf diese Gleichgewichte untersuchen. Es ist jedoch deutlich darauf hinzuweisen, dass diese Modelle in erster Linie nur Aussagen über die Existenz von Gleichgewichten mit Verhaltenskoordination treffen.[684] Dabei zeigen die Folk-Theoreme, dass es unter den entsprechenden Voraussetzungen nicht nur ein solches Gleichgewicht gibt, sondern dass eine sehr große, im Allgemeinen unendliche Zahl von koordinierten Gleichgewichten existiert.[685] Der Existenzbeweis basiert dabei auf einem Vergleich des kurzfristigen Gewinns, den ein Unternehmen durch ein Abweichen vom koordinierten Verhalten erzielt, mit dem Verlust, den es durch die darauf folgende Bestrafung für sein abweichendes Verhalten erleidet. Daraus ergibt sich eine Bedingung an den Diskontfaktor des Unternehmens, d.h. den Faktor, mit dem es künftige Erträge gewichtet.[686] Wenn diese Bedingung erfüllt ist, dann existieren Gleichgewichte mit Verhaltenskoordination. Eine reine Existenzaussage ist jedoch für die Frage nach koordinierten Effekten nur von untergeordnetem Interesse, denn es kommt auf die durch eine Fusion induzierten Änderungen an und vor allem darauf, ob aufgrund des Zusammenschlusses mit einer Verhaltenskoordination gerechnet werden kann, die vorher nicht oder nicht vollständig möglich war.[687]

Mit dem Instrumentarium der herkömmlichen Spieltheorie kann diese Frage wie folgt analysiert werden. Zuerst ist zu überprüfen, ob vor einer Fusion eine Verhaltenskoordination nicht oder nur unvollständig möglich ist. Dies könnte dann der Fall sein, wenn die Unternehmen in wesentlicher Hinsicht „asymmetrisch" sind, kein wirksamer und überzeugender Bestrafungsmechanismus vorhanden ist oder ein „Maverickunternehmen" eine Verhaltenskoordination verhindert.[688] In diesem Fall wäre die Bedin-

---

684 Vgl. z.B. *Jacquemin/Slade* (1989), 379.
685 Vgl. *Tirole* (2003), 253; *Friedman* (2000).
686 Vgl. z.B. *Kühn* (2008); *Bühler/Jaeger* (2002), 119; *Shapiro* (1989), 361.
687 Vgl. *Motta* (2004), 251; *Bishop/Lofaro* (2004), 217; *Ivaldi/Jullien/Rey/Seabright/Tirole* (2003b), 63.
688 Vgl. S. 326–333 und 413–415; *Baker* (2002).

Teil 3 D. Koordinierte Effekte und kollektive Marktbeherrschung

gung für die Existenz eines koordinierten Gleichgewichtes nicht erfüllt. Erhöht nun der Zusammenschluss z. B. die „Symmetrie" der Unternehmen, trägt er zur Schaffung eines glaubwürdigen Sanktionsmechanismus bei oder wird durch den Zusammenschluss ein Maverickunternehmen beseitigt, dann könnte nach der Fusion die Bedingung für eine Verhaltenskoordination erfüllt sein, so dass nun koordinierte Gleichgewichte existieren, die es vor dem Zusammenschluss nicht gegeben hat. Auf dieser Überlegung basieren auch die wenigen theoretischen Arbeiten, die sich mit den koordinierten Effekten einer Fusion befassen.[689] Kann nach einem Zusammenschluss, z. B. aufgrund größerer „Symmetrie" der Unternehmen, die Bedingung für die Existenz koordinierter Gleichgewichte leichter erfüllt werden, d. h. wird diese Bedingung weniger restriktiv, dann, so wird argumentiert, ist eher mit dem Auftreten koordinierter Effekte zu rechnen. Das Vorgehen basiert also auf dem Vergleich der Mengen möglicher Gleichgewichte vor und nach der Fusion. Existieren nach dem Zusammenschluss Gleichgewichte mit Verhaltenskoordination, die es davor nicht gegeben hat, so besteht die Möglichkeit des Auftretens koordinierter Effekte. Eine solche Analyse erlaubt jedoch keine Aussage darüber, ob die Unternehmen nach der Fusion tatsächlich ihr Verhalten koordinieren werden, sondern nur darüber, ob der Zusammenschluss eine solche Verhaltenskoordination zumindest möglich macht.[690] Dies ist aus theoretischer Sicht sicherlich unbefriedigend, aber eine Prognose dahingehend, dass es durch einen Zusammenschluss zu einer Verhaltenskoordination kommt, ist im Rahmen der Fusionskontrolle nicht notwendig; für die Untersagung eines Zusammenschlusses reicht es im Allgemeinen, dass die Gefahr einer Verhaltenskoordinierung entsteht oder vergrößert wird. Häufig werden jedoch die durch eine Fusion herbeigeführten Änderungen nicht alle in die gleiche Richtung verlaufen, d. h. einige werden eine Verhaltenskoordination erleichtern, andere sie erschweren, so dass eine Beurteilung, ob sich die Möglichkeiten koordinierten Verhaltens durch die Fusion vergrößern, schwierig wird. Zwar nimmt die Anzahl der Unternehmen im Markt durch den Zusammenschluss ab, aber ihre Asymmetrie könnte größer werden. Der Markt könnte transparenter, die Produkte aber stärker differenziert werden. Die Vielzahl möglicher Faktoren, die koordinierte Effekte beeinflussen können, erlaubt ein breites Spek-

---

689 Bei den Arbeiten, die hier zu nennen sind, handelt es sich um *Davidson/Deneckere* (1984); *Kühn/Motta* (2000); *Vasconcelos* (2001); *Compte/Jenny/Rey* (2002) sowie *Kühn* (2004, 2008). "Previous research has done very little to provide theoretical or empirical underpinnings for dealing with the issue of coordinated effects of mergers." *Kühn* (2004), 4.
690 Vgl. *Jacquemin/Slade* (1989), 379; *Bishop/Lofaro* (2004), 217; *Ivaldi/Jullien/Rey/Seabright/Tirole* (2003 a), 26; *Ivaldi/Jullien/Rey/Seabright/Tirole* (2003 b), 64.

VIII. Feststellung koordinierter Effekte **Teil 3**

trum möglicher Kombinationen. In diesen Fällen müssten in einem ersten Schritt die für die betrachtete Industrie bezüglich einer Verhaltenskoordination besonders relevanten Faktoren identifiziert und gewichtet werden, und ihre Änderung aufgrund der Fusion wäre zu bestimmen. Aber selbst wenn sich die Möglichkeiten einer Verhaltenskoordination aufgrund der Fusion erhöhen, kann aus theoretischer Sicht die in den Leitlinien geforderte Bedingung, dass sich durch einen Zusammenschluss ihre Wahrscheinlichkeit erhöhen muss oder eine bestehende Verhaltenskoordination stabiler oder wirksamer wird, nicht geprüft werden. Es kann bestenfalls nachgewiesen werden, dass nach der Fusion (zusätzliche) koordinierte Gleichgewichte existieren.[691]

Allerdings ist das dargestellte prinzipielle Vorgehen in der Praxis kaum durchführbar, denn um zu überprüfen, ob die Bedingung für die Existenz koordinierter Gleichgewichte erfüllt ist oder nicht, sind Informationen über eine Reihe von Größen notwendig, die in vielen Fällen nicht vorliegen. Es müsste erstens ermittelt werden, welche Gewinne die Unternehmen im Markt bei Verhaltenskoordination erzielen, zweitens wären die Gewinne bei einem Abweichen von der Koordination festzustellen und drittens müssten die Gewinne bestimmt werden, die die Unternehmen erhalten, wenn sie nach einem Abweichen bestraft werden. Zwar könnte man, analog zu einem der zur Erfassung nichtkoordinierter Effekte entwickelten Simulationsmodelle, versuchen, diese verschiedenen Profite abzuschätzen, aber dies dürfte sich in der Praxis als undurchführbar erweisen. Weiterhin ist für die Existenz koordinierter Gleichgewichte der Diskontfaktor von Bedeutung, der die Gewichtung künftiger Erträge angibt. In diesen gehen neben dem Marktzins auch Größen ein wie z. B. die Risikopräferenz, so dass auch dieser Wert empirisch kaum zu ermitteln ist. Daraus ergibt sich unmittelbar ein weiteres Problem einer auf diesen Konzepten basierenden Analyse: Es kann nicht festgestellt werden, welcher Grad z. B. an Asymmetrie zwischen den Unternehmen ausreichend ist, um eine Verhaltenskoordination zu ermöglichen oder zu verhindern, oder wie groß eine glaubwürdige Bestrafung sein muss, um dafür zu sorgen, dass kein Unternehmen von einem koordinierten Verhalten abweicht. Es ist auch schwer feststellbar, ob ein bestimmtes Unternehmen als „Maverick" fungiert und ob ohne diesen Einzelgänger ein koordiniertes Gleichgewicht erreichbar wäre. Ähnliches gilt für die anderen Faktoren, die einen Einfluss auf die Möglichkeiten koordinierten Verhaltens ausüben. Es kann im Allgemeinen keine Aussage darüber getroffen werden, ob die Bedingungen für eine Verhaltenskoordination in einem gegebenen

---

691 Vgl. *Kühn* (2001), 8; *Kühn* (2004), 3.

Markt erfüllt sind oder nicht. Man kann bestenfalls pragmatisch konstatieren, dass in einem Markt, in dem keine der zentralen Voraussetzungen für die Existenz eines koordinierten Gleichgewichtes gegeben ist, eher nicht mit einer Verhaltenskoordination zu rechnen sein wird, während in einem Markt, in dem alle oder zumindest die Mehrzahl dieser Bedingungen erfüllt sind, eine Verhaltenskoordination auftreten kann.

Es könnte bei einer Fusion auch der Fall vorliegen, dass die von der Theorie geforderten Bedingungen für die Existenz koordinierter Gleichgewichte bereits vor dem Zusammenschluss gegeben sind. Hier würde eine Fusion, selbst wenn sie dazu führt, dass alle auf den Seiten 305–359 genannten Voraussetzungen erfüllt sind, die Menge möglicher Gleichgewichte nahezu unverändert lassen. In einer solchen Situation kann nur der Schluss gezogen werden, dass ein koordiniertes Gleichgewicht sowohl vor der Fusion als auch danach ein mögliches Ergebnis ist. Es gibt jedoch, zumindest im Rahmen der traditionellen Spieltheorie, keine Möglichkeit, eine Aussage darüber zu treffen, ob durch einen Zusammenschluss ein koordiniertes Verhalten wahrscheinlicher, wirksamer oder stabiler geworden ist. Der Grund hierfür liegt darin, dass mit Hilfe der herkömmlichen Spieltheorie nur ein Vergleich von Gleichgewichtsmengen vorgenommen werden kann, jedoch prinzipiell keine Aussage darüber getroffen wird, welches Gleichgewicht die Spieler auswählen.[692] Um zeigen zu können, dass aufgrund einer Fusion ein koordiniertes Verhalten „wahrscheinlicher, wirksamer und stabiler" wird, bedarf es daher weiterer Forschung hinsichtlich der Frage, wie Akteure Gleichgewichte auswählen. Hierzu hat es in den letzten Jahren eine Reihe von ersten Ansätzen gegeben: So hat die Verhandlungstheorie zeigen können, dass nicht jedes Gleichgewicht ein mögliches Resultat einer Verhandlung sein kann.[693] Diese Theorie unterstellt jedoch explizite Vereinbarungen zwischen den Akteuren und eignet sich daher besser zur Klärung der Frage, wie sich die Mitglieder eines Kartells auf einen bestimmten Preis oder eine Quotenregelung einigen, und nicht primär für die Prognose koordinierter Effekte. Dies gilt in ähnlicher Weise auch für Ansätze aus dem Bereich der Theorie kooperativer Spiele, wie z. B. die axiomatische Verhandlungstheorie, mit der ein Verhandlungsergebnis ermittelt werden kann.[694] Eine andere Forschungsrichtung versucht, über plausible zusätzliche Anforderungen die Zahl der Gleichgewichte zu

---

[692] Wenn es, wie bei nichtkoordinierten Effekten, vor und nach der Fusion jeweils nur ein Gleichgewicht gibt, dann liegt es nahe, dieses eindeutige Gleichgewicht als Lösung des Spiels anzusehen. Einige Ansätze, das Problem multipler Gleichgewichte und der Gleichgewichtsauswahl zu lösen, werden im Folgenden skizziert.
[693] Vgl. *Binmore/Osborne/Rubinstein* (1992).
[694] *Kühn* (2004).

VIII. Feststellung koordinierter Effekte **Teil 3**

reduzieren. Mit Hilfe solcher Verfeinerungen (Refinements) des Nash-Gleichgewichtes können zwar viele Gleichgewichte als unplausibel verworfen werden, aber im Falle der Verhaltenskoordination bleibt auch bei Anwendung solcher Verfeinerungen die Zahl der Gleichgewichte hoch.[695] Bessere Erklärungsansätze dafür, wie die Spieler zu einem Gleichgewicht gelangen, liefern Arbeiten auf den Gebieten der evolutorischen Spieltheorie sowie der experimentellen Ökonomik. Die Theorie evolutorischer Spiele geht von begrenzt rationalen Spielern aus, die wiederholt interagieren, aus ihren Fehlern lernen und ihr Verhalten entsprechend modifizieren.[696] In diesen Ansätzen wird anhand dynamischer Modelle untersucht, zu welchen Gleichgewichten ein solcher Prozess führt.[697] In der experimentellen Ökonomik werden Laborexperimente durchgeführt, um herauszufinden, wie sich Akteure z. B. in einem am Computer simulierten oligopolistischen Markt verhalten und unter welchen Bedingungen es zu koordiniertem Verhalten kommt.[698] Die Forschungen auf diesem Gebiet haben bereits Ende der 1950er Jahre begonnen und es konnte eine Reihe interessanter Resultate erzielt werden.[699] So legen einige dieser experimentellen Untersuchungen die Vermutung nahe, dass nur bei einer sehr kleinen Anzahl von Spielern, d.h. bei zwei oder höchstens drei Spielern, koordiniertes Verhalten auftritt, vorausgesetzt, es findet zwischen den Spielern keine Kommunikation statt.[700]

Wie deutlich gemacht wurde, ist es aus konzeptionellen Gründen schwierig, Aussagen darüber zu treffen, ob es zu koordinierten Effekten kommen wird bzw. ob sich durch eine Fusion die Wahrscheinlichkeit solcher Effekte erhöht. Wenn eine Untersuchung der Marktbedingungen darauf hindeutet, dass koordinierte Effekte nicht ausgeschlossen werden können, wäre es möglich, zumindest eine Obergrenze für das Ausmaß der koordinierten Effekte zu ermitteln. Hierzu könnte man sich einer Variante des

---

695 Beispiele für solche Verfeinerungen sind z.B. Pareto-Dominanz oder Neuverhandlungsstabilität. Vgl. *Farrell/Maskin* (1989), 327. Allgemein zu Verfeinerungen des Nash-Gleichgewichts vgl. *van Damme* (1992).
696 Eine Einführung in die Theorie evolutorischer Spiele gibt *Schwalbe* (2002). Übersichten über dieses Gebiet geben *Vega-Redondo* (1996); *Weibull* (1995); *Samuleson* (1997).
697 Die Ergebnisse evolutorischer Modelle hängen dabei von der Art des begrenzt rationalen Verhaltens ab. So führt imitatives Verhalten häufig zu einem Ergebnis, das dem bei vollkommenem Wettbewerb entspricht, vgl. *Vega-Redondo* (1996), 157 sowie *Thijssen* (2003). Lernverhalten hingegen kann zu kooperativen Resultaten führen. Vgl. hierzu *Bendor/Mookherjee/Ray* (2001).
698 Eine Übersicht über verschiedene Resultate von Oligopolexperimenten geben *Huck/Norman/Oechssler* (2001).
699 Eine umfangreiche Übersicht über experimentelle Untersuchungen oligopolistischer Märkte, insbesondere hinsichtlich koordiniertem Verhalten gibt *Engel* (2007a, 2007b).
700 Vgl. *Huck/Normann/Oechsler* (2001); *Muren/Pyddoke* (2004).

Simulationsansatzes bedienen, indem unterstellt wird, dass die Unternehmen nach der Fusion ihr Verhalten vollständig koordinieren, d.h. zu einem bestimmten koordinierten Gleichgewicht gelangen. In diesem Fall erhielte man ein „Worst Case Scenario", d.h. die maximal zu erwartenden koordinierten Effekte.[701] Auch hier besteht prinzipiell die Möglichkeit, die zum Ausgleich dieser Effekte nötigen Effizienzgewinne zu bestimmen. Allerdings ist mit einem derartigen Verfahren bestenfalls die Größenordnung koordinierter Effekte zu bestimmen. Eine quantitative Prognose über das Auftreten und das Ausmaß koordinierter Effekte ist aus konzeptionellen Gründen mit den bisher zur Verfügung stehenden Methoden nicht möglich.

IX. Zur Vorgehensweise der Prüfung auf koordinierte Effekte

Zusammenfassend lässt sich feststellen, dass die Wirtschaftstheorie über das Auftreten koordinierter Effekte bisher nur sehr eingeschränkte und pauschale Aussagen treffen kann. Auch begründete Angaben über die Wahrscheinlichkeit, Stabilität und Wirksamkeit einer Verhaltenskoordination können nicht gemacht werden. Um abzuschätzen, ob nach einer Fusion koordinierte Effekte auftreten, sollte daher in einem ersten Schritt untersucht werden, ob die zentralen auf den Seiten 305–336 genannten Bedingungen erfüllt sind. Hierzu gehören die Häufigkeit der Interaktion, die Markttransparenz, die Existenz eines glaubwürdigen Bestrafungsmechanismus sowie die Höhe des Diskontfaktors bzw. des Zinssatzes als notwendige Bedingungen für eine Verhaltenskoordination. Sind darüber hinaus auch andere Voraussetzungen erfüllt, wie eine geringe Anzahl symmetrischer Unternehmen, hohe Marktzutrittsschranken, eine geringe Preiselastizität der Nachfrage, Homogenität der Produkte, Multi-Markt-Kontakte, keine Nachfragemacht und stabile Marktbedingungen, dann handelt es sich um einen Markt, in dem Verhaltenskoordination möglich ist. Wenn diese Voraussetzungen nicht erfüllt sind, d.h., wenn ein Markt schrumpft oder starken Schwankungen unterliegt, die Unternehmen nur selten interagieren, Transaktionen in Form sporadischer Großaufträge getätigt werden und es keine Marktzutrittsschranken gibt, dann ist auf einem solchen Markt in der Tendenz nicht mit koordinierten Effekten zu rechnen.

---

701 *Kovacic/Marshall/Marx/Schulenberg* (2006) schlagen ein ähnliches Verfahren vor, das auf den potenziellen Gewinnen aus einer Verhaltenskoordination bestimmter Teilmengen von Unternehmen basiert. Es gibt inzwischen auch einige Ansätze, die koordinierten Effekte von Zusammenschlüssen mittel Simulationsmodellen zu erfassen (*Davies* (2006), *Sabatini* (2004)). Für eine Anwendung auf den Markt für Netzwerk-Server vgl. *Davies/Huse* (2009).

IX. Zur Vorgehensweise der Prüfung auf koordinierte Effekte Teil 3

Die durch eine Fusion herbeigeführten Änderungen in den Bedingungen wie z. B. der Symmetrie der Unternehmen können eine wirtschaftswissenschaftlich fundierte Aussage über das Auftreten koordinierter Effekte in der Regel nicht begründen und müssen mit größter Vorsicht interpretiert werden.[702] Dies liegt vor allem daran, dass im Allgemeinen keine Aussage darüber getroffen werden kann, welcher Grad an Symmetrie der Unternehmen und welche Anzahl für eine Verhaltenskoordination notwendig ist, welche Interaktionshäufigkeit, welcher Diskontfaktor, welches Maß an Markttransparenz etc. erforderlich sind, um die Existenz koordinierter Gleichgewichte sicherzustellen oder zu verwerfen. Selbst wenn sich aufgrund einer Fusion alle genannten Voraussetzungen für ein koordiniertes Gleichgewicht verbessern, kann eine Verhaltenskoordination im Einzelfall weiterhin unmöglich sein, wenn eine Existenzbedingung für koordinierte Gleichgewichte nicht erfüllt ist. Umgekehrt kann bei einer Verschlechterung der Voraussetzungen, z. B. bei einer zunehmenden Asymmetrie der Unternehmen, die Existenzbedingung weiterhin erfüllt sein. Solange kein Maßstab vorhanden ist, an dem diese Veränderungen gemessen werden können, ist ihre Kenntnis nur von geringem Nutzen.

Im nächsten Schritt sollte daher untersucht werden, ob es Mechanismen gibt, mit deren Hilfe Unternehmen ihr Verhalten koordinieren können. Bisher wurden diese „Facilitating Practices" häufig nur als zusätzliche und hilfsweise Kriterien bei der Analyse koordinierter Effekte herangezogen; sie sollten künftig mit ins Zentrum der Analyse gerückt werden. Nur wenn die Unternehmen die Möglichkeit haben, sich auf ein Gleichgewicht zu koordinieren, besteht die Gefahr koordinierten Verhaltens. Verbessern sich die Möglichkeiten zur Koordinierung des Verhaltens, so wächst die diesbezügliche Gefahr. Dies gilt auch dann, wenn bereits vor einer Fusion eine vollständige Verhaltenskoordination möglich ist. Hierzu sollten die folgenden Punkte berücksichtigt werden: Wenn es in der Ver-

---

702 Diese Aussage steht in deutlichem Kontrast zu den zumeist in der ökonomischen Literatur getroffenen Aussagen, wonach es bei der Beurteilung möglicher koordinierter Effekte darauf ankommt, was sich durch eine Fusion ändert. Dies liegt vor allem daran, dass es für viele Aussagen, die in der Literatur getroffen werden, keine ausreichende theoretische Basis gibt. So ist die exemplarische Aussage "In general, the greater the degree of symmetry, the greater the likelihood of a merger giving rise to coordinated effects. Conversely, where a merger increases the degree of asymmetry between firms, it is more unlikely that the transaction will give rise to coordinated effects." (*Bishop/ Lofaro* (2004), 218) spieltheoretisch nicht zu fundieren, denn die Spieltheorie macht nur Aussagen über die Existenz und die Eigenschaften von Gleichgewichten, nicht aber darüber, ob oder mit welchen Wahrscheinlichkeiten Gleichgewichte erreicht werden oder welche Gleichgewichte wahrscheinlicher sind als andere. Eine darüber hinausgehende Interpretation überstrapaziert die Möglichkeiten fundierter wirtschaftstheoretischer Analyse.

gangenheit in dem betrachteten Markt bereits koordiniertes Verhalten, z. B. im Rahmen einer Kartellabsprache gab, dann könnte der damalige Preis einen „Focal Point" darstellen, der es den Unternehmen erleichtert, ein koordiniertes Gleichgewicht zu erreichen. Alternativ könnte die damalige Preisstruktur, die Quoten- oder die Gebietsaufteilung als Focal Point fungieren.[703] Dabei ist jedoch zu berücksichtigen, dass ein Parallelverhalten hinsichtlich der Preissetzung in der Vergangenheit nicht als hinreichender Nachweis einer Verhaltenskoordination interpretiert werden kann, dieses kann z. B. durch alle Unternehmen in gleicher Weise betreffende Kostenerhöhungen erklärt werden. Dies gilt in gleicher Weise auf für stabile Marktanteile.[704] Auch wenn es einen etablierten Preisführer gibt oder durch den Zusammenschluss ein solcher entsteht, könnte der von diesem Unternehmen gesetzte Preis von den anderen als Signal für die eigene Preissetzung interpretiert werden, so dass eine Verhaltenskoordination ermöglicht wird. Weiterhin könnten sich die Möglichkeiten des Informationsaustausches durch eine Fusion verbessern. Auch die Existenz von Preisregeln, wie z. B. Frachtbasissystemen oder Preisgarantien zumindest bei einigen Unternehmen, könnte auf vorhandene Koordinationsinstrumente hindeuten. Diese könnten durch eine Fusion wirksamer werden, wenn z. B. ein Unternehmen an einem Zusammenschluss beteiligt ist, das bisher einer solchen Preisregel nicht gefolgt ist. Die Rolle, die die verschiedenen „Facilitating Practices" für eine Verhaltenskoordination spielen, sind in der Literatur bisher noch nicht systematisch hinsichtlich ihrer Bedeutung für koordinierte Effekte untersucht worden, so dass hier noch erheblicher Forschungsbedarf besteht.

Abschließend kann festgestellt werden, dass Fusionen unter bestimmten Voraussetzungen koordinierte Effekte auslösen können, die deutlich stärker sind als die nichtkoordinierten. Es ist jedoch nicht möglich, eine theoretisch fundierte Prognose über die durch einen Zusammenschluss induzierte Änderung der Wahrscheinlichkeit, Stabilität und Wirksamkeit einer Verhaltenskoordination abzugeben. "In particular, current theory does not allow any convincing conclusions on the issue of tacit collusion, which may be thought of as central for the application of coordinated effects analysis to mergers. In this sense, much of what has been written on coordinated effects is tentative and a very conservative approach to the use of coordinated effects analysis of mergers is appropriate."[705] Aus pragmatischen Gründen sind daher vor allem die Marktbedingungen für koordi-

---

703 Für Preisobergrenzen als Focal Points vgl. *Knittel/Stango* (2003). Experimentelle Evidenz findet sich in *Engelmann/Müller* (2008).
704 Vgl. *Buccirossi* (2006).
705 *Kühn* (2008), 140 f.

niertes Verhalten und die Instrumente und Mechanismen der Verhaltenskoordination zu untersuchen. Sind diese Bedingungen erfüllt, aber gibt es keine Mechanismen der Verhaltenskoordination, dann legen die Resultate der experimentellen Untersuchungen die Vermutung nahe, dass nur 3-auf-2-Fusionen problematisch sind.[706] Gibt es jedoch im betrachteten Markt wirksame Instrumente der Verhaltenskoordination, dann können auch Zusammenschlüsse in Märkten mit mehr als 3 Unternehmen koordinierte Effekte bewirken.

Diese Überlegungen machen deutlich, dass durch einen Zusammenschluss erhebliche Beeinträchtigungen des Wettbewerbs mit den damit verbundenen Wohlfahrtseinbußen verursacht werden können. Allerdings wurde bei den Analysen sowohl der nichtkoordinierten also auch der koordinierten Effekte davon ausgegangen, dass eine durch einen Zusammenschluss ausgelöste Preiserhöhung und die damit verbundene Gewinnsteigerung bei den etablierten Unternehmen keine Angebotssubstitution anderer, bisher noch nicht in diesem Markt tätiger Unternehmen und auch keinen Marktzutritt auslöst, d.h., es wurde unterstellt, dass es Marktzutrittsschranken gibt, die von anderen Unternehmen nicht überwunden werden. Diese Annahme ist jedoch häufig nicht gerechtfertigt. Ist damit zu rechnen, dass innerhalb kurzer Zeit eine Angebotssubstitution oder ein Marktzutritt in signifikantem Umfang erfolgt, dann wird dieses zusätzliche Angebot die möglichen negativen Auswirkungen einer Fusion kompensieren. Entweder wird es von vornherein zu keiner Preiserhöhung kommen oder sie ist nur vorübergehender Natur. Dies setzt jedoch voraus, dass die durch einen Zusammenschluss induzierten Effekte stark genug sind, einen Eintritt anzuregen.[707] Allerdings stellen sich bei der Einschätzung eines möglichen Marktzutritts, stärker noch als bei einer Angebotssubstitution, erhebliche praktische Schwierigkeiten.[708] Wenn hingegen absolute oder strategische Marktzutrittsschranken, z.B. in Form von gesetzlichen Regelungen, Patenten etc. oder in Form versunkener Kosten vorliegen, dann ist davon auszugehen, dass es zu keinem Marktzutritt kommt und daher nicht mit kompensierenden Wirkungen eines zusätzlichen Angebotes gerechnet werden kann. Ähnliche Situationen liegen auch dann vor, wenn es sich um einen Markt mit starken Netz-

---

706 Vgl. *Huck/Normann/Oechssler* (2001), 9.
707 *Froeb/Werden* (1998) untersuchen den durch eine Fusion induzierten Markteintritt und kommen dabei zu dem Ergebnis, dass bei Preiswettbewerb ein Marktzutritt einen profitablen Zusammenschluss unprofitabel macht. Dies gilt bei Mengenwettbewerb noch stärker. Ohne Marktzutrittsschranken fusionieren Firmen nur, wenn Effizienzgewinne zu erwarten sind.
708 Vgl. S. 84–87 sowie S. 189–195.

effekten handelt, so dass ein Marktzutritt nur dann erfolgen kann, wenn es einem neu eintretenden Unternehmen gelingt, rasch eine große installierte Basis aufzubauen. Dies wird jedoch, vor allem wenn bei den Konsumenten erhebliche Wechselkosten anfallen, nur in Ausnahmefällen möglich sein. Andere Faktoren, wie z. B. Nachfragemacht können dazu beitragen, die negativen Auswirkungen einer Fusion zu reduzieren, z. B. durch strategische Zurückhaltung der Nachfrage oder durch die Möglichkeit, selbst die Produktion des Gutes aufzunehmen. Allerdings wird die Nachfragemacht im Allgemeinen nicht stark genug sein, eine volle Kompensation der negativen Effekte zu ermöglichen.

E. Weitere für die Beurteilung von Zusammenschlusswirkungen relevante Faktoren

Auf einige Aspekte, die für die Beurteilung der Wirkungen eines Zusammenschlusses von Bedeutung sind, wie z. B. Nachfragemacht, potenziellen Wettbewerb und Marktzutrittsschranken, wurde bereits im Abschnitt über Faktoren, die die Marktmacht beeinflussen können, eingegangen (S. 177–205). Im Folgenden wird auf verschiedene weitere Gesichtspunkte, die bei der Beurteilung von Zusammenschlusswirkungen relevant sein können, hingewiesen. Dabei wird das Schwergewicht auf Sonderfälle von Zusammenschlüssen sowie auf die Berücksichtigung von Effizienzgewinnen in der Fusionskontrolle gelegt.

I. Zusammenschlüsse in zweiseitigen Märkten

Zweiseitige Märkte sind dadurch charakterisiert, dass dort unterschiedliche Nachfragergruppen, zwischen denen indirekte Netzwerkeffekte bestehen, durch eine Plattform zusammengeführt werden, wie z. B. bei werbefinanzierten Medien. Hier sind die beiden Gruppen einerseits die Zuschauer bzw. Leser und andererseits die Werbung treibenden Unternehmen. Die Marktmacht, die ein auf einem zweiseitigen Markt operierendes Unternehmen gegenüber einer Nachfragergruppe hat, beeinflusst auch die Marktmacht gegenüber der anderen Nachfragergruppe. Wenn sich durch einen Zusammenschluss von zwei Plattformen die Marktmacht gegenüber einer Nachfragergruppe erhöht, dann kann dies auch negative Effekte für die andere Gruppe von Nachfragern haben. Es handelt sich bei diesen Wirkungen eines Zusammenschlusses im Prinzip um nichtkoordinierte Effekte, der Wirkungsmechanismus auf zweiseitigen Märkten ist jedoch

I. Zusammenschlüsse in zweiseitigen Märkten Teil 3

komplexer, da zwei Nachfragergruppen involviert sind, zwischen denen indirekte Netzeffekte bestehen. Vor einem Zusammenschluss würde die Erhöhung des Preises für eine Nachfragergruppe durch ein Unternehmen dazu führen, dass Konsumenten aus dieser Gruppe zu anderen Plattformen abwandern würden. Wenn z. B. der Preis einer Zeitschrift erhöht wird, dann ist damit zu rechnen, dass einige Leser stattdessen auf ein Substitut ausweichen, d. h. eine andere Zeitschrift kaufen. Dieser Verlust an Lesern hat jedoch auch Auswirkungen auf die andere Marktseite, die Werbung treibenden Unternehmen. Wenn die Zeitschrift weniger Leser hat, dann verliert sie auch als Werbeforum an Attraktivität. Dieser indirekte Effekt reduziert zusätzlich den Anreiz eines Unternehmens, den Preis für eine Nachfragerseite zu erhöhen.[709] Nach einem Zusammenschluss verbleibt jedoch ein Teil des Nachfragerückgangs beider Gruppen innerhalb des fusionierten Unternehmens, sodass dies einen Anreiz für Preiserhöhungen bieten kann. Konzeptionell handelt es sich auch hier um nichtkoordinierte Effekte wie in traditionellen einseitigen Märkten. Allerdings ist der Wirkungsmechanismus aufgrund des Plattformcharakters mit zwei oder mehr beteiligten Nachfragergruppen und den indirekten Netzwerkeffekten etwas komplizierter. Im Prinzip können jedoch die Auswirkungen von Zusammenschlüssen auf zweiseitigen Märkten in ähnlicher Weise analysiert werden, wie auf einseitigen.

Im Fall *Travelport/Worldspan*[710], der den Markt für elektronische Distributionssysteme für Reiseprodukte betraf, fanden die einer zweiseitigen Marktstruktur immanenten indirekten Netzwerkeffekte Berücksichtigung in der Entscheidungsfindung der Kommission. Reiseproduktanbieter schließen in der Regel Vereinbarungen mit allen Betreibern dieser Distributionssysteme, um so die weitestmögliche Verbreitung ihrer Produkte bei Reisebüros zu gewährleisten (sog. multi-homing). Da die von den Systembetreibern bereitgestellten Reiseleistungen sich aus diesem Grund sehr ähneln, entscheiden sich Reisebüros demgegenüber gewöhnlich für das Kontrahieren mit nur einem Systembetreiber (sog. single-homing).[711] Diese Asymmetrie erlaubt es den Systembetreibern, den exklusiven Zugang zu einer erheblichen Anzahl von Reisebüros wie auch zu den von diesen ver-

---

709 Anhand dieses Beispiels soll vor allem der Wirkungsmechanismus nichtkoordinierter Effekte in zweiseitigen Märkten deutlich gemacht werden. Wie bereits auf Seite 61 f. dargelegt wurde, wird eine Plattform bei ihrer Preissetzung immer auf eine optimale Preisstruktur achten, d. h. sie wird in der Regel die Preise für beide Marktseiten gleichzeitig anpassen.
710 Komm. v. 21. 8. 2007 (COMP/M.4523) – Travelport/Worldspan.
711 Ibid., Rdnr. 78.

Teil 3 E. Weitere relevante Faktoren

mittelten Endverbrauchern gegenüber den Reiseproduktanbietern zu kontrollieren. Als Folge dieses „competitive bottleneck" verfügen die Betreiber der Distributionssysteme über einen höheren Grad an Marktmacht, als es ihr Marktanteil indiziert. Die Kommission spricht diesbezüglich von einem „gewisse[n] Maß an Monopolgewalt in Bezug auf Reiseleistungsanbieter".[712] Aufgrund der gegebenen indirekten Netzwerkeffekte äußerte die Kommission daher Sorgen hinsichtlich einseitiger Preiserhöhungen, obgleich das fusionierte Unternehmen nach dem Zusammenschluss nicht zum Marktführer wurde. Letztlich verwies sie aber auf die Möglichkeiten der Reisebüros, antikompetitiven Verhaltensweisen durch Entfernung eines wertvollen Teils ihrer Reiseprodukte aus dem Distributionssystem des fusionierten Unternehmens entgegenzutreten.[713] Ferner berücksichtigte sie die niedrigen Wechselkosten und den wettbewerblichen Druck, der durch alternative Vertriebskanäle wie Direktbuchungen über das Internet ausgebübt wird.[714] Der Zusammenschluss wurde daher ohne Auflagen und Bedingungen freigegeben.

Indirekte Netzwerkeffekte wurden auch in der Entscheidung *Google/Doubleclick*[715] untersucht, die unter anderem einen vertikalen Zusammenschluss im Markt für die Vermittlung von Online-Werbung betraf: „Diese Netzeffekte wirken sich so aus, dass ein Ad-Netzwerk für Werbetreibende umso attraktiver wird, je mehr Website-Betreiber ihm angehören (und umgekehrt). ... Mit einer steigenden Anzahl von Website-Betreibern und Werbetreibenden wächst das Ad-Netzwerk, wodurch Wahrscheinlichkeit und erwarteter Wert einer Übereinstimmung steigen."[716] Die meisten Kunden nutzten freilich mehr als ein Ad-Netzwerk, da die Fixkosten der Teilnahme an einem Ad-Netzwerk sehr gering sind. Die Verbreitung dieses multi-homing begrenzte den Einfluss indirekter Netzwerkeffekte und dadurch zugleich die Marktmacht des fusionierten Unternehmens, was wiederum seine Fähigkeit zu einer Abschottung des Vermittlungsmarktes beschränkte.[717] Interessanterweise untersuchte die Kommission auch, ob *direkte* Netzwerkeffekte aufgrund der verbesserten Ausrichtung der Werbung auf Zielgruppen dem fusionierten Unternehmen einen wettbewerblichen Vorteil verschaffen würden.[718] Diese Verbesserung hätte auf der

---

712 Ibid., Rdnr. 81.
713 Ibid., Rdnr. 126.
714 Ibid., Rdnr. 139 ff. und 84 ff. Interessanterweise bezog die Kommission die alternativen Vertriebskanäle trotz des erheblichen von ihnen ausgehenden wettbewerblichen Drucks nicht in den relevanten Markt ein, siehe S. 119.
715 Komm. v. 11.3.2008 (COMP/M.4731) – Google/Doubleclick.
716 Ibid., Rdnr. 304.
717 Ibid., Rdnr. 305, 307 und 310.
718 Ibid., Rdnr. 303.

großen Menge an Daten über das Nutzerverhalten basiert, die auf dem breiten Kundenstamm des fusionierten Unternehmens beruhten. Allerdings war die Verwendung dieser Daten vertraglich untersagt, da die Nutzer die Vertraulichkeit ihrer Datenbestände schätzten.[719] Die Kommission nahm daher an, dass das fusionierte Unternehmen nicht von direkten Netzwerkeffekten profitieren würde.

Auch das Bundeskartellamt hat die Interdependenz zwischen zwei unterschiedlichen Nachfragergruppen im Hinblick auf Fachzeitschriften sowie Fachmessen anerkannt. Im Fall *Intermedia/H&B*[720] wurden die Bedenken des Amtes, die auf dem hohen kumulierten Marktanteil der Zusammenschlussparteien auf dem Werbemarkt von über 70% beruhten, durch die Existenz indirekter Netzwerkeffekte noch weiter verstärkt. Denn die starke Position der Zusammenschlussparteien auf dem betroffenen Lesermarkt und die weite Verbreitung ihrer Zeitschriften erhöhte die Attraktivität ihrer Zeitschriften für Anzeigekunden.[721] Da die Zusammenschlussparteien zudem im selben Geschäftsfeld Fachmessen veranstalteten, verstärkten sich die sowohl Fachzeitschriften wie auch Fachmessen immanenten indirekten Netzwerkeffekte wechselseitig.[722] Ferner begünstigten nach Ansicht des Bundeskartellamtes indirekte Netzwerkeffekte die etablierten Marktteilnehmer derart, dass ein Marktzutritt von potenziellen Wettbewerbern kaum profitabel und damit unwahrscheinlich war.[723]

II. Übernahme eines besonders dynamischen Wettbewerbers – Mavericks

Wenn an einem Zusammenschluss ein besonders dynamisches Unternehmen beteiligt ist oder eines, das sich in seinem Wettbewerbsverhalten aufgrund besonderer Bedingungen wie z. B. der Kosten oder der Organisationsform von den anderen Marktteilnehmern unterscheidet, dann kann dies für die Beurteilung der Zusammenschlusswirkungen von besonderer Bedeutung sein. Dies gilt vor allem in Bezug auf die koordinierten Effekte einer Fusion. Hier könnte der Fall eintreten, dass durch den Zusammenschluss mit einem „Außenseiter", einem sogenannten Maverick, sich die Bedingungen für ein koordiniertes Verhalten nach einer Fusion drastisch verändern. Wurde vor dem Zusammenschluss eine Verhaltenskoordi-

---

719 Ibid., Rdnr. 303.
720 BKartA, Beschl. v. 29.8.2008, B6–52/08 – Intermedia/H&B (= WuW/E DE-V 1643, dort allerdings nur teilweiser Abdruck der unten aufgeführten Fundstellen).
721 Ibid., S. 22–23 (= WuW/E DE-V 1643, 1645f.) und S. 52.
722 Ibid., S. 54.
723 Ibid., S. 59.

Teil 3 E. Weitere relevante Faktoren

nation durch den Maverick verhindert, so kann nach dem Wegfall dieses Unternehmens ein koordiniertes Gleichgewicht deutlich einfacher etabliert werden.[724] Hierzu ist es nicht erforderlich, dass das Maverick-Unternehmen über einen erheblichen Marktanteil verfügt; die Existenz des Unternehmens reicht möglicherweise aus, ein koordiniertes Gleichgewicht zu verhindern. Daher kann auch ein verhältnismäßig geringer Marktanteilszuwachs nach Auffassung der Kommission zu erheblichen Bedenken führen, wenn es um die Übernahme eines besonders dynamischen Wettbewerbers auf einem Markt in der Expansionsphase geht[725] oder sich aus anderen Umständen ergibt, dass eine rein rechnerisch nur geringfügige Anteilsaddition nicht den tatsächlichen Zuwachs an Marktmacht widerspiegelt.[726] Aussagekräftig können in diesem Zusammenhang nach Ausführungen der Kommission in *T-Mobile/Orange* Daten über Kundenwechsel zwischen den Wettbewerbern sein. Sie ermöglichen die Berechnung der Anteile an Wechslern, die ein Marktteilnehmer anzuziehen vermag. Wenn diese Anteile eines Wettbewerbers oberhalb seiner Marktanteile lägen, könne dies dafür sprechen, dass es sich um ein Maverick-Unternehmen handle.[727] Zusammengefasst sieht die Kommission einen Marktteilnehmer als Maverick-Unternehmen an, wenn er sich durch aggressives Marktverhalten auszeichnet und in systematischer Weise die niedrigsten Preise anbietet, sodass sein Wegfall infolge des Zusammenschluss die Marktbedingungen signifikant verändern würde.[728]

Der Zusammenschluss eines Maverick-Unternehmens mit einem etablierten Marktteilnehmer kann ferner nichtkoordinierte Effekte hervorrufen, indem der Anreiz des Maverick-Unternehmens zu intensivem Wettbewerbsverhalten reduziert wird.[729] In der Entscheidung *Linde/BOC* nimmt die Kommission an, dass ein Preisrückgang aufgrund eines vergrößerten Angebots für ein neues Unternehmen am Markt von geringerer Bedeutung ist als für einen etablierten Marktteilnehmer, da neue Unternehmen in niedrigere Margen „investieren" müssten, um ihre Position auf dem

---

724 Zur Rolle von Maverick-Unternehmen beim Auftreten koordinierter Effekte vgl. *Baker* (2002b).
725 Komm. v. 4.2.1998 (IV/M.950), ABl.EG 234/14 – Hoffmann-La Roche/Boehringer Mannheim, Rdnr. 91.
726 Vgl. Komm. v. 26.6.1997 (IV/M.890) – Blokker/Toys 'R' Us, Rdnr. 88–98.
727 Komm. v. 1.3.2010 (COMP/M.5650) – T-Mobile/Orange, Rdnr. 55–63.
728 Komm. v. 22.2.2008 (COMP/M.4963) – Rexel/Hagemeyer, Rdnr. 71; Komm. v. 3.10.2007 (COMP/M.4844) – Fortis/ABN AMRO Assets, Rdnr. 106 -109, die Kommission stützte sich dabei vor allem auf Berichte der Wettbewerber und auf einen Gewinn des Preises „Award for Commercial bank of the year"; Komm. v. 22.6.2009 (COMP/M.5496) – Vattenfall/Nuon Energy, Rdnr. 54.
729 Komm. v. 26.4.2006 (COMP/M.3916) – T-Mobile Austria/tele.ring, Rdnr. 40; Komm. v. 6.6.2006 (COMP/M.4141) – Linde/BOC, Rdnr. 160.

Markt zu entwickeln.[730] Die Beseitigung eines neuen Unternehmens am Markt durch einen Zusammenschluss kann daher eine negative Wirkung auf die Preise haben, wenn man den erwarteten Preisrückgang ohne den Zusammenschluss als Vergleich heranzieht.

Im Fall *Deutsche Bahn/EWS* wollte die Deutsche Bahn ein im französischen Markt sehr engagiert auftretendes Unternehmen, EWS, übernehmen. Die Untersuchung des Vorhabens warf die Befürchtung auf, dass EWS sein Wettbewerbsverhalten im französischen Markt infolge des Zusammenschlusses neu ausrichten und den Wettbewerbsdruck auf SNCF vermindern könnte. Zwar standen sich Deutsche Bahn und SNCF als Wettbewerber auf keiner Bahnstrecke im deutschen oder französischen Güter- oder Personenverkehr gegenüber – die Eisenbahngesellschaften betrieben den grenzüberschreitenden Verkehr auf Basis zahlreicher Kooperationsabkommen mit jeweils kompatiblen Lokomotiven. Daraus folgerte die Kommission aber, dass die Deutsche Bahn weder den Markteintritt von SNCF auf dem deutschen Markt provozieren noch die Kooperation mit SNCF gefährden wollen und daher die Aktivitäten von EWS nach der Übernahme einschränken würde. Im Ergebnis würde sich EWS dann im Wettbewerb sehr viel mehr zurückhalten als ohne den Zusammenschluss.[731]

III. Die Übernahme eines potenziellen Wettbewerbers

Potenzieller Wettbewerb kann im Zusammenhang mit einer Fusion nicht nur Bedenken zerstreuen, sondern auch verstärken, wenn ein potenzieller Wettbewerber an einem Zusammenschluss beteiligt ist. Dies ist vor allem dann der Fall, wenn insbesondere durch diesen potenziellen Konkurrenten die Ausübung von Marktmacht verhindert wurde. Fällt nun diese Beschränkung der Marktmacht durch den Zusammenschluss weg, so kann es zu erheblichen negativen Auswirkungen auf das Marktergebnis kommen. Nach den Leitlinien zur Bewertung horizontaler Zusammenschlüsse müssen zwei Grundbedingungen erfüllt sein, damit sich ein Zusammenschluss mit einem potenziellen Wettbewerber erheblich auf den wirksamen Wettbewerb auswirkt: „Erstens müssen von dem potenziellen Wettbewerber bereits spürbare den Verhaltensspielraum begrenzende Wirkungen ausgehen, oder es müssen Anhaltspunkte dafür vorliegen, dass dieser sich zu einer wirksamen Wettbewerbskraft entwickelt. ... Zweitens dürfen keine anderen potenziellen Wettbewerber vorhanden sein, die einen hinreichenden

---

730 Komm. v. 6.6.2006 (COMP/M.4141) – Linde/BOC, Rdnr. 166.
731 Komm. v. 6.11.2007 (COMP/M.4746) – Deutsche Bahn/English Welsh & Scottish Railway Holdings (EWS), Rdnr. 49, 54.

Teil 3   E. Weitere relevante Faktoren

Wettbewerbsdruck nach dem Zusammenschluss aufrechterhalten können."[732]

Im Fall *Air Liquide/BOC* identifizierte die Kommission das Zielunternehmen Air Liquide als einen der mächtigsten potenziellen Einsteiger in die Heimatmärkte von BOC und konstatierte im Anschluss an eine umfassende Wettbewerbsanalyse: „Abschließend sei festgestellt, dass der potenzielle Wettbewerb auf den Märkten für Bulk- und Flaschengase im Vereinigten Königreich und in Irland im Wesentlichen davon abhängt, dass Air Liquide weiterhin als unabhängiger Wettbewerber agiert. Wenn sich das etablierte Unternehmen (BOC) und der stärkste potenzielle Einsteiger (Air Liquide) zusammenschließen, ginge dieser Wettbewerbsdruck verloren."[733] Weiter heißt es: „Es sollte unterstrichen werden, dass die Einwände der Kommission nicht gegen die bisherige Unternehmensstrategie von Air Liquide gerichtet sind, die darin bestanden haben könnte, (noch) keine wesentlichen Aktivitäten im Vereinigten Königreich und in Irland zu unternehmen. Die sich aus dem Zusammenschluss ergebenden wettbewerbsrechtlichen Bedenken betreffen eher die Ausschaltung des chancenreichsten Wettbewerbers in den betreffenden Märkten. Ungeachtet dessen, ob der betreffende Wettbewerber vorher gewillt war, einen wirksamen Wettbewerb zu führen, würde die geplante Übernahme die Möglichkeit eines solchen Wettbewerbs für immer ausschalten. Der angemeldete Zusammenschluss würde daher einem potenziellen Wettbewerber auf Dauer die Basis entziehen und damit die jetzige beherrschende Stellung von BOC in den betreffenden Märkten stärken. Das Ergebnis könnte sein, dass das zusammengeschlossene Unternehmen in der Lage wäre, den Markt für Flaschen- und Bulkgase im Vereinigten Königreich und in Irland ständig zu beherrschen."[734] In *Glaxo Wellcome/Smithkline Beecham* zerstreuten sich die Bedenken der Kommission bezüglich der Übernahme eines potenziellen Wettbewerbers, weil noch mindestens ein vergleichbares Asthma-Produkt vor der Einführung durch Glaxo Wellcome/SmithklineBeecham durch ein potenzielles Konkurrenzunternehmen auf den Markt kam.[735]

---

732 Leitlinien zur Bewertung horizontaler Zusammenschlüsse, ABl.EU 2004 Nr. C 31, S. 5–18, Rdnr. 60.
733 Komm. v. 18.1.2000 (IV/M.1630), ABl.EU 2004 L 92/1 – Air Liquide/BOC, Rdnr. 201 ff.
734 Ibid., Rdnr. 222; ähnliche Bedenken in Komm. v. 23.6.1995 (IV/M.616) – Swissair/Sabena (II), Rdnr. 27–30; Komm. v. 13.10.1999 (IV/M.1439) – Telia/Telenor, Rdnr. 148–154; Komm. v. 19.7.2006 (COMP/M.3796) – Omya/Huber PCC, Rdnr. 440; Komm. v. 27.6.2007 (COMP/M.4439) – Ryanair/Aer Lingus, Rdnr. 525.
735 Komm. v. 8.5.2000 (COMP/M.1846) – Glaxo Wellcome/SmithkleinBeecham, Rdnr. 177.

IV. Aufholfusionen

Aus ökonomischer Sicht sind sogenannte Aufholfusionen ambivalent zu beurteilen. Zum einen könnte eine derartige Fusion positive Auswirkungen auf das Marktergebnis haben, wenn die fusionierten Unternehmen nach dem Zusammenschluss über eine ähnlich effiziente Technologie verfügen wie die anderen Unternehmen in diesem Markt. Aufgrund dieser erhöhten Effizienz des fusionierten Unternehmens könnten Wohlfahrtsgewinne entstehen.[736] Ein anderer Fall könnte dann vorliegen, wenn vor der Fusion eine Einzelmarktbeherrschung bestand, wie z. B. bei der Marktform eines „dominanten Unternehmens mit wettbewerblichem Rand". In diesem Fall kann die Betrachtung der relativen Marktanteile dazu führen, dass eine Fusion, obwohl sie zu hohen kombinierten Marktanteilen des neuen Unternehmens führt, als positiv bewertet wird: nämlich dann, wenn dadurch der Abstand zu einem bisher anteilsmäßig überragend starken Wettbewerber verringert wird und statt dessen eine annähernde Anteilssymmetrie herbeigeführt wird. Hier könnte durch einen Zusammenschluss kleinerer Unternehmen eine duopolistische Marktstruktur anstelle der Einzelmarktbeherrschung treten, was u. U. mit Wohlfahrtsgewinnen verbunden sein kann. Andererseits würden die Unternehmen in diesem Markt aufgrund der Aufholfusion aber „symmetrischer" werden, was die Gefahr des Auftretens koordinierter Effekte und damit einer kollektiven Marktbeherrschung erhöhen würde. Aus diesem Grunde ist bei einer solchen Aufholfusion immer sehr genau abzuwägen, welcher dieser Effekte im gegebenen Fall eher vorliegt.[737]

Diese Ambivalenz spiegelt sich auch in der Rechtsprechung wieder. Während das BKartA zunächst Zusammenschlüsse, die zu einer anteilsmäßigen Symmetrie der Oligopolisten geführt hätte, durchweg positiv beurteilte,[738] brachte die Kammergerichtsentscheidung *Morris/Rothmans* diesbezüglich eine Wende in der deutschen Fusionskontrollpraxis. Das Kammergericht entgegnete auf die Argumentation der Zusammenschlussbeteiligten, die fusionsbedingte Angleichung der Marktanteile würde sich positiv auf den Binnenwettbewerb auswirken: „Es ist nicht ersichtlich, worauf sich die Erwartung gründen lässt, die Veränderung der Marktanteile in Richtung auf eine Angleichung, in der die Beschwerdef. eine Dekonzentration sehen, werde strukturelle Bedingungen für die Entstehung

---

736 Zu Effizienzgewinnen aufgrund von Zusammenschlüssen vgl. S. 420–466.
737 Zum deutschen Recht vgl. BKartA, Beschl. v. 21.4.2004, B 10-102/03, WuW/E DE-V 923 – Agrana/Atys.
738 Vgl. z. B. den im Tätigkeitsbericht des BKartA 1979/80 dargestellten Fall *Reemtsma/ Tchibo*, S. 88 f.

wesentlichen Binnenwettbewerbs nach dem Zusammenschluss schaffen. Auch ein durch Zusammenschluss entstandenes symmetrisches Oligopol bietet keine besseren Voraussetzungen hierfür. Der Gesetzgeber ist vielmehr davon ausgegangen, dass zwar Verbesserungen der Wettbewerbsbedingungen eintreten können, wenn in asymmetrischen Oligopolen die Position eines schwächeren Oligopolmitglieds sich festigt oder gestärkt wird (...), er hat aber zu erkennen gegeben, dass solche positive Betrachtung nicht geboten ist, wenn sich das Oligopol dabei wesentlich verengt (...). Gleiche oder annähernd gleiche Marktanteile innerhalb der Gruppe sind geeignet, die Voraussetzungen für eine Politik der gemeinsamen Monopolisierung und Gewinnmaximierung bei Ausschaltung des Preiswettbewerbs zu verbessern."[739] Seither bewertet die Fusionskontrollpraxis das Phänomen der Aufholfusionen eher förderlich für ein mögliches stillschweigendes Parallelverhalten und damit für oligopolistisch marktbeherrschendes Verhalten. Auch in der europäischen Rechtspraxis wird die zusammenschlussbedingte Angleichung von Marktanteilen als wettbewerbsbeeinträchtigend beurteilt.[740] Allerdings hat die Kommission in den letzten Jahren auch die positive Wirkung von Aufholfusionen auf den Wettbewerb berücksichtigt, wenn die Abnehmer in der Annahme besserer Angebotsalternativen eine positive Haltung gegenüber dem Zusammenschluss eingenommen haben.[741]

V. Sanierungsfusionen

Ein spezifisches Problem stellt sich, wenn ein Zusammenschluss ein Unternehmen betrifft, das aufgrund andauernder finanzieller Probleme den Markt ohnedies in nächster Zeit verlassen müsste.[742] In diesem Fall, so wird argumentiert, ändert eine Fusion nichts an der Marktstruktur, denn die Anzahl der Unternehmen wäre mit oder ohne Zusammenschluss die gleiche. Der relevante Vergleich wäre hier die Situation ohne Zusammenschluss nach dem Ausscheiden des in Schieflage geratenen Unternehmens mit der Situation, die sich nach der Fusion ergeben würde. Wenn durch das Ausscheiden eines Unternehmens seine Produktionskapazitäten vom Markt verschwinden würden, dann hätte dies eine Verschlechterung der Wettbewerbssituation zur Folge, denn es stünde nur eine geringere Produktionskapazität zur Verfügung. Dies würde zu einem geringeren Angebot und zu höheren Prei-

---

739 KG, Beschl. v. 1.7.1983, WuW/E OLG 3051, 3079f. – *Morris/Rothmans*.
740 Vgl. Leitlinien der Kommission zur Bewertung horizontaler Zusammenschlüsse, ABl.EU 2004 Nr. C 31, S. 5–18, Rdnr. 48; Komm. v. 12.12.2006 (COMP/M.4187) – Metso/Aker Kvaerner, Rdnr. 105 und 109.
741 Komm. v. 21.8.2007 (COMP/M.4523) – Travelport/Worldspan, Rdnr. 146 und 147; Komm. v. 12.5.2006 (COMP/M.4057) – Korsnäs/Assidomän Cartonboard, Rdnr. 36.
742 Vgl. *Hewitt* (1999), 119–139; *Mason/Weeds* (2002).

V. Sanierungsfusionen Teil 3

sen führen. Eine Sanierungsfusion könnte daher dafür sorgen, dass die Produktionskapazitäten erhalten bleiben und es so zu mehr Wettbewerb, einem höheren Angebot und geringeren Preisen kommen würde als ohne diesen Zusammenschluss. Dies setzt jedoch voraus, dass es keinen anderen Käufer für das sanierungsbedürftige Unternehmen gibt. Wenn es andere, nicht zum relevanten Markt gehörende Interessenten für dieses Unternehmen gibt, dann sollte diesen der Vorzug gegeben werden, denn die Kapazitäten würden im Markt verbleiben und von einem unabhängigen Wettbewerber kontrolliert werden. Eine Fusion aus Sanierungsgründen sollte daher nur in dem Fall zugelassen werden, dass das sanierungsbedürftige Unternehmen den Markt in naher Zukunft verlässt, die Produktionskapazitäten dem Markt deshalb nicht mehr zur Verfügung stehen und es keine alternativen Käufer des Unternehmens gibt. Allerdings ist zu berücksichtigen, dass – auch wenn die genannten Bedingungen erfüllt sind – durch eine Sanierungsfusion die Möglichkeiten koordinierter Effekte zunehmen können, wenn z.B. das übernehmende Unternehmen nach der Fusion eine ähnliche Kapazität hätte wie die anderen Unternehmen im Markt, so dass aufgrund der erhöhten Symmetrie eine Verhaltenskoordination leichter möglich wird.

Dementsprechend lässt die Kommission eine „failing firm defence" nur unter engen Voraussetzungen zu. Danach ist ein an sich wettbewerblich bedenklicher Zusammenschluss mit dem Gemeinsamen Markt vereinbar, wenn die Verschlechterung der Wettbewerbsstruktur nach dem Zusammenschluss nicht durch eben diesen verursacht wird und ohne den Zusammenschluss in zumindest gleichem Ausmaß eintreten würde.[743] Dies ist insbesondere anzunehmen, wenn das Zielunternehmen ohne den Zusammenschluss in naher Zukunft aus dem Markt ausscheiden würde, keine weniger wettbewerbswidrige Verkaufsalternative gegeben ist und die Vermögenswerte des Zielunternehmens andernfalls zwangsläufig vom Markt genommen würden.[744] Das letztgenannte Kriterium ist allerdings schon dann nicht erfüllt, wenn die einzelnen Vermögenswerte (z.B. Pro-

---

[743] Leitlinien der Kommission zur Bewertung horizontaler Zusammenschlüsse, ABl.EU 2004 Nr. C 31, S. 5–18, Rdnr. 89; siehe auch Komm. v. 10.5.2007 (COMP/M.4381) – JCI/Fiamm, Rdnr. 709.

[744] Leitlinien der Kommission zur Bewertung horizontaler Zusammenschlüsse, ABl.EU 2004 Nr. C 31, S. 5–18, Rdnr. 90; Komm. v. 10.5.2007 (COMP/M.4381) – JCI/Fiamm, Rdnr. 708. Enger zuvor noch Komm. v. 14.12.1993 (COMP/M.308) – Kali und Salz/MdK/Treuhand, ABl.EG 1994 Nr. L 136/38, Rdnr. 70–90; bestätigt durch den EuGH, Urt. v. 31.3.1998, verb. Rs. C-68/94 und C-30/95 – Frankreich u.a./Kommission, Slg. 1998, I-1375: Dort wurde noch gefordert, dass die im Falle eines Zusammenschlusses dem übernehmenden Unternehmen zuwachsenden Marktanteile auch ohne die Fusion genau diesem zugekommen wären; zum Ganzen *Mestmäcker/Schweitzer* (2004), § 25 Rdnr. 150ff.

duktionsgüter, Marken) von Wettbewerbern aufgekauft und mit etwas Verzögerung wieder auf dem Markt gebracht werden könnten.[745]

Auch in der deutschen Anwendungspraxis werden Sanierungsfusionen freigegeben, wenn das Zusammenschlussvorhaben für die Entstehung oder Verstärkung einer marktbeherrschenden Stellung nicht ursächlich ist.[746] Dazu müssen die Zusammenschlussparteien ebenso wie im europäischen Recht nachweisen, dass das Zielunternehmen ohne den Zusammenschluss nicht überlebensfähig ist und keine alternativen Erwerber vorhanden sind.[747] Allerdings ist die deutsche Praxis insoweit strenger, als gefordert wird, dass die Marktanteile beziehungsweise das Marktpotenzial des Zielunternehmens auch ohne den Zusammenschluss dem Erwerber zuwachsen müsste.[748]

VI. Die Berücksichtigung von Effizienzgewinnen

Neben den bereits dargelegten[749] Gefahren für den Wettbewerb kann ein Zusammenschluss zweier bislang unabhängiger Unternehmen auch zu Vorteilen für die Verbraucher und zu einer Belebung des Wettbewerbs auf dem betroffenen Markt führen. Eines der wesentlichen Motive der beteiligten Unternehmen liegt regelmäßig darin, durch die Fusion in den Genuss von Rationalisierungsvorteilen zu gelangen.[750] Dazu zählen u. a. das effektivere Ausnutzen bestehender Produktionsanlagen, Synergieeffekte aller Art, ein größeres Forschungs- und Entwicklungspotenzial oder das Einsparen von Transaktionskosten etwa durch die Integration von vor- oder nachgelagerten Produktionsstufen. Werden solche Effizienzvorteile tatsächlich realisiert, kann dies nicht nur zu Preissenkungen führen, sondern auch zum Wohle der Verbraucher verbesserte oder neue Produkte hervorbringen.[751]

---

745 Komm. v. 10.5.2007 (COMP/M.4381) – JCI/Fiamm, Rdnr. 749 f.
746 BKartA, Beschl. v. 11.4.2006 – RTL/n-tv, WuW/E DE-V 1226, 1233; BKartA, Beschl. v. 6.6.2007 – LBK Hamburg/Mariahilf, WuW/E DE-V 1407, 1422; Immenga/Mestmäcker/*Mestmäcker/Veelken* (2007), § 36 Rdnr. 329.
747 BKartA, Beschl. v. 11.4.2006 – RTL/n-tv, WuW/E DE-V 1226, 1234; BKartA, Beschl. v. 6.6.2007 – LBK Hamburg/Mariahilf, WuW/E DE-V 1407, 1421.
748 BKartA, Beschl. v. 11.4.2006 – RTL/n-tv, WuW/E DE-V 1226, 1233; BKartA, Beschl. v. 6.6.2007 – LBK Hamburg/Mariahilf, WuW/E DE-V 1407, 1422. Insofern scheint die deutsche Praxis an die frühere europäische Praxis angelehnt zu sein, siehe Fn. 744.
749 Oben S. 221–410.
750 *Whish* (2009), 802 f.
751 Im Folgenden werden vor allem Effizienzgewinne betrachtet, die bei horizontalen Zusammenschlüssen auftreten können. Die in vertikalen Fusionen auftretenden Effizienzgewinne werden auf den Seiten 468–475 angesprochen.

VI. Die Berücksichtigung von Effizienzgewinnen **Teil 3**

1. Effizienzgewinne aus ökonomischer Sicht

Bereits 1968 hat Williamson darauf aufmerksam gemacht, dass Effizienzgewinne, die durch einen Unternehmenszusammenschluss entstehen, die negativen Auswirkungen einer zunehmenden Konzentration mehr als ausgleichen können.[752] Seine grundlegende Idee kann leicht an folgendem Beispiel illustriert werden. Es wird eine Situation unterstellt, in der eine Fusion von zwei Unternehmen, z. B. einem Cournot-Duopol, zu einem Monopolunternehmen stattfindet. Durch diesen Zusammenschluss wird die maximale Konzentration in einem Markt erreicht, d. h., eine marktbeherrschende Stellung des fusionierten Unternehmens wird etabliert. Allerdings könnte selbst eine solche Fusion, so Williamson, unter volkswirtschaftlichen Gesichtspunkten wünschenswert sein, vorausgesetzt, durch die Fusion könnten Effizienzgewinne realisiert werden. Graphisch kann man sich eine derartige Fusion wie in Abbildung 3 gezeigt vorstellen.

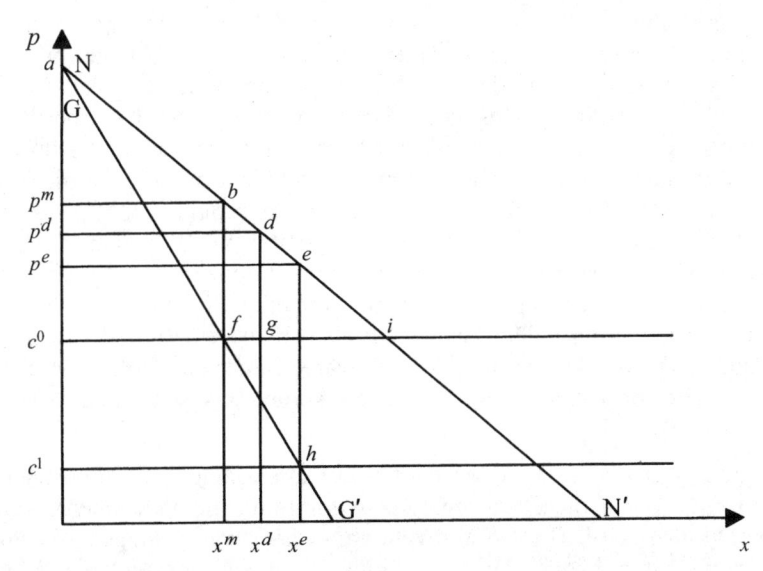

Abbildung 3: Der Williamson Trade-off

Die Abbildung zeigt eine Preis-Absatzfunktion (NN′) sowie die dazugehörige Grenzerlösfunktion (GG′). Angenommen, in einem Cournot-Duopol würde von den beiden Unternehmen insgesamt die Menge x^d angeboten werden. Der resultierende Marktpreis liegt in diesem Fall bei p^d. Die

---

[752] *Williamson* (1968).

Teil 3 E. Weitere relevante Faktoren

Konsumentenrente ist durch die Fläche adp^d und die Produzentenrente durch $p^d dgc^0$ bezeichnet, d.h., die volkswirtschaftliche Rente ist durch die Fläche $adgc^0$ beschrieben und es entsteht ein Wohlfahrtsverlust in Höhe von dgi. Schließen sich die Duopolisten zu einem Monopol zusammen, dann würde dieses Unternehmen gemäß der Gewinnmaximierungsbedingung „Grenzerlös = Grenzkosten" eine Menge x^m anbieten und es ergäbe sich am Markt der Preis p^m. Die Menge ist geringer und der Preis höher als im Duopol, die Konsumentenrente ist auf $p^m ab$ gesunken, die Produzentenrente ist auf $p^m bfc^0$ gestiegen, aber insgesamt hat die volkswirtschaftliche Rente abgenommen und der Wohlfahrtsverlust ist auf bfi gestiegen.[753]

Würde nun aber der Zusammenschluss dazu führen, dass die Grenzkosten des fusionierten Unternehmens auf das geringere Niveau c^l sinken, dann führt das gewinnmaximierende Verhalten des Monopolisten zu einer Menge $x^e y$. Diese ist größer als die Menge, die das Duopol vor der Fusion angeboten hat, so dass auch der resultierende Preis geringer ist: Statt p^d zahlen die Konsumenten nun nur noch p^e. Zu beachten ist, dass dieser geringere Preis aus dem Gewinnmaximierungskalkül des Monopolisten resultiert – es liegt also im Interesse des Unternehmens, den Preis zu senken. Es würde sich selbst schaden und einen geringeren Gewinn erzielen, wenn es die Kostensenkung nicht anteilig an die Konsumenten weitergeben würde. Durch die Kostensenkung haben sich sowohl die Konsumenten als auch die Produzenten im Vergleich zur Duopolsituation verbessert. Konsumenten- und Produzentenrente sind auf aep^e bzw. $p^e ehc^l$ gestiegen. Es ergibt sich eine Situation, die für alle Akteure vorteilhaft ist. Die Fusion hat also in diesem Beispiel uneingeschränkt positive Auswirkungen und wäre daher aus volkswirtschaftlicher Sicht im Rahmen einer solchen komparativ-statischen Analyse wünschenswert.[754]

Bei einer geringer ausfallenden Kostensenkung könnte auch die Situation auftreten, dass nur die Produzentenrente zunimmt, die Konsumentenrente jedoch kleiner wird. Die Gesamtwohlfahrt wäre zwar gestiegen, aber nur die Produzenten hätten davon profitiert. Je nach verwendetem Wohlfahrtsstandard (hierzu S. 11–14) würde man bei der Beurteilung dieser Fusion zu unterschiedlichen Ergebnissen kommen: Nach dem Gesamtwohlfahrtsstandard sollte der Zusammenschluss genehmigt werden, nach

---

[753] Auf diese wohlfahrterhöhende Wirkung von Effizienzgewinnen hat erstmalig *Williamson* (1968) aufmerksam gemacht.
[754] Es ist jedoch darauf hinzuweisen, dass bei einer solchen komparativ-statischen Analyse die langfristigen dynamischen Effekte einer Fusion nicht erfasst werden.

VI. Die Berücksichtigung von Effizienzgewinnen   **Teil 3**

dem der Konsumentenwohlfahrt jedoch nicht, denn die Konsumentenrente hätte abgenommen.[755]

Diese Überlegungen machen deutlich, dass Effizienzgewinne dazu führen können, die negativen Auswirkungen einer Fusion in Gestalt höherer Marktmacht, gestiegener Preise und geringerer Wohlfahrt zu kompensieren.

Die auftretenden Effizienzgewinne können unterschiedlicher Natur sein und werden zumeist nach Kriterien unterschieden, die auf dem Konzept der Produktionsfunktion basieren.[756] Danach unterscheidet man zwischen Rationalisierungsgewinnen, Größenvorteilen, Verbundvorteilen, technischem Fortschritt, Vorteilen bei der Beschaffung sowie der Verringerung von X-Ineffizienzen. Diese produktionstheoretisch begründeten Effizienzgewinne können weiter differenziert werden in solche, die ohne Änderungen der Produktionsfunktionen, d.h. der technischen Möglichkeiten der fusionierenden Unternehmen, zustande kommen, sogenannte technische Effizienzen, und solche, die eine Änderung der Produktionsmöglichkeiten bewirken, sogenannte Synergieeffekte. Daneben kann auch zwischen statischen und dynamischen Effizienzen unterschieden werden, je nachdem, ob sie zu einer einmaligen Verbesserung der Produktionsbedingungen führen oder ob sie den technischen Fortschritt selbst beeinflussen, also den ökonomischen Rahmen durch neue Verfahren oder Produkte beständig erweitern.[757] Die verschiedenen Arten von Effizienzgewinnen werden im Folgenden kurz skizziert.

a) Rationalisierungsgewinne und zunehmende Skalenerträge

Rationalisierungsgewinne können z.B. dann auftreten, wenn zwei Unternehmen durch eine Verlagerung der Produktion von einem Unternehmen zum anderen Kosteneinsparungen realisieren können. Dies könnte der Fall sein, wenn die Unternehmen vor der Fusion nicht im Minimum ihrer jeweiligen Durchschnittskosten produziert haben. Nach einer Fusion kann die Produktion dann so aufgeteilt werden, dass beide im Minimum ihrer Durchschnittskosten produzieren. Die gleiche Angebotsmenge könnte hierdurch zu insgesamt geringeren Kosten hergestellt werden. Solche Rationalisierungsgewinne führen zu realen Kosteneinsparungen, die aus volkswirtschaftlicher Sicht begrüßenswert sind. Zunehmende Skalenerträge liegen vor, wenn die Stückkosten der Herstellung mit steigender Ausbringungsmenge abnehmen. Dabei ist zwischen kurz- und langfristi-

---
[755] Zu den verschiedenen Wohlfahrtsstandards vgl. *Neven/Röller* (2000).
[756] Vgl. *Röller/Stennek/Verboven* (2001).
[757] Für eine ausführliche Diskussion dynamischer Effizienzen in der Fusionskontrolle vgl. *West* (2008).

gen Skalenerträgen zu unterscheiden. Kurzfristig bedeutet dabei, dass der Kapitalbestand fix ist, während langfristige Skalenerträge durch die Koordination der Investitionsentscheidungen der beiden Unternehmen erzielt werden können, d.h. durch Veränderungen des Kapitalbestandes und der Produktionsmöglichkeiten. Kurzfristige Skalenerträge können z.B. durch das Vermeiden einer unnötigen Duplikation bestimmter fixer Faktoren erzielt werden. Hierzu gehören unter anderem die Buchhaltung, die EDV, die Personalabteilung oder die Beschaffung. Diese Abteilungen sind vor einer Fusion in beiden Unternehmen vorhanden und verursachen Kosten, die im Allgemeinen von der Outputmenge unabhängig sind, d.h. fixe Kosten. Nach einer Fusion können nun die doppelt vorhandenen Abteilungen geschlossen und die damit verbunden Fixkosten reduziert werden, so dass die Stückkosten sinken. Zu den langfristigen Skalenerträgen gehören u.a. Gewinne aus einer Spezialisierung der Produktion in verschiedenen Betrieben. Während vor der Fusion mehrere unterschiedliche Produkte in einem Betrieb hergestellt werden mussten, kann nach einer Fusion jedes Produkt in einem spezialisierten Betrieb hergestellt werden. Auch können manche Technologien sinnvoll erst ab einer bestimmten Mindestmenge eingesetzt werden, die von einem einzelnen Unternehmen nicht erreicht wird. Durch den Einsatz der neuen Technologie können daher im fusionierten Unternehmen Effizienzgewinne entstehen. Weiterhin kommen als Ursachen für zunehmende Skalenerträge volumetrische Effekte in Frage sowie Einsparungen, die aufgrund verringerter Vorhaltung z.B. von Reservemaschinen erzielt werden können.[758]

b) Verbundvorteile

Ist die Produktion mehrerer Güter in einem Unternehmen günstiger als die Herstellung nur eines Gutes, dann liegen Verbundvorteile bzw. „Economies of Scope" vor. Diese können z.B. dadurch entstehen, dass ein Input, der für die Herstellung mehrerer Güter benötigt wird, aufgrund größerer Abnahmemengen günstiger beschafft werden kann. Auch die Weitergabe von Wissen und Know-how innerhalb eines Unternehmens kann bedeutend einfacher sein als zwischen zwei unabhängigen Unternehmen.

c) Vorteile auf den Beschaffungsmärkten

Effizienzgewinne können auch dadurch realisiert werden, dass das fusionierte und daher größere Unternehmen durch Abnahme größerer Mengen

---
758 Vgl. *Röller/Stennek/Verboven* (2001), 44; *Neven/Seabright* (2003), 6.

VI. Die Berücksichtigung von Effizienzgewinnen **Teil 3**

günstigere Konditionen, z. B. in Form von Mengenrabatten, bei seinen Zulieferern erzielt. Es könnte sich dabei um reale Kosteneinsparungen handeln, wenn das Zulieferunternehmen mit fallenden Durchschnittskosten operiert. Des Weiteren könnte durch den Zusammenschluss die Verhandlungsmacht des fusionierten Unternehmens gewachsen sein, so dass es in der Lage ist, gegenüber den Zulieferern bessere Bedingungen durchzusetzen. Dabei sollte es sich jedoch nicht nur um eine reine Umverteilung handeln, sondern es sollten reale Kosteneinsparungen vorliegen.

d) Verbesserte Möglichkeiten der Kapitalbeschaffung

Ein Zusammenschluss könnte auch dazu führen, dem fusionierten Unternehmen bessere Möglichkeiten der Kapitalbeschaffung zu gewähren. Dies könnte dann der Fall sein, wenn Kapitalmärkte, z. B. aufgrund asymmetrischer Informationsverteilung, nicht vollkommen sind. Aufgrund von Informationsasymmetrien über die Riskanz und mögliche Erträge, insbesondere kleinerer oder expandierender Firmen, kann der Fall eintreten, dass ein kleines Unternehmen Schwierigkeiten hat, das erforderliche Kapital zu beschaffen. Schließen sich nun zwei kleine Unternehmen zusammen, dann könnten sich die Möglichkeiten der Kapitalbeschaffung verbessern und die damit verbundenen Kosten gesenkt werden.

e) Verringerung von Slack und von X-Ineffizienzen

Ein weiteres Argument für eine Berücksichtigung von Effizienzgewinnen in der Fusionskontrolle wird darin gesehen, dass der Markt für externe Unternehmenskontrolle besser funktioniert und dadurch „Managerial Slack" vermieden werden kann. Werden Effizienzgewinne bei Fusionsentscheidungen nicht berücksichtigt, so wird eine Unternehmensübernahme schwieriger, so dass es eher zum Auftreten von Ineffizienzen beim Management kommen kann, da der Markt für externe Unternehmenskontrolle weniger effizient ist.

f) Verbesserte Weitergabe von Know-how

Ist ein Unternehmen dem anderen hinsichtlich der Organisation, des Managements oder der verwendeten Technik überlegen, dann könnte ein Zusammenschluss zu Effizienzgewinnen führen, da das unterlegene Unternehmen von einer verbesserten Organisationsstruktur oder effizienteren Managementtechniken profitiert. Diese könnten im Allgemeinen jedoch nicht ohne eine Fusion weitergegeben werden, denn bei diesen Faktoren, wie z. B. der Reputation eines Unternehmens, bestimmten Formen des Humankapitals, der Kommunikations- und Interaktionsstruktur u. ä. handelt es sich um intangible Werte, die nicht handelbar sind und nicht ohne einen Zusammenschluss übertragen werden können.

g) Technischer Fortschritt

Eine weitere Form der Realisierung von Kosteneinsparungen besteht in der Vermeidung einer Duplikation der Kosten von Forschungs- und Entwicklungsabteilungen der fusionierenden Unternehmen. Effizienzgewinne können auch dann auftreten, wenn die fusionierenden Unternehmen vor dem Zusammenschluss komplementäre Forschungsprogramme durchgeführt haben. Nach der Fusion könnten die sich ergänzenden Forschungsergebnisse zusammengeführt und neue oder verbesserte Produkte oder Herstellungsverfahren entwickelt werden. Analog gilt diese Überlegung auch für den Fall, dass die Unternehmen komplementäre Patente innehaben. Nach dem Zusammenschluss könnten sich Möglichkeiten ergeben, die Produktionskosten zu senken, wenn die Patente die Herstellung betreffen oder es könnten neuartige Produkte entwickelt und auf den Markt gebracht werden. Dabei können Effizienzgewinne auf anderen Märkten auftreten als dem, auf dem der Zusammenschluss stattgefunden hat.

Weitere Effizienzgewinne könnten sich ergeben, wenn die Anreize für Forschung und Entwicklung durch eine Fusion erhöht würden. Können Forschungsergebnisse nur schwer geheim gehalten werden oder bestehen nur geringe Möglichkeiten eines Patentschutzes, dann kann ein Unternehmen sich die Erträge aus seinen Forschungsaktivitäten nur teilweise selbst aneignen. Dies würde die Anreize für Forschung und Entwicklung reduzieren. Aufgrund dieser externen Effekte würden zu geringe Forschungsaktivitäten entfaltet. Ein Zusammenschluss könnte nun dazu beitragen, diese Externalitäten zu internalisieren und die Forschung und Entwicklung Aktivitäten zu erhöhen.

Zusammenfassend lässt sich feststellen, dass durch Fusionen große Effizienzgewinne mit erheblichen volkswirtschaftlichen Vorteilen realisiert werden können. Kostensenkungen aufgrund von Synergieeffekten können zu geringeren Preisen für die Konsumenten führen, und durch erhöhte Forschungsaktivitäten können neue und verbesserte Produkte entwickelt werden, die die Wohlfahrt in einer Volkswirtschaft signifikant erhöhen. Allerdings haben empirische Untersuchungen zum Ausmaß von Effizienzgewinnen aufgrund von Fusionen bislang noch kein eindeutiges Bild ergeben. Zwar konnte gezeigt werden, dass es in Einzelfällen zu erheblichen Effizienzgewinnen kommen kann, aber die große Zahl von Fusionen, die aus betriebswirtschaftlicher Sicht als Fehlschlag zu bewerten sind – bei Großfusionen liegt dieser Anteil bei über 60% – deutet darauf hin, dass selbst die an der Fusion beteiligten Unternehmen das Ausmaß möglicher Effizienzgewinne überschätzen und die mit dem Zusammenschluss verbundenen Kosten, z.B. aufgrund schwer vereinbarer Unternehmenskulturen, systematisch unterschätzen.[759]

2. Effizienzgewinne in der FKVO Nr. 4064/1989

Die rechtliche Beurteilung von Zusammenschlüssen steht seit jeher vor der Aufgabe, die mit Fusionen einhergehenden Gefahren für die Marktstruktur so gering wie möglich zu halten, gleichzeitig aber die positiven, wettbewerbsbelebenden Auswirkungen durch Unternehmenszusammenschlüsse zur Entfaltung zu bringen und sie nicht durch eine allzu rigide Würdigung der Fusionen zu unterbinden. Auf welche Weise den beschriebenen Effizienzgewinnen am besten Rechnung zu tragen ist, war bereits vor dem Inkrafttreten der Europäischen Fusionskontrollverordnung eine kontrovers diskutierte Frage. Abweichend von einigen Entwürfen zur Fusionskontrollverordnung aus den Jahren 1988 und 1989[760] enthielt die kurze Zeit später verabschiedete Verordnung Nr. 4064/1989 zumindest keine ausdrückliche Klausel, welche die Berücksichtigung von Effizienzvorteilen bei der rechtlichen Beurteilung eines Zusammenschlusses vorsah. Stattdessen wurden durch einen Zusammenschluss generierte Effizienzgewinne vor allem dadurch abgegolten, dass man der Kommission mit dem maßgeblichen Untersagungskriterium – dem Begründen oder Verstärken einer beherrschenden Stellung, durch die wirksamer Wettbewerb erheblich behindert würde[761] – für eine Untersagungsentscheidung eine hohe Hürde gesetzt und damit allen Fusionen, die unterhalb dieser Eingriffsschwelle lagen, aufgrund von pauschal unterstellten Effizienzgewinnen eine wettbewerbsfördernde oder jedenfalls wettbewerbsneutrale Wirkung zugestand.[762] Ob und gegebenenfalls inwieweit den Unternehmen darüber hinaus eine sog. *efficiency defence* zur Verfügung stand, nach welcher zunächst festgestellte Nachteile für die Marktstruktur durch das substantiierte Vorbringen von Effizienzvorteilen für den Wettbewerb oder

---

759 Einen Überblick über empirische Untersuchungen findet sich in *Kleinert/Klodt* (2000) sowie in *Röller/Stennek/Verhoven* (2001), 58–72.
760 Dazu *Mestmäcker/Schweitzer* (2004), Rdnr. 141; *Denzel* (2004), 286.
761 Art. 2 Abs. 3 VO Nr. 4064/1989.
762 OECD/GD (96) 65, S. 53, abrufbar unter www.oecd.org/dataoecd/1/4/2379526.pdf.

Teil 3 E. Weitere relevante Faktoren

die Verbraucher[763] ausgeglichen werden konnten,[764] war Gegenstand einer breiten Diskussion in Literatur und Praxis.[765]

a) Ansichten in der Literatur

Die Befürworter einer derartigen Effizienzverteidigung unter der VO Nr. 4064/1989 führten – zum Teil getrennt, zum Teil ergänzend – verschiedene normative Anbindungen für ihre Auffassung an. Häufig wurde auf die sogenannte Fortschrittsklausel in Art. 2 Abs. 1 lit. b.) der VO Nr. 4064/1989 verwiesen, wo es heißt, dass die Kommission bei ihrer Prüfung des Zusammenschlusses neben anderen Faktoren auch „die Entwicklung des technischen und wirtschaftlichen Fortschritts" zu berücksichtigen hat.[766]

Neben der Fortschrittsklausel wurde eine – allerdings ausschließlich wettbewerbliche Gesichtspunkte berücksichtigende[767] – Abwägungsklausel auch in Art. 2 Abs. 1 lit. a) VO Nr. 4064/1989 verortet, wonach die Kommission im Rahmen ihrer Prüfung eines Zusammenschlusses auch die Aufrechterhaltung und Entwicklung wirksamen Wettbewerbs im Hinblick auf die Struktur aller betroffenen Märkte zu berücksichtigen habe.[768] Nach dieser Auffassung sollten Verbesserungen der strukturellen Wettbewerbsbedingungen auf der einen Seite mit Marktbeherrschungseffekten auf der anderen Seite abgewogen werden, wenn die Verbesserungen der Wettbewerbsstruktur auf anderen Märkten eintreten als auf dem durch den Zusammenschluss unmittelbar betroffenen. Ein eindeutiges Überwiegen der genannten Vorteile führte nach dieser Ansicht zur Freigabe eines Zusammenschlusses, auch wenn dieser eine beherrschende Stellung verstärkte oder begründete.[769]

Selbst wenn man dieser Ansicht folgen wollte – gegen sie lässt sich vor allem die Entstehungsgeschichte der VO Nr. 4064/1989 anführen, wonach

---

763 Wem diese dargelegten Vorteile letztlich zugute kommen müssen, ist keine rechtliche, sondern eine wettbewerbspolitische Frage, deren Antwort in der Entscheidung zwischen einem Gesamt- und einem Verbraucherwohlfahrtsmodell liegt, vgl. *Böge/Jakobi* (2005), 113, 114.
764 So die Definition einer *efficiency defence* bei *Noël* (1997), 498.
765 Nach *Lindsay/Berridge* (2009) zeitweise „the most controversial topic in the history of the ECMR"., vgl. *dies.* 18–001; dort findet sich auch eine umfassende Einführung in die Problematik.
766 *Albers/Hacker* in Schröder/Jakob/Mederer (2003), Art. 2 FKVO Rdnr. 429 ff.; *Meessen* (1992), 417, 427; *Röhling* (1990), 1179, 1182; *Koch* (1990), 65, 70.
767 Die Rede ist insoweit von einer „wettbewerblichen Bilanz" (bilan compétitif) in Abgrenzung zur „wirtschaftlichen Bilanz" (bilan économique), *Bechtold* (1996), 389, 391.
768 *Bechtold* (1996), 389, 390; *Immenga* (1990), 371, 376, *Kleemann* (1997), 379, 381.
769 *Kleemann* (1997), 379, 383.

428

VI. Die Berücksichtigung von Effizienzgewinnen **Teil 3**

in den verschiedenen Entwürfen[770] einer FKVO anders als in der endgültigen Fassung eine derartige Abwägungsklausel noch ausdrücklich vorgesehen war[771] – so ist zu beachten, dass auch ihre Vertreter selbst nicht davon ausgingen, dass es sich hierbei um eine umfassende Effizienzverteidigung im Sinne eines „bilan économique" handelte, insbesondere da ohnehin nur solche relevanten Märkte für eine Abwägung in Betracht kamen, auf denen sich die Auswirkungen der beherrschenden Stellung gar nicht bemerkbar machten. Kam es hingegen auf ein und demselben relevanten Markt neben den Nachteilen auch zu positiven Folgen durch den Zusammenschluss, so entfiel nach dieser Auffassung bereits die erforderliche beherrschende Stellung für eine Untersagung.[772]

Zum Teil ergänzend zu den dargelegten Anknüpfungspunkten – sei es Art. 2 Abs. 1 lit. a) oder lit. b) VO Nr. 4064/1989, zum Teil aber auch unabhängig von diesen – wurde versucht, Art. 2 Abs. 3 VO Nr. 4064/1989 selbst, also das maßgebliche materielle Untersagungskriterium für einen Zusammenschluss, für eine Einbeziehung von Effizienzvorteilen fruchtbar zu machen.[773] Uneinheitlich beantwortete man insofern die Frage, ob dem Kriterium der „erheblichen Behinderung wirksamen Wettbewerbs" in Art. 2 Abs. 3 neben dem zentralen Merkmal des „Begründens oder Verstärkens einer beherrschenden Stellung" noch eine eigenständige Funktion zukommen sollte und es damit eine zusätzliche Voraussetzung darstellte.[774]

Der hier nur unvollständig wiedergegebene Meinungsstand in der Literatur zur Effizienzberücksichtigung unter der VO Nr. 4064/1989 bot im Ergebnis ein weit verzweigtes und mitunter unübersichtliches Spektrum an Auslegungen und Interpretationsvorschlägen.[775] Nicht immer wurden dabei verschiedene Gesichtspunkte – etwa der des Einflusses auch außerwettbewerblicher Aspekte und der des ein- oder zweistufigen Aufbaus einer Untersagungsprüfung – hinreichend getrennt. Allerdings vermochten auch die Praxis der Kommission und die Rechtsprechung der Unionsgerichte nicht zu einem klareren Bild beizutragen.

---

770 Vgl. etwa den sog. Novemberentwurf v. 28.1.1989, ABl.EG (1989) Nr. C 22, S. 16.
771 Schröter/Jakob/Mederer/*Albers/Hacker* (2003), Art. 2 FKVO Rdnr. 424.
772 *Kleemann* (1997), 379, 386.
773 Siehe von der Groeben/Schwarze/*Adt*, FKVO, Rdnr. 278 m.w.N.; *Montag/Wolfsgruber* (2003), 289, 314; *Weitbrecht* (1990), 18, 20.
774 *Zampa* (2003), 573, 603, 609; *Albers/Hacker* in Schröder/Jakob/Mederer (2003), Art. 2 FKVO Rdnr. 393.
775 Vgl. auch *Röller/Stennek/Verboven* (2001), 67, die in ihrer Studie für die Kommission aufzeigen, dass über die unterschiedliche Verwendung des Wettbewerbsbegriffs Effizienzvorteile berücksichtigende oder ablehnende Ergebnisse erzielt werden können.

Teil 3 E. Weitere relevante Faktoren

b) Praxis der Kommission und Rechtsprechung der Unionsgerichte

Die Anwendungspraxis der Kommission hinsichtlich der Einbeziehung von Effizienzvorteilen hat es lange Zeit an klaren, eindeutigen Stellungnahmen vermissen lassen.[776] Bis heute ist nur eine Kommissionsentscheidung ersichtlich, in der das Vorhandensein von Effizienzgewinnen einen nennenswerten Einfluss auf die Freigabe eines Zusammenschlusses hatte.[777] Auch hatten das EuG und der EuGH bisher kaum Gelegenheit, über die Art und Weise einer Effizienzberücksichtigung im Europäischen Wettbewerbsrecht zu entscheiden.[778]

Dennoch gab es bereits unter der Geltung der VO Nr. 4064/1989 eine Reihe von Entscheidungen, in denen die Kommission auf die Thematik der Effizienzberücksichtigung näher eingegangen ist.[779] Anknüpfungspunkt für ihre Ausführungen war dabei in der Mehrzahl der Fälle die Fortschrittsklausel aus Art. 2 Abs. 1 lit. b) FKVO.

In der Entscheidung *AT&T/NCR*[780] ging die Kommission eher beiläufig auf die Bewertung von Effizienzvorteilen ein, indem sie feststellte, dass Synergieeffekte, resultierend aus einer verbesserten Kommunikationsmöglichkeit und einem Transfer von technischem Know-how, zu einer Begründung oder Verstärkung einer beherrschenden Stellung beitragen könnten. Effizienzgesichtspunkte wurden also durchaus als relevant erachtet, allerdings in einem negativen Sinne, als sogenannte *efficiency offence*.

Etwas ausführlicher ging die Kommission auf die Bedeutung von Effizienzvorteilen kurz darauf in ihrer Entscheidung *Aérospatiale-Alenia/de Havilland*[781] ein, in der die Zusammenschlussparteien als eines ihrer Transaktionsziele die Senkung von Kosten geltend gemacht hatten. Unter der Unterschrift „Allgemeine Erwägungen" schien die Kommission zwar erstmals Umstände anzuerkennen, unter denen Effizienzvorteile grundsätzlich auch positiv ins Gewicht fallen konnten, kam aber für den kon-

---

776 So *Drauz* (2003), 254, 255; *Röller/Stennek/Verboven* (2001), 69; *Camesasca* (2000), 295, ist dagegen der Ansicht, dass sich eine graduelle Entwicklung in der Anerkennung von Effizienzvorteilen in der Kommissionspraxis ausmachen lasse; ebenso *Luescher* (2004), 72, 80.
777 Komm. v. 12.5.2006 (COMP/M.4057) – Korsnäs/Assidomän Cartonboard, Rdnr. 62 ff.; ausführlich dazu auf S. 450.
778 Vgl. EuG, Urt. v. 6.6.2010, Rs. T-342/07 – Ryanair/Kommission, Rdnr. 386 ff.
779 Analysen der Entscheidungspraxis der Kommission finden sich bei *Drauz* (2003), 254, 255 und bei *Montag* (2005), 95 ff.; für eine ausführliche Zusammenstellung vgl. ferner *Camesasca* (2000), 295 ff. sowie *Lindsay/Berridge* (2009), 18–005 ff.
780 Komm. v. 18.1.1991 (IV/M.50) – AT&T/NCR, Rdnr. 30.
781 Komm. v. 2.10.1991 (IV/M.53) – Aérospatiale-Alenia/de Havilland, S. 42.

VI. Die Berücksichtigung von Effizienzgewinnen Teil 3

kreten Fall zu dem Ergebnis, dass die vorgebrachten Kosteneinsparungen als nicht ausreichend genug einzuschätzen seien.[782] Der Umstand, dass die Kommission auch den fehlenden Zusammenhang der Einsparungen mit dem Zusammenschluss sowie die Benennung weiterer Effizienzvorteile ohne nähere Belege und Quantifizierung bemängelte,[783] konnte dahingehend interpretiert werden, dass sie sich unter anderen Voraussetzungen gegenüber der Möglichkeit einer positiven Bewertung von Effizienzvorteilen aufgeschlossener verhalten hätte.[784] Allerdings entkräftete die Kommission diesen Eindruck: „Ohne der Frage nachgehen zu wollen, ob solche Erwägungen für die Bewertung nach Art. 2 FKVO maßgeblich sein können, ist festzustellen, dass diese Einsparungen mit 0,5 % des gemeinsamen Umsatzes der neuen Einheit nur geringe Auswirkungen auf die Geschäftstätigkeit von ATR/de Havilland haben könnten."[785]

Auch eine Reihe von nachfolgenden Entscheidungen führte nicht zu der Bestätigung, dass Effizienzvorteile von der Kommission nunmehr verstärkt geprüft und in ihre Bewertung eines Zusammenschlusses als möglicherweise Wettbewerbsschädigungen ausgleichende Faktoren miteinbezogen wurden. Oft wurde bereits das tatsächliche Vorliegen der Effizienzvorteile verneint. In *Accor/Wagons-Lits*[786] wehrte die Kommission die Effizienzeinwände der Parteien – sie hatten als technischen und wirtschaftlichen Fortschritt vorgebracht, die Ausbildung ihres Personals zu verbessern sowie die Modernisierung einiger Autobahnraststätten voranzutreiben – wiederum mit dem Hinweis auf nicht ausreichende Belege ab, führte darüber hinaus zusätzlich an, dass diese, ihr Vorhandensein unterstellt, die wettbewerbsbeschränkenden Auswirkungen nicht aufwiegen könnten und sie zudem nicht mit hinreichender Sicherheit an die Verbraucher weitergegeben würden.[787]

In der Sache *MSG/Media Service* entschied die Kommission, dass die im konkreten Fall immerhin als möglicherweise realisierbar erachteten Effizienzvorteile für die Bewertung deswegen irrelevant waren, weil der Zusammenschluss zugleich eine Behinderung des Wettbewerbs im Sinne des Art. 2 Abs. 1 lit. b) a. E. VO Nr. 4064/1989 darstellte.[788] Ebenso gelangte

---
782 Ibid., Rdnr. 65.
783 Ibid.
784 *Drauz* (2003), 254, 256; *Röller/Stennek/Verboven* (2001), 69.
785 Komm. v. 2.10.1991 (IV/M.53) – Aérospatiale-Alenia/de Havilland, Rdnr. 65.
786 Komm. v. 28.4.1992 (IV/M.126), ABl.EG 1992 Nr. L 204/1 – Accor/Wagons-Lits. Der Zusammenschluss wurde schließlich dennoch freigegeben, wenngleich nur unter strengen Auflagen und nicht mit dem Verweis auf Effizienzvorteile.
787 Ibid., Rdnr. 26 f.).
788 Komm. v. 9.11.1994 (IV/M.469) – MSG/Media Service, Rdnr. 100.

Teil 3   E. Weitere relevante Faktoren

die Kommission in der Entscheidung *Nordic Satellite Distribution* zu der Untersagung eines – in diesem Fall vertikalen – Zusammenschlusses, da dieser sowohl zu einer Behinderung des Wettbewerbs als auch zur Schaffung von – im konkreten Fall zugleich nicht nachweisbar fusionsspezifischen – Effizienzvorteilen führte, so dass erneut die Voraussetzungen des Wettbewerbsvorbehalts aus Art. 2 Abs. 1 lit. b) VO Nr. 4064/1989 nicht erfüllt waren.[789] Im Fall *Saint-Gobain/Wacker-Chemie/NOM* erkannte die Kommission unter der Überschrift „Wirtschaftlicher und technischer Fortschritt" die durch den Zusammenschluss hervorgerufenen Synergien zwar grundsätzlich an, kam aber zu dem Ergebnis, dass die Möglichkeit einer Preiserhöhung nach der Fusion die dargelegten Effizienzvorteile überwöge und dass zudem nicht hinreichend sichergestellt sei, dass die Vorteile auch tatsächlich an die Verbraucher weitergegeben würden.[790] In der Entscheidung *Danish Crown/Vestjyske Slagterier* machte die Kommission schließlich deutlich, dass Effizienzgesichtspunkte dann nicht mehr in Betracht gezogen werden könnten, wenn der Zusammenschluss zu einer beherrschenden Stellung auf dem relevanten Markt führte.[791]

Bereits nach diesem knappen Überblick wird deutlich, dass die Kommission die Möglichkeit einer Effizienzeinrede, welche sie normativ eindeutig an die Fortschrittsklausel in Art. 2 Abs. 1 lit. b) VO Nr. 4064/1989 knüpfte, sehr restriktiv gehandhabt hat. Insbesondere der Verweis auf den Wettbewerbsvorbehalt in Art. 2 Abs. 1 lit. b) a. E. oder aber – wie in der letztgenannten Entscheidung von 1999 – der Verweis auf die Marktbeherrschung hat sich in der Kommissionspraxis regelmäßig als entscheidendes Hindernis für einen flexibleren und offeneren Umgang mit Effizienzvorteilen erwiesen. Eine eigenständige *efficiency defence* im Sinne einer Abwägung der Wettbewerbsnachteile mit den generierten Vorteilen fand nicht statt.[792] Dies wurde von der Kommission in einer Stellungnahme 1996 bestätigt: "there [is] no real legal possibility of justifying an efficiency defence under the Merger Regulation. Efficiencies are assu-

---

[789] Komm. v. 19.7.1995 (IV/M.490), ABl.EG 1996 Nr. L 53/20 – Nordic Satellite Distribution, Rdnr. 145 ff.; ähnlich auch Komm. v. 27.5.1998 (IV/M.993) – Bertelsmann/Kirch/Premiere, Rdnr. 122 heißt: „Sofern der Zusammenschluss einen Beitrag zur Verbreitung digitalen Fernsehens und damit zum technischen und wirtschaftlichen Fortschritt leistet, ist dieser Beitrag nach der Fusionskontrollverordnung nicht relevant. Es ist in diesem Zusammenhang zu betonen, dass das in Artikel 2 Absatz 1 Buchstabe b) erwähnte Kriterium des technischen und wirtschaftlichen Fortschritts unter dem Vorbehalt steht, dass es nicht zu einer Behinderung des Wettbewerbs kommt."
[790] Komm. v. 4.12.1996 (IV/M.774), ABl.EG 1997 Nr. L 247/1 – Saint-Gobain/Wacker-Chemie/NOM Rdnr. 244–246.
[791] Komm. v. 9.3.1999 (IV/M.1313) – Danish Crown/Vestjyske Slagterier, Rdnr. 198.
[792] *Immenga/Stopper* (2001), 512, 516.

med for all mergers up to the limit of dominance – the „concentration privilege".⁷⁹³ Bei einer derart restriktiven Auslegung des Fortschrittskriteriums konnte sich der Eindruck aufdrängen, dass dieses im Wesentlichen leer lief⁷⁹⁴ oder von der Kommission gar im Sinne einer *efficiency offence* verwendet wurde.⁷⁹⁵

3. Effizienzgewinne in der FKVO Nr. 139/2004⁷⁹⁶

Die Haltung der Kommission gegenüber Effizienzvorteilen hat sich nach der zitierten Stellungnahme aus dem Jahr 1996 jedoch maßgeblich geändert;⁷⁹⁷ spätestens mit dem 2001 vorgelegten Grünbuch zur Revision der VO Nr. 4064/1989 wurde deutlich, dass auch eine Neuorientierung bei der Bedeutung von Effizienzvorteilen für die Bewertung eines Zusammenschlusses angestrebt werden sollte.⁷⁹⁸ Nicht zuletzt die – insbesondere von amerikanischer Seite geäußerte⁷⁹⁹ – Kritik an der Untersagungsentscheidung im Fall *GE/Honeywell*⁸⁰⁰ führte dazu, dass die Kommission sich veranlasst sah, eine positive Einstellung zu den Effizienzvorteilen zu kommunizieren.⁸⁰¹ Der im Anschluss an und als Reak-

---

793 OECD/GD (96) 65, S. 53, abrufbar unter www.oecd.org/dataoecd/1/4/2379526.pdf.
794 *Denzel* (2004), 291; *Kinne* (2000), 130.
795 *Noël* (1997), 498, 514. Diese Interpretation wurde insbesondere angesichts der gegenüber den US-Behörden divergierenden Kommissionsentscheidung im Fall GE/Honeywell (2001) erneut geäußert, vgl. etwa *Pflanz/Caffarra* (2002), 115, 117; *Colley* (2004), 342, 343; ferner *Evans/Padilla* (2003), 167, 191.
796 Zur Entstehungsgeschichte der VO Nr. 139/2004 siehe *Staebe/Denzel* (2004), 194; *Levy* (2003), 195, 210 ff.
797 Vgl. dazu *Drauz* (2003), 254, 258 und 268. Der damalige Wettbewerbskommissar *Monti* bekräftigte mehrmals, dass die Kommission bei der Anwendung der Fusionskontrollverordnung keine *efficiency offence* praktiziere, Rede v. 14.11.2001 „Antitrust in the US and Europe: a History of Convergence" abrufbar unter http://europa.eu/rapid/pressReleasesAction.do?reference=SPEECH/01/540; ähnlich in seiner Rede v. 4.6. 2002 „Review of the EC Merger Regulation – Roadmap for the reform project", abrufbar unter *http://europa.eu/rapid/pressReleasesAction.do?reference=SPEECH/02/252*. Dazu auch *Lindsay/Berridge* (2009), 18–007. *Gerard* (2003), 1367, 1397 war dagegen der Ansicht, dass das Problem einer *efficiency offence* auch unter dem neuen Ansatz der Kommission fortbestehen könne.
798 Kommission, Grünbuch über die Revision der Verordnung (EWG) 4064/89 des Rates, KOM(2001) 745/6 endg., Rdnr. 170 ff., abrufbar unter http://eur-lex.europa.eu/LexUriServ/site/de/com/2001/com2001_0745de01.pdf. Ausführlich zum Grünbuch *Arhold* (2002), 449, 457.
799 *Fox* (2003), 149, 159 f.; auch *Gerard* (2003), 1367, 1382 m.w.N. zum amerikanischen Schrifttum.
800 Komm. v. 3.7.2001 (COMP/M.2220) – GE/Honeywell; im Ergebnis bestätigt durch EuG, Urt. v. 14.12.2005, Rs. T-209/01 und Rs. T-210/01 – GE/Kommission, Slg. 2005, II-5596.
801 *Hirsbrunner* (2001), 453, 454.

Teil 3 E. Weitere relevante Faktoren

tion auf das Grünbuch von der Kommission veröffentlichte Vorschlag einer neuen Fusionskontrollverordnung[802] ließ in seinem Normtext allerdings einen ausdrücklichen Hinweis auf eine Effizienzvorteile verstärkt – und vor allem in einem positiven Sinne – berücksichtigende Haltung vermissen, vielmehr ergab sich erst aus der Begründung der Kommission zu ihrem Verordnungsvorschlag ein Hinweis auf ihre veränderte Sichtweise gegenüber Effizienzerwägungen: „Nach Ansicht der Kommission ist es sowohl nach der derzeitigen als auch nach der neuen vorgeschlagenen Fassung der Fusionskontrollverordnung rechtlich durchaus möglich, Effizienzerwägungen im Rahmen der materiellrechtlichen Prüfung ausdrücklich mit einzubeziehen. Diese Auffassung wird in vielen Beiträgen zum Grünbuch geteilt. Art. 2 Abs. 1 lit. b) der Fusionskontrollverordnung bietet hierfür eine Rechtsgrundlage."[803]

Der zeitgleich mit dem Verordnungsvorschlag von der Kommission veröffentlichte Entwurf von Leitlinien zu horizontalen Zusammenschlüssen behandelte die Einordnung von Effizienzvorteilen ungleich ausführlicher; über insgesamt neun Randnummern (87–95) wurden die Voraussetzungen für deren positive Einbeziehung dargelegt.[804] Was die rechtstechnische Anwendung der Effizienzerwägungen anbetraf, machte der Leitlinienentwurf deutlich, dass sich – abweichend von einer Stellungnahme des damaligen Wettbewerbskommissars Monti, der in einer Rede vom 4.6.2002 noch von einer *efficiency defence* gesprochen hatte, welche zum Ausgleich einer beherrschenden Stellung führen könne, also einem zweistufigen Prüfungsaufbau[805] – die Berücksichtigung von Effizienzerwägungen nach Ansicht der Kommission im Rahmen einer Gesamtbewertung eines

---

802 Kommission, Vorschlag für eine Verordnung des Rates über die Kontrolle von Unternehmenszusammenschlüssen, ABl.EG 2003 Nr. C 20, S. 4.
803 Ibid.; vgl. auch *Monti*, in einer Rede v. 7.11.2002 "Review of the EC Merger Regulation – the Reform Package", abrufbar unter http://europa.eu/rapid/pressReleasesAction.do?reference=SPEECH/01/540 , wo es heißt: "We are of the opinion that an explicit recognition of merger-specific efficiencies is possible without changing the present wording of the substantive test in the Merger Regulation. Article 2(1)(b) of the Merger Regulation provides a clear legal basis in that respect".
804 Komm., Entwurf einer Mitteilung der Kommission über die Kontrolle horizontaler Zusammenschlüsse gemäß der Fusionskontrollverordnung, ABl.EG 2002 Nr. C 331, S. 3. Ausführlich zu diesem Mitteilungsentwurf *Wirtz* (2003) sowie *Luescher* (2004).
805 *Monti*, Rede v. 4.6.2002 „Review of the EC Merger Regulation – Roadmap for the reform project", abrufbar unter http://europa.eu/rapid/pressReleasesAction.do?reference=SPEECH/02/252. Kommissar Monti hatte allerdings in einer anderen Rede von einer Berücksichtigung der Effizienzvorteile im Rahmen einer Gesamtabwägung gesprochen, welche zu dem Ergebnis führen könne, dass der angemeldete Zusammenschluss keine beherrschende Stellung begründe oder verstärke, Rede v. 7.11.2002 "Merger control in the European Union: a radical reform", abrufbar unter: http://europa.eu/rapid/pressReleasesAction.do?reference=SPEECH/02/545.

VI. Die Berücksichtigung von Effizienzgewinnen   **Teil 3**

Zusammenschlusses, also letztlich innerhalb eines einstufigen Prüfungsaufbaus vollziehe.[806] Die nach längeren Verhandlungen im Rat endgültig verabschiedete und am 1.5.2004 in Kraft getretene Fusionskontrollverordnung Nr. 139/2004[807] brachte neben veränderten Zuständigkeits- und Verfahrensregelungen vor allem in materiell-rechtlicher Hinsicht eine wesentliche Neuerung mit sich, nämlich die Änderung des materiellen Untersagungskriteriums. Statt wie bisher einen Zusammenschluss zu untersagen, wenn er eine beherrschende Stellung begründet oder verstärkt, durch die wirksamer Wettbewerb im Gemeinsamen Markt erheblich behindert würde, kommt es nach neuer Rechtslage jetzt darauf an, dass durch den Zusammenschluss wirksamer Wettbewerb im Gemeinsamen Markt nicht erheblich behindert wird, insbesondere durch Begründung oder Verstärkung einer beherrschenden Stellung.[808] Diese teilweise Umstellung von bereits vertrauten Formulierungen hat unter anderem zur Folge, dass dem Merkmal der „Erheblichkeit" nunmehr ein gesteigertes, eigenständiges Gewicht zukommt und dass insoweit die „erhebliche" Behinderung wirksamen Wettbewerbs als zentrales Untersagungskriterium zugleich einer der rechtlichen Anknüpfungspunkte für die von der Europäischen Kommission beabsichtigte, verstärkte Berücksichtigung von Effizienzvorteilen im Einzelfall sein kann.[809] Dem Wortlaut des neuen Art. 2 Abs. 3 FKVO lässt sich diese Absicht freilich nicht entnehmen; ausdrücklich hervor geht sie aber aus dem der Verordnung vorangestellten Erwägungsgrund Nr. 29. Hier heißt es:

„Um die Auswirkungen eines Zusammenschlusses auf den Wettbewerb im Gemeinsamen Markt bestimmen zu können, sollte begründeten und wahrscheinlichen Effizienzvorteilen Rechnung getragen werden, die von den beteiligten Unternehmen dargelegt werden. Es ist möglich, dass die durch einen Zusammenschluss bewirkten Effizienzvorteile die Auswirkungen des Zusammenschlusses auf den Wettbewerb, insbesondere den

---

806 Zu den möglicherweise unterschiedlichen Auswirkungen dieser rechtstechnischen Einordnung vgl. *Gerard* (2003), 1367, 1369.
807 VO (EG) Nr. 139/2004 des Rates v. 20.1.2004 über die Kontrolle von Unternehmenszusammenschlüssen, ABl.EU 2004 Nr. L 24, S. 1.
808 Art. 2 Abs. 3 VO Nr. 139/2004. Ausführlich zu diesem, in Anlehnung an die englische Formulierung SIEC-Test genannten Prüfungsmaßstab oben S. 241–245.
809 Dagegen aber *Monti*, Rede v. 7.11.2002, der die Effizienzvorteile rechtlich an die Norm des Art. 2 Abs. 1 lit. b) FKVO anknüpfen will, die auch in die neue Verordnung unverändert übernommen wurde. Nach *Monti* steht die Wahl des Untersagungsmaßstabs in keinem Zusammenhang mit einer verstärkten Berücksichtigung von Effizienzvorteile, so auch *Drauz* (2003), 254, 264, Frankfurter Kommentar/*Ehricke* (2005), Art. 2 FKVO Rdnr. 234f. und die *Monopolkommission* (2004), Rdnr. 90.

Teil 3 E. Weitere relevante Faktoren

möglichen Schaden für den Verbraucher ausgleichen, so dass durch den Zusammenschluss wirksamer Wettbewerb im Gemeinsamen Markt oder in einem wesentlichen Teil desselben, insbesondere durch Begründung oder Stärkung einer beherrschenden Stellung, nicht erheblich behindert würde. Die Kommission sollte Leitlinien veröffentlichen, in denen sie die Bedingungen darlegt, unter denen sie Effizienzvorteile bei der Prüfung eines Zusammenschlusses berücksichtigen kann."

Die im Erwägungsgrund erwähnten Leitlinien der Kommission zur Bewertung horizontaler Zusammenschlüsse unterstreichen als weiteren Beleg ihre Absicht, Effizienzvorteile jedenfalls stärker als bisher bei der Bewertung einer Fusion zu berücksichtigen.[810] Über 13 Randnummern versuchen die Leitlinien, die Anforderungen an die Effizienzberücksichtigung möglichst detailliert zu beschreiben und dadurch das Vorgehen der Kommission zum Wohle einer erhöhten Rechtssicherheit transparent und vorhersehbar zu gestalten. Ferner weist die Kommission in den 2008 veröffentlichten Leitlinien zur Bewertung nichthorizontaler Zusammenschlüsse auf zahlreiche Effizienzgewinne hin, die aus vertikalen und konglomeraten Zusammenschlüssen folgen können.[811] Nach jahrelangem Streit über die Frage, ob – und gegebenenfalls, auf welche Art und Weise – prognostizierte Effizienzvorteile eines Zusammenschlusses bei der einzelfallbezogenen Bewertung eines Fusionsvorhabens berücksichtigt werden können oder nicht, dürfte die vorrangige Frage nach einer grundsätzlichen Einbeziehung derartiger Vorteile mit der neuen Verordnung nunmehr ausdrücklich geklärt sein.[812]

Schwieriger ist hingegen die Frage zu beantworten, unter welchen Voraussetzungen Effizienzerwägungen nach der neuen FKVO berücksichtigungsfähig sein sollen. Ein zentrales Problem besteht bereits darin, dass der in Erwägungsgrund 29 verwendete Begriff des Effizienzvorteils nicht hinreichend klar gefasst ist und inhaltlich sehr weit verstanden werden kann.[813] Die Leitlinien geben in dieser Hinsicht nur eine vage Antwort, sie begnügen sich letztlich mit zwei Beispielen: Zum einen den Kosten-

---

810 Leitlinien der Kommission zur Bewertung horizontaler Zusammenschlüsse, ABl.EU 2004 Nr. C 31, S. 5–18. Zur Bindungswirkung von Bekanntmachungen und Leitlinien der Kommission ausführlich *Schweda* (2004), 1133 ff., der entgegen verbreiteter Ansicht über ex-Art. 10 EG auch eine Bindung der nationalen Behörden und Gerichte durch die Leitlinien vertritt.
811 Leitlinien zur Bewertung nichthorizontaler Zusammenschlüsse, ABl.EU 2008 Nr. C 265, S. 6–25, Rdnr. 13–14, 52–57, 77 und 115–118; siehe S. 520–523.
812 *González-Díaz* (2004), 177, 191; *Denzel* (2004), 294.
813 *Böge* (2004), 138, 147; *Zimmer* (2004), 250, 263; *Hoffmann/Terhechte* (2003), 415, 420.

VI. Die Berücksichtigung von Effizienzgewinnen Teil 3

einsparungen bei Produktion und Vertrieb,[814] zum anderen den Vorteilen auf Grund neuer oder verbesserter Waren und Dienstleitungen, z. B. infolge von Verbesserungen bei Forschung, Entwicklung und Innovation.[815] Darüber hinaus bestimmen die Leitlinien, dass berücksichtigungsfähige Effizienzvorteile geeignet sein müssen, den Wettbewerb (...) zu beleben.[816] Daraus – und zwar ergänzend zu dem nach wie vor bestehenden Wettbewerbsvorbehalt in Art. 2 Abs. 1 lit. b) FKVO und dem in Art. 2 Abs. 3 FKVO enthaltenen Wettbewerbsbezug – könnte man schließen, dass Effizienzvorteile unter der VO Nr. 139/2004 rein wettbewerblich ausgeprägt sein müssen, dass also regional-, sozial- oder industriepolitische Aspekte nicht in die Gesamtbewertung des Zusammenschlussvorhabens einbezogen werden dürfen. Gleichzeitig enthalten die Leitlinien aber auch anders lautende, einem solchen rein wettbewerblich orientierten Ansatz widersprechende Formulierungen: So heißt es etwa, dass durch Zusammenschlüsse herbeigeführte Restrukturierungen von Unternehmen die Wettbewerbsfähigkeit eines Wirtschaftszweiges erhöhen können, wodurch sich wiederum die Wachstumsbedingungen verbesserten und der allgemeine Lebensstandard steige. Dies – erneut im Zusammenhang mit der unveränderten Fortschrittsklausel in Art. 2 Abs. 1 lit. b) FKVO – könnte zumindest nahelegen, dass auch wettbewerbsfremde Gesichtspunkte in die Gesamtabwägung einfließen können.[817] Insofern könnte die bekannte Diskussion um Wettbewerbsschutz kontra Industriepolitik an dieser Stelle wieder aufleben.[818] Bedenkt man jedoch, dass sich nach Ansicht der Kommission die Barriere des Wettbewerbsvorbehalts regelmäßig als zu hoch für die Beachtung von Effizienzargumenten erwiesen hat und dass auch unter der neuen FKVO die Entwicklung des technischen und wirtschaftlichen Fortschritts nicht zu einer Behinderung des Wettbewerbs führen darf, so ist bereits zweifelhaft, ob sich an der bisherigen zögerlichen Praxis der Behörde durch die Neuregelung viel verändern wird.[819] Jedenfalls legt die bisherige Fixierung der Kommission auf die unerlaubte Behinderung des Wettbewerbs die Vermutung nahe, dass außerwettbewerbliche Gesichtspunkte – wenn überhaupt – nur unter außergewöhnlichen Umständen in ihre Gesamtbewertung eines Fusionsvorhaben mit

---

814 Leitlinien zur Bewertung horizontaler Zusammenschlüsse, ABl.EU 2004 Nr. C 31, S. 5–18, Rdnr. 80.
815 Ibid., Rdnr. 81.
816 Leitlinien zur Bewertung horizontaler Zusammenschlüsse, ABl.EU 2004 Nr. C 31, S. 5–18, Rdnr. 77.
817 *Denzel* (2004), 294.
818 Dazu ausführlich *Opgenhoff* (2001), 204 ff. m. w. N.
819 In diesem Sinn auch *Denzel* (2004), 295; *Staebe/Denzel* (2004), 194, 201; *González-Díaz* (2004), 177, 191.

einfließen können, dass aber regelmäßig eine ausschließlich an rein wettbewerblichen Aspekten orientierte Abwägung vorzunehmen sein wird.[820] Für diese Einschätzung könnte auch die Entscheidung der Kommission zugunsten einer vorrangig an Verbraucherinteressen orientierten Wettbewerbspolitik sprechen. Nach den Leitlinien müssen die Effizienzvorteile „den Verbrauchern zugute kommen, fusionsspezifisch und überprüfbar sein".[821] Die in den Leitlinien mehrfach betonte Verbraucherbeteiligung ergibt sich bereits ausdrücklich aus Art. 2 Abs. 1 lit. b) der (alten und) neuen Verordnung, und es scheint insofern, als habe die Richtung der Europäischen Wettbewerbspolitik sich hier eindeutig zu Gunsten eines Modells der Verbraucherwohlfahrt entschieden.[822] Die Wahl des Wohlfahrtsstandards kann eine wichtige Rolle für die Beantwortung der Frage spielen, welche Effizienzvorteile im Einzelnen überhaupt berücksichtigungsfähig sind.[823]

4. Der maßgebende Wohlfahrtsstandard

a) Einführung

In der wirtschaftswissenschaftlichen Literatur werden – wie bereits in der Einführung in die ökonomischen Grundlagen (S. 11–14) deutlich wurde – zwei verschiedene Konzepte diskutiert, mit deren Hilfe die Konsequenzen von Effizienzgewinnen beurteilt werden können. Es handelt sich dabei um den Gesamtwohlfahrts- und den Konsumentenwohlfahrtsstandard. Bei Anwendung des Gesamtwohlfahrtsstandards wird ein Zusammenschluss dann als wohlfahrtserhöhend beurteilt, wenn er die Gesamtwohlfahrt, d. h. die Summe aus Konsumenten- und Produzentenrente erhöht. Dies kann auch dann der Fall sein, wenn aufgrund einer Fusion die Konsumentenrente abnimmt, die Produzentenrente jedoch so stark steigt, dass die volkswirtschaftliche Rente insgesamt zunimmt. Bei Anwendung des Kon-

---

[820] So im Ergebnis auch *Gerard* (2003), 1367, 1370, der grundsätzlich eine rein wettbewerbsrechtliche Analyse dadurch gestärkt sieht, dass der Prüfungsaufbau der Effizienzberücksichtigung einstufig ist, die Effizienzen letztlich als ein weiterer Faktor in der Wettbewerbsanalyse selbst bewertet werden.
[821] Leitlinien zur Bewertung horizontaler Zusammenschlüsse, ABl.EU 2004 Nr. C 31, S. 5–18, Rdnr. 78.
[822] *Kiljański* (2003), 651, 667; *Luescher* (2004), 72, 78; etwas vorsichtiger *Bishop/Walker* (2010), 412–416; vgl. auch die Abschiedsrede von Wettbewerbskommissar Monti v. 28.10.2004 "A reformed competition policy: achievements and challenges for the future", abrufbar unter http://europa.eu/rapid/pressReleasesAction.do?reference=SPEECH/04/477, wonach der oberste Grundsatz seiner Tätigkeit stets die Vergrößerung der Verbraucherwohlfahrt gewesen sei.
[823] Aufschlussreich *de la Mano* (2002), 25; *Denzel* (2004), 295.

VI. Die Berücksichtigung von Effizienzgewinnen Teil 3

sumentenwohlfahrtsstandards kann eine Fusion trotz Zunahme der Konzentration und der damit verbundenen negativen Auswirkungen auf den Wettbewerb nur dann genehmigt werden, wenn die Konsumentenrente zunimmt.

Beim ersten Standard geht es nur darum, die Gesamtwohlfahrt auf einem einzelnen Markt, d.h. die Summe von Produzenten- und Konsumentenrente, zu maximieren.[824] Auf die Verteilung der Wohlfahrt kommt es hierbei nicht an. Beim Konsumentenwohlfahrtsstandard ist hingegen entscheidend, ob die Konsumentenrente steigt, was bei gleichbleibenden Leistungen genau dann der Fall ist, wenn die Preise fallen.[825].

b) Probleme der Wohlfahrtsstandards

Bei einer Beurteilung von Effizienzgewinnen anhand der genannten Wohlfahrtsstandards sind zwei Probleme zu berücksichtigen. Zum einen werden die Auswirkungen von Effizienzgewinnen bei beiden Standards nur anhand der Veränderung des Preises beim Konsumentenwohlfahrtsstandard bzw. anhand der Änderung der volkswirtschaftlichen Rente beim Gesamtwohlfahrtsstandard erfasst. Dabei wird implizit unterstellt, dass es sich bei Effizienzgewinnen um Kosteneinsparungen bei der Herstellung der bisherigen Produkte handelt. Allerdings könnten Effizienzgewinne auch in der Form qualitativ verbesserter bzw. neuartiger Produkte auftreten. In diesen Fällen stößt diese Art der Analyse an ihre Grenzen. Zwar könnte eine Verbesserung der Qualität eines Produktes durch das Konzept des „quality corrected price"[826] berücksichtigt werden. Dieses würde in Rechnung stellen, dass ein qualitativ verbessertes Produkt, das zum gleichen Preis verkauft wird, im Grunde preiswerter geworden ist. Effizienzgewinne in der Form völlig neuer und anderer Produkte können durch diesen Ansatz aber nicht erfasst werden, denn es handelt sich dabei um eine Methode, die sich auf die Betrachtung eines Marktes beschränkt.[827]

Darüber hinaus wird durch die genannten Wohlfahrtsstandards eine Bewertung von Effizienzgewinnen aufgrund einer kurzfristigen komparativstatischen Betrachtungsweise vorgenommen. Längerfristige dynamische

---

[824] Zusätzlich können aber auch noch die zusätzlichen Wohlfahrtswirkungen auf anderen Märkten einbezogen werden. So unterscheidet *Crampton* (1994), zwischen dem Total Surplus (als Summe von Konsumenten- und Produzentenrente auf den direkt von einer Fusion betroffenen Märkten) und dem Total Welfare, das zusätzlich Wirkungen auf Drittmärkten miteinbezieht.
[825] Für eine Diskussion der verschiedenen Wohlfahrtsstandards im Zusammenhang mit Effizienzgewinnen vgl. *Padilla* (2005) sowie *Renckens* (2007).
[826] Vgl. *Rosen* (1974).
[827] Auf dieses Problem weist auch *Strohm* (2002) hin.

Teil 3 E. Weitere relevante Faktoren

Aspekte, wie z. B. die Veränderung der Forschungs- und Entwicklungstätigkeit, des technischen Fortschritts, der Entstehung neuer Märkte, des Marktzutritts sowie der Kostenkontrollfunktion des Wettbewerbs im Zeitablauf können durch diese nicht berücksichtigt werden.[828] Vor allem der Gesamtwohlfahrtsstandard sieht sich dem Vorwurf ausgesetzt, nicht immer hinreichend deutlich zwischen wettbewerbs- und industriepolitischen Gesichtspunkten zu unterscheiden, da, so wird mitunter argumentiert, im Rahmen eines Gesamtwohlfahrtsmodells die erhöhte Gefahr einer politisch motivierten Förderung der internationalen Wettbewerbsfähigkeit bestünde.[829]

Selbst wenn man längerfristige Aspekte aus der Betrachtung ausblenden würde, d. h. selbst bei strikt ökonomischer Betrachtung und Beurteilung allein anhand von Preis-Mengen-Beziehungen in einem komparativ-statischen Rahmen wäre die ökonomische Analyse mittels der beiden Wohlfahrtsstandards nicht völlig korrekt. Hierfür gibt es zwei Gründe:

a) Es handelt sich bei den Standards um rein partialanalytische Konzepte. Man weiß jedoch aus der Theorie des allgemeinen Gleichgewichtes, dass eine Veränderung auf einem Markt Veränderungen auf vielen Märkten in einer Volkswirtschaft nach sich ziehen können. Diese Auswirkungen auf anderen Märkten bleiben sowohl beim Konsumentenwohlfahrtsstandard als auch beim Gesamtwohlfahrtsstandard unberücksichtigt.

b) Wenn in anderen Märkten der Wettbewerb bereits unvollständig ist, Oligopole oder Monopole existieren, dann könnte auch die Verringerung des Wettbewerbs zusammen mit einer eventuellen Preiserhöhung auf dem betrachteten Markt gesamtwirtschaftlich vorteilhaft sein, d. h. es könnten sogenannte „Second-best"-Effekte auftreten.[830] Diese Effekte werden jedoch nicht betrachtet.

Diese Probleme entstehen auch bei den herkömmlichen Analysen der negativen Auswirkungen einer Fusion ohne Berücksichtigung möglicher Effizienzgewinne, denn auch diese sind im Allgemeinen rein partialanalytischer Natur. Wenn man jedoch Effizienzgewinne in die Betrachtung einbeziehen möchte, dann wird dieses Problem insofern verschärft, als Effizienzen häufig auch durch die Entwicklung neuer Produkte, die anderen Märkten zuzurechnen sind, auftreten können. Um jedoch derartige Effizienzen erfassen und berücksichtigen zu können, muss im Grunde ein Mo-

---

[828] Vgl. *Schmidt* (2004).
[829] *Kiljański* (2003), 651, 655, der diese Gefahr allerdings vorrangig bei kleineren Volkswirtschaften gegeben sieht.
[830] Zur Theorie des „second best" vgl. *Lipsey/Lancaster* (1956) bzw. in einem Modell des allgemeinen Gleichgewichts *Foster/Sonnenschein* (1970).

dell des allgemeinen Gleichgewichts herangezogen werden. Dies ist im Prinzip möglich und wird in einigen Bereichen der Wirtschaftswissenschaft, so z.B. bei der Steuerwirkungsanalyse und im Umweltbereich, erfolgreich durchgeführt. Sogenannte CGE-Modelle (Computable General Equilibrium) erlauben die Vorhersage der Auswirkungen von Steueränderungen auf Preise, Mengen und die Wohlfahrt. Diese Modelle unterstellen allerdings auf den Märkten bei allen Akteuren ein Preisnehmerverhalten, d.h. strategische Interaktionen werden nicht berücksichtigt. Dies mag bei der Steueranalyse oder im Umweltbereich eine vernünftige Annahme sein, sie ist es jedoch nicht für die Untersuchung von Märkten mit unvollständigem Wettbewerb, bei denen sich die Unternehmen gerade nicht als Mengenanpasser oder Preisnehmer verhalten. Um aber die Auswirkungen von Effizienzen, die auf anderen Märkten entstehen, ermitteln zu können, müsste ein Modell des allgemeinen Gleichgewichts mit unvollständigem Wettbewerb verwendet werden, um die Auswirkungen der Erhöhung der Konzentration in einem Markt und mögliche Second-best-Effekte zu ermitteln. Denn es könnte ja im Prinzip der Fall eintreten, dass die Erhöhung der Konzentration in einem Markt gesamtwirtschaftlich positive Auswirkungen hat, da auf anderen Märkten wünschenswerte Second-best-Effekte auftreten. Zu denken ist an die Möglichkeit, dass Effizienzen in einem Markt die Wettbewerbsverringerungen in einem anderen kompensieren. Allerdings stellt sich bei einer derartigen Analyse das Problem, dass die Theorie des allgemeinen Gleichgewichts mit unvollständigem Wettbewerb erst in ihren Anfängen steckt und es unseres Wissens noch kein belastbares berechenbares Modell des allgemeinen Gleichgewichtes mit unvollständigem Wettbewerb gibt.

5. Anforderungen der Leitlinien zur Bewertung horizontaler Zusammenschlüsse

Im ganzen scheint es, als habe die Kommission sich auch bei einer grundsätzlichen Entscheidung für eine verstärkt an Verbraucherinteressen orientierte Wettbewerbspolitik zu einer vorrangig von wettbewerblichen Auswirkungen geleiteten Anwendung der Effizienzberücksichtigung bekannt.

Die Leitlinien sehen vor, dass Effizienzgewinne eine Reihe von Eigenschaften aufweisen sollten, um berücksichtigungsfähig zu sein.[831] Demnach müssen Effizienzgewinne

---

[831] Die in den Leitlinien zur Bewertung horizontaler Zusammenschlüsse niedergelegten Anforderungen finden auch auf vertikale und konglomerate Zusammenschlüsse Anwendung, siehe Leitlinien zur Bewertung nichthorizontaler Zusammenschlüsse, ABl.EU 2008 Nr. C 265, S. 6–25, Rdnr. 53.

Teil 3 E. Weitere relevante Faktoren

1. signifikant und wirksam sein,[832]
2. fusionsspezifisch sein,[833]
3. relativ schnell realisiert werden,[834]
4. verifizierbar sein und[835]
5. an die Konsumenten weitergegeben werden;[836]
6. darüber hinaus sollten sie möglichst quantifiziert werden,[837] und
7. sie sollten auf den relevanten Märkten anfallen, auf denen mit Wettbewerbsbeschränkungen zu rechnen ist.[838]

Dabei sind Effizienzen vor allem dann als wirksam einzuschätzen, wenn sie die realen Kosten des Unternehmens verringern. In diesem Zusammenhang werden häufig Größenvorteile (economies of scale) und Verbundvorteile (economies of scope) angeführt.

Die Fusionsspezifität der Effizienzvorteile verlangt als Ausprägung des Verhältnismäßigkeitsgrundsatzes, dass die geltend gemachten Vorteile zum einen unmittelbar durch die Fusion und zum anderen nicht auch durch weniger wettbewerbsschädigende Alternativen wie z. B. Forschungs- oder

---

[832] „Deshalb sollten die Effizienzvorteile erheblich sein (…)." Komm. (2004), Nr. 79. „Bei der Ermittlung der Frage, ob Effizienzvorteile zu Nettovorteilen für die Verbraucher führen, fallen Rückgänge bei den variablen und den Grenzkosten stärker ins Gewicht als eine Senkung der Fixkosten, da erstere grundsätzlich eher zu niedrigeren Preisen zugunsten der Verbraucher führen." Komm. (2004), Nr. 80.
[833] „Effizienzvorteile sind für die wettbewerbliche Würdigung erheblich, wenn sie eine unmittelbare Folge des angemeldeten Zusammenschlusses sind und nicht in ähnlichem Umfang durch weniger wettbewerbswidrige Alternativen erzielt werden können. Unter diesen Umständen wird davon ausgegangen, dass die Effizienzvorteile durch den Zusammenschluss bedingt und somit fusionsspezifisch sind." Komm. (2004), Nr. 85.
[834] „Effizienzvorteilen kann von der Kommission umso weniger Gewicht eingeräumt werden, je weiter deren Erbringung in die Zukunft projiziert wird. Deshalb müssen sich die Effizienzvorteile innerhalb eines überschaubaren Zeitraums einstellen, damit sie als ausgleichender Faktor gewürdigt werden können." Komm. (2004), Nr. 83.
[835] „Die Effizienzvorteile müssen nachprüfbar sein, damit die Kommission davon ausgehen kann, dass sie sich einstellen werden, und so erheblich sein, dass sie einer möglichen Benachteiligung der Verbraucher durch den Zusammenschluss entgegenwirken." Komm. (2004), Nr. 86.
[836] „Behauptete Effizienzvorteile werden daran gemessen, dass die Verbraucher durch den Zusammenschluss nicht benachteiligt werden." Komm. (2004), Nr. 79.
[837] „Die Effizienzvorteile und die daraus resultierenden Vorteile für die Verbraucher sollten nach Möglichkeit mit Zahlenangaben untermauert werden." Komm. (2004), Nr. 86.
[838] „Deshalb sollten die Effizienzvorteile … den Verbrauchern in den relevanten Märkten zugute kommen, in denen ansonsten Wettbewerbsbedenken entstehen könnten." Komm. (2004), Nr. 79. Dies scheint jedoch in einem gewissen Widerspruch zu Nr. 81 zu stehen, wo es heißt: „Die Verbraucher können auch Vorteile aufgrund neuer oder verbesserter Waren oder Dienstleistungen haben, die sich z. B. aus Effizienzgewinnen in den Bereichen Forschung und Entwicklung und Innovation ergeben." Komm. (2004), Nr. 81.

VI. Die Berücksichtigung von Effizienzgewinnen Teil 3

Einkaufskooperationen, erreicht werden können. Auch bei Anwendung dieses Kriteriums wird deutlich, dass sich die Kommission mit der Neuregelung einen weiten Bewertungsspielraum geschaffen hat, wenngleich sie diesen Eindruck in den Leitlinien mit dem Hinweis zu entkräften versucht, dass allein solche weniger wettbewerbswidrige Alternativen in Betracht kommen können, die in dem betroffenen Wirtschaftszweig zu den üblichen Geschäftspraktiken gehören und nach „vernünftigen Maßstäben in der wirtschaftlichen Situation" praktikabel sind, d.h., es sollten vor allem solche Maßnahmen in Betracht gezogen werden, die in der jeweiligen Industrie gängige Praxis und nicht völlig unüblich, kostenträchtig und schwierig durchzuführen sind.[839]

Hinsichtlich der geforderten Rechtzeitigkeit der Vorteilsweitergabe an die Verbraucher wird in den Leitlinien lediglich ein „überschaubarer Zeitraum" verlangt, zugleich jedoch klargestellt, dass Effizienzvorteilen umso weniger Gewicht eingeräumt werden kann, je weiter deren Erbringung in die Zukunft projiziert wird.[840] Für das geforderte rasche Eintreten der Effizienzgewinne gibt es mehrere Gründe: Zum einen ist zu befürchten, dass Wettbewerbsbeschränkungen bereits relativ kurze Zeit nach der Fusion eintreten können; sie sollten daher zügig durch Effizienzgewinne ausgeglichen werden. Zum anderen sind Effizienzgewinne, die erst längere Zeit nach der Fusion eintreten, auf den Gegenwartszeitpunkt zu diskontieren und haben daher ein geringeres Gewicht. Schließlich ist die Vorhersage von erst spät anfallenden Effizienzgewinnen deutlich problematischer. Dies könnte – neben weiteren Aspekten[841] – dazu führen, dass dynamischen Effizienzen, also zunächst eher ungewiss erscheinenden Erfolgen einer verbesserten Innovationsanstrengung, insgesamt weniger Beachtung geschenkt werden wird als statischen Effizienzvorteilen, etwa den Ergebnissen eines effizienteren Produktionsprozesses.[842] Dies hat seinen Grund darin, dass es bei den besonders wichtigen Effizienzgewinnen im Bereich Forschung und Entwicklung im Allgemeinen kaum möglich ist, fundiert Wahrscheinlichkeiten für erfolgreiche Innovationen oder Verbesserungen anzugeben und Aussagen über den Zeitrahmen zu treffen, in dem diese eintreten werden.

---

839 Leitlinien zur Bewertung horizontaler Zusammenschlüsse, ABl.EU 2004 Nr. C 31, S. 5–18, Rdnr. 85. Kritisch zu dieser Anforderung auch *Luescher* (2004) 72, 84 m.w.N.

840 Leitlinien zur Bewertung horizontaler Zusammenschlüsse, ABl.EU 2004 Nr. C 31, S. 5–18, Rdnr. 83 und 86.

841 Etwa die scheinbar unmögliche Quantifizierung von dynamischen Effizienzvorteilen, vgl. *Böge/Jakobi* (2005), 113, 117.

842 Zu Recht wird aber davor gewarnt, Effizienzvorteile lediglich auf Preissenkungen zu reduzieren, vgl. etwa *Drauz* (2003), 254, 266.

Teil 3 E. Weitere relevante Faktoren

Eines der schwierigsten Probleme der Effizienzberücksichtigung und in der Praxis vermutlich das größte Hindernis für ihr erfolgreiches Vorbringen liegt in der geforderten Nachprüfbarkeit der Effizienzvorteile.[843] Da das Fusionskontrollrecht einem präventiven Kontrollverfahren folgt, liegt letztlich allen Aussagen über zukünftige Effizienzvorteile nur eine mehr oder weniger sicher untermauerte Prognose zugrunde; in keinem Fall ist eine 100%-ige Sicherheit für das tatsächliche Eintreten der Effizienzen gegeben. Der von der Kommission verlangte Grad an Nachprüfbarkeit ist dennoch sehr hoch[844] und die Darlegungs- und Beweislast liegt insoweit bei den Unternehmen, da im Allgemeinen die Unternehmen über bessere Informationen über mögliche Effizienzen verfügen als die Wettbewerbsbehörden.[845] Die Leitlinien der Kommission sehen vor, dass die für die Verbraucher resultierenden Vorteile nach Möglichkeit mit Zahlenangaben untermauert werden sollen, wenn sie in irgendeiner Form quantifizierbar sind.[846] Darüber hinaus sollte es aber wesentlich darauf ankommen, dass die Zusammenschlussparteien insgesamt glaubhaft darlegen können, warum ihre Fusion wettbewerbsfördernd oder wenigstens wettbewerbsneutral ist und dazu führen wird, dass die Verbraucher von ihr profitieren.[847] Zur Verifikation der behaupteten Externalitäten können z. B. firmeninterne Dokumente vorgelegt werden, wobei insbesondere solche Unterlagen Berücksichtigung finden, die vor der Fusionsentscheidung entstanden sind. Weiterhin sind Aussagen des Managements gegenüber den Eigentümern, historische Beispiele von Effizienzgewinnen und die Aussagen externer Gutachter von Bedeutung. Auch vor dem Zusammenschluss erstellte Gutachten externer Sachverständiger können hierzu einen Beitrag leisten. Insbesondere der letztgenannte Gesichtspunkt macht deutlich, dass hier in Zukunft ein erheblich höherer Personalaufwand sowohl auf Seiten der Unternehmen als auch auf Seiten der Wettbewerbsbehörde bestehen wird.[848] Zwischen der Wettbewerbsbehörde und den Unternehmen liegt eine Situation asymmetrischer Information vor. Häufig können Informationen nur schwer überprüft und verifiziert werden, so dass die

---

843 Leitlinien zur Bewertung horizontaler Zusammenschlüsse, ABl.EU 2004 Nr. C 31, S. 5–18, Rdnr. 86 ff.
844 Dies ist ein wesentlicher Kritikpunkt der Befürworter einer verstärkten Effizienzberücksichtigung; vgl. *González-Díaz* (2003), 177, 191.
845 Leitlinien zur Bewertung horizontaler Zusammenschlüsse, ABl.EU 2004 Nr. C 31, S. 5–18, Rdnr. 87.
846 Ibid., Rdnr. 86. Zu den Schwierigkeiten hierzu vgl. *Lindsay/Berridge* (2009), 18–016.
847 Dies kann zugleich ein besseres Verständnis für den Zusammenschluss insgesamt fördern: "Consideration of efficiencies may help competition enforcers to better understand the rationale for a merger and more accurately to assess its impact on market power", vgl. *Verouden/Bengtsson/Albæk* (2004), 243, 279.
848 *Böge/Jakobi* (2005), 113, 119.

VI. Die Berücksichtigung von Effizienzgewinnen Teil 3

Unternehmen einen Anreiz haben, ihren Informationsvorsprung dazu auszunutzen, die Höhe der Effizienzgewinne gegenüber der Wettbewerbsbehörde zu übertreiben, um dadurch die Wahrscheinlichkeit der Genehmigung des Fusionsvorhabens zu erhöhen. Dieses Informationsproblem könnte dadurch gemildert, jedoch nicht vermieden werden, dass die Unternehmen zum Geltendmachen von Effizienzgewinnen verifizierbare und quantifizierbare Informationen über die zu erwartenden Effizienzgewinne vorlegen müssen.

Zum Kriterium der Verbraucherbeteiligung heißt es in den Leitlinien, dass die Effizienzvorteile erheblich sein, sich rechtzeitig einstellen und den Verbrauchern in denjenigen Märkten zugute kommen *sollten*,[849] in denen ansonsten Wettbewerbsbedenken entstehen würden.[850] Unter den Ausführungen zur Verbraucherbeteiligung finden sich zudem die beiden bereits angeführten Beispiele für Effizienzvorteile, nämlich Kosteneinsparungen einerseits und Neuerungen oder Verbesserungen bei Waren oder Dienstleistungen andererseits. Der Preis eines Produktes ist regelmäßig einer der wesentlichen Wettbewerbsparameter, so dass niedrigere Preise für Verbraucher nach einem Unternehmenszusammenschluss maßgeblich im Zentrum einer an Verbraucherwohlfahrt orientierten Wettbewerbspolitik stehen.[851] Die Forderung, dass die Konsumenten durch die Fusion nicht schlechter gestellt werden dürfen, deutet darauf hin, dass die Leitlinien einen Konsumentenwohlfahrtsstandard verwenden. Effizienzgewinne, die nur den Produzenten zugute kommen, können gemäß den Leitlinien nicht berücksichtigt werden. Da Effizienzgewinne den Leitlinien zufolge die negativen Effekte, die durch eine Fusion, die zu einem Beinahe-Monopol führt oder „ein ähnliches Maß an Marktmacht erbringt", nur dann aufwiegen können, wenn sie ein im Allgemeinen unrealistisches Ausmaß annehmen, führt dieser Ansatz konsequenterweise dazu, dass es „höchst unwahrscheinlich" sei, dass die wettbewerbswidrigen Auswirkungen durch Effizienzvorteile kompensiert werden kann.[852]

---

849 Hervorhebungen durch d. Verf.: an anderer Stelle heißt es dagegen: „Die Effizienzvorteile *müssen* den Verbrauchern zugute kommen, (...)", Leitlinien zur Bewertung horizontaler Zusammenschlüsse, ABl.EU 2004 Nr. C 31, S. 5–18, Rdnr. 78.
850 Ibid., Rdnr. 79. Es kann demnach – anders als nach den US-Merger-Guidelines – nicht zu einem Trade-off zwischen Vor- und Nachteilen auf verschiedenen relevanten Märkten kommen; vgl. dazu *Lindsay/Berridge* (2009), 18–022. *Luescher* (2004), 83 sieht hierin die Bekräftigung der Kommission zu dem Modell der Verbraucherwohlfahrt.
851 *Drauz* (2003), 254, 266; *Luescher* (2004), 72, 82; grundlegend zum Pass-On-Kriterium siehe *Kiljański* (2003).
852 Leitlinien zur Bewertung horizontaler Zusammenschlüsse, ABl.EU 2004 Nr. C 31, S. 5–18, Rdnr. 84. Hierin ist eine gleitende Anforderungsskala („Sliding Scale") zu sehen: je größer die Fähigkeiten der neuen Unternehmenseinheit sind, den Wettbewerb zu beschränken, desto größer müssen auch die Effizienzvorteile sein, die zeigen, dass

445

Teil 3 E. Weitere relevante Faktoren

Fast alle diese Bedingungen sind aus ökonomischer Sicht sinnvoll – eine gewisse Skepsis scheint bei der letztgenannten Forderung angebracht, dass die Effizienzgewinne auf den relevanten Märkten anfallen sollen, auf denen auch mit den Wettbewerbsbeschränkungen gerechnet wird. Eine Reihe von Effizienzvorteilen und möglicherweise sehr bedeutsame, werden vermutlich auch dadurch entstehen, dass die Forschungs- und Entwicklungsmöglichkeiten des fusionierten Unternehmens sich verbessern und neuartige Produkte entwickelt werden, die auf anderen Märkten gehandelt werden als denen, auf denen Wettbewerbsbeschränkungen auftreten. Konsumenten würden zwar von den neuentwickelten Produkten profitieren, dieser Wohlfahrtsgewinn würde jedoch nach den Leitlinien nicht berücksichtigt.

Zusammenfassend lässt sich zur Neuregelung der Effizienzen feststellen, dass sich die Kommission mit den von ihr erlassenen Leitlinien für horizontale Zusammenschlüsse einen erheblichen Beurteilungsspielraum geschaffen hat.[853] Insbesondere von deutscher Seite wird dies durchaus mit Sorge betrachtet. So wird vorgebracht, dass nicht ausgeschlossen werden könne, dass die Kommission mit dem Mittel der Fusionskontrolle auch europäische Industriepolitik betreibe, was letztlich zu einer empfindlichen Schwächung der Rechtssicherheit für die beteiligten Unternehmen führen könne.[854] Diesbezüglich halten sich auch die Möglichkeiten einer rechtlichen Überprüfung der Kommissionspraxis in engen Grenzen; zwar sind – anders als in der US-Praxis – auch Freigabeentscheidungen der Kommission zu begründen, doch wird es zu einer gerichtlichen Überprüfung nur im Falle einer Konkurrentenklage kommen, welche aus praktischen wie auch aus rechtlichen Gründen eher eine Ausnahme darstellen dürfte.

Schwierigkeiten bereitet auch das Verhältnis des neuen SIEC-Tests zu dem Merkmal der marktbeherrschenden Stellung in Art. 2 Abs. 3 FKVO. Unter der alten Verordnung war die eigenständige Bedeutung der „erheblichen Behinderung wirksamen Wettbewerbs" umstritten, überwiegend wurde dem Merkmal neben demjenigen der marktbeherrschenden Stellung nur eine beschreibende Funktion zuerkannt.[855] Nach der Neuregelung ist die zitierte Formulierung aber das allein ausschlaggebende Untersagungskriterium. Daher führt die Entstehung oder Verstärkung einer marktbeherrschenden Stellung nicht mehr zwingend zu einer Untersagung, eine solche wird vielmehr allein dann zwingend, wenn durch den Zusammenschluss „wirksamer Wettbewerb erheblich behindert" würde. Dem Merkmal der

---

     das neue Unternehmen Anreize hat, den Wettbewerb gerade nicht zu behindern, *Lindsay/Berridge* (2009), 18–017.
853 Dazu *Zimmer* (2004), 250, 264.
854 *Böge/Jakobi* (2005), 113, 117, ähnlich *Monopolkommission* (2005), Rdnr. 91 und 192.
855 Vgl. dazu oben S. 429.

VI. Die Berücksichtigung von Effizienzgewinnen Teil 3

„Erheblichkeit" der Wettbewerbsbehinderung kommt daher eine gesteigerte Bedeutung zu, und es könnte – insoweit abweichend von der in den Leitlinien geäußerten Absicht der Kommission, Effizienzerwägungen normativ weiterhin an Art. 2 Abs. 1 lit. b) FKVO anzubinden [856] – vielleicht sogar der geeignetere Anknüpfungspunkt für Effizienzüberlegungen sein. Der Wortlaut des Art. 2 Abs. 3 FKVO, welcher das Vorliegen einer marktbeherrschenden Stellung zum bloßen Regelbeispiel erklärt [857] und auch die Kommission scheinen davon auszugehen, dass es zwar „höchst unwahrscheinlich" [858], im Umkehrschluss aber eben auch nicht unmöglich sein soll, dass die negativen Auswirkungen eines Zusammenschlusses, der zu einer Monopolstellung führt, noch durch erhebliche Effizienzgewinne ausgeglichen werden können.[859] Auch insoweit lassen Normtext und Leitlinien eine weite Auslegung zu und geben der Kommission eine erhebliche Interpretationsfreiheit. Als einen Beitrag zur Schaffung erhöhter Rechtssicherheit wird man die getroffene Neuregelung über die Berücksichtigung von Effizienzen im Europäischen Recht daher trotz der als Orientierungshilfe gedachten Leitlinien nicht einordnen können.

Sicherheit in diesem Bereich kann letztendlich nur eine umfangreiche Fallpraxis bringen. Seit Inkrafttreten der neuen Fusionskontrollverordnung im Jahr 2004 hat die Kommission sich in ihren Entscheidungen insbesondere mit der Fusionsspezifität von Effizienzgewinnen auseinandergesetzt. In Übereinstimmung mit ihrer eher positiven Haltung gegenüber vertikalen Zusammenschlüssen [860] hat die Kommission die Eliminierung der doppelten Marginalisierung wie auch Produktverbesserungen, die durch eine bessere Koordinierung in Folge der vertikalen Integration ermöglicht werden, als fusionsspezifisch anerkannt.[861] Demgegenüber wurden nied-

---

[856] Leitlinien zur Bewertung horizontaler Zusammenschlüsse, ABl.EU 2004 Nr. C 31, S. 5–18, Rdnr. 76.
[857] So auch *Berg* (2004), 561, 562; *Zimmer* (2004), 250, 261. Gegen diese Auslegung aber *Monopolkommission*, Hauptgutachten Nr. XV (Kurzfassung) Rdnr. 90, wo es heißt: "(...); vielmehr liegt bei Begründung oder Verstärkung einer marktbeherrschenden Stellung stets eine erhebliche Wettbewerbsbehinderung vor."
[858] Leitlinien zur Bewertung horizontaler Zusammenschlüsse, ABl.EU 2004 Nr. C 31, S. 5–18, Rdnr. 84.
[859] Siehe dazu aber auch den Diskussionsbeitrag von *Röller* auf der Tagung des Arbeitskreises Kartellrecht am 27.10.2004 in Bonn, der betont, dass bei der Entstehung monopolartiger Marktstellungen Effizienzaspekte nicht allein das ausschlaggebende Argument für eine Freigabe sein könnten; wiedergegeben in WuW 2005, 49, 54.
[860] Leitlinien zur Bewertung nichthorizontaler Zusammenschlüsse, ABl.EU 2008 Nr. C 265, S. 6–25, Rdnr. 11 ff.; siehe S. 520–523.
[861] Komm. v. 14.5.2008 (COMP/M.4854) – TomTom/Tele Atlas, Rdnr. 242 und 249; Komm. v. 2.7.2008 (COMP/M.4942) – Nokia/NAVTEQ, Rdnr. 369. Unter bestimmten Umständen kann eine doppelte Marginalisierung auch durch einen horizontalen Zu-

rigere Kosten aufgrund von Synergieeffekten in der Entscheidung *Inco/Falconbridge* nicht als fusionsspezifisch anerkannt, da eine Kostenreduktion auch durch ein Joint-Venture hätte erreicht werden können.[862] Auch in der Entscheidung *Lufthansa/SN Airholding* verwies die Kommission die Zusammenschlussparteien auf die nicht-konzentrative und weniger wettbewerbswidrige Alternative, Effizienzsteigerungen durch rein vertragliche Regelungen herbeizuführen.[863]

Ferner hat die Kommission die Weitergabe der Effizienzgewinne an die Abnehmer als unwahrscheinlich angesehen, wenn die Kostenreduktion statt der variablen Kosten die Fixkosten betraf.[864] In der Entscheidung *T-Mobile Austria/tele.ring* argumentiert sie daher: „Zum anderen geht die Erhöhung der Kundenzahl, womit T-Mobile die Verringerung dieser fixen Kosten je Kunde begründet, gerade mit einer Verminderung der Anreize für T-Mobile einher, neue Kunden durch preisaggressive Angebote anzulocken. Denn diese preisaggressiven Angebote müssten zumindest mittelfristig für den gesamten Kundenstamm vorgesehen werden, so dass die Profitabilität für T-Mobile des Kundenstammes insgesamt verringert wird."[865] Weiterhin wurde eine Weitergabe als unwahrscheinlich erachtet, wenn das fusionierte Unternehmen nach dem Zusammenschluss eine nahezu monopolistische Stellung einnehmen würde und daher nur geringem wettbewerblichen Druck ausgesetzt wäre.[866] Die Kommission verlangte ferner, dass die Effizienzgewinne den Kunden in demselben relevanten Markt zu gute kommen würden, in dem wettbewerbliche Bedenken festgestellt wurden.[867] Allerdings wurde die bloße Übertragung von Gewinnen einer dritten Partei auf das fusionierte Unternehmen aufgrund

---

sammenschluss eliminiert werden, siehe Komm. v. 17.12.2008 (COMP/M.5141) – KLM/Martinair, Rdnr. 410. Zur Frage der doppelten Marginalisierung vgl. S. 470–473.

862 Komm. v. 4.7.2006 (COMP/M.4000) – Inco/Falconbridge, Rdnr. 542; siehe auch Komm. v. 27.6.2007 (COMP/M.4439) – Ryanair/Aer Lingus, Rdnr. 1143: Effizienzgewinne durch eine Reduzierung von Personal-, Vertriebs- und Kraftstoffkosten könnten von Aer Lingus auch ohne den Zusammenschluss realisiert werden; Komm. v. 9.1.2009 (COMP/M.5153) – Arsenal/DSP, Rdnr. 253: Für den freien Markt vorgesehene Kapazitäten würden ohne Zusammenschluss sogar in noch größerem Maße gesteigert.

863 Komm. v. 22.6.2009 (COMP/M.5335) – Lufthansa/SN Airholding, Rdnr. 417f.

864 Komm. v. 27.6.2007 (COMP/M.4439) – Ryanair/Aer Lingus, Rdnr. 1145; Komm. v. 26.4.2006 (COMP/M.3916) – T-Mobile Austria/tele.ring, Rdnr. 47; Komm. v. 4.6.2008 (COMP/M.4513) – Arjowiggins/M-real Zanders Reflex, Rdnr. 440.

865 Komm. v. 26.4.2006 (COMP/M.3916) – T-Mobile Austria/tele.ring, Rdnr. 47.

866 Komm. v. 27.6.2007 (COMP/M.4439) – Ryanair/Aer Lingus, Rdnr. 1150; Komm. v. 4.7.2006 (COMP/M.4000) – Inco/Falconbridge, Rdnr. 546; Komm. v. 22.6.2009 (COMP/M.5335) – Lufthansa/SN Airholding, Rdnr. 430; siehe auch Leitlinien zur Bewertung horizontaler Zusammenschlüsse, ABl.EU 2004 Nr. C 31, S. 5–18, Rdnr. 84.

867 Komm. v. 4.7.2006 (COMP/M.4000) – Inco/Falconbridge, Rdnr. 544.

VI. Die Berücksichtigung von Effizienzgewinnen Teil 3

von erhöhter Nachfragemacht nach dem Zusammenschluss trotz deren Weitergabe an die Abnehmer in den betroffenen Märkten nicht als Effizienzgewinn berücksichtigt, da diese Umverteilung von Gewinnen nicht die Gesamtwohlfahrt ändere.[868] Schließlich stellte sich in der Sache *easyJet/ Kommission* die Frage, ob eine mögliche Weitergabe der Vorteile an die Abnehmer in Form günstigerer Preise nicht nur positiv gesehen werden könne, sondern – da sich die Wettbewerbssituation des Unternehmens durch die Weitergabe verbessere – sogar als Beleg für eine marktbeherrschende Stellung. Das EuG akzeptierte eine derartige Schlussfolgerung allenfalls für „eine begrenzte Zahl von Fällen [...], etwa dann, wenn die fusionierte Einheit die Absicht hätte oder in der Lage wäre, Kampfpreise zu praktizieren". Damit dürfte das EuG den Bedenken Rechnung getragen haben, die eine derartige Schlussfolgerung mit Blick auf die künftige Weitergabe möglicher Vorteile aufgeworfen hätte.[869]

Zur Nachweisbarkeit geltend gemachter Effizienzgewinne hat das EuG im Urteil *Ryanair/Kommission* Stellung genommen.[870] Es bezog sich bei seiner Entscheidung auf die Leitlinien der Kommission zur Bewertung horizontaler Zusammenschlüsse und prüfte die Nachweisbarkeit anhand der dort genannten Kriterien.[871] Effizienzgewinne sollen danach zwar nach Möglichkeit „mit Zahlenangaben untermauert" werden; anderenfalls müssen zumindest „klar identifizierbare und nicht lediglich marginale" positive Wirkungen auf die Verbraucher vorhersehbar sein.[872] Nach Ansicht des EuG durfte allerdings die Kommission die von Ryanair eingereichten Nachweise nicht schon deswegen zurückweisen, weil Geschäftsunterlagen aus der Zeit vor der Fusion stammten oder eine unabhängige Überprüfung durch Dritte nicht möglich war, da die Leitlinien entsprechende Anforderungen nicht vorsehen.[873] Dessen ungeachtet konnte Ryanairs Vorbringen aber nicht überzeugen, sodass das EuG im Ergebnis annahm, dass die Kommission die Nachweisbarkeit der Effizienzgewinne zu Recht verneint hatte.[874] Unter anderem sei die von der Klägerin im Rahmen des öffentlichen Übernahmeangebots übernommene Verpflichtung zur Preissenkung, Beibehaltung der Frequenzen und Verbesserung

---

868 Komm. v. 27.6.2007 (COMP/M.4439) – Ryanair/Aer Lingus, Rdnr. 1144.
869 EuG, Urt. v. 4.7.2006, Rs. T-177/04 – easyJet/Kommission, Slg. 2006, II-1931, Rdnr. 72.
870 EuG, Urt. v. 6.6.2010, Rs. T-342/07 – Ryanair/Kommission, Rdnr. 403 ff.
871 Ibid., Rdnr. 387, 403 und 406–408, ferner auch Rdnr. 387; vgl. Leitlinien zur Bewertung horizontaler Zusammenschlüsse, ABl.EU 2004 Nr. C 31, S. 5–18, Rdnr. 86–88.
872 EuG, Urt. v. 6.6.2010, Rs. T-342/07 – Ryanair/Kommission, Rdnr. 406; Leitlinien zur Bewertung horizontaler Zusammenschlüsse, ABl.EU 2004 Nr. C 31, S. 518, Rdnr. 86.
873 EuG, Urt. v. 6.6.2010, Rs. T-342/07 – Ryanair/Kommission, Rdnr. 408 f.
874 Ibid., Rdnr. 413 und 424.

Teil 3 E. Weitere relevante Faktoren

des Services weder als Effizienzgewinn noch als Nachweis für das Vorliegen eines solchen anzusehen.[875] Zur Schätzung der zusammenschlussbedingten Effizienzgewinne wurden in der Kommissionsentscheidung *TomTom/Tele Atlas* mehrere ökonomische Studien durchgeführt.[876] Allerdings sah die Kommission letztlich von der Berechnung der genauen Höhe der Effizienzgewinne ab, da weder ihre Existenz noch ihre Höhe entscheidende Faktoren für den Ausgang des Verfahrens waren.[877]

Soweit ersichtlich, hatte das Vorhandensein von Effizienzgewinnen bisher nur im Fall *Korsnäs/Assidomän Cartonboard* einen nennenswerten Einfluss auf den Ausgang der Entscheidung.[878] Die Kommission genehmigte diesen Zusammenschluss in der ersten Phase unter Berücksichtigung von Effizienzgewinnen, die aus der Verteilung der Produktion auf einen vergrößerten Bestand an Maschinen folgten und nahm an, dass diese fusionsspezifisch und wahrscheinlich seien und an die Kunden weitergegeben werden würden: "These efficiencies are thus likely to enhance the ability and incentive of the merged entity to act pro-competitively for the benefit of consumers, and therefore strengthen the conclusion that the proposed transaction will not significantly impede effective competition as a result of non-coordinated effects."[879] Allerdings überrascht diese Schlussfolgerung insoweit, als die Kommission zugleich die Schwierigkeiten einer Beurteilung von Effizienzgewinnen im kurzen Zeitraum einer Phase-I-Untersuchung anerkannte.[880] Dementsprechend wurden die geltend gemachten Effizienzgewinne in bloß oberflächlicher Weise bewertet.

6. Welche Effizienzgewinne erfüllen die in den Leitlinien genannten Bedingungen?

Aus ökonomischer Sicht stellt sich die Frage, welche der oben genannten Effizienzgewinne die Kriterien erfüllen, die in den Leitlinien genannt werden. Im Folgenden wird daher untersucht, ob dies bei den üblicherweise genannten Arten von Effizienzgewinnen der Fall ist.

Rationalisierungsgewinne und zunehmende Skalenerträge. Führen Effizienzgewinne zu einer Senkung der Fixkosten des Unternehmens, dann wird dies auf die Preisgestaltung keinen großen Einfluss haben, denn ein gewinnmaximierendes Unternehmen wählt seine Ausbringungsmenge

---

875 Ibid., Rdnr. 418.
876 Komm. v. 14.5.2008 (COMP/M.4854) – TomTom/Tele Atlas, Rdnr. 243 und 247.
877 Ibid., Rdnr. 250f.
878 Komm. v. 12.5.2006 (COMP/M.4057) – Korsnäs/Assidomän Cartonboard.
879 Ibid., Rdnr. 63f.
880 Ibid., Rdnr. 62.

VI. Die Berücksichtigung von Effizienzgewinnen   Teil 3

bzw. seinen Preis so, dass die Bedingung „Grenzerlös = Grenzkosten" erfüllt ist. Da die Fixkosten jedoch konstant sind, gehen sie in die Grenzkosten nicht ein, aber nur diese sind zumindest langfristig für die Preisbestimmung maßgebend. Eine Senkung der Fixkosten führt zwar zur Erhöhung der Produzentenrente, aber die Konsumenten könnten davon nicht profitieren, d. h. die Wohlfahrtserhöhung käme nur dem Unternehmen zugute.[881] Damit es also durch Effizienzgewinne zu Preissenkungen kommt, ist eine Verringerung der variablen Kosten des Unternehmens notwendig.[882] Allerdings werden Effizienzen, die zwar die variablen Kosten verringern, aber die Produktionsmöglichkeiten der beteiligten Unternehmen unverändert lassen, nicht zu niedrigeren Preisen für die Konsumenten führen. So kann gezeigt werden, dass bei Mengenwettbewerb und einem homogenen Gut Effizienzgewinne in Form einer Produktionsverlagerung ohne Verbesserung der Produktionsmöglichkeiten nicht zu einer Senkung des Marktpreises führen werden.[883] Dies deutet darauf hin, dass für eine Preissenkung die produktiven Möglichkeiten des fusionierten Unternehmens zunehmen bzw. seine Kosten unter denen der einzelnen Unternehmen liegen müssen. Solche Synergieeffekte könnten z. B. dann auftreten, wenn die beiden Unternehmen komplementäre Patente besitzen, die es erlauben, nach der Fusion mit einer neuen, kostengünstigeren Technologie zu produzieren. Können durch einen Zusammenschluss Synergieeffekte erzielt werden, dann sollten diese bei Effizienzerwägungen ein größeres Gewicht erhalten als rein technische Effizienzgewinne. Eine wichtige Form, in der solche Synergieeffekte auftreten können, sind „Economies of Scope" bzw. Verbundvorteile.

Verbundvorteile. Selbst wenn durch die Fusion Verbundvorteile entstehen, ist nicht sichergestellt, dass die Kosten des Unternehmens fallen. Dies wäre jedoch notwendig, damit es zu einer Preissenkung und damit zu einer Zunahme der Konsumentenrente kommen kann. Um zu gewährleisten, dass die Kosten des Unternehmens durch die Fusion abnehmen, muss die Kostenfunktion nach dem Zusammenschluss die Eigenschaft der Subadditivität aufweisen, d. h. es muss günstiger sein, die Produkte in nur einem Unternehmen herzustellen, als die Herstellung dieses Outputs

---

[881] Langfristig jedoch könnte durch eine Senkung der Fixkosten der Marktzutritt erleichtert werden, so dass positive Auswirkungen auf den Wettbewerb entstehen könnten.
[882] Siehe diesbezüglich Komm. v. 26.4.2006 (COMP/M.3916) – T-Mobile Austria/tele.ring, Rdnr. 47: "However, the Horizontal Guidelines stipulate that efficiencies put forward by the parties must benefit consumers, which is more likely in the case of variable or marginal costs than in the case of fixed costs. The reduction in costs referred to by T-Mobile relates to fixed costs (…). It cannot be assumed that this kind of cost saving will be passed on to consumers (…)."
[883] Vgl. *Farrell/Shapiro* (1990, 2001).

auf mehrere Unternehmen zu verteilen.[884] Wenn jedoch die Kostenfunktion subadditiv ist, dann handelt es sich bei einem solchen Unternehmen, wenn sich die Subadditivität auf einen größeren Bereich des Outputs erstreckt, um ein natürliches Monopol. Sollen also Effizienzgewinne zu Preissenkungen und damit zu einer Zunahme an Konsumentenrente führen, dann müsste durch diesen Zusammenschluss ein Unternehmen mit subadditiver Kostenfunktion, d. h. ein natürliches Monopol, geschaffen werden, das aufgrund seiner technologischen Vorteile andere Unternehmen vom Markt verdrängen könnte. Dies rechtfertigt es zwar nicht, gegenüber einem solchen Zusammenschluss das Argument einer „efficiency offence" ins Feld zu führen, denn die Herstellung der Güter in nur einem Unternehmen ist die volkswirtschaftlich günstigste Weise, diese Produkte bereitzustellen. Allerdings bedürfte ein solches Monopol der Regulierung, um zu verhindern, dass es seine Marktmacht ausnutzt. Die Kosten einer solchen Regulierung müssten bei den Erwägungen über Effizienzgewinne in Rechnung gestellt werden.

Vorteile auf den Beschaffungsmärkten. Hier muss unterschieden werden zwischen einer Situation, in der auf dem Inputmarkt nur geringe Marktmacht vorliegt und der, in der auf dem Beschaffungsmarkt ein oder mehrere marktmächtige Unternehmen tätig sind. Eine Erhöhung der Marktmacht des fusionierten Unternehmens gegenüber einem wettbewerblichen Beschaffungsmarkt wird tendenziell negative Auswirkungen auf die Wohlfahrt haben. Besteht auf dem Beschaffungsmarkt selbst eine gewisse Marktmacht auf Seiten der Anbieter, dann könnte durch die Fusion eine Gegenmacht (Countervailing Power) geschaffen werden und das fusionierte Unternehmen könnte bessere Konditionen gegenüber der marktmächtigen Gegenseite durchsetzen.[885] Ob diese günstigeren Konditionen jedoch an die Konsumenten weitergegeben werden, hängt davon ab, ob das fusionierte Unternehmen auf dem Outputmarkt selbst über eine gewisse Marktmacht verfügt oder nicht. Hat das Unternehmen auf dem Outputmarkt keine Marktmacht, dann ist davon auszugehen, dass der Wettbewerb es dazu zwingt, die Effizienzgewinne in Form günstigerer Konditionen an die Konsumenten weiterzugeben. Besitzt das Unternehmen jedoch selbst Marktmacht auf dem Outputmarkt, dann ist nicht notwendig mit einer Weitergabe der Effizienzgewinne zu rechnen. Es hängt davon ab, ob der negative Effekt der erhöhten Marktmacht auf dem Outputmarkt größer oder kleiner ist als der positive Effekt der Effizienzgewinne auf dem Beschaffungsmarkt.[886]

---

884 Vgl. *Stennek/Verboven* (2001), 149.
885 Vgl. *Dobson/Waterson* (1997); *von Ungern-Sternberg* (1996).
886 Vgl. *de la Mano* (2002), 66; *Röller/Stennek/Verboven* (2001), 46.

VI. Die Berücksichtigung von Effizienzgewinnen Teil 3

Kapitalbeschaffung, Slack und X-Ineffizienzen. Das Argument von Effizienzgewinnen aufgrund einer verbesserten Kapitalbeschaffung für fusionierte Unternehmen wird in der wirtschaftswissenschaftlichen Literatur zum Teil kritisch betrachtet.[887] Dies gilt in gleicher Weise auch für das Argument bezüglich des Zusammenhangs zwischen Wettbewerb und X-Ineffizienzen.[888] So liegen zwar einige Analysen über die Verbindungen zwischen finanziellen, Informations- sowie strategischen Aspekten vor, allerdings konnten noch keine eindeutigen Schlussfolgerungen über die Zusammenhänge gezogen werden.[889] Auch bezüglich der Auswirkungen von Fusionen auf die interne Effizienz von Unternehmen durch eine Veränderung der Wettbewerbsintensität liegen noch keine theoretischen Analysen vor.

Verbesserte Weitergabe von Know-how. Da es sich bei Know-how um intangible Vermögenswerte handelt, wie z.B. bei der internen Kommunikationsstruktur oder bestimmten Fähigkeiten des Managements, die die Effizienz eines Unternehmens nach einer Fusion erhöhen könnten, dürfte es vergleichsweise schwierig sein, diese Werte zu quantifizieren und zu verifizieren.

Technischer Fortschritt. Wird nach einem Zusammenschluss eine Kostensenkung durch die Einsparung einer doppelt vorhandenen Forschungsabteilung erzielt, so impliziert dies eine Reduktion fixer Kosten, die jedoch im Allgemeinen keinen erheblichen Einfluss auf die Preispolitik eines Unternehmens haben wird. Zwar könnte eine Reduzierung der Ausgaben für Forschung und Entwicklung positive Effekte haben, wenn die beiden Unternehmen sich in einem „Patentrennen" befinden, so dass vor der Fusion ein ineffizient hoher Betrag in Forschung und Entwicklung investiert wurde. Allerdings könnte auch die Situation vorliegen, dass es aus volkswirtschaftlicher Sicht effizient wäre, dass beide Firmen jeweils ein eigenes Forschungslabor betreiben. Dies gilt z.B. dann, wenn es gesamtwirtschaftlich erwünscht ist, die Wahrscheinlichkeit zu erhöhen, bestimmte Entdeckungen zu machen: dieses kann anzunehmen sein, wenn die Kosten für Forschung und Entwicklung vergleichsweise gering sind. Bei der Beurteilung einer Fusion wäre also zu überprüfen, welche Ausgangssituation besteht, um beurteilen zu können, ob eine Senkung der Ausgaben für Forschung und Entwicklung sinnvoll erscheint.

Es erscheint jedoch unsicher, ob durch eine Fusion Innovationsanreize gesteigert werden. Ob ein größeres Unternehmen mehr oder weniger Forschung betreibt als mehrere kleinere, konnte empirisch bislang nicht be-

---

[887] Vgl. *de la Mano* (2002), 66.
[888] Vgl. *de la Mano* (2002), 68; *Motta* (2004), 240.
[889] Vgl. *Röller/Stennek/Verboven* (2001), 49.

antwortet werden. Theoretisch kann gezeigt werden, dass die Höhe der Ausgaben für Forschung und Entwicklung von der Erfolgswahrscheinlichkeit bzw. der Riskanz eines Forschungsprojektes abhängt: Ist diese Wahrscheinlichkeit hoch und die Riskanz gering, dann sind Forschungs- und Entwicklungsausgaben einer normalen Investition vergleichbar und ein größeres Unternehmen wird mehr von diesen Investitionen durchführen. Ist hingegen die Erfolgswahrscheinlichkeit gering und die Riskanz hoch, dann wird eine große Firma eher ihre Marktmacht einsetzen, anstatt durch riskante Investitionen in unsichere Forschungsvorhaben Kapital aufs Spiel zu setzen.[890]

Fazit. Diese Überlegungen machen deutlich, dass für die meisten der in der Literatur erwähnten Arten von Effizienzgewinnen eine oder mehrere der in den Leitlinien angeführten Anforderungen nicht erfüllt sind. Dies schließt jedoch nicht aus, dass tatsächlich in Einzelfällen Effizienzen auftreten können, die alle oder zumindest die meisten der Bedingungen erfüllen. Es müsste sich um Synergieeffekte handeln, die zu einer signifikanten Verringerung der Grenzkosten führen, wobei diese Verringerung quantifiziert werden kann und auch mit hoher Wahrscheinlichkeit bereits kurz nach dem Zusammenschluss wirksam wird und sich auf den Märkten realisiert, auf denen mit Wettbewerbsbeschränkungen aufgrund der Fusion zu rechnen ist.

Um abzuschätzen, ob die Effizienzgewinne hinreichend sind, die Wohlfahrtseinbußen zu kompensieren, die durch die zunehmende Konzentration herbeigeführt werden, sind zunächst notwendig die vermutlichen Wohlfahrtseinbußen abzuschätzen; diese sind sodann mit den quantifizierten Effizienzgewinnen zu vergleichen. Es stellt sich daher die Frage, wie groß Effizienzgewinne mindestens sein müssen, damit die Konsumenten von einer Fusion profitieren.

Für den Fall, dass als Maß für die Wohlfahrt die Konsumentenrente herangezogen wird, kann die Frage untersucht werden, welche Effizienzgewinne mindestens auftreten müssen, damit der Preis nach einer Fusion und den damit verbundenen nichtkoordinierten Effekten zumindest nicht zunimmt. Untersuchungen dieser Frage sind sowohl für Märkte mit homogenen als auch für solche mit differenzierten Gütern vorgelegt worden.[891] So wäre z.B. in einem Markt mit Mengenwettbewerb und einem homogenen Gut bei einer Fusion von zwei Unternehmen mit Marktanteilen von 10% bzw. 20% und einer Nachfragefunktion mit einer Preiselastizität von 2 eine Senkung der Grenzkosten in Höhe von ca. 7,3% er-

---

890 Vgl. *Röller/Stennek/Verboven* (2001), 46.
891 Vgl. *Froeb/Werden* (1998); *Goppelsroeder/Schinkel/Tuinstra* (2008); *Werden* (1996).

VI. Die Berücksichtigung von Effizienzgewinnen Teil 3

forderlich, um eine Kompensation sicherzustellen. Betragen die Marktanteile der fusionierenden Unternehmen jeweils 20%, dann wären, bei einer Nachfrage mit einer Preiselastizität von 3, ebenfalls Kostensenkungen von über 7% erforderlich. Allgemein lässt sich feststellen, dass bei geringen Marktanteilen und sehr elastischer Nachfragefunktion die Grenzkosten um ca. 5% sinken müssten, um eine Kompensation zu erreichen. Ist die Elastizität jedoch gering, läge sie z. B. beim Wert 1, dann wären, auch bei vergleichsweise geringen Marktanteilen, außergewöhnlich hohe Kosteneinsparungen von mehr als 20% für eine Kompensation erforderlich. Für eine Abschätzung der erforderlichen Effizienzgewinne auf einem Markt mit Preiswettbewerb bei differenzierten Gütern werden die Gewinnspannen der Unternehmen und die Umlenkungskennziffern zwischen den Produkten benötigt.[892] Eine niedrige Umlenkungskennziffer weist darauf hin, dass die beiden Produkte nicht sehr stark konkurrieren. Dies ist z. B. dann der Fall, wenn sich der Nachfragerückgang bei einem Produkt auf viele Produkte verteilt. Eine hohe Umlenkungskennziffer bedeutet hingegen einen starken Wettbewerb zwischen den Produkten. In diesem Fall kommt ein großer Teil des Nachfragerückgangs dem anderen Produkt zu Gute. Eine Fusion würde dann zu einer deutlichen Verringerung des Wettbewerbs führen. So wären z. B. bei einer Gewinnspanne von 50% und einer Umlenkungskennziffer von 0.2 Kostensenkungen von 25% erforderlich, um die negativen Auswirkungen einer Fusion auf die Wohlfahrt zu kompensieren. Lägen die Gewinnspannen bei 40% und wäre die Umlenkungskennziffer 0.1, dann müssten die Kosten immerhin noch um ca. 7,5% fallen, um die Wohlfahrtsverluste auszugleichen. Im Allgemeinen gilt, dass in Märkten mit differenzierten Gütern und engen Substituten im Allgemeinen drastische Kostensenkungen nötig sind, um einen Preisanstieg aufgrund nichtkoordinierter Effekte zu verhindern. Diese Abschätzungen der erforderlichen Effizienzgewinne können zum einen mit den von den Unternehmen angegebenen Effizienzgewinnen verglichen werden und zum anderen mit den zu erwartenden negativen Auswirkungen der Fusion. Rechnen die Unternehmen selbst mit geringeren Effizienzgewinnen als den für eine Kompensation notwendigen, dann liegt die Vermutung nahe, dass die negativen Auswirkungen der Fusion überwiegen.[893] Andernfalls könnten die Effizienzgewinne für eine Kompensation ausreichen und möglicherweise sogar preissenkend wirken.

Es könnten jedoch auch negative Effekte von Effizienzgewinnen ausgehen, wenn diese die Möglichkeiten für koordinierte Effekte erhöhen. So

---

892 Vgl. hierzu S. 105.
893 Dies setzt allerdings eine belastbare und fundierte Abschätzung der nichtkoordinierten Effekte voraus.

Teil 3 E. Weitere relevante Faktoren

könnten Effizienzgewinne zu einer größeren Symmetrie zwischen den Unternehmen führen. Dies wäre z. B. dann der Fall, wenn vor dem Zusammenschluss die an der Fusion beteiligten Unternehmen eine weniger effiziente Technologie eingesetzt haben als ihre Wettbewerber. Eine solche Aufholfusion, die ohne koordinierte Effekte positive Wohlfahrtswirkungen hätte, könnte gleichzeitig durch eine Erhöhung der Symmetrie eine Verhaltenskoordination erleichtern. Diese Möglichkeit muss bei der Beurteilung von Effizienzgewinnen berücksichtigt werden. Ein weiterer negativer Aspekt von Effizienzgewinnen, der unter bestimmten, allerdings recht restriktiven Bedingungen auftreten kann, wurde im Zusammenhang mit Verbundvorteilen angesprochen:[894] Aufgrund hoher Effizienzgewinne kann das fusionierte Unternehmen nun mit so geringen Kosten produzieren, dass es mögliche Wettbewerber vom Markt verdrängen und eine Monopolstellung erlangen kann. Dieser Fall könnte z. B. dann eintreten, wenn durch die Fusion ein Unternehmen mit subadditiver Kostenfunktion geschaffen würde.[895]

7. Bewertung der einzelfallbezogenen Berücksichtigung von Effizienzgewinnen aus institutionenökonomischer Sicht

Wie oben deutlich gemacht wurde, können Situationen auftreten, in denen durch eine Fusion Effizienzgewinne entstehen, die so groß sind, dass sie die dadurch herbeigeführten negativen Auswirkungen auf die Wohlfahrt überwiegen. Die Wohlfahrt bzw. die Konsumentenrente würde aufgrund dieser Effizienzgewinne durch die Fusion insgesamt zunehmen. Dies macht deutlich, dass – zumindest aus ökonomischer Sicht – Effizienzgewinne bei der Beurteilung einer Fusion beachtet werden sollten.

Allerdings gibt es unterschiedliche Möglichkeiten, solche Effizienzgewinne im Rahmen der Fusionskontrolle zu berücksichtigen. Gemäß den Leitlinien sind in jedem Einzelfall, in dem eine Fusion wettbewerbliche Bedenken aufwirft, mögliche Effizienzgewinne in Rechnung zu stellen.[896] Eine Alternative zu einer derartigen „rule of reason", d. h. einzelfallbezogenen Berücksichtigung von Effizienzgewinnen, wäre eine pauschale Berücksichtigung, d. h. eine per-se-Regel, wie sie unter dem Begriff des „ge-

---

894 Vgl. S. 424.
895 Vgl. *Motta* (2004), 261 ff.
896 "As a logical and practical consequence of this view, the presence and magnitude of efficiency benefits may need to be examined on a *case by case* basis, and thus evaluated and measured efficiency gains may then be balanced against anti-competitive effects on such a basis." *Luescher* (2004), 79. Einzelfallbezogen heißt im Folgenden nicht in *jedem* Einzelfall, sondern immer nur in Situationen, in denen eine Fusion wettbewerbliche Bedenken hervorruft.

neral presumptions-approach" in der Literatur diskutiert wird.[897] Dieser Ansatz wurde z. B. von *Bork* in seinem Buch „The Antitrust Paradox" vorgeschlagen: "The trade-off problem (d. h. das Problem einer Aufrechnung sog. dead-weight losses mit efficiencies, Anmerkung der Verfasser) arises primarily in the context of horizontal mergers, and there we can take it into account by framing rules about allowable percentages that reflect the probable balance of efficiency and restriction of output."[898] Es soll also keine einzelfallbezogene Abwägung vorgenommen werden, sondern die vermutlichen, durchschnittlichen Effizienzgewinne von Fusionen sollten in den Eingreifschranken berücksichtigt werden.

Diese beiden unterschiedlichen Ansätze zur Berücksichtigung von Effizienzgewinnen sind mit jeweils unterschiedlichen gesellschaftlichen Kosten und Nutzen verbunden.[899] Eine rationale Entscheidung zwischen diesen Verfahren sollte nach einer Kosten-Nutzen-Erwägung getroffen werden, so dass dasjenige gewählt wird, das, zumindest zurzeit, das beste Kosten-Nutzen-Verhältnis aufweist.

Es sollen daher im Folgenden die zu erwartenden Kosten und Nutzen der beiden Verfahren kurz angeführt werden, um einen Vergleich zu ermöglichen.[900]

a) Kosten und Nutzen einer Einzelfallbetrachtung

Wie auf den Seiten 450–456 dargelegt wurde, erfüllen die meisten in der Literatur angeführten und in der Praxis auftretenden Effizienzgewinne die in den Leitlinien angeführten Bedingungen nicht: Sie sind entweder nicht fusionsspezifisch, nicht geeignet, können nicht genau prognostiziert werden, treten erst spät auf oder sind nur schwer zu quantifizieren. Selbst wenn alle diese Kriterien erfüllt wären, müssten die Effizienzgewinne, um an die Konsumenten in Form von Preissenkungen weitergegeben zu werden, so groß sein, wie es nur in seltenen Fällen anzunehmen sein wird.

Es ist also damit zu rechnen, dass eine Entscheidung über die Genehmigung bzw. Untersagung einer Fusion nur in einer sehr geringen Zahl von Fällen in ihr Gegenteil verkehrt wird. Dies wird auch durch Erfahrungen

---

897 Vgl. auch *Christiansen/Kerber* (2006).
898 *Bork* (1978), 128. Ein ähnlicher Ansatz wurde auch von *Warren-Boulton* (1985) angesprochen und findet, wie auf Seite 259 f. dargestellt, auch beim Konzept des Preissteigerungsdrucks Verwendung.
899 Eine Diskussion der Kosten-Nutzen Relation der Fusionskontrolle insgesamt findet sich in *Christiansen* (2005).
900 Ein Versuch, verschiedene institutionelle Arrangements hinsichtlich der Berücksichtigung von Effizienzgewinnen zu vergleichen, findet sich bei *Heidhues/Lagerlöf* (2003).

Teil 3 E. Weitere relevante Faktoren

in den Vereinigten Staaten bestätigt: "To date, there has been no Supreme Court case addressing efficiency considerations, nor revising the position taken in its older decisions in this regard."[901] Man kann also davon ausgehen, dass die Kosten von Fehlern erster und zweiter Art, d.h. eine volkswirtschaftlich schädliche Fusion zu genehmigen bzw. eine volkswirtschaftlich wünschenswerte zu untersagen, sich durch eine einzelfallbezogene Berücksichtigung von Effizienzgewinnen nicht fundamental ändern würden. So kommt *Kinne* (2002) in ihrer Untersuchung von Effizienzvorteilen in der Zusammenschlusskontrolle zu dem Resümee: „Der seltene Gebrauch der deutschen Ausnahmeklausel und die wenigen Zusammenschlussfälle der europäischen und US-amerikanischen Fallpraxis, in denen der Konflikt (zwischen Effizienzgewinnen und Wohlfahrtsverlusten durch Wettbewerbsbeschränkungen, Anmerkung der Verfasser) eine Rolle gespielt hat, weisen auf eine eher geringe praktische Bedeutung des Effizienzargumentes als Rechtfertigungsgrund hin."[902]

Allerdings werden allein durch die Möglichkeit einer einzelfallbezogenen Beachtung von Effizienzgewinnen Kosten verursacht, die in vielen Analysen dieses Problems nicht oder nur kursorisch erwähnt werden. So schafft allein die Möglichkeit, dass Effizienzgewinne einzelfallbezogen berücksichtigt werden, für die Unternehmen einen Anreiz, immer auch die Existenz von Effizienzgewinnen gegenüber den Wettbewerbsbehörden zu behaupten, vor allem auch dann, wenn die Fusion aus anderen Motiven erfolgt als solchen der Kosteneinsparungen, verbesserter Forschungs- und Entwicklungsmöglichkeiten oder einer bloßen „Empire-Building"-Politik. Insbesondere in Fällen, in denen die Entscheidung über die Genehmigung bzw. Untersagung einer Fusion nicht von vornherein feststeht, wird ein Unternehmen versuchen, alle Argumente, die für einen Zusammenschluss sprechen, in die Waagschale zu werfen. Wenn auch nur eine geringe Chance besteht, dass Effizienzgewinne die Entscheidung der Kartellbehörde positiv beeinflussen könnten, dann wäre der Versuch einer Effizienzeinrede sinnvoll, wenn die Kosten dafür nicht prohibitiv sind.

Dabei spielen die Informationsvorsprünge, die ein Unternehmen gegenüber der Wettbewerbsbehörde im Allgemeinen hat, eine große Rolle. Die Existenz einer solchen asymmetrischen Information wird von allen Befürwortern einer derartigen Effizienzverteidigung anerkannt, der Schluss, der daraus gezogen wird, beschränkt sich jedoch auf eine Forderung nach einer Beweislastumkehr, d.h. das besser informierte Unternehmen soll den Nachweis über die zu erwartenden Effizienzen führen: "The burden

---

901 *Drauz* (2004), 263.
902 *Kinne* (2000), 178.

of proof as to cost savings or other offsetting efficiencies ... should rest squarely on the proponents of a merger, and here I would require a very high standard. Such claims are easily made and, I think, often too easily believed."[903]

Allerdings kann diese asymmetrische Information zum einen von den Unternehmen dahingehend ausgenutzt werden, dass die möglichen Effizienzgewinne übertrieben dargestellt werden. "When efficiencies are a crucial determinant in the decision on prohibition or acceptance of the merger, it is clear that the merging firms have an incentive to overstate efficiency claims. Merging parties have a genuine tendency to overstate the benefits from combining their activities and assets."[904] Zum anderen könnten Informationen, die gegen die in den Leitlinien geforderten Bedingungen sprechen, von den Unternehmen verschwiegen werden. Allerdings könnte die Gefahr, dass eine anfänglich verschwiegene Information, welche später doch bekannt wird, gegen das Unternehmen verwendet wird, einen Anreiz bieten, alle Informationen preiszugeben: „When the burden of proof is on the firm, the knowledge that information that it conceals may count against it in the investigation provides a powerful incentive in favour of relevation."[905] Es ist jedoch davon auszugehen, dass trotz dieses Anreizes nicht alle Informationen gegenüber der Fusionskontrollbehörde offengelegt werden, vor allem dann, wenn die Wahrscheinlichkeit des Bekanntwerdens solcher Sachverhalte von den Unternehmen als gering eingeschätzt wird.

Da die Effizienzgewinne verifiziert und, wenn möglich, auch quantifiziert werden sollen, fordern die Leitlinien, dass insbesondere interne Dokumente über die Fusionsentscheidung von den Unternehmen vorgelegt werden müssen. Allerdings bestehen bei derartigen Dokumenten zwei Probleme: Zum einen sind die Vorstellungen der Fusionspartner über Effizienzen häufig zu optimistisch. "Even strictly internal and confidential documents often report too optimistic an assessment of the merger's efficiency gain."[906] Zum anderen ist den Unternehmen bekannt, dass der Behörde derartige Dokumente als Indiz für die Aussicht auf Effizienzgewinne vorgelegt werden müssen; daher könnten entsprechende Dokumente auch „produziert" werden, sobald an eine mögliche Fusion auch nur gedacht wird.

---

903 *Fisher* (1987), 36.
904 *Motta* (2004), 242.
905 *Neven/Nuttall/Seabright* (1993), 206.
906 *Motta* (2004), 242.

Teil 3 E. Weitere relevante Faktoren

Neben diesen internen Dokumenten sollten auch technische und ökonomische Gutachten von externen Fachleuten über das Ausmaß der Effizienzgewinne und ihre Weitergabe an die Konsumenten vorgelegt werden. Wenn die Gutachten von international anerkannten Experten erstellt werden, dann fallen für diese Gutachten erhebliche Kosten an. Diese sind im Vergleich zur wirtschaftlichen Bedeutung einer Fusion vermutlich eher unbedeutend. Allerdings ist zu berücksichtigen, dass derartige Kosten in vielen Fusionsfällen, auch in solchen, in denen der Zusammenschluss nicht genehmigt wird, auftreten werden. Insgesamt könnten sich diese Kosten also zu einem erheblichen Betrag summieren. Es handelt sich dabei um eine Einkommensumverteilung zugunsten der Gutachter, nicht jedoch um eine Verbesserung der produktiven Möglichkeiten der Unternehmen. Natürlich besteht auch die Möglichkeit, dass durch die Gutachten entscheidungsrelevante Informationen bereitgestellt werden.

Werden solche Dokumente und Gutachten der Fusionskontrollbehörde vorgelegt, dann ist diese gehalten, die Stichhaltigkeit der Argumente der fusionierenden Unternehmen zu überprüfen. Auch dies erfordert einen Aufwand an internen Ressourcen, sowie die Erstellung weiterer externer Gutachten in jedem Fall, in dem die Unternehmen die Möglichkeit von Effizienzgewinnen zu belegen suchen. Ressourcen der Behörde werden für diese Zwecke gebunden und können nicht für andere Zwecke eingesetzt werden.

Neben diesen Kosten wird durch eine einzelfallbezogene Untersuchung von Effizienzgewinnen für die Unternehmen auch eine gewisse Rechtsunsicherheit erzeugt, da nicht a priori bekannt ist, wie die dargelegten Effizienzgewinne bei der Entscheidung berücksichtigt werden und ob die Fusion, trotz wettbewerblicher Bedenken, aus diesen Gründen genehmigt wird. Die genannten Probleme treten bei allen Regelungen auf, die Einzelfalluntersuchungen erforderlich machen. Außerdem ist zu berücksichtigen, dass bei derartigen institutionellen Rahmenbedingungen die Möglichkeit besteht, Industriepolitik unter dem Namen der Fusionskontrolle zu betreiben.

Eine einzelfallbezogene Berücksichtigung von Effizienzgewinnen kann im institutionellen Rahmen der EU-Fusionskontrollverordnung weitere Kosten verursachen. In der amerikanischen Fusionskontrolle werden Effizienzerwägungen nur dann publik, wenn eine Fusion nicht genehmigt wird: "In US proceedings, the efficiency assessment is only relevant in court if the government is *not* convinced that the efficiencies would be sufficient to clear the merger and consequently challenges the merger."[907] In der europäischen Fusionskontrolle hingegen müssen alle Fu-

---

[907] *Drauz* (2004), 265. Zur Geschichte der Berücksichtigung von Effizienzvorteilen in der US-amerikanischen Fusionskontrolle vgl. *Kolasky/Dick* (2002).

VI. Die Berücksichtigung von Effizienzgewinnen **Teil 3**

sionsentscheidungen, Genehmigungen und Untersagungen begründet werden, also auch solche, die aufgrund von Effizienzen freigegeben werden. Auf das entstehende Problem hat *Drauz* aufmerksam gemacht: "As a consequence, when writing a clearance decision on the basis of efficiencies, the Commission takes 'ownership' of the claim. If a positive decision is challanged in court by third parties, the Commission will have to prove that the efficiencies are sufficient to prevent negative competition effects of the merger."[908] Auch hierdurch werden gesellschaftliche Kosten verursacht: Dritte Parteien werden u. U. ebenfalls Gutachten vorlegen, und auch bei der Kommission fallen weitere Kosten an.

Zusammenfassend lässt sich also bezüglich der in den Leitlinien vorgesehenen Weise der Berücksichtigung von Effizienzgewinnen feststellen, dass der Nutzen einer solchen Regelung im Allgemeinen eher fraglich ist. Aufgrund der vielen Voraussetzungen einer Berücksichtigung von Effizienzgewinnen wird es nur in sehr wenigen Fällen zu einer Änderung der Kommissionsentscheidung kommen.[909] Die genannten Kosten dieser institutionellen Regelung werden jedoch in einer Vielzahl von Fusionsfällen auftreten. Diese mögen für jeden einzelnen Fall gering sein, aber in der Summe können sie einen erheblichen Betrag ausmachen.

b) Kosten und Nutzen einer pauschalierenden Berücksichtigung

Eine alternative Form der Berücksichtigung von Effizienzgewinnen wäre ein pauschales Vorgehen, wie es z. B. von *Bork* vorgeschlagen wurde.[910] In einem solchen Verfahren würden bei jeder Fusion automatisch Effizienzgewinne in einer bestimmten Höhe unterstellt. Diese Effizienzen würden dadurch berücksichtigt, dass, wie oben dargestellt, die Eingreifschranken heraufgesetzt würden. So wird gemäß den neuen Leitlinien eine Fusion dann wettbewerbliche Bedenken wecken, wenn der HHI nach der Fusion größer wird als 2000 und wenn eine Erhöhung um mehr als 150 vorliegt, oder wenn einige besondere Umstände vorliegen.[911] Ein Heraufsetzen der Eingreifschranken würde z. B. bedeuten, dass eine Fusion erst dann als problematisch eingeschätzt wird, wenn der HHI nach der Fusion z. B. über 2100 und/oder seine Veränderung über 160 liegt. Je höher diese Schwellen gesetzt werden, desto größer sind die unterstellten Effizienzgewinne.[912] Ein ähnliches Vorgehen wird auch beim Konzept

---
908 *Drauz* (2004), 265.
909 Selbstverständlich besteht aber auch hier die Möglichkeit, dass Fehler der ersten oder zweiten Art begangen werden.
910 Vgl. *Farrell/Shapiro* (2010).
911 Komm. (2004), Nr. 20 a)-f).
912 Vgl. *Warren-Boulton* (1985).

des Preissteigerungsdrucks herangezogen, wo standardmäßig gewisse Effizienzgewinne angenommen werden. Je größer diese Effizienzgewinne, desto geringer ist der Preissteigerungsdruck.

Die Kosten einer solchen pauschalen Berücksichtigung von Effizienzgewinnen sind offensichtlich: Es wird zu Fehleinschätzungen kommen, wobei zum einen Fusionen mit großen Effizienzsteigerungen möglicherweise untersagt werden, Fusionen ohne derartige Effizienzgewinne jedoch genehmigt werden. Werden jedoch die „allowable percentages" nicht allzu großzügig gewählt, dann liegen die Kosten in erster Linie in der Untersagung effizienzsteigernder Zusammenschlüsse. In Ansehung der Bedingungen, die bei einer Einzelfallbetrachtung erfüllt sein müssten, werden solche fehlerhaften Untersagungen wohl nur in seltenen Fällen vorkommen, so dass diese Kosten sich in überschaubaren Grenzen halten werden.

Allerdings vermeidet ein solcher General-Presumption-Ansatz fast alle Kosten, die bei einer Einzelfallberücksichtigung auftreten.[913] Da bei einer Fusionskontrollentscheidung Effizienzgewinne in pauschalierter Form berücksichtigt werden, entfällt der Anreiz für fusionierende Unternehmen, Effizienzgewinne nachzuweisen. Es entstehen daher keine Kosten für den Nachweis vermeintlicher oder tatsächlicher Effizienzen durch Gutachten, Studien etc., und es fallen auch keine Kosten für die Überprüfung dieser Aussagen auf Seiten der Fusionskontrollbehörde an. Ein weiterer Vorteil wäre eine erhöhte Rechtssicherheit auf Seiten der fusionierenden Unternehmen, da die Marktanteile selbst schon ein klares Indiz dafür sind, ob eine Fusion genehmigt oder untersagt wird. Weiterhin gibt es bei einer solchen pauschalen Berücksichtigung keine Möglichkeit zu einer diskretionären Industriepolitik.

c) Schlussfolgerung

Der Vergleich der beiden unterschiedlichen Methoden zur Berücksichtigung von Effizienzgewinnen macht deutlich, dass beide Verfahren mit Kosten verbunden sind. Bei der Einzelfallbetrachtung treten in vielen Fusionsfällen Kosten in erster Linie dadurch auf, dass erhebliche Ressourcen aufgewendet werden, entweder um das Vorhandensein hinreichend großer Effizienzgewinne nachzuweisen bzw. es zu widerlegen. Beim General Presumption-Approach fallen Kosten in erster Linie aufgrund von Fehlentscheidungen der Fusionskontrollbehörde an, wenn eine aus Effizienzgründen volkswirtschaftlich sinnvolle Fusion untersagt wird.

---

913 "This approach eliminates the high information costs involved in assessing the efficiency effects on a case-by-case basis." *Ilkovitz/Miklejohn* (2001), 22.

VI. Die Berücksichtigung von Effizienzgewinnen **Teil 3**

In Ansehung der Erfahrungen anderer Länder wie z. B. der Vereinigten Staaten, der Voraussetzungen, die Effizienzgewinne erfüllen müssen und ihrer notwendigen Höhe, ist zu vermuten, dass solche Fehlentscheidungen nur in seltenen Ausnahmefällen vorkommen werden. Die mit dem General-Presumption-Approach verbundenen Kosten in Form eines Wohlfahrtsverlustes sind daher eher als gering einzuschätzen. Die Kosten einer Einzelfallbetrachtung treten jedoch in vielen Fusionsfällen auf und können u. U. eine beträchtliche Höhe erreichen. Diese Überlegungen deuten darauf hin, dass, zumindest zurzeit, eine pauschalierte Berücksichtigung von Effizienzgewinnen einer einzelfallbezogenen Betrachtung vorzuziehen ist.

Dies liegt natürlich auch daran, dass die vorhandenen wirtschaftstheoretischen Modelle und ökonometrischen Methoden noch keine hinreichend guten und präzisen Prognosen über die Höhe, das Eintreten, den Zeitpunkt und die Weitergabe von Effizienzgewinnen erlauben, die für eine einzelfallbezogene Abwägung von Effizienzgewinnen und Wohlfahrtsverlusten wünschenswert wären.

Beim heutigen Stand der Wirtschaftstheorie, der Modellrechnungen und der Simulationsmodelle, scheint eine Kosten-Nutzen Erwägung bezüglich der Institutionen Einzelfallberücksichtigung vs. General-Presumption-Approach, trotz seiner unbestreitbaren Nachteile und Einschränkungen zur Zeit noch für letzteren zu sprechen. Dies kann sich jedoch ändern, wenn die ökonomische Theorie, die Modelle zur Analyse von Fusionswirkungen und die empirischen Methoden zur Prognose von Wohlfahrtsverlusten und Effizienzgewinnen besser werden und diese Instrumente bei Einzelfalluntersuchungen mit geringen Kosten eingesetzt werden können. Wenn die Möglichkeiten zum Prognostizieren, Verifizieren und zum Quantifizieren von Effizienzgewinnen präziser werden, kann sich ein Übergang zu einer Einzelfallbetrachtung als sinnvoll erweisen.

8. Anpassungsbedarf im deutschen Recht?

In Deutschland werden Effizienzgewinne bisher nicht im Rahmen einer Einzelfallbetrachtung, sondern dadurch wettbewerbsrechtlich gewürdigt, dass § 36 GWB eine hohe Eingriffsschwelle für Untersagungsentscheidungen setzt und damit zu einer pauschalen Abgeltung aller Arten von Effizienzen gelangt.[914] Die Reform der europäischen Fusionskontroll-

---

[914] Dazu *Möschel* (2003), 710; *Böge/Jakobi* (2005), 116. Eine Sonderrolle spielt in dieser Hinsicht die Ministererlaubnis aus § 42 GWB, die eine Abwägung wettbewerblicher Nachteile mit gesamtwirtschaftlichen Vorteilen gerade vorschreibt. Ihre Existenz scheint das – wenngleich in der Praxis bisher selten zu Tage getretene – Bedürfnis nach (industrie-)politischen Korrekturen der wettbewerblich orientierten Entscheidungen des BKartA auszudrücken. Näher zur Ministererlaubnis *Möschel* (2002), 2077 ff.

Teil 3 E. Weitere relevante Faktoren

regelungen und der zunehmend propagierte „more economic approach" im gesamten Wettbewerbsrecht haben jedoch auch in Deutschland zu einer Diskussion geführt, inwieweit eine einzelfallorientierte Effizienzberücksichtigung sinnvoll sein kann.[915] Von Seiten des Bundeskartellamtes und seines damaligen Präsidenten *Böge* wurden diesbezüglich Bedenken geltend gemacht. Vielfach wurde auf die großen Probleme und Unsicherheiten bei der Bewertung und Quantifizierung im Rahmen einer Prognoseentscheidung hingewiesen.[916] Ungelöst sei zudem die entscheidende Frage, wie die Weitergabe zunächst behaupteter Effizienzvorteile an die Verbraucher überwacht werden könne und welche Konsequenzen zu ziehen seien, wenn sich Effizienzen entweder gar nicht einstellten oder aber nicht in hinreichendem Maße an die Verbraucher weitergegeben würden.[917] Denkbar sei, dass marktmächtige Unternehmen entstünden, die mangels Wettbewerbsdrucks keinen oder nur wenig Anreiz hätten, ihre Effizienzgewinne an Verbraucher abzugeben; es verbleibe dann allenfalls die Möglichkeit einer Verhaltenskontrolle im Rahmen der Missbrauchsaufsicht. In einem vom Bundeskartellamt veröffentlichten Arbeitspapier heißt es zu einer solchen Verhaltenskontrolle: „Für Fusionskontrollregime, die primär auf eine präventive Strukturkontrolle im Sinne der Verhinderung von Gefährdungslagen ausgerichtet sind und dabei den Schutz des Wettbewerbs als Institution bezwecken, kann dies jedoch allenfalls die zweitbeste Lösung darstellen".[918] Weiter geht das Diskussionspapier davon aus, dass unterhalb der Marktbeherrschungsgrenze eine explizite Effizienzeinrede nicht nötig und nicht sinnvoll, oberhalb dieser Grenze hingegen gar nicht möglich sei.[919] Insgesamt wird die Verbesserung von Fusionsentscheidungen durch die Einführung einer Berechnung von Effizienzgewinnen im Einzelfall in Frage gestellt,[920] und die Mehrzahl der Teilnehmer der im Bundeskartellamt geführten Diskussion des Arbeitskreises Kartellrecht stand der gesetzlichen Einführung einer expliziten efficiency defence eher ablehnend gegenüber.[921]

---

915 *Böge* (2004b), 732.
916 *Böge* (2004b), 732; ders. (2004a), 147; *Böge/Jakobi* (2005), 117; vgl. auch Bundeskartellamt (2004), 7 ff. und 11 ff. Das Papier kann abgerufen werden unter: www.bundeskartellamt.de/wDeutsch/download/pdf/Diskussionsbeitraege/04_AKK.pdf. Eine Zusammenfassung der Tagung des Arbeitskreises Kartellrechts unter anderem zu diesem Thema findet sich in WuW 2005, 49 ff.
917 Bundeskartellamt (2004), 11 sowie WuW 2005, 49, 53 f. und *Schmidt* (2004), 359.
918 Bundeskartellamt (2004), 11.
919 Bundeskartellamt (2004), 11 f.; zuletzt noch immer kritisch BKartA (2009), 9 f.
920 Etwa *Böge* (2004a), 147: „Eine Berücksichtigung von Effizienzvorteilen, die über das bisherige Niveau hinausgeht, ist daher nicht sinnvoll".
921 Diskussionsbericht in WuW 2005, 49, 53.

VI. Die Berücksichtigung von Effizienzgewinnen **Teil 3**

Im Fall *LBK Hamburg/Mariahilf* untersagte das Bundeskartellamt den Erwerb von Anteilen an der Krankenhaus Mariahilf gGmbH durch die LBK Hamburg GmbH, da das Vorhaben zur Verstärkung einer marktbeherrschenden Stellung im Sinne von § 36 Abs. 1 GWB führe. Die Anmelderin hatte vorgetragen, dass der beabsichtigte Zusammenschluss Effizienzvorteile in der medizinischen Versorgung mit sich brächte, die die Mariahilf gGmbh allein nicht realisieren könne. Nur ein Zusammenziehen beider Kliniken ermögliche eine hocheffiziente und medizinisch hochwertige Versorgung. Der Zusammenschluss führe sowohl zu Kosteneinsparungen als auch zu einer qualitativen Verbesserung des Leistungsangebotes. Das Bundeskartellamt stellte jedoch fest, dass nach der Systematik der Fusionskontrolle des GWB Effizienzvorteile bereits im Rahmen der Prüfung des Tatbestandsmerkmals Marktbeherrschung im Sinne von § 36 Abs. 1 i.V.m. § 19 GWB berücksichtigt würden. Demnach könnten im fusionsrechtlichen Verwaltungsverfahren behauptete Effizienzsteigerungen und Synergievorteile eines Zusammenschlusses, wenn sie sich nicht gleichzeitig positiv auf die Wettbewerbsbedingungen auswirkten, jedenfalls nicht die Entstehung oder Verstärkung einer marktbeherrschenden Stellung rechtfertigen.[922] Demgegenüber prüfte das Bundeskartellamt in der Entscheidung *Telecash/GZS* die vorgetragenen Effizienzgewinne im Rahmen der Abwägungsklausel des § 36 Abs. 1 2. Halbsatz GWB.[923] Eine die Nachteile der Marktbeherrschung überwiegende Verbesserung der Wettbewerbsbedingungen wurde allerdings verneint, da eine Weitergabe der Effizienzgewinne an die Nachfrager in Form von Preissenkungen mangels wettbewerblichem Drucks als unwahrscheinlich angesehen wurde.[924] Zudem schließt das Bundeskartellamt nicht aus, dass die Entstehung oder Verstärkung einer marktbeherrschenden Stellung gerade durch zusammenschlussbedingte Effizienzvorteile begründet werden kann, da diese die Wettbewerbsbedingungen zugunsten des fusionierten Unternehmens verbessern. In der Entscheidung *Humana/Nordmilch* heißt es daher: „Soweit Humana und Nordmilch durch einen Zusammenschluss Effizienzen in der gemeinsamen Vermarktung ihrer weitgehend standardisierten Produktpalette erzielen werden, sind diese durch die Fusionskontrolle nicht zu sanktionieren, es sei denn, es droht die Entstehung oder Verstärkung einer marktbeherrschenden Stellung."[925]

---

922 BKartA, Beschl. v. 6.6.2007, B3-6/07 – LBK/Mariahilf, Rdnr. 274 ff.
923 BKartA, Beschl. 8.6.2006, B4-29/06 – Telecash/GZS, WuW/E DE-V 1313, 1323 f.
924 Ibid.
925 BKartA, Beschl. v. 9.3.2009, B2-29/09 – Humana/Nordmilch, S. 65. ähnlich auch BKartA, Beschl. 8.6.2006, B4-29/06 – Telecash/GZS, WuW/E DE-V 1313, 1320: „Ihre Marktstellung wird es den Zusammenschlussbeteiligten künftig in noch stärkerem Maße erlauben, erhebliche Skaleneffekte sowohl bei den variablen Kosten als auch bei den durchschnittlichen Fixkosten zu verwirklichen, damit aufgrund der geringeren

Teil 3 F. Vertikale und konglomerate Zusammenschlüsse

Eine ähnlich zurückhaltende Position nahm die Monopolkommission in ihrem 15. Hauptgutachten ein:

„Die Monopolkommission hält es grundsätzlich für wünschenswert, dass auch in der deutschen Fusionskontrolle stärker auf ökonomische Analysen abgestellt wird. Dafür ist es aber nicht unbedingt notwendig, vom bisher in Deutschland geltenden Marktbeherrschungstest abzugehen. Auch wäre die Einführung eines „more economic approach" mit gewissen praktischen Problemen verbunden. Insbesondere ist zu fragen, wie die Gerichte mit ökonomischen Argumenten und Beweismitteln umgehen würden. Zudem könnte die offene und teilweise missverständliche Formulierung des SIEC-Tests zum Einfallstor für industriepolitisch motivierte Erwägungen werden."[926]

Andere Stimmen in der Literatur befürworten demgegenüber eine Angleichung der deutschen Regelungen an Art. 2 Abs. 3 FKVO.[927] Begründet wird dies zum einen mit einer gesteigerten Einflussnahme des Bundeskartellamtes auf europäischer Ebene, zum anderen aber auch damit, dass bei einer Verweisung eines Zusammenschlusses von der Kommission an das Bundeskartellamt der materiellrechtliche Prüfungsmaßstab der gleiche bliebe.[928] Wie oben ausgeführt wurde aber bislang kein dringender Handlungsbedarf gesehen, da noch zahlreiche Unsicherheiten bezüglich der praktischen Handhabung des SIEC-Tests und der Effizienzberücksichtigung bestanden. Aus Anlass der für 2011/2012 geplanten Achten GWB-Novelle hat die Diskussion jedoch neuen Antrieb erhalten.[929]

F. Vertikale und konglomerate Zusammenschlüsse

Im Unterschied zu horizontalen Zusammenschlüssen zeichnen sich vertikale und konglomerate Fusionen dadurch aus, dass hier die fusionierenden Unternehmen nicht auf dem gleichen relevanten Markt tätig sind.

Kosten pro Transaktion bei jedem Preis mitbieten und somit einen Verdrängungswettbewerb führen zu können. Auch die Anmelder betonen in ihrem Schreiben v. 2. Mai 2006 die Effizienzgewinne durch den Zusammenschluss. In diesem Falle aber werden die – sämtlich wesentlich kleineren – Wettbewerber nicht in der Lage sein, ähnliche Größenvorteile zu verwirklichen und somit auch keine entsprechenden Preise darstellen können. Dies aber wird zu einer Verdrängung der verbleibenden Wettbewerber und damit zu einer Verringerung des Restwettbewerbs führen." Zur diesbezüglichen Rechtsprechung des EuG siehe S. 449.

926 *Monopolkommission*, 15. Hauptgutachten 2002/2003, Rdnr. 91 abrufbar unter: www.monopolkommission.de/haupt_15/sum_h15_de.pdf.
927 Ausdrücklich *Säcker* (2004a), 1039; wohl auch *Weitbrecht* (2004), 449.
928 *Weitbrecht* (2004), 449.
929 Ausführlich siehe oben auf S. 250.

VI. Die Berücksichtigung von Effizienzgewinnen Teil 3

Allgemein werden vertikale und konglomerate Fusionen daher unter die allgemeine Bezeichnung der „nichthorizontalen Zusammenschlüsse" subsumiert. Es hat sich jedoch als sinnvoll erwiesen, zwischen vertikalen und konglomeraten Fusionen zu differenzieren, da die damit verbundenen ökonomischen Auswirkungen und Probleme sich deutlich unterscheiden.[930]

Von einer vertikalen Fusion spricht man immer dann, wenn Unternehmen sich zusammenschließen, die auf direkt aufeinander folgenden Stufen einer Wertschöpfungskette tätig sind. Beispiele hierfür wären der Zusammenschluss eines Rohstoffproduzenten mit einem Hersteller, die Fusion eines Herstellers mit einem Großhändler oder die eines Herstellers mit einer Einzelhandelskette. In der Literatur werden diejenigen Unternehmen, die in einer Wertschöpfungskette „weiter" vom Endverbraucher entfernt sind, als upstream-Unternehmen bezeichnet, während Unternehmen, die sich „näher" am Endverbraucher befinden, downstream-Unternehmen genannt werden. So wäre bei einem Zusammenschluss eines Herstellers mit einem Händler der Hersteller das upstream- und der Händler das downstream-Unternehmen.

Konglomerate Fusionen liegen immer dann vor, wenn die am Zusammenschluss beteiligten Unternehmen weder auf dem gleichen relevanten Markt tätig sind noch auf direkt aufeinander folgenden Stufen einer Wertschöpfungskette aktiv sind. Bei konglomeraten Fusionen wird in der Regel zwischen drei verschiedenen Arten differenziert: So handelt es sich erstens beim Zusammenschluss von Herstellern komplementärer Produkte um eine konglomerate Fusion.[931] Zweitens spricht man von einem konglomeraten Zusammenschluss, wenn die Unternehmen auf „benachbarten" Märkten tätig sind. Dies wäre zum Beispiel bei einem Zusammenschluss von zwei Herstellern differenzierter Produkte der Fall, die jedoch zwei verschiedenen relevanten Märkten zuzuordnen sind. Wenn z.B. die Konsumenten Wert auf eine große Auswahl an Produkten legen, dann wäre ein Zusammenschluss von Unternehmen auf diesen beiden Märkten ähnlich wie ein Zusammenschluss von Herstellern komplementärer Produkte zu beurteilen. Die dritte Form eines konglomeraten Zusammenschlusses liegt

---

930 Im Weiteren werden ausschließlich die Auswirkungen vertikaler und konglomerater Fusionen näher beschrieben; auf vertragliche Vereinbarungen innerhalb vertikaler Strukturen, wie z.B. Alleinvertriebs- oder Alleinbezugsvereinbarungen, Gebietsvereinbarungen oder Preisbindungen wird im Folgenden nicht näher eingegangen.

931 Wichtig in diesem Zusammenhang ist die Tatsache, dass die strategischen Probleme der Unternehmen bei einer vertikalen Fusion und einem Zusammenschluss von Herstellern komplementärer Produkte identisch sind. Dies wird auf S. 496f. näher dargestellt.

Teil 3 F. Vertikale und konglomerate Zusammenschlüsse

dann vor, wenn es sich weder um komplementäre noch um benachbarte Produkte handelt, sondern zwischen den Produkten keine nähere Beziehung besteht, d.h. die Produkte völlig unabhängig voneinander sind. Wettbewerbliche Probleme werden in erster Linie bei den ersten beiden Formen konglomerater Zusammenschlüsse auftreten.

I. Vertikale Zusammenschlüsse

Im folgenden Abschnitt werden die wettbewerblichen Auswirkungen vertikaler Zusammenschlüsse diskutiert, wobei deutlich gemacht wird, dass derartige Fusionen sowohl wettbewerbsfördernde als auch wettbewerbsbeschränkende Auswirkungen haben können. Beide werden im Folgenden näher untersucht.[932] Bei den wettbewerbsfördernden Auswirkungen handelt es sich in erster Linie um die Vermeidung eines doppelten Gewinnaufschlages sowie um die Einsparung von Transaktionskosten. Diese effizienzerhöhenden Wirkungen vertikaler Fusionen wurden vor allem von der Chicago-School betont: Da durch eine vertikale Fusion keine Marktmacht übertragen werden könne, müssten andere, in der Regel effizienzerhöhende Faktoren für den Zusammenschluss ausschlaggebend sein. Wettbewerbsbeschränkende Auswirkungen vertikaler Zusammenschlüsse hingegen entstehen dadurch, dass sie die Wettbewerbsbedingungen auf horizontaler Ebene, d.h. auf der upstream- und/oder der downstream-Ebene beeinflussen. Da durch eine Fusion von Unternehmen, die auf unterschiedlichen Märkten tätig sind, keine direkte Zunehme der Marktmacht bzw. Änderung der Marktanteile resultiert, sind die wettbewerbsbeschränkenden Wirkungen einer vertikalen Fusion indirekter Art. Dabei handelt es sich vor allem um die Übertragung von Marktmacht von einem Markt auf einen anderen sowie um Marktverschließungseffekte, die Wettbewerber auf der upstream- oder auf der downstream-Ebene betreffen können.[933]

1. Wettbewerbsfördernde Wirkungen vertikaler Zusammenschlüsse

Die ökonomische Literatur hat schon früh darauf hingewiesen, dass vertikale Zusammenschlüsse häufig aufgrund von Effizienzerwägungen durchgeführt werden. Insbesondere die Chicago-School hat argumentiert, dass durch einen vertikalen Zusammenschluss bestimmte negative externe

---

932 Wie unten gezeigt wird, ist die Marktstruktur auf der upstream- und der downstream Ebene von zentraler Bedeutung für die wettbewerblichen Wirkungen eines vertikalen Zusammenschlusses.

933 Anders als bei der Beschreibung der wettbewerblichen Wirkungen horizontaler Fusionen werden im Folgenden zuerst die effizienzerhöhenden Auswirkungen diskutiert, da sich dann die Analyse der wettbewerbsbeschränkenden Wirkungen vertikaler Fusionen einfacher gestaltet.

I. Vertikale Zusammenschlüsse Teil 3

Effekte zwischen den Unternehmen internalisiert werden können. Ein weiteres Argument für die Vorteilhaftigkeit derartiger Fusionen stellte darauf ab, dass eine Übertragung von Marktmacht von einem Markt auf einen anderen in aller Regel nicht stattfinden kann, da nur ein einziger Monopolgewinn (single monopoly profit) erwirtschaftet werden kann. Aus diesem Grunde seien bei vertikalen Zusammenschlüssen vor allem Effizienzerwägungen ausschlaggebend, nicht aber Versuche, erhöhte Gewinne durch Wettbewerbsbeschränkungen zu erzielen. Das Argument der Chicago-School kann an folgendem einfachen Beispiel illustriert werden: Es wird eine vertikale Struktur betrachtet, in der upstream z.B. ein monopolistischer Hersteller tätig ist, downstream jedoch vollkommener Wettbewerb herrscht. Der monopolistische Hersteller könnte versuchen, durch einen Zusammenschluss mit einem Händler seine vorhandene Marktmacht auf den downstream-Markt zu übertragen. Eine solche vertikale Fusion wäre für den monopolistischen Hersteller jedoch nicht profitabel, denn er könnte auch ohne einen solchen Zusammenschluss von den Händlern einen Großhandelspreis derart verlangen, dass der Endpreis, den die Konsumenten zahlen müssen, genau dem entspricht, den ein integriertes monopolistisches Unternehmen verlangen würde, d.h. einen Preis in Höhe der Grenzkosten der Herstellung. Aufgrund des vollkommenen Wettbewerbs machen die Unternehmen downstream keinen Gewinn, d.h. sie decken gerade ihre Kosten. Daher könnte sich der upstream-Monopolist den gesamten Monopolgewinn aneignen, der ihm in Form des Erlöses aus dem Verkauf an die Händler zufließt. Daher wäre eine vertikale Integration überflüssig.[934]

Ein analoges Argument gilt für den Fall eines monopolistischen Händlers, der seine Marktmacht auf einen wettbewerblichen upstream-Markt übertragen möchte. Wenn man also vertikale Zusammenschlüsse beobachtet, so sind diese nach Ansicht der Chicago-School nicht dadurch motiviert, Marktmacht von einem Markt auf einen anderen zu übertragen, sondern es müssen andere Gründe vorliegen, die einen Zusammenschluss lohnend machen. Dies seien in aller Regel Effizienzgewinne, die letztlich wieder den Konsumenten in Form niedriger Preise zugute kämen. Daher seien vertikale Fusionen im Allgemeinen vorteilhaft und würden keine wettbewerblichen Bedenken rechtfertigen. Im Folgenden werden die verschiedenen effizienzerhöhenden Auswirkungen vertikaler Fusionen kurz dargestellt.

---

[934] Ein ähnliches Argument kann auch im Fall zweier aufeinander folgender Monopole verwendet werden. In diesem Fall müsste z.B. der upstream-Monopolist in der Lage sein, einen zweiteiligen Tarif von downstream-Monopolisten zu verlangen.

Teil 3 F. Vertikale und konglomerate Zusammenschlüsse

a) Doppelte Marginalisierung

Das Phänomen der doppelten Marginalisierung kann am einfachsten verdeutlicht werden, wenn man eine vertikale Struktur betrachtet, in der zwei Unternehmen auf direkt aufeinander folgenden Ebenen der Wertschöpfungskette jeweils eine Monopolposition innehaben. Ein Beispiel für eine solche Struktur wäre ein monopolistischer Hersteller, der sein Produkt an einen ebenfalls monopolistischen Händler verkauft, der wiederum das Produkt an die Endverbraucher absetzt.[935] Der monopolistische Händler sieht sich also der gesamten Marktnachfrage gegenüber. Weiterhin wird aus Vereinfachungsgründen unterstellt, dass der Händler dem Hersteller pro Einheit des Gutes einen bestimmten Preis zahlen muss, dem Händler aber keine weiteren Kosten entstehen. Die Grenzkosten des Händlers entsprechen also dem Preis, den er dem Hersteller pro Stück zahlen muss. Da es sich bei diesem Händler annahmegemäß um einen gewinnmaximierenden Monopolisten handelt, wird dieser sein Angebot so wählen, dass die Bedingung „Grenzerlös gleich Grenzkosten" erfüllt ist. Wenn der Hersteller den Preis ändert, den der Händler ihm zahlen muss, dann ändert er gleichzeitig die Grenzkosten des Händlers und beeinflusst so die vom Händler nachgefragte Menge, wobei die Mengenänderung durch die Grenzerlösfunktion des Händlers determiniert wird. Anders ausgedrückt: Die Grenzerlösfunktion des Händlers entspricht der Nachfragefunktion, der sich der monopolistische Hersteller gegenübersieht. Der monopolistische Hersteller wiederum, dem bei der Herstellung des Gutes annahmegemäß gewisse Grenzkosten entstehen, wird nun seine Angebotsentscheidung ebenfalls entsprechend der Regel „Grenzerlös gleich Grenzkosten" treffen. Es findet also in einer vertikalen Struktur, in der auf beiden Ebenen ein Monopol existiert, eine zweifache Grenzerlösbildung statt. Daher spricht man von diesem Phänomen auch als „doppelte Marginalisierung". Grafisch kann man diese Situation wie in Abbildung 4 gezeigt darstellen.

Hier bezeichnet D die Nachfragefunktion der Konsumenten, MR1 bezeichnet die Grenzerlösfunktionen des monopolistischen Händlers und MR2 die Grenzerlösfunktion des monopolistischen Herstellers. Die variable r bezeichnet den Preis, den der Hersteller vom Händler verlangt, d.h., die Grenzkosten des Händlers, und mc bezeichnet die Grenzkosten des Herstellers. Die Fläche $abcd$ gibt den Gewinn des Händlers und die Fläche $cdef$ den Gewinn des Herstellers an. Es wird deutlich, dass sowohl der Händler als auch der Hersteller einen Aufschlag auf ihre jeweiligen

---

935 Es wird dabei unterstellt, dass die Unternehmen keine Preisdiskriminierung betreiben können.

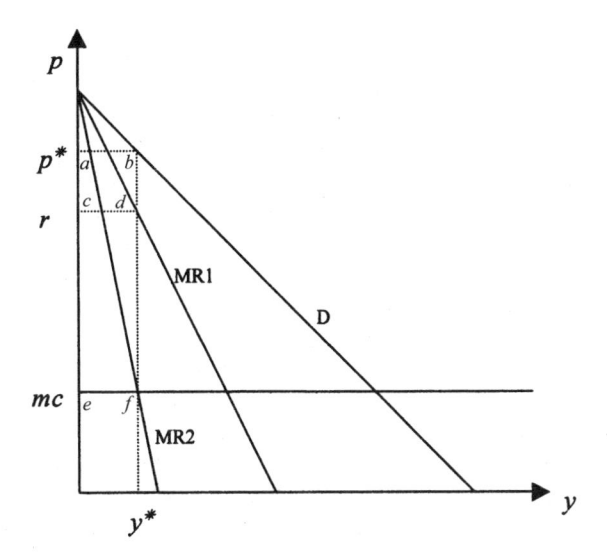

Abbildung 4: Doppelte Marginalisierung

Grenzkosten verlangen. Man spricht daher auch von einem doppelten Preisaufschlag (double mark-up). Jedes Unternehmen übt also auf das jeweils andere einen negativen pekuniären externen Effekt aus, was dazu führt, dass am Markt nur die sehr geringe Menge y^* zu einem sehr hohen Preis p^* angeboten wird.

Wenn sich die beiden Unternehmen zusammenschließen, entsteht ein vertikal integriertes Unternehmen, in dem Markttransaktionen zwischen den Unternehmen zum Preis r nun durch firmeninterne Transfers ersetzt werden. Das integrierte Unternehmen stellt also ein Gut her, dessen Grenzkosten der Produktion mc betragen und verkauft es an die Endkunden, deren Nachfrage durch die Funktion D beschrieben ist. Das integrierte, ebenfalls monopolistische Unternehmen wird sein Angebot ebenfalls nach der Regel „Grenzerlös gleich Grenzkosten" bestimmen. Das Angebotsverhalten des integrierten Unternehmens kann anhand der Abbildung 5 verdeutlicht werden.

Hier bezeichnet D wieder die Nachfragefunktion der Konsumenten und MR1 bezeichnet die Grenzerlösfunktion des vertikal integrierten Unternehmens. Das integrierte Unternehmen wird eine Angebotsmenge derart wählen, dass die Grenzkosten in Höhe von mc dem Grenzerlös entsprechen.[936] Wie man sieht, ist das Angebot im Fall des integrierten Unter-

---

[936] Allerdings ist darauf hinzuweisen, dass ein Zusammenschluss nicht notwendig ist, um diese Effizienzsteigerung zu realisieren. So könnte das gleiche Ergebnis erzielt werden,

Teil 3 F. Vertikale und konglomerate Zusammenschlüsse

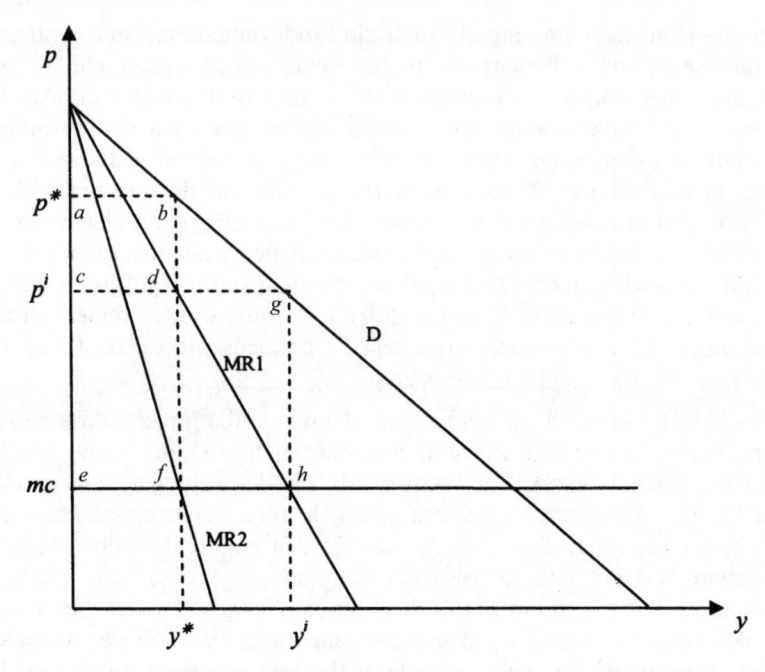

Abbildung 5: Gewinnmaximierung eines vertikal integrierten Unternehmens

nehmens größer als im Fall von zwei unabhängigen Monopolisten, es ist von y^* im Fall von zwei unabhängigen Unternehmen auf die Menge y^i im Fall der vertikalen Integration gestiegen. Dementsprechend ist auch der Preis, den die Konsumenten für das Produkt zu entrichten haben, von p^* auf p^i gefallen. Die Nachfrager erhalten nach dem Zusammenschluss eine größere Menge zu einem geringeren Preis, d. h. die Konsumentenrente hat durch die vertikale Fusion zugenommen. Aber auch der Gewinn des integrierten Unternehmens ist größer als die Summe der Gewinne der beiden unabhängigen Firmen. Während vor dem Zusammenschluss der gesamte Gewinn der beiden Unternehmen der Fläche *abfe* entsprach, ist er nun auf die Fläche *cghe* angewachsen. Durch den Zusammenschluss haben die Unternehmen die negative Externalität internalisiert und konnten dadurch ihren Gewinn erhöhen. Der Zusammenschluss hat also allen Beteiligten, den Konsumenten und den Unternehmen genutzt, denn so-

---

wenn der upstream-Monopolist dem downstream-Unternehmen einen zweiteiligen Tarif anbietet und die beiden Unternehmen über die Aufteilung des Fixums verhandeln. Auch das Setzen eines Höchstpreises seitens des Herstellers in Höhe der Grenzkosten *mc* würde zu diesem Resultat führen.

I. Vertikale Zusammenschlüsse Teil 3

wohl die Konsumentenrente als auch die Produzentenrente sind gestiegen, so dass auch die volkswirtschaftliche Rente zugenommen hat.[937] Alle Akteure haben von dem Zusammenschluss profitiert, so dass die Auswirkungen der Fusion uneingeschränkt positiv zu bewerten sind. Ähnliche Phänomene treten auch dann auf, wenn auf den beiden Marktstufen jeweils unvollständiger Wettbewerb herrscht, z. B. auf der upstream-Ebene ein Monopol und auf der downstream-Ebene ein Oligopol, oder wenn oligopolistische Marktstrukturen auf beiden Ebenen bestehen. Hier sind jedoch die Auswirkungen der doppelten Marginalisierung aufgrund der geringeren Preisaufschläge weniger gravierend, allerdings können zusätzliche negative Wirkungen vertikaler Zusammenschlüsse in Form von Marktverschließungseffekten auftreten.[938]

Wenn jedoch auf einer der beiden Marktstufen vollkommener Wettbewerb herrscht, dann würde ein Zusammenschluss nicht zu einer Effizienzerhöhung beitragen können. Bei Wettbewerb auf der Händlerebene könnten diese keinen Preisaufschlag verlangen, d. h. ihre Nachfragefunktion entspricht der Marktnachfrage, so dass es für den monopolistischen Hersteller gewinnmaximierend ist, vom Großhändler den Preis p^i zu verlangen. Bei diesem Preis wird am Markt die Menge y^i abgesetzt. Bei Wettbewerb auf der Herstellerebene würden diese den Preis, der von den Händlern verlangt wird, auf das Niveau der Grenzkosten mc setzen. In diesem Fall verlangen die Händler von den Konsumenten ebenfalls den Preis p^i und die abgesetzte Menge beträgt y^i.

b) Senkung von Transaktionskosten

Ein weiterer potenzieller Effizienzgewinn durch eine vertikale Fusion besteht darin, Transaktionskosten einzusparen. Transaktionskosten entstehen zum Beispiel dann, wenn regelmäßig neue Verträge mit Abnehmern bzw. Lieferanten auszuhandeln sind. Auch können Probleme bei der Produktion oder beim Absatz auftreten, wenn ein Kunde oder Lieferant den Markt verlässt und daher Inputs nicht zur Verfügung stehen oder Produkte nicht wie geplant abgesetzt werden können. Die dadurch entstehenden Kosten könnten durch eine vertikale Integration vermieden oder zumindest verringert

---

937 Eine wichtige implizite Annahme in diesem Beispiel war, das beim Händler eine Einheit des Inputs immer auch einer Einheit des Outputs entspricht. Die Auswirkungen eines Zusammenschlusses auf die Wohlfahrt sind nicht mehr so eindeutig, wenn der Händler die Möglichkeit hätte, den Input durch einen anderen zu substituieren. Ein Beispiel ist ein Autohersteller der von einem Stahlproduzenten kauft, aber die Möglichkeit hat, Stahl durch ein anderes Metall oder durch Glasfieber zu substituieren.
938 Zu den durch vertikale Zusammenschlüsse ausgelösten Marktverschließungseffekten vgl. S. 475–490.

werden. Eine andere Ursache für Ineffizienzen innerhalb einer vertikalen Struktur ist das sogenannte hold-up Problem. Dieses Problem kann dann auftreten, wenn bestimmte Investitionen getätigt werden müssen, um zwischen den Unternehmen Transaktionen durchzuführen, diese Investitionen jedoch transaktionsspezifisch sind. Eine Investition ist transaktionsspezifisch, wenn sie vor allem innerhalb der Beziehung zwischen den investierenden Unternehmen einen ökonomischen Wert hat, außerhalb dieser Transaktionsbeziehung dagegen keinen oder nur einen viel geringeren Wert aufweist. Beispiele für transaktionsspezifische Investitionen wären die Errichtung eines Stahlwerkes direkt neben einem Hochofen, um eine Abkühlung des Rohmaterials zu vermeiden, oder Investitionen in spezifisches Humankapital, das nicht in anderen Unternehmen eingesetzt werden kann. In der Transaktionskostentheorie wird häufig angenommen, dass keine vollständigen Verträge abgeschlossen werden können, d. h. Verträge, die jedwede denkbare Eventualität abdecken. In vielen Fällen werden Verträge ‚Lücken' aufweisen. Dies liegt nicht an der mangelnden Rationalität der Akteure, sondern daran, dass die Formulierung und Abfassung eines solchen Vertrages prohibitiv kostspielig wäre. Wenn nun Ereignisse eintreten, für die im Vertrag keine Vorkehrungen getroffen sind, dann gibt es eine Notwendigkeit zu Neuverhandlungen. Hat ein Unternehmen eine transaktionsspezifische Investition getätigt und es treten Umstände ein, die im Vertrag nicht geregelt sind, dann könnte das andere an der Transaktion beteiligte Unternehmen in den Neuverhandlungen versuchen, den vereinbarten Preis mit der Begründung zu senken, dass die Umstände es ihm unmöglich machen, die vereinbarte Zahlung zu leisten. Aufgrund der transaktionsspezifischen Investition ist das erste Unternehmen in einer schlechteren Verhandlungsposition und müsste dieser Forderung zumindest teilweise nachgeben. Dieses opportunistische Verhalten wird als „Überfall", als hold-up bezeichnet. Das andere Unternehmen hätte nun keine andere Möglichkeit, als auf diese Forderung einzugehen, da es aufgrund der transaktionsspezifischen Investitionen ansonsten überhaupt keinen oder nur einen viel geringeren Gewinn erzielen könnte. Ko-spezialisierte Investitionen in Verbindung mit unvollständigen Verträgen können also zu einem hold-up Problem führen.[939]

Da Unternehmen damit rechnen, dass es nach Vertragsschluss und nach den getätigten Investitionen zu einem solchen opportunistischen Verhalten kommen kann, werden sie die Investitionen von vornherein entweder gar nicht oder nur in einem ineffizient geringem Umfang tätigen. Es würden in einer solchen Situation also erhebliche Ineffizienzen auftreten, die

---

[939] Auf das hold-up Problem hat erstmalig *Williamson* (1975) aufmerksam gemacht.

durch einen vertikalen Zusammenschluss vermieden werden könnten. Nach einer vertikalen Integration wäre die Möglichkeit opportunistischen Verhaltens nicht mehr gegeben, da die Transaktion nun innerhalb des gleichen Unternehmens stattfindet.

Insgesamt gesehen zeigt sich, dass vertikale Zusammenschlüsse eine Reihe von positiven, effizienzsteigernden Wirkungen haben können: die Vermeidung des Problems der doppelten Marginalisierung, die Verringerung von Transaktionskosten sowie effiziente transaktionsspezifische Investitionen. Daraus sollte jedoch nicht unmittelbar der Schluss gezogen werden, vertikale Fusionen seien aus wettbewerblicher Sicht unproblematisch. Die positive und optimistische Einschätzung vertikaler Zusammenschlüsse basiert auf einer Reihe von Annahmen, die in der Realität häufig nicht erfüllt sind. So gilt z. B. die Aussage, durch einen Zusammenschluss könne das Problem der doppelten Marginalisierung vermieden werden und die Fusion habe uneingeschränkt positive Auswirkungen für alle Beteiligten, nur dann, wenn auf beiden Stufen der Wertschöpfungskette jeweils ein Monopol vorliegt. Ist diese Bedingung nicht erfüllt, so kann ein Zusammenschluss auch wohlfahrtsmindernde Auswirkungen haben. Wenn auf dem upstream- und dem downstream-Markt keine monopolistischen Marktstrukturen vorliegen, sondern dort jeweils mehrere Firmen aktiv sind, dann verbleiben nach einem vertikalen Zusammenschluss auf beiden Ebenen noch unabhängige, nicht-integrierte Unternehmen. In einer solchen Situation könnte es dazu kommen, dass Wettbewerber auf der downstream-Ebene vom integrierten Unternehmen nicht mehr beliefert werden oder Wettbewerber auf der upstream-Ebene an dieses Unternehmen nichts mehr verkaufen können. Diese möglicherweise wettbewerbsbeschränkenden und wohlfahrtsreduzierenden Auswirkungen vertikaler Fusionen, die unter dem Stichwort „Abschottung" (Foreclosure) bekannt sind, werden in den beiden folgenden Abschnitten diskutiert. Neben diesen Marktverschließungseffekten könnten durch eine vertikale Fusion auch die Möglichkeiten der Verhaltenskoordination von Unternehmen auf der upstream- und/oder der downstream-Ebene vergrößert werden, d. h. vertikale Fusionen könnten koordinierte Effekte auslösen. Diese Möglichkeit wird im dritten Abschnitt untersucht.

2. Wettbewerbsbeschränkende Wirkungen vertikaler Zusammenschlüsse

Ähnlich wie bei horizontalen Zusammenschlüssen kann es zu wettbewerbsbeschränkenden Auswirkungen bei vertikalen Fusionen immer dann kommen, wenn die Marktmacht des integrierten Unternehmens auf der upstream- und/oder der downstream-Ebene sich erhöht. Dies kann zur Folge

Teil 3 F. Vertikale und konglomerate Zusammenschlüsse

haben, dass den Nachfragern auf der downstream-Ebene oder den Endverbrauchern weniger oder weniger attraktive Substitutionsmöglichkeiten zur Verfügung stehen. In einem solchen Fall hat das Unternehmen, das an Marktmacht gewonnen hat, die Möglichkeit, seine Preise auf ein Niveau zu erhöhen, das über dem liegt, das vor dem Zusammenschluss geherrscht hat. Dies kann die Folge eines vertikalen Zusammenschlusses sein, wenn sich die wettbewerblichen Beschränkungen, denen das integrierte Unternehmen unterliegt, im Vergleich zur Situation vor dem Zusammenschluss gelockert haben. Eine solche Änderung der Wettbewerbsbedingungen kann dann auftreten, wenn z. B. die Kosten der Wettbewerber auf der downstream-Ebene steigen oder die Erlöse der Konkurrenten des integrierten Unternehmens auf der upstream-Ebene sinken. In diesem Fall wären die Wettbewerber weniger konkurrenzfähig als das integrierte Unternehmen. Auch kann ein vertikaler Zusammenschluss dazu führen, dass sich die Anreize des integrierten Unternehmens ändern. Dies kann zur Folge haben, dass sich das integrierte Unternehmen anders verhält als zwei unabhängige Firmen und dadurch der Wettbewerb beeinträchtigt wird.

So hat die ökonomische Literatur bereits früh darauf hingewiesen, dass vertikale Fusionen Marktverschließungseffekte auslösen können.[940] Nach einem vertikalen Zusammenschluss kann es im Interesse des integrierten Unternehmens liegen, dass seine upstream-Abteilung die Lieferungen der Vorleistung an andere downstream-Unternehmen entweder einstellt oder diese nur noch zu höheren Preisen beliefert. Wenn die Wettbewerber des integrierten Unternehmens auf der downstream-Ebene auf die Lieferungen dieses Unternehmens angewiesen sind und ohne sie entweder nicht mehr oder nur zu höheren Kosten produzieren können, dann liegt hier eine vollständige bzw. partielle Marktverschließung vor, eine sogenannte Inputabschottung. Es kann auch der Fall eintreten, dass die downstream-Abteilung des integrierten Unternehmens keine oder nur eine geringere Menge an Inputs von anderen unabhängigen upstream-Firmen mehr kauft. Wenn die Wettbewerber auf der upstream-Ebene auf die Nachfrage des integrierten Unternehmens angewiesen sind, weil sie sonst nicht mehr genug absetzen können, um profitabel wirtschaften zu können, dann liegt eine vollständige oder partielle Marktverschließung in Form einer soge-

---

940 In der älteren Literatur wurden Marktverschließungseffekte zwar häufig unterstellt, jedoch nicht rigoros nachgewiesen. Während der 1970er Jahre, der Blütezeit der Chicago-School, wurden Marktverschließungseffekte für eher unwahrscheinlich gehalten und die Haltung gegenüber vertikalen Fusionen war sehr permissiv. Erst die neuere industrieökonomische Literatur hat ein differenzierteres Bild der Auswirkungen vertikaler Zusammenschlüsse gezeichnet. Im Folgenden wird vor allem auf diese Literatur eingegangen.

nannten Kundenabschottung (customer foreclosure) vor. Ebenfalls ist nicht ausgeschlossen, dass beide Formen der Marktverschließung gemeinsam auftreten. Im Folgenden werden diese beiden Arten der Marktabschottung bzw. Marktverschließung, die durch eine vertikale Fusion ausgelöst werden können, näher analysiert.

a) Inputabschottung (Input Foreclosure)

In der neueren industrieökonomischen Literatur wird eine Marktverschließung in Form einer Inputabschottung dadurch erklärt, dass die upstream-Abteilung des integrierten Unternehmens ein Interesse daran hat, den Preis für den Input und damit die Kosten der unabhängigen downstream-Unternehmen zu erhöhen um so die Wettbewerbsfähigkeit der unabhängigen downstream Unternehmen zu verringern. Dies könnte das integrierte Unternehmen dadurch erreichen, dass es den Input nur zu einem erhöhten Preis an die downstream-Wettbewerber verkauft (partielle Abschottung) oder seine Lieferungen an diese Unternehmen völlig einstellt und den Input nur noch für den Eigenbedarf verwendet (vollständige Abschottung). Dadurch erhöhen sich die Herstellungskosten der downstream-Wettbewerber, weshalb dieses Vorgehen als „raising rivals' costs" bezeichnet wird.[941]

Ausgangspunkt der Überlegung ist eine vertikale Struktur, in der auf der upstream- und der downstream-Ebene jeweils eine oligopolistische Marktstruktur herrscht. Wenn nun ein upstream- und ein downstream-Unternehmen fusionieren, dann kann sich das Verhalten des integrierten Unternehmens ändern, wenn es die Möglichkeit hat, den Preis des Gutes auf dem downstream-Markt zu erhöhen. Durch eine solche Preiserhöhung würde sein Gewinn zunehmen. So könnte die upstream-Abteilung des integrierten Unternehmens den Preis des Inputs in die Höhe treiben, indem es entweder den Input nur zu einem höheren Preis an die unabhängigen downstream-Unternehmen verkauft oder ihn nur noch für den Eigenbedarf verwendet und sich aus dem Input-Markt zurückzieht. Das verringerte Angebot führt zu höheren Inputpreisen und damit zu höheren Kosten für die downstream-Wettbewerber, da sie entweder den höheren Preis zahlen oder den Input durch andere, in aller Regel teurere Inputs substituieren müssten. Entscheidend ist in diesem Zusammenhang die Tatsache, dass das integrierte Unternehmen den Input im eigenen Haus herstellt und dadurch von der Preiserhöhung weit gehend verschont bleibt, da innerhalb des Unternehmens die Grenzkosten der Herstellung des Inputs relevant sind, nicht aber der Marktpreis. Die Kosten des integrierten und

---

941 Vgl. *Krattenmaker/Salop* (1986).

Teil 3 F. Vertikale und konglomerate Zusammenschlüsse

der unabhängigen Unternehmen ändern sich also in unterschiedlicher Weise. Dadurch verringert sich der Wettbewerbsdruck für das integrierte Unternehmen auf der downstream-Ebene, es würde dort an Marktmacht hinzugewinnen und könnte höhere Gewinne realisieren. Der Wettbewerbsnachteil der nichtintegrierten Unternehmen würde dazu führen, dass die Marktanteile des integrierten Unternehmens auf Kosten der unabhängigen downstream-Wettbewerber zunehmen würden.

Damit das integrierte Unternehmen die Möglichkeit hat, entweder direkt einen höheren Preis für den Input durchzusetzen oder den Preis dadurch in die Höhe zu treiben, dass es sein Angebot an diesem Input auf dem downstream-Markt reduziert oder im Extremfall sogar völlig einstellt, muss es über Marktmacht verfügen. Anders ausgedrückt, es muss in der Lage sein, durch sein Verhalten den Preis des Inputs signifikant über das Niveau zu erhöhen, das vor dem Zusammenschluss geherrscht hat. Diese Voraussetzung zeigt, dass das Argument der Inputabschottung implizit auf der Hypothese basiert, ein marktmächtiges Unternehmen könne Marktmacht von einem Markt (upstream) auf einen anderen (downstream) übertragen.

In der Literatur ist eine Reihe von Modellen vorgelegt worden, die das Auftreten, die wettbewerblichen Wirkungen und die Wohlfahrtseffekte einer Inputabschottung untersuchen. Ein zentraler Beitrag ist dabei das Modell von *Salinger* aus dem Jahre 1988. Dort wird eine vertikale Struktur unterstellt, in der sowohl auf der downstream- als auch auf der upstream-Ebene ein Oligopol vorliegt. Die Unternehmen auf jeder Stufe stellen jeweils homogene Produkte her und konkurrieren mittels Mengen, d.h. es herrscht Cournot-Wettbewerb.[942] In einem solchen Markt liegen die Preise, wie auf den Seiten 41–44 deutlich gemacht wurde, über den Grenzkosten. Schließen sich nun ein upstream- und ein downstream-Unternehmen zusammen, dann wird zwischen diesen Unternehmen das Problem der doppelten Marginalisierung gelöst und die downstream-Abteilung des integrierten Unternehmens erhält den Input zu Grenzkosten, während die verbleibenden unabhängigen Unternehmen den Input auf dem Markt aufgrund des dort vorliegenden Cournot-Wettbewerbs weiterhin zu einem Preis oberhalb der Grenzkosten kaufen müssen.

Unter den Annahmen des Salinger-Modells ist es für das integrierte Unternehmen weder sinnvoll, Inputs von den unabhängigen upstream-Unternehmen hinzuzukaufen, noch den selbst produzierten Input an unabhängige downstream-Unternehmen zu verkaufen. Daher geht die Nachfrage nach dem Input auf dem Markt zurück. Dies würde tendenziell zu einer

---

[942] *Salinger* (1988) geht davon aus, dass auf beiden Ebenen ein Duopol besteht, das Modell kann aber leicht auf Oligopole mit mehr als zwei Unternehmen erweitert werden.

Preissenkung des Inputs führen. Aufgrund seines Kostenvorteils – das integrierte Unternehmen erhält den Input zu Grenzkostenpreisen – wird es sein Angebot im downstream-Markt ausdehnen. Dies wiederum führt dazu, dass die unabhängigen Unternehmen ihr Angebot einschränken werden.[943] Daher wird auch die Marktnachfrage dieser Unternehmen nach dem Input geringer werden, so dass ein zweiter Effekt zur Verringerung des Inputpreises beiträgt.

Da sich das integrierte Unternehmen aber aus dem upstream-Markt zurückgezogen hat, nimmt der Wettbewerbsdruck in diesem Markt ab, so dass die verbleibenden unabhängigen upstream-Unternehmen gegenüber den unabhängigen Unternehmen der downstream-Ebene einen höheren Preis durchsetzen können. Der Gesamteffekt auf den Inputpreis setzt sich aus den genannten Effekten zusammen: Je nachdem, ob der Preiseffekt der verringerten Nachfrage oder der des verringerten Wettbewerbsdrucks überwiegt, wird der Inputpreis höher oder niedriger sein als vor dem Zusammenschluss. Die jeweilige Stärke der Effekte hängen von den Eigenschaften des upstream- und des downstream-Marktes ab: Wenn erstens auf der downstream-Ebene nur wenige unabhängige Unternehmen verbleiben, im Grenzfall nur eines, wenn zweitens diese Unternehmen Kapazitätsrestriktionen unterliegen, so dass sie die Produktion des Inputs nicht ausdehnen können und wenn drittens die Preiselastizität der Nachfrage der unabhängigen downstream-Unternehmen nach dem Input, die wiederum von der Preiselastizität der Nachfrage nach dem Endprodukt abhängt, gering ist, dann führt dies tendenziell zu einem Anstieg des Inputpreises. Ist auch der Effekt durch die Vermeidung der doppelten Marginalisierung, d.h. die Kostendifferenz zwischen der integrierten und den nichtintegrierten Firmen, gering und hat die Fusion nur einen geringen Rückgang der Marktnachfrage nach dem Input zur Folge, dann übt ein vertikaler Zusammenschluss nur einen geringen Druck auf den Inputpreis aus, so dass der Inputpreis steigen wird.

Daraus lässt sich jedoch noch nicht der Schluss ziehen, dass die Fusion bei Zugrundelegung des Konsumentenwohlfahrtsstandards abzulehnen wäre, denn selbst bei einem erhöhten Inputpreis könnte der Preis des Endproduktes sinken. Dies ist dann der Fall, wenn die Outputerhöhung des integrierten Unternehmens größer ist als die Outputreduktion der unabhängigen downstream-Firmen. Das wiederum hängt davon ab, wie stark sich der Wettbewerbsdruck auf dem upstream-Markt aufgrund der Fusion verringert. Verbleibt z.B. nach dem Zusammenschluss nur noch ein unabhängiges upstream-Unternehmen im Markt, das gegenüber den unabhän-

---

943 Man beachte, dass die Mengen im Cournot-Modell strategische Substitute sind.

Teil 3 F. Vertikale und konglomerate Zusammenschlüsse

gigen downstream-Firmen nun eine Monopolposition innehat, so ist mit einem Anstieg des Preises auf dem downstream-Markt und daher mit einer Verringerung der Konsumentenwohlfahrt zu rechnen.[944]

Das Modell von *Salinger* ist in den darauf folgenden Jahren in mehrere Richtungen erweitert und ergänzt worden. So wurden die restriktiven Annahmen gelockert, die dazu führen, dass das integrierte Unternehmen sich vollständig vom upstream-Markt zurückzieht. Es konnte unter allgemeineren und plausiblen Annahmen gezeigt werden, dass ein vollständiger Rückzug aus dem upstream-Markt für das integrierte Unternehmen nicht sinnvoll ist, da dies den Gewinn nicht maximiert. Es würde weiterhin den Input an die unabhängigen downstream-Firmen verkaufen, allerdings zu einem höheren Preis. Es könnte sogar im Interesse des integrierten Unternehmens liegen, strategisch zusätzliche Inputs nachzufragen, um dadurch den Preis auf dem upstream-Markt in die Höhe zu treiben.[945] In diesen Modellen hat die Vermeidung der doppelten Marginalisierung eine so starke Auswirkung, dass alle vertikalen Zusammenschlüsse zu einer Effizienzsteigerung und einer Erhöhung der Konsumentenrente führen. Darüber hinaus wird in diesen Modellen eine vertikale Fusion nicht einfach unterstellt, sondern diese findet nur dann statt, wenn sie auch profitabel für die Unternehmen ist, d.h. wenn die Produzentenrente zunimmt.[946] Wettbewerbspolitisch implizieren diese Modelle daher, dass vertikale Fusionen bei Mengenwettbewerb auf der upstream- und der downstream-Ebene zu befürworten wären. Diese Aussage entspricht daher – in abgeschwächter Form – der beim Zusammenschluss zweier monopolistischer Unternehmen.

Dies macht deutlich, dass die Auswirkungen einer vertikalen Fusion entscheidend davon abhängen, ob das integrierte Unternehmen weiterhin im upstream-Markt aktiv bleibt, oder ob es zu einer vollständigen Inputabschottung kommt. Wenn das Unternehmen nach dem Zusammenschluss eine andere, spezialisierte Technologie verwenden kann als die beiden unabhängigen Firmen vor der Fusion, dann kann es im Interesse des Unternehmens liegen, diese spezialisierte Technologie einzusetzen und weder Inputs von unabhängigen upstream-Unternehmen zu kaufen noch Inputs an andere Unternehmen im downstream-Markt zu verkaufen, d.h. sowohl eine Input- als auch eine Kundenabschottung zu betreiben.[947]

---

944 Vgl. *Hombert/Pouyet/Schutz* (2007).
945 Vgl. *Gaudet/Long* (1996); *Higgins* (1998).
946 Die Endogenisierung der Fusionsentscheidung erlaubt es im Prinzip, das Entstehen von Fusionswellen zu erklären.
947 Neben dem Einsatz einer spezialisierten Technologie könnte das integrierte Unternehmen versuchen, durch andere Strategien eine Marktverschließung glaubhaft zu machen. So könnte bei wiederholter Interaktion das integrierte Unternehmen versuchen, eine Reputa-

I. Vertikale Zusammenschlüsse **Teil 3**

Ob es zu einer Inputabschottung kommt, hängt davon ab, ob die zusätzlichen Gewinne infolge der Vermeidung des doppelten Gewinnaufschlages und der Kostenvorteile aufgrund des erhöhten Inputpreises größer sind als die Erlös- und Gewinneinbußen eines Rückzuges aus dem upstream-Markt. Wenn dies der Fall ist, dann ist eine Inputabschottung eine profitable und damit glaubwürdige Strategie. Allerdings sind in diesem Fall die Wohlfahrtseffekte einer vertikalen Fusion positiv, d. h. Preise auf dem downstream-Markt sinken. Die Verwendung einer speziellen Technologie könnte jedoch auch dazu dienen, einen Marktzutritt im upstream-Markt zu verhindern. Wenn dies der Fall ist, dann steigt der Preis auf dem downstream-Markt und ein vertikaler Zusammenschluss hätte einen negativen Effekt auf die Konsumentenrente.

Ein neuer Ansatz zur Erklärung vertikaler Fusionen, der mit der These der Chicago-School vom nur einmaligen Monopolgewinn verwandt ist, ist die Theorie des Erhalts von Monopolmacht durch vertikale Integration.[948] Ähnlich wie bei der Argumentation der Chicago-School wird unterstellt, dass auf der upstream-Ebene eine monopolistische Marktstruktur vorliegt, auf dem downstream-Markt jedoch Wettbewerb herrscht.[949] Kann sich der Monopolist nicht an den gewinnmaximalen Großhandelspreis binden, z. B. weil keine entsprechenden Verträge abgeschlossen werden können, dann hätte der Monopolist einen Anreiz, bestimmten Unternehmen downstream ein günstigeres Angebot zu machen. Wenn dies von den downstream-Firmen vorhergesehen wird, dann würden sie den ursprünglich vorgeschlagenen Preis nicht akzeptieren und der Monopolist könnte sich nicht den gesamten Monopolgewinn aneignen. Durch einen vertikalen Zusammenschluss jedoch könnte der Monopolist das Problem der mangelnden Selbstbindung lösen, denn in diesem Fall würde er sich durch günstigere Angebote an andere downstream-Unternehmen selbst schaden, da diese dann ihm gegenüber einen Wettbewerbsvorteil hätten.[950]

---

tion dafür zu erwerben, den Input ausschließlich für den Eigenbedarf zu verwenden. Dies ist dann sinnvoll, wenn der langfristige Gewinn aus der Erhöhung der Inputpreise aufgrund der Marktverschließung größer ist als der kurzfristige Gewinn aus dem Verkauf der Inputs und der langfristigen Einbuße aufgrund der geringeren Inputpreise. Auch könnte die upstream-Abteilung des integrierten Unternehmens den Input so modifizieren, dass er von anderen Unternehmen im Produktionsprozess nicht mehr verwendet werden kann.

948 Vgl. *Hart/Tirole* (1990), *Rey/Tirole* (2007).
949 Das Modell wurde auch auf den Fall erweitert, in dem upstream eine duopolistische Marktstruktur besteht, zwischen den Unternehmen jedoch Kostenunterschiede vorliegen. In diesem Fall wäre das Unternehmen mit den geringsten Kosten in einer ähnlichen Rolle wie der Monopolist.
950 Allerdings konnte dieses Fusionsmotiv durch empirische oder experimentelle Untersuchungen bislang nicht überzeugend gestützt werden. Vgl. *Martin/Norman/Snyder* (2001); *Hortacsu/Syverson* (2005).

Teil 3 F. Vertikale und konglomerate Zusammenschlüsse

In den bisher betrachteten Ansätzen wird in der Regel davon ausgegangen, dass die unabhängigen Unternehmen auf einen vertikalen Zusammenschluss nicht mit Gegenmaßnahmen reagieren, sondern sich lediglich an die veränderten Bedingungen anpassen. Es ist jedoch damit zu rechnen, dass die unabhängigen upstream- oder downstream-Unternehmen Maßnahmen ergreifen, um die für sie negativen Auswirkungen, d.h. die Kostenerhöhung aufgrund der gestiegenen Inputpreise, zu vermeiden. In diesem Zusammenhang sind unterschiedliche Reaktionen der betroffenen Unternehmen denkbar und werden in der Literatur untersucht. So hat man bereits früh darauf hingewiesen, dass die unabhängigen downstream-Unternehmen einer Verschlechterung ihrer Wettbewerbsposition in der Regel nicht tatenlos zusehen werden, sondern ihrerseits im upstream-Markt nach möglichen Partnern für eine Rückwärtsintegration Ausschau halten, d.h. einen Zusammenschluss mit einem Unternehmen auf der vorgelagerten Ebene der Wertschöpfungskette anstreben. Die erste vertikale Fusion könnte also eine Welle weiterer vertikaler Zusammenschlüsse auslösen, die den Wettbewerb downstream so verschärfen, dass die erste Fusion von vornherein unterlassen worden wäre.[951] Alternativ könnten downstream-Unternehmen versuchen, eine alternative Quelle für den Input zu erschließen. Andere Modelle untersuchen die Möglichkeiten unabhängiger downstream-Unternehmen, das integrierte Unternehmen zu einem weniger aggressiven Verhalten zu veranlassen.[952]

Das erste Modell, das die Möglichkeit eines vertikalen Zusammenschlusses als Reaktion auf eine erste vertikale Fusion berücksichtigt, stammt von *Ordover/Saloner/Salop*. Die Annahmen in diesem Modell unterscheiden sich von den bisher betrachteten Ansätzen, da hier statt Mengenwettbewerb auf der upstream- und der downstream-Ebene von Preiswettbewerb auf beiden Ebenen ausgegangen wird. Weiterhin wird unterstellt, dass die Unternehmen upstream einen homogenen Input herstellen, der von den downstream-Unternehmen verwendet wird, um damit differenzierte Güter zu produzieren. Es wird weiterhin unterstellt, dass auf den beiden Ebenen der Wertschöpfungskette jeweils eine duopolistische Marktstruktur vorliegt. Aufgrund des Bertrand-Wettbewerbs upstream wird der Input auf dem upstream-Markt zu einem Preis in Höhe der Grenzkosten gehandelt, so dass das Problem der doppelten Marginalisierung in diesem Modell nicht auftritt. Ein Zusammenschluss einer upstream- mit einer downstream-Firma führt nun dazu, dass das verbleibende unabhängige upstream-Unternehmen gegenüber dem verbleibenden unabhängigen downstream-Unternehmen zum Monopolisten wird und da-

---
951 Vgl. *Ordover/Salop/Saloner* (1990).
952 Vgl. *Chen* (2001); *Choi/Yi* (2000).

her einen Monopolpreis für den Input verlangt. Wenn der Inputpreis weit genug steigt, wären die beiden unabhängigen Unternehmen besser gestellt, wenn sie sich ebenfalls zusammenschließen würden. Dies würde jedoch zur gleichen Situation führen wie vor dem Zusammenschluss, denn jetzt gibt es zwei integrierte Unternehmen mit internen Verrechnungspreisen für den Input in Höhe der Grenzkosten, was zu intensivem Wettbewerb auf der downstream-Ebene führt. Aufgrund der Reaktion der anfänglich unabhängigen Unternehmen hätte sich die erste Fusion als nicht lohnend erwiesen. Diese Reaktion würde aber von den Unternehmen antizipiert werden, so dass die erste Fusion von vornherein unterbleiben würde.[953]

Findet jedoch eine vertikale Fusion statt, dann hängt das Ergebnis wie in den oben dargestellten Modellen wieder davon ab, ob sich das integrierte Unternehmen an einen Lieferstopp für das unabhängige downstream-Unternehmen fest binden kann. Wenn es keine Möglichkeit zu einer solchen Selbstbindung hat, dann hätte das Unternehmen einen Anreiz, den Input auch an das unabhängige Unternehmen zu verkaufen und der auf dem Markt herrschende Preiswettbewerb würde dazu führen, dass sich, wie im Bertrand-Gleichgewicht, ein Preis in Höhe der Grenzkosten einstellt. Anders ausgedrückt: Die Situation wäre die gleiche wie vor dem Zusammenschluss. Kann jedoch das integrierte Unternehmen einen Lieferstopp durchsetzen, dann wird das unabhängige upstream-Unternehmen zum Monopolisten gegenüber dem nichtintegrierten downstream-Unternehmen und der resultierende Preis für den Input ist der Monopolpreis.[954]

Weiterhin wird die Möglichkeit betrachtet, dass das fusionierte Unternehmen versucht, eine Gegenfusion zu unterbinden, indem es den Input an das unabhängige downstream-Unternehmen liefert, sobald der Preis über das Niveau zu steigen droht, der eine Gegenfusion attraktiv erscheinen lässt, d.h. es würde den Input zu einem Preis anbieten, der die beiden unabhängigen Firmen gerade indifferent macht, sich zusammenzuschließen oder nicht. Dieser höhere Inputpreis führt zu einer Verringerung der Inputnachfrage und entsprechend zu einem verringerten Output und zu erhöhten Preisen auf der downstream-Ebene. Die Schaffung von Marktmacht auf der upstream-Ebene durch den Zusammenschluss führt in diesem Modell zu einer Verringerung der Konsumentenrente. Allerdings hat

---

[953] Wenn jedoch von dem vertikalen Zusammenschluss aufgrund einer bestimmten Technologiewahl positive externe Effekte auf das nichtintegrierte Unternehmen ausgehen, dann könnte eine „Gegenfusion" unterbleiben, wenn diese die positiven Externalitäten zunichte machen würde. Vgl. Choi/Yi (2000).
[954] Falls das unabhängige downstream-Unternehmen Zugang zu einem alternativen Input hat, könnte der Preis auch unterhalb des Monopolpreises liegen.

Teil 3 F. Vertikale und konglomerate Zusammenschlüsse

die Literatur darauf aufmerksam gemacht, dass weder eine Inputabschottung noch das Angebot zu einem erhöhten Preis ein Gleichgewicht darstellen: Das integrierte Unternehmen könnte seinen Gewinn steigern, wenn es den upstream-Monopolisten etwas unterbieten würde. Dies setzt aber wieder den bekannten Bertrand-Wettbewerb in Gang, der zu einem Preis in Höhe der Grenzkosten führt, so dass die gleiche Situation resultiert wie vor dem Zusammenschluss, d.h. die vertikale Fusion hätte keine negativen wettbewerblichen Auswirkungen.[955]

Wird statt des Preiswettbewerbs auf der upstream-Ebene Mengenwettbewerb unterstellt, dann ist das Ergebnis nicht eindeutig, denn aufgrund des Mengenwettbewerbs liegt nun wieder das Problem der doppelten Marginalisierung vor, das durch die Fusion beseitigt werden kann. Dadurch würde der Output im downstream-Markt zunehmen und der Preis sinken. Andererseits hat das integrierte Unternehmen einen Anreiz, eine geringere Menge des Inputs herzustellen, um dessen Preis zu erhöhen und sich so einen Vorteil gegenüber dem unabhängigen downstream-Unternehmen zu verschaffen. Das Ergebnis hängt von der Stärke der beiden Effekte ab, wobei in der Regel der Effekt aufgrund der Angebotserhöhung dominiert, so dass der Preis des Inputs und der Preis auf dem downstream-Markt sinken, die Konsumentenrente steigt und eine vertikale Fusion daher wettbewerblich eher positiv zu bewerten wäre.

Im Anschluss an die Arbeit von *Ordover/Salant/Salop* sind Modifikationen des Modells vorgeschlagen wurden, die untersuchen, wie das integrierte Unternehmen die Marktmacht des unabhängigen upstream-Unternehmens begrenzen kann. Wenn das unabhängige downstream-Unternehmen, z.B. aufgrund einer spezifischen Investition, den Input nicht ohne Wechselkosten von einem anderen upstream-Unternehmen beziehen kann, sondern es vorzieht, den Input weiterhin vom integrierten Unternehmen zu beziehen, dann könnte das unabhängige downstream-Unternehmen der integrierten Firma anbieten, für den Input einen Preis zu zahlen, der über dem Wettbewerbspreis liegt.[956] Dabei hängt die Höhe des Preises von den Wechselkosten ab: Je höher die Wechselkosten, desto höher ist der Preis, den das unabhängige downstream-Unternehmen zu zahlen bereit ist. Dieses scheinbar paradoxe Verhalten hat seine Ursache darin, dass der höhere Preis dem integrierten Unternehmen einen Anreiz gibt, weiterhin auf dem Input-Markt aktiv zu bleiben und gleichzeitig auf dem downstream-Markt

---

[955] Vgl. *Reiffen* (1992); *Reiffen/Vita* (1995). *Ordover/Saloner/Salop* (1992) haben in der Folge eine Modifikation ihres Modells vorgelegt, in der es nicht zu einem Unterbietungswettbewerb kommt. Allerdings setzt dieser Ansatz eine dynamische Betrachtung voraus, die mit dem ursprünglichen Modell nicht vereinbar ist.
[956] Vgl. *Chen* (2002).

weniger aggressiv aufzutreten. Ansonsten würde er aufgrund der Vermeidung einer doppelten Marginalisierung einen geringen Preis fordern und dadurch die Gewinne des unabhängigen downstream-Unternehmens reduzieren. Der Effekt auf die Preise der Endprodukte hängt von der Höhe der Wechselkosten ab: Sind diese signifikant, dann steigen die Preise der Endprodukte und die Konsumentenwohlfahrt sinkt.[957] Im Rahmen eines Modells, das nicht nur eine vertikale Fusion betrachtet, sondern auch Fusionswellen zulässt, konnte gezeigt werden, dass durch diesen „accommodation effect" der Wettbewerb durch unabhängige upstream-Unternehmen beseitigt werden kann. In diesem Fall steigen die Preise auf der downstream-Ebene und die Konsumentenrente nimmt ab.[958]

Weicht man von der Annahme ab, dass upstream oder downstream jeweils oligopolistische Marktstrukturen vorliegen und betrachtet auch den Fall einer monopolistischen Marktstruktur auf einer Ebene der Wertschöpfungskette, dann kann eine vertikale Fusion den Marktzutritt neuer Wettbewerber verhindern. So wurde gezeigt, dass unter einer Reihe spezifischer Bedingungen ein upstream-Monopolist durch eine vertikale Fusion und die Verwendung einer spezifischen Technologie eine Marktzutrittsschranke errichten kann. Wenn dies der Fall ist, dann steigt der Preis auf dem downstream-Markt aufgrund des geringeren Angebots, so dass ein vertikaler Zusammenschluss einen negativen Effekt auf die Konsumentenrente hätte.[959] So könnte ein Monopolist auf der downstream-Ebene ein Interesse daran haben, durch den strategischen Aufkauf eines knappen Inputs einen Marktzutritt auf dieser Ebene zu verhindern, um so seinen Monopolgewinn abzusichern.[960] In ähnlicher Weise könnte auch ein dominantes Unternehmen mit wettbewerblichem Rand auf der downstream-Ebene durch eine strategische Übernachfrage nach dem Input dessen Preis in die Höhe treiben und so den kompetitiven Druck des wettbewerblichen Randes verringern. In beiden Fällen würden höhere Preise auf der downstream-Ebene resultieren, so dass die Konsumentenrente abnähme, was aus wettbewerbspolitischer Sicht als problematisch zu beurteilen wäre.[961]

Insgesamt gesehen zeigt sich, dass die wirtschaftstheoretische Literatur nur in wenigen, sehr spezifischen Konstellation nachweisen konnte, dass es zu einer vollständigen Verschließung des Inputmarktes kommt. In vertikalen Strukturen, die durch Mengenwettbewerb auf beiden Ebenen charak-

---

957 Andernfalls sinken die Preise der Endprodukte und die Konsumentenwohlfahrt nimmt zu.
958 Vgl. *Homert/Pouyet/Schutz* (2007).
959 Vgl. *Avenel/Barlet* (2000).
960 Vgl. *Gilbert/Newberry* (1982).
961 Vgl. *Riordan* (1998).

terisiert sind, ist es für ein Unternehmen nach einem vertikalen Zusammenschluss nicht lohnend, sich völlig aus dem upstream-Markt zurückzuziehen, d. h. es wird höchstens zu einer partiellen Inputabschottung kommen. Diese führt aber dazu, dass sich, aufgrund der Vermeidung des doppelten Gewinnaufschlages, die Effizienz erhöht, eine größere Menge des Endprodukts angeboten wird, sein Preis fällt und die Konsumentenrente steigt. Modelle, in denen auf der downstream-Ebene Preiswettbewerb herrscht, haben auf mögliche Gegenmaßnahmen der unabhängigen Unternehmen, wie z. B. Gegenfusionen oder die freiwillige Zahlung höherer Inputpreise aufmerksam gemacht. Gegenfusionen würden den Versuch vereiteln, die Kosten der unabhängigen downstream-Wettbewerber zu erhöhen und eine vertikale Fusion hätten keine negativen Auswirkungen. Wenn jedoch downstream-Unternehmen den spezifischen Input des integrierten Unternehmens benötigen und bei der Umstellung auf einen anderen Anbieter erhebliche Wechselkosten anfallen, dann könnte eine vertikale Fusion zu einem Verlust an Konsumentenrente führen.

Aber selbst wenn es zu einer völligen Inputabschottung kommt, sind die Auswirkungen auf die Wohlfahrt nicht eindeutig, sondern hängen von einer Reihe spezifischer Faktoren sowohl auf dem upstream- als auch auf dem downstream Markt ab. Hierzu gehören der Konzentrationsgrad, die Preiselastizitäten der Nachfrage nach dem Input, die Marktanteile des fusionierten Unternehmens und das Ausmaß der doppelten Marginalisierung. Häufig sind jedoch vertikale Zusammenschlüsse, die die Wohlfahrt verringern, auch nicht gewinnmaximierend und würden daher in der Regel auch nicht durchgeführt. Eine profitable vertikale Fusion, die nicht zur Folge hat, dass sie die Marktmacht erhöht, indem sie den upstream-Markt monopolisiert und eine größere Zahl von Wettbewerbern vom downstream-Markt verdrängt oder die Marktzutrittsschranken erhöht, hat in aller Regel keine negativen Konsequenzen für die Konsumenten.[962]

b) Kundenabschottung (Customer Foreclosure)

Während bei der Inputabschottung das integrierte Unternehmen versucht, seine Marktmacht auf der downstream-Ebene zu erhöhen, indem es die Kosten der Wettbewerber auf dieser Stufe der Wertschöpfungskette erhöht, also an der Kostenseite der Wettbewerber ansetzt, kann ein integriertes Unternehmen auch versuchen, seine Marktmacht auf der upstream-Ebene zu vergrößern, indem es die Erlöse seiner dortigen Konkurrenten schmälert. Dieser Ansatz wird als „reducing rivals' revenue" bezeichnet. Wenn das integrierte Unternehmen keine Inputs mehr von den

---

962 Vgl. *Church* (2004), 54; *Riordan* (2008), 147.

unabhängigen upstream-Anbietern bezieht, dann können diese nur noch eine geringere Menge absetzen und werden daher auch nur noch eine geringere Menge produzieren. Wenn die Unternehmen mit fallenden Stück- bzw. Grenzkosten operieren, dann würde die geringere Produktionsmenge zu höheren Stück- bzw. Grenzkosten führen. Im Extremfall könnte dies zur Folge haben, dass unabhängige upstream-Firmen aufgrund der höheren Kosten den Markt verlassen müssen. Insgesamt würde sich, entweder durch eine geringere Zahl von Wettbewerbern oder durch deren erhöhte Kosten, der Wettbewerbsdruck auf der upstream- Ebene verringern. Dies wiederum würde zu steigenden Inputpreisen und damit auch zu einem geringeren Wettbewerbsdruck auf der downstream-Ebene führen. Auf diese Weise könnte das integrierte Unternehmen von einer Kundenabschottung profitieren.

Die vorliegenden Modelle, die eine mögliche Kundenabschottung analysieren, gehen von einer vertikalen Struktur aus, in der auf der downstream-Ebene ein Monopol vorliegt und die upstream-Ebene durch duopolistischen Wettbewerb charakterisiert ist. Es wird angenommen, dass die upstream-Duopolisten differenzierte Inputs herstellen und der Monopolist mit diesen Inputs zwei differenzierte Güter produziert. Ein Ansatz untersucht den Fall, in dem jeder der Duopolisten mit dem downstream-Monopolisten fusionieren möchte, d.h. ein „Wettbewerb um Exklusivität" (competition for exclusivity) besteht. Wenn durch einen solchen Zusammenschluss das Problem der doppelten Marginalisierung vermieden werden kann, dann sinken die Herstellkosten des im integrierten Unternehmen produzierten Gutes, so dass es für das Unternehmen gewinnmaximierend ist, durch eine Preiserhöhung beim nichtintegrierten Produkt Nachfrage auf das integrierte Produkt umzulenken, da dort die Gewinnmarge höher ist. In der Regel wird dies jedoch nicht zu einer vollständigen, sondern lediglich zu einer partiellen Kundenabschottung für das unabhängige upstream-Unternehmen führen. In diesem Fall wird aber auch das nichtintegrierte Unternehmen einen Anreiz haben, den Preis für seinen Input etwas zu senken, um dadurch die Nachfrage auf der downstream-Ebene zu stimulieren. Die Gesamtwirkung der verschiedenen Effekte auf die Preise der Produkte downstream hängt davon ab, ob der preissenkende Effekt der Vermeidung des doppelten Gewinnaufschlages größer oder geringer ist als die Preiserhöhung aufgrund der Umlenkung der Nachfrage von nichtintegrierten zum integrierten Produkt. Dies wiederum wird von einer Reihe von Faktoren beeinflusst, wie z.B. der Substitutionsbeziehung zwischen den Gütern, den Eigenschaften der Nachfragefunktionen und dem Ausmaß der doppelten Marginalisierung. Die Vermutung liegt nahe, dass im Fall einer engen Substitutionsbeziehung zwischen den beiden downstream-Gütern beide Preise steigen. Allerdings sollte eine Prognose der Auswirkungen einer vertikalen Fusion mit Kundenabschottung aufgrund der komplexen Wechselwirkungen nur mit großer Vorsicht vorgenommen werden. Es wurde hierzu vorgeschlagen, ähnlich wie bei der Prognose nichtkoordinierter Effekte horizontaler Zusammenschlüsse, ein Simulationsmodell zu verwenden.[963]

Wenn jedoch vor einem vertikalen Zusammenschluss von den Unternehmen keine doppelten Gewinnaufschläge verlangt wurden, dann fällt der positive Effekt der Vermeidung einer doppelten Marginalisierung weg.[964] Eine Kundenabschottung wäre in einer solchen Situation nur dann lohnend, wenn das fusionierte Unternehmen dadurch seine Marktmacht auf einem anderen Markt erhöhen kann. Dies könnte z.B. dann der Fall sein, wenn die Unternehmen auf einem weiteren, z.B. räumlich getrennten Markt aktiv sind.[965] So könnte eine Kundenabschottung auf dem ersten Markt die Marktmacht des unabhängigen upstream-Anbieters auf dem zweiten Markt reduzieren und dem integrierten Unternehmen so einen Wettbewerbsvorteil verschaffen. Eine solche Situation könnte z.B. dann vorliegen, wenn das unabhängige upstream-Unternehmen mit fallenden Stückkosten produziert. Ein verringerter Absatz im ersten Markt führt zu einem Anstieg der Stückkosten.[966] Wenn aber das unabhängige upstream-Unternehmen, um wirtschaftlich produzieren zu können, darauf angewiesen ist, auf beiden Märkten zu verkaufen, dann könnte eine Marktverschließung auf dem ersten Markt das unabhängige upstream-Unternehmen dazu zwingen, auch den zweiten Markt zu verlassen. Die Marktmacht des integrierten Unternehmens auf diesem Markt würde steigen und es könnte dort höhere Preise durchsetzen und höhere Gewinne realisieren. Ob jedoch eine Kundenabschottung auf dem ersten Markt tatsächlich durchgeführt wird, hängt davon ab, ob die Einbußen durch die Marktverschließung auf diesem Markt größer oder geringer sind als die zusätzlichen Gewinne durch die vergrößerte Marktmacht auf dem zweiten. Die zahlreichen Voraussetzungen, unter denen es tatsächlich zu einer Kundenabschottung kommen kann (keine doppelte Marginalisierung, downstream-Monopol mit hohen Marktzutrittsschranken, differenzierte Inputs, getrennte Märkte, Verdrängung des upstream-Konkurrenten von beiden Märkten), werden jedoch in ihrer Gesamtheit in der Realität nur in

---

963 Vgl. *Church* (2008).
964 Dies ist z.B. dann der Fall, wenn die Unternehmen durch einen zweiteiligen Tarif den gemeinsamen Gewinn beider Unternehmen maximieren.
965 Vgl. *Bernheim/Whinston* (1981).
966 Um die höchste Steigerung der Stückkosten beim unabhängigen upstream-Unternehmen zu erreichen, ist hier eine vollständige Marktverschließung sinnvoll.

wenigen Fällen vorhanden sein, so dass eine Kundenabschottung aus diesen Gründen eine seltene Ausnahme bleiben dürfte. Dabei ist auch zu berücksichtigen, dass die Konsumentenrente auf einem anderen Markt verringert wird als auf dem downstream-Markt, auf dem das an der Fusion beteiligte downstream-Unternehmen tätig ist.

Analog zur Inputabschottung könnte ein Monopolist auch versuchen, durch eine Kundenabschottung einen Marktzutritt zu verhindern. So könnte ein Monopolist auf der upstream-Ebene sich mit einem von mehreren downstream-Unternehmen zusammenschließen, um eine Marktzutrittsschranke auf der upstream-Ebene zu errichten. Die Modelle, die diese Frage untersuchen, unterscheiden sich dabei hinsichtlich der Annahme über den Wettbewerb auf der downstream-Ebene. Zum einen wird die Situation betrachtet, in der die downstream-Unternehmen miteinander konkurrieren, und zum anderen der Fall, in dem zwischen den downstream-Unternehmen kein Wettbewerb besteht, da sie z.B. auf unterschiedlichen räumlichen Märkten tätig sind. Wenn die downstream-Unternehmen differenzierte Güter herstellen und miteinander im Wettbewerb stehen, könnte der Monopolist durch eine vertikale Integration und eine Kundenabschottung bezüglich der Abnehmer unter bestimmten Voraussetzungen einen Markteintritt und damit Wettbewerb auf der upstream-Ebene verhindern.[967] Zu diesen Voraussetzungen gehören erstens, dass ein potenzieller Wettbewerber eine hinreichend große Menge auf dem downstream-Markt absetzen muss, um kostendeckend operieren zu können. Zweitens muss die Marktverschließung für das integrierte Unternehmen lohnend sein, d.h. die Einbußen aufgrund des Nichtbezugs von den unabhängigen upstream-Firmen müssen geringer sein als die zusätzlichen Gewinne aufgrund der Erhaltung der Monopolposition sowie der erhöhten Inputkosten des unabhängigen downstream-Unternehmens. Diese Voraussetzungen könnten z.B. dann vorliegen, wenn das integrierte Unternehmen durch eine technische Modifikation eine Inkompatibilität mit dem Input herbeiführt, den ein potenzieller Wettbewerber anbieten würde.

Stehen die downstream-Unternehmen jedoch nicht im Wettbewerb miteinander, dann könnte der Monopolist den möglichen Markteintritt eines Konkurrenten dadurch verhindern, dass er durch eine vertikale Fusionen mit einem (weiteren) downstream-Unternehmen die Absatzmöglichkeiten eines Wettbewerbers reduziert. Dies verhindert einen Marktzutritt jedoch nur dann, wenn auch hier der potenzielle Wettbewerber darauf angewiesen ist, eine Mindestmenge abzusetzen, um im Markt verbleiben zu kön-

---

967 Vgl. *Stefanadis* (1998).

nen.[968] Die Drohung, keine Inputs von einem neuen Wettbewerber zu kaufen, muss jedoch glaubwürdig sein. Dies ist sicherlich dann der Fall, wenn der potenzielle Wettbewerber mit größeren Kosten produziert als der Monopolist. Andernfalls ist die Drohung nur dann glaubwürdig, wenn der zusätzliche Gewinn aus dem Erhalt der Monopolposition (im Vergleich zum Duopolgewinn) gegenüber den unabhängigen downstream-Firmen größer ist als die Kostenersparnis aufgrund der günstigeren Bezugsquelle.

Insgesamt gesehen zeigt sich, dass die Bedingungen, unter denen eine vertikale Fusion zu einer Marktverschließung bezüglich der Abnehmer führt, noch restriktiver sind als im Fall der Inputabschottung. Der zentrale Grund dürfte darin zu sehen sein, dass letztlich die Erhöhung der Marktmacht auf der upstream-Ebene durch die Kundenabschottung nur deswegen von Interesse ist, weil diese dazu dient, die Marktmacht auf der downstream-Ebene zu erhöhen. Der Wirkungskette wird also im Vergleich zur Inputabschottung noch ein weiteres Glied hinzugefügt, was die Aussagen über die wettbewerblichen Wirkungen noch problematischer und schwieriger macht. Bisher sind in der wirtschaftstheoretischen Literatur zumeist nur Modelle mit einer sehr spezifischen Marktstruktur, d. h. mit einem Monopol upstream und einem Duopol downstream, untersucht worden – eine Erweiterung der Ergebnisse dieser Modelle auf allgemeinere vertikale Strukturen steht bislang noch aus. Daher sollte aus ökonomischer Sicht bei einer wettbewerbspolitischen Entscheidung über eine vertikale Fusion nicht die möglicherweise bewirkte Kundenabschottung das zentrale Argument sein, vielmehr sollte dieser Gesichtspunkt eher eine ergänzende Funktion haben.

c) Koordinierte Effekte vertikaler Zusammenschlüsse

Neben den möglichen Marktverschließungseffekten durch Input- oder Kundenabschottung könnte ein vertikaler Zusammenschluss auch dazu beitragen, dass auf dem upstream- oder dem downstream-Markt eine Verhaltenskoordination ermöglicht oder eine bereits bestehende Verhaltenskoordination verstärkt oder stabilisiert wird. Mit anderen Worten: eine vertikale Fusion kann unter Umständen koordinierte Effekte bewirken. Eine notwendige Voraussetzung für eine mögliche Verhaltenskoordination auf der upstream- oder der downstream-Ebene ist dabei, dass die in den Abschnitten D.III-VI genannten Bedingungen für koordinierte Effekte bei Horizontalfusionen weitgehend erfüllt sind, d. h. der Markt muss ohnedies anfällig für eine Verhaltenskoordination sein. Andernfalls dürfte kaum

---

968 Vgl. *Rasmusen/Ramseyer/Wiley* (1991), *Segal/Whinston* (2000).

I. Vertikale Zusammenschlüsse **Teil 3**

mit koordinierten Effekten aufgrund einer vertikalen Fusion zu rechnen sein. Allerdings hat die wirtschaftstheoretische Literatur bislang nur wenige Ansätze entwickelt, die in der Lage sind, diese häufig vorgebrachte Vermutung im Rahmen eines rigorosen formalen Modells zu bestätigen. Die zentrale Ursache dafür, dass eine vertikale Fusion koordinierte Effekte auslösen kann, ist darin zu sehen, dass nach einem Zusammenschluss größere Anreize bestehen, das Verhalten der Unternehmen zu koordinieren. Ein stärkerer Anreiz zu Verhaltenskoordination resultiert im Allgemeinen daraus, dass das integrierte Unternehmen ein Interesse daran hat, die Preise auf dem upstream-Markt zu erhöhen. Dies führt dazu, dass auch die Kosten der Wettbewerber auf der downstream-Ebene zunehmen, da die benötigten Inputs teurer geworden sind. Dies wiederum verringert den Wettbewerbsdruck auf die downstream-Abteilung des integrierten Unternehmens, das seine Inputs intern zu Grenzkostenpreisen bezieht. Dieser Kostenvorteil gegenüber den Konkurrenten führt dazu, dass das integrierte Unternehmen downstream über größere Marktmacht verfügt und höhere Profite realisieren kann. Würden die Unternehmen auf der upstream-Ebene ihr Verhalten koordinieren, hätte dies eine Erhöhung des Inputpreises zur Folge. Dies bedeutet, dass ein vertikal integriertes Unternehmen einen geringeren Anreiz hat, von einer Verhaltenskoordination upstream abzuweichen, da es dadurch Gewinne sowohl auf der upstream- als auch auf der downstream-Ebene einbüßen würde. Dieses erhöhte Interesse der integrierten Firma an einem koordinierten Verhalten könnte dazu beitragen, eine vor dem Zusammenschluss nicht oder nur partiell mögliche Koordination herbeizuführen oder die Koordinationsmöglichkeiten zu verbessern.

Ein erstes Modell, das versucht, das Auftreten koordinierter Effekte auf der upstream-Ebene aufgrund einer vertikalen Fusion rigoros nachzuweisen, wurde von *Nocke/White* (2007) vorgelegt. In ihrer Analyse werden zwei entgegengesetzt wirkende Effekte identifiziert, die durch eine vertikale Fusion ausgelöst werden und einen Einfluss auf die Koordinationsmöglichkeiten auf der upstream-Ebene haben können. Es handelt sich erstens um einen verringerten Anreiz der unabhängigen upstream-Firmen, von einer Verhaltenskoordination abzuweichen, wenn sie aufgrund einer Marktverschließung ihre Produkte nicht mehr an das integrierten Unternehmen verkaufen können. In diesem Fall stehen ihnen weniger Absatzmöglichkeiten zur Verfügung, über die sie ihre Produkte absetzen können, so dass sich dadurch ihr Gewinn aus einem Abweichen vom koordinierten Gleichgewicht verringern würde. Dieser Effekt wird als „outlets-effect" bezeichnet. Dieser Effekt wirkt positiv auf die Möglichkeit einer Verhaltenskoordination. Zweitens tritt ein sogenannter „Bestrafungseffekt" (punishment effect) auf, der dem „outlets-effect" entgegenwirkt. Der Wirkungsmechanismus dieses Effekts kann wie folgt erklärt werden: Da das integrierte Unternehmen ohne Koordination sowohl auf der upstream- als auch auf der downstream-Ebene positive Gewinne realisieren würde, ein unabhängiges upstream-Unternehmen jedoch nur einen positiven Gewinn auf der upstream-Ebene, trifft eine Bestrafung das integrierte Unternehmen weniger hart als ein unabhängiges. Daher steigt der Anreiz für das integrierte Unternehmen, von einer Verhaltenskoordination abzuweichen. Ob nun durch eine vertikale Fusion eine Koordination upstream erleichtert oder erschwert wird, hängt davon ab, welcher der beiden Effekte überwiegt. Im Modell wird nachgewiesen, dass in aller Regel der „outlets-effect" stärker ist als der „punishment-effect", so dass in diesem Ansatz eine vertikale Fusion zu einer Verbesserung der Koordinationsmöglichkeiten auf der upstream-Ebene führt.

Neben diesem erhöhten Anreiz zur Verhaltenskoordination werden in der Literatur noch weitere Ursachen angeführt, aufgrund derer ein vertikaler Zusammenschluss koordinierte Effekte auslösen könnte. Hier ist die Erhöhung der Markttransparenz zu nennen, die von zentraler Bedeutung für eine Verhaltenskoordination ist. Eine bessere Information über die Preissetzung von Wettbewerbern erlaubt es, ein Abweichen von einem koordinierten Gleichgewicht leichter zu beobachten, ein Abweichen daher gezielter zu sanktionieren und so eine Verhaltenskoordination zu erleichtern. Dies trifft z.B. auf eine Situation zu, in der auf der upstream-Ebene der Markt intransparent ist, so dass ein Abweichen nur schwer beobachtbar ist. Ist jedoch der downstream-Markt transparent, dann könnte eine vertikale Integration es dem integrierten Unternehmen ermöglichen, anhand der Endverkaufspreise, über die es durch seine downstream-Abteilung informiert ist, einen Rückschluss auf das Preissetzungsverhalten der Firmen im upstream-Markt und damit auf das Einhalten der Verhaltenskoordination zu ziehen. Die auf diese Weise erhöhte Transparenz des upstream-Marktes könnte somit eine Verhaltenskoordination erleichtern.

Darüber hinaus könnte durch eine vertikale Fusion auch der Informationsaustausch zwischen den upstream-Unternehmen erleichtert werden, indem die downstream-Abteilung des integrierten Unternehmens als „Informationskanal" genutzt wird.[969] Dieser Ansatz setzt jedoch voraus, dass es nicht zu einer Kundenabschottung kommt, sondern die downstream-Abteilung des integrierten Unternehmens die Inputs weiterhin auch von unabhängigen upstream-Unternehmen bezieht. Auf diese Weise könnte die upstream-Abteilung des integrierten Unternehmens mittels ihrer downstream-Abteilung Informationen über Preise und Konditionen der

---

969 Vgl. *Riordan/Salop* (1995).

unabhängigen upstream-Unternehmen erhalten. Auch könnten über die downstream-Abteilung Signale über eine mögliche Verhaltenskoordination gesendet werden. Allerdings wird dies nur unter sehr restriktiven Bedingungen eine Verhaltenskoordination erleichtern können. Wenn z. B. diese Information auch anderweitig zur Verfügung steht, oder die Preise, die der downstream-Abteilung genannt werden, keinen Rückschluss auf die Preise gegenüber unabhängigen downstream-Unternehmen zulassen, löst eine vertikale Fusion wohl kaum koordinierte Effekte aus.

Wenn eine Verhaltenskoordination auf der upstream-Ebene wegen eines Maverick-Unternehmens downstream, d. h. wegen eines „disruptive buyer" nicht zustande gekommen ist, dann könnte ein vertikaler Zusammenschluss mit diesem Maverick-Unternehmen das Erreichen eines koordinierten Gleichgewichts upstream erleichtern. Dies könnte insbesondere dann der Fall sein, wenn dieser Käufer einen großen Anteil am Gesamtumsatz der upstream-Unternehmen ausmacht und durch seine Nachfragemacht bisher ein koordiniertes Gleichgewicht verhindert hat. Es ist jedoch darauf hinzuweisen, dass durch eine vertikale Fusion auch ein Maverick-Unternehmen geschaffen werden kann, das eine bestehende Verhaltenskoordination destabilisiert, wenn durch den Zusammenschluss Asymmetrien z. B. in Form unterschiedlicher Vertriebskanäle entstehen.

Ein Ansatz, der koordinierte Effekte auf der downstream-Ebene untersucht, wurde von *Chen/Riordan* vorgelegt. Das Modell basiert auf der Möglichkeit eines upstream-Unternehmens, mit downstream-Unternehmen Alleinbezugsvereinbarungen zu treffen.[970] So könnte ein upstream-Unternehmen versuchen, durch eine Reihe bilateraler Verträge mit unabhängigen downstream-Firmen auf dem downstream-Markt ein koordiniertes Verhalten mit höheren Preisen und Gewinnen herbeizuführen. Diese Alleinbezugsvereinbarungen würden downstream-Unternehmen davon abhalten, von einem koordinierten Gleichgewicht abzuweichen, indem sie Inputs von anderen Anbietern auf der upstream-Ebene beziehen. Zentral für die Aussage des Modells ist die Annahme, dass sich das upstream-Unternehmen fest an die Alleinbezugsvereinbarung binden kann. Ist das nicht der Fall, dann hätte es einen Anreiz, mit einigen downstream-Unternehmen günstigere Vereinbarungen zu treffen. Dies würde jedoch die Verhaltenskoordination gefährden. Dieses Selbstbindungsproblem könnte aber durch eine vertikale Fusion gelöst werden. Nach einem Zusammenschluss haben sich die Anreize für die upstream-Abteilung des integrierten Unternehmens im Vergleich zur Situation vor der Fusion geändert: Günstigere Vereinbarungen mit den downstream-Konkurrenten wirken

---

[970] Vgl. *Chen/Riordan* (2004).

Teil 3 F. Vertikale und konglomerate Zusammenschlüsse

sich nun ungünstig auf die eigene downstream-Abteilung aus. Dieser Ansatz erklärt, dass ein vertikaler Zusammenschluss zu höheren Preisen im downstream-Markt führen kann, vorausgesetzt, dass Exklusivvereinbarungen mit den downstream-Unternehmen getroffen werden können. In diesem Fall könnten sogar upstream-Wettbewerber mit gleicher oder auch höherer Effizienz als das integrierte Unternehmen vom Markt verdrängt werden.

Insgesamt gesehen zeigt sich, dass mit dem Auftreten koordinierter Effekte aufgrund einer vertikalen Fusion nur unter sehr restriktiven Bedingungen gerechnet werden kann. Aus ökonomischer Sicht ist es daher sinnvoll, vor allem auch in Ansehung der ohnehin schwierigen Prognostizierbarkeit derartiger Effekte, die wettbewerbliche Beurteilung eines vertikalen Zusammenschlusses nicht von möglichen koordinierten Effekten abhängig zu machen.

3. Wettbewerbliche Wirkungen vertikaler Fusionen

Die ökonomische Analyse der wettbewerblichen Wirkungen vertikaler Fusionen hat deutlich gemacht, dass zwar Fälle denkbar sind, in denen solche Zusammenschlüsse wettbewerbsbeschränkende Wirkungen nach sich ziehen können. Allerdings sind die Voraussetzungen dafür zahlreich, zum Teil nur schwer überprüfbar und in der Realität wohl selten simultan erfüllt. Hinzu kommt, dass vertikale Zusammenschlüsse in aller Regel effizienzerhöhende Auswirkungen wie die Senkung von Transaktionskosten oder die Vermeidung eines doppelten Gewinnaufschlages haben. Darauf deuten auch empirische Untersuchungen hin. Diese positiven Wirkungen müssten dann mit den möglichen negativen Effekten der Fusion abgewogen werden. Erschwerend kommt bei der Analyse hinzu, dass die wettbewerbsbeschränkenden Wirkungen vertikaler Fusionen, anders als bei horizontalen Zusammenschlüssen, bei denen ein aktueller Wettbewerber ausgeschaltet wird, indirekter Art und damit deutlich schwieriger zu prognostizieren sind. Besonders problematisch sind Aussagen über koordinierte Effekte vertikaler Zusammenschlüsse. Schon bei den horizontalen Fusionen hat sich gezeigt, dass die wirtschaftstheoretische Analyse aus konzeptionellen Gründen bislang an Grenzen stößt – dies gilt in noch stärkerem Maße bei Vertikalfusionen, so dass aus ökonomischer Sicht Argumente über koordinierte Effekte, wenn überhaupt, bestenfalls ergänzend herangezogen werden können. Der momentane Stand der wirtschaftswissenschaftlichen Forschung macht deutlich, dass vertikale Fusionen in aller Regel effizienzsteigernde und wettbewerbsfördernde Wirkungen haben dürften. Allerdings kann es in spezifischen Einzelfällen auch zu negativen Effekten kommen, die in erster Line durch eine Inputabschottung ausgelöst werden.

Die Untersuchung der Effekte vertikaler Zusammenschlüsse in der wirtschaftstheoretischen Literatur ist noch nicht abgeschlossen und wird zurzeit intensiv betrieben. Es ist daher damit zu rechnen, dass sowohl weitere theoretische Analysen als auch empirische Untersuchungen vorgelegt werden. Diese könnten es erlauben, die Bedingungen, unter denen mit negativen Wirkungen derartiger Fusionen gerechnet werden muss, näher zu charakterisieren und empirisch zu belegen, um der Anwendungspraxis eine bessere theoretische Fundierung zu liefern.

II. Konglomerate Zusammenschlüsse

Konglomerate Fusionen werden, wie oben erwähnt, in der Regel in drei Kategorien eingeteilt: Fusionen von Unternehmen, die komplementäre Güter herstellen, Zusammenschlüsse von Firmen auf „benachbarten Märkten" und Fusionen von Herstellern völlig unabhängiger Produkte. Im Folgenden sollen die wettbewerblichen Wirkungen konglomerater Fusionen näher untersucht werden. Dabei werden, analog zu den vertikalen Fusionen, zuerst die effizienzerhöhenden Effekte dargelegt, bevor anschließend die möglichen wettbewerbsbeschränkenden Wirkungen konglomerater Zusammenschlüsse diskutiert werden.

1. Wettbewerbsfördernde Wirkungen konglomerater Zusammenschlüsse

Ähnlich wie bei vertikalen Zusammenschlüssen können auch konglomerate Fusionen erhebliche effizienzerhöhende Wirkungen entfalten.[971] So können Verbundvorteile realisiert werden, die Koordination zwischen den Unternehmen kann, z.B. durch den gekoppelten Verkauf der Güter, verbessert werden oder eine Preisdiskriminierung wird ermöglicht, die die Konsumentenwohlfahrt erhöhen kann. Andere effizienzsteigernde Wirkungen entsprechen denen, die auch bei Vertikalzusammenschlüssen auftreten können, wie z.B. die Vermeidung einer doppelten Marginalisierung. Im Folgenden werden diese prokompetitiven Wirkungen kurz vorgestellt.

a) Verbundvorteile

Konglomerate Zusammenschlüsse können zu Verbundvorteilen führen. Diese liegen dann vor, wenn die Produktion mehrerer unterschiedlicher

---

971 Eine umfassende Analyse der effizienzerhöhenden Wirkungen konglomerater Fusionen liefern *Bishop/Lofaro/Rosati/Young* (2005), 73–104.

Teil 3 F. Vertikale und konglomerate Zusammenschlüsse

Güter innerhalb eines Unternehmens kostengünstiger ist, als die Herstellung der verschiedenen Güter auf mehrere Unternehmen zu verteilen. Diese Verbundvorteile können außer in der Produktion auch in anderen Bereichen auftreten, wie z. B. im Marketing, im Vertrieb oder der Forschung und Entwicklung. Aufgrund solcher Verbundvorteile steigt die Effizienz des Unternehmens, es kann kostengünstiger produzieren, so dass es eine größere Menge der Produkte anbieten wird und die Preise daher zurückgehen. Aufgrund der durch den Zusammenschluss bewirkten Verbundvorteile steigt sowohl die Produzenten- als auch die Konsumentenrente, so dass die Wohlfahrt insgesamt zunimmt. Ein solcher Zusammenschluss wäre daher wettbewerbspolitisch eher positiv zu beurteilen.

b) Verbesserte Koordination

Wenn durch eine verbesserte Koordination, z. B. der technischen Spezifikationen von zwei komplementären Produkten, die Funktionalität eines Systemgutes verbessert wird, dann steigt der Nutzen für den Konsumenten. Dies könnte unter Umständen nur durch eine Fusion erreicht werden, wenn eine verbesserte Abstimmung die Weitergabe von internen Informationen erfordert, die ein anderes Unternehmen ohne Zusammenschluss zu einem starken Konkurrenten machen würde. Ohne Fusion würden diese Informationen dann in der Regel nicht weitergegeben und die Funktionalität des Systemgutes könnte nicht verbessert werden. Die Möglichkeit, nach dem Zusammenschluss interne Informationen auszutauschen, könnte auch positive Auswirkungen auf die Forschungs- und Entwicklungstätigkeit des Unternehmens haben. Auch ein hold-up Problem, das bei ko-spezialisierten Investitionen häufig auftritt, ließe sich durch eine konglomerate Fusion vermeiden.[972]

c) Cournot-Effekte

Insbesondere bei Fusionen von Herstellern komplementärer Produkte tritt ein spezieller effizienzsteigernder Effekt auf, der der Vermeidung der doppelten Marginalisierung bei vertikalen Zusammenschlüssen entspricht. Komplementäre Güter zeichnen sich dadurch aus, dass sie von den Abnehmern in der Regel nur gemeinsam konsumiert werden. So ist z. B. ein Computer ohne die entsprechende Software nutzlos und vice versa – der Konsument benötigt beide Komponenten, um ein funktionsfähiges Produkt zu erhalten. Hieraus ergibt sich auch die strategische Äquivalenz von Zusammenschlüssen von Herstellern komplementärer Produkte mit

---

972 Zur Frage ko-spezialisierter Investitionen und des hold-up Problems vgl. S. 473–475.

vertikalen Fusionen, die auf S. 467 bereits angesprochen wurde. Die beiden Ebenen, die bei einer vertikalen Fusion betroffen sind, entsprechen dabei den Herstellern der komplementären Produkte. Erst durch das Zusammenwirken z.B. eines Herstellers mit einem Händler gelangt der Konsument in den Genuss eines verwendungsfähigen Produktes. Einzeln sind diese Ebenen für den Endverbraucher nutzlos. Entsprechend kann man auch die beiden Hersteller komplementärer Güter als in einer vertikalen Beziehung stehend interpretieren, wenn man unterstellt, dass erst das eine Produkt hergestellt wird und anschließend das zweite, bis dann schließlich der Konsument das fertige, aus zwei komplementären Teilen bestehende Endprodukt erhält. Aus diesem Grunde übertragen sich auch bestimmte Phänomene, die bei vertikalen Fusionen auftreten, auf Fusionen von Herstellern komplementärer Produkte.

Wenn z.B. die Unternehmen eines verketteten Monopols fusionieren, dann kann, wie auf den Seiten 470–473 dargelegt wurde, das Problem der doppelten Marginalisierung vermieden werden. Ein analoger Effekt tritt beim Zusammenschluss zweier monopolistischer Hersteller komplementärer Produkte auf und wird dort als „Cournot-Effekt" bezeichnet. Auch in diesem Fall liegt ein negativer (pekuniärer) Effekt vor. Bei einer unabhängigen Entscheidung über die herzustellende Menge bzw. den Preis wird ein Monopolist nicht berücksichtigen, dass eine geringe Menge bzw. ein hoher Preis einen negativen Effekt auf die Absatzmenge beim monopolistischen Hersteller des Komplements hat. Wenn Hardware sehr teuer ist, dann sinkt auch die Nachfrage nach dem komplementären Gut Software und umgekehrt. Da bei unabhängigen Entscheidungen der beiden Monopolisten dieser externe Effekt nicht berücksichtigt wird, stellen beide jeweils eine zu geringe Menge her bzw. verlangen einen zu hohen Preis. Bei einem Zusammenschluss würde jedoch diese Externalität internalisiert werden, d.h. die beiden Unternehmen würden jeweils eine größere Menge zu einem geringeren Preis anbieten, da der positive Effekt einer solchen Preissenkung auf die Nachfrage beim jeweils anderen Gut berücksichtigt würde. Insgesamt führt der Zusammenschluss daher zu größeren Gewinnen bei beiden Unternehmen, aber auch zu größeren Angebotsmengen und damit niedrigeren Preisen.[973] Da sowohl die Produzentenrente als auch die Konsumentenrente steigt, hätte dieser Zusammenschluss ausschließlich positive, wohlfahrtserhöhende Wirkungen und wäre daher aus wettbewerbspolitischer Sicht zu befürworten.

---

973 Dies gilt, analog zum Problem der doppelten Marginalisierung, nur dann, wenn die Unternehmen nicht durch effiziente Verträge mit den Konsumenten in der Lage sind, die gesamten Tauschgewinne auszuschöpfen. In diesem Fall würde keine Externalität vorliegen und ein Zusammenschluss hätte keine wohlfahrtserhöhende Wirkung.

Teil 3 F. Vertikale und konglomerate Zusammenschlüsse

d) Effizienzwirkungen von Kopplungsbindungen

Ein zentraler Aspekt einer konglomeraten Fusion besteht darin, dass sie zu einer Erweiterung der Produktpalette des Unternehmens führt. Dadurch könnte es für das Unternehmen einen Anreiz geben, Produkte nicht mehr getrennt, sondern nur noch zusammen, d.h. in gekoppelter Form zu verkaufen. Dies hat in vielen Fällen seinen Grund darin, eine höhere Effizienz zu erzielen.

Bevor jedoch die effizienzerhöhenden Wirkungen von Kopplungsbindungen näher betrachtet werden, ist es sinnvoll, die verschiedenen Formen dieser Strategie kurz zu skizzieren. In der wirtschaftswissenschaftlichen Literatur wird in der Regel zwischen einem „Tying" und einem „Bundling" unterschieden. Dabei versteht man in der Regel unter einem Tying den Verkauf von zwei, meist komplementären Gütern zusammen, wobei das Verhältnis der beiden Güter variabel ist. Zumeist tritt das Tying in der Form auf, dass der Konsument ein primäres Produkt erwirbt, z.B. einen Drucker. Das sekundäre Produkt sind die zum Drucker passenden Druckerpatronen, die abhängig von der Nutzung des Geräts, von verschiedenen Konsumenten in unterschiedlichen Mengen nachgefragt werden. Bei einem Tying veranlasst der Hersteller den Käufer beim Kauf des primären Gutes A, dem bindenden Gut, seinen gesamten Bedarf an Gut B, dem gebundenen Gut, bei ihm zu decken. Das Tying kann technologischer Art sein, wenn z.B. zusammen mit einer Spielkonsole nur die Spiele des gleichen Herstellers funktionieren. Das Tying kann aber auch durch einen Vertrag erreicht werden, der den Käufer des bindenden Gutes verpflichtet, seinen Bedarf am gebundenen Gut beim Hersteller des ersten Gutes zu decken.

Neben dem Tying beobachtet man das sogenannte Bundling, bei dem der Hersteller die beiden Produkte in einem festen Verhältnis nur in einem Bündel, z.B. bestehend aus 2 Einheiten des Gutes A und 4 Einheiten des Gutes B anbietet. Man unterscheidet hier zwischen einer reinen Produktbündelung (pure bundling), bei dem die beiden Güter ausschließlich zusammen erhältlich sind, und einer gemischten Produktbündelung (mixed bundling), bei dem die Güter auch einzeln erhältlich sind, das Paket aber zu einem Preis angeboten wird, der geringer ist als die Summe der Preise der beiden einzelnen Güter.

Eine Bündelung mehrerer Komponenten zu einem funktionsfähigen Gesamtsystem durch den Hersteller wäre z.B. dann sinnvoll, wenn der Hersteller besser über die Kompatibilität der einzelnen Bestandteile informiert ist als ein Kunde, der darüber weniger Informationen hat. Außerdem könnte ein Unternehmen z.B. aufgrund von „learning by doing" die Zusammenstellung kostengünstiger vornehmen. Derartige Lerneffekte,

II. Konglomerate Zusammenschlüsse Teil 3

aber auch zunehmende Skalenerträge und Verbundvorteile könnten bei einem Unternehmen neben der Produktion auch im Vertrieb und Verkauf auftreten, während das Angebot einzelner Komponenten, aus denen sich der Kunde selbst ein System zusammenstellen kann, erhebliche Kosten verursachen könnte, so dass sich ein solches Angebot nicht lohnt.[974] Eine Kopplungsbindung könnte also sowohl die Kosten senken als auch die Funktionalität des Systems erhöhen. Außerdem könnte eine Bündelung mehrerer Komponenten zu einem Gesamtsystem dazu beitragen, die Reputation des Unternehmens zu sichern, denn es hätte ein Interesse daran, die einzelnen Komponenten so zusammenzustellen, dass ein qualitativ hochwertiges System entsteht. Dies wäre bei einem Verkauf einzelner Komponenten unter Umständen nicht gewährleistet, wenn der Konsument Komponenten verschiedener Hersteller zusammenstellt und die Gesamtleistung des Systems unbefriedigend ist.

e) Kopplungsbindungen als Instrument der Preisdiskriminierung

Kopplungsbindungen können von einem marktmächtigen Unternehmen auch dazu verwendet werden, eine Preisdiskriminierung zwischen verschiedenen Konsumenten durchzuführen, die in vielen Fällen sogar effizienzerhöhend wirkt. Diese Funktionsweise einer Kopplungsbindung kann an folgendem Beispiel illustriert werden. Wenn es zwei verschiedene Kundengruppen gibt, die ein System aus komplementären Produkten, z. B. einen Drucker und Druckerpatronen, mit unterschiedlicher Intensität nutzen, die Nutzungsintensität für das Unternehmen jedoch nicht direkt beobachtbar ist, so kann es durch ein technisches oder vertragliches Tying die Zahlungsbereitschaft der Kunden anhand des Verbrauchs an Druckerpatronen messen. In der Regel wird das Unternehmen einen geringen Preis für das bindende Gut, den Drucker, verlangen und einen Preisaufschlag bei den Druckerpatronen fordern. Auf diese Weise kann es die höhere Zahlungsbereitschaft der Konsumenten mit hoher Nutzungsintensität, die eine große Zahl von Druckerpatronen erwerben, besser abschöpfen.

Ein Monopolist kann eine Kopplungsbindung zwischen zwei unabhängigen Gütern unter bestimmten Umständen auch einsetzen, um einen höheren Gewinn zu realisieren als den, den er beim ungekoppelten Verkauf des monopolistisch hergestellten Gutes realisieren kann. Auf diese Weise kann er seine Marktmacht vom Monopolmarkt auf einen anderen, wettbewerblichen Markt übertragen. Er erreicht dies, indem er für das wettbewerbliche Gut, das nur zusammen mit dem Monopolgut angeboten wird,

---

974 Vgl. *Church* (2008), 1523; *Evans/Padilla/Salinger* (2003).

Teil 3 F. Vertikale und konglomerate Zusammenschlüsse

einen höheren Preis verlangt als den Wettbewerbspreis. Die Konsumenten, die beide Güter erwerben möchten, müssten nun zwar einen höheren Preis für das wettbewerblich angebotene Gut zahlen, verlieren also auf diesem Markt an Konsumentenrente, erhalten aber auch das Monopolgut und eine Konsumentenrente auf diesem Markt. Alternativ könnten sie auf das Monopolgut verzichten und nur das wettbewerblich angebotene Gut zum niedrigeren Wettbewerbspreis kaufen. Wenn die Konsumentenrente beim Erwerb beider Güter insgesamt größer ist als beim Kauf nur des Wettbewerbsgutes, würden die Konsumenten auch das Wettbewerbsgut zu einem Preis oberhalb des Wettbewerbspreises kaufen. Auf diese Weise kann das Unternehmen durch eine Kopplungsbindung die Zahlungsbereitschaft der Konsumenten für das Monopolgut besser abschöpfen.[975] Voraussetzung für das Funktionieren dieser Strategie ist, dass der Monopolist vor dem konglomeraten Zusammenschluss nicht in der Lage war, die Zahlungsbereitschaft der Konsumenten für das Monopolgut z.B. durch eine vollkommene Preisdiskriminierung vollständig abzuschöpfen.

Sind die Zahlungsbereitschaften der Konsumenten für zwei Güter negativ korreliert, d.h. Konsumenten mit hoher Zahlungsbereitschaft für Gut A haben eine geringe Zahlungsbereitschaft für Gut B und vice versa, dann kann durch eine Produktbündelung, bei der das Bündel zu einem Preis in Höhe der durchschnittlichen Zahlungsbereitschaft für beide Güter angeboten wird, ein höherer Gewinn erzielt werden als bei einem Verkauf der beiden Güter einzeln. Beim Einzelverkauf orientiert sich der Preis in der Regel an den Kunden mit der geringsten Zahlungsbereitschaft.[976] Dies kann an folgendem Beispiel illustriert werden: Angenommen, es gibt zwei Nachfrager mit den Zahlungsbereitschaften 8 für Gut A und 2,5 für Gut B bzw. 7 für Gut A und 3 für Gut B, dann betragen die Zahlungsbereitschaften für beide Güter zusammen 10,5 bzw. 10. Wenn der Monopolist beide Güter als Bündel zum Preis von 10 anbietet, verkauft er 2 Bündel und sein Erlös beträgt 20. Er könnte nun Gut A zum Preis von 7 und Gut B zum Preis von 2,5 separat anbieten. In diesem Fall kaufen ebenfalls beide Konsumenten beide Güter. Allerdings beträgt der Erlös nun 14 + 5 = 19, ist also geringer als bei der Kopplungsbindung.[977]

---

[975] Da der Preis des wettbewerblich angebotenen Gutes durch das tying über dem Wettbewerbspreis liegt, hat das Unternehmen seine Marktmacht partiell in den Wettbewerbsmarkt übertragen können.
[976] Bei mehreren Konsumentengruppen ist eine negative Korrelation der Zahlungsbereitschaften nicht notwendig!
[977] Die Güter zu den Preisen 8 und 3, der jeweils maximalen Zahlungsbereitschaft anzubieten, ergäbe nur einen Erlös von 11, da jeder Konsument nur ein Gut erwirbt.

Durch Kopplungsbindungen kann ein Unternehmen eine Preisdiskriminierung durchführen und sich auf diese Weise einen größeren Teil der Konsumentenrente aneignen als ohne eine derartige Strategie. Was die Wohlfahrtseffekte für die Konsumenten betrifft, so können hierüber keine generellen Aussagen getroffen werden. Die Konsumentenwohlfahrt wird im Allgemeinen durch eine Preisdiskriminierung erhöht, wenn das Gesamtangebot des Produktes zunimmt. Daher muss preisdiskriminierendes Verhalten auch eines marktbeherrschenden Unternehmens nicht dazu führen, dass die Konsumenten schlechter gestellt werden.

f) Das Argument des einzigen Monopolgewinns

Ein grundsätzliches Argument, mit dem gezeigt werden sollte, dass konglomerate Zusammenschlüsse keine negativen, wettbewerbsbeschränkenden Auswirkungen haben können, wurde von Vertretern der Chicago-School vorgebracht. Bei der Diskussion der Cournot-Effekte, die bei Zusammenschlüssen von Herstellern komplementärer Produkte auftreten, wurde deutlich, dass sehr enge Parallelen zu vertikalen Fusionen, insbesondere hinsichtlich des Problems der doppelten Marginalisierung, bestehen. Im Rahmen vertikaler Zusammenschlüsse wurde gezeigt, dass dieses Problem nicht auftritt, wenn auf einem Markt Wettbewerb besteht. Ein Monopolist könne daher durch einen vertikalen Zusammenschluss keinen höheren Gewinn realisieren, d.h. es bestehe keine Möglichkeit, Marktmacht vom Monopolmarkt auf den Wettbewerbsmarkt zu übertragen. Aufgrund der analogen Situation bei Fusionen von Herstellern komplementärer Produkte wurde auch die These des „einzigen Monopolgewinns" auf diese Situation übertragen: Bei konglomeraten Fusionen hätte entsprechend ein Unternehmen auf einem Markt A eine Monopolstellung, während auf dem Markt des komplementären Produktes B Wettbewerb herrschen würde. Der Monopolist könnte nun versuchen, durch einen Zusammenschluss und eine Kopplungsbindung seine Marktmacht, die er auf dem Markt A hat, auf den Markt B zu übertragen. Auf diese Weise würde er den Wettbewerbern auf dem Markt B Nachfrage entziehen, um so seine Monopolstellung auf den Markt B auszudehnen.[978] Die Chicago-School hat hier jedoch, genau wie bei der doppelten Marginalisierung, die These aufgestellt, dass die Übertragung von Marktmacht kein Motiv für eine Fusion von Herstellern komplementärer Güter sein könne, da ein Monopolgewinn nur einmal realisiert werden kann. Die Argumentation der Chicago-School kann an folgendem Beispiel illustriert

---

978 Dies setzt unter anderem voraus, dass es, wenn überhaupt, nur eine kleine Anzahl von Konsumenten gibt, die das Produkt B auch unabhängig vom Produkt A konsumieren.

Teil 3 F. Vertikale und konglomerate Zusammenschlüsse

werden: Angenommen, die Zahlungsbereitschaft eines Konsumenten für die beiden Güter *A* und *B* betrage zusammen 10 Euro. Die Grenzkosten der Herstellung beider Produkte betragen jeweils 2 Euro. Der Monopolpreis auf dem Markt *A* liege bei 8 Euro, während aufgrund des Wettbewerbs der Preis des Gutes *B* 2 Euro betrüge. Der Monopolist realisiert also einen Gewinn in Höhe von 6 Euro pro Einheit des Gutes *A*. Nach einem Zusammenschluss könnte der Monopolist beschließen, die beiden Güter nur noch zusammen zu einem Preis von 10 Euro anzubieten, d. h. zu einem Preis in Höhe der gesamten Zahlungsbereitschaft eines Konsumenten. Allerdings hätte er seinen Gewinn durch eine solche Kopplungsbindung nicht erhöht: Die gesamten Grenzkosten der Herstellung beider Güter betragen 4, der Preis beträgt 10 und der Gewinn des Unternehmens ist, wie vor dem Zusammenschluss, 6 Euro.[979]

Da also durch eine Kopplungsbindung eine Übertragung von Marktmacht nicht möglich sei und dadurch auch keine höheren Gewinne erzielt werden könnten, müssen, so die Vertreter der Chicago-School, andere Motive für den konglomeraten Zusammenschluss ausschlaggebend gewesen sein. Dabei müsse es sich entweder um effizienzerhöhende Wirkungen handeln oder der Zusammenschluss müsse dem Unternehmen die Möglichkeit geben, eine Preisdiskriminierung zu betreiben. Allerdings sind die Bedingungen, unter denen die These des einzigen Monopolgewinns der Chicago-School gilt, äußerst restriktiv: So muss der Monopolist in der Lage sein, die gesamte Zahlungsbereitschaft der Konsumenten abzuschöpfen. Dies setzt aber voraus, dass er in der Lage ist, perfekte Preisdiskriminierung zu betreiben. Wie jedoch oben deutlich gemacht wurde, kann ein Monopolist durch eine Kopplungsbindung Marktmacht in einen anderen Markt übertragen, wenn diese Bedingung nicht erfüllt ist. Weiterhin muss auf dem Markt für das Produkt B vollständiger Wettbewerb herrschen und die Konsumenten müssen homogen sein. Diese Bedingungen sind jedoch auf vielen Märkten nicht erfüllt, so dass die These, ein Monopolgewinn könne nur einmal realisiert werden, in vielen Fällen nicht gültig ist, d. h. von Kopplungsbindungen können unter Umständen wettbewerbsbeschränkende Wirkungen ausgehen.

Insgesamt gesehen zeigt sich, dass durch konglomerate Fusionen, ähnlich wie auch durch vertikale Zusammenschlüsse, erhebliche Effizienzsteige-

---

[979] Eine ähnliche Argumentation gilt auch in dem Fall, in dem für das komplementäre Gut noch Substitute existieren. Auch bei unabhängigen Gütern könnte eine Kopplungsbindung dazu führen, dass Konsumenten, die nur eines der Güter kaufen wollen und für das andere eine sehr geringe Zahlungsbereitschaft haben, auf den Kauf des Bündels verzichten. In diesem Fall könnte der Monopolist seinen Gewinn erhöhen, wenn er die beiden Güter unabhängig voneinander anbietet.

rungen realisiert werden können. Die industrieökonomische Literatur hat jedoch darauf hingewiesen, dass bestimmte Strategien und Verhaltensweisen, insbesondere Kopplungsbindungen, auch negative wettbewerbliche Auswirkungen haben können. Im Folgenden sollen die wettbewerbsbeschränkenden Wirkungen, die konglomerate Fusionen mit sich bringen können, näher dargestellt werden.

2. Wettbewerbsbeschränkende Wirkungen konglomerater Zusammenschlüsse

Da eine konglomerate Fusion, ähnlich wie eine vertikale, keine unmittelbare Änderung der Marktanteile und der Marktmacht mit sich bringt, können wettbewerbsbeschränkende Wirkungen nur insofern auftreten, als das fusionierte Unternehmen entweder über andere Handlungsmöglichkeiten verfügt als die einzelnen Unternehmen vor dem Zusammenschluss oder dass die Beschränkungen, denen die Unternehmen vor der Fusion unterlagen, geringer geworden sind. Die entscheidende zusätzliche Handlungsmöglichkeit, die sich aufgrund einer konglomeraten Fusion ergibt, besteht darin, Produkte nicht mehr einzeln, sondern im Rahmen einer Kopplungsbindung nur noch gemeinsam anzubieten. So können diese Strategien dazu verwendet werden, entweder bestehende Marktmacht auf einen anderen Markt zu übertragen oder eine Marktverschließung herbeizuführen. Weitere negative Effekte konglomerater Fusionen können dadurch entstehen, dass das fusionierte Unternehmen über eine größere Finanzkraft verfügt, die es gegenüber seinen Konkurrenten in wettbewerbsbeschränkender Weise einsetzen könnte. Schließlich könnte eine konglomerate Fusion auch koordinierte Effekte auslösen.

a) Wettbewerbsbeschränkende Auswirkungen von Kopplungsbindungen

Wie auf den Seiten 498–501 deutlich gemacht wurde, können sich nach einem Zusammenschluss durch die Herstellung komplementärer Produkte innerhalb eines Unternehmen Anreize ergeben, diese Produkte nur noch gekoppelt oder gebündelt zu vermarkten, um auf diese Weise die Marktmacht zu vergrößern. Die modelltheoretischen Analysen der wettbewerbsbeschränkenden Wirkungen von Kopplungsbindungen gehen jedoch in aller Regel von einer Marktstruktur mit einem dominanten Unternehmen aus, das durch Marktzutrittsschranken vor Wettbewerbern geschützt ist. Sie sind daher nicht ohne Weiteres auf Situationen übertragbar, in denen Wettbewerber auf diese Praktiken mit entsprechenden Gegenstrategien reagieren, z. B. selbst eine konglomerate Fusion durchführen.

Teil 3 F. Vertikale und konglomerate Zusammenschlüsse

a) Tying

α) Tying komplementärer Güter

Ein Unternehmen, das auf dem Markt für das bindende Gut (Markt A) ein Monopol bzw. eine marktbeherrschende Stellung innehat, könnte versuchen, durch eine Kopplungsbindung eines auf einem Wettbewerbsmarkt (Markt B) angebotenen Gutes seine Marktmacht auf diesen Markt zu übertragen.[980] Voraussetzung ist dabei, dass es für das gebundene Gut B eine signifikante, vom bindenden Gut A unabhängige Nachfrage gibt. In diesem Fall kann der Marktbeherrscher ohne eine Kopplungsbindung nicht die gesamte Zahlungsbereitschaft der Konsumenten auf dem Markt B abschöpfen. Wenn nun durch die Kopplungsbindung den Wettbewerbern auf dem Markt B so viel Nachfrage entzogen wird, dass diese, z. B. aufgrund fallender Stückkosten, nicht mehr kostendeckend operieren können, dann könnte sich eine Kopplungsbindung als profitabel erweisen, wenn dadurch Wettbewerber den Markt B verlassen müssten und das koppelnde Unternehmen seine Marktmacht auf den anderen Markt überträgt. In diesem Fall führt ein konglomerater Zusammenschluss im Zusammenhang mit einer Kopplungsbindung zu einer Abnahme der Konsumentenwohlfahrt, da der Preis auf dem Markt B steigt und die Auswahl an differenzierten Gütern auf diesem Markt abnimmt.

Während in diesem Fall Wohlfahrtsverluste auf dem Markt für das gebundene Gut auftreten, kann eine Kopplungsbindung auch dazu führen, die Konsumentenwohlfahrt auf dem Markt für das bindende Gut, dem Markt A, zu senken. Dies ist z. B. dann der Fall, wenn durch eine Kopplungsbindung ein Marktzutritt auf dem Markt A verhindert oder die Marktmacht eines dominanten Unternehmens auf diesem Markt vergrößert wird.

Ein Monopolist im Markt A könnte durch eine konglomerate Fusion und eine Kopplungsbindung mit einem komplementären Gut den Zutritt eines potenziellen Wettbewerbers auf den Markt A verhindern.[981] Dies gilt in einer Situation, in der ein Wettbewerber zwar die Möglichkeit hat, sofort in den Markt B einzutreten und dort ein Gut anzubieten, das den vorhandenen Gütern überlegen ist, aber erst später auch im Markt A aktiv werden kann. Wenn darüber hinaus angenommen wird, dass einem potenziellen Wettbewerber durch einen Zutritt auf jeden Markt jeweils fixe Kosten entstehen, dann kann der Monopolist in Markt A durch eine Kopplungsbindung mit einem komplementären Gut auf Markt B den Eintritt des Wettbewerbers auf diesem Markt verhindern. Verbleibt dem Wettbewerber

---

980 Vgl. *Whinston* (1990).
981 Vgl. *Carlton/Waldman* (2002).

durch die Kopplungsbindung nur noch eine geringe unabhängige Nachfrage, so dass er auf diesem Markt nur wenig oder nichts absetzen kann, dann verfügt er unter Umständen nicht über ausreichende finanzielle Mittel, um die fixen Kosten zu decken, die erforderlich sind, auch auf dem Markt *A* aktiv werden zu können. Eine solche Kopplungsbindung lohnt sich für den Monopolisten immer dann, wenn die Gewinne aus dem Erhalt der Monopolposition größer sind als die Gewinne, die er durch einen größeren Absatz seines Monopolgutes hätte, wenn der Wettbewerber mit einem besseren Komplement in Markt *B* eintreten würde.

Wenn auf dem Markt *A* neben dem Gut des marktbeherrschenden Unternehmens noch ein schlechteres Substitut vorhanden ist, dann kann der Marktbeherrscher seine Macht auf Markt *A* vergrößern, indem er durch eine Kopplungsbindung den Hersteller des Substituts vom Markt verdrängt.[982] Aufgrund des Vorhandenseins eines – wenn auch schlechteren – Substituts ist die Marktmacht des dominanten Unternehmens beschränkt. Eine Erhöhung seiner Marktmacht auf dem Markt *A* funktioniert auf indirektem Weg: Indem der Marktbeherrscher sein Gut auf Markt *A* an ein komplementäres Gut auf Markt *B* bindet, hat er einen Anreiz, für das komplementäre Gut nur einen geringen Preis zu verlangen, damit er auf dem Markt *A* einen hohen Preis fordern kann und die Konsumenten nicht auf das schlechtere Substitut auf Markt A ausweichen. Dieser erhöhte Preiswettbewerb kann dazu führen, dass der Marktbeherrscher auch auf Markt *B* seine Marktanteile erhöht, so dass der Hersteller des schlechteren Substituts auch auf Markt *A* Nachfrage verliert und gegebenenfalls den Markt verlassen muss. Dadurch würde das marktbeherrschende Unternehmen auf Markt *A* zum Monopolisten und es könnten höhere Preise und eine geringere Konsumentenwohlfahrt resultieren.

β) Tying unabhängiger Güter

Ein Unternehmen, das ein Monopol auf einem Markt *A* innehat, kann durch eine Kopplungsbindung mit einem unabhängigen Gut auf einem Markt *B* unter bestimmten Voraussetzungen die Marktstruktur auf dem Markt *B* zu seinen Gunsten verändern, d.h. es kann seine Monopolmacht, über die es auf Markt *A* verfügt, auf den Markt *B* übertragen. Bei einer unabhängigen Preissetzung auf beiden Märkten könnte der Monopolist auf dem Markt *A* seinen Monopolgewinn realisieren. Er könnte aber durch eine Kopplungsbindung seinen Gewinn noch erhöhen: Durch die Kopplungsbindung hat der Monopolist einen Anreiz, das gebundene Gut *B* zu einem niedrigen Preis zu verkaufen, damit die Konsumenten dieses Gut vermehrt nach-

---

982 Vgl. *Whinston* (1990).

fragen, denn nur wenn er das gebundene Gut verkauft, kann er auch das bindende Gut *A* absetzen. Er betreibt also eine Quersubvention des gebundenen Gutes durch das Monopolgut. Nur wenn vom gebundenen Gut eine hinreichend große Menge verkauft werden kann, ist der Monopolist in der Lage, seinen Monopolgewinn zu realisieren. Die Konkurrenten auf dem Markt *B* können, z. B. bei fallenden Stückkosten, mit dem niedrigen Preis nicht konkurrieren und müssen unter Umständen den Markt verlassen. Eine solche strategische Marktverschließung könnte zur Folge haben, dass der Monopolist seine Marktmacht auf den anderen Markt überträgt. Eine zentrale Voraussetzung für ein solches Ergebnis ist, dass der Monopolist sich verpflichtet, nicht von der Kopplungsbindung abzuweichen und die Güter einzeln zu verkaufen, d. h. er muss über einen Selbstbindungsmechanismus verfügen.

b) Produktbündelung

Die neuere Industrieökonomik konnte die schon seit langem bestehende Vermutung bestätigen, dass, entgegen der Behauptung der Chicago-School, durch eine Produktbündelung eine Übertragung von Marktmacht von einem Markt auf einen anderen möglich ist. Dabei hat sich die Literatur auf den Fall konzentriert, in dem es sich bei den Produkten um Komplemente handelt, die durch eine Produktbündelung zu einem System zusammengekoppelt werden.

α) Bündelung komplementärer Güter – Wettbewerb zwischen Systemen

Die meisten Analysen gehen davon aus, dass sich ein solches System aus zwei oder mehr Komponenten zusammensetzt, die jeweils von einem unabhängigen Unternehmen angeboten werden.[983] In einer derartigen Situation könnte es für den Hersteller einer Komponente einen Anreiz geben, sich mit Herstellern der anderen Bestandteile, die für ein funktionsfähiges System benötigt werden, zusammenzuschließen, um durch eine Bündelungsstrategie in Form einer reinen oder gemischten Produktbündelung ein System anbieten zu können. Nach einem solchen Zusammenschluss herrscht daher ein Wettbewerb zwischen verschiedenen Systemen. Dabei wird das eine System von einem konglomeraten Unternehmen angeboten, während andere Systeme aus den Komponenten von unabhängigen, nichtfusionierten Firmen bestehen.

Ein Anreiz zu einer Produktbündelung ergibt sich daraus, dass aufgrund des Cournot-Effektes das fusionierte Unternehmen ein System günstiger

---

[983] Vgl. *Choi* (2004); *Denicolò* (2000) oder *Nalebuff* (2000). Für eine Übersicht vgl. *Church* (2008), 1536 ff.

II. Konglomerate Zusammenschlüsse **Teil 3**

anbieten kann als die unabhängigen Hersteller. Dies kann dazu führen, dass das fusionierte Unternehmen, z. B. durch Schaffung von Inkompatibilitäten, eine reine Bündelung betreibt, die eine Marktverschließung für die unabhängigen Hersteller zur Folge hat, da ihre Komponenten nicht mehr mit denen des fusionierten Unternehmens kombinierbar sind.[984] Im Extremfall kann das zur Folge haben, dass die unabhängigen Hersteller gezwungen sind, den Markt zu verlassen.

Wenn das System des fusionierten Unternehmens sich stark von denen der unabhängigen Unternehmen unterscheidet, dann könnte auch eine gemischte Produktbündelung für das fusionierte Unternehmen eine profitable Strategie sein. Bei großen Unterschieden in den Komponenten gibt es viele Nachfrager, die ein System präferieren, das aus Komponenten verschiedener Hersteller besteht. Diese Nachfrager würde man bei einer reinen Produktbündelung nicht bedienen können. Daher hätte das fusionierte Unternehmen einen Anreiz, die einzelnen Komponenten weiterhin anzubieten, jedoch zu einem höheren Preis, um zu verhindern, dass Konsumenten nur eine Komponente beim fusionierten Unternehmen kaufen und die andere bei einem unabhängigen Hersteller. Die anderen Hersteller sind daher gezwungen, die Preise ihrer Komponenten zu senken, um mit dem System des fusionierten Unternehmens konkurrieren zu können. Diese Preisentwicklung wird dazu führen, dass die Nachfrage sich auf die beiden Systeme, das des fusionierten Unternehmens und das der unabhängigen Hersteller, konzentriert, wobei das erste System im Vergleich zur Situation vor dem Zusammenschluss stärker nachgefragt wird. Zwar könnten durch eine Gegenfusion der unabhängigen Hersteller die verlorenen Marktanteile wieder zurückgewonnen werden, aber dies ist in einer solchen Situation unter Umständen keine lohnende Strategie, denn durch die Internalisierung des Cournot-Effektes kann der dadurch ausgelöste intensivere Wettbewerb zwischen den Systemen zu noch geringeren Gewinnen führen.

Die Auswirkungen einer gemischten Produktbündelung auf die Konsumentenwohlfahrt sind nicht eindeutig, da die Konsumenten, die entweder das System des fusionierten Unternehmens oder das der unabhängigen Hersteller präferieren, von dem Zusammenschluss profitieren, die Konsumenten jedoch, die ein „gemischtes" System bevorzugen, aufgrund der höheren Preise der Einzelkomponenten des fusionierten Unternehmens benachteiligt sein können. Wenn der zweite Effekt überwiegt, dann

---

984 Vgl. *Choi* (2004). Der Anreiz, ein reines Bundling zu betreiben, wird auch durch den Differenzierungsgrad zwischen den Systemen beeinflusst. Je größer der Differenzierungsgrad, desto geringer ist der Anreiz für ein reines Bundling. Vgl. hierzu *Denicoló* (2000).

Teil 3 F. Vertikale und konglomerate Zusammenschlüsse

könnte eine konglomerate Fusion negative wettbewerbliche Wirkungen entfalten. Aber selbst wenn das fusionierte Unternehmen durch ein gemischtes Bundling einen höheren Gewinn realisiert, könnte es dennoch eine reine Produktbündelung betreiben, wenn es auf diese Weise eine Verdrängungswirkung erzielen kann.

Ein weiteres Modell aus dem Bereich des Systemwettbewerbs wurde von *Nalebuff* vorgelegt. Er betrachtete Systeme, die sich aus vielen einzelnen Komponenten zusammensetzen.[985] Ein Unternehmen könnte mit den Herstellern der anderen Komponenten des Systems fusionieren, um dann durch eine reine Produktbündelung ein komplettes System anbieten zu können. In diesem Fall könnte das konglomerate Unternehmen das System aufgrund des Cournot-Effektes günstiger anbieten. Dadurch hätten die unabhängigen Hersteller einen Anreiz, die Preise ihrer Komponenten ebenfalls zu senken. Allerdings ist zu berücksichtigen, dass bei einer reinen Produktbündelung die Nachfrage nach den Komponenten der unabhängigen Hersteller unelastischer wird, da die Konsumenten nun weniger Ausweichmöglichkeiten auf „gemischte" Systeme haben. Dies führt tendenziell zu höheren Preisen bei den Herstellern der unabhängigen Komponenten. Dies gilt umso stärker, je mehr Komponenten ein System umfasst, weil die Zahl der „gemischten" Systeme, die aufgrund der Produktbündelung noch zusammengestellt werden können, mit der Zahl der Komponenten abnimmt. Dieser Effekt kann sogar so stark werden, dass die Preise der Komponenten der unabhängigen Hersteller im Vergleich zur Ausgangssituation steigen. Auch in diesem Modell ist eine Gegenfusion der unabhängigen Hersteller nicht lohnend, da durch den Cournot-Effekt der Wettbewerb zwischen den Systemen so stark würde, dass die Gewinne der unabhängigen Hersteller in diesem Fall sogar noch geringer wären.

Durch eine Kopplungsbindung werden in diesem Modell zum einen die Wahlmöglichkeiten der Konsumenten eingeschränkt und zum anderen die Konsumenten durch die entstehenden Preisunterschiede zwischen dem System des konglomeraten Unternehmens und denen der unabhängigen Hersteller dazu veranlasst, ein für sie suboptimales System zu erwerben. Eine reine Produktbündelung führt daher in diesem Modell zu einem Verlust an Konsumentenwohlfahrt.

β) Produktbündelung und Preiswettbewerb

Neben der möglichen Verdrängungswirkung einer Produktbündelung kann eine solche Strategie auch Auswirkungen auf die Intensität des

---
[985] Vgl. *Nalebuff* (2000).

Preiswettbewerbs haben. Wenn das fusionierte Unternehmen durch eine Bündelung den Wettbewerbsdruck verringern kann, dann ist es in der Lage, höhere Preise durchzusetzen und höhere Gewinne zu realisieren. Auch in den Modellen zu Kopplungsbindungen und Preiswettbewerb wird, ähnlich wie in der Literatur zum Wettbewerb mit Systemen, davon ausgegangen, dass entweder ein Unternehmen auf einem Markt eine beherrschende Stellung bzw. ein Monopolposition innehat oder ein Duopol vorliegt. Durch eine Produktbündelung kann der Wettbewerb auf dem anderen Markt abgeschwächt werden, indem der Differenzierungsgrad zwischen den Produkten erhöht wird. Aufgrund der stärkeren Differenzierung verringern sich die Substitutionsmöglichkeiten zwischen den Produkten. Dies hat eine (partielle) Segmentierung der Märkte zur Folge und die Ausweichmöglichkeiten der Konsumenten sind vermindert. Dies wiederum schlägt sich in Form höherer Preise und gestiegener Gewinne nieder. Voraussetzung für ein solches Ergebnis ist dabei, dass das marktbeherrschende Unternehmen in der Lage ist, sich auf eine reine Produktbündelung festzulegen.

Hierzu ist eine Reihe von Modellen entwickelt worden, die zeigen, unter welchen Umständen eine solche Strategie profitabel ist. Wenn z.B. ein Monopolist auf dem Markt A sein Monopolgut mit einem Gut bündelt, das er auf einem Markt B anbietet, auf dem duopolistischer Wettbewerb herrscht, dann kann er die Konsumenten mit hoher Zahlungsbereitschaft attrahieren, indem er den Preis für das vom Duopol angebotene Gut erhöht.[986] Die Nachfrager, deren Zahlungsbereitschaft für das Monopolgut geringer ist als die Differenz zwischen dem Preis des Bündels dem des Duopolgutes, kaufen bestenfalls das letztere. Die Preiserhöhung durch das konglomerate Unternehmen erlaubt es dem unabhängigen Unternehmen, seinen Preis ebenfalls heraufzusetzen, so dass das konglomerate Unternehmen für das Bündel mehr verlangen kann als den Monopolpreis zuzüglich der Grenzkosten des Duopolgutes. Hier würde eine Produktbündelung zu einer Preiserhöhung für beide Güter führen, so dass die Konsumentenwohlfahrt abnimmt. Vergleichbare Resultate ergeben sich auch dann, wenn auf dem ersten Markt statt des Monopols ein Duopol unterstellt wird und auf dem zweiten Markt vollständiger Wettbewerb herrscht oder wenn zwei Monopolisten betrachtet werden, die jeweils ein spezifisches Gut herstellen, aber auch ein weiteres homogenes Gut produzieren und mit ihrem Monopolgut bündeln können.[987]

---

986 Vgl. *Carbajo/de Meza/Seidman* (1990).
987 Vgl. *Chen* (1997); *Seidman* (1990).

Teil 3 F. Vertikale und konglomerate Zusammenschlüsse

c) Wettbewerbliche Wirkungen von Kopplungsbindungen

Die wirtschaftstheoretische Literatur hat gezeigt, dass Kopplungsbindungen negative wettbewerbliche Auswirkungen haben, wenn durch Marktverschließungs- oder Verdrängungseffekte die (Konsumenten)Wohlfahrt verringert wird.[988] Allerdings unterstellen die Modelle in der Regel sehr spezifische Marktstrukturen, wie z.B. ein Monopol oder Duopol auf einem Markt. Dies impliziert zumeist, dass keine Wettbewerber vorhanden sind, die gegebenenfalls auf die Kopplungsbindung mit einer Gegenfusion oder anderen Strategien reagieren können. Die Aussagekraft dieser Modelle ist aus diesem Grunde deutlich eingeschränkt.[989] Darüber hinaus ist zu berücksichtigen, dass in der Fusionskontrolle eine Prognoseentscheidung darüber getroffen werden muss, ob das Unternehmen nach dem Zusammenschluss eine solche Kopplungsbindung durchführen wird. Hier wäre zu untersuchen, ob das Unternehmen einen Anreiz hat, nach der Fusion eine solche Strategie anzuwenden, und sodann wären die Wohlfahrtswirkungen zu betrachten. Da Kopplungsbindungen aber in aller Regel auch erhebliche Effizienzgewinne mit sich bringen, ist für eine Beurteilung der Wohlfahrtswirkung eines konglomeraten Zusammenschlusses eine Abwägung der positiven und negativen Auswirkungen erforderlich, Diese dürfte sich in der Praxis als äußerst schwierig erweisen.

d) Sortimentseffekte

Aufgrund der größeren Produktpalette, über die ein Unternehmen nach einer konglomeraten Fusion verfügt, können sogenannte Sortiments- bzw. Portfolioeffekte auftreten. Dies kann der Fall sein, wenn Kunden die Vielfalt des Angebots oder die Breite des Sortiments schätzen. Wenn Wettbewerber nur ein kleineres Sortiment anbieten können, führt dies möglicherweise dazu, dass Marktverschließungs- oder Verdrängungseffekte auftreten. Zu solchen Effekten kann es z.B. dann kommen, wenn zwei Hersteller komplementärer Güter sich zusammenschließen, wobei das eine Gut mit verschiedenen differenzierten Gütern zu einem System kombiniert werden kann.[990] Ein Beispiel wäre der Zusammenschluss des Produzenten von Spielen mit dem Hersteller einer Spielkonsole, die mit Spielen unterschiedlicher Hersteller kombiniert werden kann. Hier stiften die Komponenten

---

988 In diesem Zusammenhang ist darauf hinzuweisen, dass eine Marktverschließung oder eine Verdrängung eine notwendige, jedoch keine hinreichende Bedingung dafür ist, dass ein Wohlfahrtsverlust oder ein Verlust an Konsumentenrente auftritt.
989 Vgl. *Kobayashi* (2005).
990 Vgl. *Church/Gandal* (2000).

allein einem Konsumenten keinen Nutzen, aber der Nutzen einer Spielkonsole ist umso höher, je größer die Zahl der Spiele ist, die auf der Konsole gespielt werden können. Das konglomerate Unternehmen hätte nun die Möglichkeit, die eigenen Spiele so zu gestalten, dass sie nicht mehr kompatibel mit Spielkonsolen anderer Hersteller sind. Es handelt sich hier um eine Marktverschließung, die, unter analogen Bedingungen wie bei vertikalen Zusammenschlüssen, Verdrängungseffekte auslösen kann.[991]

In einem ähnlichen Modell wird unterstellt, dass einem Konsumenten seine Präferenzen über die mit der einen Systemkomponente kombinierbaren komplementären Produkte noch nicht bekannt sind, sondern erst nach dem Kauf der Systemkomponente bekannt werden. In diesem Fall hätte der Anbieter der Systemkomponente mit der größten Zahl kombinierbarer Produkte einen Vorteil gegenüber anderen Anbietern, da die Konsumenten davon ausgehen, dass sie bei einer größeren Auswahl am ehesten die von ihnen präferierte Kombination finden werden. In diesem Fall könnte das fusionierte Unternehmen einen Anreiz haben, die von ihm hergestellten kombinierbaren Produkte inkompatibel mit den Systemkomponenten anderer Wettbewerber zu gestalten, so dass diese nur eine geringere Auswahl kombinierbarer Produkte anbieten können und daher gegenüber dem fusionierten Unternehmen einen Wettbewerbsnachteil hätten. Allerdings ist zu berücksichtigen, dass andere Unternehmen auf diese Art der Marktverschließung ebenfalls mit einer entsprechenden konglomeraten Fusion reagieren können.

Es zeigt sich also, dass bei Fusionen von Herstellern komplementärer Güter negative Wirkungen durch Marktverschließungs- oder Verdrängungseffekte auftreten können. Allerdings steht den möglichen negativen Effekten eine positive Wirkung auf die Konsumentenwohlfahrt entgegen, die durch die Erhöhung der Sortimentsbreite entsteht. Bei einer Entscheidung über die Zulässigkeit einer Fusion müssen diese beiden Wirkungen abgewogen werden.

e) Beschränkung der Finanzierungsmöglichkeiten von Wettbewerbern

Unter bestimmten Voraussetzungen können aus einer Verstärkung der Finanzkraft aufgrund einer konglomeraten Fusion wettbewerbsbeschränkende Wirkungen resultieren. Dies kann der Fall sein, wenn das marktbeherrschende Unternehmen vor der Fusion nur begrenzte Finanzierungsmöglichkeiten hatte, aber der Finanzkraftzuwachs dem Unternehmen Möglichkeiten eröffnet, die Finanzierungsmöglichkeiten von Wettbewerbern zu beeinflus-

---

991 Vgl. S. 475–490.

F. Vertikale und konglomerate Zusammenschlüsse

sen.[992] Während die Chicago-School von effizienten Kapitalmärkten ausging, auf denen sich potenzielle Wettbewerber Zugang zu den notwendigen Mitteln verschaffen könnten, unterstellen neuere Ansätze, dass Kapitalmärkte im Allgemeinen nicht effizient sind, da häufig Probleme asymmetrischer Information auftreten. Zumeist sind die Kreditgeber insbesondere über kleinere oder neu in einen Markt eintretende Unternehmen nur unzureichend informiert, so dass sie nur dann bereit sind, Kredite in ausreichender Höhe zu vergeben, wenn das Unternehmen eine gewisse Größe bzw. einen gewissen Kapitalbestand aufgebaut hat. Wenn nun das fusionierte Unternehmen die Gewinne des Konkurrenten durch eine Kampfpreisstrategie verringert, kann es dadurch die Finanzierungsmöglichkeiten des Konkurrenten beeinflussen, indem es verhindert, dass dieser eine hinreichende Größe erreicht. Auf diese Weise kann eine konglomerate Fusion mit einem damit verbundenen Zuwachs an Finanzkraft Wettbewerber behindern oder vom Markt verdrängen. Auch in diesem Falle muss es dem Unternehmen nach der Verdrängung des Wettbewerbers möglich sein, die Verluste, die durch eine Kampfpreisstrategie verursacht wurden, durch höhere Preise zumindest wieder auszugleichen (recoupment), damit das Setzen von Kampfpreisen sich lohnt.

Während für die Feststellung einer Kampfpreisstrategie im Rahmen der Missbrauchsaufsicht das vergangene Verhalten des Unternehmens entscheidend ist, muss in der Fusionskontrolle prognostiziert werden, ob das Unternehmen nach dem Zusammenschluss eine solche Strategie einsetzen wird. Hierzu ist jedoch erforderlich, dass das Unternehmen zum einen die Möglichkeit hat, eine solche Strategie einzusetzen, zum anderen muss es einen entsprechenden Anreiz haben, dies zu tun, und schließlich ist eine Aussage darüber erforderlich, ob die Verluste wieder ausgeglichen werden können. Dies dürfte in der Regel nicht möglich sein, so dass eine Untersagung einer konglomeraten Fusion aufgrund einer Beschränkung der Finanzierungsmöglichkeiten der Wettbewerber aus ökonomischer Sicht wohl kaum jemals gerechtfertigt werden kann.

f) Koordinierte Effekte konglomerater Zusammenschlüsse

Ähnlich wie bei vertikalen Fusionen können prinzipiell auch von konglomeraten Zusammenschlüssen koordinierte Effekte ausgelöst werden. In der Literatur werden hierzu eine Reihe von Argumenten angeführt, die zum einen darauf basieren, dass die Sanktionsmöglichkeiten nach dem Zusammenschluss größer oder effektiver werden, so dass der Anreiz, von einem koordinierten Gleichgewicht abzuweichen, reduziert wird. Zum an-

---

[992] Vgl. *Bolton/Brodley/Riordan* (2000).

deren könnte durch die Fusion die Symmetrie der Unternehmen und/oder ihre Interaktionshäufigkeit erhöht werden, so dass auf diese Weise eine Verhaltenskoordination erleichtert wird.

Aufgrund der Tatsache, dass nach einem konglomeraten Zusammenschluss das Unternehmen über Möglichkeiten verfügt, Kopplungsbindungen vorzunehmen, könnten die Sanktionsmöglichkeiten vergrößert werden. Wie auf den Seiten 475–490 über die wettbewerbsbeschränkenden Auswirkungen von Kopplungsbindungen deutlich gemacht wurde, könnten durch eine solche Strategie andere Unternehmen behindert, d.h. ihre Gewinne reduziert werden und sie könnten im Extremfall sogar vom Markt verdrängt werden. Ein konglomerates Unternehmen könnte unter den entsprechenden Voraussetzungen eine Kopplungsbindung als Sanktionsinstrument einsetzen, um auf diese Weise ein Abweichen von einem koordinierten Gleichgewicht unattraktiv zu machen. Durch einen konglomeraten Zusammenschluss können neue Sanktionsmöglichkeiten entstehen, durch die eine Verhaltenskoordination ermöglicht oder eine bestehende Verhaltenskoordination verstärkt werden kann.

Wie auf den Seiten 349–352 dargelegt wurde, können Multimarkt-Kontakte eine Verhaltenskoordination erleichtern. Dies ist dann der Fall, wenn die Unternehmen auf den einzelnen Märkten z.B. in Hinsicht auf ihre Marktanteile oder ihre Kostenfunktionen asymmetrisch sind. Auf jedem einzelnen Markt wäre eine Verhaltenskoordination aufgrund der dort vorliegenden Asymmetrien nicht möglich. Wenn die Unternehmen aber bezogen auf mehrere Märkte eine Symmetrie aufweisen, könnte ein koordiniertes Verhalten ermöglicht werden.[993] Als Beispiel können zwei Märkte für die unabhängigen Produkte A und B sowie die drei Unternehmen AB, $A2$ und $B2$ betrachtet werden. Dabei bezeichnet AB ein konglomerates Unternehmen, das auf dem Markt A einen Anteil von 80% und auf dem Markt B einen Anteil von 25% hat. Die beiden unabhängigen Unternehmen $A2$ und $B2$ haben auf den jeweiligen Märkten Anteile von 20% und 75%. Auf jedem einzelnen Markt ist aufgrund der Größendifferenz und der beschränkten Sanktionsmöglichkeiten der „kleinen" Unternehmen eine Verhaltenskoordination annahmegemäß nicht möglich. Nach einem Zusammenschluss von $A2$ und $B2$ zum Unternehmen $AB2$ sind die Unternehmen AB und $AB2$ bezogen auf beide Märkte jedoch nahezu symmetrisch. Das Abweichen eines Unternehmens auf einem Markt kann nun z.B. mit einer aggressiven Preispolitik des anderen Unternehmens auf dem zweiten Markt bestraft werden und umgekehrt, so dass nach der Fusion eine Verhaltenskoordination möglich würde.

---

[993] Zu Multimarkt-Kontakten und koordiniertem Verhalten vgl. S. 349–352.

Teil 3 F. Vertikale und konglomerate Zusammenschlüsse

Auch könnte bei Kontakten auf mehreren Märkten die Interaktionshäufigkeit der Unternehmen steigen, was ebenfalls zu verbesserten Bedingungen für eine Verhaltenskoordination beitragen kann.[994] Wenn die Unternehmen aus der Beobachtung von Preisen keinen eindeutigen Rückschluss auf das Verhalten der Unternehmen ziehen können, dann kann auf einem einzelnen Markt in der Regel keine vollständige Verhaltenskoordination erreicht werden.[995] Bestehen jedoch Multimarkt-Kontakte, dann können die Unternehmen ihre Verhaltenskoordination verbessern, denn dann liegen mehr Beobachtungen über das Preissetzungsverhalten der Konkurrenten vor, so dass präzisere Rückschlüsse auf deren Verhalten möglich werden.[996] Wird also durch eine konglomerate Fusion die Zahl der Kontaktmärkte signifikant erhöht, dann könnte dies darauf hindeuten, dass der Zusammenschluss koordinierte Effekte auslösen kann.

Allerdings ist zu berücksichtigen, dass für das Auftreten koordinierter Effekte konglomerater Fusionen die notwendige Voraussetzung erfüllt sein muss, dass der bzw. die betroffenen Märkte die Eigenschaften aufweisen, die sie für eine Verhaltenskoordination prädestinieren. Die große Schwierigkeit bei Aussagen über koordinierte Effekte wurde jedoch bereits auf den Seiten 401–406 dargelegt: Sie besteht darin, zu zeigen, dass die Fusion die Bedingungen auf dem Markt so verändert, dass eine Verhaltenskoordination, die vor dem Zusammenschluss nicht oder nur partiell möglich war, aufgrund des Zusammenschlusses möglich oder erleichtert wird. Hier wäre darzulegen, dass die Bedingungen sich aufgrund der Fusion so ändern, dass die für die Unternehmen bestehenden Anreize, nicht von einem koordinierten Gleichgewicht abzuweichen, größer werden.

Insgesamt zeigt sich, dass bei konglomeraten Fusionen mit koordinierten Effekten nur in wenigen extremen Ausnahmefällen gerechnet werden muss. Eine Untersagung einer konglomeraten Fusion aufgrund dadurch ausgelöster koordinierter Effekte scheint aus ökonomischer Sicht nicht angeraten.

3. Wettbewerbliche Wirkungen konglomerater Fusionen

Die ökonomische Literatur hat gezeigt, dass konglomerate Zusammenschlüsse in der überwiegenden Zahl der Fälle erhebliche effizienzsteigernde Wirkungen zur Folge haben, wobei insbesondere der Cournot-Effekt von entscheidender Bedeutung sein dürfte. Allerdings kann in bestimmten Fällen nicht ausgeschlossen werden, dass solche Fusionen auch

---

994 Vgl. S. 350.
995 Vgl. S. 312–318.
996 Vgl. S. 350.

wettbewerbsbeschränkende Konsequenzen haben können. Dies ist vor allem dann der Fall, wenn durch den konglomeraten Zusammenschluss Sortimentseffekte auftreten oder durch Kopplungsbindungen Marktverschließungs- oder Verdrängungseffekte hervorgerufen werden. Allerdings ist dabei zu berücksichtigen, dass die Modelle, die wettbewerbsbeschränkende Auswirkungen solcher Konstellationen nachweisen, eher auf Fragen der Missbrauchsaufsicht zugeschnitten sind, da zumeist ein Monopol oder zumindest eine marktbeherrschende Stellung vorausgesetzt ist. Im Zusammenhang der Fusionskontrolle ist dies problematisch, da nicht explizit die Auswirkung eines Zusammenschlusses modelliert wird (einschließlich möglicher Reaktionen der Wettbewerber) und die Vorgänge der Entstehung oder Verstärkung einer marktbeherrschenden Stellung mit diesen Modellen nicht erfasst werden können. Hinzu kommt, dass diese Modelle bislang noch keiner empirischen Überprüfung unterzogen wurden. Daher lassen sie sich auf viele konglomerate Zusammenschlüsse nicht unmittelbar anwenden. Besonders problematisch dürfte sich, wie auch bei vertikalen Zusammenschlüssen, die Prognose koordinierter Effekte erweisen. Insgesamt gesehen zeigt sich, dass seitens der Wirtschaftstheorie hinsichtlich der wettbewerblichen Wirkungen konglomerater Fusionen noch erheblicher Forschungsbedarf besteht.

III. Rechtliche Aspekte vertikaler und konglomerater Zusammenschlüsse

1. Prognose wettbewerbsbeschränkenden Verhaltens

Die Kommission hat Untersagungsentscheidungen wiederholt auf die Prognose gestützt, dass das fusionierte Unternehmen nach dem Zusammenschluss seine auf einem Markt bestehende Marktmacht durch bestimmte Verhaltensweisen, etwa durch Quersubventionierung oder Kopplungsbindungen, auf einen anderen Markt übertragen werde (sog. *leveraging*). Die Unionsgerichte haben aber bezüglich des Beweises solcher Wettbewerbsbeeinträchtigungen, die erst als Folge eines bestimmten künftigen Verhaltens erscheinen, besondere Beweisanforderungen gestellt.

Tetra Laval/Sidel

Das EuG hob im Zusammenschlussfall *Tetra Laval/Sidel* die behördliche Untersagungsentscheidung unter anderem mit der Begründung auf, die Kommission habe nicht geprüft, ob bestehende Anreize zu einer missbräuchlichen Verhaltensweise aufgrund der Rechtswidrigkeit dieser Verhaltensweise, der Wahrscheinlichkeit ihrer Entdeckung, ihrer Ver-

Teil 3 F. Vertikale und konglomerate Zusammenschlüsse

folgung durch die zuständigen Behörden sowohl auf Unionsebene als auch auf nationaler Ebene und möglicher finanzieller Sanktionen verringert oder sogar beseitigt würden.[997] Auch gehe aus der angefochtenen Entscheidung nicht hervor, dass die Kommission bei der Prognose der Wahrscheinlichkeit künftiger missbräuchlicher Verhaltensweisen des fusionierten Unternehmens die Auswirkungen der seitens der Zusammenschlussparteien angebotenen Verpflichtungszusagen berücksichtigt habe.[998]

Diese Urteilsbegründung des EuG hatte im Rechtsmittelverfahren vor dem EuGH nur zu einem Teil Bestand. Der EuGH bestätigte die Aussage der Vorinstanz, dass die Prognose eines bestimmten wettbewerbsschädlichen Verhaltens eine umfassende Untersuchung sowohl der für als auch der gegen die Praktizierung dieser Verhaltensweise wirkenden Anreize erforderlich mache, unter Einschluss der Möglichkeit, dass die Verhaltensweise rechtswidrig sei.[999] Der EuGH führte aber aus, dass es dem Zweck der Fusionskontrolle zuwider laufe, wenn – wie im Urteil des EuG gefordert – in jedem Einzelfall eine genaue Analyse dazu angestellt werden müsse, in welcher Weise der Annahme eines missbräuchlichen Verhaltens dessen Entdeckungswahrscheinlichkeit sowie bestehende Verfolgungs- und Sanktionsmöglichkeiten entgegenstünden. Der EuGH verwarf dementsprechend die Begründung der Aufhebungsentscheidung des EuG insoweit, als sie darauf gestützt war, dass die Kommission es unterlassen hatte, die Rechtswidrigkeit, Entdeckungswahrscheinlichkeit sowie bestehende Sanktionsmöglichkeiten als einem missbräuchlichen Verhalten entgegenwirkende Anreize in Rechnung zu stellen.[1000] Der EuGH hielt die vorinstanzliche (Aufhebungs-)Entscheidung aber mit der Begründung im Ergebnis aufrecht, dass die Kommission die von einer angebotenen Verpflichtungszusage der Zusammenschlusspartei *Tetra Laval* ausgehenden Anreize zu einem rechtmäßigen Verhalten nicht in Betracht gezogen habe.[1001]

---

997 EuG, Urt. v. 25.10.2002, Rs. T-5/02 – Tetra Laval/Kommission, Slg. 2002, II-4381, 4448 f., Rdnr. 159 f., 218; zu dieser Entscheidung *Brei* (2003).
998 EuG, Urt. v. 25.10.2002, Rs. T-5/02 – Tetra Laval/Kommission, Slg. 2002, II-4381, 4448 f., Rdnr. 161.
999 EuGH, Urt. v. 15.2.2005, Rs. C-12/03 – Kommission/Tetra Laval, Slg. 2005, I-987, Rdnr. 74; hierzu *Burholt* (2005); *Scheffler* (2005).
1000 EuGH, Urt. v. 15.2.2005, Rs. C-12/03 – Kommission/Tetra Laval, Slg. 2005, I-987, Rdnr. 74–78.
1001 Ibid., Rdnr. 85.

III. Rechtliche Aspekte vertikaler und konglomerater Zusammenschlüsse **Teil 3**

GE/Honeywell

In einem gewissen Spannungsverhältnis zu dem zuletzt referierten Urteil des EuGH steht die am 14.12.2005 ergangene Entscheidung des EuG zum Zusammenschlussvorhaben *GE/Honeywell*[1002]. Hier hatte die Kommission die Prognose wettbewerbsschädlicher Wirkungen unter anderem auf die Erwartung eines bestehenden Anreizes zu Kopplungsbindungen sowie zur Nichtbelieferung des wichtigsten verbleibenden Konkurrenten mit einem Vorprodukt gestützt. Nach Ergehen des *Tetra Laval*-Urteils des EuGH hätte erwartet werden können, dass das EuG dem Gesichtspunkt einer dem Missbrauch entgegenstehenden, von Art. 102 AEUV (damals noch Art. 82 EG) ausgehenden Abschreckungswirkung geringeres Gewicht als im *Tetra Laval*-Urteil beimessen würde. Das Gericht stellte demgegenüber heraus, dass das letztinstanzliche Aufhebungsurteil im *Tetra Laval*-Fall sich nicht gegen die Inrechnungstellung eines von Art. 102 AEUV ausgehenden Abschreckungseffekts, sondern gegen eine eng auf den Einzelfall bezogene Untersuchung der Aufdeckungswahrscheinlichkeit und der Konsequenzen einer möglichen Verfolgung gerichtet habe.[1003] Im Ergebnis nahm das Gericht die Verletzung einer der Kommission obliegenden Pflicht an, im Wege einer summarischen Prüfung[1004] die Rechtswidrigkeit des in Betracht gezogenen wettbewerbsschädlichen Verhaltens und eines vom Wettbewerbsrecht der Gemeinschaft hiergegen wirkenden Abschreckungseffekts in die Verhaltensprognose einzubeziehen.[1005]

Aufschlüsse vermittelt die Entscheidung im Hinblick auf die vom EuG an eine wirtschaftswissenschaftlich fundierte Beweisführung gestellten Anforderungen. Die Kommission hatte ihre Entscheidung neben anderem auf den Gedanken gestützt, dass eine Preissenkung bei einem Produktpaket des fusionierten Unternehmens die Nachfrage von den Konkurrenten zu dem Paketangebot lenken könnte.[1006] Sie hatte dies unter der Überschrift „Der Cournot-Effekt der Produktbündelung"[1007] ausgeführt, aber von einer näheren Kennzeichnung der hiermit in Bezug genommenen ökonomischen Theorie im Text abgesehen.[1008] Dass die Voraussetzungen der

---
1002 EuG, Urt. v. 14.12.2005, Rs. T-210/01 – GE/Kommission, Slg. 2005, II-5596.
1003 Ibid., Rdnr. 70–75.
1004 Hierzu ibid., Rdnr. 75.
1005 Ibid., Rdnr. 304–312, 424f., 468.
1006 Vgl. ibid., Rdnr. 376.
1007 Ibid., Rdnr. 374.
1008 Im Unterschied hierzu skizziert die Entscheidung des Gerichts den Gehalt dieser Theorie: Der Cournot-Effekt ist hiernach eine wirtschaftswissenschaftliche Theorie, die im Wesentlichen die Vorteile eines Unternehmens mit einer breiten Produktpalette behandelt. Diese Vorteile resultieren der Theorie zufolge daraus, dass die Gewährung von Preisnachlässen für sämtliche Produkte infolge einer unter bestimmten Vorausset-

Teil 3 F. Vertikale und konglomerate Zusammenschlüsse

ökonomischen Vorteilhaftigkeit einer Produktbündelung in dem von der Kommission durchgeführten Verwaltungsverfahren Gegenstand einer eingehenden Auseinandersetzung gewesen waren und die Kommission ihre Argumentation zunächst selbst auf ein bestimmtes ökonomisches Modell gestützt hatte, wird in der Begründung der Kommissionsentscheidung lediglich angedeutet.[1009] Das Gericht moniert insbesondere, dass die Kommission auf eine „ökonomische Rationalität" der Produktbündelung abhebe, ohne diese zu belegen.[1010] Da zudem weitere von den Zusammenschlussparteien eingeführte Experten aus dem Bereich der Wirtschaftswissenschaften im Verwaltungsverfahren die marktbezogenen Annahmen des von der Kommission zunächst herangezogenen ökonomischen Modells kritisiert hatten, hält das Gericht die Vorteilhaftigkeit einer Produktbündelung für das fusionierte Unternehmen im Ergebnis nicht für erwiesen.[1011]

Aus dem Urteil ergibt sich, dass die Kommission, wenn sie eine Untersagungsentscheidung auf ein nach dem Zusammenschluss zu erwartendes wettbewerbsbeschränkendes Verhalten des fusionierten Unternehmens stützt, besonderen Darlegungs- und Beweisanforderungen ausgesetzt ist. Sie hat nicht allein die Möglichkeit, sondern die überwiegende Wahrscheinlichkeit dieses Verhaltens zu belegen. Für den Nachweis dieser Wahrscheinlichkeit kann insbesondere das Bestehen eines wirtschaftlichen Anreizes – bei gleichzeitigem Fehlen entsprechend starker Gegenanreize – angeführt werden. Allerdings muss das Bestehen eines solchen Anreizes in einer mit der ökonomischen Theorie vereinbaren Weise dargelegt werden; besondere Anforderungen an die Sorgfalt der wirtschaftswissenschaftlichen Fundierung werden dann gestellt, wenn die ökonomische Beweisführung umstritten ist. Die Kommissionsentscheidung im Verfahren *GE/Honeywell* genügte diesen Anforderungen insoweit nicht, als sie sich auf die Prognose der Praktizierung einer Produktbündelung bezog. Allerdings hielt das Gericht die Untersagungsentscheidung aufgrund für nachgewiesen erachteter „horizontaler" Zusammenschlusseffekte – der Verstärkung einer bestehenden marktbeherrschenden Stellung von GE auf dem Markt für Strahltriebwerke für große Regionalflugzeuge sowie

---

zungen anzunehmenden Absatzsteigerung für das Unternehmen profitabel ist; vgl. Rdnr. 450 der Urteilsgründe.
1009 In Komm. v. 3.7.2001 (COMP/M.2220) – GE/Honeywell, Rdnr. 352 heißt es: „Des Weiteren hat die Kommission die theoretischen Voraussetzungen für die Mischbündelung geprüft, die in den Wirtschaftlichkeitsstudien der Parteien und von Dritten genannt wurden. Diese Studien waren Gegenstand theoretischer Auseinandersetzungen, insbesondere im Hinblick auf das Wirtschaftsmodell einer Drittpartei zur Mischbündelung."
1010 EuG, Urt. v. 14.12.2005, Rs. T-210/01 – GE/Kommission, Slg. 2005, II-5596, Rdnr. 449.
1011 Ibid., Rdnr. 455 f.

III. Rechtliche Aspekte vertikaler und konglomerater Zusammenschlüsse **Teil 3**

der Begründung beherrschender Stellungen auf den Märkten für Strahltriebwerke für Geschäftsreiseflugzeuge und für kleine Schiffsturbinen – aufrecht. Im übrigen ist darauf hinzuweisen, dass die Kommissionspraxis im Hinblick auf die Stichhaltigkeit ökonomisch fundierter Beweisführung in späteren Entscheidungen – die Untersagungsentscheidung im Verfahren *GE/Honeywell* datiert aus dem Jahr 2001 – erheblich vorangeschritten ist (hierzu eingehend oben S. 274–295).

Saint Gobain/BPB

Die Entscheidung der Kommission im Fall *Saint Gobain/BPB* ist ein gutes Beispiel für diesen Fortschritt. Die Kommission hatte die Anreize der Zusammenschlussparteien zu Marktverschließungs- und Bündelungsstrategien in einer detaillierten Analyse untersucht. Sie nahm daraufhin an, dass keine derartigen Anreize bestanden.[1012] Bezüglich des französischen Marktes überstieg die Produktion von BPB erheblich die Vertriebskapazitäten von Saint Gobain, sodass die fusionierte Einheit sich ohnehin mit einem erheblichen Teil ihrer Produktion an andere Vertriebshändler wenden würde.[1013] Würde BPB sich ferner weigern, auf Gips basierende Produkte an konkurrierende Vertriebshändler zu verkaufen, könnten die Vertriebshändler diese Produkte problemlos von konkurrierenden Produzenten erwerben.[1014] Auf der anderen Seite würde die Weigerung von Saint-Gobain, die Produkte von konkurrierenden Produzenten zu verkaufen, zu erheblichen Verlusten für die fusionierte Einheit führen, da die Kunden nach Ansicht der Kommission auf ein breites Produktangebot Wert legten.[1015] Zuletzt sah die Kommission es als unwahrscheinlich an, dass eine Bündelungsstrategie des fusionierten Unternehmens den Wettbewerb erheblich beeinträchtigen würde, da das fusionierte Unternehmen hinsichtlich beider von einer Bündelung betroffenen Produkte starkem Wettbewerb ausgesetzt war.[1016] Vergleichbare Erwägungen trafen nach Ansicht der Kommission auch auf den britischen Markt zu.[1017]

Posten/Post Danmark

Eine umfangreiche Untersuchung möglicher Abschottungseffekte findet sich in der Entscheidung *Posten/Post Danmark*.[1018] Post Danmark war

---
1012 Komm. v. 9.11.2005 (COMP/M.3943) – Saint Gobain/BPB, Rdnr. 56 ff. und 73 ff.
1013 Ibid., Rdnr. 56.
1014 Ibid., Rdnr. 57.
1015 Ibid., Rdnr. 58.
1016 Ibid., Rdnr. 59.
1017 Ibid., Rdnr. 73 ff.
1018 Komm. v. 21.4.2009 (COMP/M.5152) – Posten AB/Post Danmark, Rdnr. 130–167.

der etablierte Postdienstleister in Dänemark und Posten über sein Tochterunternehmen Stralford auf dem vorgelagerten Markt für Logistik in diesem Bereich tätig. Eine Abschottung der Wettbewerber von Post Danmark schloss die Kommission aus, da Stralford nur 20% Marktanteil innehabe, sodass die Wettbewerber von Post Danmark nicht auf deren Einsatzmittel angewiesen seien.[1019] Größere Bedenken bestanden bezüglich der umgekehrten Abschottungsmöglichkeit der Wettbewerber von Stralford, da Post Danmark im Bereich der Briefzustellung bis 50 Gramm das gesetzliche Monopol innehielt. Unter Bezugnahme auf die Rechtsprechung der europäischen Gerichte in der Sache *Tetra Laval* untersuchte die Kommission die Wahrscheinlichkeit derartiger Abschottungspraktiken. Im Ergebnis stellte sie maßgeblich darauf ab, dass derartige Praktiken zumeist als Verstoß gegen Art. 102 AEUV (damals noch Art. 82 EG) rechtswidrig und daher unwahrscheinlich seien: Post Danmark unterliege der Regulierung, sodass es die Zustellung der von Wettbewerbern Stralfords vorbereiteten Sendungen weder verweigern noch preislich diskriminieren könne. Sollten ferner Stralford und Post Danmark über besondere Rabattpraktiken eine Abschottung anstreben, könne die Regulierungsbehörde die Möglichkeit entsprechender Rabattangebote bei Wettbewerbern von Stralford erzwingen. Schließlich sei ab dem Zeitpunkt der bevorstehenden Liberalisierung der Postmärkte auch die Möglichkeit gegeben, mit den neuen Wettbewerbern von Post Danmark zu kooperieren. Abschottungseffekte konnten damit im Ergebnis ausgeschlossen werden.[1020] Im Fall *E.ON/MOL* hingegen stand die Rechtswidrigkeit der aus ökonomischer Sicht als wahrscheinlich erachteten Verhaltensweisen zwar nicht eindeutig fest; unter Berufung auf die *Tetra Laval*-Rechtsprechung des EuGH führte die Kommission aber keine weitere rechtliche Prüfung der Verhaltensweisen durch.[1021]

2. Leitlinien zur Bewertung nichthorizontaler Zusammenschlüsse

Im November 2007 hat die Kommission Leitlinien zur Bewertung nichthorizontaler Zusammenschlüsse veröffentlicht.[1022] Den Leitlinien liegt die Annahme zugrunde, dass vertikale und konglomerate Zusammenschlüsse den Wettbewerb im Allgemeinen weniger beeinträchtigen als horizontale Zusammenschlüsse, da sie die Zahl der Wettbewerber in einem

---

1019 Ibid., Rdnr. 145–150.
1020 Ibid., Rdnr. 151–166.
1021 Komm. v. 21.12.2005 (COMP/M.3696) – E.ON/MOL, Rdnr. 442. Der Zusammenschluss von E.ON und MOL wurde daher nur unter Auflagen genehmigt.
1022 Leitlinien zur Bewertung nichthorizontaler Zusammenschlüsse, ABl.EU 2008 Nr. C 265, S. 6–25.

III. Rechtliche Aspekte vertikaler und konglomerater Zusammenschlüsse **Teil 3**

Markt nicht unmittelbar ändern.[1023] Ferner bieten nichthorizontale Zusammenschlüsse beachtliche Möglichkeiten zu Effizienzgewinnen. Beispielsweise setzen in vertikalen Beziehungen die Eliminierung der doppelten Marginalisierung ebenso wie die gesunkenen Transaktionskosten und eine bessere Koordination zwischen den Produktionsstufen Anreize zu Preissenkungen.[1024] Die Kommission hat daher einen Schwellenwert festgelegt, unterhalb dessen Zusammenschlüsse nur bei Vorliegen besonderer und einzeln benannter Umstände ausführlich untersucht werden.[1025] Da nach Ansicht der Kommission das Vorhandensein eines beachtlichen Grades an Marktmacht in zumindest einem der betroffenen Märkte eine notwendige Bedingung für wettbewerbliche Beeinträchtigungen ist, sieht sie einen Marktanteil unterhalb von 30% und einen HHI von weniger als 2000 in jedem der betroffenen Märkte als Indiz für das Fehlen wettbewerblicher Bedenken an („soft safe harbour").[1026]

Im Hinblick auf vertikale Zusammenschlüsse sieht die Kommission die Abschottung des Zugangs zu den Einsatzmitteln und die Kundenabschottung als die hauptsächlichen wettbewerbswidrigen Wirkungen an. Der Zugang zu den Einsatzmitteln wird abgeschottet, wenn das fusionierte Unternehmen den Zugang von Wettbewerbern auf dem nachgelagerten Markt zu Produkten beschränkt, die es ohne den Zusammenschluss geliefert hätte.[1027] Das fusionierte Unternehmen erhöht damit die Kosten der Wettbewerber auf dem nachgelagerten Markt, was es möglicherweise wiederum zur Erhöhung der Preise gegenüber den Endkunden befähigt.[1028] Zur Beurteilung der Wahrscheinlichkeit der Abschottung des Zugangs zu den Einsatzmitteln untersucht die Kommission sowohl die Fähigkeit wie auch die Anreize des fusionierten Unternehmens zur Abschottung. Ein solches Verhalten wird nur unter den Bedingungen für möglich erachtet, dass das betroffene Produkt von einiger Bedeutung ist, das fusionierte Unternehmen über einen erheblichen Grad an Marktmacht auf dem vorgelagerten Markt verfügt und keine wirksamen und zeitnahen Gegenmaßnahmen zu

---

1023 Ibid., Rdnr. 11 f.
1024 Ibid., Rdnr. 13 f.
1025 Ibid., Rdnr. 26.
1026 Ibid., Rdnr. 23, 25 und 27. Der HHI (Herfindahl-Hirschman-Index) wird zur Bestimmung der Konzentration in einem Markt genutzt, siehe S. 251 f.
1027 Aus der Anwendungspraxis siehe dazu Komm. v. 25.6.2008 (COMP/M.5121) – News Corp/Premiere, Rdnr. 61; Komm. v. 17.7.2008 (COMP/M.5114) – Pernod Ricard/V&S, Rdnr. 112 f. Entsprechend BKartA, Beschl. v. 18.7.2008 – Stihl/Zama, WuW/E DE-V 1669, 1676 (unter Bezugnahme auf die Leitlinien der Kommission); anders danach noch z.B. BKartA, Beschl. v. 24.8.2009, B8–67/09 – EnBW/VNG, Rdnr. 103 ff.
1028 Leitlinien zur Bewertung nichthorizontaler Zusammenschlüsse, ABl.EU 2008 Nr. C 265, S. 6–25, Rdnr. 31.

Teil 3 F. Vertikale und konglomerate Zusammenschlüsse

erwarten sind.[1029] Die Profitabilität einer Abschottung und damit der Anreiz zu dieser hängt von der Abwägung zwischen dem verlorenen Gewinn im vorgelagerten Markt wegen der verringerten Verkäufe und dem gestiegenen Gewinn im nachgelagerten Markt aufgrund der ausgeweiteten Verkäufe oder der erhöhten Preise ab.[1030] Zuletzt untersucht die Kommission, ob eine wahrscheinliche Abschottung des Zugangs zu den Einsatzmitteln den Wettbewerb erheblich beeinträchtigen würde. Die Kommission erachtet eine Abschottung – unabhängig von deren Auswirkungen auf die Wettbewerber des fusionierten Unternehmens – nur dann als wettbewerbswidrig, wenn sie steigende Preise auf dem nachgelagerten Markt zur Folge hätte.[1031] Daher ist deren Wirkung auf den Wettbewerb unter Berücksichtigung der oben geschilderten Effizienzgewinne zu bewerten.[1032]

Eine Kundenabschottung liegt demgegenüber vor, wenn das fusionierte Unternehmen den Zugang seiner Wettbewerber im vorgelagerten Markt zu einer ausreichenden Anzahl von Abnehmern beschränkt und dadurch deren Möglichkeiten zu effektivem Wettbewerb mit der fusionierten Einheit verringert. In der Folge steigen möglicherweise die Kosten der Konkurrenten im nachgelagerten Markt für Einsatzmittel, sodass die fusionierte Einheit ihre Preise im nachgelagerten Markt profitabel erhöhen könnte.[1033] Die Kommission untersucht wiederum sowohl die Fähigkeit des fusionierten Unternehmens zur Abschottung – die von seiner Marktmacht, dem Vorhandensein ausreichender wirtschaftlicher Alternativen im nachgelagerten Markt und der Möglichkeit wirksamer und zeitnaher Gegenmaßnahmen der Wettbewerber im vorgelagerten Markt abhängt – als auch die Anreize zu einem solchen Verhalten.[1034] Zuletzt wird die Wirkung einer Kundenabschottung auf den Wettbewerb unter Berücksichtigung möglicher Effizienzgewinne bewertet.[1035]

Konglomerate Zusammenschlüsse sind von besonderem Interesse, wenn die Zusammenschlussparteien in benachbarten Märkten tätig sind.[1036] Solche Zusammenschlüsse befähigen die fusionierte Einheit möglicherweise, ihre starke Position in einem Markt mit Hilfe von Bündelungs- oder Kopplungsstrategien auf den anderen Markt zu übertragen.[1037] Be-

---

1029 Ibid., Rdnr. 34, 35 und 39.
1030 Ibid., Rdnr. 41.
1031 Ibid., Rdnr. 47 und 16.
1032 Ibid., Rdnr. 52 ff.
1033 Ibid., Rdnr. 58.
1034 Ibid., Rdnr. 61, 67 und 68.
1035 Ibid., Rdnr. 77.
1036 Ibid., Rdnr. 91.
1037 Ibid., Rdnr. 93.

III. Rechtliche Aspekte vertikaler und konglomerater Zusammenschlüsse **Teil 3**

züglich der Anreize zu solchen Strategien verweist die Kommission auf die in den *Tetra Laval-* und *GE/Honeywell*-Urteilen niedergelegten Grundsätze.[1038] Auf der anderen Seite weist sie aber auch auf die zahlreichen Effizienzgewinne hin, die aus konglomeraten Zusammenschlüssen folgen können. Zusätzlich zu den bereits im Zusammenhang mit vertikalen Zusammenschlüssen aufgeführten Effizienzgewinnen sind Kostenersparnisse aufgrund von Verbundvorteilen des gemeinsamen Vertriebs mehrerer an sich separater Produkte spezifisch für konglomerate Zusammenschlüsse.[1039] Unter bestimmten Marktbedingungen wird ein Unternehmen, das seine Produkte bündelt, zudem Anreize zur Senkung der Margen haben, wenn es dadurch seine Profite insgesamt erhöht (sog. Cournot-Effekt).[1040]

Ferner könnten sowohl vertikale wie auch konglomerate Zusammenschlüsse unter bestimmten Umständen koordinierte Effekte hervorrufen. Nach Ansicht der Kommission könnte ein koordiniertes Verhalten unter anderem erleichtert werden, wenn die Markttransparenz aufgrund des Zugangs zu sensiblen Daten über Wettbewerber steigt, die Symmetrie zwischen den Marktteilnehmern sich erhöht oder das Ausmaß und die Bedeutung von Multi-Markt-Kontakten steigt.[1041]

3. Anwendung ökonomischer Methoden in der Praxis

Im Anschluss an die *Tetra Laval-* und *GE/Honeywell*-Urteile und die Veröffentlichung der Leitlinien zur Bewertung nichthorizontaler Zusammenschlüsse hat die Kommission zunehmend ökonomische Verfahren eingesetzt, um die vertikalen Effekte eines Zusammenschlusses zu beurteilen. In der Entscheidung *TomTom/Tele Atlas*[1042] hat sie die Anreize der fusionierten Einheit zur Abschottung des Zugangs ihrer Wettbewerber auf dem nachgelagerten Markt zu bedeutenden Einsatzmitteln untersucht. Da die Margen der fusionierten Einheit auf dem vorgelagerten Markt viel geringer waren als diejenigen im nachgelagerten Markt, nahm die Kommission zunächst an, dass der im vorgelagerten Markt aufgrund des Absatzrückgangs entgangene Gewinn durch den gestiegenen Gewinn im nachgelagerten Markt kompensiert würde und die fusionierte Einheit daher Anreize zur Abschottung des Zugangs zu den Einsatzmitteln hätte.[1043] Zur

---
1038 Ibid., Rdnr. 110 mit Hinweis auf Rdnr. 46.
1039 Ibid., Rdnr. 118.
1040 Ibid., Rdnr. 117.
1041 Ibid., Rdnr. 84, 86 und 121.
1042 Komm. v. 14.5.2008 (COMP/M.4854) – TomTom/Tele Atlas.
1043 Ibid., Rdnr. 221; siehe auch Leitlinien zur Bewertung nichthorizontaler Zusammenschlüsse, ABl.EU 2008 Nr. C 265, S. 6–25, Rdnr. 41.

Teil 3 F. Vertikale und konglomerate Zusammenschlüsse

genauen Bestimmung des Trade-off im Hinblick auf die Gewinne berechnete sie daraufhin das Absatzvolumen, das die fusionierte Einheit im nachgelagerten Markt im Falle einer Abschottung an sich ziehen würde. Sie führte zu diesem Zweck eine ökonometrische Schätzung der Preiselastizitäten auf dem nachgelagerten Markt anhand eines Mehrstufenmodells durch: „Die Kommission prüfte, ob die geschätzten Elastizitäten einer Vielzahl von Annahmen standhalten, insbesondere in Bezug auf die Mehrstufenstruktur, die Größe des Marktes und die verwendeten Instrumente. Als durchschnittliche Elastizität wurde eine Produktelastizität von 2,75 % festgestellt, und die Markenelastizitäten stimmen im Großen und Ganzen mit den beobachteten Gewinnspannen überein."[1044] Auf Grundlage dieser Schätzung und anderer Marktdaten untersuchte die Kommission die Wahrscheinlichkeit einer vollständigen Abschottung des Zugangs zu den Einsatzmitteln. Da eine vollständige Abschottung den von dem einzigen Wettbewerber im vorgelagerten Markt ausgeübten wettbewerblichen Druck verringern würde, würden die Preise, die von den Wettbewerbern des fusionierten Unternehmens im nachgelagerten Markt verlangt werden, anschließend möglicherweise steigen.[1045] Allerdings kam die Kommission zu dem Schluss, dass die Preise um mehrere hundert Prozent steigen müssten, damit die vollständige Abschottung des Zugang zu den Einsatzmitteln für das fusionierte Unternehmen profitabel wäre, da die geschätzten Elastizitäten relativ begrenzt waren und die Kosten des betroffenen Einsatzmittels nur einen Bruchteil des Preises des nachgelagerten Produktes darstellten.[1046] In Anbetracht der Unwahrscheinlichkeit einer derart hohen Preiserhöhung sah die Kommission die vollständige Abschottung des Zugangs zu den Einsatzmitteln durch die fusionierte Einheit als unrealistisch an. Ferner untersuchte die Kommission

---

1044 Komm. v. 14.5.2008 (COMP/M.4854) – TomTom/Tele Atlas, Rdnr. 221 (Fn. 169).
1045 Ibid., Rdnr. 222; siehe auch Leitlinien zur Bewertung nichthorizontaler Zusammenschlüsse, ABl.EU 2008 Nr. C 265, S. 6–25, Rdnr. 38.
1046 Komm. v. 14.5.2008 (COMP/M.4854) – TomTom/Tele Atlas, Rdnr. 223 und Fn. 173: „Ausgehend von einer Bruttogewinnspanne für TomTom von [0–50]*% und einer Bruttogewinnspanne für Tele Atlas von [50–100]*%, dem Anteil der Kartendatenbank am Großhandelspreis für TomTom von [0–10]*%, dem Anteil der Kartendatenbank am Großhandelspreis für andere PND-Hersteller von [0–10]*%, dem Anteil von TomTom am PND-Markt von [30–50]*%, dem Anteil anderer Kunden von Tele Atlas am PND-Markt von [10–30]*% und einer Weitergabe der Preiserhöhung um 50 % lassen sich die Verluste auf dem vorgelagerten Markt und die Gewinne auf dem nachgelagerten Markt berechnen, die sich infolge einer Strategie der vollständigen Abschottung ergeben. Unter Berücksichtigung der geschätzten Elastizitäten auf dem nachgelagerten Markt (Annahme: Garmin ist vor einer Preiserhöhung geschützt) müsste NAVTEQ die Preise für Kartendatenbanken um [400–500]*% erhöhen, damit eine vollständige Abschottung für Tele Atlas gewinnbringend wäre."

III. Rechtliche Aspekte vertikaler und konglomerater Zusammenschlüsse   Teil 3

auch die Wahrscheinlichkeit einer partiellen Abschottung des Zugangs zu den Einsatzmitteln durch eine Erhöhung der Preise, die von den Wettbewerbern der fusionierten Einheit verlangt werden. Der Profittest deutete aber wiederum darauf hin, dass eine derartige Preiserhöhung unprofitabel und unwahrscheinlich wäre, da die Verluste auf dem vorgelagerten Markt aufgrund des Absatzrückgangs höher wären als die Summe der zusätzlichen Gewinne auf dem nachgelagerten Markt aus den Beziehungen mit den bestehenden Kunden und derjenigen Gewinne, die auf die verminderte Wettbewerbsfähigkeit der Konkurrenten auf dem nachgelagerten Markt zurückzuführen wären.[1047] Zuletzt untersuchte die Kommission auch mögliche fusionsspezifische Effizienzgewinne wie die Internalisierung der doppelten Marginalisierung und eine bessere Koordination in der Produktentwicklung.[1048] In Anbetracht des fehlenden Anreizes zur Abschottung sah die Kommission aber von der Schätzung des konkreten Ausmaßes der Effizienzgewinne ab.

Die Kommission verwendete ein identisches ökonometrisches Modell im Fall *Nokia/NAVTEQ*,[1049] der denselben vorgelagerten Markt wie der Zusammenschluss zwischen TomTom und Tele Atlas betraf. Anhand von Schätzungen der Nachfrageelastizitäten im nachgelagerten Markt indizierte der Profittest die Unwahrscheinlichkeit einer Abschottung des Zugangs zu den Einsatzmitteln durch die fusionierte Einheit, da die kritische Preiserhöhung durch den Wettbewerber im vorgelagerten Markt eine unrealistische Höhe erreichen müsste.[1050] Trotz hinreichend vorhandener Daten sind robuste Schätzungen der Elastizitäten manchmal aber nur schwer möglich. In der Entscheidung *Itema/Barcovision* führte die Kommission diesbezüglich aus: „Obwohl die im Rahmen der Untersuchung erhobenen Daten ausführliche und genaue Informationen über die Verkaufszahlen der verschiedenen Unternehmen liefern, konnten keine präzisen und robusten Elastizitätsschätzungen vorgenommen werden, was hauptsächlich auf das Fehlen geeigneter Instrumente zurückzuführen war. Da keine ökonometrische Schätzung der Eigenpreis- und Kreuzpreiselastizitäten möglich war, wurde ein Näherungswert der Eigenpreiselastizitäten auf Basis des Lerner-Index für die Eigenpreiselastizitäten verwendet."[1051] Dieses vergleichsweise einfache Model indizierte, dass die Ab-

---

1047 Ibid., Rdnr. 228. Dieselbe Schlussfolgerung galt für das Szenario einer partiellen Abschottung des Zugangs zu den Einsatzmitteln, in dem das fusionierte Unternehmen die Qualität ihrer Lieferungen an die Wettbewerber im nachgelagerten Markt gemindert hätte.
1048 Ibid., Rdnr. 238 ff.
1049 Komm. v. 2.7.2008 (COMP/M.4942) – Nokia/NAVTEQ.
1050 Ibid., Rdnr. 341 ff.
1051 Komm. v. 4.8.2008 (COMP/M.4874) – Itema/Barcovision, Rdnr. 76 (Fn. 52).

schottung des Zugangs zu den Einsatzmitteln nur profitabel wäre, wenn der Wettbewerber auf dem vorgelagerten Markt seine Preise in unrealistischem Maße erhöhen würde.[1052] Unter Bezugnahme auf aussagekräftige qualitative Nachweise sah die Kommission daher eine vollständige, eine partielle wie auch eine selektive Abschottung des Zugangs zu den Einsatzmitteln als unwahrscheinlich an.[1053] Auch in der Entscheidung *IPIC/ MAN Ferrostaal* nahm die Kommission nur eine konservative empirische Schätzung der Profitabilität vor, um den Anreiz des fusionierten Unternehmens zur Abschottung des Zugangs zu den Einsatzmitteln darzulegen.[1054] Danach wären die Verluste auf dem vorgelagerten Markt bereits gedeckt, wenn die Preise auf dem nachgelagerten Markt um weniger als 1% steigen würden.[1055]

Im Fall *Thales/Finmeccanica/AAS/Telespazio* hatte eine dritte Partei eine ökonomische Studie eingereicht, die die Anreize der fusionierten Einheit zur Abschottung des Zugangs zu den Einsatzmitteln bewertete.[1056] Die Studie basierte auf einem komplexen Ausschreibungsmodell und einer vergleichsweise einfachen rechnerischen Analyse, die die kritische Diversion Ratio im Hinblick auf die Profitabilität der Abschottung untersuchte. Die Kommission wies allerdings die Ergebnisse der Studie zurück, da sie zahlreiche Besonderheiten des Marktes, insbesondere die unterschiedlichen Bedingungen in den verschiedenen Marktsegmenten, nicht berücksichtigte.[1057] Im Anschluss an eine eingehende Analyse der Anreize des fusionierten Unternehmens zur Abschottung des Zugangs zu den Einsatzmitteln in den verschiedenen Marktsegmenten nahm die Kommission an, dass trotz der Wahrscheinlichkeit einer Abschottung in einzelnen Marktsegmenten der Zusammenschluss in Anbetracht des geringen Anteils dieser Segmente am gesamten Markt wirksamen Wettbewerb nicht erheblich beeinträchtigen werde.[1058] Auch das in der Entscheidung *RWE/Essent* von den Parteien vorgelegte ökonomische Modell blieb nicht von Kritik der Kommission verschont.[1059] Ihrer Ansicht nach unterschätzte das Modell die Anreize der Parteien zur Zugangsabschottung, da die Schätzung der Preissensitivität im Verhältnis zu Mengenveränderungen auf durchschnittlichen Werten beruhte und so kurzfristig bestehende Anreize

---

1052 Ibid., Rdnr. 76.
1053 Ibid., Rdnr. 77, 80 und 83.
1054 Komm. v. 13.3.2009 (COMP/M.5406) – IPIC/MAN Ferrostaal, Rdnr. 44f.
1055 Ibid., Rdnr. 45, Fn. 24.
1056 Komm. v. 4.4.2007 (COMP/M.4403) – Thales/Finmeccanica/AAS/Telespazio, Rdnr. 411ff.
1057 Ibid., Rdnr. 412, 414 und 419.
1058 Ibid., Rdnr. 404, 406 und 436.
1059 Komm. v. 23.6.2009 (COMP/M.5467) – RWE/Essent, Rdnr. 191ff.

III. Rechtliche Aspekte vertikaler und konglomerater Zusammenschlüsse **Teil 3**

verbarg.[1060] Allerdings waren weder die Parteien noch die Kommission im Rahmen des Verfahrens in der Lage, das ökonomische Modell entsprechend zu verfeinern.[1061] Letztlich nahm die Kommission daher auf dieser Grundlage an, dass die Anreize der Parteien zur Abschottung des Zugangs nur begrenzt seien.[1062]

G. Schlussbetrachtung

Im vergangenen Jahrzehnt wurden zunehmend – auch aufgrund von Fortschritten in den Wirtschaftswissenschaften – Forderungen nach einem „more" (oder besser: „modern") „economic approach" im Wettbewerbsrecht gestellt. Diesen Forderungen zufolge sollten das Kartellrecht und die Anwendungspraxis, wenn immer möglich, auf gesicherten Erkenntnissen der Wirtschaftstheorie gründen. Anderenfalls, so das Argument, liefe man Gefahr, aus ökonomischer Sicht falsche Entscheidungen zu treffen. Das gegenseitige Verständnis von Wettbewerbsjuristen und -ökonomen für Anliegen und Arbeitsweise der jeweils anderen Disziplin hat in diesem Zeitraum erheblich zugenommen. Aus heutiger Sicht ist festzustellen, dass die Nutzung moderner ökonomischer Analysemittel etwa im Zusammenhang der Abgrenzung von Märkten oder der Prognose von Zusammenschlusswirkungen bei Juristen keine Abwehrreflexe mehr hervorruft. Umgekehrt hat bei Wettbewerbsökonomen das Verständnis dafür zugenommen, dass das Recht neben dem Anliegen einer Steigerung der (Gesamt- oder Konsumenten-) Wohlfahrt weitere legitime Zwecke verfolgen darf, die oft aufgrund der Entscheidung eines Normgebers verbindlich zu verfolgen sind.

Betrachtet man die Beiträge der Wirtschaftswissenschaft zu den verschiedenen in dieser Untersuchung diskutierten Bereichen, nämlich zur Marktabgrenzung, zu nichtkoordinierten Effekten (einschließlich der Einzelmarktbeherrschung sowie der Verwendung quantitativ-ökonomischer Verfahren), zur kollektiven Marktbeherrschung (unter Einschluss der Feststellung koordinierter Effekte), zur Berücksichtigung von Effizienzgewinnen und schließlich hinsichtlich der Analyse vertikaler und konglomerater Zusammenschlüsse, so zeigt sich, dass nicht in allen Bereichen in gleichem Maße Erkenntnisfortschritte zu verzeichnen sind: So kann die Entwicklung des hypothetischen Monopoltests als ein bedeutender Beitrag der

---

1060 Ibid., Rdnr. 194.
1061 Ibid.
1062 Ibid., Rdnr. 197.

Teil 3   G. Schlussbetrachtung

Wirtschaftstheorie zum Problem der Marktabgrenzung betrachtet werden. Diese ökonomisch fundierte, konzeptionelle Herangehensweise an das Problem der Abgrenzung des relevanten Marktes hat sich bereits in zahlreichen Jurisdiktionen als Standard etabliert. Hierzu haben sicherlich auch wichtige Fortschritte im Bereich der quantitativ-ökonomischen Verfahren beigetragen.

Ein Problem stellt jedoch die sachgerechte Abgrenzung des Marktes im Falle differenzierter Produkte dar. Hier kann der Fall auftreten, dass eine Fusion eines Unternehmens A mit einem Unternehmen B andere wettbewerbliche Effekte hat als ein Zusammenschluss mit einem Unternehmen C, wenn das von B hergestellte Produkt ein engeres Substitut zum Produkt von A ist als das Produkt von Unternehmen C. Dies gilt auch dann, wenn die Unternehmen B und C die gleichen Marktanteile aufweisen. Daher erlauben Marktanteile im Fall differenzierter Güter keine fundierte Prognose über die wettbewerblichen Wirkungen eines Zusammenschlusses. Es wäre somit zu erwägen, ob und inwieweit von einer Marktabgrenzung im herkömmlichen Sinne abgegangen werden sollte. Stattdessen könnte mehr Gewicht auf direkte Prognosen von Zusammenschlüssen gelegt werden. Hierzu könnten sich neue Konzepte wie z.B. das des Preissteigerungsdrucks als nützlich erweisen.

Während hinsichtlich des Problems der Einzelmarktbeherrschung keine grundlegenden wirtschaftstheoretischen Fortschritte zu verzeichnen waren, haben spieltheoretische Konzepte und Modelle ein tieferes Verständnis für die Funktionsweise oligopolistischer Märkte ermöglicht, aufgrund dessen man die durch einen Unternehmenszusammenschluss herbeigeführten Folgen für das Marktergebnis besser prognostizieren kann. So können die nichtkoordinierten Effekte eines Zusammenschlusses mit Hilfe sogenannter Fusions-Simulationsmodelle auch quantitativ abgeschätzt werden. Diese Modelle können daher wichtige Anhaltspunkte für die Beurteilung einer Fusion liefern. Sicherlich besteht in diesem Bereich noch weiterer Forschungsbedarf, aber die bisherigen Ergebnisse sind vielversprechend und man kann davon ausgehen, dass diese Modelle künftig weiterentwickelt werden und zunehmende Bedeutung erlangen.

Was die kollektive Marktbeherrschung betrifft, so hat auch in diesem Bereich die moderne Wirtschaftstheorie wichtige Beiträge geleistet. So wurden für das Bestehen einer kollektiv marktbeherrschenden Stellung eine ganze Reihe von Voraussetzungen identifiziert, die erfüllt sein müssen, damit von einer derartigen Marktbeherrschung mit hinreichender Sicherheit ausgegangen werden kann. Dazu gehören neben der Anzahl und der „Symmetrie" der Unternehmen in einem oligopolistischen Markt auch die Markt-

III. Rechtliche Aspekte vertikaler und konglomerater Zusammenschlüsse **Teil 3**

transparenz und das Vorliegen eines wirkungsvollen und glaubwürdigen Sanktionsmechanismus. Allerdings begegnet die Feststellung des Vorliegens dieser Voraussetzungen zu einem Teil besonderen praktischen Schwierigkeiten: Ist die Markttransparenz hinreichend hoch? Welche Sanktionsmöglichkeiten hat ein Unternehmen? Sind derartige Sanktionen wirkungsvoll und würde ein Unternehmen sie auch bei gegebenem Anlass einsetzen?

Von der Frage des Vorliegens einer kollektiv marktbeherrschenden Stellung zu unterscheiden ist diejenige nach dem Auftreten koordinierter Effekte eines Zusammenschlusses: Nur wenn der Zusammenschluss die Gefahr der Entstehung oder Verstärkung einer kollektiven Marktbeherrschung begründet, kommt eine Untersagung unter dem Gesichtspunkt der koordinierten Effekte in Betracht. Hier können die Erfolge der Wirtschaftstheorie bislang bestenfalls als recht bescheiden bezeichnet werden. Zwar kann sie angeben, unter welchen Bedingungen koordinierte Gleichgewichte existieren und welche Eigenschaften sie aufweisen, aber sie ist – vor allem aus konzeptionellen Gründen – nicht in der Lage, zu prognostizieren, ob es aufgrund von Fusionen zu koordinierten Effekten kommt, d.h. ob aufgrund eines Zusammenschlusses die Möglichkeiten für eine Verhaltenskoordination geschaffen oder verbessert werden. Die bisherige Wirtschaftstheorie ist statischen Charakters und konzentriert sich in ihren Analysen auf Fragen der Existenz und der Eigenschaften von Gleichgewichten, sagt jedoch nur sehr wenig über die Auswahl und das Erreichen von bestimmten Gleichgewichten.

Bei Effizienzgewinnen stellt sich ein ähnlich gelagertes Problem wie bei der kollektiven Marktbeherrschung: Damit Effizienzgewinne gemäß den Leitlinien berücksichtigungsfähig sind, müssen auch hier zahlreiche Voraussetzungen gleichzeitig erfüllt sein, deren Verifizierung sich in der Anwendungspraxis im Allgemeinen als schwierig erweisen wird. So ist eine Prognose darüber, wann und in welcher Höhe Effizienzgewinne auftreten werden, bei den meisten Zusammenschlüssen kaum möglich. Zahlreiche Effizienzgewinne, wie z.B. eine Verringerung der Fixkosten, werden nicht an die Konsumenten weitergegeben werden. Andere lassen sich nicht quantifizieren oder es kann, wie im Bereich von Forschung und Entwicklung, keine Aussage über die Wahrscheinlichkeit des Auftretens behaupteter Effizienzgewinne gemacht werden. Auch das Abwägen der Effizienzgewinne mit den durch die Verringerung des wirksamen Wettbewerbs herbeigeführten Wohlfahrtsverlusten wird sich in der Praxis kaum durchführen lassen. Ungeachtet dessen wurde durch die Neufassung der europäischen Fusionskontrollverordnung im Jahr 2004 die seit längerer Zeit geführte Diskussion im Sinne einer einzelfallbezogenen Berücksichtigung von Effizienzgewinnen entschieden. Darüber hinaus stellt sich bei

Teil 3 G. Schlussbetrachtung

der Berücksichtigung von Effizienzgewinnen, unabhängig davon, ob man einen Konsumenten- oder Gesamtwohlfahrtsstandard anwendet, das Problem, dass die Wirtschaftstheorie zwar im Rahmen einer kurzfristigen Betrachtung fundierte Aussagen über die Entstehung oder Verstärkung von Marktmacht im Sinne der Erlangung eines Preissetzungsspielraumes machen kann, sie aber noch nicht in der Lage ist, in vergleichbarem Grade fundierte Aussagen über langfristige, dynamische Entwicklungen, wie z. B. über den Zusammenhang zwischen Marktstruktur und Forschung und Entwicklung bzw. Innovationen zu treffen. So kann zwar das Entstehen eines Duopols kurzfristig mit erheblichen Effizienzgewinnen verbunden sein, langfristig kann jedoch, da nunmehr vielleicht nicht mehr drei sondern nur noch zwei unabhängige Forschungsaktivitäten verfolgt werden, der technische Fortschritt zu erheblichen dynamischen Ineffizienzen führen.

Die ökonomische Analyse vertikaler und konglomerater Zusammenschlüsse kann noch nicht als abgeschlossen bezeichnet werden – es handelt sich um ein aktives Forschungsgebiet und es ist mit weiteren Ergebnissen in nächster Zeit zu rechnen. Die bisher vorliegenden Erkenntnisse deuten jedoch darauf hin, dass bei vertikalen Zusammenschlüssen nur in Ausnahmefällen mit negativen Wirkungen auf den Wettbewerb zu rechnen ist. Eine Input- oder Kundenabschottung, die zentralen wettbewerbsbeschränkenden Wirkungen eines vertikalen Zusammenschlusses, treten nur unter recht restriktiven Bedingungen auf, die in der Praxis nur in seltenen Fällen vorliegen dürften. Darüber hinaus haben vertikale Fusionen häufig effizienzerhöhende Wirkungen, die mit den negativen Konsequenzen saldiert werden müssten. Noch schwieriger als bei Horizontalfusionen gestaltet sich die Prognose koordinierter Effekte.

Diese Aussagen gelten in stärkerem Maße für konglomerate Zusammenschlüsse. Negative wettbewerbliche Folgen können hier insbesondere durch Möglichkeiten der Kopplungsbindung sowie durch Sortimentseffekte entstehen. Die Bedingungen hierfür dürften ebenfalls nur in wenigen Ausnahmefällen vorliegen. Vielmehr dürften in der Mehrzahl der Fälle effizienzerhöhende Wirkungen – wie z. B. aufgrund eines Cournot-Effektes – der Grund für den Zusammenschluss sein, die dann mit den eventuell auftretenden wettbewerbsbeschränkenden Wirkungen zu saldieren wären. Mögliche koordinierte Effekte könnten dann auftreten, wenn durch den konglomeraten Zusammenschluss Multi-Markt-Kontakte entstehen. Die Untersagung einer Fusion mit diesem Argument zu begründen, scheint jedoch aus ökonomischer Sicht äußerst fragwürdig. Weiterhin ist in Rechnung zu stellen, dass sich die ökonomischen Modelle bislang nicht explizit mit den Wirkungen konglomerater Zusammenschlüsse be-

III. Rechtliche Aspekte vertikaler und konglomerater Zusammenschlüsse   Teil 3

fasst haben, sondern dass der Missbrauch einer bestehenden marktbeherrschenden Stellung im Zentrum der Analyse steht.

Diese Überlegungen machen deutlich, dass eine pauschale Forderung nach einem „more" oder „modern economic approach" für das gesamte Wettbewerbsrecht nicht erhoben werden kann, sondern dass genau zu untersuchen ist, in welchen Bereichen eine bessere wirtschaftstheoretische Fundierung des Wettbewerbsrechts und der Anwendungspraxis sinnvoll und wünschenswert ist, in welchen eine Abwägung zwischen fundierter ökonomischer Analyse eines jeden Einzelfalls und einer pauschalierenden Abwägung erforderlich ist, und in welchen eine ökonomische Fundierung im eigentlichen Sinne noch nicht erfolgen kann, da die Wirtschaftstheorie – zumindest gegenwärtig – noch nicht hinreichend entwickelt ist, um z. B. koordinierte Effekte und die langfristige dynamische Entwicklung von Marktstrukturen in befriedigender Weise analysieren zu können.

Welches Fazit ergibt sich aus diesen Überlegungen? In welchen Bereichen könnte und sollte – wenn überhaupt – eine bessere wirtschaftstheoretische Fundierung angestrebt werden? Hinsichtlich der Abgrenzung des relevanten Marktes wäre ein klarer und eindeutiger Übergang zum Konzept des hypothetischen Monopoltests aus ökonomischer Sicht zu befürworten. Dieser Test basiert auf einem soliden wirtschaftstheoretischen Fundament und ist seit langem in einer Reihe von Ländern, vor allem im angelsächsischen Rechtskreis, etablierte Praxis. Darüber hinaus gibt es zahlreiche quantitative Verfahren, mit denen dieser Test implementiert werden kann. Allerdings ist in Bezug auf die Qualität der zugrundezulegenden Daten die Gefahr einer „strategischen" Beantwortung von Umfragen durch am Ausgang des Verfahrens interessierte Marktteilnehmer in Rechnung zu stellen. In der Anwendungspraxis zum Unionsrecht zeichnet sich eine zunehmende Akzeptanz des hypothetischen Monopoltests als Standardverfahren der Marktabgrenzung ab (zum Ganzen schon S. 214 f.).

Im Bereich der Prüfung auf Entstehung oder Verstärkung einer einzelmarktbeherrschenden Stellung hat die Untersuchung keine fundamentalen Divergenzen zwischen den wirtschaftstheoretischen Aussagen und der Vorgehensweise in der Anwendungspraxis erkennen lassen. Die Praxis berücksichtigt bei der erforderlichen Prognoseentscheidung im Rahmen einer indirekten Ermittlung von Marktmacht neben der Veränderung der Marktanteile auch eine Reihe weiterer, qualifizierender Faktoren. Diese Faktoren, wie z. B. Marktzutrittsschranken, Nachfragemacht und Wettbewerb um den Markt, entsprechen weitestgehend dem Stand der Wirtschaftstheorie. In neuerer Zeit sind einzelne Entscheidungen von der

Teil 3 G. Schlussbetrachtung

Möglichkeit des parallelen Bestehens einzelmarktbeherrschender Stellungen mehrerer Unternehmen auf demselben Markt ausgegangen (multiple Einzelmarktbeherrschung).

Bei der Analyse oligopolistischer Märkte sollten, vor allem in Hinblick auf die sogenannten nichtkoordinierten Effekte, spieltheoretische Überlegungen in der Anwendungspraxis stärker berücksichtigt werden. Hierzu zählen nicht nur die theoretischen Konzepte, sondern auch Simulationsmodelle, die vor allem in Märkten mit differenzierten Produkten, in denen eine Marktabgrenzung nur schwer vorgenommen werden kann und Marktanteile nur eine geringe Aussagekraft haben, wichtige Anhaltspunkte zur Beurteilung eines Zusammenschlusses liefern können.

Eine Berücksichtigung nichtkoordinierter Effekte im Oligopol ist im Unionsrecht auf der Grundlage des SIEC-Tests ohne weiteres möglich. Bei einem weiten Begriffsverständnis könnten diese Effekte auch mit dem Marktbeherrschungskriterium erfasst werden. Von einer Schutzlücke wäre demgegenüber auszugehen, wenn dieses Konzept sehr eng ausgelegt wird, d.h., wenn man unter einem marktbeherrschenden Unternehmen z.B. das größte im Markt versteht, das darüber hinaus über einen sehr großen, vom Wettbewerb nicht hinreichend kontrollierten Verhaltensspielraum verfügt. Würde aber Marktbeherrschung inhaltlich so interpretiert, dass diese vorliegt, wenn Unternehmen mit oder ohne Koordinierung ihres Verhaltens über die wirtschaftliche Macht verfügen, einen signifikanten Einfluss auf die Wettbewerbsparameter auszuüben, dann könnte man nichtkoordinierte Effekte prinzipiell auch mit dem Konzept der Marktbeherrschung erfassen. Aus ökonomischer Sicht ist nicht entscheidend, ob ein Unternehmen den Markt beherrscht oder nicht, sondern in erster Linie, ob durch eine Fusion, sei es durch nichtkoordinierte oder koordinierte Effekte, der Wettbewerb wesentlich beeinträchtigt wird. Daher ist auch für das deutsche Recht der Übergang vom Kriterium der Marktbeherrschung zu einem, das auf die dadurch verursachten Änderungen im Wettbewerb abstellt, zu erwägen. Der seit 2004 in der europäischen Fusionskontrolle verwendete SIEC-Test ist im Vergleich zum Marktbeherrschungstest das in theoretischer Hinsicht klarere Konzept, da er auf das Problem abstellt, um das es bei der Fusionskontrolle letztlich geht, nämlich die Verhinderung einer erheblichen Beeinträchtigung des wirksamen Wettbewerbs. Bei der Entscheidung über eine Aufnahme des SIEC-Kriteriums in das deutsche Recht sollten die im Rahmen des Unionsrechts hiermit gemachten praktischen Erfahrungen in Rechnung gestellt werden. Die bisherige Anwendungspraxis der Organe der EU lässt nicht erkennen, dass die Einführung des neuen Tests eine wesentliche Absenkung der Eingriffsschwelle mit sich gebracht hätte.

III. Rechtliche Aspekte vertikaler und konglomerater Zusammenschlüsse **Teil 3**

Die EU-Kommission bedient sich bei der Prognose der Wettbewerbswirkungen eines Zusammenschlusses in neuerer Zeit zunehmend ökonometrischer Verfahren. Zu nennen sind hier Untersuchungen der – im Wege einer Regressionsanalyse ermittelten – „Nähe" von Wettbewerbsbeziehungen der Zusammenschlusspartner sowie die ökonometrische Simulation von Fusionseffekten. Als zusätzliche Analysemittel, die die auf Basis eines herkömmlich-strukturorientierten Ansatzes ermittelten Ergebnisse erhärten oder in Frage stellen, können derartige Untersuchungen wertvolle Hilfe leisten. Bei besonderen Sachlagen – etwa solchen, in denen Marktanteilen besonders wenig Aussagekraft zukommt – kann auch ein alleiniges Abstellen auf ökonometrische Verfahren sachangemessen erscheinen. Auch aus der deutschen Anwendungspraxis ist eine Rezeption quantitativ-ökonomischer Verfahren zu berichten. Wie in der Untersuchung dargestellt, haben als Reaktion auf den gestiegenen Einsatz ökomischer Gutachten insbesondere in der Fusionskontrollpraxis sowohl die Europäische Kommission als auch das Bundeskartellamt die Anforderungen, die sie an von Parteien vorgebrachte ökonomische Gutachten stellen, nunmehr in Bekanntmachungen niedergelegt.

Im Hinblick auf die Voraussetzungen einer kollektiv marktbeherrschenden Stellung entspricht die Praxis des EuG seit dem *Airtours*-Urteil dem Stand der wirtschaftswissenschaftlichen Forschung. Allerdings stößt hier, ähnlich wie bei der Berücksichtigung von Effizienzgewinnen, der „more economic approach" an seine Grenzen: Wenn man in diesen Bereichen eine bessere wirtschaftstheoretische Fundierung anstrebt, dann ist zu berücksichtigen, dass dies nicht „kostenlos" möglich ist. Aufgrund der Komplexität der Probleme und der Vielzahl der zu überprüfenden Voraussetzungen könnte eine einzelfallbezogene Analyse zwar einerseits ökonomisch besser fundierte Entscheidungen ermöglichen, würde andererseits jedoch zu einem erheblichen Anstieg der damit verbundenen Kosten führen. Dabei handelt es sich sowohl um die direkten Kosten, d. h. den zusätzlichen Aufwand der Kartellbehörden wie auch der Parteien, als auch um indirekte Kosten in Form einer reduzierten Rechtssicherheit. Wenn ein solcher trade-off vorliegt, ist bei der Entwicklung von Rechtsnormen eine Abwägung zwischen der Einzelfallgerechtigkeit und den Erfordernissen rechtlicher Anwendbarkeit vorzunehmen. Eine stark einzelfallbezogene Behandlung würde die Handhabbarkeit der Rechtsregeln in Frage stellen und einen inadäquaten Aufwand erfordern oder gar die Nachweisanforderungen auf ein nicht mehr zu erfüllendes Maß heben.

In Bezug auf die Feststellung koordinierter Effekte – im Sinne einer Kausalität eines Zusammenschlusses für die Entstehung oder Verstärkung einer kollektiv marktbeherrschenden Stellung – erscheint es jedoch deut-

Teil 3   G. Schlussbetrachtung

lich schwieriger, einen „more economic approach" zu verwirklichen. Zwar sind die Bedingungen, unter denen eine kollektiv marktbeherrschende Position vorliegen kann, aus der Wirtschaftstheorie recht genau bekannt. Welchen Einfluss jedoch eine Änderung dieser Bedingungen aufgrund eines Zusammenschlusses auf das Erreichen oder die Verstärkung einer nicht oder nur unvollständig möglichen Verhaltenskoordination hat, ist empirisch im Allgemeinen nicht nachweisbar. Darüber hinaus kann eine Situation vorliegen, in der aus konzeptionellen Gründen eine Prognose koordinierter Effekte nicht möglich ist. Der Grund dafür liegt in der statischen Natur der auf Gleichgewichte konzentrierten Wirtschaftstheorie, die bislang keine überzeugenden und robusten Aussagen über Entwicklungs- und Veränderungsprozesse treffen kann. Dies ist auch die Ursache dafür, dass hinsichtlich der langfristigen dynamischen Entwicklung eines Marktes – insbesondere über Zusammenhänge zwischen Konzentration und Innovation – keine verlässlichen Prognosen gemacht werden können. Die Möglichkeiten einer ökonomischen Fundierung juristischer Entscheidungen über diese Sachverhalte bleiben daher bis auf weiteres begrenzt.

Die in der neueren Anwendungspraxis des Bundeskartellamtes und der deutschen Gerichte für die Beurteilung des Vorliegens einer oligopolistischen Marktbeherrschung für relevant gehaltenen Umstände entsprechen weitgehend jenen, die von der Kommission bei der Prüfung einer kollektiven Marktbeherrschung untersucht werden (etwa: Markttransparenz, „Symmetrie" der Unternehmen, Bestehen eines Sanktionsmechanismus, Fehlen wesentlichen Wettbewerbs durch Außenseiter).

Die Marktbeherrschungsvermutungen des GWB können eine verfahrensvereinfachende und Rechtssicherheit erzeugende Wirkung nicht entfalten. Solange sie im Sinne der einen oder anderen Spielart einer Beweislastregel verstanden werden, vermindern sie nicht den bei Durchführung eines Fusionskontrollverfahrens erforderlichen Aufwand, sondern weisen ihn nur der einen oder anderen Seite zu. Eine Rationalisierung und Effektivierung des Verfahrens könnte von Vermutungsregeln ausgehen, die eine stärkere Rechtswirkung als eine bloße Beweislastzuordnung haben. Eine solche strengere Regelung – die Zusammenschlüssen im Wirkbereich der Vermutung im Grundsatz entgegenwirkte – könnte aber aus sich heraus nur gerechtfertigt erscheinen, wenn ein so enger Zusammenhang zwischen Marktanteilen und Marktmacht bestünde, dass das eine (Marktmacht) mit dem anderen (hohe Marktanteile) in aller Regel einherginge. Ein solcher Zusammenhang kann angesichts der Vielzahl der für die Ermittlung von Marktmacht relevanten Faktoren aus wirtschaftstheoretischer Sicht nicht festgestellt werden; auch der Ausgang von Fusionskontrollverfahren (insbesondere) auf der Ebene des Unionsrechts macht deutlich,

III. Rechtliche Aspekte vertikaler und konglomerater Zusammenschlüsse Teil 3

dass signifikante Marktmacht auch bei hohen Marktanteilen oft nicht nachzuweisen ist. Vor diesem Hintergrund könnte für das deutsche Recht eine Streichung der Vermutungstatbestände in Betracht gezogen werden. Allerdings würde die Wirksamkeit der Zusammenschlusskontrolle durch eine Aufgabe der Marktbeherrschungsvermutungen in der Tendenz vermindert. Würde der Konzentrationsbegrenzung – wie etwa von der Monopolkommission in ihrem VI. Hauptgutachten in Betracht gezogen – neben einer ökonomischen auch eine gesellschaftspolitische Funktion zugeordnet (Limitierung des Einflusses von Großunternehmen auf den politischen Prozess durch Begrenzung der Unternehmensgröße), so könnte dies in der Tendenz für eine Beibehaltung der Vermutungen sprechen. Dadurch würden jedoch außerwettbewerbliche Aspekte in die Erwägungen mit einfließen, die anderen Politikbereichen zuzuordnen sind. Aus ökonomischer Sicht wäre demgegenüber allein nach den wirtschaftlichen Konsequenzen einer derartigen Vermutungsregel zu fragen: Welcher volkswirtschaftliche Nutzen entsteht daraus, dass die Vermutungsregel Zusammenschlüsse verhindert, die tatsächlich erhebliche Marktmacht begründet oder verstärkt hätten, aber infolge der prognostischen Unerweislichkeit dieser Wirkung nicht untersagt worden wären? Umgekehrt: Welcher Schaden entsteht dadurch, dass die Vermutungsregel zur Untersagung oder zur anderweitigen Unterlassung von Zusammenschlüssen führt, welche tatsächlich keine Marktmacht erzeugt oder verstärkt hätten? Beide Fragen können auf wissenschaftlich fundierter Grundlage derzeit nicht beantwortet werden. Allerdings deuten die Ergebnisse der vorliegenden Untersuchung darauf hin, dass es in der Anwendungspraxis zum deutschen Recht – auf der Grundlage der Oligopolvermutungen im Verein mit vergleichsweise niedrigen weiteren Anforderungen des Bundeskartellamtes – zu Untersagungen kommt, die nach den strengen Maßstäben des europäischen Unionsrechts mangels Erweislichkeit der Begründung oder Verstärkung einer kollektiven beherrschenden Stellung nicht zu halten wären (oben S. 398– 401). Eine eindeutige Empfehlung zu einer Aufrechterhaltung oder Streichung der Vermutungstatbestände kann auf wirtschaftstheoretischer Basis bislang nicht gegeben werden.

Für das Unionsrecht haben die Gerichtsverfahren im *Sony/BMG-* (oder: *Impala-*) Fall eine Klärung in dem Sinne gebracht, dass der Beweisstandard einer Fusionskontrollentscheidung stets derselbe ist, unabhängig davon, ob es sich um eine Freigabe oder um eine Untersagung handelt. Die Kommission muss demnach die Voraussetzungen einer Freigabe in nicht geringerem Maße belegen als diejenigen einer Untersagung. So wenig die Fusionskontrollverordnung eine Vermutung der Unvereinbarkeit eines Zusammenschlusses mit dem Gemeinsamen Markt begründet, so wenig ent-

Teil 3 G. Schlussbetrachtung

hält sie eine Vermutung der Vereinbarkeit mit dem Gemeinsamen Markt (hierzu S. 323 f.).

Für die Berücksichtigung von Effizienzgewinnen sollte demgegenüber ein Verfahren verwendet werden, das eine Inrechnungstellung auf einer einfachen und verhältnismäßig rechtssicheren Grundlage ermöglicht. So kann eine pauschalierende Berücksichtigung von Effizienzgewinnen einer einzelfallbezogenen rechtspolitisch vorzugswürdig erscheinen. Wird in Rechnung gestellt, dass Effizienzgewinne im Allgemeinen nur sehr schwer zu prognostizieren sind und von den Beteiligten selbst falsch eingeschätzt werden – Großfusionen gelten aus betriebswirtschaftlicher Sicht vielfach als Fehlschläge – könnte eine pauschalierende Berücksichtigung Vorteile mit sich bringen. Bei einem solchen Vorgehen würde implizit unterstellt, dass berücksichtigungsfähige, die wettbewerblichen Nachteile überwiegende Effizienzgewinne in erster Linie bei Zusammenschlüssen von Unternehmen mit kleineren Marktanteilen auftreten. Würde dementsprechend bei Überschreitung gewisser Marktanteilswerte eine Effizienzverteidigung ausgeschlossen, so könnten die knappen Ressourcen der Wettbewerbsbehörden anderweitig eingesetzt werden, und es würde eine erhöhte Rechtssicherheit für Zusammenschlussparteien erzeugt.

Sowohl bei vertikalen als auch bei konglomeraten Zusammenschlüssen scheint aus ökonomischer Sicht ein eher großzügiger Umgang angeraten, denn derartige Zusammenschlüsse sind in der überwiegenden Zahl der Fälle durch Effizienzerwägungen bedingt und nur unter vergleichsweise restriktiven Bedingungen ist mit negativen Auswirkungen auf den Wettbewerb und letztlich auf die Konsumentenwohlfahrt zu rechnen. Insbesondere deutet viel darauf hin, dass koordinierte Effekte in aller Regel nicht zu erwarten sind. Eine notwendige aber nicht hinreichende Bedingung für mögliche negative Auswirkungen vertikaler und konglomerater Fusionen scheint das Vorliegen einer marktbeherrschenden Stellung zumindest eines der beteiligten Unternehmen zu sein. Wenn diese Bedingung nicht erfüllt ist, dann ist nicht mit wettbewerbsbeschränkenden Auswirkungen eines solchen Zusammenschlusses zu rechnen. Aber selbst bei einer marktbeherrschenden Stellung eines der beteiligten Unternehmen sind wettbewerbsbeschränkende Wirkungen nicht notwendig zu erwarten. In diesen Fällen ist daher immer genau zu untersuchen, ob die Möglichkeit z.B. für eine Input- oder Kundenabschottung besteht, ob das Unternehmen einen Anreiz hierzu hat und welche wettbewerblichen Wirkungen sich daraus voraussichtlich ergeben.

Ein moderner ökonomischer Ansatz in der Wettbewerbspolitik muss nicht notwendigerweise auf eine differenzierte Analyse im Einzelfall gerichtet

III. Rechtliche Aspekte vertikaler und konglomerater Zusammenschlüsse   **Teil 3**

sein. Vielmehr sind wirtschaftstheoretische Überlegungen bereits bei der Bildung von Regeln des Wettbewerbsrechts in Rechnung zu stellen. Hiernach sollten gesetzliche Regeln ihrerseits eine einzelfallbezogene Analyse für solche Tatbestände anordnen, in denen der Nutzen einer solchen Untersuchung ihre Kosten im Allgemeinen überwiegt. Für Tatbestände, in denen dies nicht gilt, ist auf wirtschaftstheoretischer Grundlage eine pauschalierende Regelung zu entwickeln.

Literaturverzeichnis

Abbink, K., Brandts, J. (2005): „Collusion in Growing and Shrinking Markets: Empirical Evidence from Experimental Duopolies", CeDEx Discussion Paper No. 2005–03.

Abreu, D. (1986): „Extremal Equilibria of Oligopolistic Supergames", *Journal of Economic Theory* Bd. 39, 191–225.

Abreu, D. (1988): „On the Theory of Infinitely Repeated Games with Discounting", *Econometrica* Bd. 56, 383–396.

Abreu, D., Pearce, D.G., Stacchetti, E. (1986): „Optimal Cartel Monitoring with Imperfect Information", *Journal of Economic Theory* Bd. 39, 251–269.

Abreu, D., Pearce, D.G., Stacchetti, E. (1990): „Toward a Theory of Discounted Repeated Games with Imperfect Monitoring", *Econometrica* Bd. 58, 1041–1063.

Abreu, D., Pearce, D.G., Stacchetti, E. (1993): „Renegotiation and Symmetry in Repeated Games", *Journal of Economic Theory* Bd. 60, 217–240.

Aghion, P., Dewatripont, M., Rey, P. (1994): „Renegotiation Design with Unverifiable Information", *Econometrica* Bd. 62, 257–282.

Aghion, P., Bloom, N., Blundel, R., Griffith, R., Howitt, P. (2002): „Competition and Innovation: An Inverted U Relationship", NBER Working Paper 9269.

Aigner, G., Budzinski, O., Christiansen, A. (2006): „The Analysis of Coordinated Effects in EU Merger Control: Where do we Stand after Sony/BMG and Impala?", Marburg Papers on Economics 14–2006, forthcoming in *European Competition Journal*.

Akerlof, G.A. (1970): „A Market for Lemons: Quality Uncertainty and the Market Mechanism", *Quarterly Journal of Economics* Bd. 84, 488–500.

Akman, P. (2008): „'Consumer' Versus 'Customer': The Devil in the Detail", *Journal of Law and Society* Bd. 37, 315–344.

Alchian, A., Demsetz, H. (1972): „Production, Information Cost, and Economic Organization", *American Economic Review* Bd. 62, 777–795.

Alfter, M. (2003): „Untersagungskriterien in der Fusionskontrolle, SLC-Test versus Marktbeherrschende Stellung – Eine Frage der Semantik?", *Wirtschaft und Wettbewerb* Bd. 53, 20–28.

Amir, R., Grilo, I., Jin, J. (1999): „Demand-Induced Endogenous Price Leadership", *International Game Theory Review* Bd. 1, 219–240.

Amir, R., Stepanova, A. (2000): „Second-Mover Advantage and Price Leadership in Bertrand Duopoly", University of Copenhague, CIE Discussion Paper 2000–10.

Literaturverzeichnis

Arbatskaya, M., Hviid, M., Shaffer, G. (1999): „On the Incidence and Variety of Low-Price Guarantees", University of Copenhague, CIE Discussion Paper 1999–10.

Areeda, P. E., Hovenkamp, H., Solow, J. L. (2007): „Antitrust Law", 3rd ed., Bd. IIB, New York.

Arhold, C. (2002): „Grünbuch der Kommission über die Revision der europäischen Fusionskontrolle oder: Das Bundeskartellamt schlägt zurück", *Europäisches Wirtschafts- und Steuerrecht* Bd. 14, 449–460.

Armstrong, M. (2006): „Competition in Two-Sided Markets", *RAND Journal of Economics* Bd. 37, 668–691.

Armstrong, M. (2007): „Two-Sided Markets: Economic Theory and Policy Implications", in: Choi, J.P. (ed.) *Recent Developments in Antitrust*, Cambridge, Mass., 39–59.

Arndt, H. (1958): „Anpassung und Gleichgewicht am Markt", *Jahrbücher für Nationalökonomie und Statistik* Bd. 170, 217–286, 362–465.

Arnold, T., Schwalbe, U. (2009): „Price Guarantees as a Facilitating Device: A Survey", Universität Hohenheim Discussion Paper No. 417.

Arrow, K. (1962): „Economic Welfare and the Allocation of Resources for Inventions", in: Nelson (Hrsg.), *The Rate and Direction of Inventive Activity*, Princeton.

Arrow, K., Debreu, G. (1954): „Existence of Equilibrium for a Competitive Economy", *Econometrica* Bd. 22, 265–290.

Aschinger, G. (1984): „Contestable Markets: Ein neuer Weg zur Charakterisierung des Wettbewerbs und der Industriestruktur", *Wirtschaftswissenschaftliches Studium* Bd. 13, 217–223.

d'Aspremont, C., Jacquemin, A., Gabszewicz, J.J., Weymark, J.A. (1983): „On the Stability of Collusive Price Leadership", *Canadian Journal of Economics* Bd. 16, 17–25.

Athey, S., Bagwell, K. (2001): „Optimal Collusion with Private Information", *RAND Journal of Economics* Bd. 32, 428–465.

Audy, E., Erutku, C. (2005): „Price Tests to Define Markets: An Application to Wholesale Gasoline in Canada," *Journal of Industry, Competition and Trade* Bd. 5, 137–154.

Aumann, R., Shapley, L. (1994): „Long-Term Competition – A Game Theoretic Approach", in: Megiddo, N., (Hrsg.), *Essays in Game Theory. In Honor of Michael Maschler*, Berlin, 1–15.

Ausubel, L.M., Deneckere, R.J. (1989): „Reputation in Bargaining and Durable Goods Monopoly", *Econometrica* Bd. 57, 511–531.

Avenel, E., Barlet, C. (2000): "Vertical Foreclosure, Technological Choice, and Entry on the Intermediate Market", *Journal of Economics and Management Strategy* Bd. 9, 211–230.

Axelrod, R. (1984): *The Evolution of Cooperation*, New York.

Ayres, I. (1985): "Rationalizing Antitrust Cluster Markets", *Yale Law Journal* Bd. 95, 109–125.

Bae, H. (1987): „A Price-Setting Supergame between Two Heterogeneous Firms", *European Economic Review* Bd. 31, 1159–1171.

Bagwell, K., Staiger, R.W. (1997): „Collusion Over the Business Cycle", *RAND Journal of Economics* Bd. 28, 82–107.

Bain, J. (1956): *Barriers to New Competition*, Cambridge, Mass..

Bain, J. (1968): *Industrial Organization*, 2. Aufl., New York.

Baker, J.B. (1996): „Vertical Restraints with Horizontal Consequences: Competitive Effects of 'Most-Favored Customer Clauses'", *Antitrust Law Journal* Bd. 64, 517–534.

Baker, J.B. (2002a): „Stepping Out in an Old Brown Shoe: In Qualified Praise of Submarkets", *Antitrust Law Journal* Bd. 68, 203–218.

Baker, J.B. (2002b): „Mavericks, Mergers, and Exclusion: Proving Coordinated Competitive Effects under the Antitrust Laws", *New York University Law Review* Bd. 77, 135–202.

Baker, J.B. (2003): „Competitive Price Discrimination: The Exercise of Market Power Without Anticompetitive Effects (comment on Klein and Wiley)", *Antitrust Law Journal* Bd. 70, 643–654.

Baker, J.B. (2007): „Market Definition: An Analytical Overview", *Antitrust Law Journal* Bd. 74, 129–173.

Baker, J.B. (2010): „Market Concentration in the Antitrust Analysis of Horizontal Merger", Hylton, K. (Hrsg.): *Antitrust Law and Economics*, Cheltenham, 234–260.

Baker, J.B, Bresnahan, T.F. (1988): „Estimating the Residual Demand Curve Facing a Single Firm", *International Journal of Industrial Organization* Bd. 6, 283–300.

Baker, J.B., Bresnahan, T.F. (1992): „Empirical Methods of Identifying and Measuring Market Power", *Antitrust Law Journal* Bd. 61, 3–16.

Baker, J.B., Bresnahan, T.F. (2008): „Economic Evidence in Antitrust: Defining Marktes and Measuring Market Power", in: Buccirossi, P. (Hrsg.): *Handbook of Antitrust Economics*, Cambridge, Mass., 1–42.

Baker, S., Coscelli, A. (1999): „The Role of Market Shares in Differentiated Products Markets", *European Competition Law Review* Bd. 20, 412–419.

Baker, S., Wu, L. (1998): „Applying the Market Definition Guidelines of the European Commission", *European Competition Law Review* Bd. 19, 273–280.

Baldani, J., Masson, R. (1984): „Economies of Scale, Strategic Advertising, and Fully Credible Entry Deterrence", *Review of Industrial Organization* Bd. 1, 190–205.

Literaturverzeichnis

Bartosch, A. (2003): „Gehorsam oder Widerstand", *Wirtschaft und Wettbewerb* Bd. 53, 574–585.

Bauer, J.P. (2006): „Antitrust Implications of Aftermarkets", Notre Dame Law School Legal Studies Research Paper No. 06–14.

Baumann, M.G., Godek, P.E. (1995): „Could and Would Understood: Critical Elasticities and the Merger Guidelines", *Antitrust Bulletin* Bd. 40, 885–899.

Baumol, W.J, Panzar, J.C., Willig, R.D. (1982): *Contestable Markets and the Theory of Industry Structure*, San Diego.

Baumol, W.J., Willig, R.D. (1981): „Fixed Cost, Sunk Cost, Entry Barriers and Sustainability of Monopoly", *Quarterly Journal of Economics* Bd. 96, 405–431.

Baumol, W.J., Willig, R.D. (1986): „Contestability: Developments since the Book", *Oxford Economic Papers* Bd. 38, 9–36.

Baxter, S., Dethmers, F. (2005): „Unilateral Effects under the European Merger Regulation: How Big is the Gap?", *European Competition Law Review* Bd. 26, 380–389.

Beath, J., Katsoulacos, Y. (1991): *The Economic Theory of Product Differentiation*, Cambridge.

Bechtold, R. (1996): „Abwägung zwischen wettbewerblichen Vor- und Nachteilen eines Zusammenschlusses in der europäischen Fusionskontrolle", *Europäische Zeitschrift für Wirtschaftsrecht* Bd. 7, 389–393.

Bechtold, R. (2005): „Das EuGH-Urteil in Sachen Tetra Laval/Sidel: Auseinanderentwicklung von EG- und deutscher Fusionskontrolle", *Betriebs-Berater* Bd. 60, Heft 20, Die Erste Seite.

Bechtold, R. (2010): GWB, Kartellgesetz, Gesetz gegen Wettbewerbsbeschränkungen, Kommentar, 6. Aufl., München.

Belleflamme, P., Peitz, M. (2010): *Industrial Organization: Markets and Strategies*, Cambridge.

Belton, T.M. (1987): „A Model of Duopoly and Meeting or Beating Competition", *International Journal of Industrial Organization* Bd. 5, 399–417.

Bender, J., Mookherjee, D., Ray, D. (2001): „Aspiration-Based Reinforcement Learning in Repeated Interaction Games: An Overview", *International Game Theory Review* Bd. 3, 159–174.

Benoit, J.P., Krishna, V. (1985): „Finitely Repeated Games", *Econometrica* Bd. 53, 890–904.

Benoit, J.P., Krishna, V. (1987): „Dynamic Duopoly: Prices and Quantities", *Review of Economic Studies* Bd. 54, 23–36.

Benoit, J.P., Krishna, V. (1993): „Renegotiation in Finitely Repeated Games", *Econometrica* Bd. 61, 303–323.

Berg, W. (2004): „Die neue EG-Fusionskontrollverordnung", *Betriebs-Berater* Bd. 59, 561–569.

Bergin, J., MacLeod, W.B. (1993): „Efficiency and Renegotiation in Repeated Games", *Journal of Economic Theory* Bd. 61, 42–73.

Bernhardt, D., Chambers, Ch. P. (2006): „Profit Sharing (with Workers) Facilitates Collusion (among Firms)", *RAND Journal of Economics* Bd. 37, 483–502.

Bernheim, D.B., Whinston, M.D. (1985): „Common Marketing Agency as a Device for Facilitating Collusion", *RAND Journal of Economics* Bd. 16, 269–281.

Bernheim, D.B., Whinston, M.D. (1990): „Multimarket Contact and Collusive Behavior", *RAND Journal of Economics* Bd. 21, 1–26.

Bernheim, B.D., Whinston, M.D. (1998): „Exclusive Dealing", *Journal of Political Economy* Bd. 106, 64–103.

Bertrand, J.L.F. (1883): „Recherches sur les Principes Mathematiques de la Theorie des Richesses", *Journal des Savants* Bd. 67, 499–508.

Besanko, D., Lyon, T.P. (1993): „Equilibrium Incentives for Most-Favored Customer Clauses in an Oligopolistic Industry", *International Journal of Industrial Organization* Bd. 11, 347–367.

Besanko, D., Spulber, D.F. (1993): „Contested Mergers and Equilibrium Antitrust Policy", *Journal of Law, Economics and Organization* Bd. 9, 1–29.

Bester, H. (2008): *Theorie der Industrieökonomik*, 4. Aufl., Heidelberg.

Binmore, K., Osborne, M.J., Rubinstein, A. (1992): „Noncooperative Models of Bargaining", in: Aumann, R., Hart, S. (Hrsg.), *Handbook of Game Theory*, Bd. 1, 179–225.

Bishop, B. (1997): „The Modernization of DGIV", *European Competition Law Review* Bd. 18, 481–484.

Bishop, B., Bishop, S. (1997): „When Two is Enough", *European Competition Law Review* Bd. 17, 3–5.

Bishop, B., Lofaro, A. (2004): „A Legal and Economic Consensus? The Theory and Practice of Coordinated Effects in EC Merger Control", *Antitrust Bulletin* Bd. 49, 195–242.

Bishop, B., Walker, M. (2010): *The Economics of EC Competition Law: Concepts, Application and Measurement*, 3. Aufl., London.

Bishop, S., Lofaro, A., Rosati, F., Young, J. (2005): „The Efficiency Enhancing Effects of Non-Horizontal Mergers", Report by RBB Economics for DG Enterprise.

Blair, R.D., Romano, R.E. (2002): „Advance Price Announcements and Antitrust Policy", *International Review of Law and Economics* Bd. 21, 435–452.

Boadway, R., Bruce, N. (1984): *Welfare Economics*, Oxford.

Boal, W.M. (1995): „Testing for Employer Monopsony in Turn-of-the-Century Coal Mining", *RAND Journal of Economics* Bd. 26, 519–536.

Boal, W. M., Ranson, M.R. (1997): „Monopsony in the Labor Market", *Journal of Economic Literature* Bd. 35, 86–112.

Böge, U. (2004a): „Reform der Europäischen Fusionskontrolle", *Wirtschaft und Wettbewerb* Bd. 54, 138–148.

Böge, U. (2004b): „Der ‚more economic approach' und die deutsche Wettbewerbpolitik", *Wirtschaft und Wettbewerb* Bd. 54, 726–733.

Böge, U., Jakobi, W. (2005): „Die Berücksichtigung von Effizienzen in der Fusionskontrolle", *Betriebs-Berater* Bd. 60, 113–119.

Bolton, P., Brodley, J., Riordan, M. (2000): „Predatory Pricing: Strategic Theory and Legal Policy", *Georgetown Law Journal* Bd. 88, 2239–2330.

Bond, E.W., Syropoulos, C. (2008): „Trade Costs and Multimarket Collusion", *RAND Journal of Economics* Bd. 39, 1080–1104.

Bonanno, G. (1987): „Location Choice, Product Proliferation and Entry Deterrence", *Review of Economic Studies* Bd. 54, 37–46.

Bork, R.H. (1978): *The Antitrust Paradox*. A Policy in War with Itself, New York.

Bormann, J., Finsinger, J. (1999): *Markt und Regulierung*, München.

Bos, I., Schinkel, M.P. (2008): "Tracing the Base: A Topographic Test for Collusive Basing-Point Pricing", Amsterdam Center for Law and Economics, Working Paper 2008–07.

Boshoff, W.H. (2006): „Quantitative Competition Analysis: Stationarity Tests in Geographic Market Definition", Stellenbosch University, Working Paper 17/2006.

Boshoff, W. (2007): „Stationarity Tests in Geographic Markets: An Application to South African Milk Markets", *South African Journal of Economics* Bd. 75, 52–65.

Brander, J.A., Spencer, B.J. (1985): „Tacit Collusion, Free Entry, and Welfare", *Journal of Industrial Economics* Bd. 33, 277–294.

Braulke, M. (1983): „Contestable Markets – Wettbewerbskonzept mit Zukunft?", *Wirtschaft und Wettbewerb* Bd. 33, 945–954.

Brei, G. (2003): „Begräbnis erster Klasse für die Fusionskontrolle konglomerater Zusammenschlüsse", *Wirtschaft und Wettbewerb* Bd. 53, 585–598.

Bresnahan, T.F. (1981): „Competition and Collusion in the American Automobile Industry: The 1955 Price War", mimeo.

Bresnahan, T.F. (1989): „Empirical Studies of Industries with Market Power", in: Schmalensee, R., Willig, R.D., (Hrsg.), *Handbook of Industrial Organization*, Bd. II, Amsterdam, 1011–1057.

Breunig, R., Menezes, F. (2008): „Empirical Approaches for Identifying Maverick Firms: An Application to Mortgage Providers in Australia", *Journal of Competition Law and Economics* Bd. 4, 811–836.

Briglauer, W. (2007): „Conceptual Problems with the Hypothetical Monopolist Test in Ex-Ante Regulation of Communications Under the New Regulatory Framework", *Journal of Competition Law and Economics*, Bd. 4, 311–334.

Brock, W.A., Scheinkman, J.A. (1985): „Price Setting Supergames with Capacity Constraints", *Review of Economic Studies* Bd. 52, 71–82.

Buccirossi, P. (2006): „Does Parallel Behavior Provide Some Evidence of Collusion?", *Review of Law and Economics* Bd. 2, Iss. 1, Article 5.

Buccirossi, P. (Hrsg.) (2008): *Handbook of Antitrust Economics*, Cambridge, Mass.

Buccirossi, P. (2008): „Facilitating Practices", in: Buccirossi, P. (ed.): *Handbook of Antitrust Economics*, Cambridge, Mass., 305–351.

Buduru, B.C., Colonescu, C. (2002): „Intra-Firm Debt as Facilitating Practice in a Cournot Duopoly", mimeo.

Budzinski, O. (2008): „A Note on Competing Merger Simulation Models in Antitrust Cases: Can the Best be Identified?", Marburg Papers on Economics 2008–01.

Budzinski, O., Ruhmer, I. (2010): „Merger Simulation in Competition Policy: A Survey", *Journal of Competition Law and Economics* Bd. 6, 277–319.

Bühler, S., Jaeger, F. (2002): *Einführung in die Industrieökonomik*, Heidelberg.

Bulow, J. (1982): „Durable Goods Monopolists", *Journal of Political Economy* Bd. 90, 314–332.

Bulow, J. (1986): „An Economic Theory of Planned Obsolescence", *Quarterly Journal of Economics* Bd. 101, 729–750.

Bulow, J., Geanakoplos, J.D., Klemperer, P.D. (1985): „Multimarket Oligopoly: Strategic Substitutes and Complements", *Journal of Political Economy* Bd. 93, 488–511.

Bundeskartellamt (1979): Bericht des Bundeskartellamtes über seine Tätigkeit im Jahre 1978, Bonn.

Bundeskartellamt (1981): Bericht des Bundeskartellamtes über seine Tätigkeit im Jahre 1979/1980, Bonn.

Bundeskartellamt (2001): „Untersagungskriterium in der Fusionskontrolle – Marktbeherrschende Stellung versus Substantial Lessening of Competition?", abrufbar unter www.bundeskartellamt.de/wDeutsch/download/pdf/Diskussionsbeitraege/01_Proftag.pdf.

Bundeskartellamt (2004): „Wettbewerbsschutz und Verbraucherinteressen im Lichte neuerer ökonomischer Methoden", abrufbar unter www.bundeskartellamt.de/wDeutsch/download/pdf/Diskussionsbeitraege/04_AKK.pdf.

Bundeskartellamt (2009): „Marktbeherrschungs- und SIEC-Test. Eine Bestandsaufnahme", abrufbar unter www.bundeskartellamt.de/wDeutsch/Veranstaltungen/AKK.php.

Bundeskartellamt (2010): „Marktbeherrschungs- und SIEC-Test. Tagungsbericht über die Arbeitskreissitzung Kartellrecht am 24.9.2009 im Bundeskartellamt", *Wirtschaft und Wettbewerb* Bd. 60, 50–56.

Bundeskartellamt (2011): „Sektoruntersuchung Stromerzeugung und Stromgroßhandel", abrufbar unter www.bundeskartellamt.de/wDeutsch/download/pdf/Stellungnahmen/110113_Bericht_SU_Strom_2.pdf.

Burholt, C. (2005): „Anmerkung zum Urteil des EuGH vom 15.2.2005 in der Rs. C-12/03 – Kommission/Tetra Laval BV'", *Wettbewerb in Recht und Praxis* Bd. 51, 858–862.

Button, K.J., Weyman-Jones, T.G. (1992): „Ownership Structure, Institutional Organization and Measured X-Efficiency", *American Economic Review* Bd. 82, 439–445.

Cabral, L.M.B. (2000): *Introduction to Industrial Organization*, Cambridge, Mass.

Cabral, L.M.B. (2003): „Horizontal Mergers with Free Entry: Why Cost Efficiencies may be a Weak Defense and Asset Sales a Poor Remedy", *International Journal of Industrial Organization* Bd. 21, 607–623.

Cabral L.M.B. (2005): „Collusion Theory: Where to Go Next?, *Journal of Industry, Competition, and Trade* Bd. 5, 199–206.

Camesasca, P.D. (1999): „The Explicit Efficiency Defence in Merger Control: Does it Make the Difference?", *European Competition Law Review* Bd. 20, 14–28.

Camesasca, P.D. (2000): „European Merger Control. Getting the Efficiencies right", Antwerpen.

Camesasca, P.D., Van den Bergh, R.J. (2002): „Achilles Uncovered: Revisiting the European Commission's 1997 Market Definition Guidelines", *Antitrust Bulletin* Bd. 47, 143–186.

Capuano, C. (2002): „Demand Growth, Entry and Collusion Sustainability", University of Naples Nota di Lavoro, 62.2002.

Capuano, C. (2005): „Abuse of Competitive Fringe", University of Naples, Nota di Lavoro 91.2005.

Carbajo, J., De Meza, D., Seidman, D.J. (1990): „A Strategic Motivation of Commodity Bundling", *Journal of Industrial Economics* Bd. 38, 283–298.

Carbonneau, S., McAfee, R.P., Mialon, H., Mialon, S. (2004): „Price Discrimination and Market Power", mimeo.

Carlton, D.W. (1983): „A Reexamination of Delivered Pricing Systems", *Journal of Law and Economics* Bd. 26, 51–70.

Carlton, D.W. (1995): „Antitrust Policy Towards Mergers When Firms Innovate: Should Antitrust Recognize the Doctrine of Innovation Markets?", mimeo.

Carlton, D.W. (2007): „Market Definition, Use and Abuse", *Competition Policy International* Bd. 3, 3–27;*Carlton, D.W., Perloff, J.M.* (2005): *Modern Industrial Organization*, 4. Aufl., Boston.

Carlton, D.W., Waldman, M. (2002): „The Strategic Use of Tying to Preserve and Create Market Power in Evolving Industries", *RAND Journal of Economics* Bd. 33, 194–220.

Carlton, D.W., Waldman, M. (2005): „Theories of Tying and Implications for Antitrust", Cornell University, Johnson School Research Paper Series No. 24–06.

Cason, T.N. (1995) „Cheap Talk Price Signaling in Laboratory Markets", *Information Economics and Policy* Bd. 7, 183–204.

Chamberlin, E.H. (1933): *The Theory of Monopolistic Competition*, Cambridge, Mass..

Chang, M.H. (1991): „The Effects of Product Differentiation on Collusive Pricing", *International Journal of Industrial Organization* Bd. 9, 453–469.

Chatterjee, S., Heath, T.B., Basuroy, S. (2003): „Failing to Suspect Collusion in Price-Matching Guarantees: Consumer Limitations in Game-Theoretic Reasoning", *Journal of Consumer Psychology* Bd. 13, 255–268.

Chen, Y. (2002): „On Vertical Mergers and Their Competitive Effects", *RAND Journal of Economics* Bd. 33, 667–685.

Chen, Y., Riordan, M. (2004): „Vertical Integration, Exclusive Dealing, and Ex Post Cartelization", *RAND Journal of Economics* Bd. 35, 667–685.

Chen, Z. (1995): „How Low is a Guaranteed-lowest-Price?", *Canadian Journal of Economics* Bd. 28, 683–702.

Choné, Ph., Linnemer, L. (2006): „Assessing Horizontal Mergers under Uncertain Efficiency Gains", CESifo Working Paper No. 1726.

Choi, J.P. (2004): „Tying and Innovation: A Dynamic Analysis of Tying Arrangements", *Economic Journal* Bd. 114, 83–101.

Choi, J.P., Yi, S.S. (2000): „Vertical Foreclosure with the Choice of Input Specifications", *RAND Journal of Economics* Bd. 31, 52–71.

Christensen, P., Rabassa, V. (2001): „The Airtours decision: Is there a New Commission Approach to Collective Dominance?", *European Competition Law Review* Bd. 22, 227–237.

Christiansen, A. (2005): „Die ‚Ökonomisierung' der EU-Fusionskontrolle: Mehr Kosten als Nutzen?", *Wirtschaft und Wettbewerb* Bd. 55, 285–293.

Christiansen, A., Kerber, W. (2006): „Competition Policy with Optimally Differentiated Rules Instead of 'Per se Rules vs. Rule of Reason'", *Journal of Competition Law and Economics* Bd. 2, 215–244.

Literaturverzeichnis

Church, J., Ware, R. (2000): *Industrial Organization. A Strategic Approach*, Boston.

Church, J. (2004): „The Impact of Vertical and Conglomerate Mergers on Competition", Final Report for Directorate General for Competition, European Commission.

Church, J. (2008a): „Conglomerate Mergers", ABA Section of Antitrust Law, Issues in Competition Law and Policy, 1503–1552.

Church, J. (2008b): „Vertical Mergers", ABA Section of Antitrust Law, Issues in Competition Law and Policy, 1455–1501.

Church, J., Gandal, N. (2000): „Systems Competition, Vertical Mergers, and Foreclosure", *Journal of Economics and Strategy Management* Bd. 9, 25–52.

Clarke, R.N. (1983): „Duopolists Don't Wish to Share Information", *Economics Letters* Bd. 43, 33–36.

Coase, R. (1972): „Durability and Monopoly", *Journal of Law and Economics* Bd. 15, 413–449.

Coate, M.B. (2006): „Economic Models and the Merger Guidelines: A Case Study", *Review of Law and Economics* Bd. 1, Iss.1 Article 4.

Coate, M.B., Fisher, F.H. (2008): „A Practical Guide to the Hypothetical Monopoly Test for Market Definition", *Journal of Competition Law and Economics* Bd. 4, 1031–1063.

Coate, M.B., Williams, M.D. (2005): „Generalized Critical Loss for Market Definition", Potomac Law and Economics Paper No. 05–01.

Coe, D.J., Krause, P. (2008): „An Analysis of Price Based Tests in Antitrust Market Delineation", *Journal of Competition Law and Economics* Bd. 4, 983–1007.

Colley, L. (2004): „From 'Defence' to 'Attack'? Quantifying Efficiency Arguments in Mergers", *European Competition Law Review* Bd. 25, 342–349.

Collie, D.R. (2004a): „Collusion and the Elasticity of Demand", *Economics Bulletin* Bd. 27, 1–6.

Collie, D.R. (2004b): „Sustaining Collusion with Asymmetric Costs", mimeo.

Compte, O., Jehiel, Ph. (2004): „Bargaining over Randomly Generated Offers: A New Perspective on Multi-Party Bargaining", mimeo.

Compte, O., Jenny, F., Rey, P. (2002): „Capacity Constraints, Mergers and Collusion", *European Economic Review* Bd. 46, 1–29.

Cook, C.J., Kerse, C.S. (2009): *E.C. Merger Control*, 5. Aufl., London.

Cooper, T.E. (1986): „Most-Favored-Customer Pricing and Tacit Collusion", *RAND Journal of Economics* Bd. 17, 377–388.

Cournot, A.A. (1838): *Recherches sur les Principes Mathematiques de la Theorie des Richesses*, Paris.

Cowling, K., Mueller, D. (1978): „The Social Cost of Monopoly Power", *Economic Journal* Bd. 88, 727–748.

Crampton, P.C. (1994): „Alternative Approaches to Competition Law. Consumers' Surplus, Total Surplus, Total Welfare and Non-Efficiency Goals", *World Competition* Bd. 17, 55–86.

Crooke, Ph., Froeb, L., Tschantz, S., Werden, G. (1999): „Effects of Assumed Demand Form on Simulated Postmerger Equilibria", *Review of Industrial Organization* Bd. 15, 205–217.

Cseres, K. (2006): „The Controversies of the Consumer Welfare Standard", *Competition Law Review,* Bd. 2, 121–173.

Cyrenne, Ph. (1999): „On Antitrust Enforcement and the Deterrence of Collusive Behaviour", *Review of Industrial Organization* Bd. 15, 257–272.

Dal-Bo, P. (2007): „Tacit Collusion und Interest Rate Fluctuation", *RAND Journal of Economics* Bd. 38, 533–540.

Daljord, Ø., Sørgard, L., Thomassen, Ø. (2007): „Market Definition with Shock Analysis", mimeo.

Dana, J.D., Fong, Y.-F. (2008): „Long-Lived Consumers, Intertemporal Bundling, and Tacit Collusion", Northeastern University, College of Business Administration WP# 08-002.

Danger, K., Frech III, H.E. (2001): „Critical Thinking about „Critical Loss", *Antitrust Bulletin* Bd. 46, 339–355.

Datta, S., Dechenaux, E. (2007): „Price Leadership and Firm Size Asmmetry: An Experimental Analysis", mimeo.

Davidson, C., Deneckere, R.J. (1984): „Horizontal Mergers and Collusive Behavior", *International Journal of Industrial Organization* Bd. 2, 117–132.

Davidson, C., Deneckere, R.J. (1985): „Incentives to Form Coalitions with Bertrand Competition", *RAND Journal of Economics* Bd. 16, 473–486.

Davidson, C., Deneckere, R.J. (1986): „Long-Run Competition in Capacity, Short-Run Competition in Price, and the Cournot-Model", *RAND Journal of Economics* Bd. 17, 404–415.

Davidson, C., Deneckere, R.J. (1990): „Excess Capacity and Collusion", *International Economic Review* Bd. 31, 21–41.

Davies, S.W., Olczak, M. (2007): „Tacit Collusion, Firm Asymmetries and Numbers: Evidence from EC Merger Cases", CCP Working Paper 07–7.

Davis, D.D., Wilson, B.J. (2005): „Differentiated Product Competition and the ALM: An Experimental Analyis", *Journal of Economic Behavior and Organization* Bd. 57, 89–113.

Davis, J.P. (2006): „Coordinated Effects Merger Simuation with Linear Demands", Competition Commission Working Paper.

Literaturverzeichnis

Davis, J.P., Huse, C. (2009): „Estimating the 'Coordinated Effects' of Mergers", mimeo.

Davis, R.W. (2003): „Innovation Markets and Merger Enforcement: Current Practice in Perspective", *Antitrust Law Journal* Bd. 71, 667–703.

De Bondt, R., Slaets, P., Cassiman, B. (1992): „The Degree of Spillovers and the Number of Rivals for Maximum Effective R&D", *International Journal of Industrial Organization* Bd. 10, 35–54.

Debreu, G. (1959): *Theory of Value*, New York.

Deneckere, R.J. (1983): „Duopoly Supergames with Product Differentiation", *Economics Letters* Bd. 43, 37–43.

Deneckere, R.J., Kovenock, D. (1988): „Price Leadership", Northwestern University Discussion Paper 773.

Deneckere, R.J., Kovenock, D., Lee, R. (1992): „A Model of Price Leadership Based on Consumer Loyalty", *Journal of Industrial Economics* Bd. 40, 147–156.

Denicoló, V. (2000): „Compatibility and Bundling with Generalist and Specialist Firms", *Journal of Industrial Economics* Bd. 48, 177–188.

Denzel, U. (2004): *Materielle Fusionskontrolle in Europa und den USA*, Baden-Baden.

Department of Trade and Industry (2004): „Peer Review of the UK Competition Policy Regime", Final Report, S 41; abrufbar unter www.dti.gov.uk/ccp/topics2/pdf2/peercp04.pdf.

Disney, R., Haskel, J., Heden, Y. (2003): „Restructuring and Productivity Growth in UK Manufacturing", *Economic Journal* Bd. 113, 666–694.

Dixit, A. (1980): „The Role of Investment in Entry Deterrence", *Economic Journal* Bd. 90, 95–106.

Dixit, A., Nalebuff, B. (1991): *Thinking Strategically*, New York.

Dixit, A., Stiglitz, J. (1977): „Monopolistic Competition and Optimal Product Diversity", *American Economic Review* Bd. 67, 297–308.

Dobbs, I.M. (2006): „Defining Markets for Ex Ante Regulation using the Hypothetical Monopoly Test", *International Journal of the Economics of Business* Bd. 13, 83–109.

Dobson, P.W., Clark, R., Davies, S., Waterson, M. (2000): „Buyer Power and its Impact on Competition in the Food Retail Distribution Sector of the European Union", mimeo.

Dobson, P.W., Inderst, R. (2008): „Where Buying and Selling Power Come Together: The Waterbed Effect", *Wisconsin Law Review* Bd. 2, 331–357.

Dobson, P.W., Waterson, M. (1997): „Countervailing Power and Consumer Prices", *Economic Journal* Bd. 107, 418–430.

Dobson, P.W., Waterson, M., Chu, A. (1998): „The Welfare Consequences of the Exercise of Buyer Power", Research Paper 16, Office of Fair Trading.

Donsimoni, M.P. (1985): „Stable Heterogenous Cartels", *International Journal of Industrial Organization* Bd. 3, 451–467.

Drauz, G. (2003): „An Efficiency Defense for Mergers: Putting an Intricate Puzzle Together', *Zeitschrift für Wettbewerbsrecht* Bd. 1, 254–269.

Dreyer, J. J. (2001): „Abwägungsmöglichkeiten in Artikel 2 VO (EG) 4064/89 – Fusionskontrollverordnung", Frankfurt am Main.

Driffill, J., Schultz, Chr. (1995): „Renegotiation in a Repeated Cournot Duopoly", *Economics Letters* Bd. 55, 143–148.

Dugar, S. (2005): „Do Price-Matching Guarantees Facilitate Tacit Collusion? An Experimental Study", Economics Department, University of Arizona, mimeo.

Dugar, S., Sorensen, T. (2006): „Hassle Costs, Price-Matching Guarantees and Price Competition: An Experiment", *Review of Industrial Organization* Bd. 28, 359–378.

Eckard, W.D. (1982): „Firm Market Share, Price Flexibility, and Imperfect Information", *Economic Inquiry* Bd. 20, 388–392.

Economides, N. (1996): „The Economics of Networks", *International Journal of Industrial Organization* Bd. 14, 673–699.

Economides, N. (2004): „Competition Policy in Network Industries: An Introduction", NET Institute Working Paper No. 04–24.

Edlin, A. (1997): „Do Guaranteed-Low-Price Policies Guarantee High Prices, and Can Antitrust Rise to the Challenge?", *Harvard Law Review* Bd. 110, 528–576.

Edwards, C.D. (1955): „Conglomerate Bigness as a Source of Power", NBER Conference Report.

Ehlermann, C.D. (1991): „Die europäische Fusionskontrolle – erste Erfahrungen", *Wirtschaft und Wettbewerb* Bd. 41, 535–545.

Ehlermann, C.D., Völcker, S.B., Gutermuth, G.A. (2005): „Unilateral Effects: The Enforcement Gap under the Old EC Merger Regulation", *World Competition* Bd. 28, 193–203.

Eichberger, J. (1998): *Game Theory for Economists*, San Diego.

Eiszner, J. (1998): „Innovation in Markets and Automatic Transmissions: A Shift in the Wrong Direction", *Antitrust Bulletin* Bd. 43, 297–350.

Ellison, G. (1994): „Theories of Cartel Stability and the Joint Executive Committee", *RAND Journal of Economics* Bd. 25, 37–57.

Elzinga, K.G., Hogarty, T.F. (1973): „The Problem of Geographic Market Delineation in Antimerger Suits", *Antitrust Bulletin* Bd. 18, 45–81.

Emmerich, V. (2008): *Kartellrecht*, 11. Aufl., München.

Engel, Ch. (2007a): „How much Collusion: A Meta-Analysis on Oligopoly Experiments", *Journal of Competition Law and Economics* Bd. 3, 491–549.

Engel, Ch. (2007b): „Tacit Collusion: The Neglected Experimental Evidence", Preprints of the Max Planck Institute for Research on Collective Goods 2007/14.

Literaturverzeichnis

Engelmann, D., Müller, W. (2008): „Collusion Through Price Ceilings? In Search of a Focal-Point Effect", TILEC Discussion Paper No. 2008–36.

Epstein, R.J., Rubinfeld, D.L. (2002): „Merger Simulation: A Simplified Approach with New Applications", *Antitrust Law Journal* Bd. 70, 882–919.

Epstein, R.J., Rubinfeld, D.L. (2004): „Effects of Mergers Involving Differentiated Products", Technical Report prepared for DG Comp (European Commission).

Erlei, M., Leschke, M., Sauerland, D. (2007): *Neue Institutionenökonomik*, Stuttgart.

Eswaran, M. (1994): „Cross-Licensing of Competing Patents as a Facilitating Device", *Canadian Journal of Economics* Bd. 27, 689–709.

Eswaran, M. (1997): „Cartel Unity over the Business Cycle", *Canadian Journal of Economics* Bd. 30, 644–673.

Europe Economics (2001): „Study on Assessment Criteria for Distinguishing between Competitive and Dominant Oligopolies in Merger Control", Final Report for European Commission Enterprise Directorate General, Brussels, abrufbar unter http://www.cea.fi/course/material/EuropeEconomics.pdf.

Europäische Kommission (1991): „XXI. Wettbewerbsbericht".

Europäische Kommission (1992): „XXII. Wettbewerbsbericht".

Europäische Kommission (2000): „EC Merger Control: Ten Years On".

Europäische Kommission (2001): „Grünbuch über die Revision der Verordnung (EWG) Nr. 4064/89 des Rates", abrufbar unter http://eur-lex.europa.eu/LexUriServ/site/de/com/2001/com2001_0745de01.pdf.

Europe Economics (2001): *Study on the Assessment Criteria for Distinguishing Between Competitive and Dominant Oligopolies in Merger Control*. Final Report for the DG Enterprise.

Evans, D.S., Noel, M.D. (2005): Defining Antitrust Markets when Firms Operate Multi-Sided Platforms", *Columbia Business Law Review* Bd. 3, 667–701.

Evans, D. S., Noel, M.D. (2007): „Defining Markets that Involve Multi-Sided Platform Businesses: An Empirical Framework With an Application to Google's Purchase of DoubleClick" mimeo.

Evans, D.S., Noel, M.D. (2008): „The Analysis of Mergers that Involve Multi-sided Platform Businesses, *Journal of Competition Law and Economics* Bd. 4, 663–695.

Evans, D. S., Padilla, A. J. (2003): „Demand-side Efficiencies in Merger Control", *World Competition* Bd. 26, 167–193.

Evans, D.S., Padilla, A.J., Salinger, M.A. (2006): „A Pragmatic Approach to Identifying and Analysing Legitimate Tying Cases", in: Ehlermann, C.D., I. Atanasiu (Hrsg.), *European Competition Law Annual 2003: What is an Abuse of a Dominant Position*, Oxford.

Evans, D.S., Schmalensee, R. (2008): „Markets with Two-Sided Platforms", *Issues in Competition Law and Policy* Bd. 1, 667–693.

Evans, L.T., Mellsop, J. (2003): „Exchanging Price Information can be Efficient: Per Se Offenses Should be Legislated Very Sparingly", NZ Institute for the Study of Competition and Regulation, mimeo.

Ewald, Chr., (2004): „Paradigmenwechsel bei der Abgrenzung relevanter Märkte?", *Zeitschrift für Wettbewerbsrecht* Bd. 2, 512–544.

Ewald, Chr., (2011): „Ökonomie im Kartellrecht: Vom more economic approach zu sachgerechten Standards forensischer Ökonomie", *Zeitschrift für Wettbewerbsrecht* Bd. 9, 15–47.

Fabra, N. (2006): „Collusion with Capacity Constraints over the Business Cycle", *International Journal of Industrial Organization* Bd. 24, 61–89.

Farrell, J., Gibbons, R. (1989): „Cheap Talk can Matter in Bargaining", *Journal of Economic Theory* Bd. 48, 221–237.

Farrell, J., Katz, M.L. (2006): „The Economics of Welfare Standards in Antitrust, Competition Policy Center, Working Paper CPC-06-061, Berkeley.

Farrell, J., Maskin, E. (1989): „Renegotiation in Repeated Games", *Games and Economic Behavior* Bd. 1, 327–360.

Farrell, J., Rabin, M. (1996): „Cheap Talk", *Journal of Economic Perspectives* Bd. 19, 103–118.

Farrell, J., Saloner, G. (1985): „Standardization, Compatibility, and Innovation", *RAND Journal of Economics* Bd. 16, 70–83.

Farrell, J., Shapiro, C. (1990): „Horizontal Mergers: An Equilibrium Analysis", *American Economic Review* Bd. 80, 107–126.

Farrell, J., Shapiro, C. (2001): „Scale Economies and Synergies in Horizontal Merger Analysis", *Antitrust Law Journal* Bd. 69, 685–710.

Farrell, J., Shapiro, C. (2008a): „Improving Critical Loss Analysis", *The Antitrust Source*, February, 1–19.

Farrell, J., Shapiro, C. (2008b): „Antitrust Evaluation of Horizontal Mergers: An Alternative to Market Definition", mimeo.

Fatas, E., Mañez, J.A. (2007): „Are Low-Price Promises Collusion Guarantees? An Experimental Test of Price Matching Policies", *Spanish Economic Review* Bd. 9, 59–77.

Feinberg, R., Snyder, Chr. M. (2003): „Collusion with Secret Price Cuts: An Experimental Investigation", *Economics Bulletin* Bd. 3, 1–11.

Feuerstein, S. (2005a): „Collusion in Industrial Economics – A Survey", *Journal of Industry, Competition and Trade* Bd. 5, 163–198.

Feuerstein, S. (2005b): „Collusion in Industrial Economics – A Rejoinder", *Journal of Industry, Competition and Trade* Bd. 5, 235–239.

Filistrucchi, L. (2008a): „A SSNIP Test for Two-Sided Markets: Some Theoretical Considerations, Net Institute Working Paper 08–34.

Filistrucchi, L. (2008b): „A SSNIP Test for Two-Sided Markets: The Case of Media, mimeo.

Fisher, F.F. (1987): „Horizontal Mergers: Triage and Treatment", *Journal of Economic Perspectives* Bd. 1, 23–40.

Fofana, M.F. (2008): „The Merger Specificity of Efficiencies in Merger Review: A Succinct International Comparison", Competition Bureau of Canada.

de Fontenay, C., Gans, J.S. (2002): „Vertical Integration in the Presence of Upstream Competition", *RAND Journal of Economics* Bd. 33, 25–52.

Formby, J.P., Smith, W.J. (1984): „Collusion, Entry, and Market Shares", *Review of Industrial Organization* Bd. 1, 15–25.

Forni, M. (2004): „Using Stationarity Tests in Antitrust Market Definition", *American Law and Economics Review* Bd. 6, 441–464.

Foster, E., Sonnenschein, H. (1970): „Price Distortion and Economic Welfare", *Econometrica* Bd. 38, 281–297.

Fountoukakos, K., Ryan, S. (2005): „A New Sustantive Test for EU Merger Control", *European Competition Law Review* Bd. 26, 277–296.

Formby, J.P., Smith, W.J. (1984): „Collusion, Entry, and Market Shares", Working Paper No. 15, Department of Economics, Finance, and Legal Studies, University of Alabama.

Fox, E.M. (2003): „We Protect Competition, You Protect Competitors", *World Competition* Bd. 26, 149–165.

Frankena, M.W. (2001): „Geographic Market Delineation for Electric Utility Mergers", *Antitrust Bulletin* Bd. 46, 357–401.

Frankfurter Kommentar zum Kartellrecht, herausgegeben von W. Jaeger, P. Pohlmann, H. Rieger, D. Schroeder, Stand 2011.

Frantz, R.S. (1988): *X-Efficiency: Theory, Evidence and Applications*, Boston.

Friedman, J.W. (1971): „A Non-Cooperative Equilibrium for Supergames", *Review of Economic Studies* Bd. 38, 1–12.

Friedman, J.W. (1983): *Oligopoly Theory*, Cambridge.

Friedman, J.W. (1990): „A Modification of the Folk-Theorem to Apply to Time-Dependent Supergames", *Oxford Economic Papers* Bd. 42, 317–335.

Friedman, J.W. (1991): *Game Theory with Applications to Economics*, Cambridge.

Friedman, J.W. (2000): „A Guided Tour of the Folk-Theorem", in: Norman, G., Thisse, J.-F. (Hrsg.), *Market Structure and Competition Policy*, 51–69.

Friedman, J.W., Thisse, J.F. (1994): „Sustainable Collusion in Oligopoly with Free Entry", *European Economic Review* Bd. 38, 271–283.

Friedolfsson, S.O. (2007): „A Consumer Surplus Defense in Merger Control", in: Ghosal, V., Stennek, J. (Hrsg.), *The Political Economy of Antitrust* (Contributions to Economic Analysis, Bd. 282).

Froeb, L., Werden, G. (1991): „Residual Demand Estimation for Market Delineation: Complications and Limitations", *Review of Industrial Organization* Bd. 6, 33–48.

Froeb, L., Werden, G. (1992): „The Reverse Cellophane Fallacy in Market Delineation", *Review of Industrial Organization* Bd. 7, 241–247.

Froeb, L., Werden, G. (1998): „A Robust Test for Consumer Welfare Enhancing Mergers among Sellers of a Homogeneous Product", *Economics Letters* Bd. 58, 367–369.

Fudenberg, D., Levine, D.A., Maskin, E. (1994): „The Folk Theorem with Imperfect Public Information", *Econometrica* Bd. 62, 997–1039.

Fudenberg, D., Maskin, E. (1986): „The Folk-Theorem in Repeated Games with Discounting and with Incomplete Information", *Econometrica* Bd. 54, 533–554.

Fudenberg, D., Tirole, J. (1987): „Understanding Rent Dissipation: On the Use of Game Theory in Industrial Organization", *American Economic Review* Bd. 77, 176–183.

Fudenberg, D., Tirole, J. (1991): *Game Theory*, Cambridge, Mass..

Furubotn, E.G., Richter, R. (2005): Institutions and Economic Theory, 2nd ed., Ann Arbor

Gal-Or, E. (1985): „Information Sharing in Oligopoly", *Econometrica* Bd. 53, 329–343.

Gallice, A. (2008): „The Neglected Effects of Demand Characteristics on the Sustainability of Collusion", CPER Discussion Paper No. 6975.

Gaudet, G., Long, N.V. (1996): „Vertical Integration, Foreclosure, and Profits in the Presence of Double Marginalization", *Journal of Economics and Management Strategy* Bd. 5, 409–432:

Geanakoplos, J.D., Polemarchakis, H. (1991): „Overlapping Generations", in: Hildenbrand, W., Sonnenschein, H., (Hrsg.), *Handbook of Mathematical Economics*, Bd. IV, 1899–1960.

Genesove, D. (2004): „Comment on Forni's ‚Using Stationarity Tests in Antitrust Market Definition'", *American Law and Economics Review* Bd. 6, 476–478.

Gerard, D. (2003): „Merger control policy: How to Give Meaningful Consideration to Efficiency Claims?", *Common Market Law Review* Bd. 40, S. 1367–1412.

Geroski, P. (2003): „Competition in Markets and Competition for the Market", *Journal of Industry, Competition and Trade* Bd. 3, 003, 151–166.

Geroski, P., Griffith, R. (2003): „Identfying Anti-Trust Markets", The Institute for Fiscal Studies, WP03/01.

Ghandi, A., Froeb, L., Tschantz, S., Werden, G.J. (2008): „Post-Merger Product Repositioning", *Journal of Industrial Economics* Bd. 56, 49–67.

Gibbons, R. (1992): *Game Theory for Applied Economists*, Princeton.

Gilbert, R.J. (1989): „Mobility Barriers and the Value of Incumbency", in: Schmalensee, R., Willig, R.D., (Hrsg.), *Handbook of Industrial Organization*, Bd. I, Amsterdam, 475–535.

Gilbert, R.J., Newberry, D. (1982): „Preemptive Patenting and the Persistence of Monopoly", *American Economic Review* Bd. 72, 514–526.

Gilbert, R.J., Sunshine, S.C. (1995a): „Incorporating Dynamic Efficiency Concerns in Merger Analysis: The Use of Innovation Markets", *Antitrust Law Journal* Bd. 63, 569–601.

Gilbert, R.J., Sunshine, S.C. (1995b): „The Use of Innovation Markets: A Reply to Hay, Rapp, and Hoerner", *Antitrust Law Journal* Bd. 64, 75–82.

Gilligan, T.W. (1993): „Imperfect Competition and Basing-Point Pricing", *Economic Inquiry* Bd. 31, 394–409.

Gilo, D., Spiegel, Y. (2006): „Partial Cross Ownership and Tacit Collusion", *RAND Journal of Economics* Bd. 37, 81–99.

Glick, M.A., Cameron, D.J., Mangum, D.G. (1997): „Importing the Merger Guidelines Market Test in Section 2 Cases: Potential Benefits and Limitations", *Antitrust Bulletin* Bd. 42, 121–150.

González Díaz, F. E. (2004): „The Reform of European Merger Control: Quid Novi Sub Sole?", *World Competition* Bd. 27, 177–199.

Goppelsroeder, M., Schinkel, M.P., Tuinstra, J. (2008): „Quantifying the Scope for Efficiency Defence in Merger Control: The Werden-Froeb-Index", *The Journal of Industrial Economics* Bd. 56, 778–808.

Green, E.J., Porter, R.H. (1984): „Noncooperative Collusion Under Imperfect Price Information", *Econometrica* Bd. 52, 87–100.

Greene, W.H. (2003): *Econometric Analysis*, 5. Aufl., Upper Saddle River.

Griffin, J.M., Xiong, W. (1997): „The Incentive to Cheat: An Empirical Analysis of OPEC", *Journal of Law and Economics* 40, 289–316.

Grillo, M. (2002): „Collusion and Facilitating Practices: A New Perspective in Antitrust Analysis", *European Journal of Law and Economics* Bd. 14, 151–169.

Von der Groeben, H., Schwarze, J. (2003): *Kommentar zum Vertrag über die Europäischen Union und zur Gründung der Europäischen Gemeinschaft*, Band 2, Art. 81–97 EGV, 6. Aufl., Baden-Baden.

Gual, J. (2003): „Market Definition in the Telecoms Industry", CEPR Discussion Paper No. 3988.

Gujarati, D.M. (2003): *Basic Econometrics*, Boston.

Gul, F., Sonnenschein, H., Wilson, R. (1986): „Foundations of Dynamic Monopoly and the Coase Conjecture", *Journal of Economic Theory* Bd. 39, 155–190.

Häckner, J. (1988): „On the Theory of Infinitely Repeated Games with Discounting", *Econometrica* Bd. 56, 383–396.

Häckner, J. (1994): „Collusive Pricing in Markets for Vertically Differentiated Products", *International Journal of Industrial Organization* Bd. 12, 155–178.

Häckner, J. (1996): „Optimal Symmetric Punishments in a Bertrand Differentiated Product Duopoly", *International Journal of Industrial Organization* Bd. 14, 611–630.

Hahn, A. (2003): *Oligopolistische Marktbeherrschung in der Europäischen Fusionskontrolle*, Berlin.

Haldrup, N. (2003): „Empirical Analysis of Price Data in the Delineation of the Relevant Geographical Market in Competition Analysis", University of Aarhus, Working Paper No. 2003–09.

Haldrup, N., Møllgaard, P., Nielsen, C.K. (2005): „Sequential versus Simulataneous Market Delineation: The Relevant Antitrust Market for Salmon", *Journal of Competition Law and Economics* Bd. 4, 893–913.

Haltiwanger, J., Harrington, J.E. (1991): „The Impact of Cyclical Demand Movements on Collusive Behavior", *RAND Journal of Economics* Bd. 22, 1991, 89–106.

Han, M. A. (2010): „Short-Term Managerial Contract Facilitate Cartels", Amsterdam Center for Law & Economics Working Paper No. 2010–16.

Hanazono, M., Yang, H. (2007): „Collusion, Fluctuating Demand and Price Rigidity", *International Economic Review* Bd. 48, 483–515.

Harberger, A. (1954): „Monopoly and Ressource Allocation", *American Economic Review* Bd. 44, 77–87.

Harbord, D., Hoehn, T. (1994): „Barriers to Entry and Exit in European Competition Policy", *International Review of Law and Economics* Bd. 14, 411–435.

Harrington, J.E. (1989a): „Collusion among Asymmetric Firms: The Case of Different Discount Factors", *International Journal of Industrial Organization* Bd. 7, 289–307.

Harrington, J.E. (1989b): „Collusion and Predation under (Almost) Free Entry", *International Journal of Industrial Organization* Bd. 7, 381–401.

Harrington, J.E. (1991a): „The Determination of Price and Output Quotas in a Heterogenous Cartel", *International Economic Review* Bd. 32, 767–793.

Harrington, J.E. (1991b): „The Joint Profit Maximum as a Free-Entry Equilibrium Outcome", *European Economic Review* Bd. 32, 1087–1101.

Harrington, J.E. (2004): „Cartel Pricing Dynamics in the Presence of an Antitrust Authority", *RAND Journal of Economics* Bd. 35, 651–673.

Harrington, J.E. (2005): „Optimal Cartel Pricing in the Presence of an Antitrust Authority", *International Economic Review* Bd. 46, 145–169.

Harrington, J.E. (2008): „Detecting Cartels", in: Buccirossi, P. (ed.): *Handbook of Antitrust Economics*, Cambridge, Mass. 213–258.

Harrington, J.E., Skrzypacz, A. (2007): „Collusion under Monitoring of Sales", *RAND Journal of Economics* Bd. 38, 314–331.

Harris, B., Simons, J. (1989): „Focusing Market Definition: How Much Substitution is Necessary?" *Research in Law and Economics* Bd. 12, 207–226.

Harris, B., Veljanovski, C. (2003): „Critical Loss: Its Growing Use in Competition. Law," *European Competition Law Review* Bd. 5, 213–218.

Harsanyi, J. (1967): „Games with Incomplete Information Played by Bayesian Players", *Management Science* Bd. 14, 159–82, 320–34, 486–502.

Harstad, R., Martin, S. , Normann, H.T. (1997): „Experimental Tests of Consciously Parallel Behaviour in Oligopoly", mimeo.

Hart, O. (1983): „The Market Mechanism as an Incentive Scheme", *Bell Journal of Economics* Bd. 14, 366–382.

Hart, O. (1985): „Monopolistic Competition in the Spirit of Chamberlin", *Review of Economic Studies* Bd. 52, 529–546.

Hart, O., Tirole, J. (1988): „Contract Renegotiation and Coasian Dynamics", *Review of Economic Studies* Bd. 55, 509–540.

Hart, O., Tirole, J. (1990): „Vertical Integration and Market Foreclosure", *Brookings Papers on Economic Activity: Microeconomics* Special Issue, 205–276.

Hausman, J., Leonard, D., Zona, J.D. (1992): „A Proposed Method for Analyzing Competition Among Differentiated Products", *Antitrust Law Journal* Bd. 60, 889–900.

Hausman, J., Leonard, D., Zona, J.D. (1994): „Competition Analysis with Differentiated Products", *Annales d'Economique et de Statistique* Bd. 34, 159–180.

Hausman, J., Leonard, D., Vellturo, Chr. (1996): „Market Definition Under Price Discrimination", *Antitrust Law Journal* Bd. 64, 386.

Hausman, J.A., Sidak, J.G. (2007): „Evaluating Market Power Using Competitive Benchmarkt Prices instead of the Herfindahl-Hirschman Index", *Antitrust Law Journal* Bd. 74, 387–407.

Hay, G.A. (1992): „Market Power in Antitrust." *Antitrust Law Journal* Bd. 60, 807–827.

Hay, G.A. (1995): „Innovations in Antitrust Enforcements", *Antitrust Law Journal* Bd. 64, 7–18.

Hay, G.A., Kelley, D. (1974): „An Empirical Survey of Price-Fixing Conspiracies", *Journal of Law and Economics* Bd. 17, 13–38.

Hayek, F.A. (1968): *Der Wettbewerb als Entdeckungsverfahren*, Kiel.

Heidhues, P., Lagerlöf, J. (2002): „On the Desirability of an Efficiency Defense in Merger Control", *WZB Discussion Paper*.

Heineke, T. (2003): *Entlastungsgründe in der europäischen und US-amerikanischen Zusammenschlusskontrolle*, Baden-Baden.

Hess, J.D., Gerstner, E. (1991): „Price-Matching Policies: An Empirical Case", *Managerial and Decision Economics* Bd. 12, 305–15.

Hesse, R. (2007): „Two-Sided Platform Markets and the Application of the Traditional Antitrust Analytical Framework", *Competition Policy International* Bd. 3, 190–195.

Hewitt, G. (1999): „The Failing Firm Defence", *OECD Journal of Competition Law and Policy* Bd. 1, 119–139.

Heyer, K. (2006): „Welfare Standards and Merger Analysis: Why Not the Best?", *Competition Policy International* Bd. 2, 29–54.

Higgins, R.S. (1999): "Competitve Vertical Foreclosure", *Managerial and Decision Economics* Bd. 20, 229–237.

Hirsbrunner, S. (2002): „Neue Entwicklung der EG-Fusionskontrolle im Jahre 2001", *Europäische Zeitschrift für Wirtschaftsrecht* Bd. 13, 453–460.

Hoerner, R.J. (1995): „Innovation Markets: New Wine in Old Bottles", *Antitrust Law Journal* Bd. 64, 49–74.

Hörner, J., Jamison, J. (2007): „Collusion with (almost) no Information", *RAND Journal of Economics*, Bd. 38, 804–822.

Hofer, P., Williams, M., Wu, L. (2005): „Empirische Methoden in der Europäischen Fusionskontrolle", *Wirtschaft und Wettbewerb* Bd. 55, 155–162.

Hoffmann, J., Terhechte, J. P. (2003): „Der Vorschlag der Europäischen Kommission für eine neue Fusionskontrollverordnung", *Die Aktiengesellschaft* Bd. 48, 415–424.

Holler, M.J., Illing, G. (2003): *Einführung in die Spieltheorie*, Berlin.

Holt, Chr. A., Scheffman, D.T. (2003): „Facilitating Practices: The Effects of Advance Notice and Best-Price Policies", *RAND Journal of Economics* Bd. 18, 187–197.

Holthausen, D.M. (1979): „Kinky Demand, Risk Aversion and Price Leadership", *International Economic Review* Bd. 20, 1979, 123–137.

Holzwarth, S. (2007): „T-Mobile Austria/tele.ring: Nicht-koordinierte Effekte als Auffangtatbestand erheblicher Wettbewerbsbehinderungen?", *Zeitschrift für Wettbewerbsrecht* Bd. 5, 338–351.

Hombert, J., Pouyet, J., Schutz, N. (2007): „Anticompetitive Merger Waves", École Polytechnique, Working Paper, 2007.

Hoppmann, E. (1968): „Zum Problem einer wirtschaftspolitisch praktikablen Definition des Wettbewerbs", in: Schneider, H.K. (Hrsg.), *Grundlagen der Wettbewerbspolitik*, Berlin, 9–49.

Hoppmann, E. (1988): *Wirtschaftsordnung und Wettbewerb*, Baden-Baden.

Hortacsu, A., Ch. Syverson (2005): „Cementing Relationships: Vertical Integration, Foreclosure, Productivity, and Prices," University of Chicago Working Paper.

Hosken, D., O'Brian, D., Scheffman, D., Vita, M. (2002): „Demand System Estimation and its Application to Horizontal Merger Analysis", mimeo.

Hosken, D., Talor, Ch. T. (2004), „Discussion of 'Using Stationarity Tests in Antitrust Market Definition'", *American Law and Economics Review* Bd. 6, 465–475

Hotelling, H. (1929): „Stability in Competition", *Economic Journal* Bd. 39, 41–57.

Hovenkamp, H. (1993): „Market Power in Aftermarkets: Antitrust Policy and the Kodak Case", *UCLA Law Review* Bd. 40, 1447–1460.

Hovenkamp, H. (2009): „Mergers and Market Dominance", University of Iowa Legal Studies Research Paper Number 09–01.

Howe, M. (1973): „A Study of Trade Association Price Fixing", *Journal of Industrial Economics* Bd. 21, 236–257.

Huck, S., Normann, H.T., Oechssler, J. (1989): „Two are Few and Four are Many: Number Effects in Experimental Oligopolies", Bonn University Discussion Paper 12/2001.

Hübler, O. (1989): *Ökonometrie*, Stuttgart.

Hüschelrath, K. (2009): „Critical Loss Analysis in Market Definition and Merger Control", ZEW Diskussion Paper 09–83.

Hviid, M., Shaffer, G. (1999): „Hassle Costs: The Achilles' Heel of Price-Matching Guarantees", *Journal of Economics and Management Strategy* Bd. 8, 489–521.

Immenga, U. (1990): „Die Sicherung unverfälschten Wettbewerbs durch Europäische Fusionskontrolle", *Wirtschaft und Wettbewerb* Bd. 40, 371–381.

Immenga, U., Mestmäcker, E.-J. (2007): Wettbewerbsrecht, Kommentar. Bd. I: EG-Wettbewerbsrecht, Bd. II: GWB, Gesetz gegen Wettbewerbsbeschränkungen, 4. Aufl. München.

Immenga, F. A., Stopper, M. (2001): „Impulsgeber „Baby Food Merger": Die Berücksichtigung des Effizienzgedankens im US-amerikanischen und europäischen Fusionskontrollrecht", *Recht der Wirtschaft* Bd. 47, 512–518.

Inderst, R., Wey, Ch. (2008): „Die Wettbewerbsanalyse von Nachfragemacht aus verhandlungstheoretischer Sicht", *Perspektiven der Wirtschaftspolitik* Bd. 9, 465–485.

Inderst, R., Shaffer, G. (2008): „The Role of Buyer Power in Merger Control", in: W.D. Collins (Hrsg.): ABA Section Antitrust Handbook, Issues in Competition Law and Policy.

Ivaldi, M., Verboven, F. (2002): „Quantifying the Effects from Horizontal Mergers in European Competition Policy", abrufbar unter http://idei.fr/doc/by/ivaldi/iv_merger_v04.pdf.

Ivaldi, M., Jullien, B., Rey, P., Seabright, P., Tirole, J. (2003 a): „The Economics of Unilateral Effects", Interim Report for DG Competition.

Ivaldi, M., Jullien, B., Rey, P., Seabright, P., Tirole, J. (2003 b): „The Economics of Tacit Collusion", Interim Report for DG Competition.

Jacquemin, A., Slade, M. (1989): „Cartels, Collusion, and Horizontal Merger", in: Schmalensee, R., Willig, R.D. (Hrsg.), *Handbook of Industrial Organization*, Bd. I, Amsterdam, 415–473.

Janicki, T. (1990): „EG-Fusionskontrolle auf dem Weg zur praktischen Umsetzung", *Wirtschaft und Wettbewerb* Bd. 40, 195–205.

Jayaratne, J., Shapiro, C. (2004): „Simulating Partial Asset Divestitures to 'Fix' Mergers", *International Journal of the Economics of Business* Bd. 7, 179–200.

Jenny, F., Weber, A.P. (1983): „Aggregate Welfare Loss Due to Monopoly Power in the French Economy: Some Tentative Estimates", *Journal of Industrial Economics* Bd. 32, 113–130.

Käseberg, T. (2005): „Die Analyse unilateraler Effekte im Rahmen der Fusionskontrolle – Zugleich eine Besprechung der US-amerikanischen und europäischen Entscheidungen im Fall Oracle/PeopleSoft", *Wirtschaft und Wettbewerb* Bd. 55, 998–1004.

Kandori, M. (1991): „Correlated Demand Shocks and Price Wars During Booms", *Review of Economic Studies* Bd. 58, 171–180.

Kandori, M. (2002): „Introduction to Repeated Games with Private Monitoring", *Journal of Economic Theory* Bd. 102, 1–15.

Kaneko, M. (1982): „Some Remarks on the Folk-Theorem in Game Theory", *Mathematical Social Sciences* Bd. 27, 281–290.

Kantzenbach, E., Kottmann, E., Krüger, R. (1996): *Kollektive Marktbeherrschung. Neue Industrieökonomik und Erfahrungen aus der Europäischen Fusionskontrolle*, Baden-Baden.

*Kantzenbach, E., Kruse, J. (*1989): *Kollektive Marktbeherrschung*, Göttingen.

Kapp, T., Meßmer, S. (2005): „Reform der EU-Fusionskontrolle: Herrscht nun unbeschränkte Willkür in Brüssel?", *Europäische Zeitschrift für Wirtschaftsrecht* Bd. 16, 161.

Kate, A.T., Niels, G. (2009): „The Concept of Critical Loss for a Group of differentiated Products", *Journal of Competition Law and Economics* Bd. 6, 321–333.

Katz. M., Shapiro, C. (1985): „Network Externalities, Competition, and Compatibility", *American Economic Review* Bd. 75, 424–440.

Katz, M., Shapiro, C. (1986): „Technology Adaption in the Presence of Network Externalities", *Journal of Political Economy* Bd. 94, 822–841.

Katz, M., Shapiro, C. (2003): „Critical Loss: Let's Tell the Whole Story", *Antitrust Magazine* Bd. 17, 49–56.

Katz, M., Shapiro, C. (2004): „Further Thoughts on Critical Loss", *The Antitust Source*, March, 1–9.

Kauper, Th. E. (1997): „The Problem of Market Definition Under EC Competition Law", *Fordham International Law Journal* Bd. 20, 1682–1767.

Kerber, W. (1989): *Evolutionäre Marktprozesse und Nachfragemacht*, Baden-Baden.

Kiljanski, K. (2003): „'Pass-On' in Merger Efficiency Defence", *World Competition* Bd. 26, 651–684.

Kinne, K. (2000): *Effizienzvorteile in der Zusammenschlußkontrolle*, Baden-Baden.

Kirby, A.J. (1988): „Trade Associations as Information Exchange Mechanisms", *Rand Journal of Economics* Bd. 19, 138–147.

Kleemann, D. (1997): „Enthält Art. 2 der EG-Fusionskontrollverordnung eine wettbewerbliche Abwägungsklausel?", in: Niederleithinger, E., Werner, R., Wiedemann, G. (Hrsg.), *Festschrift für Otfried Lieberknecht*, , 379–390.

Klein, B. (1998): „Market Power in Aftermarkets", in: McChesney, P., McChesney, F., Paul, R. (Hrsg.), *Economic Inputs, Legal Outputs. The Role of Economists in Modern Antitrust*, Chichester, 47–68.

Klein, B. (1999): „Market Power in Franchise Cases in the Wake of Kodak: Applying Post-Contract Hold-Up Analysis to Vertical Relationships", *Antitrust Law Journal* Bd. 70,. 283–362.

Klein, B, Shepard, J.S. (2003): „Competitive Price Discrimination as an Antitrust justification for Intellectual Property," *Antitrust Law Journal* Bd. 70, 599–642.

Kleinert, J., Klodt, H. (2001): *Megafusionen*, Tübingen.

Klemperer, P.D. (1987a): „Entry Deterrence in Markets with Consumer Switching Costs", *Economic Journal* Bd. 97, 99–117.

Klemperer, P.D. (1987b): „Markets with Consumer Switching Costs", *Quarterly Journal of Economics* Bd. 102, 375–394.

Klemperer, P.D. (2008): „Competition Policy in Auctions and 'Bidding Markets'", in: Buccirossi, P. (Hrsg.): *Handbook of Antitrust Economics*, Cambridge, Mass. 583–624.

Klemperer, P.D. (2000): „Preventing Collusion and Predation in Auction Markets", mimeo.

Knieps, G. (2008): *Wettbewerbsökonomie. Regulierungstheorie, Industrieökonomie, Wettbewerbspolitik*, 3. Aufl., Heidelberg.

Knittel, Chr.R., Lepore, J. (2006): „Tacit Collusion in the Presence of Cyclical Demand and Endogenous Capacity Levels" NBER Working Paper No. W12635.

Knittel, Ch.R., Stango, V. (2001): „Price Ceilings as Focal Point for Tacit Collusion: Evidence from Credit Cards", *American Economic Review* Bd. 93, 1703–1729.

Kobayashi, B.H. (2005): „Does Economics Provide a Reliable Guide to Regulating Commodity Bundling by Firms? A Survey of the Economic Literature", *Journal of Competition Law and Economics* Bd. 1, 707–746.

Koch, N. (1990): „Die neuen Befugnisse der EG zur Kontrolle von Unternehmenszusammenschlüssen", *Europäisches Wirtschafts- und Steuerrecht* Bd. 2, 65–72.

Koenker, R.W., Perry, M.K. (1981): „Product Differentiation, Monopolistic Competition, and Public Policy", *Bell Journal of Economics* Bd. 12, 217–231.

Kolasky, W.J. (2002): „Coordinated Effects in Merger Review: From Dead Frenchmen to Beautiful Minds and Mavericks", mimeo.

Kolasky, W.J., Dick, A.R. (2004): „The Merger Guidelines and the Integration of Efficiencies into Antitrust Review of Horizontal Mergers", *Antitrust Law Journal* Bd. 71, 207–252.

Komatsubara, T. (2009): „Equilibrium Selection in the Yano Model of Price Leadership", *Pacific Economic Review* Bd. 13, 649–655.

Krattenmaker, T.G., Salop, S.C. (1986): „Anticompetitive Exclusion: Raising Rivals' Cost to Achieve Power over Price", *Yale Law Journal* Bd. 96, 209–293.

Kreps, D., Milgrom, P., Roberts, J., Wilson, R. (1982): „Rational Cooperation in a Finitely Repeated Prisoners' Dilemma Game", *Journal of Economic Theory* Bd. 27, 245–252.

Kreps, D., Scheinkman, J. (1983): „Quantity Precommittment and Bertrand Competition Yield Cournot Outcomes", *Bell Journal of Economics* Bd. 14, 326–337.

Krishna J. (2010): *Auction Theory*, Amsterdam.

Kühn, K.U. (2001): „Fighting Collusion by Regulating Communication Between Firms", *Economic Policy* Bd. 16, 167–204.

Kühn, K.U. (2004): „The Coordinated Effects of Mergers in Differentiated Products Industries", in: Buccirossi, P. (Hrsg.): *Handbook of Antitrust Economics*, Cambridge, Mass. 105–144.

Kühn, K.U., Motta, M. (2000): „The Economics of Joint Dominance and the Coordinated Effects of Merger", mimeo.

Kühn, K.U., Rimler, M.S. (2006): „The Comparative Statics of Collusion Models", CEPR Discussion Paper No. 5742.

Kühn, K.U., Vives, X. (1995): „Information Exchange Among Firms and their Impact on Competition", European Commission Document.

Laffont, J.J., Rey, P., Tirole, J. (1988): „Network Competition: Overview and Non-discriminatory Pricing", *RAND Journal of Economics* Bd. 29, 1–37.

Lafontaine, F., Slade, M. (2007): "Vertical Integration and Firm Boundaries: The Evidence", *Journal of Economic Literature* Bd. 45, 629–685.

Lambertini, L. (1996): „Cartel Stability and the Curvature of Market Demand", *Bulletin of Economic Research* Bd. 48, 329–335.

Lambertini, L., Sasaki, D. (1999): „Optimal Punishments in Linear Duopoly Supergames with Product Differentiation", *Journal of Economics* Bd. 69, 173–188.

Lambertini, L., Trombetta, M. (2002): „Delegation and Firms' Ability to Collude", *Journal of Economic Behaviour and Organization* Bd. 47, 359–374.

Lambson, V.E. (1987): „Optimal Penal Codes in Price Setting Supergames with Capacity Constraints", *Review of Economic Studies* Bd. 54, 385–397.

Lambson, V.E. (1994): „Some Results on Optimal Penal Codes in Asymmetric Bertrand Supergames", *Journal of Economic Theory* Bd. 62, 444–468.

Lambson, V.E. (1995): „Optimal Penal Codes in Nearly Symmetric Bertrand Supergames with Capacity Constraints", *Journal of Mathematical Economics* Bd. 24, 1–22.

Lande, R.H. (1991): „Wealth Transfers as the Original and Primary Concern of Antitrust: The Efficiency Interpretation Challenged", in: Sullivan, E.T. (Hrsg.), *The Political Economy of the Sherman Act. The First One Hundred Years*, New York, 71–84.

Landes, W.M., Posner, R.A. (1981): „Market Power in Antitrust", *Harvard Law Review* Bd. 94, 937–983.

Langen, E., Bunte, H.-J. (2010): „Kommentar zum deutschen und europäischen Kartellrecht", Bd. I: Deutsches Kartellrecht, Bd. II: Europäisches Kartellrecht 11. Aufl., Neuwied.

Langenfeld, J.A., Li, W. (2001): „Critical Loss Analysis in Evaluating Mergers", *Antitrust Bulletin* Bd. 46, 299–337.

Leibenstein, H. (1966): „Allocative Inefficiency vs. X-Inefficiency", *American Economic Review* Bd. 56, 392–415.

Lerner, A. (1934): „The Concept of Monopoly and the Measurement of Monopoly Power", *Review of Economic Studies* Bd. 1, 157–175.

Levenstein, M.C. (1997): „Price Wars and the Stability of Collusion: A Study of the Pre-World War I Bromine Industry", *Journal of Industrial Economics* Bd. 45, 117–137.

Levin, R.C., Reiss, P.C. (1989): „Cost-Reducing and Demand-Creating R&D With Spillovers", NBER Working Paper No. W2876.

Levin, R.C., Cohen, W.M., Mowery, D.C. (1985): „R&D Appropriability, Opportunity, and Market Structure: New Evidence on Some Schumpeterian Hypotheses", *American Economic Review* Bd. 75, 20–24.

Levitan, R., Shubik, M. (1972): „Price Duopoly and Capacity Constraints", *International Economic Review* Bd. 13, 111–122.

Levy, D.T., Reitzes, J.D. (1993): "Basing-Point Pricing and Incomplete Collusion", *Journal of Regional Science* Bd. 33, 27–36.

Levy, N. (2003): "EU Merger Control: From Birth to Adolescence", *World Competition* Bd. 26, 195–218.

Lexecon (2003): *An Introduction to Quantitative Techniques in Competition Analysis*.

Lindsay, A., Berridge, A., (2009): *The EC Merger Regulation: Substantive Issues*, 3. Aufl., London.

Lindsay, A., Lecchi, E., Williams, G., (2003): "Econometrics Study into European Commission Merger Decisions since 2000", *European Competition Law Review* Bd. 24, 673–682.

Lipsey, R.G., Lancaster, K. (1956): "A General Theory of the Second Best", *Review of Economic Studies* Bd. 23, 11–32.

Liu, Q. (2010): "Tacit Collusion with Low Price Guarantees", University of Oklahoma, mimeo.

Logan, J.W. (1988): "The Exchange of Cost Information Between Firms: the Beginnings of a Theory of Trade Associations", Cornell University, Discussion Paper 416.

Loury, G.C. (1990): "Tacit Collusion in a Dynamic Duopoly with Indivisible Production and Cumulative Capacity Constraints", mimeo.

Lowe, P. (2003): "Implications of the Recent Reforms in the Antitrust Enforcement in Europe for National Competition Authorities", abrufbar unter: http://ec.europa.eu/competition/speeches/text/sp2003_067_en.pdf.

Luescher, C. (2004): "Efficiency Considerations in European Merger Control – Just Another Battle Ground for the European Commission, Economists and Competition Lawyers?" *European Competition Law Review* Bd. 25, 72–86.

Lunn, J. (1986): "An Empirical Analysis of Process and Product Patenting: A Simultaneous Equation Framework", *Journal of Industrial Economics* Bd. 34, 319–330.

Lustgarten, S.H. (1975): "The Impact of Buyer Concentration in Manufacturing Industries", *Review of Economics and Statistics* Bd. 57, 125–132.

Lyons, B.R. (2002): "Could Politicians be More Right Than Economists? A Theory of Merger Standards", Norwich University, Working Paper CCR 02–01.

Machlup, F. (1949): *The Basing-Point System*, Philadelphia.

MacLeod, B.W. (1985): "A Theory of Concious Parallelism", *European Economic Review* Bd. 29, 25–44.

MacLeod, W.B., Norman, G., Thisse, J.-F. (1987): "Competition, Tacit Collusion, and Free Entry", *Economic Journal* Bd. 97, 189–198.

Maisel, L.C. (1983): "Submarkets in Merger and Monopolization Cases", *Georgetown Law Review* Bd. 71, 39–71.

Majerus, D.W. (1988): „Price vs. Quantity Competition in Oligopoly Supergames", *Economics Letters* Bd. 48, 293–297.

Malueg, D.A. (1992): „Collusive Behavior and Partial Ownership of Rivals", *International Journal of Industrial Organization* Bd. 10, 27–34.

de la Mano, M. (2002): „For the Customer's Sake: The Competitive Effects of Efficiencies in European Merger Control", Enterprise Papers No. 11.

Mariuzzo, F., Walsh, P.P., Whelan, C. (2007): „Merger Control in Differentiated Products Industries", in: Choi, J.P. (Hrsg.) *Recent Developments in Antitrust*, Cambridge, Mass., 187–213.

Martin, S., Norman, H.-T., Snyder, Ch. (2002): „Vertical Foreclosure in Experimental Markets", *RAND Journal of Economics* Bd. 19, 219–234.

Martinez Fernández, B., Hashi, I., Jegers, M. (2008): „The implementation of the European Commission's Merger Regulation 2004: An Empirical Analysis", *Journal of Competition Law and Economics* Bd. 4, 791–809.

Mason, Chr. F., Phillips, O.R., Nowell, C. (1992): „Duopoly Behavior in Asymmetric Markets: An Experimental Evaluation", *Review of Economics and Statistics* Bd. 74, 662–671.

Mason, R., Weeds, H. (2002): „The Failing Firm Defence: Merger Policy and Entry", CEPR Discussion Paper No. 3664.

Massey, P. (2000): „Market Definition and Market Power in Competition Analysis: Some Practical Issues", *Economic and Social Review* Bd. 4, 309–328.

Matsumura, T. (1999): „Cournot Duopoly with Multi-Period Competition: Inventory as a Coordination Device", *Australian Economic Papers* Bd. 38, 189–202.

Matsushima, H. (2000): „The Folk Theorem with Private Monitoring and Uniform Sustainability", mimeo.

Matsushima, H. (2001a): „Multimarket Contact, Imperfect Monitoring, and Implicit Collusion", *Journal of Economic Theory* Bd. 98, 158–179.

Matsushima, H. (2001b): „The Folk Theorem with Private Monitoring", mimeo.

McAfee, R.P., Mialon, H.M., Williams, M.A. (2003): „What is a Barrier to Entry?", mimeo.

McCutcheon, B. (1997): „Do Meetings in Smoke-Filled Rooms Facilitate Collusion?", *Journal of Political Economy* Bd. 105, 321–350.

McKenzie, L.W. (1959): „On the Existence of General Equilibrium for a Competitive Market", *Econometrica* Bd. 28, 54–71.

Meessen, K.M. (1992): „Industriepolitisch wirksamer Wettbewerb im EWG-Fusionskontrollrecht", in: Wild, G., Schulte-Franzheim, I., Lorenz-Wolf, M. (Hrsg.), *Festschrift für Alfred-Carl Gaedertz*, München, 417–430.

Mestmäcker, E.-J., Schweitzer, H. (2004): *Europäisches Wettbewerbsrecht*, München.

Mehta, K. (2005): „Comments on Switgart Feuerstein's „Collusion in Industrial Economics – A", *Journal of Industry, Competition and Trade* Bd. 5, 217–222.

Milgrom, P. (2004): *Putting Auction Theory to Work*, Cambridge.

Möschel, W. (1983): *Recht der Wettbewerbsbeschränkungen*, Köln.

Möschel, W. (2002): „Neue Rechtsfragen bei der Ministererlaubnis in der Fusionskontrolle", *Betriebs-Berater* Bd. 57, 2077–2085.

Möschel, W. (2003): „Juristisches versus ökonomisches Verständnis eines Rechts der Wettbewerbsbeschränkungen", in: Keller, E., Plassmann, C., von Falck, A. (Hrsg.), *Festschrift für Winfried Tilmann*, Köln, 705–719.

Monopolkommission (1978): „Hauptgutachten Nr. 2, Fortschreitende Konzentration bei Großunternehmen", Baden-Baden.

Monopolkommission (1989): „Sondergutachten Nr. 17, Konzeption einer europäischen Fusionskontrolle", Baden-Baden.

Monopolkommission (2004): „Hauptgutachten Nr. 15 (Kurzfassung), Wettbewerbspolitik im Schatten ‚Nationaler Champions'", Baden-Baden.

Monopolkommission (2010): „Sondergutachten Nr. 58, Gestaltungsoptionen und Leistungsgrenzen einer kartellrechtlichen Unternehmensentflechtung", Baden-Baden.

Montag, F. (2005): „Effizienz und Wettbewerb in der rechtlichen Praxis am Beispiel der europäischen Fusionskontrolle", in: Oberender, P. (Hrsg.), *Effizienz und Wettbewerb*, Schriften des Vereins für Socialpolitik, Neue Folge, Bd. 306, 95–111.

Montag, F., Wolfsgruber, M. (2003): „Neueste Entwicklungen in der Europäischen Fusionskontrolle", in: Neueste Entwicklungen im Europäischen und Internationalen Kartellrecht, Zehntes St. Galler Internationales Kartellrechtsforum, 289–332.

Monti, M. (2001): „Antitrust in the US and Europe: a History of Convergence", Rede vom 14.11.2001, abrufbar unter http://europa.eu/rapid/pressReleasesAction.do?reference=SPEECH/01/540.

Monti, M. (2002a): „Review of the EC Merger Regulation – Roadmap for the reform project", Rede vom 4.6.2002, abrufbar unter http://europa.eu/rapid/pressReleasesAction.do?reference=SPEECH/02/252.

Monti, M. (2002b): „Review of the EC Merger Regulation – the Reform Package", Rede vom 7.11.2002, abrufbar unter http://europa.eu/rapid/pressReleasesAction.do?reference=SPEECH/02/545.

Monti, M. (2004): „A reformed competition policy: achievements and challenges for the future", Rede vom 28.10.2004, abrufbar unter http://www.cer.org.uk/pdf/speech_monti°ct04.pdf.

Moresi, S., Salop, S.C., Woodbury III, J. (2008): „Implementing the Hypothetical Monopolist SSNIP Test with Multi-Product Firms", mimeo.

Motta, M. (2004): *Competition Policy*, Cambridge.

Motta, M., Polo, M. (2003): „Leniency Programs and Cartel Prosecution", *International Journal of Industrial Organization* Bd. 21, 347–379.

Møllgaard, H.P., Overgaard, P.B. (1999): „Market Transparency: A Mixed Blessing?", University of Copenhagen, Center for Industrial Economics, CIE Discussion Paper 1999–5.

Møllgaard, H.P., Overgaard, P.B. (2001): „Market Transparency and Competition Policy", University of Copenhagen, Center for Industrial Economics, CIE Discussion Paper 2001–3.

Münchener Kommentar zum Europäischen und Deutschen Wettbewerbsrecht (Kartellrecht) (2007), herausgegeben von G. Hirsch, F. Montag und F. J. Säcker, Bd. 1: Europäisches Wettbewerbsrecht, Bd. 2: Gesetz gegen Wettbewerbsbeschränkungen (GWB), München.

Muren, A., Pyddoke, R. (2004): „Coordination and Monitoring in Tacit Collusion", mimeo.

Nalebuff, B. (2000): „Competing Against Bundles", Yale School of Management Working Paper Series H No. 7.

Nalebuff, B. (2004): „Bundling as a Way to Leverage Monopoly", Yale School of Management Working Paper,

Nash, J. (1950): „Equilibrium Points in N-Person Games", *Proceedings of the National Academy of Sciences* Bd. 36, 48–49.

Nash, J. (1951): „Non-Cooperative Games", *Econometrica* Bd. 18, 155–162.

Nelson, Ph.B., White, L.J. (2003): „Market Definition and the Identification of Market Power in Monopolization Cases: A Critique and a Proposal", NYU Paper No. CLB-03–022.

Neilson, W.S., Winter, H. (1993): „Bilateral Most-Favored-Customer Pricing and Collusion", *RAND Journal of Economics* Bd. 24, 147–155.

Neubauer, S. (1999): „Multimarket Contacts, Collusion and the Internal Structure of Firms", Wissenschaftszentrum Berlin, Discussion Paper FS IV 99–25.

von Neumann, J., Morgenstern, O. (1944): *The Theory of Games and Economic Behaviour*, Princeton.

Neven, D., Nuttall, R., Seabright, P. (1993): *Merger in Daylight*, London.

Neven, D., Röller, L.H. (2000): „Consumer Surplus vs. Welfare Standard in a Political Economy of Merger Control", CEPR Discussion Paper No. 2620.

Neven, D., Seabright, P. (2003): „Synergies and Dynamic Efficiencies in Merger Analysis", Interim Report to DG ECFIN.

Nickell, S. (1996): „Competition and Corporate Performance", *Journal of Political Economy* Bd. 104, 724–746.

Nilsson, A. (1999): „Transparency and Competition", Stockholm School of Economics, Working Paper Series in Economics and Finance 298.

Nitsche, R., Thielert, J. (2004): „Die ökonomische Analyse auf dem Vormarsch – Europäische Reform und deutsche Wettbewerbspolitik", *Wirtschaft und Wettbewerb* Bd. 54, 250–259.

Nocke, V., White, L. (2007): „Do Vertical Mergers Facilitate Upstream Collusion?", *American Economic Review* Bd. 97, 1321–1339.

Noël, P.-E. (1997): „Efficiency Considerations in the Assessment of Horizontal Mergers under European and U.S. Antitrust Law", *European Competition Law Review* Bd. 18, 498–519.

Novshek, W. (1980): „Cournot Equilibrium with Free Entry", *Review of Economic Studies* Bd. 47, 473–486.

Novshek, W. (1985): „Perfectly Competitive Markets as the Limits of Cournot Markets", *Journal of Economic Theory* Bd. 35, 75–82.

O'Brian, D.P., Wickelgren, A.L. (2003): „A Critical Analysis of Critical Loss Analysis", *Antitrust Law Journal* Bd. 71, 161–184.

O'Brian, D., Wickelgren, A. (2004): „The State of Critical Loss Analysis: Reply to Scheffman and Simons", *The Antitrust Source*, March, 1–9.

Office of Fair Trading (1999): „Quantitative Techniques in Competition Analysis", Research Paper 17.

Office of Fair Trading (2001): „The Role of Market Definition in Monopoly and Dominance Inquiries", Economic Discussion Paper 2.

Office of Fair Trading (2002): „Innovation and Competition Policy", Economic Discussion Paper 3.

Office of Fair Trading (2003 a): „Switching Costs", Economic Discussion Paper 5.

Office of Fair Trading (2003 b): „Assessing Profitability in Competition Policy Analysis", Economic Discussion Paper 6.

Okada, Y. (2005): „How to Fight Hard Core Cartels? Comments on Collusion in Industrial Economics", *Journal of Industry, Competition and Trade* Bd. 5, 223–229.

Olley, S., Pakes, A. (1996): „The Dynamics of Productivity in the Telecommunications Equipment Industry", *Econometrica* Bd. 64, 1263–1297.

Ono, Y. (1982): „Price Leadership: A Theoretical Analysis", *Economica* Bd. 49, 11–20.

Opgenhoff, C. (2001): *Die europäische Fusionskontrolle zwischen Wettbewerbsrecht und Industriepolitik*, Frankfurt am Main.

Ordover, J.A., Salop, S.C., Saloner, G. (1990): „Equilibrium Vertical Foreclosure", *American Economic Review* Bd. 80, 127–142.

Ordover, J.A., Salop, S.C., Saloner, G. (1992): „Equilibrium Vertical Foreclosure: Reply", *American Economic Review* Bd. 82, 698–703.

Organisation for Economic Co-operation and Development (1996): „Competition Policy and Efficiency Claims in Horizontal Agreements", OECD/GD (96) 65, Paris, abrufbar unter www.oecd.org/dataoecd/1/4/2379526.pdf.

Organisation for Economic Co-operation and Development (1999): „Oligopoly", Commission Paper, vorgelegt im Rahmen des Best Practice Roundtable der OECD im Oktober 1999, DAFFE/CLP (99) 25, Paris, abrufbar unter: http://www.oecd.org/dataoecd/35/34/1920526.pdf.

Osborne, M.J., Pitchik, C. (1983): „Profit-Sharing in a Collusive Industry", *European Economic Review* Bd. 27, 59–74.

Osborne, M.J., Pitchik, C. (1986): „Price Competition in a Capacity Constraint Duopoly", *Journal of Economic Theory* Bd. 38, 238–260.

Osborne, M.J., Pitchik, C. (1987): „Cartels, Profits and Excess Capacity", *International Economic Review* Bd. 28, 413–428.

Osborne, M.J., Rubinstein, A. (1994): *A Course in Game Theory*, Cambridge, Mass.

Osterdal, L.P. (2003): „A Note on the Stability of Collusion in Differentiated Oligopolies", *Research in Economics* Bd. 57, 53–64.

Overgaard, P.B., Møllgaard, H.P. (2007): „Information Exchange, Market Transparency, and Dynamic Oligopoly", University of Aarhus, Working Paper 2007–3.

Padilla, A.J. (2001): „The Role of Supply-Side Substitution in the Definition of the Relevant Market in Merger Control", Report for DG Enterprise A/4, European Commission.

Padilla, A.J. (2005): „Efficiencies in Horizontal Mergers: Williamson Revisited", in: Collins, W.D. (Hrsg.): *Issues in Competition Law and Policy*.

Parker, Ph.M., Röller, L.H. (1997): „Collusive Conduct in Duopolies: Multimarket Contact and Cross-Ownership in the Mobile Telephone Industry", *RAND Journal of Economics* Bd. 28, 304–322.

Pastine, I., Pastine, T. (2004): „Cost of Delay and Endogenous Price Leadership", *International Journal of Industrial Organization* Bd. 22, 135–145.

Peeters, D., Thisse, J.F. (1996): „Zone Pricing", *Journal of Regional Science* Bd. 36, 291–301.

Pepall, L., Richards, D.J., Norman, G. (2008): *Industrial Organization. Contemporary Theory and Practice*, 4. Aufl., Mason, Ohio.

Perry, M. (1989): „Vertical Integration: Determinants and Effects", in: Schmalensee, R., R.D. Willig, (Hrsg.), *Handbook of Industrial Organization*, Bd. I, Amsterdam, 183–255.

Persson, L. (2005): „The Failing Firm Defence", *Journal of Industrial Economics* Bd. 53, 175–201.

Peters, C. (2006): „Evaluating the Performace of Merger Simulation: Evidence from the U.S. Airline Industry", *Journal of Law and Economics* Bd. 49, 627–649.

Pflanz, M., (2005): „Oracle/PeopleSoft: the Economics of the EC Review", *European Competition Law Review* Bd. 26, 123–127.

Pflanz, M., Caffara, C. (2002): „The Economics of G.E./Honeywell", *European Competition Law Review* Bd. 23, 115–121.

Philips, L. (1995): *Competition Policy. A Game Theoretic Perspective*; Cambridge

Pigou, A. C. (1924): *The Economics of Welfare*, 2. Aufl., London.

Pittman, R. (2007): „Consumer Surplus as the Appropriate Standard for Antitrust Enforcement", Department of Justice, Economic Analysis Group Discussion Paper.

Pitofsky, R. (1990): „New Definitions of Relevant Market and the Assault on Antitrust", *Columbia Law Review* Bd. 90, 1805–1864.

Polverino, F. (2006): „Assessment of Coordinated Effects in Merger Control: Between Presumption and Analysis", mimeo.

Porter, R.H. (1983a): „Optimal Cartel Trigger-Price Strategies", *Journal of Economic Theory* Bd. 28, 313–338.

Porter, R.H. (1983b): „A Study of Cartel Stability: The Joint Executive Committee 1880–1886", *Bell Journal of Economics* Bd. 14, 301–314.

Porter, R.H. (2005): „Collusion in Industrial Economics: A Comment", *Journal of Industry Competition, and Trade* Bd. 5, 231–234.

Posner, R.A. (1975): „The Social Costs of Monopoly and Regulation", *Journal of Political Economy* Bd. 83, 807–827.

Postema, B., Goppelsroeder, M., AG van Bergeijk, P. (2006): „Cost and Benefits of Merger Control: An Applied Game Theoretic Perspective", *Kyklos* Bd. 59, 85–98.

Priest, G.L. (2007): „Rethinking Antitrust Law in an Age of Network Industries", Yale Law & Economics Research Paper No. 352.

Radner, R. (1980): „Collusive Behaviour in Noncooperative Epsilon-Equilibria of Oligopolies with Long but Finite Lives", *Journal of Economic Theory* Bd. 22, 136–154.

Raith, M.A. (1996a): „A General Model of Information Sharing in Oligopoly", *Journal of Economic Theory* Bd. 71, 260–288.

Raith, M.A. (1996b): „Product Differentiation, Uncertainty and the Stability of Collusion", mimeo.

Rapp, R.T. (1995): „The Misapplication of the Innovation Market Approach to Merger Analysis", *Antitrust Law Journal* Bd. 64, 19–48.

Rasmusen, E.B., Ramseyer, J.M., Wiley, J.S. (1991): „Naked Exclusion", *American Economic Review* Bd. 81, 1137–1145.

Raubitschek, R.S. (1987): „A Model of Product Proliferation with Multiproduct Firms", *Journal of Industrial Economics* Bd. 35, 269–279.

Raubitschek, R.S. (1988): „Hitting the Jackpot: Product Proliferation by Multiproduct Firms under Uncertainty", *International Journal of Industrial Organization* Bd. 6, 469–488.

RBB Economics (2004): „The Emperor's New Clothes? – the Role of Merger Simulation Models".

Reiffen, D. (1992): „Equilibrium Vertical Foreclosure: Comment", *American Economic Review* Bd. 82, 694–697.

Reiffen, D., Vita, M. (1995): „Is There a New Thinking on Vertical Mergers: a Comment", *Antitrust Law Journal* Bd. 63, 917–942.

Renckens, A. (2007): „Welfare Standards, Substantive Tests, and Efficiency Consideraions in Merger Policy: Defining the Efficiency Defense", *Journal of Competition Law and Economics* Bd. 3, 149–179.

Rey, P., Tirole, J. (2007): „A Primer on Foreclosure", in: Armstrong, M., R. Porter (Hrsg.), *Handbook of Industrial Organization*, Bd. III, Amsterdam, 2145–2220.

Reynolds, R.J., Snapp, B.R. (1986): „The Competitive Effects of Partial Equity Interests and Joint Ventures", *International Journal of Industrial Organization* Bd. 4, 141–153.

Riordan, M.H. (1998): „Anticompetitive Vertical Integration by a Dominant Firm", *American Economic Review* Bd. 88, 1232–1248.

Riordan, M.H. (2008): „Competitive Effects of Vertical Integration", in: Buccirossi, P. (Hrsg.): *Handbook of Antitrust Economics*, Cambridge, Mass. 145–182.

Riordan, M.H., Salop, S.C. (1995): „Evaluating Vertical Mergers: A post Chicago Approach", *Antitrust Law Journal* Bd. 63, 513–568.

Robinson, J. (1933): *The Economics of Imperfect Competition*, London.

Rochet, J-C., Tirole, J. (2003): „Platform Competition in Two-Sided Markets", *Journal of the European Economic Association* Bd. 1, 990–1029.

Rochet, J-C., Tirole, J. (2006): „Two-Sided Markets: A Progress Report", *RAND Journal of of Economics* Bd. 37, 645–667.

Röhling, A. (1990): „Offene Fragen der europäischen Fusionskontrolle", *Zeitschrift für Wirtschaftsrecht* Bd. 11, 1179–1186.

Röller, L.H., Stennek, J., Verboven, F. (2001): „Efficiency Gains from Mergers", *European Economy, Reports and Studies* Bd. 5, 31–128.

Röller, L. H., Friederiszick, H. (2005): „Ökonomische Analyse in der EU Wettbewerbspolitik", abrufbar unter: http://ec.europa.eu/competition/speeches/text/sp2005_012_de.pdf.

Röller, L. H., Strohm, A. (2005): „Ökonomische Analyse des Begriffs „significant impediment to effective competition", abrufbar unter: http://ec.europa.eu/competition/speeches/text/sp2005_010_de.pdf.

Literaturverzeichnis

Röller, L. H., de la Mano, M. (2006): „The Impact of the New Substantive Test in European Merger Control", *European Competition Journal* Bd. 2, 9–28.

Rösler, P. (2000): „Der Begriff der marktbeherrschenden Stellung in der europäischen Fusionskontrolle", *Neue Zeitschrift für Gesellschaftsrecht* Bd. 14, 857–867.

Rooney, W., Park, D. (2007): „The Two-Sided Market Literature Enriches Traditional Antitrust Analysis", in: *Competition Policy International*, Bd. 3.

Rosen, S. (1974): „Hedonic Prices and Implicit Markets: Product Differentiation in Pure Competition", *Journal of Political Economy* Bd. 82, 34–55.

Rosenbaum, D.I. (1989): „An Empirical Test of the Effect of Excess Capacity in Price Setting, Capacity-Constrained Supergames", *International Journal of Industrial Organization* Bd. 7, 231–241.

Rosenbaum, D. I., Sukharomana, S. (2001): „Oligopolistic Pricing over the Deterministic Market Demand Cycle: Some Evidence from the US Portland Cement Industry", *International Journal of Industrial Organization* Bd. 19, 863–884.

Ross, T.W. (1992): „Cartel Stability and Product Differentiation", *International Journal of Industrial Organization* Bd. 10, 1–13.

Rotemberg, J.J., Saloner, G. (1986): „A Supergame-Theoretic Model of Price Wars During Booms", *American Economic Review* Bd. 76, 390–407.

Rotemberg, J.J., Saloner, G. (1989): „The Cyclical Behavior of Strategic Inventories", *Quarterly Journal of Economics* Bd. 104, 73–97.

Rotemberg, J.J., Saloner, G. (1990): „Collusive Price Leadership", *Journal of Industrial Economics* Bd. 38, 93–111.

Roth, W.-H. (2008): „Aktuelle Probleme der europäischen Fusionskontrolle", Zeitschrift für das gesamte Handels- und Wirtschaftsrecht Bd. 172 (2008), 670–715.

Rothschild, R. (1997): „Product Differentiation and Cartel Stability: Chamberlin Versus Hotelling", *Annals of Regional Science* Bd. 31, 259–271.

Rothschild, R. (1999): „Cartel Stability When Costs Are Heterogeneous", *International Journal of Industrial Organization* Bd. 17, 717–734.

Rubinstein, A. (1979): „Equilibrium in Supergames with the Overtaking Criterion", *Journal of Economic Theory* Bd. 21, 1–9.

Rysman, M. (2007): „The Empirics of Antitrust in Two-Sided Markets", *Competition Policy International* Bd. 3.

Sabbatini, P. (2004): „How to Simulate the Coordinated Effect of a Merger", Working Paper, Italian Antitrust Authority, Working Paper.

Säcker, F. J. (2004a): „Angleichung der deutschen Fusionskontrolle an Art. 2 Abs. 3 FKVO", *Wirtschaft und Wettbewerb* Bd. 54, 1038–1040.

Säcker, F. J. (2004b): „Abschied vom Bedarfsmarktkonzept", *Zeitschrift für Wettbewerbsrecht* Bd. 2, 1–27.

Säcker, F. J. (2010): „Entwicklung der europäischen Praxis aus deutscher Sicht und Bindungswirkung der europäischen Praxis bei Übernahme des SIEC-Tests in deutsches Recht", *Wirtschaft und Wettbewerb* Bd. 60, 370–377.

Salanié, B. (2000): *Microeconomics of Market Failure*, Cambridge, Mass.

Salant, S.W., Switzer, S., Reynolds, R.J. (1983): „Losses Due to Merger: The Effects of an Exogenous Change in Industry Structure on Cournot-Nash Equilibrium", *Quarterly Journal of Economics* Bd. 98, 185–199.

Salinger, M.A. (1988): „Vertical Mergers and Market Foreclosure", *Quaterly Journal of Economics* Bd. 103, 345–356.

Salinger, M.A. (1989): „The Meaning of 'Upstream' and 'Downstream' and the Implications for Modeling Vertical Mergers", *Journal of Industrial Economics* Bd. 37, 373–387.

Salop, S.C. (1986): „Practices that (Credibly) Facilitate Oligopoly Co-ordination", in: Stiglitz, J., G.F. Mathewson (Hrsg.), *New Developments in the Analysis of Market Structure*, Hampshire, 265–290.

Samuelson, L. (1997): *Evolutionary Games and Equilibrium Selection*, Cambridge, Mass.

Schäfer, H.B., Ott, C. (2005): *Lehrbuch der ökonomischen Analyse des Zivilrechts*, 4. Aufl., Berlin.

Scharfstein, D. (1988): „Product Market Competition and Managerial Slack", *RAND Journal of Economics* Bd. 29, 147–155.

Scheffler, A. (2005): „Zur Rechtsprechung: Das Tetra-Laval-Urteil des EuGH", *Europäische Zeitschrift für Wirtschaftsrecht* Bd. 16,251–252.

Scheffman, D.T. (1992): „Statistical Measures of Market Power: Uses and Abuses", *Antitrust Law Journal* Bd. 60, 901–919.

Scheffman, D., Simons, J. (2003): „The State of Critical Loss: Let's Make Sure We Understand the Whole Story," *The Antitrust Source*, November, 1–9.

Scheffman, D.T., Spiller, P.T. (1987): „Geographic Market Definition Under the US Department of Justice Merger Guidelines", *Journal of Law and Economics* Bd. 30, 123–147.

Scherer, F.M. (1965): „Firm Size, Market Structure, Opportunity, and the Output of Patented Innovations", *American Economic Review* Bd. 55, 1097–1123.

Scherer, F.M. (2009): „On the Paternity of a Market Delineation Approach", American Antitrust Institute, AAI Working Paper #09–01.

Scherer, F.M., Ross, D. (1990): *Industrial Market Structure and Economic Performance*, 3. Aufl., Boston.

Schmalensee, R. (1982): „Another Look at Market Power", *Harvard Law Review* Bd. 95, 1789–1816.

Schmalensee, R. (1983): „Advertising and Entry Deterrence", *Journal of Political Economy* Bd. 91, 636–653.

Schmalensee, R. (1987): „Horizontal Merger Policy: Problems and Changes", *Journal of Economic Perspectives* Bd. 1, 41–54.

Schmalensee, R. (2004): „Sunk Costs and Antitrust Barriers to Entry", MIT Sloan School of Management Working Paper 4457–04.

Schmalensee, R., Willig, R. (1989): *Handbook of Industrial Organization*, Bd. 1 und 2, Amsterdam.

Schmidt, C. R. (1992): Die „Entwicklung des technischen und wirtschaftlichen Fortschritts", Baden-Baden.

Schmidt, I. (2004): „Fusionskontrolle – Effizienz durch Wettbewerb oder durch Konzentration?", *Wirtschaft und Wettbewerb* Bd. 54, 359.

Schmidt, I. (2005): *Wettbewerbspolitik und Kartellrecht*, 8. Aufl., Stuttgart.

Schmidt, K.M. (1997): „Managerial Incentives and Product Market Competition", *Review of Economic Studies* Bd. 64, 191–213.

Schnitzer, M. (1994): „Dynamic Duopoly with Best-Price Clauses", *RAND Journal of Economics* Bd. 25, 186–196.

Schröter, H., Jakob, T., Mederer, W. (2003): *Kommentar zum Europäischen Wettbewerbsrecht*, Baden-Baden.

Schulz, N. (2003): *Wettbewerbspolitik. Eine Einführung aus industrieökonomischer Perspektive*, Tübingen.

Schultz, Ch. (2004): „Market Transparency and Product Differentiation", *Economics Letters* Bd. 83, 173–178.

Schultz, Ch. (2005): „Market Transparency on the Consumer Side and Tacit Collusion", *European Economic Review* Bd. 49, 279–297.

Schumpeter, J.A. (1950): *Kapitalismus, Sozialismus und Demokratie*, 2. Aufl., Bern.

Schumpeter, J.A. (1952): *Theorie der Wirtschaftlichen Entwicklung*. Eine Untersuchung über Unternehmergewinn, Kapital, Kredit, Zins und den Konjunkturzyklus, 5. Aufl., Berlin.

Schwalbe, U. (2002): „Evolutionäre Spiele", in: Lehmann-Waffenschmidt, M., Erlei, M. (Hrsg.), *Curriculum evolutorische Ökonomik*, Marburg.

Schwalbe, U. (2003): „Die Airtours/First Choice Entscheidung – Ökonomische Grundlagen und wirtschaftspolitische Konsequenzen", in: FIW-Schriftenreihe Heft 196, Schwerpunkte des Kartellrechts 2002, Köln, Berlin, Bonn, München.

Schwalbe, U. (2004a): „Marktbeherrschungs- oder SIEC-Test im GWB?", *Wirtschaft und Wettbewerb* Bd. 54, 997.

Schwalbe, U. (2004b): „Ökonomisierung der Fusionskontrolle – nichtkoordinierte Effekte und der SIEC-Test", Zentrum für Europäisches Wirtschaftsrecht Bonn, Vorträge und Berichte Nr. 148.

Schwalbe, U. (2005): „Die Berücksichtigung von Effizienzgewinnen in der Fusionskontrolle – Ökonomische Aspekte", in: Oberender, P. (Hrsg.), *Effizienz und Wettbewerb*, Schriften des Vereins für Socialpolitik, Neue Folge, Bd. 306, 63–94.

Schweda, M. (2004): „Die Bindungswirkung von Bekanntmachungen und Leitlinien der Europäischen Kommission", *Wirtschaft und Wettbewerb* Bd. 54, 1133–1144.

Scott, J.T. (1993): *Purposive Diversification and Economic Performance*, Cambridge.

Scully, G.W. (1974). „Pay and Performance in Major League Baseball", *American Economic Review* Bd. 64, 915–930.

Segal, I.R., Whinston, M.D. (2000): "Naked Exclusion: Comment", *American Economic Review* Bd. 90, 296–309.

Selten, R. (1965): „Spieltheoretische Behandlung eines Oligopolmodells mit Nachfrageträgheit", *Zeitschrift für die gesamte Staatswissenschaft* Bd. 121, 301–324, 667–689.

Selten, R. (1973): „A Simple Model of Imperfect Competition, Where 4 Are Few and 6 Are Many", *International Journal of Game Theory* Bd. 2, 141–201.

Selten, R. (1975): „A Reexamination of the Perfectness Concept for Equilibrium Points in Extensive Games", *International Journal of Game Theory* Bd. 4, 25–55.

Shapiro, C. (1989): „Theories of Oligopoly Behavior", in: Schmalensee, R., Willig, R.D. (Hrsg.), *Handbook of Industrial Organization*, Bd. 1, Amsterdam, 330–414.

Shapiro, C. (1995): „Aftermarkets and Consumer Welfare: Making Sense of Kodak", *Antitrust Law Journal* Bd. 63, 483–512.

Shapiro, C. (1996): „Mergers with Differentiated Products", *Antitrust* Bd. 10, 23–30.

Shapiro, C., Teece, D.J. (1994): „Systems Competition and Aftermarkets: An Economic Analysis of Kodak", *Antitrust Bulletin* Bd. 39, 135–162.

Shy, O. (2001a): *Industrial Organization. Theory and Applications*, 6. Aufl., Cambridge, Mass.

Shy, O. (2001b): *The Economics of Network Industries*; Cambridge, Mass.

Shor, M. Chen, H. (2006): „Decentralization, Transfer Pricing, and Tacit Collusion", Vanderbildt University, mimeo.

Simons, J.J., Williams, M.A. (1993): „The Renaissance of Market Definition", *Antitrust Bulletin* Bd. 38, 799–857.

Simpson, J.D. (1997): „When Does New Entry Deter Collusion?", *Research in Law and Economics* Bd. 18, 229–239.

Sleuwaegen, L. (1986): „On the Nature and Significance of Collusive Price Leadership", *International Journal of Industrial Organization* Bd. 4, 177–188.

Snyder, Chr. M. (1996): „A Dynamic Theory of Countervailing Power", *RAND Journal of Economics* Bd. 27, 747–769.

Snyder, Chr. M. (1998): „Why Do Larger Buyers Pay Lower Prices? Intense Supplier Competition", *Economics Letters* Bd. 58, 205–209.

Sorensen, T.L. (2007): „Credible Collusion in Multimarket Oligopoly", *Managerial and Decision Economics* Bd. 28, 115–128.

Spagnolo, G. (1999): „On Interdependent Supergames: Multimarket Contact, Concavity, and Collusion", *Journal of Economic Theory* Bd. 89, 127–140.

Spagnolo, G. (2000): „Debt as a (Credible) Collusion Device", Stockholm School of Economics, mimeo.

Spagnolo, G. (2004): „Managerial Incentives and Collusive Behaviour", CEPR Discussion Paper No. 4506.

Spector, D. (2003): „Horizontal Mergers, Entry, and Efficiency Defenses", *International journal of Industrial Organization* Bd. 21, 1591–1600.

Spence, M. (1976a): „Product Differentiation and Welfare", *American Economic Review* Bd. 66, 407–414.

Spence, M. (1976b): „Product Selection, Fixed Cost and Monopolistic Competition", *Review of Economic Studies* Bd. 43, 217–235.

Spence, M. (1983): „Contestable Markets and The Theory of Industry Structure", *Journal of Economic Literature* Bd. 21, 981–990.

Sraffa, P. (1926): „The Laws of Returns under Competitive Conditions", *Economic Journal* Bd. 36, 535–550.

von Stackelberg, H. (1934): *Marktform und Gleichgewicht*, Berlin.

Staebe, E., Denzel, U. (2004): „Die neue Europäische Fusionskontrollverordnung (VO 139/2004)", *Europäisches Wirtschafts- und Steuerrecht* Bd. 16, 194–201.

Staiger, R.W., Wolak, F.A. (1992): „Collusive Pricing with Capacity Constraints in the Presence of Demand Uncertainty", *RAND Journal of Economics* Bd. 23, 203–221.

Stefanadis, C. (1998): „Selective Contracts, Foreclosure, and the Chicago School View", *Journal of Law and Economics* Bd. 41, 429–450.

Stenbacka, R.L. (1990): „Collusion in Dynamic Oligopolies in the Presence of Entry Threats", *Journal of Industrial Economics* Bd. 38, 147–155.

Stennek, J. (1997): „Coordination in Oligopoly", *Scandinavian Journal of Economics* Bd. 99, 541–555.

Stennek, J., Verboven, F. (2001): „Merger Control and Enterprise Competitiveness: Empirical Analysis and Policy Recommendations", *European Economy, Reports and Studies* Bd. 5, 129–194.

Stigler, G.J. (1949): „A Theory of Delivered Price Systems", *American Economic Review* Bd. 39, 1143–1159.

Stigler, G.J. (1964): „A Theory of Oligopoly", *Journal of Political Economy* Bd. 72, 44–61.

Stigler, G.J. (1965): „The Dominant Firm and the Inverted Umbrella", *Journal of Law and Economics* Bd. 8, abgedruckt in: *Stigler, G.J.* (1968), 108–122.

Stigler, G.J. (1968): *The Organization of Industry*, Homewood.

Stigler, G.J. (1982): „The Economists and the Problem of Monopoly", *American Economic Review, Papers and Proceedings* Bd. 72, 1–11.

Stigler, G.J., Sherwin, R.A. (1985): „The Extent of the Market", *Journal of Law and Economics* Bd. 28, 555–585.

Stockenhuber, P. (1995): *Die europäische Fusionskontrolle*, Baden-Baden.

Stocking, G.W., Mueller, W.F. (1955): „The Cellophane Case and the New Competition", *American Economic Review* Bd. 45, 29–63.

Stokey, N. (1981): „Rational Expectations and Durable Goods Pricing", *Bell Journal of Economics* Bd. 12, 112–128.

Strand, N. (2006): „A Simple Critical Loss Test for the Geographical Market", *Journal of Competition Law and Economics* Bd. 2, 697–707.

Strand, N. (2007): „Corrigendum", *Journal of Competition Law and Economics* Bd. 3, 307–308.

Strohm, A. (2002): „The Application of Economic Theory in Practice: Efficiency Defense for Mergers on the Back of Welfare Economics?", in: Esser, C., Stierle, M.H. (Hrsg.), *Current Issues in Competition Theory and Policy*, Berlin.

Strohm, A. (2005): „Effizienzgesichtspunkte" und Europäische Wettbewerbspolitik, in: Oberender, P. (Hrsg.), *Effizienz und Wettbewerb*, Schriften des Vereins für Socialpolitik, Neue Folge, Bd. 306, 113–129.

Stucke, M.E. (2008): „Behavioral Economics at the Gate: Antitrust in the 21st Century", University of Tennessee, Legal Studies Research Paper 12.

Sutton, J. (1991): *Sunk Cost and Market Structure. Price Competition, Advertising, and the Evolution of Concentration*; Cambridge, Mass.

Sutton, J. (1999): *Technology and Market Structure*, Cambridge, Mass.

Telser, L.G. (1980): „The Theory of Self-Enforcing Agreements", *Journal of Business* Bd. 53, 27–44.

Thijssen, J. (2003), „Evolution of Conjectures in Cournot-Oligopoly", mimeo.

Thisse, J.F., Vives, X. (1992): „Basing Point Pricing: Competition Versus Collusion", *Journal of Industrial Economics* 40, 249–260.

Thomas, J. (1992): Cartel Stability in an Exhaustible Resource Model, *Economica* Bd. 59, 279–294.

Thomas, J. (1999): „Multimarket Contact and Imperfect Information", FTC Working Paper 224.

Tirole, J. (1988): *The Theory of Industrial Organization*, Cambridge, Mass.

Triffin, R. (1940): *Monopolistic Competition and General Equilibrium Theory*, Cambridge, Mass..

Tullock, G. (1967): „The Welfare Costs of Tariffs, Monopolies, and Theft", *Western Economic Journal* Bd. 5, 224–232.

Tyagi, R.K. (1999): „On the Relationship between Product Substitutability and Tacit Collusion", *Managerial and Decision Economics* Bd. 20, 293–299.

von Ungern-Sternberg, T. (1996): „Countervailing Power Revisited", *International Journal of Industrial Organization* Bd. 14, 507–519.

Ushio, Y. (1985): „Approximate Efficiency of Cournot Equilibria in Large Markets", *Review of Economic Studies* Bd. 52, 547–556.

Vallejo, H. (2006): „A Generalized Index of Market Power", *Revista de Economía del Rosario* Bd. 10, 95–108.

van Bergeijk, P.A.G. (2008): „The Allegedly Invisible Dutch Construction Sector Cartel", *Journal of Competition Law and Economics* Bd. 4, 115–128.

van Bergeijk, P.A.G., Kloosterhuis, E. (Hrsg.) (2006): *Modelling European Mergers – Theory, Competition Policy, and Case Studies*, London.

van Damme, E. (1992): *Refinements of Nash-Equilibrium*, Heidelberg.

van Damme, E., Hurkens, S. (2004): „Endogenous Price Leadership", *Games and Economic Behaviour* Bd. 16, 404–427.

van Damme, E., Pinkse, J. (2006): „Merger Simulation Analysis: An Academic Perspective", in: Van Bergeijk, P.A.G., E. Kloosterhuis (Hrsg.) (2006): *Modeling European Mergers – Theory, Competition Policy, and Case Studies*, London, 79–91.

van den Bergh, R.J. (1996): „Modern Industrial Organisation Versus Old Fashioned European Competition Law", *European Competition Law Review* Bd. 17, 75–87.

van Wegberg, M., van Witteloostuijn, A., Abbing, M.R. (1994): „Multimarket and Multiproject Collusion: Why European Integration May Reduce Intra-Community Competition", *De Economist* Bd. 142, 253–285.

Vasconcelos, H. (2001): „Tacit Collusion, Cost Asymmetries, and Mergers", European University Institute, mimeo.

Vasconcelos, H. (2004): „Entry Effects on Cartel Stability and the Joint Executive Committee", *Review of Industrial Organization* Bd. 20, 219–241.

Vasconcelos, H. (2005): „Tacit Collusion, Cost Asymmetries, and Mergers", *RAND Journal of Economics* Bd. 36, 39–62.

Vasconcelos, H. (2008): „Sustaining Collusion in a Growing Market", *Journal of Economics and Management Strategy* Bd. 17, 973–1010.

Vega-Redondo, F. (1996): *Evolution, Games, and Economic Behaviour*, Oxford.

Verboven, F. (1997): „Collusive Behavior with Heterogeneous Firms", *Journal of Economic Behavior and Organization* Bd. 33, 121–136.

Verboven, F. (2002): „Testing for 'Monopoly' Market Power when Products Are Differentiated in Quality", *The Manchester School* Bd. 70, 115–133.

Verouden, V., Bengtsson, C., Albæk, S. (2004): „The Draft EU Notice on Horizontal Mergers: A Further Step Towards Convergence", *Antitrust Bulletin* Bd. 49, 243–285.

Vickers, J. (2004): „Merger Policy in Europe: Retrospect and Prospect", *European Competition Law Review* Bd. 25, 455–463.

Villas-Boas, S.B. (2007): "Using Retail Data for Upstream Merger Analysis", *Journal of Competition Law and Economics* Bd. 3, 689–715.

Vives, X. (1984): „Duopoly Information Equilibrium: Cournot and Bertrand", *Journal of Economic Theory* Bd. 34, 71–94.

Vives, X. (1999): *Oligopoly Pricing*, Cambridge, Mass.

Völcker, S. B. (2004): „Mind the Gap: Unilateral Effects Analysis Arrives in EC Merger Control", *European Competition Law Review* Bd. 25, 395–409.

Voigt, S., Schmidt, A. (2003): „Mehr Rechtssicherheit in der Europäischen Fusionskontrolle?", *Wirtschaft und Wettbewerb* Bd. 53, 897–906.

Voigt, S., Schmidt, A. (2005): *Making European Merger Policy More Predictable*, Dordrecht.

Vroom, G., Riuz-Aliseda, F. (2002): „Noncooperative Collusion: The Role of Performance Evaluation, Decentralisation, and Firm Heterogeneity", mimeo.

Wagner, E. (2009): „Die Analyse kollektiver Marktbeherrschung in der deutschen Fusionskontrolle im Vergleich zur europäischen Fusionskontrolle", *Wirtschaft und Wettbewerb*, Bd. 59, 619–632.

Waldman, M. (2007): „Antitrust Persektives for Durable Goods Markets", in: Choi, J.P. (Hrsg.) *Recent Developments in Antitrust*, Cambridge, Mass., 1–37.

Walker, M. (2005): „The Potential for Significant Inaccuracies in Merger Simulation Models", *International Journal of Competition Law and Economics* Bd. 1, 473–496.

Ward, M.A. (2003): „Symposium on Competitive Price Discrimination", *Antitrust Law Journal* Bd. 70, 593–598.

Warren-Boulton, F. (1985): „Merger Policy and Enforcement at the Antitrust Division: The Economist's View", *Antitrust Law Journal* Bd. 54, 109–112

Weibull, J. (1995): *Evolutionary Game Theory*, Cambridge, Mass.

Weinberg, M. (2008): „The Price Effects of Horizontal Mergers", *Journal of Competition Law and Economics* Bd. 4, 433–447.

Weitbrecht, A. (1990): „Zusammenschlußkontrolle im Europäischen Binnenmarkt", *Europäische Zeitschrift für Wirtschaftsrecht* Bd. 1, 18–21.

Weitbrecht, A. (2004): „To Harmonize or Not to Harmonize – Zur Diskussion um die 7. GWB-Novelle", *Europäische Zeitschrift für Wirtschaftsrecht* Bd. 15, 449.

von Weizsäcker, C.Chr. (1980): *Barriers to Entry. A Theoretical Treatment*, Heidelberg.

Wenders, J.T. (1967): „Entry and Monopoly Pricing", *Journal of Political Economy* Bd. 75, 755–760.

Wenders, J.T. (1971): „Collusion and Entry", *Journal of Political Economy* Bd. 79, 1258–1277.

Werden, G. (1981): „The Use and Misuse of Shipment Data in Defining Geographic Markets", *Antitrust Bulletin* Bd. 26, 719–737.

Werden, G. (1983): „Market Delineation and the Justice Department's Merger Guidelines", *Duke Law Journal* Bd. 33, 514–579.

Werden, G. (1984): „A Closer Analysis of Antitrust Markets", *Washington University Law Quarterly* Bd. 62, 647–669.

Werden, G. (1992): „The History of Antitrust Market Delineation", *Marquette Law Review* Bd. 76, 123–215.

Werden, G. (1993): „Market Delineation under the Merger Guidelines: A Tenth Anniversary Retrospective", *Antitrust Bulletin* Bd. 38, 517–555.

Werden, G. (1996a): „A Robust Test for Consumer Welfare Enhancing Mergers among Sellers of Differentiated Products", *Journal of Industrial Economics* Bd. 44, 409–413.

Werden, G. (1996b): „Identifying Market Power in Electric Generation", *Public Utilities Fortnightly* Bd. 15, 16–21.

Werden, G. (1997a): „Simulating the Effects of Differentiated Products Mergers: A Practical Alternative to Structural Merger Policy", *George Mason Law Review* Bd. 5, 363–386.

Werden, G. (1997b): „Simulating the Effects of Differentiated Products Mergers: A Practitioners' Guide", in: Caswell, J.A., Cotterill, R.W. (Hrsg.), *Strategy and Policy in the Food System. Emerging Issues*, Washington D.C., 95–110.

Werden, G. (1998): „Demand Elasticities in Antitrust Analysis", *Antitrust Law Journal* Bd. 66, 363–414.

Werden, G. (2000): „Market Delineation under the Merger Guidelines: Monopoly Cases and Alternative Approaches", *Review of Industrial Organization* Bd. 16, 211–218.

Werden, G. (2002a): „Market Delineation Algorithms Based on the Hypothetical Monopolist Paradigm", mimeo.

Werden, G. (2002b): „The 1982 Merger Guidelines and the Ascent of the Hypothetical Monopolist Paradigm", mimeo.

Werden, G. (2002c): „Assigning Market Shares for Antitrust Analysis, in: Slottje, D.J. (Hrsg.), *Measuring Market Power*, Amsterdam, 1–29.

Werden, G. (2002d): „Assigning Market Shares", *Antitrust Law Journal* Bd. 70, 67–104.

Werden, G. (2008): „Beyond Critical Loss: Tailoring Applications of the Hypothetical Monopolist Paradigm", *Global Competition Policy*, February.

Werden, G., Froeb, L. (1993): „Correlation, Causality, and all that Jazz: The Inherent Shortcomings of Price Tests for Antitrust Market Definition, *Review of Industrial Organization* Bd. 8, 329–353.

Werden, G., Froeb, L. (1996): „Simulation as an Alternative to Structural Merger Policy in Differentiated Products Industries", in: Coate, M.B., Kleit, A.N. (Hrsg.), *The Economics of the Antitrust Process*, Boston, 65–88.

Werden, G., Froeb, L. (1998): „The Entry Inducing Effects of Horizontal Mergers", *Journal of Industrial Economics* Bd. 46, 525–543.

Werden, G., Froeb, L. (2002a): „Calibrated Models Add Focus, Accuracy, and Persuasiveness to Merger Analysis", mimeo.

Werden, G., Froeb, L. (2002b): „The Antitrust Logit Model for Predicting Unilateral Competitive Effects", *Antitrust Law Journal* Bd. 70, 257–260.

Werden, G., Froeb, L. (2008): „Unilateral Competitive Effects of Horizontal Mergers", in: Buccirossi, P. (ed.): *Handbook of Antitrust Economics*, Cambridge, Mass. 43–104.

Werden, G., Froeb, L., Scheffman, D.T. (2004): „A Daubert Discipline for Merger Simulation", *Antitrust* Bd. 18, 89–95.

Wernerfelt, B. (1989): „Tacit Collusion in Differentiated Cournot Games", *Economics Letters* Bd. 49, 303–306.

West, J.K. (2008): „Dynamic Efficiencies in Merger Analysis", OECD Working Paper No. 77.

Whish, R. (2009): *Competition Law*, 6. Aufl., London.

Whinston, M.D. (1990): „Tying, foreclosure, and Exclusion", *American Economic Review* Bd. 80, 837–859.

Wiedemann, G. (2008): *Handbuch des Kartellrechts*, 2. Aufl., München.

Williamson, O. (1968): „Economics as an Antitrust Defense: The Welfare Trade-offs", *American Economic Review* Bd. 58, 18–36.

Williamson, O. (1975): „Markets and Hierarchies: Analysis and Antitrust Implications", New York.

Williamson, O. (1989): „Transaction Cost Economics", in: Schmalensee, R., Willig, R.D. (Hrsg.), *Handbook of Industrial Organization*, Bd. I, Amsterdam, 135–182.

Wirtz, M. (2003): „Der Mitteilungsentwurf der Kommission zur Beurteilung horizontaler Zusammenschlüsse", *Europäisches Wirtschafts- und Steuerrecht* Bd. 15, 146–159.

Wirtz, M., Möller, S. (2005): „Fusionskontrolle: Das Tetra-Laval-Urteil des EuGH", *Europäisches Wirtschafts- und Steuerrecht* Bd. 17, 145–149.

Wright, J. (2004): „One-Sided Logic in Two-Sided Markets", *Review of Network Economics* Bd. 1, 42–63.

Yano, M., Komatsubara, T. (2006): „Endogenous Price Leadership and Technological Differences", *International Journal of Economic Theory* Bd. 2, 365–383.

Zampa, G. L. (2003): „The Role of Efficiency under the EU Merger Regulation", *European Business Organization Law Review* Bd. 4, 573–622.

Zimmer, D. (2004): „Significant Impediment to Effective Competition", *Zeitschrift für Wettbewerbsrecht* Bd. 2, 250–267.

Zimmer, D. (2006): „Vorzüge und Leistungsgrenzen quantitativ-ökonomischer Analysen in Fusionskontrollverfahren: das Beispiel Oracle/PeopleSoft", in: Brinker, I., Scheuing, D., Stockmann, K. (Hrsg.), *Festschrift für Rainer Bechtold*, 677–695.

Zimmermann, D. (2010): „On the Sustainability of Collusion in Bertrand Supergames with Discrete Pricing and Nonlinear Demand", MPER Working Paper No. 20249.

Sachregister

Absatzbasierte Marktanteile 166
Abschmelzungseffekt 224 f.
Abschottung des Zugangs zu den Einsatzmitteln 521 ff.
Abschreckungseffekt 517
Achte GWB-Novelle 245, 250
AIDS-Nachfragesystem 262, 265
Airtours-Entscheidung 141 f., 148, 297, 305 f., 310 f., 313 f., 316 f., 322, 325, 340 f., 349, 353, 362, 373, 376 f., 533
aktueller Wettbewerb 176, 186, 386, 494,
allgemeines Gleichgewicht 14, 17
Allokationseffizienz 4 ff., 9, 15, 19, 25
alternative Marktanteilsberechnung 171 f.
Anforderungen an ökonomische Gutachten 152, 460, 533
Angebotsfunktion 4 ff., 24, 32, 50
angebotsseitige Konzentration 320 ff., 324, 374
angebotsseitige Substituierbarkeit 113 ff.
Angebotssubstitution 64, 70 f., 84 ff., 99, 119, 409
Angebotsumstellung 85, 116
Angebotsumstellungsflexibilität 131, 143
angreifbare Märkte 190, 199
Arbitrage 15, 73, 90, 153 ff., 159
asymmetrische Informationen 16 f., 444, 458 f., 512
Aufholfusion 417 f., 456
Ausschreibungsmarkt 63, 181, 211 ff., 232, 267 f., 279, 306, 359 f.

Außenwettbewerb 341, 382, 384, 387, 397 f.
Auszahlungsfunktion 37 f., 298, 300
Auszahlungsmatrix 38, 298

Bedarfsmarktkonzept 74 ff., 89, 93, 112, 115, 128 ff., 137, 140 ff., 214 ff.
Bekanntmachung zur Definition des relevanten Marktes 147, 162
benchmarking 107
Bertrand-Modell 40, 44 ff., 48, 264, 329
Bertrand-Wettbewerb 40, 44, 63, 232, 482, 484
Beschaffungsmärkte 210, 424, 452
Bestrafungsmechanismus 302, 308 f., 317, 334, 369, 373, 401, 406
beträchtliche Marktmacht 69
Beweisanforderung 323, 515, 518
Beweislastumkehr 248, 274, 458
bidding studies 184, 266 f., *siehe auch win-loss-Analyse*
Bietermarkt, siehe Ausschreibungsmarkt 63 f., 168, 184, 252, 267, 272, 280
Bieterwettbewerb 171, 184, 212, *siehe auch Ausschreibungsmarkt*
Binnenwettbewerb 232, 235, 267, 382, 384, 386, 390 ff., 394 ff., 417 f.
bundling 498, 507 f., *siehe auch Produktbündelung*

585

Sachregister

Cellophane fallacy 96 ff., 99, 104, 136, 214
CGE-Modell 441
closest substitutes, *siehe Nähebeziehung*
Coase conjecture 29 f.
committed entry 85, 191
competitive bottleneck 412
contestable markets, *siehe angreifbare Märkte*
Continental Can-Entscheidung 112, 114
Cournot-Effekt 496 f., 501, 506 ff., 514, 517, 523, 530
Cournot-Modell 41 ff., 46, 48, 233, 251, 329
Cournot-Nash-Gleichgewicht 48, 58, 232 f.
Cournot-Wettbewerb 39, 47, 478
critical loss analysis 127
customer foreclosure, *siehe Kundenabschottung*

Darlegungs- und Beweislast 208, 303, 382, 444, 534
Datenbeschaffung 125, 214
dauerhafte Güter 29 f.
differenzierte Güter 33 f., 44, 104, 178, 231, 346, 482, 487
Diskontfaktor 302, 307 f., 374, 401, 403, 406 f.
diversion ratio 103, 105, 526, *siehe auch Umlenkungskennziffer*
dominantes Unternehmen 31, 219, 485
doppelte Marginalisierung 447, 470 f., 488
doppelter Preisaufschlag 471
Drohpotenzial 390

dynamische Effizienz 9, 20, 22, 27, 49, 52, 65, 221
dynamische Märkte 178, 180
dynamischer Wettbewerber, *siehe Maverick*

Efficiency defence 427 f., 432, 434, 464
efficiency offence 430, 433, 452
Effizienzgewinne 1, 11, 219, 221 f., 234, 258 ff., 265, 421 ff., 436 ff., 443 ff., 450 ff., 456 ff., 461 ff., 521, 523, 529 f., 536
Einzelaufträge 186
Einzelfallbetrachtung 457, 462 f.
Einzelmarktbeherrschung 1, 69, 207, 221 ff., 225, 230, 232, 417, 528, 532
Elzinga-Hogarty-Test 109 ff.
empirische Analysemethoden 100 ff., 111 f., 270
E.ON/Stadtwerke Eschwege-Entscheidung 384, 390, 399
Erwägungsgründe 173 f., 243 f., 246, 435 f.
essential facility 192
explizite Vereinbarung 345, 363 f., 404
externe Effekte 16
externe Interdependenz 74

Facilitating practices 365, 372, 407 f.
failing firm defence 419
Fehler erster und zweiter Art 458, 461
FKVO 139/2004 173, 244, 286, 433, 437

FKVO 4046/89   173 f., 272, 286, 378
focal point   361, 365, 408
Folgemärkte   91 f., 161
Folk-Theorem   301 f., 307, 363, 401
Formblatt CO   116
Forschung und Entwicklung   9 f., 12, 21, 27 f., 49, 65, 95 f., 197, 355, 426, 443, 453 f., 496, 529 f.
Forschungskooperation   336
Fortschrittsklausel   428, 430, 432, 436
Frachtbasissystem   368, 371 f., 408
Friesland Foods/Campina-Entscheidung   293 f.
full equilibrium relevant market   85
funktionelle Austauschbarkeit   76, 82, 98 f., 128 ff., 144, 217
Fusionskontrollreform   241 ff.

Gefangenendilemma   39
GE/Honeywell-Entscheidung   203, 433, 517 ff.
GE/Instrumentarium-Entscheidung   279, 288
general presumption-approach   456 f., 462 f., *siehe pauschalierende Betrachtung*
Gesamtwohlfahrtsstandard   11 ff., 422, 438 ff., 530
Gewinnspanne   102 f., 127, 219, 260, 455, 524
Gleichgewicht   6 ff., 14, 17 ff., 24, 34, 46, 301 f., 305 ff., 312 f., 319, 326 f., 331 ff., 339, 342 ff., 348 ff., 354 ff., 363, 365 ff., 401, 404 ff., 414, 491 ff., 512 ff.

Gleichgewichtsmenge   6 f., 404
Gleichgewichtspreis   6 ff.
Grenzerlös   23 ff., 32, 263
Grenzkosten   5 ff., 14, 16, 23 ff., 29, 34, 40 f., 48, 53 f., 58, 62, 64 ff., 70 f., 258 ff., 263 ff., 363, 368, 454 f., 470 ff.
Größenvorteile   16 f., 193, 198 f., 423
Grünbuch   241, 433 f.

Handelsströme   106, 109
Hauptsätze der Wohlfahrtstheorie   19
Heinz/Beech-Nut-Entscheidung   240 f.
Herfindahl-Hirschman-Index (HHI)   2, 251
historische Daten   184, 200, 204, 361
hit and run-entry   190
homogene Güter   37, 39, 40 f., 43 f., 48 f., 73, 167 f., 182, 231 ff., 252, 345 ff.
horizontal differenzierte Güter   33, 346
hypothetischer Monopoltest   77, 120, 135, 137, 215, 527, 531

Impala- bzw. Sony/BMG-Urteil   304, 311, 316, 323, 360 f., 535
indirekte Netzwerkeffekte   104, 410, 412 f.
Indizwirkung   135, 209 f., 248, 325, 395 f.
Industrieökonomik   17 ff., 39, 191 f., 219, 401, 506
Ineffizienzen   16 f., 27, 30, 33, 52 f., 64, 364, 452, 474, 530

587

Informationsaustausch 315, 365 f., 369, 388, 408, 492
Informationskanal 314, 317, 337, 351, 492
Informationsökonomik 17
Informationsvorsprung 26, 445, 458
Inlandsbegrenzung 134 f.
Innovation 9, 18 f., 21, 27 f., 47, 49, 52, 65 ff., 96, 168, 180 f., 197, 242, 353 ff., 364, 391, 437, 443, 530, 534
Innovationsmärkte 95 ff., 395
Inputabschottung 476 ff., 480 f., 484, 486, 489 f., 495
input foreclosure, *siehe Inputabschottung*
installierte Basis 194 f., 410
Institutionenökonomik 17 ff.

Kaldor-Hicks-Kriterium 12
Kandidatenmarkt 80, 82, 90, 93, 101, 105, 110
Kapazitäten 170 f.
kapazitätsbasierte Marktanteile 167 f.
Kapazitätskollusion 359
Kapitalbedarf 195
Kapitalbeschaffung 425, 453
Kapitalbestand 220, 424, 512
Kausalität für kollektive Marktbeherrschung 376 ff.
kollektive Marktbeherrschung 295 ff., 305 ff., 320, 322 f., 330, 353, 361, 390, 528
komplementäre Patente 426, 451
komplementäre Produkte 161 f.
konglomerate Zusammenschlüsse 254, 466 ff., 495 ff., 514 ff., 520, 522 ff., 530

Konjunkturschwankung 355 ff.
Konsumentenrente 7, 11 ff., 234, 237, 284 f., 295, 342, 422 f., 438 f., 451 f., 454, 456, 472 f., 480 f., 483 ff., 489, 496 f., 500 f.
Konsumentenwohlfahrtsstandard 11 ff., 65, 438 ff., 445, 479
Konzentration 12, 44, 58, 73, 96, 195, 219, 251 f., 255, 318 ff., 325, 374, 421, 439, 441, 454
koordinierte Effekte 1, 221, 295 ff., 376 ff., 402, 405 ff., 455 f., 475, 490 ff., 503, 512, 514, 523, 530 ff., 536
Kopplungsbindungen 498 f., 501 ff., 509 f., 513, 515, 517
Korrelationskoeffizient 106 f., 148, 150 f.
Kosten-Nutzen-Abwägung 457 ff., 461, 533
Kraft Foods/Cadbury-Entscheidung 294
Kreuzpreiselastizität 82 f., 105, 116, 137 f., 179, 261 f., 272, 293, 525
kritische Elastizität 100, 102 ff.
kritischer Absatzrückgang 100, 127
Kundenabschottung 477, 480, 486 ff., 492, 521 f., 530, 536

Lagardère/Natexis/VUP-Entscheidung 255, 283 ff.
Lagerbestand 302, 333 f.
Leitlinien zur Bewertung horizontaler Unternehmenszusammenschlüsse 67, 219, 252 ff., 271 f., 311, 316, 336, 358 f., 361 f., 373 f., 415 f., 419, 436 f., 441 ff.

Sachregister

Leitlinien zur Bewertung nichthorizontaler Unternehmenszusammenschlüsse 254, 256, 436, 441, 447, 520 f., 523 f.
Leitlinienentwurf 434
Lerner-Index 54, 57 ff., 64, 70, 251, 525
leveraging 515
lock-in 91 f., 194, 340
Logit-Nachfragesystem 262, 265 f.
Lückenproblematik 240 ff.

Marginaler Konsument 44, 56, 84, 124, 215
Markentreue 181, 194, 198, 274
Marktabgrenzung 73 ff., 80 ff., 85 ff., 93 ff., 104 ff., 110 ff., 115 ff., 125 ff., 139 ff., 143 ff., 154 ff., 214 ff., 264, 270, 288, 400, 527 ff.
Marktanteil 57 f., 70 ff., 77 ff., 86 ff., 117 ff., 165 ff., 171 ff., 206 ff., 250 ff., 262 ff., 269 ff., 323 ff., 329 f., 362 ff., 384, 387, 392 ff., 408 ff., 462, 503 ff., 520 f., 528, 531 ff.
Marktanteilsbestimmung 165 ff.
Marktanteilsentwicklung 394
Marktanteilsschwellen 172 ff.
Marktanteilsveränderungen 213, 216, 270
Marktbeherrschung 64 ff., 69 ff., 176, 207 f., 212 f., 223 ff., 239 ff., 270 ff., 295 ff., 310 f., 314, 320, 325 ff., 337, 340, 353, 360 f., 374 ff., 385 ff., 394, 397 ff., 417, 432, 465, 527 ff., 532 ff.
Marktbeherrschungstest 239 ff., 246, 248 f., 270, 286, 466, 532

Marktbeherrschungsvermutung 382, 384 ff., 393
Marktmacht 11 f., 45 f., 50, 53 f., 57 ff., 69 ff., 81 ff., 87, 96 ff., 104 ff., 115, 166, 170, 174, 176 ff., 183 f., 189 f., 204 ff., 219, 228, 235 f., 247, 250 ff., 275, 348, 385, 395, 410, 452, 468 f., 475 f., 486 ff., 499 ff., 521 f., 530 f., 534 f.
Marktmachtgrade 177
Marktphase 178, 180, 391
Marktschrankenkollusion 359
Markttransparenz 302, 312 ff., 320, 322 f., 350 f., 360, 366, 368, 371, 390, 396, 406 f., 492, 523, 534
Marktzutritt 28, 40, 51, 84 f., 173, 191 f., 194, 196, 199 f., 206, 210, 234, 237, 339 ff., 348, 409 f., 413, 481, 485, 489, 504
Marktzutritts- oder Marktaustrittsschranken 20, 191 ff.
Marktzutrittsschranken 59, 117, 134, 153, 177, 189 ff., 192, 195 ff., 198 ff., 213, 221, 339 ff., 373, 393, 397, 406, 409 f., 486, 488, 503, 531
Maverick 244, 333, 354, 362, 403, 413 f., 493
Mehrproduktmonopole 29 f.
Meistbegünstigungsklausel 30, 370
Mengenwettbewerb 39, 41, 43 f., 232 ff., 237 ff., 266, 336, 343, 347, 451, 454, 480, 482, 484 f.
Merger Guidelines 247, 253
monopolistische Konkurrenz 33
Monopolvermutung 207 ff.

589

Sachregister

Monopson 39, 50
more economic approach 464, 466, 533 f.
multi-homing 62, 198, 411 f.
Multi-Markt-Kontakte 302, 311 ff., 318, 349 ff., 406, 523, 530
multiple Einzelmarktbeherrschung 222, 532

Nachfragefunktion 4 ff., 15, 22 ff., 29, 32 f., 42,55 ff., 81, 97, 101 ff., 265, 343, 454 f., 470 f., 473
Nachfragemacht 51, 73, 153, 176, 201 ff., 206, 252, 274, 282, 302, 342, 348 f., 387, 391, 406, 410, 449, 493, 531
Nachfragesubstitution 81, 83 f., 86, 88, 94, 99, 112, 119 f., 235, 262
Nähebeziehung 178, 244 ,387
Nash-Gleichgewicht 38 ff., 45, 220, 231, 261, 298 f., 301 f., 310, 329
Nested-Logit-Modelle 262
Netzeffekte 61 f., 168, 193, 340, 411 f.
nichtkoordinierte Effekte 1, 231 ff., 240, 243, 245, 249, 257, 277, 284, 291, 387, 410 f., 414, 532

Öffentliche Güter 16
ökonometrische Analyseverfahren 71, 101, 110, 112, 137, 272, 274, 276, 279, 281, 286, 533
ökonomische Beweisführung 518
ökonomischer Markt 15, 73, 112

Oligopol 1, 35 ff., 222, 239, 243 ff., 256, 297, 313 f., 319, 321 f., 341 f., 351, 374 f., 381 ff., 391 f., 394 ff., 417 f., 473, 532
oligopolistische Marktbeherrschung, siehe kollektive Marktbeherrschung
Oligopolvermutung 207, 303 f., 382, 393, 396, 399, 535
Oligopson 14, 50 f.
Opportunitätskosten 5, 20, 70, 291
Oracle/PeopleSoft-Entscheidung 68, 246, 286 f.
Organisationsform 302, 326, 331, 413

Pareto-Effizienz 4
Patent 10, 59, 96, 195, 409, 426, 451
Patentrennen 453
Patentschutz 10, 65, 192
pauschalierende Betrachtung 536 f.
Personalaufwand 444
Philip Morris/Papastratos-Entscheidung 282
Philips/Agilent Health Care Solutions-Entscheidung 276 f.
Philips/Marconi Medical Systems-Entscheidung 278 f.
Phonak/GN Store-Entscheidung 389, 395 f.
potenzieller Wettbewerb 59 f., 60, 85, 101, 119, 189 f., 196, 199 ff., 252, 290, 393, 415, 489
Preisankündigung 366 ff.
Preisdifferenzen 141 f., 145, 150, 158, 289
Preisdiskriminierung 90 f., 124, 152 ff., 495, 499 ff.

Sachregister

Preiselastizität 24 f., 32 f., 44 f., 53 ff., 71, 81, 83 f., 93 f., 100 ff., 104 f., 137 ff., 252, 263, 302, 342 ff., 406, 454 f., 479, 486, 524
Preiselastizität des Angebots 32 f., 59 f.
Preiselastizitätsanalysen 137 ff.
Preisführerschaft 47 f., 365 ff.
Preisgarantie 368 ff., 408
Preiskollusion 359
Preiskonzentrationsanalyse 99
Preiskorrelationsanalyse 2, 106 ff., 147 ff.
Preislage 76 f., 83, 89, 128
Preismeldestelle 315, 366
Preisnehmer 15, 17, 22, 31, 50, 54, 441
Preisregeln 368, 370 f., 408
Preissetzungsspielraum 33, 53, 68, 94, 140, 207, 271, 273, 530
Preissteigerungsdruck 216, 251, 257 ff., 269, 462
Preistest 100, 105 f., 111, 263
Preiswettbewerb 37, 40, 43, 47, 194, 231 f., 234, 238 f., 251 f., 258, 269, 329, 335, 347, 362, 391, 395, 409, 418, 455, 482 ff., 486, 505, 508 f.
Produktbündelung 498, 500, 506 f., 517 f.
Produktdifferenzierung 72, 112, 162, 167, 194, 318, 347
Produkthomogenität 318, 347, 399, siehe auch homogene Güter
Produktionseffizienz 8 ff., 20, 26 f., 52 f., 221
Produktinnovation 21, 27, 49, 65, 170, 354
Produktpalette 31, 203, 279, 302, 326, 331, 333, 465, 498, 510

Produzentenrente 7, 11, 12 ff., 422, 438, 451, 473, 480, 497
Prognose 208, 216, 236, 257, 264, 361, 376, 396, 401 f., 404, 464, 488, 510, 515 ff., 528, 533 f.
Prozessinnovation 21, 353 f.

Qualität 16, 53, 67, 80, 105, 140, 152, 164, 242, 345 f., 364, 395, 439
qualitative Faktoren 274
Quantifizierbarkeit 256, 431, 464
quantitative Untersuchungen 275
quantitativ-ökonomische Analyseverfahren, *siehe ökonometrische Analyseverfahren*

Radiusbetrachtung 131 ff.
räumliche Marktabgrenzung 80, 87, 106, 109 ff., 129, 131, 133, 135, 145, 215
Rationalisierungsgewinne 423, 450
Rechtssicherheit 248, 254, 400, 436, 446 f., 462, 533 f., 536
Regressionsanalyse 101, 146, 189, 268, 288 ff., 293, 533
relevanter Markt 79, 85 f., 88, 90 ff., 97, 110, 116, 134 f., 145, 162, 252
rent-seeking 26 f.
Repositionierung 84, 237, 252, 265, 269
Reservekapazitäten 187, 335 f.
Residualnachfrage 32, 59 f., 70 ff., 81, 100 f., 111
Restwettbewerb 173, 222, 329
Rethmann/GfA Köthen-Entscheidung 385 f.

591

Sachregister

REWE/ADEG-Entscheidung 291 f.
Ryanair/Aer Lingus-Entscheidung 256, 289 f.

Sachliche Marktabgrenzung 80, 128, 130, 141
Sachverständigengutachten 444, 460
Sanierungsfusion 418 ff.
Scheinkorrelation 107, 149, 151
Schockanalyse 103, 106, 108 f., 111, 156, 179
shrinkage effect, *siehe Abschmelzungseffekt*
SIEC-Test 239, 243, 245 f., 248 ff., 446, 466, 532
Siemens/Drägerwerk/JV-Entscheidung 279
Simulationsmodelle 261, 264 ff., 287 f., 292, 403, 463, 528, 532
single-homing 62, 411
SLC-Test 241 ff., 246, 249, 272, 286
soft safe harbour 173, 253 f.
Sortimentseffekte 510, 515, 530
Sortimentsmarkt 92, 94
Spielermenge 37, 298
Spieltheorie 35 ff., 298, 300 f., 307, 310, 363, 365, 401, 404 f., 407
spontane Verhaltenskoordination 372 f.
SSNIP-Test 80, 114 f., 120 ff., 127 f., 135 ff., 214
Stackelberg-Folger 48
Stackelberg-Führer 48
Stationaritätsanalyse 107, 108, 111, 149
Statoilhydro/Conocophillips-Entscheidung 292

stillschweigende Kollusion 240, 362, 377
Strategien 30, 37 ff., 195, 220, 298, 367 f., 503, 510, 523
strategische Allianz 336
strategische Komplemente 45, 236
strategische Substitute 43, 48, 233
strukturelle Verbindungen 314, 318, 336 ff.
Subadditivität 451 f.
Substitutionsketten 90, 162, 165
Substitutionslücke 74
Substitutionsnähe 283
Substitutionswettbewerb 34, 392
Sydkraft/Graninge-Entscheidung 283
Symmetrie 204, 222, 302, 326 ff., 333, 385, 389, 394, 402, 407, 417, 419, 456, 513, 523, 528, 534
Synergieeffekte 420, 423, 430, 451, 454
Syniverse/BSG-Entscheidung 290 f., 307, 326, 348, 354

Technischer Fortschritt 3, 9, 18, 27, 52, 355, 423, 426, 432, 453, 530
Teilmarkt 75, 89, 178, 257
teilspielperfektes Nash-Gleichgewicht 309
Tetra Laval/Sidel-Entscheidung 121, 153, 515 f.
T-Mobile Austria/tele.ring-Entscheidung 243, 245, 448, 451
Transaktionskosten 16 f., 92, 420, 468, 473, 475, 494
Transaktionskostenökonomik 17 f.

Transparenz 152, 288, 314, 337, 389, 399, 492
Transportkosten 109 f., 117 f., 145 f., 371
Trigger-Strategie 300 f.
tying 498 f., 504 f., *siehe auch Kopplungsbindungen*
typische Transaktion 344

Überragende Marktstellung 205 ff., 227
Überschusskapazität 195, 333 f.
Umlenkungskennziffer 101, 103, 105, 180, 235, 258 ff., 272, 455, *siehe auch diversion ratio*
Umsatz 57, 167, 169, 195
umsatzbasierte Marktanteile 167
uncommitted entry 84, 191
unglaubwürdige Drohung 309
unilaterale Effekte 173, 233, 244, 283
unvollständige Informationen 16, 301
upward pricing pressure, *siehe Preissteigerungsdruck*

Verbraucherbeteiligung 438, 445
Verbraucherinteresse 438, 441
Verbraucherwohlfahrtsstandard, *siehe Konsumentenwohlfahrtsstandard*
Verbundvorteile 8, 17, 93, 222, 423 f., 442, 451, 456, 495 f., 499, 523
Vergleichsmarkt 71
Verhaltenskoordination 40, 99, 245, 254, 302, 306, 314 ff., 325, 329, 331 ff., 339 f., 342 ff., 354 f., 357 ff., 361, 363 ff., 370 ff., 398, 401 ff., 475, 490 ff., 513 f., 529, 534

Verhaltensspielraum 68 f., 176, 207, 209 f., 212, 219, 227, 229, 247 f., 273, 341, 382, 387, 392, 395, 398, 415, 532
Verpflichtungszusagen 293 f., 516
versunkene Kosten 84, 191, 193 ff., 199
vertikal differenzierte Güter 345
vertikale Zusammenschlüsse 468 ff., 473, 475, 486, 494, 502, 521
Vertragstheorie 17
Vertriebswege 158 ff.
Verwendungszweck 76, 83, 113, 116, 128, 142, 154
volkswirtschaftliche Rente 7, 14, 20, 25, 422, 438, 473
Volvo/Renault VI-Entscheidung 276
Volvo/Scania-Entscheidung 274 f.
Votorantim/Fischer/JV-Entscheidung 294 f.

Wachsende Märkte 352 f.
Wachstumsmärkte, *siehe wachsende Märkte*
Wasserbetteffekt 51
Wechselkosten 51, 155, 194 f., 410, 412, 484 ff.
Wechselquoten 155 f., 392
wechselseitige Beteiligung 336 f.
Wettbewerb um den Markt 63, 168, 178, 181, 531
wettbewerbsanaloger Preis 71, 98 f., *siehe auch Ausschreibungsmarkt*
Wettbewerbspreis 24 f., 32, 45 f., 78, 92, 98, 136, 190 f., 243, 297, 300, 484, 500

wiederholte Interaktion 299 f., 302, 305 f., 308, 367
wiederholtes Spiel 300 ff., 363
Williamson-trade-off 11, 421
win-loss-Analyse 180, 266 f., 277 f., 280, 387
wirksamer Wettbewerb 64 ff., 71, 243, 353, 382, 427, 435 f., 446
Wohlfahrt 7, 191, 220, 234, 237, 295, 439 ff., 452, 486, 527

X-Ineffizienz 26, 53, 423, 425, 453

Zahlungsbereitschaft 5 f., 8, 29, 34
zunehmende Skalenerträge 16, 423 f., 450
zweiseitige Märkte 18, 61, 94, 410

Rechtssicher im Vertrieb!

INHALT

- Einzige separat erhältliche Kommentierung zur Vertikal-GVO
- Neuauflage: Anpassung an neue Vertikal-GVO und Änderungen in den Vertikalen Leitlinien
- Schwerpunkt auf den Händlerverträgen, detaillierte Ausführungen zu Handelsvertreterverträgen
- Exkurs zum Franchising, Vertrieb im Internet und Zulieferverträgen
- Praktische Hinweise für die Vertragsgestaltung

AUTOREN

RA Dr. **Jörg-Martin Schultze**, LL.M., RAin Dr. **Stephanie Pautke**, LL.M. und RAin Dr. **Dominique S. Wagener**, LL.M. sind in eigener Kanzlei Commeo LLP mit Sitz in Frankfurt am Main speziell im Bereich Kartell- und Vertriebsrecht tätig

ZIELGRUPPEN

Mit Vertriebsfragen befasste Juristen in Unternehmen, Anwaltschaft und Wissenschaft sowie leitende Mitarbeiter im Vertrieb, die mit Fragen der Vertragsgestaltung beschäftigt sind

BB-Kommentar, 3., komplett überarbeitete und erweiterte Auflage 2011, XX, 629 Seiten, Geb. € 129,–
ISBN 978-3-8005-1519-6

Verlag Recht und Wirtschaft
Frankfurt am Main
www.ruw.de
buchverlag@ruw.de

Praxiswissen Lizenzen!

INHALT
- Bewährtes Werk zum gesamten Lizenzvertragsrecht
- Schwerpunkt: Kartellrecht
- Verträge über die Einräumung von Benutzungs-, Herstellungs- und Vertriebsrechten an Patenten, Gebrauchsmustern, Software-urheberrechten, Know-how sowie an Marken
- Auslandslizenzen
- Checkliste zur Erleichterung der Vertragsgestaltung
- Neuauflage mit neuen GVO-Forschungs- und Entwicklungsvereinbarungen der EU-Kommission

AUTOR
RA Dr. **Michael Groß** ist Leiter der Lizenzabteilung der Fraunhofer-Gesellschaft, München und im Münchner Büro der internationalen Kanzlei Bird & Bird tätig. Zudem ist er Autor zahlreicher Veröffentlichungen zum Lizenzrecht.

ZIELGRUPPEN
Rechtsanwälte, Patentanwälte, Einkaufs-, Vertriebs-, Marketing-, Controlling-, Rechts-, Patent-, Forschungs-, Entwicklungsabteilungen von Unternehmen und deren Geschäftsführer, Universitäten, Fachhochschulen, Technologietransfer-Agenturen, Technologiemakler, IHKs, DIHT, Wirtschaftsprüfer, Steuerberater, Richter

10., aktualisierte und erweiterte Auflage 2011, XXVII, 1021 Seiten, Geb. € 159,–
ISBN: 978-3-8005-1547-9

Verlag Recht und Wirtschaft
Frankfurt am Main
www.ruw.de
buchverlag@ruw.de

Praxiserprobt!

INHALT
- Grundlagen des Geschmacksmusterrechts, aktuelle Rechtsprechung, europäische Bezüge (Gemeinschaftsgeschmacksmuster)
- Strategische Bedeutung des Geschmacksmusterschutzes für Unternehmen im Hinblick auf Geschmacksmusteranmeldungen
- Bedeutung des Wettbewerbsrechts und des Markenrechts (Dreidimensionale Formmarke)
- Probleme bei der Bestimmung des Schutzumfangs
- Berechnung des Schadensersatzes

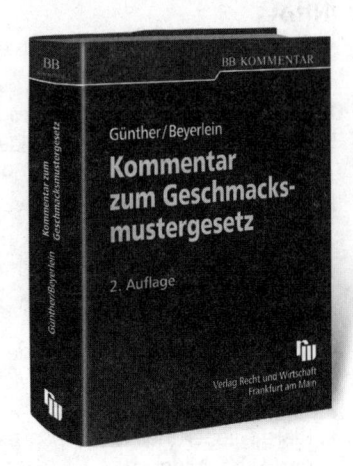

AUTOREN

RA **Thorsten Beyerlein**, FA für gewerblichen Rechtsschutz, Gründungspartner der Anwaltssozietät Beyerlein Rechtsanwälte mit Sitz in Mannheim und Birkenau sowie Lehrbeauftragter der Dualen Hochschule in Mannheim. RA **Philipp H. Günther**, FA für Gewerblichen Rechtsschutz in der Sozietät Klinkert Zindel Partner. Beide Autoren sind Verfasser zahlreicher einschlägiger Veröffentlichungen sowie Referenten in Seminaren rund um das Thema Gewerblicher Rechtsschutz.

ZIELGRUPPEN

Rechtsanwälte, Patentanwälte, Rechtsabteilungen von Unternehmen, Justiz, Designer, Werbeagenturen, Verbände, Hochschulen

2., überarbeitete Auflage 2011, XVI, 979 Seiten, Geb. € 98,–
ISBN: 978-3-8005-1535-6 BB-Kommentar

Verlag Recht und Wirtschaft
Frankfurt am Main
www.ruw.de
buchverlag@ruw.de

Grundwissen Kartellrecht!

INHALT
- Leichter Einstieg in eine komplexe Materie
- Einleitung mit Grundlagen des Kartellrechts und Überblick über die relevanten Rechtsquellen
- Kartellverbot, Missbrauchsaufsicht, Zusammenschlusskontrolle und Ahndung von Kartellrechtsverstößen
- Schwerpunkt der Darstellung auf praxisrelevanten Themen
- Enge Verknüpfung mit ökonomischen Aspekten
- Klare Gliederung, viele Beispiele und Schaubilder

AUTOREN
Professor Dr. iur. **Knut Werner Lange** hat den Lehrstuhl für Bürgerliches Recht, deutsches und europäisches Handels- und Wirtschaftsrecht an der Universität Bayreuth inne.
Dr. **Thorsten Pries** ist bei der Bundesnetzagentur in Bonn tätig.

ZIELGRUPPEN
Praktiker, Berufs- und Quereinsteiger in die Materie, Studierende der Rechtswissenschaften

2., aktualisierte und erweiterte Auflage 2011,
FÜR DIE PRAXIS, XX, 260 Seiten, Kt. € 39,–
ISBN 978-3-8005-1525-7

Verlag Recht und Wirtschaft
Frankfurt am Main
www.ruw.de
buchverlag@ruw.de